国家出版基金项目
NATIONAL PUBLICATION FOUNDATION

U0453460

國家出版基金項目

教育部哲學社會科學研究重大課題攻關項目

「十一五」國家重點圖書出版規劃項目·重大工程出版規劃
國家社會科學基金重大項目
北京大學「九八五工程」重點項目

儒藏

精華編二四九册

集部

儒藏

北京大學《儒藏》編纂與研究中心

《儒藏》精華編第二四九册

首席總編纂　季羡林

項目首席專家　湯一介

總　編　纂　湯一介　龐　樸　孫欽善　安平秋（按年齡排序）

本册主編　董　平

《儒藏》精華編凡例

一、中國傳統文化以儒家思想爲中心。《儒藏》爲儒家經典和反映儒家思想、體現儒家經世做人原則的典籍的叢編。收書時限自先秦至清代結束。

二、《儒藏》精華編爲《儒藏》的一部分，選收《儒藏》中的精要書籍。

三、《儒藏》精華編所收書籍，包括傳世文獻和出土文獻。傳世文獻按《四庫全書總目》經史子集四部分類法分類，大類、小類基本參照《中國叢書綜録》和《中國古籍善本書目》，於個別處略作調整。凡單書已收入入選的個人叢書或全集者，僅存目録，並注明互見。出土文獻單列爲一個部類，原件以古文字書寫者一律收其釋文文本。韓國、日本、越南儒學者用漢文寫作的儒學著作，編爲海外文獻部類。

四、所收書籍的篇目卷次，一仍底本原貌，不選編，不改編，保持原書的完整性和獨立性。

五、對入選書籍進行簡要校勘。以對校爲主，確定内容完足、精確率高的版本爲底本，精選有校勘價值的版本爲校本。出校堅持少而精，以校正誤爲主，酌校異同。校記力求規範、精煉。

六、根據現行標點符號用法，結合古籍標點通例，進行規範化標點。專名號除書名號用角號（《》）外，其他一律省略。

七、對較長的篇章，根據文字内容，適當劃分段落。正文原已分段者，不作改動。千字以内的短文一般不分段。

八、各書卷端由整理者撰寫《校點説明》，簡要介紹作者生平、該書成書背景、主要内容及影響，以及整理時所確定的底本、校本（舉全稱後括注簡稱）及其他有關情況。重複出現的作者，其生平事蹟按出現順序前詳後略。

九、本書用繁體漢字豎排，小注一律排爲單行。

《儒藏》精華編第二四九册

集部

宋文憲公全集卷二十六

松風閣記

夫風者，天地之噫氣，然則生生者誰哉？生之者静之體，而應之者動之用也。當其萬竅怒號，前者唱於而隨者唱喁，咸物之自取也。庭宇之松，蒼髯奮傑於晨露夕月之中，遇鮮飆過之，泠泠然如鸞鳳之鳴，如琴瑟之音，昔者陶隱居恒樂之，後世幽人狷士又從而效之，或取以名其室焉。方外恬師静菴，來徵所謂《松風閣記》，予請極其變者而言之可乎？

夫風之未生也，❶斂神功於寂默之中，昏昏冥冥，萬象雖具，不見其跡。天機一動，隨品物以流形。大海遇之，重波複浪，一瀉萬里；千山逢之，鱗甲掀動，笙鏞間作；經薝蔔之林，則郁烈酣潤，清芬之氣襲人；入鮑魚之肆，則腥穢逆鼻，觸之而噦嘔。如此者不可以一二數。苟獨指松而爲言，非所以極風之變者也。然其變者，豈皆有繫於風之動哉？先覺有云，風性本静，以緣起故動。儻其性本動，則寧有静時？是則物各有以自取也。且以吾心言之，大用繁興之時，怒氣熾然，如霆奔火烈；喜色熙然，如霧廓霞舒；興哀則千人霣涕；鼓勇則萬夫莫敵。皆此一心之變也。然心果有變乎？心無變，其所變者緣爾。故當本體澄湛之際，無物不有，而無一物之留。以近

❶「夫」，張本作「始」。

取譬，所謂生之者静之體，而應之者動之用，豈非然歟！

予家浦陽大山中，青松羅桓舍之北南，明月之夜，白露初零，默然出坐庭際，松聲到耳，乍大乍小，或亟或徐，中心頗樂之，方知隱居酷愛之者，良有以也。自松聲而推之，世間之聲萬變不齊，雖不可勝窮，其道亦不外是矣。嘗一滴之鹹，而知滄海之性；窺寸隙之光，而見日輪之體，又何以紛紜爲哉！恬師學佛之流，故予極其變而告之。須知變之中而有不變者存。不變者何？前所謂心者是也。心無體段，無方所，無古今，無起滅。三世諸佛，不見其有餘；河沙凡夫，不見其不足。恬師能索之於此焉，則松風朝夕所演，無非大乘微妙之法，隱居惡足以語此哉？

閣在越之耶溪上，季蘅若公之所建者。因得徑山範公所書「松風」二大字，遂揭以爲名。予謂徑山古之名德，其字不可褻玩，宜別求善書者易之。既告之故，復爲記其事如右。其詳則見天竺法師道公所爲文，其妙無以加矣，予何言哉！

游塗荆二山記

濂既游瑯琊山，起行至池河驛，適郵卒遞内使監公牒至，及開緘，中藏《濠梁古迹》一卷，宸翰親題其外，令濂搜訪與青宫言之。濂因啓曰：「臨濠古迹，唯塗、荆二山最著。按圖經，塗山在昔鍾離縣西九十五里，荆山亦在縣西八十二里。[1]二山本相聯屬，而淮水繞荆山之背。神禹鑿開，使水流

[1]「二」，張本作「三」。

二山間，其疏鑿之蹤故在。人思其功，迄今弗能忘。」青宫曰：「至中都當共往游焉。余將渡淮，狩於王莊。先生宜泝流而上，届今懷遠縣治以俟。」濂奉教行，以洪武乙卯冬十一月己巳發舟，庚午日曛，始泊縣西門，而青宫已駐蹕於門東五里矣。

辛未，濂上謁，青宫喜甚，下令以壬申游二山。濂至期約懷遠文學掾王景彰宿舟中。黎明櫂舟至塗山足，曳杖入山。山傍廢址，舊皆民廬。前渡石梁，復斗折而北，累石爲墉，多藝椒之園。行可三里餘，視大磐石青緑間錯，頽然欹足坐，諦視之，乾蘚交封之耳。聞有草生石上，高一尺，其花可玩，不假土力，人取懸檐間，呼爲石蓮華。復行四里所，巖石犖确，插起道左，危傾欲飛墜。復二里所，微逕入灌莽，抵崖罅，貯泉一泓，味甚甘，覆以生茨，曰聖水亭，❶取水以禁雨多驗。復一里餘，至山顛，禹廟在焉。廟已毁，唯頽垣破礎存。游目四顧，長淮西來，渦河北匯，而壽春、臨濠、宿州之境，皆在冥茫昏杳中。緬想南北戰爭屯戍處，爲感慨者久之。

山之下聚落甚盛，廟史云名禹會村，乃禹會諸侯之地，廬舍之比如櫛。移踵入廟，廟前杏樹一章，大可蔽牛，二柏參差左右，樹東寘小甕，❷杏柯之水時津津滴其中。廟史云：「當晨霧四集水愈多，其來如泉，可代井汲。」石碣二：一大書「有夏皇祖之廟」六字，下方刻「宋慶元初，州守劉仲光自造《禱雨記》」；一亦記禱雨事，皇甫斌紹熙庚戌來爲郡，命鍾離尉丁大榮作。石未剥泐，

❶「曰」，原作「四」，今據黄溥本改。
❷「寘」，原誤作「冥」，今據張本改。

文尚可讀。復從廟西循石坡而下，鉅石危立如人形，遥望之，一嫗儼然也，相傳爲啓母石。廟史云：「居人每封羊豕祭之，至有以粉黛飾其貌者。」聞之不覺失笑。山坳舊有僧房，今廢。

久俟鶴駕不來，忽使者至云：「扈從士馬多，無橋可以渡河，青宫不復至矣。」言未既，但見旌旗如錦繡搖曳上荆山矣。濂亦下山麓，入鯀廟，見所題神號鄙俚，棄而不睨。出，讀祖無擇所賦歌，京口孫臨爲書碑，蓋無擇謫守壽春，過此而作也。復北經縣治，折而東行約三里所，至荆山。梁魏交鬬時，就山築堰以灌壽春，其遺蹟猶班班可見。復行三十步，崖广如屋，側身而入，石平如牀，座可坐人，號爲「卞和洞」。自西上復一里所，過避雨石，石斜倚可避雨，故名。復六十步至産玉坡，奇石駢列，玄質而白緣，粲如雪。西有玉池，榛荆迷路不可尋。景彰欲導游青峰菴，足倦遂止。時青宫已獵遠郊，濂因登舟先還中都云。

惟二山見諸載記者，其説多乖殊。以塗山言之，《春秋左氏傳》云：「禹會諸侯於塗山。」杜預注云：「在壽春縣東北，説者云今濠州是也。」《國語》、《史記》則又云：「禹會諸侯於會稽。」故會稽亦有塗山。《吴越春秋》亦以塗山在會稽，又兼載塗山之歌。應劭云：「塗山在永興北，説者云今會稽蕭山縣是也。」是二説已不能歸於一致矣。至於蘇鶚《演義》又云：「塗山有四：一會稽，二渝州，三濠州，四當塗。」然其處皆有禹迹。或者遂謂禹之治水，固當徧歷宇内，而會諸侯實在會稽之塗山，柳子厚《塗山銘》，蘇子瞻、子由《塗山詩》，指在濠州者皆非。是濂之存疑而未決者一也。

以荊山言之，荆山，楚山也。楚之先王熊繹辟在荆山，篳路籃縷以處草莽，傳至成王始盛。又七傳至昭王，始遷都郢。昭王有言曰：「自吾先王受封，望不過江、漢，河非所獲罪。」則楚之封疆可知。郢即今之江陵，其地有荆山，一名景山，荆故楚號也，有之誠宜。世則指爲濠州。濠州古鍾離子國，與壽春密邇。楚自昭王之後又歷十一傳，至考烈王始徙都壽春。❶《韓非子》所載卞和獻玉事，乃在厲、武、文三王之際，昭王上接武王已越十世，當三王時，鍾離何嘗屬楚，而强謂卞和至此山耶？《新序》又謂抱玉而泣在共王之時，《雜記》又謂在懷王及其子平王之時。平王乃昭王之父，下距懷王九世，共王上至武王亦六世，何至顛倒錯亂如是耶？濂之存疑而未決者二也。

大抵山川遺跡，非本諸經史者多不可信。如葛洪丹井與郭景純之墓，在在有之，縱以高世之智，將何自辨其真僞邪？必欲可信，塗山當稽之左氏以壽春爲正，荆山當正諸史傳以江陵爲正。有謂塗山氏乃古國名，禹曾娶其女者，別是一説，與此殊不相涉也。濂耄矣！諸書遺忘，欲盡所記憶者，未必無舛謬，輒緣紀游，因挂漏書之，以發同游者一笑。同游者蓋太子正字桂彦良、晉府長史朱伯言、❷楚府長史朱伯清、吴府伴讀王致遠及景彰云。

勃尼國入貢記

濂承旨禁林日，福建行省都事沈秩來

❶「考」，原誤作「孝」，今據張本改。

❷「府」，原脱，今據張本補。

謁曰：「洪武三年秋八月，秩與監察御史張敬之等，奉詔往諭勃尼國。冬十月，由泉南入海。四年春三月乙酉朔，達闍婆。又踰月，始至其國。國王馬合謨沙僻據海中，❶倨傲無人臣禮。秩令譯人通言曰：『皇帝撫有四海，日月所照，霜露所墜，無不奉表稱臣。勃尼以彈丸之地，乃欲抗天威耶？』王大悟，舉手加額曰：『皇帝爲天下主，即吾之君父，安敢云抗？』秩即折之曰：『王既知君父之尊，爲臣子者奈何不敬？』亟撤王座而更設香几，寘詔書其上，命王帥官屬列拜於庭。秩奉詔立宣之，王俯伏以聽，成禮而退。明日，王辭曰：『近者蘇禄起兵來侵，子女玉帛盡爲所掠，必俟三年後國事稍紓，造舟以入貢爾。』秩曰：『皇帝登大寶已有年矣。四夷之國，東則日本、高麗，南則交趾、占城、闍婆，西則吐蕃，北則蒙古諸部落，使者接踵於道，王即行已晚，何謂三年？』王曰：『地瘠民貧，愧無奇珍以獻，故將遲遲爾，非有他也。』秩曰：『皇帝富有四海，豈有所求於王？但欲王之稱藩，一示無外爾。』王曰：『容與相臣圖之。』又明日，其相王宗恕來曰：『使者之言良是，請以五月五日成行。』闍婆有人間王曰：『蘇禄來攻王，我實帥師卻之。今聞歸誠中國，無我闍婆矣。』王惑之。秩復走見王，王辭以疾。秩大言謂宗恕曰：『爾謂闍婆非中國臣耶？闍婆尚稱臣，於爾國乎何有？使者朝還，大兵且夕至，雖欲噬臍，悔可及乎？』宗恕悚然曰：『敬聞命矣。』乃入白王。王大會其屬，共議遣亦思麻逸等四人入朝。

❶「據」，張本作「處」。

臨發，王以金佩刀、吉貝布爲贈，❶秩毅然辭之。王顧近侍曰：『中國使者廉潔乃如是耶？闍婆來人誅索每無厭，況强之而不受耶？爾曹宜效之。』秩以涉海萬里，不可以無紀，乃與敬之各賦一詩。王大悦，請書於殿中懸之。❷既與王別，舟行至海口，王又惑左右言，令人謂亦思麻逸曰：『使者不受刀布，爾等必不還矣。』秩恐王不安，❸復走王所，反覆譬曉之。王曰：『使者之言如此，予中心釋然矣！』王舉酒爲別，酹地祝曰：『願使者蚤還中國，願亦思麻逸蚤歸敝邦。』秋八月十五日，還京師。十六日，以亦思麻逸等入見，錫燕於會同館。已而遣歸，寵賚其王甚厚云。其所貢物，鶴頂生玳瑁、大片龍腦、米龍腦、❹黄蠟、降真諸香；其表用金刻番書，彷彿如回鶻書，其文鄙陋不足觀；皇太子牋用銀牋，文與表相類。其地炎熱多風雨，無城郭，樹木柵爲固。王之所居若樓，❺覆以貝多葉。王綰髻裸跣，腰纏花布，無輿馬，出入徒行。城中人不滿三千家，多業漁，翦髮齊額。婦人衣短衫，僅蔽胸背，腰繫花布，散髮跣足。其物産則吉貝、黄蠟、降真、龜筒、玳瑁、檳榔。煮海爲鹽，漉椰漿爲酒，無稻麥，捕生魚、鰕、蟹食之，兼食沙糊。沙糊者，取樹實爲漿，澄漉細膩如粉，食之能不饑。食無器皿，以竹編貝多葉爲之，食畢則棄之。番書無筆札，以刀刻貝多葉行之。事佛甚嚴，以五月十三日爲節，國人亦於是日作佛事。若有燕饗，

❶「貝」，原誤作「具」，今據胡本、黄溥本、韓本改。
❷「殿」，張本作「版」。
❸「安」，張本作「喻」。
❹「米」，原作「朱」，今據張本改。
❺「王」，原作「主」，今據張本改。

則刲羊、豕、雞、鵝，鳴鼓擊鈸以爲樂，此其大凡也。先生職在大史，願爲詳紀之，以昭聖化所被之盛。」

濂聞勃尼在西南大海中，所統一十四州，去闍婆四十五日程，去占城與摩逸各三十日程，去三佛齊四十日程，歷代未嘗朝貢，故史籍不載。至宋太平興國二年，其王向打始因商人蒲盧歇，遣施弩使副蒲亞利、判官哥心等齎表來貢。元豐五年二月，其王錫理麻喏復遣使如前。自後輒不聞。元有國百餘年，亦不復至。方今聖人在上，威德之所被，無遠不屆，璽書一頒，輒稽首臣順，稽之往古，允謂過之。至若秩等奉宣德音，辭令所加，足以讋服其心，亦可謂不辱君命者矣。其事宜書，以俟他時修正史者采焉。

秩，字仲庸，湖之烏程人；敬之，字某，某州人。二人協心謀慮，無役不偕行，故卒能成功云。

浦陽棲静精舍記

浦江縣東十五里，其地曰花山，地勢夷曠，宜學佛者居之。元至正己亥，同縣淨住院沙門明叟昌公與其弟子無聞聰公卓錫於兹，晝夜以禪寂爲務。庚子，建演法堂成；辛丑，佛閣成；壬寅，大佛寶殿成。三門兩序，庖庫像設，以次咸具，皆二公之締構，而諸徒智觀、如玢、處仁、行滿，竭力左右，始克告完。於是置山林田園各若干畝，用給薪米之費。定爲成規，使甲乙相傳，戒勿血食醪飲，違佛大禁。雞鳴而起，日入而息，焫香梵唄，以祝釐報上，不敢怠遑。昌公遂名之曰「棲静精舍」云。

初，千巖禪師長公説法義烏伏龍山，昌公實往咨叩。禪師憫其求道懇切，示以禪要。昌公遵行甚力，逮夫功至心空。一旦，無疾辭衆而説偈云：「生本非生，滅亦無滅。撒手便行，虛空片月。」説已，端坐而逝，時國朝洪武丙辰十月三日也。昌公既順寂，聰公繼之，弗懈益虔，深懼來者不知植業之艱勤，來徵予文爲記，俾嗣葺之，以致悠久。予游宦南京二十年，今始納禄而歸，州里之事，皆若無聞知。每見白麟溪隱者鄭源，談昌公之制行甚峻，而左溪曰師亦備道聰公護戒絶謹，因不讓而爲之言曰：

佛之妙法，如芬陀利華。雖生於水，不著於水，清淨自然，無所染汙。故契經有云，於身無所取，於脩無所著，於法無所住，所以然者，蓋恐墮於有漏之因也。然而根有勝劣，功有偏圓，未可一軌齊之。初機之士，必假法像以攝麤執，❶積久馴熟，至於心法兩忘，始爲得之，不宜遽謂崇建塔廟之爲非也。從有漏以至無漏，法門次第，豈不粲然可徵者乎？昌公之建立於初，棲禪静寂，洞徹心源，談笑去來，曾無留礙，此又非明效大驗乎？嗣守之者，宜鑑昌公之所證，毋廢其舊規，毋隳其成事，缺則補而葺之，弊則更而新之，庶幾不墜前人之志，可以入菩提之門，而超煩惱之海矣乎！昔我大雄世尊，以聖賢天人脩行住處，付囑星宿天龍藥叉大鬼神等，分布守護，故凡佛刹之所營創，幽明之際，必有尸之者矣，豈曰偶然之故哉？不惟僧伽之徒，當繼承惟謹，世之宰官及賢士大夫，多寶長者，亦思因果之不昧，相與護持之，使其永勿壞可也。是

❶「攝」下，張本有「□」。

爲記。

東陽興修乾元宫記

婺之東陽，直縣西二里所，東嶽行廟在焉。莫詳其建立之歲。宋紹興中，鄉先達朝奉大夫曹冠嘗重構之。歷一百三十餘年，馴致隳壞。元至元中，邑民曹序又補葺以還舊觀，且請廟額曰「乾元宫」，命道家者流司之，入田一百二十畝以爲養生之具。又歷五十餘年，其隳壞如初。至順末，縣尹許思忠禜雨有驗，屬大姓一新之。僅三十年，又駸駸就壓矣。❶

至正之季，國兵取婺州，縣地内屬，帳前總管陳從貴來知縣事。會夏秋久不雨，聞思忠之故，往與神約曰：「期三日雨。若雨，當新其廟。」已而果雨，歲因有秋，爲建大門五楹間。及從貴報政而去，事遂寢。自是迫於科繇，非惟廟室日圮，而所入之田，亦且質鬻殆盡。

尚義之士李灝、蔣齊真、鍾道壽、俞閏、樓鉉五人者，相與謀曰：「吾儕藉神之休，克有闔廬，以蔽風雨，而神宇若是，無乃不可乎？」於是各捐私橐而興修之。不足，則遣緩頰之徒，説諸有力者，土木之需，❷不期月而集。新作寢宫，以間計者三；正殿則葺而完之，其間如寢宫之數；東西二序各二十有二，皆易朽腐而爲堅良。然神道貴清静，恐細氓之或瀆也，創外門以扃鐍之；像設黕昧剥蝕者，施丹雘以藻飾之。殿閣深沈，儀容嚴飭，靈飆襲人，如將見之。經

❶「又」，原誤作「人」，今據張本改。
❷「需」，張本作「材」。

始於洪武十年某月某甲子，告成於十一年某月某甲子。仍擇純行道士周節亨爲其主守，歸田若干畝，收其粟以給羞服薌燈之費，爲慮甚周而成功甚鉅也。介濂學子葛信來求記。

濂聞岱宗地祇之屬，不可以形像求也。古者北郊與享之外，唯魯君得專祠於壇，亦無所謂廟也。其建廟設像於桑乾河北，則自元魏始。魏之廟止於桑乾而已，而不及乎其他也。五嶽各於山趾立廟，復自李唐始。唐雖立廟而加之王爵，猶未徧於寰宇也。四海郡縣皆有廟以祭，復自趙宋始。宋則封之曰「帝」，與昊天上帝並稱矣。夫以嶽祇而與昊天抗，在古所未聞，質之於禮，誠有難言者乎？皇明御極，一以禮事神而不敢褻，特降璽書，正名定號曰「東嶽泰山之神」。命使者至山麓望祭，勒石廟中，以示敬恭明神之意。歷代之陋至是而盡革矣。然而州邑之間復或祀之如故者，皇仁溥博，從民之欲而不忍咈其情，所謂有其舉之，莫敢廢也。

嗚呼！先王之禮山川，有能潤於百里者，皆秩而祭之，況泰山之雲，不崇朝而徧雨乎？天下尸而祝之，其亦本乎人情哉！濂官儀曹時，嘗與討論典禮，因推璽書之所及，以定天下百神名號，亦既奏聞，列之祀典而頒行四方。今從顯等之請，故備書之，以見禮之不可紊者如此。顯等韋布之士也，非有官守之責，而能致力於神，惓惓乃爾，可不謂之賢乎？後之人尚察其衷而蹈其轍，斯可也。

徐教授文集序

曹丕有言，文章者，不朽之盛事。其故

何哉？夫山之巍然，有時而崩也；川之泓然，有時而竭也；金與石至固且堅，亦有時而銷泐也。文辭所寄，不越乎竹素之間，而謂其能不朽者，蓋天地之間有形則敝。文者，道之所寓也。道無形也，其能致不朽也宜哉！

是故天地未判，道在天地；天地既分，道在聖賢；聖賢之歿，道在六經。凡存心養性之理，窮神知化之方，天人應感之機，治忽存亡之候，莫不畢書之。皇極賴之以建，彝倫賴之以叙，人心賴之以正，此豈細故也哉？後之立言者，必期無背於經，始可以言文。不然，不足以與此也。是故揚沙走石，飄忽奔放者，非文也；牛鬼蛇神，俶誕不經而弗能宣通者，非文也；桑間濮上，危絃促管，徒使五音繁會而淫靡過度者，非文也；情緣憤怒，辭專譏訕，怨尤勃興，和順不足者，非文也；縱横捭闔，飾非助邪而務以欺人者，非文也；枯瘠苦澀，棘喉滯吻，讀之不復可句者，非文也；瘦辭隱語，雜以詼諧者，非文也；事類失倫，序例弗謹，黄鐘與瓦釜並陳，春穠與秋枯並出，雜亂無章，刺眯人目者，非文也；臭腐塌茸，厭厭不振，如下俚衣裝不中程度者，非文也。如斯之類，不能偏舉也。必也旋轉如乾坤，輝映如日月，闔闢如陰陽，變化如風霆，妙用同乎鬼神，大之用天下國家，小而爲天下國家用，始可以言文。不然，不足以與此也。故所貴乎文者，前乎千萬世而不見其始，後乎千萬世而不知其終，有不可一刻而離去者，其能致不朽也宜哉！丕也惡足以知之？徒以魯國孔融等七子，學無所遺，辭無所假，足以令聲名傳後而已，安知其文哉！傳有之：「言以足志，文以足言，言之無文，行之不遠。」此則文之至者也。文之至者，文外無道，道外無文。粲然載於道德仁義之言者即道也；秩然見諸禮樂刑政之具者即文也。道積於厥躬，文不期工而自工。不務明道，縱若蠹魚出入於方册間，雖至老死，無片言可以近道也。夫自孟氏既没，世不復有文。賈長沙、董江都、太史遷得其皮膚，韓吏部、歐陽少師得其骨骼，舂陵、河南、横渠、考亭五夫子得其心髓。觀五夫子之所著，妙斡造化而弗違，百世以俟聖人而不惑。斯文也，非宋之文也，唐、虞、三代之文也；非唐、虞、三代之文也，六經之文也。文至於六經，至矣盡矣，其始無愧於文矣乎！世之立言者，奈何背而去之？

吾友天台徐君大章，賦資絶倫，自少學文，即期以載道，非六經所存，不復輕寘念慮於其間，含積既久，燁然以文名江南。洪武中嘗召入史館，與脩《大明日曆》。遂出教授武林，日以横經講道爲事。遠近生徒，莫不趨之，猶水之赴壑。當脩《日曆》時，予適爲之總裁，每與大章論文，竊歎今之作者，何其與古異也？大章深以予之言爲然。去歲過武林，獲觀其文集若干卷。今山居多暇，因徇大章門人之請，漫爲序其篇端。嗚呼！世有豪傑之士，知文與道非二致者，必以余説爲不謬；苟非其人，則以好高尚誇尤之矣。予一聽焉，無事乎辨也。

理學纂言序

自孟子之殁，大道晦冥，世人擿埴而索塗者，千有餘載。天生濂、洛、關、閩四夫子，始揭白日於中天，萬象森列，無不畢見，其功固偉矣。而集其大成者，唯考亭子朱子而已。

四夫子之微辭精義，朱子與吕成公既已纂成《近思録》，以六百二十二條，彙分十又四篇，朱子之道無異於四夫子也。其散見語言文辭者，廣博淵深，若未易測矣，❶焉可以不成編？❷是故覺軒蔡氏與三嶼陳氏皆嘗采爲《續録》以傳。退軒熊氏患其去取不同，摭朱子諸書之至精者爲《語要》，而於論學論事尤詳。虚谷方氏與熊氏同時，則又以爲門人之所紀録，不盡得其真，未若文辭出於親製而無可疑，復於百十卷中句鈔節析爲四十類，名之曰《晦菴集鈔》。嗚呼！尊朱子之學者，諸家亦可謂有其志矣！然而傷於簡者，既不足盡其真醇；病於繁者，又不能領其樞要，二者蓋胥失焉。

烏傷朱君伯清，自幼至老，酷嗜朱子之書，每謂人曰：「朱子之學，菽粟布帛也，天下一日不可無也。」伯清既受薦爲國史編脩，上簡主知，特詔授經於楚王府，其見於辭章，資爲講説，皆以朱子爲宗。已而不俟引年，納禄而歸，寄迹浦陽江上，日取朱子書温繹之。察陰陽鬼神之運行，驗心情性命之發舒，明白昭著，循環無窮，皆本乎道體之妙。所見端確，所得粹凝。於是即朱子精語編成《理學纂言》一書，其凡例全倣《近思録》。其所采語録，雖雜以方言，唯恐失真，片辭不敢移易，氣象或不類者删之；其於文集，則節取切而要者載焉。凡八千三百條，方之於諸家，殊適厥中。取而讀之，不翅親逢朱子在坐，而見門人難疑答問之盛，不知其身生於二百年之後也。伯清

❶「測矣」，胡本、韓本作「涯涘」。
❷「焉」，張本作「烏」。

嘉惠後學之功，何其至歟？

世之好著書者多矣，恃一偏之見，操無根之學，肆口詆斥，恬不自愧，何嘗能窺朱子之藩籬，是皆獲罪於伯清者也。抑嘗聞孔子，天之孝子也。以其扶持天地，植立綱常，爲千萬世計也。朱子之志實與孔子同，是亦孔子之孝子也。當今學者，瀾倒波隨，一惟卑陋之歸，伯清能尊朱子之學而扶導之，豈非朱子之孝子乎？夫孝者，善繼人之志者也，伯清實有焉。

伯清名濂，官至楚相府長史。其父裕軒先生，師事許文懿公。公則上承朱子六傳之緒，其家學淵源，蓋有所自云。

春秋本末序

洪武十一年夏五月，皇太子御文華殿，命侍臣講讀《春秋左氏傳》。既而曰：「諸國之事，雜見於二百四十二年之中，其本末未易見。曷若取《春秋分記》而類入之。《分記》，眉人程公説所述，有年表、世譜、名譜、世本、附録等類，頗失之繁，但依《世本》次第成書。先周，尊天王也；次魯，内望國也；次齊、晉，主盟中夏，故列之魯後，而齊復後於晉，以晉於周、魯爲親，其霸視齊爲長也；自齊而下，次宋、衛、蔡、陳，地醜德齊，而宋以公爵列於三國之首，衛、蔡、陳之爵皆侯也，鄭、曹、燕、秦皆伯也。陳、蔡獨後，異姓也；若楚，若吴，若越，以僭號見抑於《春秋》，並居其後，而小國戎狄附焉。」於是，文學臣傅藻等受命纂輯。編年一主乎魯，雖曰無事，一年各具四時，諸國依前序次，各繫以事。其有一事再見及三見者，通繫於主霸者之下；若重複者，則削之。訓詁以杜預爲之主，凡例所及，一一取旨而後定。繕寫爲三十卷，自春和門投進。皇上聞而嘉之，賜名曰《春秋本末》，敕内官刊梓禁中，以傳示四方。

臣濂聞諸師云：五經之有《春秋》，猶法律之有斷例也。法律則用刑禁暴以爲之範防，斷例則斟酌物之是非而定罪之重輕也。❶是故古之君臣無不習於《春秋》。使君而知《春秋》，方能盡代天理物之道；使臣而知《春秋》，方能盡事君如事天之誠。天衷以之而昭，民彝以之而正，何莫非《春秋》之教也。然而尊王賤霸，内夏外夷，其書法實嚴，必當曲暢以觀其同，參互以察其變，所謂屬辭比事者，始可言也。不然，如涉彼大海，渺無津涯，豈一蠡之可測哉？敬惟皇太子殿下，潛心聖學，其於六經之文，循環讀之，而尤惓惓於《春秋》。今命宮臣纂輯成書，一覽之頃，其本末瞭然，斯殆以人文化成天下也歟？皇上以大舜之資，善與人同，亟命流布於四海，是心也，天地之心也。臣幸生盛時，遭逢兩宮之聖，不勝慶忭之至，輒忘疏賤，著其述作大意於篇首。其校正無譌者，翰林典籍臣劉仲質、國子助教臣儲惟德；正書入梓者，中書舍人臣朱孟辯、臣宋璲、臣桂慎，鑄印局副使臣詹希元云。

靈隱大師復公文集序

才，體也；文，其用也。天下萬物有體斯有用也。若稽厥初，玄化流形，品物昭著，或洪或纖，或崇或卑，莫不因才之所受

❶ 上「之」，張本作「情」。

而自文焉，非可勉强而致也。姑就植者言之，黄者白者，青者紅者，黑而澤者，紫豔而腴者，翠白而緗緑者，❶五色交糅，變幻而不恒者，一囿於氣而弗可移也。至於洛陽有花，則絶類絶倫，其植物中之至文者歟？又以動者言之，雙角而火鬣者，兩羽而飛者，炳朗而斕斑者，介而紫暈者，鱗而含金者，衆彩錯布，焜煌而難名者，亦局乎氣而不能更也。至於岐陽有鳳，則超群拔萃，其動物中之至文者歟？

非惟物也，而人亦然。有一人之人，有十人之人，有百人之人，有千萬人之人，有億兆人之人，其賦受有不齊，故其著見亦不一而足。所謂億兆人之人，聖人是也；千萬人之人，賢人是也；百十人之人，衆人是也。衆人之文不足論，賢人之文則措之一鄉而準，措之一國而準，措之四海而準。聖人之文則幹天地之心，宰陽陰之權，掇五行之精，無鉅弗涵，無微弗攝；雷霆有時而藏，而其文弗息也；風雲有時而收，而其文弗停也；日月有時而蝕，而其文弗晦也；山崖有時而崩，而其文弗變也。其博大偉碩有如此者，而其運量則不越乎倫品之間，蓋其所稟者盛，故發之必弘；所予者周，故該之必備。嗚呼！此豈非體大而用弘者歟？

或曰：「上帝降衷，不以知愚而有偏。若子之言，不幾局囿乎氣而不遷者乎？」曰：「非是之謂也。其性同，其才或不同，雖以七十子之從聖人，其學各得其才之所近，況下此萬萬者乎？由是而觀，因才所受而自文者，人與動静之物，概可見矣。」濂之學文五十餘年，群書無不觀，萬理無不

❶「緑」，原誤作「緣」，今據胡本、韓本改。

窮，碩師鉅儒無不親，自意可以造作者之域。譬諸登山，攀躋峻絶，不爲不力，而崇顛咫尺不能到也。此無他，受才之有限也。世固有巵匜者焉，有甕盎者焉，有沼池者焉，有溪澗者焉，有湖江者焉，有溟渤者焉，水充其量則止，小固不能爲大，大亦不能爲小也。

濂昔官禁林，四方以文來見者甚衆。晚閲見心復公之作，❶穠麗而演迤，整暇而森嚴，劍出襓而珠走盤也。發爲聲歌，其清朗横逸，絶無流俗塵土之思，寘諸古人篇章中，幾不可辨。遐邇求者日接踵於門，既得之，不翅木難珊瑚之爲貴。公卿大夫交譽其賢，名聞九天。皇上詔侍臣取而覽之，特褒美弗置。濂因謂當今方袍之士與逢掖之流，鮮有過之者焉。今來朝京師，其徒曇鍠編類成書，釐爲十卷，來徵濂爲之序。

嗚呼！文者造化之英華，古今之綸貫，斷不可闕也。有若公者，拔於十百之中，超然騫舉，而慕賢者之閫奥，其可傳遠無疑。濂烏得不倡體用之説，以諗同志哉！有訕濂陷於一偏而不可爲訓者，非知言者也，不加功於文者也，是膠柱調瑟而弗知變通者也。

旌義編引

浦江鄭氏，世居縣東二十五里，鄉名感德，里曰仁義。其遠祖沖素處士綺，自宋建炎初至今，同居已十世，歷二百五十餘年，守詩書禮樂之教弗墜，宋元二史俱載《孝義傳》中。然其持守之規，前録五十八則，六

❶「晚」，原誤作「脱」，今據張本改。

世孫龍灣税課提領大和所建；後録七十則，續録九十二則，七世孫青漣府君欽、❶江浙行省都事鉉所補，皆已勒石鋟板。當時公卿大夫士所遺詩文，亦類爲《麟溪集》二十二卷刊示後昆。

今八世孫太常博士濤，復以爲三規閲世頗久，其中當有隨時變通者。乃帥三弟泳、澳、湜，白於二兄濂、源，同加損益，而合於一。其聞諸父之訓，曾行而未登載者，因增入之，總爲一百六十八則。文辭之屬，選有繫於事實者則録之，釐爲三卷，通名曰《旌義編》。既刻板可模印，請言其故於篇端。予與源爲姻家，濤爲同門友，而泳等又皆執經從余學，義不容辭。嗚呼！是編之行，其於厚人倫、美教化之道，誠有益哉！

鄭氏三子加冠命字祝辭有序

浦陽孝義之門曰鄭氏，其十世之長仲德甫，筮得柔日，宿余爲賓，將冠其從子木、杲、果。余親與之周旋降升，以成三加之禮。於是稽名定義，製字命之。夫平土有叢爲林，因字木曰叔林；日在木上爲杲，❷因字杲曰叔昇；丈夫致果爲毅，因字果曰叔毅。命已，遂通祝之以辭。辭曰：

三加三醮，既備禮儀。昭告爾字，各宜聽之。木從地生，含和茹滋。孤撑非貴，叢生乃奇。蔚若鄧林，陰陽蔽虧。欲構清廟，掄材實宜。毋學樗櫟，擁腫離疏。爲世鄙

❶「漣」，張本作「槤」。
❷「上」，原誤作「土」，今據張本改。

賤，工師莫窺。木其勖哉，夙夜克治。杲杲出日，新陽則微。及昇扶桑，其光陸離。媲諸靈扃，皦然弗緇。群昏既斂，洞察毫絲。毋若小夫，中宵而趨。擿埴索塗，陷於洿庳。杲尚勖哉，賢哲自期。人之立志，樹德爲基。唯果而毅，篤行不疑。譬之大將，建以鼓旗。奮矛争先，矯亢欲飛。毋習巽懦，如脂如韋。聞過罔悛，媕娿委蛇。❶ 果尚勖哉，振勵有爲。爾三子者，昧昧以思。彼蒼者天，體物無遺。或出或入，靡不爾隨。尚滌爾心，一髮勿私。履善蹈道，君子之歸。苟務口耳，言從行違。奚翅犢禽，安於鬚眉。世之恒流，父子異炊。脱有不善，衆方見嗤。況爾旌門，十葉聚居。名播寰宇，彤筆所書。尤當戰惕，若臨險巇。❷ 遵厥祖武，全其秉彝。群翔於堂，東塤西篪。獨行於庭，左矩右規。庶幾無愧，七尺之軀。予年耄矣，百艱備罹。涉事既廣，理能真知。諄諄爾誨，❸ 辭肯貢諛？ 請書座右，視如嚴師。

蘿山遷居志

余世居金華孝善里之潛谿。其地在縣東七十里禪定院側，溪之東，即入義烏境。元重紀至元元年乙亥正月十五日，授經浦江義門鄭氏。久之，以其家九葉同居，乃願卜鄰焉。相地於仁義里孝門橋之上，其地直縣東三十里，有山曰青蘿。至正六年丙戌十月二十七日，於山趾建寢室三楹間，繚

❶ 「蛇」，張本作「佗」。
❷ 「巇」，原作「戲」，今據張本改。
❸ 「誨」，原作「詢」，今據張本改。

以周垣，前敞小門。十年庚寅二月十五日，攜家自金華來遷，揭其扁曰「潛谿」，示不忘本也。十四年甲午十二月八日，再構前軒，如寢室之數，東西榮之屬，以次告完，扁軒曰「青蘿山房」，因舊山而志新築也。十八年戊戌六月十八日，國兵取浦江，遂避入諸暨，兵雖定，浦江當戎馬之衝，不可居。十九年己亥三月十五日，還潛谿故廬。越九載始重葺治，於是復來遷，時國朝吴元年丁未四月一日也。

惟古人最重遷。以墳墓在斯，親戚在斯，不敢輕於棄去；或去之，必出於勢之不得已。今予豈有他哉？特欲薰漸孝義之風，❶以勖我後人爾！然蘿山之望潛谿，朝發而夕至，非若别郡千百里之遠。宗屬之胥會，先塋之展省，固未嘗廢，其與弗遷者初何異哉？余既來遷，偶閱宋嘉定末官給地券，所居左右曰宋公園。園與予姓同，亦似不偶然哉，❷豈其數或前定歟？予子孫居於此者，毋析爨，毋爲不義，毋侵蝕比鄰，日衣被乎詩書，耕則爲良農，學則爲良儒，庶幾不負予之志也。

文原

余諱人以文生相命。丈夫七尺之軀，其所學者獨文乎哉？雖然，余之所謂文者，乃堯、舜、文王、孔子之文，非流俗之文也，學之固宜。浦江鄭楷、義烏劉剛，楷之弟柏嘗從予學，已知以道爲文，因作《文原》二篇以貽之。

❶「風」，原作「門」，今據張本改。
❷「哉」，張本作「者」。

其上篇曰：人文之顯，始於何時？實肇於庖犧之世。庖犧仰觀俯察，畫奇偶以象陽陰，變而通之，生生不窮，遂成天地自然之文。非惟至道含括無遺，而其制器尚象，亦非文不能成。如垂衣裳而治取諸乾、坤，上棟下宇取諸大壯，❶書契之造而取諸夬，舟楫牛馬之利而取諸涣、隨，杵臼棺槨之制而取諸小過、大過，重門擊柝而取諸豫，弧矢之用而取諸睽，何莫非粲然之文？自是推而存之，天衷民彝之叙，禮樂刑政之施，師旅征伐之法，井牧州里之辨，華夷内外之别，復皆則而象之。故凡有關民用及一切彌綸範圍之具，悉囿乎文，非文之外别有其他也。

然而事爲既著，無以紀載之則不能以行遠，始託諸辭翰以昭其文。略舉一二言之：禹敷土，隨山刊木，奠高山大川，既成功矣，然後筆之爲《禹貢》之文。周制聘覲燕享饋食昏喪諸禮，其升降揖讓之節，既行之矣，然後筆之爲《儀禮》之文。孔子居鄉黨，容色言動之間，從容中道，門人弟子既習見之矣，然後筆之爲《鄉黨》之文。其他格言大訓亦莫不然，必有其實而後文隨之，初未嘗以徒言爲也。譬猶聆衆樂於洞庭之野，而後知其音聲之抑揚、綴兆之舒疾也；習大射於矍相之圃，而後見觀者如堵牆，序點之揚觶也。苟踰度而臆決之，終不近也。昔者游、夏以文學名，謂觀其會通而酌其損益之宜而已，非專指乎辭翰之文也。嗚呼！吾之所謂文者，天生之，地載之，聖人宣之，本建則其末治，體著則其用章。斯所謂乘陰陽之大化，正三綱而齊六紀者也；

❶「宇」下，張本有「而」字。

亘宇宙之始終，類萬物而周八極者也。嗚呼！非知經天緯地之文者，惡足以語此。

其下篇曰：爲文必在養氣。氣與天地同，苟能充之，則可配序三靈，管攝萬彙，不然，則一介之小夫爾。君子所以攻内不攻外，圖大不圖小也。力可以舉鼎，人之所難也，而烏獲能之，君子不貴之者，以其局乎小也；智可以搏虎，人之所難也，而馮婦能之，君子不貴之者，以其鶩乎外也。氣得其養，無所不周，無所不極也；攬而爲文，無所不參，無所不包也。九天之屬，其高不可窺，八柱之列，其厚不可測，吾文之量得之；規燬魄淵，運行不息，基地萬熒，躔次弗紊，吾文之欻得之；昆侖縣圃之崇清，層城九重之嚴邃，吾文之峻得之；南桂北瀚，東瀛西溟，杳眇而無際，涵負而不竭，魚龍生焉，波濤興焉，吾文之深得之；雷霆鼓舞之，風雲翕張之，雨露潤澤之，鬼神恍惚，曾莫窮其端倪，吾文之變化得之；上下之間，自色自形，羽而飛，足而奔，潛而泳，植而茂，若洪若纖，若高若卑，不可以數計，吾文之隨物賦形得之。嗚呼！斯文也，聖人得之，則傳之萬世爲經；賢者得之，則放諸四海而準，輔相天地而不過，昭明日月而不忒，調燮四時而不愆，此豈非文之至者乎？

大道湮微，文氣日削，鶩乎外而不攻其内，局乎小而不圖其大，此無他，四瑕八冥九蠹有以累之也。何謂四瑕？雅鄭不分之謂荒，本末不比之謂斷，筋骸不束之謂緩，旨趣不超之謂凡。是四者，賊文之形也。何謂八冥？訐者將以疾夫誠，撱者將以蝕夫圜，庸者將以混夫奇，瘠者將以勝夫腴，觕者將以亂夫精，碎者將以害夫完，陋者將以革夫博，眯者將以損夫明。❶是八者，傷文之膏髓也。何謂九蠹？滑其真，散其神，揉其氛，❷徇其私，滅其知，麗其蔽，違其天，昧其幾，爽其貞。是九者，死文之心也，有一於此，則心受死而文喪矣。春葩秋卉之爭麗也，猵號林而蛩吟砌也，❸水湧蹄涔而火炫螢尾也，衣被土偶而不能視聽也，蠛蠓死生於甕盎，不知四海之大六合之廣也，斯皆不知養氣之故也。嗚呼！人能養氣，則情深而文明，氣盛而化神，當與天地同功也。與天地同功，而其智卒歸之一介小夫，不亦可悲也哉！

予既作《文原》上下篇，言雖大而非誇，唯智者然後能擇焉。去古遠矣，世之論文者有二：曰載道，曰紀事。紀事之文，當本之司馬遷、班固；而載道之文，舍六籍吾將焉從？雖然，六籍者，本與根也；遷、固者，枝與葉也。此固近代唐子西之論，而予之所見，則有異於是也。六籍之外，當以孟子爲宗，韓子次之，歐陽子又次之。此則國之通衢，無榛荆之塞，無蛇虎之禍，可以直趨聖賢之大道。去此，則曲狹僻徑耳，犖确邪蹊耳，胡可行哉？予竊怪世之爲文者不爲不多，騁新奇者，鉤摘隱伏，變更庸常，甚至不可句讀，且曰「不詰曲聱牙，非古文也」；樂陳腐者，一假場屋委靡之文，紛揉龐雜，略不見端緒，且曰「不淺易輕順，非古文也」。予皆不知其何說？大抵爲文者，欲其辭達而道明耳。吾道既明，何問其餘哉！雖然，道未易明也，必能知言養

❶「眛」，黄溥本、韩本作「昧」。
❷「揉」，黄溥本、韩本作「糅」。
❸「猵」，胡本作「猨」，黄溥本、韩本作「鳶」。

氣，始爲得之。予復悲世之爲文者，不知其故，頗能操觚遺辭，毅然以文章家自居，所以益摧落而不自振也。今以二三子所學日進於道，聊一言也。

書劉真人事

劉真人德仁，滄州樂陵人。始生有光照其室。及長讀書，稍通大義。會宋靖康之亂，徙居鹽山大平鄉。一日晨起，有老叟乘犢車相過，摭《道德經要言》授之，❶曰：「善識之，可以脩身，可以化人。」仍投筆一枝而去。自是玄學頓進，從之游者衆。

真人乃取所授書，敷繹其義以示人。一曰：「視物猶己，勿萌戕害兇嗔之心。」二曰：「忠於君，孝於親，誠於人，辭無綺語，口無惡聲。」三曰：「除邪淫，守清静。」四曰：「遠勢利，安賤貧，力耕而食，量入爲用。」五曰：「毋事博弈，毋習盜竊。」六曰：「毋飲酒茹葷，衣食取足，毋爲驕盈。」七曰：「虚心而弱志，和光而同塵。」八曰：「毋恃强梁，謙尊而光。」九曰：「知足不辱，知止不殆，學者宜世守之。」

金大定初，詔居京城天長觀，賜號東岳真人。傳其道者幾偏國中，且善於劾召之術。趙氏爲狐所祟，真人劾之，里中塋兆自焚，狐數百鳴嘯赴火死，人尤神之。然其養母如禮，及亡，喪祭一遵世教，無愆度者。後若干年，追封無憂普濟開明洞澈真人。❷

德仁卒，陳師正嗣。師正幼漁於河，德仁挈以入道，能預知吉凶事。師正卒，張信真

❶「道」，原作「拾」，今據張本改。
❷「澈」，張本作「微」。

嗣，有詩文數百篇，號《玄真集》，傳於世。信真卒，毛希琮嗣。當金之亡，兵戈俶擾，希琮能以柔而存。希琮卒，酈希誠嗣，元憲宗甚尊禮之，賜真人，號曰太玄，名其教曰真大道，仍給璽書護之。希誠卒，孫德福嗣。德福卒，李德和嗣。德和卒，岳德文嗣。德文卒，張清志嗣。自德仁至此，世稱之爲九祖云。

史官曰：道喪千載，諸子之言人人殊。德仁在宋、金之間，髣髴老子遺意以化人，人亦多從之者。蓋其清修寡欲，謙卑自守，力作而食，無求於人，實與天理合也。天理人心所同，固足以感召歟？彼得之，而此失之，其亦有以也夫！

題宋儒遺墨後

鄉先生宗正丞朱公冠之，嘗以勵志自號。袁正肅公廣微，爲作大字書，且造銘辭一通。先生之志剛大堅勁，袁公之銘雄渾剴切，皆學者所當則傚，裝褫成卷，以示諸人，理宜然也。

卷後附以童仲光詩。仲光名必大，嘉定丁丑進士，官至知英德府，晚自號爲盤隱。詩序之舉裕齋，即馬華父；東巖主人，即虞從道也。次附袁公答書，正先生令縉雲日所遺。先是，先生平反董氏冤獄，袁公器其材，遂力舉其爲縣。書稱毅齋，即先生之師徐文清公崇父也。次附丞相葉西澗鎮之書，先生改官除幹辦行在諸司糧料院時所遺。西澗試上舍時，東巖拔爲兩優，釋褐第一，先生爲東巖密友，故因緣締交，此蓋賀生辰回劄也。次附大中大夫王某書，名將磨滅不可辨，不知爲誰。書中云「望門牆數舍」，又稱「契弟」，必先生鄉里人。竊意義烏王氏，宋季無爲大中大夫者。大中大夫雖從四品，號爲侍從官，極不易致，豈或旁縣之人耶？次附馬莊敏公華父書，書謂蒙齋老師者，即袁也。袁公之歿，痛悼驚呼甚切，則先生爲國愛賢之誠可知矣。

惟是諸君子，皆一時行義之士，顧瞻遺墨，儼若接乎容聲之間，景行行止之心，人孰無之？爲之掩卷太息而不能自已也。楚相府長史朱君伯清，索題甚急，即欲據筵疏之，其中多有可言者，惜乎匆遽不能致詳也。

恭題御訓談士奇命名字義後

國朝之制，設中書舍人十餘員，開署禁中，專掌繕書誥敕。書畢，赴吏部，主事徧詣中書省、御史臺、大都督府親簽名氏，然後頒行。湘陰談士奇，時官本部，主司勳之科。洪武十年春三月四日，受事於中書舍人，忽遇上御步輦而至，問曰：「爾爲誰？」士奇跪對：「臣吏部主事也。」曰：「爾何名？」對曰：「士奇。」曰：「其義云何？」對曰：「臣聞之於師，俊美之謂奇。」曰：「爾之入仕，儒耶吏耶？」對曰：「習刀筆之吏爾。」考功監令郭傳在側，奏曰：「士奇雖吏，頗誠慤自持。」上因命奉御取筆以進，書曰：「夫吏之爲奇，公以事，法以當，如律天下，他所不及，乃曰奇。」凡二十二言。士奇頓首再拜，舞蹈而退。士奇既默識之，歸紀於簡册，復用金書成卷，私竊以謂蟣蝨之臣，姓名上徹天聽，兼之聖謨洋洋，戒敕深至，真所謂千載一時者矣。乃來請記其事，以著寵恩之所自。

臣濂聞之，背私之謂公，當理之謂法。行法當理則不謬於是非，處事無私則允合於公正。苟能是，雖律之天下，人將有所不及，始可謂之奇丈夫矣。至哉聖人之言，何其表裏之兼該，本末之詳明也哉！士奇宜晝夜欽承，以奇自負，精白一心，盡瘁事國，庶幾無愧寵靈之施者矣。士奇尚勖之哉！

士奇通法律，歷長沙、衡陽二府史，陞湖廣按察司書吏，擢虎賁左衛知事，以轉今官云。

題東陽二何君周禮義後

世有恒言，決科之文，不足以行遠。嗚呼！豈其然哉？顧其合道與否爲何如耳。昔吕成公之編《文鑑》，其用意浸精密，而張廷堅所著《尚書義》二篇，特載入之，與《龍圖序》諸文並傳四海之中。但識字者皆知誦之，苟謂其不能行遠可乎？

東陽何氏，宋季多以科目發身，内舍生夢申與其弟參知政事夢然所作《周禮義》各一首，皆近道之言，較之廷堅，未見其不及也。五世孫觀光唯恐失墜，裝褫成卷，求予題而藏之。亦可謂孝子慈孫者矣。

題何氏續書般若心經後

泉府都事東陽何公福僧，心崇内典，特粉黄金爲泥，寫《般若心經》，僅五十五字而公遽捐館舍。後六十年，而公之孫觀光始補書爲完經。初，公既寫是經，藏篋衍中，時聞金石鏗鏘之聲，家人亦不知爲何祥。觀光偶見之，遂續其後，於是其聲遂絶。

噫，亦異哉！

稽之在昔，宋慶曆中，張文定公安道，自禁林出守於滁，入琅琊僧舍，見《楞伽經》二卷，恍然悟其前身所書，尚缺二卷，安道遂從而補之，世號爲「二生經」。今都事公書之於前，而觀光續之於後，祖與孫同一氣所生者也。雖曰異世，而精神感通，終出一軌，較之二生，不尤爲至近者乎？

竊惟《心經》，凡更三譯，實大部般若之樞要。首之以五蘊，繼之以十二處、十八界，因其根有利鈍，故其說有廣略，非夙有緣契，莫能注意於斯。觀光可謂善繼先志者矣。濂又聞安道既見《楞伽》，開卷未終，夙障冰解，從是有所悟入。觀光他日於一言之下，洞徹心源，其造詣未必出於安道之下也。觀光尚勖之哉！

題繼絶宗賦太璞詩後

右鏡中憶佛叟所賦《太璞詩》一章，贈其弟子具菴法師。具菴久從叟受經，傳三觀十乘之旨，本末弗遺，小大兼舉，叟甚愛之。故因具菴之名如玘，而字曰太璞，且爲賦是詩，惓惓以苦雕琢、輕暗投爲戒，師弟子之間可謂恩之至、義之盡者也。然而教中諸師，自縉雲至左溪，以玄珠相付，嚮晦宴息而已，正不欲其暗投，況復雕之琢之以傷其璞哉！叟之含意也亦深矣。具菴嚴奉叟戒，祕藏不露，道成之後，沖然而若虛。然而玉氣燁燁，上射斗牛，終有不可掩者。黑白同辭，遂推具菴爲台宗巨擘。具菴雖欲自閟，孰得而閟之哉？

嗚呼！名者，實之賓也。實茂而名彰，亦其理當然爾。具菴裝詩成軸，而徵濂識之，於是乎書。

題栲栳山人詩集後

餘姚岑公静能，志節之士也。其居鄉也，人皆敬而憚之。是何也？其出言可爲世則，其制行可爲世範。所以名閥之家，雖至凋瘁，多藉之以自立；崛起寒微之輩，縱富埒公侯，亦不爲凌躐之事。設有之，往往私相謂曰：「岑先生莫知之乎？」復退縮不敢吐氣。或者不知，徒謂公爲詩人。嗚呼，公果詩人也哉？廣西部使者虞泰魯瞻，其鄉中子也，力請予題。聊紀公之賢行，以示讀公詩者。

題子昂書招隱卷後

右趙魏公所書《招隱士》一篇。公自大德三年八月改集賢直學士，行江浙等處儒學提舉，至七年十月，已閱五載，而公年亦五十矣。鄉先生方君壽甫，從其父巖南翁游杭，提舉官署時寓於杭府，故先生得見公而請書此卷也。卷左有翰林待制柳公、長薌山長吴公題識，二公皆濂所嘗師事者。九京不可作矣，披玩數四，不覺淚落紙上。

題七才子圖

右《七才子圖》，蓋唐檢校左僕射同中書門下平章事韓滉所作。滉善書，得顛旭筆意；畫則與宗人韓幹齊名，其妙不待贊也。宋宣和間，嘗入御府，故用小璽識於前後，其第六璽乃「帝筆」二字，見於義雲章及林罕《偏傍記》。或者以此圖乃祐陵所臨。祐陵作畫，固有晉唐風致，然畫後必有署押，予於中祕屢見之，因知其非也。或又歸之邱文播。文播雖亦畫七才子，其運思平凡，烏足以敵是哉！黄金白璧可得，而此卷未易得，尚永寶之。

題桂隱遺文後

右桂隱黄先生遺文一十二篇，其曾孫翰林侍講學士文獻公溍所鈔。濂嘗受業公門，見公追念先德，日蒐墜逸，手録成編，此蓋其藁本也。濂之學子同里俞生恂購得之，請識其後。

先生諱夢炎，字子暘，烏傷人。博學工文辭，擢宋淳祐十年進士第，官至朝散大夫，行太常丞兼樞密院編脩官兼權左曹郎官，以朝請大夫致其事。先生能文，入仕之詳，人類能道之，至於志節之卓，政事之美，則鮮有知之者也。先生爲人不苟合，忠君憂國之意，惓惓不忘，故於論對之際，數以脩君德、謹邊事爲戒。權臣才之，欲寘諸言路，使奉行其風指，先生力辭不就。此固足以增夫名教之重。然其仁民之政，尤不可以一二數。在淮東制幕，建議蠲放屯田租四千七百餘石；通判蘇州，撙節浮費，獲錢十七萬緡，以代民租。嗚呼！先生可謂偉特不群之士矣。非公之宏才碩學以繼其後，又惡能世濟其美也耶？今去公之殁已二十二年，公之尚德尊祖之意，猶煒然見於觚翰間。覽是編者，其有不油然而興感者乎？非但玩其字畫之妙而已也。

拾遺六篇，公之高第弟子翰林待制王君褘手鈔，從公命也。恂并裝褫，以附其後云。

題禊帖

唐太宗詔供奉官四人臨摹禊帖，趙模、諸葛貞得其筆意，湯普徹得其形似，而馮承素於形意二者兼有之。此卷精神飛動，下於右軍真跡一等，其或出於承素者歟？

題唐摹東方朔畫像贊

右唐人所摹《東方朔畫像贊》，圭角渾融而光精燁然，非深知晉人筆法者不能。予在中祕，獲觀褚登善鉤搨《黄庭經》，與此正同，雖紙墨亦不殊。信可寶也！

題褚書千文

褚遂良書見於石刻者，世亦甚鮮，况其真蹟乎！今觀所書《千文》，柔勁險媚，真如鐵綫縈結而成。或者評爲柳誠懸所臨褚書，似則似矣，其入神處，恐非誠懸所至也。

題蔣伯康小傳後

吾婺自東萊吕成公傳中原文獻之正，風聲氣習，藹然如鄒魯，而其屬邑東陽爲尤盛。有若李正節侯茂欽、信國葛端獻公容甫、監察御史喬公世用、通判眉州趙公周錫，皆成公之高第弟子。或以忠義顯，或以政事稱，或以文學著，傳之當世，布之簡書，相去一百餘載，人猶象而法之。嗚呼，何其盛也！

今觀蔣君伯康小傳，述其立身行己，動法古人，阽危之際，又能力持其家使勿墜，斯可謂之賢矣。此固伯康問學之美所由致，自非前修流風遺澤有以薰蒸之，亦未必遽至於斯也。嗚呼！維桑與梓，必恭敬止。矧吾父母之邦，賢哲奮興，前啓後承，❶雖隱顯之或殊，揆諸物則民彝之懿，皆可以無愧。聞風而興起者，孰謂後無其人乎？故因稱伯康之賢，特推其本而言之，忠厚君子當有取焉。

永明智覺禪師遺像贊

禪師諱延壽，字沖玄，餘杭王氏子也。得法於天台韶國師，大弘法眼正宗，華夷尊慕，座下弟子至二千人。淨慈禪寺藏其遺像，雖多歷年所，儼若生存。會濂過錢塘，其住持同菴簡公以像求贊。濂因造之，而請同菴繕書其上。贊曰：

我聞智覺大道師，進脩精明無與等。誦經群羊來跪聽，習定鳥巢衣裓中。一旦撥開光明藏，際天蟠地悉開朗。如揭日月照群迷，無有擿埴索塗者。諸法盡從緣生滅，此實佛語非我語。人知生滅總由緣，庶幾不爲識神惑。因病發藥此爲最，何翅藥王奪命丹。四性寂然本不生，三知廣喻益親切。有如慈母於赤子，煦嫗護持不少忘。性相三宗互矛盾，有礙如來正法輪。更相質難辨異同，折以一心歸覺路。譬猶欲適長安者，道塗紛紜走車馬。或南或北或西東，及其至處見不別。呼爲宗鏡名實稱，萬別千差咸照了。道高非特被真丹，海外之邦尤企豔。金絲伽黎及澡瓶，遣使來施不復吝。我與導師有宿因，般若光中無去來。今觀遺像重作禮，忽悟三世了如幻。靈山

❶「啓」，張本作「被」。

一會猶儼然，願證如如大圓智。

魚籃觀音像贊

予按《觀音感應傳》：唐元和十二年，陝右金沙灘上，有美豔女子，挈籃鬻魚，人競欲室之。女曰：「妾能授經，一夕能誦《普門品》者事焉。」黎明，能者二十。女辭曰：「一身豈堪配衆夫耶？請易《金剛經》，如前期。」能者復居其半。女又辭，請易《法華經》，期以三日，唯馬氏子能。女令具禮成昏。入門，女即死，死即糜爛立盡，遽瘞之。他日，有僧同馬氏子啓藏觀之，唯黄金鎖子骨存焉。僧曰：「此觀音示現以化汝耳。」言訖，飛空而去。自是陝西多誦經者。烏傷劉某，命栝人吴福用金碧畫成一幀，月旦十五日展而謁焉。請予序其事。序已，繫之贊曰：

惟我大士，慈憫衆生。耽著五欲，不求解脱。乃化女子，端嚴姝麗。因其所慕，導入善門。一刹那間，遽爾變壞。昔如紅蓮，芳豔襲人。今則臭腐，蟲蛆流蝕。世間諸色，本屬空假。衆生愚癡，謂假爲真。類蛾赴燈，飛逐弗已。不至隕命，何有止息。當知實相，圓同太虛。無媸無妍，誰能破壞？大士之靈，如月在天。不分淨穢，普皆照了。凡皈依者，得大饒益。願即同歸，薩婆若海。

寫經爲像及血書心經贊

無授上士請能細書者，寫經成觀音大士像，復出指端血，書《心經》於像後，來請余贊。贊曰：

法門之相，有總有別。真身爲佛，佛説爲經。經屬於法，佛乃屬人。人法二相，了不相即。今因寫經，以成佛身。縱横曲折，無非經者。小如沙塵，中含法界，可喻總相。復刺鮮丹，重書契經，願力所致，如黄金色。大雖徑寸，視等鍼鋒，可喻別相。總別雖異，其理則一。由是觀之，佛法廣大，無所不攝。即別即總，非別非總。上士於此，忽然證得。展卷之間，不見有經。經且不有，而況於佛。乃知妙用，在吾一心。與經與佛，三無差別。善思念之，我説非妄。

重刻金剛般若尊經序贊

三界大師所説「般若」，蓋非一種，而《金剛般若》尤爲明心之要。《金剛般若》多至五千餘言，而「阿耨多羅三藐三菩提」九言，又爲一經之要。九言之中，而「菩提」二字復盡攝其義。蓋菩提者，覺也。佛則能覺，衆生則迷也。此經拳拳勸誘，欲衆生去迷而就覺爾。比邱弘暢，孳孳向道，其心堅如鐵石。近獲吴興趙魏公孟頫所書是經刻本，以閩中未之見也，持歸重刻之。乃來求贊，以廣流通。贊曰：

金剛大願海，普覺於一切。衆生正昏迷，夜行大澤中。冥冥無所覩，❶了不辨南北。坑穽在左右，虵虺復横縱。軀命不自保，喪壞在俄頃。忽遇紅日輪，赫然出東方。萬象都照了，細可分毫毛。四維及上下，無往不洞達。是經之化導，功德亦如是。比邱最善巧，嗜道如嗜利。鍥刻行閩粤，見者起信心。經如大火聚，威燄照天

❶「覩」，原作「視」，今據張本改。

赤。衆生妄想心，見之作灰燼。經如四大海，中具萬舟楫。衆生沈溺者，濟之升彼岸。經如香積廚，珍膳咸充足。衆生饑虛者，聞香息飽滿。推類而言之，更僕莫能盡。佛法難度量，贊歎輒成妄。返觀自性中，各有金剛王。與佛本一同，慎無輕棄者。

八支了義淨戒序贊

善世禪師薩訶拶釋理，自天竺來東土，敷宣正法，化導諸有情衆。近依契經，開演八支了義淨戒，分別事、理二犯。事犯易遮，理犯難制。於是推致其極，使人咸知法性本空，初無證修，斷常不立，真妄雙泯，佛之大戒，蓋無踰於此矣。禪師既已著爲儀文，命其弟子智光譯爲華言，以廣流通，而請金華宋濂爲之序。濂遂合爪作禮而説贊曰：

我聞波羅提木叉，二百五十爲防止。於中各具四威儀，合爲一千無剩欠。過去見在及未來，循環終始至三千。若以三千攝衆義，分配身口七支間。漸成二萬一千數，對治三毒諸惡業。大無不統小無遺，輾轉八萬四千門。法門高深固難測，終不能違事理外。事戒爲緣通萬境，乃於別別無因果。據行淩犯即制伏，是則名爲別解脱。理戒由其斷惑故，道性虛通隨類遣。不隨緣別起纏縛，是則名爲正解脱。西天佛子最善巧，開演八戒度衆生。重輕利鈍盡包羅，内外無爲亦如是。法門雖多趨則一，此謂持簡以御煩。有能被此護命鎧，魔軍雖强不敢侵。三學殊塗戒爲首，由戒生定以至慧。願入毘盧大道場，一念不生成正覺。

靈隱良禪師遺像贊

眼光閃爍，如秋隼之橫寥廓也；威鋒峭崿，猶於菟之踞叢薄也；文彩彰灼，藻火施而江漢濯也；正令揮霍，春雷霆而撤霰雹也。縈然而若有著也，悠然而無所泊也，洸然而不可度也，沈然而堪任其託也。是無忝佛智之孫，廣智之子，超然而頓覺者也。

淨慈寺新鑄銅鐘銘有序

皇明洪武十一年冬十有一月庚寅，杭之淨慈報恩禪寺住持夷簡，重治鐘樓成。復聚銅二萬觔，鑄鉅鐘懸之。用物甚弘，皆比邱安静善立化斂所致。夷簡請爲銘，與鐘相爲無極。銘曰：

南屏之山，中有梵宮。新作鉅鐘，聲震太空。一音普被，如佛住世。乘戒圓融，勝劣無滯。人天龍鬼，莫不能聞。所聞既泯，始顯本真。昔觀世音，由聞而證。圓通三昧，廓然正定。矧其神功，闔闢化衡。攝其陰趣，升爲陽明。聞聲而覺，覺我元性。性本空，執覺亦病。今三大士，成斯勝因。我以考以擊，以警昏昕。天光發舒，化佛湧出。我鐘熾然，共宣妙法。

唐鑄旃檀神王銅像銘

狻猊作冠被於背，副以黄金神武鎧，匡衛正法億萬載。

海東石硯銘二

形圓如日出海東，五色寒芒貫當中，發

爲人文亮天功。

毓至陽，産扶桑。玉之英，人之章。

硯銘三

玄之胄，静重故壽，以墨爲守勿輕售。

弘經演道，爾則茹之。掞葩揚藻，爾則吐之。

如鐵之堅，尚欲磨而穿，況斯石也乎？夜窮晝研，翕坤闢乾，期遠躋於聖域乎？

柳菴偈

本然淨上士，吴興人也。問道於淨慈同菴禪師，已而充侍司，陞主藏經之室。結廬苕谿上，環植垂柳，遂扁曰「柳菴」，因以自號。黄鶴仙人爲繪成圖。予謁同菴南屏山中，本然乃來徵予説偈。偈曰：

柳乃植物類，既已强名柳。菴與柳異趣，曷以柳名菴？菴柳不相涉，況復號諸人。若使會於一，適越而首燕。雖欲强相從，畢竟無合日。咄兹繪事假，非柳亦非菴。菴中亦非人，無一是真實。咸因觚翰力，幻出諸影像。盲者來捫摸，但見紙成軸。絶類梵志家，夢中而説夢。重重皆虚妄，誰爲能覺者？衆生强分别，見異不見同。世間諸品類，隨念各現前。諸佛善圓融，見同不見異。萬彙方芸芸，含攝盡歸一。非指可喻指，非馬可喻馬。難以目之覩，乃成心所障。有人斯有菴，有菴斯有柳。三者無二相，物我齊冥故。上士志心聽，我説柳菴偈。白石雖點頭，未嘗談一字。

宋文憲公全集卷二十六終

宋文憲公全集卷二十七

危孝子傳

臨海孝子危貞昉，字孟陽，事親以孝聞。其父孝先，洪武辛亥進士，擢官麟游丞，再遷陵川，坐法謫役江浦縣。貞昉時爲郡諸生，聞之，奔訴於郡守，欲走代之。守以其名隸學籍，難其行。貞昉號泣于庭，曰：「人孰無父哉！奈何獨沮於我也？」左右爲之言，獲如其請。即日上道，詣京師，伏闕上疏曰：「臣父陵川丞孝先，不幸絓吏議，輸作大江之濱，筋力向衰，不能執事。而大母范氏春秋復踰九十，旦旦念之，恐染霜露之疾，無以遂其菽水之忱，終天之憾，或及其身。臣犬馬之齒方殷，願代父作勞，使其歸養，雖即死無恨。聖天子以孝治天下，惟哀矜焉。」疏奏，上惻然從之。貞昉乃解儒衣，易短製，欣然就役，施施無難色。然質體尫弱，不勝負任之苦，越七月，病卒。

貞昉通《周易》，兼能學唐人歌詩。性剛直，讀古忠孝事，斂衽久之，且曰：「使貞昉生其時，亦當若是爾。」遇交友患難，蹈湯火赴援，不爲利害惑。卒時年二十八，聞者皆悲之。

爲説者曰：父子體殊而氣同者也。故古之孝子不以身自私，非過激也，宜也。有如貞昉者，詣闕上疏，欲代父受役，毅然以死自誓，唯知有父而不知有身，其殆近於古之孝子者非耶？嗚呼！死生於人大矣。貞昉之死於孝，是有益於天衷民彝之重，無愧於俯仰，無慊於神明，奚翅足矣，他尚何説哉！彼悖德犯上者，亦曷嘗不死，其死也如敗豚腐鼠，人孰稱道之？觀吾貞昉，❶則若威鳳之翔千仞，可望而不可即，得與失又爲何如哉？貞昉之名宜登國史，以風厲四方。予舊史官也，特爲立傳，使秉直筆者，他日有采焉。

王冕傳

王冕者，諸暨人。七八歲時，父命牧牛隴上，竊入學舍聽諸生誦書，聽已，輒默記。暮歸忘其牛，或牽牛來責蹊田，父怒撻之，已而復如初。母曰：「兒癡如此，曷不聽其所爲？」冕因去依僧寺以居，夜潛出坐佛膝上，執策映長明燈讀之，琅琅達旦。佛像多土偶，獰惡可怖，冕小兒恬若不見。安陽韓性聞而異之，録爲弟子，學遂爲通儒。性卒，門人事冕如事性。

時冕父已卒，即迎母入越城，就養久之。母思還故里，冕買白牛駕母車，自被古冠服隨車後，鄉里小兒競遮道訕笑，冕亦笑。著作郎李孝光欲薦之爲府史，冕罵曰：「吾有田可耕，有書可讀，肯朝夕抱案立庭下，備奴使哉！」每居小樓上，客至，僮入報，命之登，乃登。部使者行郡，坐馬上求見，拒之去。去不百武，冕倚樓長嘯，使者聞之慚。

冕屢應進士舉不中，歎曰：「此童子羞爲者，吾可溺是哉！」竟棄去。買舟下東吳，渡大江，入淮楚，歷覽名山川。或遇奇

❶「觀吾」，胡本作「吾觀」。

才俠客，談古豪傑事，即呼酒共飲，❶慷慨悲吟，人斥爲狂奴。北游燕都，館祕書卿泰不花家。泰不花薦以館職，冕曰：「公誠愚人哉！不滿十年，此中狐兔游矣，何以禄仕爲？」即日將南轅。會其友武林盧生死灤陽，唯兩幼女一童留燕，倀倀無所依。冕知之，不遠千里走灤陽，取生遺骨，且挈二女還生家。

冕既歸越，復大言天下將亂。時海內無事，或斥冕爲妄，冕曰：「妄人非我，誰當爲妄哉？」乃攜妻孥隱於九里山，種豆三畝，粟倍之；樹梅花千，桃杏居其半；芋一區，薤韭各百本；引水爲池，種魚千餘頭；結茅廬三間，自題爲「梅花屋」。嘗倣《周禮》著書一卷，坐卧自隨，祕不使人觀。更深人寂，輒挑燈朗諷，既而撫卷曰：「冕未即死，❷持此以遇明主，伊吕事業不難致也。」當風日佳時，操觚賦詩，千百不休，皆鵬騫海怒，讀者毛髮爲聳。人至，不爲賓主禮，清談竟日不倦，食至輒食，都不必辭謝。善畫梅，不減楊補之。求者肩背相望，以繒幅短長爲得米之差。人譏之，冕曰：「吾藉是以養口體，豈好爲人家作畫師哉！」未幾，汝潁兵起，一一如冕言。

皇帝取婺州，將攻越，物色得冕，寘幕府，授以諮議參軍。一夕，以病死。冕狀貌魁偉，美鬚髯，磊落有大志，不得少試以死，君子惜之。

史官曰：予受學城南時，見孟寀言越有狂生，當天大雪，赤足上潛嶽峰，四顧大呼曰：「偏天地間皆白玉合成，使人心膽澄

❶「飲」，原作「歎」，今據張本改。
❷「冕」，張本作「吾」。

澈，便欲仙去。」及入城，戴大帽如莚，穿曳地袍翩翩行，兩袂軒著，譁笑溢市中。予甚疑其人，訪識者問之，即冕也。冕真怪民哉！馬不覂駕，不足以見其奇才，冕亦類是夫！

王節婦湯氏傳

婦以節名，非常也，變也。變而不失其正，不亦善之善者乎？若王節婦者是已。

節婦名慕貞，姓湯氏。世居武林施水坊。父榮，母戚氏。慕貞生十七年，同里王君暹聞有容德，俾其子常奠雁納爲室。既歸，三族媪御交譽之。常字彦常，少有遠游志。既生女及男驥，元至正乙未出商番禺，已而之桂林，後六年死焉。慕貞二十七矣，遥望南海，淚眼無乾時。上承舅姑，米薪鹽醯之費，靡不經度，不足，使蒼頭貿易以給，舅姑忘其子之亡。舅嘗患疽，慕貞稽顙北辰，乞以身代，疾乃瘳。舅有女兄二人，年耄無所依，慕貞迎還於家，終養同其姑。夫之季弟曰暉，娶史氏，育二女，貧不能嫁，慕貞擇良壻，治嫁具遣之。暉與史旅死三衢，慕貞不憚千里之遠，取二喪藏諸先塋。

其訓驥尤切，俾事賢傅，受《春秋》三傳之學。國朝洪武癸丑，取浙江行省第六名文解貢入成均，選授吴王府伴讀，朝夕陳訓于王。久之，拜監察御史。近以使事入閩，過其家，方嶽大臣洎部使者交謁于門，問母夫人無恙，人爲慕貞榮，慕貞不自樂也。且曰：「我未亡人爾，自意危如朝露，不復有今日。幸視驥加長，歲時持一觴酒酹王家墳上，庶他日九泉見彦常無慚色。爵禄之有無皆天也，奚暇計哉！」君子愈賢之。

嗚呼！婦之青年喪夫，最號多艱。儻居貴富家，有僕媵足以備驅役，闔廬足以蔽雨風，粟帛足以供衣食，猶可自安。苟或煢煢弔影，室如懸磬，忍寒夜織，機聲與候蟲齊鳴，達曙不休，自非鐵心石腸，未必不爲之動也。學士大夫讀四庫之書，平日抗手論天下事，何處更有豪傑？一遇絲髮利害，反眼若不相識，視女婦未嘗知書者，乃有所不及，可勝歎哉！濂於慕貞之事，不得不爲之紀載也。夫移風俗、美教化之道，慕貞實有焉。因具書之，以厲爲人婦者。贊曰：

婦以節名，初非美稱。唯王婦湯，守變以貞。心堅同石，操潔如冰。太史作傳，永揚休聲。

義烏重濬繡川湖碑

義烏有繡川湖，在縣西一百五十步，廣袤九里三十步。舊設東西中三管，稽其户田之數，以均水利。其所溉凡八百九十五畝。後加疏瀹之功，其利愈溥，以畝計者，至於一千五百而贏。東南各有斗門，釃以二渠。東渠循堤折行，會于南又折而東，疏爲三以達于田。然而衆流行潢洿間，挾之入湖，其勢易致填閼。在宋紹興甲子，知縣董爟請湖爲放生池，嘗一濬之。淳熙戊戌，縣丞吴沃以春夏暴漲而淫，管不能宣洩，始更爲牐，視嬴縮而司啓閉，仍架石橋其上，人因以吴公名之。開禧丙寅，縣丞胡衍，景定甲子，知縣林桂發，復皆重濬之。自後無繼之者，一遇亢陽爲沴，水輒涸，田遂不稔。

曲阜孔侯來爲縣之三年，政通人和，百廢具興。乃躬履湖濱，愀然而歎曰：「無湖是無田也。茲非縣令之責乎？」歸與僚佐謀，集八鄉二十八里之民，量地定繇，分鄉授事，各植小幟以別其界域，使之不相淆亂，嚴示期約，責其成功。於是畚鍤齊舉，有不戒而趨之意。侯恐其過於勞也，趣承水利之家，具酒漿葅醢以食之，勸相既頻，功緒日就。湖之北，故爲官道，水齧蝕且盡，因築而廣之；湖南沿隄亦有曲徑以通人行，居民侵塞，且及湖百尺，皆斥而復之，雜藝花柳，映帶左右，復聚土爲山於花島之後。經始於今洪武戊午正月十五日，至三月十八日，湖之濬已及三之二，以東作方興，遂輟其功。其深約五尺有奇，役工三萬二千有奇。自興是役，晝恒晴，夜或雨雪，迨夫遂事，淫霖久不止，君子謂侯愛民之所感。是歲，婺七縣大旱，並湖之田，獨獲有秋。縣人士懷侯不能忘，援昔人名橋故事，既名土山爲孔公墩，以識侯功；復來謁予文爲記，欲示後之爲令者，俾嗣濬之。

予觀載籍之中有民社者，能脩陂渠之政，則屢書之而不厭其詳，此無他，以民食之所繫，故特用是以爲勸也。昔者史起之爲鄴令，大興水利以利民，至有「舄鹵生稻粱」之謡，逮今五尺之童，亦有能知其賢者。世之爲令者，苟能如起之愛民，其脩名有不垂於無窮者乎？繡川湖縣之巨浸，一方之所倚賴，自景定甲子以迄于兹，已閱一百十五春秋，佩銅章墨綬者，不知其幾，人皆漠然不以爲意，而孔侯獨能行之，可謂無愧昔賢者矣。因備書之，勒於金石，非惟永侯之績，抑亦勸來者使則效之也。侯名克源，字敦夫，孔子五十五代孫。系之以詩曰：

華川之墟，衆水所趨。其勢回旋，匯而爲湖。黄流奔衝，歲受洿濁。不有濬之，化爲平陸。孰爲其先，澤我甫田。孰爲其後，維今之賢。其賢爲誰？裔自曲阜。我煦我育，不翅召父。百齡絶響，曰吾繼之。民食攸繫，何敢弗思。乃程土功，乃集徒旅。畚鍤齊興，其來如雨。森之綢綢，斥之綠綠。翕之鳩鳩，離之休休。窊者既深，壅者斯戢。建牐築防，節其出入。潦水時行，納之若虛。猶如東瀛，注於尾閭。亢陽爲沴，靡神不格。徒爾號呼，土毛盡赤。我行我野，黍苗芃芃。亦有流泉，其聲潨潨。人力勝天，遵古之義。胡不是脩，索諸芒昧。彼歲遘凶，我年獨豐。拊己而思，曰誰之功。❶功在不刊，非文莫紀。采而書之，敢告惇史。

蘇州萬壽禪寺重構佛殿碑

蘇之長洲東北二里，萬壽報恩光孝禪寺在焉。初，晉義熙中，有沙門曰法惛，自西域至中夏，與慧遠法師結社廬山。已而來蘇，以念佛三昧，化導有情。蘇人翕然歸之，爲建淨壽院。梁時更名「安國」。唐長壽二年，又更名「長壽」，尋毁于兵。吴越錢氏有國，吴中軍節度使錢文奉命重作之，❷又更名「安國吴長壽禪院」，始易禪僧明彦主之。宋大中祥符二年，丁晉公請奏改爲「萬壽」。崇寧二年詔加「崇寧」於「萬壽」之上。政和初，又更名「天寧」。紹興七年，復詔更今額，爲徽宗薦嚴之所。元至正末，天下大亂，❸寺爲兵所焚，群僧散走，鞠爲榴翳之場。

國朝洪武癸丑，蒲圻魏君觀來爲郡，周視廢基，蹙額而言曰：「是刹之廢，不得名

❶「曰」，原作「侯」，今據韓本改。
❷「吴中」，張本作「中吴」。
❸「大」，原脱，今據張本補。

浮屠不足以起之。行中禪師仁公，乃寂照和上世適，今住虎邱，德涵道融，堪爲人天師，且兼通儒家經，發爲辭章，嚴簡而有法，内外之學雙至，中興之責，庶其在是乎？」遣使者致書幣，凡三往而後應之。視其寢室，則牀第蔑如也；稽其穀粟，則盎無斗儲也；訊其執役，則童隸無有也。師泊然獨居，若享萬鍾之禄者。曾未幾何，僧之散者復還，遠近清脩士魚貫而來。有饋食者，有供三衣者，有施黄白金者。禪師曰：「可矣。」戒左右重構大雄殿五楹間。鑿石于山，市材于江，陶瓦于郊；工者奏技，壯者獻力。鞠明究曛，不督而集，四阿有嚴，若翬斯飛，丹雘絢爛，眩人心目。僝工於甲寅春二月，至乙卯冬十月，厥事告成。禪師太息曰：「寺之凡役，殿爲鉅。殿既成，門廡堂室當易爲爾。吾耄矣，宜選春秋强盛者繼之。」禪師乃退居松林蘭若，勤舊合輿議，延瑩中瓛公嗣其席。瓛公嘗請業禪師，不復固辭。乃走吴江水月廢刹，輦致三世如來像，妥奉殿中，觀者起敬。瓛公晝夜孳孳，將次第成禪師之志，復來請文以示後之人，誠可謂賢也已。

嗚呼！大千界中，不離一念，建治銷毁，隨感而形。昔也兹刹付之虐燄，化樓觀而爲灰燼，果誰使之哉？此一念也。今也剪翳剔荒，變瓦礫而成梵宫，又孰爲之哉？亦一念也。善惡之所繫，其懸隔有如此者，可不慎歟！禪師起廢之功，無讓於開基；瓛公善繼之力，必漸復於舊觀。皆肇於一念之善者也。法社緇衣之士，來居於兹，來游於兹，尚當擴而充之，爲聲聞，爲緣覺，爲菩提薩埵，雖等妙二覺，亦可拾級而升，無有出於此念之外者，毋徒委爲有漏因果而忽之哉！

寺有唐僧貫休所畫十六羅漢像，頗著靈異。吴越時，邵思寶等共建尊勝二石幢，今猶存。詩曰：

牽牛南斗姑胥墟。義熙神僧建梵居。相傳正受啓凡夫。以法籠絡爲周阹。洿泥欲現金芙蕖。盛衰相尋雲卷舒。歲幾及千道如初。飛樓湧殿薄太虚。鬱攸毒燄翻赤烏。化爲灰燼無復餘。上遮叢棘下夫須。白烟斜日寒隼呼。虎邱尊者名浮屠。見性烱若摩尼珠。胸中藏書比石渠。應聘而起三歎吁。食無糗糧衣無襦。赤立何以興吾廬。瀟然一榻結雙趺。風聲颯颯撼州閭。四方聞者魚貫趨。布泉盈橐粟滿車。捆載有若神鬼輸。❶成此寶構只須臾。礱礎承楹列碔砆。榱題攢星塗以朱。日月回薄氣扶輿。攝慳破執道力驅。空中樓閣齊毗盧。法筵誰嗣乃其徒。利如干將温六瑚。吴江有刹委平蕪。尚留像變金作膚。妙莊嚴像恣且都。輦致中座青蓮敷。直揭紅日升天衢。大綱既挈萬目攄。三門夾序暨堂塗。勢可馴致當不孤。秖今勝概迥然殊。黑白駢首施拜膜。鏜鞳始獲聞鼓魚。有情弱質同巴且。暮枯寧復論朝腴。一念摇曳風中旟。大雄慈憫猶已痛。乃假塔廟作世模。由外脩内垢淨除。事爲不落有與無。空空色色皆真如。作銘者誰列仙儒。鐫之青瑶字縈紆。後千百載期不渝。

重建寶婺觀碑

婺之寶婺觀，祠婺女星。始作於唐武

❶「捆」，張本作「梱」。

德四年。初在郡城西北，吴越有國時，刺史錢儼徙於子城上西南陬。宋淳熙十三年，以知州事洪邁請賜今額。元九十年，毁于火者再，皆官作之。

國朝洪武五年秋，觀復災。主觀道士楊道可與其徒同姓者德生、德清謀，謂祠星所以休民，興役而出於官，是厲民也。厲民弗祥。乃持曆走境内，告于衆庶，各出貨泉相厥事，而屬劉仲謀等十餘人，司出納之任。伐木於大山長谷，乘流而致于城下，僦匠傭工，甓城增址。作正殿五楹間，其南爲重閣三間，殿與閣之中構爲飛亭，亭之後先，聯屋以合庭霤。三門舊在閣南，正直通塗，今遷閣東三十步，由門循廊西上，抵玄武神祠，又折而西，始升於閣。三門之右，别建玄壇廟。餘若齋居、賓館之屬，各以次就緒，而星之像猶未具。先是，杭州衛都指揮使徐君司馬，嘗出鎮於婺，屢徼靈于星祠。其在杭也，夢有所見，遣使者問所須，以像闕告，因命斲沈水香爲像，名其閣曰「靈華」，而奉像置其上。道可復迎其教所嚴事者共祠焉。工始於災之明年，越六春秋，至十二年冬始成。蓋役夫縻錢以鉅萬計，而有司不知。

州民懽忻趨謁，以爲有所憑依，不可無以示來者。於是道可持幣走告于濂曰：「婺以星名州。星之澤州民者甚大。宋宣和三年，方臘反，睦將陷，郡統領劉光世討之，兵次蘭谿，未敢進，夢霞冠羽衣神趣之行，且以病指告。劉至，盜黨就禽。及謁星祠，其像如夢中，一指將墜。開禧三年大水，先期告守土吏爲備，民不漂溺。景定四年，武義山寇爲亂，來犯城，屯於谿南，遇嫗鬻屨，長數尺，盜怪問之，嫗曰：『城中人屨，皆若是耳！』盗驚散去。元至元十三年，郡既降復守，元將高興怒，欲屠城，夢神諭以勿殺。明日以火矢射觀，矢返墮，軍中見巨人坐城上，濯足城南水中，大駭，遂下令風民降，不敢戮一人。至正十六年，沿海翼兵自蘭谿夜叛還，謀襲郡城。神化婦人導叛兵食瓜田間，食已，皆昏迷失道，至城而天已曙，官兵有備，遂伏誅。此皆彰灼可徵之大者。而疾癘旱澇之禱爲尤驗，固未易悉數也。今觀事幸復乎故，皆神靈之所致，願并記之。」

濂曰：婺女之於茲郡，猶參之於晉陽，辰之於商邱，固宜祠而祭之。然惟有國者得祭，禮也。民之祭者，情也。先王之教，謹禮而不違民之情。一乎禮則拘，專乎情則濫，在人折衷焉耳。且田祖先嗇，民以其有功樹藝也，❶猶思之祭之。況昭回于天，恃賴以爲司命者乎？說者乃謂自南斗十二度至婺女七度爲星紀，吳越之分皆屬焉，何獨婺之人得專祠婺女乎？是不然。吳越之分固廣，而斗、牛、女之所該亦廣，苟以躔度細推之，郡之墟正上直於婺女爾，星之降祥，焉可誣也。今道可劬躬焦思，而盡力於神，無非爲民祈福。濂如其請，特載星之威靈不測者爲詳，所以起州民之瞻敬，而俾繼承於無窮，豈止述起廢之功乎？

道可字南峰，郡人也。沖默而契道，嗣天師畀以崇真明遠弘道法師之號云。繫之以詩曰：

帝居冥漻天中央。宰制萬有御陰陽。經乾緯坤翕以張。百靈環衛燦文章。交參洞射下土方。州分國列奠厥疆。須女下流

❶「樹藝也」，胡本、韓本作「一執匕」，屬下讀。

婆適當。赤光熊熊吐寒芒。名州建宫自隋唐。歷年百千氣愈亢。神宫巍然逼玄蒼。彤楹文户紫檀房。高閣飛甍穆煌煌。神君之來天門黄。雹母雷師翼兩旁。麒麟駕軿虹霓幢。羽衣絳裘雲錦裳。涑雨灑道塵不揚。清氛襲人靈始降。即之若無視洋洋。山君海王脩典常。執玉來覲歲相望。奉帝威令俾勿爽。鯨鯢戮死魑魅藏。耆耋有時告雨暘。麾箕舒飆畢沛滂。原多黍稷隰有秔。地寧天清民樂康。誰其尸之神降祥。嗟爾黎庶德是蘉。善錫鴻慶慝被殃。神靈秉握帝紀綱。帝有正命莫敢禳。禳之以私帝所戕。神理惚怳誰能詳。史臣作詩匪昧荒。金石可渝斯不亡。

重塐釋迦文佛卧像碑銘

蘇州報恩萬歲教寺，乃吴赤烏初大帝爲乳母陳氏所建，名曰「通玄」。唐玄宗因其年改作「開元」。吴越錢武肅王爲之起廢，揭以「支硎山報恩寺」舊額。❶宋徽宗崇寧初，加以「萬歲」之號。至佛日崧公來爲住持，專講《華嚴經疏》，尊爲「賢首教寺」。寺有淳祐鉅閣七楹間，下覆釋迦文佛滅度之像，相傳自唐則有之。州民攀慕徼福者，殆無虚日。元季僞吴張士誠據有其地，惑五行家之言，强謂佛卧非吉徵，更造立像，民情焦然弗寧。及僞吴亡，德巖法師俯徇群請，起主寺事，不二三年，殿堂、樓閣、門

❶「揭」，張本作「碣」。

廡、寶塔之屬，一一皆葺治，❶易腐爲堅，煥焉如新。已而歎曰：「諸役幸粗完，像可不復於古乎？」於是走告民間，不分耄倪，皆舉手加額，競輸貨泉，以後爲愧。法師乃戒摶土之工，斲嘉木爲骨骼，承以高座，塐卧像其上，塗以五色，覆以綵衾。諸弟子涕淚悲泣，環列前後；摩耶佛母亦立其側，悵然興哀；唯曼殊、普賢二大士，神情閒曠，超出死生之外，用意精緻，形模宛然。像長六十六尺六寸，高一十二尺，曼殊等像高一十八尺。經始於洪武十二年春三月某日，其年夏五月某日訖功。縻錢□萬有奇，用功□百有奇，伻來俾濂記之。

嗚呼！佛之法身，猶如虛空，本無去來，何有生滅？其示八相以覺群迷，不過降本垂迹，俾同人法而已。本則真諦，迹則俗諦，真俗混融，皆不思議之事，烏可以異觀哉！況八萬四千，無非度門，觸類而入，洪纖畢達。姑以入滅論之，實具華嚴五教大旨。小乘雖除我執，未達性空，但知實色，故示之以涅槃，非近於愚法聲聞教乎？色法二相，本無自性，皆從緣生，滅度之際，斷緣歸空，非近於大乘始教乎？應身雖法，亦屬幻有，幻有既滅，真空獨存，真空既存，幻有亦住，二體互融，了不相礙，非近於大乘終教乎？滅而非滅，非滅而滅，非滅而有，既滅而空，空有雙泯，理事交奪，如如不動，無即無離，非近於大乘頓教乎？間居然唱滅靈山會上，儼爾常存，隨舉即色，隨舉即空，如示一身，不起于座，如化多身，徧滿塵剎，無量爲一，一爲無量，力用相收，縱横自在，非近於一乘圓教乎？諸有情

❶「一一皆」，張本作「皆一一」。

衆，若勝若劣，來瞻靈像，隨其機宜，證入教位，至於混極，不翅親聞廬舍那，演説圓滿脩多羅之爲快。法師此舉，其於樹教基，續慧命，有功於法門甚大，非止福澤被于一州而已。抑濂聞昔人設像，俱有所表見，非苟然也。如來中居，表衆生大覺之心；飲光勝尊在左，表自利之行；慶喜在右，表利他之行；曼殊乘師子，表大智而降嗔也；普賢騎象王，表大行以制貪也。他如劍、斧兩神，則表觀空擇法，二智取義深遠，使人目擊而道存，故歷代襲之，定爲常法。而此涅槃之像，奈何獨無所表乎？濂因略舉雜華之説，斷然謂五教之理咸具，不然，佛法徧滿一切處，是果何言哉？

濂既爲作是記，殷勤遐仰，復學主夜神以偈贊佛之語，繫之於後。法師名淨行，德巖其字也。博通帝心、雲華、賢首、清涼、定慧諸家書，力振其宗於將墜之時，一彈指間，悉起諸廢。其化導有緣，以成法師之志者，善長、正宗二沙門也。偈曰：

世雄大悲利群物，果後天權不思議。❶既由應身顯法身，從體起用宣妙法。人機既得饒益被，❷唱入滅度示化儀。化儀有始而有終，所以懲創懈怠者。七寶牀中右脅卧，慧日一朝竟西没。娑羅樹林皆變白，諸天哀號雨天華。四衆圍繞共悲哽，妙香結樓奠金棺。發三昧火而自焚，各分舍利建塔廟。如來雖入般涅槃，畢竟終無涅槃者。是知一性鎮常住，不從變易有生滅。悼哉賢首古伽藍，三吳法會斯第一。乃造涅槃微妙相，因相攝入有情衆。近遭紛更紊常

❶「天」，張本作「示」。
❷「被」，張本作「故」。

制，緇素煢然失依怙。有大比邱起復古，最先補葺諸樓閣。一一莊嚴成妙境，次令埏土肖靈像。五色交纏廣博身，州民瞻禮至灑泣。如還故鄉逢故物，此即大乘正法門。種種皆能濟群品，觀者毋以像觀像。如觀雜華大經王，字字化爲法燄雲。雲中化佛皆現前，一身示現無量身。無量身中現一身，令我悉除邪見網。直濟難思解脱海，行住坐卧皆見佛。佛之智慧如虛空，無性無生無所依。大光明藏時時現，與我無同亦無别。從上所言真實法，衆生慎勿懷疑念。

故仙居陳府君墓志銘

古者，鼎有銘，銘者，自名也。自名以稱揚其先祖之美，而明著之於後世也。嗚呼！孝子慈孫，欲顯其親也尚矣。後世不銘之於鼎，而以懸棺之石代之；不自著名，而假諸能言者述之。其事雖殊，而其心一也。

台之仙居，有陳瑜者，自縣諸生選入太學，與予兒中書舍人璲交甚洽。瑜方被旨，覈實征税於安吉，而以父憂還。瑜思有以顯其親，走湖州，謁教授童君冀，摭其孝行成狀，復持璲書，走青蘿山中，請予製銘，樹之於墓道。蓋瑜之先本金華人，六世祖始遷，而予與童君皆世占金華之籍，鄉人之言，當取信於世，此瑜之意尤加勤者也。予何敢辭。

瑜之父諱嗣，字自得。母夫人青年喪夫，以貞節自持，自得養之無不竭其衷。夫人春秋高，沈痾荏苒，陰虧不足以制陽，痰液膠澀，口鼻間氣弱不可出，鬱塞無以自暢。自得跪牀下，噏而吐之，日以爲常。嗚呼！汙惡，人之所難近，自得爲之若易易然，非其心誠愛親者，不能也。斯事且爾，則凡謹衣之燠寒，藥之降升，食之蚤莫，宜不言而可喻矣。

嗚呼！人子之身，親體所分也，何敢有焉。身且不敢有，則凡痒痾疾痛，舉切于心；生養死藏，必誠必信，而無錙銖之不盡焉。如自得者，殆將無慊於兹也。使自得享有爵位，則移而達之，事君也必忠，惠民也必仁，臨下也必寬。惜爲時命所拘，而所及者，不過振其宗媦，卹其比鄰而已，可勝歎哉！孔子之教，以孝爲天經地義，諄諄然著之於經。予，學孔子者也。自得孝行有如是者，烏得不揚之章之，以爲世勸乎？

自得性嗜學，幼時厄於單窶，晝則注意米鹽細務，夜則爇薪誦書。逮長，家寖饒，遇有可矜，輒施與不靳，鄉黨稱爲善士。生於元延祐乙卯正月十四日，歿於國朝洪武戊午三月二十三日，壽六十四，卜以明年己未某月日葬於某山之原。曾祖儼，祖淳，父宏義，母陸氏。元配王氏，先卒；繼室董氏。子男子三人：長瑜，有文學，温温然如玉，即來徵銘者；次璞，次琳，皆業儒。子女子二，適某、某云。銘曰：

家享千金，埒於封君，苟子道無聞，愧於七尺之身。三組銀黄，爲卿爲郎，儻昧其天常，筋骸雖彊，而人心已亡。君子哉若人，篤孝於親，瑞世之珍，鳳皇麒麟！惇史造文，勒石墓門，以揚清芬，以勖其後昆。

故浦江義門第八世鄭府君墓版文

浦江義門，其第八世主家政者曰鄭渭，字伯陽，宋龍游縣丞德珪之曾孫，東埜處士文嗣之孫，元贈中書禮部郎中鑑之子。年七十二，以洪武十年九月十九日終于家。十一月二十四日，葬於縣東三十里杉柏墓之原。其子梴、桶與其孫炯、動合辭請銘於太史氏濂。濂乃爲之銘曰：

維伯陽父，自幼穎發，佐諸父齊家，才超然自見也。泉布出納，及米鹽細務，一一鈎校，使無所漏也。更繇之繁，身獨任之，戴星往來，踰三十春秋，不憚煩也。辭意懇款，一本諸誠，無纖毫人僞也。化行鄉邦，三尺之童，率皆信服，争呼之爲長者也。❶縣之大夫，踵門問政，告之以利病，民陰受其賜也。方嶽重臣，嘉其篤純，欲辟爲從事，辭不爲也。上繩祖武，下儀孫曾，循蹈矩矱，晝夜兢兢自惕也。大田以祭，儼若祖考之臨，勒石示訓，戒勿質鬻之也。合爨十世，中更亂離，左抗而右禦，卒使危復安也。群從同樂，熙熙然如春風，❷和氣襲人，見者革面也。宅心忠厚，不動聲氣，寧人加己，誓不先人也。國初定賦，郡田一斛，驟增其半，白於當路而蠲之也。媢家析貲，陳之以秉彝，不以己之親疏爲厚薄，人服其均且平也。宗族有早孤者，收而鞠之，斂其租入，逮長而悉歸之也。有盜持斧斤入林，僮往禦之，反爲盜所毆，僮妻往護，失足墜塹死，禁僮勿訟，反遺之梩櫝也。職此之故，聞其捐館，一郡爲之出涕，貴賤賢愚無間然也。其妻吴裕，字曰静安，能誦詩書，爲一家女師，足以配君子也。❸嗚呼！世不逮古，夫妻相虐而兄弟爲仇，比比皆然也。有若伯陽父，實中流之砥柱，彝倫賴以扶樹，名教

❶「争」，黄溥本作「咸」。
❷「風」，原脱，今據胡本、韓本補。
❸「足」，韓本作「是」。

賴以增重，奈何去昭昭而就冥冥也？ 青山不移，流泉不改，而形容不可復覩，苟可贖之，當人百其身也。 嗚呼！ 勒銘斯阡，言有盡而情無窮，過者讀之，不爲之涕泗汍瀾，非仁人也。

故朝列大夫浙江行省左右司都事蘇公墓志銘

洪武十一年四月二十五日，元朝列大夫浙江等處行中書省左右司都事蘇公卒。郡之壽俊與旁州之賢，凡知公者，無不潸然流涕。 然公以政事聞于時，高年至八十三而終，五男子嘗與仕版，七孫亦嶄然見頭角，皆可以無憾。 顧乃哀之弗置者，誠以一時遺老，日就凋謝，而公又云亡，自今文獻將何從而徵之耶？❶ 其子祖允等以某年某月日，葬公於某山之阡，乃命弟伯衡踵門請製墓上之銘。 濂，公之里中子，其哀公尤切於他人，固不宜以不文爲辭。

初，公之生也，不聞啼聲，視之，唯紫袍在地，而臍帶縈絡之，乳嫗撥開，兒始啼，識者已知爲祥徵。 及長，學經於許文懿公。以才推擇充府史，尋入閩海憲府爲奏差。 憲使以廉直爲同官所忌，嗾御史劾之，章未下，即命奪使印，公毅然持不可。 使亦攟拾同官之過，欲顯擊之。❷ 公諍曰：「兩虎共鬬，其勢不俱生，明公奈何類之？」已而皆止。 汀寇謀襲臨漳，公往督長吏爲備。 長吏欲籍民爲兵，公曰：「民不知兵久矣。 一旦籍之，必大致紛紜，此非禦盜，是增盜

❶ 「自」，張本作「古」。

❷ 「顯擊」，胡本、韓本作「訟繫」。

也。」長吏曰：「計將焉出？」公曰：「吾知所處矣。」閲兵籍得放逸者二千，使帥之擊賊，竟獲其首禍者。

廣東部使者聞公賢，稽其年勞，辟爲書吏。南海、番禺二縣輸恒賦之外，復有所徵，號稅外錢，以給上官燕私之需，小民怨讟盈道路。公聞，白罷之。朝廷每頒新鈔，諸郡部使者必監焚舊鈔，此故事也。時使者與廣州守有隙，恚不往。司鈔吏積十五年不得調，公復白而焚之。俄再入閩，補令史於宣慰司，聲稱藉藉，行宣政院延公爲掾。久之，趙郡蘇君天爵來參江浙省政，極才公，復挽之入省。公遂與舒常弗之從，蘇君遂兩用之。君以蘇君知己，遇事失當輒諍，凜然有峭直風。蘇君敬憚，視之異他掾。海漕之糧，歲不下三百萬，漕官多强取贏，無錫州獨不與，乃誣其糧惡，不宜上供，省臣怒，欲加罪。公命覆核之，事獲免。海盜起，省發官粟募民舟，載軍捕之，舟未盡發而盜請降，省逮民歸粟，公曰：「言猶在耳，惡可背之？况民得粟，必已食之既，今將焉徵？即徵，唯徵未發者可爾。」省臣從其言。

蘄州紅巾構亂，陷於灊、昌化，犯杭州，省臣皆遁。參政樊君執敬獨坐堂上，以死自誓。公説樊君曰：「明公以身死國，義則得矣，如一城生聚何？今城中健兒不下數十萬，公庫金帛以萬計，與其委諸盜賊，曷若募民使戰耶？戰而不勝，就死何晚也？」樊君不能從，上馬迎戰而死。公與掾李樞謀，以蘇、李署號召民殺賊，殺一人，即攜首受錢二百五十緡，民持刀争奮，數日之間，獻馘者充庭。未幾，辨章教化君復杭州，公絶口不言功。考滿謁選銓曹，中書參議汝中柏聞公名家子，欲引爲右曹掾，公察其威權太横，力辭南還。

擢紹興路蕭山縣尹。蕭山民詭名匿其田賦，科繇不能均一。公令其自實田，輯爲册書，凡有徵發，皆視書重輕之。兵興以來，縣糧輸衢、處二州，民憚遠征，往往皆屬吏。吏並緣爲姦利，糧不時集，主運者妻孥恒坐繫。公釋之而罪吏，期月咸足，且爲立法，每鄉置督運一人，趣民各以糧赴江濱，仍驗糧寡多賦錢僦舟以行，民大便之。縣爲吴越要衝，師旅經從無虚月，誅索芻茭，少不愜，則侵掠居民，民畏之甚於鬼。公儲峙既豐，有犯者擒寘於法，士卒入城，如見大將，不敢出語相讙何。會歲儉，弛湘湖之禁以利民，不足，啓常平倉以活饑者。僚屬力沮之，公大言曰：「發天子粟，活天子民，有何不可？儻有譴責，吾自任之。」民賴以生者以數萬計。帥閫以元日至，檄縣市殽核諸物。公發視恚甚，執筆書檄尾曰：「四郊多壘，正臣子痛心疾首之時，奈何襲太平故態，飲酒爲樂耶？」聞者愧服。

府公韙公之爲，有難決之獄，移公訊之。諸暨知州袁元以散耆年帛不明，將構以貪墨。公推其情，乃吏與里胥爲濫，元但不躬給爾，公各坐以其罪。元致白金爲壽，公曰：「吾知執法爾，豈私爾耶？」卒卻之。歲餘改本路總管府經歷，不上，階自承事郎轉文林郎，行樞密院照磨。僞吴張士誠據姑蘇，既降，公持詔書往湖州，責其戍將潘允明行郊迎禮。禮成，允明欲西向坐公，公正色曰：「以爵則我幕僚，雖相向坐亦以爲過。然我所持者詔書，君敢與詔使抗禮耶？」挾胡牀中席而坐，允明懼服。臨發贐米百斛，錦二十端，公笑辭曰：「君謂使者而可以貨取耶？」時士誠新投淮南平章政事，開省蘇州。士誠聞之，請于康里丞相曰：「詔使四出，唯蘇照磨廉介士，❶願得爲幕屬。」君恥之不往，復超今官。

參政石抹君宜孫分省于處，請公與青田劉君基從。石抹君方以討賊自任，浙東倚之爲重，每事必謀於公。公勸其禮賢下士，安輯流亡，招徠群盜，撫之以恩。石抹君始從之，衆心翕然歸。後好自用，幕下士多散去，部將胡君深、章君溢亦擁兵觀望。公獨左右之不變，復移書胡君等，惓惓以共濟國事爲戒。石抹君多用故人攝縣，棄行省承制所用者。公曰：「今朝廷不通，事當一出行省，奈何違之？」石抹君愧謝。越部書佐李伏喜誇誕，石抹君賢之，薦授員外郎，位居公上，數狎侮公。人爲之不平，公不與校。既而伏以反覆受賂覺，❷石抹械繫之，公解之曰：「參政始薦之，今乃囚之，古之以禮進退人者，其亦如是耶？」伏因得引去。經略使李君國鳳循行至處，久留不去，以十羊授公牧。公曰：「某以非才爲省屬，天使命之牧羊，固當。然大敵壓境，天使能出奇計殲之，雖日烹百羊何害？否則，某亦不保首領，欲久爲天使牧羊得乎？」李君默然。元季處多盜，征行吏多受盜金，既降而復叛，公秋毫無所犯。大谿吴誠七成禽，官簿録其家，得帳籍驗之，幕府官無不受賂者，獨無公名。

已而，浙水東諸郡悉入皇明版圖，而七閩猶未附。怨家告公長子仕閩，宜謫徙滁

❶「磨廉」，原誤作「宋濂」，今據胡本、韓本改。

❷「賂」下，原衍「見」字，今據張本删。

陽，公就從無難色。丞相李韓公憫公無辜，欲奏而官之者再，公以年耄力辭。遂歸卧金華某山中，左圖右史，超然自得，越十二春秋乃終。未終一日，精神如常時，忽不哺食，越翼日瞑目端坐。至夜，諸子進問所欲，公曰：「静以俟命，無所欲也。」漏下四鼓，撼之則逝矣。是夜大風雨，居民見士馬雜還，前籠絳紗燈，訶叱東去。民叩後來者，云接蘇伯夔。君子以爲異。

公性敦愊，尚風義，孳孳務行及物之政，唯恐有受其害者。至於脩水利，興學校，皆具有成蹟。然識量堅凝，不爲威武所遷。嘗從大司農受海盜降，分北其衆，寇不悦，嘯其部曲大譟轅門下。衆皆相顧失色，公獨進曰：「天子以爾等本良民，迫於不得已爲盜，故遣使者諭爾降。爾果欲反，不畏十萬横磨劍耶？」俱逡巡而退。復從樊君督海漕事，用牲牢祠天妃廟，始降神，寇舟突而入，陪祀官解散。公謂樊君曰：「事不可中輟。」成禮而退，神色自若。與人交，緩急可倚藉。部使者有託其妻子者，使者亡，公禮之益厚。避兵登舟，逢故人兄弟徬徨走水濱，亟呼與共載。行數里所，又見婦女群泣，亦其友母妻也，命舟師迎之。或止公曰：「舟重不能前，追兵且及，遑恤他人耶？」公曰：「死生有命，吾不忍獨濟也。」公之善行，如此類者甚多，姑取其著者書之，餘不盡載。

公諱友龍，伯夔字也。人稱之曰栗齋而不敢字。其先居眉州眉山縣，文定公轍之長子、宋吏部侍郎徽猷閣待制贈少傅遲來知婺州，因家金華，殁葬蘭谿之紫巖鄉，遂爲金華人。少傅生龍圖閣直學士廣南東路經略使贈少保簡，少保生江東提刑祕閣脩撰大理卿謂，大理生吏部郎中江西提刑林，吏部生朝奉大夫顯謨閣待制知貴州熙，貴州生通直郎兩淮轉運司幹辦公事圭，運幹生從政郎淮安縣主簿鎮。淮安君娶潘氏，無子，以三從弟太學生鎬之次子爲後，即公是也，上距文定公蓋九世矣。公娶宗氏，忠簡公澤七世孫，柔順惠嘉，爲一鄉婦儀。子男子六人：四仕于元，一仕皇朝，一蚤卒。祖允，將仕佐郎浦城縣主簿；師道，廣東宣慰使司奏差，繼兄肖德後；伯衡，前鄉貢進士，今自國子正擢翰林國史院編脩官，文辭雄麗，較之小坡《斜川集》，有過無不及焉；思誠夭；止善，東陽縣尉；崇德，將仕郎行樞密院管句。子女子三人，長適俞坦道，餘皆夭。孫男七人：恒、悟、悦、恢、愷、忭、忻。孫女五人，歸曹源、宗涵、徐道，餘在室。

嗚呼！蘇氏之世，非惟以文學忠孝著稱，而爲政及物之美，亦代不乏人。有若少傅奏減吾婺市羅之額二萬八千有奇，民爲立祠；少保歷典大郡，所至以遺愛見思；而大理之樹善剗姦，吏部之忠厚敦俗，奕葉之間，簪笏相映。公又起而繼之，聲名烜赫，亦丕昭於前烈，何其一姓之多賢哉？❶

嗚呼！自奮於榮名者易爲力，❷而能纘先緒於弗墜者難爲謀。非天欲報功，俾之世濟其美，吾知未必能爾也。嗚呼！是則然矣。婺之蘇氏，其積累深長，實自少傅始，後人因引而伸之。公之仁民之功可謂侈矣，其子若孫烏有不振拔者乎！當知後之視公者，亦猶今之視少傅也，夫何疑哉！

❶「多」，張本作「皆」。
❷「爲」，張本作「於」。

伯衡與濂有文辭之雅，❶故竭蹷來山中請文，遂歷序其事而歸之。銘曰：

眉山蘇氏稱三文。光芒萬丈燭乾坤。少傅守婺政以仁。紫巖生氣凜然存。珠明玉潤多後昆。簪紱繽紛絢朝暾。貴而尸位玉之珉。能守家法斯足珍。維公挺生嘉兆甄。鳴岐彩鳳瑞世麟。從事大府歷粤閩。其職雖卑氣益振。峭直猶如古諍臣。得失利害輒屢陳。閩民有病眉則顰。浙垣招充幕中賓。孰知蘄寇紅爲巾。嘯聚山澤動作屯。犯我屬部窺大藩。用牲給號令編民。殺賊如殺狐兔群。有功默默不自言。大官受降東海濱。忽爾跳踉欲舞䆠。一叱鼠伏不敢嗔。身佩縣章魚懸銀。煦嫗扞禦一以恩。設心不讓漢吏循。拔彼水火脱溺焚。錯之華榱藉錦茵。參贊宥密待咨詢。手持璽書諭嚚昏。中坐以示王人尊。啗我以利耳不聞。栝岷搆亂奔狂瀾。障遏勿使成瀰漫。海桑既變光嶽新。攜書歸卧邱壑雲。執節不仕爲全人。庶幾不負名家孫。春秋之高踰八旬。儵焉觀化只逡巡。大風挾雨來掀翻。士馬雜遝向東奔。絳紗籠燈光吐吞。騶卒前呵肅靈氛。生爲良臣死明神。丈夫如斯世罕倫。白石可磨媲瑤琨。史濂造銘焯墓門。石縱可泐名弗諼。

元故處州路總管府經歷祝府君墓銘

濂朝京師，麗水祝君彥方以萊州通判引年辭歸，詣濂，請其先府君之銘曰：「昔季父公榮之墓，辱表而銘之矣。先君政事文行，君子稱之，而銘闕未具，敢復持狀以

❶「辭」，張本作「字」。

請。」濂受而諾之，未遑也。及歸蘿山，彦方復命其子金來速曰：「葬距今五年矣，銘其可後？願終畀之無讓。」

按國史編脩吴從善狀：府君諱大明，後避國號更之爲大朋，字公亳。❶勇於爲學，古今載籍，皆探索其大旨。元延祐初，受薦爲武義儒學教諭，以出粟賑饑，陞吉之層山鎮巡檢。吉俗多喜譁訐，女婦童子咸習法律如老吏。府君至，召耆老于庭，告之曰：「所貴乎美俗者，以人有忠厚長者之風。今閭閻細民，不務掩匿人過失，惟以機穽相傾擠，俗之詭薄，孰加於此？此固耆老不能教誨之失也，吾竊爲諸君恥之。」於是父兄訓其子弟，使爲淳篤，姦妄帖息。既而以親老自免歸。用事者惜府君才，復起管勾台州杜瀆鹽場。場課額固重，鹽廪又瀕海，海潮溢，損鹽以千百計，竈氓鬻家貲償官猶不足，相率逋逃他邑，前吏莫敢爲計。府君言於朝，得減額三之一，及罷章安、牛頭諸屯，民賴以寧。轉處州司獄，改永嘉鹽場司丞。歲終，課增倍，都轉運司才之，俾兼督隣邑五場，有能聲。

至正十二年，盜起龍泉，江浙行中書命攝處州路録事，從擊賊，真授從仕郎潭州路録事。未幾，辟爲掾，屢受丞相命，贊諸將幕府，多出奇謀。尋與大將語不合，去。十八年，使者經略江南，最其勞績，承制擢承直郎處州路總管府經歷。府君捐貲財，助守臣石林忠愍公築處州城。明年，敵兵破樊嶺關，關吏率兵遁，道過府君里。府君怒，與少子桐山巡檢嶽執兵當道，呼曰：「國家養若曹以備難也。今敵來不戰走，將

❶「亳」，張本作「亮」。

何爲？請亟返。」潰兵不聽，刺嶽，嶽死之，城破。府君不復有禄仕意，築别業以居，服隱者服，日與士友游眺，賦詩爲樂。所爲詩曰《樵隱集》，凡若干卷。如是者十有七年，年八十二，以國朝洪武八年正月四日終，是月某日即葬焉。先是，彦方自安陸同知歸省，府君謂之曰：「吾以六物步之，當終於卯歲。若歲行在卯，其死矣夫！」彦方泣識之，既而果然。

府君容貌凝重，人望而畏服。事母吕氏能孝。吕多病，湯藥必手製乃進，日侍牀下，忘盥濯之節，垢積如漆，弗顧也。吕好佛老家書，曲承其意，同《孝經》刊梓，摹印千餘卷以傳。及卒，刻木爲像，率家人事之若平生。撫二弟有恩，其一公榮，名載《元史·孝友傳》中。公榮病，躬禱于祖考，請假其壽。其一公旦，早卒，遇三孤兒，與己子無異。事先尤致謹，先塋在良山，月朔望走謁，至老不廢。建舍塋側，分田爲祠祀之資。佛老舍近塚墓者，亦割田與之。祝氏散居他郡，歷訪其傳序之詳，列於家牒。里有官橋，水漲輒奔悍，民頗病涉，府君造舟以濟，斥田遺操舟者，使歲繕之。府君嘗創義田，❶合族以居，建學以淑鄉之子弟。志之所存甚遠，舉其著者，其餘可類推也。

府君娶林氏，宋户部侍郎覺之諸孫。母儀婦道，皆可以無愧。前一年卒，葬于良山，而府君與之同穴。男三人：長嵩，處州路松陽主簿；其次名岑，彦方也，今以字行，仕都邑二十年，以政事稱；少子即嶽。孫男八人：鐵、鋪、金、錠、鉉、鑰、鐘、鉞。鐵，黄陂縣主簿；鐘，泗州判官。一女，適

❶「田」，張本作「莊」。

陳慶。曾孫男八人：濟、潛、濬、漢、溢、濛、淵、源。曾孫女三。

濂昔銘公榮墓，嘗備載其先官諱里居，固知祝氏之積累者深遠矣。府君之行，於家於邦無不可稱述，不亦善爲人後哉！府君父紹，祖之琦。曾祖詢，宋潭州司户參軍。其始遷麗水之祖曰實，以子坦爲兵部侍郎，贈金紫光禄大夫司徒河南郡公。其墓在今宣慈鄉之杉坑，至府君凡一十四世云。銘曰：

祝氏之傳自軒轅。譬如江漢遠有源。光初受地爲封君。後微并齊宗始分。巡更晉亂遂南奔。宣城徙家居信安。唐衰五季相噬吞。光禄始基赫有聞。麗水之族久愈蕃。盂縣死邊炳焯勳。❶後生綿延千子孫。惟君嗜學賢且文。初爲求盗化凶嚚。奸譎爲止風還淳。海潮駕風圮鹽囷。鹵丁號泣訴秋旻。騰書減徵達天閽。逋逃復返歌至仁。兵興屢參大帥軍。指捕山寇如殪豚。破家築城酬寵恩。國難是赴寧顧身？大兵西來捷如神。守戍夜遁不敢眴。君聞怒視手握䂓。舉家障道遏且言。國何負若棄不援？海内既宴棲邱園。目視利禄如浮雲。匪惟有政可著論。孝友内充外行敦。人有其一且難臻。矧兹章明非昧昏。史著厥弟此其昆。比德無愧銘宜均。紀揚始終表兹墳。宰木有朽名長存。

故翰林侍講學士中順大夫知制誥同脩國史危公新墓碑銘

嗚呼！翰林侍講學士中順大夫知制

❶「炳」，張本作「史」。

誥同脩國史危公，享年七十，以洪武五年春正月二十三日，卒於和州含山縣之寓舍。其年二月十五日，權厝於含山。某年月日，始還葬金谿白馬鄉高橋之原。其子㫃，❶深懼公之功行世系不昭白于天下，晝夜兢惕，自爲狀二萬言，來謁新墓之銘。濂守官少暇，久未克論譔。十年春正月，蒙恩致政東歸，私念公相知特深，在前朝時欲剡薦入史館，及今待罪禁林，實與公爲同僚，相得甚驩。於是評隲群行，而勒文于碑。其文曰：

公諱素，字太樸，姓危氏。危本姬姓。周武王庶子某，生而手中有文曰㠯，因賜姓危氏，封於新。其後居光州。晉永嘉中，建州刺史京遷建昌之南城。唐黄巢之亂，全諷與其弟仔倡赤手起兵，擒巢黨柳彦章于象牙潭，擢撫州刺史，累官金紫光禄大夫檢校太傅，封南庭郡王。南庭之後，復還撫之金谿白馬鄉，譜圖亡，竟逸其名。南庭十五世孫、宋景定三年進士通直郎知臨安府仁和縣事、元累贈中奉大夫浙江等處行中書省參知政事護軍、追封汝南郡公炎震，公之曾大父也。累贈資善大夫河南等處行中書省左丞上護軍、追封臨川郡公龍友，公之大父也。累贈榮禄大夫江西等處行中書省平章政事柱國、追封豫國公永吉，公之父也。曾祖妣王氏、彭氏，祖妣劉氏，皆封郡夫人，郡之名如其夫。母鄧氏、黄氏，並封豫國夫人。

公自至正二年用大臣交薦，入經筵爲檢討，公年已四十矣。五年，改承事郎國子助教。七年，除應奉翰林文字同知制誥，兼國史院編脩官，轉宣文閣授經郎，兼經筵譯

❶「㫃」，原誤作「於」，今據胡本改，下同。

文官，階文林郎。明年，復入翰林爲應奉。十一年，遷儒林郎太常博士。十三年，轉奉訓大夫國子監丞，擢兵部員外郎。十五年，陞奉議大夫禮部郎中，拜朝散大夫監察御史，遷工部侍郎。明年，轉朝請大夫大司農丞。又明年，陞中奉大夫大司農少卿，復入禮部爲尚書。十八年，參議中書省事，兼經筵官。次年，進通奉大夫御史臺治書侍御史。二十年，拜通奉大夫中書參知政事同知經筵事，提調四方獻言詳定使司。後四年，階陞資政大夫，俄除翰林學士承旨、榮禄大夫知制誥，兼脩國史。孛羅帖木兒入相，出爲嶺北等處行中書省左丞。明年，棄官居房山。二十八年閏七月，元順帝北奔，淮王帖木兒不花監國承制，復起爲翰林學士承旨，上章控辭，已而元亡。

迨入國朝，召至南京，洪武二年，授以今官。三年，兼弘文館學士。是年冬，監察御史王著等劾公亡國之臣，不宜用，公坐免，詔出居和州。閱再歲而卒。

公生四歲，其大父即使公讀書。大父本黄氏子，來繼於危，知公能亢危氏宗，督厲之尤切。年十五，即通五經大旨，據座爲人師。與同郡葛君將、曾君堅、黄君哻、葛君元哲，更相策警，窮日夜不休。復徒步走臨川吴文正公澄、清江范文白公梈之門，質而正之。二公皆折行輩與之爲禮，吴公至恨相見之晚，凡所著書，多與公參訂之。虞文靖公集、孫先生轍，名德俱尊，其遇之一如吴公。由是公之名震動江右間。出游金陵，或以其文示南臺中丞張文穆公起巖。張公以狀元爲顯官，少所稱許，獨推服公曰：「危君爲狀元庶幾相當，老夫有愧色矣。」張公入朝，遂挾公以行。達官貴人慕公聲華，爭欲出其門下，更相論薦，唯恐失之。

公之檢討經筵也，經筵一月進講者三，講文皆屬公手。公嘗敷繹「民惟邦本」之言以進，典領臣惡其峭直，難之。公曰：「經筵之職，所以格君心，反不以民之疾苦告耶？縱加罪，罪在操觚者，素請當之。」卒以進講。順帝大悦，詔賜經筵官酒，公不飲。復賜馬湩一革囊，金織文幣人一端，皆有副。已而有詔下中書，發錢粟千萬，賑河南永平民，萬口咸曰：「活我者，經筵官也。」公復移書執政，請脩宋、遼、金三史，乘傳行宋兩都，訪摭闕遺，書成，公之力居多。順帝知公問學淵深，特命註《爾雅》，較《君臣政要》，公悉心而爲之，不數月而成。及進，賜金若干，公辭曰：「臣職也，何勞而受賜？不敢奉詔。」尋有宮人之賜，公復辭曰：「臣有糟糠之妻，在大江之南，無所用之。」亦不受。

其助教成均也，六館生擇所疑，群揖難公，公片言折之，悦而去。分監上京，輟餐錢，建監門，葺齋舍，勒開國以來分教師之名于石。尚書王某致政，居蔚州，構暖泉書院，請額於朝。他監官以地無先賢故事，不從。公聽其立師，以訓士子。順帝以公善筆劄，詔書釋氏書。公辭曰：「臣官胄監，以教化民彝爲職，外教之典不宜書。」無已，遷他官乃可耳。」遂止。

其受經宮學也，受業生皆貴戚大臣子，橫肆不率度。公創教條，置帳曆，日書其勤惰，月會而賞罰之，皆畏服不敢犯。其復應奉翰林也，會脩后妃、功臣傳，事多亡逸無據，公買錫餅饋宧寺戚里，❶歷歷叩之，復參

❶「宧」，張本作「宦」。

覆得實，乃始筆之，卒爲全史。其在太常也，請親祀南郊，築北郊，以斥合祭之非。謹謚法，嚴祀典，以祛謬妄。時翰林承旨張公翥爲博士，禮文有闕者同補正之，人稱爲「雙璧」。其爲國子監丞也，捐束脩，鋟《小學》書及《夏小正經傳考》于梓，以惠學者。其居兵部也，奉詔墾田於雄霸二州，相地受略，薙除荆棘，闢田幾千萬畝，使民有道，民德之。其陞禮部也，與許文正公衡之孫克學俱贊皇太子受玉册。故事，皇太子謁廟，用牲醴，百官以朝服賀於東宮。公謂克學曰：「儻有違禮，人惟責吾二人，盍正之。」遂徹牲醴而以便服賀。

其擢御史也，知無不言。御史觀音保等四人以諫死英宗朝，公請録其後官之。四川行省平章政事囊加歹，天曆初舉兵，欲翊戴明宗，燕帖木兒伯顏等構殺之，公力爲雪其冤。容城民魏敬益買田千畝，後見鬻田者二十家不能自生，以田券還之，公請旌其門，以敦廉讓。其在工部也，順帝欲以蒙古書譯釋氏三藏經，下部刊行，公以無益，諫罷之。執政居第與燒飯橋近，有司希其意，欲鑿石易橋，公諍止之。降香祀嶽瀆，故用金十兩爲香函，吏利金以銅半雜之，或造銅函易金，公廉其狀，皆執論誅之。淮南兵亂，公奉旨廉問其故，會維揚京口歲饑，民欲相食，公便宜諭守臣發楮幣數萬以賑之，所全活者甚衆。上淮西宣慰使余闕捍賊功狀，請陞其官秩。復請立宋徐節孝書院於淮安。

其官大司農也，分治京南保定之境，幾無曠土，時海輸不至，軍國多仰焉。新城民田氏聽後妻讒殺其子，公憤之，職既不可治，乃爲文祭其子。民悔愧，後妻逃去，人摇手相戒不用婦言。其長禮部也，時亂將亟，公憂之，每陳得失無隱。丞相賀惟一曰：「君向寡言，今又何多也？」公曰：「時危恩重，情豈能默默？吾不敢畏丞相，但畏後世史官耳。」

其參議中書也，論天下事，以擇將帥、舉賢才爲本。請專任甘肅行省平章定住總西方兵，勿遣其迎帝師悮軍事；用樞密副使普顏不花爲中書參政，經略江南；以也先帖木兒黄常爲禮部尚書，頒曆安南，立兵農宣撫使司，以安畿内；任賢守令，以撫流竄之民。順帝欲以公兼兵農宣撫使，公以疏遠辭，且諫曰：「今日之事，宜卧薪嘗膽以圖中興可也。」公言雖愈加切，時不能盡用。舊制銓曹有行止，科吏主之，日具内外官十名上中書，中書藉以遷擢。其後吏怠不爲意，仕者淹滯，有待選十餘年者。公責吏日具五名，五日一上中書，吏樂易集，各思奉職，而久滯者獲伸。高原富民劉强，通其子婦，婦訴官，達刑部，吏受賕，欲變其獄以俟赦。公以事關倫理，趣如法論之。其轉侍御史也，亂兵殺易州達魯花赤。公請假守令以制兵之權。會中書左丞成遵而下，以贓得罪，獨賀丞相幹、欒平章與公不與。皇太子書「澄清忠義，清白傳家」八字以褒賜之。

其參知政事也，刑部尚書朵列圖兼與和路總管，與守將有隙，守將誣其欲私發官困糧，廷議杖踰百，免其官，公驗無發封狀，釋不問。都事倪晦與劉哈剌不花同官丞相泰不花幕府，數以公事忿争，劉怒，欲中晦，陰結監察御史劉君楚俾擠之。會晦至燕都，囊故人所寄買馬白金，君楚攎其囊，得金，下晦獄，令自伏爲贓，狀上中書。公疑，亟爲白出之。馬德守德州，俘所獲南軍千户楊甲至都，將斬之。公召問狀，乃淮安世襲千户，戰敗，陷濟南群盜中，❶陳柔俾詣德軍饋物，德械送之，非賊也。公白宰相釋之。楊感泣曰：「參政生我枯骨中，惠大無以報。然參政長者，爲公法釋我，我不敢私謝，期以忠義報可也。」卒與逆臣孛羅帖木兒戰，死之。太醫院經歷徐某藏盜贓，盜敗，徐就鞫，案已具，要官庇徐，屬公從末減，使三返，公竟不許。嶺北行省參政董復初，素有廉名，同省臣飛書言其在稱海宣慰司時，取官中米千石，公疑其事，遣使覈覆之，果得其誣。孛羅帖木兒、廓擴帖木爾俱以平章總兵河南，漸生釁端。公謂御史大夫普化曰：「養虎者欲其不相搏噬，則別其牢。今欲二人無鬭，莫若加其職而分地處之。用孛羅帖木兒爲丞相，治四川；以廓擴帖木爾爲丞相，治河南，各責其成功可也。大夫曷不爲上言之？」普化如公言，順帝及皇太子咸以爲然。會丞相搠思監喪妻不出，事中寢。初，江南經略使普顏不花李國鳳，請封徽國朱文公爲齊國公，以龜山楊公、豫章羅公、延平李公、西山真公、九峰蔡公從祀於孔子廟庭。公爲御史時，亦請封謚劉蕡，事上中書，皆寢不報。至是公皆舉行，復爲文以少牢躬祭蕡墓。禮部員外郎姜碩，使僞漢陳友諒，不屈而死，公爲奏官其子。京歲歉，❷國用不足，公奉旨以錢幣誥敕募民入粟，公以義諭民，聞者感動，荷負來輸者填道，至有不願給直者。上都宮殿火，順帝敕重建大安、睿思二閣，公上書

❶「群」，原作「郡」，今據張本改。
❷「歲」，張本作「畿」。

諫曰：「苟以二閣爲祖宗所建，四海九州獨非祖宗故物乎？」會皇太子、大臣亦以爲言，遂罷其役。

其承旨翰林也，翰林脩史，有司日奉餐錢方爲之，否則斂手而坐。公謂同列曰：「吾等以史爲職，且禄已厚矣，奚俟餐錢而後爲耶？」因次第脩之。其以左丞居嶺北也，和寧爲太祖肇基之地，而無圖志可徵，公請於朝，作《和寧志》。先是，夏侯尚玄嘗伏闕上疏，言郯王某之冤，公高其義，補其子爲宣使。時埜速達兒爲亂平章，挾私憾殺右丞答里麻巴，公曰：「是尚可以仕耶？不去，禍且及。」即上章辨答里麻巴無罪。辭官去，居房山，卧不起，將相重臣皆以書請，不聽。丞相史列門來問計，公曰：「撫軍既誤國至斯，不可救矣。亟請河南王廓擴帖木爾總兵以衛畿甸而固守之。」當時事勢已不可爲，及再任翰林，僅一日，而大兵入燕。公曰：「國家遇我至矣，國亡，吾敢不死？」趨所居報恩寺，脱帽井傍，兩手據井口，俯身將就沈。寺僧大梓與番陽徐彦禮大呼曰：「公毋死！公安死？❶公不禄食四年矣，非居位比。且國史非公莫知。公死，是死國之史也。」力挽起之。已而兵入府藏，垂及史庫，公言于鎮撫吴勉輦而出之。由是累朝實録無遺闕者，公之力也。

其入國朝也，皇上嘗訪以元興亡之故，甚見禮重，俾之侍講禁林。宋穆陵顱骨爲楊璉真珈所發，❷後入宣政院，西番僧相傳授爲祭器。公言于上，索取瘞之聚寶山。時公春秋已高，雅志亦不復仕矣。

❶「安」，張本作「毋」。
❷「璉」，張本作「輦」。

公厚重，深中有容，寡言笑，聞人詆毁如不知，與人交有禮，雖貴顯恒若貧賤時。平生好薦賢，先後所引，若翰林學士劉君獻，待制黄君㙔等七十餘人，至通顯者甚衆。累持文衡，考試多士，人服其公。樂善好義，若有督之者，凡事有關名教可以勵風俗者，必爲之乃已。居官清慎節儉，遇凶歲輒疏食，不御酒食。倉吏進禄米贏七斗，時斗可易白金五兩，公命歸之官。奉敕書徽政院使秃滿達兒神道碑，其從子以白金五十兩爲壽，公卻之曰：「國體當爾。」居中書，凡請文來謝者，皆不受。故人妻子不能衣食者，厚賙而生之。㫃嘗請仕，公曰：「賢才未進，吾敢私爾乎？」能以德報怨。參政燕人杜翺，以公南士，欲構公罪，翺死金陵，公爲文祭之。

公博學善文辭，至正中，獨以文鳴天下，凡朝廷制作皆自公出。四方欲顯白先德者，皆造公門。尤精於書，得片楮隻字者，寶祕以爲榮。有文集五十篇，奏議二卷，《宋史稾》五十卷，《元史稾》若干篇藏于家。

公娶舒氏，先三十年卒；再娶趙氏，先十一日卒，俱封楚國夫人。子男子二人：㫃，中至正二十年進士第，累官承直郎大都路同知薊州事，今爲安慶府儒學教授；游，登仕郎大都路儒學提舉，亦前年卒。女六人：一適同邑曾侁，堅之子也；餘皆夭。孫二人：長太平，夭；次德童。

公未仕時，館授貴谿張氏，張思伐杏樹以闢家塾，有鬼夜叩寢門，告公曰：「吾杏之精也。主人將伐，願參政生之。」公即造張力解而止。鬼致白金壺爲謝，公辭。及公爲參政，嘗以滿盈爲懼，後陞左丞，遂怏怏不樂云。嗚呼！天之於人不能以俱全也久矣。或授之才而不假以位，或畀以位而不畀以時，此奇才偉德之士常困而不施，而生民所以鮮蒙其休澤也。惟公以淵深之學，精純之文，嘗都顯要之地位，海内仰之如祥雲景星，亦可謂有得於天矣。而逢時亂亡，不獲大展以死，豈不可哀乎？雖然，觀其所自著者，固足以不朽矣。銘曰：

二氣孕精，至文迺生。凝爲川嶽，焕爲日星。天地之文，因象以示。象默無言，非人莫著。往古百代，作者孔多。迄今有聞，其能幾何。元興朔方，豈淳而龐。❶俊烈宏謨，震盪萬邦。積盛而彰，實在君子。維八十年，其績甚偉。卓兹危公，起大江西。奥學醇辭，孰能與齊？在至正初，交薦而陞。敷繹聖經，以牖帝明。中原薦饑，黎首告病。公跽而言，民爲國命。同列畏聞，吐舌改容。當宁褎嗟，曰維汝功。往師成均，矇瞽有相。化其荒嚚，趨厥禮讓。貝葉之文，有詔俾書。非職所宜，正色控辭。或服豸冠，或爲宗伯。或居中臺，或參廟畫。孰冤弗雪，孰善弗褒？孰蠹孰莠，弗除弗耨。白之擢之，予之錫之。剔之殛之，扶而植之。彼何不思，多言是訾。曰匪其然，吾畏後世。南風泱泱，耆老淪亡。屹如邱山，以鎮四方。疆土日蹙，孰不震動。謂尚有公，恃以無恐。權奸肆威，盗秉國鈞。畏公有言，出爲藩臣。政亂無章，倚勢相戮。公駭而吁，吾胡可禄？微服宵趨，房山是居。庶士遑遑，如涉失桴。天兵北征，驅雷走霆。有耳莫掩，燕社已傾。公曰國亡，吾曷不死？公忍不死，以存國史。大明方隆，

❶「豈」，張本作「氣」。

多士景從。有詔任公，侍講禁中。昔豈不仕，弗獲行道。時之可爲，公則既老。維古賢士，立德樹勳。苟有弗施，著之斯文。公文之純，太音玄酒。道則在兹，爵禄何有？孰高爲山，孰深爲淵。文之有傳，終古昭宣。

故上虞魏君妻馮夫人墓志銘

上虞魏君道全既喪其妻夫人，哀悼不置，乃自摭群行，爲書一通，遣其子倫來浦陽江上，徵予述隧道之銘。嗚呼！夫婦爲五倫之始，生則愛恤，殁又能致思而圖其不朽，庸非盡其道者耶？是可銘已。

夫人諱淑貞，姓馮氏，越之餘姚人。父諱伯玉，熙行素洽於鄉。娶魏氏，生三女子，夫人其季也。賦資柔愨，父母尤所鍾愛，非簪纓之家不行。時魏君之父諱壽康，實唐文貞公徵二十四世孫，又以貲雄於時，書詩俎豆之習，翕然播於儒林間。文獻黄公溍、内翰柳公貫、著作李公孝光咸相與過從，釃酒賦詩，至浹日始去。其子弟彬彬雅馴，亦重爲婚媾，未嘗輕就。聞馮氏有賢女，乃以禮聘歸之。

夫人既至，孝事尊章如孝親，友娣姒如女兄弟，敬夫如見大賓，匡補贊助，無所不致其情。臨諸子如嚴師，一動一静，悉規之以準繩，不使尺寸踰越。夫人雖生貴富家，自幼不樂紛華靡麗之飾，澹然能自安，年踰五十，猶服勤絲枲不衰。馭僕人媵女亦各有法，❶恩義並至，退無後言者。閭里貧窶之人，苟有稱貸，多不責其償。月旦之評，謂夫人嚴而能恭，儉而能惠，信不誣矣。生

❶「僕」，張本作「傔」。

四子：長泰；次倫，以才學推擇爲中書宣使，轉補直省舍人；次樟，蚤夭；次良。夫人生於元延祐元年二月二十二日，卒於國朝洪武九年四月十六日，享年六十有三。明年十二月十七日，葬於縣北四十五里伏虎山之原，禮也。

嗚呼！自古以來，公侯卿大夫，下逮士庶人之家，無不資内助以爲治，所以順陰陽，辨内外，一上下也。傳記之所載，蓋班班可考不誣。後世此義或乖，遂至巧言如簧，而斁倫害政，反爲家禍，君子每爲之慨焉永歎。有若魏君，名閥之後，防範固有異於人，亦由夫人左右之力爲多。予甚嘉其行，特製銘辭，被諸金石，以勵世之爲人婦者。銘曰：

夫人之行貞而醇。相家有道惟孝勤。翂翂色養先見聞。推此以達和氣殷。秩然有序天則均。服循組紃忘明曛。素紈視作錦繡文。如此儉德久且馴。陽陰順軌榮光臻。死生有如晝夜輪。聞之孰不心酸辛？青山鬱盤類虎蹲。松柏丸丸夾墓門。護此靈魄千載存。後人慎勿摧爲薪。

故寧海郭君妻黄氏墓銘

天地之間，爲人倫之綱者有三：曰君也，父也，夫也。君統臣，父統子，爲綱固宜；妻與夫齊，亦以繫之者何？蓋夫者婦之天，婦能尊夫，夫能統妻，則倫紀脩明而家政嚴飭。不然，則反目之禍作而斁倫之事起矣。其有生能敬夫如賓，歿而服喪若父者，孰不謂之賢哉！予於寧海黄夫人之事，不能無所感也。

夫人諱珍，生有淑質，父某與其母王氏

絶愛之。年十八，歸同里郭君仁壽。夫人尊之甚異，動静必遵稟而行，毫末不敢欺。内外諸政，率皆親涖，雖甚勞勩弗憚。君好賓客，朝夕酣觴淋漓談辨以爲適。家單不能備物，夫人極意營集，不使知窘澀之狀。君一日入台城，殁於旅邸。夫人聞之，慟絶者數四。及靈車至庭，撫棺一號，遂暈眩仆地，幾欲無生。以湯藥灌之，移刻乃蘇。治喪一循古禮，布苫柩側，取石爲枕，不解衣而卧者三月。石有稜，當枕處肌肉成創，創液浸淫，其子泣，争欲以木易之，不許。二年弗御酒肉，❶柴毀骨立。與人言，則曰「未亡人」，「未亡人」，未嘗有愉色。或曰：「孝子之喪父，其有過於夫人者乎？」或曰：「夫人之事夫固至矣，其於君舅君姑，殆有過無弗及焉；事舅姑固孝矣，其在家也，善奉父母亦有過無弗及焉。」其後父母無子而終，相夫卜宅兆瘞之，哀慕至老不衰。若夫人者，豈古之所謂無愧人道者非耶？

嗚呼！位極三旌有不足榮也，禄盈萬鍾有不足貴也，名傳四裔有不足多也，此權勢者可僥倖而致也。惟夫制行可以厚人倫，可以移風俗，古今人莫不多之貴之榮之，亘天地始終而不可泯也。其不可泯者，非有增三綱九法之重者乎？夫人之事，烏可使之不傳乎？

夫人壽五十六，卒於洪武己未正月二十三日，以其年某月日葬於某山。生子四：彌、遠、濬、俊。女一，適傅士常。孫三，女二。予在京師，濬爲太學生，嘗從予游，以文學知名於時。濬來請銘。銘曰：

振其綱，萬目乃張。卑尊而有常，庶各

❶「二」，胡本、韓本作「三」。

循乎降衷。叶。苟反於斯，維家之殃。懿哉夫人！厥德允臧，可以重彝倫而樹世防。彤筆煒煌，特以昭其藏。

四十二代天師正一嗣教護國闡祖通誠崇道弘德大真人張公神道碑銘

洪武丁巳冬十有二月五日，四十二代天師張公薨於龍虎山之私第，年甫四十又三。禮部尚書張籌即爲奏聞，❶皇上嗟悼者良久，且曰：「朕欲命其徧祠五嶽，今方一至嵩山，何期大數止於斯耶？」遂親製文一通，遣前浙江行省參知政事安慶爲弔祭使，仍令其冢子宇初襲掌教事。戊午春二月十六日，宇初奉公冠劍，權厝南山先墓之次。冬十有二月某日，卜宅兆於某而瘞之。宇初恐遺德未能大白於世，與群弟子輯爲成書，使張致和即金華山中，請銘神道之碑。濂幸辱與公游，義不可辭。

公諱正常，❷字仲紀，姓張氏。信之貴谿人。漢留文成侯四十六代孫也。重紀至元乙亥夏六月十三日，其父太玄真人坐而假寐，忽見神人飛空而至，曰：「予自華蓋山來游君家，願見容也。」及覺，而公生，紫雲覆庭紅光照室，人以爲祥徵。年七歲，雙目爛爛如巖下電，容止異群童。後三歲，太玄出游五岳名山，指相傳雌雄劍及玉刻陽平治都功印，曰：「龍星再集於亥，吾兒當持此大振玄風。」太玄渡淮化去，而公之仲父嗣德繼主其教。仲父薨，衆論咸屬於公，公力讓仲父之子正言。正言薨，公始嗣其

❶「聞」，原作「明」，今據張本改。
❷「常」，胡本作「一」。

職，實至正己亥之歲，太玄之懸記至是始驗。

公陞廣筵，開演道家玄旨，四海學徒，聞者聳然領解。時天下大亂，經籙祕而不傳者十年。公乃啓黄書赤界紫素丹刻之文，授其徒胡合真整比以行。奉贄來受者，川赴雲蒸。劍失其一，流落鄱陽李氏家，夜生光怪，公訪而合之。

辛丑，上統大將親取江西，公知天運有歸，洊遣使者上牋述臣順之意。❶乙巳，公朝京師，上一見悦曰：「瞳樞電轉，法貌昂然，真漢天師苗裔也。」下詔褒美之，錫燕者再，兼有金繒之賜。丙午，復入覲，京城士庶人求靈符者，日以千百計，侍使不能給，閉關拒之。乃相率毁關而入，公叩齒集神濡毫篆鉅符，投朝天宫井中，人争汲之。須臾水皆竭，見土弗止，飲者疾瘳。上嘉之，令作亭井上，號曰太乙泉。及還山，復詔中貴人賜以織文金衣，仍下中書給驛券畀之，以便朝覲。

洪武戊申，上登大寶位，建號改元。公入賀，錫燕於便殿内，降制書，授以正一教主，嗣漢四十二代天師，護國闡祖通誠崇道弘德大真人之號，仍俾領道教事。給以銀印，視二品，設其僚佐曰贊教，曰掌書。久之，陛辭而歸。上御謹身殿，從容謂曰：「卿乃祖天師，有功於國，所以家世與孔子並傳，以迄於今。卿宜體之，以清静無爲，輔予致治，❷則予汝嘉。」賜白金十二鎰，新其宅第。己酉春，上召公入朝，踰月，承顧問者四，錫燕者一。三月十三日，上將通誠

❶「洊」，胡本作「遂」。
❷「致」，張本作「至」。

於天帝，致齋三日，御衮冕服，親署御名於章，敕太常設樂，手授於公，俾祝而焚之。禮成，燕公於文樓，群弟子饗於別館，復有金繒之賜。庚戌夏，上録公之功，特敕吏部，改贈公父三十九代天師太玄輔化體仁應道大真人，嗣成爲正一教主、太玄弘化明成崇道大真人；改封公母明慧慈順仙姑胡氏恭順慈惠淑静玄君。玄君時年八十，朝野以爲榮。是年秋，上復召見，問以鬼神情狀，更給銀印。壬子秋，復頒制誥以寵之。冬十又二月，復召入覲。癸丑春，將還，上命留弟子以司祕祝之事。丙辰秋，上遣使召公，公忽先期而至。上喜曰：「卿之來何與朕意相符耶？明年之秋，朕將遣使祠海嶽諸神，卿當妙柬清脩之士，與其偕來。」丁巳夏，公率群弟子汪弘仁等入覲，錫燕午門之城樓。上舉爵謂公曰：「卿宜罄此一觴。」敕内侍出御製歷代天師贊示公曰：「他日當書以賜卿。」翼日，詔公從太師李韓公善長祠嵩山，分遣重臣與公弟子代祠群望，自公而下賜衣各二襲，楮幣有差。既還，錫燕如初。

公自返故里，志趣頗異常，一日置酒與昆弟酣飲，慨然歎曰：「五嶽名山，先子欲游而不可得。嵩山中峰，乃吾祖得《太清丹經》之所，今藉天子威靈，幸一至焉，嚱曦景於層霄，遡浮埃於浩劫，吾志將有在矣。」群子疑其言。未幾，示以微疾，端坐榻上，屬弟子方從義曰：「吾無以報國家寵恩，爾等宜左右我子孫，以贊寧謐之化。」命取劍印授其子曰：「我家千五百年之傳在是，汝其勉之。死生數也。吾之不死者，其光赫熹，四燭寰瀛，先天地不知其始，後天地不知其終也。」舉手作一圓象，嘿然而化。是夕，大崖石崩，聲聞數十里云。

公幼警敏，靈籙文祕之屬，皆不習而通。歲屢旱，禹步召風雷，精神達於冥漻，甘霖即降。或有爲魑魅所憑者，授以片符，輒潛景不見。公憫兵戈疫厲之餘，沴氣不消，舉行玄壇舊典，脩壇墠，建陰陽鼎而鍊度之，其徵驗尤夥。然其天性夷曠，潔而不緇，如超萬物之外，故以沖虛子自號。最愛佳山水，仙蹤靈跡所在，必窮幽極深，動至累日忘返。當適意時，欲乘白鶴與群仙翺翔紫清之上。其於人間事，未嘗因此少輟。其奉玄君備極孝養，暨歿，葬祭咸盡禮度。兵禍相仍，傾貲募人爲兵以捍禦鄉井，人賴以安。

公之玄裔，備見世家，兹不載。其曾大父諱宗演，三十六代天師演道靈應沖和玄静真君；妣周氏，某玄君。其大父諱與材，三十八代天師太素凝神廣道明德大真人、金紫光禄大夫、追封留國公；妣易氏，妙明慧應常静玄君。其考妣則太玄真人與胡氏也。公字觀宇，娶盱江包氏，宋宏齋先生恢之五世孫。子男子四人：長宇初，即今天師，穎悟有文學，人稱爲列仙之儒。近者入朝，上召見奉天殿，反覆諦視之，笑曰：「絕類乃父。」寵賚有加焉。次宇清，次海鵬，次勝佑。子女子二人：一歸鄱陽王岳，一在室。

惟公生乎神明之胄，簡素端凝，用道爲體，而轇轕游氛無自入。於念慮澄静之久，天光自發，所以受知聖君，入朝京師，天寵便蕃，聲聞四達。至於死生之際，又能不動聲色，超然坐脱，如行者之返故廬，非真有道者，豈易致哉！是宜銘。銘曰：

天開日明，真人上升。周流九霄，駕輗作軿。卿雲英英，剛飆泠泠。絳節翠旛，恍其來迎。載稽玄裔，歲踰千齡。五綵交絢，玉笈金經。矪有劍印，奔星走霆。非人莫授，恐干鬼刑。華蓋神君，於焉降精。圓目青瞳，閃如電熒。入朝帝京，照耀殿庭。進退有儀，金衣霞頩。帝曰俞哉，爾方外臣。輔朕鴻化，凝真集神。巍巍嵩山，嶽之中尊。爾往代祠，執禮如存。庶集靈和，以綏兆民。皇用褒錫，璽書金繒。君臣遇合，玄德之徵。胡爲弗留，飛神窈冥。崩崖墜雷，百里震驚。圓光有赫，四燭寰瀛。在天爲清，在地爲寧，在人爲貞，是謂三靈。此乃道極，中黄之扃。公能守一，精聚氣凝。不死維神，所蜕維形。白鶴來歸，遼東露零。洞視萬古，後天弗傾。

宋文憲公全集卷二十七終

宋文憲公全集卷二十八

杭州集慶教寺原璞法師璋公圓冢碑銘

洪武元年夏六月二十七日，杭之顯慈集慶教寺原璞法師滅度於京城大天界寺。父母所生四十六年，在菩提位中二十八夏。其上首弟子住持圓覺、一印、昇元、克勤等，以某年月日，奉舍利靈骨歸窆於郡之龍井辯才塔南，遵像法也。後七年，克勤奉詔往使日本，上嘉其不辱命，俾反初服，列官於朝。濂時待罪禁林，克勤數以法師塔銘爲屬。未幾，克勤出鎮方嶽，承宣山西，瀕行，又復諄諄言之。繼而一印結集白業，成書千餘言，遣使者申言之。於戲！台衡之學，佛法之大宗，有若法師，乃中流之舟楫，觀化而往，銘其可不造耶？不造何以爲訓耶？

法師諱士璋，原璞其字也。受生於海寧王氏。伏犀貫頂，目光炯炯射人。自幼即決去羶葷弗御，即御，輒嘔逆不能勝。唯日取天竺書習讀之。鄰寺僧伽競曰：「此釋氏種也。盍以乞我？」其父某怒曰：「吾兒非若倫也。」俾投城東太平興國傳法寺，服五戒服。其師某，與翰林待制柳公貫游。公嘗憩止寺中，親授法師儒家群經，爲正句讀，敷繹旨要。法師聞之，有如破竹，數節之後，皆迎刃而解。年一十九，始除須髮，著僧伽梨。尋稟持犯於某師。

時佛護宣覺憲慈匡道大師，自四明延慶，遷主武林上天竺觀音教寺。大師諱本無，字我菴，佛海法師湛堂澄公之嫡子，令譽隆洽，一時名浮圖争擁輪下。法師將擔簦趨之，忽夢游寶所，大乘菩薩教之互跪作禮，口唱懺辭。覺而思之，乃普賢淨行品偶文也。法師以爲祥徵。佛護一見，果刮目相視，凡天台大小部書，以次環授之。志慮專一，飢則親狎釜鬵，以事烹飪，一飽而止，寒暑晝夜，若不知切身。佛護如三吴，俾法師還丈室之西，以便飲食。逮還，見白煙一抹，起其寢所，則自爨猶故也。佛護陰鑑其勤，以遠大期之。佛護之門人曰天心瑩，素高亢，不服人，亦歆豔法師之行，約共燈火，磨切詰難，極於毫絲。餘子皆望風而畏，稱爲雙璧。

佛護既示寂，東溟日公來補其處，大演《摩訶止觀》，陶治生徒。夏中集讀，選法師爲之開科，譬陟彼山顛，阡陌溝遂，雖詰曲鉤聯，粲然辨數。聽者心地朗融，如飲甘露。東溟性嚴毅而寡許可，爲之喜動顔色。遂命其司賓，繼陞領懺摩事，纓緌之士，皆願與法師交，聲華由此日重。

元至正十三年，江南行宣政院命主州之棲真教寺。棲真與南天竺演福鄰，古稱教海，而大用才公、絶宗繼公二三大長老皆在焉。❶ 法師猶以學之未足，時往叩其所未至。凡部味教觀之奥，偏圓本迹之微，疇昔有疑而未徹者，二老無不條分縷析以喻之。法師彈指歎曰：「佛法教藏，渺如煙海，固非獨善偏長所能究使。吾自晝而不加進，其能免於專門寡陋乎？」二十年，移住旌德教寺。元季兵亂，人多爲自藏計。法師專心寺事，不以世相爲累，彰善癉惡，風采爲

❶「三大」，原作「大三」，今據胡本乙正。

之改觀。日納清淨之衆，共講諸經玄疏，銷文入相，洪纖弗遺，才辯清發，言與理冥，往往推爲義中之虎，大方自是益斂衽矣。

皇明龍興，當建元洪武之初，三宗以今寺主席尚虚，白於李曹公。文忠公時戍杭，遂從所請。法師提唱接引，如旃德時，有過無弗及焉。未幾，中書被旨，俾浙水西五府浮屠道流，共甓京城，立善世院以統僧尼，同將作監交董其役。時方内附，相視莫知所爲。法師獨出方略，具有條序，十萬之衆，多倣之以集事。不幸報緣已盡，竟入涅槃，緇素翕然嗟惜之。

法師器局瀟灑，論議慷慨，據直道行，不樂俯徇流俗。意氣脗合，即出腑肝相示，否則白眼怒視。俊乂來依，推食解衣以遇之，不計蓋藏有無。然精練世故，勇於有爲，棲賢湫陋，殿堂門序爲之一新。旃德籍券久不白，乃爲鉤稽欺隱，使有文可覆，暴橫之徒，束手待命，始免捧漏沃焦之患。每懲諸刹樹徒植黨，而爲怨尤之府，誓不薙度弟子，私建退休之室，終身踐其言弗渝。初，法師受經佛護，歷職東溟，佛護既殁，或者微以爲諷。法師笑曰：「丈夫制行，當以義爲斷，豈可隨世浮沈哉！」終嗣佛護。法師所著書多未脱稿，詩文有别録若干卷。嗣法而出世者，昇元、圓覺之外，曰某曰某，共若干人云。

嗚呼！圓頓法門，實般若之樞機。奈何傳失其宗，指真心而名境，認理性以爲總，論心有具造而遺於色。似此之類，紊亂真乘。法智一起而麾之，然後天台之道復盛。曾未六傳，習者流於知解之説，務新騁奇，頗駸駸近於山外。慈辨再起而正之，然後法智之教益明。擔負大法之任者，其所繫蓋甚重也。近代以來，佛海以純慤之質，一以法智爲師，最號能守家法者。故其授受真切，出其門者，咸赫然發聞於時。法師乃其嫡孫，其行解似無讓於前人，孰不望其大振玄風，而世壽僅僅若此。銘以昭之，一以傷斯道，一以勉來裔云。銘曰：

天台之學空假中。一心三觀乃其宗。如大火聚光彤彤。五金遇之無不鎔。查滓渾化内外紅。佛海拔起建寶幢。摩尼徧照天南東。入其室者膽力雄。披精進鎧手挾弓。一戰欲使魔寧降。❶ 誰爲嫡裔躡孤蹤。❷ 伏犀貫腦冰翦瞳。震旦群書貯心胸。一朝易轍梵夾攻。日狎井竈劬厥躬。白煙上出横晴虹。五章四釋昭厥矇。事理即具靡弗同。肯綮一中萬里融。行解雙至方建功。三鎮名山黑白從。龍興致雲虎嘯風。輪下瓶錫無地容。法水灌頂障執通。亭亭淨植青芙蓉。似此良師不易逢。火風分散報緣終。水月鏡像索還空。作銘者濂碑則豐。千百億劫鎮幽宮。

普福法師天岸濟公塔銘

大雄氏五時説法，至於《法華》，方暢出世本懷。自鳩摩羅什翻譯東傳震旦，而諸師消釋者，鮮得其樞要。或主一音四相之談，或徇四時六宗之教，各號專門，務相摩軋。甚至南三而北七，異言喧豗，而莫之適從矣。惟我天台尊者，不闡前脩三觀之説，約法華悟門，弘演自行因果化他能所宗旨。白日正當中天，而螢爝雖多，隱而弗見。所

❶「寧」，張本作「軍」。
❷「裔」，張本作「胤」。

以尊勝偉特，絶非他宗所可及。二十餘傳而其道愈大顯。此濂於銘普福法師之塔，不得不推原其始而盛言之也。

師諱弘濟，字同舟，一字天岸，姓姚氏族，世爲會稽餘姚人。父某早亡，師從同里寶積寺舜田滿公出家，滿公其從父也。師駿發絶倫，或授《法華經》，輒能記憶。年十六，受度爲大僧，日持四分律，頻步之間，不敢違越繩尺。已而歎曰：「戒固不可緩，精教乘以資行解，其又可後乎？」於是往鄞，依半山全公，讀天台之書。久之，悉通其玄義。嘗修法華金光明淨土期懺，聚精會神，存誠不貳，髣髴於觀定中覩尊者，畀以犀角如意。自是談辨日增，河懸泉湧，而了無留礙。當是時，大山恢公尸秩江之延慶，❶越溪澄公主武林之演福，法幢雙峙，光焰鑠鑠，照映大江之南，皆延師分座説法。而越溪愛師尤篤，諸部疑難或有未易決者，要其終始而析之，師因義觀圓融，觸目皆洞然矣。

泰定元年，開法於萬壽圓覺寺，浙河左右傑偉之士，奔走其室，唯恐後之。議者謂倡佛海之道，以播芳猷，實自師始。明年，鹽官海岸崩，❷民朝夕惴惴，恐爲魚鼈。江浙行省右丞相脱驩甚憂之，祈禜觀音大士於上天竺，仍請師親履其地，建水陸冥場大會七日夜。師冥心觀想，取海沙詛之，親帥其徒，徧擲其處，凡足跡所及，岸爲不崩，人咸異之。天曆元年，陞主顯慈、集慶寺。二寺皆杭之名刹，師處之泊然。集慶適當歲儉，遂退處别室。蘇人競欲致師，以幣來

❶「秩」，張本作「松」。
❷「海」，原作「奪」，今據張本改。

聘，住大德萬壽寺。一座不移，閱六寒暑，而小子之有造者爲多。重紀至元之五年，江南行宣政院選主會稽之圓通。圓通久廢之餘，鐘魚絶響。師曰：「此父母邦也，吾何避焉？」欣然東歸，闢齋館，乞糗粻，攝授徒侶多至數百人，寺爲中興。歷四載，還隱寶集，專修西方念佛三昧。當會心處，不知念而非念，非念而念也。

至正七年，壽八十矣。錢唐諸名山，以耆舊凋謝，唯師一人巋然如魯之靈光。又以大普福寺起之，師堅卧不應。門人法航進曰：「和上自爲計固善矣，其如斯道何？」師强赴之。居亡何，竟拂衣旋故邱，開清鏡閣而深蟄焉。因覽諸家所註《首楞嚴經》，繁簡失當，方將折衷其説，爲之疏解。俄疾作，召四衆至，以唯心淨土惓惓爲勉。其中或未解師意，師厲聲曰：「死生難，死生難！」遽索觚翰書偈而寂，十六年三月十日也。後七日，法孫至大、清晏，以陶器奉蜕質，葬於里之峨眉山松花塢，師之所自卜也。世壽八十六，僧臘七十一。度弟子若琳、永孚等三十六人。得法上首出主伽藍者，上竺道臻、雍熙淨琛、普光允中、圓通有傳、天宫明静等五人；其登門卒業未出世者，尚多也。

師梵貌魁碩，言吐清麗，諸書一過目，終身不忘，故其本末兼該，無所滲漏。高昌總統，有般若空利者，每謂學兼華梵，出入經論，世無能敵之。用其國語，與師共譯《小止觀》，文彩焕發，高昌爲之赧然自失。鄉先達韓莊節公性，稱師才全學博，無求於名，不過以文寓意。巴西鄧文肅公文原亦敬師有道，遺詩叙殷勤，有「相逢定性三生話」之句。其爲名薦紳推許如此。平生以流通教法爲第一義，建法華本部百十會，若有召者，未嘗不應，屢感天雨華之祥。然於佛乘、文事，俱不偏廢，出處語默，則如未離乎止觀。所著書，有《四教儀紀正》若干卷，《天岸外集》若干卷，並生刊於世云。❶

夫傳胤承宗，學者多失其真。何哉？蓋騖於高遠者，有立異之見；安於淺陋者，無深探之志。所以言彌近而彌遠，理愈似而愈非。唯穎悟之士，洞察其微，❷不敢以臆説參合於其間，重徽疊照，雖百世而無弊可也。如師者，講貫導化，一以止觀爲宗，如印印泥，不差毫髮，可謂知尊者翼道之功，而號善繼善述者矣。豈非賢哉！豈非賢哉！某等持靈隱禪師元瀞狀來徵銘。爲之銘曰：

佛法正傳，實推台衡。大者鏗鍧，萬鼓齊鳴。彼傍宗者，自謂孤撑。以此較之，蒼蠅之聲。其一

累葉相仍，其學孔熾。時雨普沾，春曦流麗。無物不萌，有生咸遂。神功妙化，此焉爲至。其二

猗歟上師，義觀兩融。尅期破障，息念歸宗。煌煌神公，心與之通。授以如意，無礙弗攻。其三

浙河之西，聯揚法幟。分座談玄，雲行雨施。出坐道場，歸者如肆。爲人天師，攝伏庶類。其四

水蟲鼓禍，海涯善崩。凝神冥滲，呪沙爲兵。變化倏忽，風霆流形。雙足所躡，凝如堅城。其五

此願力故，匪由外假。妙經之宣，集於蘭若。天亦雨華，繽紛而下。有感而應，理

❶「生刊」，胡本作「刊行」。
❷「微」，原作「唯」，今據張本改。

無愆者。其六

有聲隆然，傾於邇遐。游戲文辭，復衍而葩。枝枝葉葉，如寶蓮花。不物於物，以道爲家。其七

般若光中，無非妙相。一鑑之明，實含萬象。生既不來，死亦非往。何必興嗟，涉有情想。其八

師有墜言，欲了正因。唯心淨土，繫功宜勤。目如懸鼓，❶一念不分。師雖逝矣，言若親聞。其九

青山崔崔，流泉在下。迴景斂英，絶斥邪窳。萬松作花，黄金滿塢。舍利斯藏，永奠終古。其十

廣智全悟大禪師遷塔記

廣智全悟大禪師笑隱訢公，以元至正甲申五月二十四日，示寂金陵龍翔集慶寺。其年秋八月十又六日，葬石頭城塔院之後岡，黄文獻公爲撰碑銘，虞文靖公著《行道記》，其述禪師行業甚備。

元季兵亂，左右皆軍壘，院與記俱廢，唯銘獨存。且地迫城濠，土善崩，勢將蝕壙，其上首弟子宗泐心甚憂之。方議改圖，安隱寺僧法壽，有地在城南撥雲山，與康僧會古塔鄰，即以歸焉。已而宗泐入奏其事，上從之。遂捐私貲，營建祠宇，造石塔者三：中塔瘞禪師全體；傍附二龕，一葬前住持覺元曇公遺衣；一自爲壽藏。其東塔則歷代主僧，西塔則清淨海衆，皆整緻可經久，而碑銘亦昇至宇下。肇役於國朝洪武甲寅夏四月，訖功於秋七月，其徒禪師就

❶「目」，張本作「日」。

窆，則八月三日也。❶

惟事之成壞，恒相尋於無窮。當垂壞時，每逢賢子孫保衛之，庶幾可貽悠久。所以古者壙有誌，非直紀述歲月，或陵谷變更，冀知氏名而薶之，其防患亦深且長也。今禪師之墓將没於水，宗泐爲此懼，卜吉兆而來遷，其父子之情，可謂至矣。然又不忍遠離。鑿穴而附之，又推及於寺衆，若尊若卑，皆於西東乎塔之，則仁之及物爲何如哉！或者謂釋氏之法，絶斥形骸，而漫不復顧省，豈其然歟？宗泐學兼儒釋，深達理事之不二，故其爲此，實與《禮經》脗合。後之人尚體其心，而相持於無窮哉！

宗泐，名也。其字爲季潭。奉詔住大天界寺。天界即龍翔，今改賜茲額云。

淨慈禪寺第七十六代住持無旨禪師授公碑銘

臨濟之道，十一傳至圓悟而益盛。圓悟又五傳，至破菴、松源，兩支分峙，譬諸南北二斗，爛然在天，光芒參列，瞻者目眩。由是子孫布滿四海之内，執法輪樞機，晝夜弗停。大法昭明，若親覲世尊於耆闍崛山。一切有情，無不攝授，可謂極光明盛大者矣。有如無旨禪師授公，則松源六葉孫，其授受分明，證悟真切，梵行有足書者。入室弟子文郁，不遠千里，持法藏大師壽公所爲狀來徵銘。狀文淵慤而無誇辭，是用據之以成序。序曰：

❶「三」，張本作「二」。

公諱可授，無旨其字也，一號休菴，台之臨海李氏子。自幼處童子中，屹然如稚松超乎蒿葭，不與之齊。然慕空王之法，視塵坌膠轕若將溷焉。年十二，即思舍族而去。時季父仲智爲僧於同里石門寺，乃往爲驅烏。仲智奇其風骨亢爽，俾至越之九巖，從萬壑觀公游。授之内外典，皆了達大旨。

十九得度，授具爲大僧。已而歎曰：「所貴爲比邱者，務欲究明心宗爾。苟纏蔽文字相中，何時能脱離耶？」竟杖策而出，徧歷諸名山，下語多不契，復退潛一室，加澄静之力。久之，參普覺明公於靈隱。靈隱列在五山，僧指盈萬，其門庭嚴峻，未易叩擊。公直入無畏，問答之頃，疑情盡釋。普覺以其俊爽，欣然印可之，特命充堂司，公不復辭，振挈綱維，四衆悦服。尋還石門。白巖貞公主真如，豔禪師公制行之堅，延居上座，助揚正化，聲聞燁然騰緇素間。

元重紀至元六年，出世大雄山之安聖，執香自叙，實上嗣普覺之世，人信之無異辭。閲五年，遷隆恩，又二年，補白巖故處。明年，行宣政院選主龍華，一座十三春秋，百廢具興，山門爲之改觀。公凡四坐道場，皆不出乎台境。諸方欲倚之以爲重，競來聘致，漠然若不聞。作休菴於西塢，日修淨土法門念佛三昧。且曰：「此即禪定之功也，惡可强分同異哉？」

國朝洪武六年，杭之中天竺寺，以府侯之命，起公主寺事，公勉强應之。行至錢塘江濱，淨慈諸勳舊相與謀曰：「此大善知識，胡可失也！天竺尚可致，吾屬獨不能耶？」帥衆邀於道，擁居其位。公屢卻之，不聽，色頳然不怡。時當歲儉，問道者如雲，糗粻方患不繼，而施者踵至。居二載，擊鍵雅集衆，再三申精進之戒，手撾鼓而退。歸卧竹院，忽示微疾，端坐西向，召左右謂曰：「吾將逝矣。」左右進觚翰，請書偈。公麾去之曰：「吾宗本無言説。」乃合爪連稱佛號，至聲漸微而寂，時八年八月十一日也。世壽六十九，僧臘五十。龕留七日，顔貌不變，用闍維法從事，齒牙貫珠不壞，舍利羅光色晶瑩，如金銀水精者，徧滿於地。見者聞者，無不哀慕太息。其徒自省等，斂其不壞者，并遺骼歸龍塔而藏焉。

公儀觀雄碩，識見敻卓，其於榮名利養，視之如無物，出專法席，皆迫於不得已。會朝廷設善世院，總統天下釋教事，或勸公求檄以主名山，公笑而不答。然其所涖之處，不以恬退而不加之意，必革其弊習，新其規制，使可貽於悠久。所度弟子某等若干人；得其法者，則某某也。五會語多肆口而説，曾不經思，四方先已傳誦，不俟刊行。平居遇物成咏，率出人意表。自省與文介類爲十卷，公戒勿示人，亦不敢流布。公之言論屢行，爲當時推重，至於尊賢尚德，推己及物，尤非人之所及，叢林孰不能言之？兹可略云。

嗚呼！大雄氏之設教，法門雖廣，其所以攝妄念明真性者，則一而已。因根器之或不齊，而誘掖化導之方不容不異，有若思惟脩之道，與期生安養之功，咸能拔迷津而升覺岸者也。是故先德恒並行而不相悖。宗照壽公得法於天台韶國師圓照本公，❶傳道於天衣懷禪師。二公兼脩淨土之業，俱有上品受生之徵，載諸方策，可考不

❶「韶」，張本作「詔」。

誣。今吾授公瀕没之際，又跏趺西向，念佛而化。然而三公皆主乎淨慈者也，何其重徽而疊照哉？當必有其故矣。昧者不察，强謂觀念之未能忘於形跡，乃好誇過高之論，非事實也。於是直書其故，使知佛法無二致，以爲後來者之勸。銘曰：

能仁立教，廣開度門。萬别千差，終歸一源。禪那之修，白袪忘慮。❶觀念之勤，亦依真住。均爲攝念，奚分異同。一心既昭，衆法自融。所以先德，内而不外。破妄顯真，兼行無礙。公由幼齡，挺然弗群。有慕空宗，留神竺墳。法海冥茫，屢形歎息。掬沙算之，數何能畢。持智慧刀，斷其縶維。八荒洞然，不懸毫絲。安養導師，實我依怙。一塵不立，即爲淨土。空有俱息，能所亦捐。至無念處，三昧現前。出世鄉邦，四占淨域。化熱惱場，入清涼國。黑白歆豔，如渴思漿。飛錫所及，熙如春陽。脚踏濤江，來赴天竺。中道要遮，奪去何速。南屏草木，大根小莖。法雨普沾，軋者皆萌。俄結雙趺，稱佛而化。金臺來迎，白光交射。何以驗之，見於荼毗。舍利繽紜，光如流離。龍華之阿，有塔如筍。琢石鐫文，爲世規準。

佛智弘辨禪師傑峰愚公石塔碑銘

禪師諱世愚，號傑峰，衢之西安人。其父姓余，諱某，以書詩傳家。母毛氏，嘗有娠，夢觀世音送青衣童子，覺而生師。自幼好禮佛塔。迨長，遂入蘭溪顯教禪寺，從孤嶽嵩公，供灑掃之役。已而薙除須髮，爲大

❶「白」，張本作「曰」。

僧，受具足戒，晝夜奉薌燈惟謹。用鍼出指端血書《金剛般若尊經》，忽抵几歎曰：「縱能盡書一大藏教，亦屬有爲，絶如夢幻，不可控摶，盍學無爲以明心宗乎？」出謁古崖純公、石門剛公，涕淚悲泣，祈以求端用力之要。二公欣然語之，師佩受其言，不分明暗，兀坐如枯株，時年二十五矣。師復歎曰：「年日以增，而學日以退，豈非聞見未充，無以啓發知解乎？」踏濤江而西，見諸善知識。時，布衲雍公、斷崖義公、中峰本公大弘雪巖高峰之道，師一一咨叩。下語不契，中心愁亂，遂止南屏山中，三年不踰户限。

聞止巖成公倡道大慈山定慧禪寺，門庭雖高峻，而獲證悟者甚衆，亟往謁焉。止巖曰：「南泉有云：『不是仙，不是佛，不是物，是何物？』」師聞而愈疑，仍還南屏，諸緣盡捨，類氣絶之人，行坐寢食，不徇覺知，唯一念歷然在太虚中。如此者久之。一夕，坐至夜分，聞鄰席僧唱《證道歌》，至「不除妄想不求真」處，豁然如釋重負，舉目洞照，不見一物留礙，喜躍不自勝。且曰：「佛法元在目前，祇爲太近，故人自遠之耳。」即操觚成偈，有「夜半忽然忘月指，虚空迸出日輪紅」之句。乃走見止巖，會止巖游姑蘇，走天池，求證於元翁信公。元翁，止巖之師也。元翁問曰：「上士從何來？」師曰：「大慈。」元翁曰：「大慈鼻孔其深多少？」師卓錫杖一下。元翁曰：「拗折錫杖，爾將何卓？」師因作禮。元翁曰：「爾可歸見止巖師。」既見，備陳悟由。止巖喝曰：「何處見神見鬼？」師曰：「今日捉了賊也。」止巖曰：「贓在何處？」師便喝。止巖曰：「開口、合口都不是，向上舉將一句來。」師曰：「偏界明明不覆藏。」止巖豎起竹篦，請師指名。師便掀倒禪牀。止巖曰：「爾欲來捋虎鬚耶？」師復作禮。止巖連打三下，囑曰：「善自護持，他日説法度人，續佛慧命。」次日，命爲侍者。服勤三年，又還南屏。住山樵隱逸公請司藏鑰，尋入大慈爲上座。

元至順二年，師歸西安。西安烏石山有福慧古刹，久廢爲瓦礫之區，師獨結茅廬以居，蛇虎縱橫，了無恐怖意。鄉民以爲有道者，負糇糧鹽醯以遺之。師澄居攝念，影不出山者一十六載。聲光日振，緇素之士，坌集座下，恒至二三千指，其地或無所容。縣大姓陳君嗣宗爲造殿堂門廡及經藏鐘樓之屬，其制如大伽藍；且置山若田，取其入以給衆。帝師大寶法王聞之，賜師佛智弘辯禪師之號。至正六年冬，江南行宣政院亦録師之行業，請主廣德石溪興龍禪寺。師祝香報恩，歸之於止巖，表其自證也。嚮化之盛，不下烏石時。連留三夏，烏石之衆念師去鄉里者久，如子失母，力迎其還。適郡境新建佛刹者四：曰古望，曰龍眠，曰寶蓋，曰普潤，皆延師開山爲第一祖。師起應之，無不感慕而奮迅。

國朝洪武三年冬十二月，郡守黄君鎮、戍將徐君與，啓普度水陸大齋五晝夜，僉謂非師不足拯拔沈淪。師勉强成行，竣事而返，略示微疾，召門弟子勉以精進入道，索筆書偈云：「生本不生，滅本不滅。撒手不行，一天明月。」擲筆而逝，是月之十日也。越七日，奉師全身藏於烏石慈雲塔院。師處菩提場中歷五十夏，住人間世閲七十春秋，四方參學，莫知其數。能其法者，則慧觀、慧進、德隨等一十五人也。所度弟子尤多，其存者則慧實、道達等二十又三人也。《二會語》四卷，已刊行叢林中云。

師道價傾四方，非惟禪流奔湊，而公卿大夫若太尉高公納麟，若中書兵部尚書黄公德昭，若浙江行省左丞老老，若江東廉訪副使伯顔不花，或函香致敬，或馳書問道，或上謁親問玄要，得其片言隻字，寶之不翅南金。師之法施及人，可謂博矣。使其正席名山，則惠利所被宜益廣。今乃僅止於斯，有識者恒傷之。紀載遺行，以昭示來裔，要不得而遽略也。德隨既出世西安之崇壽，佩師之德不忘，與道達共圖爲不朽計，結集成狀，徵予爲之銘。

予聞圓悟之道，實發臨濟心髓之祕。其五傳至荆叟，功用益弘，際遇穆陵，寵遇甚至。荆叟再傳而至天池，以慈憫之故，誘引初機，恒俯而就之，不爲高絶難攀之行，使人望門而還。所以其弟子布滿東南者甚夥。若師者，則天池之嫡孫也。師求道深切，如救頭然。本心既明，出語皆法，彈指之頃，起大道場於久廢之餘，非其福慧具足爲人天師，疇克若是耶？造銘以勒諸塔，一以著師之善繼，一以勵來者之進修，當有惕然自省者矣。銘曰：

先佛振靈，青童應徵，拓化原兮！生而質美，逢佛輒禮，性之存兮！歷抵諸師，答問難疑，入無門兮！大慈雲矗，遮山絡谷，法雨均兮！奮襼直前，一死敢捐，心逾瘠兮！如藥瞑眩，有眼不見，耳無聞兮！其指頓忘，夜半月明，叶如日輪兮！周徧法界，無内無外，顯一貞兮！百千妙玄，開目洞然，照無垠兮！爲法出世，附者川至，度迷群兮！瓦礫之叢，化爲寶宫，金碧文兮！公侯之貴，馳書奉贄，祈普熏兮！生滅兩非，去住一機，漫云云兮！太虛凝碧，萬里無跡，絶纖塵兮！烏石聿崇，清泉不窮，示法身兮！遺行有煒，表者太史，勒堅珉兮！

明辯正宗廣慧禪師徑山和上及公塔銘

始蘇之區，山川清妍，其所毓人物，性多敏慧。學禪那者，以攻辭翰辨器物爲尚，雖據位稱大師，亦莫不皆然。自宋季以迄於今，提唱達摩正傳，追配先哲者，唯明辯正宗廣慧禪師一人而已。

師諱智及，字以中，蘇之吴縣顧氏子。父茂卿，母周氏。師之始生，靈夢發祥。及入海雲院爲童子，智光日顯，釋書與儒典並進，其師嘉之。同見閩國王清獻公都中，公大賞異，留居外館，撫之如己子。使其祝髮，受具足戒。

師聞賢首家講法界觀，往聽之，未及終章，莞爾而笑曰：「一真法界，圓同太虛，但涉言辭，即成贓法，縱獲天雨寶華，於我奚益哉！」遂走建業，見廣智訢公於大龍翔集慶寺。廣智以文章道德傾動一世，如張文穆公起巖、張潞公翥、危左丞素，皆與之游，以聲詩倡酬爲樂。師微露文彩，珠潔璧光，廣智及群公見之大驚，交相延譽，唯恐後。師之同袍聚上人訶曰：「子才俊爽若此，不思負荷正法，甘作詩騷奴僕乎？無盡燈偈所謂黄葉飄飄者，不知作何見解？」師舌噤不能答。即歸海雲，胸中如礙巨石，目不交睫者踰月。忽見秋葉吹墜於庭，豁然有省，機用彰明，觸目無障。師雖自慶幸，然不取正有道，恐涉偏執，於是杖策游虎林，升雙徑山，謁寂照端公，自列其所證甚悉。初，寂照嘗以法器期師，聞其言，喜甚，因勘辨之。師隨機而答，隼落秋空，而兔走荒原也。精神參會，不間一髮。未幾，命執侍左右，以便咨叩，俄遷主藏室。師取三乘十二分教，益温繹之，宗通説貫，衮衮如懸江河，聲光煒燁，頓超諸老上。

至正壬午，江南行宣政院舉師出世昌國之隆教。海濱之民暨清淨四衆，手持香華，百里驩迎，如見諸佛。師爲升座説法，不翅大將樹建旗鼓，申令發號，聞者靡不畏服。乙酉，轉鄰刹普慈，其激揚誘掖如隆教時。戊戌，江浙行省左丞相達識帖穆爾兼領院事，延師主杭之淨慈。兵燹之餘，艱窘危厲，人所不能堪。師運量有方，軌範峻整，綽有承平遺風，較之普慈君子，恒謂過之。丞相猶謂未盡尊師之道。辛丑之秋，復請住持徑山，補寂照故處。師亦不辭而往，風動四方，考德者愈衆。亡賴男子瞿範，日饕盤飧，主庖者厭之。瞿銜而去，赴部使者，訴院之僚屬受賕，誣師爲通衷私。使者攝師問狀，師了無懼色。癸卯，省憲二府白其冤，强師復還徑山，緇素駿奔，如戴父母，至有樂極而悲泣者。

皇明隆興，❶洪武癸丑，詔有道浮屠十人集京師大天界寺，而師實居其首，以病不及召對。乙卯，賜還窮隆山，山即海雲所在也。戊午八月，忽示微疾，至九月四日，索筆書偈而逝。九日，行荼毘法，火餤化成五色，有氣襲人如沈水香，齒牙數珠不壞，遺骨紺澤，類青流離色，舍利羅交綴於上。是日，其徒大均、士龍等藏於所居山之陰；寶盈分爪髮歸徑山，卜於無等才公塔右瘞焉。

❶「隆」，張本作「龍」。

世壽六十八年，爲僧五十一夏。度弟子若干人，嗣其法者若干人。

師長身山立，昂然如孤松在壑。威令嚴肅，其下無敢方命，故所至百廢具興。然處事達變，接引後進，又如春風時雨之及物，使人不自知。元帝以師爲賢，爲錫今號云。師在天界時，濂頗獲聞其緒論，於其歿也，上首弟子普慶，住持道衍，藉是之故，自狀其行來請銘。夫圓明妙性，實具三千，四聖六凡，悉從中現。諸佛不得已而説經，雷動蟄驚，風行草偃者，爲明此性也。諸祖不得已而忘經，絶其枝末，直探其本根者，亦明此性也。性在是，則道在是矣。奈何道喪性乖，非惟學徒爲然，至於師表當世者，一從事於末學曲藝之間，以資清玩，其去佛祖之道蓋亦遠矣。有如師者，可不表之以爲東南龜鏡哉！師出世時，窮隆山石夜走。及涖普慈，神降於人，述師清嚴之狀。天之生師，殆不偶然。《四會語》有録，其機緣已備載之，兹不敢勦入也。銘曰：

華梵諸祖，所了唯心。函乾蓋坤，開陽闔陰。萬彙芸芸，靡不包括。肯捐全軀，而局一髮？奕葉相仍，軌轍弗殊。融通大小，❶無礙無拘。猗歟禪師，神觀孤聳。文彩漸彰，雲流山涌。一旦易慮，面壁自治。攝念入定，如斬棼絲。秋葉之零，飄墮庭戺。仰視青天，一碧萬里。我性之覺，澄諸碩師。機鋒交觸，劍戟參差。出世海濱，人天拱手。發祥含徵，白石夜走。全提正印，法鼓頻撾。以眼聞者，斷除空華。由其見凝，轉識爲智。珠璣落紙，亦第一義。方嶽大臣，遣使候迎。陟於南屏，惟德之馨。名

❶「大小」，張本作「小大」。

山列五，首曰雙徑。匪私於師，南東龜鏡。輕儇小夫，僭不自懲。皦皦白璧，何憂蒼蠅。風騰波掀，萬辭嗟惜。是非既昭，重涖舊席。昔師之去，泉流哭聲。師今之旋，卉木含榮。世緣已終，微笑而滅。舍利如珠，綴於紺骨。末學競奔，曲藝宏施。胡不反觀，本實在斯。遺光所被，千載猶淺。瞻之仰之，誰敢不勉。

華嚴法師古庭學公塔銘

吴郡有高行浮屠曰古庭學師，傳華嚴之教於寶覺法師簡公。凡清涼《大疏鈔》，及《圓覺》、《楞嚴》、《起信》諸部，皆能融會甚深微妙之旨。遐邇嗜學之子，斂袵遡瞻，不翅卿雲德星，以獲一見爲快。師因造《十玄門賦》，以示圓宗大旨。叢林傳誦，以爲能發越賢首諸祖之意。

他師好爲立異，有以應觀法界性爲十界差別，事唯心造爲真如之理者。師彈指曰：「真如生滅，倒置錯亂，一至於此耶？是可爲太息也。」其於匡衛宗乘，唯恐稊稗之混黍苗，固若甚嚴。然其植心平易，不肯沈溺專家，以殊户異軌爲高，理之所在，輒幡然從之。每升堂示衆曰：「吾宗法界還源，非徒事於空言，能於禪定而獲證入者，乃爲有得耳。」既而又曰：「吾蚤通法華，雖累入法華三昧，然長水璿問道於琅琊覺，又從靈光敏傳賢首教。靈光，天台之人也。古人爲法乃爾，吾徒可專守一門乎？」君子美其至公無我，一掃近代互相矛盾之陋，故師見諸著述者，咸有可觀。師嘗與同學原澄，以一乘同別之義，更質疊難，爲《法華問答》若干篇；復因主脩法華期懺，撰《法華隨品贊》三十篇；辨正教門關鍵，録若干卷；及詩文並行於世。嗚呼！有若師者，其與不可傳者遠矣，可使之弗耀於來裔乎？宜其弟子處仁、法慧圖之之堅也。

謹按九皐聲公、啓宗佑公所造《行業記》，師諱善學，自號爲古庭，生儒家馬氏。自幼離俗，往大覺院，學出世間法，恍若青蓮華，超出淤泥，亭亭淨植。至治癸亥，師年已十七矣，始受度爲大僧。投華嚴諸師而窮其説，久未有所入。時寶覺講經曹溪，師亟從之，慧解濬發，聞其演説，勢若破竹然，數節之後，皆迎刃而解。寶覺善甄別人物，絲毫不少貸，獨譽公不置。間勉其門人曰：「學上人可謂名實相副矣。爾曹能如其賢，吾宗庶幾其復振乎？」自是名稱勃然而興，老師宿學亦推之爲人望。別傳教公在報恩，遂聘之出典賓客。久之，滸溪之光福，偶乏首懺者，古田滋公命師司之。又久之，無言宣公來繼報恩之席，復延之於上座，分筵説經，聲采一時震動。

江南行宣政院請師開法崑山薦福寺，宣公欲攝受爲弟子，師笑曰：「吾得法於寶覺，忍背之乎？」力拒不聽，賦曹溪水四章以見志。越二年，即棄去，還東林隱居，專修白業，謂同志曰：「吾始習晉水源華嚴懺法，行之已久。及觀天竺慈雲式淨土懺儀，❶明白簡要，五晦諸文，皆出《華嚴》，吾欲藉是以祈生安養耳。」掌教者尊師之道，不容肥遯自逸，强主陽山之大慈。先聲所被，非惟天人具欽，而山川草木亦若動色相慶。

皇朝龍興，庶事一新。滸溪人戀嫪師

❶「土」，原作「上」，今據張本改。

爲尤切，聚黑白若干衆，具疏幣，雜以香華威儀，請師居之。師亦將大弘賢首之教，以續佛慧命，雖當儉歲，躬分衛以食衆。會天復旱，院有觀世音銅像，素著靈異，郡二千石率僚屬迎致府廨，屬師如其法禜之，大雨三日。由是士民知禎祥所致，施者接踵而集。師方思有所建置，院僧以官賦違期，當徙虔州，有司知師專任講道，欲與辯析之。師曰：「吾爲主僧，法當坐，敢累他人耶？」遂毅然請行。或讓師爲迂，師曰：「宿業已定，不可逭也。」行抵池陽馬當山，示疾而化，洪武庚戌四月二十日也。春秋六十有四。以某年月日建塔於某處藏焉。

師形貌尫瘠，退然若不勝衣。戒檢精嚴，護持三業，唯恐有所染汙。獨居屋漏，法衣不離體。三藏諸文，未嘗釋手。雖盎無斗儲，處之裕如。謙恭自牧，豎子來見，亦無惰容。勤於誘掖，有不領解者，方便比喻，至於反覆數四，必俟其心悟始罷云。

嗚呼！大覺如來，設爲度門，雖萬別千差，不過因機應化。如大醫王，隨病制方，初非有所同異也。其立異同者，乃末流之弊耳。唯我清涼大士一遵如來遺教，學無常師，問律於澧公，受南山行事於曇一，傳《涅槃》、《起信論》、《法界觀》、《還源記》於瓦官，咨雜華於大詵，習天台《止觀》、《法華》、《維摩》等疏於荆溪，參決南宗禪法於牛頭忠、徑山欽，如此之類，復不一而足。所以群機盡攝，萬理俱融，卓然爲一代人天之師。今觀師升堂示衆之言，蓋深有契於大士者也，曾不得大行其志於時，而夙因已不可逃矣，哀哉！

濂於諸宗之文頗嘗習讀，每病台衡、賢首二家不能相通，欲和會而融貫之，恨鮮有可言斯事者。不知世上乃復有師乎？於是，發不及見之之歎，既序其事，復綴之以銘曰：

賢首之學，雜華爲尊。建立六相，條分十門。固自以爲瑣瑣而不可易，至若天台性善、性惡、三觀、三德之旨，一念三千之文，又曷嘗不引之而示人？況修門之注釋，乃止觀熏習次第，亦不外之而立言。念古昔之諸祖，皆契經之由循。初何心於矛盾，唯欲鑑於群昏。或謂無斷伏分齊，而失修證之道，乃後裔之紛紜。卓哉學師！所見離倫。翦剔其末枝，融通其本根。談諸法之相，即含性具之緣因。庶幾森萬象於寸心，合千江於一源。觀會通於大府，闢局隘之專門。奈之何道未克施，而遂遘於邅迍。安養之生，固知可以無憾，但學子之亡師，譬猶渡河而失筏，登陸而折轅。企瞻弗及，鬱悒難伸。評群行以成章，命勒之於翠珉。

淨慈禪師竹菴渭公白塔碑銘

濟北正宗，傳至我大慧普覺禪師，以大乘根器，總攝天上人間。諸文字相，化爲慈雲，偏布索訶世界，鼓以雷風，澍爲法雨，有識含靈，咸被霑潤。既而圓鑑光師，爲其世適。自時厥後，以次相傳。若光孝簡師，若育王觀師，若佛智熙師，若廣智全悟訢師，後先勃興，荷擔正法。其所以黼黻宗綱，折衝外侮，皆兼用辭章爲佛事，至今聲聞烜著於霄壤間，爛然如日星之光，何其雄哉！

今清遠師則全悟俗姓之甥，而法門之嗣子也。初，清遠之生，有靈芝產於庭槐。占者云：「芝乃靈秀所凝，是子將以文顯乎？」已而果英發，誦書攻文，不待師授而知解日勝。時全悟以太中大夫住持集慶大龍翔寺，聞之喜曰：「此吾宗千里駒也。」亟挽致座下。集慶爲東南都會，而行御史臺涖焉。四方名薦紳，無不翕聚，無不與全悟游。初科第一人張公起巖來爲中丞，尤號最厚。翰林承旨張公翥、中書左丞危公素，時尚布衣，亦往來乎其中。四三君子，或發天人性命之祕，或談古今治忽之幾，或論文辭開闔之法，清遠咸得與聞之，反覆參求，益探其閫奧，其學於是大進。形諸篇翰，如千葩競放，錦麗霞張，而不見春風煦嫗之跡，沈冥盡斂，精明自然，老於文學者爭歆慕之。譙曰：「此文中虎也。」清遠恚曰：「公等謂吾專攻是業耶？佛法與世法不相違背，故以餘力及之，將光潤其宗教爾。苟用此相夸，豈知我哉！」一日，全悟警勵諸徒，衆未有對，清遠直前肆言，如俊鶻横秋，目無留行。全悟振威叱之，衆爲駭愕，清遠氣不少沮。如是詰難，至於二三，全悟莞爾而笑曰：「汝可入吾室矣！」命爲記室。向之歆慕者則又曰：「清遠所證悟，已造殊勝，徒以文夸之，宜其恚也。」全悟瀕没，亦呼而告之曰：「吾據師位者三十餘年，接人非不夥，能弘大慧之道使不墜者，唯汝與宗泐爾，汝其懋哉！」宗泐，字季潭，今大天界寺主僧也。寺即故龍翔云。

全悟既示寂，清遠肆爲汗漫游。見虞文靖公集於臨川，謁大司徒楚國歐陽文公玄於瀏陽。二公聞其雄辯蠭起，文彩彰露，僉曰：「是無忝於舅氏者也。」浙江行省丞相康里公，重其文行，遣使者具書幣，延主會稽之寶相。未幾，遷杭之報國，轉湖之道場。雖當兵燹相仍之際，爲法求人，無少退轉。

國朝洪武初，淨慈禪林虛席，四衆一心復請爲主持。會儀曹奉詔設無遮大會於鍾山，二浙名浮屠咸集。清遠一至京師，遂退居錢唐之梁渚。梁渚，乃全悟藏爪髮之地，問道者接踵而至，不翅住山。時八年十二月，四大若有所惱，召門弟子善解，屬以後事，怡然而逝，是月之十六日也。踰七日，火化，得不壞者三：曰齒牙、曰鉢塞莫、曰舍利羅。十年十二月二十六日，祔葬爪髮塔之東若干步。所度弟子某某，嗣師之道，出主名山者，某等若干人，《四會語》有録。其詩文曰外集者凡若干篇，不待結集而盛行於時；所書草隸亦偏流四方。

清遠善鼓琴，同袍以無益風之，清遠笑曰：「非爾所知，是亦般若所寓也。」清遠軀分短小，神宇超朗，終身持誦《金剛般若經》，未嘗虛日。報國入院，季秋而山丹發花，一枝五萼，如佛手然。淨慈行化，有陳氏婦預夢神僧臨其門，及清遠至，稽首作禮，願爲尼以相依。清遠舉大法以開導之，其婦恍若有所悟入，清遠行未百步，而婦竟與家人別，坐脱而去。生平守道弗變。元至正末，避地匡廬，悍兵來索金帛，清遠瞋目訶之曰：「浮屠烏有是物耶？」兵怒，拔劍欲殺之，清遠引頸就劍，兵歎息而去。清遠偉行甚衆，舉此例知，餘不詳載也。清遠諱懷渭，清遠其字也。晚自號竹菴。南昌魏氏子。世壽五十又九，僧臘四十云。

濂聞之，世間萬事皆可僞，唯死生之際不可僞。有若清遠，凡夫俗子孰不以文辭僧目之，及其亡也，三事不壞，光明熾然，❶

❶「然」，張本作「盛」。

驚動當世，非有證入毘盧性海，寧有是靈驗哉？大慧以來，累葉相承，蓋亦若斯而已。濂長清遠八歲，雖屢承容色，官守所拘，不暇以宗乘相叩擊，今九京不可作矣。其入室弟子報國道謙持自爲事狀，同鍾山德瓊以塔上之文爲請，因略其細而掇其大，書而遺之，使刻焉。銘曰：

大慧正友，七葉相承。焜燿鏗鍧，以文華稱。文非徒文，般若爲體。其本既弘，用則自偉。譬諸雲氣，遥映日光。東西照之，霞纈錦章。所以達人，兼治弗廢。黼黻折衝，莫非佛事。堂堂渭師，結秀之姿。庭槐有知，應在瑞芝。既抵碩師，日交簪組。文彩聲明，一時彰著。人見其粗，玉貫珠聯。我窺其精，説法熾然。持此應緣，隨時順逆。飛鴻度空，曾無一迹。報身已滅，大火方融。舍利粲粲，叢生其中。矧是三德，熏脩所致。世間萬物，唯此無僞。靈明上通，所遺者文。因文而入，不限見聞。山色溪聲，皆歸實相。於此見師，是謂無妄。梁渚之虚，雙塔巍巍。惟舅洎甥，先後聯輝。山石可泐，川流可息。此人天師，永保貞吉。

元故演福教寺住持朁菴講師示公道行碑銘

台衡之學，至佛海大師澄公，光明俊偉，如日出扶桑，四方之人無不瞻仰。故其入室弟子，各能具大無畏，得無礙智，而闡教於一方。及其化去，予多摭群行而銘其塔，若今朁菴示公之殁，其烏得無辭乎？朁菴壽六十九。國朝洪武四年出游虎林，以某月日順寂於太平興國傳法教寺，神思不亂，如返故廬。六年三月七日，其從子延慶住持智曉，函靈骨歸藏受經祖塔之側，復恐無以傳來裔，持狀來徵銘。

按狀：台之寧海有盧某者，謹敕之士也。其娶金氏。金夢寶陁大士現五色雲中，覺而有娠。及生一男子，自幼逮長，灑然有出塵之思。衆咸曰：「是子從佛乘中來耶？」年二十一，投會稽悟本院爲沙彌，一山元公爲之脱白。一山度弟子四人，取醍醐經開示悟入爲之名，而瞽菴遂名顯示，號之曰瞽菴。元天曆初，受比邱大戒，即踰濤江而西，欲講天台教觀。時天岸濟公方主萬壽圓覺寺，瞽菴往事焉。久之，濟公見其天機峻利，有一日千里之勢，乃曰：「子盍從吾師游乎？他日大顯南嶽一宗，吾於子有望矣。」濟公之師，即佛海也。佛海倡道於上天竺靈感觀音教寺，來受經者雲蒸海湧，瞽菴廁多士中，晝夜研摩三觀十乘之旨，察其密微，至於蠶絲牛毛。設有疑悶，進質諸佛海，退與四方俊彦縱横講切，不至於洞達弗措也。真積日久，大小乘部文義字句，悉貯心胸。有叩之者，辯口如水東注，不見其所窮。朋類推服，恒以爲不可及。佛海器之，命其司賓。及佛海退居南天竺，虎巖頤公來紹其後，升掌懺摩。而賢叟思公又延居第一座，鍊徒牧衆，不異於常時。

至正五年，始出世隆壽教寺，疆畎人侵者復之，殿序僧毁者葺之，一坐十二春秋，雖蕞爾小刹，聲望頓增。遷雷峰顯嚴教寺，破屋殘僧，觸目皆淒涼之境。瞽菴既至，學徒散者漸集，迄復伽藍舊規，人以爲難。越六年，江浙省臣力聘主崇恩演福教寺。寺當兵燹之餘，鞠爲荒墟，瞽菴創丈室五楹間，以納負笈之士。遇有咨問者，悉竭平昔所藴，亹亹而語之。至於南屏、霅川之同異，尤嚴於斷制，歷引諸家經疏辯證無遺。或譏其過勞，輒笑曰：「爲法忘軀，桑門之常事爾，子以爲勞乎？」已而兵禍日亟，飄然東邁，向悟本樵山祖塔棲焉。屏絶人事，顓志於西方淨土之學，終日繫念，未嘗少忘，屢有靈瑞之應。

謩菴古貌長身，寡言笑，以清儉自持，一榻二十年，蕭然如在逆旅。當時齒臘相亞，職業相肖，咸據席名山。謩菴視之澹然，雅不事干謁，其出世爲人，皆迫於群情，不得已而起。性不樂時俗藻麗章句，凡有述作，一本山家諸師之論。其所度弟子某等若干人，其嗣法者，祥符思賢等若干人。

嗟夫！大化絪緼，變合無垠，而獲生人道爲難；既幸爲人，得服福田衣，又難；雖服福田衣，從桑門之後，而聞諸大法，又難；法或可以治諸躬，至於收攝一切有情，使其解脱，則又難之最難者也。謩菴於此數者，皆可以無憾。狀謂能衍佛海之道，傳之方來，動静出處，綽有可觀者，誠可信不誣也。序而銘之，孰謂非宜？銘曰：

維木之生兮，處乎鄧林。雨露所滋兮，其崇百尋。材既足用兮，嘉聞孔章。締構攸宜兮，清廟明堂。取以媲師兮，髣髴類之。道積厥躬兮，位亦克施。玄風四播兮，象龍駿奔。足躡紺蓮兮，口舒露雲。一氣回斡兮，造化發機。區萌畢達兮，有罔無遺。❶安養固遐兮，最邇者心。彈指即至兮，何闡古今。幻生終滅兮，有弗滅存。一真獨露兮，無身而身。樵山不老兮，青色如藍。銘此塔婆兮，來者是監。

❶「遺」，張本作「夷」。

佛鑑圓照論師大用才公行業碑

濂之方外友具菴法師玘公，手造行狀一通，來謂濂曰：「吾宗有大道師曰佛鑑圓照論師，以至正十九年三月十九日滅度於南山演福教寺。其未滅度時，頭目忽岑岑然，乃召弟子謂之曰：『我生緣將盡。』即焚香面西而坐，厲聲稱西方佛號，晝夜六時，聲無暫輟。至於浹日，又曰：『爾等勿謂修持無驗。吾淨土緣稔，三昧現前矣。吾其行哉！』即具浴更衣，據觚翰爲書，以别相知者。復作《辭世偈》一首，合掌而逝。一城之人無不悼惜。及舁龕就火，省院重臣，憲漕達官，皆執纚紼以從。五色神光，自龕中發。火已，舌如紅蓮，齒牙如珂貝，舍利如菽者滿地。萬衆競取，灰燼一時俱盡。後至者穴地尺餘，亦得之。某年月日，建塔寺之南偏安養蘭若，奉諸舍利等藏焉。惟古之大德，視死生爲一朝，固無事乎表暴。然不託文章之家，登載徽行，何以聳善而扶教？今其得法上首大山等，既已修塔建祠，而法孫普福主山守仁，復以塔上之文爲請，願有以慰其遥思。」遂以其狀相授。濂按狀而序之曰：

論師諱必才，字大用，姓屈氏。台之臨海人。所謂四字名號，帝師大寶法王之所畀也。父諱哲，明大經，爲科目之儒。母趙氏，嗜善弗厭，而崇佛尤至。西域梵僧入夢顯徵，而論師降生，甫能言，輒記《孝經》一卷。七歲，善屬句，脱口而就，聲文諧協，宛有思致。年十二，受經於西江瞿公。瞿公居越之報恩，實剡源暹公諸孫，通天台教觀。論師挾册而從之。已而祝髮，受具足戒。十六，出游虎林，謁湛堂澄公於南天竺。湛堂見其顏貌峻拔，出語皆中肯綮，即以法器期之，命典賓寮。時玉岡潤公自集慶維那來居第一座，學子歸之如雲。論師亦執經入室，雖流金之暑，折膠之寒，足不踰户限。如是者十年，凡山家部味之玄，教觀之要，一經指授，意釋心融，無不臻其閫奥。玉岡歎曰：「是子非靈山會上業已習之，烏能致此哉！」一時儕類，如我菴無公、絶宗繼公，英聲偉望，超出時流。至於剖決宗旨，議定教章，必推論師爲上首，舉無異辭。玉岡出世海鹽當湖德勝寺，延論師分座講經，雨注河翻，縱横無礙，聽者咸詫，不異北峰之在世也。

泰定元年，玉岡陞遷演福，行宣政院請論師繼其教席。當是時，湛堂聲稱喧播中外，衆意論師必願爲之子，升堂演唱之際，論師獨歸之玉岡，君子謂其知義，益推重之。至正二年，轉杭之興福。三年，亦陞住演福。康里丞相屢致薌幣，咨決心法，一時貴人畯士，罔不望風作禮，施金帛者由是充牣。論師隨受隨散，首新大雄殿於兵燼之餘；既而三門兩序成；未幾，彌顯之堂又成。晚建萬佛寶閣，其崇以尺計者一百三十有奇，金碧煇煌，像變絢麗，法筵之盛，特冠南北諸刹，非惟留心有爲功業而已。凡其所莅，講演大小部文，終而復始，修禮期懺，至若千會。其見於著述者，有《妙玄》、《文句》、《止觀》三大部增治助文，《法華》、《涅槃》二經講義，荆溪、章安、法智三祖禮文，並行於世；而詩偈二編别傳。登門受業者，前後恒數百人，出據師位者在在有之。世壽六十八，僧臘僅五十六，竟爾西歸矣。悲夫！

論師爲人凝重簡默，觀行精勵，孜孜修學，無斯須懈怠。每夏終制解，同業者皆囊衣篋帙而旋故鄉。法師獨掩關謝客，益加磨淬，人不堪其清苦，而處之欣欣也。故其德業所就，光明俊偉若此。善乎！具菴贊論師之行曰：「論師以恢涵之量，邁遠之識，於空壞劫中建住成之效，而人或有可齊者。至於發性具之微，肆辯説之雄，燦真燈於既昏，膠慧命於將墜，此豈世力之所能爲哉？」嗚呼！斯言至矣，盡矣。濂縱欲竭其世諦文字，以美盛德之形容，其何能度越之哉！是用不辭，姑評騭其本末，而序列如右，復繫之以銘曰：

清明在躬志如神。有開必先理迺申。巨顙深目疑應真。飛空而來杖刺閽。二服六環聲振振。❶夢中乘此大願輪。性靈無障如夙熏。雙臚一鑠無全文。耳入心通俱正因。超然直詣止觀門。袖有神珠光燉燉。欲與迷輸開重昏。南東西北方位分。勝劣欲往咸知津。三鎮招提道益尊。師子作座寶華茵。一音演法春雷震。天雨雜華飛繽紛。龍鬼聳聽來侁侁。有時撥動三昧雲。幻出樓閣撐秋旻。昔也劫灰已四堙。夜半荒墟牛馬燐。今焉五彩絢嶙峋。化佛無數黃金身。神機妙用翕然臻。但見協氣恒煙煴。安樂淨域空中存。銀沙寶樹琉璃園。鳥鳴籟動宣祕言。金臺來迎欻孤騫。青蓮爲屋翡翠軒。左右旋繞千幢旛。法門明驗此無諼。心境叵得染淨泯。不礙緣生想相勻。人人負此希世珍。慎毋遺棄淪荆榛。弗信來徵圓照墳。

❶「服」，張本作「股」。

佛心慈濟妙辯大師別峰同公塔銘

華嚴建宗，始於帝心大士。帝心作《法界觀門》及《妄盡還源觀》，以傳雲華。雲華傳賢首。賢首既終，而其徒慧苑等悉叛師説。後百有餘年，僧統清涼國師，遥遵遐軌，丕弘教緒。國師傳圭峰，圭峰傳奥，奥之後又復廢逸。朗現父子相繼而作，補葺粗完。現傳璿，璿傳源，二師陰搜陽闡，其宗於是乎中興。源傳仲，仲傳觀，觀傳會，會傳心，心傳悟。悟號竹坡，自吴來越，開法景德教寺，越之有賢首教，自悟始。悟傳介，介傳瓊，瓊傳東山萃，冥承國師之旨，大能發越，受學者至千餘人。萃傳春谷遇，遇傳今佛心慈濟妙辯大師同公，上遡圭峰凡一十六代矣。

公諱大同，字一雲，其號別峰，越之上虞王氏子。世推簪纓之族。父友樵，母陳氏，娠師已十月，父見龐眉僧振錫而行，問僧來自何所，曰：「崑崙山也。」竟排闥而入，父急追之，寂然無有也。暨出，聞房中兒啼聲。笑曰：「兒豈來向浮屠耶？」❶幼極俊爽，覽諸載籍，輒會其玄奥。父授以辭章之訣，握筆翩翩，輒有可觀，遂以纘承家學屬之。母獨歎曰：「是子般若種也。可俾其纏繞塵勞乎？」命捨家入會稽崇勝寺，從僧貴游。已而鬀落，受菩薩戒。會春谷講經景德，公復往依之，獲授《五教儀》、《玄談》二書。又謁懷古肇師，受四種法界觀。懷古、春谷皆東山大弟子，深於華嚴之學者也。公天分既高，又加精進之功，凡清涼一

❶「來向」，張本作「向來」。

家疏章，悉攝其會通而領其樞要，義趣消融，智光發現，識者心服之。

春谷陞主寶林華嚴教院，召公謂曰：「子學精且博矣，恐滯於心胸，以成贏執，曷從事思惟修以刬滌之乎？」公即出錢唐，見佛智熙禪師於慧日峰下。舊所記憶者一切棄絶，唯存孤明，耿耿自照，如是者閲六暑寒。佛智嘉其有成，欲縻以上職，不聽而去。俄上天目山，禮普應本禪師。普應見已。期之如佛智。公將久留，普應曰：「賢首之宗，日遠而日微矣。子之器量，足以張大之，毋久淹乎此也。」爲贊清涼像而遺之。公喜曰：「吾今始知萬法皆本一心，不識孰爲禪那而孰爲教乘？內外自此空矣。」亟還寶林，見春谷，且告之故。春谷曰：「可矣！」乃命之司賓，尋陞上座。當時相從者，皆宏偉之龍象，公爲分講雜華玄門，會元統宗必極其所言。宋故官徐天祐、王易簡聞之，相與崇奬弗置。聲光焕著，五尺童子皆能知其名。郡守范侯某，憐春谷僧臘已高，風之使讓其席，公毅然不答。侯設伊蒲供延公，親與之語。公曰：「有是哉！所貴乎道者，在明師弟子之分，垂訓後人。苟乘其耄而攘其位，豈人之所爲乎？明公縱愛我厚，名義不可犯也。」侯不覺離席，把公臂曰：「别峰誠非常人也。」

元延祐初，始用薦者出世蕭山淨土寺。公自念圭峰以來，累葉相承，其間或絶或續，繫執法者之賢否。遂發弘誓，力持大法，晨講夕演，雖至於勞勩，弗敢少懈。天曆初，朝廷新設廣教都總管府，遴選名山主僧，一歸至公，陞公住景德。重紀至元中，行宣政院遷主嘉禾之東塔，公不赴。時宰臣領院事，乃改寶林。寶林清涼肄業之地，人咸爲公榮，公固守謙退，遲回不上。州牧邑尹，山林友社，交疏延請，亦不允。至第二疏，始投袂而起，倣終南山草堂故事，建高齋，闢幽舍，招徠俊乂。浙水東西莫不擔簦躡屩，争集輪下。公竭忱開授，此景德爲尤勤，法筵之盛，不減東山時。公復念許玄度、皮道輿、蕭督三公，程師孟、汪仲舉二郡守，有修建塔廟之勳，立五賢祠以世祀焉。

　　至正初，順帝御宣文閣，近臣有以公之道行聞者，帝嘉之，特賜金襴伽黎衣。帝師大寶法王亦俾以六字師號，隱然作鎮江南，宗門恒倚之以爲重。狀元忠介公泰不華守越，病旱無以禳，僉謂非公不可。公爲爇香臂上以請，雨即澍。公莅事一紀餘，以疾固辭，堅卧崇福菴中。未幾，部使者持節行郡，迫起之。元季，寺焚於兵。公奮然有爲，創演法堂及方丈室，皆六楹間。堂以實三藏梵典，室以修《首楞嚴》期。殿閣門廡，將次第經營，而時事日棘。公因退處瞻博迦室，年垂及於八十矣。

　　皇明御極，四海更化，設無遮大會於鍾山，名浮屠咸應詔集闕下，入見於武樓，獨免公拜跽之禮，命善世院護視之。次日，復召賜食禁中。及還，復有白金之賜。洪武二年冬十二月，得疾，久不瘳，口占辭衆語，端坐而蜕，實三年春三月十日也。世壽八十一，僧年六十五。越七日，遵治命，就城南竹山凖法闍維，收餘燼瘞焉。所度弟子泰來、元善、如坻、性徵、慧朗、智仙、真詣、總該。其嗣法分布列刹者，則妙心大衍、皐亭善現、高麗若蘭、景德仁静、姜山明善、延壽師顗、南塔國琛、福城大慧、景福性澄、妙相道偁、法雲道悦、小寶林日益、淨土梵翺也。

公神宇超邁，伏犀插腦，長身而玉立，美談吐。遇王公貴人輕重教門者，發論滚滚弗休。其挺己衛道，理或不直，雖斧鑽在前，不少挫其氣。中歲，稍涉魔事，至中之以危法。公不顧，下帷卻掃，日味《華嚴》。其人一旦自斃。然其游心文翰，賓接賢公卿，燕饗賮遺，唯恐不盡其意。永康胡公長孺、吴興趙文敏公孟頫、巴西鄧文肅公文原、長沙歐陽文公玄、烏傷黄文獻公溍、武威余忠宣公闕，咸樂與公交，函詩往來無虚歲。晚歲，與安陽韓莊節公性、李著作孝光唱酬於水光山色間，尤極其情趣。扶植他宗，無塵毛猜忌，聞其賢也，斂衽不暇。斷江恩師，少林學也，薦之主天衣；天岸濟師，台衡教也，挽之尸圓通。至於甄別人品，摩勵後進，三宗屢得其人。古林茂師之主保寧，馭下過嚴，楚僧無賴者數人，將愬之於公府。公偶遇於旅邸，設豐食食之，從容謂曰：「吾雖不識古林，聞其爲禪林名德，子等將不利之，君子以爲何如人？不如且已，否則恐罹大咎也。」衆沈吟良久，稽首列拜而去，事遂寢。

公性至孝，自恨蚤喪父，養母純至。及亡，春秋祭祀無闕，且請名臣書父母群行樹碑於墓。生平無躁進意。高麗藩王遣參軍洪瀹施《大藏經》於二浙，瀹自負通内外典，不復下人，入越見公，茫然如有失。力言於王，邀公游燕都，將振拔之，過吴，辭以疾而還。持律甚嚴，不敢違越，撫世酬物，終始如一，不以久近爲礙而散其誠。逮革代之後，囊無一錢，唯存書史五千卷，盡散其徒之能文者。著述頗多，未脱稿，輒爲人持去。某外集曰《天柱稿》，録公自註詩文；曰《寶林編》，類聚古今人爲寺所作者也。

嗚呼！賢首之宗不振久矣，凜乎若九鼎一絲之懸。公獨能撑支震耀，使孤宗植立於十餘傳之後，凡五十年，非賢者其能致是乎？濂總脩《元史》時，開局於善世院，始獲識公。公以濂爲文獻公門人，時相過從，慰勞者甚厚。及公既歿，公之徒總該又與濂仲子中書舍人璲游，乃奉天衣萬壽禪寺住持元瀞狀來求銘。濂久未及爲，而璲爲該請之愈力。今該以材獲選，俾返初服，爲河間長蘆都轉運鹽使司判官，又移書申言之。今家食多暇，據狀所書，推原傳授行業之詳而爲銘。文辭雖繁，而不敢殺者，稱人之善，法當如爾也。銘曰：

中天調御，說大華嚴。最勝種智，萬有俱含。煌煌帝心，冥承遐受。昏蒙之中，鑿開户牖。熾極而衰，微燄欲灰。不有清涼，曷振其頹。黄龍入夢，鱗鬛照日。首枕尾蟠，臺之南北。曾未再傳，離而去之。諸師繼興，是考是毘。載之則升，委之則墜。丕弘在人，道何行廢。奕葉之餘，靈承者公。搴華茹滋，號爲法雄。謂彼雜華，如來智海。於覺定中，而得自在。帝珠出現，寶鏡臨空。交光互照，真俗俱融。不善效之，或膠於相。若不剗除，孰非吾障。旋光内燭，耿耿孤明。一法不立，廓落無營。安住毘盧，靈慧自發。内外皆空，觀心無物。出世度人，從者如林。據摩尼坐，揚清淨音。旃檀熏心，醍醐灌頂。香味所加，動静雙領。詔下九門，召入禁廷。恩光赫赩，佛日增熒。賢首之宗，非公誰寄。慧力之施，兹焉爲至。報緣已終，輕如蜕蟬。定光常寂，白虹在天。龍鬼護塔，陰飆颯爽。塵沙有生，望門稽顙。

故靈隱住持樸隱禪師瀞公塔銘

嗚呼！人之生也，出没氣化之中，因成果隨，夙有一定之業。世雄氏所謂假使百千劫，所作業不亡者，一旦遇合，雖大覺法王亦或有所不免。故濂於樸隱禪師之事，恒若有傷焉。

師住杭之靈隱。入院甫浹日，寺之左右序言曰：「寺政實繁，乏都寺僧司之。」師曰：「若等盍選其人乎？」衆咸曰：「有德現者，稱多才，昔掌崇德莊田，能闢其萊蕪以食四衆，儻以功舉，其誰曰不然？」師諾之。先是，勤舊有聞歆現之獲田利，率無賴比邱請於前主僧代之。及現之被選也，大懼發其奸私，走崇德縣，列現過失，縣令丞寘不問。未幾，有健令至，上其事刑部。刑部訊鞫既得實，以師爲寺長，失於檢察，法當緣坐，移符逮師。或謂師曰：「此三年前事爾，況師實不知，且不識聞，宜自辨數可也。」師笑曰：「定業其可逃乎？」至部，部主吏問曰：「現之犯禁，爾知之乎？」曰：「知之。」曰：「既知之，當書責款以上。」師即操觚如吏言。尚書暨侍郎覽之大驚，咸曰：「師當今名德也，惡宜是有游？審之務得其情。」師了無異辭，於是皆謫陝西爲民。聞亦大悔，且泣曰：「聞草芥耳，豈意上累師德。蚤知至此，雖萬死不爲也。」師弗顧，行至寶應，謂從者道昇曰：「吾四體稍異常時，報身殆將盡乎？」夜宿寧國禪寺，寺之住持總虛了公與師爲舊游，一見甚讙。師女弟之夫陳義安，時爲青州衛知事，移戍鳳陽，以道經寺中。師悦曰：「吾遺骸有所託矣。」是夕共飯，猶備言遷謫之故，不見有僊色。明旦，忽端坐合爪，連稱無量壽佛之名，泊然而逝，實洪武十一年正月十九日也。義安與總虛爲其龕斂以俟。師之季父至道盡然傷心，遣其法孫梵譯走寶應，焚其骨而還。骨間舍利，叢布如珠，縣大夫及薦紳之流來觀，皆歎息而去。其年四月八日，至道同其徒結龕於山陰和塔祖隴之側瘞焉。

嗚呼！師初以童子從弘教大師立公於至大報恩寺，大師使其祝髮受戒於昭慶濡律師。師嶷然有遠志，韓莊節公性以道德辭章，下帷授徒，師亟往從之。韓公察其精敏，首開以群經要旨，次訓以爲文程度，俯仰變化，開闔曲折，悉洞然於心胸。伸紙引墨，思源源而不可遏，韓公爲之撫几稱善。天岸濟法師以佛海大弟子，❶通台衡止觀諸書，開講於虎林之集慶，師又往從之。法師爲析三千性具之義，及四明、孤山同異之辨，波瀾浩蕩，廉陛高嚴，師能一一領解。台宗諸大老競以書聘之，欲令出門下，師不從。元叟端禪師説法雙徑山，人尊之爲當代妙喜，師又往從之。入門，叟厲聲一喝，師若聞雷霆聲，黏縛盡脱，遽稽首作禮。叟曰：「汝果何所見耶？」復問答四三轉，皆愜叟意。叟顧左右曰：「是般若位中人也。」遂録爲子，命歸侍司，尋遷掌記室，師年已二十七矣。

久之，出遊建業大龍翔寺。寺主廣智全悟訢公，精貫儒釋二家，行文爲世模範，不輕與人見，師特盛稱之。繼往臨川謁虞文靖公集，虞公尤稱之，一留九十日，乃還。他若黃文獻公溍、蒙古忠介公泰不華、翰林

❶「天」，原作「大」，今據張本改。

學士危公素，其同辭稱師，無異於虞公，名聞行宣政院。元至正十六年，請師出世會稽長慶寺，陞天衣萬壽禪寺，四方問道者，聞風來歸。師以氣衰，倦於將迎，營精舍一區而歸老焉，即前所謂和塔處也。

元亡，皇明龍興，詔天下名桑門建會鍾阜，升濟幽靈，輪番說戒。師與上竺東溟日公、五臺璧峰金公，特被召入内庭，從容問道，賜食而退。已而辭歸和塔，若將終身焉。洪武九年冬十二月，靈隱虚席，諸山交致疏幣，延師主之，師不得已而赴。未及期年，而崇德之禍作矣。

嗚呼！世之學浮屠者不爲不多，習教者不必修禪，修禪者未嘗聞教。師則兼而有之，且通儒家言，文又足以達其意，敷闡大論，發揮先哲，釋門每於師是賴，千百人中，不能一二見焉。竟以無罪謫死，苟不歸之於定業，將誰尤哉！師殁後一年，譯請虎邱大師仁公疏爲事狀，以濂與師友也，來徵銘。嗚呼！師於死生空矣，譬如雲影谷音，曾無繫著，何假於銘哉！然不見諸紀載，恐無以白師於天下後世，濂因詳著其事而勒諸碑，蓋誠有傷於中也。

師生於越會稽縣。父倪機，母嚴氏，皆號士族。其諱元瀞，其字天鏡，别號爲樸隱。一時聞人多紀詠之。容貌魁偉，襟懷煦然如春。世間機穽捭闔之術，不識爲何物。性尚風義，斷江恩公與師締忘年交，斷江卒，師爲刊布詩集，復請虞公銘其塔。三主名山，起廢補壞，具有成績。壽六十七，臘五十三。《三會語》有録二卷，詩文曰《樸園集》，葺若干卷。所度徒弟，曰自宗，曰梵詠，曰梵謂等若干人。嗣法而住院者，曰禪慧智湛，曰龍山普明，曰昭福楚譽等又若干人云。銘曰：

我觀群生，所作惟業。黑白雖殊，影響無别。因緣合并，如磁引鐵。神應自然，牢不可脱。於越之墟，降生良緇。氣量軒然，欲吞虹霓。義理蠶絲，自何而推。闢其通塗，非東魯書。乃經乃史，載攻載讀。摘其幽微，罔不昭燭。形諸篇翰，龍錦盈束。擲地鏗然，聲逾金玉。此亦麄迹，盍返其真。性具之旨，何妙弗臻。圓通萬類，不隔絲塵。從而學之，捷如轉輪。文橐教筌，弸中彪外。苟或滯之，觸境斯礙。曷若觀空，超然無對。拔劍一麾，千軍咸退。本既茂矣，末則有光。手握玄珠，三鎮道場。扶衰振弊，作世法幢。以何因緣，魔力遂彊。訾金非純，斥玉多璺。笑談受之，容色非愠。我初無生，死亦吾分。執刃斬風，於風奚損？古先至人，横罹凶厄。委以大順，理亦類斯。顧茲有衆，倚若蓍龜。身亡道隨，寧不遐思？天能勝人，是非自定。外物去來，豈傷吾正！我造銘文，用白師行。萬里無雲，一天如鏡。

上天竺慈光妙應普濟大師東溟日公碑銘

皇帝受天明命，奄有方夏，鴻仁惠澤，覃及幽明，於是有學僧伽奉詔入京。上御奉天殿，丞相、御史大夫暨百僚咸在，而僧伽魚貫而見。時東溟大師年最高，白眉朱顔，其班前列。上親問以升濟沈冥之道，師備述其故。上悦，顧衆而言曰：「邇來學佛者，唯飽食優游，沈薶歲月而已。如《金剛》、《楞伽》諸經，皆攝心之要典，何不研窮其義？苟有不通，質諸白眉法師可也。」自後數召見，字而不名，人皆以爲師榮。及建鍾山法會，請師説毘尼淨戒，聞者開懌，時洪武五年春正月之望也。

師辭歸杭之上天竺山，日修西方安養之學，冥心合道，不雜一念。十二年秋七月朔日，夢青蓮華生方池中，華色敷腴，清芬襲人。既寤，召弟子妙脩曰：「此生淨土之祥也。吾去人間世殆不遠乎？」至四日，趺坐書頌，合爪而寂。世壽八十有九，僧臘七十有三。其月十日，奉全身藏於山之西峰妙應塔院。妙脩乃具行業來言曰：「先師有墜言，吾死，非宋學士不可以銘吾塔。執事嘗與先師游，敢援斯故，竊有所請。」濂前年幸謁師，見師精神浮動眉宇間，戲謂師曰：「法力所攝，師之四體當益强。濂歲歲上京師，必過虎林，必與師談辯如今日也。」師曰：「學士固未艾，老身石火電光爾，烏能久乎？」遂一笑而別。豈意師果翛然而西往乎？銘何敢辭。

師諱慧日，號東溟，天台赤城人。宋丞相賈魏公諸孫。志慕空門，往縣之廣嚴，依平山等公，落髪爲桑門。時子庭訓公講台衡之學於赤城，師走輪下，而受其説。依科指授，便能領其大義。觸類而長，日增而月益。子庭歎曰：「投丸下峻坂，不足以喻其迅疾也。北峰之道，其藉之以大昌乎？」自是子庭一屬意於師，歷代相承微旨，所以扶正斥邪，伐異歸同者，無不言之。師之學，沈浸醲郁，而名動一時矣。一旦，假寐，似見有竹横地下，竹上所凝者，白粥粲然，師因卧而餐之。及覺，言於子庭。子庭曰：「竹、粥，與竺同音，子得就地以食，其緣殆在上下兩天竺之間乎？子宜亟行。」師即持瓶錫而出，遠度浙河，拜竹屋淨公於上竺觀音教寺。竹屋見師俊穎，輒留之。所處頗卑溼，師賦詩以述其事。竹屋見之，謂其衆曰：「此郎不凡，他日當嗣主玆山，不可以少年易之。」爲遷燥剛之地，遇之如賓友。會有營繕之役，而施金帛者接踵而至。勤舊僧欲揭示氏名，以勵其餘，選工書者，衆卒無以應。師揚袂出曰：「吾試爲之。」霞布雲舒，精采焕發。竹屋見之，尤喜。且曰：「吾前言果不謬矣。翹翹蒼松，挺出於荆榛之上者，非其類也耶？」命典賓客，尋更掌僧籍。

竹屋既示寂，越溪澄公自演福來繼其後。越溪甚器師，延居後堂之版屋。未幾，出世吴山聖水。越溪念之，弗忍舍，復招還山，處以上座，以表儀四衆。吴、楚、閩、蜀之士，趼足而至者，動以百計。師隨其性實淺深而疏導之，作人之盛，當時罕有其比。元重紀至元四年，行宣政院采諸人望，以主列剎，而師獲住薦福。歷三暑寒，下竺靈山教寺災。至正元年，宣政使高公納麟謂非師無以膺起廢之任，移師涖之。師至，脩普賢大士殿。雲間大姓蔡氏邀師至家，施錢十萬緡。師過姑蘇，大致香楠爲材，曾未幾何，大雄寶殿成。蔡卒，其妻夏氏爲刻佛菩薩、洎觀自在、大阿羅漢諸像，黄文獻公溍實爲之記。四年，高公又選住上天竺。子庭所謂上下兩天竺之徵，至是益驗矣。師知緣契在斯，夙夜注心，罔敢怠遑。走募多金之家，初脩大殿，次建三解脱門，次鑄巨鐘，構危樓以冠之，次營重閣講堂，上祠諸祖，下爲講法之所。他若白雲堂、選佛場及諸寮宇，一皆完。復罄己槖，甓通塗，自普門達於三門，凡寺制所宜有，無不具焉。帝師大寶法王嘉師法行，賜以金襴法衣，及慈光妙應普濟大師之號。十六年，師自念人貴知止,汲將焉求? 竟擿鼓而退,隱於會稽山水間,飄飄然如野鶴孤雲,人不知其爲師。江浙行省丞相達識帖穆爾公,方領宣政院事,遣使者以物色訪之,力請還山,躬師僚屬奉幣以上。師知其誠,復再正法席,前後所住凡二十五年。國朝洪武改元,始獲謝事於塔院云。

師軀幹脩偉,眉長三寸餘,其白如雪。❶目睛閃閃射人,道德餘光所照,不問耄倪,見師經行,輒曰:❷「我白眉和上來也。」争持香華以爲供養。居常顔面嚴冷,片言不妄發;即發,雖對王公大臣,未嘗出一軟媚語。至於誘掖後進,辭色温如春陽。天台、四明所著諸書,循環開授,止而復初,聽者咸謂披青雲而見白日。其在京時,輿論以瓦官界九教寺,❸乃天台初釋法華道場,不可久廢,乃以其事上聞,即天界禪林,別建室廬,以存舊號,請師開山。師爲升座説法,九府大浮屠皆俯首以聽,風聲所被,遐邇翕然歸心。師所度弟子甚衆,其在下竺,則圓具等十人;上竺近二百人,而妙思、妙本、妙脩爲最先。嗣其法系者,則思齊、行樞、允鑑、允忠、良謹、普智、文會、元琇、景梵,各闡化於一方。今繼師住上天竺者,即妙脩也。

濂聞法智尊者中興天台之道,五傳至北峰爲尤盛。北峰諸子無不競爽,而佛光、桐洲、剡源爲最良。剡源之孫曰越溪,而桐洲之孫則玉岡也。師爲佛光再傳之嗣,視越溪、玉岡爲法門兄弟,先後同荷大法,攝

❶「如」,張本作「勝」。
❷「輒」,張本作「讙」。
❸「界九」,張本作「昇元」。

受有情法筵，特爲江南之最。奈何越溪、玉罔同年化去，而耆德偉望，唯師之存，巋然如魯靈光，聳人瞻敬。三十八年之間，其弘宗助教，有功多矣。苟不勒諸圓廟之碑，何以垂示罔極，而慰學者之思哉？乃從妙脩之請，而述銘曰：

人天之際，所貴惟誠。能貫鐵石，可達潛冥。世之修學，思證無生。舍此不務，其將孰營？倬彼大師，爲時俊英。依科攻義，分疏尋經。春蒸卉木，水翻建瓴。天延法胤，神夢符禎。出演鴻寶，丕昭性靈。龍鬼夜聽，寶華書零。肯昧道器，一混渭涇？飛樓矗矗，湧殿亭亭。棟吻獸攫，桯礎螭擎。琅函飾鳳，華簴鏗鯨。一實所感，百物交并。有仆必起，無廢不興。惟心所證，諸緣莫攖。塵毫無累，體用咸貞。罄竭表裏，脗合幽明。出言石墜，轉盼霜凝。釋門著蔡，刹海章程。屬茲象末，倚作金城。豈期蓮萼，遽生淨泓。三宗抱戚，四衆含情。魂游樂國，魄閟泉扃。世相莫廢，人文是徵。後千百載，尚信斯銘。

宋文憲公全集卷二十八終

宋文憲公全集卷二十九

塤篪軒記

泛浙河而南，舍舟登陸，有地曰漁浦。土沃以亢，池園樹林，碩美蕃茂，魚稻充羡，百貨之所趨，行旅之所集聚。似市而不澆，近野而不俚，故其人多優游而好文。其尤以禮讓爲人望者，稱華氏。余自京師還，華氏之秀者曰拱辰，侍其父候于河滸，逆予至其家，館於賓次。率其兄弟庭揖畢，俯身自東階趨退，足武相蹈，不越尺寸。徐與之言，長少相顧，擇辭而發，懇然不煩，秩然不畔於理，皆良士也。視其室名則曰「塤篪」，而予昔之所書者。拱辰謂盍有以記之？

天下之物，取諸人者有盡，而本於天者無窮。能充天之所與，則得於人者，可棄而勿論矣。世恒知在外者之可樂，而力取於人；其受於天者，則怠而不顧，卒之兩無所得，而戚戚以終身，豈非惑哉？今華氏兄弟，以言乎爵，則未嘗仕；以言乎財，則非甚富；以言乎車馬衣服，則雅素儉質與凡民等。然入其門，則父子有禮，兄弟有恩，忿疾之聲不聞於室，和煦之色不絶於面，食力而趨事，安生以自適，雍容怡愉，不教而勸，而未嘗有資於外物，何必取諸人而後可樂哉！其善充於天也，固美矣；天之所與者，至重也。苟善充之，雖困貧甚，天猶以爲貴也；不能充之，雖位極乎崇高，天猶以爲賤也。若華氏之爲，天之所貴者也。余安敢遺之而不録乎？

松隱庵記

唯庵然禪師，有道之士也。嘗謁石室珙公於霞霧山，公告之曰：「子去我而求憩息之所，其必松江之華亭乎？華亭民富而趨善。富則樂於施與，趨善則可化以吾佛之道。其必有以處子矣。」書「松隱」二字授之以行。師如其言，至華亭郭匯之陽止焉。

郭匯者，去華亭三十里，赤松谿之所注也。前有查山，後有九峰，皆先哲示化之地。師憶懸記，遂結茅而居其中。里人吳某聞之，捐金帛、割土地之籍來上，願師止勿去。遐邇相繼，輦石與土，堙匯增址，以相其役。而金、彭、邵三氏，以創建爲己任。始工於元至正壬辰，越二年甲午，而佛有殿，僧有堂，亢而爲門，夾而爲廡，凡日用之所宜有者皆具。取石室所書，名之曰「松隱庵」。師恐歲月滋久，無知庵之始末者，命其徒慧開同淨慈藏史可傳請文而刻之。

夫天下之民，未有與人以物而不求報者。争尺布銖金，多至相毆詈戕害，雖親戚不復顧念。至見釋氏之徒，獻所有，捨所愛，累千萬不敢靳者，其故何哉？蓋我大雄氏以慈悲方便攝受群迷，慧力足以破貪，法智足以祛惑，故人樂而趨之，庶幾期於妄息而真顯乎？或者不知，徒謂釋氏能以禍福鉗制人，故有所冀而爲之。嗚呼！是何待釋氏之至淺哉！

然余有一言焉。今之細民，竭三時之力，欲其室廬之完、饘粥之充而不可得。釋氏之徒，皆坐而享之，苟不力求其道，無忝於大雄氏之教，則因果之皦然者，甚可懼也。有若師者，無求於民，而民自赴之。其道必有度越於人者矣。❶承已成之業者，多怠而不知自脩，故詳其辭以告後之人，豈非師之所願乎？

師松江人，少祝髮於無用貴公，中謁千巖長公於聖壽寺，遂傳其道。後嗣主其席，刺血寫經，天花毿毿滿庭云。

棲雲室記

中峰本禪師，結廬姑蘇城西，以爲禪定之室。翰林學士趙文敏公書其扁，曰「棲雲」。迨今數十年，中峰卒而廬亦頹壞。中峰之孫用庵，照師作新室於故址，復取故名揭之，而屬予以記。余笑曰：「師其欺予乎哉！今之廬，非昔時之所築也；今之人，又非中峰也。而猶曰『棲雲』，何哉？室廬之壽以百年計，人之壽以數十歲計。禦燥濕，閱寒暑，屹乎有不傾之勢，毅然有不亡之意，今欲求而見之，且不可得矣。彼雲者，起滅萬狀，不可斯須審視，奚爲而久棲此室哉？文敏公取以爲名，固異矣；師取而重揭之，又異也；余復以言文之，不亦甚異乎？」

雖然，自其易化者觀之，則天地曾無殊於水中之漚；自其可久者觀之，流電之光可使比於歲月。自其有形者觀之，泰山可以齊於毫芒；自其無形者觀之，一髮可以儗於嵩、華。久速巨細者，跡也。有跡者，固不足恃以不壞。不可以巨細久速論者，道也。斯道也，何間於古今新故之分哉？然則安知今之廬異於昔時之所築，今之人異於昔之人哉？而雲也安往而不在乎？

嘗試與師登姑蘇之臺，而覽古今之變。

❶「必」，張本作「蓋」。

三吴之閒，崇臺廣榭，涼亭煥館，敷金碧而炫丹瑶，極人力而窮物狀者，何可勝數？蓋有歌舞未畢而號泣繼之，車馬陳于庭而狐兔已游于寢者矣。彼之富麗奇瑰，苟與栖雲之室絜量大小，何啻岡阜之於沙塵？今彼皆不復得守，而此猶能新其棟宇而不廢何耶？蓋無道以保身者，雖富麗不能久存；而有道之士，身亡而名立，固不隨世以爲變遷也。

吾坐乎斯，瞑目而思之，充乎室皆雲也，皆中峰也；入吾耳而接吾目者，皆道也。中峰之徒苟有志於道，孰不可爲中峰哉？尚何取於區區之故名也乎？師近道者，盍以吾言求之？

雲寓軒記

閩士張君仲育，學道龍虎山中，扁其軒曰「雲寓」。人聞而疑之，曰：「異哉！張君之名軒也。夫蒼然而在上者，太虛也；寓乎太虛者，雲也。雲之爲物，一氣上升，初無定形。當其始生也，勃焉如烟，鬱焉盤旋，或摇曳如帶，或縈結如蓋，或超舉如鴻，或變化如龍，儵然而雨天下，忽然而不見其迹，雖雲亦不自知其聚散起滅爲何如。人之望之，一息而萬狀，惚恍而不可爲像。今張君乃欲取以寓其身，不亦異乎？」

或聞其言又疑之，曰：「是知雲之起滅，而不知外物之起滅者也；知張君之寓身於雲，而不知其寓意於雲者也。彼世之紛紛糾糾，朝崇而夕替，驟往而欻還，毁譽榮辱之出於人者，其變亦多矣。獨何異於雲乎？人惟不知其然也，故竭智畢力，終身趨走，汩没於其閒而不之止。❶若夫知道之士則不然，其視天下之物，舉不足當其一顧。至於身亦自視如委蜕，其去留之際不繫縶於物，與浮雲無異，蓋其所得者深矣。今張君獨知之，而以『雲寓』名其軒，庶幾達生者之所爲，彼烏足以知其意哉！」

或者聞其言又疑之，曰：「是求其外而不得其内，泥於迹而不通其道者之論也。夫有道者，用於物而不蔽於物。自恒人而觀，雲則雲而已；自有道者而觀，舒之周徧宇内，斂之不見毫髮者，非道耶？澤潤四海而不以爲功，與天並存而不知其所終者，非道耶？衆人資其惠而不能名其德，功成則退，而不底滯於用者，非道耶？是則張君取雲以寓意者有在矣。彼烏足以知之耶？且天地之初，未嘗有雲之名也；非特無其名也，而亦未嘗有雲也；非特無雲也，而天地亦未始有也。陰陽判而後有天地，有天地而後雲生焉。人見其巍且高也，從而以天名之；見其卑且廣也，從而以地名之；見其絪緼無窮也，從而以雲名之。是則以天地名天地，以雲名雲者，亦已寓矣；況復取雲以名軒，不猶寓之寓者乎！而人又曉曉焉而辨之，非惑耶？吾聞龍虎山中多異人，廣成子、安期生之流時往來其閒。張君試見而問之，果孰爲雲耶？孰爲寓不寓耶？必有以語張君矣，又安知不疑吾言爲妄耶？」

三人者退，張君識其言，屬筆於予，請書之坐隅。

❶「之」，黄溥本作「知」。

安道堂記

自昔真主之興，天必生異常之才以備其一代之用。外之則有貔虎之士奉命秉略，爲之鞭驅僭叛，汛掃六合；内之則有夔龍之倫立法定制，爲之謀謨廟堂，協和黎庶；近而至於暬御之屬，執事之臣，亦莫不忠厚謹飭，小心而盡職。雖曰善以類應，非天命孰能使然哉？皇上肅將明威，致虔天討於四方，江淮之閒，豪傑魁壘之士翕然附從，指顧叱咄，戰勝攻取無不得意。及功成業定，上公徹侯甲第相望，輔相侍從皆當時之賢。而於近侍之中，又得供奉司令杜君安道，而益知其他之皆然也。

安道自上之興，持刀鑷侍左右，未嘗暫違。凡上征吴越，略淮楚，攻齊魯汴蔡，舟車所臨四五千里，虜僞王，斬驍將以百十計，帷下之謀，籌策之算，安道皆得身從而目見之。安道性愼密不泄，動稱法度，爲上所信任者二十二年。由尚冠郎改御用監令，至今官。入内廷，行步可數，言語敬恭，唯恐有絲毫過謬；出殿門外，要官勢人之前，如不相識，一揖之餘，不啓口而退。故上每稱侍臣之忠謹者，必以安道爲言。今夫天下之官受禄於朝者，孰非仕哉？蓋有終其身沈於下位，欲覲清光而不可得者；縱得近輦轂下，有願承一顧之恩而不可得者。安道乃得侍上而見稱許，雖曰愼密之所致，又豈非天哉！安道其益勉之可也。

余官在太史，事上者亦二十年餘。安道既以其字名堂，復願得予文以識遭逢之盛。夫稱天命以紀載國家人材之美，予之職也，乃爲之言。

蘭谿法海精舍記

義烏伏龍山有大浮屠，曰千巖禪師長公，以高峰之孫，中峰之子，表樹法幢，倡明教外别傳之旨。非惟中夏學徒海赴雲蒸，遠而龍荒蠻甸、弁韓巴僰之人，莫不持薌膜拜，咨決疑情。而其上首弟子既皆於道有證，各構蘭若，分續化機，大江南北，往往有焉。若今有源師所建法海精舍，亦其一也。

有源名允清，金華人，淳熙丞相王魯公諸孫。蚤嘗受經石門剛公。元至正辛巳，繼往千巖座下，得度爲大僧。留神禪觀，脅不沾席者十年。一旦入室，機鋒相撑觸，雹撒飆揚，莫窮涯際。千巖欣然頷之，乃屬其出游閩、浙、江、淮間，以求印可。有源所見諸師，了不異千巖時。退隱故山，文彩自露。尋以郡守之聘，出世衢之子湖安國禪寺，遷信之玉山興教禪寺，百廢具興，皆有光于前人。

國朝吴元年丁未，飛錫蘭谿之龍巖，樂其山縈川迴，風氣襲藏，乃嘆曰：「吾知宫宅地形之術蓋有年矣，察其詳徵，無有弗驗者。如此靈壤，可不開般若之場乎？」遂即南洲建法海精舍一區，越三載乃成。後聳傑閣，中峙寶殿，前敞高閎，兩序衆寮映翼左右。有源徵予爲之記。予年踰七十，凡索文者皆峻斥。見有源素髮垂領，道貌淵雅，語言悃愊無華，不覺心許之。因爲敷坐而倡言曰：

法界有情，種種顛倒，執妄爲真。四大假合，如水上沫，聚散無定。强指爲身，六塵緣影。如火中燄，起滅弗停。堅認爲心，隨因成果。墮入諸趣，出此入彼，類風轉輪。大覺聖人，起哀憐心。廣説三乘十二分教，使其照知本來真心。廣大靈智，無物不含，元理弗攝。心佛衆生，三無差别。本來真身，圓滿空寂。周徧百界，不動纖塵。惟寂智用，合三爲一。人能有所悟入，始能了空障，執直超無上菩提。然非因像生敬，因敬生悟，思求脱離，如無舟筏，欲濟大河，無有是處。古之導師，方便設化，廣闢精廬，爲之棲止。嚴事像變，爲之瞻視。潔清香華，爲之供養。皆使其革妄趨真，了此身心而已。今有源灼見於斯，取則前古，鞠明究曛，孜孜弗懈，亦可謂度越人人者矣。雖然，此實人天小果之因耳。或具大乘器者，來游來止，當知萬法本空，一塵不立，大光普照，涉入無礙。無佛道可悟，無衆生可度。洪纖高下，草木走飛，色色形形，紛紜舛錯，皆吾一實境界。樓觀云乎哉？脩證云乎哉？嗚呼！教外别傳之道，廣矣，大矣，又當從此而參之。

精舍之建，其用錢僦工，動以千百計，兹不詳書，而獨舉身心之要爲言者，財輕而法重也。

杭州天龍寺石佛記

濂自休致以來，頗一至杭，憩永明。慧日峰下天龍寺與永明相去不五里而近，其主僧月舟、禪師行滿要濂出游。寺乃唐天龍尊者駐錫之地，宋乾德三年，吴越王錢氏爲建寶坊，因名「天龍」。王之女曾刻木作觀音像畀之，至今猶存。大中祥符元年，改額爲「感業」。建炎三年，毁於兵。元泰定元年，擇基於寺南一百步，仍重建寺曰「天龍」焉。寺後皆山，相傳爲越王臺，奇石峭秀，如瑪瑙森列。從寺西斜迤而上，僅三十步，小塔出灌莽中，蓋藏天龍舍利處。又斗折而北，入妙莊嚴境門。又西行六十步，平巖幽邃，鐫成無量壽佛像，塗以黄金，累甓爲洞户，作欄楯護之，香華之器咸刻飾。像右刻《般若心經》，繫以太平興國六年。左峙石洞尤奇，傍勒「餞雲齋」三字，❶詩一章不能全辯。巖前地夷曠，月舟云：「疑此即寺故基，柱礎尚在。」竊按錢氏造寺在太祖乾德三年，至太宗太平興國三年方納土，上距建立之時已一十四年，又三年，方有刻像，未必其初置寺於此也。又東折二十步，有慈氏如來暨天親、無著、侍衛七像，其莊嚴一如無量壽佛。東折三十步，又有寶陀大士像，石壁上刻「天龍寺光明石」六字。月舟云：「石能夜現光怪，故名。」其莊嚴一如慈氏三處，仍勒佛號於石，以金填之。

濂既周覽徘徊太息，顧月舟問其故，月舟云：「斯事甚異，國朝洪武七年秋七月十又一日，野燎發，延及寺，山風挾之爲聲勢，光焰射天，黑烟已罩殿廬。行滿大懼，向木觀音像哀號，期與殿俱燼。或力解之，乃脱三衣祝而焚。已而反風滅火，繼之以雨。明日行山中，藤蔓榛棘盡幻爲灰，始見石像呈露，或半没塵土閒。行滿驚喜，爲之剜剔澡滌，命工繪飾，嚴護如此，實其年之冬十月也。先是，有神光起寺西四十步，久而愈明。因掘地驗之，獲石觀音像，舁歸，奉之東廡。旱潦疵癘，禜禱立應。由是依歸者衆，寺得重振，逮今五十六春秋矣。今諸像畢出，似非偶然之故。然寺無一畂之田，每乞食以爲養，而黑白之衆幾二千指，非徼靈

❶「餞」，張本作「饒」。

於大雄氏，其能致然歟？不可無以示來者，明公以文辭爲佛事，願爲書諸碑。仍累甓爲室，以障雨風，使與石像同爲無極，不識可乎？」

濂聞佛之肖像古無有也，有之自優填王始。❶東土衆生競則効之，恒聚土以擬梵形；或謂土不能悠久，復易之以木；又慮木可致朽，而更之以石；石固堅矣，亦難期於無壞，乃因山而鑿之，庶幾與天地同畢，大則數十尋，小則六七尺，在在有之。如來以慈憫之故，感其精誠，時變幻景光以歆動之，錫釐卹胤，無所不至，誠難量功德海也。雖然，天地亦一物也，物必有壞；唯本然之佛，超絶萬彙，而不可以成壞言。人具有之，而或未能思。故濂之爲此記，使讀者內觀之，所重在此而不在乎彼也。寺之興復，別自有記，非像之所繫，茲不詳書。

吴門重建幻住禪庵記

姑蘇幻住庵者，元普應國師中峰和上本公所建立也。國師既得法於高峰妙公，唯恐人知而挽其出世，深自韜晦，往游三吴間。大德庚子，國師年三十又八，嘗憩閶門之西麓，見松檜蔚然成林，問名於居人，則曰「此鴈蕩也」。國師喜曰：「永嘉有鴈蕩山，乃應真諾矩羅示下現之所。名與之同，其般若之當興耶？」吴士陸德潤聞其言，遽以地施之。國師縛草庵三閒以居。趙魏公孟頫爲扁之曰「棲雲」。國師趺坐其中，而問道者連翩而來，至於五百指之多。乃創精舍一區，僧俗趨功，不三月而就，所謂堂

❶「王」，原誤作「主」，今據文義改。

房門廡咸具。乃請名於國師，國師曰：「澄澄水鏡所現之幻體，昭昭影象所現之幻跡，幻與幻盡，覺與覺空，斯則超悟之極至也。吾儕依此如幻三昧而住，宜以『幻住』名之。」當是時，若南詔之無照鑑、西江之定叟泰、荆南之鐵印權、冀北之指堂月，號爲一時麟鳳，咸集輪下，「幻住」之名藉藉於四方矣。

又明年壬寅，松江瞿霆發延主天目山大覺正等禪寺，國師不俟終日，避走南徐。而向之相從者皆水流雲散，唯絶際中、玉亭立二師素掌庵政，相守於寥莫之濱。自時厥後，二師復入寂，立之徒溝源止，❶止之徒用庵照，補苴罅漏，而思繼承爲尤謹。元季兵亂，一旦蕩爲塵埃，而不可致詰矣。用庵日憂之，圖爲興建之計。僅四三年，皆次第就緒，而復國師舊觀。實國朝洪武戊申之春也。庭曲之碑，久未有刻文。會濂朝京師，道過吴中，用庵以記爲請。

濂聞國師之道，東行三韓，南及六詔，西連印度，北極龍沙，莫不躡屩擔簦，咨決法要，然其心未嘗自以爲足。屢却名山而不居，飄蕩窮崖孤洲之上，誅茅結廬，在在以「幻住」名之，其故何耶？蓋謂主持宗教，必無上大道，必夙植福緣，必明智通變，具是三者然後可。其意誠有所激，欲以身捍大法，俾之去澆而還淳也。用庵思祖武是繩，木茹澗飲，夙夜究明本心，其亦可謂無忝於國師孫曾者乎。嗟夫！諸法固幻也，而住者亦幻也。知住者之非住，始知幻而非幻也。幻而非幻，則如幻三昧在焉。雖然，非幻亦幻也。是爲記。

❶「溝」，張本作「湛」。

傅同虛感遇詩序

洪武七年十一月二十三日，皇上御東皇閣，以靈寶齋科失於文繁，詔朝天宮道士提點宋真宗等纂脩，以適厥中，而傅君同虛與焉。上既面授以芟摭之要，復賜之坐，設筵以宴享之。酒半酣，命賦《嚴冬如春暖》詩。同虛與鄧仲脩次第成，跽奏上前。龍顏大悅，且親御翰墨，成長句一首。内史讀示至再。既而留中不下，遂令各沈醉而退。同虛自念巖穴微臣，上承天日照臨，光輝赫絶，誠千載之奇逢。乃自撰古律二十韻，以紀感遇之盛。才華之士，歆豔弗置，從而屬和之。同虛聚爲卷軸，以濂侍上左右，親覩其事，來徵序於首簡。

濂聞道家者流，蓋出於古之史官，而其爲書，有《黄帝君臣》十篇，《力牧》二十二篇，《伊尹》五十一篇，《太公》二百三十七篇，《管子》八十六篇，皆言治國之道，非但如老聃、莊周之所談而已。故或者稱其術與《虞書》所載者合，良不誣也。不然，漢之用蓋公言，何以致清静無爲之治哉？齋科之行，符籙之傳，特其法中之一事爾。欽惟聖皇垂拱法宫，凝神穆清，方外之臣屢蒙寵眷，❶上之所以遇下者，其禮甚渥。同虛感激奮勵，中心弗能忘，形之咏歌，亹亹不已。下之思報其上者，亦無所不用其情。猗歟盛哉！雖然，君臣之際如此，上之有望於同虛者，豈直齋科之文哉？同虛誠能以蓋公自期，使世之人咸知道家功用足以濟世而安民，信爲偉丈夫矣。前所謂千載之奇

❶「外之」，原作「之廷」，今據胡本改。

逢者，實在於兹。同虚尚朂之哉！

和詩者，自鄧次宇而下，凡十又三人云。

胡仲子文集序

韓退之抗顔師一世，自李習之以下，皆欲弟子臨之。而習之謇然不甚相下，崇言正論，往往與退之角。其《復性》、《平賦》二書，脩身治人之意明白深切，得斯道之用，蓋唐人之所僅有而可與退之《原道》相表裏者也。濂嘗以爲習之識高志偉，不在退之下，遇可畏如退之而不屈，真豪傑之士哉！古之君子，其自處也高，其自期也遠，自視也尊，其擇師與友也審。舉天下無足慊吾意者，則求古人之賢者而師友之。苟有得於心矣，當時知否不卹也，身之賤貴弗論也。行之爲事功，宣之爲言論，一致也。其心廓然，會天地之全，而游乎萬物之表，視古今如一旦暮，視千載以上之人，若同堂接膝而與之語，何暇以凡近者累其心乎？孟子舍子思之門人，而願師孔子，非遺其師也，道宜然也。近世學者，鄙陋而無志，聞古之人，畏之如雷霆鬼神，不敢稍自振，僕僕焉於庸常之人，師云師云，而卒無所成者，皆習之之所棄也。

吾友胡先生獨不然，自其少時誦數十萬言，在諸生中已驚動，其鄉邦老儒，咸畏而敬之。及其既長而壯，奇邁卓越，務師古人。出言簡奥不煩，而動中繩墨。如夏圭商敦，望而知其非今世物也。同郡大儒若吴貞文公立夫，先生嘗師事之，吴公亟稱歎其才不置。黄文獻公晉卿以文學名天下，見先生輒延致共語，所以期待者甚隆，而先生亦不爲之屈也。諸公既亡，先生之學益成，行益脩，德愈卲而文愈雄，大江之南稱賢者必曰先生，而先生不自以爲至也。今天子有國之初，大臣交薦先生才行，上憫其老，不欲重煩以政，命爲衢州教授。會脩《元史》，復薦入史館。史成，賜金帛遣歸。或謂先生未展其所學，而先生澹如也。

先生嘗慕邵子、程子之爲人，所養甚深。極乎博而守則約，務乎大而不遺乎細。於人鮮所推讓，而所許者，衆必以爲賢；於言不輕發，而所言者，人必以爲當。其所著《衡運》、《井牧》、《皇初》諸文，有習之之辭，而所得者，非習之所及也。先生年未老，而文已傳於時，獲讀之者，莫不知其爲可貴。然其可貴者，豈特文乎哉？是則先生之自得者，世之人未必能知，雖濂亦不能盡其詳也。

濂與先生同師於吴公，相友五十餘年，髮禿齒豁矣，見世之士多矣，心之所仰而服者，惟在先生。則先生之文，豈獨今之所難遇乎？

學子劉剛撰次成集，而王君士覺爲圖其傳，來請序之。濂不讓而書其首篇，所以歎先生之善學古人，而幸天下之見其文也。先生名翰，字仲申，金華人，仲子其别號云。

柳氏宗譜序

浦江之柳氏，其先居河東。宋高宗南遷時，有名鑄者扈從來江南，遂家浦江之烏蜀山，生一子瀚。瀚生森、彬。森生監、蘊。蘊生崇德縣主簿補之。崇德生高郵令元贈泗州知州浦江縣男金。高郵生四子，其次諱貫，仕元爲翰林待制，以文章名天下，門人私謚爲文肅。有子三人皆善士，而六孫能守其學不墜。殁後三十又七年，而介孫穆書其始徙傳緒之詳，列爲譜圖，持以示濂。濂泣而歎曰：「天道於是可徵，而文肅公有後矣。」

濂少時幸執弟子役於公門。公之爲人，其崇深閎博者，固非淺見所能知。至其端方、直易、厚重、嚴慤，怒氣不形於色，惡聲不出諸口，不知古之賢者復何如耳？世之妄議，恒謂賢者言論足以予奪當世文章，足以抉發至理，所爲與造物者争强，故天道尤忌之，而多難爲其後。是殆不然。天惟有所不能也，故生賢者出而代之。爲之政以遂天之生，爲之教以輔天之成，爲之文章語言以宣天之道，使善者勉而惡者懼。賢者何負於天而謂天忌之哉！其不然也明矣。是論也，吾意賢者之子孫而不能自力，姑引天道以自恕，而非其實也。不然，自文肅公觀之，何其異於彼哉！

文肅公之傳今三世，其諸孫盛矣，固可以見天道，而未足以盡報賢之意。今諸孫皆有德，積久必愈昌，越十餘世將有傑然秀出者興其閒，然後可見天道之全也。斯譜也，君子由是觀天道焉，穆之後人安可忽哉！

蘇平仲文集序

漢武帝欲教霍去病兵法，去病辭曰：「顧方略何如耳。」濂謂去病真能用兵者。古今之勢不同，山川風氣亦異，而敵之制勝伺隙者常紛然雜出而無窮。吾苟不能應之以變通之術，而拘乎古之遺法，其不敗覆也難哉！爲文何以異此？

古之爲文者未嘗相師，鬱積於中，攄之於外，而自然成文。其道明也，其事覈也，引而伸之，浩然而有餘，豈必竊取辭語以爲工哉！自秦以下，文莫盛於宋，宋之文莫盛於蘇氏。若文公之變化傀偉，文忠公之雄邁奔放，文定公之汪洋秀傑，載籍以來，不可多遇。其初亦奚暇追琢絺繪以爲言乎？卒至於斯極而不可掩者，其所養可知也。近世道漓氣弱，文之不振已甚。樂恣肆者，失之駁而不醇；好摹擬者，拘於局而不暢。合喙比聲，不得稍自淩厲以震盪人之耳目。譬猶敝帚漏巵，雖家畜而人有之，其視魯弓郜鼎亦已遠矣。每讀三公之文，未嘗不太息也。蓋晚而得平仲焉。

平仲，文定公之裔孫。少警敏絶倫，誦説不勞而習。中歲大肆於文辭，精博而不龐澀，敷腴而不苟縟，不求其似古人而未始不似也。仕皇朝爲國子學正。近臣薦其才，擢國史院編脩官，以賸辭歸。濂以翰林承旨致政將還，天子命舉可以自代者，即以平仲應。詔既至，復固辭。上亦憫其誠，特賜文綺遣之。天下學士高平仲之文，而莫不惜其以疾困也。人有困於當時而貴於後世者，亦有貴於當世而後乃無聞者，其得失久近果何如哉？孰知平仲之困，乃所以成其至貴者乎？濂重平仲最甚，序論其文，所以歎蘇氏三公之不可及，而喜今世之復有斯人也。

平仲名伯衡，其先居眉，自文定公長子徽猷閣待制遲來知婺州，遂家焉。今爲婺之金華人，去文定公十世矣。

吕氏孝感詩序

天人之際，難矣；苟有以感之，非難

也。天穹然而在上，人藐然而在下，勢絶而分殊，豈易感哉？然人之身，天之氣也；人之性，天之理也。理與氣合以成形，吾之身與天何異乎？人或不察乎此，而謬迷其天性，始與天爲二矣。能以誠感，則天寧有不應之者乎？是理也，予觀於吕君爲尤信。

君諱某，字信夫，壽春人。事親至孝，而好黄老家養神之説。及親殁三年之服終，猶哀慕如初喪。因却酒肉弗御，每旦滌豆籩，具果蔬，爇香籲天，徼冥福於其親，如是者數十年。嘗汲井以行滌事，時盛冬冰沍，有金色魚者三，入汲器中。信夫異之，持歸，盛以陶缶，寘香几上。閭里人聞之，相攜來觀者充其庭，皆揖信夫而揚言曰：「今兹大寒，魚潛不見，操罔罟者欲得一鱗不可致，而信夫不求得之，豈非天以旌信夫之孝乎！且夫金魚，昔文臣貴者章服嘗用之，信夫子孫其有興者乎！」於是又皆揖而賀。信夫却立而拱曰：「吾子道之未盡，安敢言孝？苟以爲天之賜，滋不敢承。」乃致祭而投諸井中，愈虔事天之禮。又七年而後卒。既卒，其鄉人吕山見之於上真觀，衣冠偉然，若神仙中人。已而過問信夫，則信夫死矣。厥後，其子浙江鹽運使繼道以才德顯，累官太常卿、吏部尚書，轉僉北平按察司事，以至於今。階入三品，黄金横帶，爲時能臣。由是其事傳於四方，士大夫咸咏歌之，而歎異之。

嗟夫！信夫以孝事親，誠格於天，而天以魚旌之；能養神而神全不散，死而人或見之。斯二者乃常理爾，又奚異乎？今繼道之顯融固宜也。以魚數占之，顯者殆三人乎。繼道其一矣，在其子與其孫，蓋未已也。

昔者小序《白華》之詩，不特曰美孝子，而必稱美其潔白。今其詩雖亡，而賴有序存，故不見其詩而知孝子之行。余竊取是義而具論其事，以序吕君孝感之詩，使觀者未見篇什而可知其人，則亦卜氏之意。然天人之際，三百篇言之備矣，在作者之自取焉。

鄭氏喜友堂讌集詩序

余自禁林致政而歸，久不與諸友胥會，悵然而興遐思。洪武己未秋八月壬辰，胡教授仲申、朱長史伯清、蘇編脩平仲及金徽君元鼎，咸集於麟溪鄭氏，余同劉繼至。鄭氏之賢太常博士仲舒置酒讌客於喜友堂，籩豆孔秩，冠裳有儀，揖讓興俯，翼翼如也。蓋余與胡、鄭、朱三君自弱冠爲同門友，今皆頹然老矣；蘇君生雖稍後，亦嘗爲同朝。追計昔時各縻禄仕，不獲卮酒爲驩凡二十餘年。今者幸遂家食，或居異邑，或相遠二百里，皆得與之周旋於尊俎閒，則夫斯會之同，豈易致哉！於是獻酬樂甚。酒酣，鄭君爲詩十四韻以慶會合之情，出示坐客。坐客先後倚韻而和之。遂聯爲卷，俾能詩者續焉。

嗟乎！余數人，老者年逾七十，次者六十有奇，又其次者亦越五十春秋矣，獨二生爲最少耳。又越二十餘年，少者當愈長，老者當愈衰，未知復何如也？然則今日之樂，其可數遇乎！是卷也，豈特可識一時之樂，後乎斯者，誦而歌之，必將慨然有不及與之歎矣。

俞氏宗譜序

俗之不美，有志者鮮也。今世之士，論法道不古若，則以無位爲解；及既得位，卒不能有所爲。豈特無位之罪哉？先王經天下之法深遠矣。大者，信非無位之所能行；至於族師閭胥之事，獨不可推行於州里之閒乎？州里之閒苟未暇爲，獨不可行於同姓之親乎？爲士者布海内而無救於俗，由是知今之士多無志也。

吾嘗損益周制可以化同姓者。凡月之吉，長少咸會於先祠；拜謁畢，齒坐，命一人庭誦古訓及邦法；誦已，長且賢者繹其義而諷導之，書會者名於册。再會，使互陳其所爲。其行有孝弟忠信者，俾卑且幼者旅拜之，而著於名之下。有悖戾之行者，命徧拜群坐之尊者以愧之，而亦著於其名之下。踰月而能改者，如初；否則，擯不使坐；踰年而不改者，斥勿齒。同姓之人，疾相撫，患相拯，貧相賙，死相葬，老弱癃殘者相養，祭酺相召，婚嫁喪災相助；不能然者，不使與於會。斯數者非甚難爲也，而人咸莫能爲，謂有志者鮮非耶？誠有一人爲之，衆見其善，必效之。效者愈多，則所化者必愈遠，因以美天下之俗不難也。惜乎！吾未之見也。學於吾者衆矣，吾未嘗不語以其故。金華俞生恂，其可語者乎！

俞生之先，以書詩世其家，擢科第者先後相望。生之父大有，尤好學，譜其同姓之親以聯其族。生繼成之，益脩其遺文甚完。譜固睦族之本也，然無法以行之，安能久而無壞乎？欲其久而無壞，舍吾言不可也。吾是以有言焉。嗚呼！恂苟能行之，孰謂有志者之果鮮哉！

贈陸菊泉道士序

吴下道士陸永齡好養生之説，别號曰「菊泉」。徵言於予曰：「永齡聞菊之爲華，得陽氣最盛者，古人謂之曰精。屈子好神仙，賦《遠遊》，嘗餐其落英。後世有飲南陽潭水而得上壽者，則菊誠可以延年也久矣。永齡誠樂而慕之，故以『菊泉』爲别名。先生以爲何如？」

余曰：「菊固可以延年也。雖然，吾觀昔之神人若廣成子、安期生之流，至今數千載，猶時時往來東海諸山閒，淩日月而薄陰陽，視天地如一粟，以千載爲俄頃，其壽可謂長矣。其人初曷嘗餐菊飲水而致然哉？亦善於自養而已。夫人備五行之氣以成形，形成而精全，精全則神固。誠能體乎自然，而勿汩其中，勿耗其神，勿離其精，以葆其形。大可以運化機，微足以閲世而不死，豈特致上壽而已乎？雖然，此道家之説也。吾亦有所謂不死者。書契以來可謂久矣，凡聖賢豪傑之士，至今儼然具乎方册間，其事業可爲世法，言語可爲世教，國用之則興，家用之則和，人身用之則脩；或反其道，敗亡可立見。自今而往，天地無有窮也，其壽亦無有窮也，豈廣成、安期之儔所能及哉？又何以菊泉爲哉？永齡年少好學，苟未至於此，亦當以廣成、安期自勉，無以菊泉爲足恃也。吾之身善治之，可以亘終古而長存，與三光俱不泯没；不能養之，特蚊蚋起滅甕盎中耳，豈不惑哉！」

於是，永齡謝曰：「先生教我矣，請書之而願學焉。」

新注楞伽經後序

皇帝既御寶曆，丕弘儒典，參用佛乘，以化成天下。且以《般若心經》及《金剛》、《楞伽》二經發明心學，實爲迷塗之日月，苦海之舟航。乃洪武十年冬十月，詔天界禪師臣宗泐、演福法師臣如玘重加箋釋。明年春三月，《心經》、《金剛經》新注成，已徹睿覽。秋七月，《楞伽》注又成。上御西華樓，宗泐、如玘同侍從之臣投進。上覽已，悦曰：「此經之注，誠爲精確，可流布海内，使學者講習焉。」宗泐即奉詔鍥梓於京師天界禪林。如玘還杭之演福，私念與宗泐同被上旨，豈宜以天界爲拘，乃刻二經於演福。獨《楞伽》卷帙浩繁，未遂厥志，蚤夜以爲憂。淨慈禪師臣夷簡乃爲撰疏，勸諸同袍暨樂善者助成之。起手於又明年夏五月，至冬十一月訖功，費錢三千緡云。

爲《楞伽》一經，具藏、通、別、圓四教大旨，所以斥小乘之偏，破邪見之惑，無非欲顯圓宗自覺正智而已。第其文辭古奥，讀者殊未易曉。東都沙門寶巨嘗爲之訓詁，援據雖若該博，而於經意多邈然不相入。胥臺雷庵受公徒襲寶巨之緒論，❶自不能伸一喙，二者咸無取焉。唯柏庭法師善月依天台教旨著爲通義，敻然絶出常倫，苟以經文顯白者正之，亦未免有遺憾，他尚何望哉？如玘以辨博無礙之智，遊戲毗盧藏海，台衡之書無不融攝，故其論著雖有徵於柏庭，反覆參驗，務不失如來説經本意。宗泐又能裁度旨趣，約繁辭而歸精當，遂使數

❶「巨」，原作「臣」，今據上文及胡本改。

百載疑文奥義煥然明暢。誠亦可謂靈承皇上嘉惠蒸民之意，弘昭大覺立教度人之方者矣。

嗚呼！佛之大法，惟帝王能興之，宗師能傳之。今一旦遭逢如此之盛，讀是經者，小則當思遠惡而遷善，大則當思明心而見性，庶不負聖天子之大德哉！

文説 贈王生黼

明道之謂文，立教之謂文，可以輔俗化民之謂文。斯文也，果誰之文也？聖賢之文也；非聖賢之文也，聖賢之道充乎中，著乎外，形乎言，不求其成文而文生焉者也；不求其成文而文生焉者，文之至也。故文猶水與木然：導川者，不憂流之不延，而恐其源之不深；植木者，不憂枝之不蕃，而慮其本之弗培。培其本，深其源，其延且蕃也孰禦？聖賢未嘗學爲文也，沛然而發之，卒然而書之，而天下之學爲文者莫能過焉，以其爲本昌、爲源博也。

彼人曰：「我學爲文也。」吾必知其不能也，夫文烏可以學爲哉？彼之以句讀順適爲正，❶訓詁難深爲奇，窮其力而爲之，至於死而後已者，使其能至焉，亦技而已矣，況未必至乎。

聖賢非不學也，學其大不學其細也。窮乎天地之際，察乎陰陽之妙，遠求乎千載之上，廣索乎四海之内，無不知矣，無不盡矣，而不止乎此也。及之於身以觀其誠，❷養之於心而欲其明，參之於氣而致其平，推

❶「正」，黄溥本、韓本、傅本作「工」。
❷「及」，黄溥本、韓本、傅本作「求」。

之爲道而驗其恒，蓄之爲德而俟其成。德果成矣，道果至矣，視於其身儼乎其有威，煒乎其有儀，左禮而右樂，圓規而方矩，皆文也。聽乎其言，温恭而不卑，皎厲而不亢，大綱而纖目，中律而成章，亦皆文也。察乎其政，其政莫非文也；徵乎其家，其家莫非文也。夫如是，又從而文之，雖不求其文，文其可掩乎？ 此聖賢之文所以法則乎天下，而教行乎後世也。

今之爲文者則不然。僞焉以弛其身，昧焉以汩其心，擾焉以乖其氣；其道德蔑如也，其言行棼如也；家焉而倫理謬，官焉而政教泯。而欲攻乎虚辭以自附乎古，多見其不察諸本而不思也。文者，果何繇而發乎？ 發乎心也。心烏在？ 主乎身也。身之不脩而欲脩其辭，心之不和而欲和其聲，是猶擊破缶而求合乎宫商，吹折葦而冀同乎有虞氏之簫韶也，決不可致矣。曷爲不思乎？

聖賢與我無異也。聖賢之文若彼，而我之文若是，豈我心之不若乎？ 氣之不若乎？ 否也，特心與氣失其養耳。聖賢之心，浸灌乎道德，涵泳乎仁義；道德仁義積，而氣因以充；氣充，欲其文之不昌不可遏也。今之人不能然，而欲其文之類乎聖賢，亦不可得也。嗚呼！ 甚矣，今之人之惑也。聖賢之爲學，自心而身，自身而家，其爲事亦多矣，而未嘗敢先乎文；今之人未暇及乎他，自幼以至壯，一惟文焉是學，宜乎今之文勝於古之聖賢而終不及者，豈無其故耶？ 不浚其源而揚其瀾，不培其本而抽其枝，弗至於槁且涸不止也。

然則何爲而後可爲文也？ 蓋有方焉。聖賢不可見矣，聖賢之爲人，其道德仁義之說存乎書，取而學焉，不徒師其文而師其行，不徒識諸心而徵諸身，小則文一家、化一鄉，大則文被乎四方，漸漬生民，賁及草木，使人人改德而易行，親親而尊尊，宣之於簡册，著之於無窮，亦庶幾明道而立教，輔俗而化民者乎。嗚呼！吾何由而得見斯人於斯世也，❶吾何爲而不思夫聖賢之盛也！

虎林王生黼，年甚少，讀《春秋》而好爲文，問法於予。予美其有志也，以其大者語之。

題恩斷江端元叟手跡後

予幼從柳文肅公遊，輒聞以仁恩禪師《經賈似道墓》詩，有「權握三朝位三事，祇應知己是僧彬」之句，最得詩人優游不迫之意。蓋似道歷三朝宰輔，傲然以周公自期。一旦敗亡，在朝公卿弗恤之，在野士君子弗恤之，海内蚩蚩之民亦不恤之。其恤之者，唯承天主僧彬木禪，火焚遺骸，授其仲子歸葬會稽之附子岡耳。似道誤國之罪，可謂上通於天，使其地下聞此詩，將有餘愧矣。此實十四字史評，有關於名教甚大。今因濟藏主以禪師手跡與元叟端公《山居謡》聯爲一卷，詣余求題，故爲疏詩之義若此。《山居謡》寄興高遠，綽有寒山子之風，學道之人，類能傳誦之，茲不復深論云。

題王魯公授少保致仕誥

右宋王魯公特受少保致仕誥一通，係

❶「得」，原脱，今據黄溥本、韓本、傅本補。

紹熙元年五月二十二日所降者。❶蓋孝宗淳熙八年辛丑八月，魯公由樞密使拜相。十五年戊申五月，以觀文殿大學士出判衢州，尋即奉祠。十六年己酉二月，光宗受禪。八月，魯公以母喪致疾而薨。是年仍稱淳熙十六年。至十二月，始詔改明年爲紹熙元年，是爲庚戌之歲。誥之出給，合於魯公未薨之前，乃在既薨十閱月後何耶？

宋自宣和以前，未有既死而乞致仕者。南渡之後，禮文凋喪，雖宰相輔臣，考終於位，其家已發哀即服，降旨給賻，方上謝事之章，而朝廷復爲之告廷出命，如其未死時。此最有乖政理。其後吏部郎嘗以爲言，終不能行而止。此誥未免循習當時故事而未之或改也者，不然，誥中所謂「尚克全於德履」，及「益高沖致，永介壽祺」之語，皆生前事，何故追而書之？其爲後來補授制敕當無疑也。惟魯公忠君孝親，大節偉然，故其相孝宗，獨至八年之久。同時秉鈞軸者，唯梁文靖公前後七年可以配之，餘人皆所不及，謂非得君之深者可乎？蓋必有其道矣。魯公五世孫葯，雅飭君子也，持卷索題甚切。會病痁新起，精神昏昧，謾掛漏而書之。

題傅氏誥敕後

傅氏爲義烏名族，世居雲黃山下。自徐陵著善慧大士碑，已載縣之豪傑傅德宣之名，其來固已久矣。宋初始自山下分爲青巖、蘆砦二支，皆以書詩爲業。而蘆砦初遷之祖名雄。雄生忠卿。忠卿生玘。玘生

❶「二十二日」，張本、韓本、傅本作「一十二日」。

勝元。勝元生思某、思聰。思某生夔。夔生芷。思聰生時中、大中。大中生奎。思聰嘗官迪功郎，以時中國學得解進士，特封脩職郎致仕。淳熙十一年五月所下誥是也。大中以奎饒州得解進士，特補迪功郎致仕。紹定五年八月所下誥是也。二公雖有長才，皆因慶典所推，始沾恩命。唯芷能擢淳熙五年進士第，僅得台之仙居尉以終。芷之從曾孫藻，以芷偏通六經，而文詞蔚贍，不能章著於世，乃搜芷殘誥，與其補充大學生時所給麗字號綾牒，聯爲一通，以繼脩職、迪功二誥之後示諸子，且屬某識之。

某竊觀先師黃文獻公之所題識，深惜傅氏之先懷才而不試。謂藻妙齡秀發，委祉宜有所在。今藻歷官禁林，講學東朝，拜監察御史，出守武昌，則其光顯前人者多矣。公之先見，有若蓍龜，似無毫髮之差也。因不敢辭，本其世系而詳書之。

卷内有孺人吴氏誥尾，吴氏，諸暨流子里人，大中之妻也。題識中所謂金昌年者，字壽翁，淳祐七年進士，有異政。其知慈谿也，嘗浚慈湖，溉田千頃，民至今尸祝之。歲月未久，鄉人反無有知其名字者，故附見焉。

題樓時和敕牒後

宋之制，群臣有官勳者，其所受恩澤可以及其子孫，又可推之於姻戚，其善善之長，抑盛矣哉！此乃義烏樓時和以果州防禦使劉滌死事功，得補充將仕郎之牒。非特見當時制度，而先生之遺仁餘澤，猶可概見，後之觀者，寧能無所感乎！

恭題賜和文學傅藻紀行詩後

新知武昌府事臣傅藻，以其爲監察御史時所受《賜和紀行詩》四首示臣濂，臣拱而言曰：「天之道不可窺也，觀乎日月星辰之晦明則知之；地之道不可測也，觀乎草木蟲魚之生息則知之。聖人，天地也，其静也與道謀，其動也與神俱，苟非發於言語文章，何由而見天地之心乎？」臣獲事皇上二十年，睿謨英斷，雖非淺見陋識所能知。❶至於求賢若不及，愛民如赤子，此臣之所熟聞者也。由此四詩觀之，望藻可謂甚切，而於民事尤詳及之，庸非然哉？

臣與藻，同師且同郡，識其爲人，嘗求其受知之故。蓋藻存心恕，持法平，其以御史使江淮閒，紀行之詩，多寓諷諫之意，故上喜而和之。益可見上之待藻，與藻之事上，交盡其道也。視夫導君以諛説，及與臣下争名者，相去不亦遠哉！臣老矣，退伏田里，久欲無言矣。以曾執筆繼史官後，敷贊聖治，職有宜然者，故爲藻書之。

藻自御史轉太子文學，後復爲御史，遂出知武昌云。

題黄文獻公所書先府君行實後

右黄文獻公乞銘於柳文肅公之狀。文獻公以學問文章名天下，此雖造次所書，而考據精詳，倫序不紊，事信而辭實，言遜而禮恭，皆可以爲法，不特字畫之美也。濂常執業二公之門，於是二公之卒已久矣，永念

❶「見」，原脱，今據黄溥本補。

今昔，撫卷慨然。

題李烈婦墓表墓銘後

李烈婦墓文二通，余友揭君伯防、王君子充之辭也。烈婦死十餘年，二君文其墓；今又十年，而二君無在者矣。人生不足恃，惟令名可以無窮。覽斯文者，可不深長思乎！

題余廷心篆書後

右四大篆，豳國忠宣公余闕爲浦陽戴君叔能書。至正九年，公持使者節來鎮浙部，濂偕叔能往見公，獎厲甚至，且各書齋扁爲贈。公去浙後，江南大亂，荆楚之域皆爲僞漢陳友諒所據。公時以淮南行省右丞分治安慶。安慶前後皆盜區，公獨守六年，小大二百餘戰，未嘗敗北。不幸糧絶城陷，公遂赴水死。君子稱其大節與日月争光，信哉！

公文與詩皆超逸絶倫，書亦清勁，與人不相類。然其忠義之氣，可以懼亂賊，清惡厲，天地因之以位，君臣藉之以定，斯豈細故？雖所書不工猶當傳之萬世，況能臻其妙者乎！此紙所在定有神物呵護，見者當如張中丞之詩、段太尉之笏，聳然起敬，不可徒以翰墨視之。

公唐兀氏，余闕其名也，字廷心，一字天心。元統元年進士，世居武威，今爲合肥人。❶

❶ 文末，張本有「翰林學士金華宋某謹題」十字。

恭題御制賜給事中林廷綱等敕符後

洪武十二年正月二十一日，上御奉天門，權給事中林廷綱等六人以歸省其親爲請，上欣然可之。明日陛辭，上親制敕符諭之，且命人各書其副以歸。廷綱等咸叩頭拜受而退。既而廷綱嚴裝成卷以示臣濂，請識其左方。

臣聞古聖君之待重臣，當授職之際，必告之以言，如堯之命九官、周康王之誥君陳者有之矣。今廷綱以初試職之小臣而有此賜，誠古所鮮有也。小臣膺此賜或有之，然昔時訓命之辭多作於代言之官，如廷綱之賜出於上所親製者無有也。親製者或有之，求其誨諭諄切、期望深厚猶父命子，如廷綱所被者無有也。

嗚呼！上之待廷綱可謂至矣，廷綱宜何如報哉？廷綱其去而思乎，昔者處乎閭巷而齒乎恒民，今一旦至此，果誰之賜歟？烏可不盡心也！上之望廷綱者以忠爲先，而忠非效一職、奉一令之所能盡，必也至公而忘私、狥義而忘身斯可矣。苟徒恃上之寵榮以夸其鄉邦，是恒人之智爾，於廷綱何取哉！❶

題王氏桃源圖後

在宋盛時，四明桃源王説先生以學行名東南。今相去三百餘年矣，其諸孫敬止繪所居之地爲圖，求大夫士歌咏之，復徵予

❶ 文末，張本有「是月二十五日前某官臣濂拜手謹題」十五字。

言之。

古者賢子孫之於其先，思其所嗜所樂及其居處。今敬止思之不可見，而寓諸圖畫猶可也，而奚以人之咏歌語言爲哉？先生道德著當時，名稱聞於後世，固不待人之言。縱言者足以不朽，於先生亦無所益，而況不若先生者乎？敬止苟欲顯先生之名，則先生不待人之言而已傳矣。苟欲明其先之有人而爲身榮，予將有説焉。

豪傑之士，不繫其先也尚矣，在乎自力而爲善耳。古之爲賢相者，莫過於伊尹、傅説，而二子者卒然起於畎畝之閒，未聞其先有若其身者也。爲賢人者，莫過於顔、閔、孟三子，而其父祖若顔路之流，初未嘗如三子之賢，三子豈跂乎先人之末耀以成其名哉？自致之耳。苟待先人之名以成名，則士之無聞者衆矣。今敬止而欲繼乎先生，學先生之學，行先生之行，斯可矣，奚以人之言爲哉？而言者復呫呫然辨桃源武陵之得失，不亦勞矣乎。敬止賢者也，於予言必有取焉。

書劉生鐃歌後

伯夷、柳下惠飭身制行，皆高於當世，然揆諸大中之道，或不能無過，故其流至於隘與不恭。甚哉，爲師之難也！近代以文章名天下者，蜀郡虞文靖公、豫章揭文安公、先師黄文獻公及廬陵歐陽文公爲最著。然四公之中，或才高而過於肆，或辭醇而過於窘，或氣昌而過於繁，故效之者皆不能無弊。惟先師之文，和平淵潔，不大聲色，而從容於法度，是以宗而師之者，雖有高下淺深之殊，然皆守矩蹈規，不敢流於詭僻迂怪者，先師之教使然也。

烏傷劉生剛，從余學經、爲文頗久，近製國朝《鐃歌》十二曲，傳於遠邇，士君子稱之。顧予豈能使生至是哉？實先師之遺教被人深且遠故耳。余少於斯文，蓋有志焉，及今尤真知之，然後歎先師之不可及也。後之有志於學者，非果有得於古人之法，烏知余言爲然哉？

跋胡方柳黄四公遺墨後

右鄉先生手帖四紙。前二帖，則脩道先生胡公汲仲、巖南先生方公韶卿與梅溪傅君者也；後二帖，則柳文肅公道傳、黄文獻公晉卿與初齋王君者也。

巖南有異才，常游杭都，盡交天下知名士。將作監丞方洪奇其文，以族子任試國子監，舉上禮部，不中第。會天下多故，三以策告丞相陳宜中，不聽。後以特恩授容州文學，未上而宋籙已訖。終身思宋，一飯不能忘，每語及之，輒涕泗交頤，世稱爲節義之士。胡公實巖南至交，而柳、黄二公皆其門人。是三君子者，其學行已載《元史》，人咸得聞之。唯巖南不出仕，世之知者或寡，故濂特加詳焉。

梅溪諱光龍，字子才，時爲嘉興路教授，仕至福州侯官主簿以終。初齋諱良玉，懷璞其字，衢州常山縣教諭，今翰林待制禕之父也。初齋乃梅溪之甥，金華俞恂，又初齋之外孫，其簡牘流傳，蓋有所自云。

恂來學經於濂，以濂常及灑掃柳、黄二公之門，裝褫成卷，俾題其後，義不敢辭。

跋鄭仲德詩後

浦陽鄭君仲德，生之歲與余同，其名與余同，少而從學於吴貞文公又與余同，長而多髯又與余同，不善飲酒又同，余中歲自金華徙居青蘿山中，又與之同里，故余二人交最洽也。

去年冬，余朝京師，仲德欣然與余同舟游三吴山水間，起居飲食無有不同者。仲德既至，喜斯游之美，發爲歌詩以寫所遇；而余則入侍兩宫，晨趨而夕還，留數月，無一日之暇，卒不能繼仲德之作。心竊自歎：兹游也，幸與仲德同；而景物之佳者，皆爲仲德所攬結，余不獲效焉，何其異耶？

及乎東歸，仲德累以爲言。余耄昏好睡，竟不能成詩以與仲德相馳驟。既而笑曰：「物之同者，一則同，二則異矣。余與仲德，方相與如一人，仲德之言，猶余之言也，何必出余之口，而後爲同耶？仲德之詩美矣，而余效而似焉，尚未免爲異；苟不之似，非自取異耶？多言以求異，曷若忘言而歸於大同之域也耶？」仲德，知道者也，必以余言爲然。

夕佳樓頌

夕佳樓在虎林西山中，去城僅五里所，文明海慧法師始作之。法師脩習西方觀，想當日如懸鼓時，必面西作禮，舉唱佛號，滅妄歸真，不使毫髮散亂。其命名「夕佳」，雖取陶潛氏語意，蓋他有所屬也。法師之子具庵玘公，復能丕弘父業，法華一宗恒藉之爲大法船，獲濟度者甚衆。具庵以樓徵文，爲述頌曰：

大雄妙嚴清淨海，攝受無邊有情。衆生念念在散亂，猶如火生積薪閒，儵忽起滅不暫停。乃以神通方便智，教之繫念專於一。惟彼西方安養土，無量壽佛之所住。琉璃宫殿黄金地，九品蓮臺池中生。衆鳥寶林能演法，極樂永斷一切苦。其土正值日没處，衆生知用日爲觀。舉頭見日如見佛，開目閉目盡明了。佛光解破諸暗故，心定如山不可移。性中如如顯日相，四教脩行隨解進。能想所想各異證，三藏有見皆生滅。通則無實如幻化，二教皆以事定故。别知本性元是佛，次第觀中可馴致。圓門妙解夐然殊，心具一切依正法。以具緣即心日現，法界心起法界日。此則名爲空假中，非三非一即三一。用智破惑顯自性，猶大醫王出良藥。入口熱惱變清涼，種種觀法斯第一。粤從大法來真丹，脩者習者無量衆。冥覩如來親接引，身乘七寶金剛臺，一彈指頃生彼國。海慧尊者發弘誓，嚴潔斯樓建道場。每當山氣夕佳時，遥注西方作禪觀。尊者行成生上品，有子夙具大乘器。本性之日常在目，妙朦光明時發見。我生本是菩提種，誤嬰世網未解脱。暮年遘比殊特事，如飲醍醐生慶快。願結樓煩淨社緣，西向落日志心禮。唯心唯色妙難思，當處顯現無非佛。

趙使君像贊

宋之王孫，元之循吏。才優識明，政通民治。未老而歸，臨難不二。懦夫觀之，可以作氣。

趙子昂像贊

文運中微，頽波日靡。公起東南，作天一柱。天人之表，帝王之孫。麟游鳳翔，珠明璧温。歷試中外，遂居禁密。其名之升，與日同出。彼憸邪者，腐鼠敗豚。何能病公，臭穢自聞。三百年間，西東萬里。雄鳴一代，如公者幾？公貌如玉，公文如金。變化莫測，照耀古今。

新刻法華經序贊

蘭溪天真禪師竺源遠公，發真正心，務欲流通大法，請故翰林侍講學士陳公達繕書《法華經》七卷，鍥諸文梓，歷三年始成。復不憚溽暑，竭蹷來青蘿山中，俾余作贊。惟此《法華經》王，乃三界大師第五時所說，凡六萬九千七百二十四言。蓋前四時之所開演，若《華嚴》則犓妙適均，若《鹿苑》則純犓無妙，若《方等》則爲犓者三，爲妙者一，若以《般若》較於《方等》，減去一犓，而其妙正同。度門雖弘，皆未能徧收群機。唯至《法華》開權顯實，而使藏、通、别三者咸歸一乘，所謂純圓獨妙者也。嗚呼！世尊五十年間，說大乘經諸佛境界，不其三乘位次者，其尚有加於此歟？書寫而刊布之，宜也。斯贊之所由作。其辭曰：

維《妙法華》，經中之王。❶如山宗岱，猶河趨海。其義云何？大寂定場。獨一乘法，無二無三。天真毗邱，微彼哲士。假觚翰力，寫卷凡七。其初肇自，片言之微。

❶「王」，原誤作「正」，今據張本改。

漸成文句，遂折品第。中間無算，塵沙默晝。縱横順逆，左右鉤連。諸變幻事，一一皆從。三千往相，熾然出現。若正若依，以及假名。攝歸一妙，無餘欠者。虚空有盡，而此功德，歷劫無盡。法界衆生，與佛真身，本來不異。雞號而興，至於日没。擾擾前塵，分別影事。妄勝真迷，不自覺知。入生死輪，如來哀愍。以方便故，説大乘法。蘇迷盧山，廣博高勝，或可挾持。此脩多羅，未易得聞。乾闥婆城，日高則隱，或可控摶。此脩多羅，未易得聞。優曇鉢華，千年一現，或可獲覩。此脩多羅，未易得聞。我今讚揚，實本佛言，初非誑語。諸有情衆，生希有想，生難遇想，生精進想。或於其閒，領解義趣，不昧一心。相由是空，法由是假。中體絶待，三一圓融。脩性冥泯，大光普照，明了無礙。彈指之閒，證無上慧。

金剛經靈異贊

杭州周縉，頗知書，聚二三童子，講習市中，日誦《金剛經》甚謹。童子閔生，觸翻佛前燈油染於經。杭之民俗，凡經像敝汙，輒投濤江。縉因束以紅縚，倣其俗行之。時元之大德庚子也。越三年癸卯，經忽還於舊所，半爲潮沙所裹，而紅縚如故。縉驚喜，與吴門僧險拂去沙塵，其粘綴者，逐番分析之，徧請叢林開士題識左方。後八十一年，當國朝洪武庚申，經入沙門宥悌之手，復重加裝褫，即南屏山中，請濂説贊。贊曰：

至誠動物，靡閒毛髮。此感彼應，如磁引鍼。況乎契經，世雄所説。至心受持，昭答如響。昔周氏子，朝夕嚴事。經有染汙，投諸江潮。閱三春秋，忽返元所。經實紙成，難同鐵石。非金剛力，焉能不壞？經無羽足，不能飛行。非金剛力，誰挾而至？由此而觀，佛語所在，百神訶衛，無能損者。然而此經，觚翰所假。雖載佛言，靈從何起？世之法藏，所模經文，充棟汗牛，未聞皆驗。應知萬法，實本一心。由心誠故，而經應之。心靈經靈，理無疑者。是知此心，其大無外，其小無内。神通妙用，一一具足，不假外求。有能精進，入在上乘。證妙覺位，亦無留難。今因贊經，推而達之。欲作佛者，此心即是。善思念之，慎毋退轉。

高峰妙禪師像贊

目光凝定，爍破大千。戒體圓明，直探性原。青山萬仞，不出死關。名高天下，法留世間。

魚藍觀音靈照女二贊

惟觀世音，誓救群迷。現不實相，變滅斯須。破凡夫執，返乎物初。一真所攝，萬境自如。

惟靈照女，入不思議。以般若種，得方便智。聚首而談，無非實際。至今靈光，照乎天地。

觀音石贊

虎林翁君祥卿，得圓石一，大可五六寸，上現圓通大士妙嚴寶相，坐寶蓮華，善財童子合爪侍側。蓋大士住不可思議解脱門，能以神變作諸佛事攝受衆生，大則示化真身於陀怛洛迦山，小則寄影像於一木一石，不假人爲，自然天造，無非自慈愍中發現。祥卿因請濂作贊，以顯神功，以示闡提生我慢者。贊曰：

玄黄既肇分，白石即受質。斯時未有佛，云何能應現。千劫皆佛化，難以時節拘。劫初與劫終，常居寂光土。❶石本無情物，其頑無與等。初無感通者，云何佛示像？微塵刹土中，塵塵皆是佛。有情與無情，本來同一體。諸佛亦無數，動曰那由他。云何圓通佛，獨此示神變。圓通於支那，夙有大因緣。所以不會捨，如母之憶子。如來談諸相，皆是虚妄集。云何自著相，曷以釋迷網？由相以悟性，正如指指月。見月指則忘，寧有繫執故。以此四者觀，唯知佛願弘。聖凡盡融攝，調御菩提心。假石顯云異，超出思慮表。既非圖繪力，又匪鐫勒功。幻成妙嚴相，七寶作瓔珞。瞑目結跏坐，正以慈愍故。用警闡提者，徒爾增我慢。當知神通力，乃復有斯事。始悔未見時，口出不淨語。如仰首唾天，唾還著面故。愚癡誠可念，寧忍加斥逐。我願大地人，無不知三依。見石非見石，見佛亦非佛。但見無量光，各自心中發。徧照十方界，明如日月燈。十方諸品類，盡得諸佛智。

吴道子觀音贊

觀音妙智力，頓超塵沙界。吴生縱善畫，徒能具凡體。我假六神通，欲寫光明

❶「土」，張本作「上」。

藏。須彌以爲筆，太虚以爲紙。經歷無量劫，但成一隻眼。此眼若開時，十方俱照了。一塵一沙中，有皆觀自在。

長塘黄氏義門銘

天地之間有大防焉，孝友之謂也。水之始也，濫觴爾，苟無土以障之，則必至於滔天；火之初也，螢爝爾，苟非水以制之，則必至於燎原。人心感物而動，不能無欲，其端亦甚微，不有孝友之人出爲表式，則淪胥以成風，而彝倫斁矣。昔者先王有見於斯，雖委巷刺草之民能行之者，必旌命之，所以贊王治、章人風而挽之於正也。世之評唐史者，且謂張公藝、李知本、劉君良孝行推於友睦，數世不衰，真豪傑之士。嗚呼！當是時，金章紫綬之賢，皂蓋朱轓之英，布列中外，未嘗無之。顧以豪傑歸於閭巷之士者，以其不俟教令所加而後奮也。嗚呼！《南陔》、《白華》之詩，蓋亦商之末世，周之盛德也。斯民以孝友著稱，君子可以觀其世矣。

浦陽黄氏，其先與文節公庭堅同所自出。❶有諱度者，宋隆興癸未進士，亦諸祖也。元至正中，傳至諱珪君，生三子，其二：曰隆，曰生。隆生一子，曰逢原；生生二子：曰逢吉，曰逢昌。逢吉兄弟亦各生子至十有餘人。三世之間，孝友無閒言。逢吉乃殫志竭慮，設爲教條，既鑱諸樂石，復遣從子宿請濂銘之。❷

嗚呼！子壯而分，婦姑反脣相稽，秦

❶「庭」，原作「廷」，今逕改。
❷「從」，韓本、胡本作「諸」。

之俗已然矣。況去古日遠，風氣日益漓。黄氏能不染於末習，卓然不變其恒度，豈非真豪傑者耶？浦陽以義居聞者二三人，唯鄭綺之家已至十葉，黄氏知感慕而興起，進脩益力，烏知不綺若耶？雖然，許史之稱，未足爲貴也；猗頓之貨，未足爲富也；唯孝友積諸躬，令名昭於時，其爲貴且富也大矣。所謂特立兩閒而無愧，稽諸賢哲而有徵，著之後世而可法，何莫不由於斯？黄氏子孫，❶曾可不思自勗哉！能如濂言，揆之張公藝之流，他日可馴致矣。詩有之：「風雨如晦，雞鳴不已。」濂於黄氏，蓋深有望焉。銘曰：

浙河東疆，地曰浦陽，厥氏維黄。雙井同枝，科名陸離，世服書詩。❷有儒其冠，以義爲藩，奕葉共飱。視其齋庭，左史右經，踵武繩繩。視其房除，前絲後纑，燈火與俱。至和所形，❸揖讓而升，穆然無聲。既衎而葩，實而匪夸，三代一家。世道下趨，子父割閨，婦姑勃蹊。十室九衰，瀾倒波頽，萬夫莫回。蠅聲方冥，忽聞怒霆，孰不爲驚。植範建防，翼法輔常，斯德之亢。造端非難，延裕維艱，任重於山。如爲高陵，世益代增，非人獨能。如松之青，故隕新承，所以永貞。古先與謀，庶行之脩，其道曷由？執敬爲符，夙夜究圖，百世如初。

了圜銘

嗣漢天師張真人宇初，築室龍虎山中，

❶「子」，原脱，今據黄溥本補。
❷「書詩」，原作「詩書」，不協韻，今據黄溥本改。
❸「形」，黄溥本作「行」。

脩鍊瓊丹，動静兩忘。已而神聚氣凝，混含爲一，至和坱圠，返乎太初。真人既獲覩内景之祕，因題其室曰「了圜」，所以識也。玄貞道士爲原玄牝之旨而勒銘曰：

高上洞玄，陽陰之根。凝和攝真，是謂崑崙。中有三關，七蕤守闇。上絶霞表，下淪洞冥。遡而索之，黄房絳庭。靈明潛通，空澄淨泓。真人之居，規中爲城。龍帔鳳舄，靈裙飛翻。左挾元英，右衛白元。仰睨太朦，嘘氣成雲。化生萬神，合妙爲真。昇真玉虚，朗契洞清。哀厥下士，麄穢莫澄。神隨形化，降於北陰。洒敕雷電，指麾六丁。授以赤書，制魄攝魂。還乎混沌，閉絶九門。南陽熙真，爽朗秀英。三靈發曜，八素啓瓊。出入泥丸，翺翔紫清。羽葆先導，飈臺後登。與天爲徒，振古長存。

濂既作是銘，或謂假象取喻而多廋辭，曷若著明言之？嗚呼！斯豈言之可明哉？然而人身之内有至虚焉，絲絡之所群湊，命蒂之所由生，不倚八隅，巍然中居，此謂神之庭，氣之母，真息之根也。人能存神於兹，則性自復；養氣於兹，則命自正。神與氣未始相離，分之爲二，合之爲一，其殆化源也歟？然欲了之，則未易爲功也。鳥之伏鷇，不足以言温；陶之烹瓦，不足以言凝；鑑之照形，不足以言明。勝是三者，庶幾氣神混合，自然成真，而猶未忘乎迹也。蓋有非神之神而行乎九天，非氣之氣而超乎九地，方所不能拘，小大不能計，而「了」之名且不立矣。「了」之名苟未泯，如隔紗縠而觀明月耳，著明之言，固無越於此。然亦糟粕而已爾，土苴而已爾，何足以言「了」哉？或者一笑而去。因不欲棄而書諸銘後。

大慈山虎跑泉銘

虎跑泉，在杭之大慈山廣福定慧禪院，距城南十里而近。唐元和十四年，性空大師來游慈山，樂其靈氣鬱盤，縛庵其中。尋以無水將他之，忽有神人言曰：「自師之來，我等徼惠者甚大，奈何棄去？南嶽童子泉當遣二虎來移，師無患也。」翼日，果見二虎以爪跑山出泉，甘洌勝常。大師因留止，建立伽藍。蘇文忠公守杭日，爲之賦詩，有「虎移泉眼趁行脚」之句，蓋紀實也。

大師諱寰中，蒲坂盧氏子，得法於百丈海。一時龍象如臨濟玄、趙州諗、南泉願、巖頭奯、❶雪峰存，咸來咨叩道要，則其德服鬼神，彰灼靈異，有不難致者。嗚呼！拔劍刺山，水爲之湧；折腰拜井，泉乃仰流。武夫健將，一誠之所格尚若此，況大師心悟無際者乎！

洪武戊午冬十有一月，濂朝京師，道經山下。今主僧定巖戒，有道之士也，亟要濂觀泉，且被法衣，率其徒同舉梵呪。久之，泉覆沸而出，若聯珠然，已而，微作湧勢。濂心異之。定巖遂來謁銘。銘曰：

天一所形，厥質乃凝。潛行重淵，與氣俱升。至人來居，地不愛寶。誰信清泠，生於虎爪。山后川君，與道爲謀。肯私一勺，不師之留？師既留止，化泉爲雨。式沛且滂，潤于千里。幻此荒墟，遂成寶坊。群生依之，爲正法幢。命世大才，猶能類象。來

❶「巖」，原作「嚴」，今據文義改。

游來咨，如山答響。伐禮雖邈，❶聲華弗虧。至今草木，尚被餘輝。我於世緣，逢觸輒礙。泉特相知，獻萬珠琲。擾擾征驂，風埃渺瀰。有素者衣，化而爲緇。願挹才波，如習禪定。洗滌根塵，一時清淨。

雲谷偈

雲出谷中，境也，氣之所寓也。道陵師，沙門也，其以「雲谷」自號，是寓乎寓者也。若以一真法界言之，凡所寓者皆妄也，況妄之又妄者乎？一旦心空法空，則諸妄皆真矣，何雲谷之有哉？爲説偈以明之。偈曰：

白雲出空谷，此是山中境。上士以自號，是心隨境轉。我日本無雲，雲出亦非谷。終日徧太虛，不著於一處。我心能轉之，一一皆自在。此爲空谷義，上士當聽聞。聞聞了不聞，頭頭皆是道。苟著於一邊，但見谷中雲。初如一縷絲，漸成兜羅綿。敷布於四方，遂成澤物功。此是第二門，初非真實義。勿謂老書生，妄意談般若。

宋文憲公全集卷二十九終

❶「禮」，張本作「祀」。

宋文憲公全集卷三十

青山辭

青山崔崔，白雲溶溶。我疑其中，仙人所宮。風馬雲輿，霓旌羽幢。游行太空，翩然相從。望而不見，使我心忡。我本金華，牧羊之童。口誦蘂笈，有聲如鐘。震撼巖壑，無礙不通。謫居下土，黃塵濛濛。五色之文，布滿西東。秋高露清，陟彼危峰。呼吸元氣，精神內融。嘯傲萬物，後天而終。

靈槐詩有序

四明史氏，貴富光榮與南宋相終始，非特人事也，蓋有天道焉。元有國百年，史氏以忠信文學稱於時者甚衆，而禄位弗稱，人事不宜然也。是亦有天道焉。元季兵亂，槐生於史氏之庭，史氏里人曰：「是必有異。」既而槐死於馬，里人又曰：「是必有異。」未幾，槐果復生南園中，里人曰：「前之異者，徵已往；後之異者，將來徵之。史氏殆有顯者乎？」入國朝，史氏諸孫靖可，以才見推爲中書舍人，出爲泰州守，遷肇慶通判。前之言者曰：「是其徵矣，然而未也。」遂相與字槐曰「靈槐」而歌咏之。靖可嘗與余兒璲同官，謂余宜賦詩。嗚呼！天人之際遠矣，觀於史氏，又何其著明哉！詩曰：

難諶惟帝，厥命孔赫。鑑於九有，顯相有德。先宋九君，既南而微。微不遂傾，世臣毗之。世臣之家，鄮山之下。歲時來歸，旗節車馬。馮軾而趨，衮衣珮璜。其綬伊何？將相之章。雄城渠渠，黎庶如雨。相臣戾止，耄倪咸喜。豈無公侯，孰能後昆？三相二王，國存與存。誰其尸之？其德有始。既受多祜，又有孫子。鉅海湯湯，朔風荒荒。不淪於危，不顯其光。孰云菑播，而不有穫？天將昌之，嘉徵允灼。崇堂有庭，其左有槐。匪植而生，惟德是培。天實培之，或戕於人。人力雖勞，其能勝天？南園膴膴，有萌斯蘖。其本如達，靡有摧折。始軋而卑，忽拔而穹。其兆斯何？宜卿宜公。明明天子，俊乂是使。矧茲世家，王公之嗣。嗟爾君子，天休汝膺。何以占之？靈槐在庭。

題方方壺畫鍾山隱居圖

予十年不作詩，見方壺子此圖，不覺逸興頓生。會仲脩請題，欣然命筆。第塵土襲人者久，殊不能佳耳。詩曰：

飄飄方壺子，本是仙者倫。固多幻化術，筆下生白雲。白雲縹緲閒，拔起青嶙峋。似是朱明洞，❶笙鶴遥空聞。豈無許飛瓊，烹芝隝華芬。鍊師從何來，面帶山水文。相期守規中，結庵在雲村。心游象帝先，神棲太乙根。我受上清訣，❷衛以龍虎君。内涵玄命祕，一氣中夜存。行當去采藥，共入無窮門。

送黄伴讀東還故里

濂，黄文獻公老門人也，嘗恨無以報

❶「明」，張本作「湖」。
❷「受」，張本作「⿰口受」。

深恩。一旦諸孫昶從予學經，爲之喜而不寐。會其還家覲省，賦詩十四章爲贈，然絶吟事者已十餘年矣。詩曰：

我昔弱齡時，輒侍而翁游。經畬日耕漑，藝圃兼旁搜。

泰山一以頹，欲仰將安從？豈意麒麟兒，復出湖水東。

爾年踰二十，文采照青秋。燦燦五色錦，孰肯寘道周？

一朝捧貢函，群彦讓先登。氈墨新題處，祥雲爲之升。

南宫雖免試，成均復漸摩。庭中猼且葉，❶幾厭寒雨多。

天子坐法宫，詔繙金匱書。爾獨當青年，執筆與之俱。

九天洊降敕，❷持經贊藩王。出入禁闥中，衣分沈水香。

有時獻新文，跽誦黼扆前。帝曰爾小臣，才思何蟬聯。

聲名落人閒，一如潮水生。蛟龍助氣勢，坐使汀洲平。

雙親在烏傷，不見今三年。青宫爲奏請，即日乘舟旋。

顧我髮種種，與爾會神京。懸燈青照夜，不翅父子情。

别言不忍出，况復爲新吟。吟成意莫盡，一字一寸心。

别去期早來，立業繼而翁。翁名亘天地，不見初與終。

持此贈爾行，櫂發龍江麋。官書有嚴程，勿戀故山薇。

❶「猼」，原作「傳」，今據張本改。
❷「洊」，原作「游」，今據黄譽本改。

游仙篇贈鄧尊師

往歲，鄧尊師以高行道士被召至京，寵遇優渥，遂留主祈禜之事。蓋尊師通混元大道，而尤加意九還寶丹之法，數著奇驗，役使鬼物特其餘技耳。於是不還龍虎山中者頗久。儀曹以其事上聞，詔許之。尊師來別，且徵予片言。夫道貴於無名，奚假言宣哉！予方温繹《真誥》，輒擬群真倡咏之體，造一章以遺之。方壺真人必囅然笑云：「是夫也，何其狡獪之若此耶？」詩曰：

真人契玄沖，翻翻泠風俱。❶游行一炁中，流燿周人區。丹雀銜白環，來授寶祕圖。内藏炎靈方，欲采三素腴。鍊成赤明液，鬱華凝黍珠。蒼龍爲濯氛，上玄來辟非。將期學真侶，度之升紫虛。自知滯塵凡，何能應玄符？頗聞琵琶峰，肉芝發瓊萼。玉掌如嬰兒，烈日暴不枯。定當分刀圭，成此列仙儒。

送方生還寧海并序

洪武丙辰，予官禁林。寧海方生孝孺過從，❷以文爲贄，一覽輒奇之。館寘左右，與共談經，歷三時乃去。明年丁巳，予蒙恩謝事還浦陽，生復執經來侍，喜動於中。凡理學淵源之統，人文絶續之寄，盛衰幾微之載，名物度數之變，無不肆言之，離析於一絲而會歸於大通。

❶「翻翻」，韓本、傅本作「翩翩」。
❷「孝孺過從」，原脱，今據韓本、傅本補。

生精敏絶倫，每粗發其端，即能逆推而進於極，❶本末兼舉，細大弗遺。見於論著，文義森蔚，千變萬態，不主故常，而辭意濯然常新，滚滚滔滔，未始有竭也。細占其進脩之功，日有異而月不同，僅越四春秋，而已英發光著如斯。使後四春秋，則其所至又不知爲何如？以近代言之，歐陽少師、蘇長公輩姑置未論，自餘諸子與之角逐於文藝之場，不識孰爲後而孰爲先也？予今爲此説，人必疑予之過情；後二十餘年，當信其爲知言，而稱許生者非過也。雖然，予之所許於生者，寧獨文哉！庚申之秋，生以不見大母者久，將歸省焉。予深惜其去，爲賦是詩，既揚其素有之善，而復勗以遠大之業云。詩曰：

　　昔在詞垣時，英材常駿奔。水碧與金膏，價重駭見聞。終然無根蒂，斂散空中雲。方生海上來，玉立而春温。袖攜絺繡書，面帶黼黻紋。揖遜入禮域，陳義凌秋旻。同餐太倉米，共勘典與墳。潛將索幽邃，穹欲攀嶙峋。踏雪忽言别，涉險濤江津。梅花似相憐，沿途慰孤羣。湛恩來九天，憫吾髮如銀。特敕還故山，許與烟霞親。生聞抱經來，處此寂寞濱。莽蒼叩太始，溟涬窮無垠。宇宙所管攝，載籍所敷陳。鉅細鉤鉗之，若大樂建均。❷律吕按高下，宫商肅君臣。邕和免滮灗，疊奏歸繹純。桑濮佚靡斥，淫哇竟何存？黄鍾壓瓦釜，❸庭燎滅荒燐。似兹稽古力，可敵龕定勳。濡毫寫雄顥，勢足移峨岷。❹漏洩混沌

❶「進」，黄溥本、韓本作「底」。
❷「大」，張本作「天」。
❸「釜」，黄溥本、韓本作「缶」。
❹「足」，黄溥本、韓本作「欲」。

竅，出入造化神。變幻波起伏，清温玉璘珣。盡抽神奇祕，不墮臭腐塵。所以日出時，❶愈見光景新。山鬼當灑泣，湘靈且逡巡。振古著作家，後先胡繽紛。豈知萬牛毛，難媲一角麟。古今二千載，有如星在辰。豈意荒礫中，獲此席上珍。予生髮未燥，立言鄙河汾。結交一世士，暮齒越七旬。妍蚩與楛良，❷入目無留痕。自非病狂易，傎倒甲爲穜。寧因一學徒，諛辭浪云云？大言心不怍，秪爲所見真。生今有行期，序飲松竹根。笑摘黄金花，起泛青瑶尊。酒酣雙耳熱，劇論如抽繹。豈無贈別言？有意須當遵。真儒在用世，寧能滯彌文？文繁必喪質，適中迺彬彬。有虞號多士，九官展經綸。惟時亮天功，外夷悉來賓。不聞有著書，鼓盪摩乾坤。生乃周容刀，生乃魯璵璠。道貴器乃貴，奚須事空言？孳孳務踐形，勿負七尺身。敬義以爲衣，忠信以爲冠。慈仁以爲佩，廉知以爲鞶。特立睨千古，萬象昭無昏。此意竟誰知？爲爾言諄諄。無徒謂强聒，一一宜書紳。

題李白觀瀑布圖

長庚燁燁天之章。精英下化爲酒狂。匡廬五老森開張。銀河萬丈掛石梁。下馬傲睨立欲僵。聳肩袖手神揚揚。憶昔開元朝上皇。宮中賜食七寶牀。淋漓醉墨交龍驤。人疑錦繡爲肝腸。麾斥力士如犬羊。營營青蠅集於房。金鑾不復承龍光。并州

❶「時」，張本作「之」。
❷「楛」，張本作「苦」。

可識郭汾陽。不可丹陽逢永王。大風吹沙日爲黃。酸狖哀啼聞夜郎。❶蒼天欲使詩道昌。頓挫萬物歸奚囊。何處更覓延年方？北海天師八尺長。芙蓉作冠雲爲裳。授以蘂笈青琳琅。蓬萊屹起瀛海洋。群仙遲汝相徊翔。誰將粉墨圖縑緗？顧我一見心倀倀。詩成仰視天蒼茫。夜半太白生寒芒。

蛟門春曉圖歌并序

句章王君景行，嗜學好脩之君子也。其所居曰蛟門，正臨大海，巨濤春撞，頃刻萬變。平旦東望，霞光燭天，紅日大如筵，冉冉上升，誠海東第一偉觀也。王高士叔明爲作《蛟門春曉圖》，景行出以示予，使人飄飄然有淩三山、跨十洲之意。故爲賦長歌一篇，而於神仙之事獨多云。其辭曰：

瀛海無垠，❷波濤吐吞。涵浴日月，參契鬼神。怪山如雲自天墜，萬丈壁立蛟爲門。南有金雞之俯啄，北有猛虎之雄蹲。值獰飈兮奮揚，東怒潮兮騰奔。擲玉毬兮干霄，灑輕霧兮飛塵。雪山冰厓之可怖可愕兮，帆檣簸蕩不可遏，恍疑下上於星辰。晨雞一鳴海色白，層霞絢彩光如璊。縱横閃鑠縛不定，海神推上黃金盆。靈境飄摇在世外，髣髴直至榑桑村。何人結屋於其間，云是甬東才子開瓊關。雲間吹簫雙鶴下，坐聆環佩聲珊珊。有時共談三十六洞之祕笈，緑文赤字可以鐫蒼頑。猿拾花兮

❶「酸狖」，黃溥本作「狻狖」，韓本作「狻猊」。
❷「垠」，原作「浪」，今據黃溥本、韓本改。

春片，魚泳書兮晴灣。日媚嫣紅桃點點，風入涼翠松翻翻。中襟濯盡萬斛之黄埃兮，不知聲利是何物，便思紫府躋真班。黄鶴山人列仙儒，九霞爲冠青綃裾。手提五色珊瑚珠，幻出一幅真形圖。令人毛骨動颯爽，思乘灝氣超清都。清都中有十二樓，往來盡入瓊姬儔。金符玉節錦臂韝，白台度曲彈坎侯，雙成按拍歌莫愁。我愁正孤絶，我興欲飛越，矯首東望神光發。蓬壺春淺瑶草殷，麟洲芝生翠環結。我愛仙人萼緑華，面如蓮花雙鬢雅。幾年相期飯胡麻，至今不徠雲路遐。何須龍虎鼎中求丹砂？何須天河穩泛牛斗槎？但令坎離交媾翻三車，氣母不動生黄芽。我賦蛟門歌，細看銅狄時摩挲。長繩孰爲羈羲和？❶白石應泐金還磨。不學長生將奈何！不學長生將奈何！

題宗忠簡公誥 王黼時爲少宰書名誥上

青城妖祲連雲赭，犬羊在都龍遁野。百年藝祖舊河山，萬騎長驅若冰解。京城留守一世豪，仰天雪涕風蕭騷。起扶白日照河北，赤手欲障三秋濤。義旂戛天天爲泣，四方猛士聞風集。自期狥國與天通，豈謂忠言反難入。披肝上疏留至尊，乘輿不顧東南巡。拊牀三叫大星落，非天棄宋良由人。功業無成志可紀，古來英傑多如此。君侯心事漢武侯，偉氣英聲冠千祀。我來已恨生世遲，不得親覩忠勇姿。每過鄉邑髮猶竪，綸誥況是當時爲！却憶前朝司馬死，章蔡群姦乘閒起。國雖未亂政先亡，萬

❶「和」，張本、黄溥本、韓本作「娥」。

里蒙塵從此始。吁嗟黼黻真奴臣，賊君致寇肥其身。姓名汙眼尚欲嘔，君侯在位能無嗔？侯乎侯乎慎勿嗔，誰使彼奴操國鈞？君不見汴京禮樂正全盛，江南杜宇啼天津。

題李易安所書琵琶行後

樂天謫居江州，聞商婦琵琶，抆淚悲歎，可謂不善處患難矣。然其辭之傳，讀者猶愴然，況聞其事者乎！李易安圖而書之，其意蓋有所寓。而永嘉陳傅良題識其言，則有可異者。余戲作一詩，止之於禮義，亦古詩人之遺音歟？其辭曰：

佳人薄命紛無數，豈獨潯陽老商婦。青衫司馬太多情，一曲琵琶淚如雨。此身已失將怨誰？世間哀樂常相隨。易安寫此別有意，字字似訴中心悲。永嘉陳侯好奇士，夢裏謬爲兒女語。花顏國色草上塵，朽骨何堪汙唇齒。生男當如魯男子，生女當如夏侯女。千年穢跡吾欲洗，安得潯陽半江水！

題李西山古木圖

薊邱雲昏翔風急，❶老蛟墮地作人立。震雷怒電破杳冥，山鬼野狐皆夜泣。李侯城南射虎歸，手裂生綃吞墨汁。狂呼袒臂寫此圖，雲霧晦冥元氣濕。回看荒原萬枯樹，顏色慘澹神盡戢。乃知妙奪玄化功，庸史如林豈能及？當時二李如二龍，謂西山父

❶「薊」，黃溥本、韓本、傅本作「晉」。「翔」，黃溥本、韓本、傅本作「朔」。

子。俊氣英聲動都邑。百年災變不復有，❶驥去圖存安可縶？君不見風流人物今已徂，豈特丹青絶代無！

灘哥石硯歌

朱舍人芾，雅士也。近見灘哥石硯禁中，遂摹搨一本，裝褫成軸，懸之書齋，命予作歌填其空處。歌曰：

朱君嗜古米芾同，三代彝器藏心胸。灘哥古硯近獲見，驚喜奚翅逢黃琮。研煤敷紙巧摹搨，訪我一一陳始終。有唐四葉崇象教，梵僧航海來番禺。手持貝葉寫健相，翻譯華竺談玄空。辭義幽深衆莫識，當時筆受唯房融。硯中淋漓墨花濕，助演真乘誠有功。愛其厚重爲題識，七月七日元神龍。鬼工雷斧琢削古，天光電影生新容。袤將四尺廣踰半，作鎮弗遷猶華嵩。涉唐入宋歲五百，但見寶氣浮晴虹。南渡群公競賞識，氏名環刻縈秋蟲。❷朔元雖已賓内府，棄寘但使煙埃封。方今聖人重文獻，氊蒙舟載來江東。風磨雨濯露精彩，奉敕舁入文華宫。宫中日昃萬幾暇，侍臣左右咸雲從。紫端玄歙盡斥去，欣然爲此回重瞳。重瞳一顧光照日，天章奎畫分纖穠。有才沈薶恨已久，石如能語誇奇逢。維昔成周全盛日，兑戈胤衣并大弓。藏諸天府遺孫子，用以鎮國昭無窮。願將斯硯傳萬世，什襲不下古鼎鐘。上明文德化八極，下書寬詔蘇疲癃。君方執筆掌綸誥，願以此言聞帝聰。老臣作歌在何日？洪武戊午當

❶「復」，黃溥本、韓本、傅本作「須」。
❷「刻」，黃溥本、韓本作「列」。

嚴冬。

題李息齋竹方存雅題詩其上

別駕聲名遠，先生節行尊。百年耆舊盡，二老典刑存。已返遼城鶴，難招楚客魂。人間留翰墨，不獨重璵璠。

和王内翰見懷韻并序

余與王君子充舊同師，逮入國朝，復同官詞林，同總裁《元史》。史成，子充出使甘肅，又使西南夷，久而未還。余尋以年高納禄歸金華，獨游山水間。追數平生故人，未嘗不深念吾子充也。去年，其子紳以子充往甘肅時道上寄余詩二章求和，久未能成。今者聖天子敷大惠於四海，與斯民更始，蠻夷之酋庶幾感化，請罪闕下，而子充亦殆將來歸耶？此余之至願也。次其韻以致斯意，以示知子充者。

帝德如天覆萬邦，定期歸棹到龍江。奇才不换金城百，寵命當簪白筆雙。喜極欲持如意舞，醉來應使軟輿扛。此情縱切何由遂？吟對西南月滿牕。

才名老去愜休官，聖澤高深只自歎。久知侍燕每容親繡衮，從游偏許近和鑾。琛贄來殊俗，漸喜寰區洽治安。惟有張騫猶未返，玉關秋早節旄寒。

附王内翰原詩

芙蓉峰下是鄉邦，未許歸帆泝浙江。天下文章寧有幾？斗南人物恐無雙。心期久與三乘契，筆力真能九鼎扛。投老著書渾不倦，頗聞中夜坐燈窗。

同門同里復同官，心事相同每共歎。名衮斧並操裁玉牒，綵綸分演直金鑾。齊伯仲吾何敢？義重師資分所安。重會定知頭更白，肯令歲晏舊盟寒！

和鄭博士見贈韻

秋霜染得鬢成絲，祇爲煙霞勞夢思。誰料杜陵垂白後，得同鄭老合襟期。荷衣荇帶煩新製，澗草巖花逞故知。便欲隨君同點檢，歸裁冰繭寫成詩。

和鄭奉常先生讌集詩韻

我生空負月臨奎，余生辰月直奎宿，占者爲文學之神。文學何曾遂昔期。柳子未成非國語，匡衡徒患作人師。探珠赤水欣同調，結屋青蘿得所依。泉石要爲中世托，姓名豈料九重知？東西御饌嘗分賜，出入天門更不疑。虎纛秋嚴威閃閃，龍樓日轉影祁祁。年華自覺隨流水，造化誰言類小兒。別夢屢形分講席，歸田一似舊游時。常隨采藥衣霑霧，幾度尋花履帶泥。投老幸知同臭味，此生端不慕輕肥。芳筵夜秩梧行數，絳燭春融客醉遲。一代耆英都在坐，百年文獻欲還誰？獨憐鄴下支離叟，莫鬭長安絕妙辭。賴有西風吹酒醒，搔頭向月謾賡詩。

和蘇編脩游東明山詩并簡同游諸友

東明勝概實佳哉，圖畫天然八面開。雲影入簾紛似絮，巒光染袂碧於苔。學書猶憶臨池寫，采藥曾經帶雨栽。秪爲魚龍期變化，致令猿鶴互驚猜。數莖白髮雖侵鏡，百鍊丹心不作灰。中使傳宣承顧問，東朝進講每低佪。月移禁掖藏書署，花壓瀛洲視草臺。豈意衰齡霑異渥，因玆勝賞得重陪。丁寧杉桂無奇句，約束溪山屬駿才。倚杖指扶尋故跡，❶賜衣濕雨借新焙。叶。名編遮玩叢如笋，嘉卉當筵粲若盃。松鼠沿窗行且偃，山禽窺客去仍來。但知笑齒時頻啓，何事愁腸日九回？寄語山靈休厭我，有花莫待作詩催。

哀王御史詩 并序

鄉先達監察御史王公餘慶，字叔善，仕元至正間，赫赫有聲。持節廣州卒，且葬之矣。後爲亂兵所發。適三衢徐焕自韶移守是州，而東陽趙侃方知印廣東行中書，於是合謀改葬城東悟勝寺之原，實洪武庚戌三月三日也。予既從侃請，大篆書爵位姓字，❷刻之墓門，復爲詩哀之。哀之所以歎鄉學之凋謝，而斯文之無係也。焕字炳文，侃字希貢，皆義士云。詩曰：

剪紙難招御史魂，蠻煙瘴雨但空墳。
縱然有石題新篆，誰守楊雄死後文？

題送別圖

使星一點照闉堧，驛舍春濃酒易乾。
官柳似知離別意，故將翠縷拂雕鞍。

題楊徵士福琴川隱居圖

樓臺倒影浸虛泓，嘉樹擎寒不盡青。

❶「扶」，張本作「林」。
❷「書」，張本作「其」。

何日過橋分半景，傍雲同築草玄亭。

題常牧溪五燕圖❶

誰描乳燕落晴空？筆底能回造化功。
髣髴謝家池上見，柳絲煙暖水溶溶。

題長白山居圖

滿地雲林稱隱居，燕泥汙我讀殘書。
五更風急鳥聲散，時有隔花來賣魚。

題張子璿畫林泉幽趣圖

翩翩公子實仙才，天師之子。筆下雲泉潑翠開。若是人間逢此景，定應呼作小蓬萊。

宜興强如心避地而歸扁其居曰復初齋來徵予詩

昔日欃槍照五兵，今時喜見泰階平。
春風緑酒扶殘醉，斜立官橋聽早鶯。

送葉明府之官鄄縣

文華才子之官去，見説鄄筒酒正醲。
飲罷細觀循吏傳，莫緣山色憶芙蓉。

鄭景彝傳

鄭銘，字景彝，婺之浦江人。世以孝義顯聞，景彝自幼濡染之深，卓然有以自立。面目嚴毅，不妄言笑，人多敬畏之。從父大

❶「常」，黄溥本、韓本作「長」。

和司家政，察其爲人可成遠大器，聘鄉先生吴公萊爲之師。吴公授以《春秋》三傳之學，發凡舉例，會諸説而折衷之。景彝即能領解其趣，有所質問，咸中肯綮。吴公極鍾愛，遂相親如父子。金華胡君翰亦來從吴公遊，景彝與之晝夜相摩切，凡天地萬物之理，内聖外王之道，古今事會之變，無不及之。講覈既久，精神發舒，大肆其力於古文辭。吴公品評至嚴，一辭稍不脩，輒以爲詬病。故景彝之文幅尺弘而體式備，胡君之文意度密而波瀾張，皆燁燁有光於時云。

初，景彝早喪父，事母黄氏至孝，飲食必慎擇以進。黄氏嗜鰇魚，雖卒不可得，必徧求之以悦其意。會有疾，益思得魚，已而獲魚，芼以香糝上之，疾遂瘳。奉諸兄如嚴父，進退執禮甚恭，不命之坐，不敢坐。蓮塘張翁無子，聞景彝賢而有文，命爲贅婿。景彝能當翁意，翁亦以客禮待之。然翁頗木訥自重，景彝亦自韜祕絶不與人交，終日嘿嘿而坐，或焚香以銷世慮。既而彈指歎曰：「吾誦詩讀書，亦頗有志於事功，奈何鬱鬱久居此耶？」黄氏歿，其志遂孤。景彝居喪盡禮，出入必布裹鞍韉，三年不御酒肉。翁大享賓，樂作，景彝潛避去。翁不懌。或爲解曰：「居喪不聽樂，其家法自當爾，翁何怪耶？」翁自是不敢强。翁既耄，欲以貲産悉屬之。景彝辭，請以俾諸族子。翁不可，姑受其三之一。翁之亡，皆景彝葬薶之，他受田者漠如也。

景彝之仲兄鉅歿，以次當長其家，哀痛弗忍，請至終喪。群從固請，乃泣告外姑以歸籍，所得翁之田廬歸於公。復自念久居於外，不親家事，能荷負者莫如從子渭，又宗子也，遂爲文告先祠讓之。渭亦固辭，因虚其席。年六十二卒。

景彝臨事重然諾，不苟於取與。鮑溪水惡，春漲多溺人，景彝架石橋其上。潘氏子母老無養，給其衣食終身。人又稱景彝爲惠人云。

史官曰：濂聞浦陽鄭氏家，九葉同居，最多令子弟；而授經者之師吴公先生，又一時名士，心極傾下之。後十五年，濂以非材來繼吴公後，❶始得與景彝交，徵諸所聞益信。景彝出所作賦數首，峻潔莊凝，絶似其爲人，而他文辭亦稱。濂方惜景彝之學未暴白於世，且謂玉光劍氣終有不可掩者，而景彝忽作土中人矣，不亦悲夫！濂與景彝曁胡君，皆吴公門人。胡君既銘景彝之墓，濂亦不能無情，遂述爲小傳一通以傳。嗚呼！有才無命，世之如景彝者不少，寧不使濂重有所感乎！

吴德基傳

吴德基者，名履，婺之蘭溪人也。其父景奎，故爲儒，鄉人師尊之。酷好爲詩，游山澤閒，方苦吟而雨至，雨濡其衣，弗知也。德基少受學聞人先生夢吉，學《春秋》，俊邁有奇材。長通諸史，爲文辭，願學司馬遷、班固。最好書，尤工行草，得之者藏弆爲榮。元季教授鄉里，名動一時。國朝取婺，李曹公文忠爲浙東省左丞，聘德基爲郡儒學正。李公數與語，知其才，辟爲掾，稱疾而辭。有司舉於朝，爲南康丞。南康俗悍，其民以爲丞儒者也，易之。德基自如數月，皆周知其情僞。有所發擿，一縣驚伏。德

❶「非」，胡本作「菲」。

基乃更以寬化之，視民如子。民有訴，召使前與語，弗加咄叱。民或援丞裾，相爾汝，弗責也。有徵調，召其大姓坐之廡下，好言誘之，聽人人自説便否。由是民愛丞如父，而吏卒不能爲姦。

民王瓊輝仇里豪羅玉成，執其家人，挾法笞辱之。玉成兄子玉汝怒集少年千餘人，圍王氏家，劫奪家人歸，且縛瓊輝，連道箠之。至家，解衣箠殆死，乃釋去。瓊輝兄弟五人庭訴，齚指出血，誓與羅氏俱死。德基念成獄當連千餘人，勢不便，乃召瓊輝語之曰：「獨羅氏圍爾家耶？」對曰：「千餘人。」曰：「千餘人皆辱爾耶？」曰：「數人爾。」曰：「汝憾數人，而累千餘人，可乎？且衆怒不可犯，倘不顧死，盡殺爾家而就逮，雖有司有法，汝悔何及耶？」瓊輝良久曰：「吾恨羅氏，欲快吾憤爾。惟明公所命。」德基仍捕操箠者四人於瓊輝前，杖數十，血流至踵，命羅氏對瓊輝引罪拜之，事遂止。兩家皆叩頭曰：「公弭我事，德甚弘。」咸願有所獻。德基却去。

縣令周以中初至，召民轉輸至郡，不得，躬至鄉召之。一民逸去，命卒笞之，不肯伏，走入山，罵令曰：「官當在縣，何以至此爲？」令怒，吏卒因以語動令，欲誣一鄉民圖賄利。獲六七人下獄，扃鐍甚嚴。卒方往捕未返，鄉民大駴。德基計民無罪，自出巡獄，叱卒釋之。卒以他辭解。德基槌碎獄門，遣之曰：「若無罪，還告父兄，無恐。」乃往告令，令怒曰：「民無道，衆辱我，君乃釋之，何輕我至是耶？」德基曰：「犯使君者，一匹夫爾。其鄉人何罪？且法乃天子法，豈使君解怒具乎？」令意慚，乃已。

其俗好淫祀，有蛇出户限，民怪之，以爲神

至，奔走祠之。德基罪神巫十人，投其主江中。爲丞六年，去知長沙之安化。去三月，他吏用法急，南康民作亂，命師討平之，死者過半。南康民泣曰：「我吴君在，寧有此禍乎？」

安化鄰古三苗，其土豪多糾民爲兵，既盡降，萬夫長易俊原獨恃驍勇，與麾下數十人遁入山谷，保險自固，郡邑患苦之。江陰侯吴良承詔求餘寇，已移檄旁縣，兵且集，召德基計事。德基曰：「易氏未有反狀，奈何激之使生變乎？不若先以計致之，果反，用兵未晚也。否則出兵無名，民先受其害矣。願君侯熟慮之。」侯曰：「令之言然，吾爲令徐之。」❶德基乃屏吏卒，步至山谷中，抵俊原家。家空，一老人出對客。德基謂曰：「易俊原出見江陰侯，則無事矣。今不出，大兵且至，一縣民皆爲齏粉。然殺一縣父兄子弟者，易俊原，非縣令也。」老人曰：「俊原必出，惟明府哀憐之。」德基謬曰：「俊原或未肯來，得其子及麾下三四人先往，可免矣。」明日，其子及麾下至，如德基言，兵止不發。既而盡致其麾下，惟俊原一人，度其勢孤，乃招之曰：「君侯願與俊原相見。」俊原喜，詣軍門請見，遂縛送京師。事平，民按堵無擾。

江陰侯檄取故兵之爲農者，民咸自疑，驚奔相告，勢甚危。德基屬耆老諭民曰：「侯所取者兵，民無與也。」籍其願爲兵者數人而止。長沙郡令造戎衣，德基力争曰：「吾邑民貧而俗暴，恩之且恐其叛去，安可責以事功如他縣乎？令格不奉命，其罪小；奉命而致亂，其禍大。決不敢辭小罪

❶「徐」，原作「除」，今據張本改。

而蹈大禍也。」郡從之。凡有徵徭，皆不使之與。

越三歲入朝，擢知萊之濰州事。民畜官驢四十匹，萊守核其孳息狀與籍不合，曰：「驢當歲産駒，今幾歲宜得幾駒，乃何少也？」欲責欺罔罪，而徵其償。諸縣皆已勒民買驢，德基獨戒民勿償。守怒問德基：「濰不償驢，何辭也？」德基曰：「民實不欺妄，烏可責其償？國家富極海内，爲吏者宜宣布德澤，爲民除疾苦，寧少數匹驢耶？」守語塞。德基因畫不便者數事，守不敢復言。并諸縣已償者皆罷之。

山東民願以羊牛代秋税者，官從其言。德基與民計，羊牛後有死瘠患，不如納粟便，獨收民粟。他縣牛羊送陝西，民驅走二千里，皆破家，郡以濰獨完。令役千人部送鄰縣牛，德基列其不可曰：「有牛家送牛，雖勞不敢怨。使人代之，脱道中牛死，誰當代償耶？」力争不奉命。

德基爲吏，不求威名，❶以愛民爲先。尤重獄事，凡有訟，召受訟者面直之，釋其怒，乃已。不忍置民於獄，獄屬空。嘗有追需於民，不務速辦，稍緩其期約，故物價不湧。民視他所費，恒減十二三。所至，民樂其簡易而感之，以爲愛己。居濰二年，會改濰爲縣，召還。濰民遮門抱其足泣拜曰：「自得吾父，濰民膚無笞瘢。今舍我去，願得隻履事之，以慰我思。」其得民心如此。

德基至京師，遂謝事歸。將行，辭其友翰林學士宋濂。濂爲德基交甚狎，時亦致仕將歸，呼德基謂曰：「若願受長者教乎？」德基曰：「唯。何以命之？」濂曰：

❶「名」，張本作「民」。

「天子官汝五品秩，乞骸骨歸，恩甚大，汝知保之之道乎？」德基謝曰：「願卒教之。」濂曰：「慎毋出户，絶世吏，勿與交。吾之教子，無以加於此矣。」德基至家，如濂戒。君子多其能受善言云。

太史公曰：世俗恒謂儒者少功，顧非儒者爾。湯之興以伊尹，周之興以周公，此獨非儒者耶？何其功之大也！彼世之儒者，其號則同，其誦説則同，其所操守者，異於伊尹、周公者多矣，豈特少功哉？謂之不足用，可也；然其閒有足用者，不可誣也。俗吏以嚴急督責爲足用，謂儒者爲懦緩債事，而不知得民者，非儒不能也。以予觀於吴德基，恂恂不大聲色，而衆庶安其政，既去而思之。視世吏之督責者，果孰多耶？德基之政，固世俗之所笑者，而其心誠愛民，有足取焉。古所稱「平易近民，豈弟君子」，非德基之謂耶？所謂「難與俗人言」，其此類耶！

杜環小傳

杜環，字叔循。其先廬陵人，侍父一元游宦江東，遂家金陵。一元固善士，所與交，皆四方名士。環尤好學，工書，謹飭，重然諾，好周人急。

父友兵部主事常允恭死於九江，家破，其母張氏年六十餘，哭九江城下，無所歸。有識允恭者，憐其老，告之曰：「今安慶守譚敬先，非允恭友乎？盍往依之。彼見母，念允恭故，必不遺棄母。」母如其言，附舟詣譚，譚謝不納。母大困，念允恭嘗仕金陵，親戚交友或有存者，庶萬一可冀。復哀泣從人至金陵，問一二人，無存者。因訪一元家所在，問一元今無恙否。道上人對以「一元死已久，惟子環存，其家直鷺洲坊中門内，有雙橘可辨識。」母服破衣，雨行至環家。環方對客坐，見母大驚，頗若嘗見其面者。因問曰：「母非常夫人乎？何爲而至於此？」母泣告以故，環亦泣，扶就坐拜之，復呼妻子出拜。妻馬氏解衣更母濕衣，奉糜食母，抱衾寢母。母問其平生所親厚故人及幼子伯章。環知故人無在者，❶不足付，又不知伯章存亡，姑慰之曰：「天方雨，雨止，爲母訪之。苟無人事母，環雖貧，獨不能奉母乎？且環父與允恭交好如兄弟，今母貧困，不歸他人而歸環家，此二父導之也。願母無他思。」時兵後歲饑，民骨肉不相保。❷母見環家貧，雨止，堅欲出問他故人。環令媵女從其行，至暮，果無所遇而返，坐乃定。環購布帛令妻爲製衣衾。自環以下皆以母事之。母性褊急，少不愜意，輒詬怒。環私戒家人順其所爲，勿以困故輕慢與較。母有痰疾，環親爲烹藥進匕筯，以母故不敢大聲語。

越十年，環爲太常贊禮郎，奉詔祠會稽，還道嘉興，逢其子伯章，泣謂之曰：「太夫人在環家，日夜念少子成疾，不可不早往見。」伯章若無所聞，第曰：「吾亦知之，但道遠不能至耳。」環歸半歲，伯章來。是日，環初度。母見少子，相持大哭，環家人以爲不祥，止之。環曰：「此人情也，何不祥之有？」既而伯章見母老，恐不能行，竟紿以他事辭去，不復顧。環奉母彌謹。然母愈念伯章，疾頓加。後三年，遂卒。將死，舉

❶「人」，原脱，今據黄溥本補。
❷「肉」，原脱，今據黄溥本、胡本補。

手向環曰：「吾累杜君，吾累杜君，願杜君生子孫咸如杜君！」言終而氣絶。環具棺槨殮殯之禮，買地城南鍾家山葬之，歲時常祭其墓云。

環後爲晉王府録事有名，與余交。

史官曰：「交友之道，難矣。」翟公之言曰：「一死一生，乃知交情。」彼非過論也，實有見於人情而云也。人當意氣相得時，以身相許，若無難事。至事變勢窮，不能蹈其所言而背去者多矣，況既死而能養其親乎？吾觀杜環事，雖古所稱義烈之士何以過？而世俗恒謂今人不逮古人，不亦誣天下人也乎？

深裛先生吴公私謚貞文議

斯文，天地之元氣。得其正者，其文醇；得其偏者，❶其文駁。世之治也，正文行乎上，則治道脩而政教行；世之亂也，正文鬱乎下，則學術顯而經義章。斯文之正，非謂其富麗也，非謂其奇詭也，非謂其簡澀渙漫也。本乎道，輔乎倫理；據乎事，有益乎治。推之於千載之上而合，參之於四海之外而準，傳之乎百世之下而無弊。若是者，其惟文之正者乎。文苟得其正，則窮泰何足以累之？

浦陽深裛先生吴公，天賦絶人，精識邁古。咀嚌六經以求其道，饜飫百家以盡其用。貫穿該博，洞視當世；瑰瑋弘大，不愧前古。其陳理也明而嚴，其叙事也精而當，其道情也周而婉，其賦物也深而遒。❷年未

❶「其」，原脱，今據黄溥本補。
❷「遒」，黄溥本作「通」。

弱冠，志意廓然。憤東夷之不恭，則欲蹈虜庭而陳説；覽時政之多僻，則欲告時君以仁義。以聖人之志莫顯於《春秋》也，則排異説而務得褒貶之中；以三代之政莫著於《書》、《詩》也，則略傳注而務得理事之實；以亞聖莫盛於孟子也，則斥史遷之妄而傳之；以詞賦之祖莫忠於《離騷》也，則法而式之；以古樂府之作隨三代而升降也，則撰而次之。搜抉隱伏，擿糾訛謬，神行電逝，川流石止。傑乎雄哉！先生之於文，可謂貞而有則矣。

先生既不喜仕，後用薦者爲長薌書院山長而終。史臣嘗附於元之列傳。門人私以「淵穎」易名，或竊病其未稱，於是更謚曰「貞文」先生。庶使來者知浦陽之文自先生始大盛而正。文之不遇，可爲當時惜也。

元故翰林待制柳先生私謚文肅議

天地之運，陰陽之化，置大和於生物之地，置大肅於成物之時。蓋鬯達茂遂之極，非濟之以至嚴，則盛者不堅，實者不確，而發育於春夏者，終不足以有成。故降之以霜露，沍之以冰霰，使昔之驕虚暴溢者，一旦收斂、縮閉、折挫而無遺。寓深愛於至畏之中，萬物莫知其所由然。故肅者，天地之所以爲教也。惟人也亦然，導之以柔惠，誘之以慈良，俾人見之而化者，春之和也。臨之以儼恪，以摧其惰慢之氣；持之以介正，以格其邪僻之心。不怒而威，不言而厲者，秋之肅也。育才莫善於和，成德莫善於肅。嚴肅之君子，其猶霜露之教乎？

元故翰林待制浦陽柳公先生，負瓌瑰

絶特之才，❶畜峻大剛方之德，發而爲文，則沈雄而雅勁；見之於行，則端重而遂直。怠色不形於面，媚言不出於口。所學以聖賢爲師，而不戾俗以爲異；所至以教化爲重，而不阿世以爲同。起爲人師，入造胄子，周旋禮樂之署，統教吴楚之區。晚歲就徵，入掌帝制。其於闢異端，扶倫紀，黜淫祀，排勢臣，勁氣直辭，可輔彝訓；危言卓行，可激貪懦。迨其退而燕處，凜然神居，屹然山峙；喜怒不著，語默有恒，可謂有德君子矣。

先生既卒，而元亦亡。時異典湮，節惠之禮未舉，門人咸喟歎而稱曰：「士有易名，况先生嘗有位者乎！惟先生之文，天下靡不聞知，以德配之，於義爲稱。先生之德，宏深博大，兹不敢擬議；然表見而易覩者，非曰『肅』乎。請遵古者私謚之例，以『文肅』定謚如何？」衆咸曰：「允哉！」遂謚曰「文肅」云。

風門洞碑

神者，變化不測之謂也。凡不測之所，必有神司之。天之高且明不可測也，地之廣且厚不可測也，故天有帝，地有祇；嶽鎮海瀆，其崇深幽險，曖昧惚恍不可測也，故皆有神爲之主。《名山經》所載五千三百七十山，其神有龍身而馬首者，有牛身而足四、二一首而馬尾者，有身如蛇鳥而豹尾、虎齒者。雖譎誕難徵，然不可測之所，其神亦變怪無常，要不可以常理論也。

金華縣東南五十里，有山曰「風門」。

❶「瑰」，張本作「雄」。

山有石洞，洞之户可入二人。其内晦如漆，人怖不敢往。以石投之，有聲礲礲然，莫測其所底止。風蓬蓬然從中出，襲人毛髮盡竪。鄉民異之，意其必有神，歲時禱祠之，多應，因號之曰「風門洞神」。久而神與人益習，因降於巫，言生四子皆爲神。民信之，遂即洞西一里所，西溪之原，爲祠以像神及所謂四子者。其來蓋已久。

元至正丙午夏，旱，民皆走祠下争舁某像以歸。像至之鄉，雨隨以至；否則只尺不相及。民益大驚，不敢慢。而琴山、里浦二處之民，事神尤謹，惟恐失其意。初，里浦民嘗有神次子像，靈甚。至是歲，琴山民迎禱之得雨，而里浦不雨。里浦人曰：「我神也，奈何澤琴山而遺我乎？」遂欲舁去。琴山民亦曰：「我神也。神澤我，我未有以報，請緩之。」相持者頗久不能止，則與之盟曰：「天雨則以神歸我。」已而里浦果雨，歲以大穰。乃還神於琴山。於是琴山之民思報神惠，復刻木爲次子别像，而請邑士王閑碑神之休烈，植之祠下。明年，琴山有秋，而西溪螟爲災。西溪民疑新像與碑不利也，怒沈像於水而碎其碑。沈像之歲，西溪民大疫死者十七八，神降言將盡殛西溪民。民惶懼，殺牲叩首請爲像以贖辜。像具，將樹碑而文已毁，琴山士俞慶乃來言其故，請文刻之。

噫！斯事亦異於常理矣。然非果異也，木石之怪久而不散，且能爲災警讐人，況大山穹谷之靈乎？其能出雲雨爲休祥，不可測度固其常也。民祇奉之，至於爲祠設像，亦事之必致耳，夫豈不可哉？或與之抗則過矣。準禮，山川能澤物者，則在所祭。如神者，澤兹邑之民而享其奉，非濫也，宜也。爲之民者，烏可不敬乎？系之以詩曰：

風門之山蔚穹窿。群峰左右翼且宗。勢若萬驥環一龍。帝恐地軸膠不通。爲鑿巨竅貫其胸。復驅后祇叱豐隆。手鼓大塊噓雄風。至今山竅如截筒。有風泠然出其中。下深不測上無窮。幽怪宜爲神所宫。惟神受命於祝融。身騎赤虬摇緑鬉。四子夾馳乘四熊。川君水伯扈以從。或珥青蛇持兩鏦。或撼鼉鼓或震鏞。欻陰倏陽互冥蒙。喜則吐雲怒流虹。山民駭瞻增敬崇。殺牲奠酒陳微衷。願施霈澤回秋豐。伐山築祠溪水東。彩楹畫棟扉則彤。縣民歲時來會同。攜孩扶耋如聚蠭。蒲伏裸獻罔不恭。有不恭者殃厥躬。神爲帝臣秉大公。願恢至仁綏九農。聖經國典祠有功。功高施博名必鴻。鐫辭廟門玄碑穹。著祥昭異警群聾。千秋萬祀爲神雄。

鄧鍊師神谷碑

皇上既撫有方夏，脩天地百神之祀，爲生民祈福祥，弭災癘，以爲非有道之士，不足以交神明。洪武四年，乃詔龍虎山嗣漢天師張公正常，擇其徒之可者以名聞。詔至闕下，問以雷霆鬼神之事。於是鄧君仲脩等述感化之由以對。上説，賜坐，錫燕。詔館之於朝天宫，祠禱之事多屬焉。

五年春三月，不雨，上以農病播種憂之。仲脩奉詔設壇埸，行驅召風雷之法，天大雨，賜白金若干兩。後三年，秋七月，復不雨，御史大夫率儀曹承詔臨視，禱三日，不效。仲脩退坐齋室，默運玄化，出杖劍一叱，雲合雨如注。是歲冬，無雪，詔李韓公及丞相致上命以禱，期以三日雪，至期果然。上甚寵異之，每召見與語，嘗賜以詩及御注《道德經》。命與住持朝天宫宋宗真脩祠祝科儀行於世。十年，奉命之會稽，祭帝禹及宋阜、穆二陵還。

明年，張公卒，於是仲脩請歸視。張公葬，而仲脩亦老矣。乃請於公之子嗣師曰：「吾身雖處輦轂下，然玆山師友之所居，吾心未嘗違去也。」嗣師知其意，畀以琵琶之峰，郭塢之原。仲脩更名曰「神谷」，顧其門人曰：「吾僊游時，藏吾遺蜕於此。」既而復來京師，與余言其故，且曰：「吾幸從先生游，吾冢必得先生銘，然孰若及吾存而見之？」余曰：「仲脩學長生久視之術，固蕲不死，余將托仲脩而長存，而仲脩乃欲屬余以不朽乎？」然余厚仲脩，不敢辭。

仲脩名某，今以字行，臨川人。曾大父某，宋某官。大父某，父韶。仲脩生時，有雙鶴飛翔之異。年十二，入山之紫微院，師留君敬斌。十八，服道士服。嘗出游，見道人於僊巖石上，授以縱閉陰陽、麾斥鬼物之法。又從隱者野庵金志陽傳性命之説，龍虎大丹之祕。世之碩師皆禮重之，累贊其教於山中。嘗提點温州玄妙觀，主杭之龍翔宫，四方人願傳其道者甚衆。其所得者蓋深矣，余固不能盡知也。然仲脩弟子爲余言，仲脩喪父盡禮，嘉禾生其隴上；哭母哀，泉爲之涸。其行又有出於所見之外者。而余與仲脩交甚久，觀其卑讓不伐，言語若不出口。嗚呼！學道者固如是哉！銘曰：

老子之道充以夷。顯可用世微守雌。厥文五千意易知。今之宗者皆其支。漢留侯孫號天師。玉章寶劍大絳衣。指麾呵叱運化機。驅役鬼物如群兒。東南名山雄且奇。左龍右虎相委蛇。涵靈蓄怪鬱靡施。天使道術鳴於斯。傳世四十嗣不衰。前者既倡後輒隨。百千弟子傑者誰？鄧君挺然熊豹姿。弱齡恍遇生安期。授以寶訣行如飛。野庵之叟髮垂頤。窮崖屹坐闢兩扉。稽首長跽叩幽微。語以一氣凝丹基。心得其意忘其辭。虛極静篤中赫熹。赤光射牖如渴蜺。小試餘技爲世推。呼吸雷電囚蛟螭。璽書下徵祝國釐。禁祈旱潦捷斯須。龍顔每爲興歎咨。歲時行宫常侍祠。霞裳瑶冠光陸離。功利默默被烝黎。容色不老難端倪。壽命豈與恒人齊。胡爲此邱穴深巘？欲藏冠劍詎後來。神仙不死誰謂非？所示者幻同人爲。游行八極當來歸。千載弗朽徵斯碑。

重建龍德大雄殿碑

佛法之入中夏，始於漢明帝永平八年，此説殆非也。中夏知有佛，蓋已久矣。周穆王時，西域有化人來，能出入水火，王爲築中天之臺。列禦寇之書所載，西方有大聖人，不治而不亂，不言而自信，不化而自行。雖不明言其爲佛，其事固皆佛也。況乎天竺室利房等持經來秦，而始皇謫去之。漢武帝詔霍去病討匈奴，獲休屠王祭天金人，祠之甘泉。成帝命劉向校書天禄閣，往往多見佛書。哀帝遣景憲使大月氏，得其王口授浮屠經而還。是則明帝以前，經之與像，中夏皆有焉。至於永平以後，而其教法始恢弘耳。然而中州之人奉佛者雖多，江南塔廟，則自吴大帝赤烏四年，康僧會所造建初寺始。

婺之浦江，從仙華山降勢而下，其東支蜿蜒而來曰「龍峰」。峰之麓，龍德寺在焉，乃法環禪師道場。初名「乾元」，宋大中祥符元年更今名，嘉定中寧宗親書寺額以賜之。寺無碑碣可徵，不知何時建立，相傳爲赤烏中，予竊惑之。僧會之化方行建業，而浦江在千餘里外，何緣遽有興蘭若事乎？「乾元」乃唐肅宗紀年，以年名寺，其殆或肇於唐歟？寺廢將圮，元大德九年，住持僧善興及其徒永鎮，悉撤其舊而新之。先是，龍峰之上有塔已成。宋天聖三年，僧咸若募兵部侍郎胡公則捐錢五十萬所建，至是亦一新之。且造塔院一區，湧殿飛樓，雄麗華煥，爲一郡佛宮之冠。歲時祝釐，縣之諸浮屠悉萃焉。元末兵亂，一夕皆爲煨燼。寺之二比邱至德、守約晝然傷心，乃合謀曰：「前人之功，吾儕不可不繼也。而力未能徧及，宜先其大者以爲衆倡，樂善之士豈無從而和之者乎？」於是黜衣縮食，重創大雄殿五楹閒，其廣一百一十尺，深比廣殺二十尺，崇比深復殺其四十尺。經始於洪武九年之十月，落成於十三年之三月。匠以日計者八千，米以石計者一千，錢以貫計者五千，而所僦之夫弗與焉。二比邱以成功之孔艱也，欲使嗣人知所保護，介予學子吳誠來請記。

嗚呼！久遠劫來，諸佛出世，其化度前後固不可以詳知，而先儒則謂穆王之世，中夏已昉見之。越一千六十餘年，至明帝法始盛行。又越一百七十餘年，至吳大帝江南方知有佛。祕藏之莫顯，至道之難聞，亦已甚矣。今也祇園梵林交接乎東西，琅函玉笈充牣於左右，則其證脩宜若易易然者。而闡提之人猶日衆多，自非增崇其像變，宏侈其寶坊，何以新其瞻視而祛其疑妄者哉？此二比邱所以協力起廢而不敢緩也。真如妙智，❶含生本具。當有繼軌轍而興事功者，不數年閒，一復大德舊觀。予安敢謂無其人哉？故因作記，特稽佛法緣起而歎其不易遭逢，意將起人之敬信。苟謂泛引而續言之，非知予者也。系之以詩曰：

西方大聖天人師。降本垂迹攝群機。❷五色神光貫太微。九龍行水香襲衣。六齡寂默祝天倪。❸明星一出絶去來。大音演法寶華垂。像教東漸自蒼姬。祕藏弗顯昧若黟。後千餘歲寖光煇。白馬馱經息鴻臚。從此祠廟覃夏夷。仙華名山如曳旂。青龍東逝勢欲飛。穹塔爲鬣卉木鬐。❹掩映樓觀聳巍巍。髣髴兜率中天移。劫火洞熾風鼓威。盡化丹臒爲荒椔。二十見之心酸嘶。欲符西土化人爲。彈指勿使神鬼窺。四阿淩虛截絳霓。一倡當知百和隨。千楹萬礎列參差。行看規制踰昔時。調御丈夫示弘慈。擿埴索塗哀世迷。手擎日月耀九馗。疾步長趨絶險巇。歷劫難值心勿疑。浦陽長江流渺瀰。江水可竭道無虧。興作起壞屬之誰？尚告繼者徵斯碑。

故温州路總管府判官宣君墓誌銘

始濂游學諸暨時，與烏傷樓君彦珍、浦陽宣君彦昭、鄭君浚常、浚常之弟仲舒，同集白門方氏之義塾。塾師乃吴貞文公立

❶「真」，原作「莫」，今據張本改。
❷「迹」，原作「邀」，今據張本改。
❸「祝」，張本作「和」。
❹「鬣」，張本作「角」。

夫，蓋鄉先生也。彥珍最先還，而濂與彥昭、浚常兄弟講學將一期。當夜坐月白，俟公熟寢，輒攜手出步月下。時皆美少年，不涉事，競跳踉偃仆爲嬉戲。或相訾謷，或角觝其力，至不勝乃止。獨濂樸戇易侮，不敢時相逐爲驩。彥昭於其閒尤號雄俊。❶彥昭顴目穹鼻，須髯森然如戟，顏面鐵色類河朔閒偉人，見者莫不畏之。已而各西東散去。浚常、仲舒之燕都，客太傅右丞相家，馴致顯仕。浚常官至僉江東建康道肅政廉訪司事，仲舒累遷太常博士。彥珍受太師德王薦，爲玉龍千户所管民司長官。彥昭知印行宣政院，以年勞入選，擢承事郎温州路平陽州判官，轉本路總管府判官。歲辛丑，浚常早卒。後九年己酉，彥珍亦卒。又四年壬子，彥昭亦受誣以死。其幸存而未死者，唯濂與仲舒爾。浚常、彥珍之墓，濂常爲之銘，仲舒謂濂不可獨後於彥昭。嗚呼！前後未五十年，而世變不可知者已如此，銘其可足恃耶？雖然，不敢辭也。

彥昭姓宣氏，品其諱也，世爲浦江人。生長富家而不染綺紈之習，別無嗜好，唯購書不知休。或請脱衣巾以償，亦不靳。入仕極清白，凡所需之物，必取給於家，毫分不受於民。

在平陽時，吏隸畏其不相容，各去而更他業。儒生有百畝之園爲勢家所侵，雖屢訴有司，輒以厚賄屬吏，連年不決。彥昭立斷還之。儒生函金爲謝，彥昭叱去，曰：「顧法當爾，吾豈私汝者耶！」彥昭恐童奴陰受之，陽縛就地，持杖大聲曰：「儒生所送金何在？」童奴垂涕曰：「某實不受金。」

❶「雄俊」，黄溥本作「俊偉」。

彥昭釋之曰：「吾姑試汝爾。」後十日，儒生畫菜一本，裝潢成幀，❶入謝曰：「判官清苦，敢以一菜爲獻。」彥昭曰：「是雖微物，終有私意存。」遂題識而歸之。天大雨，民與軍爭簦。民曰：「我物，而軍取之。」軍之辭亦然，絶無證左者。彥昭命裂而爲二，並驅出，使隸卒踵其後。軍忿譟不已。民曰：「汝自失簦，於我何損耶？」隸卒以聞，彥昭杖民，令買簦償軍。

其在温府，❷治聲如平陽。會大俠起東海，來攻府城，戍將問計於彥昭。彥昭曰：「此烏合之衆耳，宜帥精鋭，大開城門擣退之。」寇果敗北。自是屢戰屢捷。戍將氣驕，頗易之，寇乘隙入城，戍將被擒，而彥昭亦受縛。彥昭瞋目罵曰：「天子何負於汝，乃搆亂耶？」寇怒，欲兵之。民翼蔽其背，泣曰：「寧殺我，毋殺我判官。」寇義之而止。彥昭得解，夜縋城而出，請兵於方嶽連帥，欲爲殄滅之計，無有聽之者。彥昭知時事不可爲，歸卧孫井山中。

已而元亡，大明受命，有詔起江南文學之士，而彥昭與焉。上將官之，彥昭辭以疾，不受，復還故山。彥昭之兄財賦總管府知事彥高，風流醖籍，爲多士之冠。彥昭與共論上下二千年治亂，至抵几太息。閒操觚成詩，酬答不已。襟懷沖曠，外物若不能擾之。兄弟又善音樂，遇風日和麗，對坐海棠洞底，取檀槽琵琶彈之，侑以樂府新聲，釃酒仰天而飲，不至於醉不休。

會婚家乾沒里氓田，氓撾登聞鼓訴冤，誣彥昭關通州縣，以致事不直。彥昭實不

❶「幀」，黃溥本作「軸」。

❷「府」，黃溥本作「州」。

與聞也。逮彦昭至刑部，婚家引伏，部吏并罪彦昭。彦昭抗辭曰：「我實無罪，奈何不爲白？行當於殿陛前辨之。」吏怒，下獄幽之。彦昭氣憤憤無所洩，不食三日死，口鼻出涎涕，凝結鬚上成冰。實洪武壬子正月某日也。壽六十。其子騏收骨歸葬於某鄉某山之原，禮也。

彦昭曾大父某，大父某。父嗣良，母某氏。娶方氏，生三子：長即騏，次駰，次駱。女一，適洪某。孫男三：某、某、某。

嗚呼！彦昭之事行，其都凡如此。濂謹爲序之，皆出於人心之所同，不敢以私好變易其辭，蓋期傳信於來世云。復收淚而著銘曰：

非學之弗薆，胡軋之而使屯耶？非才之不揚，奈何不得以伸耶？百齡幾何，孰爲短長？達人大觀，其得喪固均耶？墓草荒涼，青而復黃，寧不使余感舊而傷神，涕淚而沾巾耶？

傅守剛墓碣

自焚屍沈骨之俗成，雖纓弁之家亦靡然從之。魚爛河決，不可救藥。君子每爲之太息。有若傅守剛之事，其可不表之以厲人人乎？

守剛之父歿，其諸兄具棺斂已，舁出中野，縱火而爇之。守剛勢不能止，哭踴將絶。爇已，編荆成筐，實以象泉，拾遺骸以歸。守剛欲夜半持去，會守者嚴，不果。明日，諸兄捧筐至大澤而投清泠之淵。守剛尤痛憤之深，俟諸兄還舍，解衣入淵中，且泣且拾，堆寘沙上，脱所服緼袍裹之，奔告予先子尚書府君。府君命留閒房中，設几筵，使其父之友賈明善徵木造小櫝藏之。

適堪輿家趙翁自城南來，憫守剛之志，爲擇地一所。守剛傭書而買之，負土成墳，手藝松栢於四周。其兄怒，以其辱先也，欲發而出之。予仲父文友君將挈守剛訴縣，乃懼而止。至今松栢蓋鬱然成林云。

守剛諱致柔，守剛其字，余之所命也，傅氏，金華好善里人。曾大父某，大父某，父肖説，皆農家。守剛年十二，始入小學，時牧牛山澤閒，輒挾書誦不輟。洎長，登貞文先生吴公立夫之門。當是時，來受業者多貴人家子，車馬焜煌，冠服鮮麗，燁然如神人。守剛麻衣屝屨廁其閒，怡然無難色。日受公教，學識益凝定，出言必思力踐，蓋粹然儒者也。閒出爲詩若文，亦光潤可觀。父病，守剛往致醫，溪漲不可渡，守剛立水濱終日，望天而泣。或憐之，以大綆貫腰挾之以渡。醫見其情辭悃款，惻然與之還。脈已，曰：「此天相孝子也，稍緩一夕，疾不可爲已。」藥之瘳。守剛諸兄不知書，競割户自私先業，恣其取不與較。守剛貧無所於歸，出爲閭族童子師。久漸能自存，遂娶天台王教授某之女爲配。年過四十，生男鵬鵬，絶愛之，頃刻不見鵬鵬，意輒不懌。時撫鵬鵬頂曰：「吾之命，其繫於此乎？吾即死，不爲餒鬼矣。」

余家潛谿，抵守剛所居不三里。每遇正月一日，必來謁。數年之閒，風雪不易也。家人每具饌以俟，且曰：「傅守剛其將來乎？」言未既，守剛坐廳事作謦欬聲矣。爲之失笑。守剛忽謂余曰：「致柔老且死，鵬鵬眉目娟好，❶似能讀父書，果如是，目瞑九泉下矣。」予自後移家浦陽青蘿山，出仕

❶「目」，原脱，今據黄溥本補。

於朝，入翰林爲學士，久不知守剛死生。

洪武十二年冬，余還金華省先墓，忽有白面少年拜於庭，問其姓名，曰：「我鵬鵬也。」曰：「爾何爲服衰麻乎？」曰：「先人不幸以今年春二月朔死矣。」問壽幾何，曰：「六十又七矣。」曰：「葬乎未也？」曰：「死後一月，權厝家西東阜之原。」曰：「爾今同處者何人？」曰：「先母卒二十年，女弟鸞，亦歸童某，今獨侍繼母章氏以居。」且曰：「汝頗知學乎？」乃袖出詩文一鉅軸，及用經史事賡李瀚《蒙求》三帙以進。予讀之，見其遺辭豐縟，而考事綜博，歎曰：「守剛有子矣。」

余既歸蘿山，鵬鵬持其父門人童徽所爲狀來，請曰：「先人制行，一出於誠慤。聞人善，不翅若己出；見人爲惡，輒攢眉而避。并日一炊，啜白水以代羹，若享太牢。鄉人咸以爲賢。部使者潘公黼聞而薦之，先人以疾辭，卒落魄不偶以死。臨死，執鵬鵬手泣曰：『吾生無功於時，死當擇不食之地埋我。宋先生最相知，得一銘勒諸冢上，不翅足矣。』言訖而終。唯先生憐而遺之。」嗟夫！若守剛者，安可不表之以厲人人乎？爲之銘曰：

守也篤，特立乎獨。不受變於俗，是謂踵君子之躅。

故嘉興知府呂府君墓碑

元至正之季，民反處州爲盜，轉掠而東，陷永康，婺諸縣繹騷弗寧。永康太平里大族呂君文燧，散家資數千萬，與弟文燁合謀，募里壯强子弟得三千人，將之與盜屢戰，盜敗走，復其邑，斬獲甚衆。呂氏之聲聞東南，朝廷三授以官，皆辭不受。用事者聽讒殺其弟，卒不敢怒，而爲之盡力。大臣義之，承制表其閭，而復其家。婺之巨室細民幸不遇盜者，悉歸功呂氏。是時永康有呂氏，隱若巨鎮焉。

今上皇帝既克婺，君族人籍兵甲以君名詣轅門降。上大喜，特立永康翼，以君爲左副元帥，兼知縣事。時君以事留杭未返，命其弟文烜攝之。君還，復召爲庸田司經歷，改中書省管句江西行省都事，權知廬州府。至官三月，浙西平，更授嘉興知府，累階某大夫。松江民作亂襲嘉興，君覘知之，走使者告李曹公文忠。賊始據城，曹公兵即至，遂就擒。諸將欲屠城，君争曰：「據城者，賊也。城中民何罪？」釋不屠，民德之。

滿三載，入朝，奉詔持節諭闍婆國。洪武三年十一月，次興化，有疾。十六日，卒於驛舍。四年十二月某日，歸葬東陽縣興賢西邱之原。年五十四。君有德於鄉，鄉人聞其卒，皆哭泣相弔。喪歸，耄倪迎拜於道，數十里不絶。卒之明年，嘉興佐貳以下坐鹽法死者數千人。有司以君嘗署名公牘，例籍其家。上特詔歸之，曰：「吾知呂文燧誠信人，必不圖姦利，且殁於使事，可念也。」時呂氏家逮繫縣獄，鄉人哀之如親戚。及詔歸其家，乃皆舉手相賀。君子由是知君之德及人者深也。

君字用明，文燧其名也。其先有諱玖者，自河南來遷。玖玄孫浩，上書宋孝宗朝，脱父兄於詔獄。孝宗崩，行喪三年。浩弟源，以行義旌門，皆有惠於閭里。源玄孫鑰，仕元爲永康尹，君曾大父也。大父汲，父機，母某氏。初，君之大父嘗脩上世所立義田以食族人，置學以教子姪，❶至君踵其志，卒成之。君爲人如懦夫，至其奮發於義，不顧利害，必達乃止。蓋其所從來遠矣。君娶戚氏，三子，曰堂、塽、垍，垍後季父文炯。六女，其三人適同邑胡海、金華戚誠道、東陽俞文璉，餘未行。孫男二人。

堂既葬君，乃謀於弟曰：「先子之友固多，其同朝仕而知先子者，唯太史宋公。太史嘗銘天下賢公卿大夫，其言可傳信。苟以墓上銘爲請，必不忍辭。」乃以君族弟熒狀來請。君之政蓋多可稱，余不能知。然其最大者，活永康、嘉興之民。書其大，使人可推知其餘也。銘曰：

天之所争，智名勇功。或易於始，而艱其終。呂君之興，秉義孔偉。散金聚兵，以獮狐鼠。既克有成，不居其名。錫命者三，辭而弗承。匪徒辭之，以俟神聖。黄鉞臨城，解甲請命。左綰將符，右珮縣章。季也攝之，於君有光。起司庸田，亦佐方嶽。章服有儀，蔚爲邦伯。自廬而吴，千里是綏。相其良姦，以撫以誅。憸氓跳踉，弄兵陷郡。陰檄王師，禽斬以徇。將怒謂君，亂民可屠。君争不從，萬家獲甦。不躋於崇，而淪於遐。吏操深文，幾隕厥家。家之再完，由天子明。天子不遺，由君之誠。君德甚多，鄉人是思。載德登碑，於以悼之。

吴先生碑

元國子博士吴先生既卒三十有七年，其子今翰林待制沈告於太史宋濂曰：「先君學行，海内靡不聞之。然知而尤詳者，莫

❶「姪」，胡本作「弟」。

如鄉人。鄉人知者衆矣，好道而諒直者，宜莫如子。圖其傳俾久弗忘，非子之屬而誰屬？」濂於先生，固弟子行，幸執筆從士列，感餘教所暨，❶且與沈友老矣，寧敢卒辭？

先生吴氏，諱師道，字正傳，婺之蘭溪人。少勇於學，不督而勤，始爲文辭，輒驚駭長老。未冠，讀真文忠公書，大悔初所爲非是，即以聖賢自師。時許文懿公以朱子之學淑學者，先生持所悟識造門質難，許公甚禮敬之，授以所受。心領意繹，日開歲化，斂戢充擴，刻削就規矩，燁然有聞於時。

至治元年，舉進士登科，授高郵縣丞，階將仕郎。漕渠決泛，原陸漕不通，先生集工隄之。三年，以外艱歸。服除，❷改寧國録事，轉從仕郎。天曆元年，徵江淮兵過郡，將弗檢，下兵白晝揮刀戟走市怖人奪貲貨，不與，繫楊道上，縱火焚廬舍，横甚。自郡守以下，皆畏噤不敢治，視民慼若不知。先生曰：「兵無狀，賊天子民，不治，且不可制。」索馬，從數卒，行市，捕得，縛市門榜掠令衆。衆譁，操仗呼曰：「何録事乃敢爾？吾曹死耳，不忍爲人辱，必殺録事。」先生聞之，獨出喻其衆曰：「録事儒者，易殺，敢殺者來，録事不汝禦也。」衆愕眙不敢有言，退相戒曰：「他人易淩，慎勿犯吴録事。」

明年，饑，先生平價勸分，得粟萬餘石，食城中民。既而宣城民仰縣官食者三十三萬口。廉訪使者以先生能吏，檄攝縣振饑，悉召大姓，第其家爲九等，出粟有差，得三萬七千陸百石，饑者以不殣死。又明年春，未麥，先生白廉訪使者請諸朝，發官廩十萬

❶「感」，張本、傅本作「咸」。

❷「服」，原誤作「復」，今據胡本改。

計，使者亦遣掾吏出貨旁縣，復獲鈔數萬錠，選廉察吏賑民。❶先生任三之二，籍民爲曹伍，以次呼名受錢粟，襁負充庭中，若無一人然。有既受而易服重至者，先生目吏取其人於衆中，詰之，具伏。左右相顧，疑爲神明。居五載，條教脩完，事治姦息。廉訪使者薦於朝，以疾引歸。

重紀至元之初，遷文林郎池州建德縣尹。新孔子廟堂，廣學舍。豪氓侵郡學田七百畝，郡下先生問狀，按圖繩豪民歸諸學。建德非茶區，民苦茶税，先生言不便，報減税，民賴之。中書左丞吕公思誠、侍御使孔公思立薦先生經行高，宜爲人師，召入爲國子助教，階承務郎。踰年陞博士，進儒林郎。先生聲著中朝者久，士子聞先生至，喜曰：「是婺吴先生耶？」相率持所疑揖問，開以機鑰，皆歎服去。先生因推所聞，陳説誨誘，端簡嚴肅。經義一本朱子，排斥異論，有詆朱子者，惡絶弗與言。初，許文正公衡在成均時，宗朱子以爲教，其法具在，先生守不變，學者信之如文正時。禁林近臣復薦先生才任脩史，未報。

至正三年，先生以内艱南還。明年，江浙行省中書當大比，聘先生去取，以疾作不能行，上書請致其事。八月十七日卒於家，❷壽六十二。既卒，命書下以奉議大夫、禮部郎中致仕。五年九月十七日，葬銅山鄉中徐之原。

先生之先，居信安。四世祖杞徙蘭溪。曾祖輝，祖儒宗，宋國子進士。考㮚，世父辛無子，以考命後之。辛贈應奉翰林文字，

❶「賑」，原作「賦」，今據胡本改。
❷「於」，原脱，今據韓本、傅本、胡本補。

從仕郎；妣龔氏，贈宜人。先生娶徐氏，封如龔氏。二男子：長深，先卒；次沈也。一女適徐虎臣。孫男若干人。

先生於書無時不觀，故無所不熟，涵畜淵邃，不可涯涘。爲文務自理出，暢而不繁，崇而不矯。有《蘭溪山房類稾》二十卷，《易》、《書》、《詩》皆有《雜説》，通十卷，《戰國策校注》十卷，《絳守居園池記校注》一卷，《敬鄉録》二十三卷。

自聖賢之學不傳，篤信者失之拘而不適於用，喜功者失之詭而不合乎義。二千年間非無豪傑之士，而功烈不少見於世者，不以斯耶？宋之君子，後先繼出，推明闡抉，疏闢扶樹，理無不章，事無不備，雖聖賢復生，爲後世計，❶無以加矣。然而卒未有繇其説而大有爲於天下者，豈非有志者鮮哉？先生蚤有所聞，尊而行之，守道而不遺乎事，致用而必本於道。施其緒餘於郡邑，已足以震耀當世；使假之以高位而獲大行，被其潤澤者，夫豈細哉？卒止於斯，謂之天也非耶？雖然，觀其所自立，不既偉矣夫！銘曰：

聖學之傳，猶日麗天。光華赫如，照被八埏。有足者行，有目者覩。致用成功，咸以日故。使日自明，明不照物。雖曰行天，何取於日？其或善燭，而不能遐。如膏與薪，厥功幾何？道積於躬，用見乎世。微之一毫，大之無外。在聖有作，佐商造周。天包地含，嶽立川流。區區霸功，實悖於道。卑曲偏歧，膏薪之耀。歷世二千，❷濂洛擴之。有支而南，考亭拓之。夷其榛荒，

❶「世計」，胡本作「學師」。
❷「二」，胡本作「三」。

亦有車馬。有駕而行，可盡天下。彼惛不由，狹徑是趨。殫其智能，陷於泥塗。惟嫠有傳，考亭之適。先生是承，孔武且力。涵而俾深，植而俾成。濯其光晶，有煜其明。始奮而仕，不辭下位。道無牣精，崇庳一致。繩豪鋤彊，煦其弱羸。父嚴母慈，亦作之師。廷臣咸言，其道可敎。帝曰汝來，掌我邦教。有肅威儀，有秩詩書。大帶玄端，開陳聖謨。使陟而升，可澤四海。世方仰之，曷爲不待？不顯者身，道則不亡。遺書滿家，百世彌章。世觀其書，將考於爲。勿謂易知，斯道在斯。

元故祕書少監揭君墓碑

有元盛時，荆楚之士以文章名天下者，曰虞文靖公集、歐陽文公玄、范文白公梈、揭文安公傒斯，海内咸以姓稱之而不敢名。其後三公皆死，無繼者，獨文安冢子諱汯，君以文學仕順帝時，至國亡而後終。人謂揭氏有後。

君字伯防，少敦樸苦學，同舍諸生已成誦出嬉遨，君獨坐諷不休。夜爇薪以繼，必至精熟乃已。年十八，盡通六經大義，肆舉子業。試不合有司，即棄去。取諸子百氏書窮研之，攻古文辭，侍父入燕都，補太學生，端方有威儀，六館士敬憚之。或譁笑方殷，聞君履聲輒止。是時，虞公及歐陽公皆在朝廷，交稱君美，以爲文安慶。至正□年，文安薨，天子錫金錢，百僚皆致賻襚。人勸君輸貨縣官而給鹽淮安，可獲利數倍，且無道路虞。❶君哭不從，曰：「汯敢玷先

❶「道」，原誤作「遺」，今據張本改。

君之喪乎？」❶至家援禮制儀，戚易兩至。服闋，以蔭補祕書郎，階承務郎。遷翰林國史院編脩官，轉太常博士，再入翰林爲脩撰，仍兼國史編脩，階三轉至奉議大夫，代祀北嶽北鎮還，拜江南行臺監察御史。未上，留爲禮部員外郎，階朝列大夫。

十八年，奉詔諭江西，至七閩，會僞漢陳友諒陷江西，不得往，改僉江西湖東道肅政廉訪司事，加朝散大夫，治建寧。既而友諒兵寇杉關，下邵武，據延平，建寧受圍。大軍退保福州城中，吏民相繼出奔，惟經略使普顏不花尚在，君詣與之謀。經略聞君至，迎曰：「僉事猶未行耶？」君憤曰：「經略何爲發此言？今盜賊圍孤城，正吾與經略致死時也。吾死將與此城俱，顧獨走欲安之乎？」經略起問計，君爲之畫策。經略驩曰：「吾志決矣，即當如君言。」部散卒得千人，命建寧總管阮德柔將之，出戰不利，民大讋。君集衆告以福禍，謂「并力禦賊則妻子可生，緩將爲俘虜」，語甚切。民感泣，請各自效，無老少悉乘城固守。君往來撫勞之，分壯者千人助德柔，戰屢捷，勢稍張。城外有山曰黃華，高出城上，君恐賊窺見虛實，作層樓蔽之，命守者鍛鐵爲長鉤，廣儲水樓下以俟，衆不知所爲。及賊據山，以火攻樓，即以長鉤曳之，隨灌以水，火尋息。復預積濕薪枯藁城下，賊穿隧以入，燎煙於隧熏之，死者甚衆。賊揚言攻城西，君察其旗亂而氣怠，命備城東。已而果攻城東，知有備，驚駭而退。是時，內外相持逾十旬，樵蘇道絕，徹民居以炊。經略憂以問君，君曰：「士氣在乎作之爾，且直壯曲老，吾以

❶「玷」，原作「家」，今據韓本、傅本、胡本改。

王師討賊，何憂不勝？」乃槌牛釃酒勞將士，以義激之，皆踊躍請戰。空一城鼓譟助之，聲如雷霆。賊衆數萬逆戰，君戎服出陣後，督諸將盡力。俄矢石亂下，或請少避其鋒，君叱曰：「破賊在今日，敢言退者斬！」於是士卒殊死鬬，自寅至午，焚其三栅，乘勝奔之。是日，福州援兵繼至，賊敗走，復延平等三州。獲勝兵千餘人，咸欲繫獄論其叛逆罪，君曰：「大盜未殄，脅從者可勝誅耶？」誅桀黠者數人，悉縱之耕。及諸將上功於朝，被褒擢，君未嘗出口。或爲君冤，君曰：「吾職耳，可徼功乎！」

改江西行省郎中，未赴，以工部郎中召。時淮浙亂，道不通，留家四明之慈溪。挾子樞，浮海而北，過黑水，抵鐵山。卒遇倭寇，同行多被害，君脱走，趨遼東，轉之山東。制下，陞祕書少監，階中順大夫。而齊國忠襄察罕帖木兒在洛，遣使迓君。君赴洛，留歲餘，承制授刑部侍郎，不就。二十八年，踰太行，至燕都。未久，大明兵圍城，七月十八日，順帝宵遁。明日，君覺之，遑遑北走。樞失君所在，號哭而追，及於海子橋。君罵曰：「吾死職，義也，爾來欲何爲？」奮然行弗顧。樞泣抱持，賓客故人亦稍至，遂强掖君歸，環立守之。君擁衾卧，不食。樞叩頭流血，請所親厚者交進慰解，乃起食一餐。八月二日，兵入燕，凡仕者例從南京。君至，稱疾弗仕。踰年，反慈溪。洪武六年三月八日，❶卒於寓舍，年七十。❷四月一日，權厝舍西香蘇山之原。以某年月日葬某地。

❶「三」，張本作「二」。

❷「七十」，黄溥本作「七十三」。

君事繼母以孝聞，撫庶弟有恩。六主文衡，所得多奇士。交友皆當世名人。爲文敦深簡質有父風，務關倫教，不爲浮豔語。集毁於兵，存者若干卷，藏於家。君自視歉然，接人和而有禮，寡言峻行，未嘗有矜大之色，雖家人不見其疾言厲氣。平居非疾病必冠帶，爲私書，皆端謹可觀。

初，君之曾祖贈嘉議大夫、禮部尚書、上輕車都尉，追封豫章郡侯惟聰。祖贈中奉大夫、江西等處行中書省參知政事護軍，追封豫章郡公，謚貞文。來成世居豐城，❶皆以厚德稱。至文安，遂以布衣致位翰林侍講學士、中順大夫、知制誥、同脩國史、同知經筵事，追封豫章郡公，而推恩及於二代。郡侯之配黄氏、何氏，郡公之嬪黄氏，文安之室李氏、程氏，皆封豫章郡夫人。君起其後，又能世其家，有聞於時。而君之子樞、樂，復好學問，不失儒行，當可繼於君。嗚呼！爵禄之繼，可幸致也，而繼其文學爲難；文學可勉而脩也，而繼其道德爲難。若君者，可謂兼之矣。

君娶曾、吴、易三氏，曾早卒，吴、易二氏皆封靖安郡君。子男四人，棐、丑夭，其二即樞、樂。二女，適盛伯剛、某。君之居慈溪，與今晉王傅桂君彦良交。君卒，彦良持樞狀來速銘。銘曰：

自古有國，貴惟世臣。匪爵之仍，有德有文。朔元百年，中有揭氏。位雖弗崇，其德可持。❷揭氏之先，豈無侯王？盛莫與紀，靡久卒亡。維文安公，敦厚凝確。際時休明，典帝制作。德尊望隆，震撼四方。執

❶「來」，韓本、傅本、胡本作「文」。

❷「持」，依韻疑當作「恃」。

造化機，闔陰闢陽。人止其身，公又有子。緝其休聲，克闡克似。豈惟文辭，亦有事功。建略南藩，剪屠姦宄。仗義爲城，奮作士氣。章甫申申，復地千里。褒寵之加，非我敢知。勞烈雖多，乃職之宜。邦國殄喪，吾能獨存？奉身以歸，敢汙先君？生既有聞，❶殁則有承。凡時之人，其誰與京！天匪私君，以彰世德。德著穹碑，來者咸式。

宋文憲公全集卷三十終

❶「聞」，原作「開」，今據文義改。

宋文憲公全集卷三十一

東邱郡侯花公墓碑

皇上渡江之六年庚子夏閏五月癸酉，僞漢主陳友諒以舟師入寇，圍太平。行樞密院判花公，率麾下三千餘人結陣迎戰。三日，賊不得入。乙亥，城中乏食，公士馬憊甚，城陷，賊縛公急。公怒，奮身大呼，縛盡解，起奪守者刀，殺五六人，罵曰：「虜非吾主敵也，曷不趣降！」賊怒，碎公首，縛於舟檣，衆射之。公至死罵賊不少變。已而，賊犯龍江，上命諸將力戰，賊敗遁去。後五年甲辰，上即吴王位，追封公東邱郡侯。又十六年，其子僉水軍左衛指揮司事煒泣曰：「先公歿，今二十年，無文銘於神道，竊恐忠烈不白於後世，敢請。」惟公勳業始卒，宜載國史，余嘗待罪太史氏，不敢以耄辭。

公諱雲，姓花氏，世爲懷遠人。自考以上姓名皆亡，莫知遷徙世次，然皆不顯。公少孤，隨母嫁張氏。貌偉而黑，驍勇絶人，儕輩畏服之。歲癸巳，杖劍謁上於臨濠。上奇其材力，俾將兵略地，所至輒克。破懷遠城口，虜其帥以歸。進攻全椒，拔之。群寇據繆家寨，公俟夜襲之，寇散走。上將取滁州，單騎前行，遇賊數千人於道，拔劍躍馬，衝其陣而過。賊驚曰：「此黑將軍勇甚，不可與争鋒。」兵既至，遂克滁。甲午，從上取和州，得卒三百，以功授管句。明年乙未，率所部先渡江。上克太平，以公忠勇可信，任命宿衛左右。丙申，上破集慶，公得兵千人，陞總管。徇鎮江、丹陽、丹徒、金壇諸縣，皆下之。過馬馱沙，劇盜數百遮道索戰，公且行且鬬三日夜，皆擒殺之。授前部先鋒，攻常州，拔其城，駐守牛塘營。夏六月，立行樞密院於太平，遂拜公院判，階安遠大將軍。丁酉春正月，克常熟州，獲卒萬餘，命公將之。秋七月，以兵三千之寧國，陷山澤中者八日，群盜蟠結梗道，公操矛鼓譟，出入營壘閒，斬首千百計，而身中一矢，還命守太平。後四年，遂卒，卒時年三十有九。

夫人郜氏。公與僞漢戰時，一子方三歲，夫人以牲酒祭家廟，會家人泣曰：「今城且破，吾夫忠義人，必以身死之。吾夫死，吾必不獨生。然不可使花氏無後，嬰兒在，若等善撫育之。」聞公就擒，夫人赴水死，年甫三十有五。

侍兒孫氏，瘞夫人屍，遂抱兒以行。僞漢軍虜之，至九江，軍中惡養小兒，孫氏以兒授漁家，屬之曰：「此兒良宜善視之。」是年冬，王師伐僞漢。漢敗，孫氏至漁家，視兒在，瞷漁人出，竊負以走，夜宿陶穴中。天曙，脱簪僦舟渡江，遇漢潰軍，奪舟棄江中。孫氏抱兒，遇斷木浮至，附之入葦洲，採蓮實哺兒，七日不死。夜半聞人語聲，呼之，逢老父號雷老，告之故，與其俱行。明年辛丑春二月，達上所，孫氏泣，抱兒拜上。上亦泣，寘兒於膝曰：「此將種也。」賜雷老衣，遣之，復其徭。已而令人追之，忽不見。

兒八歲，侍皇太子就學。年十三，授虎賁右衛副千户。後七年，拜今官，即煒也。煒於洪武丁巳偕孫氏至太平，奉夫人骸骨歸，乃束草像公，以二月己未合葬上元縣南五十里之水橋。

嗚呼！觀公之死賊，與妻妾之報公，可以知公之爲人矣。天不殄其後，豈不宜哉！銘曰：

雲雷遘屯區宇分。篤生真人鎮乾坤。騎龍鞭霆下天門。前翼後衛蓊若雲。誰其最雄花將軍。力驅智駕敵萬人。蹂躒群盜猶麃麐。大刀長戟屬櫜鞬。左麾右刺流電奔。緋衣緇弁貔虎屯。駐馬飲江江水渾。吳楚之域殺氣昏。手挽天河洗妖氛。軍聲隆然若雷震。遭者膽落兩足蹲。元戎開府大江濆。腰佩兵符威令尊。控制上游爲國藩。僞漢恃力不圖存。建旗揚帆事鉦鼖。艨艟蔽江躡鉤援。椎牛享士士氣伸。馳馬督戰寧顧身？賊焰熾若烈火焚。大戰三日勢愈殷。單騎赴之齒齧齦。怒髮上指目吐烟。叶汝賊兇頑犬與豚。願醢汝肉一口吞。賊慚耳塞不忍聞。至死不屈酬國恩。飄然乘雲叩帝閽。請爲厲鬼扼賊元。賊當殛死洗厥冤。天子下詔褒忠勳。東邱立侯賁九原。孤兒保育寵便蕃。不墜宗祀天所敦。生爲烈士死明神。神靈在天光焞焞。嗟爾來觀萬子孫。繼忠思孝慎勿諼。弗信請考太史文。

汪先生墓銘

新安之婺源，有隱君子曰汪先生，諱炎昶，字茂遠。學聖賢之道，不求聞於世。年七十八，以元重紀至元戊寅四月二十四日終於家。

初，元既滅宋，宋太學生孫公嵩悲哀不自勝，歸隱海寧山中，誓不與接，發爲賦詠，以寄其無窮之思。孫公同時進士許公月卿，亦入婺源山中，製齊衰服服之，以識其終身哀宋之意。此二公者，皆新安之節義士。先生受學於孫公，而與許公門人交友，故自少慨然無仕進志。先生壯時，元有天下已久，宋之遺俗變且盡矣，而先生衣冠、動作、語言、禮度猶宋人也。後生小子去宋遠，無從徵之，見先生，咸以爲前代之遺賢。而先生亦曰：「吾古逸民也。」學者因稱之爲「古逸」云。

先生少凝重，記憶不能過人，然刻苦專篤，雖執匕據枕，不廢誦習。力久思深，該貫宏博，遂無所不覽。要其歸宿，精索於六經，而詳究於孔子、孟軻、曾參、子思之言，參之以伊洛大儒傳注之説。絲析髮解，日攻月較，不故求爲異，而亦不苟爲同。其所自得，既形於言，雖不欲求人之知，然人有辯其未至者，必樂而從之，終其身未嘗自以爲是也。其教人，履庭躋級，具有條序。爲文奇而不肆，遇時觸物，輒爲詩以達其情，婉切悽壯，人傳誦之。蜀郡虞文靖公集、巴西鄧文肅公文原，皆盛稱其才。而先生志操之高，人莫之知也。

先生家貧，事母能致其樂。母年八十九，先生亦老矣，夔夔祇肅，進食奉水，必躬親之，母爲忘其貧。先生將終，整冠坐，命家具疏食，少餐置箸，戒諸子以祭祠之禮。言畢，正身斂手而逝。

先生之曾祖諱沖，祖諱天衢，父諱季安，裔出於唐越國公華。娶江氏，生三男子，曰淮琛、照乘、棠金。照乘爲弟禹玉後。一女，適詹某。孫男三人，曰某、某、某。先生所著有《四書集疏》，藏於家，詩文凡若干卷。

先生卒時，棠金已死。淮琛貧，未能葬，命從子叡告於先生之門人趙君汸，請輯群行爲狀，趙君以未葬辭，既而淮琛亦卒。後十九年，至正丙申某月日，叡始買地葬先生於黄京山高路原，又以爲請，趙君乃爲狀，屬余銘。余諾之，未獲爲。去葬之歲又二十四年，余欲銘先生墓，而趙君之死亦已久矣。於是撫几歎曰：「先生之卒，今殆四十餘年，而先生之子及門人知其事者皆已亡矣，使復越四十年，其能有知者乎？爲善者，固不冀人知；然有善而不聞於來世，後死者之責也。」乃本先生之志，爲銘以告世之知先生者。銘曰：

朔風荒荒，海水赤矣。宗社爲墟，將安即矣。冠履倒植，❶命之忒矣。高蹈避世，舍道焉適矣？彼夸者子，群趨溺矣。人之攸樂，我心戚矣。爲陵爲淵，孰失得矣？嗚呼先生！千載是式矣。

元故樗巢處士儲君墓銘

宜興有處士儲君，諱能謙，字有大。系出唐監察御史光羲。曾祖進之。祖時昇，宋承信郎監鎮江稅。父文，辟咸淳庚午鄉貢進士。處士在元不仕，名其室爲「樗巢」。語其子曰：「余生無用於世，死必樹吾墓以樗，所以志也。」至正四年六月某日，年七十有四而終。

處士生宋季，少有能詩名，尤愛黄文節公詩。天未明，擁衾暗誦百餘篇，聲抑揚可聽。其父進士君喜，謂必以文鳴。至長，能力學，閎衍深博，靡所不窺，然其於詩最工也。事父孝謹，父没，居喪哀，四方士送葬

❶「植」，胡本作「置」。

者數千人，直路之地百餘步，草萊盡赭。斥浮屠法不用，閭里化之。御子孫嚴而能教，庭序之閒不聞譁笑聲。諸生從之游，越月踰旬，輒異於人。氣和色莊，望之者畏，親之者悦，人與處者，脱然皆化。交友有過，正容引大義折之，不顧其喜怒，故所友多善人。力排異端，作《私論》二篇，《楮錢辯》一篇，文曰《雜著》者一十卷，詩曰《學步邯鄲集》者十五卷，《樗巢集》者一卷。

處士娶蔣氏，宋潯州守仰祖支孫，先七月卒。以處士卒之歲七月某日，合葬藏林里淡竹原先塋之側。子男四人，皆通《春秋》學。惟賢，元統乙亥，取江浙第四名文解，至正丁亥，復選爲第一，上禮部不利，用例任安定書院山長；惟志，廉州路儒學正；惟仁，常州路豐積庫副使；惟德，國朝自常州府教授擢國子助教，階將仕佐郎。女三人，適同郡蔣立本、趙濟、潘杲。孫男十三人：抑、掀、撲、播、揖、撫、拓、掾、搢、授、掞、揆、振。孫女五人，長適蔣遵，餘未行。

初，處士之葬，諸子乞銘於翰林學士危君素，兵亂亡其序，惟銘辭口熟以存。於是危君卒已十有餘年，惟德與余同朝，謂余獲友危君，請補之。乃序而繫以危君之銘。銘曰：

義興之區，有墳渠渠，其植惟樗。卷懷弗舒，與天爲徒。後之徵者，在其書。

故岐寧衛經歷熊府君墓銘

熊君伯穎卒，其友之仕者爲之請銘。余曰：「君與余善，且才而文，銘余所宜爲。」後數年，余致政歸，衰老多病，未暇具其事，而爲之請銘者亦亡。余曰：「噫！

余可負吾友耶？」乃按故所書爲銘。

君諱鼎，字伯穎，姓熊氏，撫之臨川人。世以《尚書》教授於鄉。君少有敏質，年十八，從父受經義，通之。每私較試，輒冠其鄉人。鄉人推讓，不敢與齒。後六年，爲元至正七年，領江西第九名薦書，上燕京就禮部試，文彩燁然動人。偕試者竊視，執筆不敢下，衆咸以高第期君。有司以君議論奇，竟棄不取。君絶不爲意，曰：「第不第命也，命可尤耶？」束書南歸。當時名人若張文穆公起巖、余忠宣公闕、李諭德好文、張承旨翥、危左丞素、揭祕書汯、黄助教昪，皆重惜其去，相率爲文辭以餞。君退而益脩其業。

十一年，江西行中書省檄爲吉安路龍溪書院山長。龍谿故有田屬他邑，前山長久不理，浸侵之。君至，問吏，叱曰：「國家置田以養士，田亡，士將安食？」即檄所治，徵索既具，弟子員肄業如令。月旦望，玄端深衣，據席講説，程其良否而奬督之。無賴徒陳小峰縱其子寧爲直學，握出内之柄，每與山長抗禮。君按法黜之，小峰噤不能吐氣以死。郡守妻喪，遇兵亂，其子撤山長座，將遷柩明倫堂上。柩至門，君叱止舁者寘諸別室。復欲以浮屠祝屍，浮屠方以鈴鈸至，君怒撞壞之曰：「此吾孔子堂，豈浮屠廬耶？亟屏去，勿污我。」守聞，嘉歎君，而以書謝曰：「先生教我厚甚。」

時江西寇漸起，所在擾潰不可爲職。諸郡帥守知君練籌略，往往延問軍政。君亦以拯民自任，悉心力爲之計。贛郡帥全普庵撒里尤器君，命君擇險隘爲守禦備。君於皇恐、大蓼諸灘設坑穽，建砦柵，構屋三千餘間，結民兵自守。由是贛獨完於他郡。戍將三人坐戰敗，將加誅，君爲救解出之。會當大比，他郡多以兵廢，君獨請全舉行，觀者以爲異事。吉安歲凶，全與吉安守有隙，禁吉民勿入糴，民啼號於道。君争曰：「盜之起者，爲饑寒所迫也。今使君閉糴，將開盜門。脱吉民事亟生變，贛能獨全乎？」全悟，即罷前令。君周旋兵閒，委曲爲民，皆此類。

十三年，郡多君前績，便宜擢君贛縣尹，員外置，君恥之，辭不受。未幾，以父喪歸。服除，兵部尚書黄昭、江西廉訪使吴當總兵出閩關，辟君參謀軍事。君爲昭畫策甚詳。會昭與當罷兵柄，策不行。二十一年，陳友諒僭號於九江，用黄昭、解觀等薦，以君爲太常卿，俾守令踵門起君，君堅卧不赴。

既而國朝兵入江西，武順寧河王鄧愈聞君賢，下令徧索，君强起，揖王軍門。王與君論事合，大喜，致帳中，日夜咨以事，一軍驚讙，以爲主將得師。君見王寛裕，誠大將材，遂委身從之不去。贊王取撫州，兵不血刃，賊酋鄧克明夜遁。二十二年，皇上親將兵入豫章，州郡望風款附，九江亦下。君得詔見，慰勞甚至。二十三年，丁母夫人憂。後三年，以大臣薦，徵至南京，奉旨偕諸儒摭古昔嘉言善行作《公子書》，以訓貴戚子弟。書成，賜襲衣白金。會初平浙西，授湖州府德清縣丞。君招輯綏懷，除剔宿蠹，創三皇、孔子廟，建官吏廨署。到官數月，事治政平。錢鶴皐反嘉興，聲揺德清，民皆逃散。君堅坐鎮之，錢不敢入。

吴元年，上將正位宸極，召議禮儀，除中書考功博士。尋遷起居注，承詔搜括故事可懲勸者，書新宫廂壁。時上精求禮樂之事，嘗召翰林學士朱升等陳樂器於庭，上擊磬，命升辨五音。升對忤旨，上大怒，欲寘諸法。君從容論解之。上曰：「升每謂審音，顧不辨宮徵，何耶？」君對曰：「石音難辨，自古而然。唐虞惟后夔能和磬聲，《書》曰：『於予擊石拊石，百獸率舞。』」上曰：「任此豎儒治樂，樂何繇和？」君具言：「樂之和由人所致，人君能致中和，則萬民和，萬物和，而樂音和矣。」上怒乃解，釋升不問。升既出，謝曰：「非熊君，吾屬幾殆。」

舍人耿忠奉使回奏廣信郡縣官多違法，前所陳茶税失實。時新行赦，上怒，趣中書遣御史往廉狀。丞相李韓公善長諫，不聽。御史已受詔，丞相復諫，不從。君與給事中尹正諫曰：「朝廷新立，將布大信於四方，今肆赦之後，復以細故而煩御史按問，既失信，且褻國威。」上良久乃曰：「止，其追御史毋往。」

上詔浙西民輸糧京師，浙西舟小，不可泝江，率五石致一石，民甚苦之。君叩頭曰：「國家都金陵，以浙西爲根本，而遽困之，農作方興，而僕僕於道路，苟一年不得耕，害不淺矣。」上悦，是日即詔罷之。

明年改元洪武，上即皇帝位，凡創制更革之典，君多預聞。上遇君厚，每字稱而不名。立浙江提刑按察司，以君爲僉事，階奉議大夫。君分部台、温二郡，經方氏竊據之後，全乖人道，争訟以數百計，君悉理其曲直而奏斷之。凡威取田宅者，歸業主。得半直者，中分之。兩造無驗者，籍之官。豪胥猾隸六百餘户，悉屏之別郡。僞官悍將二百人，其暴如虎狼，君出奇計，盡刮種類，遷於江淮閒，民始安枕。

方氏居黄巖，雖嘗簿録其家，珠玉、犀

象、金繒藏於姻家者，動以萬計，君皆搜索送諸官。温有邪師曰大明教，造飾殿堂甚侈，民之無業者咸歸之。君以其瞽俗眩世，且名犯國號，奏毀之，官没其産，而驅其衆爲農。其地多倡家，中朝使者以事至，多挾倡飲，有司罷於供應。君下永嘉令籍倡户數千，械送之京。按使者以法，鉤連其他贓罪，杖流之。

僞萬户金甲，奪三人妻，其夫訟，則更爲娶婦。君至，三夫皆訴，君論金棄市，各以其婦歸之。平陽軍校掠農妻五年，君攝其妻至，軍校恐，抱二兒泣曰：「妻去，兒孰與養？願公憐我。」君命寘兒妻側，兒避不肯近。君曰：「此非其子，詐也。」詰之，果鄰家子。罪校如律，而斷其妻還於農。於是軍中所掠婦數百，皆相告語，夜遣去，一營幾空。

平陽州吏目杜乙嗜財甚，考滿入京，謁御史中丞劉基。基詰謁故，杜惶駭不能對，遽命執訊之。杜自陳在州時斂民白金三十兩，又受楊某金，置殺人罪不問，守與佐皆相搆爲姦。有旨下君鞫之，同知以下吏皆服罪，獨知州梅鎰廷辯不已。民數百遮司門外，争知州信無辜。君將聽之，吏白曰：「今奉詔按獄，而釋知州不治，情則得矣，如身受故出何？」君再進民詢之，辭不變。歎曰：「法以誅罪，吾敢身畏譴而誅無罪人乎？」釋鎰，以情聞，上可其奏。

台臨海王參理妹有姿色，許適嵊縣竺氏，其内兄方敏覘其將嫁，夜率衆劫至家，逼爲妻。王詣永嘉侯朱亮祖訟，事下邑，方賄吏欲傅輕典。君知有賄，急逮吏治之，吏具狀，竟致方死罪，而歸女竺氏。

兵克黄巖時，州民乘亂報仇，殺一家十

餘人。永嘉侯受辭，令州捕鞫。州初附，假守捕殺人者十二人。獄既成，吏受賕釋之。詭以死聞，縱其餘黨不問。君録囚廉得十二人，尚頸繫東郭民家，即收掠問狀，抵官吏以贓罪，捕餘黨誅之。

黄巖官署毀於兵，官寓尼寺中，并儲糧其間。君視糧過寺，尼數人來謁，皆美少年也。問孰爲主者，則方氏女弟也。君大驚，趣州守通判以下切責之，令逐尼歸俗，而以寺入官。

州有宋杜清獻公墓，杜氏有田若干畝入僧寺，儲其租以奉祀。僧挾與方氏連，奪田以爲己有，復墾田侵墓下，墓且蝕，其孫回以書聞。君執僧寘諸獄，瘐殺之，追田與回，且令州立祠刻石以旌之。

寧海强民陳德仲以憾支解黎異，異妻屢訴，無爲白之者。君受之，一夕，省黎事，有青蛙立案上。君曰：「蛙非黎異乎？果異，則止勿動，吾復爾冤。」蛙果如君言。明日，逮陳誅之。

縣民馮輔卿，至正中爲亂，與方氏連兵，既而方氏追殺之，且歿其貲産，而餘田百餘畝，其豪奴吴自取之。輔卿妻杜，囚服迎拜馬前訴奴。君爲治奴罪，奏以田還之。

台地産鹽，鹽賤而米貴，時官賣鹽一斤，責米二十五合，反貴於米數倍。復輸於杭，路險不可舟車，民病欲死。君上封事，乞民得償錢，民獲免轉輸之勞。凡事之未便者，君皆爲奏之。兩郡民灑然如更生。始兩郡旱，公所至輒雨，民曰：「此熊使君雨也。」

是年秋，始立按察司於山東，擇其人行新政。上曰：「無如熊鼎矣。」遂仍前階，改山東，開治濟南。濟南，元有廉訪司廳事，壯麗甲諸道，臺檄君居之。時汪丞相廣洋以參政建行省其中，僚吏請君以臺檄白省而復之。君曰：「官在政事何如耳，豈以公署之麗耶？」城北有庳陋室，君就其中治事。丞相聞君言，戒其屬曰：「此真憲官也。吾等慎毋犯之。」

山東爲齊魯之域，其民敦樸少訟，君鎮之以静，而以保民爲先。時河北甫定，濟南宿重兵，兵肆暴侵民，莫敢與較。君移牒指揮司禁之。黠軍數縱火劫人，一家火，則一市財皆殫。君既申火禁，督邑令庀火具，爲保伍相赴援。復懸書通衢，戢士卒，士卒不戢，❶坐所轄將，火患頓息。偏將有受部兵一縉者，君收問，連其黨獄之，諸將大駭。君浹日出於庭，數以黷貨罪，准律贖金而縱之，諸將又大喜。由是莫敢横恣。

東平侯韓政鎮濟寧，奉旨按籍選壯强爲兵。東平、東昌、濟寧三郡民皆驚散，將爲變。君急飛書行部僉事段明德，説韓侯止之，分遣官屬招輯，俾復業。越三月，民始定。州縣官多失廉平，君陰風跡數十輩，悉如法論罷之，六郡肅清。

齊河有强盜，劫商人布千疋。縣求盜，逸去。吏索之村中，遇王氏婦不得於姑出走，吏見其色動，執訊之。婦曰：「我王六家人也。」吏因考箠，使其誣服爲盜，訛爲王六家兒，且指平人三十餘人，榜掠無完膚，問王氏夫安在。衆不勝苦，詐云：「已殺之，沈於河矣。」追所劫布及屍，無一是者。獄已具，君盡得其情，而王氏之夫故在。君坐官吏以法，而悉遣之。

君患官好致訟，乃令郡若縣各置二曆，

❶「卒」，原脱，今據文義補。

日著所治獄訟錢粟之績，一留郡縣，一上之憲府，遞更迭易，月按曆而鉤考之。凡所爲事，莫敢隱者，後遵以爲式。《大明律》初頒，吏莫能通，君日坐堂上，立六曹吏堂下，條授之，與之辯析，俾各通其法。名聲赫然著聞，凡疑獄皆質焉。上嘗廷稱曰：「聞熊鼎爲政得體，朕甚嘉之。」二年十月，臺臣奏山東憲司缺副使，上曰：「朕得之矣。」詔陞君爲之。

三年四月，封建親王，擇王府臣僚，上御奉天殿，丞相以下咸侍。上首問曰：「山東副使熊鼎稱是選乎？」衆皆曰：「賢。」上大書君姓字於几，復問禮部尚書崔亮曰：「鼎何如？」對曰：「鼎誠賢。」上曰：「朕固以爲足任也。」遂驛召君。五月，拜晉王相府右傅，階中奉大夫。會有事於方邱，君受告導駕，既齋宿，習射苑中，百官鴈行入，上敕近臣以弓矢授君射。君文臣，素不諳習，一發中鵠。上喜，勺湩飲以賜。明日，又射。上詔君至榻前，俯身御弓矢爲射容以教君。君跪受弓，左執之，右手搢一矢，鞬二矢，向鵠三發，連三中。上嘉勞久之。將遣之國，上御端門，君及秦王相鄭久成等以次就坐。上敷揚治國之道，逾數千言，反覆奬諭甚至。君等皆叩首謝，賜食而退。乘傳至晉陽，議建王都城，命工入山度材木，治瓦甓。四年，大興衆築城作王宮，君夙夜不懈。七月，奉相府賀生辰表詣闕，至則車駕將幸臨濠，敕從行。數被召問，恩寵有加。九月，辭於臨濠，上倚馬詔以處將帥閒協和之道。且曰：「汝不善騎，勿庸自來。」君還。會徙沿邊諸雜羌萬餘入内地，護卒弗嚴，道亂奔散，太傅徐魏公達發兵擒殲之。事聞，詔使詰責參政曹興等，併免君官，左遷大同衛知事。

五年，召還。六月，除晉王相府參軍，以《尚書》授王，復奉詔兼授秦王經。翰林學士承旨宋濂時兼太子贊善大夫，復薦君説《書》皇太子前。君於《書》最深，每以帝王心法之要陳之。太子、二王雅加愛重。明年，上御文華堂，召君問曰：「秦漢以來，諸侯王不肖者幾何？」君謝未攷，遂命之蘇州覈糧長罪狀。君至，擇其尤虐民者，杖徙之鳳陽。事畢，復入王府。七年三月，上御西苑，復以諸侯王事爲問。君復謝未遑，改刑部主事，奪參軍所受俸。

八年正月，授岐寧衛經歷，賜白金五十兩，錢萬二千文。上復念君在邊良苦，遣使持手詔諭君。詔上所親製，辭意甚厚，有狐裘、纊袍、毳襪之賜。時朶兒只把雖降，而持兩端。君上書萬餘言，言狀其略，謂：「西涼岐寧，漢唐内地，不可棄。朶兒只把非有歸向之誠，特假我聲援，脅服鄰邦，爲自安計，朝廷宜思制之之道。急之則必席卷而遁，雖得其地而無民；緩之則恐羽翼既成而跋扈。宜稍給種糧，撫其遺民，以安衆心，而以良將參守之，則朶兒只把特匹夫耳，又將安往？」上覽書曰：「人謂熊鼎迂闊，今不迂也。」九年四月，乃徵君還。次西涼府打班驛，遇朶兒只把叛兵，擁君北行。君力争不從，遂與中使趙某等皆遇害。時六月二十三日也，壽五十有五。後數日，亂兵就擒，獲君所佩囊中公牘，始知君卒。跡其骸骨，葬於某地。西涼衛以聞，上感悼，遣使弔祭，命臨川恤其家。其子某，以某年月日至某地以其骨歸，以某年月日葬於某山。

君學有應世材，内行尤脩飭。仲弟渙

爲開封府延津縣主簿，受誣以贓罷官死，妻子漂流無依，貧不能償其贓之半。君以己俸代償之，致其妻子於家。諸姑適俞氏，夫與子俱喪，無所於食，君延養之終其身，喪葬之禮無闕者。與人交，誠樸不欺。臨事善斷，故居官必有名。

曾祖某，祖某，父某，俱通經術。母某氏，有賢行。娶某氏，男若干人，女若干人。

初，君將之岐寧，子某來見京師，君口授所行事俾書之，且曰：「我死生未可必，或死，我無累汝者。當今惟翰林宋先生文可傳，我嘗獲先生知，汝以此拜乞銘，先生必憐汝，幸爲我銘，我無憾矣。」嗚呼！余言豈足恃耶？而君惓惓若斯，尤可哀也。銘曰：

天祐皇明，以民授之。必生其人，俾左右之。啓國之初，俊才如雲。其心之貞，允惟熊君。執筆載言，侍帝黼扆。從容論奏，爛然可紀。豈徒能言，亦見於行。繡衣直指，以蘇南氓。獮強剗穢，洗濯積垢。南氓稽首，君我父母。君車自南，民望於東。帝曰汝來，唯民之從。齊魯千里，厥土薉荒。君居二年，化爲耕桑。帝謂相臣：鼎也可恃。不負吾民，寧負吾子？維晉巨國，維傅大臣。將終任之，命則孔屯。既入授經，復出治戎。狐裘毳衣，唯帝念功。封論邊事，其策甚偉。欲召用君，君則道死。天子聖神，用無遺才。天困其逢，賢者所哀。生有事功，歿多孫子。銘圖其傳，以示千祀。

元故資政大夫江南諸道行御史臺侍御史周府君墓銘

公諱伯琦，字伯温，姓周氏，饒之鄱陽人。其先居汝南，宋靖康末，有諱泰者，與宗人益國文忠公必大之父從高宗南徙，實公之始遷祖。曾大父諱灼，鄉貢進士。大父諱垕，咸淳十年進士，某官，元累贈正議大夫、禮部尚書、護軍，追封鄱陽郡侯。父諱應極，有文學，仕元歷翰林、集賢兩院待制，出同知池州路總管府事，累贈翰林侍讀學士、中奉大夫、上護軍，追封鄱陽郡公。曾祖母某氏，追封鄱陽郡夫人。母上官氏，追封鄱陽郡太夫人。

公生十一年，而侍郡公游燕京。十五，補國子生，事吴文正公澄、鄧文肅公文原、虞文靖公集於司業博士座下。作《野菊賦》，禮部尚書元文敏公明善稱之，輒有名。後五年，積分如格，陞上舍生。又五年，丁郡公憂。泰定二年，用江浙行中書省都事劉君致薦之京師，禁林名卿，咸欲辟公自佐，公以大母春秋高，不就。

十二月，授將仕郎、廣州路南海縣主簿。天曆元年，赴南海。南海民歲轉輸秋税於韶縣，官督視之。黠民賂憲府掾，竄名佐吏籍來監税，大斛入，小斛出，竊其贏以自利。及至韶，往往不能登數。督視官被箠繫，移檄重徵於民。民負荷補輸，往來道路者半載，官與民交病之，忌掾威，莫敢問者。及公至，捕竄名者寘諸法，不欲其跡入縣門，令民多寡相資，自輸於韶，不遣一吏，而税先期以辦，民樂稱便。麥全等十一人以私鬻舶貨繫獄，舊官求其賄不得，誣爲强盜，論死。公讞囚，察其冤，遇赦出之。二年，以祖母喪解官歸，大府不許，趣還。會夷獠反，檄公捕至百餘人。

至順元年，移攝番禺縣。無籍吏五百人，據縣啗民，惡少年七十人並緣爲姦利。公斷遣之，一縣肅然不敢出聲語，縣獄遂空。已而江西行中書省漕糧八萬石於慶遠，命公護其行。公由肇慶、臨封，道廣西，越梧、潯、象、柳諸州，水陸四千餘里，譏防周慎，升斗不耗。二年，返南海，治妖僧獄，出所誣平民二十二人。是年秋，受代去。

三年七月，除太府監照磨，兼管句承發架閣，階從仕郎。元統二年，入太府。公慎簿書斂散之法，稽覈詳密，貪吏相弔。太府之長以聞於上，洊賜衣幣。明年重紀至元，復有狐裘鞍轡之賜。其冬以翰林學士張文穆公起巖、歐陽文公玄薦，遷徵事郎、翰林國史院編脩官，預脩泰定帝、寧宗實録，后妃、功臣列傳。六年，上進。四月，陞翰林脩撰、承務郎、同知制誥，兼國史編脩如故。扈從灤陽，屢草詔命，賜文綺者四。六月，奉詔代祀孔子於曲阜。九月，還都。十月，追加明宗尊號，進寶册，公奉敕篆寶文。未幾，親祠太廟，公與執事賜衣三襲。至正元年正月，詔書宣文閣榜，擢授經郎，兼經筵譯文官，階儒林郎。十月，奉敕開宫學於玉德殿西室，授宿衛官及翰林學士承旨、和尚等二十五人經。中貴人傳旨，命受經生北面行弟子禮，太官設饌，光禄進酒，朝廷公卿皆陪坐，時人榮之。十一月，講《大雅·文王》詩於明仁殿，有貂裘之賜。明年四月，詔引和尚等講書，賜中統楮幣一百定。自是特命乘驛從駕，蓋異數也。三年正月，陞宣文閣鑑書博士，兼經筵官。明年九月，復兼授經郎。五年正月，進説《虞書》「政在養民」之言，時河南、山東大饑，即詔發倉廩賑之。後十日，復講《旅獒》，方作亭臺於上林，亦詔輟工。七月，除崇文監丞兼經筵官。

御史臺以嶺南有警，奏除僉廣東道肅

政廉訪司事，進階朝散大夫，賜四品服。六年，至官，乘傳行海豐、揭陽，又南至海陽、程鄉、興定、長樂、河源，復東歷博羅、增城、東莞，又西至肇慶、德慶，踰年而還。周歷所部二千五百餘里，罷斥官吏汙穢不職者一百十人，誅四十有八人，釋獄之無辜者一百十二人，疑事不決者決之，州縣之獄爲之一空。薦處士陳明等六人於朝，建豐湖、白鶴二書院，以祀蘇文忠公軾、羅文質公從彥。明法度，申教化，嶺海稱治。復上封事，請於南海設科場，以取兩廣之士，置尉捕賊，無以主簿兼而廢民政，及他不便者二十事。

八年三月，仍前官，遷福建閩海道，未行，使者以翰林待制兼國史院編脩官召。明年五月，進所脩國史，擢崇文少監，階亞中大夫，同檢校書籍事，兼經筵官，賜三品服。十二月，賜紫織金對衣二襲。十年正月，奉香幣及金織文神旛代祀醫巫閭、濟瀆、北海，南至會稽而還。十一年，考試天下士，拜翰林直學士、太中大夫、知制誥、同脩國史兼經筵官，賜金織文對衣者二。

十二年四月，改兵部侍郎，尋拜中臺監察御史。御史用南士自公始。公言弭盜、用人等十事，賜黄馬一。八月，還燕都，句校百司刑政錢粟之籍，糾劾者甚衆，薦中外官一百二十七人，舉士二十五人，謇謇不阿，大臣皆嚴憚之。十三年四月，中書奏改崇文太監兼經筵官，階嘉議大夫。詔奉祀江海神，循江淮，道閩越，抵南海，南北幾及萬里。明年竣事，遂丁母夫人之憂，寓居姑蘇。

十五年，中臺以東南方亂，起公爲江東肅政廉訪使。公三以憂辭，乃起，移治於徽。明年，徙建德，又徙紹興，又徙衢。先是，朝廷嘗虚兵部尚書位俟公，道不通，乃改浙西肅政廉訪使，與江浙行省丞相達識帖穆爾俱守杭。十七年，丞相得承制行事，假公參知政事。時張士誠據姑蘇，未即順命，廷議以重爵懷之。公往授太尉誥，諭以大義，士誠稽首稱臣。是年冬，璽書至，拜公爲真，仍賜金織文對衣。十八年，丞相以漕粟事屬公，公分僚屬治姑蘇。十九年，江浙試進士，公實臨考，北士避兵江南者，亦權宜取之。或貧不能上禮部，白丞相以學官禄之。七月，丞相復承制授公行省左丞，分治於蘇。二十年，公運米十五萬石至燕都，明年亦如之。九月，使者航海以同知太常禮儀院事徵公，謝病不能赴。二十三年，真拜江浙行省左丞，階資善大夫，丞相自臨門趣公。公强起視事。數日，即引年致政，閉門而卧。二十四年九月，特階資政大夫、江南諸道行御史臺侍御史。而時事已不可爲，公憂憤絶食，幾死者數矣。

後三年，國朝禽士誠，浙西平。公稱病彌甚，引歸鄱陽。洪武二年六月某日，卒於家，享年七十又二。某年月日葬於某山之原。

公自諸生起家，禄食四十餘年，居朝最膺眷注，順帝常字稱之。博學能文辭，大小篆尤名於世，宫額寶文多公手書。所著有《堅白居士集》三十卷，詩三十卷，《説文字原》、《六書正譌》共八卷，《翰林志》十卷，藏於家。

始娶江氏，宋丞相文忠公萬里之曾孫；後娶錢氏，興國路經歷天祐之女，並封鄱陽郡夫人。子男四人：宗仁，台州路總管府判官；宗義，國子生；宗禮，江浙行中書省檢校官；宗智，兩浙轉運鹽使司照磨。宗禮、宗智皆先卒。孫男四人：某、某、某、某。

初，公卧病姑蘇，濂以總裁《元史》被召，見公於逆旅。公老思歸，守臣留不遣，濂爲道聖天子優禮舊臣之意，俾致公於家。公歸遂卒。《元史》雖爲之立傳，恨不能知其詳。今宗仁以門人謝徽狀請銘，故不復辭，而備著之，使讀者可互見焉。銘曰：

維天生才，咸降之衷。豈以南北，而有不同？泰山徂徠，有櫟有楓。江潭之閒，亦産柏松。世之褊量，偏曲不通。互毁交戕，戾乎大中。宋遷三吴，多士景從。或夷大難，或奏駿功。偉碩光明，與汴俱崇。荆楚之西，越蜀之東。將相王侯，皆人中雄。曷不觀之？益國文忠。起大江西，輔相孝宗。有文既宏，厥德亦豐。厥聲渢渢，銘於鼎鍾。惟侍御史，才贍而充。古今雖殊，後先比隆。自爲小官，摧屠姦凶。持斧南巡，嶺海爲空。歸服豸冠，上達帝聰。風節巍然，與國齊終。匪不能言，時則弗容。就其所爲，則已顯融。我銘其封，以焯其庸，以悼其逢。惟昧之攻，以昭於無窮。

俞先生墓碑

洪武元年八月二十二日，元鎮江俞先生卒於家。先生年九十矣，鄉人學士猶痛其卒之早，而歎恨以爲失所師。九月十九日，葬於崇德鄉鳳凰山之原，執紼送者數百人，咸哀戚如喪其私親。先生，善人也，德可師而文章有聲於世，故人幸其生而悼其死，既久而不能忘之。

先生之先，居温之平陽。曾大父某，宋

紹興司户參軍。大父某，爲廬江令，始遷鎮江。父德鄰，鄉貢進士，趙魯公葵開督荆襄，辟爲記室參軍，兼諮訪籌策，甚禮重之。宋亡，爲元丞相阿术建行中書於揚州，徵爲左右司郎中，不就。以先生貴，贈丹陽縣尹。

至元十六年，先生在娠，丹陽夢魯公與語，若有所屬，翼日而先生生，故名曰希魯，而字則用中也。先生爲兒童，已卓卓不凡，群兒誘之遨謔，不爲動，嗜學强識。年十五，繼喪二親，哀而不越禮。季父西發，宋太學生，有學行，先生師之。復受學於陳公膺。志超氣明，融會濬發，名士多樂與交。

年二十四，部使者以茂才舉，授處之獨峰書院山長。終三歲，移饒之長薌書院，除慶元路儒學教授，教有方，士人服之。任滿，赴吏部，群公欲舉爲國子助教，以母老願得禄江南辭。

擢歸安縣丞，至則脩孔子廟學化民，出田養士。會海溢，鹽官令民伐石以爲隄，郡吏議石盈五十斤乃受，細石山積，棄不用，石湧貴。先生命民爲竹畚居細石，如其數納之，價減三之二，民悦稱便，他邑皆效之。歲凶，説巨室出粟振窶夫，督輸租税於杭，俾倉吏先小民，後及大家，小民以不困。獄訟務致其情，囚廩乏，則與其僚爲糜更餉。

陞江山縣尹，階從事郎。先生爲書，本其風俗，申以訓戒，懸示民，民未久皆從令，莫有犯者。部使者至，怪其無訟，密詰之，道尹善無異辭，乃悦而去。郡長吏圭田屬縣境，歲遣家童徵租，田者告病，憚先生嚴明，逮去不敢横。

丁生母憂，服除，改丞務郎、永康縣尹，葺完廟學如江山時，聘名儒相講説，民咸喜得尹爲師。里正保首繇於官者，前吏苛虐之，不得休息。先生令其半返舍，有徵發則召，否不復問。郡符縣編役民之叙爲策書，先生聽民相推排，以貲力高下爲輕重，不使吏持其柄，吏噤歎莫敢出語。

豪民黄私洪之妻，與妻謀殺洪，繯頸懸屋楣，詐爲自經而亟焚其屍。吏以無可驗，弗之詰。先生聞，召洪叔父問之，叔父畏黄不敢洩。先生令訴於部使者，請委尹鞫，即可明。部使者果屬先生。先生捕其二女奴訊之，各引伏，妻與黄皆論死。

先生學行尊，雖仕下位，公卿貴人皆敬禮之。行省每大比，輒延先生進退士，主其事者三，同考者四。其門生學徒多貴顯於世，而先生年六十有六猶爲縣令。至正十六年，乃上章請謝事。明年，詔下，以儒林郎松江府判官致仕。皇上定都金陵，聞先生老儒，賜以粟，聘至問政教之要。已而稱瞶辭歸。上官其孫桓，俾以禄養，恩禮甚至。

先生於學靡不通，爲文宏厚凝樸，豐衍不窘，人多傳而貴之，而退然未嘗有驕汰之色。遇兄弟婣戚皆盡禮。女弟贅壻求異居，中析其財以畀之。既析，以侈廢，復養之於家，無厭色。寬恕樂易，與人交，不求其備，而有善必稱譽，使聞於人。人望之者敬，知之者服，久與處者，自以爲莫及也。

先生將卒，以所著《聽雨軒集》三十卷授子文圭校遺脱。是夕疾作，舉手曰：「吾三日人爾。」如期，問家人以日早晏，皆對曰：「五夜矣。」强起，倚桓背，執文圭手而逝。

先生母王氏，繼母張氏，生母則周氏，俱封宜人。娶營田副使陳鈞女，封如其姑，先三歲卒。一子：文圭。二女，適朱昺、張伯祥。孫男三人：長楨，夭；次桓也，同知太原府石州事；次彬。孫女二，適鄭埜、葛鏞。曾孫男三人，女二人。

初，先生嘗以銘墓屬其友之子王有壬，先生既卒，有壬曰：「先生文邃德高，得名世人銘，斯可稱。吾其敢爲？」乃狀群行，而使桓來請。余曰：「元之混一天下四年而生先生，閱九十齡而見其亡。始終哉，先生之於國也！」乃爲銘曰：

宋遷而南，土裂不完。百五十年，始歸於元。先生之生，海宇甫一。風氣混融，異才乃出。少觀其初，壯逢其康。九十年間，見其興亡。事功失得，可悲可喜。誰實使然，肉食多鄙。豈不得位，位與才違。微出緒餘，爲世吏師。嘉績如雲，道則在此。奥論宏言，著於千祀。人壽之長，不與國同。或佐其始，或成其終。孰如先生，與國均壽。壽則甚多，國則已陋。視國可悼，匪悼其身。後人來觀，元之壽臣。

礲硿子碣

礲硿子，鄭氏，諱斗，字德方，台仙居人。仙居有山高特者曰石礲硿，而礲硿子適家其下，人以其德峻拔與山類，因號之曰「礲硿子」云。

礲硿子少有偉氣，學書未成，舍去，攻醫以藥人。病者至，視其貧，即畀以藥，不問直有無。大疫起，比舍駢首卧，婣戚畏懦莫敢顧。礲硿子袖藥出入疫家，躬和煮治療，不少有倦色，人德之。既而礲硿子益壯，乃更悔悟，謂吾先人本以儒顯聞，吾可易他術隳先人名？即以藥肆授族人之貧者，而刻志於學。凡聖賢經訓及古今成敗之籍，皆探究奥密，抉擿端緒，身由而志存之，形諸言動。文辭蔚然有古風，正家睦族，具有典法。推其餘以周卹人，汲汲不厭。

元至正癸巳，大旱，民或鬻子以食。礲硿子戚之，擇腴田易粟富人以賑饑者，數百家賴不莩死。後二年，海氓作亂，礲硿子率鄉人避其難。偕行者或攘人雞，礲硿子不忍責，私以貲償之，後咸悔戢不敢肆。盜發栝蒼，將犯礲硿子鄉邑，礲硿子戴鐵帽，杖鐵杖，練習里中子弟爲隊伍以備之。盜聞，解去。

守將知礲硿子才可用，遣使者持幣蹐廬，起礲硿子謀兵革事，❶礲硿子知亂不可救，拒弗納。已而元亡，礲硿子亦且老矣，遂隱不復仕，惟日推所聞知授其徒。同姓來學者，飲食之。

礲硿子方嚴好義，有非義者，以禮開説，使入於善。故存而鄉人以爲師；既卒，咸悼惜以爲失所依。礲硿子年六十，國朝洪武十一年二月二十七日卒於家。明年正月四日，葬於七里之原。

礲硿子裔出漢安遠侯吉。宋建隆初，有名脩者，自永嘉徙仙居。歷十一世，至户部侍郎雄飛，以文學發聞於時，台學祠六君子，户部其一也。從子憲，爲國子博士，遭亂死於孝。博士之兄慰，實爲礲硿子之曾祖。大父合。父樞。妣張氏，宋司諫次賢之孫，元慶元路教授國真之女，夫蚤死，以貞節稱。礲硿子娶妣兄之女，先八年卒。三男子，曰光明，曰顯則，曰光韜。顯則黄

❶「兵革」，胡本作「其軍」。

氏出，推擇爲縣弟子員，貢太學，選高等，以鄉先生張君熙狀請銘。余與台士游，固知其多奇才，晚乃得礲硿子焉。於是知余於台士，未足以盡交之也。銘曰：

少而奇，壯勇於爲，愈老不衰。誰執其機？弗大其施。有積無虧，惟後之垂。

永康徐府君墓銘

君姓徐氏，夔、友龍，名與字也。金華之永康，所居邑也。諱興，諱盛及正孫者，曾祖、祖、考也。翁氏，妣也。祇祇翼翼，人不見其怠容；兵亂家貲傾，瘁心勩力，營度綜覈，卒完以充；歉歲，發餘粟振里閭；溫而恭，好禮而文，遇士友有恩，其德也。七十有九，壽也。元至正壬辰十二月二十四日，卒之時也。明年十一月十六日，葬之期也。元統癸酉九月二十七日卒者，其配盧氏也。六十者，盧氏壽也。甲戌十二月二十日，盧氏葬也。義鄉岡谷之原，墓所也。道弘、道惠、道杜，子也。張某，呂某，壻也。儔、俊、供、倧、福、寧、偉，孫也。椿、桔、棠、根、棋、音、本、儀、禧、敬，曾孫也。今爲國子生，授保定稅課司副使者，棠也。去君之卒一世矣，棠不敢忘，而圖銘以傳，其志事悲也。余與君同郡，雖欲辭，不得而辭也。銘曰：

善蓄躬，豈必名耶？全壽終，奚以榮耶？德其豐，厥胤隆隆，殆將興耶？

象山王君墓銘

國朝平四明，蘭山民爲亂，寇象山，虜縣令、丞，據縣及縣大姓。王君剛甫，散家貲，率敢勇士，襲其營破之，執縛魁酋數十人跪於庭，罵曰：「汝寇郡縣，因命吏，劫平民爲害，罪當死。」遂斬之。散其餘黨，迎令、丞以歸。郡以其狀聞，詔賜白金二十兩，縣圖其破賊狀於鳳躍山佛寺之壁。是時，朝廷聞亂，發近兵誅之。兵及境，欲屠從賊者。會君已誅盜，兵乃解。象山民數百，環君拜曰：「微君，吾邑幾以不義死。」由是君名聞浙水東。

君諱某，剛甫字也。其先祖某，自昇遷閩，復自閩徙象山。曾祖諱子俊，祖諱文盛，父諱芝。季父芑無子，君以父命後之。君祖、父皆善士，世以貲聞。至君尤敦厚有氣量，爲學務達大意，能操縱斂散，貲愈多。然好周施喜士，人稱其義。元季，嘗以通蒙古書，薦爲慶元路蒙古字學録。盜起黄巖，江浙行中書省檄君攝東門巡檢司事。攝六年，盜畏，不敢一人登陸。及君去官，東門被兵，民追思君，歌慕之。年六十有八，以洪武十二年正月某日客死於京師。識君者，咸悲傷之。

君娶葉氏，宋丞相夢鼎曾孫女；繼董氏，許氏。子男二人：用鼎，好學通詩；用釜，君卒後乃生。女四人，其二適林文孟、林起宗，二在室。孫男一，曰岵。銘曰：

古重巨室，齊於世臣。望大聲隆，可以鎮民。民或思亂，伺隙以動。呵而止之，俯伏震恐。豈若細人，勞而少功。勢卑言輕，其誰肯從？海島之閒，萬室蟄蟄。煮海樵山，易化難縶。世當治平，不敢蹻騰。或逆其情，據阨阻兵。乘亂未弭，噓呼以起。火矢風艘，入寇東鄙。君曰島蠹，自投釜中。沸湯方然，汝計已窮。怒叱壯士，盜不可長。縛斬軍門，以取峻賞。大兵東來，欲剗穢腥。聞難既夷，飛書大庭。函金走驛，一日千里。旌爾義勇，以勸來者。父老相攜，環拜於塗。非君有爲，幾受盜汙。鳳躍之山，圖畫君像。此則其藏，過者稽顙。

李信甫墓銘

建業有篤行士，曰李君，諱汝成，字信甫。居家能惠其鄉，信其朋友。游京師，卿大夫皆重之。勸之仕，不聽，竟歸。賈六合市上，物價減恒市人之半。客遺錢五十緡而去，遣人追之不及，抵其家授之。人以田宅來粥，予直視物倍。問故，則曰：「欲子孫久守之也。」年七十，以元至正戊子八月日卒於家。

君娶郗氏，再娶吳氏，年五十無子。或謂施金飾浮屠像當得子，既而夢神人授二栗，後十年連得二子，長曰讓，次曰疑。郗生一女，適句容王某。孫男四人，曰某、某、某、某。

君之先，太原人。曾大父某，徙潤。大父大振，遷建業，縣曰上元，里曰李岡。大振曰：「此符吾姓，宜居。」遂居之。通術數。父義，亦善士。

子疑，好學行義，儒生稱之。以某年月日葬君於某所，來請銘。疑言不妄，古所謂「視其子，知其父」者，疑與君之謂耶？銘曰：

不汲汲於名，終以善稱。不斷斷於得，終以貲贏。人維其然，故有合乎天。噫！彼力争而智取者，曷不視乎斯阡？

麗水黄府君墓銘

元至正中，天下方晏然，麗水黄君與可獨憂，以爲大亂將起。著書十篇，言政治闕失甚悉。曰：「能用吾言庶可捄，不然，莫及矣。」會朝廷遣使者宣撫四方，君即詣使者上之，不聽。歸卧於家。後數年，亂果作。山東李國鳳經略江南，見其書，歎曰：「經濟器也。」致書辟之。卒不起，年八十以終。君諱許，與可其字。上世多仕宋，不大顯。七世祖太學生師恩與兄讓財，以義稱。祖國華。父昶，年十七舉於鄉，補大學上舍生。

君蚤孤，知自刻厲。讀書攻舉子業。試弗利，棄不復視。慨然慕聖賢之學，習五經約知其説。尤深於《易》，旁通諸家言，目別彙分，咸得其統緒。狀貌敦碩，髯垂至膝下。談辯古今事，得失成敗，如身預而目覩者。部使者行縣，執賓主禮請見，奇其才，數欲薦之，謝不從。惟推所學與其徒相講授。性剛嚴，逢人不能爲卑辭媚色。不慊其心者，遇諸塗不正視。然養母恭敬温和，極能適其喜怒。母卒，廬墓左石壁之下，遂別號石壁山人。讀四書著《類觀》，讀《易》著《大意》，讀《書》、《詩》著《總斷》。他若制度文爲之説，咸有所述。所爲《文通》若干卷，其於義理蔚如也。

未卒時，自爲挽詩，謂將死。既而病，歎曰：「生而無愧，吾榮也；死而無虧，吾寧也。」遂卒，時至正壬寅四月二十八日。後六年爲吴元年，丁未十一月某日，葬於葉衕。

君娶魏氏，子男二人：文彬、文奎。女

一人，適梁某，屠出也。孫男四人，曰夢池、夢庚、夢裴。庶孫夢池，以能文辭名，仕皇朝爲秦府紀善，階將仕郎。女一人，適湯住。曾孫男四人，曰綸、維、綱、綍。❶

君没葬已久，夢池持狀以書拜泣曰：「先祖既不得志於當時，倘不圖其存於後世，是生死不遇也，烏乎其可？」余曰：「君雖不顯其身，而有孫以昭揚之，斯亦可謂有天道哉！」銘曰：

大亂之生，其端孔微。不有君子，孰爲蓍龜？未形而言，昏愚攸諱。幸冰未泮，視如平地。政闕教隳，安能久存？天塞其聰，有言莫聞。言之在予，從違者人。人之方迷，聖賢所難。叶遺書不亡，冢孫是紹。載德昭聲，是謂天道。

太初子碣

宋之德深遠矣，暨其衰微不振，人能取其國，而不能絶其子孫。百餘年閒，顯官名士森布於天下，當世稱多才者歸趙氏。此豈人力乎，非天曷能致此乎？

吾於浦江得太初子，諱良本，字立道。其裔出於周王元儼，至太初子十世矣。太初子六世祖士翮爲處州兵馬鈐轄，高宗時來遷睦，卒贈武節大夫。武節之子武義郎不玷，復自睦徙浦江。高祖武經郎善近，曾祖武翊郎汝泹，❷祖崇傒，父必俊。自祖以下始不仕，皆以儒名，至太初子尤異焉。

❶「綱」，張本作「絅」。
❷「泹」，韓本、傅本作「沮」。

太初子少時好讀書，從學於鄉先生吳貞文公萊。通經史大略，不喜專精爲章句，有得諸心輒見於行事，其言纚然可聽。其爲家以禮，取友必君子。凡所友者，善譽惡諷，終身不變也。妹歸樓氏，喪夫，二子楨、楠幼。樓氏族利其貲，欲以計奪分之。楨愬官，未報，夭死。長老有閔是婦子者，爲言於縣。縣擇可託孤者，皆曰：「莫賢於太初子，且其兄也，可任。」縣籍其貲貝、土田，付太初子主之。太初子視孤甥如子。既長，授以其籍，絲髮無所私。太初子行方嚴有度，柔仁者咸慕與親，剛愎者惴憚不敢過其門。

翰林待制柳文肅公貫，太初子父友，雅愛太初子爲人，命從朱先生震亨游。朱先生，老儒，通醫術，最嚴毅，不許可庸俗士，獨樂太初子，盡傳以其術。太初子謂「吾欲及物而患無其道，今乃得之」，遂發其術濟病者。窶人來問藥，與畢麾去，不取價。監察御史聞太初子精於醫，薦於朝，授以醫學正，太初子笑不就。而太初子之嫡亦且長於是，太初子謂曰：「兒善治而家，吾將休矣。」遂闢一室以居，研摩養生之說。朝夕粥一器，不御醯鹽蔬蓏，盛暑不箑浴，烈寒不附火，踰三十年無懈意。至老須髮不少白，人望之以爲真神仙人，而太初子亦若有所自得，人莫測也。

洪武六年，太初子卒，年七十。先卒之一日，坐牀上謂人曰：「明日良，吾將歸矣。」顧稚子取筆與簡，預書斂葬儀曰：「衣我楮衣，屨我繩屨，屨二，量宜用弊者，無華侈汙我。」至日晨興，冠衣正坐，啜一食，斂手瞑目。撼之則逝矣，二月十五日也。三十日葬於華表山之原。夫人戴氏先四年卒，合葬焉。太初子嫡曰友亨，❶孫曰季昇、季昱，曾孫曰同瓚、同珪、同璣。濂交太初子翁季閒最久，法當銘。銘曰：

人之將寐，昏氣乘之。形憊神疲，不能自持。矧惟死生，世之大事。誰能兩忘，談笑而去。猗太初子，脫然天游。與道始終，知命不憂。曷由致斯？其欲甚寡。形且頓忘，孰不可舍？世之鄙夫，雄傑一時。疾病之臨，鼠伏狐悲。太初之道，匪神匪僊，充乎兩閒，無後無前。

元故慶元路經歷劉君墓銘

予侍講禁林，有少年生持銅刻名印來謁，曰：「禮，劉氏子也。閒承檄行江西，過故人家，得范金圖記一，六面皆有，視之則先生名與字具焉。問所由來，欲以奉先生者死已久矣，禮竊恐棄置，謹貿以獻。」予辭謝不欲煩人，生拜不肯起，予既勉受之。生又拜且泣曰：「禮願有請也，幸先生無拒。禮，贛人也，生十年而先子亡。先子之亡，今二十有一年。禮孤也早，先子之徽行不能悉知矣。所僅知者，倘又不屬立言君子以傳，則禮何以爲子？禮之先子少有志事功，特以遘時艱難，屈於小官，竟不克施以卒。既不克施矣，而復不得垂姓名於久遠，是生死不遇也，禮竊懼焉。願先生惠賜之銘。」言已，又泣且拜。予起立答領其群行之辭。會考禮事嚴，久未暇述。生請如是者四三，益勤不怠。今年生除龍江宣課司副，又來速曰：「非先生銘，禮不能一日忘而去也。」遂序而銘之。

❶「亨」，張本作「享」。

君諱明德，字作霖。幼有氣尚，若欲有爲者，不肯躡庸人後。爲舉子業，專攻《春秋》經，晝夜磨督不暫輟，傳注數十萬言，歷歷記憶，倒舉可成誦，期以此致功名。嘗曰：使我爲某職當如此，爲某職當如彼。若素爲之者。至正庚寅，會江西大比，君曰：「此非吾時耶？」即東書往赴之。時有司以程式去取，君言時務落落動人，見者咸縮手出舌，然卒以此不中。君感憤歸，閉户讀書，益奮勵不衰。攻諸體詩，精敏數出新語。又善字畫，飄逸有風韻。由是聞縉紳間。

廣東宣慰使興都刺鱸君名，薦爲雷州路儒學教授。君爲教官，立規條戒訓，率先諸生。講説自身及家之道殷勤懇飭，聽者忘倦。海南之言有師德者，必曰「劉先生，劉先生」云。君既善爲職，聲問日著，由雷州超授慶元路總管府經歷。綜挈名實，事集無滯，上下信服之。未幾，東境盜起，勢摇郡邑，君即解印歸卧於家，倘竹樹田園爲終老計。至正乙未五月以疾卒。上距生年延祐丁巳，壽三十九。

君之先，真定稾城人。祖浦，隱不仕。父巨，瑞州路總管府推官。遂居贛之贛縣。君娶廖氏，生子男子一人，禮；女二人。禮即請銘者，能自奮繼其家聲。既葬君於贛江之水東原。今以才俊仕，君子謂其能子。銘曰：

志之隆，禄則不豐；才之良，壽或不長。果孰爲之？嗣人其昌。

元故處州路青田縣儒學教諭黄府君墓誌銘

府君諱植，字國輔。其先虞姓，居越之

上虞。宋建炎閒，遠祖從福遷台臨海之靖安鄉。至汝楫者，避難而以黃易虞，今遂爲黃氏。曾祖玠，宋宗學諭，積而能散，人稱曰「佛子」。祖居正，朝奉郎。父湶，母陶氏。

府君十歲而孤，母夫人授以《書》、《詩》，輒能省解大意。嚴自脩飭，不與群兒出遨，家人皆異之。其兄曰樟、曰彬，以文學名，皆爲郡教授。兄屬愛甚，日夕相摩切浸灌。稍長，遂刻意爲學，名聞參出二兄閒。甫十一，薦紳美其才，補上蔡書院直學。既而郡守趙君鳳儀欲辟爲掾，力辭之。後調青田縣儒學教諭，迄不就，年五十有二無疾而卒。

府君爲學，以六經爲本，以躬行爲務，以文藝爲末。始以此自爲，亦以此淑諸人，問之無不知。考其終身，無所愧於其言。其居家，延師，闢齋廬，教族人子弟之貧者；歲饑，則爲糜道傍，以食餓夫；鄉人爭曲直不能決，相率叩門以質。府君曰甲理是，乙非，各悦而退。用是學者稱之爲「鄉先生」，細民稱之爲「善人」。

娶杜氏，於夫於子皆盡道，年七十有二而卒。而六子勳、烈、默、杰、熙、熄皆士行；六女適陳又琥、葉起予、陳學詩、戴夢祥、周應顯、鮑可殷，又皆不愧於士族。於是知府君之善教也。及府君歿三十餘年，而孫男之多至九人，曰垣、陸、童、厓、廛、墅、甡、圲、圤。孫女五人，其二亦適胡宗銓、吴貫。而曾孫男又五人，曰鐃、鏕、鏐、鐻、鑱矣。於此又知府君之德厚，而後人之盛未已也。

嗚呼！爲善者苟不慕乎名，則人何所勸乎？故徇勳之請，敘而銘之。府君卒在元至正甲申五月丙申，葬在庚寅十二月甲申。杜氏之卒在丙午九月丁亥，其合葬以國朝洪武戊申三月某甲子。墓在閻岸之青鼎山云。銘曰：

學弗於文，維本之敦；行弗隨於人，維天之循。維其循乎天，故有熾於子孫。人勿求乎君，盍求諸身？

元故國子祭酒孔公神道碑

堯、舜、禹、湯、文、武及孔子，德皆聖人，惟孔子不得位而功最盛。天於恒人，有一善且昌其後昆，況德充天地、功施萬世而身不食其報者乎！堯、舜、禹、湯、文、武皆王天下，故子孫受其祉有限；孔子無位，故餘慶遺澤被其子孫者無窮。自斯民之生，未有若孔子之德而無位者也，亦未有孔子之傳世久遠而襲爲封君者也。嗚呼！天之報聖人，其在兹乎？

公諱克堅，字璟夫，世家魯之曲阜，孔子五十五代孫也。曾祖曰之厚，贈大夫、濟寧路總管、輕車都尉。祖曰浣，累贈通議大夫、禮部尚書、上輕車都尉。皆追封魯郡侯。父曰思晦，嘉議大夫，襲封衍聖公，累贈通奉大夫、河南江北等處行中書省參知政事、護軍，追封魯郡公，謚文肅。曾祖妣女真氏，祖妣李氏，妣張氏，皆追封魯郡夫人。公少廓達通敏，日誦千餘言。始冠，遊學成均，通《春秋左氏傳》。文肅公薨，襲封衍聖公，階嘉議大夫。

元重紀至元五年，上疏請脩飾廟像。順帝可其奏，賜山東曆日錢之半給其費。命監察御史族人思立，持楮幣二萬五千緡勒碑以紀成績。至正六年，中書謂公爵與階不稱，奏陞之，制授中奉大夫，易銅章以銀。十五年，平章政事達世帖木爾薦公明習禮學，徵爲同知太常禮儀院事，以子希學襲公爵。是年冬，帝親郊，公攝太常使，盛服襜然，登降有容，觀者稱爲達禮。御史大夫雪雪言公才宜近侍左右，拜中臺治書侍御史。公辭歸。

明年，拜山東道肅政廉訪使，既受詔，復辭。會山東兵亂，公率家人北行，次藁城。丞相賀太平奏召公爲集賢直學士，希學爲祕書卿，遣使者即藁城起之。公至燕都，劇盜毛貴犯畿甸且逼，❶廷議棄燕遷關中，公曰：「天子當與社稷宗廟俱爲存亡，❷烏可棄而他之？今勤王之兵頗衆，與之決戰，盜可平也。」如公言，盜果敗去。十九年，遷禮部尚書，知貢舉，時四方士避亂多集都邑，公請設流寓科以取之。是年冬，擢陝西行臺侍御史。李思齊及察罕帖木兒二軍争秦隴相攻，朝廷不能制。陝西行省丞相帖里帖木爾納思齊降將，命張良弼禦之。公及中丞袁渙諍曰：「不可。二軍不敢舉兵犯奉元，豈其力不足哉？特以無名耳。今納其叛將而出兵禦之，是引虎使噬也。」丞相不從，渙亦被劾去，公怒曰：「謀之不善，亂且至矣。」遂自劾而歸。月餘，二軍及良弼戰於鹿臺，奉元果陷。

二十二年，除國子祭酒，帝賜上尊，太子書大成殿額以賜公。以世亂不樂居位，竟謝病歸闕里。營別業城南以居。後起公爲集賢學士、資善大夫，不就。復以公爲山

❶「劇」，原作「處」，今據黃溥本改。
❷「與」，原脱，今據黃溥本、韓本補。

東廉訪使，卒不起。

二十八年，天兵取中原，❶皇上手詔趣公入覲，待以賓禮而不名，賜以廩祿，不煩以職，郊祀必致膰肉，撫勞甚至。洪武三年春，以疾告，遣中使存問。疾篤，詔還公於家，給驛以行，賜白金百兩，文綺八端，他錢物稱是。三月二十八日，次下邳新安驛，薨於舟中，壽五十有五。希學奉喪歸，以六月十三日葬於孔林，去孔子墓若干步。

公寬厚樂易，事親有體，遇族黨有恩，與人交，不爲掩覆計度，一以誠信。豐下美鬚，容止甚都，順帝以福人稱之。公娶張氏，濟寧路總管子仁女，封魯郡太夫人，先卒。❷丈夫子九人，長即希學，次希説、希範、希進、希麟、希鳳、希順、希尹，皆元國子生，希贇其季也。女一人，❸適某某。孫男九人，曰訥、曰証、曰某某；女五人。希學，今資善大夫，襲封衍聖公，每歲朝正於京師，上寵錫之甚厚。以袁渙狀來請，曰：「先公没，今十年而墓道之石無文以刻，恐休德不聞於來世，人其謂何？」濂嘗獲識公，且與希學善，雖老矣，其忍不銘？銘曰：

天命大聖，爲萬世師。廓幽昭潛，雨施日輝。功加堯舜，位則不有。斂其遺澤，以昌厥後。歷年二千，有興有亡。五十餘世，封君相望。❹自侯而公，愈遠彌貴。桓圭衮衣，肅將祀事。惟公紹家，敦大且文。人曰休哉，聖師之孫。入爲秩宗，左禮右樂。格於幽明，上下允若。亂兵趨燕，宗社震驚。

❶「天兵取中原」，原脱，今據黄溥本補。
❷「先卒」，原脱，今據黄溥本、韓本補。
❸「一」，黄溥本作「二」。
❹「君」，傅本作「褒」。

君臣合謀，棄而西遷。公曰不然，君死社稷。以正伐亂，勝不以力。王師焞焞，如虎如貔。盜遁難夷，公實啓之。關陝之間，將驕胥噬。彼謀不臧，以水止潰。公謂元戎，世方興亂。無失厥防，以速其叛。言臧不從，不臧是爲。禍將迨身，云何弗歸。璽書迎拜，俾掌邦教。大訓宏謨，敷聖之道。土宇日隳，位其可居？退脩於家，琴瑟詩書。皇明御極，取聖爲則。陟降帝庭，禮儀有翼。生享其榮，死篤其承。云誰致然，聖澤休明。惟聖之澤，如山如川。有址有源，以永厥傳。繼聖惟賢，守位惟德。昭績垂聲，後嗣是式。

故金處士墓碣

予精神既衰，囊筆櫝硯，諱言作文事。忽同郡金生仁泣而請曰：「仁之先人善裝褫之藝。嘗獲私於執事，秦漢以來金石刻悉畀之，交疊無跡，而匡郭合度。執事爲之喜，每延譽閭右之族。先人每歸言，仁雖在髫齔中，耳熟之，迄今弗忘。先人年五十二，不幸以元至正十八年十二月二十日終。久未克葬，今以國朝洪武某年月日窆於某山之原。執事儻存夙昔之故，哀而銘之，雖死且不朽。」復泣不止。

予曰：「爾父，予知之最詳，何忍靳一言，不慰其九泉下耶？爾父諱永，字仲明。幼從許文懿公游，長贅女氏，遂襲爲其藝。余忠宣公來，持部使者節，命治法書，悦之，篆『山堂處士』四字以賜，人以爲榮。爾父沈謐有守人也。且鑑辨名畫絶精，以運筆柔勁、設色明晦，定其久近真僞，人多服之無異辭。今亡矣，可念！爾父世姓劉，避錢鏐嫌名，更爲金，婺人也。曾祖榮，宋雷州通判。祖煜，某官。父祐，元白鹿書院山長。爾父，故衣冠裔也，故與他裝褫家不類，君子之澤其有可徵哉！」

娶王氏，生子男三：仁、寶、安。仁即求文者。女二，歸張讓、張宏。孫男八人，女六人。銘曰：

藝之穰，業之良。藏諸密，名弗逸。

元故王府君墓志銘

余來讀書浦陽江上，凡遇惇厚之善士，必禮貌之，又稍與之游。縣之深溪有王府君，系出義烏鳳林，先世嘗有顯者。府君雖肥遯不仕，其爲人也好善，鄉人服之，至不忍欺。

歲儉出粟貸人，不求其息。或窶不能償，又復稱貸，府君亦從之。人笑其迂。府君曰：「吾誠迂，彼豈有餘力而不我歸哉？」人有鬻産者，必增其直以足其意。鑿石鍊灰以腴稼者，既即府君山，復飲食之，而始收其利。窶人無田，藝富民之田而中分其粟，乏力者粟輒不登。在他人必易藝者，府君卒不變。人笑其愚。府君曰：「我誠愚，教吾子孫爲寬仁之人耳。」

里中有池塘，延袤可二十畝。其二婚家力争之，數訟於有司，不決。府君慨然曰：「所貴爲士者，能爲閭井解紛耳，況與之有連乎！」乃取内子金條脱質錢若干緡，刺羊豕以合之。酒半酣，捧錢而跪進之，各驩然而忘其訟。向之笑者，至是咸服府君爲有德君子，愧曰：「吾儕小人棼棼爾，營營爾，安足以窺其中哉！」

予嘗與府君合飲香嚴佛祠，既稔，聞其

善行，數審視之，其衣冠不詭于人，其發言和而有則，其飲酒至百觴不亂。且執予手曰：「子文辭誠美矣，惜不識酒中之趣耳。」予爲之驚喜。嗚呼！此豈所謂惇厚之善士者非耶？

府君晚年以家事屬諸子，幅巾杖屨，夷猶大山長谷閒，秋髮繽紛，翛然如物外人。年七十三，忽嬰微疾，呼家人謂曰：「吾將逝矣。爾等當法我儉勤，更效同里鄭氏九葉聚居。吾瞑目泉下矣。」言畢，形神乃離。實元至正辛巳八月十五日也。壬午十二月二十四日，葬於大樣山之原，距家西三里而近。

府君諱澄，字德輝，其姓王氏。曾祖某，祖某，父某，母某氏。娶鄭、周二氏。子三人：子覺、子麟、子偉，皆周出也。子麟出爲仲父汶後。孫八人：應、念、憲、愳、懃、慶、恖、恩。女三人，義門鄭渙、同里周資、張侃，其壻也。曾孫二十人：澤、涇、浙、江、溫、淇、湝、瀏、溶、瀾、潛、淪、溥、潚、沇、淦、涯、泓、濠、涓；女五人未行。

嗚呼！大樸之散久矣，嗜利之徒，唯思肥己而瘠人，恨不搤其吭而盬其腦，尚有如府君者乎？勒石墓門，用以爲勸也。銘曰：

行脩於身，惠洽於人，名行乎薦紳。天之報施，裕其後昆。合筵而食，以孝義聞。斯何愧於樊張之倫，凡樂善者視玆刻文。

元故朱夫人戚氏墓銘

夫人姓戚氏，諱某，字某，婺金華人。宋朝奉郎知袁州事如琥之曾孫，從政郎廣德軍司法參軍宋祥之孫，貞孝先生紹之女。

年若干，歸義烏朱君元。踰若干年，喪其夫，三子皆幼。

時宋亡爲元，盜起旁縣，焚廬舍剽劫。家單甚，夫人艱勤悲悴，事舅姑無怠容，遇諸子有恩而嚴。少子嘗戲取人一雞卵，夫人怒曰：「是乃所當取耶？」笞而責還之。稍長，遣從許文懿公游。督教愈於夫在時，粥釵釧資之，俾無勌懈。父老病殊殆，迎以就養，烹藥進食，不寐者三月。留十年乃終，不以喪葬累兄弟，出私貲爲具。女兄歸朱氏蚤死，夫人育其三孤兒。長兒亡，又撫循其男女，爲擇名族嫁娶。族女貧不能行者，必以貲助。窶家得子多溺死，以倫理訓誘俾勿溺，資以粟帛。里中人德夫人如慈母。夫人與娣姒和，視娣姒子猶己子。御媵婢仁而威，聞夫人謦欬咸肅畏，譁者止，惰者執業以俟。久而知其可事，多終身不忍去。

夫人春秋既高，三子冠裳翼然，須髮頒白，升堂奉觴，以次爲壽。諸婦孫男女數十人列侍左右，懽愉竟日。年八十時，婣連賓客慶問者以千計。夫人讀書史，爲人言皆有詞采，可稱述。壽八十有七，猶康彊不衰。旦起盥櫛，召子孫來前，曰：「吾殆死矣。」就枕熟寐，日晡遂卒，至正丙戌五月九日也。十二月某日，遷朱君之柩合葬某里東山之原。

三子，長曰震亨，有學行，人尊之曰丹溪先生；次曰巽亨，次曰蒙正，皆善士。孫男五人：嗣衍、嗣洪、嗣紀、嗣湜、玉汝。孫女十人，皆爲巨室妻。曾孫男二人：文栢、文椐。女子三，一適人，其二在室。

夫人卒三十五年，嗣紀以狀拜泣，曰：「夫人於朱氏爲賢母，宜得銘。」余曰：「嘗聞丹溪言信然。丹溪學可師法，觀丹溪可知夫人賢；觀夫人其子之賢益可徵。余奚由讓？」銘曰：

詩稱賢知，多本母氏。史傳子輿，三遷是紀。仁猷義訓，與性皆成。導之爲善，川赴木升。少闕其端，愈長滋戾。曷若夙教，圖難於易。有儒丹溪，行介德方。匪惟師承，惟母之良。祇率慈惠，具有典則。尊章歎咨，遐邇遵式。黄髮朱顏，眉壽樂康。環珮紳綏，秩其盈堂。善慶孔多，澤則在後。後人勿忘，碩儒之母。

徑山興聖萬壽禪寺住持竺遠源公塔銘

徑山禪師入寂已久，古緡州男子實爲之銘。其序曰：禪師諱正源，字竺遠，歐陽其氏也。文忠公爲遠祖，而南康其所居也。

年二十七受具戒，越四十五載，當元至正二十一年六月二十六日，壽七十有二而逝，其始與卒也。大辨和上、虚谷靈公以道德名東南，其傳法師也。觀音興聖道場、靈隱、徑山，其所主伽藍也。

始見陵公，公以「龍潭滅紙炬」語問之。禪師應之曰：「焦石可破層冰。」公曰：「破後奚爲？」復應之曰：「探索乃知。」公詰曰：「所知者何事？」方思對其語，公遽舉杖擊之，悚然默喻。由是智開識融，外内無礙，雄談慧辨，動静皆空。叩之者無窮，歸之者有容，近者化而信，遠者慕而宗。又能飾之以文，持之以勤，位尊而不以爲榮，德盛而守之以謙，所得乎道而出乎世者也。

居道場，增其室廬之未備者。主徑山，焚亂兵遺骼之暴露者。在靈隱，樓閣皆爲煨燼，惟其所居獨存，類有神以相之者。其建功動物之可見者也。生之夕，梵僧見夢於其母。及將歿也，預告日期，書偈而化。弟子分瘞爪髮於道場，舍利叢叢然生。其靈異之顯著者也。元之帝師聞其賢，錫以「佛慧慈照普應禪師」之號。五主巨刹，皆方鎮大臣遣使者所邀致，其法孚於人者深也。

廣化、圓伊、本覺、文煜、興聖、宗德、承天、道瓊、淨光、智聚、大慈等若干人，其得法弟子也。某等若干人，其所度學子也。徑山，其白塔所在也。全身而瘞者，禪師之意也。二十二年某月日，其瘞之時也。集而傳之者，其所説法也。

法不可以迹求，道不可以形著，雖無塔可也。有塔矣，雖無文可也。宜無文矣，繁其辭者，過也。故略而約之。略而約之者，古之道也。以古道處禪師者，余志也。謂余爲簡者，非知道者也。請銘者誰？圓伊也。銘曰：

道之原，本無言兮。以言求道，道豈宣兮？有倬達摩，號爲禪兮。指心見性，簡且專兮。弊而失宗，口耳是傳兮。襲訛蹈誕，欺昏頑兮。虚石嶄嶄，法雷震天兮。餘音所及，聾以顛兮。師奮大勇，直走其前兮。象據獅吼，泝幽玄兮。五涖名山，從者千兮。扶堙疏滯，導百川兮。洗濯白日，光爛然兮。有目皆覩，照八埏兮。文辭如雲，來翩翩兮。即而索之，以縆縶煙兮。道且不有，矧簡編兮。又況幻形，同蜕蟬兮。閟塔鑱文，不愈衍兮。有文之文，多糾纏兮。文而無文，道乃全兮。師道如羿，此遺弦兮。因粗解妙，在後賢兮。

天龍禪師無用貴公塔銘有序

師諱守貴，字無用，水庵，其別號也。俗世甄氏，世居婺之浦江。其家業於耕樵，每使之行饁田間，師志弗樂也，乃同鄉童子從師傳學讀書。元至治癸亥，師年十八矣，入里之康侯山依浮圖法爲僧。群僧各分檀越家，遇其作齋會，輒持鼓螺應之，師又弗樂。

泰定乙丑，師年二十，翩然往浙水西，日以問道爲事。適千巖禪師長公縛禪於龍華寺山，師往拜之。授以向上一機，冥參默究，恍若有所契，師因弗欲辭去。龍華與天龍院隣，天龍沙門大道平公方務起廢，力挽千巖主之。丁卯春正月，笑隱訢公言千巖行業於行宣政院，將俾出世住大禪坊，千巖竟遁逃不見使者。久之，夜渡濤江，東走烏傷伏龍山，師復與之俱。山有廢刹曰聖壽，千巖爲一新之，遂命師領其徒。

至正丙戌，師還天龍，往參中峰本公、斷巖義公、梁山寬公，其反覆扣答，不異見千巖時。師太息曰：「千江雖殊，而明月則一，吾今後無疑矣。」戊子之夏，退居嘉興，建庵爲佚老計。庚寅秋七月十日，夢大道來別曰：「吾已棄人間世矣。」師大驚，急拏舟往視之，大道果告寂。後因名所居庵爲「應夢」，黄文獻公爲記其事云。

師自是復住持天龍。天龍素無恒産，募齊民二千家，每臨食時，輒取一小甌聚之養四衆。大道既建大殿三門兩序及塐佛菩薩阿羅漢諸像，師繼其後，益殫志畢慮爲造僧室與演法堂。堂上爲閣，以受吴越錢氏所造大悲尊象，❶又買並寺之地以爲蔬畦，而寺制所有者小大咸飭。鍾魚互答，經唄兼舉，隱然如大伽藍矣。

辛丑八月二十日，作偈一首，副以高麗淨瓶，寄别江浙行省丞相達識帖穆爾公。明日，趣作浴事，索筆書頌曰：「一蝸臭殼，内外穢惡。撒手便行，虚空振鐸。天龍一指今猶昨。」擲筆而化。丞相聞之，大加歎異，遣官僚爲具後事。以某月日造慈濟塔院於天龍西岡，奉全身葬焉。師平生不畜長物，寒暑唯一布衣，戒行甚峻。常落一齒，其左右櫝藏之，中生舍利羅，五色爗然，日見增長。世壽七十有二，僧臘五十有四。所度弟子善法住持德盛等若干人。❷余與千巖結方外之交，揮麈談玄，無月不會。而師又與余同鄉里，故於師之傳授行業知之實詳，銘非余孰宜爲之？德盛之請，有不得而辭也。銘曰：

伏龍之山，懸巖千尺。誰陟其顛，奮身一擲。軀命既絶，萬緣頓息。絶後復生，真體軒兀。如摩尼珠，其光五色。照耀東南，不落名迹。天龍一指，斯爲獨得。無用之用，動而常寂。化爲樓閣，莊嚴淨域。苟以爲是，涉乎相執。以空爲楮，以無爲筆。焯德示後，用垂千億。

桐江大師行業碑銘

古浮屠之道，以堅忍刻苦爲先，故其慮澄欲寡，而入般若爲最易。所以雲居誨人爲己不貪世榮，翠巖日走聚落，食或不繼。

❶「受」，張本作「妥」。
❷「持」，原作「侍」，今據胡本改。

此無他，重内而輕外也。濂今得一人焉，曰寶林桐江師。其視榮名利養亦澹然無動于中，瓶鉢之外，絶無長物，所服布袍或十餘年不易。臨殁，舉鄉來發遺篋，❶欲行倡衣故事，唯紙衾一具而已，大笑而去。嗚呼！據位十刹之間，而履行危峻若此，視翠巖、雲居，其爲人也何殊，可不書以爲學佛者之法乎？

師，吴氏子，世居嚴之桐江，故因以爲號，諱紹大。父善，母季氏。❷師神觀孤潔，不樂處塵𡏖中，一觸世氣，唯恐有以涴之，入同里鳳山寺爲沙彌。稍長，祝髮升壇，納滿分戒。私自計曰：「化龍之魚，肯於蹄涔求生乎？」即日杖策而出，上雙徑山，謁大辨禪師陵公。公據席攝衆，道價傾東南。一見師，大喜，授以達摩氏單傳心印，相與詰難者久之。師退，復自計曰：「如來大法，天地所不能覆載，其止如斯而已乎？」遽辭去。歷三吴之墟，宿留建業，經匡廬，泝大江之西，還止湖、湘、漢、沔間，名伽藍所在，必往參焉。諸尊宿告之者，不異徑山時。師復慨然曰：「吾今而後知法之無異味也。」乃歸見公，公俾給侍左右。師益加奮勵，脇不沾席者數載，朝叩夕咨，所以悟疑辯惑者，無一髮遺憾，遂得自在無畏法。陵公喜傳授有人，每形之於言。

時東海歟公以天目嫡孫唱道淨慈，爲法擇人，如沙中淘金，鮮有慊其意者。會藏室闕主者，乃曰：「必如大兄方可耳。」師乃起涖其職。尋以心法既明，而世出世智不可不竟，手繙貝葉，寒暑俱忘。每夜敷席於

❶「舉鄉」，張本作「維那」。
❷「季」，張本作「李」。

地，映像前長明燈讀之。一大藏教凡六千二百二十九卷，閱之至三過，遂皆通其旨趣。師之志猶未已，儒家言及老氏諸書，亦擇取而擩嚌之。自是内外之學，兩無所愧矣。

元之至順壬申，廣教都總管府新立未久，采諸輿論命出世嚴之烏龍山景德禪寺。❶興廢補壞，善譽流衍。至正辛巳，行宣政院遷主金華山智者廣福禪寺。寺近郡城十有餘里，而城中爲廉訪使者治所，持節而來者，多朝廷老臣及文學之士。休沐之日，恒入山諏詢内典，故持法者頗難其人。自師之至，若貴若賤，若小若大，靡不嚮風悦服。四方學子翕集座下，甚至無席受之，一時法會號爲極盛。

戊戌之秋，院中復徇群請，移住義烏雲黄山寶林禪寺。師堅不欲行，使者凡三往返，然後承命。明年己亥八月朔，覺體中不佳。至第七日，日將歿，鳴鼓集衆，告以永訣，即斂目危坐。或請書偈，接筆擲于地，曰：「縱書到彌勒下生，寧復離此耶？」倏然而化。服沙門衣五十八春秋，享報身壽七十有四。越五日，行闍維之法，獲舍利羅如紺珠色，齒牙貫珠不壞。以某年月日，建塔於某處藏焉。

師廣額高眉，正容悟物，使人妄意自消。生平以弘法匡徒爲己任，敲唱雙舉，鐘鼓交參，未嘗少懈。有求文句者，操筆立書，貫穿經論，而歸之第一義諦。間游戲翰墨，發爲聲詩，和沖簡遠，亦有唐人遺風。至於有所建造，甃石運甓，躬任其勞，以爲衆倡。手未嘗捉金帛，悉屬之知因果者。

❶「采」，原作「宋」，今據文義改。

或尤之，則曰：「吾知主法而已。」嘗患滯下疾，拭淨不忍用廁紙，摘菽葉充之。其刻苦蓋人之所不能堪，非見解正力宏量，豈易致是哉？《三會語》有録，其上首弟子兜率行勤己爲編集行世。永明戒茂復以塔上之文未述爲愧，乃數來徵濂銘。

濂昔見師於金華山中，共閱蠅頭細書，戲問之曰：「師年耄矣，其眼尚如月耶？」師笑曰：「賴有此耳。」別後，復録近作詩一卷來寄，師之意似相知者。濂自後奔走西東，弗能再往，今師則不復見矣。因從永明之請，歷序師之苦行，并其證悟之深者，勒諸穹碑。假佛法而饕貴富者過而讀焉，其有所觸也夫！銘曰：

夫辨之道白如日。一照便入光明域。幻爲巖瀑瀉千尺。珠璣散落龍爲惜。寶林師子亟返擲。歷徧名山絶爪迹。大海震蕩接天碧。醎味由來同一滴。三藏玄文密如織。映燈夜讀廢寢食。差別從今會于一。欲求隻字不可得。三鎮名山道充斥。太空無雲雷下擊。龍象人天俱辟易。孤高有同泰華色。茹苦不翅餐崖密。偉哉德人麟鳳質。特爲時來誰復識。長風滿水□□□。感古思今意何極！

宋文憲公全集卷三十一終

宋文憲公全集卷三十二

惜陰軒記

人之異於物者，豈特形貌而已哉？亦必有道焉爾。苟徒飲食以生死，生無補而死無聞，則物皆然也，奚擇於人乎？古君子所以汲汲而不懈者，非徒求過於物，且求異於庸常之人；非特求過於人，且求所以治安之而後已。

蓋天之生君子，所以爲民物計也。凡民之生，豈皆怠而嬉哉，其所趨者小耳。彼幽探而遠取，多致而急售，相時乘隙，以徼十一之息者，汲汲於財者也；朝造而暮謁，曲譽而巧頌，眴候顔色以覘人之喜悦信任者，汲汲於勢者也；衒長而飾智，本能而逞功，上以欺乎人，下以欺其心者，汲汲於名者也。是皆有所利而爲之，莫不窮心力，竭思慮，目不暇瞑，而身不暇安，亦勞且勤矣，而君子何取乎？君子之所務者，徇乎道，不徇乎人；利乎民，不顧乎身。若禹、益之治洚水、焚山澤，周公之制禮樂，孔子之作《春秋》，孟子、韓愈之闢邪説，皆焦心苦思，東西奔走，食不待飽，而衣不務華，至於終身而後已，曷嘗爲其身哉？上以憂斯民，下以明斯道爾。君子之所爲，固如是也。

會稽翁昌齡，由國子生再擢爲監察御史，名其燕居曰「惜陰」，其有志於民者乎？夫人常患無志；有志矣，患不學而妄行；學矣，患無位而不得見於世；得位矣，患非其職而不獲爲。今昌齡沈篤而專愨，非無志也；讀書而能文，非不學也；國家内外之官，各不可越其職，而御史於天下事，無所不宜言，則又居乎可爲之位矣。以利民之心，行利民之政，夫何難哉！昌齡旦興而夕息，坐斯室而思之：民或有未安者乎？所以休養之者或有未至者乎？思而得焉，則以告乎上。日程而歲較，吾之所爲果不負斯職與斯民，則「惜陰」之名爲不徒矣。苟曰簿書而已矣，獄訟而已矣，是則衆人之事爾，雖勤且勞，余何取於昌齡哉！

怡養堂記

禮之不行，常自近而易能者始。惟其近也，故人忽之；惟其易能也，故人不加之意焉。事親，人人之所能也，其事朝夕之所習也。聖人恐人忽而不加之意，自夫起居、食息、寒暑、疾病之微，問告、拜跪、定省、應對之節，皆著之《禮經》，可謂詳且備矣。然而能盡之者，雖君子猶難之。豈事親之禮誠難行哉？難乎其當也。

甘膬之養，人所能致也，而敬難；敬，人所能也，而愛難。敬欲其如事大賓，則何難之有，而非敬親之道也；愛欲其如愛妻子，則何難之有，而非愛親之道也。故敬而不愛，非所以事親也；愛而不敬，非所以事親也。愛而肅恭之禮存焉，敬而婉悦之意備焉，斯可以爲善養矣。

淩江劉復初，父及繼母具存，思盡事親之道，名其堂曰「怡養」而請余記。夫記以紀事功，著其可見者。堂之作，吾不得而知，其可見者，人皆能言之，非事之所急也。然則舍事親之道，何以爲復初言乎？復初好學慎行，不待余言。以余事親先於復初，則知事親之難莫余若也。故推其道以告之，俾書之壁，使後人有所興起焉。

經畬堂記

聖人之言曰「經」；其言雖不皆出於聖賢，而爲聖人所取者，亦曰「經」。「經」者，天下之常道也。大之統天地之理，通陰陽之故，辨性命之原，序君臣上下内外之等；微之鬼神之情狀，氣運之始終；顯之政教之先後，民物之盛衰，飲食、衣服、器用之節，冠昏、朝享、奉先、送死之儀；外之鳥獸、草木、夷狄之名，無不畢載。而其指歸，皆不違戾於道而可行於後世，是以謂之「經」。《易》、《詩》、《春秋》用其全，《書》與《禮》擇其純而去其僞，未有不合乎道而不可行於世者也。故《易》、《書》、《詩》、《春秋》、《禮》皆曰「經」。五經之外，《論語》爲聖人之言，《孟子》以大賢明聖人之道，謂之「經」亦宜。其他諸子所著，正不勝譎，醇不逭疵，烏足以爲「經」哉！

自漢以降，聖賢不作，異説滋横。凡外夷小道，以及星曆、地理、占卜、醫藥、種樹、養馬，詭誕淺近之言，皆僭以經名。千餘年間，時益歲加，書之以經名者，布乎四海之内。學者眩於其名，趨而陷溺焉者甚衆，而五經、孔孟之道晦矣。然非彼之過也，學五經、孔孟者，不能明其道、見諸事功故也。

夫五經、孔孟之言，唐、虞、三代治天下之成效存焉。其君堯、舜、禹、湯、文、武，其臣皐、夔、益、契、伊、傅、周公，其具道德、仁義、禮樂、封建、井田，小用之則小治，大施之則大治，豈止浮辭而已乎？世儒不之察，顧切切然剽攘摹儗其辭，爲文章以取名譽於世，雖韓退之之賢，誨勉其子亦有經訓菑畬之説。其意以爲經訓足爲文章之本而已，不亦陋於學經矣乎！學經而止爲文章之美，亦何用於經乎？以文章視諸經，宜乎陷溺於彼者之衆也。吾所謂學經者，上可以爲聖，次可以爲賢，以臨大政則斷，以處富貴則固，以行貧賤則樂，以居患難則安，窮足以爲來世法，達足以爲生民準，豈特學其文章而已乎？

錢唐錢鈞，質甚敏，好學甚篤，取退之「經畬」之言名其齋。會余過其郡，造逆旅徵文甚力。余美其志，恐其泥於退之之言也，推其道以告之，使求夫大者焉。

玄潤齋記

信之龍虎山，爲漢天師裔孫傳道之所，四方之士，從其學者無虛時。元重紀至元己卯，山之耆德朱君某，以謂學者之來，爲求道也，不博以文，則道何由成。博文必有師，不有田以養之，則師弟子之羞服百需之具，奚所取給而賴以不壞？乃捐腴田若干畝爲學田莊，俾其曾孫李弘範主之。

越十三年，朱君卒，兵亂事寢。至正甲辰，朱君之門人史君由直，懼不克繼師志，復益以私田百四十畝，命弘範興學事。弘範亦自感奮，斥田五十畝，即山中易隙地，闢齋舍爲講誦之區。以一百五十畝增爲學田，授齋之長者世守之，名其齋曰「玄潤」。於是弘範曰：「斯可以成二師之志矣。然吾居鄱陽，兄弟皆夭死無嗣，不圖祖禰將無所食，吾責何辭？」復還從弟之子義實爲嗣，作室數楹於琵琶山之陽，扁之曰「思堂」，以奉其先。堂之旁構齋，題曰「玄潤」，以教其後人，亦以田百五十畝隸焉。弘範復曰：「斯可以延吾親之祀矣，師之德不可廢也。」入田七十五畝於上清宫之祠，附祀其師某，而以其禰配之。弘範又曰：「吾志稍行矣，然不托之文，烏足以知朱、史二師嘉惠學者之仁、後人繼緝之力哉！」乃屬其友鄧君仲修來請文記其玄潤齋，欲著二師之績也。

道家祖老子，老子之學，該博閎闊，而尤深於禮，當世大儒咸北面師之。夫其學之博，必非守一術以違世。其習禮之本，必不棄人倫以忘親。後世或失之，去老子之道遠矣。朱、史二君獨能以博文誨學者，固爲善於學道。弘範既述二師之事，又圖其親與師之祀，不亦達禮之本矣乎！非知道者不能也。夫學於斯齋者，學道而已。余嘉弘範之所爲，近道而得先後之序也，并書以爲學者法焉。

平陽林氏祠學記

禮之由生，非天作而地設，制之者人也。太古無事之時，固未有所謂禮。禮之立，起於人情之變。人情之變，如洪水之潰，制禮者，猶禹治水然，左瀹而右疏，排險而導下，惟適水之性，使各順其道而已，不可以一法拘也。水勢有古今之殊，苟執禹之遺法，而治千載以下之水，則不合者多矣，奚可乎哉？傳曰「三王不同禮」，言禮因時而變也。古者墓無祠，庶人惟祭其禰，禮也。至漢，嘗祠墓矣，祭嘗及高祖矣，不可謂之非禮也。今平陽蓋竹之林氏，立祠於其始遷之祖之墓而祭之，烏得謂之非禮乎！時不同，禮亦不同。

禮雖不同，而其因人情而立教者，未嘗不同也。

初，林氏之居蓋竹，自名箴者始。箴卒，葬于華蓋山。子孫至今數百家，散處鄉閭，服微情弛者久矣。其十二世孫元陽江縣尹淳，懼其愈遠而不知所自出也，欲立祠于墓而未果。淳卒，其子今刑部主事陞遂作祠，奉箴之主，朔望必謁，歲時必祭，皆率一族之人以從事。祠後爲齋曰「思孝」，以會其族人。復立祠於左偏，祀晦菴朱子之像，以其先宋吏部侍郎拱辰、知信州千之、知南劍州起鰲，及其父陽江君配祀。即祠之前爲學，聘鄉人之賢者爲師，使族人子弟就學焉。凡其所爲，未必皆合於古，而余獨有取焉者，以其得禮之意也。

禮之目以千百數，求其意，不過禁邪止慝、導人以善而已。人情之變也，無禮以治之，雖日刑千人而不足；教之以禮，可以使之立化於俎豆閒。豈刑罰之威，不若俎豆哉？制之以其所畏，不若因其所易知而教之之爲速也。夫以既遠久疏之族，有貧富弱强之殊，苟提其耳授以法令，使無相乖背，必有不可止者。今也，立一祠于始遷祖之墓，率族人以祭，疏者可以復親，遠者可以不散，富强者必不敢以是私其身，而貧弱者必有所仰濟矣。其族寧有壞乎？況於有學以爲之教，有先賢之祠以爲之則，其爲族人慮者可謂備矣。林氏之嗣人祭于祠，學于學，而能修其身、睦其親者，善爲人後者也。苟不能過於他族之人，豈不負陞之望哉！

陞字若高，敏事有才能，故其所爲能合於禮。其徵記於余也，遂推其意，使歸而刻焉。

拙菴記

京口徐君德敬，爲中書管句，居京師處一室，不亟不華，僅禦雨風，環庋圖書，置榻其中。每退食，即徒步歸，宴坐誦古人言。賓客不交，請托不通，自號曰「拙菴」。襲封衍聖公魯國孔侯希學，書「拙菴」字以遺之。德敬復徵文於余。余天下之拙者也，德敬豈若余之拙乎？

世之人，舌長且圓，捷若轉丸，恣談極吐，如河出崑崙而東注；適宜中理，如斧斲木，炭就火，猱援木以升，兔走壙而攫之以鶻也。其巧於言也如此，余則不能。人問以機，謝以不知；人示以祕，瞪目顧視，莫達其旨；人之所嘉，余縱欲語，舌大如杵，不可以舉，聞人之言，汗流顙泚；人之所諱，余不能止，開口一發，正觸禁忌，人皆駭笑，余不知恥。余言之拙，海內無二。他人有識，洞察纖微，揭首知尾，問白意緇；未入其庭，已覘其形；始矙其貌，已盡其肺肝，而究其緼奥。福來熒熒，出身以承；禍方默默，預防而避。匿其巧於識也如此。余夢夢不知，憒憒無所思。人之笑吾，吾以爲喜；人之怒吾，吾徑情而直趨。網羅當前，吾以爲纖絲；虎豹在後，吾以爲犬貍。吾識之拙，當爲舉世師。此二者，乃吾所大拙。其餘癡經聵緯，錯綜紛披，良、平不能策其數，游、夏不能述以辭，德敬豈有之乎？

然吾亦有不拙者。聖人既没，千載至今，道存於經，嶽海崇深，茫乎無涯，窅乎無塗。衆人游其外而不得其内，舐其膚而不味其腴。吾則搜摩刮剔，視其軌而足其跡，入孔孟之庭而承其顔色，斯不謂之巧不可也。生民之叙，有政有紀，離爲六府，合爲三事。周公既亡，本摧末獘，秦刻漢駁，而世以不治。吾握其要而舉之，爬瘍擇類，取巨捐細，德脩政舉，禮成樂備，廣厦細氊，每資之以獻替。吾於斯藝，雖管仲復生，猶將扼其吭而鞭其背，是不謂之巧不可也。而德敬豈有是乎？

蓋人有所拙者，必有所巧；有所巧者，必有所拙。拙於今，必巧於古；拙於詐，必巧於智；拙於人者，必巧於天。蘇、張巧於言，而拙於道；孟子拙於遇合，而巧於爲聖人之徒。晁錯號稱智囊，而拙於謀身；萬石君拙於言語，而爲漢名臣。余誠樂吾之拙，蓋將全吾之天，而不暇恤乎人也。今德敬居位處勢，誦古人之言，而以拙自晦，其殆巧於天者歟？巧於智者歟？巧於古者歟？然則德敬之巧也大矣，過於人也遠矣，爵禄之來有不可辭矣。烏可以不記？

敦睦堂記

台黄巖之西三十里有澧水，澧水之上，大姓張氏居焉。故有堂曰「樂善」，至諱遂者，屬其子光祖與璣爲歲時合族之所，諸孫若奎等五人謹守之而不敢廢。元至正壬辰，堂燬于盜，嘗欲作之而未能。越二十六年，爲國朝洪武丁巳，若奎之子昭，與群從兄弟謀，以爲自斯堂之廢，久而不復，則親義疏而友悌乖，將始諸此，可不亟圖？乃各出錢粟材木金石之費，合作同謀，弗怠弗息，如營其私。越明年，堂成，既行會族之禮，復更其名曰「敦睦」。其在京師者太學生昇，遂來徵余記。

昔者先王盛時，制民之具既備，又爲井田以聯其心，爲鄉黨州閭以同其俗，爲學校以化其暴戾而樂其善良。又有月書歲考之法，以糾其不率教者。而取人之際，又必察其孝弟姻睦之行焉。故當是時，凡比屋隣井之人，喜相慶，戚相弔，疾病患難相賙卹，如至親然。脱有災禍非常之事，狠虐不軌之人，皆無所自而發，發則親戚隣保隨而撲滅之。故其時天下無亂民，以百姓皆相親睦故也。

世遠法隳，人自爲家，鄉自爲俗，甚者兄弟父子不通假貸，憂喜不相問，逸樂不同情。事觸於中，則勃然操戈而相逐，父不能以禁其子，弟不能以諍其兄。往昔之亂多起於此。非民性異於古也，制民之具不若耳。制民之事，非無位者所得爲。有志之士能睦其族，化其鄉，而不陷於非義，豈非善學古者乎！若張氏之爲，蓋近之矣。

賢人君子，豈必皆假乎位而後行道，居乎家而使同姓之親，少長知禮，讓而不争；壯者知勉於學而篤於行；頑嚚化爲純慤，愚昧者不失其性。是亦道之推也，豈細事哉！張氏之孫多賢能，其鄉咸稱之。他日海東之邑，聞有民淳俗厚如鄒魯者，必張氏之化也歟？試記其堂以俟焉。

遯耕軒記

鄱陽樊君德新，以美材擢爲户部主事，每欿然有不勝任之言，題其舍曰「遯耕」。而謂人曰：「吾昔避地荆南，有宅一區，有田數十畝，躬耕以養吾親，甚自得也。今繫官於此，材薄不足以勝禄位，勢微不能以施惠澤，吾心未嘗不念躬耕時也。行將陳於上，乞身而歸反乎故廬，此名所以識之耳。」

聞者疑之曰：「官居與氓廛孰安？❶章綬與民服孰華？耒耜耘耔之業與簿書之政孰勞？事人主而友卿大夫與居閭巷孰榮？而曰遯且耕，非有激而然耶？且君子出處何常？惟不失乎義而已。昔之居田里，共民之業，義也；今仕乎朝，共乎仕之職，亦義也。以民而有祿位之思，則爲僭；以仕而懷其故土，願爲齊民，庸非過乎？天之生人不皆賢，不皆不肖，將使才者治不才者爾。故細民者，耕且蠶，爲粟帛以奉上者也；君子者，出智謀計畫，均之使勿争奪，教之使知禮義者也。使人皆欲爲細民，則誰爲治？使皆欲爲君子，則上安養？今樊君以治人之才，居乎位宜也，而必欲爲遯且耕，何歟？」

樊君曰：「仕之優於農，吾豈不知之？然國之祿位，非以優仕者也，使仕者勞其心以優細民耳。故祿者出於民，所以傭我之心力；位者出於上，所以使我自別於細民。夫位高於細民之上而德不稱，則爲尸位；受民之傭而無功以報之，則爲苟祿。吾惟是二者之懼愧交於心而不釋，思其易稱無愧者而爲之，以爲莫農若也，故以見吾志焉。且世之居位而肆虐者，不知稼穡者也。吾今不忘乎耕，使目之見者耕也，心之思者耕也，烏敢自逸哉！他日或得舍此而去，放乎山澤之閒，求抱甕丈人之徒而友焉，作爲謳歌以慶夫天下之平，此吾之志也。云云者，吾何暇計哉！」

於是金華宋濂聞之，嘉其存心之仁，自待之薄，異乎患失者也。記其事以爲仕者

❶「官」，張本作「署」。

鑑焉。

新雨山房記

諸暨爲紹興屬邑，與婺鄰。國初得婺時，伐僞吴張氏，相持未決，兵守諸暨界上。張氏恃諸暨爲藩籬，乘閒出兵侵掠，兩軍居戮無虚時，故諸暨被兵特甚。崇薨巨室，焚爲瓦礫灰燼；竹樹花石，伐斲爲樓櫓、戈砲、樵薪之用。民懲其害，多徙避深山大谷閒，棄故址而不居，過者傷之。今國家平定已十餘年，生民各安其業，吾意其中必有修飭室廬，以復盛時之觀者，而未之見。

今年，邑士方伯脩爲余稱其友張君仁傑，居諸暨北門之外，故宅昔已燬。及兵靖事息，始闢址夷穢，創屋十餘楹。旁植脩竹數百，四時之花，環藝左右。琴牀、酒爐，詩畫之具，咸列于室。仁傑未亂時，嘗有禄食，至今郡縣屢辟之，輒辭不赴，以文墨自娱甚適。號其室曰「新雨山房」，願得余文記之。

一室之廢興，爲事甚微，然可以占世之治亂，人之勞逸，非徒然也。方兵革之殷，人有子女金帛，懼不能保，雖有居室，寧暇完葺而知其安乎？糗糧芻茭之需，叫號徵逮者填于門，雖有花木之美，詩酒之娱，孰能樂之乎？今仁傑獲俯仰一室，以察時物之變，窮性情之安，果誰使然也？非上之人撥亂致治之功耶？自古極治之時，賢且能者運于上，隴畝之民相安於下，而不知其所由。然「飫飽歌呼，秩然成文」，成周盛時之詩是也，安知今不若古之時耶？仁傑其試爲之。余他日南歸，駕小車過北門，求有竹之家而問焉，仁傑尚歌以發我，余當鼓缶而和焉。

長洲練氏義塾記

皇上建大號之八年，以爲天下既已安輯，而化民善俗之道猶有未備，乃下詔郡縣，凡閭里皆啓塾立師，守令以時程督之。於是雖窮鄉陋壤，莫不有學。吴郡長洲縣之尹山，民居繁庶，習俗嗜利，久不知教，有司偶遺不舉。大姓練壎，自謂其父文達由睦來居，嘗有志而未果。今明詔如此，而塾不時立，恐非朝廷淑斯民意。乃與弟篪謀，夷土治材，作堂三楹間，以爲講習之所。旁爲四室，以供寢處、庖湢。延儒士高平、范煥爲師，俾里中子弟就學焉，割田三十畝以食之。始於洪武十一年正月，越七月而後成。具以其狀，白于縣若郡，郡許以爲宜。壎乃遺書，來請文紀成績。

古之爲治者，其法雖詳，然不越乎養與教而已。養失其道，則民貧；教失其道，則民暴。貧則流而爲盜，暴則去而爲邪，二者皆亂之始也。是以先王重之，二十五家之閭，必有左右塾，塾必有師，師必以仕而老于家者爲之。故是時無不學之民，無無塾之地，無邪僻淫靡之俗，刑罰置而不用，亂亡無所自而起。其後强大諸侯，欲圖得志，相與毁詩書六藝之籍，使其教壞而不行，然尚踰數百年而後絶，一民不忍叛其上，教之足以感人若是。自秦以降，無教者亡，有教者存。得其道者盛以延，失其道者衰以促，千載一軌也。

皇上奮然閔前代之失，大設學舍以教之，欲使海內之民，皆沾沐禮義，此與先王之心何異？壎非有化民之責，乃能以淑其閭里是圖，豈非君子哉！君子之所爲，貴乎可法於世。他日三吴巨族，人人能竭奉上設教之意，以化其閭巷之民；閭巷之民皆知尚禮義、恥犯法，如成周之時，蓋將始於兹乎！姑記其事以俟。

靜學齋記

三代以下，人物之傑然者，諸葛孔明數人而已。孔明事功著後世，或儕之於伊、呂，固爲少褎。或又以孔明與管仲並稱，則卑孔明矣。以其事言之，管仲輔桓公，僅以齊霸。孔明奉昭烈於艱難之中，尺地一民，皆奪之於群盜之手，徒以大義震撼天下，裂天下而三分之。使孔明後死，後主足輔，復漢之舊疆，致刑措之治，於孔明何有哉！在管仲未必能爾也。以其本心論之，管仲所陳於桓公，而見於行事者，皆微權小智，雖假尊周爲名，其意則富强其國而已，固君子所羞道也。孔明當干戈鞍馬間，所與其主論者，必以德義爲先，其忠漢之心，至於瞑目而後已。至今誦其言，想其人，真伊、呂之亞乎！史氏不知其本心，謂孔明慕管仲、樂毅之爲人。嗟乎，孔明豈二子比哉！

孔明於聖賢之學，蓋有聞矣。其所謂「學須靜也」之言，信古今之名言也。止水之明，風撓之則山嶽莫辨；渾天之察，人撓之則晝夜乖錯。況方寸之心乎？古聖賢之成勳業、著道德於不朽者，未有不由於靜者也。❶蓋靜則敬，敬則誠，誠則明，明則可以周庶物而窮萬事矣。苟雜然汨其中，偶然應乎事，卒然措之於謀爲，其不至於謬亂

❶「由」，韓本、胡本作「出」。

者鮮哉！孔明之學惟本乎此，故其所爲，當世無及焉。至今無有非焉者，而又從效慕之，區區霸術之徒，固不能然也。然世之慕古人者，吾惑焉。古人所以爲聖賢者，其道德著乎其言，其才智形乎功業，而存乎册書，非徒以其名稱之美而已也。苟欲效乎孔明，於孔明之所學，必無不學也；於孔明之所能，必無不能也而後可。孔明之所學而有未至也，孔明之所能而有未能也，而曰學孔明何可哉？於孔明且爾，況乎學孔孟之學者，而可徒誦其言乎哉？近代之所學者，浮於言而劣於行。孔孟之言非特言而已也，雖措之行事亦然也。學者不之察，率視之爲空言，於是孔孟之道，不如霸術之盛者久矣。欲如孔明者，安可得乎？

錢唐羅宗禮名其弦誦之室曰「静學」，庶幾慕孔明者。余欲勉其成也，辯孔明之爲學、與學孔明之道以告之。

叢桂樓記

叢桂樓在杭天龍寺之左偏，主僧大道禪師作之。大道諱善平，越漁浦人。初，受業寺之慶菴吉公，尋升天目山，問道於普應國師，已而來歸。閔天龍之廢且久也，慨然有興復之志。時瓦礫荆棘，散漫左右，幾無所容足。而大道橐無錙銖，獨操一鉢，日走市中，得食舁歸以食衆工，得錢以易材木金石百用之具。不四三年，而佛殿、三門、兩廡皆成。四方學徒之來者，皆仰以食。於是復以其餘作斯樓，左丞周君伯琦以「叢桂」扁之。既而大道以至正辛卯七月十一日示寂，其徒奉全身瘞諸樓右，而建塔其上。且請同庵禪師述其故，屬余以記斯樓。

樓乃大道憩息之所，將以致其思焉。而余獨感大道之立志堅，而成功速也。今夫有威力以使人者，莫過乎有司；有貨財以使人者，莫過乎富室。然其有所興作，皆集衆謀、役群力而爲之，猶且磨以歲月，多者數十年，少者十餘年而後成。今大道䵣然一僧，非有貨財、威力之可使人，獨用口舌化導市井之民，取其財與力以爲己用，成宏偉勝大之功，若易易焉者。雖曰佛氏之教足以動人之信聽，然非大道之有志不能也。蓋人惟患無志，有志矣，患守之不堅，有志而能堅，事無不可爲者，況一寺乎？余嘗病有志者之寡，而於大道深有感焉。嗚呼！後之居斯樓者，孰非大道之倫哉！讀余言而思大道之爲人，則斯樓與斯寺不廢矣。

請記者曰圓淨、圓如，皆彬彬雅飭，有志於禪觀者，今居斯樓云。

吴郡廣記序

吴在周末爲江南小國，秦屬會稽郡。及漢中世，人物財賦爲南東最盛，歷唐越宋以至於今，遂稱天下大郡。然其因革盛衰之際，紀載於簡册者，自《吴越春秋》、《越絶書》以下，若晉張勃、顧夷，隋虞世基，唐陸廣微等所述，及《元和郡縣志》、《寰宇記》各有所明。迨宋之時，羅處約有《圖經》，朱長文有《續記》，范成大、趙與篙，皆撰類成書。厥後有章悊者，病其未完，作《吴事類補》。宋亡，書頗散軼。元趙儀鳳爲總管，嘗集諸儒論次遺闕，會改官不果成。

入國朝，吴縣教諭盧熊閔前志之紛乖，以爲苟不合而壹之，恐不足示來者。乃覽衆説，摭遺事，芟煩取要，族别類分，爲序例一，以舉其凡；爲古今記一，以記其事；爲總序一，以覈其名；爲表二，以著職官氏族之詳；爲志八，以述地理、都邑、文學、祠祀、食貨、禮樂、兵防、天官之屬；爲列傳若干，以見古昔人物之美，其目曰：名宦、名臣、儒林、文藝、良吏、忠義、孝友、高行、隱逸；而列女之節，方伎之良，及其事有不可棄者，爲雜傳附焉。總之爲卷五十，其後有集文十卷，以備文藝之實；爲外記五卷，以存神仙、浮屠之可考者。題之曰《吴郡廣記》。於是數百里之内，二千載之間，其事可按書而得矣。知府某郡李侯某，嘉是書有繫於政也，將命工刻板以傳，丁内艱去。已而高郵湯侯德來繼其職，遂督成之。盧用薦者言，❶由工部照磨爲中書舍人。以余有同朝之好，請叙其首。

古者，列國皆有史官，下至州閭，莫不有之，然不過記言書事而已。及漢司馬遷、班固創爲序、紀、傳、志、年表之法，由是四海之内，無復遺事，信史氏之善者也。後世之郡得專社稷山川之祭，有政令教化之施，儼如古諸侯之國，固不宜無所紀述，而况於吴嘗爲封國，非他郡之比者哉！歷漢至今，雖間有所作，而無完文以考其事物之全，誠政之闕者也。盧獨能毅然以筆削爲己任，倣《史》、《漢》之法，損益舊典，爲一郡成書，豈非好古之士乎！李、湯二侯，能知所重而圖其傳，亦可謂達於政體者矣。後之人覽是書，治身居官，取前之人成憲以爲法，將見道德興而習俗美，句吴之區與鄒魯無異矣。則是書之爲教，不亦大哉！余善

❶「盧」，張本作「熊」，下同。「言」，張本作「出」。

盧獨能急世俗之所緩，而篤於好古也，爲序其概俾刻焉。

送李參政之官廣西序

丈夫生而遇聖神之主，承信任之隆，而居方伯之位，得施賞罰、號令於千里之內，亦榮矣哉！信榮矣，然君子不敢以爲樂也。

君聖，則望其臣者深；君之信任者隆，則後世責吾者重；所居者高而所治者廣，則斯民議吾者衆。議吾者曰：「承君之任如是之大也，而敷君之德以澤吾民者猶有未至也！」後世責吾者曰：「彼之得君如此之隆也，而其事業若斯之隘也。」「吾之君如堯舜矣，吾猶未及古之賢臣，吾可不自省歟？」合三者而思之，上恐負吾君，中恐負吾民，下恐不免後世之求備，將日夜憂之之不暇，奚敢樂乎？

雖然，吾才苟不足居乎位，固不敢樂也。誠有才焉，斯民有未安也，吾告於君而圖安之；斯民未入乎善也，奉吾君之道而教之入；❶而國家之法有未著也，吾以所得者告於君；爲後世慮者或未至也，吾將爲之贊助焉，則可以不愧吾之職矣。吾職之不愧，則吾心可樂矣，豈若無能者而戚戚爲哉！

天台李君守恒，以美才爲上所拔擢，任內庭，承顧遇者三年。今由左通政爲廣西布政司右參政。余知李君才甚充者也，有方伯之樂而無其憂者也。於其往，道其榮且樂之故以告，使致思焉。

❶「入」，張本作「大」，屬下讀。

味梅齋稾序

洪武初，余奉詔總裁《元史》，於時預執筆者凡數十人，皆四方豪俊。余日與之周旋會聚，間一休沐，輒相過從飲酒爲歡。酒闌氣盛，撫掌大噱，論古人文章政事，不深夜弗止，信一時之樂哉！然當是時，諸君者，皆壯强無恙，余雖稍長，亦未耄老，方以爲此樂可以常有，未知其爲樂也。

及後，未數年，人事稍稍乖殊。或得州縣官，散之南北；或以老癃疾疢，引歸田里；或抵法遇患，轉徙遠方。求如舊時之歡，須臾而不得，然後知此樂之難遇。每一思之，不禁俛首愴心，而繼之以歎息也。又況余年愈耄，觸事愈多，而英才凋謝愈盡，雖欲不思，何可得哉？幸而獲見一人於十餘年之後，而又得觀其文辭，其慰喜又爲何如也！若吴郡傅君則明是已。

則明在數十人中以能文稱。當乖殊之時，歸爲邑人師，得益勉其所學，最後獨存而文益進。天之於則明可謂加厚矣。今年自吴中寄其文曰《味梅齋稾》者示余，皆馳驟可喜。嗚呼！四方之英俊至是無幾矣。然則則明之文，其何可少乎！

贈李子貞序

昔天下盛時，文學行義之士，多出於江淮以北，今豈異於昔哉？何其寥邈而未之見也。元興乎朔方，其化自北始，故士之北産者尤盛於元。今皇帝起南方，士之盛誠由南方始，自南而北，理勢之必然也。況朝廷思用北方士，甚至有一材者即尊顯之，所以運化機欲其速變也。士生其間者，安可不勉乎？

安豐李子貞，善讀書，有文士之秀者也。其婦之弟鄭子端爲通事司丞，子貞涉遠道而訪之，其於行義得矣。及其歸也，子端須余文贈之，亦欲化其鄉人以文學乎？子貞歸，告而父兄，語而朋友，上方以文治，思得奇才而用之。有志功名者，慎無自棄哉！

贈夏安禮序

樂昌丞廬陵夏君安禮，見余於京師，請曰：「安禮嘗讀古人之文，見其聲烈垂於後世，若日月之在天。心甚慕之，然年已不逮矣。而每觀其同時之人，多托名於文辭之中，至今亦賴以不朽，一何幸哉？自意此由托得其人而然，庶或可以自致。而先生信今之傳世者，願有以贈我，使得置名於其閒，俾來世有聞焉。」

余告之曰：「文辭固足傳世也，然非君子之所得已也。古之人道德備於身，遭時居位而措之於天下，❶若皋陶、伊、傅，初未嘗自有所著，而被其澤、聞其風者，相與紀載其言語、行事以傳；其次，若管仲、晏嬰，爲一國之政，亦未嘗著書以傳，而後之能言者，反假其名以取信於世；又其次，若秦漢以下將相之獲書於史氏者，或出於編葦販繒之流，或起刀筆介冑漁鹽之閒，計其人，或目不知書，而口不能談，豈暇爲後世計哉？而卒之顯名者，其德行功業有足稱也。又如班氏所傳循吏，以及近代以循良

❶「措」，張本作「推」。

稱者，未必皆自能言，亦未必托人爲紀述，而其事愈傳不廢，是豈偶致之哉？亦能盡其職而已。故仕無崇卑，能盡其職，則榮於當時而傳於後世。今安禮思自致於烜赫，奚以他人爲哉？極乎材之所能爲，充其位之所得爲，則可矣。然世之治民者，强者酷虐以立威，懦者弛緩以怠事，而汲汲惟其身之謀，是皆不顧來世者也。使稍却慮深思，而惟恐其名之泯没，則豈不慚且懼哉！」

安禮處乎下位，能不自卑而思善其名，亦可謂有志之士矣。夫士恒患無志，有志未有不至者。安禮昔嘗佐澄城、知武强，赫赫以政事聞，民交口稱之。繼自於今，苟能愈自奮厲，他日史氏紀循吏之績以備國初之政，其在安禮也夫！其在安禮也夫！

朱葵山文集序

文不貴乎能言，而貴於不能不言。日月之昭然，星辰之煒然，非故爲是明也，不能不明也；江河之流，草木之茂，非欲其流且茂也，不能不流且茂也。此天地之至文，所以不可及也。惟聖賢亦然，三代之《書》、《詩》，四聖人之《易》，孔子之《春秋》，曷嘗求其文哉？道充於中，事觸於外，而形乎言，不能不成文爾。故四經之文，垂百世而無謬，天下則而準之。自夫斯道不明，學者覩聖賢之文而悦其不朽，於是始摹傚其語言以爲工，而文愈削矣。

夫天之生此人也，則有是道也；有是道也，則有此文也。苟能明道而發乎文，則將孰禦乎？而能者寡矣。斯後世之文，所以不逮古也。後世之文，加之以百言而不知其有餘；損其十言，❶而不見其不足，不本於道故爾。❷此非發於不能不言而强言之獘也。聖賢之經，其所不言也，益以片辭則多矣；其所言也，删其一言則略矣。以其不志於文，此文所以卒莫能過也。故志於文者，非能文者也，惟志於道者能之。

元之末，莆田有朱先生文霆，以治經取顯官。有政事，人皆知之；而其所爲文，世則鮮知之。其孫進士潚近以示余，其言醇而理彰。於理不合，雖强之言不言；其所言者，未嘗不本諸道。惟其志於道而不以文名，故言文者失之。嗚呼！人能因余言以求先生之文，庶幾得其所存。

先生字原道，以泉州路總管致仕。其歷官政事，見余所撰墓銘，故不著。

送吴仲實還金谿序

金谿吴君仲實，省其兄國子助教伯宗於成均。伯宗以余友也，偕其來謁。仲實氣厚而色温，與之語，秩然而有倫，恭慎而甚文，固已知其才矣。既而復袖其詩十餘篇以見，發而觀之，辭繁而不浮，理至而不俚，其馳騁斂縱，多態而有度。問之以文學，則鮮不能通。勸之仕，則曰未能也。

余於是益信焉：士之患，常在乎內虛而外衒，學未聞道而慕乎爵禄之華。內已足焉而外未能以動人，猶以絅蒙錦也，久則著而不可掩矣；飾乎外而不務充其中，

❶「十」，張本作「一」。
❷「不」上，黄溥本、韓本有「以」字。

譬之土木之質而文繡加焉，其始非不眩目，凝而視之則可醜矣。古之君子，是以勤乎其所當修者，而不敢計乎其外也。今之士則不然，未有善焉，惟恐人之不知；未有才焉，惟恐世之不用。其未得則呫呫以自衒，既得之則又薄卑而思尊。此崇替起伏所以數數然也。其視仲實之既至而以爲不足，年及可仕而以爲未能者，何如哉？

仲實不見夫善賈乎？當衆人競取之時，則棄之；競鬻之時，則寘之。其不取則已，取必窮海内之珍；不鬻則已，鬻必獲鉅萬之富矣。安知仲實之棄之非取、不售之非厚售乎？

仲實歸，其兄之僚咸詩以送之。余與伯宗善，且知仲實之材也，故叙以贈之。

送東陽馬生序

余幼時即嗜學，家貧，無從致書以觀。每假借於藏書之家，手自筆録，計日以還。天大寒，硯冰堅，手指不可屈伸，弗之怠。録畢，走送之，不敢稍逾約。以是人多以書假余，余因得徧觀群書。

既加冠，益慕聖賢之道，又患無碩師名人與游。嘗趨百里外，從鄉之先達執經叩問。先達德隆望尊，門人弟子填其室，未嘗稍降辭色。余立侍左右，援疑質理，俯身傾耳以請。或遇其叱咄，色愈恭，禮愈至，不敢出一言以復。俟其欣悦，則又請焉。故余雖愚，卒獲有所聞。

當余之從師也，負篋曳屣，行深山巨谷中。窮冬烈風，大雪深數尺，足膚皸裂而不知。至舍，四支僵勁不能動。媵人持湯沃灌，以衾擁覆，久而乃和。寓逆旅主人，日再食，無鮮肥滋味之享。同舍生皆被綺繡，戴朱纓寶飾之帽，腰白玉之環，左佩刀，右佩容臭，燁然若神人；余則緼袍敝衣處其間，略無慕豔意。以中有足樂者，不知口體之奉不若人也。蓋余之勤且艱若此。今雖耄老，未有所成，猶幸預君子之列，而承天子之寵光，綴公卿之後，日侍坐備顧問，四海亦謬稱其氏名。況才之過於余者乎？

今諸生學於太學，縣官日有廩稍之供，父母歲有裘葛之遺，無凍餒之患矣；坐大厦之下而誦詩書，無奔走之勞矣；有司業博士爲之師，未有問而不告、求而不得者也；凡所宜有之書，皆集於此，不必若余之手録，假諸人而後見也。其業有不精、德有不成者，非天質之卑，則心不若余之專耳，豈他人之過哉？

東陽馬生君則，在太學已二年，流輩甚稱其賢。余朝京師，生以鄉人子謁余，譔長書以爲贄，辭甚暢達。與之論辨，言和而色夷。自謂少時用心於學甚勞，是可謂善學者矣。其將歸見其親也，余故道爲學之難以告之。謂余勉鄉人以學者，余之志也；詆我夸際遇之盛而驕鄉人者，豈知予者哉！

嚴陵汪氏家譜序

周之文盛矣。在春秋時，《周禮》在魯，故魯爲文獻國。及秦火之餘，廢亡略盡，所僅存者，自五經、《左傳》之外無聞焉。以太史公之博，迄不能自有所論載，蓋慎之也。況去今又千五百載之久者乎。吾讀《嚴陵汪氏家譜》，未嘗不歎其紀述之遠且詳也。

蓋汪氏出於魯成公之次子汪，其後遂以汪爲氏。有名錡者，以童子死於郎之戰，與孔子同時，見於《禮記》，其來邈矣。而其子孫自汪以下，咸述其字名、官位、壽年、墳墓所在。他若墓中之銘，朝廷之命，爲汪氏出者，咸無所遺。歷秦漢以下至於今，七十有餘世，粲如目見而耳受。此不惟過乎太史公，❶天下之述姓氏者，未有若斯之備者也。豈周公之子孫固多文哉！

雖然，汪固祖周公，南方之汪，自越公華而大著。越公之後，以詩書起家而顯於宋，登政府、列侍從者，不可勝數，其盛固異於他族矣。宜其譜之修非他族所能比也。

然譜者，記其名以傳，不忘其先之義也。而君子之不忘其先者，不特修譜之爲難，而修其身之爲難。譜或不修，其爲患小；身或不修，則辱其先矣。汪氏之先，莫大於周公，周公之禰文王，斯二人者，身爲天下準，言語爲後世法。爲其子孫者，豈易易哉！今夫閭巷騶輿之人，身賤宗微，其所爲或有不至，人將貸之曰：「其先亦若是耳。」以文王、周公之裔，列於斯譜之前，人閲之，則曰：「若聖人之胄也，聖人之行事若彼，而若猶未免如是，何以爲聖人之後哉？」則豈不尤難矣乎！然則汪氏之子孫，修身慎行，宣昭令聞，以法周公爲志者，上也；善守先訓，不爲匪彝以辱先者，次也；苟弛然雜於衆庶，不能自異於人，斯爲下矣。

與余交者，國子助教中，自言爲汪七十二世，博學能文，其所謂宣昭令聞者歟？

❶「惟」，原作「爲」，今據張本改。

其以譜請叙也，余故樂爲之言。

送王文冏序

上既立太學以育才俊士，六七年間，奇能足用之人，駢興錯出，布列乎内外，爲政咸有可稱。已而慮文學之臣未多見也，乃詔丞相、御史大夫，擇弟子員質美而能文者，得三十有五人，命博士躬與之講説，日程其業，而歲望其功。丞相召諸生喻上旨，以爲：「古之爲文學者，若游、夏以降，漢之司馬遷、班固，唐之韓愈，宋之歐陽脩、蘇軾，皆傑然自立於世。後世從而師之，至今不衰。諸生何異於斯人哉，烏可以不勉？」皆謝而退，莫不思自奮拔以稱上意。

上猶恐待之或未至也，十二年春，復詔大臣曰：「朕甚欲尊顯諸生，慮其未悉吾意。諸生入學之日久矣，其令歸省其親，賜其二親帛各四端。有妻孥者，攜以來，月與粟錢。務得其歡心，勿惜有司費。」於是會稽王生文冏，承命將還，造余請曰：「上之恩諸生者至矣，文冏未知所報，願有以教之。」

自昔國家之興，駿功溢宇内，盛氣薄日月，天地爲之磅礴，山嶽爲之動摇，必有異才之士出而宣之。然後上下得其序，神人和而庶物育，否則災害生焉。皇上有天下今一紀，憲章文物，無讓古昔。思得異才，出而宣揚盛美，播於無窮。而諸生適逢其時，一何休哉！是詔一出，凡含聲鼓喙者，皆當奮躍以效才技，況諸生躬承其寵，而目覩其盛，烏可不思報也？士之有文者，患不逢治世；逢治世，患乎無位不得被於人。諸生以美才際盛時，顯位可必取。誠能以游、夏自視，如上之所期，豈非誠有志者哉！文冏歸見余友梁先生，故太學師也，尚從而質焉。

方氏譜序

方氏出於榆罔之裔方雷，比他姓爲最先。黄帝時有曰明者，在七聖之列。其後有回，爲帝舜友。歷二代，方氏不顯。至周宣王時，叔爲將伐叛，有大勳烈，詩人歌之。然皆顯河洛閒。至西漢末，曰紘者爲司馬府長史、河南尹。會王莽篡國，遂棄官徙江南居歙。於是方氏始來江南。紘生三子：儕、儲、儼。其後子孫甚衆。大抵江南之方氏，皆紘後，而歙其宗邑也。今歙山閒猶多有方氏祖廟云。

武昌之有方氏，則自元巡檢漢祥始由九江來遷。漢祥之先，本莆人。而莆之方氏，又本閩。閩本泉州長史達，達，歙裔也。漢祥之孫鼐，以國子生仕於朝，三轉爲通政司參議，輯其先之可知者爲譜，而徵余序。

嗚呼！天下之姓多矣，孰有若方氏之最先者乎？以唐虞以前之氏，子孫蔓延江南，宜其大顯非他姓比。然而今北方之人，以方氏爲鮮有之姓。論姓氏者，反不熟方氏，何哉？蓋姓貴乎後世子孫之賢，彼李氏、王氏、鄭氏、崔氏，其先非必若方氏得姓之早也，以其代有偉人出乎其閒，人習聞其功名之盛，故皆灼然著人耳目。方氏自叔以後，雖未嘗衰絶，特以無大顯名之人生乎其裔，故迄兹不甚著聞。然則爲之子孫者，烏可不勉哉！使一宗之中，得一人以顯其先自奮，他宗之中，亦必有慕效而起者。慕者愈多，知所勉者滋衆，則顯於世、垂於後者可得也。方氏雖欲無傳於人，不可掩矣。如是而立於世，上以昭前人之緒，下以開後嗣之基，豈非賢丈夫哉！

𤇸有學問，多才能，善爲其職，朝廷咸稱之。自𤇸始。自兹以往，使後世謂方氏顯於今者，自𤇸始。武昌之方自𤇸而著，其將在斯乎，其將在斯乎！

太古正音序

余少時則好琴，嘗學之而患無善師與之相講説，雖時按書布爪，滌堙鬱而暢滮憤，心弗自是也。後聞冷君起敬以善琴名江南，當時學琴者皆趨其門，余尤慕之，以爲安得一聽以償夙昔之好乎？及入國朝，余既被命起仕，而冷君亦繼至。時天子方注意郊社宗廟之祀，病樂音之未復乎古，與一二儒臣圖所以更張之。冷君實奉明詔定雅樂，而余預執筆製歌辭，獲數與冷君論辨。

冷君閒抱琴爲余鼓數曲，余瞑目而聽之，悽焉而秋清，盎焉而春煦；寥寥乎悲鴻吟，而鸛鶴鸞鳳追而和之也；砯砯乎水合萬壑，瀑布直瀉其上，而松桂之風互答而交衝也；懇懇乎如虞夏君臣，上規下諷，而不傷不怒也；熙熙乎如漢文之時，天下富實，而田野耆耄乘車曳屣，嬉遊笑語，弗知日之夕也。余倦爲之忘寢，不自知心氣之平，神情之適，閲旬日而餘音繹繹在耳。誠知其美，欲從而學焉，而余已老耄不可勉矣。

既而冷君出其所次琴譜曰《太古正音》者示余，且曰：「子之所聞者，皆出乎此；所未聞者，可按譜而學也。子可以序之。」❶

❶「之」下，韓本、傅本有「乎」字。

余重有感焉：樂之爲教也大矣。古之人，自非居喪服、有異故，則樂未嘗違乎左右，所以攝忿戾之氣，通神明之德，其助豈爲細哉！後世古樂寖久寖亡，今之所存若琴者無幾，士大夫又鮮能而寡聽之；雖如余之有志於學，猶有耄老無聞之悔，況不若余之質固者乎？誠以有其器而無其譜，有其譜而其制不全故也。今冷君獨不自私其藝，將使人人可按譜而學，豈非古人之用心哉！然余恐人見其易而忽之也，故道願學之意，以見其爲術之難；述所聞者以告之，使人知冷君之用志於琴甚久，非特空言而已也。

冷君名某，某郡人，今爲協律郎。

葛孝子詩序

清苑葛孝子守德仲謙，事母有聞。薦紳多其行，頌美甚殷。其胤師曾請序以文。余謂孝子云何？曰：母病痿痺，四體莫能屈伸。衣帶筯匕，孝子必躬事不屬諸人。匑匑色養，如是者終其身。母耄性嚴，或少失其意，叩顙謝過，務取其歡欣。身處疏淡，奉養極旨溫。假貸勞勩，口不稱難，母弗知其貧。燕南部使者高其行，欲薦名於朝，辭疾不起，不忍違其親。貴臣知之，俾師鄉校，後教授中山、保定二郡。車載母以行，徒步推挽，見者稱其賢。出遊於外，獲味頗珍。必持以遺母，己不敢先嘗。醉而歸，母不悅以嗔。輒戒不飲，非尊者賜，未嘗染唇。母以壽終，哀號頓擗，治葬與祭必傅於禮，哭泣三年。孝子有兄，母没求分。力諍不能得，恣其所取，不忍與論。兄窶且老，迎以歸養；死，嫁其孤女，待之有恩。嫂貧無子，事之如兄而彌敦。惠於同姓，施及外媦。鄉人稱孝子之行，父以訓子，祖以語孫。曰：「若葛孝子，古篤行與倫。」元至正之季，盜起中原。舉家避亂唐明府山，采椹以餐。忽逢大風西南來，勢若萬馬奔。家人懼走逃匿，既而兵至，餘皆遇害，孝子家獨存。人咸謂孝子至行，可感鬼神。

嗚呼！人孰無母，孰無弟昆？何獨孝子，生有美名，既死而不泯？嗟哉恒民，逐逐生耳死耳，❶生無可稱，死則澌盡，何異於蠆蚋與蚊？❷孝子之名，宜載國史，宜勒貞珉。光明炳燿，有若景星，縣彼高旻。嗟爾後人，勿謂孝子之行不可以臻。天衷萬古，炯如朝暾。

贈鄭院判序

有其術而無所於用，值可用之機而人不能任之，欲望其以有成者，百家之所難也，惟醫爲甚。扁鵲、華佗，天下固不常有也。使有之而值淺易之疾，遇難語之人，上之不足展吾術，次之不能從吾所欲，爲法宜鍼而責我以砭，法宜實而命我以虛，乖迕拘執，卒之與恒醫無異。是豈醫之罪哉？勢使然也。

誠有善任人者，惟吾所用而不較，期以成效而不泥於私謀，人人皆可得而勉矣。故疾有死於過愛，而生於達理。過愛者恐其危，而不肯任人；達理者知非己之所能爲，則信人而求其成效。其達者乃所以生之，而愛乃所以殺之也。若福建承宣布政使陳君彦銘，其達理者與？

❶ 「死耳」之「耳」，張本無。
❷ 「蠆」，原作「萬」，今據韓本、傅本改。

陳君之妻免，身得寒疾，羸弱已甚，徵太醫院判官鄭君某藥之。鄭君請曰：「愈否在吾，幸無撓我。」陳君許諾。鄭君乃視脈所宜，集藥之良而療之。或謂藥性與疾戾，以語懾陳君。君不聽，任之不變。已而果愈。陳君出金帛謝之，鄭君辭曰：「子善任我故爾，使子不我任而自用，雖欲愈可得耶？且金帛非所欲，子嘗善太史宋公，得其文畀我足矣。」陳君以其言告。

余謂陳君之善任人，鄭君之不伐其事，皆可稱，且類古之爲治者。蕭、曹、房、杜，雖爲俊傑之士，使其時不善任之，黎庶何以享隆平之澤，而其名聲事業何以垂至於今乎？然則二君之事，取喻則遠矣。序而傳之，豈特可爲任醫者之勸乎！

送陳庭學序

西南山水，惟川蜀最奇。然去中州萬里，陸有劍閣棧道之險，水有瞿唐灩澦之虞。跨馬行篁竹間，山高者，累旬日不見其巔際；臨上而俯視，絶壑萬仞，杳莫測其所窮，肝膽爲之掉栗。水行則江石悍利，波惡渦詭，舟一失尺寸，❶輒糜碎土沈，下飽魚鼈。其難至如此，故非仕有力者不可以遊，非材有文者縱遊無所得，非壯彊者多老死於其地。嗜奇之士恨焉。

天台陳君庭學，能爲詩，由中書左司掾屢從大將北征有勞，擢四川都指揮司照磨，由水道至成都。成都，川蜀之要地，楊子

❶「尺寸」，胡本作「勢」。

雲、司馬相如、諸葛武侯之所居。英雄俊傑戰攻駐守之跡，詩人文士遊眺飲射、賦咏歌呼之所，庭學無不歷覽。既覽必發爲詩，以紀其景物時世之變。於是其詩益工。越三年，以例自免歸，會余於京師。其氣愈充，其語愈壯，其志意愈高，蓋得於山水之助者侈矣。

余甚自愧，方余少時，嘗有志於出遊天下，顧以學未成而不暇；及年壯可出，而四方兵起，無所投足；逮今聖主興而宇内定，極海之際合爲一家，而余齒已加耄矣，欲如庭學之遊，尚可得乎？然吾聞古之賢士若顏回、原憲，皆坐守陋室，蓬蒿没户而志意常充然，有若囊括於天地者，此其故何也？得無有出於山水之外者乎！庭學其試歸而求焉。苟有所得，則以告余。余將不一愧而已也。

番禺蒙氏譜序

太學生番禺蒙安，以其譜圖請曰：「安之先，齊人。秦時恬、毅兄弟俱仕，被信任，後皆死扶蘇之難。其子孫散處天下甚衆，然千餘載未有大顯著動人耳目者。番禺之蒙，始於有宋諱甄者，自北方來知廉州，遂家番禺之海陽里，至安八葉矣。在宋世有禄仕，自元得國，始無仕者。今閲三世，而安復以儒生貢太學爲弟子員。竊懼不能承其緒，嘗考次八葉字名枝裔爲譜，使後人知所自。願先生序之以昭吾先。」

余告之曰：「姓氏固人之所甚重也。然其著於時者，不以其受氏之貴而顯，亦不以有人稱之而傳，在乎孫子之賢耳。論受氏之貴，則莫貴於王侯之裔。而今世載之簡策，以爲甲族者，非必皆姚、姒、子、嬴、燕、齊氏也。苟以人稱之而顯，則左邱明、太史遷、班固之所書，其苗裔未必俱顯於今也。今天下之人，語道德，必曰孔、孟、顔、閔、周、程、邵、朱氏；論政事，必曰伊、傅、管、晏、蕭、曹、房、杜、韓、富氏；語文章，則其人名氏彰著者尤多。三者皆由其身善自振拔而然，未嘗恃於其先，假之於人也。蒙氏自恬、毅始顯。恬、毅雖賢，然其所爲未能皆當於人心，而卒死於亂邦。其名猶且傳而不廢，況有過於恬、毅者乎？方恬、毅被禍時，呼天地神明而自列其意，豈自虞不遂泯滅哉！而太史氏悼其忠，悲其志，尚不忍廢而著之史傳。況夫道德之士，仁聲義聞足以厲俗而化人者，何患其無傳乎！安溫而有文，慎而達禮，可謂有學道之質矣。前之三者，苟知所勉焉，未有不至者也，況於恬、毅乎？其名誠顯於當世，而著於方册。後之人必曰：『此番禺之蒙氏也。』蒙氏之後人必曰：『此吾蒙氏之聞人也。』番禺之人必曰：『此昭吾邑者也。』若是，則非惟可以顯其先，且可以顯其鄉邑矣，何患譜之無傳乎？又何以余言爲乎？」

安曰：「此足以序斯譜矣，請書之以告族人，使知勉焉。」

送會稽金生序

余居京師十餘年，四方賢士從余遊者衆矣。晚得某生之才，余愛之既甚，凡見其鄉里及所與交遊之人，無不愛也。今年某生以其友太學郭生濬來見。郭生與某生同邑，出其文數十篇，讀之，善馳驟可喜；與之語，義理蔚然，余又愛之。既而郭生又以其同舍會稽金文舉訪余，且稱文舉交朋友有義，見人有才者，事之惟恐不至；善爲詩，太學之論詩者必稱之。余又以愛郭生者愛焉。天下之人，不肖者常多，而材者常少。不肖者如野蒿山櫪，不培而自長；才者如靈芝瑞木，舉世不一二見。靈芝瑞木之不易得如此，見者苟不愛之，非無目之人，必無識者也，是豈人情哉！

自昔國家盛時，材士布列於朝，與其同時者，且猶愛之。況今喪亂之餘，斯道之不絶者如髮，則才之生於此時者，尤不易得也，其可不加愛乎？余怪世之士爲識不弘，見有才者，位尊則忌其蔽吾名，年少則惡其分吾譽。交排競訐，傷至公之道。益知某與郭之交薦其友爲可愛，而喜文舉愛才之心爲足取也。及文舉將歸省其親，某生爲之求言，余故以愛才之説告之。使見文舉者，若覩靈芝瑞木然，而毋蹈余之所怪也。

送李生序

善觀璞者，不觀其形而觀其色；善觀人者，不於其材而於其氣。形可僞也，色不可僞也；材可强也，氣不可强也。摩其外，煇然而温，栗然而潤，人雖賤之，吾必以爲良玉矣；叩其氣，肆然而直，浩然而正，雖未措於用，吾必以爲美才矣。古之育才者，不求其多才，而惟養其氣。培之以道德，而使之純；厲之以行義，而使之高；節之以禮，而使之不亂；薰之以樂，而使之成化。及其氣充而才達，惟其所用而無不能。加之以天下之大事而不勞，優之於廟堂之上而不變，窮之於荒陬陋巷而不憂，其中有所受而然也。故惟有所受者，然後能有所爲。譬之大海然，百川之灌，千載之積，受之而不辭，然後能涵萬彙，❶載舟楫而不難。汙潢之水，一葉加之則勝，浮之以杯則沈矣。故君子貴乎有養也。

臨海李生宗魯，在太學侃侃自許，不逐時輩俯仰。囊無一金之貲，處之恒無憂色，是非其氣之足恃能然耶？彼見寶貨而喜者，死於寶貨者也；以困貧爲憂者，終於困貧者也。故惟安貧賤而後能脱貧賤，輕富貴而後能享富貴。安貧賤而輕富貴，非善養氣者，烏能爾耶？生之氣美矣，能養之以道，吾未見其終貧賤也。

今年生歸拜其親，其友某爲之請，且言生以布衣歸，未有以慰其親，謂以言榮之。余言不足以榮生，或者因余之言以求生，❷則知生之所得者，過於人遠矣。

贈張致中序

銜轡銜策，工之所以御馬也，馬非此則不足以致遠。然苟不用其力焉，未有能至者也。爵禄名器，人主所以御天下賢才之具也。有才之士，非假爵位固不足以立功，然苟恃焉而不修其職，其能成名者鮮哉！

余嘗讀漢將相表，見四百年閒，登名於簡册者以千百計，而余能熟其名者僅數十人。他或無事功，不見於列傳；或不久輒罷，不及有所爲，至於今則寂然無聞矣。余每爲之掩卷竊歎。方其人在時，皆位乎朝

❶「涵」，原作「培」，今據黄溥本改。
❷「生」，黄溥本作「之」。

廷之上，與人主相唯諾可否。其威權勢力，可以禍福一世，使一世之人低首側足不敢視其前驅。當其氣酣意得，語其故人賓客，亦未嘗不自必以爲傳世無疑。而今雖博聞多識者且不能知之，况庸常之人乎！此其恃焉而不知脩職之過也。

及觀卓茂、魯恭之名，皆發於邑令。唐之元德秀，宋邵子、張子之流，皆厄於下位，或布衣終其身，而名聲赫赫照宇内，雖小子婦人皆習知而能道之。後世或跡其里居官守所及之地，爲之立廟奉祀，與其人尚存不異。然後始大悟：鄙陋無能者，雖爵位不能顯其名；豪傑之士，自立於天下者，固不待外物而後著也。而世或恃之以夸於人，則豈不惑哉！

四明張君致中，學甚富，義甚偉，有志於功名，思推其所得以澤物，其意甚美。由奏差上書闕下論事，天子才之，擢爲宛平知縣。余嘉致中之賢，而欲見其功名之成也，故以所嘗歎者告之。使致中勿以位卑自忽，而益致思焉。然余固以德薄位尊爲懼者，亦可以爲戒也。

林氏詩序

君子之言，貴乎有本，非特詩之謂也；本乎仁義者，斯足貴也。周之盛時，凡遠國遐壤、窮閻陋巷之民，皆能爲詩。其詩皆由祖仁義，可以爲世法。豈若後世學者，資於口授指畫之淺哉！先王道德之澤，禮樂之教，漸於心志而見於四體，發於言語而形於文章，不自知其臻於盛美耳。王澤既衰，天下覩古昔作者之盛，始意其文皆由學而後成，於是窮日夜之力而竊擬之。言愈工而理愈失，力愈勞而意愈違，體調雜出，而古詩亡矣。非才之不若古人也，化之者不若，而無其本也。

惟夫篤志之士，不係於世之汙隆、俗之衰盛，獨能學古之道，使仁義禮樂備於躬，形諸文辭能近於古，則君子多之，然亦鮮矣。至於今又鮮也，求之嶺海之陬又鮮也。而有林君汝文焉，豈不尤可尚乎！

林君居潮之揭陽，學《詩》三百篇，以求先王政教之善，治功之隆；賢人君子性情之正，道德之美。以治其身，其身醇如也；以淑諸徒，其徒蔚如也；以形乎詩，其詞粹如也。林君居乎潮，非有人諄諄然告之，而能致力於此，其所得不既深乎！潮去京師六千里，林君身不出州里，而余知其名，其所爲不既至乎！夫不資於口耳之淺而成文者，文之善者也；不資於爵位之顯而成名者，名之高者也。余是以序而論之。君名仕猷。

竹塢幽居詩序

天台裴君日英，其先故宦族，好學多材能。嘗挾其所長，游浙水東西，士大夫爭慕與交。性好竹，所居種竹數百，至他所，必擇有竹家以舍，扁其室曰「竹塢幽居」。

留杭者甚久，杭守聞其名，薦於京師。京師爲天下大都會，廛居櫛比，求尺寸曠土不可得。逆旅家僅可俯仰，無從得竹。然裴君揭其故名不廢，且求能言者咏歌之。

或疑裴君以爲實與名常不相違，今在京師非有園林之勝，安在其有竹乎？裴君曰：「不然，有竹之竹，不若無竹之竹之美也。有竹之竹，適在耳目；無竹之竹，適在乎心。心之所得，非若耳目之淺而易忘也。吾方有竹時，筆乎竹，簫乎竹，竽乎竹，簟乎竹，所見所聞，日陳吾前者，皆竹也。然吾未嘗知竹之爲美也。今棄之而居乎此，雖不接乎耳目，而心恒存焉。思竹之聲，以爲有《虞韶》之遺音；思竹之挺拔特立，以爲有壯夫偉士之節；思竹之歷寒暑而不變，以爲類乎有道者。其虚中不窒似仁，其直遂似義，其周於用似才，其高自騫舉不屈儕類下似智。取而比德焉，無不美者，然後知竹之不可得也。吾心日存乎竹，雖謂之有竹，何過乎？且古之聖賢，後世慕之如神龍威鳳者，以其不可見耳。聖賢道德雖高，使人得接而狎之，其不見慢於恒人者鮮矣。其與吾好竹之説何異乎。」

余謂裴君蓋善於用物者，非世俗玩物者比也。記其言於詠歌之首，使覽者知其人焉。

宋文憲公全集卷三十二終

宋文憲公全集卷三十三

景定諫疏序

吾婺舊稱禮義之郡，士生其閒，皆存氣節，仗忠義，而東陽爲尤盛。自宋中世以來，以直道著稱於朝，列於國史者甚衆。雖布衣下位之士，不在諫諍之職，而上封事者，亦往往有之。豈其人皆善爲言論哉？德澤之所漸濡，師友之所講説，風俗成於下，而至於斯盛也。

余自少時好觀《宋史》，凡吾郡聞人，事有可稱者輒識之。既而復歎士之幸獲見於史者如此，不幸而遺軼不傳者，蓋多有矣。往年在翰林，始得見東陽賈廷佐《上高宗疏》。廷佐爲桐廬主簿，憤秦檜主和議，紹興戊午上疏論之，其辭甚切直，而史不載。至七世孫權，出以示人，世之士大夫爲文以稱其忠，廷佐之名始顯於天下。

廷佐之鄉人杜士賢，在理宗時爲武學生。景定甲子秋，因星變求言，士賢上疏力攻賈似道誤國。今年秋，其曾孫實亦以示余，其事與廷佐相類。然士賢初無一命之爵，其言請黜退似道，歷數其罪，切直頗同於廷佐。而實又能趨京師，遍求賢薦紳文辭以白之，且將刻梓以傳，或非廷佐後人所能及。余於是又歎忠義之士，天雖抑之於當時，天每扶植其子孫，使昭其聲光於不朽，是豈智力所及哉！

當似道擅權時，威燄足以生死人，士賢發憤言之，不至於殺身者毫髮閒耳。今似道之後，不聞有爲士者，而人亦羞稱之。士賢之子孫，方守其遺業不墜。而聞士賢之風者，雖野人稚子，皆嗟慕以爲賢。善惡之公昭明也如是，則夫有志於忠義者，尚何所憚而不爲哉！然則是疏之傳，非特可補史氏之闕，爲人臣者，皆可以鑑矣。

士賢字希聖，後中武科，授武岡軍新寧縣簿尉，遂攝其令。❶轉綏寧、盱眙兩縣令以終。

送王明府之官序

我國家重於民社之寄，雖遐州僻壤，必慎選守令以撫摩其人民，蘇息其彫瘵。而擢用人才之道，必以常從事於朝廷省部者爲先，以其歷練之精，而深達於民情政體也。會稽王君元凱，受命出宰夔之開縣。告行於余，徵言爲贈。

兩川入我版圖未久，其民新脱於鋒鏑之餘，自非善於承流宣化者，未易以涵煦生息之也。廟堂之議，以爲元凱久以文墨議論，贊佐春官，儀文禮法諳習有素，其爲人持身砥行，又端謹清脩，克稱兹選，故有是命。

余聞昔子游氏之爲武城也，以禮樂爲教，而聖人喜之，此千載牧民之良法。而近世以來爲縣者，率以法度束縛而操切之。故禮教之澤，不下流於民，而醇風美俗罕或見之。今元凱之往，不惟使其百里之内政平訟理而安於田里，其所以化導全安之者，要必有其道矣。他日觀風之使有言於朝者，曰：「西蜀之地，有萬家之邑。其令之

❶「遂攝其令」，原脱，今據張本補。

治，先政教而後刑罰；其民之俗，好辭讓而恥鬭爭。以故絃歌比屋，而囹圄空虛。雖在數千里之外，而藹然不異乎邦畿之中。是宜旌褒其縣大夫之能，以爲在職者勸。」若然，必元凱之所治也。

余在禮部，嘗知元凱之爲人。今守職詞林，秉筆史館，晨入夜歸，無敢暇逸。故於元凱之請，不及綴緝文辭爲贈，而姑道其所期望者如此勖之。元凱其勿以余言爲簡也。是爲序。❶

送允師省母序

人之生，天賦之以性，父母遺之以體，德莫大焉。故雖尊有天下，不敢不事天；德爲聖賢，不敢不事親。以是身非我有，實天與親畀之也。

夫吾之身既有所本，則凡吾所爲者，豈我之能爲哉？實天與親之所命，而我行之耳，安可忘所自而不察乎！古之少恩者，雖如申、韓、商、鄧著書排擊堯、舜、孔子之道，且不敢遺其親，況於佛氏以慈仁爲教者乎！故棄其親者，非佛氏之意，愚者失之耳。是以佛氏有報恩之經，稱父母恩甚至。而昔之賢者，若陳尊宿之流，多能盡於子道。近世之稱名浮屠者，亦未有不孝其親者也。

今上初立極，猶恐愚者未察，詔浮屠各拜其親，定著爲律，於是習俗爲之復美。天台迪中允師，浮屠之秀者。違親而從師於外十餘年矣。今歲至京師，戚然念親不置，

❶ 文末，張本有「洪武六年九月既望金華宋某序」十三字。

將別其徒而歸省。謁余求序，以道其所欲行之意。迪中通内典，攻書而能詩，其於事親，固無庸告之。然四方之學佛氏，亦有久違其親者乎？聞迪中之風而慕效者，必名浮屠也。

贈浩然子叙引

交神明有道乎？曰：有，无妄而已矣。然則所謂无妄者何也？曰：其中有物，非思慮膠葛之可摇奪也，非聲利沈酣之可變易也。至虚而神，與道合真，放之無垠，收之則存。歷代以來，恒有其人也。今之近於此者，其唯吾浩然子乎！

浩然子與余同姓，其名爲宗真，遂以其稱浩然者爲之字。學道於京城報恩光孝觀，得靈寶法，而能知鬼神之情狀。嗣天師知其賢，號爲「體玄妙道紹素法師」，❶提點觀事。會朝天宫虚席，中書以爲言，上召見奉天殿，命太官賜饌，俾之住持。時洪武五年秋七月也。

又明年正月七日，儀曹奉常同傳旨諭之曰：「凡有事郊社及山川百神，當令宗真帥其徒十人，前期焫芳香、潔豆籩以俟。臨事之日，仍令宗真被法服與祭。」浩然子拜命惟謹。蓋以其精潔而於敬恭明神爲宜。浩然子由是簡在上心，屢蒙召對，且賜白玉真仙像二十餘軀，以鎮山中。龍光赫奕，光動林谷，采真之士，無不歆豔之。

余嘗見浩然子於冶城山，風度凝簡，執謙而有容，澹然無所累其心。所謂其中有物，不爲思慮聲利之所惑者，誠近之。此所

❶「紹」，張本作「純」。

以遭逢盛際，而眷遇有加焉。然而忠君尊上，臣子之職也，浩然子益宜振拔精明，傾竭誠慤，以頌禱國祚於無疆，非特敬恭明神而已。誠如是，雖身居方外而乃心王室，被法服以與朝紳之列，非僥倖也，實宜也。浩然子，其尚勖之。❶

傅幼學字說

四明傅君，其名曰行，而字曰幼學。問其字之說於余，余告之曰：子學後世之學歟，將三代之學也？後世之學，士有以理財爲學者矣，有以聽訟爲學者矣，有以治兵爲學者矣，有以文章爲學者矣，有以訓詁爲學者矣，然皆非所謂學也。夫辨章析句，剔抉細碎，若馬、鄭之流，訓詁之學也；研精極深，融理放辭，若柳、劉之類，文章之學也；貴變務奇，奮智鼓勇，若孫、吴、曹操，治兵之學也；以察爲明，以刻爲公，若商鞅、韓非，聽訟之學也；箕斂口税，不遺毫釐，若桑弘羊之徒，理財之學也。是皆得一而遺十，或不適於用，或用之而不足以致治，故君子弗貴焉。

三代聖人之所學者，❷大參乎天地，而小不遺乎事物；妙可以贊化機，而近不離乎云爲。其本仁義，其具禮樂政教，其説存乎經，而學之存乎人。人皆知學之而不能行之者，惑於後世之學故也。後世之學，譬猶稊稗然，藝之易成，而獲之不可以食，食必有霍亂泄嘔之疾。人悦其易而不顧疾之

❶ 文末，張本有「洪武六年冬十有一月金華宋某序」十四字。

❷ 「三代」上，韓本、胡本有「且夫」二字。

在後，不亦惑乎！聖人之道猶粟菽也，❶用之於身則氣充而體安，用之於家則家裕，國用之則治，天下用之則四夷格而庶物育。而後世未嘗大行者，或有其人而無其時，或遇其時而不能盡其才，通患然也。幼學材敏而色和，志篤而有容，庶乎學聖人之道者矣。而又生乎今之世，❷其殆將有合乎？

夫不學道而妄行者，無責也；學道而不以行者，自賊其心也；得乎君而不以斯道事之者，欺其上者也。是恒人之所不敢爲，況幼學之名若字，出於父師之訓者乎！幼學益自勉焉。他日佐朝廷有以經術致治者，吾知必幼學也夫。

李都尉字辭

皇上即位之九年，以順德公主下嫁於太師李韓公之子駙馬都尉祺。初，祺小字爲總，至是詔曰「其易以美名」，翰林諸臣乃定今名以進，且字之曰子祺。既而子祺請曰：「祺之名，實定於先生。祺於先生，少嘗受業，有師弟子義，將何以教之？」

余惟一代之興，必有元勳厚德之人出於其間。始則佐帷幄，決勝負；終則坐廟堂，而贊治化。成大功而享榮名，爲國家之柱石，係天下之重輕。若漢之蕭酇侯，宋之趙韓王，皆若是矣。至於連姻帝室，若今太師，則未之有也。今太師極人臣之尊，爲上公之貴。而都尉子祺，獨能好學慎行，敦厚下人，發爲篇章，動有意趣，是可謂富貴而好禮，又難能也。祺之爲義，爲祥爲吉，子

❶「猶」，原脱，今據韓本、胡本、四庫本補。
❷「又」，張本作「人」。

祺固有以致之矣，爲字實宜。雖然，尚父有云，「敬勝怠者吉」，此守位之事也，敢以爲勉焉。辭曰：

氣合運凝，天地載清。君聖臣明，以階治平。惟臣謂誰？實時元老。運籌建略，致天之討。四方既帖，乃戢干戈。執政廟堂，如漢蕭何。匪惟執政，胙以大國。丹書金券，俾首百辟。爵則崇矣，職則太師。左右天子，以鎮四夷。四夷既安，君臣交歡。上降下承，焕乎榮觀。彬彬都尉，大寵是膺。太師之子，天子之甥。際兹風雲，依彼日月。侃侃都尉，不自矜伐。文駟錦衣，其儀既都。❶出入金門，不敢笑譁。躚躚公子，交趨競諾。都尉之姿，❷屹如山嶽。斯時之人，以恩爲祥。祥則既多，惟敬乃將。都尉之名，曰祺是命。何以承之，告爾克敬。庶民不敬，且潰乃家。況兹世臣，不敬謂何？凡人有身，咸有嗜欲。敬以攝之，形莊氣肅。自身而推，孝親尊君。動無弗敬，乃有譽聞。敬勝者吉，古有弘訓。敬以承祺，萬福咸順。爾克敬矣，罔弗盛矣。爾之祺矣，罔爾違矣。太師之勛，山崇川長。敬哉勿忘，以繼耿光。

馮擇善都督字辭

自昔帝王啓跡之地，天必儲精聚靈，使英雄謀略之士生乎其閒，以備其驅策，而佐其設施。及大業既定，爵號之隆，冠於當世；褒寵之澤，流於子孫。若漢、唐之豐

❶「既」，黄溥本、傅本作「孔」。

❷「之姿」，黄溥本作「臨之」，傅本作「嚴毅」。

沛、晉陽，君臣同休，蓋蔚乎其盛矣。今上皇帝，龍飛江淮，光啓神祚，於時文武才俊，鷹揚虎躍，或秉鉞出征，或執筆帷幄，率多江淮之人。論功剖符，公國侯郡者，以數十計，若郢國馮公其一也。

郢公定遠人，初從上爲帳前總制親軍都指揮使，立功草昧時，不幸早卒。及上即位，追爵爲公，命其子誠侍青宮，執業讀書。及誠既冠，三擢遂僉大都督府事。而誠之季父，初襲郢公職，累建大勳，亦啓封宋國。一門二公，誠又位在樞府，敏事慎職，爲上信任，天下榮之。

誠篤好問學，能爲詩章，以嘗受學於余，閒來請曰：「誠之字曰『擇善』，未達其義，願有以教之。」乃爲之辭曰：

江淮之閒，真主生焉。乘風附雲，實惟英賢。侃侃郢公，熊虎之姿。大劍良弓，指麾義師。孰與其才，不賦以壽。騏驥萬里，僨於中道。壽雖不延，有弟克膺，有子克承，以宏厥聲。烈烈宋公，爲郢公弟。惟都督誠，又克爲子。爲他人子，名實易稱。保國承家，厥惟難能。上則天君，下有衆庶。苟弗以誠，曷以宅位？惟誠之德，貫通於天。何感弗應，何鬱弗宣。天以至誠，庶物乃育。三光無愆，四序靡瀆。苟或不誠，宜暑而寒。人其怨嗟，歲功斯瘝。況在伊人，❶不誠不可。❷矧爾世臣，爵禄是荷。爾或不誠，民胥爾尤。誠而無擇，爲僻爲謬。古訓孔多，維人攸踐。我將曷從？維擇其善。惟忠與孝，則允蹈之。維悖維惡，絶而弗爲。蹈之匪艱，服以悠久。木升川

❶「在」，張本作「我」。
❷下「不」，張本作「其」。

增，山立海受。既擇衆善，乃立爾誠。乃保厥家，乃篤鴻慶。以之事君，爲臣之良。以之立身，爲邦之光。匪光於邦，丕爾先人。郢公有子，聖主有臣。

恭題御製論語解二章後

右解《論語》二章，乃皇上所親製，以賜翰林修撰臣孔克表者也。初，上留心經籍，以爲經之不明，傳註害之。傳註之害，在乎辭繁而旨深。洪武六年，乃詔克表及御史中丞臣劉基、秦府紀善臣林温，取諸經要言，析爲若干類，以恒言釋之，使人皆得通其説，而盡聖賢之旨意。又慮一二儒臣未達注釋之凡，乃手釋二章以賜克表，俾取則而爲之。克表等承詔，釋四書、五經以上。詔賜名曰《群經類要》，復裝褫所賜爲卷。以臣濂嘗與聞斯事，請識其左方。

臣聞聖人之治天下，養之以政，而教之以道。民非養不生，非教不明。三代以降，未有兼之者也。欽惟皇上以聖智之資，治民之政，壹法乎古。復慮經旨晦而人不知道，乃釋諸經以教之。其爲後世慮者，可謂詳且備矣。克表適際盛時，而預執筆，承明詔，豈非幸哉！

昔唐之盛時，太宗有志於教化，而孔氏曰穎達者，實率諸儒爲五經疏，天下至今傳而誦之不廢。今上開物牖民之心過於太宗，而克表復爲諸儒首，孔氏可謂世不乏人矣。他日是書之傳，將與穎達之疏無異。則夫聖謨之詳，烏可不知所自哉！臣故表而出之，使後世知《類要》之書，實本諸此也。

恭題御製敕符後

皇上以上智之聖，延攬英傑置之庶位，知人善任，誠近世所未有。洪武十一年，詔以太子正字臣桂彥良爲晉王右傅，且親御翰墨，爲文敕之，識以謹身殿寶。其子中書舍人慎，裝潢成卷，請臣題其後。

臣惟古明王之待重臣，寵之以爵，告之以言者，有之矣。然其時之文，多述於代言之人，求其出於親製者，不可得也。親製者，如漢武之於吾邱壽王、莊助者有之，求其褒許隆至，教告深切如此者，不可得也。臣與彥良同朝，且同官東宮甚久。彥良之爲人，淳篤和易，有長者風，當今廷臣鮮見其比。上嘗以儗臣濂，雖臣亦自以爲不及也。今敕文以善學孔孟稱之，望以王佐之業，傳所謂「知臣莫若君」，其此之謂歟？

雖然，今之職爲相傅者凡數十人，上未嘗以言爲賜，或賜以言，未嘗以稱彥良者許之也。彥良獨蒙聖知若是之至，安可不思報乎！具簿書、綜獄訟，他人能之者，上不以責彥良，亦非彥良之所以報上也。必也輔王以德義，迪王以忠孝，使晉國有泰山之安，賢王有明哲之譽，而彥良之名，亦相與流於千萬載，此豈非上之望於彥良者歟？彥良其可不勉矣乎！

題張泐和陶詩後

陶靖節詩，如展禽仕魯，三仕三止，處之沖然。出言制行，不求甚異於俗，而動合於道。蓋和而節，質而文，風雅之亞也。他人欲效之者雖衆，然樂澹泊則蕩而弛，慕平易則野而穢。惟蘇子瞻兄弟，以雄邁之材，氣勢可與之相敵，然其辭旨則亦遠矣。豈不誠難乎哉？

今之和陶者，余嘗見數家，最後見句容張泐文伯，自《九日閒居》以下皆和之，至《詠荆軻》而止。諸四言及《形神釋》、《桃源》等什則不和，恐難繼也。文伯産江淮閒，喪亂之餘，獨能致力學問，以追古之作者，其亦有志者哉！

題吴節婦詩後

余自壯年則聞臨川吴節婦黄氏貞而甚文。及頃歲，承乏史館，總裁有元一代之史，四方以節婦狀來上者甚衆。余心存黄氏事，欲爲立傳，而有司獨逸之，殊竊恨焉。

今年黄氏之從孫吴君伯宗，以其所爲教子詩示余，稱黄氏年二十七，而夫泰發賈死江湖閒，二子、一女幼，黄氏苦心瘁形，慈鞠嚴教，詩其教之一端也。余誦其辭，愈歎異焉。婦人之不二其志者，古多有之矣，而未必能文也；閒有能文者矣，其行未必皆善也。在孔子删《詩》之時，三千餘篇之中，求其備是二者，惟共姜之《柏舟》爲然。其時去文、武、周公之化未遠，猶且若是，況今又二千載之後，而黄氏獨有之，豈不尤爲難能矣乎！其難能如此，而史遺之，誠可恨也！

然共姜之事，初未嘗有傳，特以其詩見取於聖人而傳。黄氏之詩，自誓之堅，與「之死靡他」之語無異；至於教子則深計遠慮，以聖賢之道望之，有非《柏舟》之所能過。誠使後世有鉅人君子者出，采而録之，其傳世無疑矣。惜乎余不足以張之也。雖然，安知來者無其人乎？伯宗慎守以俟之可也。

題壽昌胡氏譜後

君子之所爲，貴乎有徵。昔者孔子脩五經，《書》斷於唐虞，《詩》起於《關雎》，《春秋》自隱公始，或條繫以辭，或從而定之，未嘗敢增益也。其慎且敬如此，故孔子之經，傳百世而人莫能非之。及司馬遷作《史記》，遠泝博索，於孔子所不敢述者，皆采而實之。其事雖備，而去闕疑之意遠矣。其備也，適足以爲誣，何取其能博哉！

族之有譜，所以紀所自出，實則爲尊祖，僞則爲誣其先而亂其類，不孝莫甚焉。近世之士，不察乎此，多務華而衒博。或妄爲字名，加於千載以上不可知之人；或援他郡異族之貴顯者，以爲觀美。其心非不以爲智，卒陷於至愚而弗悟也。

壽昌胡氏則不然，於既遠者皆不敢有所載，獨自其有徵者録之，得十有五世。詳親而略疏，考訛而傳信，附其遺文及當時所受制命之詞，皆蔚然有叙。是可謂善學孔子者矣。嗚呼！不知而妄作者，其能無愧於斯哉？

脩譜者名榮，來京師而以示余者名翰，皆善士云。

題甘氏三友堂文後

禮部主事甘君友諒以「三友」名堂，蓋取孔子之言也。余嘗怪友道壞缺，諛佞以爲容，詐諼以爲智，遇不若己者則狎而愛之，聞人有善則怒而變於色，於是大異於古之所云矣。甘君獨有志於此，其過於人遠哉！

雖然，三友世常有之，貴乎有取友之資耳。苟不虛中而拒人，則直者之言不可得而聞矣；不能自治以誠，則諒者將不顧之矣；不能謙卑自下，則多聞之士不告我以善矣。無是三者，雖日益月增而求，友其可致乎？

然吾聞甘君善士，居官有美名，非能取友，殆不能爾也。然猶以爲未至，而以名其堂，其於治身之道得矣。余雖耄，尚將内交焉。

文右相像贊

才優德純，山峙玉温。重厚可以鎮俗，仁恕足以澤民。或陳經術而侍青坊，或秉霜簡而立紫宸。終受知於聖主，宅右揆而相秦。深沈有謀，真潞國之裔；剛毅忠信，誠絳侯之倫。觀其屹立不動，正笏垂紳。猶可作懦夫之氣，而褫邪佞之魂。嗚呼！此所謂邦家之重寶，廊廟之大臣也歟！

王宗普像贊

以子爲貴介公子耶，何其神清氣和，無綺紈之態也。以子爲仙翁、釋氏耶，何其與時俯仰，遊乎方之内也。以子爲詩人韻士耶，何其清奇勁直，訥然而謙退也。然則果何爲者耶？蓋跡混乎三者之中，而心游乎埃壒之外。此吾嘗謂空同子以古之人而處乎今之世也。

危雲林像贊

文繼虞歐之盛，位居廊廟之尊。天下譽之而不爲喜，衆人毁之而若無聞。此公所以爲大雅之君子，傳百世而長存者乎！

王指揮像贊

真人龍興，山川隆精。杖劍來從，莫非豪英。維時王公，實將家子。虎吼鷹揚，萬夫披靡。成功錫爵，遂鎮一方。弛其武威，佩玉冠裳。何以觀之，有煒其像。益懋厥勛，配古良將。

蘇都事伯夔像贊子由後，平仲父

才足以行志，智足以成事也。苟盡施於時，必有大過於人，而得位以行者，僅出其一二也。年齒之高，林泉之趣，皆公之所宜有，固天報善人之所致也。惟有子之甚賢，以文鳴於治世，足以繼絶學於前人，揚休聞於不墜也。此吾嘗私爲之善誦長公之言，擬公於晁氏之君成，而知其無愧也。

陳思禮以其讀書像求題作讀書箴以告之

古今千載，天下萬理。曷由知之？存乎經史。道散文繁，歲益月增。欲窮其全，厥惟難能。在昔先覺，示我要旨。挈其宏綱，衆目咸舉。苟棄其本，而披其枝。力瘁心勞，彌久卒迷。仁恕於民，孝慈於家。終身有餘，道豈在多？惟爾陳生，嗜學克孝。不形於言，已達其要。尚虚厥心，以誠爾躬。聖賢何人，敢不慎恭。

蒼雲軒銘

世皆稱嚴子陵不屈光武以爲高。士之問學，固求所以行之耳，苟得賢君事之而行所志，君子之所樂也。況光武素知子陵哉！子陵之不以隱爲高也審矣，其隱蓋有所爲爾。人之志意材量，明者能燭之於事爲之先。子陵、光武少相友善，使光武能任人，可爲盡力，子陵何所苦而不出，既出而決去哉？蓋光武察察自用，其後宰輔多不以禮退，子陵預知其如此，故決然避去而不疑，以全故舊之義，此子陵所以爲高也。苟徒以隱爲高，孰不可爲子陵哉？

子陵裔孫居餘姚者曰宗道，取范文正公《祠堂記》「蒼雲」語名軒。余恐其昧乎出處之義也，告之故，系以銘。銘曰：

維士爲學，志大行於時。孰肯樂隱，屈而弗爲？卓哉子陵，識時之幾。幾不可以出，甘耕釣以嬉，此爲百世之師。苟時可行，而飾隱以欺，是棄其天而失時宜。嗟吾子陵，志豈在斯？爾宜則之，勿執固以違。視時推移，如雲在山，何滯斂與施。或不盈握，或雨四垂，庶乎於道之歸。

連槐堂銘有序

人事無與於草木乎？孝友之徵，古多記之矣。草木果符於人事乎？則大舜、閔、曾之行，未聞形於草木之祥也。然則將何所定歟？人之於天，體異而氣同。養吾氣以感之，寒暑可自我而平，日月可自我而明，山川可自我而不震驚，鳥獸可育，四靈可致，況草木乎！然而有得有不得者，變也；物隨以應者，常也。變者天之權，常者天之經。天以經示人，而以權教人。以聖賢之德，盡爲人之道，固其職也，雖勿報焉可也。未至於聖賢而能不悖於道，烏可以弗旌乎？是權也。或因物以著戒，或設象以假義，又權之教人者也。苟逐逐焉而報之，仍仍焉而見之，智者可以理推，愚者可以幸得，則不足以爲天矣。

天道之權，吾於會稽周氏有徵焉。周氏兄弟曰彝、允，皆賢而文，居新昌彩烟山中。事母甚孝，入其門，少長秩秩有序，其氣穆然若陽春然，鄉人稱之爲孝弟。舍旁樹槐一章，高尺餘，歧爲二榦，及肩交合爲一，左右之枝各三，上挺可數尺，再合而再交焉。於是觀者咸歎其異，以爲彝、允孝友之徵，乃以「連槐」字其堂。其友王宗成來京師，爲之請銘。

槐之爲音，近於懷。懷者，思也，所以旌其孝友，而教其後人以思也。後人視斯槐，寧不有思乎？其枝歲繁而時茂，是子孫之愈久而多也。子孫雖多，其本於祖則一而已，猶槐之衆枝本於榦也。嗚呼！周氏後人視於斯槐，孝友之思，其能忘乎？此天之所以教也，烏可以無銘。銘曰：

周氏孝友德斯植，天旌厥槐世希覿。巨本數圍去地尺，歧爲雙榦挺雄特。及肩而交交復副，既副群枝合如織。鄉氓童耋歎以嘖，炯哉奇祥古未識。吾知玄化彰爾德，俾爾後嗣思作則。枝繁榦別勢莫抑，同氣殊分麗千億，槐枝能連人何析？

持敬齋銘

吏部員外郎翟君大年謂余曰：「大年頃詿於吏議，繼蒙大宥。預有禄食，列於英俊之後。追思舊愆，未嘗不惕然惴慄。因以『持敬』名所居齋，庶或善其後也。請爲銘以自勵焉。」銘曰：

坦途不戒蹎或蹶。羊腸畏惴駕可越。靈臺孔微役萬物。物來不制昏以逸。持之以敬志斯一。古之明訓作自哲。曰人敬勝怠則吉。心不持敬中蕩潏。四體不敬形縮瑟。不敬而言枝以怵。行而不敬遭僨跌。矧玆有職紛轇轕。上有嚴臨下群列。苟或不敬衆爾呾。❶鬼神遼哉形恍惚。語之無聞罔由詰。敬以格之迅如驛。況均爲人視聽徹。事之以敬寧弗悅？告爾持敬久愈晰。德樹名彰底崇秩。

貞白堂銘

古君子於治身之道詳矣，而居室未嘗有名。近世之士略於自治，至於居室之名，則務極其美。昭而日月風雲、雨雪霜露，大而江河山嶽、林泉邱壑，細而竹樹草卉、鳥獸魚蟲，凡可以托情而比德者，皆取以爲名。名則美矣，於身何補哉！誠能揭仁義道德之要，著之於目而存之於心，禁邪而止慝，服之以終身，而不蹈流俗之弊，此不猶得古君子之意乎！

臨川許仲孚，篤志嗜古，以「貞白」名其堂，蓋將矯夫側媚汙濁之弊，以治其身，是可謂善爲學矣。其友芒文縝來徵銘。銘曰：

天不貞，天柱傾；地不貞，地軸騰；日月不貞，乃蝕其明；陰陽不貞，寒暑僭行。況伊人斯敢不貞？有不貞者殞厥生。天

❶ 「呾」，韓本、傅本、胡本、四庫本作「咥」。

以白，物罔惑；地以白，庶物育；日月以白，四海昭燭；陰陽以白，民用弗忒；人苟弗白，爲暗爲僻。彼何人斯敢弗白？❶有弗白者，戕身喪德。維許子，學孔腴，揭「貞白」，銘堂隅。豈銘爾堂，將銘爾軀；匪徒飾外，宜銘諸心矢弗渝。爾心之貞，爲道之樞；爾心之白，爲德之居。勿側以欹，勿溷以汙。❷持之永久，爲聖賢徒。

默齋銘

陵川和君原德，以文行稱趙晉間。嘗被薦入朝，稱疾辭去。結廬太行之顛，題曰「默齋」。其友湯子上爲之請銘。銘曰：

昊穹上運，玄壚下處。風雨霜露得其平，日月星辰順其軌。江河山嶽，以流以峙。百物以生，萬彙咸叙。不發一言，而莫敢失其恒職者，以其本乎至誠之理也。維人之生，内則五性七情，外則三綱六紀，所以發於中而應乎事者，欲其酬酢適宜，辨析非是，固不能歸之於一默而已。然苟無誠慤存乎心，徒欲以三寸之舌取勝角靡，上陳爲諛，下喻爲詭，陰謀規利，邪説夸己，其去道不亦愈遠矣乎！昔者孔子嘗欲無言，顔氏如愚，亟譽其美。彼由與賜，佞口多言，棄弗之取。其所尚可知也。絳灌不文，外若椎鄙，而功茂績偉。晁氏之子，號稱智囊，卒啓戎兵，身斃於市。惟躬行之爲貴，何言語之足恃？晉有和君，力學未仕。期實踐以自脩，獨默默而無語。此蓋將矯便佞之陋習，而庶幾乎顔氏者非耶？

❶「斯」，原脱，今據韓本、傅本、胡本補。

❷「溷」，黄溥本、韓本作「涅」。

正心堂銘有序

元臨川監郡芒侯，嘗名其燕息之堂曰「正心」。侯既以此自治其身而化其民，又推以教其子。入國朝，長子文縝司教成均，思嗣侯德不墜，復以堂銘爲請。

三代盛時，凡有國有家者，皆不敢不學，其學未嘗不本於心。譬之操權衡以制輕重，持規矩以裁方圓，凡有形者，皆不能違，是以事功成而習俗美。先王之道既息，居乎位者不知學，學者不知所本，竊竊焉欲以私智小數勝之，而民卒不可得而治。前代之事如此者多矣，而元爲甚。芒侯生乎其時，獨能取聖賢爲學之道治其身，其天性之過人遠矣。文縝又能推之以淑諸人，非善繼志者哉？銘曰：

昭哉聖則，厥要甚寡。正其一心，以對天下。一心之量，天容地深。炯若日月，孰不照臨。其不正時，日月方晦。昏亂迷惑，靡有攸暨。❶誠其始萌，乃正之功。知不周物，思誠曷從。維知克誠，維誠克正。正以持身，罔敢違令。内以爲家，外以臨民。明盡禮樂，幽通鬼神。世降道離，人鮮由學。徇其私心，狙伺狼攫。偉兹芒侯，監於大邦。揭聖明訓，寘諸崇堂。崇堂嚴嚴，筵几具有。邦人君子，陳説古道。孰詭孰端，曷從曷違。折以片言，灼如蓍龜。豈徒其名，又能允蹈。既政以施，亦身以教。侃侃嗣子，先人是程。緝其休聲，亶爲難能。勿謂已遠，千載一心。聖謨炳然，奚古奚今。

❶ 「暨」，韓本、傅本、胡本作「届」。

樗散生傳

樗散生者，錢唐人，李氏，名詷，字孟言。少受學越人楊君維楨，負氣尚節，善爲詩，賣藥金陵市中。名其室曰「樗亭」，而自號爲「樗散生」。市人病者，趨其門買藥，無不與，所與必善。人人談樗散生美不置口。

或問樗散生：「今人莫不願爲材，有寸夸尺，有尺夸尋。惟恐人不知，❶己才不即用，既用又恐不得大任以爲戚。今生乃以樗散自名，樗，不才木也，生豈無才者耶？何其嗜好與人不同也？所惡乎樗者，以其無用也。今生脩善藥以活疢疾者，有功於民甚博，何爲以樗自汙哉？」

樗散生曰：「吾計之熟矣。名之美者，吾豈不欲居之？然苟無實以稱之，則名祇足爲禍。吾苟自以爲可用，彼將以有用者求我；我或不足如其所求，則爲妄人矣。吾今自以爲樗，彼亦從而樗我，不虞我足用，而我足用者固存，何損於我乎？世之受禍深者，求名太切者也。夫名虚器，得之未必有益於身。而與我競者，齗齗然欲奪之，不亦危乎？吾是以安焉而不敢務乎名也。且吾之食者醫，醫之書易知，醫之技易學，吾誠盡吾心焉。疑於心者，不敢强施於人；薄於用者，不敢厚責其報。雖有不中，庶可以無愧矣。我誠肯自負吾才，而亨釜庾之禄，豈皆不若乎人？然吏胥操法而迫吾側，民庶持牒而聒吾前，吾心欲平之而力不暇，欲施吾才而勢有不能，則吾心之愧，無時而釋矣。豈若守易能之技，居無用之

❶「知」，原脱，今據韓本、傅本補。

名以自適哉！」

於是問者謝之，咸稱樗散生爲知道者。余聞於建安黄仁云。

史官曰：樗散生之傳不虛矣。生豈果知道者哉！君子之道，貴乎食焉而無愧。吾觀世之人，有愧者多矣，生豈無見者乎？孔子强漆雕開仕，開自以爲未信而不願爲，孔子悦之。樗散生豈學漆雕開者耶？然則謂生爲知道，豈不然耶？或謂生慕樗以不才而壽，彼莊生寓言，生蓋不取云。

嚴宗奭小傳

嚴盛宗奭者，會稽餘姚人也。其裔於漢隱士子陵，家姚江之西。性坦質，待物無町畦。善飲酒，然未嘗與庸俗人飲。薦紳先生過其門，不問識否，必邀至其家爲具飲之。妻子告無貲，宗奭解衣付酒家奴持去取酒。酒至，撫掌曰：「吾無憂矣。」傾所有奉客，務得其歡，不爲他日計。或勸宗奭仕，不應。朋曹招與飲酒，即著巾往，往輒盡醉而返。

宗奭作軒於舍西，號曰「臨清」，而自號曰「客星樵隱」。且曰：「山水吾所樂也，亦將以矯夫汙濁而冒利者。」喜讀陶靖節詩，撫卷謂人曰：「是翁可人意。」或疑宗奭樂隱，宗奭曰：「靖節豈隱者哉！」或又疑宗奭自放於酒，宗奭曰：「舉世無知我者，惟酒知我。吾與世人言，口液乾不領吾意。與酒未交口，心已相醉。故吾得酒，寢加安，食加旨，神充而氣完。酒誠我益友，何謂放耶？」疑者愧之。宗奭今老矣，吾聞於上虞魏彝仲云。

爲説者曰，吾始讀陶靖節詩，怪其喜飲

酒，而又時時稱嚴子陵之爲人。以爲子陵清苦高勁如喬松秀竹，豈飲酒者比哉？及求靖節之志，固不爲酒，特托酒以自適耳，無害其爲同也。今宗奭以子陵之裔，而又慕乎靖節。其事與靖節不甚相類也，豈亦靖節慕子陵之意耶？非耶？且宗奭謂酒爲知己，其亦有所見而云耶？抑有所激耶？列之以示好事者辨焉。

李疑傳

金陵之俗，以逆旅爲利。旅至，授一室，僅可榻，俛以出入。曉鐘動，起治他事，遇夜始歸息，盥濯水皆自具。然月責錢數千，否必詆誚致訟。或疾病，輒遣出；病危，氣息尚屬，目睊睊未瞑，即舁棄之而奪其貲。婦孕將産者，以爲不祥，擯不舍。其少恩如此，非其性固然，地在輦轂下，四方人至者衆，其勢致爾也。

獨李疑以尚義名於其時。疑字思問，居通濟門外。閭巷子弟執業造其家，得粟以自給。不足則以六物推人休咎，固貧甚。然獨好周人急。

金華范景淳吏吏部得疾，無他子弟，人殆之不肯舍。杖踵疑門告曰：「我不幸被疾，人莫舍我。聞君義甚高，能假我一榻乎？」疑謝許諾，延就坐，汎除明爽室，具牀褥鑪竈，使寢息其中。徽醫師視脈，躬爲煮糜煉藥，且莫執其手問所苦，如事親戚。既而疾滋甚，不能起，溲矢汙衾席，臭穢不可近。疑日爲刮摩浣滌，不少見顔面。景淳流涕曰：「我累君矣，恐不復生，無以報厚德。囊有黃白金四十餘兩，在故逆旅邸，願自取之。」疑曰：「患難相恤，人理宜爾，何以報爲？」景淳曰：「君脱不取，我死，恐爲他人得，何益乎？」疑遂求其里人偕往，攜以歸，面發囊，籍其數而封識之。數日景淳竟死，疑出私財買棺，殯於城南聚寶山。舉所封囊，寄其里人家，往書召其二子。及二子至，疑同發棺，取囊按籍而還之。二子以米饋，卻弗受。反贐以貨遺歸。

平陽耿子廉，械逮至京師。其妻孕將育，衆拒門不納，妻卧草中以號。疑問故，歸謂婦曰：「人孰無緩急，安能以室廬自隨哉！且人命至重，倘育而爲風露所感，則母子俱死。吾寧舍之而受禍，何忍死其母子乎？」俾婦邀以歸，産一男子。疑命婦事之如疑事景淳。踰月始辭去，不取其報。

人用是多疑名，士大夫咸喜與疑交。見疑者皆曰：「善士，善士！」疑讀書爲文亦可觀。嘗以儒舉，辭不就，然其行最著云。

太史氏曰：吾與疑往來，識其爲人。疑姁姁愿士，非有奇偉壯烈之姿也。而其所爲事，乃有古義勇風。是豈可以外貌决人材智哉！語曰：「舉世混濁，清士乃見。」吾傷流俗之嗜利也，傳其事以勸焉。

毛德玄傳

毛聚德玄者，萊之掖縣人也。幼有異質，事繼母秦盡孝。里中嘗寇至，衆驚走，秦老不良行，聚獨侍左右弗去。寇問曰：「爾不畏死耶？何爲不避我也？」聚泣曰：「我老母在，安敢自求活乎！」寇義之，不忍犯。父嘗病疫，居崑崙山中，夜渴求酒。山深多狼虎，聚弗憚，跣走出山，乞酒以還，❶父飲而愈。與兄弟分財，恣其所取而受其棄遺者。長兄葬，柩將及壙，訛言盜且至，人懼欲奔匿，聚曰：「兄柩在斯，忍棄之以圖生？」卒掩壙而還。再從母殯城隅，人取其塼殆盡。聚買地瘞之。族女六人，貧不能嫁，聚出私財嫁之。族中不克葬者十餘喪，聚皆爲葬之。歲食有餘粟，則推以濟鄰里。貸不償者，則焚其券。有客宿其舍，且遺錢數百緡而行，聚徒步追五十里還之。隣人耕侵其畔，或以告聚。聚曰：「寧知非彼地耶？」其居家待人，無長幼皆以誠。久而人咸信之，稱爲善士。聚生二子：蔚、炳。蔚生二子：紘、綎，皆好學。紘今由國子生爲殿廷儀禮司序班，與余孫慎同官，相友善。

史官曰：孝弟慈愛，人性所發也，寧係所習哉？萊在東海上，其俗從古號爲難治。《禹書》、《春秋》外之。今去古二千載，乃有毛君之行，是烏可以習俗古今論耶？語曰：「爲善必有後。」毛君之善，卓然可稱矣，其子孫殆將有昌者耶！

桑仁卿傳

桑惠字仁卿，婺之武義人。其先居麗水桑溪，南渡後，有景昭者始還婺，歷四世皆不墜書詩。仁卿幼喪父，獨奉母居，不能與人浮沈，介然自守。遇人則翼然恭，未嘗往叩富兒門。唯日夕訓諸子弟，雞初號，輒呼起，懸燈誦書，食時使從師。或值雨淖，親持蓋候之還。人笑其愚，勸曰：「子貧若是，甑將生塵矣。何不學他技藝，朝出門，

❶「乞」下，韓本、傅本有「得」字。

暮可即得錢。讀書固佳，其效乃如捕風耳。」仁卿笑曰：「信如子言，吾家學將絶於吾手矣。寧餓而死，不能從也。」乃召其子以時謂曰：「此妄人耳，其慎毋聽。吾之貧由天，於讀書何預哉！」策勵比前爲尤急。及見以時明經，能文辭，鄉校迎爲學者師，仁卿撫几自慶曰：「吾將有以見祖宗地下矣。」

仁卿無所於食，質田於里翁，已而失其券，乃以計給仁卿至家，使重書之。或履其跗，曰：「慎勿言，翁券失矣。」仁卿歎曰：「吾實得錢，言猶在耳，而因失券負之，爲計固得，如内愧何？」一里譁然，稱曰：「桑仁卿其誠愨人哉！」未幾卒，貧不能斂手足。鄉人惜其賢，裒錢以葬。

仁卿娶同縣人項寄瑗，其賢絶。❶仁卿固安貧，終日樵蘇不爨，項無纖介見於容色，澹然能相歡。凍餒日不自免，聞有佳書，必掇所織布帛貿之使讀。自時厥後，以時以賢良徵，主袁分宜之簿，州里攜酒漿來賀曰：「仁卿夫婦，不負教子，今得官歸矣。」項曰：「得官不足榮，能不負官，斯爲榮耳。」

以時在分宜，數督運萬里外，兢兢自持，無所遺失。再轉爲温州判官，遣候人迎養，將及門而卒。今以三轉爲夔州府通判，陞至某郎，益用政事聞於時。論者謂父母之善教云。

贊曰：子弟不患無俊良，非父母竭力教之，終不能有成也。有如仁卿忍貧教子，至樵蘇不爨，一不變其志，澹如也，卒能奮發有耀於前人。則吾所謂父母不力教子，

❶「其」，黄溥本、韓本作「甚」。

子未必有成，誰不謂然。因作小傳以爲世勸焉。

謝節婦傳

節義，人性之所有也，豈以所居而變哉！南雄在嶺之南，山毒海悍，風氣與中州殊。論者或從而訾其習俗，其言陋矣。若謝節婦者，安可輕耶？

節婦謝氏女，南雄人，年二十八，適郡士鄒永泰。居四年，生子忠。甫十月，永泰得疾，危懼或死，有父母存，且子幼，莫爲計，以語覘婦曰：「吾旦夕死，然吾家貧，安敢以老親幼子累爾哉！」婦流涕曰：「君豈病而狂易耶？君萬一不幸，養老撫孤，妾職也。妾一移足，忍見鄒氏兒爲人奴隸乎？」已而，永泰卒，窶愈甚，甑益無朝夕儲。節婦躬力蠶織，爲布帛易粟以奉舅姑。忠八歲，使就鄉師學，節縮服食以資束脩禮。其舅姑不知其貧。及舅姑卒，鬻所居廬以易棺櫝，行喪治葬，務合儀則。或閔其艱，勸其再事富人，節婦曰：「我豈不知富人勝於鄒氏乎？然鄒氏我所安也。使我食他人八珍九鼎，不若飲鄒氏杯水耳。」益自操守不少變，教其子爲儒。節婦少嘗讀《孝經》、小學書，通達義理，故能盡婦道云。

史官曰：嗜慾之性，人孰能免哉？能以禮義制之，則不入於邪僻矣。婦之事夫，當無恙時，指天地神明，誓生死不相違棄；及遇變故，能如其言者蓋鮮矣。豈非不達禮義使然耶？若謝婦者，夫死，困厄幾不能爲生，而處之欣欣然，行其自誓之語，如合符契。非禮義淪於心能致是耶？嗚呼！禮義足以治人也久矣。

柳氏二節婦傳

柳氏二節婦者，上虞柳宗遠妻唐，及其子桂之婦陳也。

初，唐年二十三歸宗遠，事其姑孝。越二年，生一子桂而宗遠卒。或少唐，恐其難寡居也，以語試之。唐忿曰：「吾喪夫，命也；婦不二醮，義也。命，天使然；義，出於人心。吾縱不畏天，能昧吾心而負義乎？且吾姑老，吾子少，吾去之將安求乎？」益苦心瘁力，營粟帛以養姑，命桂學詩書於鄉先生。姑年八十餘乃終。而桂長遂娶陳女爲婦。

陳歸桂逾年，桂亦卒。陳年甫二十四。或閔陳無子且少也，勸其再配。陳哭曰：「此豈人所言乎！吾姑不負吾舅，吾敢負吾夫乎？吾寧即死柳氏牖下，不願聞此語也。」乃去膏沐，屏華靡，與其姑相依以居。姑食，然後食；姑寢，然後寢。家内外事，必告而後行。姑婦孝愛如母子。歲時具殽醪，祭柳氏亡人，二婦煢然拜階下，輒涕泣不能相視。後以某子某爲桂後。今唐年六十，陳亦四十。鄉人咸稱爲二節婦云。

史官曰：夫婦者，相扶以生者也。相扶以生者，人道之常也。不幸遇夭折，臨患禍，夫不獲婦其婦，婦不得夫其夫，是豈人情所願也哉！斯變故也。夫人處平居無事，雖至闇劣，皆可以勉。事有出於難處者，雖奇偉丈夫，時時猶有失焉，況婦人哉！若柳氏姑婦，皆在少年喪夫，處人之所難堪以至於老。余讀其事，未嘗不爲之歎息也。人常患後世俗不逮古，是烏可概言乎！二婦之所爲，儗之古賢婦何讓乎？

余因門人朱瑾請，爲列其事，使繼此執筆者有取焉。

周節婦傳

節婦姓趙氏，名淑，宋燕懿王之裔，安定郡王令詪九世孫也。令詪從高宗渡江南，居越諸暨，遂爲諸暨人。父孟德，有文學，生二女，節婦長且賢，尤愛之。授《論語》、《孝經》、《列女傳》，皆能通其義。年十八，求宜壻者，得同邑周本恭歸焉。

始歸而姑卒，既而舅及兄公姒氏亦相繼死。兄公子顯宗尚幼，節婦相夫飭喪治葬咸盡禮，育顯宗如子。歸十一年，生三男，宗善、宗祚、宗政。宗政始生時，天下亂，夫嬰疾甚，恐不起，顧節婦曰：「今兵革四興，嗣子單弱如此，我死，爾能自保乎？」節婦嚙指流血，泣曰：「天在斯，吾有不能保孤兒者，天實誅之！」

夫卒，節婦年二十九，髽跣號泣。泣閒含食哺諸兒，不暫出户限。明年國朝克諸暨，與僞吴分邑拒戰，兩兵交焚掠，家貲無纖毫存。節婦抱兒及顯宗，從一媵出走匿，❶惟持田籍，以行深山窮谷閒。❷飢餓顛踣，削木膚、采藜藿以食。或問其艱勤，勸之曰：「呱呱者何足恃，奚爲自苦耶？」節婦怒，不與言，剪鬟髮示之。益自裁戢，厲色峻辭，使人莫敢近。兵定而歸，富民侵至其田殆盡，節婦持田籍與辨，卒賴以完。

知州田若富高其行，❸欲上其事於朝。

❶「匿」，黄溥本無。
❷「以行」，黄溥本作「匿」。
❸「富」，張本作「賦」。

節婦曰：「宜然耳，何足上聞。」力辭不願。乃復其家，節婦感泣。日治麻縷爲布帛，以繼乏絶。市詩書，教諸子，夜焚松脂於室，坐諸子兩旁而口授之。或怠睡首俯，輒笞咄不少恕。諸子皆凛然，畏憚如嚴君。覩其色變，即惴恐莫敢舉目視。及長，遣從名師游。所友善士相過則喜，❶爲之置酒，否則憤歎竟日。節婦以兄公早没，惟顯宗存，爲之婚娶，先於己子。羞服與諸子同，人不知辨。諸子遜悌皆有士行。宗祚入爲太學生，以文行稱。人咸謂節婦善教所致云。

史官曰：世之傳節婦者，多貴殺身爲難能，至於守義不二者則略而遺之，余甚惑焉。鋒刃之威迫於後，湯火在前，有所不顧，此人情所能勉；至於困窮災變，切身凍餒，顛踣而不渝其志，存人之孤，非篤於禮義者，其孰能之？若周節婦是矣。嗚呼！此豈特賢於女婦而已哉！

臨濠費氏先塋碑

皇帝登大位之三年，覩四方之既平，嘉諸將之勳烈，迺十一月丙申大封功臣爲公侯，錫以鐵券，俾傳諸子孫。於是，臨濠費侯自僉大都督府事，進開國輔運推誠宣力武臣榮禄大夫柱國平涼侯。❷既而復謂賢豪之生，基德累仁必由於其先，乃推榮其三世：侯之曾大父五一府君，贈驃騎將軍都指揮使護軍，追封靈璧縣子；大父六三府君，贈鎮國將軍僉大都督府事護軍，追封江

❶「友」，張本作「交」。

❷「涼」，原作「源」，今據本文後詩「平涼是封」句及《明史》本傳改，下同。

夏伯；顯考七五府君，贈榮禄大夫同知大都督府事柱國，追封平涼侯。曾祖妣季氏，❶祖妣及妣兩何氏，皆從其夫爵邑爲夫人。命書既下，侯用牲醴詣五河，告祭於先塋。榮光赫然，照燭泉壤，山雲宰木，飛揚燁奕，皆有異氣。自是歲時奉祀惟恭。

侯閒謂余曰：「吾世齒恒氓，至於吾躬遭時遇主，奮自戎行，奉命克敵，或專或裨，凡十八年。始於江淮，中於閩浙，至於定中原，舉關陝，皆與諸將之列。取城邑以數十計，其艱且勤亦至矣。藉聖主之德，念録微勞，爵爲列侯，名載册書，人臣之榮無所與比。顧豈吾材之能致哉？實我祖考遺休餘澤之所及也。惟我祖考，皆有厚德，爲鄉邦所稱。宏址深源，誕啓厥後，恩數之加，允稱不虚。兹欲歌頌先德，敷揚聖恩，樹石墓道，俾後嗣知所自出，非子孰宜？」余嘗待罪國史，撰次功臣勞烈，知侯爲人仁勇有智略，事上御下，以忠以誠。今又弗忘其先，以顯著遺德爲事。可謂知所先後，善爲臣子者矣。侯名聚，字士英。其詩曰：

帝乘六龍，起江淮東。濠泗之閒，爲漢沛豐。維時費侯，貙吼虎雄。壯馬長矛，爲帝股肱。既定泗濱，遂剗靈璧。維滁及和，一舉而踣。孰謂大江，可限南北？萬馬飛渡，不以羽翼。巍巍建業，扼江而城。❷既入其郛，帝庸作京。廣德既綏，遂平長興。軍聲轟轟，四方震驚。蠢彼僞吴，假息於蘇。愚弗量能，自干天誅。將命以行，以翦以刳。獲其大醜，歸寘鑕鈇。帝德如日，愈久而晰。孰倚冰雪，以詫弗拔。何閩何浙，

❶「季」，黄溥本作「李」。
❷「扼」，原作「拒」，今據張本改。

何勍何劣。如朽之折，如藩之撤。閩浙既清，載征中原。巨壘連營，望風而奔。或奔或降，追刖其根。中原卒平，萬方來臻。帝嘉治平，曰誰之功。鐵券丹書，錫爵命邦。矯矯費侯，平涼是封。豈惟其身，榮逌祖宗。侯有峻爵，上推於父。維祖甚仁，伯于江夏。江夏之先，靈璧是子。旁及其嬪，咸有爵土。費侯曰咨，小子無良。祖考之休，積厚而昌。既有土田，又蕃牛羊。維曰薦奠，以致孝享。大登如几，牲碩酒旨。費侯涖祀，陳豆奠斝。擊鼓駭駭，焚幣煒煒。費侯克孝，祖考咸喜。濠民謂侯，勇不失身。委質聖君，爲社稷臣。濠民謂侯，貴不遺親。玉佩貂冠，爲賢孝孫。四海既同，爵勳既崇。曷以承之？維孝與忠。忠以於朝，孝以於家。繼德無愆，茀祿是荷。

景祐廟碑

景祐廟者，宋殿前司統制祖公廟也。公諱域，字貞夫，其先閩人，後徙明奉化之松溪。公有文武才，建隆中，以剛毅稱。居鄉黨，遇歲飢，發私廩以賑餒夫，所活以千計。里有婚喪，貧不能成禮，出財帛周助之。子弟不能學者，爲招師儒使就學焉，邑人咸德之。既没，皇祐二年遂作廟於忠義鄉之福慶里，有故必相率趨禱。滅火、愈疾，屢著奇徵。

元祐中，漁者鄧祺、徐寶泛海，值風，舟起立者數四，懼死，呼神求救。公忽見於空中應之，俄而火光如斗墜檣下，風頓息。起視所在，舟已至公廟下矣。

建炎四年，高宗南奔，御舟次崎頭。金

人將舟師追其後，將及，見赤旗數萬蔽海上。金人沮懼而退。是夕，提領海舟張公裕，夢神人虎韔魚服，奏對上前，自稱官位姓名，公裕以聞。高宗多公之績，制封文惠侯，賜廟額爲「景祐」。

元大德十二年大疫，死者相枕。民禱公，公降於人，指廟東井，命民飲，病者飲水立愈。明年，蝗發境上，官督民捕蝗，日以斗斛徵之。民泣訴於公，頃之，蝗飛積廟前高數丈，民取以輸。遺蝗亦皆自投於海，禾不爲災。

至正十一年，海盜起，將剽掠邑民，會大風揚沙，晝晦不可辨，盜迷失道而退。後盜復至，鈔民財無所得，怒欲火廬舍。至廟，若聞絃誦聲，驚駭相顧，卒不敢犯。二十二年，有巨蝶集里巷，螫民膚即死。民神事之，迎置於廟。公復降於廟巫，手撲殺之。耆耋卓在明、汪敬行等，列其事聞於朝。二十六年，加以「昭烈」之號。

皇上有天下，以爲凡神之封爵，宜令於天，非人所敢與。洪武四年，乃詔儀曹易公號爲「故義士祖公之神」。每歲季春，縣令用剛鬣行祀事，著爲恒制。敬行之弟敏學，復謂公自宋初至於今四百年，功烈及於民者甚久，而未有文辭昭靈焯美，垂之無極，甚非事神之道。乃遣從子正來請傳其事於碑。

夫公以一將之微，其生也非有公侯之貴，萬鍾之富，而獨能惠其鄉；既死數世，復能濟其君於艱難，而保鄉邑之民於無窮。非烈丈夫能然哉？足可歌也已。❶ 其詩曰：

❶「足」，張本作「是」。

斗牛之南大海堧。群山嵂崒植翠旜。乾靈坤秀鬱不宣。篤生祖公維俊賢。虎眉虬髯高兩顴。右握寶刀左屬鞬。指揮貔貅立殿前。晚辭天子歸林泉。傾萬金貲振顛連。聞人急難刺在肩。有弗能拯食不咽。曰生施惠靡違年。❶死爲明神參化權。鬱攸肆虐焚氓廛。揮唾沃之不敢煽。颶風掀浪欲拍天。漁舟葉沈立以旋。火燄如日隋檣端。手提白骨出重淵。鑾輿狩南濟大川。追者十萬犬羊羶。❷身率以君將樓船。赤幟塞島虜愕然。❸璽書褒忠禮彌虔。坐秉躬圭冠貂蟬。癘鬼跳踉民告瘨。以藥投井飲輒痊。飛蝗被野禍大田。神氣一噓舞翩翩。如蛾赴火積成山。立使凶歲爲有年。海盜操矛口垂涎。揚沙撲面懾以還。退奔相蹂行蹁躚。巨蝶爲妖大如鳶。家趨巷祭陳豆籩。以掌擊之民害蠲。邑民戴公綏以安。歲時扶攜謁廟門。清酤在觴几蒸豚。鐘喧鼓考雜管絃。公騎蒼麟手執鞭。龍旂獸盾衛者千。來如旋風止如烟。顧民欲去不忍言。民拜願公毋我捐。俾禾如茨黍蛇蟠。疾害不作福祐縣。公名不朽同坤乾。

惠州何氏先祠碑

英傑之士，立大功而享爵位者，非其先之基仁累善，何能自致哉？然其先有德，而子孫不知報祀者有矣；知報祀其祖，而棄蔑其祖之子孫者有矣。是皆不達禮義之

❶「年」，原作「平」，今據黄溥本、韓本改。
❷「犬羊羶」，原爲空格，今據張本補。
❸「虜」，原爲空格，今據張本補。

弊也。若山東行中書省參政何公，其篤於禮義者乎！

公名真，字邦佐，世居廣之東莞，至公始遷惠州。祖諱發藻，元贈中奉大夫、廣東道宣慰使都元帥護軍，追封廬江郡公。父諱叔賢，贈資善大夫江浙等處行中書省左丞上護軍，追封廬江郡公。祖妣鄒氏，母葉氏，皆封廬江郡夫人。公祖暨父世有潛德，鄉稱善士。公生八年而喪父母，夫人守志不奪，慈鞠嚴教，少偉然有志。

當元至正中，中原兵起，廣民王成亦構亂。公爲小官，即請而討之。已而解惠州之圍，逐叛將黄常，復惠州。會賊陷廣州，公以兵復之。由惠州府判五遷爲江西等處行中書省左丞，階資善大夫，分省治廣。公弟迪以從征功，擢中奉大夫、廣東道宣慰使都元帥兼僉樞密院事。遂推恩封其二代。後合福建、江西爲一省，改拜公資德大夫、江西福建行中書省左丞，仍治廣州。

歲乙巳九月，賊挾廉訪司副使廣寧等叛，圍廣，公禦之。踰十月，部將與賊通，絶糧道，公出避，城陷。丁未五月，復克之。明年，制授公榮禄大夫，自左丞陞右丞，未拜，而皇明兵平江西，詔至諭公。公舉廣東之籍以降。上嘉公保民順命之績，授中奉大夫、江西等處行中書省參知政事。洪武庚戌，移山東行省。越七年，以老致其政。

初，公追思顯融之盛由於先世，既於東莞率族人建祠置田以祀群祖，復與弟迪謀，悉以其先所遺田，儲租入以祭其禰。公猶未慊於心，乃以惠州城西之私第爲義祠，斥所有私田百餘頃爲義田，世俾宗子主祀事。恐族人不知學也，有塾以教之；恐其羞服或乏也，有粟帛歲賑之；嫁娶喪葬有以助之，疾病疲癃有以養之。懼其久而失其意也，爲書以訓之。俾嗣弗壞而來請銘。

嗚呼！先王所以親民善俗之道遠矣。賢人志士欲推之於世而勢有所不能，欲退而惠一族、化一鄉而力有所不逮者，有之；至於勢足以爲而不爲，力可以至而不至者，亦有之。此所以越數十世而其事曾不一二見也。惟公奮自韋布，夷盜保民，鎮寧南服，致位尊顯，卒能識幾效順，戢斂干戈，爲民請命，使粵南之民不易市肆。又能推本反始，孝於祖宗，惠及族人。所踐所言，允可爲法。其於富貴，可謂不苟處矣。視彼恃險而賊民，私厥身而忘其所自者，其賢豈不多哉！是宜紀行載勳，著之樂石，以爲後嗣式。其銘曰：

維昔至正，德否亂生。海沸山崩，靡人不兵。頷頷粵南，在嶺之外。猖豎嘯呼，民罹其害。何公曰嗟，我民何辜。告於大藩，請行天誅。迺戈迺殳，迺糗迺糧。大旆脩斯，人莫敢當。叛將肆凶，賊我守邦。鞭門疾呼，鼠拱以降。曷以褒功？躋於左轄。巨鉞良弓，左旄右節。豈惟其身，錫爾祖考。峻爵崇勳，以顯忠孝。祖考榮矣，子弟孔多。寶帶銀章，威儀甚都。邦人聚觀，拜伏稽首。按轡徐驅，詢其耆老。耆老有言，大哉公勳。元衰不君，公其我臣。公曰吁哉！我志已定。待彼有德，爲汝請命。赫赫大明，洸洸仁聲。震於南溟，勢無全城。公束干戈，載封版籍。錦韜龍函，獻於京國。帝嘉厥功，不勞我師。錫燕彤庭，重瞳屢回。大江之西，岱宗之東。禄食十年，執政廟堂。寅畏恭勤，鬚鬢盡白。詔優老臣，勿勞以職。公歎謂人，我德何爲？祖考之惠，幸以弗隳。豐湖之西，有第奕奕。玄楹文牖，既蠲且恤。亦有土田，被隰包原。重穋薦年，歲登百千。我第以祠，我田以祀。祖考之休，敢恤吾嗣。池有穹魚，圃有嘉蔬。以炰以葅，丹荔清酟。封豕擊羊，來烝來嘗。孫子咸臻，有雝鴈行。或授以罍，或奠以斝。登降肅然，莫取叱咤。數具禮全，陳几布筵。孰爲弟昆，孰爲子孫？公曰族人，亦孔之夥。揆本追原，咸由於祖。祖病在指，四體靡寧。奈何一身，曾莫胥矜。爾餒爾寒，我有粟帛。爾昧弗通，我學爾迪。爾有災害，我則戚之。或有燕私，則慶樂之。我有爵禄，我祖之故。不私吾身，弘祖之祜。豈無鄙夫，爵禄是荷。惟家之肥，遑恤其他。維公克仁，仁以保民。惟公克孝，尊祖睦親。嗟爾後人，惟公是師。繼承無忘，公有訓辭。

獅子山徐將軍廟碑

帝王受天命而興，默運玄化，施陽斂陰，日月爲之却行，山嶽爲之震疊，川君水伯，咸聽其命令，而效職獻靈，理勢則然也。今皇帝之都金陵，伐亂討逆，遣將出師，旌旄所向，鉦鼓所戒，巨城大邑，無不降順。時則有若徐將軍者，亦著神功。

將軍烏程人，晉時行賈江淮閒，道廬之巢湖，溺死。死而爲神，巢民奉之甚謹。上初渡江，諸將多祀神舟中，所向克捷。或以事聞於上，歲戊戌某月，命南安侯俞某，即龍江盧龍山爲廟祀焉。擇清脩道士汪與權、駱德輝、徐善誠三人主其事。及既登大位之六年，爲洪武癸丑九月，大駕幸盧龍，時與權已化去，詔德輝葺廟室、樹名木，且敕改盧龍爲獅子山。德輝等承詔，奉祀益恭。甲寅某月，復相與建祠，奉其教所謂玄武神於廟左。殿堂門廡略具。咸以爲斯廟與國同興，將軍之功，格知聖主，耿耿不誣。其本始固不宜無考，而玄武之祠，威靈日著，亦宜牽聯得書，乃來請銘。其銘曰：

帝興江淮，賢豪景從。叱咤而雷，麾斥而風。豈惟人同？鬼神爭助。水伯川君，罔不來赴。維巢有湖，神之所都。陰翊王師，鼉鼓龍旟。敵城頷頷，大將攸克。示以神兵，暗褫其魄。軍聲如霆，目無全城。一日十勝，蘄寇率平。帝詢將臣，成功孔速。疑有神助，使之順伏。將臣有言，非惟戰功。維巢有神，實張兵戎。帝曰異哉！何以勸賞？爵非所安，俾其廟享。龍江之陽，山迴岡翔。作鎮於京，以綏四方。有廡有堂，有筵有几。神之戾止，冷風如水。都人來觀，天子聖仁。天子褒功，及於鬼神。都人來言，神之威武。洞於幾微，以佐明主。上天垂象，龜蛇合形。佑我下民，功尤難名。並祠實宜，精神上通。合慶同體，以贊化工。時清歲康，烽燧不芒。都人薦奠，粢稷豆觴。❶人神相依，其德弗慆。於千萬年，彌久彌昭。

宋文憲公全集卷三十三終

❶「粢」，張本作「黍」。

宋文憲公全集卷三十四

中書省丞相追封咸寧王謚忠肅星吉公神道碑銘❶

今上皇帝既有天下，憫元忠肅公星吉死節之忠，擢其子吉昌官内廷，遷監察御史，俄超山東按察司副使。昌將行，詣濂泣曰：「先公薨於蘄盜。盜有義先公者，具棺葬於蘄水縣鳳凰山下，家人弗聞知。時兵未靖，各守其境，道阻不通，昌微服跳走數千餘里，❷瀕死者數矣。遇今上克蘄，始獲至，詢蘄人，啓棺北還，以某年月日葬於某地。而昌又獲禄食於朝，皆上之至仁、先公之遺德也。先公之忠，既載在《元史》，惟是墓道之碑未有刻文，敢惟先生是請。」翌日，❸濂以聞。詔曰：「然，星吉之忠，朕實知之，卿其勿辭。」乃考論其事，曰：

謹按，元贈開府儀同三司、上柱國、録軍國重事、江西等處行中書省丞相，追封咸寧王，謚忠肅星吉，字吉甫，河西人，贈榮禄大夫、河南江北等處行中書省平章政事、上柱國，追封秦國公，改封雍王朵吉之曾孫，贈榮禄大夫、甘肅等處行中書省平章政事、上柱國，追封代國公，改封凉王搠思吉朵兒只之孫，贈榮禄大夫、陝西等處

❶ 張本題作「元贈開府儀同三司上柱國録軍國重事江西等處行中書省丞相追封咸寧王謚忠肅星吉公神道碑銘」，蓋此本脱前一行字。
❷ 「微」，原作「將」，今據韓本、傅本改。
❸ 「翌」，原作「翼」，今據張本改。

行中書省平章政事、上柱國，追封趙國公，改封邠王搠思吉之子。其先三世，以言語材藝事太祖、憲宗，世祖爲怯烈馬赤，譯諸國言，後皆以公貴封王。曾祖妣倫徹徹，祖妣阿捝，妣順祖，皆從其夫封國爲夫人，改封王夫人。

公兄弟六人，於次爲三。少鶱然不可犯。武宗時召見便殿，襲怯烈馬赤，事仁宗於潛邸。仁宗即位，雅宜公，久不改官。英宗知公材，延祐七年十二月，授承直郎中尚監丞，賜中統鈔千貫，給校尉十人，專道而行。監尚御用物，公謹持出納，不可勢屈。中官貴臣手無符敕，絲毫不放，英宗奇之。至治二年二月，遷右侍儀，同脩起居注。命龍慶州達魯花赤脫歡以女妻公，賜鈔三萬貫爲聘資，寖得眷近。公每侍側，中外利害，乘閒進説無虛時。

泰定帝元年六月，拜監察御史，階奉直大夫。丞相帖木迭兒紛更朝政，❶御史大夫倒剌沙狼據中臺，公奮章劾之，朝廷凜然畏公。三年七月，陞朝列大夫、引進使知侍儀事。四年九月，進侍儀使，階朝請大夫。文宗天曆二年八月，拜江南行御史臺治書侍御史。時大夫阿思兒蘭海涯有能聲，公至，萬口移譽於公，大夫聲頓寢。詔賜衣一襲，上尊二朋，❷鈔五千貫。至順元年，遷河東山西道肅政廉訪使，薅姦剔穢，煦其朽枯，境内帖息。三年二月，復拜治書侍御史，治陝西行臺，未至召還，同知中政院事。六月，改同知功德使司事。

順帝元統二年四月，淮西江北道肅政

❶「相」，原脫，今據韓本、傳本補。
❷「二」，韓本、傳本作「一」。

廉訪使告闕，僉擇其良，以公爲之，一道稱治。明年，徵拜大都路總管府達魯花赤，輦轂之下，權倖肆横，法滯不行。公操其紀綱，風追雷斷，不問誰何，姦宄帖然屏伏。

至元二年六月，擢嘉議大夫太府卿。太府近且貴，莫敢鉤覈，闌豎攘竊，斂散無籍，吏緣爲私。公較擿隱蔽，立簿計數，吏畏若神。將作院累歲乾没綺繡之屬一萬五千縑，悉責償之。知崑山州事管某，上書誣平江路總管道童詭報歲災。帝命公察情否。初，道童以廉正治，其屬官不能堪，故誣之。且倚前翰林學士何魯恢爲援。公驗得其狀以聞，卒坐二人罪。三臺交章薦公。五年二月，特授資善大夫、大都留守，仍兼太府卿。益虔於職。談其美者，日以上聞。帝曰：「不可無旌以勸奉職者。」六年三月，就加榮禄大夫。未幾，帝幸太府，見公所爲，條法精密，諸藏皆盈，有黄金束帶之賜。時微雨，公立階下，命侍臣取御服油衫加公身。

至正二年十二月，陞宣徽院使。四年二月，改湖廣等處行中書省平章政事，省控治五溪洞蠻，土酋鹿馴豕暴，變幻百出，每視省臣臧否以爲叛服。公禁戢内兵，勿擾其境，布約敷惠，化其悍猾，效貢奉職，比於近縣。十二月，以中政院使召還。六年六月，賜金虎符，轉海西、遼東哈思罕等處打捕鷹房怯怜口萬户府達魯花赤。十月，遷將作院使。後二月，太府闕卿，再入太府，兼將作使，階超光禄大夫。七年十月，遷宣政院使。

明年三月，拜江南行臺御史大夫。時承平日久，官恬吏怠，慢無倫紀。公至，擇剛明御史行十道，糾劾貪邪，疏拔冤滯。憲司隸卒盤據爲虐者甚衆，公下令屏斥之，俾州縣之卒更月入直。民歡樂之。建康城北有宋丞相荆國王公墳，寺僧世守既久，視爲己有。王氏孫伐山木，僧執送官，官將以盜論。事上公，公怒曰：「王氏山，王氏孫伐之，何謂盜耶？」即歸山於王氏，而逐僧出之。秦檜裔孫奪民田，群訟不决。公問僚屬曰：「秦檜何人？」僚屬以姦臣對。公閲檜傳，大署其狀曰：❶「檜之誤國，千載有餘戮，矧兹遺胤，敢爲民害？」盡斷其田於民。公之明决皆此類。湖東道僉事三寶注，廉介不阿，御史以私謁之，不聽，輒以事劾之。章至公所，公曰：「鶚敢擊鳳耶？」奏杖御史。脱脱丞相與御史有連，銜公。

十年五月，移湖廣行省平章政事。湖廣地並江北，威順王寬徹不花田獵蹂踐稼穡，起廣樂園，萃名娼巨賈以罔利。有司莫敢問。公至，求見王，閽啓右扉入公，公引繩牀向中門坐，叱閽曰：「吾受天子命，爲藩大臣，烏可以小門入我？」閽懼，告王，乃啓中門，導公入。公拜謁畢，起言曰：「王，帝室之胄，與國同體，不爲天子養民，而獵野獸，悦婦女，以爲民病，臣竊爲王危之。」王投几降座，執公手謝曰：「非公不知此。」悉罷其所爲。有胡僧持官府柄，横甚。公捕其妻妾十有八人，籍於官，寘僧於法。由是民得吐氣。

十一年，妖賊徐真一等起汝潁，蔓延湖湘閒，勢甚熾。時武備久弛，公咨於衆，或以老將鄭萬户有材略對。公乃令募士兵，繕城池，脩戈甲，起鄭屬以禦賊事。賊聞有備，遣其黨千餘詣軍門降。公謂鄭曰：「此

❶「曰」，黄溥本作「首」。

誣也。」鄭設伏受降，誘而殲之，縛其酋六百人，獄以俟命。會公召爲大司農，平章和尚受賊賂，繫鄭而釋其縛縱之。明年正月，賊乘懈襲武昌，六百人爲内應，城遂陷。城中人泣曰：「星吉平章在，吾屬豈爲俘乎！」公至都入見，陳致賊狀，帝喜，賜食及錢三萬貫。脱脱不悦，奏爲江西省平章政事，員外置吏卒。趣遣之官。

至江東，有詔會浙江平章政事不顔帖木兒、南臺中丞蠻子海牙守江州。時江州已破，江以西，道不通。公開省太平，募人閒道持羽書走江西徵兵。未返，而賊焰漸逼。調廣德、寧國之兵僅一百五十人。賊號百萬，衆皆沮懼。公曰：「勿憂，彼賊，我王師，彼豈吾敵？」乃貸富民財，募彊壯爲兵。初，行臺募兵，人給十五千無至者。公予五十千，三日，從者逾二千人。公曰：「可矣。」即擐甲胄，舟二千人鼓行泝江而上。❶四月，與賊黨戰池州，斬首數萬，復其城。至魯港，威順王之兵亦至，士氣益張。賊據銅陵，拔柵夜遁去。又復銅陵。蒐其黨，得二千餘，盡戮之。復遣裨將陸行，遇賊白馬灣，又敗之。賊走淮西，公部分諸將，率兵躡其後，及於白眉。賊窮，列陳迎戰。公麾左右，策馬雜射薄其軍，擒僞相周驢。賊潰不能列，俘其衆五千，奪舟六百艘。乘勝奔擊之，賊溺死者蔽江，江水爲白。由是道稍無阻。

已而賊擾池。公率衆至池，遇五游騎於苦竹嶺，斬其二。鞫賊安在，聞其衆三百，屯貴池。襲之散去，復其邑。賊復攻陷石埭，殺尉。公夜趨之，賊陳其衆三千於縣

❶「舟」，原脱，今據韓本、傅本補。

西岳溪橋，有三酋，一乘驢，二躍馬，突前挑戰。乘驢賊驍勇無敵，軍中常畏之，公引弓射之，應弦而仆。再發，再斃二酋。後師乘之，賊棄城走。其散卒千餘，焚掠縣西鄉，公復追出境。賊忽將舟師二百艘，順流來攻。公命萬户王惟恭禦之，戰方酣，麾舴艋從旁横擊，賊破走，乘勝進望江清水灣。居三日，偵者告賊舟四百，順風引帆直指我軍，諸將失色。公曰：「無傷，吾有以勝之。」乃偃旗伏横港中，風急水駛，賊舟不得泊，奄忽電過。過且盡，命舉旗掣帆，鼓譟出其後。賊驚駭不能弓，官軍奮擊，遂敗之。禽卒二百，獲其舟艦器械甚衆。進克建德縣。時賊久圍安慶，聞其黨敗，而鑾子海牙亦且至，焚營解去。公且行且戰，復湖口及江州。

賊巢據彭澤，公欲攻之，而江州倉無一日糧，乃諭民輸財賚士卒，俾惟恭守小孤山。而自駐鄱陽口，扼江湖要衝，以圖恢復。然亂已久，湖廣、江浙多故，江西亦無援助者。轉戰六月餘，所將兵日衰耗困疲，財粟亦且殫匱。或請去就食東南，圖再舉。公曰：「吾受命守江西，此江西地也，死則死，此去將何之？」

九月二十日，賊知公兵食俱竭，帥大舶載葦蔽江而下，杜上下流，縱火夾攻。公麾兵殊死戰，死且盡。從子伯不花將親兵數千人戰，亦死。公猶堅坐大呼曰：「殺賊！殺賊！」俄而，賊射公中目，仆舟中。賊素識公名，不忍害，輿置密室中。明旦少蘇，賊饋食，公卧叱去。或以刃脅公降，公罵曰：「狂賊，我國之大臣，恨不能殺爾，而爲爾獲，命也，何謂降爲？」大罵不已。賊終不敢害，環卒守公。凡不食九日，忽自力起，北面再拜曰：「臣力竭，不能報國，敢不死以辱命？」言畢而絶。時十二年九月二十九日也，年五十有七。卒後二年，監察御史㜷㜷等請褒其義，乃贈今官，而謚忠肅云。

公先娶即脱歡女諱奴倫，生一子而卒。後娶郭氏，中書平章政事不花之女，俱封趙國夫人。子男子五人：曰剌哈咱識理，公卒後，特授榮禄大夫利國監太卿；曰答兒麻八，大中大夫、僉遼陽行樞密院事；其三，即吉昌，初名達爾麻識里，上賜今名；曰寶山；曰寶座。女一人。

濂昔論次《元史》，未嘗不歎其敗亡之易，由於内外壅絶，將相非人使然也。當亂之始興，誠得數萬之兵，使一猛士將之，可立見其撲滅。而顧依違不斷，養致大釁。其中有足任如公者，又卒俾之孤危無援，不足以成功，豈非自致哉！惟公忠義果敢，出於天性，歷踐要職，聲績彰明。提千百未試之卒，轉戰湖江間，復城破邑，懾敵人之膽。雖勢孤力微，大功不竟，然忠義之氣，猶足以立萬世之防範，使亂臣賊子懼。宜乎皇上褒其後人，而以銘文命濂也。其辭曰：

朔河之西，正氣烈烈。摩盪日月，乃生英傑。其人謂何？爲忠肅公。偉貌長髯，猶人中龍。當元盛時，出入禁闥。壹志小心，不自矜伐。歷事三宗，登於顯融。正色厲言，以折姦凶。既司行臺，亦尹京邑。貪邪宵遁，鬼神晝泣。湖湘之間，名王所都。納貨掄姝，烝黎告痡。公聞蹙頞，盛服往謁。以笏畫地，再拜辨説。弛其嚴威，謝以巽辭：予實無良，非公不知。盛極而弛，孽生釁起。帕頞持戈，蔓延千里。公駭而咨，聘帥與謀。始剪始屠，天子召予。匹馬北馳，狐鼠相賀。大城巖巖，一蹴而破。民泣且號：吾實不辰。公如在斯，豈爲盜人。當宁載詢，亂實誰致？稽首告言，權臣喪氣。公喪其氣，彼斥公身。朝辭暮行，禦魑魅群。公曰予家，世承國恩。先臣在天，敢負吾君？我兵二千，以義爲勇。盜雖如林，逆不能衆。既復池陽，遂徇銅陵。呼聲如雷，江水晝凝。左馘右禽，轉戰日亟。扼江湖咽，以掃南極。氣吞逆雛，奈力之痡。孰謂猛虎，制於群狐。人或謂公，盍往他所？公曰受命，死則於此。烈焰燭雲，勢無全軍。志在誅夷，罵聲益振。群酋羅拜，來饋飲食。叱之不御，以死報國。公死者身，不死者名。相贈王封，以愧苟生。豈惟當時，愈久愈著。元廟既隳，公尚有子。公子克孝，天子是庸。匪惟私公，以勸盡忠。惟公至忠，天子至仁。刻辭豐碑，垂訓萬年。

贈中順大夫鎮江知府徐公墓碑

皇上即位之十年，詔曰：「光禄卿徐興祖，慎事小心，在朕左右二十又五年，未嘗有過。非其祖父之教，曷以致斯？其準恒制，寵贈之官，以勸奉職者。」於是吏部承詔，贈其大父餘慶中順大夫應天府丞，父景福中順大夫鎮江府知府，祖妣朱氏贈德人，妣高氏贈淑人。興祖既祗奉制書，告於墓下。復謂余曰：「吾祖、父世有醇德。祖之事稍遠，弗能悉知；知而悉者惟吾父而已；吾父之德吾知之，吾子雖知之弗悉也；至於吾孫又不若吾子之知，則遂忘矣。苟不托於文辭，何以示後之人使知所自？敢以累執事焉。」余與興祖同朝甚久，不獲辭。

徐氏世爲建康人，國初，易建康爲應天府，今爲應天之江寧人。公諱景福，字某，諱餘慶之子，諱守禮之孫。平居愿貌寡言，事親先事揣意，取其歡欣。兄眉壽，析産出居，朝夕往省問其缺乏及所好而饋進之。並市肆備百物，以通時之有無，不過求銖兩息。遇人不問長少，卑躬悦色，懇篤誠信，出言惟恐傷之，一揖垂首幾欲及膝，久之然後起。與俗無怨，聞喧詈聲，輒引避。人告以求利，則曰：「苟足可矣，非敢求也。」或尤其太同，則曰：「誠以待物，同非所知也。」由是，里閭咸稱之爲善士。公既以此自治，生子亦以是教之。年若干，以某年某月日卒，某年月日葬于聚寶山府丞墓側。妻即淑人高氏祔焉。

高氏柔嘉有則，年若干，以某年月日卒。子男三人，長紹祖，次即興祖，次敬祖。興祖淳篤遜謹，由尚食局副使四遷至今官，階中順大夫，❶爲上所信任，賜以第宅土田。而孫男五人，欽、鑑、鈞、仁、義，皆謹飭習禮。欽復擢爲從仕郎，掌醢署丞。曾孫男女又十餘人。君子於是知公積善之報未已也。嗚呼！爲善者，觀於徐公，可以知勸矣乎！銘曰：

天博而穹，厥聽孔聰。善祥慝殃，咸以類從。孰嚚不知，訾其幽遠。棄不爲善，其胤卒殄。有察其然，善集於身。❷身或弗昌，昌在後人。懿惟徐公，嗜善忘利。豈必多言，躬行於事。純孝篤誠，于父于兄。小智私謀，我則不能。里譽閭稱，公誠善士。不顯其身，以遺厥子。厥子如何？冰潔璧

❶「順」，原脱，今據黃溥本、胡本、傅本補。
❷「集」，黃溥本作「積」。

温。玉食是司，以奉聖君。帝嘉舊勳，俾長光禄。金帶朱衣，其儀甚肅。殿門嚴嚴，不敢顧瞻。退食於家，默無一談。帝曰爾賢，祖父善教。錫以峻爵，以勸忠孝。迺贈徐公，守彼鎮江。徐公有父，佐於鄉邦。制書煌煌，丹璽如日。宰木祠垣，❶燁然動色。鄉鄰歎咨，始實弗知。積善致斯，胡寧不爲？徐公有善，子食其報。人孰非公，賢者是效。

故江南等處行省都事追封丹陽縣男孫君墓銘

君諱炎，字伯融，姓孫氏，金陵句容人。曾祖某，祖文嗣，父顯卿，皆爲儒。母洪氏。君身長六尺餘，面黑如鐵，一足偏跛。於書少所不通，善雄辨，累累數千言，常窮一座人，人莫不畏其口。長於歌詩。元至正中，天台丁君復、同郡夏君煜，皆以詩名。君游此兩人間，日夜相切劘，益得其旨趣。下筆快掃，百紙可立盡，辭彩爛然，驚動江東。雅好飲酒，常與夏君對飲賦詩，各務出奇相勝。每得一雋語，槌案大呼，讙聲撼四隣。所與交，皆當時豪俊。間出游四方，君既以氣自負，常輕視章句儒，衆中常自許曰：「孫炎豈齷齪輩伍耶！」然卒無容之者，竟困而歸。

歲乙未，今皇帝渡江來金陵，開江南等處行中書省，聞君名，召見與語。君陳元運將終，勸上延攬智能士以圖大業。上甚悅，辟爲掾。每問以事，慷慨激烈，所謀多合上心，上愈嘉重以爲可用。戊戌，從征浙東，

❶「木」，原作「水」，今據張本改。

以勞擢同知池州府事。尋改池爲華陽府，即拜君爲知府，皆有聲。

明年十一月，召爲省都事。會處州降，擇鎮安之者，咸以處在山海閒，盜賊憑結，非君莫可治。上亦才君，入省月餘，遂命爲處州總制。錢穀兵馬之柄，悉委之，不取中報，且以省符未署者付之，聽其自辟任。君匹馬入處州。時城外七里即賊營，老酋黠蠻，狼嗥虎踞，不奉官府約束。君至，坐廳事，驅城中民跽階下，諭以元將亡，及上起兵意，謂民奉法則生，否必爲虀粉，語甚剴切。民皆叩頭流血，誓不敢二心。退則轉告其鄉民，以爲孫使君仁且武，不比舊官可玩狎。君亦下檄屬縣，徧諭之。由是投兵來降者相繼於門，數月皆化爲良民。君復擇其驍勇者練爲兵，時時肄習之，拔其服衆者爲長。有寇則率以禽寇，事罷散歸爲農。有所警，發馳一符，立至軍門，無敢或後。姦吏巨族素驕横者，斂手吐舌，畏之如神，不敢出聲語。雖在數百里外，皆縮氣屏息，如臨其家。郡民賴以安，皆謂得孫使君治郡晚。

時上欲用人，而秀民有材能者見方戰爭，勝負未分，皆伏匿山谷中不肯出。君患之，鉤致一二人，問有材者爲誰，今皆安在，録其姓名，爲書遣使者招之。而劉君基、章君溢、葉君琛，尤爲處士所推。劉君最有名，亦豪俠負氣與君類，自以仕元，恥爲他人用。使者再往返不起，以一寶劍奉君。君作詩，以爲劍當獻之天子，我人臣不敢私用，封還之，爲書數千言，開陳天命，以諭劉君。劉君無以答，逡巡就見君。寘酒與飲，論古今成敗，如傾河決峽，略無凝滯。劉君乃深歎服，曰：「基始自以爲勝公，觀公論議如此，基何敢望也。」

君既以口舌安反側郡，上方征伐，無一兵與君。壬寅二月，苗將賀甲、李乙叛，襲君，而所練卒亦應之。君無援被禽，幽空室中，列卒環守，脅君降。君紿之曰：「若生吾，吾能成若事。」賀、李知非其本心，恐留自遺患，遇夜，以燖鴈斗酒饋君，曰：「以此與公訣。」君拔佩刀割鴈，舉卮酌酒，仰天飲曰：「嗟乎，丈夫乃爲鼠輩禽！然我死，死義爾；賊死肉臭，狗且不爾食。」卒怒，持劍瞋目擬之，君飲酒自如。食竟，叱其解衣，君罵曰：「此紫衣裘乃上賜吾者，❶賊勿解，吾當服以死。」引枕而卧。賊俟其睡，乃害之。時某日也，年三十又□。事聞，上嗟悼久之。是年某月日，以其喪歸葬金陵南門外聚寶山之陽。後二年，贈徵仕郎。戊申，上即帝位，念君死事之忠，追封丹陽縣男，仍命有司復其家。君先娶王氏，初國兵入金陵，不屈死，生一子毅。繼平氏。

君事親孝，與人交，緩急可仗，有古烈士風。遭時遇變，所爲可稱道，守死不二，卒成美名，可謂俊傑。雖位不大顯，生不永年，然忠義之士當與天地長存，不足爲君憾也。君所爲詩若干卷，門人蔣敬編次傳於世。❷銘曰：

元季政亂盜若螽。戈矛相劉河漢紅。江淮中閒飛一龍。誰其輔之惟群雄。維時孫君起章縫。齒牙差差萬劍鋒。陛前論事聲震鏞。帝一見之爲動容。俾知大府佐幕中。鋤姦剔蠹别罪功。栝蒼告降内猶訌。詔君持節總兵戎。匹馬三矢韔一弓。徐行

❶「衣」，張本作「綺」。

❷「傳」，原脱，今據張本補。

直火如涉空。群酋噤伏傴且恭。大開城門滅燧烽。口宣檄告悛頑兇。敢有弗悛屠其宗。銷兵鑄鐵耕以農。生民有如魚脱罾。拔諸水火哺飧饔。苗猺内蝕據崇墉。乘其不備襲且攻。君氣吞賊兵力窮。長蛟在陸制蟻蟲。仰天叱月月爲東。義不負國徇以躬。游魂上天化白虹。下壓賊營賊眼矇。大軍四來若雷舂。折骸解頤殲彘豵。死事上聞帝哀恫。贈官復户頒爵封。生氣燁然薄蒼穹。生爲偉人死則忠。位卑壽嗇名譽豐。脱令耆艾登侯公。死而無聞鬼猶懜。取彼棄此孰纖洪？史臣焯行鎮幽宮。名與天地期無終。

故處州翼同知元帥季君墓銘

元季之亂，江南諸郡多陷於盜，獨處州以士大夫倡義兵堅守而完。及今上渡江，始降其城邑，故處稱善郡。是時起兵之士，麗水有葉君琛，青田有劉君基，龍泉有章君溢。與三君並稱者曰季君汶，亦龍泉人，其舉謀興事不甚相遠。其後三君在國朝爲顯官，故天下皆知其名。季君早致其事以歸，是以其功不顯，然其鄉人至今以之儗三君，則不以其位也。

君諱汶，字彦父，氏爲季。元至正中，率壯士從石抹忠愍公宜孫討賊，數戰數有斬獲，功授義兵萬户。經略使李國鳳承制改龍泉縣尹，不就。

國兵破處州，擢安南翼總管。會賀、李二將叛，殺總制孫炎，處大擾。君勒部駐白岩，出其不意攻之。已而中書平章政事邵某亦引兵至，左右夾擊，遂誅賀、李，復其城。事聞，陞處州翼同知元帥，賜白金盂文綺。青田盜葉賢三燒浦城、政和兩縣，掠婦女畜産而南。君告胡總制深伏兵平山嶺，邀擊斬之。出私財贖軍中所掠耄倪，遣還其家。民德君，肖像而祝者甚衆。

洪武元年，上即位，君入見於便殿，辭疾乞骸骨。上亦老君，遂錫宴儀曹，賜襲衣冠帶金帛遺歸。居九歲，以十年正月廿六日卒，壽六十。

君少讀書，多智略。事親孝，服喪如古禮。族人貧者，買田以贍之；不能學者，延師以教之。外王父無嗣，爲立其宗人之賢者，且割田畀之祀。鄉民老無以養者，月予粟。病則施藥，死則給以棺櫝。民苦嫁女，育女多溺死。君説以父子至理，有育女者，以粟六斛養之。嘗出見群嫗灌苗，色饑甚，遺以囊中金十兩而去。其爲人，望之凜然，與之語温然，久而知其爲豁然長者也。

君曾大父諱泰來，大父諱僅，父諱鏡。其先在宋時，多顯者。娶張氏，先卒。晚娶葉氏，二男子，榘、概。概爲母弟漳後。一女，適張守成。孫男四：允炳、❶允頤、允齊、允忠。

余與劉君基游，固聞君事。及君卒，榘復奉工部員外郎劉君狀趨京師請銘，且言將以某年月日葬於劍池鄉大運里某山之原，不可無銘。乃爲之銘。銘曰：

元運將傾，四方震驚。海怪山妖，執殳逞兵。栝有季君，實奇壯士。手麾義旌，從者如水。左捕右攘，朱衣銅章。卻而弗居，以待真王。真王之興，❷雷轟風行。孰戕守臣，敢觸天刑？長劍如林，萬夫一心。扼

❶「允」，原脱，今據傅本補。

❷「之」，原作「不」，今據張本改。

其咽喉，執斧碪平。帝念峻功，賜金賜爵。掃除東南，罔敢不恪。飛龍御天，虎拜陛前。禍亂既息，乞身林泉。帝曰歸乎，齒則既多。大帶巍冠，輝於鄉閭。鄉閭有言，君績孔偉。死而弗朽，不在太史。揆行考勳，以焯以宣。遺德在焉，彌久而傳。

莆田陳府君墓銘

君諱中立，字誠中，姓陳氏，莆田之忠門人。其先有名叟者，宋紹聖間舉進士，官奉議郎。曾祖諱子文，祖諱君保。父諱高，有學行，學徒私謚曰靖逸，翰林侍講學士晉安張公以寧銘其墓。母林氏。君季父諱齊，早死無子，君以祖命後之。少受經於温陵盧公琦。公以文學著稱，君聞其指授，色承心解，日騫月邁，莆士皆歎服之。元至正間，部使者行縣，集經生試，君輒魁諸生。會張潞公翥以脩撰使莆，見君文，誦而奇之。由是君名益著。然就有司試即不利，君語人曰：「我命薄故爾，非吾文之罪也。」遂隱居不復有仕進意。晚乃結廬壺山。年五十有三，以國朝洪武十一年正月十二日終於家。

君事先有禮，每諱日，必素服悲哀，至終身不怠。初，君之祖暨父欲營義塾以教里中子弟，規制未備而歿。君繼先志，創廟建學。學後爲祠，祀艾軒、晦庵、夾漈三先生。復爲祠廟，右奉其師盧公之主。講説有堂，燕居有室，凡學之制無所不完。割祭田十餘畝，以食爲師者。儲山園之利，以資春秋之祭。凡爲淑人善俗之計者，又咸極其慮。君日陳經傳，爲學者剖析聖賢大旨，鄉人賴之。

嗚呼！世之爲士者，其未遇也，常以無位不足施其所學爲憂；及既得位，則又顧畏怯縮，爲其身謀，終無所益於人者衆矣。夫豈知君子之爲善，固不在乎位之大小哉！若君者，一介之士，未嘗受釜庾之禄，而汲汲焉以化其鄉人爲心，其亦異於懷禄尸位者多矣。

君配國清林氏。子男曰堂，曰基。女二，長適郡人顧初，幼在室。皆林氏出。堂將以是年某月日葬君於某山之原，請銘於太史氏濂。濂嘗銘君母墓，聞君行宜銘。乃銘曰：

維古之士不以位。世降俗媮位斯貴。貴而無能冠狗彘。豈若夫君賤爲庶。居家孝友推以義。闢廬建學躬訓涖。鄉耄如雲聆且肄。少長齗齗類洙泗。化嚚爲良暴更懿。醇儒爲功斯小試。嗟哉後人繼其志。廟祀勿忘欽永世。

戴府君墓志銘

府君諱胄，字養和，戴氏，台之黄巖人。其先在宋季以詩書家著稱，嘗有顯者。自府君曾祖敬老，祖天鑑，父開孫，皆不仕。府君生十年，父稱古賢子事爲訓，府君指問其父曰：「此何如人耶？」父以賢者應之。府君曰：「某以爲神人耳，固亦人耶！」其父異其有志。既長，闓毅通達。學《周易》，尤精推驗測究之法。他若醫藥、兵刑、律曆皆習知之。

壯歲，嘗自奇其才，走燕京，謁元左丞帖木兒，一見語相投，留教其子。府君時時以計干之，左丞每稱善，號之曰「鵬飛先生」，言其才當遠致，故云。將薦於朝，府君私歎曰：「吾以數推之，中原將亂矣。」❶遂以母老辭歸，益攻其舊學，曰：「吾非不欲聞達，吾才非不如人，然而不得者，有命也。」已而亂果起，坦然不憂，若素知之者。

年七十有三，將卒，速諸子具酒爲樂，引杯劇飲，焚其所爲文。謂家人言：「死乃常事，何以憂爲？」凝坐而逝。至正二十三年十一月廿七日也。嗚呼！可謂達生者矣。府君娶李氏，宋將仕郎應發之孫女。子男二：建心、建則。建心爲某官。女一，適某。孫男宜詵、宜民。葬在卒之明年二月廿有六日，墓在靈山鄉霓奥大嶺之東。銘曰：

孰揭其衷，俾周以通。孰閼其逢，俾窶且窮。始若有爲，而竟靡庸。維其靡庸，乃潔其躬，乃洞其終，惟胤嗣之隆。

錢唐沈君墓志銘

司馬遷謂儒者之道「博而寡要」，遷蓋自謂也，非所以論儒者也。夫自唐虞以來，載籍世有，欲盡而窮之，信若博矣。苟得其道焉，一言可用之終身而行於天下，奚謂「寡要」哉！然近世師喪經晦，爲士者以强記多識爲高，而昧於力行。問之，則無不知；措之於政，則患不能。於是遷之言，若可信矣。吾嘗私病之，以爲儒者之道，豈以多識强記爲哉？亦論其行與事而已。其行誠非也，雖多識强記烏足謂之儒；其行誠君子也，爲身則端，爲家則和，何暇計其餘哉！吾以是求士於今之世，生者樂與之

❶「原」，原作「元」，今據張本改。

交；不幸而歿者，亦樂爲之銘。若錢唐沈君者，固余之所願有述焉者也。

君諱禮，字仲和，沈其姓，錢唐其所居。少喪父，母劉，貧不能自存，挾其弟妹歸金華康氏。君獨泣曰：「我沈氏嫡也，我去，沈氏鬼安所求食乎？」顧謂弟妹：「汝善事母，我將求盂飯，歲時洒先人墓上，勿餒我先人爲也。」母子相抱持，慟哭而訣。

君家居素善書，以應四方之求者。君益刻苦節縮，廣致奇異罕有之書，列庋左右，身處其中，晝夜研索。遇格言偉論可見於行事者，則執筆書之坐右。歲久，至無虛處。每日省觀，期不愧於古人。行一善則喜，否則若不能自容。其家人事之終身，而不見其悖言戾行。其同里之人服之，有所争訟，必就而取正。凡求書於君者，覩其色，聞其言，未嘗不歎以爲君子人。而君常以不得養母爲戚。元至正中，欲徒步往求，而浙水東西兵亂，不果。及道頗通，而母死矣。故君尤過哀焉。平居多疏食，不啖葷肉。祭享之日，悲慕如初喪者。君尤善教子，次子新民年十七，入國朝由鄉貢進士爲太學生。君遺書多至數十通，皆勉之以忠國事上之道。瀕終，告其長子貴誠，猶以孝友爲言。嗚呼！是非儒者之行耶？

君之卒，以洪武九年七月十二日，葬以是月二十日，墓在錢唐城西之金固山，年五十有一。曾祖某，祖某，父某。娶王氏，能輔君爲善。二子貴誠、新民。一女適姚某。新民嘗從余學經，來請銘。余嘉君行，故不辭。銘曰：

儒道廣博而周通。小無不在大靡窮。擴布天下叙一躬。得之成德推建功。彼胡不知訐以攻。❶非儒之蔽乃其庸。沈君好學守厥中。六經諸子爲垣墉。聞義則喜善則從。敦愿不伐持敬恭。家化里閭服且宗。使躋於位績愈崇。抱德孔多壽不豐。天實嗇之匪其凶。刻辭昭潛鎮幽宮。

元武略將軍荆王位下鷹房總管府副總管王府君墓志銘

初，上即文華堂教育英俊之士，余奉詔據席爲師。太原王璉由流寓試山東，行中書以進士貢上禮部。上奇其才，擢翰林國史院編修官，俾就學堂中，則以其先祖墓銘爲請。已而除監察御史，超山西承宣布政司右參政，復以爲言。未果爲。後璉再入爲御史，除福建按察副使，書來請曰：「璉嘗獲受經，有師弟子義。先祖之銘，不於執事是徵而誰徵，願弗辭焉。」余重違其誠，乃序而銘之。

君諱天錫，字良卿，姓王氏。其先居平陽霍邑，至大父，徙太原崞州武延之建國鄉。曾大父諱仲彰，大父諱寧，父諱輔直，俱善士。母崔氏。君少膂力絶人，善騎射，讀詩史曉其大義，恢廓有氣度。家有田千餘畝，季父欲以磽瘠易其善者，君諾諾從其意。久之，易殆盡，卒無一言。人以問君，君曰：「季父猶父也，子可與父争耶？」鄉里少年從君學射，君不肯。曰：「射不易學，苟非其人，衹足助虎翼耳，豎子不足教也。」君居家不問有無，日招善己者飲，飲醉無虚日。既而歎曰：「丈夫不取封侯，佩銀

❶「訐」，原作「許」，今據韓本改。

印，死蓬蒿下何益？」跨一馬，攜長劍，入秦游延安，謁元荆王，以藝自薦。王語合，署鷹房總管府副總管，階武略將軍。某年月日卒於官，年若干。夫人范氏，生一子中，元天長縣尉。一女，適汴梁翟鵬。孫男二，長即璉，次琮。中以今某年月日葬君於某縣某山。

太史氏曰：君子之觀人，於其器，不於其位；以位觀人，斯下矣。若君之器，豈非豁然偉丈夫哉！而所得僅若此，則璉之顯庸於今者，非君之餘德也耶？來者能勉於德，斯善爲君後矣。銘曰：

黄虬髯兮力扼兕，佩利劍兮挾長矢。騎騏驥兮如龍，射封貙兮殪豕。材既具兮善又多，位則卑兮吁嗟奈何？身不享兮報則在後，繼自今兮寵光其加。

元嘉議大夫泉州路總管朱公墓志銘

濂少時即見莆士朱公廷試文數篇，已歎其不可及。後二十年，聞公官閩中，所歷有聲，尤慕服之。及今又閲二十餘年，公之孫濂，以墓銘爲屬。問公之死，已十七年，而濂亦老矣。嗚呼，其何忍辭！

公諱文霆，字原道，姓朱氏。九歲能文。十三從進士林君岡孫學經，每日暮須諸生出，獨援疑義難其師。其師驚歎之。元至治癸亥，以《尚書》舉進士，丁外艱去。至順壬申再舉，遂上名南宫。對大廷，名列第十，賜進士出身，擢同知瑞安州事，階承事郎。改汀州路總管府推官，轉承務郎。調甌寧縣尹，進奉訓大夫。御史交薦於朝，除福建宣慰司都事。丁内艱，起知瑞安。

以大臣奏授奉議大夫，福建儒學提舉。遷同知泉州路總管府事，陞奉議爲奉政。至官，引年辭歸，遂以嘉議大夫泉州路總管致仕。命未下，以至正癸卯八月九日卒於家，年六十九。

公同知瑞安，大府檄公均瑞安、平陽、永嘉之役，不爲權沮財奪，民服其平。爲甌寧行均役法，上官以其舍人爲屬，請緩之，公格不奉命。上官怒，誣構公罪。部使者廉其非辜，獲免，且以訟牒三百，委公治之。公從容剖答而退，不能有言。其知瑞安，盜起旁境，陷陶山、天門諸堡，募壯士攻破之，斬其酋以徇。颶風挾海水漂民廬舍，公發官廪，按行漂所賑之。其提舉學事，逐其苟職者易以儒，儒悦之。

公孝友切至，以父不逮禄養，言輒涕泣。事母惟恐咈其意。撫五弟，教而有恩。居官無廢事，公暇，講授不輟。學者因所居稱葵山先生。嘗考閩、浙、江西三省士，所取得美材。爲文本於理，不爲浮辭曲辨，陳監丞旅稱之。有集若干卷藏於家。

公之先，建安人。曾祖德誠，宋潭州駐泊。祖治安，元河南等處醫學提舉。父世英，始遷莆，以公貴贈奉議大夫、同知興化路事，驍騎尉，追封仙游縣子。母林氏，贈仙游縣君。夫人池氏，封如其姑，年若干，以丁酉某月日卒於瑞安，是年十二月十六日，歸葬常泰里雙牌山之原。及公卒，穿夫人之墓合葬焉，甲辰七月二十一日也。男一人，鏞，古田丞。六女，適校官林敏中，漳州路同知王謹，惠安尉胡顯祖，及黄孔脩、李某、王某。孫男一人，即潚，國朝鄉貢進士，能世其家。銘曰：

在元中世，士患無位。持經挾策，就有

司試。試者爲誰？或哲或愚。或以微纇，棄照乘珠。及其既獲，爾州爾邑。有所不通，爲吏侮執。有美朱公，洊薦而登。左律右經，吏駭且偵。剔蠹平徭，如衡稱物。有撓之者，正色不屈。既典方州，亦司儒臺。黜士之贗，誅盜之魁。曷其致然，維學知要。學以爲政，天下猶小。彼何弗思，訾儒爲迂。刀筆拘拘，視公何如。公政在民，無銘亦存。銘匪銘公，告其後昆。維爾後昆，於公是效。公德孔多，尚食其報。

金陵杜府君墓銘

金陵有孝義之士，曰杜君，諱元，字一元。其先居吉之吉水，與會稽正獻公衍同宗。至君始游江東，樂金陵土俗，遂居之而爲金陵人。君苦學有材氣，能爲詩。元重紀至元中，張文穆公起巖爲江南行臺中丞，見君詩，願掾君，君不可。欲以茂材異等薦，又不從。年若干，卒以布衣終。

君少時，父患噩疾，夜數驚。君冠帶伏父榻旁，父驚起，輒抱持曰：「兒在斯！」父疾數月，君目不敢瞑，至愈乃已。母没，服喪得古禮甚。聲問日起，貴人賢士多樂與君游，君未嘗以事干之。及有罷黜失志者，則爲之力不怠。行臺都事楊惠被劾去，人莫造其門，君獨持酒與飲而送之。趙弘中爲御史掾，坐法罷，君徒步與俱行百餘里，僦屋居之。儒學教授張鉉以事黜，君出金帛資其行；其子四歲失母，君命婦鞠之，不異己子。兵部主事常允恭，家人夜失火，允恭方醉卧，衆怖慴散走。無賴子利其貲，將劫之。君率少年數十輩，爲出其篋笥寶貨於外。允恭泣謝曰：「微君，吾其死乎！」

隣人陳鼎，舉室死於兵，二兒匿舍側，怨家復害其小者。君曰：「脱并殺大兒，則陳氏絶矣。」卒爲抱匿他所以免。吉之部運吏輸糧金陵，不足者三千斛。吏受笞榜，號泣莫爲計。君憫之，爲貸於大賈以償。吏德君，以物來謝，君却之。蔣山僧，爲御史所誣，夜竄君室求救。君藏之故人家，僧獲全。宋楊忠襄公邦乂廟在城南，❶君以公吉人，歲時率吉士游寓者，具牲酒祭之。君之爲義多類此。

君嘗攻醫，尤良於治證。疾病造君者，不論有無，❷必予藥；藥必擇精善者，服之必瘳。金陵大疫，君和藥走給之；不得食者，以薪米餽之，賴君以生者甚衆。由是人多稱君美。及兵亂，士卒相戒不忍犯。

君卒於至正丙申七月九日，以丁酉三月十日權厝金陵清涼山右。國朝洪武壬子十二月九日，復改葬南門外之鍾家山，夫人劉氏祔焉。君曾祖若海，祖懋，父文燁，母周氏。君二男子，曰琪，❸曰環。琪早卒。環承事郎晉相府録事，賢而能文，精於書，得晉人筆意。二女，適蕭伯高、鄧世良。孫男二，某、某。孫女四人，皆在室。

環與余交頗久，以銘爲請。余惑乎世之交友者，利之所在則趨，有小害則避去，不肯留目一顧。或道上相值，輒引袂掩面，陽爲不識。倘以事過其門，策馬疾馳，惟恐爲所汙，況望其拯卹乎？若君者，可謂無讓於古君子者矣，烏可不銘之以爲世勸乎！君所爲詩凡若干卷，藏於家。銘曰：

❶「公」，原作「父」，今據張本改。

❷「論」，張本作「問」。

❸「琪」，張本作「珙」，下同。

杜裔孔鉅，支著吉水。其在金陵，則自君始。君才既多，胡不禄仕？非不樂仕，義不屈己。養氣爲文，五色有煒。孰非公卿，接跡交軌。彼徼其權，權銷志沮。吾守吾義，夷險一揆。章服之加，鞶帶之褫。所交者心，加褫何與？拯難濟危，存孤起死。匪名之求，惟義所止。兵戈如林，白骨千里。君若不知，左孫右子。斯豈人爲，天錫嘉祉。天曷私君？惟善之致。貴有不聞，賤有足恃。刻文昭美，以諗多士。

會稽陳君墓誌銘

監察御史陳煦，述其先祖之行，拜且請曰：「煦之先，本儒族，至於先祖，遭家多艱，始屈身爲吏，卓卓有可稱者。先祖年六十有七，以元至正己亥十二月十八日卒於婺之金華。越二年，辛丑正月某日權厝金華照水里之原。今將以某年月日歸葬會稽某山先隴之次。然先祖之卒，今二十年矣，相去日遠，人之及見先祖者日益微，稱先祖之美者，當愈疏矣。儻又越十餘年，安復有知而稱之者乎？惟托文辭之傳，可以不朽；而文辭之不美者，又不足以傳。煦嘗聞人咸推先生所爲文必傳，先生文傳，則先祖之事愈久而不墜。惟先生憫焉而賜之銘。」余曰：「余文豈足傳而祖耶？然而祖之事信有可稱者。」乃受而銘之。

君諱克和，字惟中，陳姓。陳爲固始著姓，唐末有遷泉之南安者。宋太常少卿侁，始自泉遷會稽，君七世祖也。曾祖一新，文林郎。祖麒，左宣教郎。父德星，母李氏。君六歲喪母，十九而父卒。能自振拔，讀書學法律，挺挺不肯出人下。

元元貞初，補三江鹽場吏，覈故所積鹽，得羨餘數十百引，以代亭户貧不能輸賦者，流亡相率復還。既而調嵊縣吏。縣民誣鄰人盜其先塋珠，君曰：「珠入土必壞，汝先塋葬幾何年矣，豈有完珠耶？」富族僞爲券書，奪細民田。君辨其券曰：「是歲某月改元，何謂正月耶？」皆無以應而退。轉吏上虞，會歲饑，民道死相望。君言於令尹，發公藏易粟，勸巨室啓廩賑貸，存活者甚衆。上虞夏蓋湖，❶廣百餘里，溉上虞、餘姚二縣田。夏旱，二縣民争決水，至相毆擊。君白尹立石表湖上而中分之，争遂止。復有梁湖者，溉民田甚博，右族利其腴，將堙以爲田。民病暵，君浚復之。改平準鈔庫司庫，爲會稽縣吏。紹興路聞君能，辟爲掾。山陰堘埭塘圮，海水禍稼，郡公屬君治。君役多田家斲巨石穴其中，貫以堅木築之，歲乃有秋。録事吏闕，君攝其事。樊氏叔姪争先廬不決相訟，前吏利其貲，故緩之，不爲析。君登之於庭，告以古孝弟禮讓事，投鬮於地，❷使各取之。叔姪悔悟，叩首泣謝，讓其廬不忍居。

踰年移吏婺州，守熟君名，不敢以吏待。君每相可否論事，民陰受其惠。武義民欲誘饑民爲亂，事覺，欲悉捕誅之，武義大擾。君走告廉訪副使伯嘉訥曰：「謀亂者一狂豎耳，餘人果何罪？今不因而輯定之，亂且見矣。」賴以生者三千餘家。義烏徐氏，率少年七十餘，剪髮爲信，劫其仇家。既而仇遁，其黨怒，遂火縣治而去。郡議以爲亂，律置之死。君復告伯嘉訥曰：「愚民

❶「夏」，原作「下」，今據韓本、傅本改。
❷「鬮」，張本作「鈎」。

負氣縱火，罪雖有之，豈如議者之重耶？且剪髮者皆脅從耳，欲置之死，不已酷乎！」七十人者，皆賴以免。聲績益彰。至正乙未，江浙行中書省以君爲慶元路市舶提舉司都目。戊戌，奉檄使泉，還道婺，會國兵圍城，君縋以出。閒道之會稽，遇剪髮民，相率邀致其家，出婦子拜曰：「生我者君也！」争具肩輿護君歸。明年之金華，訪其二子敬、升，遂卒。卒時，告其子皆善言。聞君卒者，爲之歎息。

君爲吏至老，毫毛無所私，家無儋石儲，弗卹也。然遇事敢言，言必當乎理，故所爲輒可稱道。

娶吕氏，生五男子，長源，國朝知完縣事；次即敬，福建行省員外郎；次復，元山陰縣儒學教諭；次即升，今爲儀封縣儒學教諭；其一曰瑞，出後上虞梁氏。女一，適同郡王克常。孫男六人，長即煦，由太學生爲吴王府伴讀，擢今官；次曰杰、烈、默、熊、烝。孫女五人。

古之仕者，將以行道也，非以榮其身也。然而所居卑，則所被者狹，故君子樂得夫時位焉。苟幸時竊位以富貴其身，而無所益於世，則君子何取乎？若君者，雖老死於下位，然所至而民受其惠，其過於世之食厚禄而無善可稱者遠矣。使天道可必，君其有後哉！銘曰：

萬鍾無聞，彼爲何人？吁嗟乎君，下位終身。雖則位卑，善政孔殷。誰曰不信，視其子孫。

莆田方時舉墓銘

余始銘莆田方君應元之墓，則知方君

有二賢子。其長諱槐生，字時舉，尤以文名，心固識之。後聞時舉以郡守辟爲郡校師，人尤稱之。余愈熟其名，而以未及見之爲恨。然頗自意余官京師，去莆不甚遠，以時舉之才，校師豈足以老之哉？余雖耄，見之必有日。及余引年告歸，有以狀徵銘，署其後曰文焴者，則時舉之子。省其狀，當銘者則時舉。而時舉以洪武六年六月六日已死矣。及考論其死故，編民有怨其郡丞者，誣訟之於部使者，辭蔓連時舉，已白其誣，遣歸。及上官疑其獄有贓，再逮之。時舉恐，遂拜辭孔子廟及其先祠，遍與朋友訣；夜半紿其妻子就寢，沈井中。嗚呼，其可哀也乎！

按狀：時舉儒者也，少資稟過人。受業於進士方君德至及鄉貢進士鄭君稑，通《春秋》、《書》、《詩》三經。年二十，輒爲人師，善講說爲文辭。元至正中，方岳大臣交章以學行隱逸薦之，不起。擢爲漳州路北溪書院山長，不赴。授泉州路儒學教授，卒不從。及國朝，以校師辟，辭不獲，乃就職。爲師七年，惟以推所學淑髦士爲務，恬不以禄薄勢卑動其心。嗚呼，時舉之所守如此，豈非君子哉！

時舉嗜義如飢渴，蔡忠惠公襄之祠，林文節公光朝、劉文定公克莊之墓，皆圮壞，時舉請於有力者葺完之。其先宋光禄卿偕，爲郡名人，則祠之於學官。晉江知縣深道墓爲盜發，則治而瘞之。其族祖、族父及外王父母，四喪未舉，則葬之。莆之郡乘，自宋南渡以降，廢而不脩，則陳於上而脩之。其家譜牒未備，則備之。嗚呼，時舉之所爲如此，豈非君子哉！

時舉謹慤有禮，平居未嘗去衣冠，出言

秩秩有典。❶與人交，薰然和，翼然恭，悠然久而不變。聞人善，則揚之；於事有不愜意者，❷必論折之，使合理而後已。其務德如此，而年僅四十有五，寧不誠可哀乎！

與時舉同時之人，有學不若時舉，文不若時舉，言論不若時舉，而都顯位、享豐禄、得上壽以死者矣，而天獨窮時舉之身，又削其壽，豈非命也耶？然命者出於天，惟君子能安之，而小人皆反之。安乎命以行，而所遇有横逆者，雖夭猶壽也，雖賤猶貴也，以能全其天也；不能安乎命，所爲戾乎天，而僥倖得福者，雖壽猶夭也，雖貴猶賤也，以棄其天也。然則時舉雖不獲一命，不登下壽，而所受於天者，白於鬼神而無愧，質於聖賢而可徵，又何足悲乎！辨而銘之，所以慰時舉，亦以慰其子也。

時舉娶朱氏，故宦族。二子，長即文焴，次文烜。二女，適柯廉、龔璠。曾祖諱寓孫，宋某官。祖諱塾翁。父則諱應元，其世見應元墓銘，兹不著。時舉之葬，以某年月日，墓在某山之原。銘曰：

麟或死於斤，豚或被繡紋。天道棼棼，孰知其門？命之方屯，雖賢哲莫伸。自昔皆然，豈獨乎君？君勿尤乎人，惟命是信。我銘君墳，以列清芬，以告鬼神，以貽爾後昆，尚其不泯。

南海高君墓銘

廣州南海之蟾溪，有士曰高君瑛，字季卿，年六十有四，以今洪武十年十月三日卒

❶「典」，張本作「章」。
❷「於事」，張本作「不置」，屬上讀。

於家。其存時，南海人稱其爲長者；既没，舉邑聞之咸哀痛，曰：「長者亡矣。」其家子彬居金陵，聞訃哭，服喪來請銘，曰：「先考之德多，彬不能悉舉；縱悉舉，恐人以彬私其親不之信。言之公者，莫如衆人；衆人知先考者，莫如南海人之悉也。南海人之稱先考者，彬亦不能盡言；惟常稱曰『長者，長者』，彬自少聞而熟焉。願有以昭之，使弗失墜。」又曰：「先考居家，寬愿愛人。貧者有以濟之，患難者隨力所至必卹之，故人稱『長者』不虚口。惟先生哀焉。」

夫長者之名，莫盛於漢。或曰：以其有長民之德，可爲人長故云；或曰：其德和善化人，如長養萬物之爲故云；或曰：君子之别稱。其義之重如是。在漢時，大臣惟曹參、周勃稱長者，萬石君之流亦可爲長者。其他以蕭、韓、張、陳之功業，不得以長者稱；賈誼、董仲舒、司馬相如之文章，亦不得以長者見稱。其不易以許人如此。高君一布衣，人交口以長者稱之，則其德足以化人而然，不可以位論輕重也。自古國家必以用長者而興，蓋其敦厚可以鎮俗，和易可以近民。其所爲若遲鈍而知大體，似無能而有遠效，非刻薄輩徼目前功者比，故賢者貴之。若高君者，未嘗有禄位，且感人若是，使稍假之位，其功德豈少哉！是宜銘之，以爲流俗勸。

君曾祖某，祖寶録。寶録之兄天禄，仕宋季爲茶鹽司提舉。父與立，母黄氏。娶李氏，先君六年卒。❶子男三人，冢即彬，次曰晉，蚤死，次曰宏。女三人，二適邵伯齡、黄仲賢，一在室。孫男若干人，震、節、某。

❶「君」，張本作「十」。

孫女若干人。彬尚氣節，元季嘗集民爲兵衛其鄉。既而遷金陵，將以某年月日歸葬君於某山之原。銘曰：

漢治尚質，多任長者。淳風茂德，化成天下。長者之化，喬嶽大川。莫知其功，生物資焉。世頹俗壞，小智利口。取效目前，遑恤其後？我思高君，長者是銘。告爾子孫，維德之程。

周君墓銘

周君諱德驥，字仲良。其先汴人，宋靖康亂，諱詢者始遷杭之新城。曾祖諱曾，國學生授迪功郎。祖諱藝，父諱誠孫，母汪氏。君少喪父，能自力學問。事母貧無以養，去就吏，得禄以奉母。及母患危疾，遂棄歸，躬調煮藥物，問所苦好而順適之。晨夕涕泣，叩顙籲天。夢神語以禳禜之法，亟如其言，疾果愈。念母已耄，絶意不復謀仕。有薦之者，不應，惟日以求母豫悦爲事。食必俟母舉筯，然後食；夜俟其就寢，然後寢。見其色和，即喜以告妻子；或有憂戚，輒懼。自外歸倘不見母，驚走問故。家人曰「在卧所」，趨牀下問體安否。安則悦，否必如疾在身，終日不食。平居必稱名，有問，起而對，髮班白，未嘗言老。及母年八十餘終，君哀號頓擗，過者不忍聞。居喪治葬，咸如古禮。

君有兄亦老，病足不良行，嫂喪明，無子，事之如父母。元末兵亂，奉兄嫂以逃，不辭勞勩。没皆卜地葬之，人服其行，稱其爲孝弟。及年五十八而卒，復以「節孝」私謚之。

君娶武都章氏，其孝儉如君。年六十，

哭君過哀而終。生一子昉，養君如君事母。一女嫁白釗。側室龔氏，遇盜不屈死。生二子，一夭，一死於亂。昉既葬君，來請曰：「先子之卒，以元至正己亥三月四日，吾母亦卒於後十五日。初合葬潘村先隴之左，今洪武甲寅正月三十日，復遷葬於昌西鄉下汪山之原。而墓石無辭，敢請銘。」余曰：「節孝君之行如古人，固宜有後，昉真其人也。烏可以辭？」銘曰：

人咸樂乎生，而愧於苟生；人咸惡乎死，而尚於有名。生以孝稱，其生不苟；死以孝名，其死不朽。昉以爲之子，是謂天道；而余以銘之，告於悠久。

贈承事郎知吴縣事周君墓銘

蘇之吴縣，有士曰周君，諱文敬，字敬之。少攻詩書法律，食吏禄於浙河東西；晚爲平陽州吏目，滿歸。元末盜據吴，遂居崑山。年七十四，以至正壬寅十一月十五日終。有男二人，克讓、備。女四人。初，君之夫人張氏，以先十五年戊子八月十八日年五十而終。君擇地於吴天平山陰之龍池塢。將葬之，卜於玄武神，自始擇至啓壙，三卜襲吉，其繇曰：「利爾後人，忠孝且賢。」遂葬。及君卒之明年，克讓將合葬，復卜得前繇，乃以某月某日穿壙葬焉。

元亡，國朝有天下。次子備，以才薦爲和順令，三遷爲通政司經歷，得推恩贈君承事郎、知吴縣事，張氏爲孺人。於是咸謂玄武之繇有徵也。備詣余，泣告其故，且曰：「先君之善甚衆，備不能詳。其居家，妻子未嘗見其過行。接士大夫有禮，字矜寡有恩。常教備曰：『吾惟不思自立，以陷於吏，耄老無所成。惟脩身治人，恒道莫大於儒。爾其勖焉，以顯爾前人。否亦足爲善士，無效吾爲也。』備謹服於心，不敢怠。至於今，藉以禄食於朝，皆先君之訓，而先君已不逮養矣。今既被寵命爵爲鄉邑大夫，倘不刻文於墓，何以侈國恩而昭先德？願畀之銘。」余曰：「吴縣君，生雖不遇於時，然善格鬼神而告以吉壤，德遺於後，而享兹寵贈。其得於天者，不亦厚耶？爾後人能繼忠孝，以承以昭，斯可以銘矣。」

君曾祖某，祖某，考必亨。孫男曰庠。孫女二，一適顧某，一在室。銘曰：

挺挺令士，世不禄之。巍巍佳城，神具告之。世雖爾遺，神不爾欺。厥胤孔良，榮命是推。善格於天，亶若蓍龜。有不信者，來考豐碑。

臨海方府君墓銘

君諱濬，字德明，姓方氏，台之臨海人。五代時有以武顯者，居臨海仙華山之東，號東山方氏，君其後也。曾大父仲，大父賢，父奎，母韓氏。君少孤，能自拔擢超出流輩中。誦書不求多解，務見於用。持身有威儀，不妄謔笑。儇薄子過其家，躇步傾耳，不敢出聲。喜延攬賢士，至則沽酒與飲，取其歡忻，不顧惜貲費。人有過，弗匿於心，輒面折之。遇流俗，則不肯舉目視，至門亦不與語。是以所交皆台之有名者。

元季，或薦名於朝，授江浙等處儒學副提舉，不赴。會方左丞據海上，賤儒多倚之求利禄。君獨避匿，日與里中故老緣躋山水閒，歌吟忘返。庭有鉅檜，每醉餘，盤旋其下，晚乃別號「檜屏翁」。一旦得疾，正衣冠危坐，抗手與視疾者訣，頃之乃逝，年六十，時至正二十六年二月十日也。

娶牟氏諱巽，事姑孝，宗族稱之。年五十有八，以今洪武二年二月二十一日終。五年十二月九日，合葬於仙華山之原。四男子：仁、義、禮、本。禮去爲浮屠。本以才薦，擢起居注，遷徽州府通判，改知金壇縣事，有政譽。一女，適董宏。孫男六人：組、忠、良、桓、金、瑰。女三人，長適韓載，二尚幼。

本爲起居注，時與余同朝，屢以銘爲請，未果爲。及余致政朝京師，本至自金壇，重以爲言。退則自狀群行，使忠來速銘。其辭文甚，於是知君善教子也。銘曰：

維蔓方氏，本於方雷。事軒與舜，曰明曰回。叔佐周宣，功侔尚父。紘在西漢，始徙南土。南土之方，皆祖於紘。派別支繁，維歙爲宗。台之方氏，始自歙分。或昭或泯，不大有聞。君之先人，嘗以武顯。君隱不仕，乃篤爲善。善積在人，彰善者天。其將熾然，胤子孔賢。

莆田黃處士墓銘❶

莆田黃處士，有良壻曰陳熙，哀處士之早亡，自狀其行千餘言，走三千里來京師請銘。且曰：「處士事繼母孝，庶弟出後從父，從父愛其女，盡以腴田嫁之。處士患弟貧，割以私田之半。族人以田來鬻，處士不忍取，乞以直而歸之。不能爲生者，加衣食焉。以貲多爲閭里之正，里中民買鹽於官

❶「處士」，張本、韓本、胡本、四庫本作「府君」。

及科繇不能庚者，出私財代輸。有受誣者，諍之於縣庭，得解乃已。每歲首，縣次民貲力多寡，定征斂之籍，衆不能決，處士發一言皆稱平。争訟者來質是非，告以理法，舉酒飲之，各謝而退。藝田家歸粟，入以小量。遇凶歲，則減價以大量糶之。初，郡南有僻壤，盜常狙伺以剽行旅，處士構廬棲僧，夜則然燈達曙，盜散去。復施貧死者棺，三年至二百餘，野無暴骨。元末兵亂，縣命處士帥兵扼險，晝捕賊策陳於上，民藉以安。處士讀書有識，待物恕以和。其生也，鄉人教其子，俾取爲法；及其没，識之者無不弔，弔者哭必哀，至今言『善人』者稱焉。」熙又曰：「處士之善蓋多其類如此。❶其使人感且化者不得而知，亦不得而言也。然其大者既不可言，倘可言者，又不得托文以傳焉，則何以使爲善者慕？敢請。」余曰：「處士之行，誠可傳矣；余言之不文，烏足以傳耶？雖然，不可辭也。」

處士諱巳，字景陽。自唐屯田員外郎潛之子勖不仕，至審知始自光徙莆，❷在宋稱書詩之族。高祖審再以進士舉於鄉，與從兄某州通判君亮皆有名。曾祖文子，以五經爲州學諭。祖來，鄉貢進士。父元壯。母陳氏，繼母鄭氏，俱名族。處士娶林氏，無子，先二十年卒。再娶李氏，生子男四人：興祖、振祖、光祖、麒祖。女三人，長壻即熙，其二適吴某、王某。孫男五人，隆、庸、洪、某、某。處士初爲長女求壻，富人争欲問名，不聽。聞熙儒士，許妻之。或謂熙貧非偶，處士曰：「我志決矣。」卒妻熙。熙

❶「類」，原作「粗」，今據韓本、胡本改。
❷「至」，原作「王」，今據韓本、胡本改。

今爲連江儒學教諭，有文名。君子又多處士善處其女也。處士年四十二卒，元至正十八年八月廿九日。後五年殯鳩山下，廿七年十月十二日權窆山之西。今洪武十一年十二月廿八日，始克葬於白砂之原。

銘曰：

人不患財之弗贏，而患善無可稱。善集於身，雖賤爲恒氓，歷千載而有聲。身爲鄙夫，雖位居九卿，溘既死而誰名？維處士君，足不出州里而化者衆，身服乎韋布而德可程。斯之謂死而如生。

東陽貞節處士蔣府君墓銘

府君諱玄，字子晦，别字若晦，姓蔣氏。初，周公庶子伯齡，受封於蔣，子孫氏其國。在漢居杜陵者最著，兖州刺史詡尤有名。詡四世孫山亭鄉侯澄，徙居義興之陽羨。澄七世孫樞，仕晉爲吴郡太守，復南徙台之仙居。唐末五季之亂，樞裔孫勛，避地婺之東陽，仕吴越錢氏爲金紫光禄大夫檢校司空兼御史大夫，遂家焉。府君蓋其後也。曾祖諱天廙，宋紹定中入粟佐邊，授迪功郎。祖諱沐，元南康路建昌縣主簿。父諱吉相，少俶儻負氣，嘗事仁宗於東宫，擢典用監知事，出爲襄陽路穀城縣尉以卒。

府君生於燕都，兒時嶷嶷嶄聳，不妄狎笑。八齡就師讀書，終日據案端坐，未嘗旁顧。其師奇之，使察諸生怠肆者，諸生畏憚斂戢，莫敢譁。年十六，侍穀城之官，杜門絶賓客不交，晝夜攻學。母夫人閔其勞，節膏油不多與。俟母寢，以衣衾蔽牖而誦，夜參半乃已。穀城涖官剛嚴，府君因事進諫，多所匡補。出遇其吏民，恂恂退抑，人不知其爲尉子也。

既冠而歸。時許文懿公謙以道德爲學者師，府君從而受其説，識悟過人，辨析精確，内涵外飭，日超月異，先輩皆自謂不及。然府君務見躬行，以禮齊其家，奉先祠謁拜祀奠，取朱子所脩儀文行之。歲時，率族人祭始遷祖墓，祭畢，序長幼列坐，告之親睦之道。屬之近者，朔望必會，貧者歲周以兩月之粟。脩建昌所創義塾，延師儒教其子姓。至於鄉人，每歲冬至，殺牲置酒，會長老俊人行鄉飲禮，府君爲之講説嘉謨偉行使聽之。曰：「爲父兄子弟當如是。」鄉民莫不化服。細民窶者，貸以粟，不取其羸，待以炊者常數十家。

東陽多宋貴臣族，民藝其田者，既入粟半，復畝徵其絲，民頗苦之。府君倡其鄉人曰：「君子以養野人，奈何厲之？」遂罷不徵。人用是德府君，稱其善不虚口。遇事，無大小皆立決，不形於謀議，所爲輒出人意表。初，延祐中，惡少結邏卒，誣平民爲僞鈔，破其家。意府君儒生可侮，以語撼之，冀得賂乃止。府君怒，走白大府，逮惡少寘於法，害遂絶。由是宿豪文吏摇手相戒，不敢過其門。府君益刻苦爲條法，使後嗣可守。室廬械器，皆預爲數世計，各極其精善。人服其才，而惜其不獲施於世也。

府君饒於貲産，脱去華靡習，聚書萬卷，致力其中。著《四書箋惑》、《大學章句纂要》、《四書述義通》若干卷，《治平首策》二卷，《學則》二十卷，《韻原》六十卷。府君懲士習淪於夷俗，獨製古冠衣服之，揖讓步趨，必以禮法。人望之，神情夷朗，如逸民高士；及即之，則雍然和；與之語，出仁入義，愈久而愈無窮。年四十有七，以至正四年六月辛酉終於家。學者私謚貞節先生。十二月壬申，葬縣南乘驄鄉御史里馬塢之原。

娶葛氏，宋參知政事端獻公洪之玄孫。子男四人：大同、興宗、嘉亨、允升。女四人，適葛實、李觀及東陽儒學教諭李思文，其一早卒。孫男十人：昭、暉、旭、燁、昇、昱、昺、昂、景、杲。❶孫女二人，適許益亨、鄭格。曾孫男五人：鈞、鑾、鏞、鎮、某。女三人。允升嘗從黃文獻公溍游，有文，用薦者授慶元路儒學正，早死。而次、三亦繼卒。❷獨大同存，善承其家學，以故國子祭酒許元狀來請銘。

余未壯時，嘗拜府君於家，多其言語儀貌，儼然成德人也。蓋今四十年，而余亦老矣，銘烏敢辭？銘曰：

柏之丸丸，或朽于山。堂之巖巖，或病于顛。天産其良，不需其完。人愠以咨，我恬以安。探聖之源，揚道之瀾。不諧一時，千載之傳。

上海夏君新壙銘

國朝有天下，患吏之病細民，公卿廷議：以爲吏他郡人，與民情不孚，又多蔽於黠胥宿豪，民受其病固無怪。莫若立巨室之見信於民者爲長，使主細民土田之税而轉輸于官。於是以巨室爲糧長，大者督糧萬石，小者數千石。制定而弊復生，以法繩之，卒莫能禁。是時惟蘇之沈氏以奉法稱。天子親召與語，賜之酒食，時減免其田賦，

❶「杲」，張本作「昊」。
❷「次三」，張本作「二次子」。

名聞四方。而上海有夏君者，尤畏謹好禮，繇賦皆先時而集，不煩徵索。愛恤細民，銖兩無所妄取，民咸悦而德之，聯事者皆以爲則。其所爲，蓋無愧沈氏，❶而名未若沈氏之顯者。聞於上，則勢隆而易彰；鬱於下，則雖善而莫著。此余因夏氏之請而欲揚之者也。

君諱宗顯，字叔明。自其曾祖參，祖駟、父祥皆居華亭。君年十五六喪母，以達禮聞。服終，請於父，出從傅朱學。數年學有名，游上海，樂其土俗，遂之長人鄉置田宅，徙家以居。既而家日殷富，益敦行義。兄及孀姊老而窶，歲時奉粟帛養之，葬其喪而卹其子。撫異母弟有恩。事外舅姑盡子壻禮。聘名士爲師，故人子就學者，飲食之。旦則冠帶坐堂上，子孫盛服入揖，立兩序，俯首聽教命。君各授以事，會食遣去。至夕，取古今事可爲法戒者辨析講說，勉以爲善。子孫恭謹愿慤，不敢嬉遨譁縱。凶歲，鄰里皆從君乞粟帛藥餌。嫁娶喪災者取資焉。故巨室之以長厚稱者，必曰夏氏。見君者，慕其善；與君游者，服其才；聞君卒者，莫不痛惜之也。

初，君年未四十，即穿壙爲冢於舍西北若干步。及年六十有六而卒，遂葬焉。君之卒以洪武十二年正月二十一日，葬以二月九日。娶王氏。二男，曰應炎，應霖。三女，長適趙志學，次適趙以仁，一在室。孫男三人：翟、彪、麟；女三人。曾孫男一，曰緜緜。銘曰：

周法既壞經界隳。群氓相啖鼠與狸。吏庸俗澆邈不知。赤子顛踣吁可悲。聖神

❶「蓋無愧」至「易彰」二十三字原脱，今據張本補。

造謨立治規。俾大育小勢相維。孰嚚戾法肆攘欺。利猶在吻身已離。惟吳夏君懲衆非。畏慎奉上仁以綏。凶歲發廩賙困飢。帛寒藥疾棺載尸。居家孝友此其推。子姓愿謹習禮儀。鄉閭愛戴莫敢違。爲富好仁曷能追？天錫爾胤當蕃滋。嗟哉巨室宜相師。欲考令德徵銘詩。

姑蘇林君母墓銘

姑蘇林君以義，請銘其母張夫人之墓，其容慼然若有所遺。余問曰：「夫人始卒耶？」則曰：「吾母年五十有四，以元至正丙戌二月十三日終，今三十餘歲矣。」「然則夫人鮮子孫耶？」則曰：「吾母生四男，曰以仁，以義，以信，以誠；二女，適某、某。孫男十有二人，❶孫女十人，曾孫男女又十人矣。非鮮也。」「然則懼其無聞於後世耶，❷奚爲爾戚戚也？」曰：「吾母事吾大父母，如子事父；敬吾父，猶大賓。撫子與孫也，愛而能節以禮；其御媪媵也，未嘗厲言暴色。其可稱者甚衆，得其人而書之，則傳矣，吾非懼是也。吾之所甚戚者，吾不忍言也。」

余固問之，久之則泣而曰：「蘇之俗，嗜浮屠法，喪親以燼骨水瘞爲貴。吾昔無聞知而徇於俗，卒後六日，奉柩化於吳江之東門外，遂之垂虹亭觀音閣下歸骨焉。時未知其不可也，於今而後知其不可也。噫，已莫逮矣！每念及於茲，心腑摧裂，而不知天地之廣，吾身遑遑乎若無所容也。噫，

❶「十」，原作「子」，今據張本改。
❷「無」，原作「惡」，今據張本改。

誠莫之奈何矣！昔有葬衣冠之禮，吾嘗聞焉。吾母遺衣存，吾已卜地於長洲白馬澗南之高景山，將以今洪武某年月日歸葬，所以慰吾心焉耳。不合於禮，吾不暇計也。惟先生刻文於墓左，以塞吾悲，且俾後人毋蹈吾之過焉。」

嗚呼！先王之禮，亘萬世而無弊者，揆諸道而合，驗乎心而安也。世遠教微，外夷他説得以亂之，於是先王之意亡矣。然行其説者，未嘗不安之也。而林君獨能惕然不慊於心，天性之存，其何可泯哉！孝子仁人，欲盡事親之道者，視乎林君亦可以知慎矣。

夫人諱妙清，林君父名某。林君通醫，有儒行，選爲某官。銘曰：

夫人衣冠葬於是。孝子刻辭昭厥美。嗟哉後人慎由禮！

徐夫人墓銘

婦德以柔順爲美，然以之處常可也，苟無堅凝之質，事變臨之，其能自立者鮮矣。故持之以堅貞，行之以柔順，斯足以爲賢婦；偏一，則有虐忘縱佚之失焉。若徐夫人者，其備婦德者乎！

夫人姓余氏，衢之開化人。年二十，適邑士徐君安。越十三年，生四子，徐君死，舅姑皆老，家莫爲主，貲産頗傾蝕。夫人日奉羞膳，升堂問體安否。退則率媵妾治絲縷麻枲，歲時機杼之聲聞於鄰里。衣服諸子，務臻華好，青袖綵衿，少長嶷嶷然，人不知其爲孤。年七八歲，委之於學，慈嚴兩至，責其成績。由是諸子咸爲善士，而家迄以成。舅姑相繼壽終，治喪葬以禮。鄉人暴强者，皆畏其能，莫敢凌犯。教女語婦，必以夫人爲則。年七十有八，以洪武九年九月七日卒於家。二十三日，葬於清源里西村之原。三男，曰禄，可，詵。一女，適某。孫男五人，玄、生、林、璣、桂。生以國子生擢給事中，來請銘。銘曰：

柔順爲德斯婦常。濟之堅貞家乃昌。執偏或墮弱與强。二者維全保無爽。猗徐夫人婦之良。喪夫秉志事尊嫜。内外屹然禮義防。躬親織紝靡怠荒。家政浸脩貲大穰。男治書詩女衣裳。壽彌德備名譽彰。孝孫刻銘闡幽光。卓哉婦則垂無疆。

宋文憲公全集卷三十四終

宋文憲公全集卷三十五

孔子廟堂議

世之言禮者，咸取法於孔子，然則爲廟以祀之，其可不稽於古之禮乎？不以古之禮祀孔子，是褻祀也。褻祀不敬，不敬則無福。奈何今之人與古異也。

古者將祭，主人朝服即位于阼階東，西面；祝告利成，❶主人立于阼階上，❷西面；尸出入，主人降立于阼階東，西面。此皆主人之正位也。「卒脀，祝盥于洗，升自西階。主人盥，升自阼階。祝先入南面，主人從戶內西面」；祝酌奠，主人西面再拜稽首。皆爲几筵之在西也。尸升筵，主人西面立于戶內；拜妥尸，尸醋主人，主人西面奠爵拜。皆爲尸之在西也。《漢晉春秋》所載，章帝元和二年幸魯祠孔子，帝升廟，西面再拜。《開元禮》亦謂先聖東向，先師南向，三獻，官皆西向。是猶未失古之意也。今襲開元二十七年之制，遷神於南面，而行禮者北面，則非神道尚右之義矣。

古者，造木主以棲神，天子諸侯之廟皆有主。卿大夫士雖無之，大夫束帛以依神，士結茅爲菆，無有像設之事。《開元禮》亦謂設先聖神座於堂上西楹間，設先師神座於先聖神座東北，席皆以莞，則尚掃地而祭也。今因開元八年之制，摶土而肖像焉，則

❶「祝」，原作「視」，今據鄭本改。
❷「上」，原脱，今據鄭本補。

失「神而明之」之義矣。古者，「灌用鬯臭，鬱合鬯，臭陰達於淵泉」，「既灌，然後迎牲，致陰氣也。蕭合黍稷，臭陽達於牆屋。故既奠，然後焫蕭合羶薌」，蓋求神於陰陽也。今用熏薌代之，庸非簡乎？古者，朝覲會同與凡郊廟祭饗之事，皆設庭燎，司烜共之，火師監之，其數則天子百，公五十，餘三十，以爲不若是則不嚴且敬也。今以秉炬當之，庸非瀆乎？

古之有道有德者，使教焉，死則以爲樂祖，祭於瞽宗，此之謂先師。若漢《禮》有高堂生，《樂》有制氏，《詩》有毛公，《書》有伏生之類也。又凡始立學者，必釋奠于先聖、先師。釋奠必有合，有國故則否。謂國無先聖、先師，則所釋奠者，當與鄰國合。若唐虞有夔、伯夷，周有周公，魯有孔子，則各自奠之，不合也。當是時，學者各自祭其先師，非其師弗學也，非其學弗祭也。學校既廢，天下莫知所師。孔子集群聖之大成，顔回、曾參、孔伋、孟軻實傳孔子之道，尊之以爲先聖、先師，而通祀於天下固宜。其餘當各及其邦之先賢，雖七十二子之祀，亦當罷去，而於國學設之，庶幾弗悖禮意。《開元禮》國學祀先聖孔子，以顔子等七十二賢配，諸州但以先師顔子配。❶今也雜寘而妄列，甚至荀況之言性惡，揚雄之事王莽，王弼之宗莊、老，賈逵之忽細行，杜預之建短喪，馬融之黨附勢家，亦廁其中，吾不知其爲何説也？

古者立學，專以明人倫，子雖齊聖，不先父食久矣。故禹不先鯀，湯不先契，文、武不先不窋，宋祖帝乙、鄭祖厲王，猶上祖

❶「開元禮」至「顔子配」二十八字，原混入正文，今據鄭本改爲注文。

也。今一切寘而不講，顔回、曾參、孔伋，子也，配享堂上；顔路、曾點、孔鯉，父也，列祀廡間；張載則二程之表叔也，乃坐其下。淳祐初，張居程上。後因國子監集議再定，❶張遂居程下。❷顛倒彝倫，莫此爲甚，吾又不知其爲何説也？古者，士之見師，以菜爲摯，故始入學者必釋菜以禮其先師。其學官四時之祭，乃皆釋奠。今專用春秋亦非。❸釋奠有樂無尸，而釋菜無樂，是二者之重輕，係乎樂之有無也。今則襲用魏漢津所製《大晟》之樂，乃先儒所謂亂世之音者也，其可乎哉？古者釋奠、釋菜，名義雖存，其儀注皆不可知。唐《開元禮》彷彿《儀禮·饋食篇》節文爲詳，所謂三獻，各於獻後飲福，即尸酢主人、主婦及賓之議也。今憚其煩，唯初獻者得行之，其可乎哉？

嗚呼！學校者，禮之所自出，猶河瀆之宗瀛海也，猶山嶽之祖崑崙也。今乃舛繆若是，則其他可知矣。禮固非士庶人之所敢議，有人心者，孰能默默以自安乎？雖然，此姑言其略爾，若夫廟制之非宜，冕服之無章，器用則雜乎雅俗，升降則昧乎左右，如此類甚多，雖更僕不可盡也。

或者則曰：「子之言信辨矣，建安熊氏欲以伏羲爲道統之宗，神農、黄帝、堯、舜、禹、湯、文、武，各以次而列焉；皋陶、伊尹、太公望、周公，暨稷、契、夷、益、傅説、箕子，皆可與享于先王。天子公卿所宜師式也，當以此秩祀。天子之學，若孔子實兼祖述

❶「議」，原作「講」，今據鄭本改。

❷「淳祐初」至「居程下」二十一字，原混入正文，今據鄭本改爲注文。

❸「今專用春秋亦非」七字，原混入正文，今據鄭本改爲注文。

憲章之任，其爲通祀，則自天子下達矣。苟如其言，則道統益尊，三皇不汩於醫師，太公不辱於武夫也，不識可乎？」昔周有天下，立四代之學，其所謂先聖者，虞庠則以舜，夏學則以禹，殷學則以湯，東膠則以文王，復各取當時左右四聖成其德業者，爲之先師以配享焉。此固天子立學之法也，奚爲而不可也。

玉壺軒記

玄黓攝提格，律中夷則，白月流天，牽牛正中，商飈襲人。仙華羽客，凝神黃宮。忽倏然遐征，西至離縈之山。其山高三百五十有八丈，而翠河之水出焉。其陽多玗琪樹，多瑶草，多嬰垣之英。赤蕤而素莖，皆生玉榮，其光熊熊，其氣魂魂。其陰有五華之木，産實如櫻，丹腴而長毫，其垂屯屯膠膠，神麟炎尸之。厥容類虯，枳首而六眸，其音如榴。山河之間有洞房焉，中外純素，圓若嘉瓠。太灝流晶，以雪爲城。見費仙人從一老父，酣觴其中。寤而思之，不知何祥也？於是以《歸藏》筮之，遇乾之離，其繇曰：「至象有容，豁落無隅。渾淪中苞，西華流儲。超乎玄素，造物之初。」有玉壺之象焉。

已而游句曲洞天，望積金峰北，雲勃勃如練起谷中，散爲五色霞東去，乃指曰：「是必有異。」因躡屐尋之一室。❶皦然宛如神游，所覩者有仙翁年七十餘，冠緑璈之冠，被三真朝斗之衣，欣然出，速予往，與之揖，且告之故。仙翁笑曰：「若子所言，乃

❶「一室」，原脱，今據鄭本補。

蒙莊所謂外而不內者也。子曾謂吾之玉壺果在此耶？溟涬之先，忽荒眇緜，洞明兩極，混合上玄，大如黍珠，含乎方圓。然猶以跡言也。況乎大道無名，主宰萬彙，鬱紛羅森，有不出是壺之外者，是何也？至人以白爲室，以圓爲家，以虛爲質，以潤爲華。子曾謂吾之玉壺果在此耶？」仙華羽客瞪然視，愕然驚，曰：「費仙人之從飲者，無乃翁也耶？吾向所見瀰縈之山，翠水之河，不其涉幻化耶？幻隱而真始顯耶？」仙翁不答，笑而去。問諸左右，仙翁姓蔣名應琪，金壇人，海雲先生弟子。通玄學，兼究孔、墨諸家言，金陵學道之士，恒推爲巨擘云。

看松菴記

龍泉多大山。其西南一百餘里諸山爲尤深，有四旁奮起而中窳下者，❶狀類箕筐，人因號之爲匡山。山多髯松，彌望入青雲，新翠照人如濯。松上薜蘿紛紛披披，橫亙數十尋，嫩緑可噉。松根茯苓，其大如斗，雜以黄精、前胡及牡鞠之苗，采之可茹。

吾友章君三益樂之，❷新結菴廬其間。菴之西南若干步，有深淵，二蛟龍潛于其中。雲英英騰上，頃刻覆山谷，其色正白，若大海茫無津涯，大風東來，輒飄去，君復爲構烟雲萬頃亭。菴之東北又若干步，山益高，峰巒益峭刻，氣勢欲連霄漢，南望閩中數百里，嘉樹帖帖地上如薺，君復爲構唯天在上亭。菴之東南又若干步，林樾蒼潤，空翠沈沈撲人，陰颸一動，雖當烈火流金之

❶「窳」，原作「成」，今據鄭本改。
❷「章」，原作「張」，今據鄭本改，下同。

候，使人倏倏有挾纊意，君復爲構清高亭。菴之正南又若干步，地明迥爽潔，東西北諸峰，皆競秀獻狀，令人愛玩忘倦，兼之可琴可奕，可挈尊罍而飲，無不宜者，君復爲構環中亭。

君詩書之暇，被鶴氅衣，支九節笻，歷游四亭中。退坐菴廬，回睇髯松，如元夫鉅人拱揖左右。君注視之久，精神凝合，物我兩忘，恍若與古豪傑共語千載之上。君樂甚，起穿謝公屐，日歌吟萬松間，屐聲鏘然合節，與歌聲相答和。髯松似解君意，亦微微作笙簫音以相娱。君嘻曰：「此予得看松之趣者也。」遂以名其菴廬云。

龍泉之人士，聞而疑之曰：「章君負濟世長才，當閩寇壓境，嘗樹旗鼓，礪戈矛，帥衆而擣退之，蓋有意植勳業以自見者。今乃以『看松』名菴，若隱居者之爲，將鄙世之膠擾而不之狎邪，抑以斯人爲不足與，而有取於松也？」金華宋濂竊不謂然。

夫植物之中，禀貞剛之氣者，唯松爲獨多。嘗昧昧思之，一氣方伸，根而藴者，荄而斂者，莫不振翹舒榮以逞妍於一時。❶及夫秋高氣清，霜露既降，則皆黄隕而無餘矣。其能凌歲寒而不易行改度者，非松也耶？是故昔之君子，每托之以自厲。章君之志，蓋亦若斯而已！君之處也，與松爲伍，則嶷然有以自立。及其爲時而出，剛貞自持，不爲物議之所摇奪，❷卒能立事功而澤生民，初亦未嘗與松柏相悖也。或者不知，强謂君忘世而致疑於出處間，可不可乎？

❶「妍」，原脱，今據鄭本補。

❷「摇」，鄭本作「移」。

濂家青蘿山之陽，山西老松如戟，度與君所居無大相遠。第兵燹之餘，巒光水色，頗失故態。栖栖於道路中，未嘗不慨然懷君何時歸，濂當持石鼎相隨，采黃精、茯苓烹之於洞雲間，亦一樂也。不知君能余從否乎？雖然，匡山之靈，其亦遲君久矣。

華川書舍記

華川書舍者，烏傷王君子充學文之所也。烏傷有大澤曰華川，唐武德間嘗置華川縣，不久而縣廢。今之所謂繡湖者，即其地也。子充之居，直湖之陰，猶繫之以舊名，志乎古也。

子充之志乎古，豈止此而已哉！上自群聖人之文，下逮諸子百家之文，咸萃舍中，日真抉而精玩之，❶大肆其力於文，❷愈出而愈無窮。以濂同受經於侍講黃先生之門也，請爲記，書于舍壁。濂雖稍長於子充，視子充之辭鋒横厲，百未能及一，縱强顔欲記之，將何以云耶？雖然，子充弱冠時，濂見其文輒曰：「子充他日當以文知名。」今始十年，而子充名動薦紳間，識者遂以濂爲知言。濂雖不文，寧不爲子充一言乎。

嗚呼，文豈易言哉！日月照耀，風霆流行，雲霞卷舒，變化不常者，天之文也；山嶽列峙，江河流布，草木發越，神妙莫測者，地之文也。群聖人與天地參，以天地之文發爲人文，施之卦爻而陰陽之理顯，形之典謨而政事之道行，味之《雅》、《頌》而性情

❶「真抉」，鄭本作「冥搜」。
❷「大」上，鄭本有「視子充」三字。

之用著，筆之《春秋》而賞罰之義彰，序之以禮，和之以樂，而扶導防範之法具。雖其爲教有不同，凡所以正民極、經國制、樹彝倫、建大義，財成天地之化者，何莫非一文之所爲也。

自先王之道衰，諸子之文，人人自殊。管夷吾氏則以霸略爲文；鄧析氏則以兩可辨説爲文；列禦寇氏則以黄、老清淨無爲爲文；墨翟氏則以貴儉、兼愛、尚賢、明鬼、非命、尚同爲文；公孫龍氏欲屈衆説，則又以堅白、名實爲文；莊周氏則又以通天地之統、序萬物之性、達死生之變爲文；慎到氏則又以刑名之學爲文；申不害氏、韓非氏宗之，又流爲深刻之文；鬼谷氏則又以捭闔爲文；蘇秦氏、張儀氏學之，又肆爲縱横之文；孫武氏、吴起氏則又以軍刑、兵勢、圖國料敵爲文。獨荀況氏粗知先王之學，有若非諸子之可及，惜乎學未聞道，又不足深知群聖人之文。凡若是者，殆不能悉數也。文日以多，道日以敗，❶世變日以下，其故何哉？蓋各以私説臆見譁世惑衆，而不知會通之歸，所以不能參天地而爲文。自是以來，若漢之賈誼、董仲舒、司馬遷、揚雄、劉向、班固，隋之王通，唐之韓愈、柳宗元，宋之歐陽脩、曾鞏、蘇軾之流，雖以不世出之才，善馳騁於諸子之間，然亦恨其不能皆純揆之群聖人之文，不無所愧也。上下一千餘年，惟孟子能闢邪説，正人心，而文始明。孟子之後，又惟舂陵之周子、河南之程子、新安之朱子完經翼傳而文益明爾！嗚呼，文豈易言哉！

自有生民以來，涉世非不遠也，歷年非

❶「敗」，鄭本、黄溥本、韓本、傅本作「裂」。

不久也，能言之士非不夥且衆也。以今觀之，照耀如日月，流行如風霆，卷舒如雲霞，唯群聖人之文則然；列峙如山嶽，流布如江河，發越如草木，亦惟群聖人之文則然。而諸子百家之文固無與焉。故濂謂立言不能正民極、經國制、樹彝倫、建大義者，皆不足謂之文也。士無志於古則已，有志於古，舍群聖人之文何以法焉？

斯言也，侍講先生嘗言之，子充亦嘗聞之。濂復取以爲子充告者，誠以子充將以文知名於世，不可不以群聖人之文爲勉也。濂家芙蓉山之陽，距子充之居不二舍而近，他日謁子充於湖之陰，仰觀俯察天地之文，退坐書舍中，又參之以群聖人之文，則濂與子充各當有所進也。子充以濂言爲然乎？雖然，濂言夸矣，子充幸爲我删之。

龍淵義塾記

至正十三年九月某甲子，栝蒼章君溢，新建龍淵義塾成。龍淵即龍泉，避唐諱更以今名。相傳其地即歐冶子鑄劍處，至今有水號劍溪焉。山深而川阻，與通都大邑相去遠或二三百里，雖至近亦且半之，鄉閭之子弟無所於學。章君之先世嘗以爲病，謀創桂山、僊巖兩書院，以無恒産，未幾而皆廢。章君深憂之，與諸子計曰：「無田是無塾也，其奚可哉！」遂撙節凡費而用其餘，斥田至一百五十畝。其妻黨陳京兄弟聞之，以曾大父適齋先生所遺二百三十畝有畸，來爲之助。章君曰：「吾事濟矣。」乃卜地官山之陰，創燕居以奉先聖，而先師爲之配，春與秋行釋菜之禮。旁列四齋：曰遜敏，曰知通，曰敬樂，曰博約，以居弟子員。後敞正義堂，月旦十五日，鳴鼓齊多士，以申飭五倫之教。前建大門，榜之曰「龍淵義塾」。甓其脩塗，以達于東西。灌木嘉篁，前後蔽蔭，蓊鬱然云。歲聘經行脩明之士以爲講師。諸生業進者，月有賞；才穎家單，不能裹糧者，資之使成；其不帥教者，罰及之。田賦之出入，主塾事者司焉。日用有籍，月考朒贏，歲二會其數。有餘則他貯，益斥田以廣其業。石華、象溪二所，復設別塾，以教陳氏族子之幼者，俟其長乃赴龍淵受業。此其大凡也。江浙行省參知政事石抹公聞而嘉之，檄本郡免其科繇，俾無有所與。章君既列條教，序而刻諸石。復懼來者不能保其終也，伻來請濂記之。

惟古者之建學也，雖其爲制有小大之殊，而所以導民衷、扶世防者，則一而已。龍泉舊爲浙水東文獻之邦，水心葉氏正則、西山真氏希元，實後先以學鳴。聲感氣求，籟鳴機動，掇巍科而典雄藩者，聲華相望，一時文物固嘗盛矣。距今未及百年，而繼之者何其鮮也。豈俗尚不同，遽有古今之異哉！亦係乎學之興衰爲何如爾。章君有見于斯，不效時俗封殖吝固以爲肥家之計，乃闢塾聘師，以克紹先世之徽猷，其立志甚弘而爲功甚溥。陳京兄弟，樂善好義，以助其成，自非適齋涵濡之澤，亦豈能至於是哉！章君之子若孫，當夙夜以繼志爲事，毋豐己以自私，毋蠹蘖其間以啓争端，毋狎非類而斁厥彝訓，毋植朋黨而互相低昂，庶幾不負章君之意。脱有違於是，陳氏之中有端亮者，宜匡正之。陳氏或不我屑也，則鄉尹里師豈無勇於爲義者，咸得糾之。鄉尹里師又不我屑也，則縣大夫之賢者，宜扶樹而振發之。是則章君之塾，可相傳於無窮。雖然，無以遠慮爲也，夫具人之形體也，孰無人心哉？苟讀濂文，宜戰兢保守之弗暇，矧敢壞？因書之以爲記。

蜀墅塘記

義烏縣南四十里，有塘曰蜀墅焉，周圍凡三千六百步。東西北皆岸山，山之水合七十二流入于塘而南出。南有蜀山突然中起，昔人因據山作隄，障水以溉田。山之東，其脩七百尺有奇，廣如脩之數而殺其五之四，深如廣之數而又殺其三之二。山之西，其脩如廣之數，而稍加强焉。隄之中，刳木爲三竇以洩水。水之所溉田，至六千畝而羸。

至正四年夏，水暴而隄壞，田遂不稔。丹溪朱君震亨，憫農之告病也，白於縣。縣尹周侯自强爲下其事，命雙林巡檢張某來視役。震亨遂盡召有田之民，履其畝而使之輸其力，薦貨有差，復出役夫之功一千以爲衆倡。衆説趨之，一聽震亨之經畫。補其闕遺，增以崇高；築其址，加闢而漸殺其上。隄之西垂，鑿石爲斗門，視水溢乾而時畜洩之。門之上，架徒杠以便行者。木竇易壞，則易以堅石，且定爲高下之穴，使欲水者，先後有程而不紊。復懼歷歲之久，而隄弗固也，請於掌塘事者，中析粥魚之利而嗣葺之。凡用錢四千緡，夫一萬功。經始於五年秋八月庚申，踰三月乃告成。里耆朱仁傑等來請濂曰：「震亨之興是役也，初無一弓之田以徼塘利，其夙夜盡瘁而不舍者，果何爲哉？凡欲利吾農也。我不敢忘，願吾子記之。」

濂聞海陵胡公瑗之在湖學也，置經義、治事之齋，教授諸生；至於水利之屬，亦無不習而通之，故其門人皆有適於大用。❶今震亨之學，出於金華許先生謙；先生之六世祖，實嘗從海陵游。其家學相傳至先生爲尤盛，宜吾震亨見諸行事者，有足觀哉！世之人方高談性命以聾世瞽俗，聽之雖若可以有爲，一遇小利害，輒顛倒衣裳，不知所措。視震亨無所爲而利民者何如也？盍亦知所警哉！震亨，字彦脩。有長材，縣嘗下括田之令，唯震亨行之無擾云。

遊鍾山記

鍾山，一名金陵山。漢末秣陵尉蔣子文逐賊死山下，吴大帝封曰蔣侯，❷大帝祖諱鍾，又更名蔣山。實作楊都之鎮，諸葛亮所謂「鍾山龍蟠」，即其地也。

歲辛丑二月癸卯，予始與劉伯温、夏允中二君遊。日在辰，出東門，過半山報寧寺。寺，舒王故宅，謝公墩隱投其後；❸西對部婁小邱，部婁蓋舒王病濕，鑿渠通城河處。南則陸修静茱萸園，❹齊文惠太子博望苑。白烟涼草，離離蕤蕤，使人躊躇不忍去。沿道多蒼松，或如翠蓋斜偃，或蟠身矯首如玉虺搏人，或捷如山猿伸臂掬澗泉飲。❺相傳其地少林木，晉、宋詔刺史郡守罷官者栽之，遺種至今。抵圜悟關，關，宋

❶「大」，鄭本作「世」。
❷「蔣」，原作「壯」，今據鄭本改。
❸「投」，鄭本作「起」。
❹「修」，原作「積」，今據鄭本改。
❺「伸」，原作「仰」，今據鄭本改。

勤法師築太平興國寺在焉。❶梁以前，山有佛廬七十，今皆廢。唯寺爲盛，近燬於兵，外三門僅存。自門左北折入廣慈丈室，謁欽上人。上人出，三人自爲賓主。適松華正開，黄粉毿毿觸人，捉筆聯松華詩。詩方就，❷予獨出行甬道間，會章君三益至，遂執手止翠微亭，登玩珠峰。峰，獨龍阜也，梁開善道場寶誌大士葬其下。永定公主造浮圖五成覆之，後人作殿四阿，鑄銅貌大士，實浮圖，浮圖或現五色寶光。舊藏大士履，神龍初，鄭克俊取入長安。殿東木末軒，舒王所名。俯瞰山足如井底。出，度第一山亭，亭顔米芾書。亭左有名僧婁慧約塔。塔上石，其制若圓楹，中斲爲方，下刻二鬼擎之，方上書曰「梁古草堂法師之墓」，有融法定扁爲梁人書。❸復折而西，入碑亭。碑凡數輩，中有張僧繇畫大士相，李白贊，顔真卿書，世號三絶。又東折，度小澗，澗前下定林院基，舒王嘗讀書於此。院廢，更創雪竹亭，與李公麟寫舒王像洗硯池，亦皆廢。又北折，至八功德水。天監中，胡僧曇隱來棲，山龍爲致此泉，今甓作方池。池上有圓通閣，閣後即屏風嶺，碧石青林，幽邃如畫。前乃明慶寺故址，陳姚察受菩薩戒之所。又東行，至道卿巖。道卿，葉清臣字也，嘗來遊，故名。有僧宴坐巖下，問之，張目視弗應。時雉方乳粥，❹聞人聲，戛戛起巖草中。從此至静壇，多咸矜先生遺跡。❺復西折過桃花塢，詢道光泉，舒

❶「平興」，原作「子曲」，今據鄭本改。
❷「方」，鄭本作「未」。
❸「融法定扁」，鄭本作「蠕匾法定」。
❹「乳」，鄭本作「桴」。
❺「咸」，鄭本作「臧」。

王所植松已逝，唯泉紺淨沈沈如故。日將夕，章君上馬去。予還廣慈，二君熟寐方覺。呼燈起坐，共談古豪傑事，廁以險語，聽者爲改視。

明日甲辰，予同二君遊崇禧院，院，文皇潛邸時建。從西廡下入永春園，園雖小，衆卉略具。揉柏爲麋鹿形，柏毛方怒長，翠濯濯可玩。二君行倦，解衣覆鹿上，掛冠鼠梓間，據石坐。主僧全師具壺觴，予不能酒，謝二君出檻。❶夏君愕曰：「山有虎，近有僧采莽，虎逐入舍，僧門焉，虎爪其顴，顴有瘢可驗。子勿畏，往矣。」予意夏君紿我，挾兩騶奴登惟秀亭。亭宜望遠，「惟秀」、「永春」，皆文皇題榜，塗以金。又折而東，路益險，予更芒屩，倚騶奴肩，踸踔行；息促甚，張吻作鋸木聲。倦極思休，不問險濕，牒牒據頓地，視燥平處不數尺，兩足不墮。久之，又起行。有二臺，闊數十丈，上可坐百人，即宋北郊壇，祀四十四神處。問蔣陵及步夫人冢，無知者，或云在孫陵岡。至此屢欲返，度其出已遠，又力行。登慢坡，草叢布如氈，不生雜樹，可憩，思欲借裀褥臥不去。坡，古定林院基。望山椒，無五十弓，不翅千里遠。竭力躍數十步輒止，氣定又復躍，如是者六七，徑至焉。大江如玉帶橫圍，三山磯、白鷺洲皆可辨，天闕、芙蓉諸峰出没雲際。雞籠山下接落星澗，澗水滮滮流。玄武湖已堙久，三神山皆隨風雨幻去。西望久之，擊石爲浩歌。歌已，繼以感慨。又久之，傍厓尋一人泉，泉出小竅中，可飲一人，繼以千百弗竭。循泉西過黑

❶「檻」，鄭本作「游」。

龍潭，❶潭大如盎，有龍當可居。❷側有龍鬼廟，頗陋。由潭上行，叢林翳路，左右手開竹，身中行，隨過隨合。忽腥風逆鼻，群鳥哇哇亂啼。憶夏君有虎語，心動急趨過，似有逐後者。又棘針鉤衣，❸足數躓，咽脣焦甚。幸至七佛菴，菴，蕭統講經之地，有泉白乳色，即踞泉斛飲。衫袂落水中，❹不暇救，三嗽，神明漸復。菴後有太子巖，一號昭明書臺。方將入巖遊，菴中僧出，肅面有新瘢，❺詢之，即向采莽者，心益動，遂舍巖，間別徑以歸。所謂白蓮池、定心石、宋熙泉、應潮井、彈琴石、落人池、朱湖洞天，皆不復搜覽。

還抵永春園，見肴核滿地，一髫童立花下，問二客何在，童云：遲公不來，出壺中酒，飲且賦詩大號，❻酒盡，徑去矣。予遂回廣慈，二君出迎，夏君曰：「子顏色有異，得無有虎恐乎？」予笑而不答。劉君曰：「是矣，子幸不葬虎腹，當呼斗酒滌去子驚可也。」遂同飲。飲半酣，劉君澄坐至二更，或撼之，作僻笑釣之，出異響畏脅之，皆不動。予與夏君方困，睫交不可擘，乃就寢。又明日乙巳，上人出猶未歸。欲遊草堂寺，雨絲絲下，意不往，乃還。

按《地里志》，江南名山唯衡、廬、茅、蔣。蔣山固無聳拔萬丈之勢，其與三山並稱者，蓋爲望秩之所宗也。晉謝尚，宋雷次宗、劉勔，齊周顒、朱應、吴包、孔嗣之，梁阮

❶「黑」，鄭本作「墨」。
❷「居」，鄭本作「著」。
❸「針」，鄭本作「釘」。
❹「袂」，鄭本作「裾」。
❺「面」，原作「回」，今據鄭本改。
❻「號」，鄭本作「噱」。

孝緒、劉孝標，唐韋渠牟並隱於此。今求其遺跡，鳥没雲散，多不知其處。唯見蕘兒牧豎，跳嘯於淒風殘照間，徒足增人悲思。況乎人事往來，一日萬變，達人大觀，又何足深較。予幸與三君得放懷山水窟，一刻之樂，千金不以易也。山靈或有知，當使予遊盡江南諸名山，雖老死烟霞中，有所不恨。他尚何望哉！他尚何望哉！

章君約重遊未遂，因歷記其事，一寄二君，一遺上人云。

蘭亭觴咏圖記

《蘭亭觴咏圖》一卷，相傳爲李公麟所畫。觀其運意狀物，極有思致，似非公麟不能。

先畫蘭亭一所，俯臨清流，上甚幽艶。四面皆簾，簾半捲，旁周欄楯，中設方几。几上研墨各一，紙三二成軸。一布几間，有美丈夫坐几後，冠竹籜冠，服大布衣，右手操翰，冥然若遐思，疑羲之草序時也。後列二童，一侍側，一吹火爇鼎，鼎水沸，將瀹湯。前一童，傍欄睨溪。溪中白鵝三，一去，一反顧，一飛起波面廁二鵝間。溪上皆崇山峻嶺，有水自中出，三級。水西寘酒尊四。❶ 一童左手執袂，右入尊勺酒。一童執觴，一童執壺，夾左右立。尊前有案，列觴五，觴各有舟，如荷葉。二童執觴流於溪，一童傴立其後，舉觴次第授之。旁有小艇，觴泊岸，觸之使逝。又西有石磴，磴上覆舟一，列觴三。一童執壺注觴中，一童取酒盜飲。

❶「尊」，原作「事」，今據鄭本改。

次畫郡功曹魏滂、右將軍王羲之。滂左執卷，回顧羲之，伸右手欲受卷觀；羲之左持卷，授滂未授。右執翰凝視，若將塗竄。然風流之狀猶可彷彿想見。

次畫散騎常侍郄曇，左右手展卷自誦。

次畫滎陽桓偉、餘杭令謝藤。偉坦腹坐，左手掀髯，氣甚豪。右執卷，倚大帶間。藤解襟盤礴，詩思久未屬，握拳作欠伸勢。次畫侍郎謝瑰，左持卷當膺，右握翰撫膝上。

次畫王凝之、潁川庾友、王渙之。凝之袒兩肩，左手垂硯側，右執卷授友。友袒如凝之，方軸紙作卷，卷末紙參差，以掌齊之。渙之袒如友，兩手抱膝微吟。次畫行參軍事邛邱旄，袒裼如渙之，伸一足坐，舉手取觴飲。

次畫餘杭令孫統、琅琊王友、謝安、行參軍曹茂、府主簿任凝。統翅左足，叉兩手著膝。❶安翹右足，左手壓硯令不動，右指墨作汁，二人相向坐。茂兩手執紙直垂，輾轉軸之。凝袒衣露左臂，壓膝上，翹一足如統，旋首顧茂，目光炯然。次畫左司馬孫綽，斂衽危坐，若泊然無所爲者。

次畫潁川庾蘊，年甚耄，坐久思起，右手據地，一童挾左臂扶之。次畫行參軍楊模，衣半袒，單足起立，屈一足，揚雙袖向前，翩翩如舞。次畫王獻之、王肅之、鎮東司馬虞説、❷任城呂系、府主簿后緜。獻之襟袖半敞，垂右手著地，左按膝。肅之困，睫不可擘，一手撚紙作針，刺鼻令嚏。説袒半衣，兩手展卷讀。系向説，右手據席，左繞出背後擱膝上，臂露者半，俯身就説作聽

❶「叉」，鄭本作「交」。
❷「東」，鄭本作「軍」。

狀。繇足心並，翹一足，兩手持卷夾膝，身微側。

次畫參軍孔熾，坦腹仰面視霄漢，翹一足，左持卷枕膝，右據地。傍一童伏溪畔，以小梃致觴，欲飲熾。次畫參軍劉密，袒衣坐，左手執袂，右入水，微波動指間，前有觴泛流而下，欲取之，旁有覆觴流去。

次畫王玄之、永興令王彬之、郡五官謝繹、王微之。玄之展卷斜視，露左手，右不見。彬之與玄之對，袒肩坐，伸手措卷。繹亦袒，垂左臂，右執翰壓臂，臂癢將搔之。微之左擎卷至顴，右操翰，欲寫未寫。

次畫府功曹勞夷、行參軍徐豐之。夷、豐之相向，夷左執觴，右手夾觴側，若獻豐之。豐之面仰視，揎袖至腕上，勢粗甚。右手向身北取觴，似欲酬夷者。次畫長岑令華耆，右執觴未飲，❶左撚髭旁睨豐之，洋洋有喜色。次畫徐州西平曹華，右執卷，側身欲讀，左手隱。

次畫王蘊之、鎮國大將軍掾卞迪、司徒左西屬謝萬、彭城曹諲、任城呂本。蘊之箕踞坐，交臂兩膝間，一握拳，一舒掌，掌覆拳背。迪半欹，舉手迎觴欲取。萬肩半坦，左按紙，右在肘下，側目視迪。諲伸右足，左持觴顧本。本翹一足，屈臂拄膝，持翰貼耳上，頭微仰若苦吟者。

次畫上虞令華茂、山陰令虞谷、中軍參軍孫嗣。茂袒肩，右執翰垂下欲擲，轉首共谷語。谷袒衣與茂同，右持觴浮茂。嗣拊掌大笑，一足踞。次畫陳郡袁嶠之、行參軍王豐之。豐之展卷仰首讀，背微傴。嶠之雙掌相向舞，似對之擊節者。

❶「右」，原作「左」，今據鄭本改。

次畫二垂柳夾石橋，橋有扶闌，二童度橋上，一持器，疑貯觴者；一倚闌，戟手指溪中。溪左右各一童操小艇，邀觴舟收之，其側有覆觴二、舟兩。別有一童出柳下，身半露。

自蘭亭至石橋，溪水詰曲，流如龍奔。溪右二十人，溪左二十有二人。其中冠者十有二人，巾者三十人。衣皆褒加紳，各地坐，藉以方裀，或熊虎皮。研紙墨筆各具，有詩者，各繫人傍。兩篇成者十有一人，一篇成者十有五人，不成者十有六人。其狀人人殊，誠可謂善畫者已。

今去永和癸丑不翅千有餘年，計其一時人物之盛，清標雅致，浮動於左尊右俎間，❶猶可即此圖以想見其事。然而俯仰今昔，時異世殊，崇山峻嶺固不改於舊，而昔人果安在哉？後之人欲見有不可得，徒想像於圖畫中，亦足悲矣。噫！世間萬事，往往如是，是何足深道？唯辭章勞烈，足以傳世於無窮，其人雖死猶不死也，如王、謝諸人是已。使公麟復生，尚得描貌之乎？

予見此卷於友人家，因借歸，記其事如右，時一觀焉，則有不勝感慨者矣。

浦江縣新建尉司記

浦江尉司，在縣西一百步，歲久就圮。至正庚寅，大梁劉師稷以主簿攝尉事，始作正廳，未成而劉去。明年辛卯，新安洪在來爲尉，完之，且新其門樓。又明年壬辰，建廳之前軒，暨吏士之舍。又明年癸巳，造濯心亭。屋以間計者若干，役功若干，糜錢若

❶「右」，原作「左」，今據鄭本改。

干。濂懼後來者不知其勞也，乃文其事于石，俾相繼葺之。

集賢大學士吴公記 代吴志道❶

先公諱直方，字行可，姓吴氏。其先毗陵人，一遷于鄱，再遷于睦，❷三遷浦陽之新田。唐乾寧初，有諱公養者又遷縣西尊仁里，至先公十五世。曾祖諱聞，贈中奉大夫福建道宣慰使護軍，追封渤海郡公；妣盛氏，追封渤海郡夫人。祖諱蕃，累贈資善大夫、太常禮儀院使、上護軍，追封渤海郡公；妣沈氏，追封渤海郡夫人。父諱伯紹，累贈翰林學士承旨、榮禄大夫、柱國，追封渤國公；妣金氏，追封渤國夫人。

先公自幼有大志，篤意儒學。及壯，游京師，主留守馬扎兒台家，教其子脱脱及也先帖木兒。元統間，脱脱爲御史中丞，以先公嘗用説書事明宗于潛邸，奏除江浙等處儒學提舉。中書易爲副提舉，階將仕佐郎。先公年已六十一矣，未上，御史臺改授將仕郎、海北廣東道肅政廉訪司管句、承發架閣庫兼照磨。遷中政院管句、承發架閣庫。復陞長史，階咸如故。❸

重紀至元末，廟堂用事者頗擅威福，上與大臣謀罷其政柄，先公實協贊之。上念其功，召至便殿錫以黄金繫帶，超拜集賢直學士，就轉侍講學士。未幾，陞學士，歷亞中、中奉、資善三階大夫。會脱脱入相中書，國有大政令，多咨先公而後行。先公每

❶ 本題，鄭本作「故集賢大學士榮禄大夫致仕吴公墳記代作」。
❷ 「睦」，原作「時」，今據鄭本改。
❸ 「咸」，原作「威」，今據鄭本改。

引古義告之，言無不聽，民被其澤爲多。先公以年及致仕，上章乞骸骨，遂以集賢大學士、榮禄大夫食俸賜終身。俄又賜田一千九百餘畝，尋謝不受。

先公前娶盛氏，先十七年卒。後娶金、李二氏。金氏封渤國夫人。子男二：長萊，字立夫，延祐庚申以《春秋》經預鄉薦，後用御史察舉爲饒州路長薌書院山長，博學能文，爲世聞人，亦先十七年卒；次即志道，崇文監丞、奉訓大夫。孫男三：長士謂，婺州路金華縣儒學教諭；次士謐，次存仁。曾孫男三：長中，次平，次弁。曾孫女一，申。

先公生于宋德祐乙亥十一月二十四日庚寅，薨于今至正丙申七月十二日庚寅，享年八十有二。卜以是年八月十二日庚申，葬德政鄉後吴山徐塢之原，距承旨公墓左五十步而近。

嗚呼！褒叙令德，是在世之立言君子，非不肖孤所敢僭。姑序世系及歷官次第納諸玄堂，别録其副以藏于家，庶幾後人知所考焉。嗚呼，痛哉！孤子志道泣血謹記。

先夫人木像記

先夫人既殁之九年，予妻賈專朝夕思之不少置。閒告予曰：「妾生二十二年而歸君，妾之姑已四十有九歲，妾母方氏亦五十有四歲。後君念妾之母老而兄弟多，故乃迎養于家。當是時，二老人蒼顏白髮，共坐堂上，妾與君沽酒買魚以奉其歡，更闌燭盡，猶連觴引滿而語，笑聲不休。君時嘗語妾曰：『吾雖貧，而老親之歡如此，吾退而安寢矣。』後十三年，而妾之姑竟亡。初，姑未亡時，妾子瓚始十三歲，姑嘗撫瓚頂謂曰：『吾年耄矣，或幸見汝之有子，吾死亦瞑目也。』又三年，君自金華還浦陽，妾與母從之來。今妾母七十有五歲，瓚亦娶婦生子，而妾姑之墓木拱矣。思欲如昔時共君奉觴上壽，其又可得耶？每念及此，輒涕泗交頤，然恨無以自慰也。欲刻木爲像以事之，凡遇疏食菜羹必祭，使死者而有知，亦當翩然而來享也。雖然，此豈妾之敢知哉？不過盡其心焉爾矣。」

予謂之曰：「昔之孝子有丁蘭者，事母至孝。及母亡而思之不置，乃刻木事之。此蓋丈夫子之事，子以一女婦能行之，亦可謂賢矣。雖然，不必爾也。古者，既葬而反虞，虞主用桑；期年而練祭，練主用栗。所謂主者，主乎神者也。設主之外，無有刻像事之者也。予之思親，豈不尤切於子哉？禮若可爲，則予爲之也久矣。」專曰：「是固然矣，世俗媚浮屠神者，尚飾像奉之，而況妾之姑乎？妾不若是，其心終皇皇焉，君幸有以如妾之意也。」

予不能拒，於是命工人刻像以遺之，并録其問答之辭，書于像龕之北以示子孫。先夫人姓陳氏，諱賢時，金華潛谿人。

太乙玄徵記

金華宋濂，賦質甚弱，十日九疾。生産作業之事，皆力有所不任，唯日學操觚，造爲文章。精思弗得，罷極就寢，夢一老父，白髮鬅鬙，與雪鬭潔，❶身被黃服，手支青藜

❶「雪」，原作「雲」，今據鄭本改。

杖，徐徐而前。招濂謂曰：「若何疲思之甚耶？吾乃太乙之精，在皇漢時，曾降天禄閣，以《洪範》五行授劉向。若今意有何圖，第言之，吾當有以處若也。」

濂再拜曰：「下土蟣蝨臣，不自料得接休光，以沐浴神化，亦既幸矣。復不以臣之微賤，使吐其情辭，臣雖無知，敢不精白一心，以承靈貺。臣受氣于天，孱弱而蒙。庚戌之歲，律中應鍾。日在于氐，地寒以風。母妊七月，臣體即降。生未五齡，百疾交攻。熱火鬱木，邪沴制陽。肝氣動摇，手牽目瞠。謁醫視之，謂爲瘛瘲。毒艾焮膚，其苦莫賡。雖脱于虎口，筋骸弗彊。有牛負輗，有鎛在場。力既弗任，田卒薉荒。幸有書一束，塵霾蠹戕。振拂毆剔，以佩以藏。以嘬以嘗，以求其方。疲精竭思，攻爲文章。窮年矻矻，恒不知變更。」

太乙曰：「吾聞心有所溺者，必有所甚樂也。若之所嗜如是，將樂之耶？抑弗獲已也？」濂曰：「臣爲文之時，獨潛闔廬，五官内守，形若槃株。凡慮既澄，運思希夷。上升層霄，下入重壚。絪緼庶彙，彌布大區。自形自色，匪可數知。一一攝之，若禽在笯，若獸在周。阹縱健，距捷羽，曾不得離其範圍。及夫意暢氣熙，與神合機，岳盪河翻，雷椎霆驅；倏爾陰合，欻然陽施；鬼出電入，載正載奇。萬紾千變，莫窮端倪。雖身執台樞，腰懸金魚；饍羞熊蹯，居飾璇題；入則麗姝，吹竹彈絲；出則戎士，負弩曳旗。亦不足以踰其適。❶臣實樂之，初非有弗獲已也。」

太乙曰：「若樂則樂矣，古之人亦有業

❶「踰」，鄭本作「喻」。

是者乎？」濂曰：「有之，雖更僕不可盡也。請陳其略：昔有鉅儒，曰太史遷。豪氣孤騫，闊視無前，執筆著書，動數萬言。祕之金匱，及藏名山。至今文光，上燭九天。董生三《策》，楊雄《太玄》。相如《大人》，退之五《原》。若脩若軾，若鞏之賢。各有論著，焜耀後先。虎鳳騰躍，韶鈞相宣。汗瀾卓踔，盤紆蟬連。業之既專，厥功乃全。其功何居？時磨琢之。❶耔之穫之，湘之瀹之。炊之酌之，使心樂之。一日不治，若芒刺肌。六氣昏昏，精神不來。由是觀之，古之人所業，其亦有以哉！」太乙曰：「嘻，若言陋矣！知冠角頍胡之爲象，而不知弁冕纓緌之制；知糗飯藜羹之爲美，而不知淳熬肝膋之味；知吴歈楚豔之爲曲，而不知夏濩武勺之音。若言陋矣！」

濂於是憮然自失，膝行而進，俯首至地，且拜且祈，曰：「臣不佞，竊受教於先生長者，學文二十餘年，自意已造其極，不知猶未也。夫井魚固不足以語大，夏蟲固不足以語寒，幸察臣之誠，憐臣之愚，授臣以要道，使臣聞之，雖即死無憾。」太乙愀然不答。

濂復殷勤致辭，俯伏俟命，歷一時之久。太乙三歎而後言曰：「上堪下輿，惟人中居。厥初芒芠，瞢未有知。野鹿標枝，蚩蚩狉狉。聖人者出，扶弱教基。揭我日月，燭我冥尷。所謂建生民極，立天地心者，是不有其道歟？道雖無形，揆文可知。《典》、《謨》渾淳，卦畫閎奇。《雅》、《頌》恢張，《禮》、《樂》威儀。《春秋》謹嚴，衮褒鉞誅。不由於此，去道遠而。舍其根荄，玩其

❶「琢」，鄭本作「研」。

葩葉，而何以史遷諸子爲？且非文不行，非文不章。天子非文，曷風四方；諸侯非文，莫守其邦；卿大夫非文，身鬱不揚；士庶人非文，卒遏于鄉。故云：文者，乾坤之粹精也，陰陽之靈龢也，四時之衡石也，百物之錧鎋也，中國之采章也，四裔之儀法也，可不務乎！彼辨博馳騁，以邪奪正，是誣世也；卑辭甘言，藉威取寵，是媚權也；佞墓受金，是非舛繆，是罔利也；氣亡魄喪，憮憮不振，是萎薾也；抽青媲白，眩人耳目，是聾瞽也。若此者，弗可枚舉，其文乎哉？其文乎哉？吾前之所謂文，則異於是矣。充於一身，和順內積，英華外發；達于四國，民物阜康，政教㒼洽。筆之於書，則可爲天下後世法。傳曰：『有德者必有言。』若之志勤矣，其亦慎所學哉！」言訖，四方晦冥，飆風上行。仰視天門，如有火光。反而顧之，太乙已亡。

濂驚而寤，不知其爲何祥也，乃召日者占之。日者端櫝出蓍，左右揲之，掛而扐之，遇「復」之「離」，曰：「是謂後得而先迷。百折旁歧，倀倀安歸？雖車堅馬肥，終九顛而一躋。或道之於崇期，載旌以驅。歷國過都，膳宰致餼。司里授廬。不亟不徐，直抵夫玄聖之所居。蓋『復』者，『不遠復』也，而重離又文明之象也。此殆示子學文玄徵乎！」濂於是惕然悟，悉燔毀筆硯，取六藝燖温之，未幾學果進。

貞一道院記

貞一道院者，浦江戴君性中所建以奉玄武神者也。初，性中嘗習法令于江浙行中書，有事如金陵，舟渡大江，至中流忽黑風吹舟，蕩摇欲覆。幸不覆，而水入者二尺。會天大寒，冰生衣上，淅淅有聲。如此者三日夜，風既不止，又不能火。食唯取醇酎飲之，俟死而已。性中計無所出，❶乃北向稽首，號諸神曰：「神當有以哀我，即使我無死，誓作宫以報神休。」時夜正黑，有天光自檣端下燭，燁然如燈，髣髴見黑衣神，披髮按劍，以足蹴舟，迅行如飛。迨明，已薄江岸。噫，亦異矣。

儒者之正論，恒以爲玄武乃北方七宿之象，而傳記之所謂龜也。或曰，龜與蛇也，古之人出師，必象天文而作陳法，故畫龜蛇於旐，而與蛟龍之旂，❷熊虎之旗，鳥隼之旟，並掌於司常儀禮之家。獨謂龜蛇爲玄武者，玄則以其色之黑，武則以其有甲，能禦侮也。玄武之見於用者蓋如此。宋有天下，尊崇聖祖，以其嫌名玄朗，故改玄爲真，初非有所謂神也。道家者流，欲奇其事，謂神有名字里居，一何悖耶？性中之所見，其有無未可必也。

濂則以爲不然，沖漠無朕，而萬象森然已具者，非心之謂也。心則神之所舍，無大不包，無小不涵，雖以天地之高厚，日月之照臨，鬼神之幽遠，舉有不能外者。故其精誠所召，揮戈指天，白日退舍；拔刀斫山，飛泉湧地。亦感應之常理耳，何足異乎？此既不足異，何獨於性中之所見而疑之乎？世之好奇者，既聽於茫昧不可致詰之神；而激者反之於正，又一切絶之於無有。嗚呼，不亦兩失也哉！

道院之額，教主嗣天師之所署。始事

❶「性」，原作「怖」，今據鄭本改。
❷「蛟」，原作「交」，今據鄭本改。

於某年某月日，訖功於某年某月日。費錢若干緡，爲屋凡幾楹間，摶土象玄武神于中。黑衣翩翩，披髮按劍而坐，蓋志所見也。

浦陽善應精舍記

我大雄氏説法度生，凡其住處，衆所依止，以是因緣成大蘭若。象教東漸，遂建道場，湧殿飛樓，在在而是。其中亦有折一莖草，插標立壇作佛事者，小大雖殊，及其籍是明自心性，如指指月，指有短長，因指見月，了無有異。

浦陽山中有一沙門，號曰景岑，發大弘願：「自無始劫，以迄于今，或神或天，或阿須倫，泥黎旁生，並諸鬼趣，隨業之所感，輪轉不息。所以者何？爲貪欲故。貪故不舍，不舍故有我。今思惟咸悉棄去，構爲梵居。」見者聞者，皆大歡喜。輸田薦貨，奔走承事。大德乙巳，迨于丁未，凡三暑寒，以潰于成。殿廷靚飭，門廡峻整。中像大士，踏寶蓮花，真珠纓絡，微妙莊嚴。旁繪天王，暨龍神衆，各執器械，呵護正法。雖悍男子，叫呶隳突，衆怖畏者，來入是室，俯首作禮，五體投地。比諸道場，與折草者，無小無大，同一應感。

我聞如來，真實境界，無佛菩薩，亦無衆生，凡所有者，皆是空假。如摩尼珠，日光所照，五色燦爛。謂生于珠，非日則隱；謂出於日，光因珠見。畢竟二者，和合而成。根塵互入，亦復如是。直如妙性，本是空寂。一物則無，況茲室廬，盡涉虚幻。有無之相，在刹那頃，豈若心境，兩捨不有，寂用常如。然後出世，布大法雲，震大法雷，樹大法雨，俾諸根莖，悉獲沾潤。是則無負如來遺教。若乃執着有漏因果，被伽黎衣，作塵勞事，如螘蝂者，愈重愈困。要求解脱，無有是處。我今復欲廣宣此義，而説謁言：

我觀自身相，四大所假合。自頂下至踵，種種非真實。一旦四大離，我復在何處？我身且不有，何况身外物。縱彼金銀寶，珊瑚及琥珀，瑠璃瑪瑙等，如聚須彌山，於己不相涉。衆生苦遇癡，執着以爲命，求之不憚遠。或入鉅山中，逢着諸猛獸；或泛大洋海，❶黑風飄船舫，❷流入羅刹國，軀命不能保。此以何因緣？蓋爲貪欲故。由貪漸滋蔓，業障永不淨。我今建梵居，皈依大悲人，旛蓋及牀坐，一一盡莊嚴。藉是象教力，欲捨諸所有。所有既空故，空空亦無有。譬如大圓鏡，中放無量光。不去亦不來，不内亦不外。如如屹不動，隨物悉現形。苟涉世間相，執此有漏因。何以能出離？汝等比邱衆，當聽我所説。於一刹那間，成此無上道。

釋氏護教編後記

西方聖人以一大事因緣出現于世，自從鹿野苑中直至於跋提河，演説苦空無我無量妙義，❸隨機鈍利，❹分爲頓漸，無小無大，盡皆攝入薩婆若海。既滅度後，其弟子阿難陀多聞總持有大智慧，結集爲修多羅

❶「象教東漸」至「或泛大洋海」五百二十八字，原脱，今據鄭本補。
❷「舫」，原脱，今據鄭本補。
❸「無我」，原脱，今據鄭本補。
❹「隨」，原作「障」，今據鄭本改。

藏。而諸尊者，或後或先，各闡化源。優波離集四部律，謂之毗尼。金剛薩埵於毗盧那前親受《瑜珈》五部，謂之祕密章句。無著、天親頻升知足天宫，咨参慈氏，相與造論，發明大乘，謂之唯識宗旨。西竺龍勝以所得毗羅之法，弘其綱要，謂之《中觀論》。燉煌杜法順深入華嚴不思議境，大宣玄旨，謂之華嚴法界觀。

毗尼之法，魏嘉平初，曇柯羅始持僧祇戒本至洛陽。而曇無德、曇諦等繼之，立羯磨法。唐南山澄照律師道宣作疏明之，《四分律》遂大行，是爲行事防非止惡之宗。薩埵以《瑜珈》授龍猛，猛授龍智，智授金剛智。唐開元中，智始來中國大建曼荼羅法事，大智道氤、大慧一行，及不空、三藏咸師尊之，是爲瑜珈微妙祕密之宗。唐貞觀三年，三藏玄奘往西域諸國，❶會戒賢於那蘭佗寺，因受唯識宗旨以歸，授慈恩窺基。基乃綱羅舊説，作《廣制疏論》，❷是爲三乘法相顯理之宗。梁、陳之間，北齊惠聞，因讀《中觀論》悟旨，遂遥禮龍勝爲師，開空、假、中爲三觀心觀法門。以《法華》宗旨授慧思，思授天台國師智顗，顗授灌頂，頂授智威，智威授惠威，惠威授玄朗，朗授湛然，是爲四教法性觀行之宗。隋末，頓以法界觀授智儼，儼授賢首法藏。至清涼大統國師澄觀追宗其學，著《華嚴疏論》數百萬言，圭峰宗密繼之，而其化廣被西方，是爲一念圓融其德之宗。《瑜珈》久亡，南山亦僅存其盛，行于今者，唯天台、慈恩、賢首而已。此則世之所謂教者也。

❶「奘」，原作「裝」，今據鄭本改。
❷「廣」，原作「唐」，今據鄭本改。

世尊大法，自迦葉二十八傳至菩提達摩。達摩悲學佛者纏蔽於竹帛間，乃弘教外別傳之旨，不立文字而見性成佛。達摩傳慧可，可傳僧璨，璨傳道信，信傳弘忍，忍傳曹溪大鑑禪師慧能，而其法特盛。能之二弟子懷讓、行思，皆深入其閫奧。讓傳道一，❶一之學，江南宗之，❷其傳爲懷海。海傳希運，運傳臨濟慧照大師義玄，玄立三玄門，❸策厲學徒，是爲臨濟之宗。海之旁出爲潙山大圓禪師靈佑，佑傳仰山智通大師慧寂，父唱子和，微妙玄機，不可湊泊，是爲潙仰之宗。思傳希遷，遷之學湖南主之。其傳爲道悟，悟傳崇信，信傳宣鑑，鑑傳義存，存傳雲門匡真大師文偃，偃之氣宇如玉，三句之設，如青天震雷，聞者掩耳，是爲雲門之宗。玄妙師備，偃之同門友也，其傳爲桂琛，琛傳法眼大師文益，雖依華嚴六相唱明宗旨，迥然獨立，不涉凡情，是爲法眼之宗。遷之旁出爲藥山惟儼，儼以《寶鏡三昧》五位顯訣、三種滲漏傳曇晟，晟傳洞山悟本大師良价，❹价傳曹山元證大師本寂而復大振，是爲曹洞之宗。法眼再傳至延壽，流入高句驪。仰山三傳之芭蕉徹，當石晉開運中，遂亡弗繼。雲門、曹洞僅不絕如綫，唯臨濟一宗，大用大機，震盪無際，若聖若凡，無不宗仰，此則世之所謂禪者也。

嗚呼！教之與禪本無二門，依教修行，蓋不出於六度梵行，而禪定特居其一。由衆生根有不齊，故先佛示化亦不免有異耳。奈何後世各建門庭，互相盾矛。教則

❶「傳」，原脱，今據鄭本補。
❷「南」，鄭本作「西」。
❸「玄立」之「玄」，原脱，今據鄭本補。
❹「良价价傳曹山元證大師」十字，原脱，今據鄭本補。

識禪滯乎空寂，禪則識教泥乎名相，藉藉紛紛，莫克有定，是果何爲者耶？

此則教禪異塗，猶可説也。自禪一宗言之，佛大勝多與達摩同學禪觀，達摩則遠契真宗，勝多所見一差，遂分爲有相、無相、定慧、戒行、無得、寂静六門。非達摩闢之，安能至今廓如也。慧能與神秀同受法于弘忍，能則爲頓宗，秀則別爲漸宗。荆、吴、秦、洛各行其教。道一、神會又同出於能者也，道一則密受心印，神會則復流於知解，一去弗返，而其末流若大珠、明教、慈受輩，尚何以議爲哉。自教一宗言之，慈恩立三教，天台則分四教，賢首則又分五教。麁妙各見，漸圓互指，終不能歸之一致，可勝歎哉！

此雖通名爲教，各自立宗，猶可説也。自夫本教之内言之，律學均以南山爲宗，真悟智圓律師允堪著《會正記》等文，識者謂其超出六十家釋義之外，何不可者。至大智律師元照，復別以《法華》開顯圓意作《資持記》，又與《會正》之師殊指矣。不特此也，四明法智尊者知禮、孤山法慧大師智圓同祖天台，同學《止觀》。真妄之異觀，三諦之異説，既已牴牾之甚。雪川仁岳、以禮之弟子又操戈入室，略不相容，諫書辯謗之作，逮今猶使人凜然也。其他尚可以一二數之哉。

嗚呼，毗盧華藏圓滿廣大，偏河沙界，無餘而餘，❶非相而相，非緣而緣，非同而同，非别而别。苟涉思惟，即非聖諦，又何在分教與禪之異哉！又何在互相盾矛、業擅專門哉！又何在操戈相攻，遽背其師説

❶「無餘而餘」，鄭本作「無欠無餘」。

哉！雖然，適長安南北異塗、東西殊轍，及其所至，未嘗不同，要在善學者慎夫所趨而已。

比邱永壽嘗以閩僧一源所著《護教編》示予，自大迦葉至于近代諸師皆有傳贊，文辭簡古，誠奇作也。壽獨惜其不著教、禪承傳同異之詳，請予爲記以補其闕略。予因以所聞，疏之如右。文繁而不殺者，欲其事之著明，蓋不得不然也。

桃花澗脩禊詩序

浦江縣北行二十六里，有峰聳然而葱蒨者，玄麓山也。山之西，桃花澗水出焉。乃至正丙申三月上巳，鄭君彦真將脩禊事于澗濱，且窮泉石之勝。

前一夕，宿諸賢士大夫，厥明日既出，相帥向北行，以壺觴隨。約二里所，始得澗流，遂沿澗而入。水蝕道幾盡，肩不得比，先後纍纍如魚貫。又三里所，夾岸皆桃花，山寒花開遲，及是始繁。傍多髯松，入天如青雲。忽見鮮葩點濕翠間，❶燄燄欲然，❷可玩。

又三十步，佹石人立，高可十尺餘，而正平，可坐而簫，曰鳳簫臺。下有小泓，泓上石壇廣尋丈，可釣。聞大雪下時，四圍皆璚樹瑤林，益清絶，曰釣雪磯。西垂蒼壁，俯瞰臺磯間，女羅與陵苕轇輵之，赤紛緑駭，曰翠霞屏。❸又六七步，奇石怒出，下臨小窪，泉冽甚，宜飲鶴，曰飲鶴川。自川導

❶「點」，原作「黯」，今據鄭本改。
❷「然」，鄭本作「爇」。
❸「霞」，原作「靈」，今據鄭本改。

水爲蛇行勢，前出石壇下，鏘鏘作環佩鳴。客有善琴者，不樂泉聲之獨清，鼓琴與之争，琴聲與泉聲相和，絶可聽。又五六步，水左右屈盤始南逝，曰五折泉。又四十步，從山趾斗折入澗底，水匯爲潭。潭左列石爲坐，如半月。其上危巖牆峙，飛泉中瀉，遇石，角激之，泉怒躍起一二尺，❶細沫散潭中，點點成暈，真若飛雨之驟至。仰見青天鏡淨，始悟爲泉，曰飛雨洞。洞傍皆山，峭石冠其顛，遼敻幽邃，宜仙人居，曰蘂珠巖。遥望見之，病登陟之勞，無往者。

還至石壇上，各敷茵席夾水而坐。呼童拾斷樵，取壺中酒温之，實槃觴中。觴有舟，隨波沈浮，雁行下。稍前有中斷者，❷有屬聯者，方次第取飲。時輕飆東來，觴盤旋不進，甚至逆流而上，若相獻酬狀。酒三行，年最高者，命列觚翰，人皆賦詩二首，即有不成，罰酒三巨觥。衆欣然如約。或閉目潛思；或拄頰上視霄漢；或與連席者耳語不休；或運筆如風雨，且書且歌；或按紙伏崖石下，欲寫復止；或句有未當，搔首蹙額向人；或口吻作秋蟲吟；或群聚蘭坡，奪觚争先；或持卷授鄰坐者觀，曲肱看雲而臥，皆一一可畫。已而，詩盡成，杯行無算。迨罷歸，日已在青松下。

又明日，鄭君以兹游良驩，集所賦詩而屬濂以序。濂按《韓詩内傳》：三月上巳，桃花水下之時，鄭之舊俗於溱、洧兩水之上招魂續魄，執蘭草以祓除不祥。今去之二千載，雖時異地殊，而桃花流水則今猶昔也。其遠裔能合賢士大夫以脩禊事，豈或

❶「尺」，鄭本作「丈」。
❷「有」，原作「者」，今據鄭本改。

遺風尚有未泯者哉？雖然，無以是爲也。爲吾黨者，當追浴沂之風徽，法舞雩之咏歎，庶幾情與境適，樂與道俱，而無愧於孔氏之徒。無愧於孔氏之徒，然後無愧於七尺之軀矣，可不勖哉！濂既爲序其游歷之勝，而復申以規箴如此。他若晉人蘭亭之集，多尚清虛，亦無取焉。鄭君名鉉，彦真字也。

王氏夢吟詩卷序

東白王先生嘗嗜吟，一夕宿仙華山下，忽夢偉丈夫過之。先生揖之坐，問其姓名，笑而不答，唯取袖中詩一章，琅然而誦。既寤而其詩已亡，思之至旦，頗能憶其首句，遂從而補其辭，因命潛溪宋濂序之。

濂自幼時，嘗讀謝内史夢惠連事，未嘗不疑其説。以爲詩者，發乎情性者也，觸物而動，則其機應籟隨，自有不容遏者，又何待西堂之夢而後得句耶？竊意内史欲神其詩之妙，故特假此説以欺世耳。及壯而遠遊，艱難險阻，莫不備嘗，凡嬰於物而不能遽釋者則思，思則寐必見之，若持符節以相契，無不合者。濂然後知内史思之之專，故其見於夢寐者有不可掩也。今先生自幼至老，不翅六十餘年未嘗一日廢詩，雖甚冗，猶濡毫挈牘，行吟不少休。則先生之於詩可謂專矣，夢之所形，孰得而閟之哉？

今之人，有志於詩者，亦不少矣，徒以鹵莽厭煩之學，不克加脩，每一操觚，動至旬月不再。片章之出，輒務求勝。所以塵土之思，填心塞臂，往往如酣醉人，語言了不知端緒，視先生盍亦知少愧哉！

如濂不敏，方將取法於先生，而先生不

以濂爲繆悠，命載其事於篇簡。濂方内懼之不暇，尚何敢序先生詩耶？雖然，先生之詩無愧於内史者也，濂之名字誠得藉先生之詩以傳，則夫後之視今，亦猶今之視昔，西堂之事詎得專美乎？此又濂之有望於先生也。

杏庭摘稾序

濂昔受學於河東公，獲見新安洪先生詩十餘篇，心甚樂之。竊意先生之所述，篇章必富。而新安遠在數百里外，嘗愧弗能一見先生以窺夫大全。及河東公没，先生之子存心來爲浦江尉，濂始得悉受而伏讀之。不覺歎曰：「嗚呼，是豈非詩哉！」

夫詩，未易言也。商、周之時，三頌二雅，洎夫十五國風之作，既經孔子所删，列爲一經，固將與天地相爲終始。若秦漢以來至于近代，其間彫肝琢腎，以自馳騁於一世者不爲不多。果能傳之千萬載而弗泯，幾何人哉？縱傳矣，求其無愧於孔子之所删定者，又幾何人哉？蓋必有超絶之識，充以包羅宇宙之量，濟以俊偉光明、無所不通之學，然後始能與於斯。不然，則流連光景之辭爾，尚得謂之詩矣乎！

新安爲江東一大郡，自舊多文學之士，及吏部諸公兄弟，以詩倡于建炎、紹興間，而作者益盛，流風餘韻直至于今不衰。先生之生，雖後朱公百餘年，嘗及接鄉之諸老，故聞見甚多，而講索甚精。其發之於詩，和而不怨，平而不激，嚴而不刻，雅而不凡，庶幾忠厚惻怛有三百篇之遺意者。嗚呼，是豈非詩哉！

濂頗觀今人之所謂詩矣。其上焉者，

傲睨八極，呼吸風雷，恒以意氣奔放自豪；其次也，造爲艱深之辭，如病心者亂言，使人三四讀，終不能通其意；又其次也，傅粉施朱顔，燕姬越女，巧自衒鬻於春風之前，冀長安少年爲之一顧。詩而至斯亦可哀矣，求其如先生之作，尚可多得耶？

濂方將謄寘東明山中，與二三子共學焉。而存心以四方之士多願觀之，俾濂摘其今古詩若干首，鍥梓以傳。先生之詩，誠不宜無傳，故濂特舉詩之未易言，而先生絶出於今人者序之於首簡。惜乎！河東公墓木已拱，無從質其説之然否也。

先生諱焱祖，字潛夫。由儒官起家，四轉而爲遂昌主簿，遂以休寧縣尹致其事。其善政可稱述而不係於詩者，不書。

藥房樵唱序

序曰：《藥房樵唱》者，吴公文可所著之詩也。夫詩在堪輿間，無纖弗囿，無鉅弗涵。太極陽陰之化，物則民彝之懿，烟風月露之形，河山草木之昭，氣候燠寒之更，毛羽鱗介之蕃，治亂興亡之著，夭壽死生之變，可疑可存，可悦可愕，可感可慨。外觸乎物，内發乎情，情至而形於言，言形而比於聲，聲成而詩生焉。譬之氣至簧鼓，神合自然；機摇弩發，道契沖漠。上自王公卿士，下逮小夫編甿，率藻暢於襟靈，一導揚於隱伏。大而朝會燕享，被之弦歌；小而委巷深閨，見諸謠諫。雖位號之或殊，而情衷之無異。商、周之隆，斯義爲盛；漢、魏以來，古意漸削；下沿唐、宋之間，而得之者蓋鮮矣。於是吳趨楚豔而哇淫之咏汩焉，牛鬼蛇神而誕幻之事彰焉，霆飛霰擲而粗厲之文布焉，胡唄梵吟而忽荒之趣見焉，傖言粵語而俚鄙之褻形焉，鶩支蝶卉而留連之思滯焉，詩道亦幾乎熄矣。公嘗與濂劇論至斯，爲之彈指三歎。

蓋公以雄逸之資，濟通明之識，著於篇翰，規倣《風》、《雅》。鼓動江山之氣，發揮造化之微，味玄酒於周廷，襲懸黎於梁苑。雕龍彩鳳不足爲之麗，衝飆激浪不足爲之豪。其淒婉也，則孤猿夜號，松露初滴；其雅馴也，則冠冕佩玉，儼趨廊廟。由其才無不兼，所以體無不備。世之讀者，如入玄圃而覽明月木難之珍，如登崑邱而覩天禾肉芝之貴。誠可謂擅名制作之林，競爽藝文之場者已。如濂不敏，年踰四衮，學廢三餘。精神遐漂，無永寧之夢；金石相宣，乏荆潭之情。景伯之舌徒存，文通之筆已失。顧念疇昔，獲陪杖屨。濯纓雙溪之側，漱齒靈源之上。攀蘿月以夷猶，撫楙雲而舒嘯。公時吞吐群機，陶鎔庶彙。珠玉隨風，冰雪在口，人争傳於秀句，價欲等於兼金。奈何稍歷星霜，遽分今古。雖瀼西之室，遺跡未寒；而遼東之鶴，一去不返。尚忍言哉，尚忍言哉！

公之子履與其門人黄琪編輯遺稾，鍥之文梓。乃緣世契之深遠，以首簡爲屬。嗟夫！玉光劍氣，直出人間；麟角鳳毛，終爲世瑞。蕭功曹之新章不泯，李奉常之妙什宜傳。此理之常，無足疑者。第以疾疢相仍，文藻衰落，無義山之雅製，序漫叟之雄篇，姑綴蕪辭，以信微臆云爾。

公諱景奎，文可字也，婺蘭谿人。群行存諸別傳。履博學善爲文，尤精於詩，無忝於公者也。

章氏家乘序

章氏本姜姓，出於神農氏之裔，逮齊太公支孫受封於鄣，即《春秋》所書「齊人降鄣」是也。今密州有古鄣城，實其故地。鄣，紀之附庸國也。紀亦姓姜，地皆與齊接，其爲姜姓無疑。或謂出於夏之諸姒者，乃誤以辛作章，而謂不去邑而別爲章仇氏者，亦不知漢章𢍰，因避仇而始加之也。鄣自爲齊所滅，子孫遂去「邑」稱章氏，分適他國。有諱展者，仕晉爲中散大夫，世居汴之陽武。至兵部尚書喦，永嘉初出守于泉，始家於南安。唐康州刺史鵬，又自南安遷建之浦城。康州之五世孫重，復自浦城遷處之龍泉。蓋重之曾祖仔鈞，當唐之季，琅琊王王信通節度福州，仔鈞投以三策，大喜，遂承制授高州刺史檢校太傅。其妻渤海郡君練嵩，賢而多識，有恩及南唐將領王建封，遂全建州一城之命。生一十五子，六十八孫，支系敷蕃，布于東西。或入坐廟朝，或出膺郡寄，或宰百里之邑，或秉節鉞分鎮邊陲，後先顯者，殆以餘百計，蔚爲江南望宗。然而世遠族殷，復罹兵燹，漸至於不可考。

重之十六世孫溢，深爲是懼，於是稽厥系緒，法諸史表，旁行爲圖，條列不紊，作《譜圖篇》第一；先世遺行，可仰可師，摭其都凡區別以陳，作《景行篇》第二；竹素所載，琬琰所刻，文章昭爛，不愆其實，作《傳志篇》第三；事涉攷覈，難可類分，小大弗爽，集以示後，作《叢載篇》第四。四篇之外，復不厭詳，著本房圖，以爲《别録》。通名之曰《章氏家乘》云。

濂竊聞之，隋、唐而上，選舉必稽於簿狀，婚姻必由於譜系，是以圖譜有局郎，令史有員，知撰譜事有官。四方以家狀來上者，官爲考定，藏於祕閣，副在左户，其制最詳且明也。五季以來，法始大壞，而近代爲尤甚。官不必有簿而品第混淆，家不必有譜而姓氏無別，有不得不憮然而增慨者。溢於其間，乃能孜孜弗懈而成書以傳，其賢於人也遠矣。

濂與溢游者久，雖不能文，謹爲稽章氏所自出及夫述作之意，序諸篇端。他日圖譜之局或設，博雅君子亦當於此而有攷焉。溢字三益，尊尚伊洛之學，持己率物，粹然一出於正云。

送從弟景清還潛溪序

子從弟景清，年七歲入小學，十三歲即棄去，爲廢舉之術。居物于家，視其時之詘信，而操其奇贏，未幾家大穰。今二十有七歲矣，一旦發憤，言曰：「吾以七尺之軀，豈終溺於此而不知自返哉！且貨財，造物所忌，藏者在室，而奪者已在門。吾豈若明仁義於身，使人不得而攘哉！」於是即外兄賈思誠謀，思誠喜曰：「此奇男子事也，景清勉之。」景清乃囊書襆被，不遠一百里謁予於東明山，具言其狀。予爲之驚喜。乃與之坐，而語以孟軻氏夜氣之説，而悲世俗僨蹪於利害之塗，莫能自拔。予言頗懇惻，景清聞之輒蹙額斂容，似欲泣者。予知其可教，乃處之蘿山書室中。

蘿山，予新遷居地也，距東明僅三里。日稍昃，景清則挾策而來，反覆詰難。一字不解，輒沈思良久，期必通乃已。至曛始罷去，日以爲常。行跡蓋可數而待也。予間歸蘿山，則又見其獨坐，夜將半，猶聞讀書聲不休。

嗚呼！若景清之爲，不亦奇男子也哉！昔蘇公明允，少不喜學，年二十七始大發憤，閉户讀書爲文辭。及舉進士茂材異等皆不中，乃悉取所爲文焚之，益大究六經百家之説。由是下筆頃刻數千言，一時學者，皆取其文以爲師法。今景清之年，正與之同，發憤讀書亦同，使其志愈慤而不變，學愈勤而弗息，則今之景清惡知不爲昔之明允哉！景清勉之。

雖然，明允之學志在文辭者也，吾徒何事於斯？必也學爲聖賢有用之學，達則爲公爲卿，使斯道行；不達則爲師爲友，使斯道明。如此而後庶幾也。予家自文通先生以來，多勵行於儒。今族人之衆，幾及萬指，罕有言詩書者。竊喜景清之有志也。於是東歸，序以贈之。景清試往質之思誠，又必有以相發也。

贈醫師賈某序❶

醫之爲道，難言久矣。然必審診，以起度量，立規矩，稱權衡，合色脈，表裏有餘不足順逆之法，復參其人之動静與其息之相應，然後從而治之。則其事爲甚不輕矣，非洞明應世群書之得失，尚可與於斯乎？

《黄帝内經》，雖疑先秦之士依倣而託

❶「某」，鄭本作「生」。

之，其言深，其旨邃以弘，其考辨信而有徵，是當爲醫家之宗。下此則秦越人、和緩，和緩無書可傳。❶越人所著《八十一難經》，則皆舉《内經》之要而推言者也。又下此，則淳于意、華佗。佗之《熊經》、《鴟顧》固亦導引家之一術，❷至於刳腹背、湔腸胃而去疾，則涉於神怪矣。意之醫狀，司馬遷備志之，其所謂「迵風」、「沓風」者，今人絶不知爲何證，況復求於治療之深旨乎？又下則張機。機之《金匱玉函經》及《傷寒諸論》，誠千古不刊之典。第詳於六氣所傷，而於情欲、食飲、罷勞之所致者略而弗議，兼之文字錯簡，亦未易以序次求之也。又下此則王叔和。叔和纂岐伯、華佗等書爲《脈經》，叙陰陽内外，辨三部九候，分人寧氣口，條陳十二經絡，洎夫三焦、五藏、六府之病，最爲著明。惜乎爲妄男子括以膚陋之《脈歌》，遂使其本書不盛布於世也。又下此則巢元方。其《病源候論》似不爲無所見者。但言風寒二濕，而不著濕熱之文，乃其失也。又下此則王砅。砅推五運六氣之變，撰爲《天元玉策》，周詳切密，亦人之所難。苟泥之則局滯而不通矣。又下此則王燾、❸孫思邈。思邈以絶人之識，操慈仁惻厚之心，其列《千金方翼》及粗工害人之禍至爲憤切，❹後人稍闖其藩垣，亦足以其術鳴。但不知《傷寒》之數，或弗能無遺憾也。燾雖闇劣，《外臺祕要》所言方證符禁灼灸之詳，頗有所祖述。然謂「鍼能殺生人，而不能起死人」者，則一偏之見也。又下此則錢

❶「和緩」，原脱，今據鄭本補。
❷「佗」，原脱，今據鄭本補。
❸「燾」，原作「壽」，今據文義改。
❹「粗」，原脱，今據鄭本補。

乙、龐安時、許叔微。叔微在準繩尺寸之中，而無所發明；安時雖能出奇應變，而終未離於範圍。二人皆得張機之粗者也。惟乙深造機之閫奥，而擷其精華，建爲五藏之方，各隨所宜。肝有相火，則有瀉而無補；腎爲真水，則有補而無瀉。皆啓《内經》之祕，尤知者之所取法。世概以嬰孺醫目之，何其知乙之淺哉！其遺書散亡，出於閻孝忠所集者多。孝忠之意，初非乙之本真也。又下此則上谷張元素、河間劉完素、❶睢水張從正。元素之與完素，雖設爲奇夢異人以神其授受，實聞乙之風而興起焉者。若從正，則又宗夫完素者也。元素以古方新病決不能相值治疾，一切不以方，故其書亦不傳。其存於今者，皆後來之所傅會。其學則東垣李杲深得之。杲推明内外二傷，而多注意於補脾土之説。蓋以土爲一身之主，土平則諸藏平矣。從正以吐、汗、下三法，風、❷寒、暑、濕、火、燥六門爲醫之關鍵。其治多攻，其劑多峻厲，不善學者殺人。完素論風火之病，以《内經》病機氣宜十九條，著爲《元病式》，簡奥粹微，有非大觀局諸醫所可彷彿。究其設施，則亦不越補攻二者之間也。

嗟乎！自有《内經》以來，醫書之藏有司者，凡一百七十九家，二百九部，一千三百五十九卷，亦不爲不多也。他未遑深論，即今所論者，求之世之醫師，❸果能盡心於斯否乎？脱或未盡心於斯，則夫起度量、立規矩、稱權衡、合色脈之屬，焉能察而行

❶「完」，原作「光」，今據鄭本改，下同。
❷「風」，原作「同」，今據鄭本改。
❸「求」，原作「言」，今據鄭本改。

之，不至以人命爲戲也幾希矣。雖然，亦有要焉，❶逆與順之謂也。曰升降，曰浮沈，吾則順之；曰温涼、曰寒熱，吾則逆之。果能此道矣，則去夫先醫之所治，雖不中，不遠矣。然又未易以一蹴至也。非求之極博而觀其會通，安可遽反於至約之域乎？醫之道，所以難言者，蓋若此而已。

烏傷賈思誠，濂外弟也，性醇介，有士君子之行。嘗同濂師事城南聞先生學治經，久之，思誠復去受醫説於彦脩朱先生之門。諸儒家所著，無所不窺；出而治疾，往往有奇驗。薦紳間，多爲賦詩，而屬濂以序。濂非知醫者，將何以爲思誠告哉？而思誠請之不倦，因爲直疏歷世群書之得失，而勖思誠以學者如此，初不暇如他作者簸弄筆舌，交錯以成文也。

送慧日師入下竺靈山教寺受經序

西竺之書，動數百萬言，雖其廣博漫衍，若大海杳無津涯，其義趣未嘗不著明剴切，可以習而通之。自判教諸師各執一説，甲是乙非，學者始不知夫所趨矣。

天台智者國師，以五時八教判東土諸經，五時則華嚴、鹿苑、方等、般若、法華温槃也，八教則頓、漸、祕密、不定、藏、通、別、圓也。其規模弘深，節目森嚴，可謂盡矣。至真諦三藏則不然，以《涅槃》等經爲漸，《華嚴》之經爲頓。頓、漸之外別無他也。新羅元曉復造《華嚴疏》分四教，《四諦緣起》爲別，《般若》爲通，《瓔珞》、《梵網》爲

❶「亦」，鄭本作「殆」。

分，《華嚴》爲滿。滿則一乘，别、通、分則三乘也。吉藏師復立三法輪教，《華嚴》爲根本法輪，三乘等説爲枝末法輪，《法華》爲攝末歸本法輪。法輪，言其流轉而不息也。

自時厥後，以釋迦經爲屈曲，❶舍那經爲平道者，此二教，乃江南印之所建也。以《四阿含》爲四諦，❷《般若》爲無相，《華嚴》爲觀行，《涅槃》爲安樂，《大集》爲守護者，此五教，乃波頗三藏所説也。以《阿含》等爲四諦相，《大般若》等爲隱密相，《華嚴》等爲顯了相者，此三時教，乃三藏奘及慈恩基依《解深密經》所立也。❸而賢首法藏復尊《華嚴》，❹立爲五乘。初爲愚法小乘，二爲大乘之始，三爲大乘之終。終始二教，並依地位漸次而成。四則爲頓，不階等級，一念弗生，即入覺地。五則爲圓，一即一切，一切即一，是爲真俗互融，具是圓滿無礙法門。

長者李通玄又别分爲十時：始爲小乘有教，爲諸凡夫繫著世法，以爲實有，還將有法轡勒彼心；次言《般若》，破有明空；次言《解深密經》，❺和會空、有，令其不滯一邊，不有不空；次言《楞伽》，明假即真；次言《維摩》，即俗恒真；次言《法華》，引權歸實；次言《涅槃》，令諸三乘，捨權向入；次言《華嚴》，於刹那際通攝三世，圓融盡入一際；次言大乘，人天三乘雖是同聞，得益皆别，名共不共；次言《華嚴》，會中十方菩薩，其來不同，共會説法，名不共共。如是

❶「經」，原脱，今據鄭本補。
❷「含」，原作「舍」，今據鄭本改。下同。
❸「奘」，原作「裝」，今據鄭本改。
❹「首」，原作「者」，今據鄭本改。
❺「密」，原脱，今據鄭本補。

教相離析尤繁，然猶據教觀而判之。初不若近代寧師合禪教、祕密而混言之也。

寧師以諸乘經律論而祖摩騰，曰顯教輪；以《瑜珈》、《灌頂》五部護摩三密，曼拏羅法，而祖金剛智，曰密教輪；以直指人心，見性成佛之言，而祖菩薩達摩，曰心教輪。其言非不佳，而去佛之意益遠矣。

判教諸師，家異說而人異論，其紛紜有如此者。嗚呼！爲釋子之學者，不既難矣乎！然不敢以此而遽少之也。原其立教，皆爲對機，機有不同，教亦多種。譬大醫王，方便治疾，疾有實虛，鍼有補瀉，隨其所見，因時制之。苟執于一，爲害滋甚。彼諸師者，亦復如是。或遂以甲是乙非咎之，不已過乎！

雖然，九師興而《易》道微，三傳作而《春秋》散，吾儒且爾，予又不得不爲學佛者懼也。❶今日師久游方外，以教乘之不易明，❷將往大叢林從碩師而受其說。聞予頗究内典，求片言以爲贈。予言贅矣，一真法性，本自圓明，其可以語言文字求之哉？予言贅矣。

宋文憲公全集卷三十五終

❶「佛」，原脱，今據鄭本補。
❷「乘」，原脱，今據鄭本補。

宋文憲公全集卷三十六

六經論

六經皆心學也，心中之理無不具，故六經之言無不該。六經所以筆吾心之理者也，是故説天莫辨乎《易》，由吾心即太極也；説事莫辨乎《書》，由吾心政之府也；説志莫辨乎《詩》，由吾心統性情也；説理莫辨乎《春秋》，由吾心分善惡也；説體莫辨乎《禮》，由吾心有天叙也；導民莫過乎《樂》，由吾心備人和也。人無二心，六經無二理，因心有是理，故經有是言。心譬則形，而經譬則影也。無是形則無是影，無是心則無是經，其道不亦較然矣乎！然而聖人一心皆理也。衆人理雖本具，而欲則害之，蓋有不得全其正者。故聖人復因其心之所有，而以六經教之。其人之温柔敦厚，則有得於《詩》之教焉；疏通知遠，則有得於《書》之教焉；廣博易良，則有得於《樂》之教焉；潔静精微，則有得於《易》之教焉；恭儉莊敬，則有得於《禮》之教焉；屬辭比事，則有得於《春秋》之教焉。然雖有是六者之不同，無非教之以復其本心之正也。

嗚呼！聖人之道，唯在乎治心。心一正，則衆事無不正，猶將百萬之卒在於一帥。帥正，則靡不從令；不正，則奔潰角逐，無所不至矣，尚何望其能却敵哉？大哉心乎！正則治，邪則亂，不可不慎也。

秦漢以來，心學不傳，往往馳鶩於外，不知六經實本於吾之一心。所以高者涉於虛遠而不返，卑者安於淺陋而不辭，上下相習，如出一轍，可勝歎哉！然此亦皆吾儒之過也。京房溺於名數，世豈復有《易》？孔、鄭專於訓詁，世豈復有《書》、《詩》？董仲舒流於災異，世豈復有《春秋》？《樂》固亡矣，至於小大戴氏之所記，亦多未醇，世又豈復有全《禮》哉？經既不明，心則不正。心既不正，則鄉閭安得有善俗？國家安得有善治乎？

惟善學者，脱略傳註，獨抱遺經而體驗之，一言一辭，皆使與心相涵。始焉，則戛乎其難入；中焉，則浸漬而漸有所得；終焉，則經與心一，不知心之爲經，經之爲心也。何也？六經者所以筆吾心中所具之理故也。周、孔之所以聖，顏、曾之所以賢，初豈能加毫末於心哉！不過能盡之而已。

今之人不可謂不學經也，而卒不及古人者無他，以心與經如冰炭之不相入也。察其所圖，不過割裂文義，以資進取之計，然固不知經之爲何物也。經而至此，可不謂之一厄矣乎？雖然，經有顯晦，心無古今，天下豈無豪傑之士，以心感心於千載之上者哉！

隋室興亡論

昔周室闇弱，静帝幼沖。高祖以外戚之尊入握朝權，都督諸軍，遂假黄鉞，開丞相府。當是時，宗藩大臣，心志弗平。五王連謀，三方稱亂，高祖咸得翦夷之，始有輕睨周鼎之心。自進爵隋王，加九錫，尋受周禪而即皇帝位。於是修明庶政，綏撫遠夷，經營四海，至日昃不遑暇食。高熲、蘇威、李德林之屬調馭於内，楊素、韓擒虎、賀若弼之徒折衝於外，規模日盛。遂萌平陳之謀，張皇六師，直擣金陵。陳人膽破，叔寶斂手就擒，天下自是歸於一統。東底大海，南撫交趾，西連且末，北極五原，莫不稟受正朔，願爲臣妾。開皇仁壽之間，人物阜繁，號爲極治。

及煬帝嗣位，藉承平之休運，慕秦皇、漢武之爲人，治宮室而務侈靡，使絶域而勤遠略，市武馬而困烝庶，御龍舟而般游無度。自以爲日月所照，雨露所及，孰敢不臣？高句驪一島夷耳，❶怒其不恭，親總大兵一百十三萬，分十二軍並發。旌旗彌亘千里，近古出師之盛未有之也。❷意謂狼噬玄菟之野，鴟張扶餘之境，電掃襄平之墟。未幾，麥鐵杖死遼東，宇文述敗薩水，而九軍先後陷焉。曾不悔禍，益務興戎，府庫空竭，頭會箕斂，而民益不堪命。由是盜賊蜂起，王薄發長白，張金稱聚河曲，林士弘據九江，杜伏威掠江、淮，翟讓出陽城，似此之類不可勝計，而海内四分五裂矣。江都之幸，猶自沈湎聲色，惟日不足。度其不免，乃欲摩頸自斫，卒致血濺御衣，而身亦隨殞。非天下之至愚，孰能與於此哉！

當其指麾群雄，叱咤之間，風駭雲流，而混六合於一家，何其雄也！身死肉未及寒，而邦國蕩覆，子孫誅戮殆盡，反不如弘農一布衣時，又何其削也！

君子論禍敗之幾，不起於煬帝之日，而基於高祖之時，何也？蓋天下大物也，可以德持，不可以力競。使高祖以德結人心，雖煬帝昏荒之甚，其敗亡未必若斯之速也。夏有太康，殷有雍己、河亶甲，周有幽、厲，

❶「耳」，原脱，今據鄭本補。
❷「有之」，鄭本作「之有」。

而宗祀不絶者，以禹、湯、文、武之德未斬也。是故采章文物不足爲之盛，金城湯池不足爲之固，長鎗大劍不足爲之利，士馬精强不足爲之勇，玉帛充牣不足爲之富。其足以賴而長存永治者，非德何以哉？惜高祖不可語「此徒以力競」也。悲夫！

河圖洛書説

或問於宋濂曰：「關子明云：『《河圖》之文，七前六後，八左九右；《洛書》之文，九前一後，三左七右，四前左，二前右，八後左，六後右。』邵堯夫云：『圓者星也，曆紀之數其肇於此乎？方者土也，畫州井地之法其昉於此乎？』❶是皆以十爲《河圖》，九爲《洛書》。唯劉長民所傳獨反而置之，則《洛書》之數爲十，《河圖》之數爲九矣。朱子發深然其説，歷推序其源流，❷以爲濮上陳摶以《先天圖》傳种放，放傳穆修，修傳李之才，之才傳邵雍。放以《河圖》、《洛書》傳李溉，溉傳許堅，堅傳范諤昌，諤昌傳劉牧修。修以《太極圖》傳周敦頤，❸敦頤傳程顥、程頤，其解《易大傳》，大概祖長民之意。至於新安朱元晦，則又力詆長民之非，而遵關邵遺説，且引《大戴禮》書二九四七五三六一八之言以證《洛書》，以爲《大傳》既陳天地五十有五之數，《洪範》又明言天乃錫禹《洪範》九疇，則九爲《洛書》，十爲《河圖》，夫復何疑？其説以經爲據，似足以破長民之惑。臨邛魏華父則又疑元晦之説，

❶「昉」，鄭本作「放」。
❷「推」，原作「指」，今據鄭本改。
❸「修」，原脱，今據鄭本補。

以爲邵子不過曰圓者《河圖》之數，方者《洛書》之文。且戴九履一之圖，其象圓；五行生成之圖，其象方。是九圓而十方也，安知邵子不以九爲《圖》，十爲《書》乎？朱子發、張文饒精通邵學，而皆以九爲《圖》，十爲《書》。朱以列子爲證，張以邵子爲主。《乾鑿度》張平子傳所載太乙下行九宫法，即所謂『戴九履一』者，則是圖相傳已久，安知非《河圖》也？及靖士蔣得之著論以《先天圖》爲《河圖》，五行生成數爲《洛書》，戴九履一圖爲太乙下行九宫數。❶華父則又以爲劉取太乙圖爲《河圖》，誠有可疑。《先天圖》卦爻方位，縝密停當，乃天地自然之數。此必爲古書無疑，乃僅見於魏伯陽《參同》。陳圖南爻象卦數猶未甚白，至邵子而後大明，❷得之定爲《河圖》。雖未有明證，而僕亦心善之。則是華父雖疑元晦之説，而亦無定見也。新安羅端良嘗出《圖》、《書》示人，謂建安蔡季通傳於青城山隱者。《圖》則陰陽相合，就其中八分之則爲八卦；《書》則畫井文於方圈之内，絶與前數者不類。江東謝枋得又傳《河圖》於異人，頗祖於八卦。而坎離中畫相交，似流於方士抽坎填離之術。❸近世儒者，又有與《太極圖》合者。即《河圖》之説，又有九、十皆《河圖》，而有一合一散之異；《洛書》既曰書，而決非《圖》之説。夫《圖》、《書》乃儒者之要務，若數者之不同，何也？」

濂應之曰：「群言不定質諸經。聖經言之，雖萬載之遠不可易也。其所不言者，

❶「數」，原脱，今據鄭本補。
❷「子」，原脱，今據鄭本補。
❸「似流」，原作「流似」，今據鄭本乙正。

固不强而通也。《易大傳》曰：『河出圖，洛出書，聖人則之。』《書・顧命篇》曰：『《河圖》在東序。』《論語・子罕篇》曰：『河不出圖。』其言不過如是而已，初不明言其數之多寡也。言其數之多寡者，後儒之論也。既出後儒，宜其紛紜而莫之定也。夫所謂『則之』者，古之聖人但取神物之至著者，而畫卦陳範，苟無《圖》、《書》，吾未見其止也。故程子謂觀象亦可以畫卦，則其他從可知矣。初不必泥其《圖》之九與十也，不必推其即太乙下行九宫法也，不必疑其爲《先天圖》也，不必究其出於青城山隱者也，不必實其與《太極圖》合也。唯劉歆以八卦爲《河圖》，班固以《洪範》「初一」至「次九」六十五字爲《洛書》本文，庶幾近之。蓋八卦、《洪範》見之於經，其旨甚明。若以今之《圖》、《書》，果爲河、洛之所出，則數千載之間，孰傳而孰受之，至宋陳圖南而後大顯邪？其不然也昭昭矣。」

或曰：「子之所言，善則善矣，若鄭康成據《春秋》緯文所謂『河以通乾，出天苞；洛以流坤，吐地符。河龍圖發，洛龜書感。《河圖》有九篇，《洛書》有六篇』者，將果足信乎？」濂曰：「龜山楊中立不云乎，聖人但言《圖》、《書》出於河、洛，何嘗言龜龍之兆？又何嘗言九篇六篇乎？此蓋康成之陋也。此所以啓司馬君實及歐陽永叔之辨，而并《大傳》疑非夫子之言也。」

或云：「楊雄《覈靈賦》云：『《大易》之始，河序龍馬，洛貢龜書。』長民亦謂《河圖》、《洛書》同出於伏羲之世；程子亦謂聖人見《河圖》、《洛書》而畫八卦。然則孔安國、劉向父子、班固以爲《河圖》授羲，《洛書》錫禹者，皆非歟？」濂曰：「先儒固嘗有疑於此，揆之於經，其言皆無明驗。但《河圖》、《洛書》相爲經緯，八卦、九章相爲表裏。故蔡元定有云：伏羲但據《河圖》以作《易》，則不必預見《洛書》而已逆與之合矣。大禹但據《洛書》以作《範》，則亦不必追考《河圖》而已暗與之符矣。誠以此理之外，無復他理也，不必寘疑於其間也。」

或曰：「世傳《龍圖序》謂出於圖南，若《河圖》由圖南而傳，當以《龍圖》解《河圖》可也。而容城劉夢吉力辨其謬焉，何哉？」濂曰：「《龍圖序》非圖南不能作也，是圖南之學也，而非《大易》『河出《圖》』之本旨也。八卦之設，不必論孤陰與寡陽也，不必論已合之位與未合之數也。」

或曰：「然則《易》之象數，舍《河圖》將何以明之？」濂曰：「《易》不云乎，『大衍之數五十，其用四十有九』，又曰『乾之策二百一十有六，坤之策百四十有四』，此固象數之具於《易》者然也，❶不必待《河圖》而後明也。」

或者無辭以對。濂因私記其說，而與知《易》者議焉。

鑽燧說

宋子閒居，見家人夏季改火，不用桑柘。取赤樧二尺，中析之，一剜成小空，空側開以小隙；一剡圓，大與空齊，稍鋭其兩端。上端，截竹三寸冒之，下端寘空內，以細綯纏其腰，別藉卉毛於隙下。左手執竹，右手引綯，急旋轉之，二樧相軋摩，空木成塵，烟輒起。塵自隟流毛上，候其烟蓊勃，以虛掌覆空鬱之，則火燄燄生矣。宋子歎

❶「者」，原脱，今據鄭本補。

曰：火在木中，不鑽則火不見；萬善具於人性，不學則善不明。人何可不學哉！

撲滿説

撲滿，貯錢陶器也。狀類甖，口通一錢，錢入不可出，滿乃撲去，故名。濂因是未嘗不悲石荆州之爲人也。荆州俠士，劫遠使、商客致富，至與貴戚争豪。以鐵如意擊碎珊瑚，非金多不能，然卒用是以殺其身。嗚呼！荆州亦撲滿歟？傳曰：「仁者以財發身。」又曰：「積而能散。」然則聚財而不散者，不可哉！

七儒解

儒者非一也，世之人不察也。有游俠之儒，有文史之儒，有曠達之儒，有智數之儒，有章句之儒，有事功之儒，有道德之儒。儒者非一也，世之人不察也，能察之然後可入道也。

威以制之，術以凌之，才以駕之，强以勝之，和以誘之，信以結之，夫是之謂游俠之儒。上自羲、軒，下迄近代，載籍之繁，浩如烟海，莫不擷其玄精，❶嚅其芳腴，搜其闕逸，略其渣滓，約其支蔓，引觚吐辭，頃刻萬言而不之止，夫是之謂文史之儒。三才以之混也，萬物以之齊也，名理以之假也，塗轍以之寓也，雖有智者莫測其所存，夫是之謂曠達之儒。沈鷙寡言，逆料事機，翼然凝然，規然幽然，漆漆然，逮逮然，察察然，獵獵然，千變萬化不可窺度，夫是之謂智數之儒。業擅專

❶「擷」，原作「頫」，今據鄭本改。

門，伐異黨同，以言求句，以句求章，以章求意，無高而弗窮，無遠而弗即，無微而弗探，無滯而弗宣，無幽而弗燭，夫是之謂章句之儒。謀事則鄉方略，馭師則審勞佚，使民則謹畜積，治國則嚴政令，服衆則信刑賞，務使澤布當時，烈垂後世，夫是之謂事功之儒。備陰陽之和而不知其純焉，涵鬼神之祕而不知其深焉，達萬物之理而不知其遠焉，言足以爲世法，行足以爲世表，而人莫得而名焉，夫是之謂道德之儒。儒者非一也，世之人不察也，能察之然後可入道也。

游俠之儒，田仲、王猛是也，弗要於理，惟氣之使，不可以入道也。文史之儒，司馬遷、班固是也，浮文勝質，纖巧斲朴，不可以入道也。曠達之儒，莊周、列禦寇是也，肆情縱誕，滅絶人紀，不可以入道也。智數之儒，張良、陳平是也，出入機慮，或流譎詐，不可以入道也。章句之儒，毛萇、鄭玄是也，牽合傅會，有乖墳典，不可以入道也。事功之儒，管仲、晏嬰是也，跡存經世，心則有假，不可以入道也。道德之儒，孔子是也，千萬世之所宗也。

我所願則學孔子也。其道則仁、義、禮、智、信也，其倫則父子、君臣、夫婦、長幼、朋友也。其事易知且易行也，能行之則身可修也，家可齊也，國可治也，天下可平也。我所願則學孔子也。今指三尺之童子而問之，則曰：「我學孔子也。」求其知孔子之道者，雖班白之人，無有也。

嗚呼！上戴天，下履地，中函人，一也。天不足爲高，地不足爲厚，人不足爲小，此儒者之道所以與天地並立而爲三也。司馬遷以儒與五家並列，荀卿謂儒有小大，揚雄謂通天地人曰儒者，要皆不足以知儒也。必學至孔子，然後無愧於儒之名也。

然則儒亦有異乎？ 曰：有之，位不同也。三皇儒而皇，五帝儒而帝，三王儒而王，臯陶、伊、傅、周、召儒而臣，孔子儒而師，其道則未嘗不同也。雖然，自有生民以來，未有盛於孔子者也。我所願則學孔子也。

調息解

越西有仙華生，遯跡林坰，槁木其形。儲思於玄元之域，游神乎太清之庭。然猶慮夫尸蟲未戢，龍虎未攖。金鼎未固，流珠未明。悵鶴駕其已遠，羃行雲於紫城。於是謁玄素先生而叩之曰：「吾聞粤之鎛，秦之盧，燕之函，胡之弓車，雖號淺藝，皆承師資。況以大道之奥，百靈之腴。琅笈有所祕，瓊簡有不書。先生葆乎玄，則鍊乎真，滋幸啓其隱，爲予詔之。」玄素先生曰：「上堪下輿，二氣與俱。漚鬱咇茀，鴻絅偞池。運行不已，詘信以時。日以里計，九十萬餘。苟督其素，灾異紛蕤。維人之生，法乾之樞，肖坤之儀。委清受寧，發神吐奇。晝動夜旋，緜延若絲，一萬三千五百有奇。執神之麾，斡精之羲。其入則翕，其出則噓。莽爾勿驅，迅焉弗馳。勿抗而崇，勿按而庳。純乎玄潛，盎如春熙。儻失其養，朋慮所移。焦火凝冰，淵淪天飛。恣睢無際，涉歷渺瀰。斧斤日加，貞陽則罷。生方有志於玄學，盍慎所之？」

仙華生曰：「息之宜調，則既聞命矣，敢問其出，果何所始乎？」玄素先生曰：「善哉問也！ 夫千章之木，紛溶萷篸，上摩雲漢者，以其根也；百川之水，宛潭膠盭，東達滄瀛者，以其源也。息之在人也亦然。

離離翢翢，如器斯盛；旭旭許許，如橐斯鼓。不西不東，宅於至中。離形特立，乃與道通。不下不上，混然無象。潛與神符，豐融肸蠁。所謂太乙之晶，中黄之扃，水火之瑰，坎離之門，神靈之所營，太和之所烝，皆於是而大凝。鄞鄂既立，陰陽闔闢。元嬰載皇，與炎襄羊。赤蜺如璊，玭於玄門。以九儀爲車，以六氣爲轅。策玄應而周流，後天地而長存。不亦侈且鶱歟？然而神有弗授，人有所疑。上智聞之，力行弗隳；下愚聞之，斥以爲非。或流旁蹊，忘彼九馗。十架七棊，八石六芝。烹汞煎鉛，嚥津茹脂。有一於此，命其殆而。生宜法乎自然，而守之以無爲。」

仙華生曰：「質具陰陽，數分生死。譬諸晝夜，必然之理。若如先生言，毋乃與造化戾耶？」玄素先生曰：「子謂天地非陰陽耶？曷爲不見其終也？人雖藐然與天地參，一氣乘之，並立而三。天地久長，人胡有死？特所養者非其道爾。西河薊公，汝南爰支。九息青谷，三鍊赤須。若斯人者，皆閲世靈長而不少衰。熛火遇風，其消必疾；玄石沈淵，千齡不泐。嗇則歸室，❶久視弗忒。生不見夫玉靈乎？閉氣内食，以存其息；浮游迴光，靡所傾側。況有至靈而不物於物者乎？生過矣，生過矣！」

仙華生曰：「先生之言固美矣，至矣。予竊聞之，雨露之所潤，功存庶彙；君子之所志，澤及黔黎。先生懷負明德，進用明時，宜拓化原以乘政機，使陰陽和而風雨若，武功戢而文教施，則其所調又不止一己之私，若是何如？」玄素先生輾然而笑曰：

❶「則」，鄭本作「精」。

「生言及夫物者也，翩翩乎旨哉。」

仙華生退。於是次第其語，以書先生之軒。

諸子辯 并序

《諸子辯》者何？辯諸子也。通謂之諸子何？周秦以來作者不一姓也。作者不一姓而其立言何？人人殊也。先王之世，道術咸出於一軌，❶此其人人殊何？各奮私知，而或盭大道也。曰：❷或盭大道也，其書雖亡，世復有依倣而托之者也，然則子將奈何？辭而辯之也。曷爲辯之？解惑也。

《鬻子》一卷，楚鬻熊撰。熊爲周文王師，封爲楚祖。著書二十二篇，❸蓋子書之始也。《藝文志》屬之道家，而小説家又別出十九卷。今世所傳者，出祖無擇所藏，止十四篇。《崇文總目》謂其八篇已亡，信矣。其文質，其義弘，實爲古書無疑。第年代久邈，篇章舛錯，而經漢儒補綴之手，要不得爲完書。黄氏疑爲戰國處士所託，則非也。序稱熊見文王時，年已九十，其書頗及三監曲阜時事，蓋非熊自著，或者其徒名「政」者之所記歟？不然，何其稱「昔者文王有問於鬻子」云。

《管子》二十四卷，齊大夫管夷吾撰。夷吾字仲。其書經劉向所定，凡九十六篇，今亡十篇。自《牧民》至《幼官圖》九篇爲

❶「軌」，鄭本、文粹本、黄溥本作「孔」。
❷「曰」，原作「由」，今據鄭本改。
❸「著」，原作「者」，今據鄭本改。

《經言》，《五輔》至《兵法》八篇爲《外言》，《大匡》至《戒》九篇爲《内言》，《地圖》至《九變》十八篇爲《短語》，《任法》至《内業》五篇爲《區言》，《封禪》至《問霸》十三篇爲《雜篇》，《牧民解》至《明法解》五篇爲《管子解》，《臣乘馬》至《輕重庚》十九篇爲《管子輕重》。予家又亡《言昭》、《修身》、《問霸》、《牧民解》、《輕重庚》五篇，止八十一篇，題云唐司空房玄齡注。或云非也，尹知章注。是書非仲自著也。其中有絶似《曲禮》者，有近似老莊者，有論伯術而極精微者，或小智自私而其言至卑汙者。疑戰國時人采掇仲之言行，附以他書成之。不然，毛嬙、西施，吴王好劍，威公之死，五公子之亂，事皆出仲後，不應豫載之也。朱子謂仲任齊國之政，又有「三歸」之溺，奚暇著書。其説是矣。

先儒之是仲者，稱其謹政令，通商賈，均力役，盡地利，既爲富强，又頗以禮義廉恥化其國俗。❶如《心術》、《白心》之篇，亦嘗側聞正心、誠意之道。其能一匡天下，❷致君爲五伯之盛，宜矣。其非仲者，謂先王之制，其盛極於周，后稷、公劉、大王、王季、文、武、成、康、周公之所以制周者，非一人之力，一日之勤，經營之難，積累之素，況又有出於唐、虞、夏、商之舊者矣。及其衰也，而仲悉壞之，何仲之不仁也。嗚呼！非之者固失，而是之者亦未爲得也。何也？仲之任術立伯，假義濟欲，縱能致富强，而汲汲功利，禮義俱喪，其果有聞正心、誠意之道乎？周自平王東遷，諸侯僭王，大夫僭

❶「俗」，原作「裕」，今據鄭本改。
❷「匡」，鄭本、黄溥本作「正」。

諸侯，文、武、成、康、周公之法，一切盡壞，列國盡然，非止仲一人而已也。然則仲何如人？曰：「人也，功首而罪魁者也。」曰：「齊之申、韓、鞅、斯之列，❶亦有間乎？」曰：「申、韓、鞅、斯刻矣，而仲不至是也。原其作俑之意，仲亦烏得無罪焉？薄乎云爾。」

《晏子》十二卷，出於齊大夫晏嬰。《漢志》八篇，但曰《晏子》。隋唐七卷，❷始號《晏子春秋》，與今書卷數不同。《崇文總目》謂其書已亡，世所傳者，蓋後人采嬰行事而成。故柳宗元謂墨氏之徒有齊人者爲之，非嬰所自著。誠哉！是言也。

《老子》二卷，《道經》、《德經》各一，凡八十一章，五千七百四十八言。周柱下史李耳撰。耳字伯陽，一字聃。聃，耳漫無輪也。或稱周平王四十二年，以其書授關尹喜。今按平王四十九年入春秋，實魯隱公之元年。孔子則生於襄公二十二年，自入春秋下距孔子之生，已一百七十二年。老聃，孔子所嘗問禮者，何其壽歟？豈《史記》所言「老子百有六十餘歲」，及「或言二百餘歲」者，果可信歟？

聃書所言，大抵斂守退藏，不爲物先，而壹返於自然。由其所該者甚廣，故後世多尊之行之。「視之不見名曰夷，聽之不聞名曰希，搏之不得名曰微。」道家祖之。「谷神不死，是謂玄牝。玄牝之門，是謂天地根。」神仙家祖之。「吾不敢爲主而爲客，不敢進寸而退尺。是謂行無行，攘無臂，仍無敵，執無兵。禍莫大於輕敵，輕敵幾喪吾

❶「齊」，鄭本作「儕」。
❷「七」，原作「士」，今據鄭本改。

寶。故抗兵相加，哀者勝矣。」兵家祖之。「道沖而用之或不盈，淵乎似萬物之宗。❶挫其鋭，解其紛；和其光，同其塵。湛兮似若存。吾不知誰之子，象帝之先。」莊、列祖之。「將欲翕之，必固張之；將欲弱之，必固强之；將欲廢之，必固興之；將欲奪之，必固與之。」申、韓祖之。「以正治國，以奇用兵，以無事取天下。」張良祖之。「我無爲而民自化，我好静而民自正，我無事而民自富，我無欲而民自朴。」曹參祖之。聃亦豪傑士哉！傷其本之未正，而末流之弊，至貽士君子有「虚玄長而晉室亂」之言。雖聃立言之時，亦不自知其禍若斯之慘也。嗚呼！此姑置之。道家宗黄、老，黄帝書已不傳，而老聃亦僅有此五千言。爲其徒者，乃棄而不習，反依倣釋氏經教以成書。開元所列《三洞瓊綱》固多亡缺，而祥符《寶文統傳》所記，若《大洞真》，若《靈寶洞玄》，若《太上洞神》，若《太真》，若《太平》，若《太清》，若《正一》諸部，總四千三百五十九卷，又多雜以符咒、法籙、丹藥、方技之屬，皆老氏所不道。米巫祭酒之流，猶自號諸人曰「吾蓋道家，吾蓋道家」云。

《文子》十二卷，老子弟子所撰，不知氏名。徐廣曰：「名鈃。」李暹曰：「姓辛，葵邱濮上人，號曰計然，范蠡師事之。」裴駰曰：「計然姓辛，字文子，其先晉國公子也。」孟康曰：「姓計名然，越臣也。」蔡謨曰：「計然者，范蠡所著書篇名，非人也。謂之計然者，所計而然也。」顔師古曰：「蔡説謬矣。古今人表，計然列在第四等。計然一名計妍。《吴越春秋》及《越絶書》並作

❶「乎」，鄭本作「兮」。

計倪。倪與妍、然三音皆相近，故謁耳。」由是觀之，諸説固辯矣，然是書非計然之所著也。

予嘗考其言，壹祖老聃，大概《道德經》之義疏爾。所謂「體道者，不怒不喜。其坐無慮，寢而不夢，見物而名，事至而應」，即「載營魄抱一」、「專氣致柔」、「滌除玄覽」也。所謂「上士先避患而後就利，先遠辱而後求名。故聖人常從事於無形之外，而不留心於已成之内。是以禍患無由至，非譽不能塵垢」，即「知白守黑」、「知雄守雌」、「知榮守辱」之義也。所謂「静則同，虚則通，至德無爲，萬物皆容」，即「道常無爲而無不爲，侯王若能守，萬物將自化」也。所謂「道可以弱，可以强，可以柔，可以剛，可以陰，可以陽，可以幽，可以明，可以包裹天地，可以應待無方」，即「道沖而用之或不盈，淵乎似萬物之宗」也。其他可以類推。蓋老子之言弘而博，故是書雜以黄、老、名、法、儒、墨之言以明之，毋怪其駁且雜也。計然與范蠡言，皆權謀術數，具載於書，絶與此異。予固知非著是書者也。黄氏屢發其僞，以爲唐徐靈府作，亦不然也。其殆文姓之人，祖老聃而托之者歟？抑因裴氏「姓辛，字文子」之説，誤指爲《范子計然》十五卷者歟？

《關尹子》一卷，周關令尹喜所撰。喜與老聃同時，著書九篇頗見之《漢志》。自後諸史無及之者，意其亡已久矣。今所傳者，以一宇、二柱、三極、四符、五鑑、六匕、七釜、八籌、九藥爲名。蓋徐藏子禮得於永嘉孫定，未知定又果從何而得也。前有劉向序，稱蓋公授曹參，參薨，書葬。孝武帝時，有方士來上，淮南王安祕而不出，向父德治淮南王事得之。❶文既與向不類，事亦無據，疑即定之所爲也。

閒讀其書，多法釋氏及神仙方技家，而藉吾儒言文之。如「變識爲智」、「一息得道」、「嬰兒蘂女」、「金樓絳宮」、「青蛟白虎」、「寶鼎紅爐」、「誦咒土偶」之類，聃之時無是言也。其爲假託，蓋無疑者。或妄謂二家之説實祖於此，過矣。然其文雖峻潔，亦頗流於巧刻，而宋象先之徒，乃復尊信如經，其亦妄人哉！

《亢倉子》五卷，凡九篇，相傳周庚桑楚撰。予初苦求之不得，及得之，終夜疾讀。讀畢歎曰：「是譌書也，勦老、莊、文、列及諸家言而成之也。」其言曰「危代以文章取士，則剪巧綺繿益至，而正雅典實益藏」。夫文章取士，近代之制，戰國之時無有也。其中又以「人」易「民」，以「代」易「世」，世民，太宗諱也。僞之者，其唐士乎？予猶存疑而未決也。後讀他書，果謂天寶初，詔號亢桑子爲《洞靈真經》，求之不獲，襄陽處士王士元采諸子文義類者，撰而獻之。其説頗與予所見合。復取讀之，益見其言詞不類，因棄去不復省。《農道》一篇雖可讀，古農家書具有之。或者謂可孤行，吾亦不知其爲何説也。

《鄧析子》三卷，鄭人鄧析撰。「析操兩可之説，設無窮之辭」，當子産之世，數難子産之法。子産卒後二十一年，駟歂爲政，殺鄧析而用其《竹刑》。夫析之學，兼名、法家者也。其言「天於民無厚，君於民無厚，父於子無厚，兄於弟無厚」，刻矣。夫民非天弗生，非君弗養，非父弗親，非兄弗友，而謂

❶「父」，原作「夕」，今據鄭本改。

之「無厚」可乎？所謂不能「屏勃厲」，「全夭折，❶執穿窬、詐僞誅之」，「堯、舜位爲天子，而丹朱、商均爲布衣」，「周公誅管、蔡」，豈誠得已哉？非常也，變也。析之所言如此，真不法先王，不是禮義，而好治怪説者哉！其被誅戮，宜也，非不幸也。

《鶡冠子》，楚人撰，不知姓名。嘗居深山，以鶡羽爲冠，著書四卷，因以名之。其書述三才變通古今治亂之道。❷而《王鈇篇》所載，楚制爲詳。

立言雖過乎嚴，要亦有激而云也。周氏譏其以處士妄論王政，固不可哉！第其書晦澀，而後人又雜以鄙淺言，讀者往往厭之，不復詳究其義。所謂「天用四時，地用五行，天子執一以守中央」，此亦黄老家之至言。使其人遇時，其成功必如韓愈所云。黄氏又謂韓愈獵取二語之外，餘無留良者，亦非知言也。士之好妄論人也如是哉！陸佃解本十九篇，與晁氏削去前後五卷者合。予家所藏，但十五篇云。

《子華子》十卷，程本撰。本字子華，晉人，曰魏人者非也。《藝文志》不録。

予嘗考其書，有云「秦襄公方啓西戎，子華子觀政於秦」，又稽莊周所載子華子事，則云「見韓昭僖侯」。夫秦襄公之卒在春秋前，而昭僖之事在春秋後，前後相去二百餘年，子華子何其壽也？其不可知者一。《孔子家語》言「孔子遭齊程子於郯」，程子蓋齊人。今子華子自謂程之宗君受封於周，後十一世，國并於温。程本商季文王之所宅，在西周當爲畿内小國。温者，周司

❶ 「折」，原作「札」，今據鄭本改。
❷ 「才」，原作「十」，今據鄭本改。

寇蘇忿生之所封。周襄王舉河内温、原以賜晉文公。温固晉邑也。孰謂西周之程，而顧併於河内之温乎？地之遠邇亦在可疑。其不可知者二。後序稱子華子爲鬼谷子師，鬼谷，戰國縱横家也，今書絶不似之，乃反類道家言。又頗勦浮屠、老子、莊周、列禦寇、孟軻、荀卿、《黄帝内經》、《春秋外傳》、司馬遷、班固等書而成。其不可知者三。劉向校定諸書咸有序，皆淵慤明整，而此文獨不類。其不可知者四。以此觀之，其爲僞書無疑。或傳王銍性之、姚寬令威多作贋書，而此恐出其手，理或然也。然其文辭極春容，而議論焕發，略無窘澀之態，故尤善惑人。人溺文者，孰覺其僞哉！

《列子》八卷，凡二十篇，鄭人列禦寇撰。劉向校定八篇，謂禦寇「與鄭繆公同時」。柳宗元云：「鄭繆公在孔子前幾百載，禦寇書言鄭殺其相駟子陽，則鄭繻公二十四年，當魯繆公之十年，向蓋因魯繆公而誤爲鄭爾。」其説要爲有據。高氏以其書多寓言，而并其人疑之，所謂禦寇者，有如鴻蒙、列缺之屬。誤矣。

書本黄老言，決非禦寇所自著，必後人會萃而成者。中載孔穿、魏公子牟及西方聖人之事，皆出禦寇後。《天瑞》、《黄帝》二篇雖多設辭，而其離形去智，泊然虚無，飄然與大化游，實道家之要言。至於《楊朱》、《力命》則爲我之意，多疑即古楊朱書，其末亡者勦附於此。禦寇先莊周，周著書多取其説。若書事簡勁弘妙，則似勝於周。

間嘗熟讀其書，又與浮屠言合。所謂「内外進矣，而後眼如耳、耳如鼻、鼻如口，無弗同也。心凝形釋，骨肉都融，不覺形之所倚，足之所履」，非大乘圓行説乎？「鯢旋之潘合作番。爲淵，止水之潘爲淵，流水之潘爲淵，濫水之潘爲淵，沃水之潘爲淵，沈水之潘爲淵，雍水之潘爲淵，汧水之潘爲淵，肥水之潘爲淵」，非修習教觀説乎？「有生之氣，有形之狀，盡幻也。造化之所始，陰陽之所變者，謂之生，謂之死；窮數達變，因形移易者，謂之化，謂之幻。造物者其巧妙，其功深，固難窮難終；❶因形者其巧顯，其功淺，故隨起隨滅。知幻化之不異生死也，始可以學幻」，非幻化生滅説乎？「厥昭生乎濕，醯雞生乎酒，羊奚比乎不筍；久竹生青寧，青寧生程，程生馬，馬生人，人久入於機。萬物皆出於機，皆入於機」，非輪迴不息説乎？「人胥知生之樂，未知生之苦」，「知死之惡，未知死之息」，非寂滅爲樂説乎？「精神入其門，骨骸反其根，我尚何存」，非圓覺四大説乎？中國之與西竺，相去一二萬里，而其説若合符節何也？豈其得於心者亦有同然歟？近世大儒謂華梵譯師皆竊莊列之精微，以文西域之卑陋者，恐未爲至論也。

《曾子》，孔子弟子魯人曾參所撰也。《漢志》云十八篇，《唐志》云二卷。今世所傳，自《修身》至《天圓》凡十篇，分爲二卷，與《唐志》合，視漢則亡八篇矣。其書已備見《大戴禮》中。

予取而讀之，何其明白皎潔，若列星之麗天也；又何其敷腴諄篤，若萬卉之含澤也。傳有之，「有德者必有言」，信哉！「七十而從心」，進學之序；「七十免過」，勉人之辭。其立言迴然不同也。周氏不察而譏之，過矣。「君子愛日」，誨學者也；「一日

❶「難窮」之「難」，原作「雖」，今據鄭本改。

三省」，自治功也。語有詳略，事有不同也。高氏以辭費誚之，亦何可哉！或謂《大孝篇》有及樂正子春事，固出後人所輯，而非曾子所自著，則庶幾也。

《言子》三卷。言子名偃，字子游，吴人，孔門弟子。❶近新昌王爚哀《論語》書所載問答而爲此書。不知者，直謂爲偃所自著，蓋非也。

大抵古書之存於今者，多出於後人之手。如《孔子家語》謂爲孔安國所録壁中之文，往往多鈔《左傳》、《禮記》諸書，特稍異其辭耳，善讀者固不敢與之。世傳賈誼《新書》謂誼所作，亦不過因《過秦論》、《弔湘賦》而雜以《漢書》中語足之，似非誼本書也。此猶有所附麗而然。古《三墳》書亡已久，宋毛漸特出之。《山墳》則言君臣、民物、陰陽、兵家，❷謂之《連山》；《氣墳》則言歸藏、生動、長育、止殺，謂之《歸藏》；《形墳》則言天地、日月、山川、雲氣，謂之《乾坤》。與先儒所言「三易」大異。《陰符》古無是書，唐李筌特出之，以爲黄帝所作。皆取兵家譎誕不經語，而文以奇澀之辭。又妄説太公、范蠡、鬼谷、張良、諸葛亮等訓註。皆鑿空扇虚以惑世，尤使人驚愕不止。是果何爲者哉？予讀《言子》之書，於是乎有感。

《子思子》七卷，魯人孔伋撰。❸子思，伋字也，避孔子不稱姓，故曰子思子。亦後人綴緝而成，非子思之所自著也。中載：「孟軻問：『牧民之道何先？』」子思子曰：

❶「孔門弟子」，原脱，今據鄭本補。
❷「家」，鄭本作「象」。
❸「魯人」至「子思子」二十一字，原脱，今據鄭本補。

『先利之。』軻曰：『君子之告民者亦仁義而已，何必曰利？』子思子曰：『仁義者，固所以利之也，上不仁則不得其所，上不義則樂爲詐。此爲不利大矣。』他日，孟軻告魏侯罃以仁義。」蓋深得子思子之本旨。或者不察，乃遽謂其言若相反者，何耶？

《慎子》一卷，慎到撰。到，趙人，見於《史記》列傳。《中興館閣書目》乃曰瀏陽人。❶ 瀏陽在今潭州，吴時始置縣，與趙南北了不相涉也，誤也。《漢志》云四十二篇，《唐志》云十卷，不言篇數。《崇文總目》言三十七篇。今所存者，唯《威德》、《因循》、《民雜》、《德立》、《君人》五篇耳。

《威德篇》曰：「立天子以爲天下，非立天下以爲天子也；立國君以爲國，非立國以爲君也；立官長以爲官，非立官以爲官長也。」《民雜篇》曰：「大君者，太上也，兼畜下者也。下之所能不同，而皆上之用也。是以大君因民之能爲資，盡包而畜之，無取去焉。」《君人篇》曰：「君人者，舍法而以身治，則誅賞予奪從君心出矣。然則受賞者雖當，望多無窮；受罰者雖當，望輕無已。」皆純簡明易，類非刑名家所可及。到亦稷下能言士哉！莊周、荀卿稱之，一則曰慎到，二則曰慎到。雖其術不同，亦有以也。

《莊子》十卷，戰國時蒙人漆園吏莊周撰。内篇七，外篇十五，雜篇十一，總三十三篇。

其書本《老子》，其學無所不窺。其文辭汪洋淩厲，若乘日月，騎風雲，下上星辰，而莫測其所之，誠有未易及者。然所見過高，雖聖帝經天緯地之大業，曾不滿其一

❶「興」，原作「與」，今據鄭本改。

哂，蓋彷彿所謂古之狂者。惜其與孟軻氏同時不一見而聞孔子之大道。苟聞之，則其損過就中，豈在軻之下哉？嗚呼！周不足語此也。孔子百代之標準，周何人，敢掊擊之，又從而狎侮之，自古著書之士，雖甚無顧忌，亦不至是也。周縱日見軻，其能幡然改轍乎？不幸其書盛傳，世之樂放肆而憚拘檢者，莫不指周以藉口。遂至禮義陵遲，彝倫斁敗，卒踣人之家國，不亦悲夫！金李純甫亦能言之士，著《鳴道集》，說以孔、孟、老、莊同稱爲聖人，則其沈溺之習至今猶未息也。異說之惑人也深矣夫！《盜跖》、《漁父》、《讓王》、《說劍》諸篇，不類前後文，疑後人所勦入。晁氏謂孔子没，道術散，老子始著書，周起而羽翼之。老子著書在孔未没之先。

《墨子》三卷，戰國時宋大夫墨翟撰。上卷《親士》、《修身》、《所染》、《法儀》、《七患》、《辭過》、《三辨》七篇，號曰經。中卷《尚賢》三篇，下卷《尚同》三篇，皆號曰論。共十三篇。考之《漢志》七十一篇。《館閣書目》則六十一篇，已亡《節用》、《節葬》、《明鬼》、《非樂》、《非儒》等九篇。比今書則又亡多矣。

墨者，强本節用之術也。予嘗愛其「聖王作爲宫室便於主，不以爲觀樂」之言，又嘗愛其「聖人爲衣服適身體和肌膚，非榮耳目而觀愚民」之言，又嘗愛其飲食「增氣充虚，强體適腹」之言。墨子其甚儉者哉！卑宫室，菲飲食，惡衣服，大禹之薄於自奉者。孔子亦曰：「奢則不遜，儉則固。」然則儉固孔子之所不棄哉！或曰：「如子之言，則翟在所取，而孟子辭而闢之，何也？」曰：「本二。」

《鬼谷子》三卷，鬼谷子撰，一名《玄微子》。鬼谷子無姓名、里居，戰國時隱潁川陽城之鬼谷，故以爲號。或云王誗誗，一作詡。者，妄也。長於養性治身，蘇秦、張儀師之，受捭闔之術十三章，又受《轉圓》、《胠篋》及《本經》、《持樞》、《中經》三篇。《轉圓》、《胠篋》今亡。梁陶弘景注。劉向、班固録書無《鬼谷子》，《隋志》始有之，列於縱横家。《唐志》以爲蘇秦之書。大抵其書皆捭闔、鉤箝、揣摩之術。其曰：「與人言之道，或撥動之，令有言以示其同；或閉藏之，使自言以示其異，捭闔也。既内感之而得其情，即外持之使不得移，鉤箝也。量天下之權，度諸侯之情，而以其所欲動之，揣摩也。」是皆小夫蛇鼠之智，家用之則家亡，國用之則國僨，天下用之則失天下。學士大夫宜唾去不道。高氏獨謂其得於《易》、《老》闔闢翕張之外，❶不亦過許矣哉！其中雖有「知性寡累、知命不憂」，及「中稽道德之祖，散入神明之頤」等言，亦恒語爾，初非有甚高論也。嗚呼！曷不觀之儀、秦乎？儀、秦用其術而最售者，其後竟何如也？高愛之慕之，則吾有以識高矣。

《孫子》一卷，吴孫武撰，魏武帝注。自《始計》至《用間》，凡十三篇。《藝文志》乃言八十二篇，杜牧信之，遂以爲武書數十萬言，魏武削其繁剩，筆其精粹，以成此書。按《史記》闔閭謂武曰：「子之十三篇，吾盡觀之。」其數與此正合。《漢志》出《史記》後，牧之言，要非是。

武，齊人，吴闔閭用以爲將，西破强楚入郢，北威齊晉，顯名諸侯。葉適以不見載

❶「老」，原作「之」，今據鄭本改。

於《左傳》，疑其書乃春秋末戰國初山林處士之所爲。予獨不敢謂然。春秋時，列國之事赴告者則書於策，不然則否。二百四十二年之間，大國若秦、楚，小國若越、燕，其行事不見於經傳者有矣，何獨武哉？

或曰：「《風后握奇經》實行兵之要，其説實合乎伏羲氏之卦畫，奇正相生，變化不測。諸葛亮得之以爲『八陣』，李靖得之以爲『六花陣』。而武爲一代論兵之雄，顧不及之何也？」曰：「《兵勢篇》不云乎，『戰者以正合，以奇勝。戰勢不過奇正，奇正之變，不可勝窮；奇正相生，如循環之無端。』《九地篇》又不云乎，『用兵者譬如率然，率然者，常山之蛇也，擊其首則尾至，擊其尾則首至，擊其中則首尾俱至。』斯固風后之遺説也，曾謂其不及之可乎？」嗚呼！古之談兵者，有仁義，有節制。至武一趨於權術變詐，流毒至於今未已也。然則武者，固兵家之祖，亦兵家之禍首歟？

《吴子》二卷，衛人吴起撰。起嘗學於曾子，其著書曰《圖國》、《料敵》、《治兵》、《論將》、《應變》、《勵士》凡六篇。

夫干戈相尋，至於戰國慘矣。往往以智術詐譎馳騁於利害之場，無所不用其至，若無士矣。起於斯時，對魏武侯則曰：「在德不在險。」論制國治軍，則曰：「教之以禮，勵之以義。」論天下戰國，則曰：「五勝者禍，四勝者獘，三勝者霸，二勝者王，一勝者帝。數勝得天下者稀，以亡者衆。」論爲將之道，則曰：「所慎者五：一曰理，二曰備，三曰果，四曰戒，五曰約。」何起之異夫諸子也！此所以守西河，與諸侯大戰七十六，全勝；六十四闢土，四面拓地千里，宜也。較之孫武，則起幾於正，武一乎奇，其優劣判矣。或者謂起爲武之亞，抑亦未之思歟？然則殺妻求將，齧臂盟母，亦在所取乎？曰：姑舍是。

《尉繚子》五卷，不知何人書。或曰魏人，以《天官篇》有梁惠王問知之。或曰齊人也，未知孰是。其書二十四篇，較之《漢志·雜家》二十九篇，已亡五篇。

其論兵曰：「兵者，凶器也；争者，逆德也；將者，死官也。故不得已而用之。無天於上，無地於下，無王於後，無敵於前。一人之兵，如狼如虎，如風如雨，如雷如霆，震震冥冥，天下皆驚。」由是觀之，其威烈可謂莫之嬰矣。及究其所以爲用，則曰：「兵不攻無過之城，不殺無罪之人。夫殺人之父兄，利人之貨財，臣妾人之子女，此皆盜也。」又曰：「兵者，所以誅暴亂，禁不義也。兵之所加者，農不離其田業，賈不離其肆宅，士大夫不離其官府。故兵不血刃而天下親。」嗚呼，又何其仁哉！戰國談兵者有言及此，君子蓋不可不與也。

宋元豐中，是書與《孫》、《吴》二子、司馬穰苴《兵法》、黄石公《三略》、吕望《六韜》、李衛公《問對》頒行武學，號爲《七書》。《孫》、《吴》當是古書，《司馬兵法》本古者《司馬兵法》而附以田穰苴之説，❶疑亦非僞。若《三略》、《六韜》、《問對》之類，則固後人依倣而托之者也。而雜然渾稱無别，其或當時有司之失歟？

《尹文子》二卷，周尹文撰。其書言大道似老氏言，刑名類申、韓，蓋無足稱者。晁氏獨謂其亦宗六藝，數稱仲尼，其叛道者蓋鮮。嗚呼！世豈有專言刑名而不叛道

❶ 前「司馬兵法」，鄭本作「司馬法」。

者哉！晁失言矣。仲長統序稱其出於周尹氏，齊宣王時居稷下，與宋鈃、彭蒙、田駢同學於公孫龍。按龍客於平原君，尹相趙惠文王。宣王死，下距惠文王之立已四十餘歲，是非學於龍者也。統卒於獻帝讓位之年，而序其黄初末到京師，❶亦與史不合。

嗚呼！《素問》以爲黄帝所作，而有「失侯失王、脱營不醫」之文，殊不知秦滅六國，漢諸侯王國除，始有失侯王者。《六韜》謂出於周之吕牙，而有「避正殿」之語，殊不知「避正殿」乃戰國後事。《爾雅》以爲周公所制，而有「張仲孝友」之言，殊不知張仲乃周宣王時人。予嘗驗古書真僞，每以是求之，思過半矣，又況文辭氣魄之古今絶然不可同哉！予因知統之序，蓋後人依托者也。嗚呼，豈獨序哉！

《商子》五卷，秦公孫鞅撰。鞅，衛之庶孽，封於商，故以名書。《漢志》二十九篇，陳氏謂二十八篇。予家藏本二十六篇，其第二十一篇亡。

鞅好刑名之學，秦孝公用之，遂致富强。後卒以反誅。今觀其術，以勸耕、督戰爲先務。墾草之令，農戰之法，至嚴至峻也。然不貴學問以愚民，不令豪傑務學《詩》、《書》。其毒流至嬴政，遂大焚《詩》、《書》百家語，以愚天下黔首，鞅實啓之，非特李斯過也。議者不是之察，尚摘其商農無得糴糶，貴酒肉、重租之語以爲疵病。是猶舍人殺奪之罪，而問其不冠以見人，果何可哉？

《公孫龍子》三卷，《疏府》、《白馬》、《指物》、《通變》、《堅白》、《名實》凡六篇。《漢

❶「其」，鄭本作「言」。

志》六十四篇，其亡已多矣。龍，趙人，平原君客也，能辨説。傷明王之不興，疾名器之乖實，以假指物，以混是非，冀時君之有悟，而正名實焉。

予嘗取而讀之，「白馬非馬」之喻，「堅白同異」之言，終不可解。後屢閱之，見其如捕龍蛇，奮迅騰騫，益不可措手。甚哉！其辨也。然而名實愈不可正何邪？言弗醇也。天下未有言弗醇而能正，苟欲名實之正，亟火之。

《荀子》十卷，趙人荀卿撰。卿名況，《漢志》避宣帝諱，作孫卿。劉向校定，除其重複者，三十二篇爲十二卷，題曰《新書》。唐楊倞爲之注，且更《新書》爲《荀子》，易其篇第，析爲二十卷。卿以齊襄王時游稷下，距孟子至齊五十年矣。列於大夫三爲祭酒。❶去之楚，春申君以爲蘭陵令，以讒去。之趙，與臨武君議兵。入秦，見應侯。昭王以聘，反乎楚，復爲蘭陵令。既廢，家蘭陵以終。

鄉先正唐仲友云：「向序卿事本司馬遷，於遷書有三不合：春申君死，當齊王建二十八年，距宣王八十七年。向言卿以宣王時來游學，春申君死而卿廢，設以宣王末年游齊，年已百三十七矣。遷書記孟子以惠王三十五年至梁，當齊宣王七年，惠王以叟稱孟子，計亦五十餘。後二十二年子之亂燕，❷孟子在齊。若卿來以宣王時，不得如向言後孟子百餘歲。田忌薦孫臏爲軍師，敗魏桂陵，當齊威王二十六年，距趙孝成王七十八年。臨武君與卿議兵於王前，

❶「列於」，鄭本作「於列」。

❷「二十二」，鄭本作「二十三」。

向以爲孫臏。倞以敗魏馬陵疑年，馬陵去桂陵又十三年矣。《崇文總目》言卿楚人，楚禮爲客卿。與遷書、向序駮，益難信。」其論殊精絶。然況之爲人，才甚高而不見道者也。由其才甚高，故立言或弗悖於孔氏；由其不見道，故極言性惡，及譏訕子思、孟軻不少置。學者其亦務知道哉！李斯雖師卿，於卿之學懵乎未之有聞。先儒遂以爲病，指卿爲剛愎不遜，自許太過之人，則失之矣。

《韓子》二十卷者，韓非所撰。非，韓之諸公子也。喜刑名法術之學，而歸其本於黃老。與李斯同事荀卿。以書干韓王，不用。乃觀往者得失之變，作《孤憤》、《五蠹》、《内外儲》、《説林》、《説難》五十五篇，計十餘萬言。秦王見而悅之，急攻韓，得非。斯自以不如非，忌之，譖於秦王，下吏使自殺。

非，慘激人也，君臣、父子、夫婦之閒，一任以法，其視仁義蔑如也。法之所及，雖刀鋸日加，不以爲寡恩也。其無忌憚，至謂孔子未知孝悌忠信之道；謂賢堯、舜、湯、武乃天下之亂術；❶謂父有賢子，君有賢臣，適足以爲害；謂人君藏術胸中，以倡衆端而潛御群臣。噫，是何言歟？是何言歟！是亦足以殺其身矣。

《燕丹子》三卷。丹，燕王喜太子，此書載其事爲詳。其辭氣頗類《吴越春秋》、《越絶書》，決爲秦、漢閒人所作無疑。考其事，與司馬遷《史記》往往皆合。獨「烏頭白，馬生角，機橋不發」、「進金，擲鼃，膾千里馬肝，截美人手」、「聽琴姬得隱語」等事，皆不

❶「之」，原脱，今據鄭本補。

之載。周氏謂遷削而去之，理或然也。

夫丹不量力而輕撩虎須，荆軻恃一劍之勇，而許人以死，卒致身滅國破爲天下萬世笑。其事本不足議，獨其書序事有法，而文彩爛然，亦學文者之所不廢哉！

《孔叢子》七卷，《中興書目》稱漢孔鮒撰。鮒該覽六藝，秦并天下，召爲魯國文通君，拜太傅。及焚書令行，乃歸藏書屋壁，自隱嵩山。陳涉起，聘爲博士，遷太師。仕六旬，以言不用，托目疾，退老於陳而著是書。年五十七卒。則固非漢人矣。又稱一名《盤盂》。《藝文志》有《孔甲盤盂》二十六篇，本注謂黄帝史，或謂夏帝時人。此書稱子魚名鮒，陳人，或謂之子鮒，或謂之孔甲。孔甲姓名偶同，又決非著《盤盂》者也。其殆孔氏子孫雜記仲尼、子思、子上、子高、子順、子魚之言行者歟？其第七卷則漢孔臧以所著賦與書，謂之「連叢」附於卷末。嘉祐中，宋咸爲之註。

雖然，此僞書也。僞之者，其宋咸歟？王士元僞作《亢桑子》而又自爲之注，抑此類歟？近世之爲僞書者，非止咸也。若阮逸《關朗易傳》、《李靖問對》，若張商英《素書》，若戴師愈《麻衣易》，亦往往不能迷明者之目，竟何益哉！今觀是書《記問篇》所載，有子思與孔子問答語。子思年止六十二，魯穆公同時人。穆公之立，距孔子之没七十年。子思疑未長也，而何有答問哉？兼之氣質萎弱，不類西京以前文字，其僞妄昭然可見。或者謂其能守家法，不雜怪奇，歷戰國、秦、漢流俗而無所浸淫。未必然也，未必然也。

《淮南鴻烈解》二十一卷，漢劉安撰。安，淮南厲王長之子，招致蘇飛、李尚、左吴、田由、雷被、毛披、❶伍被、晉昌等八人，及諸儒大山、小山之徒，講論道德，總統仁義，著《内書》二十一篇。《李氏書目》云，第七、第十九亡。《崇文總目》云，存者十八篇。今所傳《原道》、《俶真》、《天文》、《地形》、《時則》、《冥覽》、《精神》、《本經》、《主術》、《繆稱》、《齊俗》、《道應》、《氾論》、《詮言》、《邱略》、《説山》、《説林》、《人閒》、《務修》、《泰族》等訓，連卷末《要略》共二十一篇，似未嘗亡也。又有《中篇》八卷，言神仙黄白之術，又有《外書》三十三篇，《漢志》與《内書》同列於雜家中。《外書》余皆未見。

《淮南子》多本《文子》而出入儒、墨、名、法諸家，非成於一人之手。故前後有自相矛盾者，有亂言而乖事實者。既曰：「武王伐紂，載尸而行，海内未定，故不爲三年之喪。」又曰：「武王欲昭文王之令德，使戎狄各以其賄來貢。❷遼遠未能至，故治三年之喪，殯兩楹，以俟遠方。」三代時無印，周官所掌之璽節，鄭氏雖謂如今之印章，其實與犀角、❸虎人、龍符、旌諸節並用，不過手執之以表信耳。今乃曰「魯國召子貢，授以大將軍印」，如是之類不能盡舉也。昔呂不韋相秦，亦致辯士使人人著所聞，集論以爲十二記、六論、八覽，其説雖未純要，其首尾以類，粲然成一家言，非淮南之雜也。古人論立言者，漢不如秦，秦不如周，信矣哉！

楊子《法言》十卷，漢楊雄撰。凡十三篇，篇各有序，通録在卷後。景祐初，宋咸引之以冠篇首。或謂始於唐仲友，非也。

❶「毛」，原作「七」，今據鄭本改。
❷「戎」，鄭本作「夷」。
❸「犀」，鄭本作「玉」。

自秦焚書之後，孔子之學不絶如綫，雄獨起而任之。故韓愈以其與孟、荀並稱。而司馬光尤好雄學，且謂孟子好《詩》、《書》，荀子好《禮》，楊子好《易》。孟文直而顯，荀文富而麗，楊文簡而奥。惟簡而奥，故難知。其與雄者至矣。是《法言》者，爲擬《論語》而作。《論語》出於群弟子之所記，豈孔子自爲哉？雄擬之，僭矣。至其甚者，又撰《太玄》以擬《易》，所謂《首》、《衝》、《錯》、《測》、《攡》、《瑩》、《數》、《文》、《掜》、《圖》、《告》之類，❶皆足以使人怪駭。由其自得者少，故言辭愈似而愈不似也。嗚呼！雄不足責也。光以二代偉人，❷乃膠固雄學，復述《潛虚》以擬玄，抑又何説哉！余因爲之長歎。雄之事經考亭朱子論定者，則未遑及也。

《抱朴子》，晉葛洪撰。洪字稚川，著内篇二十卷，言神仙黄白變化之事；外篇十卷，駁難通釋。洪深溺方技家言，謂：「神仙決可學，學之無難。合丹砂、黄金爲藥而服之，即令人壽與天地相畢，乘雲駕龍，上下大清。」其他雜引黄帝御女，及三皇内文，劾召鬼神之事，皆誕褻不可訓。

昔漢魏伯陽約《周易》，作《參同契》上中下篇，其言修煉之術甚具，洪乃時與之戾，不識何也。洪嘗自言馬跡山中受《九鼎》、《金液》二經於鄭君。鄭君名隱。又得之葛仙公玄，玄，洪從祖也。其後鄭君知江南將亂，負笈持藥，東投霍山，莫知所在，亦不識其仙歟否也。洪博聞深洽，江左絶倫。爲文辭雖不近古，紆徐蔚茂，旁引而曲證，

❶「告」，原誤作「苦」，今據四庫本改。
❷「二」，鄭本作「一」。

必達己意乃已。要之，洪亦奇士，使舍是而學六藝，夫孰禦之哉？惜也。

《劉子》五卷，五十五篇，不知何人所作。《唐志》十卷，直云梁劉勰撰。今考勰所著《文心雕龍》，文體與此正類，其可徵不疑。第卷數不同，爲少異爾。袁孝政謂劉書孔昭傷己不遇，遭天下陵遲，播遷江表，故作此書。非也。孝政以無傳記可憑，復致疑於劉歆、劉勰、劉孝標所爲。黄氏遂謂孝政所托，亦非也。

其書本黄、老言，雜引諸家之説以足成之，絶無甚高論。末論九家之學，跡異歸同，尤爲鄙淺。然亦時時有可喜者，《清神章》云：「萬人彎弧以向一鵠，鵠能無中乎？萬物眩曜以惑一生，生能無傷乎？」《亢倉子》同。三復其言，爲之出涕。

文中子《中説》十卷，隋王通撰。通字仲淹，文中，蓋門人私謚，因以名其書。世之疑通者有三：一云，《唐書·房杜傳》中略不及其姓名，此書乃阮逸僞作，未必有其人。按，皮日休著《文中子碑》謂：「通生乎陳、隋之世，以亂世不仕，退於汾、晉，序述六經，敷爲《中説》，以行教於門人。」皮，唐人也。距隋爲近，其言若此，果無是人乎？書果逸之僞作乎？一云，通行事於史無考，獨《隋唐通録》稱其有穢行，爲史官所削。然史氏之職，善惡畢書，以爲世法戒。人有穢行，見諸簡策者多矣，何特削通哉？一云，房、杜、李、魏、二温、王、陳輩未必其門人，脱有之，何不薦諸太宗而用之？隋大業十三年五月，通已先卒，將焉薦之？劉禹錫作《王華卿墓志》，載其家世行事，有曰「門多偉人」，雖未可必其爲房、杜諸公，要不可謂非碩士也。

第其書出於福郊、福峙之所爲，牽合傅會，反不足取信於人。如仁壽四年，通始至長安，李德林卒已九歲，而書有「德林請見」之語；江都有變，通不及聞，而書有「泫然而興」之言；關朗在太和中見魏孝文，自太和丁巳至通生之歲開皇四年甲辰，一百七年矣，而書謂「問禮於關子朗」，此最爲謬妄者也。噫！孟子而下，知尊孔子者，曰荀、揚。揚本黄老，荀雜申商，唯通爲近正。讀者未可以此而輕訾之。

《天隱子》八篇，不知何人所作。唐司馬承禎爲之序。承禎，字子微，嘗著《坐忘論》，此書言長生久視之法，與之相表裏，豈天隱子即承禎歟？洪興祖謂承禎得天隱子之學，豈或别有考歟？

《玄真子》，兩見《唐志》，一云十二卷，一云二卷。予所藏者，外篇三卷爾，計必有内篇，而此非全書也。唐張志和撰。韋詣作《内解》。志和字子同，金華人，始名龜齡。年十六擢明經，以策干肅宗，特見賞，重命待詔翰林，授左金吾衛録事參軍，因賜名。後坐事，貶南浦尉。會赦還，以親既喪，不復仕。居江湖，自稱「煙波釣徒」。著《玄真子》，亦以自號。其書多偏曲之論，無足采。所可采者，其隱操亦卓卓云。

《金華子》三卷，劉崇遠撰。或云崇遠唐人，或云五代人，仕至大理司直。其爲人莫可考。其爲書録唐大中後事，蓋駁乎不足議也。昔劉向採傳記百家之言，撮其正詞美義可爲勸戒者，以類相從爲《説苑》、《新序》二書，最爲近古。識者猶病其徇物者多，自爲者少，況崇遠乎哉！金華子，崇遠所自號，蓋有慕皇初平云。

《齊邱子》六卷，一名《化書》，言道、術、德、仁、食、儉六化爲甚悉。世傳爲僞唐宋齊邱子嵩作。張耒題其後，❶遂云：「齊邱犬鼠之雄，蓋不足道，其爲《化書》，雖皆淺機小數，亦微有見黄、老之所謂道德，其能成功有以也。」

嗚呼！是書之作，非齊邱也，終南山隱者譚峭景升也，齊邱竊之者也。其云「能得一者，天下可以理」，老氏説也；「魂魄魅我，血氣醉我，七竅囚我，五根役我」，釋氏説也；「心冥冥兮無所知，神怡怡兮無所之，氣熙熙兮無所爲，萬慮不能惑，求死不可得」，神仙家説也。非「淺機小數」比也。使齊邱知此，則何爲不得其死也？其文高簡，《關尹子》可亞也，實微有見於黄老所謂道德者也。

《聱隅子》二卷，蜀人黄晞撰。晞，宋仁宗時人，著《歔欷瑣微論》十篇，篇有小序。造文效揚雄、王通二氏，而造理不能逮。其謂張良得聖人之安，蕭何得聖人之變，劉向得聖人之力者，似不可哉！黄氏間采其語，謂二氏反有所不及，非知言也。然自五季以來，士習極陋，而文亦隨之。入宋殆將百年，而猶未大振。晞獨知「辭賦戾乎治具，聲偶甚乎倡優」，確然立論，以成一家言。真豪傑士哉，真豪傑士哉！

周子《通書》四十章，本號《易通》，舂陵子周子敦頤之所著也。❷自孟子没，孔子之學不傳，千載之下，獨周子得之以授二程氏，遂大白於天下。安定胡宏有云：「一回萬古之光明，如日麗天；將爲百世之利澤，如水行地。」其論不亦至哉！第每篇之首，宏輒加以周子曰三言，而損其舊有篇名，失

❶「耒」，原誤作「來」，今據四庫本改。
❷「敦」，原作「惇」，今據張本改。

其旨矣。

是書文雖高簡，體實淵愨，誠可上繼孟氏，非餘子比也。然莫知其師傅之所自。彼妄男子謂「同胡文恭公受學於鶴林壽涯師」者，固爲詭誕；而云「傳《太極圖》於穆修，修傳《先天圖》於种放，放傳於陳摶」者，亦恐知周子未盡也。其殆不階師授，超然獨覺於千古之上者歟？

《子程子》十卷，一名《程子粹言》，乃程頤叔子書。蓋其門人楊時變《語録》而文之者也。前有序，不著氏名。東陽厲髯翁云：相傳爲廣漢張栻作。序稱：「得諸子高子家傳，以其卷次不分，編類不別，因離爲論道、論學、論書、論政、論事、天地、聖賢、君臣、心性、人物十篇。欲其統而要，非求類夫《論語》之書也。」

予取觀之，實皆叔子之言，而伯子之説附焉。辭極峻古，雖閒有稍離真者，亦不遠矣。覽者尚慎擇之哉！

至正戊戌春三月丙辰，西師下睦州。浦陽壤地與睦境接，居民震驚，多扶挈耄倪走傍縣。予亦遣妻孥入勾無山，獨留未行。日坐環堵中，塊然無所爲，乃因舊所記憶者，作《諸子辯》數十通，九家者流頗具有焉。孔子門人之書，宜尊而別之，今亦俯就其列者，欲備儒家言也。始之以《鬻子》而終之以周、程者，欲讀者有所歸宿也。其中疏剔觝排，亦竊自謂有一髮之見。第以家當屢徙之餘，書無片牘可以稽質，不能必其無矛盾也。夏六月壬午，僅克脱稾。越三日乙酉，而浦陽平矣，❶余遂竭蹷趨勾無。驚悸稍定，俾仲

❶「平」，鄭本作「陷」。

子璲録之如右。

嗚呼！九家之徒，競以立異相高，莫甚於衰周之世。言之中道者，則吾聖賢之所已具；其悖義而傷教者，固不必存之以欺世也。嗚呼！❶邪説之害人慘於刀劍，虐於烈火。世有任斯文之寄者，尚忍淬其鋒而膏其焰乎！予生也賤，不得信其所欲爲之志。既各爲之辨，復識其私於卷末。學孔氏者，其或有同予一慨者夫！秋七月丁酉朔，金華宋濂記。❷

續志林小引

「志以林名者何？」「言多也。」「所謂林者，豫章、鼠梓、楩、桂、棫、榎之屬皆在焉。通曰林而不别言之何？」「明所志之不一也。」「所志不一，其言續者何？」「昔之君子嘗掇以名書，續之所以繼也。」「繼則繼矣，其不同者何？」「一以資多識，一以牖民衷，所以異也。」「文垂世行遠者，彬彬然諧，彪彪然炳，斯可矣。子直而不婉奈何？」「天，文之昭也；地，文之著也；人，文之烜也。我則不敢知。今之所書，其事核，其辭質，其理足爲天下勸，如斯而已矣。」「吾聞古者，左史記言，右史記事，職也。故國無小大，皆有之。子職非史也，其躐而僭之何？」「史官失職久矣，國乎史，曷若家乎史，國私而家公也。使天下之人，家得史之，人庶乎知法戒也，奚僭爲？」「然則子所書，皆善也，勸矣，如懲何？」「善惡備書，史也；舍惡録善，志也。善者勸，惡者懲矣，

❶「嗚呼」，鄭本作「於戲」。

❷「金華宋濂」，原脱，今據鄭本補。

曷爲而不可也？」「斯志也，其言或不能盡徵者何？」「所見異辭，所聞異辭，所傳聞異辭。信其信，疑其疑可也。」

非非子縣解篇引

非非子廬於仙華山下，幼不嗜書。讀魯論，未終篇棄去。尋學鍊金碧九還寶丹，斲丹房如方榻，中僅容坐，而述古仙人辭於四周，澄坐其閒，身如槁木不動。或睡睫不能禁，輒下榻，偃立達旦。如斯者七歲，凡堪輿氣化之原，事物盈虧之數，神鬼幽顯之祕，似不能越其範圍。又久之，若有物鯁其中，芒角森然，膠刺肺腑，必吐去乃暢。於是濡毫著書，燁然成文，老生宿儒或有所未及。而其藻思之奮發，若山下出泉，涓涓而不斷；若獨繭之抽，愈出而愈不窮。既成書，自號之曰《非非子縣解》云。

金華宋濂讀而疑之，曰：「子自稱爲『非非』，孰非之耶？以爲人之非子耶，則子爲非而人爲是；以爲子之非人耶，則子爲是，而人爲非。非者固非，而非之者，不尤非非耶？是故有是則有非，無非則無是。是其所非，非其所是；非其是是，是其非非。是是者固二，而非非者果能一耶？辟諸髹几焉，人以其文墨墨也，而不知其質皦皦也。皦皦者謂之白，如其墨墨者何？墨墨者謂之黑，如其皦皦者何？惟黑惟白，惟白惟黑。惟白而黑，黑非白乎？惟黑而白，白非黑乎？亡白白則黑黑有，有黑黑則白白無。欲白白而黑黑，寧黑白而白黑也。雖然，此猶以迹言也。吾本爲白，而黑何加焉？吾本無黑，而白何形焉？

是謂白黑忘矣。白黑忘而有無齊矣，❶有無齊而是非泯矣，是非泯而非非者絶矣，非非者絶則天與人凝而合矣。此之謂葆純，此之謂熙神，此之謂物冥，若是何如？」

非非子笑曰：「始吾學道，物我而我物也，繼而唯我我在，今則吾喪我矣。我我且不我，又何有非非者乎？子言良信也。」濂亦莞爾一笑，爲繫其説於篇端。

非非子鄭姓，源名，婺浦陽人。生貴人家，能堅厲入道，大夫士服其操行奇勁云。

般若波羅蜜多心經文句引

實際理地不染一塵，固在於心明；萬事門中不離一法，必資於言解。此古今之通義也。昔我三界大師，從兜率天化成白象冠日之精，降神於維羅衛國，苦行於伽闍山中，得無上道，成最正覺。蓋憫大地衆生不知真性，染纏使以成有漏，逐色聲以陷諸妄，汩没死生，弗能解脱。於是坐寶蓮華師子之坐，❷演説無上甚深妙法，開頓漸之正門，垂權實之祕教。其第四時，廣宣諸《般若經》，而大部《般若》合六百卷，凡四處，一十六會。所説顯之以五蘊，以總其綱；中之以十二處，以覈其變；廣之以十八界，以極其趣。小無不該，大無不統，誠所謂冥衢之燈燭，業海之方舟也。撮其樞要，實惟《心經》。❸

是經凡三譯，今世所傳二百五十八言者，乃貞觀間三藏法師玄奘所翻。攝須彌

❶「無」，原作「亡」，今據張本改。
❷「寶」，原作「實」，今據鄭本改。
❸「實惟」，原作「惟實」，今據鄭本乙正。

於一毫芒，斂溟渤於一涓滴，其神功浩浩乎不可思議。是以歷代寶之如摩尼珠，爲之注釋凡百十家。溺教文者，曲引傍喻，自相疑難，其失也蕪；尊禪義者，逐字爲訓，辭荒意幻，其失也鄙；務高深者，獨研大旨，盡去微文，❶其失也茼；安淺陋者，不知次序，前後失倫，其失也雜。殊不知了空法塵，聿依佛智，皆不出於是經。雖《法華》十萬餘言，《華嚴》四天下微塵數品，廣略固殊，旨義無二。奈何以至精至微之典，而以小德小智之見，輕測真乘，妄談般若也哉！

如濂不敏，粤自壯齡，頗閱三藏諸文，於是不量蕪陋，爲之訓解。蕪者剔之，鄙者雅之，❷略者補之，雜者一之。裁成文句一卷，總數千言。宿學之士，其亦何事於斯，庶以便初機者爾。或者則曰：「三千性相，盡屬空名；一實境界，諸念不立。何爲執滯於教體之間哉？」是不然，渡巨河者，必用筏以濟；見明月者，須假指其標。若欲廢法觀空，因空顯性，何異采蘋於山陬，而求魚於木末也，不亦傎乎？雖然，靈光獨耀，迥脱根塵，體露真常，不拘文字。苟徒隨語生解，其去一真薄伽梵地，蓋益遠矣。忘白馬之舊馱，焚青龍之新鈔，必有蓋世人豪者興。❸濂日望之。

宋文憲公全集卷三十六終

❶「去」，鄭本作「略」。
❷「雅」，原作「推」，今據鄭本改。
❸「興」，鄭本作「歟」。

宋文憲公全集卷三十七

燕書四十首

玄黃之間，事變無垠。辯士設喻，以風以陳。質往舊，開今新，作《燕書》四十首。

晉侯將伐楚，楚子甚懼，召六卿訊之曰：「楚國雖小，自若敖、蚡冒至於武、文，威稜氣燄，慴彼諸姬。今晉君不道，乃謀兵入我，是蔑寡人而死二三子也。寡人耄矣，不復親帥三軍以逆堅，乃城郭以遲晉人，不亦可乎？」

王孫由于對曰：「然。《易》有之，『王公設險以守其國』，非險，國孰與守？盍圖諸？雖然，城郭有時而墮也。楚國之南有方城焉，其東有漢水焉，晉人雖衆，將焉用之？雖然，山川之阻亦可踰也。若使舅犯守郢，先軫保鄖，叔肸禦雲中，荀偃扼直轅，誰敢侮予？雖然，此猶以力言也。齊民毒吾賦久，若綏之以仁，馭之以寬，繩之以禮，則封內之民德君，以死守矣。雖然，是保民也，非保國也。」

楚子曰：「何謂保國？」王孫由于曰：「君務上尊天王，下睦四鄰，分昭于上，勢定于下，上下有序，疇敢搆兵？是保國也。」楚子曰：「善。」於是遣公子結如京師，左司馬戍聘於齊、魯諸大國。晉侯聞之，謂諸大夫曰：「楚國方尊王睦鄰，而以兵入其境，不祥。」遂退師。

君子曰：甚哉！分之大也。分爲天則，定乃靡亂，何有兵禍哉！《易》不云乎，「六二之吉，順以則也。」失則凶矣。

燕與齊方睦，齊人以燕不虞其入也，將侵之。武安君聞之，走告燕文公曰：「齊將不利於我，公宜謀之。」文公曰：「寡人所畏，❶晉、楚大國爾，齊何能爲哉？」武安曰：「不然也。臣嘗至豚澤，豚澤之人養蜀雞，有文而赤翁。有群鴳周周鳴，忽晨風過其上，雞遽翼諸鴳，晨風不得捕去。已而有烏來與鴳同啄，雞視之兄弟也，與之下上甚馴。烏忽銜其鴳飛去，雞仰視悵然，似悔爲其所賣也。夫巫峽之險，不能覆舟，而覆於平流；羊腸之曲，不能仆車，而仆於劇驂。此無他，福生於所畏，禍起於所忽也。」文公曰：「子誠過慮哉！」不聽。未幾，齊果攻燕，取十城。

君子曰：蜂蠆且有毒，況上國乎！燕人爲不知矣。❷

齊路寢壞，桓公欲新之，召工師翰具材。工師翰伐巨木於營邱山中，若蘊、若煔、若魄旄、若豫章，無疵，取而泛之河，蔽流而下。工師翰麾衆徒，操剞劂斲之，運繩尺劘之，閣閣然，橐橐然，聲達乎臨淄之郊。越五月，路寢成。

桓公環視之，東阿之楹有用樗者，桓公讓工師翰曰：「樗，散木也，膚理不密，瀋液弗固，嗅之腥，爪之不知所窮，爲秩爲棖且不可，況爲負任器耶？」工師翰對曰：「臣

❶「畏」，原作「謂」，今據鄭本改。
❷「人」，鄭本作「文」。

之作斯寢也，嘉木以爲桯，❶文碣以薦址，畫藻以奠井，堅堊以厚墉，陶甓以飾黝，臣竊以爲盡善矣。惟東阿之楹缺，以一槫足之，不虞君之見讓也。」桓公曰：「寢之聳者在宗廇，承宗廇者在桴，藉桴惟楹耳。一楹蠹，則傾隮，❷奈何不讓？」

工師翰曰：「臣聞國猶寢也，一楹蠹，則無寢；若衆壬進，尚可有國乎？」桓公曰：「不可也。」工師翰曰：「君既知不可，何爲察其小而遺其大也？」桓公曰：「不知也。」工師翰曰：「臣請爲君言之：擅執國柄者，有雍巫焉；成内食之姦者，有彝鼓初焉；長君之欲者，有寺人貂焉；外惡諸侯而凶德弗革者，有開方焉。是衆楹皆蠹矣，路寢能獨存耶？」桓公悟曰：「敬諾。」於是解四子政，而召管敬仲任之，齊國大治。

君子曰：工執藝事以諫，忠矣。斷而行之者，非勇歟？宜其上下相親，霸業底定。《書》曰「從諫勿咈」，桓公有焉。《易》曰「納約自牖」，工師翰近之矣。

楚莊蹻過商邱之墟，聞司鴻氏之妻嬰美而豔；❸殺司鴻氏攘之。未幾，又將室衛人之白閭。白閭宜衛人，不從，引錐自刺，左右奪錐免。蹻怒，欲梟衛人。白閭曰：「衛人厚我若此，勿以妾故傷衛人也。」泣而往。白閭得幸，久，竟忘衛人恩己，請曰：「衛人女弟嫈，容顔姱嫮，肌膚若琢玉，善爲陽阿七盤之舞，翩翻如龍旋，見者欲死。君强委禽焉，可妻也。」蹻從之。

❶「桯」，原作「程」，今據鄭本改。
❷「傾」，鄭本作「寢」。
❸「司」下，鄭本有「馬」字。

罃至，蹻絶憐愛，罃終不自懌。嬰則日媚蹻，作狐狗態，蹻或一破顔，輒出驕人曰：「主君贈我以笑矣。主君面目有光，唇如繳丹，齒如齊貝，音中黄鐘，其美丈夫哉！悔相從不夙也。雖然，今幸得侍巾櫛者，殆天畀我寵乎？」言已，手足皆亂無主。白間尤善媚，其驕人比嬰有過無不及焉。

已而，蹻專罃，白間甚恚，往詬罃曰：「而溷彘耳，遽忘德吾乎？不然，何專我主君也？」❶嬰繼詈尤力。罃起避之，白間與嬰逐噪不已。罃問嬰曰：「而昔有良人乎，無也？」曰：「有。」曰：「今何在？」曰：「人殺之矣。」曰：「孰殺之？」曰：「主君也。」曰：「然則主君而讎也，而弗能報，反争一旦之寵，不亦慎乎？」嬰不能答。白間遽曰：「妾夫子固在也。」罃曰：「而夫子固在，而心儻未死，曾記泣别時言乎？」白間抱罃大慟。罃與嬰亦泣下不能仰視。

君子曰：大俠出南海中，殺人肝爲脯，妻其女婦，事與莊蹻正同。南海之人無縛之者，反北面事之，争權而矜寵。已焉哉！天實爲之，謂之何哉？

頓國之大夫權，聞黄帝與蚩尤戰，製角以象龍鳴，樂之，刳桐而髹錮焉，畫爲龍文，日習焉。其音鬱紆而迴旋，優優焉，靡靡焉可聽，若能通乎玄潛者。大夫吹向南山之湫以感龍，湫中三足能聞角鳴，意人將醢己，呀然號，林木皆動。大夫大驚，謂真龍吟也。走謂公之奇曰：「真龍之鳴，業業如靈鼓，前後相續，宛潭不能休，吾向學者殆非也。請改而習諸何如？」公之奇曰：「子

❶「何」，原作「吾」，今據鄭本改。

所聞者能也，非龍也。龍之鳴，人鮮能聞。子之角固僞也，今子又以能爲龍，益僞矣。舍僞而學僞，奚擇焉？」

君子曰：世之法孔子，斷斷兮自謂得其宗者，若真龍出鳴，則駭矣。

鄭伯卒，庶孽奪正，公子五争。及厲公自櫟入國，將盡劉諸公族，懸劍于國門，且下令曰：「敢争者斬。」子俞彌方病，聞之歎曰：「是何亡國之政也。」乃令左右扶見公。未至，公遥呼曰：「大夫力疾而見寡君，非欲嘗國門劍乎？」聲色俱厲。子俞彌陽驚曰：「何謂也？」公語之故。子俞彌曰：「君能如此，過文王遠矣，臣頓首賀且不暇，況敢争乎？」公解顔曰：「寡君焉能過文王也？」曰：「臣言不悖，君實過之。」公曰：「大夫言何易也？雖然，幸卒言之。」子俞彌曰：「君之過文王者無他，威勝也。」公悦，前子俞彌問曰：「文王初伐犬戎，次伐密須，次伐耆、邘，❶次伐崇侯虎。而作豐邑，自岐徙都之。❷其威盛矣，大夫乃謂寡君勝之，其故何耶？」子俞彌曰：「文王之威，能行天下，而獨不行於周宗。故其孫子之蕃，兄弟之國者十有五人，姬姓之國者四十人。此無他，親親也。今君欲兵之，非威勝文王乎？」公艴然見乎色，曰：「大夫言固善，如儀、亹之黨何？」子俞彌曰：「鄭之公族盡二人黨耶？君奈何殲之。臣所居之南，有山曰陽都，之山甚深，群熊萃焉。熊性惡血，偶度絶壑，棘刺脅血，見若濡縷，熊亟爪之，血愈滋，爪之不已，膚成坎，原原

❶「邘」，原作「邗」，今據文粹本改。
❷「徙」，原作「始」，今據鄭本改。

如泉湧。熊不能禁，剜去其膚，而血弗息，竟擢腎腸以死。鄭之公族猶一體也，今因公子五争，不問小大盡劉，無乃與前事類耶？」公矍然失聲曰：「吾過矣，吾過矣。」遂下城門之劍，寘諸公族不論。

君子曰：鄭厲公之愎諫，誰能犯焉。子俞彌反覆言之，而公弗格者，以順入，以正出也。《内經》曰：「寒因寒用，熱因熱用，其始則同，其終則異。」於戲！豈特醫師之爲然哉？

蔡人有列宗子泓，性好潔。惡人口，過人與語，遥答之，且答且唾，人進寸則退尺以避。沐浴必十更湯，收溼不以巾，遡風乾之，掘坎爲匽，而軒其上，下疏河水，隨圂隨流。欲行人道，汲井泉前後濯，大雪不廢，妻因病寒死。然好嗅女婦足紈。足紈若行縢，纏三周而覆，湧泉善垢，或解之，其臭逆鼻，人不嘁即吐。子泓獨樂之，驕人曰：「是何鬱金之腴也，婆律之潤也，椒蘭之郁也！」寘諸袖中，飯不甘，嗅之；神度弗爽，嗅之；怒不舒、懣不釋也，又從而嗅之。瀕死召其子曰：「吾死矣，粢盛薌合不爾求也；嘉薦普淖弗汝覬也，能時致足紈於柩前，孝莫大焉。」蔡大夫聞而笑之。

君子曰：古語有之，「大潔者必有大污」，其子泓之謂乎？

魯之老父相與謀造狐白之裘，紉之以密箴，緣之以畫純，佩之以褑，熨之以榆火，擇彤笥承之。趨魯君之庭而致辭曰：「吾儕小人，得有闔廬以蔽風雨者，非君賜與？出作入息而鼓腹酣歌者，非君賜與？男播于疇，婦饁于郊，以遂其生者，非君賜與？

吾聞上德不報，於人爲無禮，於德爲僭義，不祥莫大焉。請以是爲玉體之共，謹再拜以獻。」魯君曰：「寡人聞之，君猶本也，民猶支也。君所以庇民，如本之養支也。爾二三老父之無衣，宜于寡人乎是給。今倒行而逆施之，無乃不可乎？敢辭。」

二三老父又相與謀曰：「是服之不華，無以彰君之德也，盍更諸？」於是以錦爲衣，繡以五色龍章，鞶以朱絲，襮以華黼，有文爛如也。又復趨魯君之庭而致辭曰：「臣等不佞，長於蒿萊之野，未嘗受教於君子，不知以禮事君。夫因物以合矩，矩謂之章；緣文以顯義，義謂之范。君有至德，而惟皮革之物是供，非合顯之意。謹更之，惟君圖焉。」公曰：「魯國雖小，尚敢私一裘乎？禮若可受，絁布惟盈；如其不然，五采奚益？敢固辭。」

二三老父又相與謀曰：「吾君誠賢君，其不受者，非有他也，不欲重煩吾民。我等當愛之以德可也。」又進而致辭曰：「君之中心，臣等幸已知之。有君無臣，世謂亂國。臣不敢以褻服污于執事，願以仁義爲衣，道德爲領，忠信爲紳，廉知爲緣，使君服之，長有茲魯國。先公社稷永有攸賴，不亦可乎？」公曰：「寡人敢不承教。」

君子曰：魯之老父何其善愛君哉！其氣和，其辭婉以周，其情懇愿而有依。魯君應之，若黃鐘大呂，弦歌干揚。洋洋乎相宣，泠泠乎相應也。君臣如此，魯欲不治得乎？《禮》曰「無體之禮，上下和同」，此之謂也。

腹擊至趙，趙苦成常與之出遊。指河山曰：「畛畛乎有截也。」指民物曰：「棼棼乎衆多也。」指兵府曰：「矛戟犀利也。」指内藏曰：「玉帛充牣也。大夫上國也，寧有匹於是乎？」腹擊曰：「敝邑索甚，安能及此？然有一説焉，爲君陳之可乎？」曰：「可。」曰：「南海之濱，有昭支昷者，居蛟汭之邱。汭不産牛，有繩犝來者，大如𡙇，其角繭爾，栗爾。昭支昷怖，曰：『是何物也？』其友伯昏氏告曰：『此謂犝牛，《易》稱「童牛之牿」是也。』昭支昷曰：『吾見貎牛者形咫尺耳，其大有若斯乎！』悉其人購以歸，驕其比鄰，矜其輿皁，自以爲無敵也。他日，甯宣子過焉，謂之曰：『是未足爲大也。高涼之山有牛曰犪，其項黄，❶其尾玄，其色類乎捲，其肉重三百餘觔。子盍致之？』昭支昷復往購以歸，又自以爲無敵也。他日，爰子嬗過焉，謂之曰：『是未足爲大也。空賓之林，有牛曰旄，赤鬣垂髀，紺氂蔽膝，體長而多力，其肉重六百觔。子盍致之？』昭支昷復往購以歸，又自以爲無敵也。他日，倨無膝過焉，謂之曰：「是未足爲大也。巴峽之中，有牛曰犘，其毛拳然，其睛煜然，其角觺然，其肉重一千觔。子盍致之？』昭支昷復往購以歸，又自以爲無敵也。他日梁都之舟過焉，謂之曰：『是未足爲大也。合浦之間有牛曰犎，項肉上葵，龍胡下綏，迅行如飛，其肉重三千觔。子盍致之？』昭支昷復往購以歸，且詑人曰：『如此尚有可敵者耶？』岸舞焉悦，❷囂囂然自溢也。他日公孫伯光過之，昭支昷出牛讎之。公孫伯光曰：『是猶未足爲大也。岷峨之谷，有牛曰犩，鏤盪以爲頂，❸鵠

❶「項」，原作「有」，今據四部叢刊景明本《明文衡》卷五十改。

❷「岸舞」，鄭本作「津津」。

❸「鏤」，原作「鍑」，今據鄭本改。

象以爲跟，雕壁以爲背，填脂以爲尻，其肉重七千觔。子盍致之？』昭支昷惑曰：『有是哉？雖然，且將驗之。』迨至，果如伯光言。因歎曰：『使人不我告，我終矜犝牛大於天下牛也。』趙之河山，民物府藏，較之胡海固爲大國也。比之齊、晉則不及矣。齊、晉比趙固爲大國也，較之秦、楚，則雄强不如之矣。君勿自足，自足則驕，驕則輕，輕則殘民以逞，國欲治得乎？」苫成常舌木强不能對。❶

君子曰：人自狹者，其不可哉！

齊景公懲奢而好儉。諸大夫復日浸乎淫靡，然懼景公之知，矯情事焉。每入朝，駕羸馬樸車以從，衣惡甚，冠纓殆欲絶也。齊景公謂其誠也，憐焉。召群臣曰：「寡人使子囊帶賜爾等錦衣一襲，❷及鞞琫容刀各一以爲身章，而等毋過儉也。」皆對曰：「臣等藉君威靈，得從大夫之後，食雖弗鑿，不我餒也；衣雖弗華，未嘗冽也。願君久有此土，俾萬子孫食君之儉。傳曰『儉德之共也』，共則一和，儉則從康；從康則豫，一和則輯，唯君圖之。」景公悅。一日出游，會諸大夫饗于鹿門，入而觀焉，其車則澤而焕也，其馬則矯而騰也，其服食器用則豐明精腴也。景公以其紿己，大怒曰：「叱嗟！而吾臣也，敢爾乎！」盡收而戮之。

君子曰：《書》云「作僞心勞日拙」，其齊大夫之謂乎？

秦昭王即位之三年，中外士多去。昭

❶ 「木」，原作「本」，今據鄭本改。
❷ 「等」，原脱，今據鄭本補。

王患之，謂陽山君曰：「寡人遇士，不爲不至矣。先饑而餔之，未凍而衣之，寡人何負於士？士之相視如弁髦，將縶維之耶，益離其心；欲任其所之耶，則去者日多矣。弗禁，國將空，奈何？」

陽山君曰：「君何患焉。夫王孫非重甗不棲，非山實不食，非族林不懸，聞人聲則逸。弋人餌而粟之，❶詔而馴之，命之舂，人立而下上其手；命之水，負壺出汲；命作兜離桑林之舞，則冠帶踉蹡而起。夫王孫類夫人者，猶可也。至於䖯䖮，則嗜人之物，仰首則百獸讋，掉尾則林木震，嘯咆則陰猋四發。非惟不可近，矧敢狎？獵人羉而縛之，習而安之，相與作角觝之戲，跨項編鬚，❷或翻出蹯下，無所不至。䖯䖮亦靈獸，猶可也。至於伯趙，禽中微者爾，技人引而羅之，擾而柔之，摶土爲人、獸、神、鬼面，而空其中，衣與皮如之。令其爲鬼，則冒鬼面，服鬼衣以出，跳踉偃仆如畫。至於人、獸、神皆然。伯趙雖微，猶禽屬也。至於蚍蜉，則蟲之至微者也，形大於粟，其目鼻入微不可見，眩人以㒵肢誘而致之，❸集於乾壺，玄與黃異貯，序而教之。布髹几於庭，置三壺其上，振鼓三，初則玄、黃皆出；再則各成列，奮首搖鬣相向；三則紛紜交不可辨，聞鉦聲，各退入壺，不亂。夫王孫、䖯䖮，獸也；伯趙，禽也；蚍蜉，蟲也，皆口不能言，冥頑不靈，其可服而制之者，奠心志，寧嗜欲故也。況士靈於萬物者乎！且士者，國必資以成治者也。昔我先君繆公，

❶「粟」，鄭本作「罜」。
❷「鬚」，原作「項」，今據鄭本改。
❸「肢」，鄭本作「肪」。

西取由余於戎，東得百里奚於宛，迎蹇叔於宋，求丕豹、公孫支於晉，遂成霸業。臣竊聞之，先君嘗語群臣曰：『林繁則衆禽來棲，海寬則大魚來遊。寡人之待士，亦以寬，故劍舄乃屨至耳。』今王之馭下如束溼，晝不得寧，夜不得息。來者如入囊，有入無得出者。臣亦將去之，況他人乎！王若以誠待士，縱其去來不問，士若不至，當磔臣以示不悔也。」昭王曰：「善。」鄰國聞之，士之來歸者千餘人。

君子曰：君子懷材抱藝，孰不欲自見哉？特患遇之非其道，故避去爾。《禮》云：「舉賢而容衆，毀方而瓦合。」言寬裕也。君子亦何心哉！

齊頃公欲賦民一邱出車一乘，不從者死。袁婁宰泣曰：「敝邑之賦急矣。四邱一乘尚弗支也，況倍三乎！吾寧死爾，不忍死民也。」弗奉令。公使使者讓宰，且召與使者俱。宰至，見公頓首請曰：「臣無罪。」盧蒲就魁在側，斥曰：「汝惡得無罪？立國養民古也，瘠民肥國今也，胡不朘民膏血以媚公，爾罪一也；公既棄民，汝反欲愛民，使諸侯不敢侵伐，爾罪二也；通國之宰皆徇公欲，爾獨以正自匡而欲死之，爾罪三也。汝惡得無罪！」公笑而釋之。

君子曰：古者諫有五：有正諫，有降諫，有忠諫，有戇諫，有諷諫。若盧蒲就魁之言，其殆諷諫也歟？

韓帥師伐魏，入舞陽，魏人避之。韓將公仲曰：「夫魏，易搖之國也，今弗鬬，蓋弱我矣。再帥師進，必下一二城。」公叔曰：

「不然，魏國雖小，許、鄢在其南，西河絡其北，❶長城界其西，淮潁出其東，是所謂險阻國也。今無故我弱，蓋有伏甲焉。譬猶越人穽鼠，鼠好夜竊粟，越人寘粟於盎，恣鼠齧不顧。鼠呼群類入焉，必飫而後反。越人乃易粟以水，浮糠覆水上，而鼠不知也。逮夜，復呼群次第入，咸溺死。魏以舞陽餌我，是置粟於盎也，無乃不可乎？」弗聽。未幾，伏甲四起，韓師殲焉，公仲僅以身免。

君子曰：公叔可謂智士哉！所謂智者，察見隱微，無所遁其情爾。魏人無故而棄舞陽，豈力弱哉，蓋誘我也。❷公仲遽信之何耶？老子曰：「將欲奪之，必固與之。」其魏人之謂矣。

晉欒氏世爲晉卿，以財名，至欒雩益務侈靡，狗馬聲色無不好。藉之舉火者百家，無規之者，媚惑惟恐不亟。求獒西旅，訪神馬渥洼，徵樂姬燕趙。出則行馬擁犬，還則吹竹彈絲爲長夜飲。酒酣連臂踏歌，曰：「北邙之陰，白楊悲止。今我不樂，日月馳止，卷髮衰止，飲酒沱止，我心和止。」無日不然。蓋藏皆空，而爲樂不厭。雩覺，召所嬖謂曰：「吾樂已太康，家力不向單乎？」輒紿之曰：「魚雁滿藪澤，羊牛溢郊坰，金帛珠玉充積庫藏，何謂單乎？」雩復悦。雩妻蓼媛罵曰：「蟯蛕所藉以生者，在人腸胃中也。嚙其血膋，日夜不止，人因病厲死。人死，即蟯蛕亦槁矣。爾曹藉吾家舉火，旦旦蠱而伐之，我家亡，汝家得獨存乎？」衆畏蓼言，以計去之。嬖亂益甚，雩以貧死。

❶「絡」，鄭本作「路」。

❷「蓋誘我」至「老子曰」十四字，原脱，今據鄭本補。

百餘家皆散爲勻。

君子曰：山之陽有桑，群蟲穴之，晝夜齧弗止。桑瀋液乾而悴，蟲亦無生者。蟲其欒氏之客歟？使戒蓼言，亦何至於勻。哀哉！

楚有鬭子般者，貌肅而言莊，言則必稱先王，國人皆以爲修潔人也。一日，飲薳啓彊家，而沈尹壽、師祁犂與焉。師祁犂與沈尹壽語，語近褻，鬭子般怒曰：「若等陷女蟲，❶若渠略出入穢壤，雖鬼見亦唾也，尚敢颺言俎豆間乎！」衆皆色沮。言未既，有豔姬過門，鬭子般起更衣，忽見夫握刀趨甚疾。衆隨之觀，則所追者，正鬭子般也。初，鬭子般通於姬，姬知飲薳啓彊家，過而目招之，鬭子般將尾而私焉，不虞良人見也。沈尹壽拊膺歎曰：「天下寧復有是耶？天下寧復有是耶？」

薳啓彊尤之曰：「子何見之晚也。昔紀侯好狙，使狙師教焉。狙師脱土肖人貌飾之，冠九山之冠，衣結霞之衣，躡文鸞之履。升降周旋人也，拜立坐跪人也。狙師度可用，進紀侯。紀侯觀之樂，舉觴觴焉。狙飲已，竟跳擲裂冠裳，遁去。蓋狙假人貌飾形也。其心狙也，因物則遷爾。子何怪鬭子般哉？今之世，假稱先王以文姦言者，衣袂相屬也。子何怪鬭子般哉！」

君子曰：天之高也，日月之昭也，星辰之遠也，涉天之家咸得測焉。獨人心之變，堯、舜有難知者。觀鬭子般之事，可爲寒心矣。

❶「等」，原作「華」，今據鄭本改。

齊西王須，善賈海，出入扶南、林邑、頓遜群蠻中。貿遷諸寶，若毒冒、頗黎、火齊、馬腦之類，白光燁燁然。遇東風覆舟，附斷桅浮沈久之，幸薄岸，被溼行夷陰山中。山幽不見日，常若雨將壓地。西王須自分必死，尋嵌竇絶氣，庶遺骴不爲烏鳶飯。未入，猩猩自竇中出，反覆視，意若憐之者，取戎叔、黿菼、委萎諸物指之食。西王須方餒，甘之。竇右有小洞，棲新毳，厚尺餘，甚温，讓西王須。猩猩獨卧於外，大寒不自恤。語言雖殊，朝夕嘔咿作聲，似慰解狀。如是者一年不懈。忽有餘艎小舟度山下，❶猩猩急挾西王須出，送之登。及登，則其友也。猩猩猶遥望不忍去。西王須因謂其友曰：「吾聞猩血可染罽，經百年不蔫。是獸也，楯刺之可得斗許，盍升岸捕之？」其友大駡曰：「彼獸而人，汝則人而獸也，不殺何爲？」囊石加頸，沈之江。

君子曰：負恩背義，人弗戮，鬼斯戮之矣。西王須之見殺也，宜哉！雖然，西王須固可殺，猶施於異類也，類同者亦有之；豈惟類同，而同氣者亦或有之，奈之何哉！天王之法尚在，吾當執刑書以往。

玉戭生與三烏叢臣朋。玉戭生曰：「吾儕宜自厲，異時立朝，勢人之門，足毋陟也。」三烏叢臣曰：「此余切齒腐心者，盍誓諸？」玉戭生喜，乃歃血誓曰：「二人同心，毋循利，毋訹有位，毋附厥憸壬而移其行。有違此盟，明神殛之。」居亡何，共仕於晉。玉戭生復申前誓，三烏叢臣曰：「言猶在耳，何敢忘也？」時趙宣子得君，諸大夫日

❶「小舟」，鄭本無。

奔走其庭。三烏叢臣既悔，復恐玉戭生知之，又不得不往也。雞初鳴，即去，候宣子入門。有危坐東榮者，舉火照之，則玉戭生也。各慚而退。

君子曰：二子貧賤時，其盟誠良，及登禄仕，遽變其初志，何耶？利害戰於中，位勢怵於外故也。士君子養於山林，而壞於朝廷，昔人之歎，其有感哉！

武安君說六國從親以孤秦。秦惠王患之，使犀首期齊、魏與共伐趙，以敗從約。趙肅侯使使臣說齊、魏之君曰：「臣之東鄰有長瀦君，其妻終葵夫人妒，虐其侍姬，長瀦君苦之。長瀦君之友六人，家有如夫人者三，和而不争。長瀦君泣而訴焉。六人者，各遣其妻載饔飧以食夫人，且解之曰：『人所貴於婦者，能樂其夫子爾。長瀦君年將耄矣，宜安之，今因帷薄之故以傷其心，可不可乎？』夫人答曰：『妾不佞，不知明訓，不能奉夫子，致辱玉趾賁于兹敝廬，有命敢不敬從。然竊有辭焉。長瀦君實耄，子且幼，未能勝灑掃，所恃以無恐者，長瀦君存耳。苟一旦溘先朝露，吾屬將操瓢匄於道路。長瀦君精神幾何，寶之愛之惟妾爾。侍姬惟欲是從，長瀦君若死，其目豈有淚耶？肉未及寒，已思移他家矣。妾雖愚，寧復計帷薄事乎？』六人之妻各歸，逐其如夫人者。今六國合從，將以擯秦。秦遣衡人一訹，從約頓解，而惟秦之令是從，不亦難哉！且說士之口，是非紛亂，唯其所命，皆傅理善惑，大王不可不察也。」齊、魏之君皆曰：「善。」於是，遣使至諸國，從約復成。

君子曰：七國之君甚矣無識也，隨辨

士之舌以爲東西。辨士升，國勢降矣。故當時謂無士爲無國。傳曰：「眩白爲黑，倒上爲下。」其士之謂歟？

鬷夷子謂魏力叔牟曰：「越山之中，多蒙頌、玃父，而牛尾貍亦産焉。貍膂與肉間錯，味旨甚當。林實秋肥，貍日飫之，其毛澤澤。貍自料爲人所忌，穴山爲宫，樹石爲栅，聚篺爲墉，晝伏夜動，無隙可尋。老獵師嗾犬蹤跡之，毁栅壞墉而煙其宫。貍不能煙也，閉目冒火出，犬隨斃之。」力叔牟曰：「貍何罪哉？」鬷夷子曰：「貍何罪哉？利其肉之臑也。高、國氏以富見禍，人以爲無辜，殊不知從己召也。高、國氏亦牛尾貍哉！」

君子曰：匹夫無罪，懷璧其罪，信矣。

楚放宜咎者，善爲鸇學，未三月皆馴，縱之揚則揚，呼之降則降，指鶩、鵠、鳧、鴣使之擊則擊，無不如志。西鄰有終利之伊争能宜咎，欲學之，求鸇於太陰山，使調鷹奴囚之七月。有鵠過焉，命鸇搏之。鵠驚墜，鸇亦墜，對立炶枝上。招之，矯矯然逝矣。餘者瘦死過半。終利之伊甚慚，往餂宜咎曰：「子何術而使鸇馴也？」宜咎曰：「吾亦何術哉？予初得之也，冠之以籠胄，束之以絛鏇，嚴之以鼓鼙，承之以韝帣，振之以鑾和，使其目無邪視，神無外馳。時其飢也，和水肉以炙之；廉其饜也，咽羽毛以洩之。於是其天者全，不知有人，人亦鸇比。故命擊則擊，命止則止。今子畜之以人不以禽：乖戾其性情，動摇其筋骸，逆亂其血膂，紊傷其羽翮，不適其飢飽。神既不完，天者皆喪矣，又烏能如人志哉？唯恐其不縱也，縱則揚去爾。吾亦何術哉？所用與子異爾。」終利之伊再拜曰：「吾因問調鶡，而得馭將之術也。」

君子曰：豈惟馭將哉，治民亦猶是爾。

楚將伐魯取其地，召諸大夫問焉。辟閭巫臣曰：「可。」神子魚曰：「不可。」楚子病之，請言其故。辟閭巫臣曰：「魯公失政，季氏得民，公伐之，弗勝，次於陽州。齊侯唁公于野井而不能討。魯之臣子枕戈待旦，莫敢發者，畏季氏威也。君將求逞諸侯，而徼福周公之廟，奈何不伐？臣故曰可。」神子魚曰：「周室東遷，列國失序，若聲罪加之以兵，何君不可攻，何國不可伐。楚之視魯，猶齊、晉之視楚也。魯可伐也，楚能免焉？臣故曰不可。」

辟閭巫臣曰：「魯棄周禮，惟強弱是視。當齊肇伯，衣裳之會九，兵車之會四，魯鮮不與聞。晉文率諸侯會於温，以臣召君，不可以訓，亦僕僕而往，不遑寧處。其蔑我楚國，則曰：『是蓽路籃縷之邦，可與行典禮乎？』楚國之民，含怒日久，非特君也。康王即世，魯公雖與二三大夫辱臨楚郊，❶實怵於勢，非中誠也。不伐何以示遠？臣故曰可。」神子魚曰：「周公相王室，尹天下，於周爲睦，分魯公以大輅大旂、夏后之璜、封父之繁弱。殷民六族，使帥其宗，輯其分族，將其醜類，以法則周公，用即命於周，其德至今未泯也。夫修惠以懷人，人誰弗親；逞威以上人，人孰能輯？今以魯不我與，而兵之以示遠，其無乃非德惠也乎？臣故曰不可。」

❶「大」，原作「丈」，今據鄭本改。

辟閭巫臣曰：「受姓定封，孰非懿親？諸姬存者，其可數也。或明德之弗崇，則弗足以存。且臣聞之，立德敷政，立義和民。德，天之明也；義，地之制也。君人者，則天之明，法地之制，以洽和民人，古之道也。今魯之公室弱，民罹荼毒，若入火，無所避之。棄而不伐，不亦左乎？臣故曰可。」神子魚曰：「王靈雖微，天下共主；楚國固强，終人臣也。以君伐臣，是謂布義；以臣伐君，是謂悖政。四海弗靖，職此之由。若以師宿於魯境，東諸侯告于天王，使一介之使以讓君，曰：『魯也弱，諸臣畔之，致使其君越在草莽，不能事宗廟，諸姬竊憂之。君爲大國，不唯其難之靖，而土地是圖，或爲執事羞。天王命我諸姬，亦既有辭，當以公徒三萬，與君周旋於龜蒙之墟，君其圖焉。』不知君將何辭以對也。臣故曰不可。」

辟閭巫臣曰：「天王崩，王室亂，劉子、單子以王猛居于皇，自救且不及，況能餒我魯乎？五侯九伯，桓公實征之，以臣伐臣，❶非一朝夕。今楚之霸，與齊代興，我若討魯之罪，東諸侯震疊不暇，其能有辭乎？臣故曰可。」神子魚曰：「魯之爲國，密邇於齊，又甥舅也。❷王室固多難，魯之君子或藉齊餘威以安靖之。楚師進焉，諸姬必忿，將爲楚患，是無故勤諸侯也。如或還也，勞師千里，縻厥糗糧，觸冒風露，何益於國。臣故曰不可。」

楚子曰：「巫臣之言良。」欲帥師東。聞齊侯取鄆，居昭公，乃止。

君子曰：春秋大夫類多能言，而麗乎

❶「臣」，原作「君」，今據鄭本改。
❷「又」，鄭本作「以」。

理者，何其寡也。季氏逐君，諸侯莫不聞，楚能告天王致討，桓、文之功可繼也；神子魚乃力遏之。巫臣不務出此，乃凌蔑我王室，惓惓以威遠爲言。二者胥失也。楚之爲楚，其不競也，宜哉！

宋襄公繼霸，將與楚子會于盂，以乘車往而不設兵備，通國人皆憂之莫敢言。昆吾之臾曰：「君安則臣寧，君設有難，宋社且不血食，吾屬將焉寘諸？請昧死言焉。」俟宋襄公出，歌而遏之，曰：「有虓者貔，其毛栩栩，冠弁而揖，吾不知死所。密密者陸，鱗鱗者矛，仡仡者夫，始可貔與居。貔乎貔乎，良足畏乎，君何之乎？」襄公怪之，召而問焉。昆吾之臾對曰：「聞君將與楚子會，有諸？」曰：「然。」曰：「聞君武備弗之戒，有諸？」曰：「然。」曰：「禮務從時，政在體要。佩玉鏘鏘，不可薪於山；荷戈與祋，不可酬於廟。❶其理然也。今楚人貔而冠者也，君欲以文德合之，其術迂矣。君之蒞政，動法文王。使文王遇貔，亦使勇士操戟逐之，未必朝服與之揖也。」襄公曰：「人皆相率約君以禮，子奈何欲興戎乎？壇坫之間，玉帛交錯，而使甲士廁之，人其謂我何？」不聽，往與楚子會。楚子以兵車至，執襄公。

君子曰：宋襄公爲萬世笑者，以膠柱而鼓瑟也。膠柱而鼓瑟且不可，況往會强國而不知變乎！

鄭人有愛惜魚者，計無從得魚，或汕，或涔，或設餌笱之，列三盆庭中，且實水焉，

❶「酬」，鄭本作「酧」。

得魚即生之。魚新脱罔罟之苦，憊甚，浮白而噞喁，踰旦鬣尾始摇。鄭人掬而觀之，曰：「鱗得無傷乎？」未幾，糁蘥而食，復掬而觀之，曰：「腹將不厭乎？」人曰：「魚以江爲命，今處以一勺之水，日玩弄之，而曰：『我愛魚，我愛魚。』魚不腐者寡矣。」不聽。未三日，魚皆鱗敗以死。鄭人始悔不用或人之言。

君子曰：民猶魚也，今之治民者，皆鄭人也哉！

楚萬咸語不更先生，曰：「鼩之在田也，彈丸欲擊，盧犬欲磔，山狸欲咬。❶鼩苦之，其黠者，乃往依稷焉。稷，社之配也，世謂之稷鼠，人不敢圖，意而之野巢也。烏鳶啄其㲉，鵜鳩殘其軀，伯趙奪其室，亦不能一朝居，意而近人而家於宮，則舒然安矣。夫物尚有知，人或失所依何耶？」不更先生曰：「若是，余將焉依？」萬咸曰：「仁義，汝稷也；禮樂，汝宮也。人依乎仁義禮樂，其孰曰不然？」不更先生泠然而悟。

君子曰：人之智，豈不物若哉？物之專，人則擾而離也。詩云「依彼平林，有集維鷮」，鷮非平林固不集也。人孰不智哉？

楚共王有照乘之珠，愛之甚，函以金檢，命左右負以隨，時出翫之。遊於雲夢之澤，失焉。共王不悦，下令國中曰：「有獲吾珠者，予以萬家之邑。」楚國臣無小大咸索珠，簡茅淘土，闃闃者三月，竟不得。更數年，繁陽之子牧犢於澤，有氣青熒起菅中，視之珠也。犢以獻。共王不食言，乃賜

❶「咬」，鄭本作「啖」。

之邑。

君子曰：仲尼既没，珠之失二千年矣。求者非一世一人，而弗獲之，一旦乃入牧犢者之手。可以人賤忽其珠哉？

衛靈公問治國之要於蘧伯玉，曰：「寡人之國，不爲小矣，久而不治。欲帥虎士以禦四封，何如？」蘧伯玉曰：「可也。非其要也。」曰：「遣使致聘以修鄰好，何如？」曰：「可也。非其要也。」曰：「慎簡百僚，毋曠厥官，何如？」曰：「可也。非其要也。」曰：「杜闕女謁，❶勿使行政，何如？」曰：「可也。非其要也。」曰：「斥擯姦回，崇厥正士，何如？」曰：「可也。非其要也。」曰：「儉德是共，屏棄淫侈，何如？」曰：「可也。非其要也。」曰：「懷保小民，夙夜匪懈，畏之如天，敬之如神，綏之如子，何如？」曰：「斯其至矣。有民斯有國，有國斯有君。民者，君之天也，君之則君，舍之則獨夫耳。可不畏哉！」公曰：「善哉言乎！」

君子曰：蘧伯玉之言，其有激哉！君者，主民；民之從君，猶水朝宗，振古然也。而曰民爲君之天何耶？雖然，天之生民，使君主之，不使虐之，虐之非君也。是則君爲民立，民亦重矣哉！

趙成陽堪，其宮火，欲滅之，無階可升。使其子朒假於奔水氏。朒盛冠服，委蛇而往。既見奔水氏，三揖而後升堂，默坐西楹間。奔水氏命儐者設筵，薦脯醢觴朒。朒起執爵，啐酒，且酢主人觴。已，奔水氏曰：「夫子辱臨敝廬，必有命我者，敢問。」

❶「杜闕女謁」，原作「社闕文謁」，今據鄭本改。

朒方白曰：「天降禍於我家，鬱攸是祟，虐焰方熾。欲緣高沃之，肘弗加翼，徒望宮而號。聞子有階可登，盍乞我？」奔水氏頓足曰：「子何其迂也，子何其迂也！飯山逢彪，必吐哺而逃；濯谿見鱷，必棄履而走。宮火已焰，乃子揖讓時耶？」急舁階從之。至則宮已燼矣。

君子曰：迂儒僨事，往往類此，是何可勝道。人以經濟自負，臨事之際，或不知急緩，以至覆亡，亦何其謬哉！

中山君孌梁其生，生蹇僬而椎鄙，盡國中無過者，唯中山君宜之。一朝不見，輒若有所失。語大夫旃曰：「梁其生其智人哉！何爲能安我也？」大夫旃曰：「心成憐，白髮玄；情弗怡，豔色媸。從古然也。」中山曰：「何哉？」大夫旃曰：「君聞癸北子翏之爲人乎？子翏慎妃耦，十年不遂，恒鬱鬱離居。曲逆有醜女，眇左目，疹瘢如叢珠，且黑而羸。曲逆人過而不睨。醜女怒去，從師學擊筑、彈坎篌，三年精其技。又善爲北里之舞以惑人。子翏一見大悦，致厚幣聘以歸，字曰玄姬。朝筑焉，莫坎篌焉，孌之甚。子翏稍出游，歸必熟視其面，無不妍者，反笑世人多一目云。其友宛爰都憐之，爲致趙女，光豔皦皦照人，世謂閭須白台不能似之。子翏逐出，曰：『何物醜類，敢儕吾玄姬。』所謂玄姬，其君之智人歟？」中山君笑曰：「大夫言過矣。」

君子曰：中山君之蔽一至是乎？妍媸最易辨且不可，況其他乎？世道既汙，以佞爲賢，以正直爲憸邪者，皆是也。尚何暇中山君之笑哉，尚何暇中山君之笑哉！

宋大心鉤與公玉乘、無庸伯仇同居於乘邱。大心鉤學内聖外王之道，淫淫而洽於心。公玉乘迂之曰：「子之道，古也，不宜於今。是翠黄擒鼠也，千不得一焉。」乃舍去，學假仁定霸之術，三年而足之。無庸伯仇又尤之曰：「子病大心鉤，善矣，子道亦未爲得是。使韓盧捕鼠，百而一中焉。予所業，則異於是。」公玉乘曰：「何術也？」曰：「捭闔之術也，儀、秦之舌，申、韓之法，軫、到之略也。放之一邑則一邑服，放之一國則一國準，放之天下則天下從。是使蒙貴襲鼠也，十不失一焉。」大心鉤、公玉乘疑之，相與説於秦王。

大心鉤進曰：「王道如春，煦嫗兆民，無跡可窺，均囿至仁。王假臣以三十年，鴻化覃於邇遐矣。」王曰：「子之言美矣，惟黄、虞能致之爾，寡人不能伺也。」目公玉乘言，公玉乘進曰：「揣摩地勢，明王之制，義融於人，已蝕其利。王假臣以十年，霸業可定矣。」王曰：「子之言良矣，惟桓、文能行之爾，寡人不能學也。」無庸伯仇見二人所對不合，於是不待王見問，目如明星，風雷隱隱起舌間，利害粲如也。言已，且繼曰：「願王假臣五月之久，四海諸侯皆懼，膝行而來朝矣。」王大悦，曰：「此寡人夙夜不敢忘者也。」即命爲上大夫，與聞國政。

公玉乘去之齊，不遇。又之宋、之衛，無客之者。晉人聞而召之，亦爲大夫。大心鉤轍環諸侯，皆不售，老死垂邱。一如無庸伯仇之言。

君子曰：羽籥干戚之舞，不可施鄭、衛之邦；亦猶子女優雜之戲，不可陳齊、魯之俗。大心鉤欲行先王之道於春秋之世，難矣哉！

晉定公好以位驕人。揚食我諫曰：「東海有巨魚，名王鮪焉，不知其大多少，赤幟曳曳見黿赭間，則其鬛也。王鮪出入海中，鼓浪歕沫，腥風蓋倏倏然云。逢鮰、鰼、鰹、魾必吞，日以十千計，不能饜。出游黑水洋，海舶聚洋中者萬，王鮪一噴，皆没不見其從。雄行海間，孰敢向問之者？沂潮上羅刹江，潮退膠焉，轟若長陵。江濱之人，以爲真陵也，涉之。當足處或戰，大駭，斫甲而視，王鮪肌之。乃架棧而臠割之，載數百艘。烏鳶蔽體，群啄之各飫。夫王鮪之在海也，其勢爲何如？一失其勢，欲爲小鱦且不可得，位其可恃乎哉？」定公曰：「寡人已知之矣，子姑就舍。」

君子曰：德稱其位者，恒下人；反是，則驕。是何也？德則虚，不德則盈。虚則能容，盈則覆理也。傳曰「君子以虚受人」，又曰「日中則昃」，可不信夫！

齊侯再伐山戎。賓胥無問曰：「聞君將有事山戎，然乎，非與？」公曰：「然。何如？」曰：「以臣觀之，可伐者五，不可伐者一。」公驚曰：「何謂也？」曰：「謀夫孔多，可伐者一也；矛戟銛利，旛幟精明，可伐者二也；既廩充牣，餁饟弗絶，無仰於鄰，可伐者三也；卒乘輯睦，隊伍成列，不戰則已，戰無不克，可伐者四也；大而陳、蔡、宋、衛，小而邾、鄧、杞、薛，皆與國也，奔號承令，匍匐恐後，可伐者五也。以此言之，止君勿行者，惑也。臣竊有私焉，夫山戎蕞爾之邦也，使誠有罪，君亦既伐之矣，奈何再乎？爲土地耶？海濱千里，君悉有之，何愛僻遠之野，以廣君土疆。爲民人耶？

衣冠劍舄，充斥君之境上，何愛魋結卉裳之俗，以亂我邊陲。爲一戰可以定伯耶？君已帖陳，服鄭，親魯，而攘楚矣，何假乎山戎？今再帥師，徒使斯民肝腦潤草莽，枯胔暴原野耳。夫争地以戰，殘民以逞，非仁君也。非仁君，不足以霸諸侯，此不可伐一也。」齊侯曰：「大夫言固善，山戎屢悖寡人，奈何？」賓胥無曰：「熊羆豺虎，並家於山；蛟鼉魚鼈，並穴於淵；九彝百蠻，均宅於仁。君務仁德之修，獨不能容一山戎乎？容之則來庭，伐之則叛去，力不勝德故也。君請改圖焉。」齊侯曰：「大夫之言善。」止。

君子曰：桓公賢君哉！不然，何聞義則服如此也。

南文子任衛國之政，察見淵魚，人莫不畏之。一旦忽若狂易者，以足衣爲巾，以冠纓苴履，以食豆而羹簞，百物靡不反者。衛君深憂之，親枉駕文子之閭，問曰：「先生病耶？」曰：「臣非敢病也。」曰：「先生非病，何反悖若是耶？」曰：「臣非敢反悖也，效尤也。」曰：「何謂效尤？」曰：「今國中法度不定，上下無章，驍暴者字民，孱夫操弓矢出鬭，是簞受羹而豆盛食也；貴戚之卿，混乎輿臺，是履苴冠纓也；髡鉗之倫，升於上士，是巾足衣也。舉國反易，而無一人悟者，君顧獨憂臣乎？臣實病亦一身爾，如國何？」衛君曰：「目能察白黑而不見其睫，心能識壯毫而不覺其形，自蔽之患也。請爲先生更諸。」

君子曰：南文子託疾以悟衛君，美矣。衛君聞之即有心目之喻，亦易悟也哉！詩曰「鶴鳴于九皐，聲聞於天」，此之謂也。

漁者庶其廉與婦競，絶數月不通。於越入楚，兵大掠，各東西匿，死生不相恤。人諍庶其廉盍聚諸，輒謝去。一日，漁於海，獲甲蟲，曰鱟，雌雄相負，雖風濤不解。庶其廉悔，曰：「是物也，人或不如，可乎？」歸召婦與居，禮之終身。

君子曰：陰陽合而大化彰，寒暑正而歲功成，夫婦和而家政理。天道也，亦人道也。俗降世汙，有反目至死弗覿者，不亦悲夫！視庶其廉之能悔，抑又賢矣。

秦有尊盧沙者，善誇談，居之不疑，秦人笑之。尊盧沙曰：「勿予笑也，吾將説楚以王國之術。」翩翩然南，迨至楚境上，關吏縶之。尊盧沙曰：「慎毋縶我，我來爲楚王師。」關吏送諸朝，大夫寘館之。問曰：「先生不鄙夷敝邑，不遠千里，將康我楚邦。承顔色日淺，未敢敷布腹心，他不敢有請，姑聞師楚之意何如？」尊盧沙怒曰：「是非子所知。」大夫不得其情，進於上卿瑕。瑕客之，問之如大夫，尊盧沙愈怒，欲辭去。瑕恐獲罪于王，亟言之。王趣見，未至，使者四三往。及見，長揖不拜，呼楚王謂曰：「楚國東有吴越，西有秦，北有齊與晉，皆虎視不瞑。臣近道出晉郊，聞晉約諸侯圖楚，刑白牲，列珠槃玉敦，歃血以盟，曰：『不禍楚國，無相見也。』且投璧祭河，欲渡。王尚得奠枕而寢耶？」楚王起問計，尊盧沙指天曰：「使尊盧沙爲卿，楚不强者，有如日。」王曰：「然。敢問何先？」尊盧沙曰：「是不可以空言白也。」王曰：「然。」即命爲卿。居三月，無異者。已而，晉侯帥諸侯之師至。王恐甚，召尊盧沙卻之。尊盧沙瞠目視不對。迫之言，乃曰：「晉師鋭甚，爲王上計，莫若割地與之平耳。」王怒，囚之三年，劓而縱之。尊盧沙謂人曰：「吾今而後，知夸談足以賈禍。」終身不言。欲言，捫鼻即止。

君子曰：戰國之時，士多大言無當，然往往藉是以媒利禄，❶尊盧沙亦其一人也。使晉兵不即至，❷或可少售其妄，未久輒敗，亦不幸矣哉！歷考往事，矯虛以誑人，未有令後者也。然則尊盧沙之劓，非不幸也，宜也。

宋有白冥子旗，耕於渠蒢之野，得石焉，圓而皙，肉且倍好，上有蒲穀文。子旗熟視之，曰：「質如截昉，澤而有章，其璧也哉；孚尹旁達，廉而不劌，其璧也哉！無功而家大寶者禍，當獻諸朝。」於是沐浴冠帶，言於周王曰：「臣渠蒢之賤夫也，偶挈耒耜以耕，竊不自意，地不愛寶，獲嘉璧焉。臣不敢私。聞王將有事上帝，方明六玉，闕其一焉。敢獻諸下執事。」王使大夫竅受璧，薦諸玉尹。玉尹曰：「嘻，是珉也。」卻還之。子旗抱石歎曰：「吾聞有道之朝，是與非別白，繡衣雖華，❸不黼以補冠；太阿雖鈍，不委以割牲。今强謂璧爲珉，可不可乎？」楚邱丈人過而視之，曰：「子旗其幸矣哉！」子旗怒曰：「何幸也？」曰：「卞和以玉獻尚遭刖，況爾薦珉者乎！」子旗終不悟。

君子曰：士以真材衒且猶不可，假才

❶「然」，鄭本作「蓋」。
❷「至」，原作「止」，今據鄭本改。
❸「衣」，鄭本作「裳」。

能自致與？嗚呼！世不特一子旗也。

越人甲父史與公石師交。甲父史能計而弗決，公石師善決而計疏，各合其長，事無留行，人兩而一心也。因語相侵，離去，政輒敗。密須奮泣諫二人，曰：「君不聞海蟲有水母乎？水母無目，資蝦以行，蝦亦資水母食，兩不能無也。水母姑寘之，又不聞有瑣𤦲乎？腹藏蟹，飢則蟹出求食，歸則瑣𤦲飽，否乃死，蟹失所巢，亦兩不能無也。瑣𤦲姑寘之，又不聞夏屋有蟨鼠乎？與卭卭岠虛比，爲卭卭岠虛齧甘草，即有難，卭卭岠虛負而走，亦兩不能無也。蟨鼠姑寘之，又不聞西域有共命之鳥乎？枳首一體，性多妒，饑則爭啄，一俟其暝，飡毒草害之，及下嗌，皆斃，亦兩不能無也。是皆山海蟲爾，不足怪，雖人亦有之。北方有比肩之民，迭食而迭望，失一則死，亦兩不能無也。今二人甚類之，其所異者，彼以形，此以事爾。奈何離去？奈何離去！」二人相顧曰：「微奮言，吾等將愈敗。」驩焉如初。

君子曰：十二官各有所司，必相資以成體。況尺有所短，寸有所長，何可自用乎？密須奮可謂善諷矣。

猗于皐聞尾勺氏畜豹善捕獸，以雙白璧易之。且肆筵召所與遊者飲，出豹於庭，而諷其能。於是治金爲繩，縶之文羅，日割牲啖之。居亡何，有碩鼠過宇下，急解豹縶之，豹視鼠若不見，猗于皐怒詈之。他日，又有鼠過焉，猗于皐復縱之，豹遇鼠如初。猗于皐怒鞭之，豹輒嘷，猗于皐愈鞭之。易以縲絏，寘之牛羊棧中，日餔以糟，豹喪欲泣。猗于皋之友安期子佗聞之，誚曰：「吾聞巨闕雖利，補履不如利錐；錦綺雖麗，供靧不如尺布；文豹雖鷙，擒鼠不如狸狌。子何愚也，曷不用狸搦鼠，而縱豹捕獸哉？」猗于皋説，如其言。未幾，狸捕鼠且盡，豹獲麞、鹿、麃、麀以歸無算者。

君子曰：獸固善捕，亦各有所能。至於用人，乃違其才何耶？

楚多鶉，善格，如膠弗之解。大夫黎嗜之。偶使韓，遂挾以行。左右言於韓君，君説之，令國中羅鶉與格，皆不勝。君以韓無鶉愧之。無鉤大夫曰：「夫鶉，海内所有也，而韓獨無乎？然而能格與否，在所擇焉爾。今衣褐而班文，鶉也；翁鱗而尾隹，鶉也；刀啄而劍距，鶉也。鶉則鶉矣，求能格者幾何？雖然，此不足道也。國中圓冠方屨，堯行舜趨者，皆士也。能與君排難解紛者，復幾何？能否，在君不在物也。」君説，擇善鶉與黎格，卒大勝。韓因此而得擇士之法。

君子曰：古語有云，「羊質而虎皮，見草悦，見豺戰」，士鮮不類之。然豈無真虎哉？亦患人君不能用耳。

楚帥師伐晉，晉人恐，嚴甲兵以待。楚入河陽，退師。未幾，又入。如是者三。晉侯疑，朝群臣問焉。伯瑕對曰：「楚誘我也，急宜毆，弗毆必深入，存亡不可期。」晉侯曰：「子計疏矣。」伯瑕恚曰：「君如弗納臣言，臣終不能俘隨君，請先去之。」晉侯斥之。問步榖，步榖對曰：「楚非昔楚矣。執政衆乖，内嬖日盛，曳綺縠而副玉珈者，後宮千人，旦謳莫酣，惟日不足，焉能及我？」

問士渥濁，士渥濁對曰：「毅言固當，亦知其一，未知其二者也。楚西有秦難，東諸侯則齊、鄭、魯、衛枕戈待隙，獨吾國有新喪，未暇攻彼。虞我兵起，五國必應之，故先動相制耳。不足慮也。」問范匄，匄對曰：「如二大夫言。」

問韓起，韓起大笑絶纓。晉侯變色曰：「大夫笑寡人乎？」起對曰：「老臣何敢笑君，實笑雁奴不知也。」晉侯曰：「何謂也？」曰：「具區之澤，白雁聚焉，夜必擇棲。恐人弋己也，設雁奴環巡之，人至則鳴，群雁藉是以瞑。澤人熟其故，爇火照之，雁奴戞然鳴。澤人遽沈其火，群雁皆驚起，視之無物也。如是者四三，群雁以奴紿己，共啄之。未幾，澤人執火前，雁奴不敢鳴。群雁方寐，一網無遺者。今楚師進退三，執火之謂也，君何不少察之乎？」晉侯曰：「拏人不當如是哉！」於是大嚴守備。楚子聞之，曰：「勿謂晉無人。」不敢侵。

君子曰：晉侯其善謀哉！集衆人之慮，必有一長者。及韓起獻計，楚人知悉其情，遂退師。詩云「先民有言，詢于芻蕘」，況士乎！

宋剔成君自高，視群臣皆下。有諫者，輒拒曰：「爾欲上我耶？毋不已也。」指所佩劍曰：「懼此乎？」皆怖汗而退。欲造九成臺於雍邱之郊，恐群臣言，戒門者毋納士，納則死。

北殷子且謂門者曰：「吾將見吾君。」門者沮之。子且堅欲入。且曰：「吾事君十年，豈不知君。君所甚惡者諫耳，吾不諫則已，何沮也？」曰：「子既不諫，欲入何爲？」曰：「吾善爲雞戲，將以悦君也。」門者入白剔成君，君召至。子且鼓肱爲翼，膠膠而長鳴。鳴已，急趨出，氣甚暢。君怪之，趣使還。問曰：「子人耳，乃效雞鳴，何也？」曰：「臣尊雞甚，故效之。」曰：「何故尊之？」曰：「臣以堯、舜之知或不如也。」曰：「是何言與？是何言與！寡人聞非聖人者無法，況方之異類乎？」曰：「臣焉敢非聖人，竊有疑也。道蔽天地者堯，德極萬世者舜，皆古聖人也，今謂其知不雞若者，誠過乎激。然風雨晦冥，能司晨不愆度者，堯、舜能之乎？」曰：「不能也。」曰：「堯、舜雖大聖，司晨必以雞乎？」曰：「固也。」曰：「君知如此，奈何盡下群臣，無若雞者乎？」君喜曰：「群臣無言及兹者，今乃始聞之。寡人有過，子宜力諫也。」曰：「君令臣諫，臣不敢隱。今賦急民單，環四封皆强敵，夙夜憂勤且懼不免，況事游觀乎？」曰：「寡人不敢也。」曰：「君曰不敢，而造九成之臺，何也？」剔成君即日罷其役。

君子曰：日之行晝，天下無不照；月之行夜，萬國無不明。然日月之光，有所不及者，一燈之微足補其功。此蓋子且雞喻之説也。

余爲《燕書》四十篇，蓋取鄭人誤書「舉燭」之義。讀者好之，謂有秦、漢風。余獨愧汗弗止者何也？自嬰憂患以來，神情銷沮，見於觚翰之中，氣薾而辭荒，惡在其能秦、漢也？不猶優孟之似孫叔敖哉！至正丁酉夏五月記。

答郡守聘五經師書

十一月二十七日，承遣使者來山中，賜

以書幣，强濂爲五經之師。聞命驚愕，不知所云。雖然，執事之意則甚善也。昔舒人文翁爲蜀郡守，招下縣年少者爲學官弟子，每行縣，益從學官諸生明經飭行者與俱，蜀地大化，比齊魯焉。執事亦舒産，是宜汲汲孜孜，欲追躅於文翁也。然而興學在乎明經，明經在乎選傅。得良傅則正鵠設而射志定，士范齊而鑄器良，聲流教溢，俗轉風移；反是，則政墮矣。此則執事不可不慎者也。

濂也不敏，幼即多病，若藝黍稷與肇牽車牛遠服商賈之事，皆力所不任。靖自念之，吾將何執以閲世乎？適家藏古書數千卷，因取繙閲，習久成性，遂不欲棄去。然亦藉是以自遣耳，非有所能也。是故家庭之間，未嘗以知經稱之。豈直家庭哉？至於鄉黨州閭，亦未嘗謂其通經也。執事者不之察，一旦强儒之，使服深衣大帶，張拱徐趨於講堂之上，吾恐人無不笑之。而所笑者，又恐不止於區區也，執事何爲欲强之乎？

況五經自孟氏後無兼通之者，如施讎之《易》，大小夏侯之《書》，轅固、韓嬰之《詩》，尹更始之《春秋》，慶普、鄭興之《禮》，各僅僅成家而已。濂視數子之間，曾不足負羈紲以從。執事采浮華而忘本實，但見耳目具者，輒聘以爲師。執事倡之曰：「某可師也。」左右畏威，莫敢諫白，又從而和之曰：「某實可師也。」所以濫及於濂。濂縱不顧清議，曲徇執事意而匍匐從之，衿佩森如立竹，執經問難，欲屏之耶，則所職何事？欲應之耶，則環視其中，枵然無所有，其於窘迫，實有不堪。執事何爲欲强之乎？

古之通經者，非思騰簸口舌，以聾瞽時

俗，實欲學爲忠孝。而孝者，又百行之冠冕。苟於孝道有闕，則雖分析經義如蠶絲牛毛，徒召辱耳。陽城爲學官時，謂諸生曰：「凡學者，學爲忠與孝也。諸生有不省親者乎？其有不省親者，即斥去之。」此古人龜鑑也。濂嚴父年垂八十，旦莫弄雛親側，以盡愛日之誠猶懼不足，乃使棄之以臨諸生，諸生將何以取法乎？諸生尚不欲久去膝下，況爲師者乃可爾乎？世豈無陽城，將何面目以見之也！執事何爲欲强之乎？

師嚴然後道尊，理勢然也。濂以輕浮淺躁之資，習懶成癖，近益之以疏頑，不耐修飾。亂髮被肩，累日不冠，時同二三友，徒跣梅花之下，轟笑竟日。不然則解衣偃卧，看雲出巖扉中，有類麋鹿然，見人至，輒驚遁，欲危坐一刻亦不可得。自知獲罪名教，痛思懲艾，卒不可變。此執事素所知，非今日造此飾詞。如此之人，不棄絶則已，安可使儀刑後進！執事何爲欲强之乎？

濂雖不能造文，性樂之甚。當操觚沈思時，闔扉凝坐，不欲聞步履聲，雖犬猫不使之近，即近輒拊几大呼。人咸指爲狂易，傳以爲笑。儻章不能就，擊磬遶室中行，或使小蒼頭簡髮如捕蝨狀，或摩搔膺腹，使氣隆隆然降升乃已。若一入城市，衆人叢居，又無邃房曲閣可下關牡，未書半行，狙伺猿視，大鳴小噪，敗人興趣。寧失萬金之産乃不怨，苟廢此樂，不如無生。執事何爲欲强之乎？

平生樸戇，視人世百爲顛倒，變幻動如神鬼。或握手視肺肝，乃宿刀劍之慘；或鬬争紛不可解，則暗敦玉帛之好。如此之類，不一而足。明以告我，尚不能通曉，況啓之以端，欲使其揣摩測度耶？自料決不能與此輩周旋，苟與之相周旋，寧免其見賣乎？況兼目有短視疾，雖月下可讀蠅頭之字，距尋尺間，白晝則不見人。不相知者，必以我爲簡，非挾人以濟，如水母之目蝦，必有禍我者。素無所仰於人，不知奚故而自求苦乃如此。執事何爲欲强之乎？

又自嬰禍患以來，得怔忡疾，見一夫負戟而趨，心輒驚怖，若杵擊下上，面無色澤，口噤不能對人。近年衰孱日甚，酬答稍煩，則肩髀頹墮，重如壓石，急呼枕熟寐，一二時然後漸復其舊。自度亦不久在人世者。所居之北，有一峰峻甚，俗以其如馮翊夏陽之山，因號曰小龍門。其間多閒曠之地，思誅茆架草室三間，以奉老親，則志願畢矣。此足一出，衆事皆棄。嘗日夜計之，與執事相契亦驩甚，初無不共戴天之讎，執事何爲欲强之乎？

昔者，衛人有西乞牟問諸師睔曰：「世傳五鳳，信祥徵乎？」曰：「有。東方則發明，南方則焦明，西方則肅爽，北方則幽昌，其見或有孽焉。唯中央號鳳凰，乃至瑞耳。」曰：「可獲之乎？」曰：「否。有德則見岐山之陽爾，非可以力致也。」諸師弗之信，出千金號諸岐山之陽。岐山民疑之，羅彩鷮售焉。諸師持歸，誇諸人。人皆笑之。執事之所爲，無乃有類於是乎？吾婺爲東萊倡道之邦，而龜山、考亭之正宗，又往往傳諸學者，故閥閱之家，多尊道德而淺功利，據案談經比比皆是。執事不彼之即而獨此是强，豈棄瑞鳳而愛彩鷮乎？古人有云，經師易得，人師難遇。執事於易得者尚不鑑其僞真，況所謂難遇者耶！竊爲執事不取也。

雖然，執事孜孜汲汲以興學爲意，何讓乎蜀之文翁，但未能選良師傅，其術爲少疏耳。今之爲守牧者，不爲不多也，而溺冠跨項亦有之矣。如執事者，又何可少哉，又何可少哉！濂非明經者，愧不能成執事之意，化吾邦如齊魯，故歷疏鄙衷之不可强者如此，❶惟執事采擇焉。儻嬲之不制，則黄冠野服，負親而逃東海之上，豈能悖性徇物，亹亹隨人作上下耶？禮幣隨使者還，千萬情辭，筆不可盡。

答章秀才論詩書

濂白秀才足下：承書知學詩弗倦，且疑歷代詩人皆不相師，旁引曲證，亹亹數百言，自以爲確乎弗拔之論。濂竊以謂世之善論詩者，其有出於足下乎？雖然，❷不敢從也。濂非能詩者，自漢魏以至於今，諸家之什，不可謂不攻習也。薦紳先生之前，亦不可謂不磨切也。揆於足下之論，容或有未盡者，請以所聞質之，可乎？

三百篇勿論已，姑以漢言之。蘇子卿、李少卿非作者之首乎？觀二子之所著，紆曲悽惋，實宗《國風》與楚人之辭。二子既没，繼者絶少。下逮建安、黄初，曹子建父子起而振之。劉公幹、王仲宣力從而輔翼之。正始之間，嵇、阮又疊作。詩道於是乎大盛。然皆師少卿而馳騁於《風》、《雅》者也。自時厥後，正音衰微，至太康復中興。陸士衡兄弟則倣子建，潘安仁、張茂先、張景陽則學仲宣，左太沖、張季鷹則法公幹。

❶「衷」，原作「衰」，今據鄭本改。

❷「雖」，原作「敢」，今據鄭本改。

獨陶元亮天分之高，其先雖出於太沖、景陽，究其所自得，直超建安而上之。高情遠韻，殆猶大羹充鉶，不假鹽醯而至味自存者也。元嘉以還，三謝、顏、鮑爲之首。三謝亦本子建而雜參於郭景純。延之則祖士衡，明遠則效景陽而氣骨淵然，駸駸有西漢風。餘或傷於刻鏤而乏雄渾之氣，較之太康則有間矣。永明而下，抑又甚焉，沈休文拘於聲韻，王元長局於褊迫，江文通過於摹擬，陰子堅涉於淺易，何仲言流於瑣碎，至於徐孝穆、庾子山一以婉麗爲宗，詩之變極矣。然而諸人雖或遠式子建、越石，近宗靈運、元暉，方之元嘉，則又有不逮者焉。

唐初承陳、隋之弊，多尊徐、庾，遂致頹靡不振。張子壽、蘇廷碩、張道濟相繼而興，各以《風》、《雅》爲師。而盧昇之、王子安務欲凌跨三謝；劉希夷、王昌齡、沈雲卿、宋少連亦欲蹴駕江、薛。固無不可者，奈何溺於久習，終不能改其舊，甚至以律法相高，益有四聲八病之嫌矣。惟陳伯玉痛懲其弊，專師漢魏而友景純、淵明，可謂挺然不群之士，復古之功於是爲大。開元、天寶中，杜子美復繼出，上薄《風》、《雅》，下該沈、宋，才奪蘇、李，氣吞曹、劉，掩顏、謝之孤高，雜徐、庾之流麗，真所謂集大成者，而諸作皆廢矣。並時而作有李太白，宗《風》、《騷》及建安七子，其格極高，其變化若神龍之不可羈。有王摩詰依倣淵明，雖運詞清雅，而萎弱少風骨。有韋應物祖襲靈運，能一寄穠鮮於簡淡之中，淵明以來蓋一人而已。他如岑參、高達夫、劉長卿、孟浩然、元次山之屬，咸以興寄相高，取法建安。至於大曆之際，錢、郎遠師沈、宋，而苗、崔、盧、耿、吉、李諸家，亦皆本伯玉而宗黄初，詩道于是爲最盛。韓、柳起于元和之間，韓初效建安，晚自成家，勢若掀雷抉電，撐決于天地之垠；柳斟酌陶、謝之中，而措辭窈眇清妍，應物而下，亦一人而已。元、白近于輕俗，王、張過于浮麗，要皆同師于古樂府。賈浪仙獨變入僻，以矯豔于元、白。劉夢得步驟少陵而氣韻不足，杜牧之沈涵靈運而句意尚奇，孟東野陰祖沈、謝而流于蹇澀，盧仝則又自出新意而涉于怪詭，至于李長吉、温飛卿、李商隱、段成式專誇靡曼。雖人人各有所師，而詩之變又極矣，比之大曆尚有所不逮，況廁之開元哉！過此以往，若朱慶餘、項子遷、李文山、鄭守愚、杜彦之、吴子華輩，則又駁乎不足議也。

宋初襲晚唐五季之弊，天聖以來，晏同叔、錢希聖、劉子儀、楊大年數人，亦思有以革之，第皆師於義山，全乖古雅之風。迨王元之以邁世之豪，俯就繩尺，以樂天爲法；歐陽永叔痛矯西崑，以退之爲宗。蘇子美、梅聖俞介乎其間。梅之覃思精微，學孟東野；蘇之筆力横絶，宗杜子美。亦頗號爲詩道中興。至若王禹玉之踵微之，❶盛公量之祖應物，石延年之效牧之，王介甫之原三謝，雖不絶似，皆嘗得其髣髴者。元祐之間，蘇、黄挺出，雖曰共師李、杜，而競以己意相高，而諸作又廢矣。自此以後，詩人迭起，或波瀾富而句律疏，或煅煉精而情性遠，大抵不出于二家。觀于蘇門四學士，及江西宗派諸詩，蓋可見矣。陳去非雖晚出，乃能因崔德符而歸宿于少陵，有不爲流俗之所移易。馴至隆興、乾道之時，尤延之之清婉，楊廷秀之深刻，范至能之宏麗，陸務

❶「微」，原作「徽」，今據鄭本改。

觀之敷腴，亦皆有可觀者。然終不離天聖、元祐之故步，去盛唐爲益遠。下至蕭、趙二氏，氣局荒頽，而音節促迫，則其變又極矣。

由此觀之，詩之格力崇卑，固若隨世而變遷，然謂其皆不相師，可乎？第所謂相師者，或有異焉。其上焉者師其意，辭固不似，而氣象無不同；其下焉者師其辭，辭則似矣，求其精神之所寓，固未嘗近也。然唯深于比興者，乃能察知之爾。

雖然，爲詩當自名家，然後可傳于不朽。若體規畫圓，準方作矩，終爲人之臣僕，尚烏得謂之詩哉！是何者？詩乃吟咏性情之具，而所謂風、雅、頌者，皆出于吾之一心，特因事感觸而成，非智力之所能增損也。古之人，其初雖有所沿襲，未復自成一家言，又豈規規然必于相師者哉？嗚呼！此未易爲初學道也。

近來學者，類多自高，操觚未能成章，輒闊視前古爲無物。且揚言曰：曹、劉、李、杜、蘇、黄諸作，雖佳不必師，吾即師，師吾心耳。故其所作，往往猖狂無倫，以揚沙走石爲豪，而不復知有純和沖粹之意。可勝歎哉，可勝歎哉！

濂非能詩者，因足下之言，姑略誦所聞如此，唯足下裁擇焉。不宣。濂白。

擬答呂相絶秦書❶

昔我嬴秦，實長西戎，獻公不我鄙夷，以伯姬歸我穆公，穆公不敢忘。獻公薨，國內不靖，群公子出奔。穆公懼大國社稷之隕，會齊人納惠公于晉。惠公許以河外列

❶「呂相」，鄭本作「魏錡」。

城五，東盡虢略，南及華山，內及解梁城。言猶在耳，乃即背之。會晉薦饑，來乞糴于我。諸大夫惡惠公二三其德也，欲乘機伐之。穆公則曰：「其君是惡，其民何罪？」于是乎輸粟于晉，自雍及絳相繼不絕。未幾，秦亦饑，穆公又曰：「晉君其能恤我民矣乎？」遣使之晉。惠公弗念穆公之施，絕而弗與。穆公不得已，有韓原之師，相從惠公而西。雖然，豈敢以至？即改館饋七牢焉，使歸于國。及晉再饑，穆公又餼之粟。

惠公薨，懷公遣師軍于廬柳，威靈所加，孰不畏之？我穆公忘己之弱，使公子縶如晉師，天誘其衷，退軍于郇。文公遂入曲沃，朝于武宮。呂、郤畏偪，將焚公宮以圖不軌。穆公知之，乃潛會文公于王城，誘而殺之。文公即位，來逆夫人嬴氏。穆公以晉國大臣未附，俾三千人衛之以歸。微我穆公，惠、文之能有國，未可知也！則是我有大勳于晉，豈惟諸侯知之，皇天后土，實與聞焉。

文公當不忘我舊德，戮力同心，以輔王室。子帶之亂，天王出居于鄭，使左鄢父來告難，❶亦使簡師父以告于晉。我穆公左執鞭弭，右屬櫜鍵，親帥師屯于河上以遲文公。文公恐我分其績也，乃辭我師而下，納王于成周，殺太叔于隰城，而獨受陽樊、溫、原、攢茅之田。我穆公不敢言。文公自是信宣于諸侯。虞、夏、商、周之胤，莫不震疊，相率而朝于晉，非爲秦也。文公又以諸侯方睦，欲修舊怨于鄭。穆公畏文公之威，不能自寧，❷急出師軍氾南。鄭伯恐，使燭

❶「左」，原作「子」，今據鄭本改。
❷「能」，四庫本作「我」。

之武來言曰：「君嘗爲晉君賜矣，許君焦、瑕，朝濟而夕設版焉，君之所知也。夫晉何厭之有，既東封鄭，又欲肆其西封，若不闕秦，將焉取之？」穆公聞其言而懼，結盟而還。

文公薨，襄公即位。穆公有事于鄭，未嘗以一矢犯晉疆場。襄公蔑棄我穆公，以墨衰即戎，敗我于殽，殄殲我卒徒，係累我三帥。我穆公亦不唯晉之怨，乃自悔過，誓告于群臣，然猶願徼靈于惠、文，以事我襄公。襄公不察我之誠，又帥宋、陳、鄭三國之師，取汪及彭衙。國中之人怒曰：「晉不報德則已，乃日事干戈，是欲滕、薛我也。」將悉敝賦以待于郊。亦冀晉人遣一介行李之來，修復舊好。襄公唯力是恃，又伐我，圍邧、新城。

襄公薨，穆公亦即世。晉人以國家之難，❶欲立長君，使先蔑、士會如秦逆公子雍。❷我康公唯穆公之事是傚，多帥徒衛以納之。晉人遽食前言而立靈公，又敗我于令狐。自時厥後，又取我少梁，又戰我于河曲。康公薨，共公即位。靈公亦悔于厥心，欲求成于我，又不明言，以侵崇急我。我共公惡其詭道，弗敢與成。靈公薨，景公即位。景公不務撫綏秦民，又迫我于輔氏。

景公薨，君嗣厥位，寡人謂一二三大夫曰：「我兩國匪以玉帛相見而以興戎，寡人之恥也，盍行成乎？」君亦降心相從，會于令狐，而盟于河之東西。口血未乾，又使郤錡乞師于魯，欲以伐我，且以蔓辭以文致我罪。寡人聞之，困獸猶鬭，況國乎！君既

❶「之」，鄭本、文粹本作「多」。
❷「士」，原作「自」，今據鄭本改。

有意督過矣，寡人亦何愛一國士卒不與君周旋左右乎？君若惠顧前好，唯令狐之盟是申是尋，亦唯命；鍛乃戈矛，備乃弓矢，俾兩君相見于野，亦唯命。寡人敢帥西方之諸侯，俯伏以聽，唯執事其進退之。

補范少伯辭越王書

臣聞「知足不辱，知止不殆」，古之明戒也。臣雖不佞，竊嘗從事斯語，敢白其私於下執事，唯君王加察焉。

臣本南陽一布衣，自謂衰賤，未嘗世禄，故飲食則甘天下之無味，居則安天下之賤位，被髮佯狂，不與於世。而君王待之過禮，寘諸群臣之列。臣日夜心計之：一介狂士，而上辱君王之知如此，當盡瘁以事國；即于國事無所建白，設有不幸，誓伏劍結纓，以報稱萬一。言雖不出諸口，上帝鬼神實鑑臨之。

夫椒之役，夫差分其人民之衆，以殘伐吾邦，夷吾宗廟，莽爲空棘。君王以餘兵五千保棲會稽，下守溟海，唯魚鼈是見，困亦甚矣。夫差不道，復追而圍之。大夫種膝行頓首請成。夫差聽申胥讒，毅然不許。君王恚甚，至欲殺妻子，燔寶器，觸戰以死。臣時在左右，憂懼不知所爲，亦屢思克踐前志，所以未忍即死者，將有所圖也。幸賴先王之靈，夫差悔過，卷旆而旋。君王既反國，臣亦得效犬馬奔走，與大夫柘稽爲質于吴。夫差畏君王之威，不敢久留臣，遣之東歸。君王因與臣及大夫種謀，以復讎爲事。食不殺而饜，衣服純素，不袀不玄。內飭其政，外事諸侯。如是者二十餘年，始發習流二千，教士四萬人，君子六千人，諸御千人，有事于吴，及其平而還。後四年，復往伐焉，敗之于囿，又敗之于郊，又敗之于津。如是三戰三北，遂圍之，棲夫差姑胥之山。夫差使王孫駱肉袒膝行請成。君王弗之許，乃被五勝之衣，帶步光之劍，仗屈盧之矛，瞋目大言以執之。夫差懼，太息四顧，引劍而死。君王乃北渡淮，與齊、晉諸侯會于徐州，致貢于周。周元王使人致胙，命爲伯。當是時，越兵横行江淮，東諸侯畢賀。

初，君王之在會稽，其辱爲已甚。臣豈不知主憂則臣勞，主辱則臣死。其不能即死者，爲此事也。藉君王之威武，二三大夫之用命，一雪其仇，始願從會稽之誅。君王憐臣之愚，不賜臣以死，乃欲與臣分國而治。

且臣聞之，四時之序，成功者去，天之道也。功成名遂身退，明哲之事也；持禄固位，知進而不知退，危亡之道也。昔晉大夫祈奚爲中軍尉，請老而歸，身名俱全，人以爲知分。申侯有寵于楚、鄭之君，楚、鄭之君唯其言之是聽，❶無不可者。卒致首領不保，爲天下萬世笑，何也？不能退也。况臣起自布衣，幸得侍衛左右，何功于越而稱上將軍。大名之下，難以久居。若戀執寵榮而沈溺不返，不有人禍，必有天殃。君王幸察臣知止知足之意，賜臣骸骨，得乘扁舟，出三江，入五湖，去耕東海之濱，則志願畢矣。唯君王留意焉。

宋文憲公全集卷三十七終

❶「是」，原作「自」，今據鄭本改。

宋文憲公全集卷三十八

演連珠五十首

連珠者，興於漢章之世，班固、賈逵、傅毅咸受詔作之。其後陸士衡演之，司空徒、徐鉉、晏殊、宋庠又從而效之。然其爲體，不指説事情，必假喻以達其旨，而覽者微悟，合於古詩諷興之義，有足取者。作演連珠五十首。

蓋聞忠臣徇國，不惜於軀命；烈士愛君，竟忘其首領。是以左轂之鳴，車右伏劍；越甲之至，雍門刎頸。

蓋聞鷹鸇巢林，鳥雀爲之不棲；松柏在岡，蒿艾爲之不植。是以君子居鄉，憸壬革面；正士立朝，奸雄斂迹。

蓋聞志於貞節者，浮名不足以累其真；志於恬泊者，好爵不可以亂其性。是以子陵樂富春之耕，干木辭於陵之聘。

蓋聞天矩有定，人謀莫移。或順之而從吉，或反之而致凶。是以鶴頸固長，截之則恐；鳧頸雖短，續之則悲。

蓋聞事貴審機，行當寡尤。《大易》慎辨早之戒，《春秋》嚴謹始之謀。微必馴於顯極，鴻每事於纖求。是以蚆蟦一出，潛魚盡怖；霜鐘初動，巢鳥咸憂。

蓋聞龍升雲隨，虎吼飈興。豐澤劍飛，徠山東之冠履；晉陽戈指，集冀北之簪纓。是以氣志脗契，精神合并。桑陰不徙，而大功立；戎衣一御，而四海平。

蓋聞體微而勁者，或足以交戕；形龐

而武者，或失於見制。小大每失於相形，剛弱乃拘於所畏。是以豺舌雖狹，而有殺虎之能；鼠牙雖尖，而有害象之技。

蓋聞資地以成，恒麗形於名岳；向陽而集，唯藉飲於醴泉。物以類而方聚，德必均而可肩。是以五色神芝，肯鬯靈於朽壤；九苞彩鳳，笑嚇鼠之烏鳶。

蓋聞外味不加，則形氣日削；内養有道，則神明自腴。苟譬諸物，若契以符。是以脾析一停，犀牛即仆；中夷既涸，鱴刀成枯。

蓋聞賞物在精，取財有道。毫髮異觀，天淵殊造。是以嶧陽之桐，惟伯牙能知其良；烏號之弓，必由基方領其妙。苟徒妄粥而暗投，曷若藏音而收耀。

蓋聞旭日纔升於上玄，則沈霾斯屏；疾霆或振於后土，則魑魅潛驚。何則？大明足以著宣天德，大威足以遹昭天聲。是以兩觀之誅，尼父與政；三叔之亂，姬旦東征。

蓋聞殷商久旱，有備而無虞；鄭國屢菑，知警而弗復。是以陽德載乎氣化，玄邈難知；治忽繫乎人謀，昭明可究。

蓋聞人畜木難，輕如尺布；家藏敝帚，重若千金。何權度之遽失，斯沈痼之已深。是以自珍而蔑人者，不行於匹婦；中虛而徇禮者，可化於百千。

蓋聞青霞白鳳之文，奚關治化；黃馬碧雞之辨，頗類俳優。哀彌文之喪質，致末俗之效尤。是以六藝之科，法莫嚴於炎漢；三緘其口，銘式播於成周。

蓋聞爭雄角勝者，常貴於權謀；伐罪弔民者，必資於仁義。由王霸之或殊，遂正偏之頓異。是以湯武之師，若日照而月臨；桓文之兵，如風飛而雷勵。

蓋聞翔蠅飽偃溷之腴，如甘芳餌；艾豭處汙巇之窟，若寢文茵。緣局氣而不變，迺反物而獨稱。是以錮於陋習，苦良易置；同乎衰世，妍醜奚分？

蓋聞負道推公者，欲舉善以同人；挾智自私者，恒患賢之壓己。以其量之隘弘，驗其人之臧否。是以五弓之陵，莫齊泰華之岡；一蹄之涔，難媲滄溟之水。

蓋聞神祕啓聖，龍圖出河。生卦爻之參錯，見陰陽之盪摩。弘參玄化，丕叶太和。是以梏於讖緯者，誣絺繡於輕縞；拘於術數者，❶量瀛海以玄蠡。

蓋聞大鈞司播，何奇不有；通神廣攬，❷厥識惟貞。若限一己之陋，將失百物之情。是以南徼流泉，人飲之而化蟒；西戎羊角，❸土種之以成形。

蓋聞九聖有作，懸中天之兩曜；❹七經垂訓，燭萬古之重冥。移擿埴以索塗，咸履榘而蹈繩。是以采章文物，因茲而昭煥；禮義廉恥，藉是以修明。

蓋聞有感斯應，無闇弗章。或聲音之相召，或物我之兩忘。是以瓠巴援琴而鼓，則游魚出聽；曾子倚山而嘯，則飛鳥下翔。

蓋聞寰宇至博，當百工共理；廟社至重，非一士可圖。❺是以尺薪不能温鑊水，寸冰不足寒庖廚。

蓋聞哲士窮機，必售其所嗜；純臣强識，必揆其所當。是以文繡雖華，犬冒之而

❶「拘」，鄭本、韓本作「鈌」。
❷「神」，鄭本作「人」。
❸「角」，鄭本作「骨」。
❹「懸」，鄭本作「恤」。
❺「圖」，鄭本作「毗」。

棄去；毛嬙雖美，魚見之而深藏。

蓋聞正色在廷，固資於謇諤；婉容而諫，尤貴於優柔。盛怒無逆鱗之批，易志有解頤之休。是以叔向善辭，故不殺搏鷃之豎；晏嬰能諷，故卒出斬竹之囚。

蓋聞士必因其才，則可以致使；器必稱夫用，則可以致亨。若反是道，將毀於成。是以泗濱之梓，不能以爲篴；雲夢之竹，不足以爲箏。

蓋聞善事國者，不以私廢公；善爲臣者，不以怨棄義。是以解狐之引伯柳，上黨則安；舅犯之舉子羔，西河則治。

蓋聞地隨天偏，氣因方異。既爽中和，則流隱庳。是以由首之山，曾雪常凝；壽麻之國，大暑倍熾。

蓋聞志或不持，亂靡有定。甘於遂欲，如染錫飴之鼎；溢於從善，如蹈刀鋸之穽。是以善妬者，弗服秦寶之木；❶善淫者，不厭太倉之令。

蓋聞玄黄載析，品象攸凝。兆人文以宣其用，乂粒食以遂其生。❷是以魚游翠嫣而録圖至，天雨嘉粟而帝農耕。

蓋聞天兆既朕，神符有尚。叶二儀之絪緼，含三辰之融盎。有開必先，揆理無妄。是以赤龍感河而堯生，白氣貫月而湯降。

蓋聞處平則通，行危則蹇。厥志弗回，斯力乃衍。是以魚升龍門，難於拾級；車上太行，難於薄險。

蓋聞是非易軌，白黑倒置，勢有不一，時隨所值。是以齊女雖醜，反以醜聞；秦

❶「寶」，鄭本作「室」。
❷「粒」，鄭本作「立」。

士雖賤，卒以貴遇。

蓋聞唯氣應時，其則弗爽；唯神體物，其用乃周。是以槖籥順虛而鼓動，關鍵乘時而啓抽。故人心或變，壯士歌而怨夫哭；物化有定，秦女悲而秋士憂。

蓋聞善言物情者，否固有泰；能察人理者，詘或弗信。是以道不濟而戎夷寒死；志不行而東郭長貧。

蓋聞形采未彰者，竟忘其窳陋；❶事功未白者，誰察其隆高。是以鬋飭自矜，臨淄水始知其醜；威稜素斂，破昆陽始知其豪。

蓋聞事貴適用，物宜近觀。或墆恒而畱變，終背易而由艱。是故寒者不貪雙璧而思短褐，飢者不願千金而美一飡。

蓋聞九五飛龍，三靈叶瑞。大德有貞，至神攸馭。❷是以帝堯即政，景星出翼；成湯臨寓，❸飛煌挾馭。

蓋聞惟皇建極，爲世彝制。變鹿豕之俗，則竭力以行道；出魚鼈之民，則忘身而徇世。是以通河漢者，首無髮而股無毛；贊天地者，心有經而膂有緯。

蓋聞民既大安，則樂世如砥；策能戡亂，則目牛無全。是以勺酒鬱搖，勢在克殷之後；甲兵未動，勝居服夏之先。

蓋聞中心弗安，大信孚如。驗千里之違，應在片言之是非。是以史佚正辭，以實桐葉之戲；晏子佯對，而發海棗之疑。

蓋聞葆熙石實，任運陵局。左闔右開，以攬二儀之祕；仰觀俯察，以盡萬品之情。何則？行廢安於否泰，動静視乎屯亨。❹

❶「窳」，鄭本作「寢」。
❷「馭」，鄭本作「御」。
❸「寓」，原作「寓」，今據鄭本改。
❹「視」，鄭本作「繫」。

是以虞舜大聖，猶禮於支父；神禹至治，猶優於伯成。

蓋聞一饋七起者，文后之急士；❶一沐三握者，姬旦之下賢。是以庶績用乂，靈貺斯甄。故自長而短人者國必仆，自賢而愚人者身必顛。

蓋聞天人協合，上下盤魄。參神運之迴旋，資氣化於沖漠。是以君致尊而制命，則日月貞明；臣守卑而介道，則雨暘時若。

蓋聞崇庳別方，鴻瑣殊器。其性有差，其量則異。是以蝦蟹之朋，莫希雲龍之軌；燕雀之儔，難知鴻鵠之志。

蓋聞明聖有作，問道無方。之具茨而事大隗，適東岱以奉中黃。是以下綏定於黎庶，上燮和於陰陽。故沖默之德，蟠乎無際；淵微之應，覃乎無疆。

蓋聞善行興邦，嘉言作則。法緣之以革奸，❷人依之而建德。是以聞一言之當，如得萬人之兵；獲一士之賢，如得千乘之國。

蓋聞擇食者在驗其醇醨，觀人者在察其衷良。是以烏喙雖可充腸，茹之則身滅；憸邪雖可任事，用之則國亡。

蓋聞昭懸景於天，則暴威不作；鼓飛廉之氣，則柔慝自退。是以白日揚光，雷車避藏；祥飈鼓籟，玄雲掩旆。

蓋聞淡顔鈍舌，❸不合於汙世；戇揖癡步，❹取憎於流俗。寧采綠於澗阿，肯逐軌於朝曲？是以擇林而遁者，甘西山之餓；知命不憂者，免窮途之哭。

❶「后」，鄭本作「命」。
❷「革」，鄭本作「董」。
❸「鈍」，鄭本作「鈍」。
❹「揖」，原作「楫」，今據鄭本改。

蓋聞至道玄妙，非氣象可局；靈化潛融，非軌轍可制。若魚兔之已得，則筌蹄之可離。是以協三才而貫十端，宰一心而統萬彙。

寓言 五首

齊桓公因過葵邱，葵邱人掘地得鐵劍以上，劍厄於土，❶蝕甚。桓公力耆之，命左右礪以密砥，沃以烏膏，雖日切劘下上，而鱗然若痏痂者猶故也。❷

持以示隰朋，隰朋曰：「是謂太白之精，西方之英，北斗上布，中炯外空，不用則已，用不留行。是蓋諸侯之神物也。」復示開方，開方曰：「隰朋之言良是。昔我太公，嘗得寶劍於渭之陽，名曰龍光。命太史占之，❸其繇有曰：『金以至剛，象以武功。大啓爾封，東海之邦，歷年八百乃終。』迄今卒受國於齊。君之所獲，與太公無異，是殆天欲昌齊伯業乎？昌之必自葵邱始。」

管夷吾不言而出，桓公召而問曰：「寡人得寶劍，左右皆吾譽，子獨無一言何也？」夷吾曰：「君闇而臣佞，臣尚何言。」桓公曰：「何故？」夷吾曰：「君勢隆則諂諛日至，諂諛日至，則危亡之道也。彼隰朋、開方者，豈不知三尺枯鐵，冶鍛之家皆有之，今敢面欺於君，是君有重勢以臨之也。古之賢王，好善而忘勢者，果何爲哉？」桓公足地曰：「微汝言，寡人不及此。勢之所至，可畏哉！」

❶「劍」，原脱，今據鄭本補。
❷「痏」，鄭本作「廬」。
❸「太史」下，鄭本有「編」字。

晉景公朝出，❶見飯牛者且行且歌，意軒軒若自得，命韓厥呼而問之：「女衣纔至骭，曾無袞繡之華；出牧於野，曾無文軒之載。女果何樂而行歌若是也？」

飯牛者曰：「此吾所以樂也。吾豈欲異於人哉？顧袞繡之榮，適以囚吾身；文軒之美，適以械吾體。故絶去而弗求也。吾豈欲異於人哉！人過百齡，其速若一日耳。舞而婆娑，行而浩歌，寤而蕤蕤，寐而魚魚，以此優游卒歲，不亦安乎！生殺之柄弗累於手，安危之機弗繫於心，朝夕所慮者牛之飢，得青芻一束，則吾事濟矣，不亦足乎！既安且足，其視列車千乘，積粟萬鍾，皆外物也，泊然與化俱冥矣，不亦達乎！有此三者，而欲持以易彼，非惑歟？」

韓厥曰：「女自謀則善矣，如蒼生何？」飯牛者不答，笑去。

衛人有齊邱生者，年五十生一子，愛之。食寢非子在側，弗安弗飽。偶渡河溺死，齊邱像其貌而哭甚哀。

其友子人丙曉之曰：「魯人有愛狻猊者，狻猊産遠徼，❷而中國不可得，乃使人貌之而日視之，終不得一見之。爾之所哀，得無類是乎？」齊邱聞之愈悲。

子人丙之兄罵曰：「爾惡識死生之變哉？宜乎不爾聽而愈悲也。」乃走告齊邱曰：「太虛之間，❸氣有屈信，生生死死一耳，爾容何力哉！❹古之達人，委之順之，由之全之，不逆命，不沮化，不祈内福，不辟

❶「公」，原脱，今據鄭本補。
❷「遠」，原脱，今據鄭本補。
❸「間」，原作「門」，今據鄭本改。
❹「容何」，鄭本作「何容」。

外禍，不知天之爲人，人之爲天也。且爾之死生，亦縱浪大化中，未知津涯，尚何暇恤爾之子哉？」齊邱收泣謝曰：「喻之矣。」

商於子家貧，無犢以耕，乃牽一大豕駕之而東。大豕不肯就軛，既就復解，終日不能破一畦。甯毋先生過而尤之曰：「子過矣。耕當以牛，以其力之鉅能起塊也，蹄之堅能陷淖也。豕縱大，安能耕耶？」商於子怒而弗應。

甯毋先生曰：「詩不云乎，『乃造其曹，執豕於牢。』言將以爲殺。今子以之代耕，不幾顛之倒之乎？吾憫而詔子，子乃反怒而弗答，何也？」

商於子曰：「子以予顛之倒之，予亦以子倒之顛之。吾豈不知服田必以牛，亦猶牧吾民者必以賢。不以牛，雖不得田，其害小；不以賢，則天下受禍，其害大。子何不以尤我者尤牧民者耶？」甯毋先生顧謂弟子曰：「是蓋有激者也。」

雍邱有北宮殖，操舟捕魚蚌自給。夜宿河濱，忽獲夜光之珠，明照百步外。雍邱之人以北宮殖得奇寶也，爭刺羊豕往賀之，曰：「自若居雍邱，出則操舟，入則舍舟。其衣罔罔爾，其食扈扈爾。宋人之窶者，未有過於若也。若今一旦得奇寶，奇寶者，世之所珍，何欲不饜哉！」

宋大夫聞之亦往賀，曰：「宋君欲求照乘之珠十枚，既有其九，環宋國之疆而詔之，無有應者，不意若得之河濱也。若當襲以阿錫，緒以寶椷，吾挈若西獻之，貴與富弗須口也。

北宮殖將行，其父始還自秦。北宮殖

具以告。其父哭曰：「予居雍邱十世矣，安於一舟。今以是珠獻，必致貴富。貴富則驕，驕則暴，暴則亂，亂則危，危則大壞而後已。求如今日操舟尚可得耶？吾安用是爲也，吾安用是爲也！」碎之。

蘿山雜言 二十首

濂自居青蘿山，山深無來者，輒日玩天人之理。久之，似覺粗有所得，作《蘿山雜言》。

君子之道，與天地並運，與日月並明，與四時並行。沖然若虛，淵然若潛，渾然若無隅，凝然若弗移，充然若不可以形拘。測之而弗知，用之而弗窮。唯其弗知，是以極微；唯其弗窮，是以有終。

至虛至靈者心，視之無形，聽之無聲，探之不見其所廬。一或觸焉，繽繽乎萃也，炎炎乎爇也，莽莽乎馳弗息也。苟不以畏爲君，而欲轡之勒之，檢之柙之，苞之涵之，是猶教猿學禮也，不亦左乎？

子不見嬰兒乎？目不留采色，故明全；耳不留音聲，故聰全；舌不留苦甘，故味全。君子則之，養其聰，晦其明，忘其味，是之謂通原。通原則幾乎聖人，不用則已，用則爲天下獨。

六經皆故迹，新入之機不同。其機確確，其履濯濯；其機采采，其履昧昧。甚哉！其機也。人以文視經，斯繆已。善察機者，其以質視經乎！

綿綿棼棼，❶乃政之分；純純謚謚，乃政之一。是故聖人馴而弗擾，靖而弗逸，明

❶「綿綿」，鄭本作「絲絲」。

而弗察，勤而弗煩。弗擾，故民舒；弗逸，故民寧；弗察，故民寬；弗煩，故民裕。四者有失，則天下受其害。

守正莫過於一。一故弗貳，弗貳則明。明則神，神則無不通，天下之能事畢矣。是故聖人之學貴一。

天下，一物也。譬之千鈞，烏獲能舉之；力不獲若，則或壓焉，或僨焉，甚可畏也。然則舉天下有要乎？曰：「有。德以懷之，刑以威之。」

陰陽相摩，晝夜相環，善惡相形，梟鳳相峙，粱藜相茂，勢也，亦理也。君子欲盡絕小人，得乎哉？

鳥之羽者兩其足，獸之角者去其齒。天地生物，尚有不能，而況衆人乎？故曰：「功有所不全，力有所不任，才有所不足。」

行遇刃者必避，食逢鴆者必舍，懼害己也。麗色藏劍，厚味腊毒，則弗之察，愚矣。

雞司晨，犬警夜，雖堯、舜不能廢。人有棄小善而弗采者，非道哉！

以文徼名，名必隳；以貨狥身，身必亡。隳故無成，亡因有争。唯君子知名不可徼，身不可徇，是謂守素。守素則治，治乃昭，昭乃純，純乃誠。内修不暇，奚事外欲？

皦皦兮不緇，容容兮不知其所窮。如擁鑑，如持衡，隨美惡輕重而應焉，其君子之心也哉！

天無言而生殺遂。伸兮則榮，屈兮則悴，亦何容力哉？故君子與天合德。

不察察以自恃乎，不默默以求全乎，不赫赫以鶩翔乎，不縮縮以雉伏乎，能純一乎，能絶外誘乎，能山立而海受乎。如是者謂之近道。

彼因氣强，吾以義剛；彼因氣弱，吾以仁柔。剛柔强弱之閒，不容一髮。知者行之，是謂得天；不肖者悖之，是謂失天。

人有奔走而求首者，或告之曰：「爾首不亡也。」指以示之，泠然而悟。學者之於道亦然。

世求聖人於人，求聖人之道於經，斯遠已。我可聖人也，我言可經也，弗之思耳。

天下之事，或小或大，或簡或煩，或虧或贏，或同或異，難一矣。君子以方寸心攝之，了然不見其有餘。

以術干禄者敗，以財樹家者禍，以勢臨人者辱，以安自恃者危，以學自眩者禽，以行自翹者僞：是六疾也。慈則和，儉則裕，勇則決，明則遠，容則聚：是五懿也。去六疾，行五懿，方有爲於天下。

擬漢使諭郡國共擊邯鄲檄

惟高皇帝提三千卒，起自豐沛，赤幟一揮，而天下底定，累洽重熙。至於孝平皇帝，藐在幼沖，委制新都侯莽久秉國鈞，遂致潛萌異圖，僭奸天位。四海豪傑怨怒切骨，❶至有枕戈待旦而弗寐者。義旗始豎，持劍之士動以萬數。不一二年，直擣長安，衆共誅莽。天地爲之開明，日月爲之宣昭，神祇爲之鬱舒。爾吏民之所共知。

賊王郎者，本邯鄲卜筮之家，乘海內弗靖，詐稱成帝子子輿以惑爾吏民。趙、魏亡賴男子遂立爲帝，狥下幽、冀。漢與賊決不兩立，義將剪屠之。今大司馬劉公將城頭

❶「切」，鄭本作「次」。

子、路刁子都兵百萬衆從東方來，軍容之盛，輝赫震蕩，如雷如霆，嬰其鋒者，無不殞滅。爾吏民皆漢舊臣，當不忘二百年子養元元之澤。帥爾子弟，執爾戈矛，鼓行而西，相與成大功。漢法具在，陷陣却敵者受上賞，搴旗斬將者次之，執俘獻馘者又次之，爾吏民隨所擇焉。前之大將軍建立殊績，垂名竹帛者，亦夫人也，曾謂爾吏民，弗能之乎？亦在勖之而已！其有不知逆順之辨，甘爲賊虜，敢持兵以拒我者，必草薙而擒獮之，盡根株痛斷乃止耳。

爾吏民姑昧昧思之：新莽篡立已十四年，置百官、有司、謀臣、甲士雄天下，尚頸血濺地，節解臠分。王郎以新集之衆，假名烏合，遇戰則鳥獸散，其能與漢兵敵乎？漢德在人心者未泯，海内謳吟思之，雖五尺童子日夜矯首以望。赤帝旌旗之至，故一叱咤閒，破昆陽之圍，斬司徒之首，拔武關之險，降宛城之兵，下河北之衆。星流彗掃，若神兵自天而下，皆爾吏民目所親覩。此無他，天命所在，有不可易也。

昔高皇帝嘗刑白馬，盟諸侯王：非劉氏而王者，天下共擊之。況王郎僭厥帝號，反易天常，罪決在不赦。爾吏民上察天命，❶下度人心，尚轉相告語，戮力以誅無道。使他日祀漢配天，不失舊物，爾吏民榮名無窮焉。不然，漢兵且至，其無悔！

廣薛季昶對張柬之語

神龍元年春正月，秋官侍郎張柬之、天官侍郎崔玄暉、中臺右丞敬暉、司刑少卿桓

❶「察」，鄭本作「稽」。

彦範、相王司馬袁恕己，舉兵討武氏之亂。張易之、昌宗伏誅，中宗復位。

洛陽長史薛季昶，❶乘閒言於柬之曰：「侍郎舉義兵剪除奸雄，匡復帝至，使四海蒼生再見唐家日月，其事甚偉。而季昶無一言以爲賀者，侍郎亦知其意乎？」柬之曰：「不知也。」季昶曰：「僕亦謂侍郎不知也。侍郎若知，則其所設施當不止此。侍郎幸聽僕，僕請披肝瀝膽爲侍郎言之：昔我高祖提三尺劍起晉陽，輔以太宗之神武，將帥之忠烈，然後能縛世充於東都，戮建德於河朔，剪黑闥於山東，收李密於黎陽，誅蕭銑於江陵。晝不得息，夜不得寐，蟣蝨生於鎧胄之閒，蓋出萬死一生，百戰而有天下。此無他，欲爲聖子神孫建萬世不拔之業耳。❷今武氏以妾媵之微，黜奪帝位。斷王皇后、蕭淑妃手足，投酒甕中；召諸宗室朝明堂，❸恣行殺戮；御則天樓，大赦天下，革唐號爲周；易服色，置社稷，立宗廟；身被袞冕，手秉大珪，自稱曰『天冊金輪大聖皇帝』，南面而朝群臣。自天地始分以至於今，未嘗有也。侍郎豎義旗以復辟爲辭，但殺二張而釋武后弗圖，譬捨豺狼而問狐狸，何以厭服天下人心？僕竊爲侍郎弗取也。侍郎若聽僕計，集百辟卿士，執武后獻諸太廟，數其過惡，取太宗黃鉞斬之以謝天下。凡武氏之在中外者，無小大皆盡殺無赦，庶幾少慰先帝在天之靈。而侍郎高義亦不在伊尹、周公下，侍郎能留意乎？」

柬之曰：「吾業與玄暉等謀，亦嘗如長

❶「陽」，鄭本作「州」。
❷「聖」，鄭本作「賢」。
❸「召」，原作「石」，今據鄭本改。

史言。但武后倒持天柄二十有一年，生殺廢置皆自其手出，三公九卿惟知有武氏，勇將精兵亦惟知有武氏，萬邦黎庶亦惟知有武氏。脱有一人號於衆曰：『天后且爾，將何所寘吾屬乎？』則吾作虀粉矣。」

季昶曰：「不然。武后負滔天之惡，海内雖畏其威，忠義之心人孰無之。其專制之初，李司馬起兵揚州，奮臂一呼，得勝兵十餘萬，山東豪傑皆蒸麥爲糧，插鋤爲兵，❶以俟南軍之至。當時天下尚憤惋如此，況今日乎！侍郎朝玄武門而入，不過羽林兵五百人耳。誅二張如殺狐兔，無一人敢動者，則人情可知也。侍郎即誅武后，天下有不帖帖者，當使鐵鉤鉤吾舌懸於長安城上，以爲亂言者之戒。」

東之曰：「漢之呂后與武后無大相遠。平、勃雖將南北軍，未聞誅之，豈不以誅之爲弗是耶？」

季昶曰：「武后之罪浮於呂后萬萬。呂后雖殺孝惠子，盡封諸呂爲王，未嘗敢移漢鼎。今武后肆行不道，賴皇天后土未絶唐祚，使侍郎得竭忠其閒。不然，則天下非復唐有，欲持一卮酒滴獻陵土且不可得。侍郎尚欲同之乎？」

東之曰：「武后母也，今天子子也。以子罪母，縱快忿一時，如萬世公義何？」

季昶曰：「傳有之，『人臣無將，將則必誅』。設有人焉，招納亡命而欲睥睨神器，侍郎必盡殺之乃已。是何也？亂臣賊子，決不可赦也。武后於唐，大義已絶，不過一亂賊耳。二三大臣，爲國家討賊，宜從先帝之法，豈上所得預聞。當此之時，宗廟社稷

❶「插」，鄭本作「伸」。

為重，武后爲輕，能殺之乃所以伸公義也。」

柬之曰：「吾爲唐家老臣，即旦暮死，恨無以藉手見先帝於地下。今幸誅二凶，復國號曰唐，便當上章乞骸骨歸老故山，他固不識也。」

季昶見柬之不能聽其言，氣怒甚，目光如炬，大聲謂柬之曰：「此事姑寘之。二凶雖誅，諸武封建如舊，日夜切齒，恨不碎嚼侍郎之骨。況三思又得幸於上，儻白上，罷政事，矯制殺侍郎等若反掌耳。侍郎尚不知動念乎？」

柬之曰：「大事已定，彼猶几上肉耳，無相能爲。上素勇烈，當使自誅之，以張天子之威耳。長史固不必過慮也。」

季昶退，彈指歎曰：「唉！吾以柬之爲天下人豪，故往告之。乃若是，乃若是，吾不知死所矣。」二月，上命三思爲司空。五月，賜柬之等王爵，罷其政柄。二年六月，各貶爲遠州司馬，未幾皆爲三思所殺，如季昶言。

顔率求鼎難

秦興師臨周而求九鼎。周王患之，以告顔率。顔率曰：「大王勿憂也，臣請正大義以却其軍。」率乃詣秦君，長揖言曰：「周之與秦，勢雖若敵國，其分則君臣也。率聞君伐臣則有之矣，自非弑逆，未聞以臣伐君也。不知君之興師而涉邦畿也，何故？天子謹使使臣問諸左右。」秦君曰：「無他意也，寡人竊聞九鼎，四海之厚寶也，誠願得一觀焉。然恐周之執事不察敝國之情，乃盛陳師衛以備不虞耳。寡人，人臣也，豈敢稱亂？」

率曰：「率意君忘其爲人臣也。今幸弗忘，甚善。率嘗適蔡，蔡人有事其主者，其主有龍淵之劍，蔡人操刃與戟逐而奪之。或諫曰：『此汝主也，汝何得乃爾？獨弗畏不義之名乎！』蔡人曰：『吾見龍淵，不見主也。』彼猶不見主，故肆行而無忌憚。君今知爲人臣，而興師求九鼎焉，何也？

「君不聞齊、晉之事乎？齊地方千里，帶甲數十萬，天王嘗賜太公履，東至於海，西至於河，南至於穆陵，北至於無棣，五侯九伯皆得專征。迨桓公之興，平宋折鄭，帖服荆楚，威行諸侯，天下莫强焉，尚款款以尊周爲事，未嘗敢求九鼎也。晉地亦方千里，帶甲亦數十萬，掎以太行之高，起以首陽之雄，迤以黄河之深，靡以大陸之廣，所謂表裏山河之固，晉實有之。文公藉累世之盛，侵曹伐衛，大戰於城濮，而楚師敗績，列國畏威，無敢不從。然猶一曰尊王室，二曰尊王室，亦不敢求九鼎也。

「今君欲行霸術，不思法桓、文，而首惟不軌是圖，率恐諸侯有以議君也。且君有不義者三：以臣帥兵而劫天子，不義一也；鼎乃先王重器，而敢睥睨之，不義二也；肆虎狼之威，志在邱墟宗廟，不義三也。六國怨秦之虐，日夜共謀洹水之上，恨無其名以興師。設知君有爾，韓必遣三將，軍出宜陽。趙、魏與韓唇齒之邦，必注强弓、蹠勁弩助之。燕雖稍弱，勢不能以獨寧。四國合一，精兵當不下三百餘萬。齊爲山東大國，亦必驅其衆，西向殽、函。楚見諸侯並起，其雄吞之志益暴，又必急趨擣武關。君雖有百二之險，舉六豹而噉一牛，不至血肉狼籍不止也，率竊爲君危之。

「夫鼎者，又以昭夫德也。苟無其德，

雖得之，必亡之。昔夏之盛也，貢金九牧，鑄鼎象物，百物而爲之備。使民知神姦，用能協於上下，以承天休。桀有昏德，鼎遷於商。商紂暴虐，❶鼎遷於周。周德雖衰，天命未改，君尚可力求之耶？楚莊之强，君之所聞也，因伐六渾之戎，遂來問鼎之重輕。王孫滿一言却之，輒俛首莫敢吐氣者。豈力有不足哉？誠畏負不義之名也。君世有功於天王，今其所爲，可不如蠻荆之長乎？

「爲君之計，莫若告於衆曰：『寡人不敏，昧厥君臣大分，帥爾有衆，欲觀鼎於周。周之大夫弗以寡人爲不穀，肫肫然喻之。寡人雖至愚，亦已藏之中心矣。爾衆宜解甲韜戈從寡人。寡人幸至於廟，當舉觶自罰，復告於太史書之，以旌寡人之過。』君能如此，則改過不吝之成湯，又見於今日也，君德孰加焉！」

秦君聞之赧然，謝顔率曰：「子之言良是也。」即日罷兵西還。

爲説者曰：秦師求鼎之事雖急，使率以是大義折之，秦縱暴，必能退師，初不待陳臣思將兵以救之也。既不能然，復以八十一萬人輓鼎詭齊，率真小人哉！嗚呼！大義不明久矣，豈獨率一人之爲然哉！嗚呼，大義不明久矣！

五洩山水志

五洩山在婺、杭、越三州境上，北距富春，南據勾無，東接浦陽，其山水最號奇峭。齊謝元卿嘗以採藥深入其中，而宋刁景純、

❶「紂」，原作「討」，今據鄭本改。

吴處厚亦頗游焉。

自西坑嶺入，過遇龍橋北行二十步，始入西潭。潭前横一溪，❶水甚寒，履之如冰。由溪而前，徑小潭傍，有嶕石突起，類大甕斜覆。乃捫石而登，一失足輒墜。又行二里所，地稍夷曠。怪石四瞰，❷峰巒環列獻狀，其紋縈縈然，類神工鬼斧所雕刓者。山多猴，游人或恐之，撒石亂下如雨。又前行半里所，泉自石竇中出，瀏瀏作聲，若琴、若笙竽。泉西流匯爲小窪，瑩澈泓澂，毫髮不隱，鯈魚數尾，洋洋往來，如行琉璃瓶中。見人至，潛去。窪左大樹離立，極怪偉，倒影入水中如畫。又前行五十步，大石閡道。相傳有巖角肖鷹喙，忽夜大雷雨，喙崩下，聲聞數十里。❸又行三十步，榛篠成林，翠光浮映，衣袂成碧色。山蟲崖⿸厂虫，奔遶後先，瞬目失所在。至此則氣象陰幽，絶不類人世，如升蓬嶠，坐水晶宫，生平烟火氣消盡。又自山腰緣葛而前，竹籜覆地厚，動足輒仆。又過十步許，抵小潭。小潭上曰西潭，流水傾沫成白簾，闊可七八尺，冉冉下注，滑而無聲。兩傍石崖峭立，苔蝕蘚暈，時有水珠毿毿滴下。歲旱，鄉民禱龍於此。遇禱，水或湧，取蜥蜴入瓶盂中，持以歸，多驗。自遇龍橋至此，約可五六里，皆蛇盤磬折，路行若窮，又復軒敞，其中勝致，難得具記。或言潭上有石河，從石河至三臺塔，人跡罕至，莫詳也。

尋故路而出，斜迤而東，過香爐峰。峰峭拔，❹上有石類香爐，故名。香爐北，

❶「潭」，原脱，今據鄭本補。
❷「怪」，鄭本作「坐」。
❸「數」，鄭本作「二」。
❹「峰」，原脱，今據鄭本補。

有峰圓而童，名鉢盂峰。或曰肖東甌鴈蕩，又名鴈蕩峰。由鴈蕩而南，時有白雲覆於谷者，名白雲峰。❶屹然人立者，名玉女峰。嶄嶄勢欲柱天者，名天柱峰。其他諸峰，星聯肺附，❷登名圖籍者蓋七十有二焉。復從崖東折，❸度略彴橋，趨三學院。院，唐靈默禪師道場。師嘗降龍於此，遺跡尚存。由院北深入又百餘步，至東潭。潭上飛瀑可二十丈，瀑怒參，❹倒擊崖竅中，若運萬斛雪，從天擲下，白光閃閃奪人目睛。至潭底，輒復逆上，有聲如輥雷。人笑語，咫尺不能辨，猶聞甕中聲。居人云，每天風一號，❺四山林木震撼欲折，黑雲下罩，杳不知昏曉。歲旱投龍者，蓋多驗。如西潭，復北折而西，泝潭之源，登轡鐵嶺，度紫閬山。村人多舍篁葦間。有平皋數百畝，可耕概。

傍沿石河，又行一里所，地名石鼓，足頓之鼕鼕鳴。越十步，至第一潭。潭如井，睨之正黑，投以小石，鏘若佩環。又越十餘步，至第二潭。圓如錡釜，面廣而底敞，大水驅亂石聚其內，迨滿，復洩去。潭下石壁百餘尺，險不可寘足。從其右懸藤墜下，至第三潭。潭甚深，以線縋之下，不見底，其形方狹而長。天向陰，常有雲氣從中起，疑有蛟龍潛其下，人恒以幽悄爲病。第四潭，咸不敢往，或以絇圍腰繫巨杙俯崖而瞰。潭左右皆楓木。其形大概如第二潭，而廣袤倍之。側有晉劉龍子墓。相傳龍子嘗釣

❶「名白雲峰」，原作「曰雪峰」，今據鄭本改。
❷「附」，原作「腑」，今據鄭本改。
❸「從」，鄭本作「並」。
❹「參」，鄭本作「暴」。
❺「天」，鄭本作「大」。

於潭，得驪珠吞之，化龍飛去。後人爲壘石作塚，或云龍子之母葬焉，世遠不可辨。又其下，至第五潭，即東潭。因其水五級，故名之爲五洩云。❶ 噫！造物之委形山水者，其奇峭有是哉！

刪古嶽瀆經

維禹治水，三至桐柏山。驚風迅雷，石號水鳴。❷ 五伯擁川，天老肅兵。雄干持旄，龍鴻勑軒，闕不能興。禹乃震怒，召集百靈。蒐命夔龍，桐柏千君。稽首請命，罔不惟寅。神令所射，激如欃槍。乃縻鴻蒙，乃囚章商。乃縶兜盧，皇威載揚。犁婁卒劉，勢不敢争。彼無支祈，力踰九象。叶 厥形肖蝯，目有電光。量淮度江，辨捷從衡。授之童律，童律莫當。授之烏木田，木田遂臧。授之庚辰，庚辰扼其亢。絡以鐵繩，韁如犬羊。繫諸淮陰，龜山之旁。木魅水精，洞妖石祥。奔號萬數，若有喪亡。淮流湯湯，入海既平。民用靖康，直達外方。至於陪尾，無壅弗通。率惟厥常，以昭於無疆。

世傳元和九年，李公佐游洞庭，登包山，與隱者周焦君探林屋洞，得《古嶽瀆經》第八卷。今觀其文，雖奇而未醇，竊意即公佐、焦君所造以玩世者。戲刪潤其辭，集古鼎文寫之，以寄吴君濬仲。濬仲蓋深於古學者也。鑄窾器，與方乳曲文大鬲争妍，其自知不可哉。

❶「五」，原脱，今據鄭本補。
❷「水」，鄭本作「木」。

志釋寄胡徵君仲申

華容孝廉與廣平文學遇於神明之臺，孝廉問曰：「予締子交，已越二紀，其貌固狎，其志則未之聞也，子能爲我揚搉古今而釋之乎？」

文學曰：「走也不敏，長自巖穴。鶴氅編襦，土芝緼食。動趾踉蹡，發辭謇吃。忽挾緗縹，去歷都邑。見者大噱，指爲木刻。錯愕周章，無地寄迹。獨孝廉煖我以温顔，前我以重席。迪我以三古之芳猷，期我以九能之至域。拜孝廉之貺厚矣，孝廉有問，敢對以臆。寓形霄壤，不翅蠛蠓。時幻歲遷，電滅鳥空。唯極所適，其樂則鴻。出游大澤，才奮氣雄。鼻尖出火，耳後生風。金張前驅，許史後從。牽黃臂蒼，箙矢韔弓。仰落雙雕，俯搤長熊。毛血旁灑，塵坌四封。入據邃館，庭實惟供。罍尊旁午，豆俎衡從。肉腴舍春，酎暈移童。器周八音，律合六同。部分立坐，筵布西東。緑華白台，南威紫衡。靨輔寄牙，❶環質姣容。歌喉撼塵，舞袖翩龍。其有事固日新而弗足也，竊有志焉。孝廉能許之乎？」

孝廉曰：「欲敗度，縱敗禮，古人所戒，子豈宜蹈之。願聞其他。」

文學曰：「班生投毫，令名煌燿。終童請纓，其齒甚少。不有焰焰，孰潛其爝？非勒銘於燕然，必建標於粵徼。軒冕以之蟬聯，紳笏以之姱嫽。衛霍擁軨，樊陳執櫜。公子掃門，王孫媚竈。霜露係乎吹噓，予奪視其愠笑。其鋭也，若孟勞之出魯

❶「寄」，鄭本作「奇」。

橈；其重也，如天球之鎮周廟。天下學士，揮汗爲雨，聯袂成帷，莫不仰遺光而企末照。其視處環堵，厄藜藿，擊壺而越吟，倚柱而吴嘯。卑卑南陽之耕，落落滋泉之釣。口心共語，影形相弔。不亦大有徑庭乎！」

孝廉曰：「功高者身危，位隆者名喪。此衆人之所嗜，而君子之所慎也。」

文學曰：「神封靈壤，作鎮下方。會稽、衡、華、沂、岱、嶽、常。霍及醫閭，分布九疆。總三條於中區，限兩戒於外邦。他若滄漲蕩浮，青瀚混茫。包天裹地，循環相通。叶湯其閒怪偉，靡可數詳。天孫岳長，水伯瀆宗。叶莊。昴宿寶符之貴，玄龜青鯉之章。金篋玉策之探，日月珪璧之藏。或隱而晦，或露而彰。走將簡徒，御戒樓航。濯足於咸池，晞髮於榑桑。豁氛埃於人瑕，發忠信於天光。蒼水之使，稷邱之君。庶一問之，勺鼎湖而想遺弓，履河洛而思聖勳也。」

孝廉曰：「山川形勝，固足以廓子耳目，昌子文辭，然非至焉。子毋徒取則於太史遷也。更請大之。」

文學曰：「去聖逾遠，學術紛披。控名責實，禮度是師。上下有叙，隆殺異宜。苛察皦繞，弗失絲釐。貴儉兼愛，上賢右鬼。採椽不斲，型簋唯土。嗇然自守，與孔齊軌。權事制宜，詭行遁辭。移陰轉陽，入神出奇。變化闔闢，千目莫窺。秉要執本，立爲經制。法無常形，事無成勢。洞究群情，爲萬物主。儀節或愆，峻刑弼之。肅如晨霜，犯者裂肌。仲、鞅、非、到，挾之以馳。因彼天時，以施教令。若儀若象，測度以定。紀綱載明，是謂大順。食天所寓，邦本所資。山澤平地，相厥攸宜。八政之首，著於經彝。揣摩國紀，宣明帝治。或合或兼，本末畢具。凡有猷爲，罔越憲制。若是喧豗，泣猋訊雷。震撼乎四極，充斥乎九垓。渢渢乎，海水起立而應龍天飛也；戔戔乎，五兵雜陳而神授握機也；芒芒乎，曠野萬里而列井布棊也。走欲偏索其説而試之，不識可乎？」

孝廉曰：「夫子没而微言絶，諸子百氏人人殊，未有能一之者也。」

文學曰：「戡定惟武，亦國之程。其書漫衍，四類是繩。陰陽權謀，伎巧勢形。其目臚列，繙繙繽繽。九宮八門，六甲五神。軍軌兵鈐，星式雷經。金雞玉狗，風角鳥情。制器尚精，動合神機。冑鎧羅陳，戈戟交施。渠答距堙，鶩冥扶胥。象車雀杏，行馬飛梟。武衡大櫓，驢耳長殳。雲火萬炬，渾脱全軀。策全器良，其用益張。營察六形，旂按五方。天地定位，風雲流行。龍虎騰趠，鳥蛇翼驤。正正奇奇，魏魏堂堂；赫赫艴艴，稜稜璜璜。以守則固，以擊則揚。或追北於函谷，或喋血於太行。或徇地於臨淄，或陷堅於昆陽。是亦英雄之壯觀也。走竊樂之，不知飢渴之在己也。」

孝廉曰：「兵者不祥之器，聖人不得已而用之。子服儒衣，談儒書，又焉用爾爲？」

文學曰：「粤厥軒轅，游心太初。上超鴻沆，下入渺瀰。有竊其餘，亦神其軀。文賓履生，師皇馬醫。玉柱丹砂，騎鳴龍師。木羊葛由，神泉鹿皮。折足山圖，赭衣服閭。女丸素書，赤斧碧雞。朱璜瘕脱，玄俗質虛。心存沖寥，跡入佹奇。五性既絶，九患亦除。三階有嚴，七變無虧。身升紫宮，位紀琳書。陰隆伏骨，目炯四規。執東象之玉文，契九赤之班符。御躋虛之龍轙，服太極之麟芝。入火不爇，入水不濡。入石不閡，入木不拘。雲卧天行，神潛靈飛。是蓋與天爲徒，又不特致治於無爲也。當闢我石室，寢我世機。服我胎息，殺我蟲尸。洗伐我毛髓，銷解我膚肌。覩銅狄而摩挲，約令威而來歸。不知能成其志否乎？」

孝廉曰：「聖人不師仙，使其可爲，則周孔爲之矣。」

文學曰：「荒荒遺文，或僞或真。學徒巧辨，或正或舛。先出者堙，後出者存。何老生怨尤，而異師是嗔？藏之名山，編簡乃完。何傳授有緒，而魚魯或殘？《汲冢》一啓，蟲書再覩。何怪言放紛，而弗齊於古？緯候相傳，内學是尊。何列國寶書，而盡閱其文？僭辭竊義，聾俗簧世。日新月巧，動莫之制。衡錯攡瑩，方州部家。何立言艱深，而莫究津涯？始生終通，生育及資。何其象不一，而數皆九爲？原熒丱家，名性氣體。何圖指佹殊，而重摹迭儗？觸類而言，何莫非此。沾沾動喙，徒見其鄙。走將鈎其龐鴻，掠其纖微。懸空明之金鑑，俾無遁於妍媸。能若是，是亦足矣。」

孝廉曰：「此麄近之，然滯於傳註，童習白紛，若華蟬死生其間，亦奚益哉？」

文學曰：「孟軻氏殁，世乏真儒。師師萌庶，倀倀奚歸？孰廓我矇，孰砭我愚？群言孔多，契真者誰？欲操腐艦，以泛具區。欲絡盲象，以駕鼓車。縱有智巧，寧不殆而？嗚呼噫嚱！一何寥乎？九聖之神，於昭於天。九聖之心，存之於文。又何昭乎？嗚呼噫嚱！賚葹盈室，何有芳蓀？繁星爛宵，孰知朝暾？寧不使我怡怡而愮愮乎！帝降民衷，德與天一。胡不自貴，葩藻是溺？顛倒首足，淆混白黑。

棄其瓚槃，寶厥瓦鬲。拊膺自傷，淚血交積。誓剷宿穢，以剗末習。駕春陵以爲舟，鼓關洛而爲檝。張武夷以爲颿，期洙泗之可涉。夙興夜寐，偟偟業業。凜然如上帝之在目睫。若是何如？」

孝廉曰：「此僕素昔之所究心者也，幸與子同之。」於是執手降臺，相視而笑。笑已，繼之以歌曰：「真儒不生，世陰陰兮。擿埴索塗，愈幽深兮。炯其靈根，無古今兮。超彼九玄，離濁氛兮。攀淵追騫，乘赤麟兮。文之興喪，負以身兮。任重道遠，何時而止兮。朝斯夕斯，相期於没齒兮。」

述玄 爲張道士作

天地之間，有玄玄之道焉。塞八區，宰六幕，茫乎大化，莫見其迹，窈冥忽荒之中，而有神以爲之樞。其神何如？洞乎無象，漠乎無形；瞻之弗覩，聆之弗聞；履冰弗寒，炙日弗温。故巍然高而不知其際，邃然深而不知其止，恢然大而不見其外，藐然細而不見其内。其施之於用也，能覆能載，能陰能陽，能静能動，能柔能剛，能上能下，能圓能方，能舒能慘，能翕能張。毛者亦以之而趨，羽者亦以之而翔，甲者亦以之而出，鱗者亦以之而行。凡有血氣者，莫不藉是以存。所謂不依形而立，不待力而强，不以生而存，不隨死而亡者也。

故古之聖人，❶能養而全之。守一處和，若蟄龜然。一故弗雜，和故弗戾。久而行之，其道乃至。蓋懼其摇而散也，乃嗇其精；恐其勞而汩也，乃定其神；慮其躁而失

❶「聖」，鄭本作「至」。

常也，乃寧其氣而弗攖。精與氣合，其神則凝。然後駕太清以爲輿，指溟涬以爲蓋，倚日月以爲輪，運六氣以爲轅，化莽蒼以爲馬，直遠游乎無窮之門。雖鬼神不能測其機，而況於人乎？

人皆有之而不能之者，則眼之精疲於五色，耳之精没於五聲，鼻口之精散於臭味，四肢之精削於運用。精既散矣，氣隨竭矣，神雖弗離，將安傅之矣？卒俛首就斃，如慕光之趍火，其亦可悲也歟？

嗚呼！混淪在上者，謂之天；磅礴在下者，謂之地；中立兩間者，謂之人。天地不死，而人皆死者何也？不知有玄玄之道故也。因本黄、老氏餘論作《述玄》。

琴諭

客有爲予言，楚、越之交恒多山。山民齊氏者，不識琴，問人曰：「何謂琴？」或告之曰：「琴之爲制，廣前狹後，圓上方下，嶽首而越底。被之以絲，則鏗鏗然，泠泠然，可聽也。」齊悦曰：「是知琴也。」

一日，適通都大邑，見負筑來者，亟趨視之，驚曰：「是不類廣前狹後，圓上方下者耶？」反側視之良久，又曰：「是不類嶽首而越底者耶？」以指横度之，則亦有聲出絲間。復曰：「是又不類鏗鏗、泠泠之可聽者耶？」遂力致其人而歸。師之三年，早夜不輟，自以爲盡其技也。

鄉之告者偶過焉，聞其聲，輒瞿然曰：「子習者筑也，非琴也。不然，何若是嘈雜淫哇也？」因出琴，鼓一再行。齊氏聞之蹙頞曰：❶「子紿我矣，子紿我矣。澹乎若大羹玄酒，樸乎若蕢桴土鼓，不足樂也。予所嗜者異乎是，若鸞鳳之鳴，若笙簫之閒作，若燕、趙美人之善謳。吾不知子琴之爲筑，吾筑之爲琴也？請終樂之。」

嗟夫！琴之爲器，人所易識，山民乃以筑當之。則夫誤指鄉愿爲君子，日愛之而不知厭者，尚何怪乎！感斯言作《琴諭》。

秦士録

鄧弼字伯翊，秦人也。身長七尺，雙目有紫稜，開合閃閃如電。能以力雄人，隣牛方鬭不可擘，拳其脊，折，仆地。市門石鼓，十人舁弗能舉，兩手持之行。然好使酒，怒視人，人見輒避，曰：「狂生不可近，近則必得奇辱。」

一日，獨飲娼樓，蕭、馮兩書生過其下，急牽入共飲。兩生素賤其人，力拒之。弼怒曰：「君終不我從，必殺君，亡命走山澤耳。不能忍君苦也。」兩生不得已，從之。弼自據中筵，指左右揖兩生坐，呼酒歌嘯以爲樂。酒酣，解衣箕踞，拔刀寘案上，鏗然鳴。兩生雅聞其酒狂，欲起走。弼止之曰：「勿走也。弼亦粗知書，君何至相視如涕唾。今日非速君飲，欲少吐胸中不平氣耳。四庫書從君問，即不能答，當血是刃。」兩生曰：「有是哉！」遽摘七經數十義叩之，弼歷舉傳疏，不遺一言。復詢歷代史，上下三千年，纚纚如貫珠。弼笑曰：「君等

❶「氏」，原作「民」，今據鄭本改。

伏乎未也？」兩生相顧，慘沮不敢再有問。弼索酒，被髮跳叫，曰：「吾今日壓倒老生矣。古者，學在養氣，今人一服儒衣，反奄奄欲絶，徒欲馳騁文墨，兒撫一世豪傑。此何可哉，此何可哉！君等休矣。」兩生素負多才藝，聞弼言，大愧，下樓，足不得成步。歸詢其所與游，亦未嘗見其挾册呻吟也。

泰定末，德王執法西御史臺，弼造書數千言，袖謁之。閽卒不爲通，弼曰：「若不知關中有鄧伯翊耶？」連擊踣數人。聲聞於王，王令隸人捽入，欲鞭之。弼盛氣曰：「公奈何不禮壯士？今天下雖號無事，東海島夷尚未臣順，間者駕海艦互市於鄞，即不滿所欲，出火刀斫柱，殺傷我中國民。諸將軍控弦引矢，追至大洋，且戰且却，其虧國體爲已甚。西南諸蠻，雖曰稱臣奉貢，乘黄屋左纛，稱制與中國等，尤志士所同憤。誠得如弼者一二輩，驅十萬，横磨劍伐之，則東西止日所出入，莫非王土矣。公奈何不禮壯士！」庭中人聞之，皆縮頸吐舌，舌久不能收。王曰：「爾自號壯士，解持矛鼓譟前登堅城乎？」曰：「能。」「百萬軍中可刺大將乎？」曰：「能。」「突圍潰陣，得保首領乎？」曰：「能。」王顧左右曰：「姑試之。」問所須，曰：「鐵鎧、良馬各一，雌雄劍二。」王即命給與。陰戒善槊者五十人，馳馬出東門外，然後遣弼往。王自臨觀，空一府隨之。暨弼至，衆槊並進。弼虎吼而奔，人馬辟易五十步，面目無色。已而烟塵漲天，但見雙劍飛舞雲霧中，連斫馬首墮地，血涔涔滴。王撫髀驩曰：「誠壯士，誠壯士！」命勺酒勞弼。弼立飲不拜。由是狂名振一時，至比之王鐵槍云。

王上章薦諸天子。會丞相與王有隙，

格其事不下。弼環視四體，歎曰：「天生一具銅觔鐵肋，不使立勳萬里外，乃槁死三尺蒿下。命也，亦時也，尚何言！」遂入王屋山爲道士，後十年終。

史官曰：弼死未二十年，天下大亂，中原數千里，人影殆絶。玄鳥來降，失家，競棲林木閒。使弼在，必當有以自見。惜哉！弼鬼不靈則已，若有靈，吾知其怒髮上衝也。

説玄凝子

玄凝子，密人。往來吴越閒，人問姓名，不答。迫之，以指就案，畫「玄凝」二字。人因稱之曰「玄凝子」云。

初，凝年十三時，牧猪東海上，有道士佩劍過之，授藥一丸，赤如火。吞之，即棄猪隨道士去。涉瞿塘，上灩澦，入青城山，坐白龍洞中。洞前大雪高三四尺，凝居之若温。時下山敲冰，濯足澗中，戲折澗竹，竅而吹之，學鳳凰鳴。道士聞之，笑曰：「孺子之駃一至此乎！」未幾，道士去三神山採藥，凝欲從，不可。獨處洞一年。或三月不食，即食，不過黄精、石芝。嘗斸芝鬼城下，有白虎向南行，凝往執其尾，躍上虎脊，趨一里所，舍去。

一夕，❶白月射洞底，秋風四鳴，因思故鄉菊花酒且熟，遂還密。人見凝眼有碧燄，意其已仙，而凝弗是也。人見凝者，輒贈詩，運筆如風，字或類霆書鬼篆，不可識。俄道士復至，與飲琅琊臺上大醉，竟同去，不知所之。道士眉長八九寸，雙目深，鬚怒

❶「一夕」，原作「反」，今據鄭本改。

張如戟，人疑爲古仙人云。

爲說者曰：齊地自古多方士，争言有禁方能神仙，而少翁、欒大尤善惑，雖漢武雄才，亦所不免。今凝固齊産也，豈其山川之靈，有以致之歟？嗚呼！使上之人有好凝者，其不少翁、欒大也寡矣。先生之世，以左道惑衆者，必拘殺於司寇。必有旨哉，必有旨哉！

書客言二首

天台李某遇盗，官爲購捕之。有刀鑷工出簪珥粥諸市，市魁執送官。工具言私於李東隣女得之。❶官逮女問狀，女戰栗不能言。工曰：「爾毋佯懼爲也，爾左乳有瘢可驗。」官覆之，信然。女恚，自剄死。死三月，始得真盗。初，女童子時，常用工薙髮，故知女瘢。工怨女嫁時不償其勞，陷之。

黄巖少年，嘗游於博徒。一日，飲市上，市人攜虚篋與博，不勝，馳而去。少年慚其紿己，躡至大澤中，杖之仆地。有一翁，挾子過焉，意其病厥也，扶還其家。未至，而氣絶。市人家縛翁父子入官，子哀慟不伏。翁謂子曰：「兒毋用苦，吾老矣，自度在世無幾，願易兒也。」子聞之，輒自陳殺市人狀甚悉。官用縱翁歸。翁念兒冤也，自經死。

爲說者曰：漢張釋之爲廷尉，天下無冤民。嗚呼！今之從政者，其釋之也哉？

❶「李」，原作「下」，今據鄭本改。

書白衢州

三衢沈君持正，來爲烏傷文學椽。予謁之，持正盛稱其守白侯之賢。

予問之曰：「侯定科繇如何？」曰：「衢爲州，雖據東浙上游，厥田惟下下，入賦以斛計僅三萬三千有餘。豪有力者兼并，且善避役，役多在貧人。侯察其奸，令民自實田，以田定賦。一州服其平。」

「侯律己何如？」曰：「侯清約甚，飲衢水外，一物不煩衢民。每旦徒行入府署，野夫不識，與争道，不問。廷有鬭民，❶立爲疏直枉，皆免冠叩頭謝。長子自沔陽來越，旬即遣歸。唯一童給侍朝夕，未幾亦遣。」

「侯馭吏若隷何如？」曰：「吏抱案立左右，唯侯言是裁，不敢以意出入之。隷人數不逾九，凡冒隷名巡聚落以病人者，悉罷去。去年春，藩府以善治聞，天子嘉之，遣使賜束帛。衢人咸爲侯榮。」

予問已，顧謂二三子曰：「此南陽白景亮明甫也。」明甫自征東行省譯曹掾起家，四轉而來爲是州，甚有惠政。昔予聞蘭溪吴德基言若此，今持正又盛稱其賢，故予屢問之。持正言與德基同，則白侯之賢信已。使牧郡國者，皆得如侯，則下民之瘼，庶幾其有瘳乎！

五氣大有寶書

《陵梵騫辰五氣大有寶書》爲句曲外史陳太虛作。太虛性好道，合丹鶴臺澗中。

❶「廷」，鄭本作「庭」。

聞余嘗究《大洞真》諸部，書求發其祕。予因攬精搴華，爲辭五章，托於中黄靈君，序以告焉。然而語各有徵，意皆有寓，太虚慎覽之，則玄玄之道畢矣。序曰：

玄元浩刦，龍漢開天。中黄靈君，三景之尊。運動玉樞，道合大始。神化玄幽，莫知其幾。據白蜺坐，敷演妙音。陵梵騫辰，分合五氣。五炁鬱勃，凝爲天章。九始東炁，龍文流玄。瑶華洞陽，玉都迴先。❶太黄開清，二象淵通。空清淨霐，上炁五衝。三微南炁，神文委精。堂曜焕户，觀明啓庭。八都録圖，十澤應徵。上下蓊蒖，神駕肅征。七華西炁，策文命基。象極載御，璇房薦鼇。天元危宫，六天上書。寒靈之府，日闔以舒。五威北炁，皇文馭剛。孝芒宸居，梵度翕章。❷鬱陰絶密，明都皓良。泉曲宵臺，煜煜吐陽。一元中炁，玉文養和。上無宛黎，下爽龍阿。虚皇玄老，於此嘯歌。神母亭毒，萬有乃多。青赤白黑，從横糾錯。黄氣開中，八角布燿。景靈散焕，潛運勃英。堪輿停輪，日月避舍。郁紛份羅，光偏璇極。元陽玉匱，❸九靈玄篇。大有寶書，實垂玉簡。飛玄上仙，惟耀魄寶。或靈威仰，或赤熛怒。或白招矩，或協光紀，或含樞紐。晝夜動行，游神黄寧。朱熾下藏，冥玄上升。凝合妙真，洽於太神。與道爲祖，周流入津。羅明皇真，濛翳大神。龍變巴元，刦仞之神。元康和暢，出入七門。神風流烟，歸於無明。無方無象，無景無聲。無兆無朕，無幽無明。廓落單鬱，皇明流

❶「玉」，原作「王」，今據鄭本改。

❷「章」，原作「重」，今據鄭本改。

❸「玉」，原作「王」，今據鄭本改。

泠。大微扈衛，紫垣㘞英。可以度世，可以延齡。可以闢邪，可以辟兵。藏之金室，龍鬼守扃。勿授下士，以褻我天經焉。

東方延藍渺鬱康彌浮皇洞真青炁九始龍文

太清混微天一芽。至神旁魄飛九遐。靈腴上浮三素遮。神霄赤明生玉葩。陽林褰開洞真過。紫充藏胞暈幽霞。帝真導肥上範和。翠玄交生象胚華。❶輪化無方正不衰。生生不卹年刲多。

南方帝漻禪育郁羅乾那洞神赤炁三微神文

太明開景標朱陵。大化坱圠物以神。星馬在皀鶉吻伸。絳泉上捲華池津。梵英公子司炎埌。華闕陽堂風火輪。自然玄照符明真。繁想刊落曜中根。遥翰輕迅上天閽。赤混寶瀷資精元。

西方顥凝飛玄雍觀龍炎洞精白炁七華策文

太素皇梵揚金晶。白藏御序肅五兵。空洞浮寥玄極并。散華潛收哺飛明。紫陽瓊蕤割辰衡。璇闕起爽歸元瓔。嘉禨還結真一庭。泰玄左右棲八靈。昏昏默默中有精。須延勿使霆鬼偵。

❶「生象」，鄭本作「象聚」。

北方爽朗兜術大演瀟圖洞明黑炁五威皇文

太冥浩阿君四濛。清泠使者都大宮。玉靈玄冑四日彤。❶纏以長蛇澁欲封。寒庭幽閨壓羅酆。雙館陰閉關元通。騫爽迴翳神自雄。浮游反命蘊沖容。離羅來居百霧從。出入三際應無窮。

中央阿奕流華曜駕迴欻洞靈黃炁一元玉文❷

黃房淵玄園中規。懸空特立無東西。虛元煥落含浮黎。中扃東紐北極齊。神輝旁射嬰素蜺。太乙流珠混若鬻。黃寧練胎元命稽。陰陽大分和天倪。鬼户闖入日嘯啼。至士聞道當勿迷。

蔗菴述夢文 代東陽胡先生作

龍集壬申，瑶光西指。火烏戢羽，鬱華罷御。明河垂兮近人，秋影高兮在樹。時有東白仙人，弄丸餘暇，下蘭庭，登雲榭，遡凉風，❸噏芳瀣。望太濛兮何極，發雅歌於清夜。歌曰：「絳節兮白肪，❹神津布兮流漿。隔秋水兮渺予懷，招美人兮翠瓔房。」

歌已就寢，遥天未曉。白閒吐影，霓屏微妥。襲瓊露之方溥，謝釭花之半墮。何蟬蜕於泥丸兮，憑風馬而遐游。隨明月於

❶「玉」，原作「王」，今據鄭本改。
❷「玉」，原作「王」，今據鄭本改。
❸「風」，鄭本作「颸」。
❹「肪」，四庫本作「舫」。

華胥兮，羌孰蝶而孰周？ 指帝清之廓落兮，俯銀漢於下流。 㫚弭節於山椒兮，神悅悅而莫予留。 則有洞靈之館，真游之府，四玦薦芬，五芝浮礎。 彩入綺疏，丹開曼宇。 璧借堊兮流霜，程方潤兮靈雨。 圍八角之流蘇，障九翎之葆羽。 中有室之嚴密兮，蔚玄蔭之紛蕤。 積浩翠於青空，疑或有而或無。 禽藏文於五苞，樹潛蒐於三珠。 錫芳題於蔗菴，懸粉榜之舒舒。 彼瀛洲之神人，粲玄冠與縞衣。 施長鞶兮凝藍，挾雙佩兮瓊琚。 勢繽繙其並徠，持白雲以贈予。 指殊庭以相告，謂君子之攸居。

言訖而逝，剛籟遄舉。 虛灝中肌，神爽開瘖。 耿銀燈之猶青，見蟾華之在户。 欲重往以覓之兮，杳不知其所止。 苟遽舍以爲幻兮，又予目之所覩。 心狐疑以至旦兮，竟不識爲何祥也？ 爰有事於玉靈兮，乃吉繇之所彰也。 稽嘉植之孔芳兮，毓火精於南離。 絶玉文之瓶棗，蹴紺澤之冰圭。 泰尊初泛，霜肥漢液。 寶刀新割，艷動吴腴。 漱華池之香涎，流丹齶之甘滋。 潰文園之渴城，沃虎頭之痴脾。 樹明德以及物兮，將玄應以勖之。 安晚節於穆貞兮，若茹醴而含飴。

於是嘉名立，曲房闢，縹帙敷，青氊列。 麟室曉移，洛塵春寂。 但同符於昔夢，任仙凡之迥隔。 苟心目之若存，即異境之超絶。 何實何虛，非存非滅。 聆簷馬之夜語，恍芳卿之下謁。 宜收視於三庭，生皓英於神白。 吹鳳笙兮歸來，風翛翛兮將夕。 擲萬彙於一幻兮，曾何閒乎今昔。 毛衣化而鶴翀兮，梐蕉迷而鹿失。 世何往而非夢兮，笑倚琴而秋泣。 雖不變者之長存兮，恨飛鴻之遺跡。 辭曰：

碧藍無塵夜向闌，仙子持節來姍姍。靈泉濯翠色可餐，冷光迫人粟花漫，何以錫之紫琅玕。琅玕有節不能屈，食之素瀋甘如蜜，仙人之壽同金石。只此長生便有期，却勝人參五葉齊。

詰皓華文

龍門生閒居，累日弗懌，雖深自寬辟，卒未能釋去。頗聞道家之言，肺神皓華者實主憂，因假爲問對，作《詰皓華文》。文曰：

上章困敦，在旦之月。火雲不移，積氣焮熱。時龍門生，黯慘弗悦。顔面腫噲，情神鬱勃。額文九折，麋粱雙闕。首不暇冠，足何能襪。

其友亡羊先生哀之，謂匡山君曰：「龍門生病矣，爲妖所嬖矣，其中枵枵，神喪守矣。」匡山君曰：「花妖媚武，圍祟惑赤。仇鐸投繯，苟伯赴溺。移昭入幽，倒白作黑。不惴其逐，卒霣靈魄。龍門生之所罹，殆此病也耶？」

亡羊先生曰：「不然也，彼自外入，有隙斯窒；此自内出，無罅可遏。昔者玄靈錫真，黄苞承鈞。僇僇者人，分爲五神。守靈威明，龍烟育嬰。或喜而眉揚，或怒而色赬。或恐而湮淪，或思而纏縈。各隸攸司，別域異扃。中有皓華，其字虚成。西方之英，白虎之精。於時爲秋，揫斂華榮；於音爲商，肅殺之聲；於行爲金，厥德維刑；於藏爲肺，百憂所城。察之無迹，迫之不驚。欻爾水集，忽焉雲凝。眊矂黕昧，哫訾竛竮。久而弗革，或爽厥貞。余嘗遇河上丈人於龍都之山，九陽之庭。授我以帝青之籙，示我以赤水之經。劾召五鬼，麾斥三靈。動爲山合，怒爲霆崩。即將召皓華而訊之，不亦可乎？」匡山君曰：「子計誠良矣。」

亡羊先生乃杖七星之劍，❶曳三辰之旌。灌洒於茅，焫膋上升。禹步成罡，拔髮爲兵。左叱右顧，潛聽於冥。涉炊五斗黍頃，迴飈怒旋，冷氣四興。❷幻陽變陰，弄晦閃明。勃律磐卒，如見其形。有幟一夫，素裳彯纓。衛以刀戟，載以輜軿。踉蹡而前，嘑謂亡羊先生曰：「我皓華之神也，與夫子人鬼異程，曷召我爲？」亡羊先生曰：「龍門生之疾，爾奈何祟之？吾之召爾，非苟然也。寓形兩間，爲生幾何？擊石火起，流陽電過。俄頃歇滅，不樂則那？既有良朋，相與嘯歌。上下角逐，西東戛摩。筵陳笙磬，尊列象犧，酣嬉淋漓，屢舞傞傞。雞蟲得失，鴟鳳少多，棄而不辨，遑恤其他。孰不志舒，孰不顔酡？孰不鬯遂，孰不婆娑？爾何使龍門生慼慼沕沕，婷婷要要。委榻弗振，如蝕沈疴？爾當攄情以對，其辭若直，吾將爾爲式辭。或不能良，我劍有鍖。」

皓華聞已，頩然怒曰：「夫子藝周載籍，心統人天。在古無上，在今無前。雹生目底，雷捲舌間。雄章竑議，彈壓神姦。夫子宜先天下憂而憂，乃欲自樂耶？惟昔尼父，任道爲宗。上畏天命，下悲人窮。雖不得位，唯世是從。敢曰自佚，以疚厥躬？子幸我聽，請竭始終。民吾同類，綏之匪易。遑遑齊魯，棲棲宋衛。樹伐蒲圍，絶糧

❶「杖」，原作「伏」，今據鄭本改。
❷「氣」，鄭本作「氛」。

不繼。車轍周環，曾莫少避。欲興東周，拯我民瘁。是謂世憂，夙夜罔替。天下爲公，道紀攸繫。魚爛已成，河決安治？傷麟曷來，歎鳳不至。舍瑟長吁，反袂拭涕。述爲彝經，表我王制。是謂道憂，唯恐淪墜。夫子法尼父者也，宜爲二者深憂，乃欲自樂耶？況今六合雄吞，矛縱戟橫。千里蕭條，士絶播耕。屍胔如山，悲風往還。烏鳶見人，飛集樹端。夫子不爲之長慟，且欲開口笑樂，一何惑乎？」

亡羊先生囅然笑曰：「爾望吾以聖人之事，我病未能。若謂生民遘屯，則有肉食者存。吾亦何知焉。古今一馬，天地一指。死生一轍，彭殤一軌。溟涬無末，恢落無始。神光下燭，人麤將弭。內已若忘，外憂自止。我額弗蹙，我齒長啓。我神孔寧，於胥樂只。爾固欲反之，將有説耶，抑罔我也？」

皓華曰：「大道陵夷，始有聃、周。放言如雲，彌布八邱。蛟龍騰驤，搏之無由。狎聖侮賢，漫漶弗收。欲齊夫物，强名弗憂。夫子取之，人將見尤。且吾聞之，王公弗憂，四國不治。侯伯弗憂，庶政用墮。子男弗憂，名毀身隨。士庶人弗憂，菑害是罹。是憂者，群善之原，衆德之基。修之則安，悖之則危。故曰『生於憂患，死於安樂』，而君子終身以之，夫子奈何棄諸？粤自古初，有天皇焉。斡運日月，輨轄坤乾。司執神機，主宰帝權。懼民多欲，志因物遷。特遣天老，命廁五官。蹈揚金德，專主憂患。以助人極，以拓化原。夫子辱我，以祟並觀。如此尚有識耶？」

亡羊先生曰：「爾言固善。古之聖賢有無憂者矣，有知命樂天者矣，有遯世無悶者矣。若是，彼皆非歟？」皓華曰：「夫膠柱不可以調瑟，刻舟不可以求劍，尚矣。事雖有常，《易》貴變通。苟執於一，子莫之中。憂樂有異，時勢不同。使古聖賢生於當今，其有隱憂，又將何如也？」言既畢，化爲白氣，其長如虹，昏昏蒙蒙，歸於太空。

亡羊先生退謂匡山君曰：「皓華之辭良直，吾敢不敬承以爲式？」於是攢眉入室，睫淚欲滴。撫物傷懷，終宵太息。

讀宋徽宗本紀

徽宗爰自端邸入正宸極，呼吸雷風，舒慘陽陰，赫然有爲，聞於天下。於是叙復正人，宏開言路，意臻時雍之治，以復祖宗之舊。

曾未旋踵，卒改所圖，委政姦回，托國闒豎，鼎軸非據，節鉞妄加。狐狸嘷於闕庭，鬼蜮潛於宮掖。置編類之局，樹黨人之碑，倡言紹述，擠陷忠良，虐燄炎炎，炙手可熱。百僚側足，四國寒心。群兇方爲得志，力陳豐豫之説，開大晟府以制雅樂，用魏漢律而鑄九鼎。文飾太平，詐言符瑞。八寶誕受，玄圭肇錫。金芝出於蟾脊，祥麟毓於牛腹。

由是侈心寖生，邪欲轉熾。大興土木之役，創運花石之綱。艮岳排空，絳霄凌漢。殫極工藝之巧，鈎致珍怪之物。君臣酣飲，上下荒淫。俾晝作夜，以亂爲治。至同臣庶之服，恣行期門之事。兼之妖人乘釁，蠱惑帝聰。天神降於坤寧，璇宫遍於寰宇。玄科祕籙，方崇醮祠之儀；太虛金壇，遂定道階之品。其視法弊令乖、民生塗炭、將驕卒弛、邊備摧落，縱有耳而不聞，雖有奏而弗鑑。

皇天震怒，災異荐臻。❶白眚見於禁籞，赤氣犯於紫宫，大水冒於都城，妖狐升於御榻。咸謂適然，益開戎釁。滅天祚而亡兄弟之國，結女真而進虎狼之虜。卒啓狡謀，遂成反噬。張瑴之降始受，粘罕之師已出。旌旗蔽空，戈戟滿野，肆其封豕之威，如蹈無人之境。蹂踐我檀、薊，侵軼我代、朔，攻擣我太原，圍逼我京闕。三鎮之割方急，六賊之誅已緩。勢至於此，亦可醜矣。

及夫金兵再出，力遂不支，瓦解土崩，魚爛河決。宫闈淪辱，宗室剪夷。哭聲震天，赤血滿地。翠華北狩，遠臻漠北之區；父老見思，徒洒山東之淚。當是時也，雖欲噬臍，悔將何及？自非義士集勤王之師，謀臣建南渡之策，則九廟神靈，幾不血食矣。不亦悲哉！

嗟夫！成湯務德，帝命式於九圍；紂爲不道，身死周人之手。其所感應，捷於桴鼓。聞以一人治天下，未聞以天下奉一人。奈何窮奢極侈，而毒痡四海，百萬生靈，彼實何辜？其身亡國破，爲萬世笑，非不幸也，宜也。傳曰：「惟命不於常，道善則得之，不善則失之。」可不畏哉，可不畏哉！

序俞神君靈蹟

神君姓俞氏，不知其名與州里所居。相傳唐末時來勾吴，主上林里吴嫗家，以髪粥笄珥爲事。出言隱顯不常，頗類神鬼語。或張蓋行赤日中，必雨；否則，雨雖

❶「荐」，鄭本作「洊」。

甚，必霽。近楓橋十里所，有溪善溢，咫尺若千里，涉者告病。神君釋芒蹻擲之，後遂涸。性喜篸柳幘閒，手植園蔬，一夕，亦盡化爲柳。人異之，呼爲柳仙人云。

閲三載，忽謂嫗曰：「吾乃柳星之精，被謫來人閒，期滿當逝。即逝，毋棺我，合二甕瘞之山陬。他日廟食，勿用犧牲爲薦，吾將利爾後人也！」嫗從其言。瘞畢，土人畚山，火悮延其冢。❶時方長夏，俄有積雪數寸覆之。人益驚異，相呼作新廟。凡水旱及螟螣害稼，厲鬼爲凶菑，咸奔走神君。

熙寧中，郡守以事謁廟下，舉觴奠酒且再拜，及興，觴已竭。復勺，中分而亡其半，餘酒若牆峙弗傾。宣和閒，方臘作亂，聲摇浙東西，惡少年欲嘯衆從之。神君降於巫曰：「上帝檄吾帥九天神兵破賊，此曹宜速改；弗改，必令作虀粉。」未幾，人自衢來，言賊聞瀟瀟風水聲，疑有鐵騎百萬自天而下，咸棄戟遁，官軍遂平之。紹興初，高宗駐蹕會稽，監察御史婁寅亮銜上命請雨，致辭未畢，天大雷電，以風雨隨至。神君於雨暘，若果司之者。他有禱，輒應類此。而烏傷大雄二事尤異。十三年夏，不雨，諸暨縣令輦神君像於大雄佛刹祈焉。始至，日餤餤欲然，少則片雲當空，飛雪着瓦有聲。雪止，雨即澍。烏傷有數豪右，田相環，約同請神君雨。一不從，曰：「吾田幸居中，豈有上下沾潤而弗及者。」神君戲之，獨弗雨其田。括士張溥隨計上禮部，以夢卜得失。神君報之，驗甚。由是遠邇敬畏，尊之視天神，非齋戒不敢入。或御葷肉，故慢神君者，多嘔血死。蓋神君不近腥穢，廟前有小

❶「冢」，原作「家」，今據鄭本改。

潤，至今魚鼈不敢入云。

史官曰：天曆初，余在外姻賈氏家，見象土龍致雨，弗驗，即往號諸神君。居亡何，雲滃然興，轉旋如車輪，雪花飛舞空中，已而大雨，明日又雨。而不號神君者，雨固弗及也。余竊神之。及來勾吳，聞薦紳先生縷述神君加詳，因趨上林謁神君。祝史道予至瘞甕處，有樹二章，潤澤若新沐。❶世傳舁甕之木所化，陰風猶泠泠動人。學者多疑於鬼神，若考神君之事，可不信乎！傳言「五星之精，能下化爲人」。嗚呼！非獨五星然也。

宋文憲公全集卷三十八終

❶「潤」，鄭本作「紺」。

宋文憲公全集卷三十九

鄭仲昭字辭

詩云：「倬彼雲漢，昭回於天。」説者謂雲漢天河也，夜晴則天河明，其光隨天而轉也。雲漢然矣，揆於心之靈明，其有弗同者乎？予友浦汭鄭君，以漢爲名，内翰柳先生字之曰仲昭，間來徵予言。予聞制字必有祝，於是稽諸詩義而補之以辭。辭曰：

五禮攸建，冠爲之先。備物祇事，無一或僁。筮期宿賓，列器布筵。弁間皮爵，裳錯黄玄。組纓屬缺，韎韐用延。尊甒有禁，梱觶斯甄。離肺充鼎，乾胏實籩。嘉爵既祭，工祝乃傳。❶造字命辭，厥義則宣。維天有漢，灝氣成川。衡角奠軫，貫乎宿纏。夜翳既斂，若練在縣。隨時運行，素色連娟。徵諸人心，同此皦鮮。森列萬象，偏燭八埏。出王游衍，與天周旋。有嬂鄭君，世冑蟬聯。十世同煬，義聞四傳。君實纘之，僉曰象賢。圖之回之，家政爾肩。泰之昭之，先緒愈緜。惟廉則礪，惟温則瑄。處乎正中，有赫其平。漢名昭字，佩服允堅。一理是循，顧諟匪偏。相彼先民，日夕乾乾。一事或悖，六鑿相挻。君宜自勖，弗懈益虔。器服有銘，在古則然。敢補祝辭，以代韋弦。

❶「傳」，鄭本作「前」。

趙廣字辭

浦汭趙志道氏，衣冠之望族也。有子曰廣，來求予爲之字。予謂廣之文從广，從黄，广則因厂爲屋，象對剌高屋之形，而黄則諧聲也。❶ 許慎以屋之大者爲廣，實有容受之義焉。請以子容字之何如。志道曰：「善矣。」乃爲之辭曰：

人之隘也，爾則廣之。人之拒也，爾則容之。惟廣惟容，吾將見爾德之豐。

跋重刻吉日癸巳碑

趙之贊皇有「吉日癸巳」四字，在壇山崖石間，世傳爲周穆王書。宋皇祐四年九月，宋景文公自亳遷鎮陽，過趙，始遣人訪得之。今劉莊者，因鑿移郡廳。筆力雄峭，有劍拔弩張之勢。其「吉日」字，往往與周淮父卣、伯碩父鼎、齊侯鎛鐘諸款識合，實二千年奇迹也。歐陽文忠公家藏金石遺文甚多，其最遠者，唯毛伯、伯冏二敦銘及此文而已。趙明誠繼著《金石録》，獨以筆畫類小篆爲疑。今用周宣王時石鼓文考之，其字形多如小篆，恐當時與古文科斗書兼行，至李斯始以此擅其名爾。明誠已信石鼓爲周人之書，何獨於此而疑之耶？濂既手摹，刻於浦陽山房，恐人惑也，又不得不辯。

跋東坡所書眉子石硯歌後

右蘇長公所書《眉子石硯歌》一卷。

❶「黄」，原作「廣」，今據鄭本改。

卷後題云「開府密國公家藏」。文有跋文一通，中引漳水野翁言甚悉。末但書「樗軒」二字，亦不著其名氏。鄭君仲舒以讀者或未之知也，持以相示，俾濂得以詳識之。

濂按：蘇公此歌，爲胡閭作，傅藻述公紀年。其所爲詩，歲月多可知，獨在翰林日，莫能定其先後。蓋公以元祐元年丙寅十月十二日入翰林知制誥，四年己巳二月三上章乞越州。三月始得旨，以龍圖閣學士左朝奉郎知杭州。此歌之作，龍溪錢氏謂在元祐初年，其必有所考矣。

「密國公」者，金之宗室名璹字子瑜，興陵之孫，越王之長子。所謂「樗軒」即其號也。能詩文，家藏法書名畫幾與中祕等。趙侍讀、楊禮部、雷御史諸公皆推重之。「漳水野翁」者，武寧軍節度使酈瓊之子，名權字子輿，安陽人，故以漳水自稱。亦能詩文，以門資叙宦，不達。朝廷高其材，明昌初以著作郎召之。是兩人者，皆尊尚蘇學士，故寶愛其書尤爲至。❶觀其所鑑賞之言，蓋可見矣。

然自海内分裂，洛學在南，川學在北。金之慕蘇，亦猶宋之宗程，又不止寶愛其書而已。嗚呼！士異習，則國異俗。後之論者，猶可即是而考其所尚之正偏，毋徒寘品評於字畫工拙之間也。

跋鄭生琴譜後

宋季言琴學者，多宗大理少卿楊公纘。纘，淳祐中人，最知琴，一聞琴聲，即能別其

❶「尤爲」，鄭本作「爲尤」。

古今。每恨嵇康遺音久廢，與其客毛敏仲、徐天民力求索之，歷十餘年，始得於吴中何仲章家。纘因共定調意操凡四百六十有八，爲《紫霞洞譜》一十三卷。

自時厥後，徐之弟子金汝礪復深憂其學不傳，乃取纘所未及者，五音各出一調一意一操，總爲十五，名之曰《霞外譜》。而康之遺音，至是無餘憾矣。

東白何君巨濟，嘗受學於徐之父子，而浦陽鄭生瀛，又受學於何君。瀛因輯録手彈者，分正外二調爲譜各一卷。雖不皆與汝礪所著者合，要其源委有自矣。

近趙魏公號通音律，自謂學琴終身，不悟其趣。嗚呼！琴亦難能也哉！瀛尚勉之，瀛尚勉之。

跋耶律文正王送劉陽門詩後

右《送劉陽門詩》一章，中書耶律文正王楚材之所作也。王生於金明昌元年庚戌，貞祐三年丁亥始歸國朝。今詩後寫云「庚子之冬」，則王年已五十一歲，其事太祖、太宗兩朝亦一十有五年矣。然不書曰某年，而直題以「庚子」者，蓋是時政尚簡實，未有所謂紀元之事也。距庚子不過二年而薨矣。

此蓋其晚年所作，字畫尤勁健，如鑄鐵所成，剛毅之氣至老不衰，於此亦可想見。

陽門諸孫師稷來爲浦江主簿，以此卷求題，因爲疏其歲月如此。若王之大節，天下之人皆能誦言之，茲不復云。

跋葛慶龍九日詩❶

江乘沈玄督道士持草書《九日登高》古詩一卷謁余。詩後不著氏名，但題「越臺洞主」四字。道士悵然曰：「吾愛此卷甚，見當世巨儒多叩之，鮮有知者。聞公素稱該洽，願有以識焉。」

予惡足以語此，頗記謝先生言：越臺洞主，名慶龍，姓葛氏，廬山人。久居越中，能爲詩。詩務出不經人道語，甚者，鉤棘不可句。每客諸公貴人，諸公貴人燕饗方樂，或爲具紙，無問生熟，連幅十餘。慶龍睥睨其間，酒酣落筆，颯颯不自止，皆鵬騫海怒，欻起無際。然爲人簡躁，喜面道人過。一有所忤，即發洩無留隱。非知其磊落無他腸，多疏之。惟嗜聞音樂，又不甚解。居一室，雜懸藥玉磬鈴，醉後自揚扇撼之，閉目坐聽，殷殷有聲，至睡熟扇墮乃罷。晚尤落魄，依王主簿居。初，越臺有石洞，樵獵過者，必祝以爲有神。慶龍悦之，刻己像洞前，自稱爲飛筆仙人越臺洞主。死之日，遺言王主簿：「我死當葬我，葬我必於是洞，且用儀衛鼓吹爲導，使樵獵祝我如祝山神。」慶龍初爲浮屠，中更衣道士服，晚又入儒，人莫測其意。出語頗涉玄怪，恍惚不可辨。君子謂其爲詩之仙鬼云。

今觀此卷所作，雖雜於幽澀，而其奇氣橫發，直欲騎日月，薄太清。視争工於組織紉綴間者，不翅猿鶴之於蟲沙。有如慶龍，何可少也，何可少也。余故備道謝語，書而歸之，使知慶龍非躧躧媚學輩可及，則其不

❶ 此題，鄭本作「題葛慶龍九日登高詩後」。

爲慶龍者，又可得耶？

跋何道夫所著宣撫鄭公墓銘

右宋資政殿學士《鄭忠愍公墓誌銘》一通，祕監何耕道夫之所撰也。道夫，廣漢人，故知公治蜀之事爲悉。而公之行能勞烈，亦獨於蜀爲最著。

紹興中，公爲川陝宣撫副使，患蜀之困於漕運也，乃於關外四州及興州大安軍，行營田之法。所營至二千六百十二頃，除糧種分給外，實入官十四萬一千四十九斛，而金州墾田五百六十七頃，歲入萬八千六十餘斛不與焉。誌中所謂「移司益昌，以便餽運，繼修營田之政」是也。

蜀雖罷兵，而財用不足，歲計猶闕錢七百七十八萬緡。公奏增印錢引四百萬，復患無錢以權之，即利州鑄錢歲十萬緡以救錢引之弊，率費二千，而得千錢。置官六人，兵匠五百人，歲用監官錢七萬緡。四路稱提錢十四萬緡爲鑄本，其後增至十五萬。蜀中因此優裕，宣總所樁積錢五千餘萬緡。其餘苛賦，一切裁削。誌中所謂「減科斂至七百萬緡」是也。

公在閫時，吴武順璘以右護軍都統制駐武興，郭恭毅浩以樞密院都統制駐漢陰，楊襄毅政以宣司都統制居漢中，皆擁强兵自衛，勢與大帥抗，莫敢吐一語相可否。公恩威並立，獨能帖服之如犬羊。每入謁，必先庭揖，然後就坐，誌中所謂「三大將拱手側足，奉命惟謹」是也。

嗚呼，公治蜀六年，而能俾財用足，橫斂減，悍將服，其效乃章章如此，使久於其職，又將何如也。奈何天未厭亂，姦檜得秉鈞軸，忌公不附己，而竄逐以死。悲夫！

然公之見忌於檜，士大夫皆能誦之。至於道夫，亦爲檜之所忌，則或者未必盡知之也。道夫嘗爲類省試第一。故事，榜首不赴大對者，賜進士及第。恩數視殿試第三人，蓋優之也。檜方欲沮張魏公，而道夫對策，歷論蜀人難進易退之節，有「高視天下竊笑」之語。檜嫉之，乃諭禮部令奏但賜進士出身。道夫亦視之澹如，未嘗一踐貴人門。登第三十年，始召爲倉部郎，累遷至祭酒。鄉人趙温叔爲相，雅欲相鉤致，亦不肯就。及温叔罷，蜀人爲所引者皆被逐，獨道夫不染物議。使其居公之位，其尚肯屈志以附檜乎！雖職位不同，功績遂異，道夫清峻之節，未必有愧於公也。然則，公之墓誌，非道夫爲之，孰可爲之哉？公之子德肖，不求之他人，而屬之道夫，良有以也。

吾友彦淵氏，公之九世孫，以葉史君昌父所書此册求題。故濂以所聞疏公治蜀之績，而詳及道夫之事，使覽者知士大夫立身以名節自砥礪，有不隨世而磨滅者，必將惕然自省也。

道夫以淳熙辛丑春始拜朝請大夫試祕書監之命，其秋，輒求去，乃除知潼川府。今以祕書繫銜，則誌文作於是歲春夏之間無疑。史君，公同郡人果齋俞先生之高第弟子。雖南康之節不完，然字畫儘佳，鮮于伯機謂其極善用筆，至欲下拜。而此册尤其得意書，可寶也。因併及之。

跋匡廬結社圖❶

右《匡廬十八賢圖》一卷，上有博古堂

❶「結」，原無，今據鄭本補。

印識，不知何人所作。描法學馬和之人物，布置則彷彿東林石刻，而韻度過焉。

其二人相向立，一人戴黄冠，手觸人袂，而揚眉欲吐言者，道士陸修静也。一人斂容而聽之者，法師慧遠也。其一人冠漉酒巾，被羊裘，杖策徐行，而蕭散之氣猶可掬者，陶元亮也。其一人躡屩摳衣，笑指元亮者，畢穎之也。其一人執羽扇宴坐芭蕉林下者，遠之弟慧持也。其一人與持對坐，合爪竪二指者，僧跋陀也。其一人俯仰其手，操麈尾拂坐陀下者，宗少文也。其一人居持右，低首作禮，而爲貌甚恭者，僧曇順也。其三人皆披衣行：❶一人持鐵如意，一人展卷讀，一人美髯而反顧者，則劉程之、雷仲倫、周道祖也。餘則余忘之矣。

又頗記程之蓮社文云：「歲在攝提格七月戊辰朔二十八日乙未，慧遠命正信之士豫章雷次宗等百有二十三人，集於廬山般若臺精舍，修西方淨土之學。」今所畫止十八人，取著名於時者也。人數增減，相傳有不同者，所記異辭也。或疑修静與遠不共時者，蓋晉有兩修静，此正世稱簡寂先生也。

當是時，晉室日微，上下相疑，殺戮大臣如刈草菅，士大夫往往不仕，託爲方外之游。如元亮、道祖、少文輩，皆一時豪傑，其沈溺山林而弗返者，夫豈得已哉！傳有之，「群賢在朝則天下治，君子入山則四海亂」。三復斯言，撫圖流涕。

跋文履善手帖後

右少保文信公手帖，知贛州日六月所

❶「三」，原作「一」，今據鄭本改。

發。公自爲賈師憲所忌，咸淳壬申，即援錢若水例，上休致之請。明年癸酉，紹陵特起公提點湖南刑獄。又明年甲戌，改知贛州，公年始三十有九爾。知贛僅踰年，當德祐乙亥之秋，即帥勤王之師來赴臨安。所謂「六月」，正甲戌之六月也。後一年丙子，宋亡。又二年戊寅，公在潮，❶爲王惟義所執。又四年壬午，公以忠死於燕。則國朝至元十九年也。距作此帖時蓋九閲寒暑矣。

丙申春，客有以悦生堂《蘭亭》本求跋者，上有師憲題記，余因斥去不暇顧。未幾，胡君忽出此卷相示，再拜起觀，恍若見寶玉大弓於先王之世，諦玩不能釋手。於戲！善惡之在人心，其不可磨滅者如此，雖千萬世不易也。深可畏哉！

跋葉信公五帖後

東陽許仲文以先世所藏西澗先生葉公鎮之五帖示濂。濂頗記先生以咸淳壬申除少傅、右丞相兼樞密使，不拜，詔授少保、觀文殿大學士、醴泉觀使。甲戌十月，改知慶元府沿海制置大使，又不拜。未幾，召爲少師、太乙宫使。今第一帖、第二帖，以少保、觀文等入銜，則壬申、癸酉所遺，正許君初權寧海令時也。第三帖，言許君愛人、戢暴及薦牘之事，雖不知爲何時，當在許令蒞官之日，計稍後於前二帖爾。第四帖，即前帖内幅。其第五帖，先生與弟竹友家書，末言

❶「潮」，原作「朝」，今據鄭本改。

許權令解印去，❶則最後者也。

竊惟先生正位台司，屢挫權姦，直言峻行，無讓古人。在田里時，乃獨惓惓於一許令。令之神明之政，亦能上答先生之知。上不傲下，下能承上，雖當宋季，其氣象猶非後世所及。令之子孫能寶藏五帖於兵燹之餘，其亦賢者之澤哉！令諱元沐，號東泉，景定壬戌方山京榜，擢進士第云。

跋俞先輩所述富春子事實後

宋季時有孫君者，其先居富春，因自呼富春子。七歲而病瞽，遇異人授以音律推五數、播五行之術，其於萬物始終盛衰，恒於音決之。

周垣未第時，坐於觀橋市肆，厲聲詬僕。孫君聞其聲，往揖之曰：「狀元何怒耶？」周以其給己，不答。後果擢進士第一。

楊克齋同鄧中山遊虎林，會孫君亦至，楊戲君曰：「我何如人？」孫君曰：「公貴人也。」曰：「我食祿乎，抑白衣也？」曰：「公自慶元初類試，調瀘川尉，浮沈久之，歷知晉、果二州矣，何謂白衣？」楊大驚。復問曰：「吾祿止是乎，或未也？」曰：「不久即遷大理少卿，再典一大藩，卻從方外之士遊耳。」已而由理官以直寶謨閣，知重慶府，遂主管千秋鴻禧觀以終。

江子遠舍選出身教授池州，負氣好淩人。當路惡之，欲誣以罪。孫君曰：「不可。子遠雖少，未易輕蔑，二十年後必秉國鈞也。」其後言輒驗。

❶「令」，原作「今」，今據鄭本改。

程吉公集客，命孫君次第聽其聲，聽已，歷指曰，此異時朝士也，此異時院轄也，此異時法從也，此異時執政也。旁有韋布之士劉姓者聞其語，夸笑之。孫君曰：「汝何人，乃敢爾耶？」或曰：「毋相慢，此祕書丞劉公也。」孫君曰：「太白山老儒生耳，烏能入祕書？」衆一笑而罷。吉公籍記其言，無一人差者。其神奇往往類此。惜乎爲史嵩之所忌，謫死遠方。

今去孫君未百餘年，故老凋落殆盡，人罕有知其事者。伏觀俞先生用中所述，猶可見前輩聞見閎肆，有非安於寡陋者所可企及。如濂不敏，於先生無能爲役，今因孫君六世孫朝可求題，遂以舊聞附於先生論著之後，以補其所未足焉。若夫孫君所言，趙録已訖、王元春典鄉郡、李全貢玉柱斧及詐假布囊四事，太史氏嘗録之，今不敢瀆告之也。

孫君名守榮，先生謂爲高榮，意其筆誤，或別有依據云。

跋長春子手帖

右長春真人邱公與其弟子宋道安手帖。首言「吾宗承傳次第，非一朝夕」者，蓋自東華少陽君得老聃之道以授漢鍾離權，權授唐進士呂巖、遼進士劉操，操授宋之張伯端，伯端授石泰，泰授薛道光，道光授陳抻，抻授白玉蟾，玉蟾授彭相，此則世所號南宗者也；巖授金之王嘉，嘉授七弟子，其一即公，餘曰譚處端，曰劉處元，曰王處一，曰郝大通，曰馬鈺及鈺妻孫不二，此則世所號北宗者也。

又言「全真之名，自知明君始」者，知

明，嚞之字也，咸陽大魏村人。凡三易名字，初爲中孚允卿，❶再爲世雄德威，合今爲三也。大定丁亥閏七月十八日，知明抵寧海州，鈺之夫婦首師事之。遂築室於其南園，題曰全真菴。四方學者咸集。自是凡宗其道者，皆號全真道士云。

又言「已至大雪山之陽，棲霞之事」如何者，棲霞，觀名也。公以興定己卯受詔，見我元太祖皇帝於祭鑾國。弟子十八大師皆從。庚辰二月入燕城，辛巳三月踰嶺而北，七月至阿不罕山，留道安等九人立棲霞觀。壬午四月，見止大雪山之陽。癸未五月，辭歸。帖言「已至雪山」，則決在壬午歲夏秋所遺也。公雖寄迹老子法中，而心實欲匡濟斯民，天道好生惡殺之言未嘗去口，是以上簡帝知。「寵賚優渥，金虎玉符，照耀林谷」，亦可謂極外臣之榮矣。

觀是帖者，尚當如天書雲篆，改瞻易視，毋徒弊弊焉寘議於筆墨之間可也。公名處機，字通密，世居登州。初隱崑崙山煙霞洞，後主京師長春宫，嘗自號曰長春子云。

跋三官祠記

右揭文安公所造《曲阿三官祠記》，凡七百有餘言，今藏道士白虛顥家。虛顥裝潢成卷，俾予識其後。

按漢熹平間，漢中有張修爲太平道，張角、張魯爲五斗米道。其法略同，而魯爲尤盛。蓋自其祖陵、父衡造符書於蜀之鶴鳴山，制鬼卒、祭酒等號，分領部衆。有疾者，

❶「卿」，原作「鄉」，今據鄭本改。

令其自首，書氏名及服罪之意作三通。其一上之天著山上，其一薶之地，其一沈之水，謂之天、地、水三官。三官之名，實昉於此也。

夫至高者天，至厚者地，水縱大，亦兩間一物爾，何得與天地抗哉？今並稱之爲三，是必有其説矣。公執文章政柄，呼噏一世，乃議不及此，而鋪張鬼神之情狀，一切歸諸道家，公之立言，誠未易窺測哉！虚顥往南陽，見著絳帕頭、鼓琴焚香者，幸以公文問之。

跋清涼國師所書棲霞碑❶代黄侍講❷

唐攝山棲霞寺律大師碑，華嚴疏主清涼國師所書也。國師，越之會稽人，飛來山寶林寺實其得度故處。今住山同公舊讀裴相國所撰《妙覺塔銘》，而知國師得二王之筆法。又聞趙魏公稱國師字畫之妙，而知相國之言爲可徵。每歎其書罕傳於世。今年春，出游吴中，始從報恩萬歲寺住上人得此墨本，歸而刻諸石，屬余志於下方。

謹按：國師以大曆三年受詔臨入内譯經，爲潤文大德。是年三月二日，律師示寂。而碑之建，在明年三月十二日，今去之已五百八十年。覩其遺刻，法度森嚴，神采奮發，而國師之德容猶可藉是想見也。

國師世壽百有二，書此時，甫三十有一。或者妄計其晚歲安住毘盧華藏，必不復作如是游戲事，余竊不敢謂然。法身大士，應化人間，於一毫端現諸萬象，卷舒無

❶「涼」，原作「源」，今據鄭本改。
❷「代黄侍講」，原脱，今據鄭本、四庫本《宋景濂未刻集》補。

礙，寂用常如，塵心交入，無非法果。覽者毋徒弊弊焉索之於形迹之間，庶幾目擊而道存也。

跋法華經

烏傷溪上，有一居士，傅姓權名，欲報母德，無以自效。一旦思惟，如《妙法華》，實經中王，至誠歸依，當得分願。乃筆成卷，乃鳩衆緣，鍥於文梓，用廣流通。無相居士，驩喜讚歎。爲説偈曰：

如來三輪不思議，五時演説度迷情。惟此《法華》真正門，獨能廢權而立實。四味之麤皆已盡，一乘之妙乃圓融。從兹無二亦無三，是則名爲最上乘。若曰小大不相即，不識何以攝群機。欲暢如來之本懷，舍此莫求真實義。粤自三譯來震旦，塔廟在在放光明。譬如日月行中天，不分淨穢皆照了。須知不假身外求，心佛衆生元不別。常境如如本無相，常智寂寂亦無緣。三觀三諦皆現前，不分後先與中外。居士欲報慈母德，繕書入梓以流通。一一毫端現諸佛，熾然説法徧十方。見聞無不起信心，共入毘盧華藏海。

跋金剛經後

先佛所説《大部般若》合六百卷，凡四處一十六會。而此《金剛經》實當第二處第九會，第五百七十七卷。姚秦鳩摩羅什始用華言翻定。元魏菩提流支、陳真諦、隋笈多，唐玄奘、義淨相繼各有所譯，號爲六家。唯什本詳略適中，甚得義趣，而梁蕭統復分第爲三十二，故今特盛行於世。其二十一分，增多六十二字，即非什本，而後人據五譯以鈔入之爾。世之名僧達賢銓釋此經，殆且百家，獨無著、天親二論師，配一十八住，斷二十七疑，允合先佛微妙第一，真實了義。濂欲據之作集解一部，病於烽火未息，志莫能遂。因繕録成卷，寘巾箱中，朝夕玩繹，庶幾了空名相，洞明覺地。他日於一毫端現諸萬象，破種種迷，成種種智，尚未爲晚也。❶

跋戒環師首楞嚴經解後

《首楞嚴經》其立題凡三：一名《徧如海妙蓮華王十方佛母》，❷一名《悉怛多般怛囉無上寶印清淨海眼灌頂章句》，合今題而爲三。其本指則五：以人法爲名，常住真心爲體，圓通妙定爲宗，❸返妄歸真爲用，上妙醍醐爲教。大概欲使衆生開圓解、立圓行，登圓位，證圓果而已。若稽其何時所説，其在《法華》開權顯實之後，《涅槃》扶律談常之前乎？蓋波斯琉璃之異代持地耶？輸之所證，左右參驗，誠足取信。所以長水璿、孤山圓、長慶巘、泐潭月諸師，號爲科判名家，未敢有易斯説者。

予在虎林見五臺沙門善攝解本，獨判《楞嚴》在《槃若》之後，《法華》之前，心雖奇其説，而頗意其爲一人之私言。今觀温陵戒環師所論，正與善攝同。其謂阿難既於《法華》諸漏已盡，不應於《楞嚴》未盡諸漏，而經中言最後垂範，實《楞嚴》法會之最後，

❶ 文後，鄭本、四庫本《宋景濂未刻集》有「至正十八年四月初一日無相居士金華宋濂題」十九字。
❷ 「徧」，原作「編」，今據鄭本改。
❸ 「定」，原作「家」，今據鄭本改。

非臨滅之最後者,尤發善攝之所未發。

余竊自歎玄理之在人心,雖南北之殊,風土頗異,而其不隨物以變遷者,未嘗不同。惜余儒家者流,弗悟健相分別之理,無以知其孰淺而孰深也。謹用識其立題本旨及異同之説於卷末,具金剛觀察智者,當能有以決之。

皇太子受玉册頌

至正十五年,春三月丁亥朔,越八日甲午,皇帝命太尉汪家奴持節授皇太子玉册及冕服九旒。在廷臣鄰,莫不駿奔東朝,恭行大禮。越一日乙未,復詣大明殿,俯伏拜舞,舉觴上千萬歲壽。百僚具欣,無間小大。僉曰:我太祖聖武皇帝,茂昭寶訓,預建冢嫡,嗣服繼統,累葉上承,靈貺罔敢或違。今我皇帝,春秋方殷,即定元良,以紹隆丕,搆其神謨。睿斷與雷霆同其英烈,山嶽同其雄高,河海同其幽深。求之前古,夐無與比,於乎盛哉!

然以萬國至衆,主器至重,❶豫定則治,否則亂。治亂所關,不翅一反掌之易,布在方策,蓋可覩已。奈何爲人上者,不爾之思,禍亂相尋,有不忍言。惟我皇帝,聖神文武,與天同運,而不以四海自私。惟皇太子剛果温文,與聖合德,而足膺主鬯之寄。明兩作離,照耀無窮。對越天地之耿光,丕承祖宗之休烈,是可以無愧者矣。《易》曰「主器莫若長子」,《記》曰「一人元良,萬國以正」,其是之謂乎?

臣濂遐方賤士,躬聞大慶,不敢喑無聲

❶「主」,原作「王」,今據鄭本改。

歌，謹遵詩人美盛德之義而作頌曰：

皇明御寓，圖治靡寧。邦本既建，萬國以正。仰瞻紫微，中居帝座。前星煌煌，厥象斯著。聖人法天，夙夜弗違。爰升上嗣，以弼大基。春日載陽，洊雷出震。龜協筮從，降兹大訓。乃敕近臣，持節而馳。錫以玉册，冕服九旒。帝曰休哉，神器甚重。繼體之思，朕敢不悚。汝宜敬事，勿懈益恭。服兹寵嘉，祗謁太宫。勿謂天高，徵應甚速。勿謂宫深，千里在目。若軍若國，汝撫女監。流祚無窮，朕心乃安。皇儲翼翼，拜手稽首。臣敢不勖，以主鬯卣。百僚萃止，冠弁之峩。舞蹈不足，繼以咏歌。四海之命，懸於元冢。少陽位隆，不震不動。何威弗宣，何氣弗清。太白歛芒，天高日明。微臣作頌，流播盛德。勒之貞珉，垂示千億。

皇太子入學頌

至正九年某月日，皇帝開端本堂，命皇太子肄業其中，致聖功也。前期一日，司經設帝座於堂中南面，朱几在其南，籩俎又在朱几南，俎前有筵。復設皇太子位於坐西東面，太子太傅位於坐東西面。諭德、贊善二人，文學一人，位在太傅之東階，西面北上。厥明，司經以裕皇所御聖典，寘朱几上。公卿子從學者，分東西序立，堂南北面，以中爲上。正字一人，司經一人，對立兩序端，以劾不如儀者。贊者導皇太子就位立。諭德以下亦如之。皇帝遣使者來致命，在位者皆北面立受，以次出堂門外，望北闕再拜者二，復初位。贊者又導皇太子至籩俎南，北面立，升筵再拜，❶就筵北跪，焫薌於爐者三。少退，又再拜，復位，立如初。凡拜若跪，公卿子咸從。司經以聖典還閣，几與俎皆徹。皇太子即位坐，諭德以下皆坐。公卿子別設几席於諭德位西，皆再拜。贊者引齒最長者一人執贄自門左入，即席跪，奠贄於几，復位如初，又再拜。拜已，執斝以升，執尊及脯醢者從，詣諭德西，東面立，注酒於斝，即席跪，行一獻禮。從者薦脯醢。贊善、文學亦如之。少退，執事者勺酒授諭德以酢獻者。復位如初，皆再拜。贊者退。司經設授讀位。正字一人執策啓皇太子，受經一人詣諭德請授經，至位東西相向坐。授受已，復位如初。惟皇帝丕式，先王成憲，敷佑四方，旁求俊彥用迪皇太子以學。惟敬惟慎，如此其至，實萬世無疆之休。敢拜手稽首而獻頌曰：

於赫皇帝，日照月臨。飈馳霆轟，克威克明。國本既定，萬方靡弗承。乃命官師，乃闢宮學。侯諮侯度，侯究侯宅。于彼有庶，宮學峩峩，龍樓之阿。奕奕其楹，伷伷其庭，既穆且貞。皇帝曰噫！莽莽九圍，此實其基。其基何居？有《書》有《詩》。羽籥干戈，亦以其時。爾尚勖哉，毋越我彝。我心我縻，毋隳我維。我善我師，上窺黃虞，百度惟熙。皇儲曰都！敢不敬恭。以養其蒙，以徹其功，以達於家邦。旭日煌煌，出自東方。鑾車彭彭，青旗陽陽。珮玉鏘鏘，躋彼新堂。載誦載弦，或舞以颺，帝命罔敢荒。維幅員既長，維天命靡常，匪德曷臧？兢兢皇皇，寤寐弗忘。於昔皇帝，詒謀寧止。皇儲則之，學又烝止。百祿盈

❶「筵」，原脱，今據鄭本補。

止，庶績凝止。庶績凝止，萬世期無已。

國朝名臣序頌

帝王之興，必有不世出之人豪，以自赴雲龍風虎之會，《易》所謂「聖人作而萬物覩」者是已。我皇元受天明命，撫安方夏，天戈所指，萬方畢從。是故一鼓而諸部服，再鼓而夏人納款，三鼓而完顏氏請降，四鼓而南宋平，東西止日之出入，罔不洽被聲教，共惟帝臣。雖睿謀雄斷，動無不勝，亦賴熊羆之士、不二心之臣，有以誕宣天威，故功成治定若是之神速也。

自今觀之，陷陣攻城，無戰弗克，則有若魯國忠武王之倫；面折廷諍，丕贊皇猷，則有若耶律文正王之屬；斟酌百王，恢弘文教，則有若許文正公之流。❶ 其他智士謀臣，袂接肩摩，殆未可以一二數。稽之於《書》，在虞則有四岳、九官、十二牧，以亮天功；在商則有六臣，保乂有殷，禮陟配天；在周則有五臣爲輔，以克脩和我有夏。以皇朝媲之，未足多讓。夫以明良相逢如此之盛，治功告成又如此之懿，意謂有以宣著鴻猷，勒之琬琰，昭示無極。逮茲百年，而頌聲不作，非甚闕典與？

漢唐之臣，本無足議，陸機、呂溫尚濃墨大書，爲之頌贊。況逢今日昌熙之運，安可默默？濂竊不自揆，輒取行事著明，熟於耳目者，自魯國忠武王而下凡二十二人，人各爲頌。雖立言不文，亦頗謂能美盛德之形容。使讀之者，知列聖之勤勞，諸臣之忠藎，王業之成，匪一朝夕，其於治道似不

❶「正」，原作「鄭」，今據鄭本改。

爲無所助也。第以金匱石室之藏，遠在天上，有非遐方陋儒所得窺。故其所頌，止此而已，非敢有所略也。

魯國忠武王木華黎

阿難之河，白氣如虹，王生其中。虎首虬須，爲天下雄。光輔帝極，憲天惟聰。如鷹之揚，如飈之發，如雲之從。右執大斧，左櫜彤弓。鐵壘層層，一劈而崩。遹駿有聲，諸部用平。相彼完顏，逞于淫凶。我伐用張，旗鼓有容。僵屍百餘里，澮河爲紅。太行以南，斂手就降。帝録其功，錫茅土之封。丹書鐵券，與國始終，傳世于無窮。

淮忠武王伯顔

淮王桓桓，凝峻寡言。一言之間，如雷破山。及履上台，四國爾瞻。誓師南征，大亂汝戡。三軍飛渡，目無江南。前扼其吭，宋膽自寒。老梟夜遁，直擣臨安。俘厥君臣，大敷帝仁。皞皞熙熙，市肆不移。宋鼎已易，而民弗知。崇德報功，王謙讓弗居：「此天子德威，臣何能爲？」古有曹彬，於王見之。

楚國武定公阿里海涯

於維楚公，既勇且武。手挺白矛，能舂猛虎。建謀於廷，謂宋疆可平。王師出征，公實在行。陷陣攻城，風馳霆轟，一駕而襄鄂下，再駕而吴楚寧。山獠洞貓，❶被毳荷氈，亦歸王明。士出其門，咸爲國楨，能黼黻皇靈。嗚呼楚公，蓋世之雄！

廣平貞憲王玉普❷

倬彼武忠，驅猋駕雲，來奔真龍。無謨不宜，無戰不從。有孫烈烈，勁氣直節。雷霆之下，孰不殞滅？王不震不懾。宗藩搆難，變生肘腋。帝命出師，三戰三捷。鶴馭上賓，衆言沸騰。王静以鎮之，神器弗傾。玉帶寶衣，用旌爾能。社稷之臣，繄王之倫。

河南武定王阿术

河南之先，世有大勛。列陣蟾河，强部褫魂。火炬夜爇，❸回鶻乃奔。乃蹴汴京，以洗妖氛。西南夷不庭，即勒鋭兵，以討以征。金鼓震天，躍入其城，縛段智興。及生河南，沈幾有智，挺英毅之氣。瞋目一叱，萬人皆廢。顧彼江南，一彈丸之地。恭行天誅，羽書日馳，卒獻馘京師。九土芒芒，來享來王，開元祚于無疆。

淇陽忠武王月赤察兒

將門出將，一氣之傳。有如淇陽，不負其先。威容言言，望之如神。親屬櫜鞬，宿衛帝宸。白斥大姦，拔去禍根。金山之陰，

❶「貓」，鄭本作「苗」。
❷「普」，鄭本、四庫本《宋景濂未刻集》作「昔」。
❸「火」，鄭本作「三」。

蟻附遙屯。王鞠其軍，以綏遠人。以鎮北門，以靖大藩。寵賚加厚，鑄印如斗。休有烈光，千載弗亡。

勾容武毅王土土哈

西北絶域，有山峩峩，襟帶二河。其人鷙猛，如虎負戈。況我勾容，人中之傑。來輔真元，孰得而遏？從六軍北伐，應變如神，有堅必拔，成杭海之烈。譬如太阿，百鍊不折，無愧臣節。

耶律文正王楚材

惟楚有材，晉實用之。達人先知，曰千里駒。堂堂中書，執政之樞。相我太宗，拓開鴻基。拱立龍庭，上陳帝謨。三靈協和，萬象昭蘇。舒吾陽和，脱彼翦屠。人文褰開，民獻争趨。於變時雍，上登黄虞。厥功何如，請視鼎彝。

楊忠肅公惟中

西域小邦，以險自嬰。帝命楊公，往宣威靈。雷霆震驚，風雲流行，孰敢不來庭？秉越而南，椎結卉裳，懼不能兵。恒山蘗牙，盤據大明。公仗節而呼，巢穴用傾。鼎湖遺弓，乾綱解結。公以兩手，上扶日月。不欹不仄，小大畢達，海外有截，卒成帝業。

汪義武王世顯

金運之熄，亳社已屋。誰栅石門，巡陴慟哭。時維汪王，義不負國。國亡三秋，將焉賓力？神元龍興，六合有赫。遂乘剛風，來朝帝側。出其所蘊，以效勞績。乃截嘉陵，乃踐大安。乃擒勁帥，撤蜀之藩。王之出矣，提戟而前，氣吞三軍。王之旋矣，雅歌投壺，右琴左尊。既武且文，懿哉元勛！

張獻武王宏範

真人開天，時乘六龍。麾斥八極，群雄雲從。劍氣上衝，日星晦蒙。宋人不恭，假息海邦。帝命張王：汝師汝將，汝拔樊襄，汝渡大江。汝揭義旗，以受其降。王既受命，橫槊上馬，鷙擊隼翔。有夫甚武，直奮大刀，衆莫敢當。王迎刺之，應手斷肮，軍氣益揚。大聲震天，敵有手若亡，遂籍其土疆。遺燼未息，厥勢猶彊。帝壯王之威，復命往征。寶劍名甲，錫自尚方。一麾而殞，海波鏡平。崖山蒼蒼，武功洸洸。

劉文正公秉忠

賢者在世，視時詘信。挂瓢武安，絕世離群。幡然而起，拏風躍雲。乃壘乃城，乃闕乃庭，乃建灤京。灤京之封，龍岡鬱沖，王氣所鍾。伊劉公是庸，作皇邑土中。敷文教萬邦，車書來同。車書來同，維公之功。

史忠武王天澤

諄諄忠武，有力如虎。斬將搴旗，疾行如飛。統諸侯大兵，前無堅城。馬不留影，士不留行。梟李擒葛，氛祲肅清。兇鷙既鋤，殘悍亦寧。春生秋殺，以奠邦經，以嚴邦刑。維忠武有勇，大敵不恐。惟忠武有慈，服即弗誅。維忠武有節，始終弗涅。紀功旗常，爲邦之光。

廉文正王希憲

天啓景運，挺生人豪。豹略龍韜，呼吸風濤。英英廉公，才雄氣騫。力捧潛龍，上升九天。誕彰皇威，關隴晏然。廣廈細氈，嘉猷日宣。出鎮遼霫，强宗震疊。移節荆湖，民氣遂蘇。連征大猾，正氣烈烈。式揚式發，則莫我敢遏。大星煌煌，西流於堂，天下之傷。

竇文正公默

有卓竇公，誾誾而馴。雍雍而惇，炳炳而文。大衣垂紳，似不能言。及摧權姦，執將排山。綱常之陳，皦若白日。照燿天下，至今有赫。大道既明，旁藝亦精。九箴所及，以死爲生。其學之醇，其志之忠。宜耄矣之嗟，發自帝衷。

姚文獻公樞

燁燁龍泉，神彩内明，視之如空。其鋒所指，無物不斷，捷疾如風。媲之文獻，雄姿英發，靡有不同。在前無古，在後無今。有志卓卓，倡道蘇門。上泝洄沂，下探關洛。施於有政，蔚爲王佐，務盡忠謇。立經陳紀，禮賢黜邪，風動四方。大開文明，肇致雅樂，實自魯邦。不殺之諫，晝夜諄諄，舌不得藏。治定功成，渾然無迹，莫窺所存。左許右竇，三人同心，扶乾植坤。如帶如礪，信誓弗渝，永世有聞。

許文正公衡

濂洛之學，傳自武夷。重徽疊照，日星昭垂。逮我許公，尊聞行知。若親摳衣，寒泉之麋。張皇幽眇，釐析毫絲。如皋陶淑問，畢其情辭。如后羿注矢，不失其馳。既入閫域，遂升堂基。橫經胄監，衿佩鏘如。祛其人私，牖其天彝。釋其偏歧，挽其九衢。❶德成材達，昭用於時，黼黻帝治，甄陶泰熙。明體適用，公實庶幾。無德弗報，四海祝尸。於乎許公，百世之師。

吳文正公澄

紫氣蟬聯，神物蜿蜒，有開必先。山川降神，自元而貞，篤生哲人。慎斯勤斯，絶乎等夷，於道早知。厲如秋霜，煦如春陽，何德之昌？抱膝而居，氣蓋八區，閎而弗舒。玩心神明，操觚弗停，興衛聖經。學徒是依，毛之有麒，甲之有龜。斠其淵沖，以消吝封，心熙氣融。大明當軒，屢聘益尊，施教成均。北許南吳，先後合符，人文之敷。

董忠獻公文炳

伊龍虎君，實生群英。一吹一嘘，霜露變更。長江天塹，其險莫前。公挾二季，破浪爭先，橫行而旋。喜動帝顔，戟手指天。焦山萬艘，櫛比雲浮。公大呼突陣，蛟泣龍

❶「挽」，鄭本作「挩」。

愁。横屍蔽江，水爲不流。淮城雖築，敵氣未懾。❶矢石四集，貫公臂及脇。公拔去之，督戰益力。韓彭之勇，良平之謀。方之於公，吾不知其孰優？

郝文忠公經

瞻彼郝公，上師孔顔。挺然一氣，立天地間。銜命出使，仗節弗屈。十有六齡，有如一日。楗門塹垣，不翅獄庭。臣節甚重，萬死實輕。吐其崛奇，見於直筆。奸雄雖亡，誅之則力。漢有蘇武，嚙氈海上。郝公繼之，雙璧相望。

程文獻公鉅夫

巍巍世祖，度越百王。義聲神威，撫壹宇疆。公起從之，仗義激昂。咸韶皇度，衮冕憲章。乘傳來南，繡衣焜煌。玉札牛溲，藥籠並藏。出而醫國，小大畢張。吐握見賢，如渴得漿。雖居鑾坡，不異廟堂。以順爲期，以柔居剛。式憲且文，於燁其光。

劉文静公因

先生之心，嶽鎮川澄；先生之操，玉温石貞；先生之學，寤寐六經。岐陽之鳳，魯郊之麟。和氣襲人，盎然陽春。發其性情，❷挹其深醇。或出或潛，與道周旋。九京可作，吾爲執鞭。

❶「懾」，鄭本作「讋」。
❷「其」，鄭本作「周孔」。

西域軍中獲角端頌

我太祖皇帝之龍興也，靈承帝命，寵綏四方。克烈既臣，乃鑾攸服，遠近諸國，往往嚮風内附。而東印度遠在西域之陲，負固不庭，帝乃震怒，移六師以征之。師次鐵門關之下，厥有神物，麢身而馬尾，獨角而緑文。曶人語曰：「王師宜早還。」帝因訪問近臣耶律楚材，楚材對曰：「是獸名角端，能日行萬八千里。其見則惡殺之象，殆天使之告陛下耶？」帝即日下詔班師。

臣濂謹稽諸傳記，角端有二焉。其一，狀類貊，角在鼻上，中作弓，今鮮卑及胡休多國尚或有之；其一，能曉四夷語，聖人在上，明達方外幽遠之事，始奉書而至。此則自周秦以來歷千餘年之久絶未之聞，而獨於神元見焉。豈非聖德有以動天，靈異之物莫不自至也歟？

漢元狩初，武帝行幸雍，祠五時，獲獸一角而足有武蹏。❶協律都尉李延年及司馬相如之流，尚竭其心思，播諸樂歌。千載之下，令人讀之，有若親生其時而觀其事者。矧今之所獲，古所未有，使延年、相如輩得際今日休明之治，則其咏歌聖德於無疆者，又未知其何如也？臣濂雖不敏，其可已於辭乎？謹拜手稽首而獻頌曰：

於赫太祖，肇基龍荒。手持黄鉞，日靖四方。飇飛雲流，無敵弗翦。孰敢不恭，以貽誅獮。維彼印度，疏勒之西。敢抗六師，大命卒迷。帝乃震怒，爰飭其旅。爾禡爾牙，爾桴爾鼓。龍旗載揚，烈星光光。指於

❶「武」，鄭本作「五」。

西疆，白日爲黃。乃有神獸，麕身騶尾。獨角桓桓，人立而語。帝詢近臣，厥獸何靈？近臣有言，角端其名。天子好仁，奉書而至。曷釋戈矛，綏以文治？帝曰俞哉，我師亟還。爾弓則櫜，爾矢則韔。有聲鍧鍧，震撼四國。垂衣龍庭，化行絶域。九有之臣，載忭載呼。天地動色，神人俱愉。惟我太祖，祇承上帝。帝度其心，純一不二。惟我太祖，乃武乃神。戢暴遏劉，綏我下民。惟我太祖，恪慎天戒。曾不移時，戎車返旆。神獸之來，自天降祥。匪天降祥，帝德之昌。孰其媲之，古聖有作。龍馬出河，神龜浮洛。黃支之犀，九真之麟。何世不有，匪德之因。皇靈赫奕，覆冒下土。魚鼈咸若，鳥獸率舞。曷其基之？自兹始之。茫茫八區，莫敢不來。惟德動天，薦兹嘉瑞。小臣勒詞，來貽世世。

豫章鐵柱頌

豫章郡鐵柱二，旌陽令南昌許遜敬之鑄以鎮蛟者也。郡地濱於江，水蟲騁妖，故民多江禍。旌陽與西安吴猛世雲用正一斬邪、三五飛步之術，追殲其神於長沙。復懼遺孽洊興，使物治鐵厭其窟宅。❶一在西山雙領南，湮没已久；一在牙城南井，迄今猶存。柱出井外僅尺，下施八索，謂能鉤鎖地脈云。唐咸通六年，節度使嚴譔來爲郡，將發視之，未及咫，烈風雷雨，江水暴溢，譔恐而止。其見於道家書者如此。

濂竊聞之，周有壺涿氏，掌除水蟲，❷

❶「厭」，鄭本作「壓」。

❷「除」，原作「取」，今據《周禮·壺涿氏》原文改。

「若欲殺其神，則以牡犉牛貫象齒而沈之，則其神死淵爲陵」。神謂龍，罔象之屬也。古蓋有其術矣。矧單陽則飛，制以重陰，乃伏而不動，鐵陰而蛟陽者也。斯柱之建，其亦沈犉象之遺意與？於戲！豫章之民與蛟不兩立，微旌陽，西安民其魚矣。濂雖不敏，謹徇郡守某之請，勒文柱下，以頌神功於億萬載。頌曰：

吴楚合域，翼軫分經。南昌鉅都，蛟孽所庭。咮攐波譎，脽運濤縈。夫諸獸驗，胜遇禽徵。沈竈鼃產，蝕阜泓成。靈伯應歷，鬼憲宣刑。嶽籙三辰，斗劍七星。揮斥雷戰，刉割霆升。河旹黑廓，川液紅星。軌天設鎮，冶金建楹。祝融主燄，閼伯司型。八神錫羨，五官儲精。上旋圓樞，下鋋方扃。溟妃捧鑑，淵后持衡。飈笙鶴瀨，月吹鳧汀。仙旂迴紫，童節流青。玄勳潛沕，素牒晶熒。龜山鐵絙，龍鼎文銘。翊扶鴻宰，斡運清寧。泰山可礪，靈柱弗傾。

擬晉武帝武功頌❶

惟咸寧五年冬十有一月，皇帝將舉兵徂征，❷乃集多士於庭而訓之，曰：「惟皇天孚佑有晉，俾克君臨萬方。爾萬方有衆，罔敢有肆厥志。朕猶夙夜祇懼，若將墜於深淵，唯恐一夫不獲，以越前王彝憲。《商書》曰：『民非后，罔克胥匡以生；后非民，罔以辟四方。』朕曷敢荒寧？今孫氏皓舍我民弗靖，唯酒暨色，淫酗無厭。大開苑囿，起土山樓觀，殫極工藝。肆厥威如虎狼，群臣

❶「武功」，鄭本作「平吴」。
❷「徂征」，鄭本作「伐吴」。

有正視者，輒殺無赦。人怨神怒，皓有耳若罔聞，知則亦弗畏。天降威命，上帝震怒，集厥命於朕躬，不敢不正。敢用吉玉宣璧，昭告於上天神后，帥爾有衆，底天之罰。爾伸，❶爾爲王子，國之休戚，與爾同之。爾督徐州諸軍，以出涂中。爾渾，戮力王室，簡在朕心。爾督揚州諸軍，以出大江之西。爾預，夙以嘉謨告朕，朕極不忘，爾尚克踐前言，以成厥勳。荆州諸軍，爾其督之以出江陵。爾濬，爾作大艦，欲有事於皓多歷年所，❷今維其時，非爾弗克終厥圖。益、梁諸軍，爾其監之以下巴蜀。爾彬，帥其部曲以從。爾奮，爾戎，世號忠貞，各將爾師以出夏口，以出武昌。爾充爲使，持節假黃鉞，大都督以冠軍；爾濟副之。嗚呼！爾有衆，修乃干戈，峙乃糗糧，齊乃卒伍，勿喪厥紀律，惟爾賢。往敷朕威靈，越厥君臣，宜執俘之獻於太廟，勿大肆殺戮，惟爾賢。嗚呼！朕豈有愛於皓土疆，閔我民罹辜，誕以爾多方，殄殲乃讎。爾尚兢兢懷保，若撫轂雛。兵戎所指，弗使致厥傷，俾朕膏澤布於下民，時乃功。爾不聽朕言，朕則孥戮女。爾其念哉！」

太康九年春，安東將軍渾出横江，所向皆克。二月，龍驤將軍濬，克西陵。鎮西大將軍預，遣將渡江，自進克江陵，沅、湘以南諸郡皆望風送印綬。預分兵益濬，建威將軍戎遣將與濬合，攻武昌，降之。三月，濬以舟師入石頭，皓面縛輿櫬，詣軍門降。克州四，郡四十三，户五十二萬三千，兵二十三萬。夏四月，賜皓爵歸命侯。遣使行荆、

❶「伸」，鄭本作「伷」。

❷「皓」，鄭本作「昊」，下同。

暘，除皓苛政。詔增充、渾邑八千户。進渾爵爲公，濬輔國大將軍，預、戎皆封縣侯，諸將賞賜有差。以伐皓之役，❶實始於鉅平侯祜，祜既卒，策告其廟，封其夫人爲萬歲鄉君，食邑五千户。復詔博士臣某刻石紀功，昭示萬世子孫，以紹有晉無窮之基弗敢壞。頌曰：

煌煌有晉，寵綏下民。欲俾萬方，均囿至仁。惟皓不恭，❷據彼海瀕。殘虐是逞，若火四焚。帝怒斯赫，命將徂征。龍盾虎旟，照耀日星。士氣如虹，吞厥南土。長江天塹，一朝飛渡。罔不震驚，❸流汗浹背。豈伊神武，自天而墜。帝命將臣，汝戒汝師。汝敵則劉，降宜舍之。皓既面縛，餘敢不釋。萬里雖遠，天威咫尺。青蓋委蛇，入於洛中。夙發其祥，昭此武功。皇華載遣，六轡耳耳。誕布陽和，以消陰曀。旋乾轉坤，六合一家。文恬武嬉，渾渾無涯。有功者賞，載頌載錫。赤芾桓圭，帝不之惜。惟帝神武，能屈群策。拓開蠻荒，揭此日月。帝德流衍，頌聲斯播。授之樂師，以薦郊廟。

天台教宗圓具圖頌

三千性相，百界千如，此天台教觀第一義也。有能於此悟入，融萬法而歸一心，即一心而達三諦，其近於佛之知見乎？比邱法咸示濂《圓具圖像》，於是合掌作禮而説頌。曰：

❶「皓」，鄭本作「吴」。
❷「惟皓」，鄭本作「吴人」。
❸「罔不」，鄭本作「吴人」。

我觀妙境不思議，三千性相恒宛然。心佛衆生本無二，不爲迷悟有增減。大充法界小塵沙，一一具此無量法。須知一念即三千，三千一念亦如是。譬如懸空十寶鏡，鏡前爇一光明燈。一燈徧入一切處，❶一切攝歸一燈内。光光涉入了不礙，互徧互融無盡藏。此境即空即假中，而亦不落空假中。非先非後非異時，舉一即三三即一。事理俱攝無差殊，修性齊照亦不別。五佛開顯大車譬，只此一乘圓具旨。若祇觀心不觀具，乃以一觀分二家。或約三諦作二造，有昧圓融祕密義。妄嗔染淨無異觀，是非能所亦雙泯。徧虚空界盡法身，一法外求即邪道。唯此如來正法門，有非語言能擬議。大海可飲風可捕，歷劫讚歎莫能盡。

匡山居士真贊

紫眼有稜，足以洞視千古；長髯如戟，足以畏讋百壬。或建大將鼓旗，而殄殲於妖沴；或被處士冠服，而容與於雲林。可顯可晦，載浮載沈。一委順於外物，初無累於貞襟。縣千尋之丹厓，莫踰其峻；瀦萬仞之重淵，罔測其深。抱忠義之志，而耿耿自信。所謂不變不改，若百鍊之精金者耶？

滕奉使贊

齊人王蠋有言曰：「忠臣不事二君，烈

❶「徧」，原誤作「偏」，今據鄭本改，下同。

女不更二夫。」夫女之從人，❶一與之醮，當終身不改。譬之白璧，小有玷辱，人將斥去而不之顧。臣之事君也，其理亦同，故蠋特並言之。事兩夫者，雖辨如虞姬，智如鄧曼，吾知其決非良婦。事二君者，雖功如汾陽，才如西平，吾知其決非良臣。嗚呼！使此義昭如日日，人臣安肯懷二心，而國安有喪亡之禍哉？

東陽滕茂實，當宋靖康初，以太學正與僉書路允迪奉使於金，議割三鎮、太原。尋奉密詔據城不下，金人怒，囚之雲中。欽宗北遷，茂實謁見，涕泣請從行，主者不之許。其後允迪南歸，茂實獨留雁門，終身不再仕。臨没，令以黄幡裹屍而葬，仍刻石識云「宋使者東陽滕茂實墓」。此殆不事二君者歟？當是時，有宇文虚中者，亦以黄門侍郎使金，見留，遂改節易行，反面事虜。其後雖欲奪兵仗南奔而自贖，❷卒亦不逃君子之譏。其視吾茂實，果何如也？

茂實已矣，人至今想其遺節，如神龍不可得見；至視虚中輩，不啻若鬼蜮犬豕，有識妾婦亦羞聞之。此無他，人心天理終不可誣也。乃作《滕奉使贊》用規事君而有二心者。贊曰：

漢有蘇武，奉使不屈。滕公配之，有聲烈烈。黄幡裹屍，以全臣節。如璧之白，弗緇弗缺。其人雖亡，精神不滅。❸上遊帝所，凌厲日月。降臣見之，肝碎膽裂。敢述贊辭，勒在貞碣。

❶「夫」，原脱，今據鄭本補。
❷「仗」，鄭本作「杖」。
❸「精」，鄭本作「而」。

采苓子贊

滎陽鄭仲德有隱操，嘗采苓九藍山間，因自號采苓子，斯贊之所由作也。贊曰：

彼采苓者，肥遯之士。皦皦霞外，不容纖滓。白月入懷，涼颸泝櫺。高視一世，何慮何營？

溟涬生贊有序

溟涬生者，盱江廖應淮海學也。❶抱負奇氣，好研摩運世推移及方技諸家學。年三十游杭，上疏言丁大全誤國狀。大全怒，中以法，配漢陽軍。生荷校行歌出都門，道傍觀者嘖嘖壯之。

抵漢江濱，遇蜀道士杜可大，揖曰：「子非廖應淮耶？」生愕然曰：「道士何自知之？」可大曰：「宇宙太虛一塵爾，人生其間，爲塵幾何？是茫茫者尚了然心目間，矧吾子耶？然自邵堯夫以先天學授王豫天悦，天悦死，無所授，同葬玉枕中。未百年而吴曦叛，盗發其冢，得《皇極經世體要》一篇，《内外觀象》數十篇。余賄盗得之，今餘五十年，數當授子。吾俟子亦久矣。」乃言於上官，脱其籍，盡教以冢中書。其算繇聲音起，生神鑑穎利，可大指畫未到者，生已先意逆悟。可大自以爲不及。

學既成，去隱宣、歙間。遇余安裕戈陽，將教之。安裕勸生業《中庸》，生瞠目厲聲曰：「俗儒，幾辱吾康節於地下矣。」復去之杭，客賀外史家，晝市大衍數，夜沽酒痛

❶「海學」，鄭本作「學海」。

飲。飲即吐，吐即飲，不醉如泥弗休。醉中嘗大叫曰：「天非宋天，地非宋地，奈何，奈何？」語聞賈似道，遣客叩之。生曰：「毋多言，浙水西地髮白時，是其祥也。」似道未解，復召至，屏人與語。生曰：「明公宜自愛，不久宋鼎移矣。」似道惡其言，掩耳走。生亦徑出。過曾淵子家，索酒轟飲。酒酣作嬰兒啼，曰：「大厦將焚，燕猶呢喃未已耶？」復賦歌以見意。都人士聞之，競旨以爲怪民，不與接。

獨太學生熊希聖猶時造其廬。生私執熊手謂曰：「吾端居曾樓，聞空中戎馬百萬來，人鬼作哭泣聲。壬申，襄樊陷；甲戌，宮車宴駕；乙亥，長江飛渡，似道亦殛死臨漳。丙子，三宮播遷，諸王大臣皆南北亂走。噓吸事耳，子不去，欲何爲？」居亡何，宋事日非，沿江州郡，望風奔潰。生大慟曰：「殺氣又入閩、廣中，吾不知死所矣。」遂遁去。其言無一不驗。後四年，病死處州學中，年五十二，無子，唯一義女從之。

生宗堯夫先天之學，頗自謂知《易》，每見諸《易》師傳疏，不問淺深，輒詘駁以爲樂。及論後天，則尊羲畫爲經，彖、爻、《繫辭》爲傳。黜《文言》、《彖》、《象》二傳爲九師之言。且謂《説卦》非聖筆不能作，上、下《繫》乃門人所述，《序卦》直漢儒記爾。蓋生聰明絶人，未聞道而驟語數，故其論經多失中。

然性使酒難近，又好訐人陰私，人面頸發赤不顧，罕有從其學者。唯國子簿吴浚、進士彭復樂師之。浚不卒業，復屢受唾斥不怨。生將遁時，召復至，口發例，手布籌，雖平昔所靳若終身不示人者，一舉授復。復後又授鄱陽傅立云。

或曰，生瀕死，語女曰：「吾死後一月，中朝命山姓鳥名使者來徵吾及傅立。立當過予門，汝可出藏書示之。立當以此致大官。」後皆如其言。所謂山姓鳥名，崔鵬飛也。生所著書，有《玄玄集》、《曆髓》、《星野指南》、《象喻統會》、《聲譜》、《畫前妙用》數十萬言，今猶間傳於世。贊曰：

龍圖成章，有文從衡。以濬以明，以洩其藏，以奠乎玄黃。昔我素王，韋編三絶。墜緒微茫，誰其我綴？我參我腴，九師襄之；我苞我晶，百氏攘之。如河之渾，如曀而昏，如治絲以棼。天未降割，一髮攸存。維洛有士，居於百原。超神沖漠，凝於畫先。數往知來，小大斯甄。莫峻匪厓，我陟其顛；莫深匪淵，我淪其泉。簡材以畀，非隱弗傳。有冥者冢，卒昭以宣。或得其觕，載神於言。炎炎宋籙，維其訖矣。長星蝕柳，色之赤矣。眚祥見徵，士髮虯矣。朋昏以世，莫之戚矣。魚在在鬻，尚其息矣。維生之知，中如沸羹。彼惛弗知，覆謂我狂。我狂如何？我憂孔多。我山我河，我用弗磨，俾淪胥以譌。我酒既嘉，我瑟又和，我寧不嘯歌？北風其涼，旗旐央央，我車龐龐。蕩蕩江流，杭之如陸。有腥其穢，流血沃沃。海氛方殷，其何能目？人有恒言，風雨漂搖，夏宇障之。涉於大川，烝徒楫之。楫副宇撓，孑孑焉依？國武斯墜，不知攸戒。日隕弗升，雖晝作夜。鶡舞於林，鬼瞰於舍。孰投是艱？曾莫之艾。乃愸乃驚，乃瞻乃行，乃遯死於冥。睠生之爲，胡乃神以著？徵之古聖，匪程伊度。何以言之？卒淪於數。一曲之淹，不通其故。《易》道既泯，數亦不類。激贊於生，發我長喟。月出皎兮，在天之心。在天之心，何古何今？

余自幼即見長老談溟滓生事，近見李湰性學及戚光子實所造文，又知生爲詳。以生之精藝如此，而修《宋史》者不列之方技傳中，殊可恨也。故予愍之，特序之。又傷《易》道之微，激而贊之。惜乎，予文蕪陋不能永生也，然予情亦至矣。

宋文憲公全集卷三十九終

宋文憲公全集卷四十

大還龍虎丹贊 有序

《龍虎丹贊》爲予友鄭源氏作。源因讀金碧古文《龍虎上經》有悟「大還」之旨，用之修鍊，節節有奇驗。復以其玄祕也，請予白之，作是贊。

人生苞精氣，妙與玄化并。一神管攝之，鉛汞各流行。神所棲止處，實爲天地中。闔闢類兩扉，循環不竭窮。廓然含沖虛，獨立不以形。是即真息根，强名帝乙庭。静極必自顯，内境垂白芒。或想爲連環，無乃喪其常。 苞乾靈一

凝神入紫虛，沖然抱一居。青龍鬱上升，白虎爲熬樞。牝牡既相從，蒸潤如流酥。鄞鄂一以固，温養成子珠。銷霣離中陰，坎陽復來隨。純剛號爲乾，潛躍契道符。鬱羅蕭臺中，服霞漱雲腴。閱歷無窮年，永共溟涬俱。 斡化紐二

鼎爐乾坤樞，匡郭水火魂。戊己居土官，一氣中夜存。火候十二時，暮蒙復朝屯。專氣而致柔，緜緜日相因。刑德務並進，文武須錯陳。薰蒸洽太和，天機盎神津。三元與五氣，一一返其根。後天不能彫，長爲萬象尊。 考火記三

三千六百門，盡隨魑魅場。雌雄鑄爲劍，日月吸光晶。尾閭閉玄液，九鼎運女英。三遜及五假，八石巧煎烹。如此之舉措，難可一二名。陰魔奪人命，遺屍莽縱横。寒飈動羅酆，時有鬼嘯聲。方知涉有

爲，不可學長生。　稽曲徵四

右贊四章章十六句

觀音大士觀瀑像贊

南瞻部洲東新羅國，有一苾蒭，號曰靈困，以三昧力，於一毫端現大士相。其相云何？　寶冠華鬘，素衣繽繙，翹足而坐於崖石間。其崖東邊，有一石陘，陘中有水，下注無際。其水微妙，如娑羅林，自根而莖，自莖而條，前後相續，無間斷者。大士旁睨，容顔端嚴，舉手指水，不喜不愠。沙門似祀，具大辨才，覩是相已，五體投地，而作是言：「水之怒者，無如流瀑。飛空直下，其長或至一千餘仞，或至三萬及無算數。鬬巖射壑，晝夜六時，無有暫捨。雖神鬼衆聞其音聲，❶亦生怖畏。譬諸衆生，曠大劫來，以迄今兹，無明所覆，造諸惡業。火性所激，觸山抵石，以至殞命，肝腦塗地。方其怒時，盡十方界，日月星宿，霞電雲露；盡十方界，山林墳衍，草木鳥獸；盡十方界，州邑樓閣，民人聚落，了無所見。以何因緣？　怒所激故。怒火所爇，有明皆喪。大士所指，因水以喻，明覺真性，慈憫方便，最爲第一。」爾時千越，❷有一長者，鄔波索迦，聞沙門言，瞻仰讚歎：「善哉，善哉！沙門當知，不識水性，因石而怒；爲復石怒，緣水乃見。或水石中，各有怒性。謂水之性，其怒因石。怒在水外，水性無怒。長江鼓濤，懷山蕩陸，其勢可怖，非關於石。謂石之性，其怒因水，怒在石外，石性無怒。

❶「衆」，鄭本作「從」。
❷「千」，鄭本作「干」。

懸崖下崩，飛雹繫丸，聲聞百里，非關於水。謂水與石，各有怒性，一鱗不生，倒涵太虛，内外若鏡，不見有怒；屹立弗磨，苔蝕蘚封，萬古如一，怒從何起？沙門當知，法界無邊，空爲本性，性中本空，中實非空。萬物盪摩，展轉成妄。如水流躍，非水之性。舍彼二者，欲求水性，了不可得。如石裂賈，非石之性。舍彼二者，欲求石性，亦不可得。如是思惟，微塵國土，山河大地，或淨或垢，皆吾法身。諸佛菩薩，天龍八部，夜叉羅刹，有情無情，皆吾法性。性中所具，不遺一物。一物不留，法界衆生，無明煩惱，即是如來。正偏知覺，善思念之。此乃大士，因水以喻，明覺真性。」沙門聞我所説妙法，驩喜踊躍，異口同音，共説無上伽陀章句：

稽首毗盧華藏海，無量光明徧一切。本來清淨無染著，凡夫逐妄以迷真。有如空裏本無華，空裏華生由眼翳。華生華滅刹那間，空相如如元不動。願憑大士般若力，脱此八萬塵勞門。縱如瀑流千萬變，轉物不爲物所轉。矧茲幻象出毫端，境相了知非實有。因非實有悟真空，即證如來大圓智。

血書華嚴經贊有序

上人幻滅，嚴持梵行，欲求無上真如之道。嘗自念言《華嚴》大經，實中天調御第一時所説一乘頓教，化爲尊勝。欲爇松爲煤，入以香藥，搗和成劑，以書此經，而彼松煤者，假物所就，具黑暗相，有染白法。欲煅汞爲丹，承以空露，研潤如法，以書此經，而彼汞丹者，炫燿可觀，能盲人目，非助道者。欲推赤金素銀，廉薄如紙，復粉爲泥，以書此經，而彼金若銀者，❶雖曰重寶，外塵爲體，初不自內。以是思惟，身外諸物，若勝若劣，若非勝非劣，若一若多，若非一非多，皆不足以稱此殊利。維我一身，內而心膂肺肝，外而毛髪膚爪，資血以生，資血以成，資血以長，資血以至壯老暨死。是則諸血衆生甚愛，如梵摩尼，一滴之微，莫肯捨者。我今誓發弘願於世尊前，❷以所難捨而作佛事。從十指端刺出鮮丹，盛於清淨器中，養以温火，澄去白液，取其真純，蘸以霜毫，志心繕寫，滿八十卷，尊閣益壽禪居。

昔者樂法比邱，當無物時，欲聞佛語了不能得，乃以婆羅門言，❸以皮爲紙，以骨爲筆，以血爲墨，願書一偈。況今百千妙頌，十萬正文，不止於一，縱捐軀命以報佛恩，無足爲異，於血何吝？唯願法界有情，或見或聞，證入雜華藏海；證入雜華藏海已，即得六根清淨；得六根清淨已，即得自性清淨；得自性清淨已，即得四天下微塵刹土中一切衆生皆悉清淨。

無相居士未出母胎，母夢異僧手寫自經，來謂母曰：「吾乃永明延壽，❹宜假一室以終此卷。」母夢覺已，居士即生。今逢勝因，頓憶前事。於是親焫五分妙香，香雲輪囷，結爲寶網，徧覆經上。乃復合爪，向佛散華作禮，而稱贊曰：

雜華淨智海，九會之所説。一音所演唱，十處放光明。信解行證門，總攝無復餘。如是具五周，如是辨六相，如是分十

❶「者」，原脱，今據鄭本補。
❷「尊」，鄭本作「雄」。
❸「以」，鄭本作「信」。
❹「永」，原作「求」，今據鄭本改。

玄，妙義皆充足。以至四法界，二十重華藏。無邊香水海，教條有差別，性相了無礙。圓融與行布，非異亦非同。一可爲無量，無量亦爲一，重重無有盡，是爲功德聚。如來最上乘，龍宮所祕藏。上人出身血，嚴飭書此經。於一滴血中，普含十方界；於一一界中，普現光明臺；於一一臺中，普成獅子座；於一一座中，普見分身佛。如上無數佛，皆具大威德。眉間白毫光，徧滿一切處。共宣大乘法，聞者應解脱。譬如日月生，照三千大千，悉見種種色，法能破暗故；譬如大洋海，波平乃如掌，無邱陵堆阜，法能平等故；譬如陽春至，大地盡發生，諸根各萌芽，法能霑溉故；譬如梵志夢，一夢千劫事，不過刹那間，法能融攝故；譬如子憶母，未見心已志，形神皆兩忘，法能無離故；譬如黃金色，金色不相分，金亡即色空，法能不二故；譬如石性堅，初不從外得，石性自圓滿，法無修證故。能如斯見解，見經不見血；若加精進力，見佛不見經；及至成道已，見性不見佛。我性如虛空，了無能見者。無見中有見，全體即呈露。苟執於所見，亦非我本性。見見二俱泯，此爲真見見。真見復何有，性本無物故。一心歸命禮，祇夜以爲贊。諸妙樓閣門，彈指一時啓。

龍眠居士畫十八應真相贊

第一尊者，張拱立海牛脊，絶流而過。

指海爲地，截斷衆流。尚不見水，何所覓牛？

第二尊者，遡風立飛濤中，足踏鉢

多羅。

手提天地，❶靡物弗舉。只一盂間，收盡海水。

第三尊者，乘芭蕉葉，傲睨太空，水珠亂濺葉上。

何分水陸，即海是路。未入水時，一葉已渡。

第四尊者，與前尊者共泛蕉葉，一沙彌荷橐隨後，跼步殊甚。

天上地下，獨立無偶。沙彌何人，乃躡其後？

第五尊者，坐綵帨中，雪眉垂兩肩，四海鬼獰，共舁之行。

長眉垂肩，不來不去。任爾東西，弗離故處。

第六尊者，橫杖在腕，有大黿負而西，黿半隱水中。

杖挑須彌，目鑠日月。慜諸有情，證龜成鼈。

第七尊者，瞪目東望，口噓氣成雲，雲中現七成塔景。

無縫寶塔，不因外見，優鉢曇華，千年一現。

第八尊者，翫塔景微笑，一王孫持果獻之。

景固非真，塔亦是假。一笑之餘，語默雙捨。

第九尊者，氣貌甚偉，杖錫衝衝行，足下寶珠輪，有光炫燿如火。

平視四極，一杖指定。足下寶珠，圓光交暎。

第十尊者，騎海魚，魚鼓鬛而逝，

❶「天」，鄭本作「大」。

有洋洋自適意。

乘魚而來，我未嘗乘。青山過雨，白雲如蒸。

第十一尊者，布杖于海，赤足躡之。杖如龍，悠悠西奔。

汝杖猶龍，游戲海中，一息萬里，不假寸風。

第十二尊者，左手擎梵鉢，噬唇仰視。❶小龍蜿蜒自南來，昂首作奮勢。

真龍出現，風雲應符。雨大法雨，普活焦枯。

第十三尊者，踞崖石坐，❷左攬衣，右舒指指空，若有所示。

一指之下，領納大千。真如境界，不分中邊。

第十四尊者，手執脩多羅，欲讀未讀，回顧鄰坐者。

佛尚不有，何況于言。無水起波，中復駕船。

第十五尊者，側耳聽經，神觀清淨，如在禪定時。

經從耳入，當以目聽。耳目兩忘，非動非定。

第十六尊者，騎鹿行山，檜柏蕭森，陰颸翛翛吹衣。

騎鹿而行，何曾移步。欲問西來，笑指庭樹。

第十七尊者，跨斑文虎，手持降魔法杵，過前巖，巖下雜華如畫。

爲無怖畏，全提宗印。大吼一聲，萬山皆震。

❶「唇」，原脱，今據鄭本補。
❷「石」，原脱，今據鄭本補。

第十八尊者，藉草趺坐，作入定相，白豪光宛轉起兩眉間。瞑目而坐，心同太虛。一塵不立，無欠無餘。

詩冢銘有序

番有奇男子曰魯脩，學詩李存先生。先生以文雄江東，獨才脩。脩有詩朋十人，皆緣情善賦。番數罹兵燹，脩懼其詩失傳，埏埴爲甓刻，瘞之山中。瘞已，請太史宋濂勒銘其上。銘曰：

河清嶽明，効坤之靈，何蕤綏兮。烏文龍章，於粲其英，叶昌厥辭兮。冥智斂真，返諸至神，藴黄壚兮。洩爲醴泉，三秀千眠，合貞符兮。番山可夷，番川可移，道如初兮。

陳彥正丹室銘

陳君彥正，家在浦陽大山間，實與龍湫五洩爲鄰。巖巒迴互，林木薈翳，絶不類人世。彥正日走其下，當夜静月白時，輒登高危坐，冥然長思，欲求古仙人與游而不可得。每天風翛翛作聲，輒以爲王子喬、韓衆輩真躡鳳吹簫而來也。如是者數年。

一旦有貝君一獸者過之，謂曰：「子若是，甚無益也。子欲求之，盍學長生乎？一氣孔靈，凝之者神。神之攸庭，黄房窈冥。緜緜若存，是爲天根。子能有意於斯，古仙人不難致也。」彥正樂其説之美，乃稽首再拜，膝行而前曰：「某不敏，竊妄意浮游塵埃之外，不自期凡質之未易化也。先生不以爲非而辱教之，願終身服役爲弟子。

敢問其所欲者何先？」貝君復曰：「吾道貴清静，吾養神丹，雞犬不可近。子盍别爲丹室以處我？」彦正欣然從之，乃即所居之東若干步，作室一間，中設一榻，貝君與彦正對坐其中。而鑰其所從之門，外不可入，内不可出，前留一竅，以納漿食；後通一竇，以傳便液。蓋將專一心志，以絶外慕云。

室既成，彦正録貝君之言以告濂曰：「子宜爲我廣而銘之。」濂聞古仙人之往來，多在霍橦、❶五嶽、金庭、洞陽、赤水、仙都諸山，考之《九微志》可見已。五洩處越水之濱，固不足以附麗諸名山，而齊之謝玄卿曾采藥其中，後竟仙去。濂嘗至其處，乘風放歌，便覺精神遐漂，駕灝氣於溟涬莽蒼之間，惜不得玄卿輩與之共語，悵然而還。今聞彦正結室其旁，又得貝君爲之依歸焉，得無歆豔乎？因不辭彦正之請，而備書貝君之言，廣其意而爲之銘。銘曰：

天地構精，日月撢持。雌陰黄包，雄陽玄施。内有太虚，明靈所都。是謂規中，執神之機。超乎群品，不分精粗。古之真人，日與之俱。三華生津，五氣布基。水虎斂魄，火龍藏珠。金華先倡，白液後追。闔闢泥丸，天行空飛。入火蹈水，不焫不濡。或嬰霓幢，或翳鳳旟。杳然玄化，莫知所如。五洩之山，蛟龍所居。下有隱者，山澤之臞。乃連曲房，乃列鼎爐。浮游黄宫，神光舒舒。鑾君背劍，鬼伯執殳。以呵弗祥，以衛不虞。養爾神嬰，出有入無。定見金童，手持簡書。致上帝命，召還玉樞。尚慎旃哉，勿亟勿徐。我作斯銘，勒之座隅。

❶「橦」，原作「撞」，今據鄭本改。

惠香寺新鑄銅鐘銘

浦陽有大蘭若在白麟溪之濱者，❶曰香嚴。創建於東晉時，年代遼邈，所鑄之鐘或成或壞，不能盡知。其可知者，宋寶元間，繼隆大師實爲之。隆嘗走汴京，得中宮賜銅爲助，而兵部侍郎胡公則力相其事，至慶曆甲申，鐘始成。越七十有八年，睦寇至，毁焉。時宣和辛丑之春二月也。普照大師子文即帥其衆而繼爲之，至甲辰冬十月，鐘復成。越二百三十年，寺災，鐘又毁焉，則今至正癸巳之秋八月六日也。沙門普照與同流六十有二人謀曰：「成壞之相，勢常相因，而鐘者所以警昏昕、昭法度、袪障蔽也，吾等不可以不亟圖。」遂走告里之善士于君城，城迺捐錢一千五百緡，俾合餘燼而新之。銅以觔計，舊者三千八百有奇，新者二百有奇。至冬十二月二日，鐘復成。

昔天台智者大師深弘《法華》之旨，未十餘傳其教幾絶。吴越國師德韶，爲聞于錢忠懿王，遣使航海，求其書於高句驪，後卒盛行。當時之人，以國師與智者同族姓，疑其乘願輪而再世焉。今照之名與子文之號正同，或後或先，又皆以音聲爲佛事，❷較之國師，其迹固殊，所以昭前人之業，使之貽永久而弗墜者，則一而已，夫豈偶然哉！

雖然，大圓覺海本無異同，孰能分别後先形相。若區區致泥於名迹之間，亦惑矣。必也自聲而生悟，自悟以入道，庶幾無負於斯鐘之建也與？

❶「若」，原作「寺」，今據鄭本改。
❷「佛」，原作「師」，今據鄭本改。

濂近遷居寺東五里青蘿山中，與僧崇侃游甚洽。侃一旦來謂濂曰：「子盍銘吾鐘乎？」迺爲之銘曰：

如來法門，千差萬別。孰方便故，以一音攝。有靈者鐘，即廣長舌。或震爾鐘，熾然而說。其一

五時所宣，諸修多羅。無量妙意，中無不包。一歷耳根，千劫弗磨。貪緣入道，莫此爲多。其二

白麟溪濱，有大蘭若，❶是惟香嚴，法器所舍。欝攸構災，一夕而化。畢竟有形，終屬幻假。其三

寺之比邱，咸作是言：彼成壞相，如風轉輪。往過來續，後先相因。不有廢者，吾何以興？其四

迺謁檀那，迺咨鳬氏，迺簡赤金，以歸鑪錘。侈弇中程，薄厚隨軌。外圓中虛，與法爲體。其五

若龍象衆，暨諸鬼神，胡跪作禮，靡間幽明。臺簴高懸，有聲鏗鍧，如獅王吼，如蛟龍鳴。其六

上徹諸天，下入九地。因聞生悟，弗迷邪趣。聲聲攝入，曾無留礙。盡轉如來，大圓鏡智。其七

我昔嘗聞，此妙音聲，不從鐘出，不由耳生，隨處充滿，非減非增。願咸諦聽，同證真乘。其八

琴操二首

余將有遠行，道過雙溪之上，中心隱憂未能釋去。逢友琴生於麗澤精舍，乃製《穹

❶「若」，原作「寺」，今據鄭本改。

霞》、《洞林》二操使彈之。流宮含徵，其聲泠泠然，恍如坐青蘿山中時也。生亦清俊士哉！其辭曰：

有穹者霞，其色楚楚。朝宜弋於林，暮汕於渚。役車騤騤，胡弗之休？視波江水，彭然東流。

右《穹霞操》

有洞者林，其色陰陰。可以樂饑，可以洗心。中有白雲，藹其承宇？我親之思，我心之苦。

右《洞林操》

楊刺史廟迎享送神歌辭

浦陽雞冠山上有古神祠，相傳祠漢交州刺史楊侯。侯，縣人也，名扶，字聖儀。累官皆有惠政。侯歿已千載，民以雨暘禱輒應。是侯之神在天，猶不棄於吾民也。吾民其可忘於侯乎？僕雖不敏，❶爲撰迎享送神之辭，俾邦人歲時歌以祀侯。其辭曰：

紛溶溶，眺天門。白蜺出，雜雲敦。翩我靈，整修駕，車登登，般裔裔。翩我靈，降潛場。回飆興，與之翔。翩我靈，變陽陰。奔以放，光淫淫。翩我靈，縯如廧，神鬼衛，鳥翼張。紛溶溶一

神筵啓，混朱黃。愉以康，怳芒芒。奄靈車，奠芳酎。爵行千，流若雨。奄靈車，蕙爲肴。饗且飫，以舞歌。奄靈車，靈已醉。廣宣延，無不備。奄靈車，樂無極。神山高，高可測。神筵啓二

氛翼翼，欲上升。指青玄，化爲文。靈

❶「僕」，鄭本作「濂」。

之旋，疾如風。從西虎，導東龍。神之旋，髯長逝。凌紫青，瑤光下。靈之旋，兆逢惕。景已滅，猶放悲！靈之旋，錫我祜。沛若雲，雨下土。　氛翼翼三

思孅人辭

吾鄉呂成公，實接中原文獻之傳。公歿始餘百年，而其學殆絶，濂竊病之。然公之所學，弗畔於孔子之道者也。欲學孔子，當必自公始。此生乎公之鄉者，所宜深省也。嗟夫！公骨雖朽，公所著之書猶存。古之君子，有曠百世而相感者，況與公相去又如此之甚近乎？聞而知之，蓋必有其人矣。託物引類，作《思孅人辭》。辭曰：

惟孅人之愔嫕兮，賦姱質於自然。修蛾規而凝黛兮，曼目轉以成睩。妥鬒髮而如雲兮，靨輔巧以承權。纖腰秀頸若鮮卑兮，容都曼而體便娟。寶璐縈而右繞兮，桂徽嫿以半偏。懸明月以綴佩兮，錯木難而傅冠。向瑤臺而微步兮，意憺静以貞閒。宓妃之倫折芳馨以相遺兮，復容與乎江干。勢翩翩其騫舉兮，若游龍之在淵。胡人閒不可以久留兮，遂凌厲乎高寒。馮道紀以爲御兮，鍊天和而爲殰。徑驅馭於陽陰兮，時上下乎星辰。

欻予生之何晚兮，不一覿於芳儀。念姱嫭之鮮雙兮，遡迴飆而曾思。欲愁悴而委惰兮，氣涫瀇以如炊。道苟可以還之兮，視萬里猶門墀。登嶇嶔而騁望兮，正晨旭之蒼涼。氣曀豁而闓朗兮，❶莽山川之縱横。樹輪盤糾而柴傂兮，蕷草藿靡以相望。

❶「氣」，鄭本作「氛」。

豐狐思群而永嘷兮，文鷸慕類以徐翔。企精爽之不徠兮，空雲龍之將將。蹇侘傺而望絶兮，燿靈曶其西藏。

降崇邱而臨曠野兮，循故轍以東歸。向闌楯而徙倚兮，境外嬰而愁内滋。新蟾皎以出天兮，想纖美之曲眉。繁星爛而成文兮，懷繡帔之陸離。蒼灝廓落而無滓兮，思玉體之弗緇。拂蘭袖而起步兮，復經緯乎空庭。苦鴻雁之靡靡兮，厭羽蟲之薨薨。撼户櫳以悲惻兮，惕朁容而弗自勝。❶轉曲牖而入堂壇兮，胖獨坐對乎華鐙。鐙影搖曳如鳥膻兮，象中心之靡寧。寒庬狺狺而競吠兮，耳怳聞於跫音。疾倒屣以啓闗兮，飆鬭葉於枯岑。縹緜緜而莫抒兮，託幽寄於瑶琴。琴聲咽而思深兮，類孤鶴之鳴陰。❷

更寂寞以將闌兮，斗杓旋而向東。舒枕衾而就榻兮，期夢寐以潛通。精氣注以弗釋兮，橋有物而衡中。息纚纚以方微兮，魂翕翕而上征。造句始而謁太儀兮，群靈繽其若叢。氛旌溶以隨猋兮，鳳旍沛而嬰空。馭象車而秉虬節兮，鞭列缺以斥豐隆。豹纛熊幡聿皇以奮兮，樛流紆譎鬱以相蒙。左撝右衛動以綳環兮，倏胂倩浰雲滃而雷舂。回穴幡纚汨以卉歙兮，吸噏潚率藹以蒙鴻。

穆眇眇以前邁兮，翩紛紛而弗止。莽冥冥以無垠兮，勢皇皇而迤靡。超氛埃而淑郵兮，竟按轡乎朱陵。長麗舉燭以向日兮，有赫戲之華文。揚芒熛以上猋兮，粲重離之丹門。炫赤玉之寶章兮，列八龍之威神。欻車趨於蒼極兮，青琱紛其並迎。群

❶「朁」，原作「厭」，今據鄭本改。

❷「鶴」，鄭本、文粹本作「雌」。

神衎衎以方饗兮，奏靈和之鳳笙。四酎芬而凍飲兮，暈玉色而帶赬。

揖素威以升皓宮兮，盼四極之浮浮。蓐收顧余而破顏兮，錫鏤瓊之華鉤。謂貞白以自守兮，合左契於伊周。折寒門而燭玄冥兮，朔颶颯以吹裘。有夫玄巾而擐甲兮，握靈蛇以爲驅。重陰冱而未啓兮，肅玄氛之幽幽。

四方非不可居兮，悵所思之莫余覿。❶馳兩轂如飛丸兮，又滔滔而遐逝。靈氛告余以吉故兮，子何爲兮獨悲若。❷彼中天之有居兮，隔人世之風雨。吾將導子之一至兮，庶弗愆於恒素。怊忽荒以從之兮，駕剛飆以徑度。曶光炎之炘炘兮，綝纚鬱決而不可正視。琱甍彤楹屹以上起兮，瀏濫弘惝雲譎而波詭。連卷欐佹杳以軋芴兮，崴魁幼眇矗以高峙。中洞房之沕穆兮，乃媺人之攸居。使曼姬爲予通訊兮，儼再拜乎堂垂。召朱扉之洞開兮，移玉趾之委蛇。珠明玉潔不足以爲喻兮，光照耀乎東西。吐芳辭以若蘭兮，意勤勤而告余。曰皇降靈兮昭質弗沬，毋染爾穢兮昧厥施。紉藥襦兮曳茝旆，結蕙纕兮張椒幃。勺桂漿兮噍蓀麋，索胡繩兮畦揭車。集衆芳以遠蒸兮，羌郁郁而斐斐。余俯首而敬聽兮，書鞶紳以自規。

海色動而報曙兮，陶去幽而開寤。雖嘉辭之盈耳兮，邈若人其何處？遂捫膺以沈思兮，顲獨處而繚戾也。誠因言以會心兮，將神交於千載也。亘天地而無初終兮，惟我民之秉彝。道弘敷於上下兮，必有人

❶「覿」，原作「都」，今據鄭本改。
❷「悲若」，鄭本作「愁苦」。

而繫之。往者固不可作兮，幸方册之昭如。日參驗於厥躬兮，若面命而耳提。跛鼈之蹣跚兮，固難齊於六驥。能孳孳而弗怠兮，亦千里之可至。余雖質䞳而力單兮，敢不沾沾而奮厲？帶鉤矩而佩衡兮，撤蔀蒙而祛罻。期有形以必踐兮，始俯仰而無愧。縱不得孅人以與之游兮，又何異同功而並世。

予既爲此辭，嘗録一通寄王子充。子充蓋有志同予學呂者。書以識之，庸俟異日各考其學之成也。

哀志士辭

奇俊之士，無世不生。特時人弗識之，或識之而弗能用，或用之而弗能盡其才，所以聲光不流於當時，事業不白於後世。予竊悲之。庚寅之夏，因覽元好問所録入之諸儒，自辛愿而下凡五人，見其氣節剛方，言論磊落，實所謂奇俊之士者也。雖其行事或未能無過，終非齷齪陳腐、懨懨不振者所可冀其萬一。然恨其有志而不能遂也。因掇其大略，隸於各人之下，又從而哀之以辭。

辛愿，字敬之，❶福昌人。年二十五，始知讀書。音義有不通者，搜訪百至，必通而後已，由是博極群書。且善於文辭，尤以是非黑白自任。每讀人詩，必爲探源委，發凡例，解絡脈，審音節，辨清濁，權輕重。片善不掩，微纇必指。如老吏斷獄，文峻網密，絲毫不相貸，雖貽人怒罵不恤也。性疏宕，不修威儀。貴人延客，愿麻衣草屨，足脛赤

❶「字」，原脱，今據鄭本補。

露，坦然於其間。劇談豪飲，旁若無人。家甚貧，衆雛嗷嗷，張口待哺。素負高氣，又不能從俗俯仰，其枯槁憔悴，流離頓踣，一假詩以鳴。雖百沮之餘，其耿耿自信者不少變。

元光初，李獻能、元好問在孟津，愿往見之。獻能爲設美饌，愿放筴歎曰：「平生飽食有數，每見吾二弟，必得嘉食。明日道路中，又當與老飢相抗去矣。會有一日，辛老子僵仆柳泉、韓城之間，以天地爲棺槨，日月爲含襚，狐狸亦可，螻蟻亦可耳。」聞者悲之。辭曰：

天生爾才，胡不汝騁？麻衣如墨，下不掩脛。下不掩脛，不過寒我。我食無所，我生其可？水豈無藻，山豈無薇。苟非吾有，我敢采之？市魁屠伯，彼豈無食。我腹雖虛，我腰肯折？抱節而終，我則奚憾？烏鳶螻蟻，上下何辨？爾貧固甚，爾守則多。不義而富，其如爾何？

李汾，字長源，平晉人。曠達不羈，好以奇節自許。避亂入關，關中無一人敢與相軒輊者。元光末，用薦書得從事史館。從事職名，謂之書寫，特抄書小史耳。汾素高亢，不肯屈世，乃今以斗食故，人以府史畜之，殊不自聊。館中諸人，又多新進小生，史家凡例或未能盡知。就其所長，有不滿汾一笑。故刊修之際，汾在傍則蓄縮慘沮，握筆不能下。汾正襟危坐，誦左邱明、司馬遷文數百言，音吐甚洪暢。誦畢，顧四坐曰：「看。」秉筆諸人積不平，乃以嫚罵官長訟於有司。證左相半，踰年不能決。右丞師中遣東曹掾置酒和解之。

尋入關，驅馬來京師。❶日以馬價佐歡。道逢怨家，則畫地大數而去。會恒山公武仙在鄧，汾往説之，署行尚書省講議官。既而參知政事思烈與仙相異同，懼汾言論，遂害之。

汾孝友廉介，過人者甚多，寧寒餓而死，終不作寒乞聲向人。又善爲詩，清壯磊落，有幽并豪俠忼慨之氣，人以是稱焉。辭曰：

奎星光光，今何其昏。大河東流，遑恤無人。金匱石室，藏我册書。豈伊群兒，所堪穢之！我言弗信，弗信從汝。邱明雖鬼，其文不死。既不我嘉，覆謂我僭。我視我觚，有淚如霰。黄霧四塞，黑白誰分。彩鳳無華，山貍有文。悠悠蒼天，曷其有常。自古莫不然，爾又何傷？

劉昂霄，字景元，一字委房，❷陵川人。聰敏絶人。或戲取市家日曆鱗雜米鹽者，令讀之一過，無脱遺者。故其學無所不窺，六經百氏外，世譜、官制與兵家成敗爲最詳。爲人細瘦似不能勝衣。好横策兀坐，掉頭吟諷。幅巾奮袖，談辭如雲，四筵聳聽，噤不得語。遇其飲酒，眼花耳熱後，其鋒愈不可當。不知去古談士爲遠近，餘子不論也。嘗用門資叙調慶陽軍器庫使，不就。諸公方薦試宏辭，未幾卒。辭曰：

陋儒拘拘，以簡爲常。目視環堵，不知有四方。狂瀾既倒，誰復迴之；氣蓋一世，獨爾能之。上自黄虞，下迨五季。一隙必燭，何有幽邃。或觸其機，談辭如雲。誰非

❶「馬」上，鄭本有「數」字。
❷「委」，鄭本作「季」。

男子，有舌無聲。我豈誇多，我豈鬭靡。一物不知，吾儒所恥。獨立千古，上遡寥絶。爾身雖窮，爾名豈滅？

雷淵，字希顔，别字季默，渾源人。崇慶二年進士，授涇州録事，不赴。改東平府録事，以勞績遥領東阿縣令。東平，河朔重兵處也，驕將悍卒不可制，淵出入軍中，偃然不爲屈。不數月，家有淵畫像，雖大將亦不敢以書生遇之。調徐州觀察判官，召爲荆王府文學兼記室參軍，轉應奉翰林文字、同知制誥，兼史院編修官。❶拜監察御史巡行河南，榜掠贓吏，風采凜凜。蔡下一兵，與權貴人有連，時以藥毒民家牛馬，以小直脅取之。淵捕得，數以前後罪，杖殺之。老幼聚觀，交口稱快。然亦坐是失官。尋用宰相侯莘卿薦，除太學博士，再遷應奉，終於翰林修撰，累官大中大夫。

先是，正大間，元兵突入倒迴谷，勢甚張。平章芮公逆擊之，突騎退走，填壓谷溪中不可勝算。諸將議不定，釋之勿追。淵請急殲之，主兵者不能用。後聞北兵狼狽而西，馬多不暇入御，始悔不從淵言。

淵學甚博，文甚奇，爲人軀幹雄偉，髯張口哆，顔渥丹，眼如望洋。遇不平，則疾惡之氣見於顔間，或嚼齒大駡不休。雖痛自摧折，卒亦不能變也。食兼三四人，飲至數斗不亂。生平慕孔融、田疇、陳元龍之爲人，雖其文章號「一代不數人」，在淵仍爲餘事耳。淵之友，高廷玉、李純甫亦以奇節自負，人號之爲「三傑」云。辭曰：

爾心之勁，爾氣之剛，嫉惡如仇，不問

❶「史」上，鄭本有「國」字。

暴强。將指出巡，面冷如鐵，霜簡所加，邪蒿即折。才豈止斯，兵算又長。眼見千里，孰曰不明。志不獲伸，多士短氣。其書徒存，九原能起。埃風四來，式脂式韋。有髯如戟，妾婦之爲。我俗之昏，誰復繼君。茫茫九州，敢謂無人？

雷瑨，字伯威，坊州人。志英邁，博學能文。以薦書從事史館，調入作司使。初，并州李汾與瑨同在館中，以高蹇得罪，瑨往送之信陵，攜酒酹魏公子墳，握手痛飲。後去客陽夏，以鞭擊酒壺，作楚聲歌。自言去國十年，甲兵滿天地，短衣匹馬，來自西北，將起楚、漢間奇才劍客與游而不可得。

當是時，金已遷汴，大河以東，北盡山東，西抵關輔，大軍長驅，徙少壯數百人殺之居庸關外。❶ 自黃河、洛陽、三門、析津至丕之源雀鎮，凡二千餘里；潼關一帶，西南邊山，大小關隘，亦一千餘里，各分地界，統以總帥。夜則傳令坐守，冬則燃草敲冰。兼以關輔大飢，秦民死者相枕藉。瑨皆悲之，作商歌十章寫其情。❷ 曰：「秦予父母國也，而一至此乎！」竟淚下不能食。乃出奇策白宰相，宰相不能聽。瑨去不知所之。辭曰：

北風泱泱，海水爲竭。俯窺神京，不隔一髮。舉鞭擊壺，歌聲愈苦。來自西北，短衣匹馬。我淚既盡，以血繼之。天門九重，曾莫聞知。孰秉國鈞，我將自薦。反謂我狂，斥去如箭。商顔有芝，煜煜蕤蕤。可以葆神，可以樂飢。長往不返，誰甘幽深？赤日在天，廉我明心。❸

❶「百」，鄭本作「十萬」。
❷「情」，原作「辭」，今據鄭本改。
❸「廉我明心」，鄭本作「庶明我心」。

孤憤辭

中州人士有無罪而被廢斥者，識與不識咸冤之。濂因本其志，爲著孤憤之辭，使世之用法不慎者讀焉，其或知所懼也夫！辭曰：

哀予生之匪淑兮，耿鬱紆其誰語？恐此心之難白兮，假微詞以自吐。曩有志乎學古兮，指前修以作則。非秋蘭奚敢紉兮，非申椒吾焉食？仗所履之正直兮，謂無施而不可。悲世塗之，嶮巇兮，舀獨中茲危禍。胡萋斐之小文兮，竟成之於貝錦。剛指方以爲圓兮，揆人情爲已甚。伊翩翩之公子兮，余素得而友之。握手以示肺肝兮，若斷金而弗疑。何中心之多變兮，一旋踵而弗予識。既擠予於坑穽兮，復彎弓而下石。汝面目之無作兮，曾何謀之弗深。縱禍予其曷傷兮，吾懼戕汝之良心。覩日月之光昭兮，聞雷霆之隱耾。❶予固不足畏兮，汝寧不畏於天。天道微而難索兮，斯焉足以責汝。彼黄鳥之嚶嚶兮，猶求友而弗止。將七尺之美軀兮，乃一禽之不如。予固約結而罔措兮，又爲汝而歔欷。嗟受命之蹇僿兮，豈獨汝之爲尤。蛟龍鬭於深淵兮，寧無損於鰌鰍。汝雖不我陷兮，予安往而逃囚。唯飲泣而無所訴兮，傷予罪之不當。蒼天之至明兮，獨不鑑我之幽枉。叶於良切。皎皎之白璧兮，僉訾其爲燕石也。纖纖之素縞兮，反謂其如玄漆也。欲力詆以深文兮，其奚患於無辭。咎繇之不吾出兮，眼有淚而誰知。誓剖心以自明兮，念父母

❶「耾」，原作「耽」，今據鄭本改。

之所遺。苟雉經於溝瀆兮，慮君子之見嗤。夜漫漫而不旦兮，悲風颯其四來。秋蟲響於空堦兮，似助予之悲哀。六合之至廣兮，寘一身而無所。魂怳怳若有忘兮，雖生存而如死。昔公冶之所遭兮，夫何有於不仁。在縲絏而非罪兮，亦魯叟之所稱。果自反而弗疚兮，縱遇辱其如榮。浮雲過而日潔兮，春冰釋而水清。外累不足以爲懼兮，懼吾德之未明。意欣欣以超絶兮，振冠纓而起行。取瑶琴以彈之兮，有和衎之新聲。樂天命以自度兮，究年歲而不再更。

東湖先生方君招魂辭

至正元年春，東湖先生年過九十，貌加癯而神益腴。一旦，合賢士大夫於庭，先生被古冠衣出，肅賓升堂已，復揖賓，咸東向坐，顧外孫楊恒執豆籩，乃從容舉觶而揚言曰：「老夫耄矣，其去人間世不遠矣。私自念陰陽之運，相摩相盪，而人實藉是以成形。有生者必有死，暫聚者必終散。嘗昧昧思之，上自頭顱齒髮，下自肩髀腰膂，不知何者爲可藉，何者爲可恒，乃欲長生坐閲世而不死乎？予每讀古書，見所謂豪傑之士不可勝數，或提三尺之劍，擁百萬兵，喑噁叱咤，而江水爲之湧起；或掉三寸舌，高軒結駟，游騁於諸侯之間，亦足以懾强而下敵。若而人，其材略雄矣，其精魄勁矣，吾將求而與之游，則已蕩爲飄氛，而無致詰矣。嗚呼！世之人，凡以有涯之身與無涯敵者，皆可悲也。是以榮啓期、林類之徒有見乎此，或被索鼓琴，或行畦拾穗，雖至老死，不以戚戚少嬰其心。予竊慕之。嘗聞古有《虞殯》之章，蓋群歌以輓櫬於塗。與其施諸死後之鬼，孰若予親見之？賢士大夫若不予棄，宜賦詩以輓予。予當乘安車而出，使善音者道予而歌，予且擊輪爲節以應之，是未必遽滅於秦淮海也。賢士大夫若從予言，願舉此觶爲賢士大夫壽。」衆皆曰：「然。」

先生既行觶已，又舉觶言曰：「賢士大夫固輓我矣。予又聞古之人有遭讒放逐者，或閔其魂魄離散而不復還，作辭以招之，其人初未嘗死也。予雖無放逐之憂，而其精神皆已斁竭，筋骨皆已罷憊，顧未死耳。幸未死有能辭以招我，庶幾翩然自適。與夫既死而有靈，亦御雲龍而一下聽之，又未必不驩然而笑也。此非屬吾景濂而誰爲？願舉此觶爲吾景濂壽。」濂又曰：❶「然。」於是賢士大夫執觶以酢先生，且各譔歌詩一章以進。濂因製爲招魂辭云。

先生名寀，字德載，姓方氏，越之暨陽人。其行大略見於延陵吴公所著碑銘。辭曰：

魂兮既徠，毋遠征些。上下八極，皆蒙冥些。華山如雲，倚空青些。下有芝房，炳明靈些。白間綺疏，紫檀扃些。銅龍承樞，吐赤瑛些。繡帷高褰，燿輜軿些。緑虵衛轂，若流星些。淳熬熊胹，溢鼎鉶些。狼臅凝膏，如玉晶些。九霞玄冠，五綵綎些。麟衫麑裘，光熒熒些。珩璜合節，鏘瓏玲些。離纚巢和，一齊鳴些。沂䎐飄馨，❷發繁聲些。趙舞激風，肖霓旍些。秦歌嫚迴，折懸瓔些。室中百具，無一不精些。中天化居，能及此清寧些。魂兮歸徠，不越故庭些。

❶「又」，鄭本無。

❷「沂」，原作「折」，今據鄭本改。「飄」，鄭本作「剽」。

陳子章哀辭

嗚呼！吾子章竟止於斯耶？始予游學諸暨之白湖，而子章實來，予因獲與子章交。當是時，四方來者，類多紈綺之子，喜眩文繡以自媚，人争悦趨之。獨予之貧，短衣纔能至骭，冷處前廡下，四壁蕭然，誰復見顧者？惟子章與予燈影相望，而讀書之聲相接也。予時學未聞道，心頗不能平。子章嘗慷慨厲予曰：「子量隘矣，是焉足以汙子哉！」子章好使氣，人稍加昵，白眼視之，至其去乃已。予因用子章厲予者厲之，子章矍然謝曰：「是善教我。」子章自是與予居至驩也。

予既還金華，子章亦去。越三年，予再見子章於烏傷，更相勞苦。子章握手顧予曰：「子之貧尚爾耶？子但力學，天殆不能貧子也。」予觀子章貌加壯，其厲予一如諸暨時。未幾，予復西還金華。又二年，予束書寓浦陽，子章聞之喜，以書來曰：「予昔在諸暨與子居僅四月而别，在烏傷未十日而别，今子來浦陽，浦陽，予父母邦也。予家距子之所寓不百里，庶幾與子少相羊乎。」予亦喜，當與子章時相見也。

又三年，子章未嘗一來，予竊怪之，因詢子章所嘗往來者，具道子章病咯血，氣厭厭不振。予謂是疾勢雖迫人，得良醫可已，未始爲吾子章憂。又四年，子章竟死。嗚呼，吾子章竟止於斯耶！

予之交友固多矣，如子章者寧幾人哉？積二十年之久，❶僅能再見之。蓋以

❶「二十」，鄭本作「十二」。

子章春秋始壯，予雖少長，亦不過二三年，其與子章游未晚也。豈知子章遽先予而棄去乎？予蚤知子章若是，又敢憂百里之遠不與子章周旋乎？子章已矣，孰能相予之善？孰能指予之疵哉？予雖欲不哀子章不可得已，因從而著其辭。子章諱璋，姓陳氏，子章，字也，浦陽人。辭曰：

已乎子章！天賦爾材，而鍾爾精。宜乎煇赫其聲光，振拔其華英。不秩登於百石，亦名薦於九卿。奈之何單襦短褐，不知珪組之貴；藜羹糗飯，莫沾鼎餗之榮？雖足勩乎敝屣，神僊乎篝燈。竟不少用而遂潛輝韜迹於泉扃，則吾子章何如勿生。已乎子章！白楊萋萋，宿草莽莽。悲泉咽而不流，寒雲鬱而欲聚。以吾子章之才之淑，而遽下制於一坏之土。寧不使予撫遺文而增嘅，想音容而惻楚也耶？嗚呼唏矣！

王季楚哀辭

王仲淮季楚，越人也。其父艮，嘗檢校江浙行中書，政成，謁選京師。時季楚年方二十餘，請從行。既至，有多季楚才者，薦其名遼陽行中書，授季楚大寧路儒學正。未幾，以病卒。檢校君哭之甚哀，既請國子監丞陳公旅撰銘揭墓上，復謂其甥方泗曰：「予深哀仲淮既不能壽，而又客死。其二子，基始八歲，塾始一歲，傫然也。仲淮有知，其能瞑目乎？聞汝交友多能文，盍求辭以哀仲淮，且慰我。」泗來爲濂言，濂竊悲之。初濂見季楚於泗家，眉目秀整，每言輒牽引史傳，幾若貫通者。濂方意其必進用於時，今若是。世之人欲以智力相雄長而不知止者，果何如耶？辭曰：

冥冥玄化，孰尸其權？胡予其才而不予其年？嗚呼！

蔣季高哀辭

至正丁酉秋七月壬午，濂畏暑，被髮行青松間，忽有客自東陽來，曰：「蔣季高氏歿矣。」濂聞已，哭之哀，哭已，進客問狀。客曰：「前月戊辰，季高以事如縣中，己巳，即有滯下之疾，晝夜之行餘百。久之熱發，體中如火。其兄伯康懼，亟呼醫視之。醫至，脈已絶矣。自己巳至今月甲戌，僅六日，而遽至於亡。」濂聞已，復哭之哀，乃尤天曰：「嗚呼，悲乎！不知何繇而夭吾季高乎？使季高其行負天地，愧神明，夭之可也。季高恂恂儒者，非其道弗言也，非其道弗爲也。言其事親，則孝而恭；處伯仲，則穆而和；交朋友，則信而貞；遇族姻，則惇而莊；接閭黨，則惠而慈。求其致夭之繇，無有也。今季高何爲乃遘爾乎？豈高高在上，果不可必乎？抑其視夢夢，不能別善惡乎？所謂天道常與善人，❶其尚足徵乎？嗚呼，悲乎！」

初，濂年二十餘，頗嗜學，聞文懿許公弟子三衢方先生以性理學講授東陽之南溪，徒步往從之游。先生所主蓋蔣君子晦家。子晦，季高父也，濂因獲交季高父子間。時季高尚未冠，即能執經問難，進退雍容，肌肉若玉雪可愛。歲幾何，既哭其父，今又哭季高焉，則夫人世如傳舍者，可不信乎！嗚呼，悲乎！

季高篤意於學，方先生既歿，復負笈師

❶「人」下，鄭本有「者」字。

事侍講黄公，會濂亦執灑掃之役於公門，與季高交益密。季高日出所爲文，皆雅馴可傳誦，濂甚敬之。每一會繡湖上，輒握手吐肺肝，間酒酣氣豪，競出慷慨背俗語，季高喜，益與濂親。季高善辨説，衮衮數千言不休。濂不能屈，每務力勝之，於是各大笑而止。且曰：「良會不可數，一嘻笑，一怒罵皆別後之相思。」當時出此言，亦以爲常，豈知別後之相思者，乃爲死後之相哀乎？心雖如鐵石，其不爲季高一酸辛乎？嗚呼，悲乎！

去年之春，季高有書來，曰：「東西二峴山，無君足跡十年矣，縱不爲吾行，其可貽山靈之所笑乎？」濂方閉户著書，跬步弗妄出，不及如季高言。濂所居，實浦汭青蘿山，山中林樾蒼潤，孤猿野鶴，見人了無驚猜意，而梅花泉又極可飲。濂自念雖不能爲季高往，季高清俊士，折簡招之，或可一來，當共飲水哦詩，或投壺白雲間，亦一樂也。豈知季高遽棄濂而長逝乎？峴山之蒼翠固在眼，寧不對之墮淚如襄陽乎？雖欲重登，顧後瞻前，而季高不見，又寧不爲之感慨乎？嗚呼，悲乎！

季高之太夫人，年踰八十，母夫人髮亦種種，而三子方纍纍在疚，長者僅七齡，幼者尚居乳哺中，憫然可念。季高之死，兩目能遽瞑乎？嗚呼，悲乎！

季高已矣，濂將摭季高群行爲書，以信後世，適有故，未及爲，姑撰《哀辭》一通，焚之於墓，以寫中心之悲。季高其能有知乎，抑無知乎？岱嶽可移，瀛海可填，濂之哀吾季高者，尚何時而已乎？嗚呼，悲乎！嗚呼，悲乎！

季高諱允升，❶季高其字也，卒時年二十九云。辭曰：

有木蕤蕤兮，嗚呼！將罔其施兮，嗚呼！霜雪何爲兮，嗚呼！竟從而折之兮，嗚呼！天者不可知兮，嗚呼！千載之悲兮，嗚呼！

鄭氏孝友傳

鄭綺，字宗文，白麟二十一世孫也。其先居滎陽，凝道遷歙，自牖遷睦，淮遷浦陽，今爲浦陽感德鄉人。淮，綺之祖也。綺通《春秋穀梁》學，撰《合經論》數萬言。事父母孝。父照以非罪繫獄，當入死。綺上疏郡守錢端禮，請以身代。端禮察之，白其誣。母張病風攣，綺保持若嬰兒，但適廁必抱就之，❷三十年不懈。綺生聞，聞生運，運生政，政生德珪、德璋。至元中，仇家傾德璋以死罪，將械送揚州。德珪毅然代其行，德璋泣隨之，争欲赴吏，德珪竟以詭計先死之。德珪生文嗣，自綺至文嗣，凡同居六世，歷二百年，咸如綺在時。至大二年秋九月，鄉老黄汝霖等言於縣，縣上其事廉訪使，加審按焉，文達中書禮部。四年春二月，準式旌表門閭。

文嗣生鑑，鑑生渭，渭生挺，❸皆善守，合數千指無異心者。重紀至元元年冬十二月，太常博士柳貫與鄉校群士又上狀，請如故事復其家，從之。

初，文嗣既没，德璋子大和司家事，嚴

❶「升」，原作「叔」，今據鄭本改。
❷「但」，原作「袒」，今據鄭本改。
❸「挺」，鄭本作「梃」。

而有恩，雖家庭中，凜如公府，子弟稍有過，頒白者猶鞭之。每遇歲時，大和坐堂上，群從子皆盛衣冠雁行立左序下，以次進拜跪。奉觴上壽畢，皆肅容拱手，自右趨出，足武相銜，無敢參差者。見者嘖嘖嗟慕，謂有三代遺風，雖石奮之家亦所不及，名聞天下。自大丞相及臺院諸公卿多賦詩美其行。部使者武威余闕行縣，以其孝友七郡或莫之先，書「東浙第一家」以褒嘉之。皇太子在青坊，聞其事而歎曰：「此國家之祥瑞也。」復親御翰墨，畀以「鳳麟」二大字。翰林學士承旨歐陽玄爲之贊，勒石以傳。

大和性正方，不奉浮屠、老子經像，冠、昏、喪、祭必稽朱熹《家禮》而行。子孫從化，孜孜孝謹，不識廛市嬉戲事。執親喪，哀戚甚，三年不御酒肉。食貨、田賦之屬，各有所司，無敢私。凡出納，雖絲毫事，咸有文可覆。挾日則會，不公，則監視發之。諸子晝趨功，入夜輒坐棣華軒中，温温語笑，至更餘始休。雖多列顯仕，或入侍經筵，出持使節，不敢挾此有一毫自驕意。諸婦唯事女紅，不使豫家政。宗族里閭，以恩懷之各有差。內外極嚴，輿臺通傳，不敢越堂限。家畜兩馬，一出則一爲之不食，人以爲行義所感。有《家範》三卷傳於世。

贊曰：

史氏之言多有不足取信者。濂少時，嘗讀《唐書・宰相世系表》，謂白麟之後不傳，私竊信之。及觀司空圖《滎陽記》，則曰：白麟生師慎，師慎生懷芬，懷芬生鄐，鄐生斌卿，斌卿生唐青州刺史庶，庶生侍中徽，徽生大理卿鄜，鄜生鱐，鱐生給事中蓍，蓍生宣州觀察使回。又觀鄭燮生《遂安譜》，則曰：回生弘，弘生垣，❶垣生倕，倕生子襲，子襲生邕，邕生宋歙縣令凝道，凝道生殿中侍御史自牖，自牖生祕閣校理安仁，安仁生淮，淮生照，照生沖素處士綺。綺即傳之所書者也。其承傳次第灼灼可信如此，惡覩其所謂不傳者哉！考徵不廣，而欲以一人之見聞，定百載之是非，難矣。

太白丈人傳

文中子學既成，慨然有濟蒼生之心。欲尊王道、推霸略，稽今驗古，❷建《太平十二策》。與河東薛收西遊長安見隋君。道經太白山，息於灌木之陰。有丈人自東來，緼袍無表，顔色腫噲，肩負束芻，去文中子靳十步弛擔，箕踞而坐。兩手搔爬，眼視雲漢，若四傍無一人者。搔已，曶指文中子謂收曰：「彼鳳頸龜背，須垂至腰者爲誰？」收對曰：「河汾王夫子也。」曰：「其王通耶？」曰：「然。」曰：「將何之？」曰：「夫子憂世未治，以策西見隋君耳。」丈人大笑不止。文中子異之，乃摳衣趨前，揖而問曰：「丈人何哂通也？豈通未聞先王之道，不足以咸和萬民乎？」丈人曰：「不然也。」「豈八埏之大，利害如牛毛，有非一士之舌可盡乎？」丈人曰：「不然也。」「豈上天未欲平治天下，而下民不當見大道之行乎？」丈人曰：「不然也。」曰：「三者既非，敢問丈人所哂者何事耶？」丈人曰：「嘻，何子愚之甚也！夫具人之體，服人之服，食人之粟，脱使稍有知，孰不欲堯舜君民哉？是

❶「垣」，鄭本作「坦」，下同。
❷「稽今驗古」，黃溥本作「稽古驗今」。

有道焉，不可苟而就也。」文中子曰：「其道何如？」

丈人曰：「道有三：其上焉者，燮和乾坤，經緯星辰，樞機四時，輨轄五行，執天之德，以牖帝明，以達帝聰。然其自任以斯道之重，非人君北面而事之，不復輕出，出則必爲帝者師，若堯之君疇，舜之務成昭，禹之西王國是已。其次焉者，以六合爲一家，以四海爲翰蕃，以五嶽爲封鎮，以元后爲父母，以臣鄰爲伯仲，以蒸庶爲赤子，煦以深仁，財以正義，防以峻禮，陶以至樂，威以嚴刑，式以庶政，治天下可運之掌上。然亦不輕於自試，必待王者致敬盡誠，而後起而佐之。否則，樂耕漁以終其身，若成湯之伊尹、周之太公望是已。其下焉者，仿佯局束，呢呰栗斯，不遠千里，衒己求媚。君門如天，無路可陟，俯伏闕下，魄遁神疲，閽隸見訶，不敢出氣。此不自重惜而徇時射利者之所爲，若齊王之門操瑟而售者是已。今子之西來也，欲爲君疇、務成昭、西王國乎？欲學伊尹、太公望乎？抑欲同售瑟於齊王之門者乎？子須麋具在，寧不知所自處也？且子獨不聞之，三家之市有處子焉，必待行媒始相知名，又必待納采、問名、納吉、納徵、請期、親迎而後始成昏。不然，是奔也，雖國人皆知賤之矣。子今負策而干進，恐與不待聘而奔者無大相遠也。況隋君天性沈猜，不悦詩書，廢棄學校，殺戮元勳，溺寵廢嫡，惟婦言是用，惟刻薄毒痛之法是崇是嗜。蕭牆之禍，起在旦夕。子尚欲行王道乎？言暴虐於湯武之世，必見誅；談仁義於桀紂之朝，必見黜。何也？時不同也。子如解吾言，即請東轅，毋西向；不然，子其行哉！」

文中子曰：「丈人之論至矣，通何敢不敬承明訓。然竊有疑焉，願丈人卒教之也。昔孔子大聖也，車轍環於諸國，棲棲遲遲，❶如喪家之狗，至再逐於魯，削迹於衛，窮於齊，圍於陳蔡，而卒不悔者，誠畏天命而悲人窮也。今丈人教通以不仕，然則孔子不足法歟？」

丈人曰：「是何言與？是何言與？在孔子，則無可無不可；下孔子一等，則可其所可，不可其所不可。子自視其孔子耶？抑下孔子一等者耶？昔魯男子善學柳下惠者，蓋以其不可而學其可也。予聞子嘗受《書》於李育，學《詩》於夏琠，問《禮》於關子明，正樂於霍汲，❷考《易》於王仲華，而其知顧出魯男子下，予竊爲子不取也。夫不察時而冒進，謂之瞽；施之不當其可，謂之愚；不度德量力而强行，謂之固；枉己從人，謂之賊；淪溺儃回而弗止，謂之淹。瞽則不達，愚則不周，固則不變，賊則不正，❸淹則不振。是五垢者，子皆躬蹈之，宜乎有疑於予。予去子矣，予去子矣。」丈人言畢，負芻而行。文中子面如死灰，遠望丈人南行，不見其背，目猶不暫捨。

薛收進曰：「夫子何慕之深耶？收聞不合先王，不順禮義，謂之奸，言雖辯，君子不聽。彼丈人不過姦言而辯者爾，初未聞先王之道。夫子衝冒風露，跋涉而至此，終不因其説而中返乎？」文中子遂行至隋。隋君御太極殿，文中子以《太平十二策》上之。隋君下公卿議，公卿多不悦。文中子

❶「遲遲」，鄭本、文粹本、黄溥本作「遑遑」。
❷「霍」，原作「虐」，今據鄭本、文粹本、黄溥本改。
❸「正」，鄭本、文粹本、黄溥本作「成」。

退而歎曰：「丈人其至人哉？」於是賦東征之歌而歸，著《續經》數萬言。

君子曰：「甚哉！出處之難也。以河汾之賢，操經綸之具，施之天下，何不可者？而丈人方詆其自售，齗齗不恕，況其下者乎？甚哉！出處之難也。」

白牛生傳

白牛生者，金華潛溪人，宋姓濂名。嘗騎白牛往來溪上，故人以白牛生目之。生軀幹短小，細目而疏髯。性多勤，他無所嗜，惟攻學不怠。存諸心，著諸書六經；與人言，亦六經。或厭其繁，生曰：「吾舍此不學也。六經其曜靈乎，一日無之，則冥冥夜行矣。」生學在治心，道在五倫，自以爲至易至簡。或笑其迂，生曰：「我其迂哉？我若迂，孟子則迂之首矣。」

生好著文，或以文人稱之，則又艴然怒曰：「吾文人乎哉？天地之理欲窮之而未盡也，聖賢之道欲凝之而未成也。吾文人乎哉？」或求學文，生曰：「其孝弟乎？文則吾不知也。」

生不肯干禄，或欲挽之使出，生曰：「禄可干耶？仕當爲道謀，不爲身謀，❶干之，私也。」生安於義命，未嘗妄有所爲。或疑其拙，生曰：「我契以天，不合以人。是乃巧之大者，拙乎哉？」生慕孔顔之樂，如聆鈞天之樂，如獲裹蹏之金，言及之，手足舞蹈不已。或以爲狂，生曰：「吾能知之，恨未能允蹈之，奚其狂？」

生幼多疢，常行服氣法。或誚其欲久

❶「不爲身謀」，原脱，今據鄭本補。

生，生曰：「盜跖甚夭，顔子甚壽，子知之乎？」或人不答，生曰：「竊陰陽之和，以私一己，服氣矣。運量元化，節宣四時，服氣乎？」

生雖貧，喜色常溢眉宇間。或詰之，生曰：「吾内足樂也。内既足樂，無人非，無鬼責，得亦樂，失亦樂，我何憂哉！」生御惡衣糲饌，安之。或慮其詐，生曰：「錦衣與卉服雖異，暖則一；糟覈與淳熬固殊，飽則均。何詐爲？」

生不貴貴人，不貧貧人。或尤其無别，生曰：「貴自貴爾，於我何加焉；賤自賤爾，於我何損焉。」生遇物以誠，三尺之童莫之敢欺。或譏其同，生曰：「我道蓋如是，同不同弗知也。」

生不享外神，唯事其先甚謹。或謂其報本耶？生曰：「非惟報本也，以氣感氣，吾先以之，外人何預哉？❶」生多讀台衡、賢首、慈恩諸家書，❷或謗其偏，生曰：「我雖口之，未嘗心之也，何其偏？」

生嘗情意調適，輒懸特磬於簴，親擊以鐵筳，瞑目側耳而聽，自以爲達制樂之原。或笑之，生曰：「此蕢桴土鼓之遺聲也。五音繁會，則末矣。」生好著屐登山，遇境勝處，注目視弗釋。或惡其癖，生曰：「吾於巒容川色，見三代之精華，不忍舍也。」

生年四十有六，髮無白者，日坐一室中，澄思終日。或執筆立言，動以賢聖自期，其中之所存者，人固莫能識也。適有畫史，貌生之騎白牛者，生大笑以爲得其真，故自疏其事如左，曰《白牛生傳》云。

❶「人」，鄭本作「神」。
❷「首」，原作「守」，今據鄭本改。

贊曰：

生，妄人也哉！言其文，弗能成章；言其道，則又邈乎未之見也。猶自語諸心曰：「我學古人，我學古人。」不亦悖且戾乎！

吾衍傳

吾衍，字子行，杭人也。意氣簡傲，不爲公侯屈色，常自比郭忠恕。居生花坊一小樓，客至，僮輒止之，通姓名，使其登，乃登。廉訪使徐琰一日來見，衍從樓上呼曰：「此樓何敢當貴人登耶？願明日謁謝使節。」琰素重衍，笑而去。生徒從衍游者，常數十百人。衍坐童子地上，使冠者分番下授之。時出小青涼傘，教之低昂作舞勢。或對賓游談大噱，解髮濡酒中爲戲。群童皆肅容莫敢動。衍左目眇，又跛右足，一俯一仰，嫵媚可觀，宛有晉、宋間風致。畜兩錢如意，❶日持弄之。或倚樓吹洞簫數曲，超然如忘世者。性好譏侮，文學士獨推服仇遠及胡之純、長孺兄弟，謂百年間所無有。

初，衍年四十未娶，買酒家女爲妾。至大三年秋，或訟女嘗爲己妻，官爲逮女母。母死，復逮母後夫。夫來主衍家，❷會其僞券事覺，連及衍。衍固弗知也。邏卒辱衍，南出數百步，録事張景亮識之，叱曰：「是不知情，何攝也！」即遣歸。或有訴行丞相府，事得下杭府治。❸臘月未盡，二月甲子，❹衍持詩別仇遠，竟去不知所之。明年

❶「錢」，鄭本作「鐵」。
❷「來」，原脱，今據鄭本補。
❸「得」，原脱，今據鄭本補。
❹「月」，鄭本作「日」。

三月辛酉，衛天隱以六壬筮之，得亥子丑順流象，曰：「是骨朽淵泥久矣。」多寶院僧故從衍學爲詩，聞其死，哭甚哀，招衍魂葬之西湖上。

衍通聲音律吕之學，善效李賀詩。工隸書，尤精於小篆。其志不止秦、唐二李間。宛邱趙期頤以書名世，得之衍者爲多。其所著書，有《尚書要略》、《聽玄造化集》、《九歌譜》、《十二月樂辭譜》、《重正卦氣》、《楚史檮杌》、《晉文春秋》、《道書授神契》、《説文續解》、《石鼓咀楚文音釋》、《間中編》、《竹素山房詩》，世多傳。

爲説者曰：衍之才高矣，使其能自貶以入繩墨，則其所進，孰敢抗之哉？今所學僅若是，固可尚也，亦可悲也。雖然，衍亦奇士也夫！

余左丞傳

余闕，字廷心，一字天心，唐兀氏。世居武威，父沙剌藏卜官合肥，遂爲合肥人。母尹氏，夢異人生闕。闕生而髮盡白，家貧，年十三始能就學。嗜欲甚淺，不知有肉味，惟甘六藝學若飴，嗜之不厭。❶與河南張恒遊。恒，臨川吴澄弟子，善談名理。闕之學因絶出四方。

擢元統癸酉進士第，授同知泗州事。泗瀕淮，民豪，弗馴令，蝕人土田，官籍之，多以誣去。闕繩尤暴者數十，不敢譁。廖甲與舒乙競田，廖焚舒廬舍，舒婦偶母子同死，遂寘灰燼中誣之。闕爲白其事。泗無

❶「嗜之不厭」，鄭本作「歲環攻之」。

麥，民以乏，故事弗聞。闞上之中書，定爲令：凡無麥者，減賦代還。長老爭進金爲壽，闞謝去。後闞往桐城，道逢故民，皆羅拜馬首，相隨信宿而别。

俄，召入應奉翰林文字，轉中書刑部主事。三月之間，疏滌冤滯獄五百。上官忌其才，議寖不合。闞上宰相書言狀，又不報，投袂而歸。居亡何，復召修遼、宋、金三史。拜監察御史。上疏言守令最近民，欲萬國治，責守令。反是，政龐。宜用殿最法，力行之便。上從之。藩王府諸校白晝奪金道上，勢如狼，闞鞭遣六十人。上思治切，議遣奉使巡察郡國。闞言奉使恒無狀，所至處食飲供張如事至尊，曾不能宣上憂恤元元之意，宜亟罷之。闞後補外，會奉使者亦至，執闞臂曰：「誠如君言。」知闞忠亮不怨。闞在位，知無不言，言陗直無忌。人勸闞少辟禍，闞曰：「吾縱惛，豈不知批逆鱗爲危，委身事君，身雖殺弗悔也！」

改中書禮部員外郎，闞議復古禮樂，其言精鑿有徵。聞者斥爲迂闊，弗用。安西郭氏女受聘未行，會夫卒，郭自縊死。有司請旌其門，闞以過於中庸，不可以訓，格不下。出爲湖廣行省左右司郎中。廣西多峻山，負粟輸官者，厄於道險，費常倍。闞命以布帛代輸。❶右丞沙班怙權自用，多録其私人，闞每抗辭沮之。會莫猺蠻反，當帥師，又止不行，無敢讓之者。闞揚言於庭曰：「右丞當往。受天子命，爲方嶽重臣，不思執弓劍討虜，乃欲自逸耶？右丞當往！」沙班曰：「郎中語固是，如芻餉不足何？」闞曰：「右丞第往，此不難致也。」闞

❶「布」，原作「爲」，今據鄭本改。

下令趣之，三日皆集，右丞行。章宣慰伯顔，以婆律香贄闞，闞覺重，辟之。香中果胎黃金，章歎曰：「余贄達官多矣，潔如冰壺，唯余公一人。」

復以集賢經歷召入，預修本朝后妃、功臣傳。遷翰林待制。出僉浙東道廉訪使事。發姦擿伏，聰察若神。州縣聞闞至，貪墨吏多解印綬去。婺定賦無藝，役小大各違度，闞遴官履畝實之，徭賦平。衢士無養，以没入田分隸學官。郡長燕只吉台肆毒，殘衢民，民重足立。闞鞫治之，獄上，行御史臺。臺臣與其有連，反以事劾闞。闞歸青陽山。已而，丁尹氏憂，闞日夜悲號。有甘露降於墓，君子以爲孝感。

至正壬辰，天下兵動，平章政事晃忽兒不花方統戎淮南，承制起闞權淮西宣慰副使，分治安慶。安慶距城皆盜柵，人爭謂不可往，闞毅然請行。從間道入，推赤心待人，罷其苛賦，轉粟以哺餓夫，八社民翕然歸。闞知民可用，乃帥之破雙港砦。砦甚固，小路若髮，闞被甲荷戟直前。賊空砦出鬭，殺傷相當。至日昃，賊殊死戰鬭，不勝。退，復收散卒，誓曰：「死則死此爾，何生爲？」一鼓而進，大破之。諸砦畏威，次第降。闞益繕城、浚濠、礪矛戈，分屯耕郊外田。民懼不能者，遣軍士護之耕。賊來，輒與戰。一日，賊四合，旌旗蔽野，鼓譟之聲震天地，闞縱梟騎數十，大喊而出。賊勢披靡，遣兵擊之，斬首數千級。當是時，淮東西皆陷，獨安慶巋然存。賊來戰，又數敗。賊銜之，僞作尺牘通城中諸大姓，約期日反，冀闞捕戮之。闞曰：「我民安有是？」命悉焚去。賊計窮，復令闞故人衛鼎、許大明以甘言説降。闞命牽出以鐵椎擊碎齒頰，懸其皮。東門瀠山，有虎傷人，闞造文檄山神使驅虎。虎出境。

功上中書，❶朝廷俾爲真陞同知淮西宣慰副都元帥，賜以上等及黄金束帶。❷江西諸官軍，動號數萬，掠玉帛，殺嬰兒寘戟上以戲。沿江州郡患苦之，獨不敢近城下，即近，出師搗退之。或服其義，至有來歸充將校者。溪河兵屯潯陽，❸命使者帥壯士百輩，腰刀直入，脅主供億。闞叱左右收縛付獄。且上疏言貓獠素不被王化，其人與禽獸等，不宜使入中國，他日爲禍將不細。後竟如闞言。

轉淮南行省參知政事，尋改右丞，賜二品服。闞益自奮，誓以死報國，立旌忠祠以厲將佐。時集祠下，大聲謂曰：「男兒生則爲韋孝寬，死則爲張巡、許遠，不可爲不義屈。」意氣慷慨甚。丁酉冬，賊大集諸部圍城，戰艦蔽江而下。樵餉路絶，兵出數失利。戊戌正月七日，城陷。闞猶帥衆血戰，身中三矢。賊呼曰：「余將軍何在？吾將官之。有生致者，予百金。」闞戟手罵曰：「余恨不得嚼碎汝肉，吐餧烏鳶，寧復受汝官耶？」賊怒，舉長鎗欲刺闞，闞遂自剄，不殊，❹沈水死。年五十六。其妻耶卜氏聞之，亦率其子得臣、女福章赴水死。❺諸將卒慟曰：「余將軍不負國，我等可負余將軍耶？」從而死者千餘人。朝廷知其忠，贈闞榮禄大夫、江浙行省平章政事，謚曰忠愍，追封夏國公。

❶「中書」，鄭本無。
❷「等」，鄭本作「尊」。
❸「河」，鄭本作「洞」。
❹「不殊」，原脱，今據鄭本補。
❺「章」，鄭本作「童」。

闞爲人剛簡有智，無職不宜爲，爲即有赫赫名。所至薦賢旌孝義如恐後。每解政，開門授徒，蕭然如寒士。五經悉爲之傳註，多新意。詩文篆隸皆精緻可傳。贊曰：

於戲！闞真人豪也哉！獨守孤城逾六年，小大二百餘戰，戰必勝。其所用者，不過民間兵數千，初非有熊虎十萬之師，直激之以忠義，故甘心効死而不可奪也。雖不幸糧絶城陷以死，而其忠精之氣，炯炯上貫霄漢，必燦爲列星，流爲風霆，散爲卿雲，凝爲瑞露。闞雖死，而其不死者固自若也。然而闞死於君，而能使妻死於夫，子死於父，忠孝貞節，萃於一門，較之晉卞壼家又似過之矣。於戲！闞果人豪也哉！余來江左，見其門生故吏言闞事，多至泣下。因想見戰守處，江流有聲，而斷雲落日淒迷於莽蒼間，猶足以動人悲思。因掇其行事成傳，以示爲人臣者。

濂既作《余廷心傳》，又見其門人汪河言，當廷心死時，其妾滿堂生一子，甫晬，棄水濱。有僞萬户杜某呼曰：「此必余參政子，是種也良，不可殺。」竟捐所鈔諸物，懷子以去，今三歲矣。人或戲子曰：「汝父何在？」子横指拂喉，曰：「如此矣。」此一事也。

池州判官李宗可，蘄人也。李嘗文身，又號爲花李，❶善槊，視賊欲吞。廷心兄闐，嘗以女歸之。及來舒，命權義兵萬户，統新軍守水砦，前後多戰功。賊來破城，李横槊入賊中，殺死甚衆。聞廷心死，馳馬還家，聚妻孥謂曰：「余相公死國，吾亦義不屈，汝等毋不死爲人所魚

❶「又」，鄭本無。

肉。」拔劍，無大小盡殺之。出，解甲據胡牀中坐，取酒飲，至醉，復衣甲自刎死。此一事也。

嗚呼！仁者宜有後；而義烈之士，聲光可流於無窮。濂雖不文，唯恐其失墜也，故復附著於篇。

朱環傳 子元女壽

朱環，字君玉，婺之義烏人，漢槐里令雲四十代孫也。赤子時，無兒嘑聲，仲父桂奇之，養爲子。桂後生璧及定周，因外環。環益孝謹，凡勞事皆服行，不知有寒暑。時境内多盜，白晝出道上劫人財。桂有金數百兩，與璧謀瘞窖中。璧夜發去，反誣環所爲。桂怒，褫環襦袴，立之大雪中，一日夜不使去。環恂恂謝過，無一言辨其冤。桂猶日虐環，五六年間，瀕死者數四，恒順受之不怨。❶桂死，遇璧益厚。璧子慶多暴，或遂嫁以殺人罪。環憂不能食，竭私財救之，慶獲免。環善讀書，寶祐間嘗舉進士，年八十六終於家。子元，女壽。

元，字子初，性警敏絶人。至元末，有盜數千，起縉雲，過永康，置砦峽源山。山抵元家甚邇，盜將劫元父環、兄通魁爲謀帥。元聞，遽歸告二翁，速避寇。不聽。復涕泣諫。翁罵曰：「豎子不解事，江南内附久，誰敢叛耶？設有寇，不過鼠竊狗偷，何足病？」元自度賊若縛翁去，則是翁從賊反，官坐以法，雖有百喙莫能白。爲今之計者，孰若殺賊自明。乃與役夫傅參謀，執刃伏垣下。或止之曰：「賊勢張甚，汝不畏作

❶「怨」，原作「怒」，今據鄭本改。

葅醢耶？」元曰：「吾知有親爾。若得白親以無罪，雖萬死不恨。」會賊偵騎至，竟斫殺二人，梟首市中，以血手入示翁，負之北逃。賊平，翁竟無罪。

壽，生有淑姿，年既長，歸金華戚象祖。台寇楊鎮龍反，西攻婺州。宗王甕吉解及浙東宣慰使史弼捕獲之，械至州城，將鞫其反狀。壽父環有亡奴在械中，奴嘗怨環撾傷，欲連環出貲助鎮龍。時史怒寇甚，凡獄辭所引，必盡殺乃止。環子元疾病不能起，乃視壽泣。壽曰：「昔緹縈能救父命，我獨非人耶？」乃走告法曹掾馮耿賢曰：「妾父無罪，亡奴欲誣以不道，倘事不得直，一家枉作泉下鬼。聞君素長者，獨不能相活乎？」言訖，淚如雨。馮怒，曰：「此事豈汝女子所知！」壽哀祈益切。馮爲之惻然良久，❶揮壽去，曰：「爾但歸，吾知所處矣。」明日，使吏椎碎奴口，不果誣。贊曰：

昔尹吉甫子伯奇無罪，爲後母譖而見逐，履霜中野，作《履霜操》，其辭多怨傷。濂竊謂伯奇不必爾也。父母惡之，勞而不怨，何假於辭哉？今環之無罪，與伯奇同。環羸身立大雪中，則又非若履霜比也。乃能順受之而無怨，不賢而能之乎？古之所謂純孝者，環蓋近之矣。元爲親故，拔劍斫賊而不知有身；壽雖女子，亦能脱父命於虎口。皆環身教之然也。人之行，莫大於孝，孝有如環之父子，可使無聞哉？因具列之於篇。

❶「之」，原脱，今據鄭本補。

張義婦傳

義婦張氏，濟南鄒平人。年十八，歸戍卒李午。午同從子零出戍七閩，未幾，午死，張獨事舅姑、父母，生養死葬，無遺禮。復痛夫死數千里外，枯骨未知所歸，乃往卧冰上，呼天祝曰：「天乎！ 妾夫何罪？ 妾夫何罪？ 生既不見父母，死又不能歸葬父母之傍。使無妾即已，妾在，敢愛死乎？ 天若許妾取夫骨，雖寒甚，當得不死。」踰月，竟不死。鄉人異之，爲聞於縣，給過所，遣之至閩。零猶在，問夫葬地，則榛莽日塞不可識。張哀慟幾絶。夫忽降於童，與張語生前事甚悲，且示骨在處。張如其言，發得之。持骨祝曰：❶「爾信妾夫耶？ 入口當融如冰雪，黏如膠。」已而果然。官義之，爲上於大府，請復其家，使零護喪歸濟南。

金華宋濂曰：濂聞長老言，廬陵有趙應祥者，父行賈，死利津，亂葬叢冢間。應祥求之，慟哭七日夜不得。乃解髮繫馬鞍上，祝曰：「天若有知，行至父墓，鞍即墮。」未幾鞍墮，發而視之，果父也，葬時所題名氏猶存。此與義婦之事頗類。傳曰：「孝悌之至，通於神明。」此之謂夫！

謝烈婦傳

謝烈婦芇，婺之金華人。年十三，適蘭溪吴履。奉尊章、處宗族以禮。性勤而剛，事非義，毅然執弗行。鞠撫衆雛，紉箴補綴常至夜分，雖血貫指不自寧。履貧而宦遊，

❶「祝」，原作「視」，今據鄭本改。

家政一聽芾，能弗墜。

戊戌春三月，西師破睦州，遊騎日壓境上。芾懼，急謂履曰：「妾聞西師鐵騎逾十萬數，出則塵埃蔽天，白日爲黄，既得睦，必東窺婺，謂其不至者妄也。卿讀書號男子，宜察知之。妾衰瘦如鬼，旦暮禍及，決不能挈弱幼遠遁，曷若先買舟東下爲上計。否則，歸妾母家，母家南有池，即有急，以身餧魚鼈爾，誓不受汙以病君也。」履重於行，紿曰：「勿恐，有履在也。」冬十月二日丁卯，履出城南。芾復申前言，且促履曰：「宜急旋，稍緩，噬臍無及矣。」履復答如初。

越四日辛未，芾見潰軍被血衣東奔不絶，謂媵人曰：「事急矣。」候雞再號，裹糧挾季女以東，媵人負小兒從。明日壬申，力憊甚，芾猶手牽女，且行且泣曰：「汝父不得復見矣。吾與汝死即死耳，身不可失也。」遂避入金華山中。媵人後視芾不相及，棄小兒道上，亦泣去。已而遊兵四出，赤幟徧山澤，東西作呼嘯聲，擄女婦無算。芾度不可免，力疾捫蘿而上，抱女投崖下死。履歸，求之浹日始得尸，母與女相向，其貌如生時。

嗚呼！人極之所由建者，三綱也。使臣子之於君父，皆如芾之弗畔其夫，國家安有喪亂之禍哉？嗚呼！世之號士君子者，平居暇日高自稱譽，無不曰我學周公、仲尼之道，苟指爲婦人女子，則勃然怒去。一旦君父有難，輒或竄或伏，不翅狐兔，是婦人女子之弗如，抑又何説也？然自兵興以來，女婦以節著者，亦頗見之，未有若芾之烈者也。夫豈樂死惡生者哉？誠以義塞於内，與其生而抱愧，寧若死而就安。推其所志，神明可通，金石可貫，衡嶽之層雲可開，非細故也。彝倫風教，於是所係爲甚重。濂故爲文道其事。使濂言行，人心或不亡者，當自省矣。嗚呼！彼有家而奉箕箒者，孰非人婦，孰非人婦哉？贊曰：

戊戌之變，濂女弟𡢃，亦以秉節沈淵死，後烈婦特三十有六日爾。濂悲之，淚落弗止。聞有如𡢃者，必謹叩之，或歷其地以訪焉。間嘗過金華山中，問烈婦投崖處，悲風四集，林木怒立，猶凜凜有生氣。豈其貞魂烈魄，猶足以感人耶？烈婦雖死，其弗死矣夫！

宋文憲公全集卷四十終

宋文憲公全集卷四十一

淵穎先生碑

浦陽江之上有大儒，曰淵穎先生吴公。以精深玄懿之學，發沈雄奇絶之文。闔陰闢陽，出神入鬼，縱横變化，其妙難名。生雖弗克顯融以伸其志，既没而言立，浩浩穰穰，其書滿家，信一代之偉人，足以播芳猷於弗朽者也。

先生諱萊，字立夫，姓吴氏。其先毗陵人，一遷於番，再遷於睦，三遷婺浦江之新田。唐乾寧初，有諱公養者，又遷縣西之吴溪。實德政鄉尊仁里也。高祖諱聞，贈中奉大夫、福建道宣慰使護軍，追封渤海郡公。妣盛氏，追封渤海郡夫人。曾祖諱蕃，累贈資善大夫、太常禮儀院使、上護軍，追封渤海郡公。妣沈氏，追封渤海郡夫人。伯祖諱紹，❶累贈翰林學士承旨、榮禄大夫、柱國，追封渤國公。妣金氏，追封渤國夫人。父諱直方，集賢大學士、榮禄大夫致仕。妣盛氏。

初，盛夫人懷娠始七月，翰林公忽夢西域神人飛空而來，直止夫人之寢，心異之，越翼日，先生遂生，因名曰來。夫人頗知書，年四歲，授以《孝經》、《論語》、《春秋穀梁傳》，隨口成誦。七歲，善屬文，有「奴僕命騷」之言。嵓南先生方公鳳，見而奇之，

❶ 「伯祖」，鄭本作「祖伯」。「諱」，原脱，今據《吴淵穎集》補。

曰：「此邦家材也。」取《南山有臺》詩中語，更今名。族父幼敏，家素多書，先生時出與群童敖，私挾一編以歸，盡夜讀竟，又復往易。或以聞於幼敏，迫而觀之，乃班固《漢史》也。幼敏指《谷永、杜鄴傳》謂曰：「爾竊觀吾書，能記是，當不爾責。」先生琅然誦之至終篇，❶一字不遺。幼敏以爲偶熟此卷，三易他編，其誦皆如初。乃盡出所藏書畀之讀。嵩南益異之，許以孫女妻焉。且授《易》、《書》、《詩》三經義，暨秦、漢而下諸文章大家，❷先生一覽即悉其指趣。嵩南退謂人曰：「明睿如吴某，雖汝南應世叔政不足多也。」自是以來，先生博極群書，至於制度沿革、陰陽律曆、兵謀術數、山經地志、字學族譜之屬，尤無所不通矣。

時朝廷將有事於東夷，即自奮曰：「此小醜耳，何必上勤王師，使某持尺書諭之足矣。」因撰疏論其事，會病，不果上。延祐間，貢舉法行，有司以先生名上。豫章熊公朋來、巴西鄧公文原及吾郡胡公長孺主去留士。此三數公輩行老成，學術淹貫，自非博古該今、明體適用，咸懼不得在茲選，而先生與焉。於是東經齊、魯、梁、楚之郊，北抵燕。每遇中原奇絶處，輒瞪然長視。平岡灌莽，一望千里，昔人歌舞戰爭之地，壹皆前迎後却，畢在塵沙霜露中。遂與當塗李翼、餘姚方九思、臨川傅斯正貫酒高歌。天寒風急，毛髮上豎，自謂綽有司馬子長遺風。尋以論議不合於禮官，退歸田里。

出游海東洲，歷蛟門峽，過小白華山，登盤陀石，著《觀日賦》以見志。還寓同縣

❶「篇」，鄭本作「第」，屬下讀。
❷「諸」，原作「詩」，今據鄭本改。

陳士貞家。士貞之居，與龍湫五洩鄰，榛篁蒙羃，似不類人世。先生日嘯詠其中，暢然自得，或至莫忘返。游覽之暇，不廢纂述，重取《春秋》傳五十餘家，各隨言而逆其意，一以理折衷之。譬猶法家奏讞傳逮爰書，既得其情，而曲直真僞無所隱。至若《繁露》、《釋例》、《纂例》、《辨疑》、《微旨》、《折衷》、《權衡》、《意林》、《通旨》之類，皆有論著。復謂孟子乃亞聖之大才，司馬遷不當使與鄒衍、淳于髡、慎到、荀卿、墨翟、尸佼、長盧同傳，因删去諸子，益以萬章、公孫丑之徒，作《孟子弟子列傳》。古今樂府不同，郭茂倩不當但取標題，無時世先後。就其所次，辨其時代，使各成家，名《樂府類編》。古之賦學專尚音律，必使宮商相宣，徵羽迭變，自宋玉而下，唯司馬相如、楊雄、柳宗元能調協之。因集四家所著，名《楚漢正聲》。其他著述，若此者衆，不能殫舉也。

四方學士慕其聲光，多負笈從之游。先生遇之恒若撫子姓，羞服有不給者周之。監察御史許君克學行部浙東，以茂才薦署饒州路長薌書院山長。未行而疾作，衺風挾沴，❶其血交襲，顔面黧黑，兩脛罷孱不可越户限。重紀至元六年，先生年四十四，棲遲衽席，愈不自振。忽夢作《童汪踦贊》，覺謂人曰：「汪踦殤者也。予自嬰疾以來，何藥不嘗，而勢革若此，今歲殆不起耶？」夏四月九日，竟卒於家。遺命治喪不用浮屠法。諸生胡邦翰、鄭銘等來相治後事。二子士謌、士謐，以至正九年十一月二十四日奉柩窆鄉之盉塢，去家南五里而近。及門之士，以其經義玄深而文辭貞敏也，私謚曰

❶「衺」，原作「裹」，今據《吴淵穎集》改。

淵穎先生。郡太守、縣大夫復各祠之於學宫云。

先生自少有大志，專思澤物，不欲以文士名。每慕張宣公爲人，推明義利，雖一毫不苟取，表裏一致。與人游，驩然有恩，愈久愈固。身雖羸弱，若不勝衣，雙瞳碧色，爛爛如岩下電，見者改容。鑑裁精絶，人以古詩文試之，先生察其辭氣，即知其爲某代某人所作。當其賦咏，捷如雨風。一日，於古人家見几上堆剡紙數十番，戲爲長歌，頃刻而盡。屬對嚴巧，文采縟麗，觀者驚以爲神，謂非人所能及。所著書有《尚書標説》六卷。《春秋世變圖》二卷，《春秋傳授譜》一卷，《古職方録》八卷，《孟子弟子列傳》二卷，《楚漢正聲》二卷，《樂府類編》若干卷，《唐律删要》若干卷，《文稾》六十卷，别如《詩傳科條》、《春秋經説》、《胡氏傳考誤》未完。

夫自文氣日卑，士無真識，往往倚人之論以爲低昂。其推古之作者，則曰雄渾贍富，唯有漢之文爲然；淳質雅奥，亦唯有漢之文爲然。今之從事藝文者，如之何可及也？嗚呼，豈其然哉！苟以先生諸作寘之司馬遷、相如、劉向、王褒之閒，吾知其未必有愧也。第以數與時違，弗沾一命，以至於死不能顯白於世。[1]所幸雄篇鉅册，彪炳烜著，有如日星。尚當藏諸名山，以俟後世之知揚子雲者。銘曰：

大火焞焞，司於南辰，重明宣昭，神之伸也。有赫厥靈，郁紛輪囷，敷爲至文，降於人也。斧藻交横，黼黻斯皇，變化凌厲，動無方也。雲流猋行，品彙咸亨，於熚其

[1]「能」，鄭本作「大」。

光，寂無聲也。胡積之腴，不顯其施，返於混茫，朱鳥之區也。騎箕之精，上爲列星，發天之符，合地真也。❶石室之藏，雄文吐芒，鬼神呵衛，禁不祥也。泰華嶙峋，長河奫沄，永世有耀，與之俱存也。

黄文獻公祠堂碑

星辰之昭乎上者，天之文；河嶽之列於下者，地之文；經緯乎兩間而不昭至道者，人之文。人之文，雖若有不同，或得之者亦足以配二儀而常存，後萬物而弗凋。蓋以長庚之精，峩眉之神，皆降而爲命世之神，❷所以能軋摩日月，扶植鴻化，以震盪乎一世。故雖其魄已喪，其神不亡，乘一氣於太虛閒，鼓舞變化，隨雨露風霆而著形焉。尸而祝之，實有不得不然者矣。有若烏傷黄文獻公，其殆庶幾乎？

公之方娠，母夫人夢大星煜煜然墜於懷。及其生也，繡川之水爲之一清，是蓋星靈川祥所融凝而成者。故公遂以文章鳴一時，侍講經筵，闡明聖學，掌宣皇制，黼黻太平，昭回雲漢之章，衣被乎草木，人文化成之效，於斯爲盛。是則公雖薨，而其耿耿不没者，固將游神太清，在帝左右，而祠之不設，非甚缺典歟？

濠梁胡侯惟信來爲縣，剛明正直，不可干以私。行之既久，政通人和。屢謁公之墓下，涼颸動木，悵然而有遐思。即下令禁其樵採，復輯公之遺文，刻梓傳世。侯猶謂未足以交神明，乃請於上官，築祠於繡川之

❶「真」，鄭本作「貞」。
❷「神」，鄭本作「儒」。

濱。堂庭穆如，門廡清謐，象設有嚴，丹艧焜耀。落成之日，侯具牲酒，盛服致祭。公之孫子，邦之群彦，咸從侯後。精誠格孚，契乎沖漠。焄蒿悽愴，如將見之。祭畢而燕，籩豆静嘉，肴核維旅。鴻休誕昭，秩秩雝雝。四方之士，來游來瞻，僉以爲侯之爲政，知所風厲。而公之靈爽，永有攸棲矣。

或者則曰：「人死，則其氣斯盡。❶古者祭鄉先生於社，不過崇德報功，爲人勸爾。子曰其神不亡，無乃涉於誕耶？」曰：「嗚呼！是未知鬼神之情狀者也。世之强夫志士，用物精多，尚能昭著靈響，廟食百世。況鍾天地靈長之氣，而發爲文章之英者乎？其不隨世而磨滅者決矣。至若庸夫凡氓，其德不顯，其鬼不靈，則當如此言爾。」

初祠之成，同門友王君禕，既爲紀其歲月，公之子梓、從子槱、從弟椟、魯，暨甥劉某、陳某，❷謂侯是舉有關於名教之重，而非私於一家，又請濂詳文其事於石，以昭侯之善，與此祠相爲終始。濂按《春秋》書事之法，辭有重複而不殺者，因竊取斯義而爲之記，復繫之以詩。曰：

大星煜煜流光晶。川后斂滓若鏡澄。發爲五色文章英。上騎日月薄太清。呼吸雨露鞭風霆。在帝左右持文衡。交龍降升藻火明。生色燦爛丹鳳翎。萬物承被流華榮。一氣闔闢不可名。玄功斂迹歸杳冥。其魄雖離神則形。炯炯直與玄化并。有祠翼然妥幽靈。陽烏高騫聳觚稜。庭宇沕穆森巨楹。歲時奠祭輸精誠。牲牷肥腯酒潔

❶「斯」，鄭本作「澌」。

❷「魯」至「陳某」七字，原脱，今據鄭本補。

馨。倏陽忽陰誰使令。有神來下風泠泠。若乘玄麟紫霞軿。降爾百福響然憑。鄒魯禮樂當洊興。春秋報事垂千齡。

温忠靖王廟堂碑

歲在閼逢涒灘，斗杓直寅，其日某家子，❶東家道士儲祥曦，❷新作温忠靖王廟成。後十有一年，太史氏濂爲之記曰：

太虚之間，一降一升而能槖籥於無窮者，非氣母也耶？氣母之所孕，其出無根，其入無門。而其應也甚神。人能察乎陰陽之變，而不凝滯於物者，其知鬼神之情狀矣乎！

王姓温氏，名瓊，字永清，温之平陽人。父民望，嘗中明經甲科，年耄無嗣，與妻張道輝晝夜籲告上帝。❸一夕，張夢一神手擎火珠，自天門而來，謂曰：「吾乃大火神君，❹將降胎爲人。」張覺，赤光被體，中猶喜喜然，因有娠。以唐長安二年五月五日午時生，其左腋有霆篆二十四，右半之。七歲習禹步爲罡，十四通五經百氏及老釋家言。二十六舉進士不第，乃拊几歎曰：「吾生不能致君澤民，死當爲泰山神，以除天下惡厲耳。」復制三十六神符授人，曰：「持此能主地上鬼神。」言已，忽幻藥叉象屹立而亡。

蜀葉天師後用其符，禜除沴氣之爲人菑者，彷佛見王衣赭袍，握寶劍，乘追風駿下之。劾召之家遂皆祠王，❺以祈靈響焉。

❶「家」，鄭本作「甲」。
❷「家」，鄭本作「嘉」。
❸「告」，鄭本作「於」。
❹「神君」，鄭本作「之精」。
❺「召」，原作「名」，今據鄭本改。

王嗣封翊靈昭武將軍正佑侯，❶其曰正福顯應威烈忠靖王，則宋季之累加也。

王之事行見於傳記者如此。自薦紳先生言之，可謂怪神之極。殊不知氣母之所孕，入奇出神，靡所不有。蜚龍感而異人生，玄象應而神蹟著，蓋不可一二計。惟夫偏盭或足以病民，故必降剛明正直者而袪斥之，此亦天之恒道，非所謂怪也。

古之聖神體天以訓民，鑄鼎象物，使民知神姦。故入川澤山林，魑魅魍魎，莫能逢之。奈何氣漓俗微，御陰陽、通神明之術不傳，方士之徒，遂得竊其機權而用之。世之昧者，不知出於古聖神遺法，咸歸諸道家，往往鄙其譎誕不經。嗚呼！是果譎誕不經者耶，非耶？系之以詩曰：

南離有赫大火神。下上六氣凌三辰。靈龍乘軿輔以雲。被髮下降瘴海濱。帝出乎震物以伸。約束百鬼主地門。神往從之勢翩幡。豹鞬絳衫紫纏巾。七斗直斂火暈輪。❷嶽祇瀆鬼争駿奔。厲或憑人叱使泯。弼贊玄化歸一鈞。東嘉之山翠嶙峋。作宮翼翼鸞鳳騫。牲牢克腯酒鬱熅。挺然正氣扶乾坤。山明澤媚日曣嗢。

官巖院碑

浦江縣東南三十五里，有山穹然拔起於衆峰之間者，曰康侯山，又曰官巖山。俗以其形蹲踞如獅子，又稱之曰獅子巖。從巖趾斜入六百餘步，崖木回環，最號幽邃，有古招提在焉。

❶「嗣」，鄭本作「初」。
❷「斂」，鄭本、韓本作「劍」。

梁大同間，比邱尼元淨始建院巖北石洞前，號曰安和，後更名兜率。至唐會昌之季，燬於火。其故基至今猶存。咸通初，祖燈大師自越之上虞飛錫而來，遂縛禪巖内。會歲旱，獨上絶頂，祈請殞身，投崖下而卒。俄頃，大雨。火化得五色舍利。民感之，就巖之西，爲建今院。八年丁亥，因山賜額爲「官巖」云。

燈之事，備載洪遵《郡志》中。而比邱之經始，則出於縣民蔣氏之所私紀，年世遼邈，莫考其詳。所可考者，宋大中祥符癸丑，重建釋迦寶殿。天福己未，刻木爲諸菩薩、護法神王諸像。❶景定庚申，妙空大師智印，嘗出主杭之旌德顯慶教寺，以衣盂之資，命其徒六人，造經、鐘二樓，暨圓通堂、方丈、三門、兩廡之屬。復聞於朝，以奉仁烈皇后楊氏神御，院益增重。國朝延祐丙辰，院僧宗勝建普賢大士閣。明年丁巳，宗尚悉易殿之楣楹，新其四檐而加闢焉。復搏土益舊木像，礱石爲牀座而妥寘之，使與殿稱。至順壬申，景輝作潮音堂於殿之北墉。至正癸未，畢光寶閣成。越三年丙戌，集僧之堂又成。明年丁亥，香積之室又成。其費一出於衆僧。唯閣之役頗殷，賴邑大姓洪君榮助之而始就。❷榮之二弟盛、興，復爲創鷲峰、潛碧兩亭。自是，院之規制一如大伽藍。四方人士，來觀來游，但見穹樓傑閣，飛動於蒼烟涼翠間，恍若登耆闍崛山，親逢如來法會之未散，莫不驩欣贊咏，得未曾有。比邱普安曾不以是爲既完，且謂自祥符癸丑至今歷

❶「諸」，鄭本作「佛」。
❷「大」，原作「人」，今據鄭本改。

三百四十有三年，其中更幾世幾人，始克致有於是。苟不圖文刻諸貞珉，則後來者，何以知其艱哉！乃以烏傷朱君烈所述顛末，走青蘿山中而求濂爲之記。

濂所居，距巖不十里而近，一出户輒望見之。當天朗氣清時，嘗同二三子捫蘿攀葛而上，俯瞰縣北巖坑、仙華諸峰，如萬馬東行，或駐或躍。而浦陽江之水，蜿蜿蜒蜒，又如白龍南飛，一瀉數十里，遶巖腹而去。周圍原野，星羅棊布，諸池沼廁其中直小甌耳。方呼酒放歌，天風自東北起，四山鱗甲，一時皆動，同游或戰掉不能留。誠天地閒勝絶之地也，宜爲有道浮屠之所都，而興仆補壞，代不乏人也。濂因弗辭而爲之記，系之以詩曰：

獅子之巖，下瞰巨江。涵靈茹穌，吐陰納陽。不有大雄，曷擅奇絶？平地湧成，琉璃宫闕。誰操化機，寂我鼓鐘。若龍若象，遝棲無蹤？有大導師，飛錫而至。以清淨身，化爲甘雨。我民咸言，盍報有年。一彈指頃，樓閣現前。歷年四百，何以弗墜？世有長材，愈作愈麗。陽馬四騫，柧稜高翔。金浮翠流，煇煇煌煌。觀者如登，妙莊嚴域。見種種光，暨種種色。惟世間相，起滅弗停。中不滅者，永劫猶存。矧是有爲，俱繫虚妄。當悟以心，毋取於相。若事若理，本無二門。苟涉分別，即非一真。我述我文，鐫諸堅石。後千萬年，與山無極。

故集賢大學士榮禄大夫致仕吴公行狀

曾祖諱聞，皇贈中奉大夫、福建道宣慰使護軍，追封渤海郡公。

妣盛氏，追渤海郡夫人。

祖諱蕃，皇累贈資善大夫、太常禮儀院使、上護軍，追封渤海郡公。

妣沈氏，追封渤海郡夫人。

父諱伯紹，皇累贈翰林學士承旨、榮禄大夫、柱國，追封渤國公。❶

妣金氏，追封渤國夫人。

本貫：婺州路浦江縣德政鄉尊仁里。

年八十二。

公諱直方，字行可，姓吴氏。初名佐孫，後避十世祖諱而更以今名。其先出自毘陵。毘陵，吴之延陵，乃季子之家邑也。❷自時厥後，一遷於鄱陽，再遷於嚴陵，三遷於婺之浦陽。浦陽北鄙有里曰新田，❸去今縣治二十餘里，吴氏之先祖家焉，其家猶在大樓山之原。歷三傳，有一翁始生六子，其介子公養，唐乾寧初，又遷縣西吴溪上。公養生伯勝，伯勝生文昌，文昌生承倚，承倚生佐，佐生崇，崇生子琔，子琔生嗣明，嗣明生元禮，元禮生景行，景行生璣，璣生宣慰公聞。世隱於農，而能以誦詩讀書爲務，委祉垂休有自來矣。聞生太常公蕃，字衍之，以貿遷有無，稍出游梁、楚間。晚而無子，以三從兄迪功郎英之季子伯紹爲之後。伯紹實承旨公，一名寶，字伯玉，公之父也。

公生四歲而渤海郡夫人没，七歲而渤國夫人卒，十歲而太常公亦捐館舍，公獨與承旨公居。承旨公寬厚長者，强宗右姓，時侵苦之，至奪其土田。承旨公莫能誰何，益衰削不振。公時雖在童孺，痛徹心髓，仰天

❶「渤」下，鄭本有「海」字。
❷「家」，鄭本作「采」。
❸「里」，原作「望」，今據鄭本改。

自誓曰：「彼之陵轢我者，利其孤幼也。子稍長，不能揚眉出一語白人，❶豈丈夫也哉？」遂自力於學。

宗人幼敏家，多納名士大夫，鄉先生方公鳳、粤謝公翺、栝吴公思齊，咸寓與處。或談名理及古今成敗治亂，或相與倡酬歌詩。公每出侍側，聞其言有會心處，輒記之終身不忘。入坐書塾，凝然如癡也。至晚各散去，❷猶執卷呻吟弗輟。偶嬰蠱疾，諸醫不能療，數至困殆。如是者十年，人爲公危。有相者謂曰：「子貌廣貴甚，❸疾且亡害，何不游學以暢其懷乎？能如吾言，病不藥而自已。」公然之。乃入郡城習吏事祝帥閫，❹不數月其疾果瘳。

聞錢塘爲東南都會，而行中書蒞焉，一時人物之所萃。復謀往游，居數年而莫有用之者。公歎曰：「王侯將相寧有種耶？吾殆俟時也。此而不遇，豈別無其地乎？」於是不告戚婣交友，直走京師，日與貴公卿接，所見益恢弘，而所守益凝定。第困於在下，而峻登樞要者又諱問布衣，隻影翩翩於五千里外，惡衣菲食，或不能繼。凡歷二十有六年，而落魄益甚矣。其剛勁不屈之氣，初不肯少貶以狗流俗。或憫公，勸其南歸，公笑曰：「生爲寄，死爲棄，何分冀北與江南乎？」掉頭去不顧。

大德中，會有旨，粉黄金爲泥，書《毗盧大藏經》，禮部選筆札端謹者充，公在選中。以勞當得一官，未幾罷。延祐初，明廟在潛邸，用大臣薦，入備説書。已而出幸北藩，

❶「白」，鄭本作「向」。
❷「也至」，鄭本作「他生」。
❸「廣」，鄭本作「當」。
❹「祝」，鄭本作「於」。

又罷去。泰定元年，奉省檄爲上都儒學正，迨之官，已爲代者所先。

時太師德王馬札兒台留守灤京，聞公氣宇恢廓，延而與之語，大悦，以爲南陽諸葛孔明亦不是過。因聘入賓館，使教其二子。長則中書右丞相脱脱；次則御史大夫也先帖木兒。公遂留德王家。後德王日益貴顯，事有難決者，必質問而後行，如卜蓍龜無少爽者。德王益敬之，遇休沐日，必與公對語終日。德王曰：「吾與他儒生語，輒欠伸思睡。今與君言，有若聆鈞天廣樂，終日而不知倦，君誠奇士哉！」語已，熟視公，連稱「賽銀」者再。「賽銀」，華言所謂好也。

元統二年，丞相方執法中臺，以公在先朝有講説之勞，言於上，命爲江浙等處儒學提舉。與對品階，中官難之，擬授副提舉階將仕佐郎。❶未及上。重紀至元二年，御史臺改授將仕郎、海北廣東道肅政廉訪司承發架閣兼照磨，而公年已六十一矣。❷三年，遷宣政院架閣、管勾。❸四年，至官僅三月，陞本院長史。公盡心弗懈，出納惟允，中宫數有白金束帛之賜。遠國遣使欲獻群馬，以徼求厚價。同列以爲利，争言之。公揣其道途所經，屢涉海洋，非二年不能到；縱到，馬亦病死，不能多力，却去之。

六年，丞相之從父秦王伯顔，方秉鈞軸，恃其有定策功，專權自恣，悉變亂舊章，出入擁重兵以自衛。中外危疑，上深患之。丞相時爲御史大夫，乃召之問計。丞相以謀於家爲對。公曰：「大夫失言，幾事不

❶「授」，原脱，今據鄭本補。

❷「一」，鄭本作「二」。

❸「宣」，鄭本作「中」。

密，則害成矣。」丞相驚曰：「謀將安出？」公曰：「宜亟黜之，以謝天下。」丞相以親嫌辭。公曰：「傳有之，『大義滅親』，大夫知有朝廷耳，家固不宜恤。」丞相曰：「事不成奈何？」公曰：「事不成天也，一死復何惜？即死，亦不失爲忠義耳。」❶丞相頓足曰：「吾意決矣。」乃入奏。久之未敢動。適秦王侍皇太子出獵柳林，丞相欲發。公曰：「皇太子在軍中，脱挾之以生他變，何以處之？」丞相悟，急白太后傳旨趣以歸，閉京城自守。遣使持詔，散遣諸軍，出秦王爲河南行省。丞相一反舊政，民大説。上多公協贊功，召對便殿，❷慰諭甚至。會内臣以玉盤進饌，❸輟以食公。特超一十餘階，授公集賢直學士、亞中大夫。

七年，改本院侍講學士，進階中奉大夫，復召入龍光殿錫以黃金束帶。丞相亦自是進位台司。國有大事，上命必定於公。公亦慨然以澤被斯民爲己任。有知無不言，言之，丞相無不行。天下翕然。比後至元之治於前至元，公之功居多。然公謙抑，未嘗與人言，故人不可知。所可知者，其與議中書時一二事而已。

科舉廢已久，公力言丞相曰：「科舉之行，未必人人食禄，且緣此而家有讀書之人。人讀書，則自不敢爲非，其有繫於治道不小。」丞相因奏復之。❹二浙民食鹽，病民爲甚，其直漸增至數倍，民不堪命。公爲言之，減其額而下其估。他如楮幣銅錢相權之宜，有司公田多科之擾，官寺建設之冗

❶「耳」，鄭本作「鬼」。
❷「對」，鄭本作「至」。
❸「盤」，鄭本作「盌」。
❹「奏復」，原作「復奏」，今據鄭本乙正。

繁，江南僱役之長利，公咸一一建白，多已見於行事。拜集賢學士，階資善大夫。

居亡何，以年久謝事，❶上章乞骸骨，遂以集賢大學士、榮禄大夫致仕，食俸賜終身。俄又賜田一千九百餘畝，尋謝不受。先是，御史言公躐進官階，奪其誥命，至是察官辨其誣，復之。

公生於宋德祐乙亥十一月二十四日庚寅，❷薨於今至正丙申七月十二日庚寅，享年八十有二。以薨後一月，葬於德政鄉後吴山徐塢承旨公之墓左，實八月十二日庚申也。公前娶盛氏，先十七年卒。後娶金、李二氏。金氏累封渤國夫人。子男二：長萊，字立夫，九歲善屬文，博通經史百家衆流之言，蔚爲儒宗文師。延祐庚申，以《春秋》預鄉薦，後用御史察舉爲饒州路長薌書院山長，四方學者尊之，私謚曰淵潁先生。亦先十七年卒。次志道，崇文監丞、奉訓大夫。孫男三：長士謂，婺州路金華縣儒學教諭；次士謚；次存仁。曾孫男三：長中，次平，次弇。曾孫女一，申。

公讀書欲通大義，務在力行，不屑爲區區章句之學。其於《魯論》「言忠信」及「事君能致其身」之語，尤深有契悟，終身言必思踐。至於國家有急，輒欲忘軀徇之，而不以爲難。經史格言，可以斷大事、決大疑者，皆謹記之。故其臨事未嘗少惑。善評文詞，詞林宗工與公游者，以所草詔令示之，公爲指其瑕疵，極中事情，人皆歎服。性尚風義，德王夫人薨，公年已八十，不憚鯨波之險，親往京師行弔祭之禮，尤人情之

❶「久」，鄭本作「及」。
❷「乙」，原作「已」，今據鄭本改。

所難。公深沈有謀，絶不事表襮。人但見其堅凝醇篤，有若儒愞，❶不知遇事快利若風鶻掠林，健颿挾舟以飛也。

承旨公薨，墓碑未立，丞相欲爲奏敕詞臣撰文以遺之。公曰：「先君隱約田閒，少見於事爲，若挾天子威命以彌文夸侈之，固無不可，是非以誠遇先君也。」卒辭之。乃自疊巨石十五成爲碑，大書所封官號，復列幼時辛苦艱難與其自誓之意，刻諸石陰。且謂内曰：❷「此吾所以酬素志也。」

公家食將十年，跬步不妄出。終日正衣冠危坐，或至夜分，未嘗有惰怠容。賓至，則相與劇談當世之務，玉貫珠聯，聞者解頤。方岳重臣，仰慕聲光，遣使執饋食之禮；州縣大夫俯伏迎拜，惟恐不恭；四海之内雖愚夫愚婦，亦皆能道公名字。而公初無自驕之色，遇鄉黨有如貧賤時，官府事一髮不相涉。傔從或以惡言加人，輒縛致有司杖之。

生平不惑於堪輿家誑誕無驗之説，遺言隨地而葬，但毋使土親膚。又以無大功業，不必乞銘於人，以爲識者之所訕鄙。乃自序歷官世第而系之以辭，曰：「余生雖艱，非有所覬。漫游京華，旅食三紀。際時休明，偶膺禄仕。位躋極品，恩封三世。儒者之榮，於斯爲至。報上一誠，如水東注。樹碑自銘，以詔來裔。」人以爲實録云。

夫天之生材，欲振之張之以昌大其支，必抑之斂之以培植其本。譬之於物，其榮腴流鬯於發生之日者，皆出於嚴冰霜雪摧

❶「儒愞」，鄭本作「儒緩」。
❷「内」，鄭本作「人」。

折之餘。❶蓋養之不厚，則發之不茂，其勢然也。公以惇龐宏碩之資，蘊康濟經綸之具，司造物者特晦之於少齡，而顯之於耄年，其意亦猶是爾。故公之施於用也，篤固而不揺，勇鷙而善斷。雖職居散地，實密贊化機。一反掌之頃，國勢奠安，權奸自是而屏跡，政治自是而康乂。古之所謂社稷臣者，於公殆庶幾矣。

然自聖元混一，四海垂及百年，大江之南韋布之士，品登第一而以勞烈自見者，豫章程文憲公文海、吴興趙文敏公孟頫、長沙歐陽公玄及公爲四人。或以文章顯融，或以政事著稱，事固有殊，道則一也。其没而不返者，既皆有所論述以表見於世，公其可獨少乎？公之子志道，及其孫士諤，恪奉先戒，不敢乞銘於人。以濂嘗受業淵潁先生之門，而志道又從濂學最久，因以事狀惓惓爲請。濂也不文，幸獲受知於公，雖契家子姓特容以賓禮見，義固不敢辭。謹采天下之人所嘗言者，爲文一通，附諸家乘之末，不敢抗之以爲高，按之以從卑，惟務稱其實而已。他時執史筆者，尚有考於斯焉。

故翰林待制承務郎兼國史院編修官柳先生行狀

本貫：婺州路浦江縣通化鄉胡塘里。

曾祖：蘊。

妣：童氏。

祖：補之，宋迪功郎、嘉興府崇德縣主簿。

妣：金氏。

❶「霜」，鄭本作「虐」。

考：金，宋忠翊郎、高郵軍高郵縣令，元贈奉訓大夫、淮安路泗州知州、飛騎尉、追封浦江縣男。

妣：俞氏，追封浦江縣君。

先生諱貫，字道傳，姓柳氏。其先出於有熊，至展禽，仕魯爲士師，食采柳下，因以爲姓。自後子孫寖盛，世家河東。宋建炎中，先生七世祖鑄，始從趙忠簡公鼎自河東遷杭，子森復自杭遷婺之浦江。森三傳至蘊，生崇德縣主簿補之。崇德生高郵縣令金。高郵，先生父也。

先生素有異質，雖未成人時，即不苟取。嘗隨高郵游神祠，拾人所遺金珠，可直萬緡，密伺其求而還之。高郵驚異。甫及冠，遣受經於蘭溪仁山金公履祥。仁山遠宗徽國朱文公之學，先生刻意問辨，即能究其旨趣，而於微辭奥義多所發揮。既又從鄉先生方公鳳與粤謝公翺、栝吴公思齊游。歷考先秦兩漢以來諸文章家，大肆於文，開闔變化，無不如意。先生曾不自以爲足，復裹糧出見紫陽方公回、淮陰龔公開、南陽仇公遠、句章戴公表元、永康胡公純、長孺兄弟，益咨叩其所未至。諸公皆故宋遺老，往往嘉先生之才，無不爲之傾蓋。❶隆山牟公應龍，得太史李心傳史學端緒，且諳勝國文獻淵源之懿，儀章、官簿、族系，如指諸掌。先生又往悉受其説。自是，先生之學絶出而名聞四海矣。

國朝大德四年庚子，先生年三十一，始用察舉爲江山縣學教諭。至大元年戊申，遷昌國州學正。江山乃大山窮絶之境，昌國則邈焉雲海島嶼中，先生皆以詩書變其

❶「蓋」，鄭本作「盡」。

俗。考滿至京，中書左丞張公思明，一見輒器重，俾諸子師事之。當時號爲名公卿者，爭相延譽如恐弗及。吴文正公澂嘗語人曰：「東陽柳君，卿雲甘雨也，天下士將被其澤。」程文憲公鉅夫，以墨一丸授之，曰：「文章正印，今屬子矣。」延祐四年丁巳，先生年四十八，銓曹以士論所歸，特除湖廣等處儒學副提舉。未上。六年己未，改國子助教，階將仕佐郎。至治元年辛酉，陞博士轉將仕郎，諸生敬之如神明。其後散之四方幾千餘人，去爲良御史、名監司者甚衆。

泰定元年甲子，先生年五十五，遷太常博士，陞徵仕郎。❶時方承平，稽古禮文之事，次第並舉。遇有所討論，先生爲權準古今，敷繹詳緻，廷議莫不多之。勳戚大臣請謚者三百餘人，文移山積，先生爲之質行定名，三月而畢。臨江守李侯倜爲部使者所劾，他使者力辨其誣，後官至集賢侍講，法應得謚。其子欲入金没臨江事，先生辭之。卒明其非罪。柄國者，欲以其祖配享孔子廟，禮官承望風旨，唯恐有忤。先生毅不可，事遂寢。有神降於洺郡，長吏列上儀曹請錫封爵，中書下其事。先生以爲神姦能鼓民，不治將亂，請檄所部禁戢之。沅陵歲貢包茅四十餘匭，茅輕舟摇，押行吏多沈江死。先生建言請損其三之二，附他貢以輸。❷浙東西每三歲更造漕舟，民甚苦之。舟一澡輒棄不視，❸先生白相臣建船司以修治之。其當新者，聽給没入贓吏錢，毋病民。會有力沮者，不行。監察御史馬公祖

❶「仕」，鄭本作「事」。
❷「貢」，原脱，今據鄭本補。
❸「澡」，鄭本作「滲」。

常薦先生堪任風憲，章再上，弗報。

三年丙寅，先生年五十七，以文林郎出爲江西等處儒學提舉。龍興郡學久廢不治，先生請宰府新之，延聘名儒孫轍爲學者師，士風爲之復振。他書院不籍於禮官者，亡慮數十，其出納布粟，從提舉署主領一員司之。有力者，常行貨求檄，至則乾没爲奸。先生盡罷遣，分隸所在學官。提舉朝夕饍，歲進米凡八十石，皆取於諸生餼廩中，先生謝不受。後來莫有敢追襲其獘者。

黄冠師建三靈廟以侵學地，浮屠據東湖書院田二百二十畝而贏，先生皆爲復之。葺漢先賢徐孺子墓，立宋高士蘇雲卿祠，古碑碣所紀有關於名教者，必訪求而重刻之。凡可以扶世導民者，無不爲也。豐城學徒挾姦以持校官短長，時主教者，又不知以職自振，每用計相傾。先生各坐以其罪，聞者心服。南康倉吏坐飛糧，株連逮繫者百餘家，省憲二府檄先生讞其獄。先生爲鉤擿隱伏，所平反者甚多。

滿秩而歸，杜門不出者十餘年。完廬數間，僅蔽風雨，而饘粥或不繼，先生處之裕如也。先生雖居嵓壑，海内仰之猶如魯泰山作鎮海隅，莫不以其出處爲斯文隆替之候。風紀行部必過門承問而去。

至正元年辛巳，先生年七十二。朝廷更化，徵用老成，臺閣近臣有以先生名聞於上者。於是有旨，以翰林待制承務郎兼國史院編修官起先生於家。先生即冠帶見使者。退謂人曰：「吾今幸親禁近，得陳堯舜之道以贊太平之治，死不恨矣。」會貢舉法復行，江浙行中書留主文衡。二年壬午夏五月至官。

僅七閲月，竟以一病不起，實冬十一月

九日，而先生年七十三矣。省臺樞府而下，皆來歸賻，館閣之士至於灑泣。集賢大學士吴公直方、國子博士吴公師道與經筵檢討危公素，共經紀喪事。御史中丞張公起巖在成均爲同僚友，至是哭之尤哀。冢孫穎奉靈輀南還，諸公相與陳奠東門，見者皆咨嗟隕涕。三年癸未冬十二月二十一日，與夫人盛氏合葬通化鄉荆山之阡。盛氏累封浦江縣君，先十二年卒。子男三：鹵、同、因。孫男三：秬、穎、穆。秬夭。女一。所著書有《文集》若干卷，《金石竹帛遺文》若干卷、《近思録廣輯》三卷、《字系》二卷藏於家。

先生局度凝定，燕居默坐，端嚴若神。即之，如入春風中，久與之處，未嘗見疾言遽色。雖有桀驁者，聽其德容，莫不氣奪而意消。孝友本乎天性，季弟實，出爲人後，遇之有恩，不翅在家者。生平以奬進人材爲己任，諄諄勸誘，至老不倦。人有一善，播之惟恐不亟，士類咸樂歸之。讀書博覽强記，自禮樂、兵刑、陰陽、律曆、田乘、地志、字學、族譜及老、佛家書，莫不通貫。國朝故實，名臣世次，言之尤爲精詳。善楷法，工篆籀。京兆杜公本謂其妙處不減李陽冰。爲文章有奇氣，舂容紆徐，如老將統百萬雄兵，旗幟鮮明，戈甲焜煌，不見有喑嗚叱咤之嚴。若先生者，庶幾有德有言，爲一代之儒宗者矣。

先生既没，同門友戴良既著《哀頌》一篇，以洩無窮之悲。復恐先生之群行湮没無以顯白於來世，俾濂狀之。濂雖不敏，受先生之教爲深，因不讓，而蒐羅缺逸，評隲成章，以附家乘之後。雖言之不文，幸無愧辭。他日太常特爲定謚，史官特爲立傳，尚有采於此云。謹狀。

故翰林侍講學士中奉大夫知制誥同修國史同知經筵事金華黄先生行狀

先生諱溍，字晉卿，姓黄氏。黄爲婺名族，至宋太史公庭堅，族望尤著。太史之從父昉，生景珪，俱來浦江。❶景珪生琳，娶忠簡宗公澤之女弟，始遷於義烏。琳生中輔，力學尚氣節，當秦檜柄國，士有議己者，輒捕殺，猶奮然題樂府太平樓，❷上有「劍欲斬佞臣頭」之語，❸人至今誦之。晚以轉運使薦，當得官，命垂下而卒。中輔生紹祖，紹祖生伯信，於先生爲高祖，迪功郎，累贈朝散大夫。妣宗氏，忠簡公四世諸孫女，累封安人。曾祖夢炎，淳祐十年進士，仕至朝散大夫、行太常丞、兼樞密院編修官、兼權左曹郎官，以朝請大夫致仕。妣陳氏，累贈宜人。繼方氏。祖堣，方出也，以進納恩補承節郎，入國朝弗仕，今累贈嘉議大夫、禮部尚書、上輕車都尉，追封江夏郡侯。妣徐氏，淳祐七年進士、奉議郎、兩淮宣撫大使司幹辦公事彬之女，今追封江夏郡夫人。父鑄以朝請府君遺澤補將仕郎，今累贈中奉大夫、江浙等處行中書省參知政事、護軍，追封江夏郡公。妣童氏，承信郎、監嘉興府鮑郎鹽場伯永女，今追封江夏郡夫人。

夫人娠先生時，夢大星煜煜然墜於懷，歷二十四月，以至元十四年冬十月一日始生。甫晬，郎自免乳，徐夫人抱而育之。比

❶「來」，鄭本作「家」。
❷「猶」，鄭本作「獨」。
❸「劍」上，鄭本有「磨」字。

成童，不妄踰户閾，授之以《詩》、《書》，不一月皆成誦。迨學，爲文下筆，頃刻數百言。常著《弔諸葛武侯辭》，前大學内舍劉君應龜，朝請府君之外孫也，見而歎曰：「吾鄉以文辭鳴者，喻叔奇兄弟爾，是子稍加工，不其與之抗衡乎？」❶因留受業。弱冠，西游錢塘，前代遺老與鉅公宿學先生，咸得見之，於是益聞近世文獻之澤。暨還故居，從仙華山隱者方君鳳游，爲歌詩相倡和，絶無仕進意。

其友葉君謹翁力挽之出，天德五年，舉教官。七年，舉憲吏就試，皆中其選。已而復退隱於家。延祐元年，貢舉之法行，縣大夫又强起先生充貢鄉闈。時古賦以《太極》命題，場中作者往往不脱陳言，獨先生詞致淵泳，綽然有古風，特寘前列。二年，上春官，復在選中。及奉大對，惓惓以用真儒、行仁義爲言，辭甚剴切。讀卷者，以其頗涉於激，綴之末第，奉上旨賜同進士出身。主選吏以爲白身補官，散階當下二等，上命特與對品，階授將仕郎、台州路寧海縣丞。僅踰再期，會有詔改鹽法，江浙行中書承制，遷兩浙都轉運鹽鐵使司石堰西場監運。事聞，命仍舊階居其職。閲四載，以功超一資，陞從事郎紹興路諸暨州判官。

至順二年，用故御史中丞馬公祖常之薦，入爲應奉翰林文字、同知制誥、兼國史院編修，進階儒林郎。丁外憂，去官。服闋，轉承直郎、國子博士，經六年之久，請補外，換奉政大夫、江浙等處儒學提舉。至正三年春，先生始六十有七，不俟引年，亟上納禄侍親之請，絶江徑歸。俄有旨命預修

❶「不其」，鄭本作「其不」。

遼金宋三史，丁内憂不赴。除服，以中順大夫、祕書少監致仕。

居四歲，故湖廣行省平章公朵爾直班，今中書左丞相太平開府公力交薦之，被上旨著致仕，❶仍舊階，除翰林直學士、知制誥、同修國史。七年夏六月，❷至上京，中書傳旨，擢兼經筵官，召見於慈仁殿，慰諭良久。八年夏四月，陞侍講學士、知制誥、同修國史、同知經筵事，進階中奉大夫。九年夏四月，洊上章求歸田里，不俟報而行。上聞之，遣使者追及武林驛，敦迫還京，復供前職。十年夏四月，始得謝南還。行中書爲言於朝，給以半俸終身，公牘已具而未及上。十七年秋七月，令江浙左丞相金紫公達世貼睦邇，方承制司黜陟之柄，❸移書起先生咨議省事，以疾力辭。

閏九月五日，薨於繡湖之私第，享年八十有一。學士大夫聞之，俱流涕曰：「黄公亡矣，一代文章盡矣。」門弟子劉涓、王禕、宋濂、傅藻等，咸來相治後事，以是月十八日葬於縣東北三里崇德鄉東埜之原，距嘉議府君之墓僅十步。

娶王氏，嘉熙二年甲科進士、從事郎、昭慶軍節度掌書記困金之曾孫，❹文林郎、監沿江制置副使司造船場沂之孫，將仕郎桂之女，今累封江夏郡夫人，先一年卒，及是，始合葬焉。子男一人：梓，用蔭入官，初授忠顯校尉紹興路同知餘姚州事。女一人，❺適惠州學正陳克讓，俱先卒。孫男四

❶「著」，鄭本作「落」。
❷「七年」至「國史」四十四字原脱，今據鄭本補。
❸「方」上，鄭本有「時」字。
❹「困」，鄭本作「困」。
❺「人」下，鄭本有「清」字。

人：瑄、琛、瑓、珣。所著書有《日損齋初稾》三卷，《續稾》三十卷，《義烏志》七卷，《筆記》一卷，傳學者。

先生在寧海時，縣地瀕於鹽場，而亭户恃其不統於有司，肆毒害民，民不敢正視；編氓之隸漕司洎財賦府者，亦謂各有所憑，横暴尤甚，先生皆痛繩以法。吏懼，以利害白，弗顧也。有後母與僧通而酖殺其夫者，反誣夫前子所殺，獄將成。先生變衣冠陰察之，具知其姦僞，卒直其冤，遠近以爲神明。巡兵捕鹽販者急，遂沈鹽於河，帥衆以拒。巡兵怒，乃取他私販事以實之。民有在盜籍者，謀爲劫奪，未行，邑大姓執之以圖中賞格。初無獲財之左驗，事皆久不決。先生爲之疏剔，以其獄上，各論如本條，免死者三十餘人。部使者董君士恒行縣，廉知先生有治狀，事悉諉焉。先生爲黜其以賄敗者上，百户一人，縣吏二人，在官無禄者四十餘人。愚民以婚田鬭競往訴，咸下其狀，多至數十百。先生録其當問者，即不當問者遣之。先生明習律令，世以法家自專者，有弗如也。凡經其論定，翕然畏服，不敢重有辭。

歲大旱，禱於靈湫，有白龍蜿蜒見湫中。已而黑雲四興，大雨如注，縣以有年。在石堰視亭場爲尤囏，居是官者，常以秤盤拆閲及不能檢防私鬻被譴，先生規措有法，無毫分入於吏議。

在諸暨，其俗素號難治，先生不加鄙夷，一導以善政，民多從化。捕盜司屋壞，撤而改作，無敢後期。巡海官舸，例以三載一新，費出於官，而責足於民，有餘則總其事者私焉。先生適涖是役，撙節浮蠹，以餘錢還之，爭驩呼而去。奸民以僞鈔鉤結黨與，脅攘民財，官若吏聽其詐，❶挾之以往新昌、嵊縣、天台、寧海、東陽諸縣，株連所及百餘家，民受禍至慘。郡府俾先生鞫治，一問皆引伏。獄具，官吏除名，同謀者各杖之。有捕盜卒，陰寘僞鈔板於良民家，乃白於官往索之，惡少年持挺從者近百人。先生遇於野，詰從吏曰：「弓卒額止三十，安得此曹耶？可縛送於州。」聞者遁走。有盜繫錢塘縣獄，游民賂獄吏，私縱之，假署文牒，發兵來爲向導，❷逮捕餘二千餘家。❸先生疑而訊焉，悉得其情，以正盜宜得重議，❹持僞文書來者又非州民，俱械還錢塘，誣者自明。奉省檄監稅杭州，先生御之以寬，商旅四集，僅閱三月，增錢十二萬緡有奇。

在成均，視弟子如朋友，未始以師道自居，輕納人拜，而人來受學者滋益恭。業成而仕，皆有聞於世。時人欲增設禮殿配位四，配位合東坐而西向。學官或議分置於左右，同列不敢爭，先生獨面折之。其人恚甚，日坐堂上以危語相加，御史惡其無禮，逐去之，乃克如先生言。在禁林，會修本朝后妃功臣傳，先生爲條陳義例，多所建明，士類服其精允。進講經筵者三十有二。經筵無專官，曰領曰知咸宰執近臣，講文之述率屬先生訂定，非有關於治道之大者，不敢上陳，其啓沃之功爲多。上嘉其忠，數出金織紋緞賜之。始先生嘗預考江浙、江西、上都鄉試，江浙則三往而一主其文衡。至是被上旨考試禮部，尋又爲廷試讀卷官。前

❶「詐」，鄭本作「謀」。
❷「兵」，鄭本作「其」。
❸「餘二千餘家」，鄭本作「二十餘家」。
❹「得」，鄭本作「傳」。

後所甄拔者，盡知名之士。

先生天資介直，絶不事造請，逢覃官者一、減資者五，銓曹或失於收叙，亦不自言。在州縣間唯以清白爲治，一錢不受於民。所至無圭田，月俸弗給，每鬻産以佐其費。及升朝行挺立無所附足，不妄登鉅公勢家之門，君子稱其清風高節，如冰壺玉鑑，纖塵不汙。

先生性篤孝於親，親殁，營塚於三釜山，有乳虎馴狎之異。山去所廬十里，月旦望必展省，大暑寒不易。先世遺文，歲久或有殘缺，極力搜訪，補綴成編。家居不談米鹽細務與公府短長。邑長吏來謁，鄉鄰有急，覬得片言爲援，輒峻却之。尤不輕於薦引，或譏其絶物。先生諭曰：「公朝爵禄將以待賢者，豈爲吾私親設哉！」先生貴而能貧，雖位至法從，蕭然不異布衣時。又寡嗜慾，甫臨强仕之年，即獨榻於外，給侍於左右者，二蒼頭而已。遇佳山水，則觴詠其間，終日忘去。其沖曠簡遠之情，使人挹之，鄙吝頓消。與人交，任真無鉤距，不事矯飾以爲容悦，而誠意獨懇至。然剛中少容，觸物或弦急霆震，若未易涯涘，不旋踵間煦如陽春，曾不少留礙焉。

先生之學，博極天下之書，而歸於至精。❶有問經史疑難、古今因革，與夫制度名物之屬，旁引曲證，語蟬聯不能休。至於剖析異同，讞決是非，多先儒之所未發。見諸論著，一本乎六藝，而以羽翼聖道爲先務。然其爲體，布置謹嚴，援據精切，俯仰雍容，不大聲色。譬之澄湖不波，一碧萬頃，魚鼈蛟龍，潛伏而不動，淵然之色，自不

❶「歸」，鄭本作「約之」。

可犯。中統至元以來，如先生者二三人而已。故凡國家典册詔令，及勳賢當得銘者，必命先生爲之。海内之士，與浮屠老子之流，以文爲請者日集於庭，力麾之而弗去。一篇之出，家傳人誦，❶雖絶徼殊邦，亦皆知所寶愛。雅善真草書，人有得其片幅者，必藏弆以爲榮。世之評議者，謂先生爲人高介類陳履常，文辭温醇類歐陽永叔，筆札峻逸類薛嗣通，識與不識僉無閒言。

嗚呼！先生生當六合混一之時，鍾河嶽英靈之氣，積之既厚，所用亦弘。仁皇肇開科舉之初，即以儒學自奮。歷仕五朝，晚乃入侍今天子，掌述帝制，勸講經帷，嶷然獨任。斯文之重，天下學士咸所師法。遂使有元之文章炳燿鏗鍧，直與漢、唐侔盛，先生之功固不細矣。至於出處大節，尤人所難能者。年未七衮而謝事，暨群公力薦起之，俄復控辭，上方眷待之深，❷再召還朝。未幾，又辭。其難進易退之風，真足以廉頑而立懦，揆之古聖賢之道，蓋無愧也。若先生之所自立者，豈不綽綽可傳於後哉！先生之薨，在法當錫謚立傳。某從先生游垂二十年，知先生爲最深，因輯任官行事爲書一通，上於太常國史。然巨細詳記，不敢效古書法爲簡嚴者，欲其事之白，以俟斐摭也。謹狀。❸

凝熙先生聞人公行狀

公諱夢吉，字應之，以諱行，姓聞人氏。

❶「家傳人誦」，鄭本作「家誦人傳」。
❷「待」，鄭本作「倚」。
❸文後，鄭本、四庫本有「至正十七年十月一日門人金華宋濂」十五字。

相傳出於漢太子舍人通，其後裔遷居於蜀，有諱韶者，爲婺之金華縣令，遂爲婺人。縣令生逸孫，以儒學教授温州，娶王先生誂之女，能傳父經，爲知名士，晚生子號桂山翁。❶翁生始三歲，而教授君亡。王後去適項氏，翁鞠於其家，因從其姓。及長，娶劉侍郎諸孫女而生公，乃以公還氏聞人云。

初，鄉先達定庵、魯齋二王公，崇尚伊洛之學，金鳴而玉應，宫奏而商宣，倡明道學，❷號爲極盛。翁往來咨叩，而得之定庵者爲最深。翁知公有異質，父子自爲師友，晝夜飭厲之。公亦上承翁志，不出郊坰者十年。一日有約游城南者，所藏黑履久弗御，革底爲穿。故凡七經傳疏，悉手鈔成帙，義理所在，深體密察，微如蠶絲牛毛，剖析靡遺。積之既久，神會心融，訓詁之説，有分拏不定於一者，公別其是非，如辨黑白。四方學徒，或執諸經問辨，公爲歷陳衆義而折衷之，不煩餘力。譬猶屠牛坦一朝解十二牛，而芒刃不頓，君子稱之。

泰定丙寅，公以尚書舉於鄉，上禮部不利。公無幾微見於顔面，益進修弗懈。時有司以解額太嚴，不足厭士論，別選文理優者爲副榜，公後連中焉。❸海右憲府知公學行，欲辟書吏，公辭。重紀至元初，山東李公絅持部使者節來浙東，知公不可吏，乃薦爲校官。初授處學録，轉衢之西安縣學教諭，昌國州學正。名上銓曹，改泉州路學教授。某郡李君國鳳方經略江南，得承制專封拜。君嘗從公游，知位不稱其德，擢爲福

❶「能傳」至「晚」九字原脱，今據鄭本補。
❷「學」，鄭本作「要」。
❸「後」，鄭本作「復」。

建等處儒學副提舉，公力辭。朝廷尋以年久當陞，❶除慶元路總管府知事，未上。以壬寅歲三月丁未卒於永康之寓舍。上距所生癸巳之年，凡七十載。娶胡夫人，無嗣。以弟之子亨享爲後。❷二女：長曰貞，適唐壽道説齋之五世孫；次曰艮，適胡裕，夫人之姪也。以是年八月一日，權厝於合德鄉永泉里青山之原，❸禮也。

公之學，一以誠爲本，涵養既馴，内外一致，故其氣貌類玄文之玉，温潤而澤，絶無纖瑕。而孚尹焕發於外者，燁如白虹，能令人愛戀弗厭。下帷講授，前後授學者數逾二十，❹各隨其資而裁輔之，多有躋膴仕者。性行恬沖，公卿之家意欲邀致，每避謝弗往。❺門庭之閒草積不剪，雖當鑠金之暑，折膠之寒，正襟危坐，淵然若有思，終日未嘗傾側。其誨學者，必先道德而後文藝，故於辭章，若不經意。時而出之，文義深鬱，亦粲然可觀。江左名士鄧某以儒者之學自任，❻尤知愛公，謂公門弟子曰：「今時學子，德未能立，而溺志脩辭，組織華彩，沽釣聲譽，實德且病矣。如吾夢吉，誠高世之軌範哉！」人以爲知言。公既没，及門之士以公執醇弗變，而含和有耀也，私謚曰凝熙先生。仍告郡太守，祠公於學宫。前原道書院山長吴履、前進士仁和丞唐元嘉從公爲甚久，❼猶患粹行不昭於世，絛而列之，俾濂銓次成書，鍥梓以傳。某實無似，曩因張

❶「久」，鄭本作「勞」。
❷「亨」，鄭本作「復」。
❸「永泉里青山」，原脱，今據鄭本補。
❹「十」，鄭本作「千」。
❺「避」，鄭本作「遜」。
❻「左」，鄭本作「右」。
❼「山長」，原脱，今據鄭本補。

教授繼之拜公於函丈，公一見，遇之如子姪，所以整攝其威儀，礱磨其問學者，無不至也。第以患難相仍，業不加修，有悖於公之所教，又安能道盛德之十一哉？雖然，不敢辭也，謹用刊落葩藻，直序事蹟，以俟傳儒林者。

淵穎先生私謚議

傳曰：「物生而後有象，象而後有滋，滋而後有數，數成而文見矣。」是則文者固囿乎天地之中，而實能衛翼乎天地，品裁六度，叶和三靈，敷陳五彝，開道四德，何莫非文之所爲？而所謂文者非他，道而已矣。故聖人載之則爲經，學聖人者，必法經以爲文。譬之於木，經，其區幹者歟；文，則其柯條者歟，安可以歧而二之也？自史氏失職，以訓詁列之儒林，以辭章書之文苑，雖欲昭後世之獘，而失之古義益遠矣。

有如長薌書院山長吴公先生，風裁峻明，才猷允茂，漱六藝之芳潤，爲一代之文英。纂述之勤，汗簡日積。於《詩》、《書》則科分脈絡而標其凡，於《春秋》則脱略三傳而發其藴，於諸子則研覈真僞而極其精，於三史則析分義例而嚴其斷。藻繢所及，無物不華，汪如長江，峻如喬嶽；激如雷電，和如春陽。其妙用通於造化，其變通莫拘，若應龍之不可羈。觀其所志，直欲等秦、漢而上之。凡流俗剽竊無根之學，孱弱不振之章，皆不足闖其藩垣而逐其軌轍者也。嗚呼，盛哉！門人學子僉曰：「經義玄深，非淵而何；文辭貞敏，非穎而何？」於是私謚曰「淵穎先生」云。

凝熙先生私謚議

泰和之氣，絪縕盤薄於堪輿間，沛爲甘澤，凝爲卿雲，發爲三秀醴泉，産爲祥麟威鳳。及其鍾於人也，爲慈祥豈弟之君子，足以儀世而導俗，足以惇薄而還淳。其爲邦家之華，道術之寄，蓋甚不細也。

有若金華聞人先生，以惇龐之資，卓絶之識，屏去流俗凡近之見，期造正大高明之庭。言其植志，則以三德六行爲本原，而涼偷之事弗爲也。言其講學，則以四書五經爲標準，而非聖之書不習也。言其攻辭，則以文字從職爲載道之用，而斥鉤章棘句爲非學也。言其訓人，則以真實不欺爲凝道之端，而指出口入耳爲小夫也。由其淵源深而培養厚，故其功用茂而運量弘。教鐸所臨，衿佩翕集，得諸觀感之際，丕冒薰蒸之中。由是沖邕其性情，由是陶鎔其氣質。粹矣！成德之彦，歸諸果行之功。若非碩學之敷施，曷收醇儒之效驗如此也？以此觀之，其守道之篤，獨立弗遷，不亦凝乎？其光輝昭著，由內達外，不亦熙乎？謹用合辭，私謚曰「凝熙先生」，庶幾可以景行先哲，而嘉惠方來云爾。

元故榮禄大夫陝西等處行中書省平章政事康里公神道碑銘

至正元年五月二十有八日，故榮禄大夫陝西等處行中書省平章政事康里公，以疾薨於京師之私第，享年五十有一。某月日，其子某即奉柩葬於宛平縣東安先塋之次。後十有六年，始奉門生楊迪所爲狀，不遠五千里俾某勒銘於神道之碑。某自退休以來，志念凋耗，疾病侵凌，凡以文來謁者，率皆謝絶。重念昔嘗待罪太史，職在論撰，公之行能勞烈，實應銘法，又不敢以衰耄爲辭，謹考次而銘之。

公諱回，字子淵，世爲康里部大人族。康里，古高車國也。我太祖皇帝親征而略定其地，故其國人，往往來效勳庸以致顯榮，若公家其一也。曾祖海藍伯，贈光禄大夫、某官、柱國，追封河東郡公；妣蒙古某氏，追封河東郡夫人。祖燕真，贈推誠寅亮一德翊運功臣、太傅、開府儀同三司、河南江北等處行中書省左丞相、上柱國，追封晉國公，謚忠獻；妣金氏，追封晉國夫人。考不忽木昭，文館大學士、榮禄大夫、平章軍國事行御史中丞，領侍儀司事，贈純誠佐理同德翊戴功臣、太師、開府儀同三司、上柱國，追封東平王，謚文貞；妣寇氏追封魯國夫人，王氏追封魯太夫人。

初，文貞嘗從許文正公游，親傳其正學，施於有政，蔚爲名臣。故公自幼習聞家庭之訓，於經史精微、政治得失多所研究。業既成，以大臣子宿衛禁中。成宗嘉其寅畏，從臺臣之請，命公爲集賢學士。以年幼，辭不受。大德末，復用薦者言，擢公朝列大夫、太常少卿。先是，膰肉之頒無法，臨事多紛紜，有力者恒負之而去。公爲立契勘，以定其數小大，百司依數致膰，朝廷爲之肅然。轉太常卿，進階嘉議大夫。未幾，改寺爲院，陞公爲使，公辭。

武宗正位宸極，人情未安，乃選藩邸舊臣，出使四方，以布宣威德。唯公所歷最遠，復命最先，上悦，深被奬眷。盜發海濱，有梗漕運，丞相議設康里衛分鎮其地，且命公爲寓户。公曰：「弭盜在用賢，不必設衛分屯以虚糜廪粟。」丞相然之，事遂寢。至大初，調大司農卿，公又以疾辭。臺臣以風紀之司不振，奏選廷臣，付以持節之任。公一日入侍，上問及之，公對曰：「中臺，表也；諸道，景也。表正則景正。陛下宜慎簡正人，以鎮中臺；次用剛毅有爲者，以使諸道，則群有司知畏法矣。」上曰：「卿言得之，然非卿莫能勝其任。」即日除公山南江北道肅政廉訪使。公至，振肅憲度，治劾暴强，風采凜凜。屬部有婦人以殺夫繫獄，獄已具。公疑其冤，重鞫之，乃其夫讎家所殺。立破械出婦，而坐讎家以刑。同列以貪墨相尚，而反惡公之獨潔，語數侵公。公歎曰：「吾安能與若曹抗衡哉！寧謹避之耳。」遂去官。居亡何，皆以贓敗，人服公之先見。

至大末，改江南諸道行御史臺治書侍御史。時御史大夫怙權自尊，凡議事，自中丞以下皆侍立候顔色，莫敢相可否。公獨坐與之辨事，有不直，每執法折之。大夫欲變幹勒氏獄，及黜知印静甲以用其私人，公咸力争其非。大夫銜公甚，及其還朝，仁宗問臺臣優劣，丞以危言中公。上不答，大夫言之不已。上怒，唾其面出之。即遣中使賜以上尊，復遷淮西江北道肅政廉訪使。

廬州從事以受賕被逮，累訊不引伏，公一問即吐實，曰：「某信有罪，所不即伏者，以諸使者與某無大相遠，或遷延冀苟免耳。明公既至，❶燭下若皦日，尚何言？」遂伏其辜。會朝廷遣省臣奉使河南，僚佐有誤射飛鴿係禁物者，即上之大官。奉使以其不

❶「既」，原作「即」，今據鄭本改。

敬，劾免之。公抗言曰：「彼誤中禁物，已貢京師，復何罪？奉使代天子南巡，舉賢黜邪，咨詢民瘼，絶不見之事爲，顧以非罪而妄劾人耶？」❶遽命還職。奉使相視無言。萬户昂哈秃干亂法禁，公收繫之獄，上中宫，念其祖父勛勞，曲宥其罪。後公往河南，萬户諸馬前，伏地謝曰：「微公教，不能至今日。」持一良弓爲贄，公慰而却之，感泣而去。官署後有堂七楹間，公爲葺整，名曰「秋肅」。與群僚講切治道，諸椽皆環立左右，執經以問難，遠近歎傳以爲盛事。上聞之，復遣使以上尊勞公，改河南江北道肅政廉訪使。

行省丞相所行事多不麗法，高太尉納璘時爲幕長，每格不下，丞相怒，欲黜太尉。公知太尉賢，即抗章舉之可任風憲。杜參政秉彝、張參政晉方在布衣，公察其材，亦辟爲憲吏。其後太尉敭歷三臺，杜、張二君位執政，世以公爲知人。駙馬平章家奴，率藉勢强市人物，民不能業。公按之，一無所貸，市井晏然。民有蒲察李者，任俠無行，勢恒出官府上，盗食人驢馬，以鞍投井中且滿，衆莫敢誰何。公特寘之於法，姦豪自是斂迹矣。行中書省署，乃昔世皇駐蹕之地，公命立表識之，使往來者無敢褻。歐陽文忠公墓在新鄭之西，久爲戍卒所據，公爲復其侵强，刻石表道以志焉。公之在官，非惟嚴政令以威奸貪而已，其尊君敬賢，汲汲不忘類如此。除浙東海右道肅政廉訪使，公爲同列所忌如山南時，公復引去。

英宗即位，命鄆文忠王爲丞相，一新政

❶「非罪而妄劾人耶」至「既出丞相」五百九十三字，原脱，今據鄭本補足。

務，首薦公爲户部尚書。尋拜江南諸道行御史臺侍御史，丞相不欲公在遠，奏止其行。至治初，改參議中書省事，命下，或有强公詣丞相府謁謝者，公曰：「薦舉，丞相職也，何謝爲？能盡瘁事國，乃所以謝丞相也。」聞者歎服。上患法不一，詔中書議定刑書。公與丞相侍上，上曰：「法孰變耶？」丞相目公，公對曰：「大德之初，法輕重適宜。迄於延祐，廷尉不加欽恤，恣以意出入之。誠使今日之法如大德初，則與古合矣。」上從其奏。既出，丞相執公手曰：「微子淵多聞，吾幾失對矣。」上憤先朝枋臣舞法，不及誅而斃，詔法司磔其屍以狥。公奏曰：「斯人元惡，萬磔莫贖，但時方春初，群彙發育，豈戮一遺骸以傷天地之和哉！」上稱善。上欲選校人材，丞相命百工各舉所知，有以宦者子爲言者，公曰：「君不見左悺、楊復光之事乎？上重惜名爵，雖宰執官階各降一等，君乃欲進此鼠輩耶？」丞相聞公語，叱之使出。

高麗嗣王，兄弟弗睦，上欲廢其國爲郡縣，公曰：「是不當廢，宜遣使諭之使改過自新；諭之不從，然後擇其宗室之賢者而立之爾。」丞相偕公入奏，上不聽，復叩頭力諍，久之乃允留。司徒以曹夢炎訟田受賂，上怒，欲賜之死。公曰：「受賂而按田不實，罪准枉法論，不至於死。」丞相入奏如公言。上疑其私，欲窮建斯議者，或遽進曰：「是回回參議也。」上素知公守法律，特釋公不問。然怒司徒撓法，卒殺之。公見上，上曰：「朕雖不用卿言，知卿之忠也。」寵遇彌渥。湖廣省臣嘗出兵討殺洞酋，及以賄敗，上欲置之極刑。公曰：「贓罪應杖，律無置死之科，況有功可贖過乎？不然，適足快夷獠心，非御將之良術也。」卒從公議，得以不死。

會日食，上問其故，朝臣泛引漢、晉事，以天道悠遠爲言。公對曰：「日者君象也，君不修德則天垂鑑戒。方今經理田賦，勞師邊境，無罪殺楊朵兒只、蕭拜住，皆足以致天變。唯陛下念之。」上韙其言。鎮戍官犯法，舊從行中書總制者決罰，後改隸樞府，事多違忤。凡條具機務，以國書譯爲奏目。前是敷繹，多剴切詳緻，後率簡略不敢盡言。公皆請復其舊。公在中書，與議天下大事，剛正峭直，略無顧忌，至於進賢、退不肖、正法術、厚風俗之屬，與丞相言之尤力。丞相嘗稱公有經濟才，且謂人曰：「吾以非才備位宰輔，每慚見子淵。」適有除拜，左右闞公在告，趨丞相以聞，丞相遲之。暨公起，示以銓目，公爲簡去庸懦及有罪者十有二人。丞相顧左右曰：「吾所以遲遲者，爲是故也。」丞相退朝，諸佐皆送至私第，習以爲常。公曰：「是不過鼓爲諂媚耳，均人臣也，於禮何稽乎？」獨不往。丞相益賢之。

英宗崩，晉王踐祚。時公在京城，俄有旨捕斬廷臣。公懼其有變，即夜宿中書，與大臣定謀。天初明，就其家執之，如縛狐兔，無一得脱者。泰定初，廷議及海漕，公以廩積方饒，奏減糧數以舒東南民力。上可其奏。拜太子詹事丞，進階中奉大夫。公上疏言政事，國家之本，宜擇正人如贊善王恂、諭德劉因者導輔，庶幾他日可望三代之治。上命妙選東宫僚屬，公舉方正之士以聞。憸人有來位公上者，遂移疾而去。改山東東西道肅政廉訪使，未上，陞翰林侍講學士、知制誥、同脩國史。公與時相議不合，辭。遷江浙等處行中書省右丞，進階資德大夫。以病免歸。

晉王崩，明宗在北藩未至，中外危疑，群臣會議不決。公曰：「處變異於處常，神器久虚，非國家之福也，皇弟宜居攝以防他變。」衆論乃定。文宗立，拜榮禄大夫、宣政院使。公上言，乞沙汰僧道，以革游食之弊。其所有田，宜同民閒徵輸。擢中書右丞。倖臣有以利啗公者，曰：「某氏珍寶田宅，咸没入於官，吾屬索之宜無不得者。」公正色曰：「既入官，即府藏中物，尚可覬覦耶？況官食非貧，縱貧亦士之常也。」其人怒而止。太師太平王權勢熾燄，炙手可熱。公視之澹如，面折廷諍，謇謇不少貶。故大臣多不樂公者，謀出公於外，乃除今官。公度爲時不容，力辭還第。頃之，聞明宗陟方，涕泗交頤不能食。自是杜門讀書，不出者凡數年。今上皇帝入繼大統，夙夜圖治，方徵用老成而公薨矣。爲震悼者久之，尋賜鈔二萬五千緡以恤其家。

公先配史氏、王氏，俱前卒，無子，並封漁陽郡夫人。再娶崔氏，封齊國太夫人。子男五人：祐童，太中大夫、濟寧路總管兼管内勸農事，崔氏出也；孛鑾台，入備宿衛，夫及調；帖木烈思，中奉大夫、江南諸道行御史臺治書侍御史；孛羅，奉訓大夫、河閒路獻州達魯花赤兼勸農事，皆側室蒙古乃蠻氏出也；脱脱木兒，國子生，侍姬高麗氏出也。某，某，某，皆先卒。女四人：長適某，❶階福建亳州翼萬户廉和尚；次許某，階江南行臺御史中丞吴釋，未婚而夭；次適宣壽；次適某階監察御史買買。孫男三人：完者不花，某階某判官；太禧奴，至

❶「適」，原作「湧」，今據鄭本改。

正甲午進士，將仕郎、太常禮儀院太祝；福壽，尚幼。孫女一人，元童，亦先卒。曾孫男二人，也先帖木兒、某，俱幼。

公敦默寡言笑，從幼至老，嗜學不倦。於書無所不讀，而尤深於《易》，故其見於文章不爲嶄絶深刻之辭，而理致自然淵永。人以善書、射稱公，不知特其餘事耳。公弟夔，字子山，亦以文學政事致位二品，世號爲雙璧。公家法嚴峻，雖極寒隆暑，必正衣冠而處。子山旦夕燕見，不命之坐不坐也。訓諸子，動必由禮。以學業未成，不聽其仕，故終公之身無禄食者。

家素貧，❶嘗扈從上京，將發，成宗憐之，賜鈔一萬五千緡。公力辭，强之乃受。在淮西，藩王有以米三百石爲饋者，公謝弗受，王以爲有父風。自賜第爲勢官所奪，終身僦屋以居，無幾微見於顔面。平生下士弗厭，雖布衣，遇之不異公侯。世有陷爲人奴者，公爲出金贖之，寘於賓館，卒成名儒。

性不樂異端之説，仁宗以三教異同爲問，公對曰：「釋氏以明心見性爲宗，道家以修真錬性爲務，皆一偏一曲，足乎自己。至於儒者之學，則修己治人，以仁義化成天下，此所以萬世不可易，而帝王所宜究心者也。」上爲之嘉歎。公飲酒不過三觴，上知公賢，雖侍燕殿中，亦不奪其志。其見親禮如此。晚以道之行止繫於時，乃以「時齋」自號云。

某惟自古帝王，必有世臣之家，敷布皇靈，式宣鴻化，以共底時雍之治，若汝南之袁、潁川之陳是已。公家自文貞左右兩朝，殊績奇勳，照耀簡册。公之兄弟起而繼之，

❶「素」，鄭本作「甚」。

峻躋華要，茂建丕猷，益有光於前人。至子若孫，復克纘承惟謹，或以長材出膺郡寄，或從科目入屬奉常。而今治書侍御史尤以功名自砥礪，所至輒烈烈有聲，人以象賢稱之。《詩》所謂「濟濟多士」，《書》所謂「世篤忠貞，服勞王家」者，非公家之謂與？嗟夫！躬親儷美於前，而又使嗣人匹休於後，非盛德之士不能，公實有焉。媲之袁、陳，未足多讓，澤流後裔，詎有既耶？是宜播之聲詩，刻之樂石，使後世之士，知我朝名臣有如此者，不亦揚休無極矣乎！銘曰：

聖王御天，萬方駿奔。秉德宣猷，厥有世臣。猗康里氏，遠昭世序。迨於文貞，克膺帝輔。公起承之，奕奕其昌。宿衛禁宸，日受龍光。洊典秩宗，受膰以牘。五持使節，拜憲屢肅。何姦不鋤，何汙不澄。嚴霜之下，惡草不生。暨參廟論，正氣莫奪。方之太阿，百剉不折。上簡主知，選貳宮端。袖中諫疏，言人所難。乃候北門，乃蒞南國。❶乃宣院政，乃登丞弼。垂紳正笏，屹立龍墀。決定大疑，爲國蓍龜。僉壬忌之，有芒在背。俾服大藩，❷出居於外。公則夷然，歸休於家。何以爲娛，遺書五車。皇明麗天，無物不被。將詢黃髮，以敷至治。彼蒼者旻，胡不慭遺？一鑑之亡，四國之悲。公雖云亡，公多孫子。益伉其門，重珪疊組。東安之原，馬鬣其封。駿發爾祥，其來不窮。河山帶礪，勳在盟府。史臣勒辭，永詔千古。

宋文憲公全集卷四十一終

❶「國」，鄭本作「服」。
❷「服」，鄭本作「殿」。

宋文憲公全集卷四十二

元故朝列大夫知婺州路總管府事致仕趙侯神道碑銘❶

於乎！濂尚忍銘我趙侯也耶？初侯未亡時，嘗謂濂曰：「生平交友雖多，唯待制柳公、侍講黄公相知爲深。二公既已即世，吾子其高第弟子也，宜有以知我，我死，子必銘之。」濂辭不敢當。言未幾，侯以執節不回，遇害而至於死。死後三月，其子友直復衰絰踵門，拜且泣曰：「先子將終時無他言，但以必得先生銘爲請。先生若重辭，先子之目將不瞑於地下矣。」濂聞之，與之對哭失聲。於乎！濂尚忍銘我趙侯也耶？雖然，侯不以濂爲不肖，每以忘年交視之，至其没也，復使執筆以從二公之後，其知濂厚矣。縱不能文，可不具列群行，以白侯於不朽耶？

謹按狀，侯名良勝，後更名大訥，字敬叔，姓趙氏。先世有屬籍於宋其諱元儼者，實熙陵之第八子，封周王，謚曰恭肅。恭肅生允良，封定王。定生崇絳，❷贈太師、安康郡王，謚曰孝榮。孝榮生仲鑛，奉國軍節度使，封南陽侯。南陽生士翮，贈武節大夫，南渡初，自開封遷家睦州。武節生不玷，武義郎，因添差監婺州浦江縣税務，徙居浦江，爲浦江人。武義生善近，訓武郎。

❶「知」上，鄭本有「同」字。

❷「定」下，疑脱「王」字。

訓武生汝遷，❶從義郎。從義生崇棣，會稽縣尉。縣尉生必班，累贈奉訓大夫、慶元路昌國州知州、飛騎尉，追封浦江縣男，則侯之父也。

侯少閩敏，通蒙古字學，遂以譯曹掾起家，補泉州録事。泉爲寶貨之府，大商巨室，犬牙而居，侯不少徇。大盜弄兵寧都，焚城，殺守吏，勢張甚。州之無賴男子，帥衆應之，遂謀來攻城。侯令沿河作大栅以遏其衝，簡彊丁數百乘城。侯騎白馬奮呼後先，士氣百倍，寇度不可攻而退。中書遣使者造海舟十五艘，期五十日成。官降錢不與材等，民相顧大驚，畏使者不敢發一辭。侯獨列民貧困狀，請益之。民爲侯生立祠。賈胡及惡少年挾帥臣之威，肆行市區，與文學掾分争，撾之出血。侯縛使赴獄。轉興化録事，官賦多隱獘，歲勒受役者代輸。侯搜舊官書驗之，則鄰縣民産也，民服罪。大姓數十家，倚權貴人，久不應科繇。侯役之無所遺。屢以重勢撼侯，侯不爲動。浮屠鏡、空争長，鏡擊死瘖兒，誣之。兒忽甦，空執送官。官受賂，出鏡罪。部使者以其牒下侯，鏡獄遂成。

越一年，攝莆田縣事。縣僧慧與子華競，令人殺嬰孩中子華，吏入子華死。侯廉得實，白其冤。亭民以兵器私鬬訴官，互以計相傾，三年不決。侯憫其毁家，各傅以輕法，拜舞而去。

改漳州路龍溪縣尹。俗尚鬼，壘石作祠，以奉紫衣神。黠民將爲奸利，必殺犬來祭。侯投神江中，移其石以修孔子廟庭。

❶「遷」，鄭本作「僊」。

畬丁、洞獠雜居縣境，上官稍侵之，輒稱兵暴掠，至煩大軍終年屯不解。侯調御有道，不敢爲變。富民蘇甲怙勢殺人，行賕郡守，没其罪。侯抱案詣府，歷斥其奸。守盛怒，陷侯以重罪。上官察非實，侯獲免。税册多虚額，應役之家咸破。侯於實税中十加一，而均輸之。桑門清、真共鬭，清不勝，遂撾死人陷真，連坐者餘百。侯獨正清以法，餘皆釋之。侯秩滿歸，争遮道持金爲謝，侯却去弗受，民爲樹碑柳營江上。奸胥利興作，常籍爲媒，徧侵閭右民，侯曰：「吾不久當更，毋遺患後人也。」凡官廨悉新之，興大役而民不知，咸以爲神。或出遠郊，父老擕子弟聚觀，各舉手加額曰：「吾父母也。」其爲人愛慕如此。

調泉州路永春縣尹，不赴。俄遷温州路永嘉縣尹。轉運司以鹽壅不行，計民口賦之，吏遂並緣爲病。侯令富人買而售於民，民安而課登。旁州縣列訴於府，請如侯法。瑞安何良僞爲官書，指平民私販，鹽司逮捕急，民自殺者三人。事下侯治，徙良於汀州。巡邏小兵如良爲者甚衆，侯復痛懲乃已。州城枕大江，水暴岸善崩。侯出新意，並江數千尺，列植大木，先障以萁芒殺浪勢，❶次填沙土而甃以石，迨今不壞。古田賦重，耕者多遠竄，侯命役人與田鄰合耕，而入其粟亭户。兵甲侵官民田數千畝有奇，侯罪兵而復之。陳孝子墓久不治，侯爲建亭樹表以勸其俗。賑荒之粟積至五千斛，遇善歲不散，侯恐吏巧奪也，各呼主名給還。

除温台等處海運千户，未上，丁母夫人

❶「萁」，原作「其」，今據鄭本改。

憂。改知吉安路永新州，階從仕郎，四轉至奉訓大夫。永新民素横，勢出守吏上，每論役，甲乙相譁，數月不定。侯釐正版籍，列爲十年，使之次第相承，素巧避者不能脱。苟有辦集，又度其力薄厚爲差，官賦視常歲輒早登。民以死狀聞，官案驗之，率吏千餘從行，民逃匿，數里無烟火。侯與一二吏出，田井晏然。官每惡屍弗近，一聽吏。侯憂吏奸，親臨場詰驗無難色。鵠湖、羅陂皆群盜淵藪，時出鈔掠，爲過客患。昔嘗置戍軍，要莫能禁。侯出奇計剪其渠魁八人，餘黨奔潰。彭源險遠，視羅陂奪攘尤甚，侯令巡檢移鎮其地，盜風爲止。鄉飲酒之禮久廢，大比，侯率多士行之，盛衣冠，自南館入學宫，正容耦進，先後不亂。舍菜已，賓主就位，獻酬有節，揖拜有容，觀者歎悦。在官二年，告老解印綬而歸。將歸，民悵悵如有所失，争詣省憲二府乞留，侯固辭不可。百里之閒嗟惜贊頌之聲交於道路，至有署侯爵號，事之如神明者。

侯既歸，中書以聞，命以同知婺州路總管府事致其事，階陞朝列大夫。侯遂優游里閭，與賓朋過從，扶杖徒行，儼如布衣時。縣大夫問政，直告以利害，匡救其失爲多。至正壬辰，中原兵大作，蔓延江南，江浙行中書數遣大將統軍來過，侯告之以恤民止殺，言多聽。戊戌三月丙辰，睦州破。六月乙酉，兵入浦陽。侯倉黄未及避，有被甲持戟而入者，自稱徐將軍，聞侯有重名，以甘言誘之使降。侯曰：「吾爲元朝老臣，唯有一死報國耳，毋多言。」徐知不能屈，去。繼有至者，强其行以見主帥，侯曰：「吾老不能步。」復使之乘馬，侯曰：「吾不能乘。」遂遇害，幸不死，創甚，至七月丁巳竟殁。越三日庚申，葬於縣東五里之岡。士大夫莫不爲之出涕。帥閫具侯死節，請褒贈於朝，文雖上，不報。

侯享年八十有一。母黄氏，縣之士族，累封浦江縣君。娶同邑張氏，生男子六人：友誠、友進、友淳、友恭、友年、友諒。友誠，早卒。友淳，福建行省宣使。女二人，永嘉縣尉龍泉季某之子某、瑞安唐彦驥其壻也。次娶永嘉許氏忠簡公景衡七世諸孫女，累封浦江縣君，生男子一人，友仁。少房武林周氏，生男子二人，友保早卒，友聞去家爲道士；河西張氏，生男子三人，友直、友端、友毅，皆業儒。友端早卒。侍姬李氏，生女一人，適朝列大夫建德路同知總管府事吴薰之子椾，椾能文辭。孫男七人：季祐、季寶、季真、季道、季寧、季能、季明。孫女六人，皆未行。曾孫男一人，道貞。

侯局度精明，濟之以廉剛，所至以鋤强梗聞。吏卒畏威，無敢出鄉，元豪宿猾，咸相告引去。至於興學校、治水利之事，尤加之意。學田奪於民間者，必復之。陂湖或不築，躬視其成，雖大暑寒弗避。侯生平不識請謁，義所當爲，雖尊官顯人勢相統屬者，有不暇遜。常日誦曰：「我有命在天，不以柔媚而得，不以剛直而失，男子之膝可易屈耶？」君子韙其言。侯年既耄，賓客故人多勉侯爲子孫計，何爲久自苦。侯笑曰：「吾在泉時，寶貨俯地可拾尚弗顧，今肯爾耶？」於乎！何其賢也？

士君子能建治功於隆平之日，而或不能保大節於危難之時，蓋爲政以及物者易，而殺身以成仁者難。侯自歷官縣州以循良之吏著名，及至見危授命，又如嚴霜烈日可畏可仰，不賢而能之乎？侯之家食尚若此，使當大藩之寄，其不能爲城郭封疆死守乎？執德弗回，至死不變，在古者猶鮮能，況今人乎？賈子所謂「顧行而忘利，守節而伏義」者，非侯其誰也？是宜銘。銘曰：

天地正氣，隨時降升。明爲日月，流爲風霆。我人得之，挺然自生。直養無害，與我道并。在子死孝，在婦死貞。在臣死忠，弗撓弗傾。苟無是焉，欿然不寧。言言趙侯，萬人之英。歷仕州邑，以治劇稱。大軛錯節，不與刃争。和而陽春，肅而秋刑。讋伏暴强，撫綏嫠惸。吏有師傅，民有父兄。迨於懸車，方洋里閎。崇論竑議，有轟其聽。鎮譁遏浮，方藉老成。太白吐芒，遭時搶攘。侯誓弗屈，竟死於兵。忠精耿耿，上摩日星。非氣之正，其何以能？五里之岡，有山若城。巨碑巍巍，太史勒銘。高風凜然，百世可徵。

元故亞中大夫撫州路總管張君墓碣銘

君諱仲儀，字伯威，張姓，絳陽人。以大官薦，由絳學正入翰林爲書寫，改户部令史，出爲江西行省掾。俄入掾中書，用年勞遷寶鈔庫副使，階奉直郎，❶調奉訓大夫、杭州路總管府判官。杭爲東南一都會，臨以省憲二府，卒有事，左牽右綴，若未易爬梳。君處其間，不吐不茹，上下藉藉稱之。曰「能吏，能吏」云。

海寧潮溢，民田廬多没，君憂之，以特牲禱於海神曰：「民非田不食，非闤廬無以居，神忍化爲魚鼈宮耶？即爲魚鼈宮，神

❶「奉」，鄭本作「承」。

亦將何依？吾恐神不自寧也。神如識我語良，海波當帖帖。」禱畢，親沈石水中，命健卒千人繼之。未幾，復海爲地。

陞奉議大夫、兩浙都轉運鹽使司判官，❶轉奉政大夫、江西等處行中書省左右司都事。豫章歲凶，民掘野鼠食，餓莩橫道，因聯裳爲旗，執棘荊集城下，❷將爲變。衆憚不敢往，君單騎出，呼曰：「爾等寧餓死，可血死乎？我張都事也，敢害者前，敢害者前！」民皆泣拜散去。君還，言於省臣，大發倉廩賑之，賴以活者萬數。蕭、鄧二大姓以武斷自豪，州縣踵門受業，❸顔色小異，輒縮縮不敢進。小民重足立，戒毋敢高聲語。君皆捕治於獄，聞者刺羊豕相慶，曰：「吾屬卧始安枕矣。」

擢中順大夫、撫州路總管，年始六十有八。至官一月，即喟然歎曰：「鬢毛已種種，尚可仕弗止乎？當從天子丐我婆娑大陰山閒，以没餘齒耳。」遂上休致之請，掛冠徑歸。越一年卒，至順癸酉十月十日也。

君藏書數千卷，繙閱不輟。上馬入公府，亦銜置袖中，人譏以蠹書蟫，摇首笑不應。曾祖諤，金明昌中舉進士登第，官至朝請大夫、吉州刺史，聲號赫然。祖和，抗節不仕。父筠，以君貴贈奉訓大夫、同知河中府事、飛騎尉，追封正平縣男。元配郝氏，再配陳氏，皆封清河郡夫人。子男三：曰栁，早世；曰柞，奉政大夫、紹興路餘姚知州；曰棫，廣州路增城縣尉。女二。孫男一。柞以某年月日葬君某山之下。銘曰：

❶「鹽」，鄭本作「監」。
❷「荊」，鄭本作「矜」。
❸「業」，鄭本作「事」。

於戲乎君！其仕也振振，其止也闇闇，是惟有元能吏之墳。於戲乎君！

元故行宣政院照磨兼管勾承發架閣鄭府君墓銘

至正乙未十二月二十五日，故行宣政院照磨兼管勾承發架閣浦陽鄭府君卒，年五十六歲。以是月二十九日，即葬縣東二十五里大樊山中，去白麟溪三百步而近。越四年己亥七月六日，夫人吳氏亦卒，年視府君踰四歲；越一十五日，而少房勞氏又卒，年視夫人而少一十四歲。其祔葬府君之穴，夫人則是月十一日，勞氏則一十五日也。❶府君二子漠、❷沂以架閣君既棄捐，今半月間二母又相繼卒，慟哭將欲無生。請從兄温州路經歷泳狀其群行來徵銘。

府君諱銖，字彦平，其先出於鄭，遂以國氏。自公子友受封至今，世系皆可考，詳見《世譜録》中。其由滎陽徙歙者，則宋歙縣令凝道也；由歙遷睦者，則殿中侍御史自牖也；自睦徙婺之浦陽白麟溪者，則淮也。淮字巨淵，於府君爲八世祖。淮生照，照生綺，綺生閳，閳生運，運生政，政生德璋，處之青田縣尉，府君之大父也。父文厚，母葛氏。

府君自幼輒失怙恃，鞠於世母周氏，府君事之以孝聞。年十六，善爲廢舉之術。未幾，家大穰。府君自綺以來，八世同爨，朝廷嘗表爲義門，子姓之多至數千指。府君與兄欽營田八百畝有畸，建嘉禮莊，以給

❶「一」，鄭本作「二」。
❷「漠」，鄭本作「淏」，下同。

婚姻之用。俄撫髀喟曰：「太阿在室，孰知其有剸犀刺象功？丈夫不能用世，亦猶是爾。予將爲萬里游，當必有所遇；即弗遇，歸老邱壑，亦未晚耳。」於是戒行李，與親舊揖別，從以三蒼頭，上馬徑去。

迨至京師，諸公貴人爭相引重。時脱脱道濟公入秉鈞軸，日以致太平爲務，一才一藝無不甄拔。見府君儀觀偉飭，器之，奏爲行宣政院照磨。宣政蓋統治江南諸道浮屠氏事，權至重，浮屠以幣交者，府君絶弗復通，門庭肅如。浙江行省右丞相朵兒只公以元勳碩德方領院事，察知府君之廉，命持檄行浙東西，一髮無所取。諸浮屠歎曰：「凡受檄來者，恒欲得重賄，不奉命則禍立見。聞其還也，錢積至數萬。今鄭君槖中蕭然空耳，其廉吏也哉！」由是院之推廉吏者，一則曰鄭君，二則曰鄭君云。

轉松江等處稻田提領所大使，嘉定、華亭、上海之交，有田二十頃餘，既隸所中，而都水使者洎江淮財賦府復重賦之，❶民日困甚。府君爲聞於朝免之。先是徵民無藝，歲有羨糧以斛計者萬餘，上下共利之，習以爲常。府君至，獨曰：「是安可哉？」命給還於民，吏爭以無主名爲解，弗聽。乃計種家口數分之。望門而拜者日以千數。稻田所素號米貨之府，而爲之使者，又總攬其綱，他人靡不思遂其欲，府君日糴於市，處之猶貧人然。會從子洵來省覲，一夕病卒，府君哭之慟，且曰：「人生不翅朝露，何以官爲？」即日解印綬而歸。居亡何，亦以一疾不起。

府君性精密，不妄嬉笑，遇事各有條

❶「洎」，原作「泊」，今據鄭本改。

理，不可越尺寸，聲嗟氣歎之閒，諸奴畏之甚於鞭箠。吴氏諱雙，字齊祺，生女曰潤，歸義烏縣丞洪士濂。勞氏諱觀，漠、沂蓋其所出也。吴性平恕而誠慤，宰物必均，寧己劣於人。府君出游京師，日禱於上下神祇，及有疾，猶扶憊東面叩頭再拜。遇漠、沂慈甚，媵人報其安寢，目乃瞑。不得報，輒輾轉至旦。勞氏亦奉承惟謹，同處三十年，穆如也。次女曰濴，許適黄育，其母曰珊奴。嗚呼！府君在家能孝，居官復以廉聞，可謂賢也已。銘曰：

厲行於門，一何哲也？出而用世，又何潔也？烝烝兮能順，皎皎兮弗涅也。斷斷兮知止，凝凝兮有發也。懿哉若人，名不滅也。考行造文，勒此圓碣也。

鄒府君墓志銘代黄侍講

無錫鄒君，以至順二年十一月二十六日卒，元統元年九月某日葬。後十有四年，爲至正七年，其子師尹乃奉故禮部尚書宛平曹公所爲行狀來徵銘，謹序而銘之。銘曰：

鄒氏之先，世居晉陵。宋有忠公，以剛直稱。正色立朝，不震不慴。元符三疏，光於史牒。子孫蔓延，散處吴中。遷居錫山，家日以豐。君之曾祖，厥諱聞善。祖諱成大，再世不顯。遇事有勇，及物以仁。人憚其嚴，而懷其恩。父諱仁聲，始列仕籍。將仕初階，不有禄食。恢其先業，益厚於貲。嗇己裕人，遂大厥施。君諱德修，字曰君永。生而慧朗，長而凝静。志學嚮方，器識愈宏。時無科目，不以文鳴。遺榮自適，優游卒歲。持身清約，不事侈麗。人有衣服，美錦纖絺，君則弗御，終身布韋。人有室廬，穹檐邃宇，君則弗居，取庇風雨。推其所有，惠於宗婣。由近而遠，恤其鄉鄰。爾弱我扶，爾匱我給。力苟可爲，靡有弗及。或觸機穽，深憫其窮。排難解紛，不自爲功。青青者筠，内虚外直。以名吾軒，用厲厥德。高蹈物表，若與世違。行乎於衆，譽望所歸。展也吉人，宜膺多祉。六十八齡，云胡不起。君配華氏，子男一人。是曰師尹，有學有文。其孫有七，二男五女。男侃與儼，克肖其父。女適顧璋，暨錢允臣。餘皆幼艾，在室未婚。泰伯之鄉，崇德之里。爲君宅兆，其葬以禮。君所結交，時之豪雄。知君最深，莫如曹公。謂君爲人，卓越醇厚。其言有徵，可垂不朽。瞻彼佳城，松柏丸丸。有子承考，謁辭圖堅。顧慚不敏，簉屬史氏，畀以刻文，昭示無止。

方府君墓志銘

檇概有義士曰方府君鎰，字子兼，裔出玄英處士干。干自新定隱鑑湖，其諸孫教遂徙檇概華山，至府君十三世。曾祖賀，祖天與，父世卿，宋季游太學以文鳴。府君氣軒邁，讀書志欲篤行，不屑泥章句，見裂載籍以綴文題者，唾去。

與兄鐵甚相友，人或鼓簧言撼之，久不能無動。府君悟曰：「兄弟天屬也，我何敢爾，我何敢爾？」即造兄前且拜且泣，金繒悉聽其所爲，弗問。簞食豆羹，非對案弗御。閒以論辯貽兄怒，輒屏氣長跽。伺怒霽，方起。歲大祲，人盎無斗儲，大厲又頻行，咸自度必死，競操梃，起爲盜。府君憂見顔面，盡斥故藏，易粟東陽郡，椎牛釃酒享壯者，使巡耄弱之廬，口賦以食，病者，親注善藥，環數十里無譁。掾捕賊，恒倚爲聲援。

府君營腴田十二頃，貯其歲入爲義莊，凡宗屬孤惸貧窶者月有給，嫁昏有助，死喪有棺槥及瘞薶之阡。復設義塾一區，中祀先聖先師，旁挾六齋，後敞正義堂，招講師以六藝摩切諸生。義聞烜赫，士有不遠千里至者，業成多至大官。侍御史馮翼欲上其事，府君謝曰：「此無甚高事，假是以徼寵名，非人行也。」府君祭先甚謹，牲牢必潔碩，帥家人雁鶩行進，就位立，不失尺寸。升筵奠醴齊，執事者薦籩豆脯醢，興俯拜跪，穆然無聲。治家内外斬斬。與人交，不設城府。客至，執觶興曰：「請以是爲君壽。」連日夜不厭。客辭去，亦不復强也。

天曆戊辰三月丙寅，以疾終，得壽若干。娶富春張氏。子四：澤，哭府君過哀，疽發卒；汶，饒州路樂平州儒學教授；澧、泗，泗有德有文者也。孫四，櫰、樗、槦、栻。曾孫二，焯、燁。其年夏四月庚申，葬府君白門里鳳凰山下，執紼者數千人，皆出涕。宗族耇長及五尺之童，至今言及府君輒呱呱泣。天台項炯先生狀府君之行甚備，泗持來謁予銘。范希文有意賑族貧不逮者二十年，及爲西帥登政府，始有禄賜之入而終其志。府君以布衣行之，且建學焉，豈非所謂豪特士哉！庶幾可不朽者。銘曰：

士之有施，欲奮而飛，卒韜其英。養之沖沖，振之隆隆，唯積乃成。有稟之充，有學之豐，益昭厥聲。我衈我宗，寧匱我躬，澤及孤惸。臯比儼如，衿佩鏘如，左尺右繩。百鳥紛紜，西東成群，孤鳳之鳴。儋爵析圭，族有瘠羸，亦聞之腥。矧克教之，以樹其彜，以牖其誠。不震其渀，誰廓其潛，後嗣曷程。白門之陽，有崔者岡，尚勒斯銘。

鄭府君墓志銘

鄭府君諱鑾，字景和，浦陽白麟溪人。其先自睦遷。曾祖政，祖德璋，父文轟。君家九世義居，群從子姓中，而君最良。婉婉怡怡，周旋上下，其和氣藹可掬也。生平不以惡言加人，人有干之，示以一默。馭奴隸有恩，君亡已久，言之有霣涕者。享年二十有八。其配黄氏諱淑，字延沖，❶君亡時年始三十，以節自守，潔白如冰雪，至六十一卒。子二：源、溱。源字仲本，剛介有立，好施與，且通神仙家言。溱夭。孫一，棣，善屬文。君卒於延祐七年十二月十五日，黄氏卒於至正十一年八月二十日。君先葬烏傷延壽山，堪輿氏咸曰不利。今以十四年十月二十六日遷於縣之靈泉鄉黄嵓山，黄氏祔焉。予少與仲本爲金石交，❷遂以女琍歸其子，❸既朋且有連。棣來徵予銘，義不得辭。銘曰：

夫以義稱，婦以節聞，其何愧古之人！

趙詵仲墓志銘

栝趙君諱友桂，字詵仲，一字國芳，漢

❶「沖」，鄭本作「祐」。
❷「仲」，原作「重」，今據鄭本改。
❸「琍」，鄭本作「珥」。

恭憲王元佐十二世孫也。曾祖曰崇炌。祖曰必堌，國子進士。父曰良贇，集慶路録事司典史。君少有志，載籍中鉤索義訓，如廷尉持法，不激不阿，務得其平。雖經諸講師詮定，一有釁罅，必讞而啚之，弗啚弗止也。其於天官、律曆、聲音、制度之學，尤能窮其會通。蓋君于古書無所不究，援據精博，君子多其徵。閒發爲辭章，珠潔玉温，絶無鴟盤弩拔之病。中山李桓先生自號文章家，極慎推與，數稱君奥雅不群。君亦視學愈于人，恒不可一世。客袖文來見，讀一二語弗契，輒覆手掩几上，視雲漢作他語。獨善臨海舒卓，卓至，夜談屢及旦。或怒詈如鬭勢，或大號墮幘在地。唯恐卓去亟，故挽游仙都山遲之。沿道行，言猶刺刺。逢舊館人揖，有目不見。飯至，且辨且食，入咽不計寡多，斥去。人皆指笑之，謂病狂易云。

君負氣高，意功名可以引手致。屢試藝，屢黜去，蹇剥且益久，❶志不少變。每拊髀喟曰：「文未至爾，文未至爾，文至，禄烏能逃我？」未幾，隨父宦金陵。歲丙申，金陵大亂，幸萬死得存，驚讋内傷。六月十五日患暴下，醫不能方，越三日卒。壽甫三十三，未娶，無爲主後者。所著書有《夏小正解》、《詩書易諸録辨》、《南泉稿》，兵後多亡。其兄友松深哀之，蒐羅成書，且收君骨還栝，以某年月日葬南明山之西。抱書詣予哭，丐銘其墓。予發書讀之，亦泣下。

嗚呼！自師廢民散，士安於寡陋，獵取凡近，以斧藻厥躬，妄相標榜，謂彼爲毛、鄭，此爲韓、張，嶷然若可名世；及叩其傳記所存，雖古人常通習者，喫喫不能道一

❶「久」，原作「之」，今據鄭本改。

語，惟瞪目視左右，若土偶人。是果何爲者耶？如君者，殆可哀已。銘曰：

不昭其熹，不融其奇。不洩其施，遽淪於隙。我懷伊人，中心孔悲。❶南明之西，有氣吐霓。化爲龍文，上貫少微。後千萬年，於赫弗虧。

葉仲貞墓銘 代柳待制作

桐廬李驤龍，嘗與武林葉禎交。禎年三十時，從父某來桐廬，爲釣臺山長。山長君死，禎貧不能歸，驤龍爲合錢予之，使賣藥市中以自給。禎風神蕭爽，不能隨世沈浮，每遇月白風清，輒同驤龍買舟泛桐江而下。驤龍善洞簫，禎歌古辭，扣舷而和之，或至忘返。蓋飄飄然游於物外者垂二十年，而不知老之將至也。

禎一日病革，憂戚莫知所爲。驤龍顧禎曰：「君非念後事乎？有驤龍在，君何憂？」禎喜，力疾起拜，曰：「此膝未嘗下人，今不覺爲君屈也。」竟不能食，三日死。驤龍爲具棺斂，買地葬焉。後一年，驤龍亦卒。驤龍之從弟懋，哀禎不娶而無子，復合禎之所遺財，市田二畝有奇，入華林僧院，俾立主以奉禎。

初，禎善爲學，不治章句，頗喜以詩自鳴，翰林學士貫公甚器重之。稍長，習吏於浙西憲府，部使者欲辟爲屬，不就。天曆中，有詔粉黄金爲泥書《大藏經》，禎以善書應募，法當得儒學官，亦不就。蓋禎氣岸多豪，一言不合，輒徑去，故卒無所成名。

禎字仲貞，武林人。無他族屬，其世

❶「孔」，原作「可」，今據鄭本改。

系，禎未嘗言，今皆不可知。享年五十有四，以重紀至元五年五月二十六日卒，明年三月三日葬於玉塢山原，❶去驤龍之墓不二百步。葬後四月，懋復爲伐石來請銘。昔粵謝翺以善詩來游吴越閒，吾鄉岩南先生方公鳳實與之游。翺死無所歸，公爲率一二友生，葬翺於釣臺傍，且刻碑志之。其事與驤龍兄弟正相類，豈聞公之風而興起者耶？非耶？先聖人嘗有言曰：「生於我乎館，❷死於我乎殯。」驤龍兄弟蓋近之矣。是宜銘之，以詔後之人。銘曰：

吁嗟葉生！胡不恤汝家？吁嗟葉生！胡不就汝實而斂汝華？使千載之祀，一朝而墜，豈汝之不自力，抑命爾耶？幸有仁人，既殯且薶，汝已歸骨於此矣。予尚何嗟？

吴子善墓銘

濂之友吴中子善，世家婺之東陽。自曾祖某、祖某、父某咸爲儒，至子善益務讀書，從里之大儒陳樵先生游。初，濂謁先生太霞洞中，先生曳杖微笑出迎，坐濂於海紅花下。俄呼洒酌濂，先生自歌古詩，奮袖起舞。子善侍先生側，目濂引滿，以成先生之樂。濂自是得與子善交。

後三年，再謁先生，復見子善，時先生年耄重聽，或有所問，子善從旁書濂言以對。及濂辭先生還，子善送至山高水長處，坐石共語，依依弗忍去。自時厥後，久不見

❶「玉」，鄭本作「王」。
❷「生於我乎館」，原脱，今據鄭本補。

子善。

聞子善獨奉母某氏，居陋巷閒，雖無儋石之儲，曾不少戚戚動於中。每遇明月之夕，輒鼓琴以自娱。琴已，復把筆咏詩弗輟。濂竊悲世之人，❶往往窮則失守。有若子善之爲，造物者必能昌之。今年秋復求子善而謁焉，則子善之死已三年矣。嗚呼！天者豈易知耶？子善之固窮如是，乃復使之早夭，是果何理耶？嗚呼，悲夫！

子善通《周易》諸家説，屢就試有司不中，家益貧，年過三十不能娶。有一妾，爲生二子。長某，五歲；幼某，三歲。子善母死未幾，而子善又死。二子蓋惸然可念。子善之友張良、金韋編、蔣偉器，率諸好義者，既買棺以斂子善，復用羨財贍其諸孤。

子善得年四十，生於皇慶壬子某月日，卒於至正辛卯某月日。以某月日同母葬於縣南二里姜原。蓋潘逵所指地也。葬一年，偉器來謂濂曰：「予與子善頗交久，盍爲銘？」嗚呼！濂尚忍銘吾子善耶？

昔孟郊殁，貧無以葬，其友樊宗師爲告諸嘗與往來者經營喪事，且以餘資給其遺孀。昌黎韓文公與郊游甚洽，實爲銘其墓。今觀子善之事，固不能盡同，其交友之所盡心者，則蔑古今之異也。濂雖無昌黎之文，又可無一言慰子善於地下耶？嗚呼，悲夫！銘曰：

孰使子材，孰使子窮，又孰使子年之不豐？彼蒼者天，曷其夢夢？一氣悴榮，或繫其逢。我作銘詩，以弔其凶，以哀其終，以揭其封。

❶「世」，原脱，今據鄭本補。

蔣處士墓碣銘

婺之東陽，有處士曰蔣君者，君子人也。性純謹無僞，自守甚篤。遇人恒匑匑然若畏之者。或有紛糾，出片言諭之，雖愚夫則又翕然服。簞食豆羹不繼，室廬不足蔽風雨，君安之。唯拯患扶難，則竭志慮，不遺餘力。弟仁，出後仲父，復來求分田，君予之不吝。君疾，勞問者無虚日。及死，莫不哀傷焉。

君諱崇，字伯尚。其先自毗陵遷東陽。曾大父伯，大父忠，父元，母陳氏。娶天台奚夥。子男四：長偉器，次安仁，次文懿，次孚祚。文懿早卒。❶女二，壻曰張壽，一未行，亦早卒。孫男三：長公輔，次公告，次公憲。孫女三，皆幼。君壽六十三，卒於元統甲戌正月初八日，以至正癸未十月初一日葬於清泉里崑崙山之麓。葬後十一年，偉器具群行謁濂爲銘。

濂雖不識君，幸辱與偉器交。偉器知尚正學，非義所在，誘以百金不爲動。觀偉器之行，足以知君矣。銘何敢辭。銘曰：

君之行，一何良也？有子爲儒，知家教之有方也。刻文墓門，庶千載而彌章也。

鄭檝墓銘

浦陽鄭檝，少凝愨寡言，能暗誦《易》、《詩》、《書》、《論語》、《孟子》，稍出爲詩歌，可觀。先生長者能之，爲加布其首，字曰叔通。年二十，至正丁酉三月辛巳，以病熱

❶「懿」，原脱，今據鄭本補。

亡。四月癸酉，葬仁義里三角山。其父濂哭之慟，來謂予曰：「檝也，幸從先生游。先生謂爲可教，竊意其能亢吾宗。今不幸死矣，先生儻不死之，盍爲銘？」予聞亦哀不自勝，爲著銘曰：

父母生子，孰不欲望其成，矧如檝之秀穎者乎？今未出弱齡，而遽霣魄泉下，可悲也哉，可感也哉！

鄭夫人夏氏新阡墓碣銘

至正三年夏五月，予來讀書浦陽東明山，繙閱之倦，因默坐木榻上。忽鄭君濤喪冠絰帶，揖予而言曰：「濤妻夏邕，字伯熙，生十九年即與濤爲配。又七年，不幸以疾終。所遺一小兒曰枋，始三歲，未能勝薦奠，保母掖至柩前，教之俛伏。枋雖未解事，念母不見，亦仰首作嗚嗚聲。濤見之，雖欲以禮制哀，不自知涕之從出也。」言訖，泣下數行。良久又曰：「夏氏家本虎林，世有顯人。邕之曾大父天瑞，正議大夫、泉州路總管。大父若木，奉議大夫、建德路總管府治中。父應孫，承事郎、兩浙都轉運鹽使司黄岩場監司令。司令君娶永嘉陳夫人，陳生二女，伯即邕，季曰穆，字叔熙。司令君以泰定末來尉浦江，遂許以邕配濤，以穆配濤之再從弟泳。❶後十年，二女實來濤家。去年十月朔，穆既先逝；今年五月初二日，邕復以一病不起。胡天之降凶於濤家者，若是忍也？邕屢有娠不乳，及得枋，酷愛之，至數易乳嫗猶未慊其意。聞兒啼聲，中心怦怦然，自是遂得驚疾。疾既劇，

❶「泳」，原作「永」，今據鄭本改。

會司令君卒黄巖，邕復哭之哀；迨穆之喪，但能悲惋，已無力出聲，猶日使人視枋惟謹。考其行事，固無有大異人者，然其小心畏慎，未嘗一日少懈。濤家義聚九世，族屬之衆，幾二千指，邕一以禮遇之。族屬之人咸以端莊静懿稱其賢。邕今已矣，將以十二月初三日窆於穆之墓北車門塢。濤獨憫其以念子之故而致疾，幸先生賜之銘，使枋粗有知，或謁墓下而讀焉，則念母之心將油然而生。是先生教枋以孝也。」言訖，復泣下。嗚呼！邕之事，誠有過矣。世之人，誠以父母愛子之心愛其親，庸不爲之孝乎？是宜銘之以厲吾徒，且以警枋也。銘曰：

母愛之，❶由天衷。子報之，胡不同。倘有人心，當省厥躬。過是墓者，寧不爲之改容？

麗水二賢母墓碣銘

麗水有二賢母，一曰周夫人元静，一曰龍泉縣君徐淑。夫人適同邑林府君侑，縣君歸府君之子、宋鄉貢進士、今累贈祕書監丞江。夫人知攻書，旁愛道術家言，嚴齋戒以事神明，奉其姑周氏曲盡孝養，主饋非鬻御弗之進；縣君賢甚，養夫人亦如之。

至元丙子，江南内附。秋九月，兵入栝。縣君生新州守定老甫六月，祕書君急負之竄大澤中。游騎追及射之，遂棄新州，馳入民廬以終。夫人與縣君辟地東山，聞變，挾媵人閒行蹤跡之。又遇兵，麾夫人却而迫縣君東行。婦姑相持慟曰：「同歸九

❶「之」，鄭本作「子」。

泉爾，終不能苟生也。」夫人計無所出，乃號諸神曰：「神奈何絶我？子既兵死，孫又棄中野，獨一婦存，忍使其顛連乎？神奈何絶我！」俄而兵目眩，似見負裝橐行者，持戟趨奪之。婦姑乃翳灌莽亂走。偶過澤畔，則新州在地，弗怖弗啼。媵人愕曰：「兒在矣，兒在矣。」亟腹以去。兵既退，抆淚跡祕書君，收骨還家。家已亡，婦姑相依爲命，僦舍宇以居，瓦鐔敗帷，澹然能自安。

縣君年始三十三，或說其再行，縣君指新州泣曰：「林氏數十世，相傳唯此子爾。無此子，林氏之鬼且不血食，妾何行如之？天若未割林氏，幸此兒成立，異時持酒一觴，滴府君冢上土，俾鄉人咸曰林氏有後，妾即死，目亦瞑。」人義之，不敢復言。

新州幼多病，二母保護如嬰垣之玉，惟恐壞之。新州知二母意，亦深自刻厲，以文行稱，用部使者薦，教諭松陽。繼擢延祐辛酉進士第，四轉而至今官，階中順大夫。命書焜煌，貤贈父母，人皆以爲榮。

初，新州在布衣甚貧，鄉先生潘架閣弼時方貴盛，獨奇新州，欲以女歸之。長女辭，次女妙貞曰：「從父命爾。」妙貞遂妻新州，荆釵練裳，提甕出汲，猶窶人。然其奉縣君猶縣君之事夫人。縣君嬰末疾，不良於行，或啓或處，晝夜恒負以從。疾且革，刲股雜淖藥以進，❶乃瘳。

妙貞從新州宦游三十年，亦累封如夫人，生四子：瑞，夭；誠祖，博通經史諸家之學，以廕補官至某階，建寧路松溪縣尹；彬祖，至正乙酉進士，累官從仕郎、江浙等處行中書省左右司都事；似祖，癸巳鄉試第

❶「藥」，鄭本作「糜」。

一，上禮部不第，恩授處州路儒學正。誠祖子三：公慶，甲申鄉貢進士，慶元路儒學正；公庠、公廉，處州路儒學録。彬祖子三：公縉、公繹、公緩。❶似祖子五：公興、公質、公巽、公贊、公賓。

夫人之父某，宋某官；縣君之父某，宋某官；皆栝之巨族。縣君壽六十三，卒於大德甲辰九月二日。夫人年八十一，卒於乙巳九月二十二日，後縣君僅一歲。以丙午七月四日同葬縣西元和鄉之蒲潭。

嗚呼！世多孫子者有之，❷多而又賢則罕也；多而又賢者有之，賢而能文則罕也；賢而能文者有之，能文而中進士科則罕也；中進士科者亦有之，至於連翩起於一門之中，則罕之又罕者也。原其所以致是，果誰之力歟？實二賢母造之也。譬之藝櫟，保之於一髮之微，馴至於百圍之大，使支條敷腴，而還廕其本根。二賢母有功林氏者爲不細，是宜揭德墓門，以詔林氏萬子孫知有所自。銘曰：

惟林氏，世簪纓。時傖攘，家罹兵。一髮存，有遺嬰。嗀哺之，訖於成。由甲科，居專城。問四馳，穆而貞。施厥後，何繩繩？踵前軌，振翹英。畜之深，發必弘。日焜燿，砰以訇。蒲之潭，妥幽靈。廓其潛，勒兹銘。

故節婦湯夫人墓碣銘

夫人姓湯氏，諱潤，字妙光，處之麗水人，奉順大夫、温州路總管府治中諱全之曾

❶「緩」，鄭本作「綬」。
❷「者」，原脱，今據鄭本補。

孫，忠顯校尉、贛州路雩都縣尹諱垓之孫，敦武校尉、温州路平陽州判官諱鈞之女。年十七，適同里葉氏，爲贈奉議大夫、江浙等處行中書省左右司郎中諱應咸之冢婦，諱珂府君之夫人。府君字孟玉，氣高岸，恥席祖父勢。自念丈夫非赤手致功名不可曰能。❶單騎走京師，謁陳司徒。司徒方有寵於上，一見語合，謂人曰：「此吾江南奇少年也。」亟薦爲會福院知印，文未完，卒，年始二十一。夫人聞之慟，幾至隕絶。服衰終禮，屏脂澤不御，寒幌青燈，唯孤影相照，極可念，夫人甘焉。或懼不能堪，以言嘗之，夫人泣曰：「妾未亡人，旦暮死，即欲從君子游，❷他固不能識；妾心若改，俟鐵木出條枚乃可爾。」人聞不敢撼。

葉故右姓，郎中實雩都之壻，於夫人爲世姻。夫人周旋尊嫜間，益盡孝敬，處先後由禮弗忒。當府君北上，二子士徽未晬，士綸猶在娠，六閱月始生。夫人鞠迪之，士徽能荷家政，不失前人尺寸；士綸入儒，由金華教諭補吏七閩漕府，移浙中，彧彧有廉名。部使者索公持節行處州，廉知夫人貞狀，歎曰：「是風教所繫，不可緩。」趣州縣具文，書吏以年未五十援例辭。公罵曰：「有婦玉潔如此，乃欲拘例耶？」即爲按覆，以次上中書，旌其閭，且復役勿事。鄉人士過焉，相指告曰：「此節婦，無忝是門者。」咨嗟而去。夫人嫠居三十一年，以至正壬辰七月五日終，春秋四十九。孫三，士徽子俶、信，士綸子俊。墓在元和鄉洪唐。葬之日，則癸巳某月某甲子。葬後五年戊戌六

❶「致」，原脱，今據鄭本補。

❷「欲」，鄭本作「下」。

月，府君之弟宣慰副使琛爲狀群行，遣士綸來金華徵余銘。銘曰：

比屋可封，孰以節揚？宅里是旌，世道之傷。百鳥紛紜，乃見鳳凰。我銘夫人，用以戒荒。

鄭彦宏甫墓版文

鄭彦宏甫諱鉅，浦江人也。其家十世聚居，諸父平山府君文泰，才雄志鋭，益以義亢其族，特善彦宏。彦宏每侍左右，操其權度，以裁小大之政。府君殁，從兄青憓居士欽有才如府君，日恢弘之，其宗愈光茂，亦惟彦宏是友。蓋彦宏凝愨而夷沖，其與物交，範防至密，諳練甚精。而於群從之間，傾誠以相周旋，故得其驩心。其考文轟早世，奉妣黄夫人盡孝。及夫人亡，出寢於外，三年弗近酒肉，哀慟無晝夜，幾傷其生。

居亡何，彦宏以次長其家，確守成法如執玉捧盈，唯恐有愧前人。然所見一定，雖群言沸騰，終不可摇奪，由是内外政皆治。會遭兵難，法無少爽。性好施與，天大雪，有童子凍餓道路，彦宏亟温以酒，且治纊衣之，使養於家。喜注善藥起人，夜半有告急者，即應之，亦無留難。一日，以事適鄰郡，忽有拜馬前者，彦宏曰：「吾不汝識，今拜欲何爲？」拜者曰：「吾家四三人病滯下欲死，賴公藥乃生，食公之德久不報，幸一見，❶不自知其顙之頓地也。」彦宏笑遣之。

彦宏壽六十七，以某年月日卒。卒後一月某日，葬於左溪山西源。娶周氏，先十八年卒。生子男三：演、淵、淯。演夭。

❶「見」下，鄭本有「公」字。

淵、淯皆恂恂善繼，而淵通經藝，以古文辭知名於時，用薦者爲月泉書院山長。女一，歸江蓮。❶孫男四：楷、樫、櫟、檀，樫夭。孫女三人，❷皆在室。彥宏遇人煦煦有恩意，迨没，人思之弗置，至今有涙落者。

昔唐張公藝、李知本、劉君良皆以孝友聞，史臣稱之。以謂此三人者，孝行推於友睦，而禮遜之風，數世不衰，皆在元魏、齊、隋之際，真所謂豪傑之士，雖無文王猶興者。今較以彥宏之家，君子咸言過之。而彥宏諸行，又跬步不越於繩棊，非傑然自立者能若是乎？《南陔》、《白華》，商之季世僅見之，夫子删《詩》，特存其聲而弗削，況於後世者乎？濂與彥宏游凡三十年，知之爲至，於是造文表諸墓，以風示人人，庶幾有來取則者。

故檢校孔君權厝志

故奉議大夫、湖廣等處行中書省檢校官孔公，諱瀛，字世表，宣聖五十三世孫。初家曲阜，四十七世曰傳始遷衢。故事，孔子之後得補文學掾，公年二十，有司以名上。署昌國州學正，教授岳州，湖北廉訪使者辟爲書吏，除江浙等處儒學副提舉，階將仕郎。閒乘馬出，道逢宣政使騶從甚都，公直前不避。使使人讓之，公曰：「我真聖人之裔，官乃僞浮屠，豈應相避耶？」政成，以入廣例陞尹海陽，政浣江，二邑民安之。湖南亂，公供億軍中，朝廷録其勞，授以今官。

❶「江」，鄭本作「洪」。
❷「孫」，原脱，今據文義補。

尋以使事入蜀，議連兵殄寇。至蜀，蜀亂，公閒關巴峽閒久之，復經雲夢，汎洞庭回鄂。鄂又亂，妻張、子思樵溺死，傔媵散盡，唯繼室高昌氏及孌下兩丁嫗存。公度鄂不可居，航彭蠡直趨豫章。尋自豫章下九江，九江又亂，百具咸没，公被垢衣，倀倀走，持孔氏《南北譜》惟恐失之。見者或曰：「迂人哉！」或曰：「此知本者也。」公一弗顧，轉徙來金陵，依富川族孫克仁居。會高昌氏生子，頗自慰，曰：「得是亦足矣！」越三月，子死，竈嫗亦亡，公旦暮淚不收。

衢抵金陵路餘一千耳，思還衢，未行，適衢人至，言其家廟蕪不治，田若廬爲戍兵所據，益鬱鬱弗能解。血出陰中，藥之劇。或具牲幣，請禜鍾山神，公罵曰：「死生命爾，神安能制哉？急去毋汙我。」迨疾革，召克仁謂曰：「克仁，克仁，吾出千萬死至此，意能歸正邱首，豈知死於道路，以鬼事累汝。」語已，目視霄漢者久之，克仁亦淒然不能對。夜漏下二十刻卒，時壬寅五月二十有一日，壽六十三。

公生紈綺家，遇風日佳時，必張樂設燕爲樂，趙歌燕舞交錯乎後先，公頹然自放其中，適甚。末路顛連，孑孑作寒窶士，然生平俠氣，時時見眉宇閒，識者憐之。性頗嚴介，子姓侍側，終日不交一語，多憚不敢近。及是旅死，無爲主後者，唯高昌氏擁鼻號，聲不忍聞。克仁雖貧，力爲具棺斂，擇不食之地於石子岡，距金陵城南三百步，卒以後三日舁公柩權厝焉。

濂與公皆浙水東人，故數造公，公喜，執濂臂曰：「吾見子，殆欲忘食也。」未卒十五日，與會稽梁君元亨，會飲克仁家。公居筵端劇談至日西下，飲酒雖稍減，精神浮動，猶津津然，不意公之遽亡也。

嗚呼！人孰無患難，未有甚如公者，妻子死欲盡，流挫困踣，無所不極，似可已矣。若俾令終於鄉，薶骨從先人，復何害。亦竟賈魄於此，❶其甚可哀也。夫公生神明之胄，歷仕四十年，又得中壽以死，死且得禮葬，視血染刀劍，身膏草莽者又何如？在公可以無憾。雖然，後嗣弗續，古人所深悲，公不幸蹈之，人歟？天也！使公有知，目決不瞑於泉下，奈之何不哀乎？濂聞公死，哭之慟，克仁請志其事，因收淚以書其略。❷若公群行之詳，則有俟於撰銘文者。

諸暨方孝婦石表辭

嗚呼，是惟孝婦方氏之墓。夫孝未易稱，余獨歸之孝婦而不靳者，將以愧爲人婦之不孝者也。

孝婦姓方氏，諱迎，越之暨陽人。生二十七歲，歸同里楊君敬。敬有母何氏，孝婦左右就養，唯恐違其志。何病腑道澀，不能親御偃溷。孝婦浸之湯盆中，以指探出之。積歲之久，手文皆龜裂，而孝婦未嘗有倦色。昔人有爲親浣廁牏者，史臣尚以爲難，載之於策。考孝婦之事，尤人所難者耶？人之所難者且若是，則孝婦其他之行弗問而可知也。嗚呼！是尚不得爲孝婦矣乎？使如此而不得爲孝，則夫勃谿而不恭者，乃足爲孝乎？

予自成童時讀劉向所傳古孝婦事，以爲斯世何爲無此？人心雖未敢必其無，然

❶「此」，原作「北」，今據韓本、胡本改。
❷「收」，鄭本作「拔」。

歷三十餘年卒不能一逢。嗚呼！余豈意今於暨陽乃見之也。暨陽距予金華僅二百里，予昔嘗兩至其處，而不知有孝婦，至今始得知之。嗚呼！予又意世之如孝婦者，夫豈少哉！特以不遇於君子，故湮滅草萊而人弗聞之耳。其弗聞者，予固無如之何；其幸而得聞者，可不大書揭之崇阡，以愧人婦之不孝者耶？非爲愧人婦也，抑將愧人子也。

孝婦性儉慈，頗知讀書，嘗鬻田教子。父德在，母張，皆宦族。年六十一。生二子：恒、慧。其卒以至正二年九月五日，其葬於馬鞍山，以三年十二月二十二日云。

體仁守正弘道法師金君碑 代黃侍講

吳之長洲，有爲老子之學者曰金君，諱善信，字實之，家故儒也。曾大父曰球，大父曰晧。父曰焕，漳州路龍溪縣尹，母沈氏、顧氏。龍溪之墓，故翰林侍講學士揭公實爲之銘。

君幼凝静，少長，好虚無之説，欲辭父去母而求師。❶父母不可，授以家事而羈縻之。君應酬少閒，輒取老子書反覆玩味。久而曰：「老子之教，初不必毁形絶世，若今人之爲也。吾黨如蓮花生汙穢，外接世緣，内無所搆鬭，何必去父母哉！」既止不行，且納婦有子矣。乃曰：「父母留我者，我無不盡其責。古之至人，雖不必草衣而木食，巖棲而穴處，然學必有師。我將從有道者就正焉。」

時玄妙觀有張雷師，生不識錢數，能以

❶「辭父去母」，鄭本作「辭父母去」。

符篆捕逐鬼神，❶君甚敬之。由是冠其冠，而爲之執弟子禮。已而，聞莫先生洞一者，嗜酒，醉輒詬罵人，雖王公不避。時時呼雲役雷，狎褻如兒戲。然君知其有道者，則延致而尊事之，有所折辱，未嘗爲動色，或毁其所甚愛之物，亦不以爲意。先生知君信之篤，悉授以不傳之祕。他弟子不得者，君盡得之。遂建仁壽觀於城東北隅，日與其徒研覈妙旨。❷凡旁門小道，力排斥不少置。其言以爲心神至虚，無所汩没，氣定光出，諸陰銷盡，諸陽自集。蓋有形者陰，無形者陽，陽益勝陰，氣益調精，我得清淨，去道無難矣。知之不親，見之不明，枯槁於山林何益乎？蓋其造道本末，可見者如此。

君初爲子弟時，無私蓄。既壯，能使貲倍其舊。鄉里有糾紛不可解，輒爲揣摩，洞見底裏，類使之以自退，❸不争取勝。遇時之名流，必加敬禮。有不給，則周之。未嘗務遺世獨立以爲高，而其襟度，特爲沖曠。闢一室，植桂樹若干本於其前，題曰「桂軒」。列一二古圖畫，徜徉其中，飄飄焉神仙人也。故賢士大夫多樂與之游。君年雖高，而視聽步履如强壯。一日，呼左右謂曰：「吾死矣。」遂奄然而逝。非真有所得，惡能處生死之際若是哉！

君生於宋咸淳九年十二月十一日，卒於今至順二年二月一日，年五十有九。以其年三月某日，奉遺蜕葬武邱鄉半塘之原，❹君所自營也。君妻温氏，事舅姑克盡婦道，教育其子若女克盡母道，人莫不稱

❶「篆」，鄭本作「籙」。
❷「覈」，原作「覆」，今據鄭本改。
❸「自」，鄭本作「柔」。
❹「遺」，原作「道」，今據鄭本改。

之。子三人：大亨、大振、大謙。惟大謙爲温氏出。女四人，孫男女合若干人。葬後十七年，大謙始以建安陳方之狀來徵銘。

昔老子嘗爲周柱下史，周之舊典禮經，無不知之，非棄絶人倫者也。至其以無爲、清淨爲教，漢人用之而天下以治，豈無益之學哉！老子遠矣，今道家者流所宗漢天師張氏，既舉賢良方正，直言極諫。❶其子若孫，或徵爲黄門侍郎，或辟爲丞相掾，祚胤相承，逮今千餘歲不絶。有能遵其軌範，無廢人閒事，而有以究夫道之所存，不亦善學老子者乎？是可銘也已。

始君受知嗣天師留國公，起爲廣德路道録，仍提點仁壽觀，畀之號曰「體仁守正弘道法師」，且以聞於朝，再下璽書，爲之加護。予既備著君之道，至於出處之大概，亦不得而略也。銘曰：

老子有云：修之於家，其德有餘。歷世既久，襲訛踵僞，寢迷厥初。歸潔其身，長往不返，木石與居。有美一人，清風峻標，列仙之儒。養生有道，不斷外緣，神明内腴。謂人一心，無撓無雜，漠然沖虚。滌除玄覽，抱一不二，方與道俱。惟是所存，久而愈晰，百世不渝。有崇斯邱，表以石章，過者式諸。

佛慧圓明廣照無邊普利大禪師塔銘

少林氏之道士，❷傳至慧照大師而别爲一宗。設三玄門，演暢宗乘，權實兼行，照

❶「直」，原作「節」，今據鄭本改。

❷此「道士」指和尚，從達摩傳至慧照亦非七傳當有十傳。

用雙至，四方從者，雷動海湧。逮乎宋季，其道寖微。惠朗欽公起而任之，豎大法幢，屹然爲東南之標準。廣濟妙公，親承法印，據獅子巖建立死關，鮮有升其門者。唯智覺本公，深造閫奥，以大辨才通博無礙，慈澤普滋，徧一切處。其入室弟子以十數計，若今佛慧圓明廣照無邊普利大禪師，則其一人也。

師諱元長，字無明，一號千巖，越之蕭山縣許賢鄉人。族姓董氏，世以書詩爲業。父諱九鼎，母何氏，晚而生師，欲棄之，嫂謝氏鞠以爲子。七歲即就外傅，諸書經目輒成誦，出入蹈矩循矱，有若成人。其父喜曰：「是子當以文行亢吾宗乎？」師之諸父曇芳，學佛於富陽法門院，欲乞師爲嗣，謝氏不從。未幾，師遘疾甚革，謝氏禱於觀音大士曰：「佛幸我慈，俾此兒弗死，令服灑掃役終身。」禱已，師汗下愈，遂使從芳游。

時師年始十七，益求良師，摩切九流百氏之言。已而曰：「此非出世法也。」復從授經師學《法華經》至《藥王品》，問曰：「藥王既然二臂，曷爲復現本身耶？」授經師異之。年十九，薙髮受具戒。走武林，習律於靈芝寺。律師問曰：「八法往來，片無乖角，何謂也？」師曰：「胡不問第九法乎？」律師曰：「問律而答以禪，真大乘法器也。」會行丞相府飯僧，師隨衆入，本公亦在座，遥見師，即呼謂曰：「汝日用何如？」師曰：「唯念佛爾。」公曰：「佛今何在？」師方擬議，公厲聲叱之。師遂胡跪作禮，求示法要。公以「狗子無佛性」之語授之。

繼往縛禪靈隱山中，雪庭傳公召師掌内記，師下筆成章，五采交粲，見者歎服。俄棄歸法門，隨順世緣，殆將十載。一旦忽喟然曰：「生平氣志，充塞乾坤，乃今作甕裏醯雞耶？」復造靈隱跏趺危坐，脅不沾席者三年。因往望亭，聞鵲聲有省，亟見本公，具陳悟因。公復斥之，師憤然來歸。夜將寂，忽鼠翻食猫之器，墮地有聲，恍然開悟。覺身躍起數丈，如蟬蜕汙濁中，浮游玄閒，上天下地，一時清朗。披衣待旦，復往質於公。公問曰：「趙州何故云無？」師曰：「鼠餐猫飯。」公曰：「未也。」師曰：「飯器破矣。」公曰：「破後云何？」師曰：「築碎方甓。」公乃微笑，祝師曰：「汝宜善自護持，復遯巖穴，時節若至，其理自彰。」師既受付囑，乃隱天龍之東庵，耽悅禪味，不與外緣。有二蛇，日來環繞座下，師爲説三皈五戒。蛇矯首低昂，作拜勢而去。

師自是聲光日顯。笑隱訢公方主中竺法席，力薦起之；江浙行省丞相脱歡公時領宣政院事，亦遣使迫師出世。師皆不聽。居亡何，諸名山争相勸請，師度不爲時所容，與弟子希昇，杖錫踰濤江，而東至烏傷之伏龍山。見山形如青蓮花，乃卓錫巖際，誓曰：「山若有水，吾將止焉。」俄山泉溢出，作白乳色。師遂依大樹以居，實泰定丁卯冬十月也。

初，伏龍山有禪寺號聖壽，其廢已久。當師入山時，鄉民咸夢有異僧來，遂相率登孱顔披蒙幕以訪焉。見師晏坐不動，各持食飲之物獻之。邑大姓樓君如浚、樓君一得，各爲伐木，搆精廬以安師。尋因舊號建大伽藍，重樓傑閣，端門廣街，❶輝映林谷。内而齊、魯、燕、趙、秦、隴、閩、蜀，外而日本、三韓、八番、羅甸、交趾、留仇，莫不奔走

❶「街」，鄭本作「術」。

臚拜，❶咨決心學，留者恒數百人。至有求道之切，斷臂師前，以見志者。師各隨其根性，而爲説法。譬如一雨所施，小大根莖悉獲沾潤。王公大臣，嚮師之道如仰日月。名傾朝廷，三遣重臣，降名香以寵嘉之。江淮雄藩若宣讓王，❷則下令加護其教；若鎮南王則親書寺額，賜僧伽黎衣及普應妙智辨禪師之號。帝師亦再降旨，❸俾勢家無有所侵陵，仍更號曰「佛慧圓鑑大元普濟大禪師」。資政院又爲啓於東朝，命臣製令號并金襴法衣以賜焉。

至正丁酉夏六月十四日，師示微疾，索浴更衣，會衆書偈云：「平生饒舌，今日敗闕。一句轟天，正法眼滅。」遂投筆而逝，春秋七十四，夏五十六。是日午時，其弟子德亨、德馨等用陶器函蓋奉全身，瘞於青松菴。悲慟眷戀，聲撼嵓壑。太師中書右丞相脱脱公，建大壽元忠國寺爲皇太子祝釐之地，欲奏起師爲住持，適有自江南來者，言師示寂，乃止。

師疏眉秀目，豐頤美髯，才思英發，超越醜夷，頃刻千偈，包含無量妙義。得其片言，皆珍襲寶護惟謹。《語録》若干卷、《和智覺擬寒山詩》若干首，皆刻梓行於叢林。世之論者，謂師踐履真實，談辨迅利，或無愧於智覺云。

濂初往伏龍山見師，師吐言如奔雷。時濂方尚氣，頗欲屈之，相與詰難數千言，不契而退。越二年，又往見焉。師問曰：「聞君閲盡大藏教，有諸？」濂曰：「然。」

❶「臚」，鄭本作「膜」。
❷「若」，原作「名」，今據鄭本改。
❸「師」，原作「都」，今據鄭本改。

曰：「君耳閱乎，抑目觀也？」曰：「亦目觀爾。」曰：「使目之能觀者，君謂誰耶？」濂揚眉向之，於是相視一笑。自時厥後，知師之道超出有無，實非凡情之可窺測，因締爲方外之交垂三十年。其激揚義諦，往來尺牘之在篋衍者，墨尚濕也。雖纏於世相，不能有所證入，而相知最深，銘非濂爲，而孰宜爲之？銘曰：

天目嵓嵓，中設死關。豈無來者，望門而還。言言智覺，伏劍深入。師子長號，百獸咸蟄。伊誰嗣之，惟千嵓師。彼碩者鼠，爰契我機。一錫行雲，遯藏空谷。明珠自護，不受人觸。世雖不聞，靈蛇先知。矯首聽法，爲說三歸。我將辭名，文彩或露。足踏飛濤，一夕東度。龍峰鬱環，如青蓮花。我棲其閒，指樹爲家。兆之所形，孰曰無象。有來兟兟，且饁且餉。化被草莽，❶爲梵王宮。金銀琉璃，絢爛太空。四方風動，無不稽首。師我檀度，願垂攝受。群聾正酣，晝夜沈冥。法音方震，萬耳皆驚。璨璨珠璣，噴落人世。鬼神莫窺，天龍交衛。有寵自天，錫予便蕃。金衣寶薰，耀於祇園。外護之嚴，罔敢干令。慧照之宗，於斯爲盛。乘化而逝，人天慕哀。妙相如如，初無去來。既無去來，何有增減。太史勒銘，以昭玄範。

妙果禪師塔銘

至正初，余得邵菴虞公所著《妙果禪師語録序》而讀之，其稱師之道有云：「江河朔南，一碧萬頃，有大尊宿，譬若摩尼之珠

❶「被」，鄭本作「彼」。

高懸虛空，日月星辰，山河草木，悉現其中。人天鬼神，蠢動之衆，一一内向，皆自以爲得所攝受，而珠本無留礙。」余竊意正宗寥落，龍象分散，而世安復有斯人哉？虞公爲人善巧，深入禪觀，故特溢美於師，以起人之信心爾，非至論也。及來秣陵，與師諸孫似杞交，求其書而細味焉，則洪纖高下，靡不含攝；而玄機所湊，若涉不思議境。然後知師之道弘以周，而虞公之言實可徵，不誣也。

謹按資福大師廷俊狀，師諱水盛，字竺源，自號無住翁，饒之樂平人，姓范氏。父某，母徐氏。師生時，有祥光照室。及成童，以嬉戲爲佛事。年十七，去依羅山院僧常公。常使從儒者學，而師每習禪定，且針指出血，書《金剛經》。常呵之，師云：「學儒可敵死生耶？」常云：「汝黄口小兒爾，姑注意於儒，他時入道何晚也？」師弗之答。既受度，謁月庭忠公於蔣山。時孤舟濟公爲第一座，以皖山誨蒙山者誨之。師撫几云：「吾已見二老矣。」乃端坐一室，以三百六十骨節，八萬四千毫竅，及河山大地，咸攝入一念。始覺變易，繼凝定雙瞳，與念爲一，汗從背流，亦不知所楚。後四三日，見色聞聲，漸撼搖不動。師自信法決可證，因取所攜書帙以火焚之，且發願云：「吾此生不能作佛，當入無間獄也。」旁觀者爲之吐舌。

俄過匡廬，止東林，聞有僧所見不異雲門，師往即焉。僧以無誠心讓之。師復奮云：「今夕必就蒲茵上死爾。」即正襟趺坐，加精進力，如一人臨萬人之敵，如操舟上湍悍之灘，不遑他接。夜參半，至極切孤危之際，捐命一躍，不覺如出荆棘之叢，所履之地，忽爾平沈，而秋空素月，連娟獨照，返觀自身，湛湛澄澄，唯一念之不忘爾。師猶以墜於斷滅，益進脩弗懈，或静或動，未嘗間斷。洎歸羅山方全體頓現，如器瞖之解，十方世界舉皆現前。參以諸祖契證，如鏡照鏡，坦然明白。師自以爲開悟。及掌藏於東林，❶偶閲妙喜明心見性非桑門事之辭，又復致疑，不能釋者數日。或誚云：「法離唇吻，道紀言詮，子何太滯也。」於是胸中又蕩然如洗，然不敢謂已至也。

越五載，重會濟公於蔣山，濟云：「蒙山嘗言，栽松道者，不具二緣，而生達摩，葬熊耳，後隻履西歸，果神道耶，抑法如是也？」師云：「此形神俱妙而已。」濟云：「不然也，子他日當知之。」師復往無爲，見無能教公，以濟所舉之言質之，無能云：「爲汝弗解故也。」師忽大省，盡脱去玄妙知解，歷觀從前所悟，如通宵一夢。夢時非無，及至覺後，絶無所得矣。無能撫其背而記之云：「爾後當大弘吾宗也。」師辭去。東游四明天童，已而歸，息浮梁之鳳游山。海印如公方長薦福，請師分坐説法。久之，往隱於南巢，巢民柳氏割山地建蘭若以棲師。地當五峰之下，舊有龍潭五所，聞師至，悉乘風雷徙去。識者謂聖人來居，❷故物怪潛遁云。

天曆己巳，達官以聘起師，主西湖之妙果。師弘闡宗旨，震撼四方，學徒坌集，至有不遠萬里而來者。郡守劉公迪、戍將齊公璮常虚己求道。時已行役僧之令，師堅

❶「於」，鄭本作「鑰」。
❷「聖」，鄭本作「至」。

欲引去。劉公屬縣大夫特免科繇以款之。❶未幾，返南巢故隱，而嚮慕者愈衆。藩宣讓王累遣使者致師，師以老病固辭。淮西廉訪使幹公王倫，❷從監察御史常公道夫本極趨仰，時移書牘，以辨鍊玄乘。鄉先正集賢學士傅公立、月灣先生吴公存與師爲世外交甚篤，月灣至有「晚始聞道」之歎。❸

至正丁亥夏四月二十四日黎明，召四衆戒勖之，且云：「世尊有言，我今背痛，將入涅槃。吾其時矣。」侍僧捧紙求偈，師呵云：「何以偈爲？」强之，乃引紙膝上，書已，端坐而逝。初，師預建葬塔於諸峰之下，是夜有光如匹練，自天際下燭，交相通貫。未幾，散布五峰之頂，復合於塔中，彌三夕乃止。巢之居民，凡數十里聚觀，駭異之。弟子德弘、慧月、慧觀等以是月二十六日奉前身瘞焉。世壽七十有三，僧臘五十有三。聞師之歿，緇素無不哀慟，而兩淮之人尤切，不啻喪其父母。師之道，浹洽於人者蓋可知矣。

師常勵學徒云：「凡薙髮染衣，當洞明諸佛心，宗行解相，應以正悟之境靈靈自照。歲久月深，具大無畏，如透水月華，萬浪千波，觸之不散，方不被生死陰魔所惑。」此師生平之實證實悟者，故亦用是以誨人也。師制行峻絶，有壁立萬仞之意。每垂三關語以示，人多有不契其機者。廣信祝蕃遠嘗云：「番陽竺源，吴中斷崖，其人類孤峰懸巖，可仰望而不可攀躋。」人稱之爲實録。

❶「特」，原作「將」，今據鄭本改。
❷「幹公王倫」，鄭本作「韓公玉倫」。
❸「歎」，原作「笑」，今據鄭本改。

嗚呼！大鑑之道，分爲五家，而臨濟之宗爲最盛。臨濟之傳，雖曰豐熾光大，覃及東南，至五祖演爲尤盛。今以其世次觀之，則自開福寧、月菴果、老納證、月林觀、竹巖印、直翁圓，無能教至師始八葉耳，宜其傳授分明，印悟真切，有非耳剽目掇者之可同哉。余也不敏，似杞致慧月之辭來求塔上之銘，其請至六七而不勸，予故特舉虞公之言於前，而歷著師之悟驗於後，使小罔末智，未得謂得者覩之，庶幾有懲創矣乎！銘曰：

道大如天地，無物可包羅。我以一心攝，不見有餘欠。自非堅固力，歿身以爲期。超出河沙界，未易得之者。皇皇無住翁，誓成無上學。一念弗轉移，似倚須彌山。兩曜互遷代，風霆時激射。乃至於世閒，山川及草木，胎卵濕化等，無日不現前。無見亦無聞，無無亦皆喪。如是歲月深，真體忽頓露。有若摩尼珠，閃映無定色。光光皆涉入，永無留礙者。持之出住世，蔚爲人天師。吐辭鴻鐘吼，非宮亦非商。閒有聞耳人，聽之三日聾。何況示關要，險絕在天半。萬仞亦見低，即墜即糜爛。衆生所倚藉，冥衢日月燈。睠彼毒龍衆，獰惡可怖駭。亦知所敬畏，夜隨風雨逝。莊嚴清淨域，恐以腥穢故。神光起天末，如匹練下垂。照燭窣堵波，散入五峰頂。我示涅槃相，上玄降祥應。以表無量法，諸天悉護持。大風有止時，此法無盡藏。爰假世閒文，留鎮於下土。

宋文憲公全集卷四十二終

宋文憲公全集卷四十三

章服議

歙儒有議章服之制者，其言曰：「公之服，龍、山、華蟲、火、宗彝，五章在衣；藻、粉、黼、黻，四章在裳。五章則五列也，四章則四列也。四列之外，雜以雲朶間之。」

禮官駁之曰：「九章之名則是也。其謂五列四列，則歷代之制無有也，非也。自軒轅氏肇爲章服，有虞氏從而明之，各章或一或兩而已，惡取所謂五若四哉？假使其言可行，則天無二日，天子之服當繪三辰，無乃有數日乎？矧三辰者，咸法天而成章。雲亦天物也，設用以間之，無乃又益之以一章乎？蓋曲説之無據者也，是未可信也。」

金華宋濂曰：禮官之議，皆傅經而辨，善則善矣，至謂歷代之制無有，則不能有以降其心也。竊按唐制，衮冕之服，衣繪而裳繡，自山龍而下，每章一行爲等，每行十二。夫行猶列也。天子之衣既云每章分爲十二，則公之服似可以類而推。但不知五、四之分，又别何所見也。自山龍而下始然，則日月星者必仍其舊而無所加，强誣天子之章當有數日，亦不能通矣。又按宋制，❶章服並織成，間以雲朶而補其空地。夫間以雲者，不過藉爲文章而周飾之，亦非益之以一章也。由是觀之，歙儒其果有據乎？無

❶「宋」，原作「未」，今據黄譽本改。

據乎？若不待知者而後決。所可憾者，好奇之過，舍先王之大法而循末代之彌文耳。❶嗚呼！自先王之法壞，侈靡之習，迨於六代極矣。至有議畫鳳於衮以示差降，飾圓花於裳而云於禮無礙者。況於唐宋之世哉！

豈惟衮衣爲然也？冠冕之制，古者以采藻爲旒，前後邃延，延冕上覆也，玄表纁裏。後世則用龍鱗錦表，綴玉爲七星，旁施犀瓶、金絲網之屬，又外作翠旒，使碧鳳銜之。古者以旒數爲降殺，極於十二而止。後世則或增爲二十四焉。使歙儒舉以爲言，則群起搤其吭矣。不觀其會通而遽斥人以曲說，亦不可哉！

然則將安從之？❷曰：章服當準有虞氏之制，古之人有是言也，宜以禮官爲正。

治河議

比歲河決不治，上深憂之。既遣平章政事嵬名、御史中丞李某、禮部尚書泰不花沈兩珪有邸及白馬以祀，又置行都水監專治河事，而績用未之著。乃下丞相會廷臣議，其言人人殊。

濂則以爲，河源起自西北，去中國爲甚遠，其勢湍悍難制，非多爲之委以殺其流，未可以力勝也。何也？河源自吐蕃朵甘思西鄙方七八十里，❸有泉百餘泓，若天之列宿然，曰火敦腦兒，譯云星宿海也。自海

❶「王」，原作「生」，今據黄譽本改，下同。
❷「之」，原作「人」，今據黄譽本改。
❸「河」，原作「何」，今據黄譽本改。

之西，又匯爲阿剌、腦兒二澤。又東流爲赤賓河，而赤里出之水由西合，忽闌之水從南會也，里术之水復至自東南，於是其流漸大，曰脱可尼，譯云黄河也。河水東行，又歧爲九派，曰也孫斡倫，譯云九渡也，水尚清淺可涉。又東約行五百里，始寖渾濁，而其流益大。朵甘思東北鄙有大山，四時皆積雪，曰亦耳麻不莫剌，又曰騰乞里塔，譯曰昆侖也。自九渡東行可三千里，乃至昆侖之南。又東流過闊即、闊提二地，至哈剌別里赤與納鄰哈剌河合，又合乞兒、馬出二水，乃折流轉西，至昆侖北。既復折而東北，流至貴德州，其地名必赤里。自昆侖至此，不啻三千里之遠。又約行三百里至積石。從積石上距星宿海，蓋六千七百有餘里矣。

其來也既遠，其注也必怒，故神禹導河自積石至龍門，南到華陰，東下底柱及孟津洛汭，至于大伾。大伾而下，釃爲二渠。北載之高地，過洚水至于大陸，播爲九河，趨碣石入于渤海。然自禹之後，無患水者七百七十餘年，此無他，河之流分，而其勢自平也。

周定王時，河徙砱礫，始改其故道，九河之迹漸至湮塞。至漢文時，決酸棗，東潰金隄。孝武時，決瓠子，東南注鉅野，通于淮泗，汎郡十六，害及梁楚。此無他，河之流不分，而其勢益横也。

逮乎宣房之築，道河北行二渠，復禹舊迹。其後又疏爲屯氏諸河，河且入于千乘間，德棣之河復播爲八，而八十年又無水患矣。及成帝時，屯氏河塞，又決於館陶及東郡金隄，泛濫兗豫，入平原、千乘、濟南，凡灌四郡三十二縣。由是而觀，則河之分不分，其利害昭然又可覩已。

自漢至唐，平決不常，難以悉議。至于宋時，河又南決。南渡之後，遂由彭城合汴泗，東南以入淮，而向之故道又失矣。夫以數千里湍悍難制之河，而欲使一淮以疏其怒勢，萬萬無此理也。

方今河破金隄，輸曹鄆地幾千里悉爲巨浸，民生墊溺，比古爲尤甚。莫若浚入舊淮河，使其水南流復於故道，然後導入新濟河，分其半水，使之北流，以殺其力，則河之患可平矣。譬猶百人爲一隊，則其力全，莫敢與争鋒；若以百分而爲十，則頓損；又以十各分爲一，則全屈矣。治河之要孰踰於此。

然而開闢之初，洪水泛濫於天下，禹出而治之，水始由地中行耳。蓋財成天地之化，必資人功而後就。或者不知，遂以河決歸於天事，未易以人力强塞，此迂儒之曲説，最難成事者也。濂竊憤之。因備著河源，以見河勢之深且遠，不分其流，決不可治者如此。倘有以聞于上，則河之患庶幾其有瘳乎？雖然，此非濂一人之言也，天下之公言也。

歙縣孔子廟學記

歙，漢縣也，初屬丹陽。自吴、晉而下，雖屢更爲郡若州而縣，仍舊名不廢。其地爲東越奥區，號多佳山川。黟川如龍前行，偃蹇不受羈；紫陽、問政二山，又矗起東南，勢若翔鳳；鳳凰、飛布、紫金諸峰，又騰翥于後先；而黄山又直西北，奇巒之不可名者凡三十六，丹崖翠岑，分割陽陰，而吐毓降精於無窮。故士之生其間者，或以氣節著，或以道藝名，時有其人。近代尤稱多士，立言著書，動足名家。是固因山川之靈攸鍾，其沈涵陶育之者，非立學之所致歟？

初，學在縣市之東，淳祐庚戌，郡守謝堂始建。至大庚戌縣尹宋節、至正甲申縣丞葉琛，皆葺而新之。壬辰兵起，而歙爲鬬争之場，官廬民舍，焚爇無遺，而學亦廢矣。澹烟荒照，榛荆蔽途，而狐兔或暮出衝人，識者爲之徬徨太息，如是者十年。

辛丑之夏，張侯齊來爲縣，喟然歎曰：「歙爲徽國文公父母之邦，道德之化，衣被天下，雖時當尚武，而其鄉學可久廢乎？」遂請于大府而經營之。會故基已更構紫陽書院，遂於書院之東立表考宜，剪刈穢荒，别畚新土，充其虧窪，高爽塏疏，有踰其舊。中峙正寢，象厥正配，黼座朱几，❶嚴事有容。旁闢從祀於兩廡間。外敞正門，❷列以畫戟。法庭端潔，城平密甃；欄楯翼遮，術道直脩。外爲都墉，樹以三門。上應靈星，榮光昭焕。廟左别築論堂、直齋，以處諸師暨弟子員。不嗇不侈，無僭彝憲。經始於秋九月，考成於明年壬寅之秋八月。侯帥師儒行釋奠禮，❸牲幣有飭，庭燎伊煌，尊俎維旅，法齊苾芬，神來顧歆，如在左右。觀者歎慕，至於咏蹈，僉謂侯之嘉惠吾民者深，不可無以貽永久。於是教諭江君材奉幣請文，刻諸麗牲之碑。

惟先王之制，自諸子以至公卿、大夫、士之子，使之脩德學道，春合諸學，秋合諸射，以攷其藝而進退之，是文事、武備均出

❶「几」，原作「北」，今據黃譽本改。
❷「門」，原作「閭」，今據黃譽本改。
❸「師儒」，黃譽本作「儒師」。

於學也。所以興師必受成而行，及其還也，則釋奠于學而以訊馘告，曷嘗析爲二哉？自世道既衰，不復獲沾先王之澤之盛，人徒見提旛鼓而簡車徒者，乃指爲武，殊不知制勝兩楹，折衝千里，而有所謂詩書之帥也。侯於下車之初，能汲汲建學於用武之日，可謂知斯道矣。歙之人士尚當專心一力，惇於明體適用之學。平居之時，則談俎豆而攻遺經；一遇四郊有警，則操戈上馬，以收獻馘之功。使議者咸曰：是生文公之邦而無忝山川之靈者，庶幾不負建學之意。不然，豈予之所敢知哉？

侯字仲賢，齊其名也，某郡人，以行中書掾擢爲令。招徠懷集，民驩趨之，遂成市落，縣廨驛舍皆新作之。而尤急於農功，築呂堨及良千、范阮二埭，歲以有秋。其善政蓋不一而足。當時相其成者，則丞胡拱辰、主簿王某及江君云。

宋九賢遺像記

濂溪周子，顏玉潔，額以下漸廣，至顴而微收，然頤下豐腴，脩目末微聳，須疏朗微長，頰上稍有髯。三山帽後有帶，紫衣褒袖，緣以皂白，内服緣如之，白裳無緣，舄赤色。袖而立，清明高遠，不可測其端倪。

程子，色微蒼甚瑩，貌長微有顴，眉目清峻，氣象粹夷，髯四垂過領。袍土黄色無緣，内服領以白皂，緇帽簷高，白履。和氣充浹，望之崇深。

伊川程子，貌勁實，顴微收，色黄而澹，目有稜角，髯白而稍短，在頰者尤短，而翩翩若飛動。帽袍與履咸如明道。儼而立，剛方莊重，凜然不可犯。

康節邵子，色微紫，廣顙，身頎然，有顴特然，其下癯骨，爽而神清，須長過領，内服皂領，帽有翼圍之，袍緇，履如伊川。聳肩低，袖手立而睨視，坦而莊，❶和而能恭。

横渠張子，面圓，目以下微滿而後收，色黄，須少短微濃。衣帽類康節，履亦如之。高拱正立，氣質剛毅，德盛而貌嚴。

温國公司馬子，色黄貌癯，目峻準直，須疏而微長，半白，在耳下者亦半垂，耳輪闊，微向面。幅巾深衣，大帶加組，方履，黑質白約，❷繶純綦。前微下而張拱，指露袪外：有至誠一德、不以富貴動其心之意。

晦菴朱子，貌長而豐，色紅潤，髮白者半，目小而秀，末脩類魚尾，望之若英特，而温煦之氣可掬；須少而疏，亦强半白；鼻與兩顴微䵹，䵹微紅；右列黑子七，如北斗狀，五大二小，五在眉目傍，❸一在顴外，一在唇下須側；耳微聳，毫生竅前。冠緇布冠，巾以紗御，上衣下裳皆白，以皂緣之，裳則否，束緇帶，躡方履，履如温公。拱手立，舒而能恭。

南軒張子，姿貌俊偉，眉目聳秀，白而潤，豐下少須，神采煒然。柳冠紗巾，❹道服青皂，緣繫以縚，履白。坦蕩明白，使人望而敬之。

東萊吕子，形貌豐偉，顔色温粹，眉厚而秀，髭淺而直。衣道服，皂緣，冠幅巾，躡皂履。望之似嚴毅，就之如入春風中。

金華宋濂曰：天生九賢，蓋將以興斯道也。今九原不可作矣，濂寤寐思之而無

❶「坦」，原作「垣」，今據黄譽本改。
❷「約」，原作「駒」，今據黄譽本改。
❸「五」，原作「六」，今據韓本、傅本改。
❹「柳」，黄譽本作「椰」。

以寄其遐情，輒因世傳家廟像影，參以諸家所載，作《九賢遺像記》。時而觀之，則夫道德沖和之容，儼然於心目之間，至欲執鞭從之有不可得。於戲，九賢亦夫人哉！

葉治中歷官記

予舊與鄭玉待制交，聞談栝蒼葉侯之政爲詳；及識屠性山長，其言比鄭又加詳焉；最後遇劉文慶架閣，其言比屠又益加詳焉。三君子皆以文學行義鳴，其言侯事皆嘖嘖歎咏不少置，予固信之。自後出歷侯之所治處，父老言其事至有泣下者，予愈知侯之爲人有不可企及。嗚呼！循吏之績不白于世久矣。有若侯者，其可不謂之賢乎？

侯名琛，字景淵，别名伯顏，姓葉氏，處之麗水人。其先有諱宏者，宋某年擢進士第，官至敷文閣待制、太府少卿。少卿從弟冠，治《易》有聲，嘗兩上南宮。生一鳴，國子進士。進士生正大，登仕郎。登仕生天與，仕國朝爲處州路美化書院山長。山長生應咸，通史學，善談古今治亂，尤工五字詩，有《栖間集》，藏于家，侯之父也。以侯貴，嘗累贈奉議大夫、江浙等處行中書省左右司郎中、驍騎尉、龍泉縣子云。

侯從幼思有以自立，嶷嶷異凡子。天曆元年，始踰弱齡，即北游京師，諸貴人奇其才，辟宣使於通政院。院事至劇，侯一無所懾。出使郡國，持以潔清，長吏每畏憚之，事必先集。丁外艱而還。重紀至元三年，補江浙行中書宣使。寇起臨潼，朝廷命辨章别不花公往征，侯在行中，出奇計者爲多。至正元年，辨章如京師，欲薦侯爲京官，侯以母春秋高辭。

吏部以常調擢侯徽州路歙縣丞，階進義校尉，丁内艱，四年始之官。會尹缺，即署尹事。歙不建録事司，城内外民皆縣主治之。鎮戍將恒持縣官短長，頤指而氣使之，即不從，其禍立至。侯不爲屈，輒摇手相戒曰：「此健丞不可觸也。」

盜發洪氏冢，❶巡邏吏往驗，柩傍得染人帳册一紙，乃同縣張來所遺者，即捕來搒掠，久且無證。後一月，績溪獲真盜，來得釋。巡邏吏恐其訴冤也，復嗾盜入之。侯匿來他所，僞使人服來衣巾，出與盜對。盜遥見之，齊駡曰：「張來，張來，爾誤我矣。」侯乃出來，問盜爲誰。盜對曰：「不識也。」來因免去。

嘉興朱甲僑居縣境，衣冠之家或有所燕享，必令朱集之。一日，以毆争至庭，侯熟視曰：「爾等非盜乎？」命褫其衣視之，兩臂皆被墨刑者。縣民與朱狎凡十七年，莫有知其爲盜，以侯爲神。

郡歲貢金以兩計者二千四百七十有五，黠民攬其出内之柄，高其估以爲利，部使者至，事輒敗。會内藏多金，中書命以楮幣相準一年，黠民遽賕吏，俾文上有司，如所估之數，他日幸藉以爲辭。侯恐或傳爲例，剥民必甚，亟言于上官，月漸減之，俾與時平。

歙産紙，歲輸五百萬，吏胥要厚直于民，而以廉直嘗中官，❷官不受，又重賦于民。侯察其弊也，痛革之。夏税例輸貨錢，歙糧不足以給兵食，獨易之以粟，號曰夏

❶「冢」，原作「家」，今據黄譽本改。
❷「直嘗」，黄譽本作「惡者」。

糧，民深患苦之。侯請以錢米兼賦于軍，夏稅得如例行。中書聞侯之政，辟爲掾。從右丞忽都不花公討寇長汀，侯贊其行綏徠之令，不五月，長汀寇平。

時中書重守令之選，内外官多列上侯名。九年春，轉承事郎、處州路青田縣尹。自京師給驛之官，蓋異數也。青田素號難治，侯謂非脩明學官之政不足以化民。下車之初，即建明倫堂及極高明軒，禮碩士爲六經講師，增田三十畝有畸，招弟子員而廪食之。月旦望謁先聖先師，侯服深衣大帶，親與之周旋升降。退坐論堂，申飭五倫之教，懇懇如也。

吏以官書至，侯見印文廉隅太明，顧吏曰：「爾何敢刻僞印耶？」吏色動，侯即訊之，吏叩頭伏罪。侯曰：「僞者非止爾，汝能引一人以自贖，則無罪矣。」吏喜，具篇牘以對。侯逮至庭下，語之如語吏。自是輾轉而獲，一月間得僞縣印一十有八，稅務印一十有二。侯不欲食其言，悉遣之，唯扑其最後者。

牛疫死者法當聞。海谿之地不滿十餘里，浹日内，民以牒上者二十有三。侯疑之，問牛死狀，民以病腫對。侯曰：「其肉還可食耶？抑棄之也？」民曰：「焉敢棄之？每下其直以歸解牛家耳。」侯曰：「解牛者何人？」民曰：「有二少年相隨行，今猶在縣門東，即其人也。」侯亟命執之。少年佩小韋囊于腰，侯取視，大鐵鍼一，皂角、草麻子各四。侯曰：「此非毒牛具耶？」解牛者畏侯，不敢諱，具言以藥淬鍼鍼牛，牛輒腫不能食死。侯怒，簿録其家以償死牛者。

時天下兵動，縣地鄰東嘉，數有大將統軍來過。軍散入古墟，剽鹵特甚，民畏怖如虎狼。前之縣令長莫敢吐氣。侯據胡牀坐溪滸，具牛酒勞之，戒刺船者毋薄岸，即薄岸者有罰。縣民持梃循岸立，以數計者千。溪多灘，險惡不易渡，侯陰令勇卒以俟舟，至輒上之。侯親帥弓箭夫擊鉦鼓走溪上，境内肅然。

縣多争訟，凡兩造在庭，皆群胥囊槖于家，互蠱之以言，遂紛紜不可釋，因以射利。侯杖之，懼不敢爲奸。復刻小緑牌，大僅如指，來投牒者即細書牌陰，令就逮。其人往往感悟，至中途多分解去。吏若隸旁視無所容其私，幾至訟息。

部使者余公闕，嚴毅慎許可，深嘉侯之行事以上，尊酒勞侯者再，復命侯墾田龍泉。召有田之家，履畝而實之。驗民糧多寡以定科繇，滿六斛者役一月，多則倍之。若集糧事，亦視其數爲差。事成，移婺之武義。侯墾田定賦，一如龍泉。有持憲史書來撓政者，❶侯掛之屋壁，不啓封，信行遠邇。凡競土田及争地不葬親者，涉五十餘年弗決，一旦悉得其平。

青田民久徯侯不還，相率謁浙東憲府，請曰：「幸還我葉侯。自侯之來，吾屬無所苦，朝夕恒飽食以嬉。侯之出二年矣，日望其歸有不得也，輒相與齎咨霣涕。幸還我葉侯。」請已，復造侯庭，雁行立，再拜，以申前辭，言與涕俱。侯亦爲之泣下，觀者皆太息而去。暨侯之還，縣民具綵舟來迎，溪中舟尾相銜，百餘里不絶。十二年三月，憲府以鄰郡有警，欲新金華城，僉謂非侯不能總其役，要復輟以命侯。行中書承制陞侯處州路總官府判官，事聞，階轉承務郎，憲府

❶「史」，原作「火」，今據黄譽本改。

力留不遺。

十三年三月，辨章三旦八公帥師平徽、饒，辟侯爲行軍都事，使者凡八至，然後令侯就道。八月，師次婺源州，州民素熟侯，詣辨章乞侯攝州事，從之。徽國朱文公廟宅燬於兵，侯周視歎曰：「此化基也，不可以干戈未葺而弗亟圖。」遂規運而一新之，絲毫不以煩民，民大悦。歲祲，道殣相望，時楮幣澀不行，侯權令富民賣米以收之。❶復煮淖糜以食餓者，日以十斛計，侯躬自監分，所活者甚衆。其所收楮幣，侯爲言於右丞赫赫公，作茶課輸之，不欲爽信也。

十四年，侯從辨章還杭。時青田吴德祥嘯衆倡亂，焚掠府庫，室人女婦，日殺傷無算。處、温、婺及建寧均被其毒，官兵捕逐輒失利。十五年六月，憲府辟侯攝同知處州總管府事，往安定之。或勸侯，寇情難測，當嚴重兵以自衛。侯麾去，乘匹馬行，從以數蒼頭，徑至縣。縣民柔馴者聞侯至，大喜，咸從巖穴歸，依侯以居。諸酋亦出見，❷自首服。十月，有妄男子謂吴德祥曰：「葉使君紿爾，大兵旦夕且至。善爲爾計，莫若劫使君以自安。」吴德祥信之，欲爲變。項生、留由之頗聞其事，急趣侯避之東甌。侯曰：「縣民恃我無恐，故來歸。吾若去，其如彼何？饑虎見肉，其暴輒止爾，寇得我亦然；否則，必屠戮無噍類。❸吾縱苟活，義弗忍爲也。」二人泣去。未幾，賊酋張惟德、吴伯賢等，持旗幟刀槊，直入縣庭。侯盛服出坐廳事，問曰：「爾來欲何爲？」

❶「富」，黄譽本作「鹽」。
❷「亦出」，原作「赤山」，今據黄譽本改。
❸「無」，原作「吾」，今據黄譽本改。

張惟德跽而請曰：「山中氓德明公厚，欲見且久，思屈玉趾一幸臨之，無他虞也。」侯曰：「我行即行爾，汝慎毋毒我民也。」語未畢，遂擁侯登舟。至黃壇，諸酋先後出迎，舍侯吴德祥家，供張饔飧甚盛，時命伶人陳雜戲以娱侯。侯終不假以辭色，每爲陳禍福逆順，鑿鑿不少厭。群酋頗感悟。十六年四月，復椎牛豕燕侯，送還州城。

先是，黃壇寇列砦柵百餘，氣勢聯絡，首尾應援，人畏之不敢深入。侯留黃壇久，陰察寇所出没，悉得其要領，喜曰：「天殆使吾平此寇也。」侯既歸，寤寐亦不忘去。時麗水之礲硿、青田之蘆茨皆大盜所巢，有衆號數萬。侯謂：「不剪二寇，他日或與黃壇連，則勢益大不可制。」會行樞密院判官石抹公宜孫遣參謀官龍泉胡君深、章君溢統兵討礲硿，侯急帥師與之會，三面圍合，矢石亂下如雨，寇出戰大敗，擒渠魁十餘人。衆欲進殲之，侯及二參謀相謂曰：「作亂者此數酋耳，餘皆良民家，因脅逐而至此。彼何罪，欲使之作虀粉耶？」乃下令退師二十里，俾盡挈妻孥以遁，始焚其砦。

十七年，行中書論功，承制陞侯浙東道宣慰副使僉都元帥府事，兼同知處州路總管府事。四月，侯入沐鶴溪治兵。八月，遣裨將陳仲珍平蘆茨。蘆茨既平，寇所俘傍縣子女七百餘，侯具舟泊糧，命老卒悉護還其家。

十八年，中書承舊階改處州路總管府治中。侯帥師討黃壇，獲僞將軍李夾等十人。三月，進攻楊山及黃坑等二十餘砦，皆降。復引兵圍長坂，寇力拒不服，食盡乃就烹。❶ 師遂次高洋。八月，寇大懼，盡輸玉

❶「烹」，原作「亨」，今據黃譽本改。

帛，乞助於三洨，群寇率兵七千來援，殊死戰。侯親領鋭卒至三岱嶺，以據其衝，調别將夏廷輝横擊之。寇敗北。斬首五百級，擒三百餘人。遂乘勝直搗周奧屯支坳，賊酋周寶、宋茂等皆遁。侯分兵爲十道以扼其吭。宋茂復同吴德祥别作新砦於洞尖山，山下翼以七營，竭力死守。九月，侯命陳仲珍引驍勇卒三千，自瑞安出其背，擊殺宋茂，新砦平。吴德祥夜遁，退保百丈林。寇衆尚餘千，皆壯鋭善戰，樹大旗出跳鬬，鼓聲振天。官兵皆甲坐不動。賊帥操鉅戟突而前，官兵大呼曰：「殺！」入寇披靡而退，擒僞將軍七人。至晚，寇又遁去，遂進焚百丈林，火照耀如晝。急分兵作三隊追之。至篠村，吴德祥父子自縊于林中，千夫長徐德俊斬首以獻，餘酋次第伏誅，黄壇悉平。

昔何易于令益昌，善政之可書者，不過腰笏代民爲刺史引舟耳，其次不過剗茶以免榷筦之病耳，又其次不過有事小者勸、大者杖而不以付吏耳，他固瑣瑣，不足紀也。職方郎中孫樵尚傳其事，至今易于之名，在天壤間如祥麟，如威鳳，人欲見有不可得。矧如侯者，政行暴著，加易于數等，可使泯泯哉？夫不知人之善，不智；知善而不能揚，不仁。余雖不敏，頗以文字爲職業，不敢喑無一言。謹以所聞於三君子者，著書一通，以俟他日傳循吏者。

宣慰曾侯嘉政記

自中原俶擾，蔓延大江之東，兵連不解，殆將十稔。今年春三月丙辰，西睦州陷。夏四月壬午，江浙行中書左丞楊公，以浦陽與睦鄰也，命宣慰曾侯自杭帥師來鎮其地。❶五月乙巳，師還邦。人德其善馭士卒而弗擾也，思之不置。縣達魯花赤寫雲石不花君，暨婺州路同知趙君大訥，因民之思而相與樹碑于縣庭。謂濂頗從事於文墨，走書來徵記，曰：「浦陽，婺之蕞爾，邑環以大山長嶺，舟車所不通。往歲大將趙野遜台首統軍道其間，以輜重弗解羽而飛也，塗逢農賈及浮屠、黄冠，師不問能不能，以徽纏縶頸使肩之，或血流不成，出即殺以徇。民深患苦，或傳有師至，咸驚呼曰：『吾屬將焉免夫！』亟奔避山谷，至閱旬不返。曾侯察知民情之驚疑，從間道疾驅至縣，申飭紀律，區分隊伍，各從方部以奠其居，非有令號不敢妄踰户限。仍令勇卒守其四門，敢出入者，罪隨加焉。夜漏既下，乃被鐵衣持弓矢，從一二騎周巡近郊，威加氣讋，莫敢少恣。一旦門者稍怠，有竊出捕人魚者，痛鞭其長懲之。自是無一人敢違命者。縣父老相與言曰：『曾將軍其來矣乎？何爲使我民不知也？將軍其愛我也夫！』又指所統兵而相謂曰：『彼大纓短製而腰刀者，其溪峒之軍也夫？吾儕小人無所識知，頗聞此軍勇鷙，游擊未易服馴，又何其帖帖如是乎？脱使他大將如曾將軍，我民何至暴露山谷乎？』咸嗟咨慕咏而去。居無何，左丞公自將臨睦州，檄曾侯還杭以守舊營，晚始受命，雞初號，復就間道馳去。每出卒一隊，輒用數騎士監之，若魚貫，若雁行，無敢亂越。三日，縣父老又相與言曰：『曾將軍其去矣乎？何爲來不吾知，而去亦不吾知也？揆於古之良將善馭師

❶「師」，原脱，今據黄溥本補。

者，其亦無愧也乎？人有功而人忘之，不祥。達魯花赤君，縣之賢大夫；趙郡丞，鄉之達尊。曷有以處吾屬乎？』我等聞其言，弗忍違，用以其事累吾子，幸有以詳文之。」

濂發書，爲之歎曰：「有是哉！何曾侯之賢於人也？《易》曰：『師出以律，否臧凶。』若如所言，其殆師出以律者歟？師出以律者，吾見亦罕矣。嗚呼！有是哉，何曾侯之賢於人也！」濂雖不識曾侯，竊聞所至以愛民爲務，今來浦陽，會大府有驗畝徵糧之科，爲之惻然，亟白部使者罷之。則其及物之功，又不特善馭士卒，使弗擾而已也。濂因弗敢辭，爲文其事于石。然而石可泐也，文可滅也，曾侯之功簡在縣民之心者，千百載猶一日也。曾侯尚勉之哉！他時登宥府，居政路，其位益顯，其功當益溥，又將有鴻生峻儒執筆而特書之。

曾侯名華，字華叟，武岡人。精悍而有智謀，通《孫》、《吴》、《司馬法》。捐家貲，招兵市馬，爲國宣力，前後屢建大勳。今以明威將軍、廣東道宣慰副使僉都元帥府事，兼江浙行省都鎮撫。其裨將天臨李君敞，精於騎射，贊佐之間，多著勞烈，亦法之所宜書者也。

慈孝菴記

古者，萬民之墓地同於一處，故設墓大夫，正其昭穆之位，掌其爵等小大之數，分其地使各有區域而得以族葬之。凡爭墓地者，聽其獄訟，帥其府吏而巡其墓厲，復居其中室以守之。當是時，凡民之葬者皆萃于一，非特同氏族之人而已。自世道既降，而相墓巫之説興，謂枯骴足以覆燾乎後昆，謂福禍貴賤盡繫乎岡巒之離合、邱陵之偭嚮，一以此鉗劫愚俗，而專竊墓大夫之政柄。世之欲葬其親者，輒斂容屏氣，伺候巫之顔色。巫曰「此可葬」，雖踰都越邑，亦匍匐而從事；巫曰「不可葬」，雖近在室之傍，百利所集者，亦割忍而違去之。致使父子兄弟本一氣也，一在天之南，一在地之北。吾不知其何説也。安得卓識者出，相與攻其繆妄也哉！

余方爲斯歎，同里張君忽以書來曰：「吾父母既歿，葬於家東北一里黄塢之原。既而吾兄又捐館舍。吾則以謂：吾兄，父母之子也，其生未嘗頃刻離膝下，死後而他薶之，使死者無知則已，脱或有知焉，吾恐其心當憱然不寧也。迺於父母之側，攻位而藏之。吾父母藏於是，吾兄復藏於是。吾夫婦幸未死，他日或溘先朝露，去將焉之？又於兄之側十步，預作二竁以俟。而別建菴廬，號曰『慈孝』，俾學佛者守之。吾知父子之親如是而已，巫之言雖巧如簧，吾固掩耳而弗願有聞也。」

嗚呼！余嘗歎人之所見不能盡同，故雖有藴於中而不敢揚言於人，竊不自意張君之見已能與余同，推而至於四海之廣，九州之衆，其見之同者又惡知無其人耶？使同者至於十百焉，或千萬焉，則巫之舌不能勝，而古者族葬之説可以漸復矣。

昔中原士大夫家多以昭穆序葬，唯其行有汙於先人者，始異其兆域。衣冠之蟬聯在在有之，人之富貴利達，其不繫於地也昭昭矣。奈之何怵於淫書末技而眩惑於是非也？嗚呼！若張君者，其可謂卓識之士非耶？濂因請記菴之成，緒而攄其所見如此。知言之士必有取焉。

張君名榮，字叔茂，金華蓮塘人。以孝弟致家之肥。其室曹氏，亦克配君子。父諱大仁，有寬厚長者之量，生平與物無忤，人以佛子稱之，晚自號曰存齋，以至治壬戌某月某日卒，壽六十七。母施氏，以某年月日卒，壽七十。皆以重紀至元戊寅某月日葬。兄諱瑞，字祥卿，治家有能聲，以至正癸未某月日卒，壽六十七，其葬則以丙戌某月日。菴之經始以乙酉正月，落成以五月。田若干畝，山若干畝，儲其入以爲守者之用云。

棣華堂記

盱江黄氏有昆弟之賢者三人，曰松軒，曰竹所，曰梅庭。松軒嗜學，善屬文，而於法律家尤深，訓三子皆爲儒，遂以子貴，追贈泰和州判官。竹所好談辨，出史入經，霏霏若吐玉屑，人争樂聽之。梅庭獨淬礪力戰，集有力少年，陰授之擊刺、坐作、進退之法，且曰：「不久兵將起，吾以衛吾宗也。」松軒既没，四方果大亂，江右受禍尤慘，死喪相枕籍，孰不畏之？梅庭同竹所聚兵爲屏蔽，卒獲無虞。及今四海平定，而二君子且巋然者矣，龐眉皓髮，相映於殘山剩水之間，自相謂曰：「同氣而生者三人，伯兄墓木已拱，所存者唯吾與兄耳，春花秋月，可不隨時而作樂乎？」於是日具籩豆，飲酒以爲歡。人見其雍雍然和，怡怡然悦，似不可以幾及。取《詩》中「常棣」之語，名其堂曰「棣華」。松軒之子子邕請予記之。

夫《常棣》之詩，召公所作，以親夫人之兄弟者也。故首章有云：「常棣之華，鄂不韡韡。凡今之人，莫如兄弟。」箋者謂：「鄂足得華之光明，❶則韡韡然盛興者。喻弟以敬事兄，兄以榮覆弟，恩義之顯亦韡韡然。」二君子生於簪紳之家，漸濡詩書之澤，兄弟之間，下承上覆，彰明光顯，固無失於詩人之旨。然而兵戈之際，各攜其妻孥西東竄奔，視兄弟如棄涕唾。而二君子乃如形影相戀，不使跬步之睽違，則二章所謂「死喪之威，兄弟孔懷」者，得不爲有合乎？及至喪亂既平之後，從容燕飲，以洽其和孺之情，朝斯夕斯，唯恐不足，則六章所謂「儐爾籩豆，飲酒之飫」者，又不爲尤有合乎？《常棣》之詩，何其多與二君子類也！蓋兄弟之情本乎秉彝，無古無今，同一至理，雖去之二千餘載，固當無甚相遠也。名其堂以「棣華」，誰曰不宜？

抑予聞世之人有以桂名軒者矣，有以椿名室者矣，❷徒欲歆豔乎科目之榮，企望乎耆頤之年耳，其於飭勵之益，則蔑乎未之有聞也。二君子名堂之義，誠可爲不令兄弟之勸，厚人倫、美教化、移風俗之道，將於是乎在。子邕位躋法從，爲時名臣。而其伯仲又多能文辭。子邕幸相率發爲聲詩，勒成簡編，如唐之李乂《華萼集》故事。二君子升堂獻酬之際，時出一二章，歌以侑觴。人之聞其詩者，寧不油然而興起矣乎！不知子邕又以爲何如也？

貞則堂記

貞則堂者，傅君藻養母夫人之所也。夫人姓樓氏，故爲烏傷士族，年十五歸同里

❶「得」，原作「傳」，今據黄譽本改。
❷「者」，原作「有」，今據黄譽本改。

處士壽朋。生二子，長曰權，次即藻。又十有八年而寡，夫人斷髮，誓不食他姓。家日單，凍餒交攻。當風雪淒楚，青鐙夜織，雞再號，猶軋軋聞機杼聲。人弗能堪，夫人裕如也。越若干年，始克葬處士君華川之南。葬已，先廬未備者補之，持宿券責金者庚之。❶專心一力，訓二子有成。權得推擇爲吏，藻從黃文獻公游，以文辭稱。夫人素髮垂領，日坐堂上，含沖挹腴而享壽養之樂，時年蓋六十餘矣。

人皆曰：「女婦青年，能守貞者非艱，守於阽危中者爲艱。當夫人獨居，室無儋石之積，皦皦自信，如荊南之金，色百煉而弗變，非其賢過人，能如是乎？吾邦生齒之繁，動至數十萬，求如夫人者，千或不能二三，宜其休聞流溢無窮。所可憾者，無良有司上于朝廷，以表其宅里爾。」

金華宋濂獨不謂然，何者？婺爲呂成公講道之邦，禮義脩明，風俗淳美，非惟家孝弟而人書詩。至於女子婦人，亦皆無思犯禮而畏行露之侵，第處道之常，同老于室，無以見其所執之操。今謂如夫人者千不能二三，是何待父母之國如此其輕也？向使處士君不蚤逝，孰知夫人之行能卓卓如是乎？利器之施，遇錯節而顯；勁柏之剛，因凝霜而知名。蓋生於世之變也。計夫人之心，豈樂負守貞之名哉？以守貞名夫人，已爲不幸，況又欲徼旌寵之榮乎？旌寵，朝廷之事也。

濂也不敏，與藻居同郡，學同師，嘗升斯堂而拜夫人。藻指謂濂曰：「吾子幸爲我文之。」濂不敢讓。使濂之文傳夫人大

❶「宿」，原作「幡」，今據黃溥本改。

節，其亦烜著於世矣乎？

江乘小墅記

部使者高昌君近仁，雖嘗顯融于時，而翛然有山林之思。往往吞雲吐霞，形之於詩；詩不足以洩之，復寓之於書，糾蟠飛騫，神蛇蟄而渴驥奔；書又不足以盡之，復和墨圖竹君之形容，淋漓蕤緌，生色照人，恍然如臨淇川之陰。然而逸韻曠情，非標雅之居，無以遂其潔脩，故君宦轍之所至，必營別墅以自休焉。

近者持節江乘，仍上城北之地而作之。初，其地蕪廢已久，頹垣敗壁，漂搖風雨中，羊牛犬雞之迹，交錯於其上。君剪荒剔翳，別運新意，或革或因，而各適其度。匡竹爲藩，敞以兩扉。自扉而入，有曲軒，覆以生茨，中虛，可容六七人，木榻横陳，映雪時晴，宜臨右軍書，曰「映雪軒」。軒右折而北，一室窐深，類嵌巖山下，皆塗以堊，白光爛爛如銀，眩人目睛，曰「雪洞」。洞左闢圭門，中鑿小池，漫以甓，四壁圖海波，有噴湧突起之勢，手捫之，方知其平。池左通竇于墉外，受湯可作浴事。非浴時，梁以巨版，可聽琴，可坐而弈，曰「天地一息」。或取山中白石湘之，又名「煮石窩」。窩南有奥焉，其制一如「雪洞」。畫偃蹇怪松卧寒烟濕霧間，觀之毛骨瀟爽，可擁氈而吟，曰「雲松巢」。出巢過小廡，翼以欄檻，兩傍可列坐，曰「雲艘」。艘之北築圓基，圍以鉅竹，織葦而苴，以泥其顛，通一竅以洩天明，結銅絲爲幕承之，冒以油繒；東西北三面有竅如其顛，障之以白，間鍊梔液而黄其四周，可據爐而飲，飲後可晝，曰「橘中天」。以其首末綢而中肥，其形肖薾，又更之爲「薾甕」。甕之西偏列圖書左右，間謐静巖，不聞人聲，可以擢神扃而契道機，曰「清閟室」。室之南有屋兩楹，前附方池，環以菊本。當秋高氣清時，離離黄金錢若新鑄者，秋水無波，倒影入其中，星燦霞明，無不可玩。君一切置之，獨瞻簷前白雲，英英西飛，思親之不可見，泫然泣下。因命之曰「望雲堂」，所以志也。凡堂之得名者十而重其二，薦紳先生既各爲之文。君間謂予曰：「子幸一辱臨之，知吾居之悉者莫子若也，願爲我書焉。」

昔王右丞維文采藴藉，❶爲一時之冠。嘗營别墅於輞川，若華子岡，若欹湖，若竹里館，若柳浪，若茱萸沜及辛夷塢，羅列後先，維咸標之以嘉名。日與客咏歌其間，襟懷和沖。或作草隸書，動入能品。輞川叢竹龐龐，時出秀色撩人。維復寫其雨態風情，至今獲者，如見魯之璠璵。雖當時史臣爲維傳者，亦載其事加詳。自沈酣富貴者言之，唯聲色游畋之樂是躭，孰肯怡情於物外乎？如維之賢，殆不可及已。於戲！豈知七百年之後，君之事乃有近於維哉？

抑予聞之，維於游歷諸處，雖愛戀之不少置，不過各賦一詩而已。今君則命才人既分記之，復俾予合記之，則又維之所未有也。君不爲尤賢乎哉！予故長言之，俾後之史臣傳君事者有采焉爾。

君善談論，出史入經，聽者纚纚忘倦。長於政事，而於典章制度之學尤精。以不繫於記也，皆略之。

❶「右」，原作「左」，今據黄譽本改。

恒山精舍記

恒山精舍者，盱江王君伯昭藏脩之所也。精舍建於盱江，恒山則在中山之陽曲，地之相去若是其甚遠也，而名之以恒山者何？示不忘其先也。

蓋伯昭之先家于陽曲。其八世祖尚書左丞公由進士起家，敭歷臺省。政和中，蔡京方居宰府，有徐禋者增廣鼓鑄之説以媚京，公劾止之。既而京引方士以惑上，公復上疏言，并奏京欺君僭上、蠹國害民數事，直詞正氣震動一時。公諱安中，字履道，世所稱「初寮先生」者也。公之子辟章出守泉州，亦以政事聞。泉州之子秬往來盱江，❶樂其水土之衍沃，遂徙家焉。至伯昭已更六世矣。伯昭締室麻姑山之下，東西之廣厪充三筵，楹礎鞏密，户牖靚明。伯昭飲水著書其中，以樂先王之道。間嘗出户而望，見夫林巒之蒼潤，烟霞之卷舒，晴容雨態之變移，輒北向泫然流涕曰：「嗚呼！是山信美矣，吾其敢忘於恒山乎？恒山，先世之所宅也，其杖屨所經，巖阿川曲，遺馨故在也，吾其可忘於恒山乎？」恒山不可忘，則夫寤寐於先德者，或者庶幾其有合乎。於是名其精舍曰「恒山」，所以志也。

濂竊聞之，昔者晉陽穆公自江左遷于疏屬之南、汾水之曲，惕然有感於中，其家廟座必東南向，❷曰未忘先子之國也。穆公者，王虬也，著《政大論》八首以言帝王之道，曾孫通因按之以續經，其人亦賢矣。今

❶「秬」，原作「秠」，今據黄譽本改。

❷「向」，原作「同」，今據黄譽本改。

伯昭與虬皆王氏，而汾水、陽曲又皆冀州之境，安知其初不出於一族乎？穆公之所感，伯昭之所志，其道固宜相同也。其所異者，穆公則自南而北遷，伯昭之先則自北而南來爾。雖然，此不必較也，古之人不忘其先者，不齊其迹而追其德。使伯昭能振先德而弗使之墜，則雖遷盱江而無殊於恒山；苟舍此而不圖，則雖世處乎恒山，日游乎陽曲，亦奚翅久居于遐荒而忘其祖也乎？

伯昭學贍而文雄，試藝鄉闈，嘗占前列。及其再貢，又冠多士。文光燁然起于東南，如長虹貫天，無遠弗覩，大江之西，未能或之先也。而其爲人俊偉磊落，又有燕趙奇男子之風。異時立朝，勁氣直辭，必將無愧前人。伯昭雖不鰓鰓於恒山，濂亦知其能承家學矣。然而記有之：「樂，樂其所自生；禮，不忘其本。」伯昭蓋深達夫禮樂之原者，其能不致謹於斯乎？伯昭能致謹於斯，是則所以爲伯昭者也。

靈洞題名後記

蘭谿棲真院靈洞題名，乃蒙齋右史范公端臣乾道五年己丑季秋二十三日所書。潘慈明誌右史之墓，謂其篆楷草隸皆造於妙。今觀遺墨，其言實有不誣者矣。然其所題之名凡四：曰韓無咎者，龍圖閣學士，南澗公元吉也；曰范元卿者，即右史，瀫水人；曰吕伯恭者，金華東萊成公也；曰曾正中者，章貢文清公幾之諸孫也。❶曰無咎之子淲者，淲字仲止，文學追亞其父，父號「南

❶「幾」下，原衍「世」字，今據文粹本删。

澗」，人因稱其爲「澗泉」也。

蓋成公爲文清之外孫，視正中爲内外兄弟，南澗實成公之外舅，而右史又成公之親友，故相與同爲此遊。他瑣瑣者，要不得與之也。成公時居母曾夫人憂，至是年二月從吉，會妻韓氏物故已八年，於是南澗復以次女爲之配。其如德清行親迎之禮，起自五月二十日，至八月十一日始還，以韓夫人廟見。南澗父子及正中同來於婺者，豈或爲昏事之故耶？

初，成公之伯祖父中書舍人本中，親傳中原文獻，載而入南，僑寓信之廣教寺。已而文清辭廣西運判亦來居之。文清則孔文仲、武仲之甥，劉器之、胡康侯之高第弟子。二公講學甚契，故以女妻舍人從子倉部郎官大器，即成公之父也。南澗出於雍邱桐木之韓，後寓廣信。其先人少師持國與程洛公、司馬温公、吕申公爲友。而南澗能紹家學，爲一代冠冕。右史則從叔父香溪先生浚學經，而深於性理者也。有若四君子之所學，其家世淵源，師友傳授，尚班班可考見。當其徘徊山水之間，特欲發舒精神而涵泳萬象之妙，非比尋常之游衍而已也。

院僧介眉上人嗜古特甚，每撫壁間題識，不勝高山仰止之思，仍慮漫滅不存，礱巨石勒置廡下，介義空勝公求予記之。因爲疏其梗概於下方。至若續題，乃右史之弟俞之筆，實紹熙三年壬子，距前題己丑已二十有四年，而四君子者皆作土中人矣。自壬子至今至正丙午又一百七十五載，人事之變遷者何可勝道！唯有德之士其名弗磨，見之如存，不知其亡也。覽此者，其亦思有以自立也。

春秋屬辭序

《春秋》，古史記也，夏、商、周皆有焉。至吾孔子，則因魯國之史脩之，遂爲萬代不刊之經。其名雖同，其實則異也。蓋在魯史，則有史官一定之法；在聖經，則有孔子筆削之旨。自魯史云亡，學者不復得見，以驗聖經之所書，往往混爲一塗，莫能致辨。所幸《左氏傳》尚明魯史遺法，《公羊》、《穀梁》二家多舉書不書以見義，聖經筆削粗若可尋。然其所蔽者，《左氏》則以史法爲經文之書法，《公》、《穀》雖詳於經義，而亦不知有史例之當言，是以兩失焉爾。《左氏》之學既盛行，杜預氏爲之註，其於史例推之頗詳。杜氏之後，唯陳傅良氏因《公》、《穀》所舉之書法以考正《左傳》筆削大義，最爲有徵。斯固讀《春秋》者之所當宗。而可憾者，二氏各滯夫一偏，未免如前之獘。有能會而同之，區以別之，則《春秋》之義昭若日星矣。奈何習者多忽焉而弗之察。其有致力於此而發千古不傳之祕者，則趙君子常其人乎？

子常蚤受《春秋》於九江黃先生楚望。先生之志，以六經明晦爲己任，其學以積思自悟，必得聖人之心爲本。嘗語于子常曰：「有魯史之《春秋》，則自伯禽至於頃公是已；有孔子之《春秋》，則起隱公元年至於哀公十四年是已。❶凡一事中皆具二義，必先考史法，然後聖人之筆削可得而求矣。」子常受其說以歸，晝夜以思，忽有所得。稽之《左傳杜註》，備見魯史舊法，粲然

❶「則」，原作「明」，今據文粹本改。

可舉。亟往質諸先生，而先生殁已久矣。子常益竭精畢慮，幾廢寢食。如是者二十年。一旦豁然有所悟入，且謂《春秋》之法在乎屬辭比事而已。於是離析部居，分別義例，立爲八體，以布列之。集杜、陳二氏之所長而棄其所短，有未及者，辨而補之。何者爲史策舊文，何者是聖人之筆削，悉有所附麗。凡暗昧難通，歷數百年而弗決者，亦皆迎刃而解矣。遂勒成一十五卷，而名之曰《春秋屬辭》云。

嗚呼！世之説《春秋》者，至是亦可以定矣。濂頗觀簡策所載，説《春秋》者多至數十百家，求其大概，凡五變焉：其始變也，三家競爲專門，各守師説，故有墨守膏盲廢疾之論；至其後也，或覺其膠固已深而不能行遠，乃倣《周官》論人之義而和解之，是再變也；又其後也，有惡其是非淆亂而不本諸經，擇其可者存之，其不可者舍之，是三變也；又其後也，解者衆多，實有溢于三家之外，有志之士會粹成編，而集傳、集義之書愈盛焉，是四變也；又其後也，患恒説不足聳人視聽，争以立異相雄，破碎書法，牽合條類，譁然自以爲高，甚者分配易象，逐事而實之，是五變也。五變之紛擾不定者，蓋無他焉，由不知經文、史法之殊，此其説愈滋而其旨愈晦也歟？子常生於五變之後，獨能別白二者，❶直探聖人之心於千載之上，自非出類之才、絶倫之識，不足與於斯。嗚呼！世之説《春秋》者，至是亦可以定矣。

如濂不敏，竊嘗從事是經，辛勤鑽磨，❷

❶「獨」，原作「樹」，今據文粹本改。

❷「磨」，文粹本作「摩」。

不爲不久，卒眩衆説，不得其門而入。近獲締交於子常，子常不我鄙夷，俾題其書之首簡。濂何足以知《春秋》？間與一二友生啓而誦之，見其義精例密，咸有據依，多發前賢之所未發。譬猶張樂洞庭，五音繁會，若不可以遽定；細而聽之，則清濁之倫，重輕之度，皆有條而不紊。子常可謂深有功於聖經者矣。濂何足以知《春秋》？輒忘僭踰而序其作者之意如此。若夫孔子經世大旨所以垂憲將來者，已見子常之所自序，❶兹不敢勦説而瀆告之也。

子常姓趙氏，名汸，子常字也，歙休寧人。工古文辭，尤邃於諸經。雖疾病沈鬱之久，不忘著書。隱居東山，四方學子尊之，稱爲「東山先生」。子常別有《春秋師説》三卷，《春秋左氏傳補註》三卷，《春秋集傳》十五卷，與《屬辭》並行于世。

篆韻集鈔序

昔漢許慎氏作《説文解字》十四篇，隨其偏傍分爲五百四十部，其文則九千三百五十有三焉。南唐徐内史鍇，若其偏傍奥密不可悉知，而欲便於披閲，乃以《切韻》譜其四聲，名曰《説文韻譜》。篆之有韻，蓋自内史始。宋巽巖李燾以《韻譜》局於四聲，則偏傍卒未易見，復依《類篇》分五音先後，悉取《説文》次第而聯貫之。至合溪戴洞之出，用九類括《説文》之諸部，與《韻譜》等書各自名家。然互補益而未有能集之者。

鄱陽劉君爆，幼承先訓，留意於篆學，歷年之久，靡不貫通。於是用《韻譜》爲宗，

❶「序」，文粹本作「著」。

而其先後則分以五音，每字之下又析以九類，先儒之説有相發明者，輒具録之；字義之未安者，必疏其是非而申以己説；《説文》所引古文六經，其字與今所行本或不同，集爲一編，以附其後。共成若干卷，精密而不失於粗疏，嚴簡而不致於冗泛，其可傳世蓋無疑者。

夫自宓犧命子襄爲飛龍氏造爲六書，至黄帝時，倉頡從而衍之，世相授受，文字孳育。周因建外史以掌其事。秦漢以來，官廢弗設，遂致譌繆失真。許氏竊患之，采史籀、李斯、揚雄之書，博訪通人，兼考之於賈逵，然後集爲《説文》之書。當是時，去古猶近，遺文宜可徵，故其説最有據依。所謂部端五百餘字，蓋《倉頡篇》云。嗚呼！向非許氏，六書之學其不微且絶耶？

李陽冰生於唐代，去許氏則遠矣，雖號宗其書，輕肆臆説，妄加排斥。内史頗以爲恨，作《繫傳》四十卷而反正之。謂之傳者，欲尊之如經也。内史之後，唯吴興道士張有尊之，意略同許氏之學。遂如金科玉條，爲世之法程。間嘗獲習其書，美則美矣，而重復闕逸尚多有之。古籀二文，亦疑吕忱參入其間，今世之所存者，未必皆許氏之舊。然則繹之正之，有賢者作，不能不盡心於斯也。雖然，《説文》其至矣乎？

濂自來金陵，見《六書正譌》、《説文字原》二書，乃鄱陽周伯琦氏所造，頗以許氏爲宗。今又覩爆是書，亦羽翼《説文》之學，唯恐其不明。何鄱陽之多賢耶？周氏之所著已盛行，爆之此篇，士大夫多願觀之，濂故爲序作者之意於篇首。嗚呼！契二儀之運，該萬彙之理，無過於六書。博雅之士，慎毋以爲小學而忽諸則善矣。

爆字彦正，嘗爲嚴之建德令。氣貌粹然，有德君子也。其於名物制度之學尤精云。

重校漢隸字源序

隸之源何始乎？曰：秦皇時，程邈減小篆爲之，便於隸佐，故名曰隸書。然未有點畫俯仰之態，故西京之世，金石刻皆鮮用之。至東漢時，賈魴以寫《三蒼》，其法方大行，勒諸碑碣者多紛紛隸書矣。考洪适之所輯《西京》，僅一二見，東漢則不啻數百。如是，則謂之源於漢亦可也。曰：非漢也，而秦亦非也。按齊之胡公，太公六世孫，先秦皇四百餘年，後有發其臨淄冢者，棺上有文隱起，字與漢隸正同。由是而觀，非秦也，源於周也，邈則推廣之耳。雖然，非周也，曷爲知非周也？使臨淄之棺不發，孰不謂其必始於秦哉？先秦皇四百年已有隸書矣，又焉知先胡公四百年果無之哉？去古既遠，人無由稽其詳爾。

濂竊意伏羲之畫八卦，即字之本源。蒼頡衍而爲古文，其五百四十言，列於許慎《説文》每部之首，蓋與篆籀似無大異。此固篆籀之變，因之而相生，豈隸書獨有待於後世耶？夏殷以來，諸侯之國各有書，其體制或殊或一，或可辨或不可辨，然亦不越乎六書，甚若沿襲爲之而略加變通者。隸與篆籀雖微有不同，疑其間出於古文之後，各以其名爲家，或自業之精者相傳爾。不然，許慎嘗病當世學者稱秦之隸書爲倉頡時書，其虚稱耶？抑亦別有所本耶？濂皆不敢必其然也。

同姓宋君季子，博學篤行，且留意於隸

古之書。所獲漢魏諸碑刻，必夙夜潛玩，不知有寒暑。其父友處士桂競、刑部王經勸之曰：「學必有師，無師，雖勞弗工也。」季子乃三走鄱陽，見伯誠先生歐君復。歐君憫其用志不紛，❶悉以作隸之法授受焉，❷凡陰陽向背，性情逆順，俱得其要領。久之，復往龍虎山中質諸方壺翁、從義翁，蓋深於隸學者。見季子，欣然接之，語蟬聯不自休。季子於是學大進，遂以善隸書知名當時。

先是，宋儒有婁機彥發者，檇李之人也。以世所存漢碑三百有九，韻類其字，字有數體，具列之，號之曰《漢隸字源》。季子頗病其未博，研精覃思，增多一千八十七字。仍集師友微言，作《漢隸綱領》一十四則。別撰《辨譌字類》及《連緜字略》，又一千三百八十四字。至若字有闕遺，采班馬二家所用者補之，目爲兩漢字，統以附《字源》之後。二書各六卷，合爲十二，可傳於學者。

嗚呼！金石諸刻，歐陽脩著爲《集古録》十卷，趙明誠倣《集古》而爲《金石録》，卷數則再倍之。歐陽之未及者，趙恒足焉。至於洪适之出，獨於隸學是攻，其述《隸釋》二十七卷，《隸續》二十一卷，可謂富且侈矣。然而見聞有限，或未免於疏脱，此婁氏《字源》亦不可不作歟？今觀季子之重校，非惟有功彥發，抑可以補洪氏之不及矣。

當今大明麗天，正四海同文之時。他日或援蔡邕故事，立石經於太學門外，舍季子將焉徵哉？願季子善自愛也。濂三復

❶「紛」，文粹本作「分」。
❷「受」，文粹本無。

其書，僭爲序其篇端，嗜古之士必有以溓爲知言者。

季子以字行，家於臨川，爲詩文有法，以道自守，不爲外物所移。禮部朱君夢炎極推重之，謂無讓大雅君子云。

重刊貞觀政要序

《貞觀政要》者，唐史臣吴兢之所輯也。兢，浚儀人，有良史才。用魏元忠、朱敬則薦，詔直史館脩國史，遷右拾遺内供奉。神龍中，改右補闕，累遷起居郎。數上疏論事，言人之所難言。尋拜諫議大夫，復脩史，轉太子右庶子。開元十三年，玄宗東封泰山，道中頗馳射爲樂。兢復極諫。明年六月，大風，詔群臣陳得失。兢言斥屏群小，不爲慢游、出不御之女、減不急之馬、明選舉、慎刑罰、杜徼倖、存至公八事，皆當時所諱者。景龍間，所脩國史失實，兢患之，乃私述《唐書》、《唐春秋》，皆未就。至是詔赴館撰録，進封長垣縣男。久之，坐書事不當，貶荆州司馬，累遷洪州刺史。復坐累，下除舒州。天寶初，入爲恒王傅。卒年八十。

兢嘗定《武后實録》，叙張昌宗誘張説證魏元忠事，頗言説已許之，賴宋璟等激勵苦切，故轉禍爲忠，不然皇嗣且殆。後説爲相，屢以情請改，兢拒曰：「徇公之情，何名『實録』？」卒不從。世比之爲董狐云。其爲人大略如此。

初，兢屢脩國史，見文皇之朝，君明臣忠，可取爲後嗣法，乃纂是書十卷，合四十篇，上之中宗。然當復辟之初，轉移之機，間不容髮。使中宗能觀之以法文皇，則削武氏位號，而崇恩之廟不復矣；信任舊臣，敬暉諸人不罷政事矣；嚴於陰治，韋氏之禍不致蹈覆轍矣。奈何視爲空文而弗之講，徒使兢之孤忠遑遑焉而無所伸，可勝歎哉！厥後文宗踐位，始喜讀而篤行之。太和初，政燦然可觀，雖未能如貞觀之治，亦可謂能法其祖武者矣。

自是以來，其書盛行于世，南北刻本多有舛譌。臨川戈直嘗集諸家而校讐之，然亦未能盡善。昇有良士曰王敬仁，故大族也，欲刊梓於家塾以傳，余遂假中祕本重爲正之。理有可通者，因仍其舊，不敢輒改。夫讀其書者，不可不知其人，古之道也，復詳序兢之行事於首簡云。

書之篇端謂兢爲衛尉少卿兼脩文館學士，與史所載頗不合。濂疑神龍進書之時方改右補闕，未應陞遷如此。豈或他有所據耶？

革象新書序

《革象新書》者，趙緣督先生之所著也。先生鄱陽人，隱遁自晦，不知其名若字。或曰名敬字子恭，或曰友欽其名，弗能詳也。故世因其自號，稱之爲緣督先生。先生宋宗室之子，習《天官》、《遁甲》、《鈐式》諸書，欲以事功自奮。一日，坐芝山酒肆中，逢丈夫脩眉方瞳，索酒酣飲。先生異而即之，相與談玄者頗久，且曰：「汝來何遲也？」於是出囊中《九還七返丹書》遺之。臨別，先生問其姓名。曰：「我扶風石得之也。」得之，蓋世傳杏林仙人云。

先生自是視世事若漠然不經意，間往東海上獨居十年，註《周易》數萬言。時人無有知者，唯傅文獻公立極畏敬之，❶以爲發前人所未言。先生復悉棄去，乘青騾從以小蒼頭，往來衢、婺山水間。人不見其有所齎，旅中之費未嘗有乏絶，竟不知爲何術。倦游而休，泊然而亡，❷遂葬於衢之龍游雞鳴山原。

有朱暉德明者，龍游人也，久從先生游，得其星曆之學，因獲受是書。暉既没，其門人同里張濬深懼占天名家。而暉亦以泯滅無傳，❸亟正其舛譌，刻於文梓，而來徵濂爲之序。

濂聞天官之説，歷代所步必微有弗同，蓋欲隨時考驗，以合於天運而已。自唐涉宋，其法寖精，至元爲尤密。耶律文正王楚材，以金《大明曆》後天乃損節氣之分，減周天之杪，去交終之率，治月轉之餘，以至兩曜五行後先出没，皆有以研窮之而正其失；且以西域與中國地里相去之遠，立爲里差以增損之，名曰《西征庚午元曆》，可謂無遺憾者矣。已而許文正公衡、王文肅公恂、太史令郭公守敬，復與南北日官陳鼎臣、鄧元麟等，徧參累代曆法，重測日月星辰消息、運行之變，酌取中數以爲曆本，即所定《授時曆》。《曆經》、《曆議》二書猶存，可考證，弗誣也。君子謂當世所推步者，皆二三大儒，會其精神，博其見聞，備其儀象，而後能造其精微。

今先生值星書有禁之時，❹又獨處大江之南，且無所謂觀天之器，其所著書往往與諸公脗合而無間者，雖絶倫之識有以致之，

❶「獻」，文粹本作「懿」。
❷「而」，文粹本作「坐」。
❸「張」，文粹本作「章」。
❹「星」，原作「屋」，今據文粹本改。

誠以人心之理本同，故皆相符而無南北之異也。抑余聞西域遠在萬里之外，元既取其國，有札馬魯丁者獻《萬年曆》，其測候之法，但用十二宫而分爲三百六十度；至於二十八宿次舍之説，皆若所不聞；及推日月之薄蝕，頗與中國合者，亦以理之同故也。

嗚呼！四海内外，凡圓顱方趾之民，其心皆同，其理皆不殊也。豈特占天之事爲獨然哉？先生之《易》已亡於兵燼；所著兵家書暨神仙方技之言亦不存；❶其所存者僅止此而已，當與《曆經》並行無疑。濂故特序先生之事於篇首，使讀者知先生之學通乎天人。庶幾相與謹其傳焉。

醫家十四經發揮序

人具九藏之形，而氣血之運，必有以疏載之。其流注則曰歷，曰循，曰經，曰至，曰抵；其交際則曰會，曰過，曰行，曰達者，蓋有所謂十二經焉。十二經者，左右手足各備陰陽者三。陰右而陽左也，陽順布而陰逆施也。以三陽言之，則太陽、少陽、陽明。陽既有太、少矣，而又有陽明者何？取兩陽合明之義也。以三陰言之，則太陰、少陰、厥陰。陰既有太、少矣，而又有厥陰者何？取兩陰交盡之義也。

非徒經之有十二矣，而又有所謂系絡者焉。系絡之數三百六十有五，所以附經而行，周流而不息也。至若陰、陽、維、蹻、衝、帶六脈，固皆有所繫屬，而唯督、任二經，則苞乎腹背而有專穴。諸經滿而溢者，此則受之，初不可謂非常經而忽略焉。法

❶「方」，原作「之」，今據文粹本改。

宜與諸經並論，通考其隧穴六百四十有七者而施治功，則醫之神祕盡矣。

蓋古之聖人，契乎至靈，洞視無隱，故能審系脈之真，原虛實之變，建名立號，使人識而治之。雖後世屢至授膜導竅，驗幽索隱，卒不能越其範圍。聖功之不再，一至是乎？由此而觀，學醫道者，不可不明乎經絡；經絡不明而欲致夫療疾，猶習射而不操弓矢，其不能也決矣。

濂之友滑君深有所見於此，以《內經・骨空》諸論及《靈樞・本輸篇》所述經脈，辭旨簡嚴，讀者未易即解。於是訓其字義，釋其名物，疏其本旨，正其句讀，釐爲三卷，名曰《十四經發揮》。復慮穴之名難於記憶，聯成韻語，附於各經之後。其有助於斯世也，豈小補哉？

世之著醫書者日新月盛，非不繁且多也。漢之時僅七家爾，唐則增爲六十四，至宋遂至一百九十又七。其發明方藥豈無其人，純以《內經》爲本而弗之雜者，抑何其鮮也。若金之張元素、劉完素、張從正、李杲四家，其立言垂範，殆或庶幾者乎？今吾滑君起而繼之，凡四家微辭祕旨，靡不貫通，《發揮》之作，必將與其書並傳無疑也。

嗚呼！橐籥一身之氣機，以補以瀉，以成十全之功者，其唯針砭之法乎？若不察於諸經而誤施之，則不假鋒刃而戕賊人矣，可不懼哉？縱誘曰九針之法，傳之者蓋鮮。苟以湯液言之，亦必明於何經中邪，然後注何劑而治之。奈何粗工絕弗之講也？滑君此書，豈非醫塗之輿梁也歟？濂故特爲之序之以傳。非深知滑君者，未必不以其言爲過情也。

滑君名壽，字伯仁，許昌人，自號爲攖寧生。❶博通經史諸家言，爲文辭温雅有法。而於醫尤深，江南諸醫未能或之先也。所著又有《素問鈔》、《難經本義》行於世。《難經本義》，雲林危先生素嘗爲之序云。

宋文憲公全集卷四十三終

❶「攖」，原作「嬰」，今據文粹本改。

宋文憲公全集卷四十四

八詠樓詩紀序❶

八詠樓在婺之城上西南隅。其建立也，實昉於武康沈休文。齊隆昌初，休文以吏部郎出守是邦，民清訟簡，號稱無事。既創樓，名之曰「玄暢」，復爲詩八詠，以寫其山川景物之情。宋至道中，馮伉來知州事，以爲永明之體實本於休文，而祖於徐庾，心尤篤好之。勒其辭於石，寘之樓下，且更「玄暢」爲「八詠」，期以傳示於無窮。於是薦紳之家相繼有作，舂容乎長篇，鏗鏘乎短韻，粉版玄書，充溢於四壁矣。好事者嘗輯爲一編，鍥諸文梓。兵燹之餘，漫弗復存。南峰楊尊師竊病之，乃與其徒胡君玄範旁搜遠采，筆以成書。上自休文，下迄近代，凡有所作粗及於樓者，靡有所遺。濂頗讀而疑之。

休文固知名之士，其在齊梁之閒，立朝大節不能無所憾。夫不能無所憾，則人將棄之，奈何其詩獨傳於今也？豈解佩被褐，果有慕君戀闕之意歟？抑高才博洽，名亞董、遷，或可以驚世而駭俗歟？濂之愚，皆不足以知之。意者，婺爲禮義之邦，士君子世惇書詩，心存忠信，往往勇於自治而不暇責人，稍有寸善，揚之唯恐不亟，况休文嘗爲民上者歟？古所謂「居其邦，不非其大夫」者，獨吾婺之爲然歟？然而休文至今近九百載，來守婺者不知其幾人，泯

❶「序」，文粹本作「題辭」。

泯而無聞者固多矣，三尺童子過斯樓之下者，亦能指曰：「是休文之遺跡也。」此無他，誠以葩藻之辭，好者既衆，故傳之者久與？浮文豔句，有識者之所不能道，尚能烜著震耀之若此。則夫道明德立，其言足以繫世教之重輕者，又將何如歟？學道之士，益思有以自勖焉可也。

紀中賦凡若干首，古詩若干首，律詩若干首，❶絶句若干首，分爲三卷，卷後各有其竹素，有續得者，輒補入焉。

南峰名道可，字某，南峰其號也。恂恂有賢行，望而知爲好古之士，今主領寶婺觀事。觀與樓蓋聯峙云。

張侍講翠屏集序

嗚呼！先生之文，濂何敢序之？先生長濂凡九歲，濂初濡毫學文，先生已擢進士第，列官州邑。及其教成均，入詞垣，先生之文益散落四方。濂得觀之，未嘗不斂衽，而以不能識面爲歉。去年春，始獲與先生會於建業，各出所爲舊稾，相與劇談至夜分弗之倦。且曰：「吾生平甚不服人，觀子之文，殆將心醉也。」濂竊以爲先生素長者，特假夫褒美之辭以相激昂爾，非誠然也。曾未幾何，先生使安南，道次大江之西，特造序文一首以寄，其稱獎則尤甚於前日者。濂讀而疑之。酸鹹之嗜，偶與先生同，故先生云然，非濂之文果有過於人人也。方將與先生細論，而九原不可作矣。嗚呼！先生之文，濂何敢序之？

文之難言久矣。周秦以前，固無庸議，

❶「律詩若干首」，原脱，今據文粹本補。

下此唯漢爲近古。至於東都，則漸趨於綺靡。而晉、宋、齊、梁之間，俳諧骫骳，歲益月增，其弊也爲滋甚。至唐韓愈氏，始斥而返之。韓氏之文，非唐之文也，周、秦、西漢之文也。韓氏之文固佳，獨不能行於當時，逮宋歐陽脩氏，始效而法之。歐陽氏之文，非宋之文也，周、秦、西漢之文也。歐陽氏同時而作者，有曾鞏氏，有王安石氏，皆以古文辭倡明斯道，蓋不下歐陽氏者也。歐陽氏之文，如澄湖萬頃，波濤不興，魚鼉潛伏而不動，淵然之色，自不可犯；曾氏之文，如姬、孔之徒復生於今世，信口所談，無非三代禮樂；王氏之文，如海外寄香，風水鬶蝕，木質將盡，獨真液凝結，靳然而猶存。是三家者，天下咸宗之。有元號稱多士，或出入其範圍而檃括其規模者，輒取文名以去。故章甫逢掖之徒每驕人曰：「我之文學歐陽氏也，學曾、王氏也。」殊不知三君子者，上取法於周、於秦、於漢也。所以學歐陽氏而不至者，其失也纖以弱；學曾氏而不至者，其失也緩而弛；學王氏而不至者，其失也枯以瘠。此非三君子之過也，不善學之，其流弊遂至於斯也。文之信難言者一至於是乎！濂與先生劇談時，未嘗不撫卷而三歎，奈何狂瀾既倒，滔滔從之而無有如先生之所慮者也，不亦悲夫！

今觀先生之文，非漢、非秦周之書不讀，用力之久，超然有所悟入；豐腴而不流於叢冗，❶雄峭而不失於粗厲，清圓而不涉於浮巧，委蛇而不病於細碎，誠可謂一代之奇作矣。先生雖亡，其絢爛若星斗、流峙如河嶽者，固未始亡也。信於今而垂於後者，

❶「冗」，原作「穴」，今據黄譽本改。

豈不有在乎！如濂不敏，童而習之，顛毛種種猶不得其門而入。凡先生之稱獎者，皆濂之所甚愧者也。先生之子煜乃持《翠屏集》來徵爲之序。嗚呼！先生之文，濂何敢序之？謾舉先生相與論文者書之於篇端，庶幾讀先生之文者，亦將知其用意之所在也。

夫詩若干卷，文若干卷。《春秋經説》若干卷不在集中。先生諱以寧，字志道，姓張氏，福之古田人。泰定丁卯進士，仕至翰林侍講學士云。

馬先生歲遷集序

士之生斯世也，其有蘊於中者，必因物以發。譬猶雲既滃而靈雨不得不降，氣既至而蟄雷不得不鳴。雖其所發有窮達之殊，而所以導宣其湮鬱，洗濯其光精者則一而已矣。是故達而在上，其發之也，居廟朝則施於政事，謀軍旅則行於甲兵，嚴上下、和神人則見於禮樂，交隣國則布於辭命。或窮而在下，屈勢與位，不能與是數者之間，則其情抑遏而無所暢，方壹假詩以洩之。詩愈多，則其人之愈窮也可知矣。此濂於嚴陵馬先生之詩，爲之深悲而不能自已者也。

先生諱瑩，字仲珍，建德縣新亭鄉人。其七世從祖大同官至禮部尚書，族故盛矣。先生自幼喜屬文，而才氣倜儻。思欲以功業自見，京師遠在數千里外，而無有薦於上者。會延祐行科目取士之法，先生以《春秋》、《禮記》舉，皆不利。先生歎曰：「非吾才不如今人，人多裹章服而吾猶被布韋，其命也夫！」於是悉發之於詩。凡身之所歷，山容水色，民情物態，莫不模寫靡遺。當其良朋勝友之集，輒相率酣觴賦詩，頃刻百餘言，落筆弗能自休。雖不規規然騁工巧於片辭之閒，而其音節之鏗鏘，言辭之俊逸，如揚颿大江，風利桅勁，一瀉百里而略無留難之意。世之人咸以此稱之，而不知先生之窮至是爲已甚矣。逮於晚年，其志益孤，乃倣柳柳州製《鐃歌鼓吹曲》十二章，將上之朝，又不果。因復自放於重山密林中，時命客取琴，鼓一再行，或吹洞簫，倚歌而和之，以釋其窮悴無聊之悲。不幸年五十五竟齎志以歿。先生歿後三十二年，其子鈞懼其遺文將遂泯滅，以《歲遷集》四十卷者俾濂爲之序，將圖入梓以傳。

濂生也後，恨不獲拜先生於牀下，而獨得窺其詩文；又恨先生所蘊於其中者，不及顯融以見於功業，而徒爲古窮人之辭，卒以棲遲至於老死，豈非所謂命也夫！昔者梅都官工於詩，累舉進士，輒抑於有司，其窮固亦甚矣。後數百年，都官之名，山峙而川流。設使都官得行其志於當時，其詩未必如此之工，而其名亦未必如此之盛，是天欲窮之，乃所以達之也。先生之事與都官正類，其身雖窮，而其詩之能達，蓋無疑者，濂又何必深爲之悲。先生別有《雜古文》十二卷，《應科困天集》若干卷，《唐五百家詩選》五卷，《宋南渡諸家詩選》一卷，《講義》、《讀書記》各五卷，不在集中。

王氏樂善集序

和陽王君秉彝，營道抗志，葆學潛貞。軒冕之榮不足以羈其跡，貝珍之麗不足以累其高。肥遯遵《大易》之戒，知足法老氏之旨。汲清澗曲，采緑巖口。集杜若以充衣，織胡繩以爲屬。屹立游塵之表，凌邁層霄之上。當其蘿月斜映，松飆遞響，寄酒賦於閒情，發琴歌於逸韻，泉石自獻，猿鶴不驚，信乎皓皓弗緇，亭亭絶俗者也。

然而仁心斯涵，義聞攸暢。拯彼顛連之苦，奚翅饑渴之欲。排難解紛，曾忘其身危；捐困散金，不計其家索。徼符雅之遺風，崇魯連之高節。矧當戎馬之際，尤止屠劉之虐。起死骨以爲生，藥病眊而使瘉。力苟可及，知無不爲。察其善，固不一而足。

於是清朝法從之賢，方岳連率之貴，薦紳弘博之士，巖穴隱遯之儔，莫不企瞻其容光，承挹其辭氣。因其堂構，命以「樂善」。或寓諸賦咏，或紀於文辭。絶去下蔡之音，壹是大雅之倡。言其典雅，則冠冕佩玉揖讓廟堂也；言其雄渾，則江海澄波涵容羲娥也；言其勁正，則蒼官青士共傲歲寒也；言其淳古，則殷敦周匜有異褻器也。皆可遺芳不朽，垂裕後昆。非獨黎陽著紀善之傳，鄴下行類善之集而已。不揆菲作，亦厮群英。此則珠玉在傍，沙礫失色。西子捧心，醜人矉目。不亦遠甚矣哉！載稽古昔，治浹化孚。人存周急之行，里崇相睦之俗。協於大順，殊號難及。自鄒魯之聲教已漸，❶而秦越之瘠肥罔顧。同父尚錐刀之爭，他人寧溝壑之脱。静言思之，慨我寤歎！卓爾王君，樂於從善。輿論所許，兹集宜徵。儻鍥梓以行遠，可惇風而廣惠。豈若風葩露葉，徒誇騷圃之工；麟角鳳毛，謾鬬文園之巧哉。

❶「已」，黄譽本作「不」。

顧兹下劣，忝附高明。慕黄憲於汝南，憶荀隱於日下。辱履舄潛溪之上，傳簡畢櫧概之間。敬序篇端，略攄悰愫。意雖在於檃括，文則尚於疏通。若譏非古，豈曰知言。庶期見正於大方，有徵於君子云爾。

歐陽文公文集序

文辭與政化相爲流通，上而朝廷，下而臣庶，皆資之以達務。是故祭饗郊廟則有祠祝，播告寰宇則有詔令，胙土分茅則有册命，陳師鞠旅則有誓戒，諫諍陳請則有章疏，紀功燿德則有銘頌，吟詠鼓舞則有詩騷。所以著其典章之懿，叙其聲明之實，制其事爲之變，發其性情之正，闔闢化原，推拓政本，蓋有不疾而速，不行而至者矣。然必生於光嶽氣完之時，通乎天人精微之藴，索乎歷代盛衰之故，洞乎百物榮悴之情，覈乎鬼神幽明之賾，貫乎華夷離合之由。舉其大也，極乎天地；❶語其小也，則入夫芒秒。而後聚其精魄，形諸篇翰，渢渢乎，泱泱乎，誠不可尚已。世有與於斯者，其惟大司徒楚國歐陽文公乎！

公諱玄，字原功，潭之瀏陽人。其先家廬陵，與文忠公脩同出於安福令萬之後。公幼岐嶷，十歲能屬文。逮弱冠下帷，數年人莫見其面。經史百家靡不研究，伊洛諸儒源委尤爲淹貫，遂擢延祐乙卯進士第。歷官四十餘年，在朝之日殆四之三。三任成均而兩爲祭酒，六入翰林而三拜承旨。蓋當四海混一之時，文物方盛，纂脩實録大典三史，皆大制作。兩知貢舉及讀卷官，凡

❶「極」上，文粹本有「則」字。

宗廟朝廷雄文大册，頒示萬方制誥，多出公手。金繒上尊之賜，幾無虛月。海内名山大川，釋老之宫，王公墓隧之碑，得公文辭以爲榮；片言隻字，流傳人間，咸知寶愛。文學德行，卓然名世。羽儀斯文，黼黻治具，公之功爲最多。

君子評公之文，意雄而辭贍。如黑雲四興，雷電恍惚，而雨雹颯然交下，❶可怖可愕；及其雲散雨止，長空萬里，一碧如洗，可謂奇偉不凡者矣。非見道篤而擇理精，其能致然乎？嗚呼！自宋迨元三四百年之間，文忠公以斯道倡之於其先，天下學士翕然而宗之。今我文公復倡之於其後，天下學士又翕然而宗之。雙璧相望，照耀兩間。何歐陽氏一宗之多賢也，不亦盛哉！

初，虞文靖公集助教成均，其父井齋先生汲方教授於潭，見公文大驚，手封一帙寄文靖，謂公他日必與之並駕齊驅。由是文靖薦公升朝，聲譽赫赫然相埒，卒符於井齋之言。文靖之文已盛行，公薨之十四年，其孫佑持公集二十四卷來謂濂曰：「先文公之文，自擢第以來多至一百餘册，藏於瀏陽里第，皆燬於兵。此則在燕所録，自辛卯以至丁酉七年之作耳。間有見於金石者，隨附入之。子幸爲文序之以傳。」

濂也不敏，自丱角時即知誦公之文，屢欲裹糧相從而不可得。公嘗見濂所著《潛溪後集》，不我鄙夷，輒冠以雄文，所以期待者甚至。第以志念荒落，學術迂疏，不足副公之望，況敢冒昧而序其文乎？雖然，公文之在霄壤中，上則爲德星，爲卿雲，下則爲朱草，爲醴泉，光景常新而精神無虧，亘

❶「雹」，原作「電」，今據文粹本改。

萬古猶一日也。序之與否，尚何暇論哉？

佑字公輔，問學精該，論議英發，無愧於家學者也。

霞川集序

詩其可學乎？詩可學也。然宫羽相變，低昂殊節，而争聲切響，❶前後不差，謂之詩乎？詩矣，而非其美者也。辭氣浩瀚，若春雲滿空，倏聚而忽散，謂之詩乎？詩矣，而非其美者也。斟酌二者之閒，不拘不縱，而臻夫厥中，謂之詩乎？詩矣，而非其美者也。然則詩之美者，其將何如哉？蓋詩者，發乎情，止乎禮義者也。情之所觸，隨物而變遷。其所遭也忳以鬱，則其辭幽；其所處也樂而豔，則其辭荒。推類而言，何莫不然，此其貴乎止於禮義也歟？止於禮義，則幽者能平，而荒者知戒矣。

河南王先生本中，名臣忠肅公之子也。先生蚤隨公宦游於吴越繁縟之邦，及歷仕於朝，出入於鳳閣鸞臺，視師關陝，貔貅十萬屬其指麾，可謂偉矣，先生之詩則和平而不矜；晚年退居於家，焚香默坐，一室蕭然，幾若不能朝夕者，可謂窶矣，先生之詩則雍容而自得。非止乎禮義者，其能至於斯邪？晉安張君志道評先生之詩有云：「如齊魯諸儒，折旋規矩，韜合禮度；如幽并老將，結髮百戰，卒然指顧，動中韜略。」其言蓋盡之矣。

嗟夫！詩道之不古久矣。世之號善吟者，往往流連光景，使人馳騖於玄虚荒忽之埸，控之非有，挹之非無；至造爲奇論，

❶「争」，黄譽本作「孚」。

謂詩有生意，須人持之，不爾便將飛去。此何爲者哉？殊不知詩者，本乎性情，而不外於物則民彝者也。舍此而言詩，詩之道喪矣。濂也不敏，自童年習爲比興之學，腥穢填閼而襟靈弗舒，形於言辭，則平凡爲已甚。今幸獲讀先生之詩，庶幾其有發哉！

先生之詩甚富且多，於兵燹之餘，所存者僅僅如斯，惡知不有神物護持者乎？讀者尚思同謹其傳可也。

樗散雜言序

《樗散雜言》者，金華許君存禮所賦之詩也。予嘗獲而讀之，愛其取法比興，有近於古作者，謂存禮曰：「當今之詩，予頗得縱覽，求其如君者，百十之中僅一二見焉。非三十年磨濯光精而宣鬯靈龢，烏能如夫渠出水，弗沾纖塵有如此者？世俗葷腸溺胃，饜飫肥醲，未必能知君。然而至寶不可使埋光而韜采也，予當爲君序之以傳。」已而存禮俾侍史録其全集，示予於龍門山中，因爲之言曰：

詩至於三百篇而止爾，然其爲體有三經焉，有三緯焉。所謂三經者，風、雅、頌也，聲樂部分由是而建。所謂三緯者，賦、比、興也，制作法裁由是而定。故《周官》大師之教國子，必使之以是六者。三經而三緯之，所以聆其音節之詳，玩其義理之純，養其性情之正。詩之爲用，其深且大者蓋若此。嗚呼！學詩者其可不取之以爲法乎？學詩者固不可不取之以爲法，若夫出品裁之正，合物我之公，高不過激，悲不傷陋，則論詩者又可不倚之以爲權度乎？

夫《詩》一變而爲楚騷，雖其爲體有不

同，至於緣情托物，以憂戀懇惻之意而寓尊君親上之情，猶夫詩也。再變而爲漢魏之什，其古固不逮夫騷，而能辨而不華，質而不俚，亦有古之遺美焉。三變而爲晉宋諸詩，則去古漸遠，有得有失，而非言辭之所能盡也。

嗚呼！三變之後，天下寧復有詩乎？非無詩也，詩之合於古者鮮也。何以言之？大風揚沙，天地晝晦；雨雹交下，萬彙失色。不知孔子所删之者，其有若斯否乎？組織事實，矜悦葩藻；僻澀難知，强謂玄祕。不知孔子所删之者，又有若斯否乎？牛鬼蛇神，騁姦眩技；龎雜誕幻，不可致詰。不知孔子所删之者，又有若斯否乎？如是者殆不可勝數。孔子，吾徒之所願學者也。孔子之所取如彼，而後之作者乃如此，尚得謂之詩矣乎？

唐宋諸名家，其近古者固不可絶謂無之，而不及乎爾者，抑何其多也。今世之以詩鳴者，蠭起而泉涌，其視唐宋又似有所未逮，姑置之勿論。閒有倡爲江南體者，輕儇淺躁，殆類閭閻小人驟習雅談而雜以褻語，每一見之，輒閉目弗之視。詩而至於使人弗之視，則其世道之甚下也爲何如哉！此予於存禮之詩不覺深爲之喜，而繼之以歎也。

嗚呼！使自一鄉達之於一邑，自一邑達之於一州，自一州達之於四方，咸有如存禮者焉，則詩之道庶幾其復古乎？予雖不能詩，而論詩頗謂有一日之長。因愛存禮之作，不待請而自爲序之。非深於詩者，殆未有以知予意之所存也。

贈醫師葛某序❶

古之醫師，必通於三世之書。所謂三世者，一曰《針灸》，二曰《神農本草》，三曰《素女脈訣》。《脈訣》所以察證，《本草》所以辨藥，《針灸》所以袪疾。非是三者，不可以言醫。故記《禮》者有云「醫不三世，不服其藥」也。傳經者既明載其説，復斥其非，而以父子相承三世爲言，何其惑歟？夫醫之爲道，必志慮淵微，機穎明發，然後可與於斯，雖其父不能必傳其子也。

吾鄉有嚴生者，三世業醫矣，其爲醫，專事乎《大觀》之方，他皆憒憒，絶弗之省。又有朱聘君，家世習儒，至聘君始以醫鳴，醫家諸書，則無不精覽。一少年病肺，氣上喀喀鳴喉中，急則唾，唾血成縷。嚴曰：「此瘵也，後三月死。」聘君曰：「非也。氣升而腴，中失其樞，火官司令，爍金於鑪，是之謂肺痿，治之生。」已而果成生。一六十翁，患寒熱，初毛洒淅，❷齒擊下上，熱繼之，盛如蒸甑。嚴曰：「此痎也，不治將差。」聘君曰：「非也。脈淫以芤，數復亂息，外彊中乾，禍作福極。是之謂解㑊，藥之則瘳，不藥則劇。」已而果劇，治乃愈。一女婦有噦疾，每吐涎數升，腥觸人，人近亦噦。嚴曰：「此寒噦也，法宜温。」聘君曰：「非也。陽陰未平，氣苞血聚，其勢方格，靡有攸處。是之謂惡阻。在法不當治，久則自寧，且生男。」言後輒驗。夫嚴生之醫三世矣，聘君則始習爲之，而優劣若是者，醫其可以世論

❶「某」，黄溥本作「子」。

❷「淅」，原作「浙」，今據黄溥本改。

否耶？

嗟夫！昔之名醫衆矣，未暇多論，若華元陀，若張嗣伯，若許智藏，其治證皆入神，初不聞其父子相傳也。自傳經惑於是非，使《禮經》之意晦而不白三千年矣。世之索醫者不問其通書與否，見久於其業者，則昚昚焉從之。人問其故，則曰：「是記《禮》者云爾也。」其可乎哉？

葛生某，淮之鉅族也。明於醫，三世之書皆嘗習而通之。出而治疾，決死生，驗差劇，若燭照而龜卜無爽也者。士或不能具藥，輒注之不索其償，士君子翕然稱譽之。名上丞相府，賜七品服，俾提舉諸醫官。有疾者遂倚之以爲命。嗚呼！若葛生者，其無愧古之醫者歟？

送布政葉公之官閩中序

皇帝御天下之九年，以諸行中書之設本於權宜之制，中外並稱失尊朝廷意，乃詔丞相、御史大夫及翰林侍從之臣，議更其名職，革行省，置承宣布政使司。司有使，使之下有左右參政，皆妙選在廷之臣充其職。十年夏，儀鸞司使葉公受命爲使於福建，凡與葉公往來者咸曰：「公之往宜哉！福建，大藩也。統府惟八，壤地二千里，物産之富、服食之華甲天下。而使又一藩之長也，凡事之當否，左參政曰可，右參政曰不可，司之屬曰然，掾吏曰不然，皆不敢自用其言。白於使，使可否之然後定，其權之重若是也。❶而公又天子之親信臣也，公精志小心，事上二十餘年未嘗有過，上之器公非一日矣，宜乎公之當此任也。」

金華宋濂曰：❷雖然，天子用公者，非謂舊也，謂公賢也。以公爲使者，非以榮公，以公能任重職也。不命之他司而之福建者，非謂地廣物富，以去輦轂頗遠，命公綏其民也。夫國之建官立職，豈以富貴其臣哉？所以爲民也。天子與宰相運於內，四海之遠，兆民之繁，安能畢得其情而遂其性哉？故立布政之司以治之。官以布政名，欲其宣政化於下也。民有疾苦不能自達於上，❸惟公得達之；民有善可旌，有惡可誅，惟公得聞於上而旌誅之。鋤其彊悍，培其良順，俾山巔海涯之民皆得安其生，以樂太平之治。斯則天子委任公之意也，亦公報天子之職也。苟以位爲公之榮，豈知公者哉！

濂與公同朝最久，知公之爲人寬厚好善，故具道建官之意以爲公贈，且以爲公規。

送黄仲恭赴官餘姚序

烏傷黄仲恭，翰林侍講學士黄先生之子也。以廕補官同知餘姚州事。將行，縣大夫及鄉之壽俊，先生之門人，咸往餞於繡湖之上。離觴既傾，縣大夫進而言曰：「同知之職，在昔爲郡丞，爲別駕，爲司馬，雖均號上佐，其實非事之長，❹而州牧或得以辟

❶「重」，原脱，今據黄溥本補。
❷「金華宋濂曰」，原脱，今據黄溥本補。
❸「民」，原脱，今據黄溥本補。
❹「非」，黄溥本作「從」。

置之。今則出於朝廷之命，事之大小，無所不當問，其職之不輕也較然矣。奈何官失其分，强者忿鷙自將，與守抗衡；弱者依阿取容，又一切局於鉗制，不敢吐一氣，出一辭。二者胥失也。方今四海塵冥，財用乏絶，民心危迫，爲天子佐二千石者當如是耶？願仲恭以此爲戒。」鄉之壽俊又進而言曰：「先王之制酒禮，一獻之間，主賓百拜，所以避其禍也。後世爲麯蘖之託，終日昏冥，鮮有不僨厥事。昔之人嘗有碎力士之鐺，破鸚鵡之杓者，所以藥沈痼，拔深溺，進新德也。願仲恭以此自勖。」先生之門人又進而言曰：「士君子非以傳圭襲組爲難，能世其德業爲難。仲恭先居士以布衣欲借劍斬佞人頭，其剛大之氣，至今可掬。先吏部又以學識受知丞相，宦業益顯。今尊公先生又以文章爲海内第一，學者仰之如北斗，如泰山。繼其後者不亦難哉？願仲恭以此自勉。」仲恭皆再拜曰：「梓雖不敏，敢不夙夜祗奉！」

嗟夫！今之贈人以言者，多貢以諛辭以相悦，孰有如群公者乎？稽其所言，縣之大夫所以勖其職也，鄉之壽俊所以樹其德也，先生之門人所以昭其世也。能是三者，其何愧先生之子耶？仲恭尚慎哉！仲恭才贍而智周，能力於行，弗滯於物，其必有以處之矣。

濂受學於先生最久，而與仲恭游尤密，敢直紀其事，復賦《河有行舟》四章以别。詩曰：

河有行舟，其水瀰瀰。之子于征，其去如矢。

河有行舟，其水浪浪。之子于征，言戾海邦。

河有行舟，其水沃沃。之子于征，曰佐州牧。

之子行邁，我懷孔悲。有椒有蘭，苾如芬如。持以贈子，綴之裳衣。吁其別矣，如何勿思！

送胡十判官西還詩序

牽情綴思，莫難於別離；感物成聲，莫踰於歌咏。是以漢士有《河梁》之賦，唐人有《芳園》之集。蓋將序禮焯勤，宣休垂烈，媲燕饗於《周詩》，準樂律於《商頌》者也。

安定胡十判官，辨章公之媚弟也。穎標比柏，茂質方瓊。苞韞三靈之秀，漱濯六藝之府。發爲葩藻，思倣枚、鄒；徵諸謀猷，欲攀管、樂。頃綰貳車之綬，僉偉右轓之選。安西之幕府多才，鳳閣之舍人有格。遽投華簪，尋盟杜若；來游建業，光映薦紳。晴招鍾阜之雲，曉勺秦淮之水。沖襟孚洽，清聞流滋。曁其西還，無不東企。於是割鮫人之春綃，擷鸞女之秋綺。五色争燦，八音允和。既合比興之則，不殊韶濩之奏。爽氣浮遊於圓旌，❶夜光陸離於行槖。不鄙疏才，得題雅製。爰擊瓦缶之謡，用相《驪駒》之什。其詩曰：

白雁響遥渚，丹葉蝕山樊。繁霜一何膠，蕭晨孕枯寒。激中方成紆，别遠良獨難。江筵有笙匏，纖簧扇微翰。欲奏陽阿曲，芳懷注幽散。情長江流促，人遐岡勢漫。何以寄所思？袖有翠琅玕。刻作雙松柏，持之綴君鞶。

❶「圓」，黄譽本作「歸」，韓本、傅本作「留」。

王子充字序❶

同門友王君子充謂濂曰：「褘名凡三易，初名偉，次名湋，後復更今名。文雖易，皆從韋者，以其聲之近也。其名偉暨湋，時鄉先達内翰柳公、文學吴公嘗爲之説。唯今名未有暢其義者，幸同游學黄文獻公之門，敢以累吾子，尚有以詳告褘也。」

濂曰：子充其欲存古之道哉？夫褘之爲物，古之蔽膝，所以被於裳衣之上，覆前者也。其制則上廣一尺，下倍之，長又倍之，頸視上廣劣其半，肩之革帶視頸又去五之三。其名則江淮謂之褘，或謂之韍，關西東謂蔽膝，魏宋南楚謂之大巾，齊魯之郊謂之裧襦，西南蜀漢謂之曲領，或謂之襦韠，又謂之襜焉，陳楚謂之袚。其義則古者田魚而食，因衣其皮，唯知蔽先後而已。後王易之以布帛，而猶存其蔽前者，不忘其初也。今吾子充閒居烏傷溪上，日求四庫之書，擩嚌其芳潤而馳騁厥辭，藻火炎而交龍飛，林豔媚而川花鮮，翠霞縈而赬虹迴，可謂能一時之至文矣。今乃以褘爲名而子充是字，殆欲存古之道以反無文之文乎？無文之文，其文之初乎？於戲！子充之不忘乎初者，豈直文而已哉！由是而充之，酒醴嘉矣，必思玄酒明水之爲尚焉；莞簟安矣，必思蒲越稾鞂之爲貴焉；黼黻文繡美矣，必思疏布之可登焉；丹漆雕扆華矣，必思素車之可乘焉。昔者先王以此交神明而防民行者，欲人反始尊質也。子充率是道也，泰古熙醇之行可馴致矣。

❶ 題首原有「送」字，今據黄溥本删。

夫以燔黍捭豚，不可施於禮文繁縟之日；卷領結繩，不可用於太樸分散之時。此無他，勢有不同也。況爲士者，當與世推移，因其所宜，變而通之，以潤國家爲務。而欲泥古之質，詆今之文，譬猶圓枘而方鑿，必有不合者矣。

雖然，此非所以言子充也。子充厲古學而惇古行者，其心亦豈恤戾於今哉？蓋古之士也確，今之士也爽；古之士也白，今之士也墨；古之士也靖，今之士也莽；古之士也貴，今之士也賤。子充欲存古之道者，其將反始而尊質乎？成己成物之道，皆能由是而充之，庶幾無愧於名若字矣乎！

濂也不敏，亦嗜古學者也，姑因子充之請，爲詳舉諸經之疏及《爾雅》、《方言》、《説文》、《釋名》等篇，而暢其義如此。若所云「婦人之褘，謂緯綏也，即香纓也，王后之服」、「褘衣，謂畫袍也。褘當爲翬，即翬雉也，五彩純備者也」，皆非子充命名之義也。

贈行軍鎮撫邁里古思平寇詩序

至正丁酉春三月，栝寇復興，蟻集蜂攢，衆號數萬，遂陷婺之永康，蔓延東陽。二郡震驚，惴惴度日，莫保朝夕。行御史府聞其事，欲命將討之，詢謀於衆。僉以爲邁里古思公，名進士也，今長治越城中生聚，而其人文足以附衆，武足以威敵，若討之，莫如公宜。於是命公總護諸軍以行。

公受命已，即禡纛於門，載旆就塗，如拯溺焚。三月甲申，抵東陽，公延見耆耈，訊以山川險阨，與盗出入恒狀，笑曰：「賊在吾目中矣，當爲君一鼓却之。」乃申號令，整部伍，扼其要害，分屯方岩山。夏四月庚戌，命諸將黃中等以奇計紿賊。賊方椎牛豕高會，聞兵至，皆吐舌相顧。諸將橫槊大呼而前，自巳及未，大小戰十二餘合，士卒奮勇，無不一當百，擒僞將軍三人，斬首六百級，奪旗鼓鎗矛無算。乙卯，賊復空砦出戰，諸將踴躍用命。兩兵方接，公親統精鋭兵截其衝，賊大潰，追逐二十餘里，斬首八百級，擒僞將軍六十有六人。辛酉，兵進屯胡陳，諜知賊所在，縱兵深入，賊已宵遁，焚其廬舍殆盡。賊自是不復能兵矣。

壬申，師還。邦人士相與曰：「進士之效久不白，武夫俗吏恒指斥以爲戲，識者短氣。公本一書生，杖劍即戎，而其功烈輒煒煌如此。彼噡噡者，縱人百其喙，尚敢謂儒無人耶？若公之爲，亦可謂有文武全材者矣。嗟乎！自栝寇之興，凡其所涉之地，百里無居人。豈惟無居人，方茆莖出師，雖方嶽大臣不能禁侵掠，其慘毒蓋有與寇不相遠者。公帥師而來，不爲不久，耄倪恬嬉，若不知有兵在其境者，又非公之賜耶？然則公之有勳於吾邦者甚大，欲貺之以犧牲，則犧牲公之所自有也；欲投之以玉帛，則玉帛非公之所好也。其將何以爲公之報哉？夫鋪張盛美，播之方今而傳於後世者，莫如詩歌。吾黨之士盍留意乎？」衆皆曰然。於是陳樵先生倡之，邦人士咸作之，而命金華宋濂序之。

贈龍泉簿蔡君序

玄黓攝提格，其月曰余。氣清候沖，鮮飈襲衣，虛幌生白，而走也獨居。有美蔡君，龍淵之湄，容儀偘偘，言辭熙熙，不覯其行，心已必其有爲。詢之儒紳，僉曰：「韙哉！是夫也良，使民馴以綏。創傷未平，摩而嬰之；流逋未復，宇而寧之；征賦方繁，均而則之；妖魃害稼，祀而斥之。吏有所程，氓有所依。自此而升，其誰曰不宜？」

世有恒言：虎豹師師，據山之厓，而百獸辟易者，則以其威；鷹鸇䙰䙰，游林之隈，而衆鳥讋服者，其力之施。當世變俗移，愈囂而漓，方將峻法以繩其奸，而寬緩是務，何言之迂？嗚呼噫嘻！民其殆而。物之生也，每鬬秀於冬霜之慘，而甲拆於三春之暉。雉安乳粥，❶麥秀兩歧。較之殘民以逞而傷天和者，又孰是而孰非？不有伊人，其阽於危。徵吾蔡君之事，而感慨於斯。白牛老生，援毫引辭。以白其勤，以揚其輝，以播於時。知之者，謂足爲在位者之戒；不知者，以爲可怒可愕而詆余文之尚奇。

贈别胡守中序

予在金華山中，聞涇人有胡恒先生，學該才雄。其形於篇翰間，春華敷而秋漢明，卿雲爛而甘澤滋，陰陽倡而律呂和。予喟然曰：「是何其文之鏘鏘哉！焉得擣瓊屑而爲之食，斞玉漿以爲之飲，俾其壽而康也？」

及余來江左，道出涇上，涇上父老又言：「先生蓋有道者。舊館人遘兵禍，挈家露走，人指將及千，先生避舍舍之，復割餱糧與共，明日或即盡無憾。未幾，涇亦亂，先生室廬毁，備歷艱險。昔有寄黄金者，先生腰之，與同卧起。一年事定，寄者已寘勿

❶「乳」，黄譽本作「桴」。

問，先生上謁，解還腰中金。或讓其愚，先生曰：『吾重吾信，金爲輕。』」予又驩然曰：「是何其行之彰哉！」老父言已，指先生之居，在翠微晻靄中。矯首西睇，不能挾天風一至其處，悵然久之。

庚子冬，予獨處金陵官舍，方著書自娛。忽有客來叩門，童子執帖入，覽其氏名，則先生也。予驚喜出迎，不覺屐齒之折。既見，目其貌粹而莊，耳其言粲以文。余又喟曰：「是豈非懿然君子人哉！」自是，日與之游。談析名理，劘切文史，及辨擊上下古今事，愈出而愈無窮。向之所聞，其誠足徵矣。

予方將資先生以進學，一旦忽辭予曰：「江風翛翛，歲聿云暮矣。昨夕夢梅花翹春藹以招我，某其歸歟！」余曰：「聞有先生舊矣，恨不一接，今弗久輒别，奈何？」先生曰：「吾髪雖種種，力尚强，子年亦未耄，惡知不久相從於山水之間乎？」余因呼酒謂先生曰：「三洞、雙溪之勝甲東州。三秀之芝，冰玉之薺，晝夜恒羅，生當與先生采之。先生若弗從予，有如此酒！」先生復勺水以酢予曰：「陵陽敬亭，其紫翠蔚然在望，陶明府、庾内史嘗往游焉，其遺跡尚有存者。吾將往焉，巢雲松而鍊精魄。子儻不我同，有如此水！」於是相與大笑，抗手而别。

贈賈思誠序

同里張君，以書來謂濂曰：「壬辰之秋，兵發中原，大江之南，所在皆繹騷。時惟伯嘉納公持部使者節來蒞浙東，慎簡群材，官而任之，以保障乎一方。余雖不敏，公不以爲無似，俾攝録事判官。判官職在撫治一城生聚，凡其捍禦綏輯之策，不憚晝夜而勤行之，以酬公知遇之萬一。然節宣之功不加，日積月深，以勞而致疾。疾之初作，大熱發四體，中繼之以昏仆。迨其甦也，雙目運眩，耳中作秋蟬鳴，神思恍惚，若孑孑然離群而獨立，若御驚飈而游行太空，若乘不繫之舟以簸蕩於三峽四溟之閒，殊不能自禁。聞丹溪朱先生彥脩醫名徧四方，亟延治之。先生至，既脈曰：『内摇其真，外勞其形，以虧其陰，以耗其生。宜收視返聽於太虚之庭，不可專藉藥而已之也。』因屬其高第弟子賈君思誠留以護治之。賈君即視余如手足之親，無所不致其意。慮余怒之過也，則治之以悲；悲之過也，則治之以喜；喜之過也，則治之以恐；恐之過也，則治之以思；思之過也，則治之以怒。左之右之，扶之掖之，又從而調柔之。不特此也，其逆厥也，則藥其湧泉以寤之；其怔忡也，則按其心俞而定之。如是者數年，不可一朝夕離去。寧食不鮮羞，衣不裼裘，❶何可一日以無賈君？寧士不魯鄒，❷客不公侯，何可一日以無賈君？余疾於是乎告瘳，而賈君有功於余者甚大矣。子幸賜之一言，多賈君之善，而昭余之不敢忘德於賈君。不識可不可乎？」

余發張君之書，重有感焉。世之爲民宰者，恒飽食以嬉，其視吾民之顛連，漠然若秦越肥瘠之不相維繫。非惟不相維繫，又盬其髓，刳其膏而不知止。孰有如張君勤民成疾者乎？世之醫者，酬接之繁，不

❶「裼」，黄溥本作「揚」。
❷「魯」，黄溥本作「枚」。

暇雍容，未信宿輒謝去，至有視不暇脈，脈不暇方，而不可挽留者。孰有如賈君調護數年之久而不生厭者乎？是皆可書。余方執筆以從文章家之後，此而不書烏乎書？雖然，今之官政苛虐，敲扑椎繫，惟日不足，我民病此久矣。我瞻四方，何林林乎？州邑之間，其有賢牧宰能施刀圭之劑以振起之者乎？設有是，余雖不敏，猶能研墨濡毫大書而不一書？是爲序。

贈孔君序

余來江寧之四月，與楊君某會於郡庠，楊君謂余曰：「曲阜孔君克敬，宣聖五十五代孫也。通儒家言，習唐人古今詩，往往婉麗如晴葩鬭春，態有餘妍，得言外含蓄之意。然猶患學之未充也，將負笈游大江之南。適監察御史安道調官江寧，遂與之偕來。居無何，南北道絶，遂莫能歸故鄉。青燈照影，孤坐寥閴中，思尼山之葱蒨，懷泗水之淵淪，未嘗不潸然隕涕。吾黨之士憐焉。子宜爲文以宣其沈鬱，庶幾有以底夫道也。」余謝曰：「克敬未余識也，余何以文爲？」楊君曰：「吾聞釋人之所難忘，而能喻之以至理者，唯文章之士則然。子幸終爲之，毋以不識其重辭也。」

余曰：「人生霄壤間，坎止流行，曷嘗有一定哉？譬之西風木葉，飄賁於川之中，其迴旋轉移，有直達長江者，有泊於石磯而栖於浮查者，有弗離其故處者，一委之自然而已，何所容其心哉？若膠膠泥於土著之間，殆非也。以克敬之家言之，其先本宋人，至防叔始奔於魯，遂爲魯人。其後裔亦不專居於魯也，太子少傅濬則移於會稽，撫州守博、太學博士端朝則徙於信安，通城令端植則遷於江夏，處士管則分守臨川。或閒求其故，多因患難來奔，而寖成巨族。或以詩書擢進士第，或以政事列刺雄藩，或以文學主教庠序，章綬輝黼，後先相望。初不拘拘於泗水之懷、尼山之思也。雖然，父母之邦，親戚聚焉，墳墓存焉，遠而去之，豈人情所欲哉？第以世變之來，紛紜轇轕，有非智力之可爲，能存喘息而復齒於衆士，不翅足矣，他尚何憂哉？克敬之所憂者，則宜曰：『我，孔氏之子孫也。孔氏之道，大如天地，明如日月，信如四時，堅如金石。夫人之所當學也，況吾爲其後者乎！』是則可憂也。克敬能若是，則雖闕里之遠，人孰得而愧之？脱有不然，雖衣博衣而立魯東門，日號諸人曰『我孔氏之子孫』，亦君子之所不與也。克敬慎之哉！抑余聞九苞之鶵，泱生於岐山之鳳；千里之駒，必産於渥洼之馬；用世之才，多出於神明之冑。克敬之賢，余知其不特通儒家言及能詩而已，負笈之志，蓋未艾也。他日道益凝，聲聞將日昭。江寧之有孔氏，其盛與信安、江夏諸族等，又當自克敬始也。余之有望於克敬者，不亦遠乎？」

楊君曰：「子言美矣，其理亦至矣，可以宣其沈鬱矣。盍書以贈之？」余不敢辭。

贈馬氏復姓序

馬氏本嬴姓，伯益之後。造父封趙，爲趙氏；至趙奢封馬服君，又爲馬服氏；後單稱馬者，省文也。自秦滅趙，子孫散居中原，世有位序，至唐太師北平莊武王燧爲尤盛。在宋季時，王之十九世孫某爲都統官，擁重兵鎮興國軍，遂即永興縣之辛安里家焉。統生四子，曰叔啓，曰叔經，曰叔某，曰叔建。叔建再傳而生莘。莘生世榮。世榮有雄才，當咸淳末，北兵長驅而入，荆襄皆陷，辛安豪士有起義師而勤王者，世榮實贊其謀，勢弗敵而敗。世榮歎曰：「吾世爲宋義民，不得不爾。今事不成，天也，弗避將殲厥宗。」因遁藏重山密林中，詭葉爲姓，飲水看雲以終其身。

世榮生元，幼亡二親，能自表見於世，國朝皇慶、延祐間，大官辟爲興國、武昌、岳陽三府掾，以廉慎稱。元生四子，曰謙，曰豫，曰晉，曰恒，皆業於儒。初，馬氏强盛時，析爲二支以居，咸建莊武王廟以奉祀事。元既易姓，當時序變遷之際，蠹然傷心。每帥諸子往哭於廟及祖父諸塋。哭已，呼諸子前，歷語之故，且曰：「吾馬氏也，不得已更而爲葉。吾耄且死，汝曹幸正其家牒，復求薦紳先生文以昭之，吾死目亦瞑。」元既卒，天下大亂，而謙、豫相繼亡，家又燬於兵。晉挈恒子孑走道路，幸完其生，復與有禄食。閒過濂，道事歔欷以泣。

濂聞受姓命氏，所以别生分類也。南北混淆，氏姓無辨，蓋有因襲致久而不能革者，况逢時多故而詭姓遁身者乎？古之人有墨台氏，辟難而改爲墨，又改爲怡。怡氏名寬者，有重名於時，終不能復其初姓。又有牛金之子，亦因逃患而改爲牢，又改爲寮。寮氏名點者，乃能請於朝，復氏於牛。君子之論，每不予寬，而有取於點者，在於能復與不能復而已。今晉敬承父訓，如奉璧玉，蚤夜兢兢，卒能復百年久易之姓，非所謂繼志述事之孝者乎？夫孝者，非以傳龜襲紫爲也，非以玉帛充牣爲也，明其宗胤，不使紊亂而失序者也。魯襄公時，鄫人以莒爲後，孔子作《春秋》大書曰「莒人滅鄫」，以其姓異也。夫姓異既不可以後人，而襲人之氏其可以爲宗乎？晉之是舉，實有合乎《春秋》之義。濂願學孔子者也，安得不爲文以昭晉之美乎？

愚齋集序

《愚齋集》二十卷，❶吴興林静氏所著也。初，静之系出艾軒文節公，世多聞人。至曾祖棄，❷以武舉入官，爲宋馬步水軍都統制。祖友信，仕元，官至宣武將軍、湖州路湖砲翼上千户所管軍總管。父德驥，襲其職。俱讀書知文。及生静，俊爽異常，髫齔之時，即解綴篇章，有外氏趙文敏公家法。郡二千石欲以奇童薦，父拒之。静知父意欲爲名世儒，益研窮九經百氏之書，雖老釋玄詮祕典，悉掇其芳潤，由是問學如川之增。若黄文獻公晉卿、宇文先生子貞，皆延譽之。遂用御史辟署安定書院山長，辭不赴。而元運亦衰矣。

今觀集中所著，文則豐腴雅馴，詩則藻麗典則，誠無愧於作者。求諸倫輩中不多遇也。嗚呼！爲人子孫者，毅然能以文易武，有聲動人，所謂能亢其宗者非耶？近愈篤志濂、洛、關、閩之學，寤寐不忘，則其明體適用，又有由於詩文之外者，其所至未易測也。

静嘗從予游，予嘉之，故褒之。褒之乃所以勉之也。静字子山，愚齋其自號云。

❶「集」，原脱，今據文粹本補。
❷「棄」，文粹本作「弁」。

訥齋集序

凡天地閒，青與赤謂之文，以其兩色相交，彪炳蔚耀，秩然而可睹也。故事之有倫有脊，錯綜而成章者，皆名之以文。唐虞以來，賢聖之君迭作，而其文至周特備。畫疆定野，授田分井，邦之文也；前室後寢，左昭右穆，廟之文也；車服有章，爵土有數，官之文也；鐘磬竽瑟，干戚旄翟，樂之文也；朝會燕饗，郊社禘嘗，禮之文也；振旅茇舍，治兵大閱，兵之文也；發號施令，陳經布紀，政之文也；舒陽慘陰，彰善癉惡，刑之文也。如此之故，殆不可以一二數。斯文也，非指夫辭章而已也。

昔者孔子生於周末，憫先王道衰，以四科教學者，而游、夏以文學名。其所謂文學者，儀章度數之閒，或損之，或益之，以就夫厥中，欲使體用之相資，而本末之兼該也。惜乎不見用於時君，乃退而有隱憂，始以平昔不及設施者，一寓於六經。陰陽變易之義則繫於《易》，治忽幾微之由則定於《書》，成教厚倫之道則刪於《詩》，尊王賤霸之略則脩於《春秋》，辨叙名分、悦和神人之方則見於《禮》、《樂》。豈徒示夫空言爲哉？其意若曰：先王之文，所以範圍天下者，吾不得行之。著明於經，庶幾後之人或有所興起者乎！孔子憂世之志深矣。

奈何世教陵夷，學者昧其本原，乃專以辭章爲文，抽媲青白，組織華巧，徒以供一時之美觀。譬如春卉之芳穠，非不嫣然可悦也，比之水火之致夫用者，蓋寡矣。嗚呼！文之衰也一至此極乎！

栝蒼王先生毅，字剛叔，刻志經傳，而

其所學必欲見之於實用。嘗誦言曰：「古人之所謂文者，治具也。經籍之所載者，載此而已，非若後世侈靡之文也。侈靡之文，吾不欲觀焉。吾所謂文，達吾胸中之所欲言耳，初不知有他也。」於是先生之文明白洞達，皆不假乎雕琢，而其至味自足。

先生殁後之十年，其高第弟子章君存道與其弟存誠，皆篤學力踐，能弗畔先生之教。且謂先生之爲人，固不假文以見，然非此又不足以知先生者。因輯成四卷，來請爲文之序。濂故以古人之所謂文非指乎辭章者序之於首簡，其亦近於先生之志矣乎！先生之行事，濂嘗撰爲小傳一通，備載之矣，兹不書。

筆記序

世之爲士者，貴於立言。然言不可以徒立也，必依乎經史而爲之辨證，雖或未遑竭其終始而具釋全書，所以發越其光晶而疏通其晦塞者，其爲來學瘏疑辨惑之助，而功不既多矣乎？漢魏以來，藝文之流，伸其獨見而成一家言者，亡慮數百。原其所志，亦未必不由於斯道也。奈何俗學紛紜而莫之有定。騖高遠者，宗恍惚而談玄虛；尚靡麗者，騁浮辭而矜縟製。譬諸金貝、珊瑚、木難、火齊可珍之物，出橐而分葩，升槃而回縈，非不煒煒可觀也，然而寒焉不足爲之衣，飢焉弗能爲之食，求其若菽粟布帛之濟於用者，曾何如哉？嗚呼！弊也久矣。

金華侍講黄公溍，❶以文辭冠於一代，藏諸金匱，勒於樂石，既已播厥中外。晚又出其緒餘，隨筆志之，號曰《日損齋筆記》。凡經史奥旨，昧者顯之，譌者訂之。辭雖優柔不迫，而難決之疑、久蔽之惑，皆涣然而冰釋。其據孔氏之傳而以八卦爲《河圖》，辨僧瑩之妄而知熙陵爲仁君，此尤超然自得之見。揆之於用，殆猶布之與帛，菽之與粟者歟？其異可珍之物，名雖貴而實有不足者歟！非攬之於至博而約之於至精者，不可以與於此歟？

昔者，宋景文公祁嘗著《筆記》一編，以釋俗、考古、雜説析爲三門，而上虞李衎指其瑕疵者七條。❷近代紫陽方公回亦著《筆記》一百六十餘條，而河南張恒時斥其非。二公素稱該洽，而其所失有如斯者。此無他，博焉而不能精之故也。嗚呼！必若公之此書，然後庶幾無遺憾哉！

所可惜者，公之胸中所存宜不止此，而耄年之加，厄於求文者之膠葛，竟不能有以盡筆之也。雖然，味滄海者一滴而知鹹，采鄧林者一章而知材。苟能因公之所嘗言而推見其所不言，斯可謂善學者已。

濂從公游者最久，既受此編以歸，迺私序卷端，寘諸篋衍而擇善學授焉。

羅鄂州小集題辭

有倬羅公，家於歙邦。幼名曰愿，冠字爲端良。其父吏部，内外踐敭。《春秋》之

❶「講」，原作「讀」，今據黄譽本改。

❷「衎」，原作「術」，今據黄譽本改。

學，與胡氏抗衡。生子凡六，皆爲辭章。❶公居其五，尤赫赫有芒。既收世科，歷仕縣州，出刺武昌。皂蓋朱旛，績用翕以張。

夫自五季以來，文氣日卑。宋室龍興，篤生哲師。汶陽浚其源，二尹導之；元城倡於前，范張和之。逮於廬陵，日粹以夷。臨川南豐，眉山父子，同𧮰而聯輝。清寧協順，功用發揮。精氣充斥，暢達蕤綏。變化合神，而光景弗虧。

奈何王轍既南，涉於偏頗。衰俗群趨，以事決科。浮聲切響，駢言儷辭，襲謬而踵訛。公挺其間，弗徇弗阿。濯其孽痾，障其頹波。謂六經之作，如日行天，不可以軋摩。唯秦暨漢，是則是效。接其遐軌，而視法在軻。然而畜之不弘，則動之弗振。涵志今古，潛神典墳。玩陰陽之交，察海嶽之文。覈治亂之變，通典禮之津。以至稗官虞初旁行，敷落鳥獸蟲魚之倫。凡可以資博識者，咸區別而彙分。力思精索，從莫達晨。玄功以凝，將通乎鬼神。故其形諸篇翰，鑰啓繭抽。高雅精鍊，莫之與逑。喬嶽嶢然，上凌太清，而陋夫土邱。戴冕執圭，屹若山立，而異於卉裘。棠溪之金，美則爲鏐。干將之鐵，百鍛始遒。視彼蝕鍮腐鉛，夐乎不侔。考亭朱子，取法魯騶。發人瑕纇，一髮必讐。獨推公文而弗舍者，以協理之微幽。

嗚呼！公既逝矣，遺文四行。唯於東南，粲如列星。遭時不平，遂壞於兵。其諸孫宣明，賢而有徵。懼懸黎之鏟彩，結綠之沈英。復鍥於梓，以震其聲。以開其冥，以鍧於衆聽。濂也不敏，幼誦公文，蒼白無成。搏杇壤以代碣，不壓亦傾；揉敗槊以

❶「爲」，黃譽本作「能」。

爲弧，莫使之綳。其瞻公之製作，猶應龍之降升。區區贊述，何繫重輕？姑序其作者之意於首簡，使後生小子知豪傑之士不爲衰俗所囿，而雄渾之作或當與秦漢并。

章氏三子制字説

龍泉章史君有三丈夫子，孟名存道，仲名存誠，季名存厚。既皆冠矣，嘗有爲其字者，而其配名之義有未盡焉，三子者以其父命請予爲更之。予竊自念：加冠制字，乃大賓之貴，衰朽之餘，精神遐漂，安能與聞於斯？雖然，不敢辭也。

予聞天道付予，實有恒則。唯正是將，本無頗僻。君子脩之，是之謂德。請字存道曰允德何如？人道之務，唯在乎誠。衆善之源，隨物以形。其欲致之，必由於明。請字存誠曰允明何如？地道所貴，既厚且大。深重弗遷，弘博無際。無所不負，是曰能載。請字存厚曰允載何如？

夫允之爲言信也，三子者信能察之，則無愧於名若字者矣。雖然，未也。學貴能辨，辨則不戾。視德爲虚玄，而不驗之於實德者，其所謂德，非吾之所謂德；求明於寂嘿，而不著之於民用者，其所謂明，非吾之所謂明也；視載爲易足，而不本之於龐鴻者，其所謂載，非吾之所謂載也。三子者慎之哉！

雖然，未也。辨貴乎行，不行，猶馬之無足，隼之無羽也。弘其中，廓乎使有容；制乎外，無使其沛；節其欲，不遠而復。遏絶其未然，而其天始全。泊焉其若虚，肅焉其若拘，統焉而有樞。如此，方能入於君子之塗矣。三子者勖之哉！

雖然，未也。而家自太傅公以來，以詩書禮樂衣被於子孫，極盛而休。其章紱之蟬聯，勛業之煇煌，溢於史册而播於士大夫之口者，先後相屬也。而父史君尊崇理性之學，嗜善如飴，厲行如金石。而三子者又各有士君子之操，或提義旅以鎮捍鄉邦，或攄所藴以著澤物之仁，或酣志書詩以纘其先緒，亦既綽有令譽。而子猶諄諄爲是言者，進學之功無已，而繼志之責不易也。必使上不愧天，中不愧人，下不愧地，斯善矣。三子者勉之哉！

雖然，未也。薛氏有三鳳焉，才非不高也，而德則鮮也。賈氏有三虎焉，位非不榮也，而德則鮮也。宋氏有三絶焉，才非不多也，而德則鮮也。非三子者之所樂聞也。三子者之所樂聞，其殆聖賢之學乎？予之有望於三子者，可謂遠也已矣。三子者其懋敬之哉！其懋敬之哉！

猿説

武平産猿，❶隕毛若金絲，閃閃可觀。猿子尤奇，性可馴，然不離母。母黠，不可致獵。人以毒傅矢，伺母間射之。母度不能生，灑乳於林飲子，灑已，氣絶。獵人取母皮，向子鞭之。子即悲鳴而下，斂手就制。每夕必寢皮乃安，甚者，輒抱皮跳擲而斃。嗟夫！猿且知有母，不愛其死，況人也耶？

鄭氏名濂解

余友鄭仲德氏間叩余曰：「幸與子同

❶「武」，黄譽本作「昌」。

名濂，而論者屢病濂字之義無據，子亦知有其説乎？」余謝之曰：余固寡陋，至於父命之名，則豈容有弗知之理耶？請得而略陳之。

按濂字始見於《周禮》之《輪人》，其文曰：「雖有深泥，❶亦弗之溓也。」❷鄭玄借作粘音，注謂「泥不粘輻」是已。許慎《説文解字》唐人所抄舊本則曰：「溓，力簟反，從水從兼，或從廉，薄冰也。一云中繩小水，又云淹也。」徐鉉所定新本則又曰：「溓，力鹽反，從水兼聲，薄水也。一云中絶小水。」不言「或從廉」。以余觀之，「冰」必「水」字之誤，「繩」必「絶」字之訛。所謂溓，則水之淺薄者爾。由其淺薄小水，故中絶也。若誠作「繩」作「冰」，❸則於義難爲訓矣。雖曰郭璞《山海經傳》有「山河無險，四徹中繩」，及酈道元《水經注》有「水自下通爲繩」之語，終不若「絶」字爲暢意者。鉉見唐本之謬，爲之校定如此，亦未可知也。又按顧野王云：「溓與濂同，里兼、里忝、含鑑三反，薄也，大水中絶，小水出也。」其説與鉉正合。豈鉉之所校定者，實有本於此耶？

又按《黄帝内經·陰陽類論》曰：「陰陽交期在溓水。」楊上善云：「溓者，水静也，七月水生時也。」細玩《經》之下文，以石水盛水同喻，則冬月水冰如石，盛則雨雪，皆解爲水之時，則「溓」之爲義，似與「小水出」之意粗同。鉉之所定，當益可信不誣矣。至若晁説之謂「溓」字從兼，亦本文廉字，非兼并之兼者，固不察「兼」乃諧聲之

❶「泥」，原作「沈」，今據文粹本改。
❷「溓」，原作「濂」，今據文粹本改，下同。
❸「誠」，原作「試」，今據文粹本改。

義。而樓鑰所云「字書無濂字，林黄中疑後世所加，若元結之唐峿浯」者，亦不考舊本「或從廉」及顧氏「溓與濂同」之説。近者楊恒著《書學正韻》，自負該博，輒輕易改「絶」爲「統」，尤與「小」字之義不相合也。然而「溓」字在《周官》，則宜作力鹽反，而以「淹」訓之，其義亦通，正不必借音。戴侗溺於鄭説，乃於《六書故》收粘音之「溓」，而於廉音之「濂」則不收，又可笑也。

矧此字本無深義，特以濂溪周子而顯。以濂名溪，乃道州營道縣小澗，去州城之西二十里而近，初亦以小水得名。胡珵云「楚粤之間，方言謂水小者爲濂」，亦一證也。周子家於是溪之上，晚寓九江蓮花峰下，不欲忘其初，遂用故里之號，亦以濂名溪。黄庭堅作《濂溪》詩，則謂「溪名周子之所自取，而濂爲清廉之義」，則其説尤異於所聞也。余老且多病，舊學廢忘十至八九，其言雖覼縷不輟，未必可徵，仲德尚求大雅之士而正焉。不須病「濂」字之義無據，而期師法濂溪其人斯可矣哉！或者則曰，韻書云「廉，儉也」，《釋名》云「斂也」，皆有收縮之意。釋字唯四聲最近，濂之從廉，其爲薄水，❶豈不昭然也哉？此論頗有補於《説文》，復繫之。

宋文憲公全集卷四十四終

❶「水」，原作「冰」，今據文粹本改。

宋文憲公全集卷四十五

孔子生卒歲月辯

或有問於濂者曰：「孔子之生，傳記所載歲月不同。公羊氏云：『魯襄公二十一年冬十有一月庚子，孔子生。』穀梁氏之説，年之與日同於公羊，而謂『冬十月，孔子生』，則與公羊實差一月，月固差矣。至賈逵注二十一年經云『此年仲尼生』，昭公二十四年服虔載賈逵語云『仲尼時年三十五』，則皆以孔子爲二十一年生也。司馬遷著《孔子世家》云『孔子生於襄公二十二年』，則與公羊、穀梁實差一歲。日則雖與公羊同，❶而月復與穀梁異。杜預主司馬遷以注《左氏傳》，謂『二十二年生』。司馬貞主穀梁、公羊以證《史記》，謂：『二十一年生，遷誤爲二十二年者，蓋以周正十一月屬之明年也。』孔若古主公羊、穀梁，謂爲不易之論。胡舜陟主司馬遷，謂如穀梁、公羊所書，則孔子出處之年與經史諸子皆不合。孔宗翰亦主司馬遷。羅泌之議，略與宗翰同。洪興祖主穀梁，而謂周家改月十月二十一日庚子，即夏之八月二十一日。馮去疾見傳記異辭，則造爲調人之言，曰：『襄公二十一年，❷實己酉之歲也，是歲八月置閏，以曆法積之，則大雪節當在十月十七日或十八日，是爲十一月朔氣，又三四日方爲

❶「則」，文粹本作「月」。
❷「一」，原脱，今據文粹本補。

庚子，是孔子之生已在十一月之節矣。既在十一月，則是二十二年庚戌歲首無疑。公羊書爲十一月，似誤而非誤也。司馬遷書爲二十二年，而又謂孔子之年七十三以卒，亦未嘗誤也。穀梁於年於月皆據實而書。公羊於年亦據實而書，於月則以節書，謂有日可以表見也。司馬遷於年則以節書。三者皆非誤也。』若是，衆言之不齊何如？」濂應之曰：「公羊、穀梁二氏，傳經之家也。傳經之家當有講師以次相授，且去孔子時又爲甚近，其言必有據依。司馬遷固良史，則後於穀梁、公羊者也，吾則無徵乎爾。孔子所生之年，吾當從公羊氏、穀梁氏。然以《春秋長曆》考之，二十一年己酉十一月無庚子，庚子乃在十月之二十一日。孔子所生之月，吾當從穀梁氏注家，謂『己酉』爲『己卯』，卯、酉之文相近，故誤書也。」

曰：「孔子周流諸國之年，《世家》所紀多可攷，宋之大儒或取之。若如子言，無不遲一歲者，遷尚不足信乎？」曰：「衛靈公之時，孔子適衛，又適陳，匡人以爲陽虎而拘之。《世家》謂『孔子使從者爲甯武子臣於衛，然後得去』，按武子仕於成公之朝，至穆公末，武子之子相已與孫良夫將兵侵齊，則武子年當耄矣。復歷定、獻二公凡三十七年，至靈公三十八年而孔子至衛，使武子猶在，其年將一百五十有餘歲矣。武子之事然也，孔子之年乃獨可信乎？非惟此也，孔子去魯，《世家》謂定公十四年，❶《年表》則又謂爲十二年。以《年表》爲是，則《世家》爲非；以《世家》爲是，則《年表》爲非。一書之中自相矛盾若此，他蓋不足深

❶「公」，原脱，今據文粹本補。

論。《皇王大紀》曰：『遷載孔子言行，不得其真者尤多。』言行且爾，而況於年乎？」

曰：「洪興祖謂周之十月即夏之八月者，然乎？」曰：「非也。三代雖異建，而月則未嘗改也。殷嘗建丑矣，《書》則曰『惟元祀十有二月』，漢嘗建亥矣，《史》則曰『元年冬十月』。舉前後以例之，則周制可知。孔子作《春秋》，行夏之時，爲萬世法，不過截子丑二月於前歲之終耳，月固不之改也。否則春入於夏，夏入於秋，錯亂而不成歲矣。」

曰：「馮去疾謂十月庚子在大雪後，即爲十一月者，可乎？」曰：「亦非也。世之星史曆生以六物占人休祥，當氣會之交，固有生於己酉而以庚戌歲推之者，孰云吾儒乃有是耶？此野人之語，舍之勿以汙齒牙可也。」

曰：「孔子之生，予既得聞命矣。其卒之時，亦有一定之説乎？」曰：「左氏云『魯哀公十六年夏四月己丑，孔丘卒』，❶司馬遷遵之，諸儒又從而遵之。理之所在，孰得而違之？故孔子所卒之年，吾當從左氏。然十六年乃壬戌之歲也，是歲四月戊申朔，有乙丑而無己丑，己丑乃在五月之十二日，己與乙文亦相近，故誤書也。所謂乙丑，則四月十八日。謂當夏正二月十八日者非也，謂十六年爲辛酉，己丑日爲戊戌者，亦非也。自壬戌歲上遡己酉，孔子之年乃七十四，謂七十三者尤非也。」

曰：「近代王應麟，博極群書者也，頗致疑於是，而謂今不可考矣。子乃質言之，何耶？」曰：「衆言紛淆者，當折衷以經。

❶「丘」，原作「某」，今據文粹本改。

經無明載，當索之於傳。索之於傳，不猶愈於史乎？謂今不可考者，過矣。」

曰：「子之言辯則辯矣，夏、周二正，千古難決之疑也，何言之若易易耶？」曰：「是非爾所知也。雖罄徂徠之松以爲煤，盡剡溪之藤以爲楮，未能竭吾喙也。他日當爲受《春秋》者詳焉。」

覈生辯

監察御史上饒游君元敏，以覈生爲號。進賢包先生希魯爲之解，多至七百餘言，以「覈」與「核」通，故於果核函仁之義甚悉。美則美矣，而非元敏之意也。

蓋元敏之先，實居閩中，宋時有爲名御史者。今元敏以文學、法律著稱於時，亦擢居是官，其自謂覈生者，殆將留心於聽訟之事乎！何以知其然哉？予按《説文》：「覈，實也，考事襾笮，❶邀遮其辭，得實曰覈。」覈之文從襾，而敫則諧聲也。徐氏從而釋之曰：「實，謂考之使實也。襾者，人覆之也。笮，迫也。邀者，要其情也。遮者，止其詭遁也。所以得實也。」又按《尚書》曰：「兩造具備，師聽五辭。五辭簡孚，正於五刑。」孔子亦從而釋之曰：「五辭簡核，信有罪驗，則正之於五刑也。」大抵簡核誠信，有合衆心，惟察其貌，有所考合。所謂察其貌者，即《周官》之五聽也。由是論之，「覈」之爲義，原其所自出，豈不在此而不在彼乎？

夫獄者，法令所託，乃以生萬民也。求其無生，始以法死之，其可不敬慎之乎？

❶「襾」，原作「西」，今據文粹本改，下同。

元敏孳孳弗忘，復大書著於心目之間，可謂良御史矣。先生則謂「果之仁，必以覈；而得人之仁，必反觀内求而後見」，不亦取類之遠乎？且古人之序學功曰窮理，曰致知。窮，究也；致則推極也。初未嘗言覈也。覈則讞鞫之意，多使無情者不得盡其辭也。嗚呼！何可同哉？❶

會予有疾，不能竭其所欲言，謾略辨之如斯。然亦自意一偏之見，未合大方，而先生之論則偉矣。

辯蘭

《王度記》曰：「古者之摯，天子鬯，諸侯薰，大夫蘭，士蓝。」則蘭爲瑞草而取貴於世也尚矣。然其種有九，而九之中又有山、澤二者之殊。生於山者，其葉類茅，當春氣初發，有莖出其荄，長可六寸，而一華冠其顛。華絶香，每行逶迤深谷間，微風忽過，而清馨悠悠遠聞。故昔人有云：「芝蘭生於深林，不以無人而不芳。」此花質易萎而不可佩服者也。生於澤者，廣而長節，節中亦高四尺。漢諸池苑及許昌宫中皆種之以降神；或雜粉中藏衣，皆取其芬芳耳。即所謂蘭，又所謂都梁香，故昔人之言「士女秉蘭，必於溱洧之曲」。然華葉俱香，而可充佩者也。澤中之蘭，吴郡陸機明之；山中之蘭，豫章黄庭堅始能詳著其説。或者不察二者之異，徒泥「佩帨蓝蘭」之文，力詆庭堅爲非，於是學者始病不知所從矣。

京口徐仲輝性愛蘭，室之東西列植者，皆蘭也。金華宋濂故爲作《辯蘭》。雖然，

❶「何可同哉」，文粹本重復。

草之類夥矣，其難辯者亦衆矣。唐一物也，許慎以爲菜名，郭璞以爲今之菟絲也。緑竹一物也，陸元恪以爲草名，李石以爲今之篁竹也。矧蘭乎哉？仲輝更求博雅君子質之，慎毋以予言爲足信也。

擬漢賜衛青璽書

皇帝使謁者問大將軍青：朕以眇身託於諸侯王上，萬方嚮風，唯匈奴未款塞，且登我叛臣，計謂漢兵不能度幕輕留，數寇邊，邊民不得田作，❶朕心靡寧。今遣大將軍將四將軍出定襄，驃騎將軍去病出代，各將五萬騎步兵，踵軍後數十萬人，必深入赴利，禽獮而草薙之。且虜逐水草食，聞大軍至，多藏匿山中。册其必有伏卒。有伏何以制之？將軍預爲備，跡捕山間虜且盡，乃爲便。中國爲虜所苦者日久，將軍乘吏士鋭氣，當一鼓而克，勿延期。虜土地寒苦，漢馬不能冬，功脱不蚤就，進退惟艱爾。當今智謀勇功，誰復如將軍者？即將軍不滅虜，虜將孰滅哉？問者虜入上谷，殺略吏民，將軍擊卻之；右賢王寇朔方，將軍率六將軍圍之，得裨王十餘人，衆萬五千餘人，畜數十百萬。將軍屢建功高，即此行寧有不利耶？朕已下丞相御史趣刻印，侯幕府以功上，使使者即軍中益封爵，將軍勉焉。驃騎將軍與將軍一體人也，其立功有如將軍。前將軍廣年耄且數奇，毋令當單于。秋向高漠，❷北風苦勁，將軍强食，慎兵事，自愛。

❶「邊」，原脱，今據文粹本補。
❷「漢」，文粹本作「幕」。

擬孝武南巡金石刻文 按《水經注》及《十道·四蕃志》所載而補。

皇帝臨御，撫有四極，上與神通。行幸雍郊，親祠五畤，白麟顯明。如厥汾陰，后土效靈，地祇元光。❶五年之冬，行南巡狩，至於盛唐。望祀虞舜，九疑鬱葱，天柱用登。上凌峻極，直薄泰清，眺望汪洋。遂自尋陽，下浮大江，射蛟水中。輯江淮物，會大海氣，以合岱宗。上天報享，著厥靈貺，民用平康。協氣自順，災害不作，利澤攸長。在昔神禹，刻石紀功，百世彌章。群臣從行，請勒遺制，昭示萬方。

咨目童文 有序

走也病目，視不及尋，簡禮越度，速譽招刺。乃抽隱思，引物媲義，作咨目童文。文曰：

咨爾童子，我目之精。凝媾五神，配合三靈。素質西皓，圓暈東青。南丹注眥，北玄孕睛。約束臉胞，黄中之英。氣幾内動，藏系外徵。啓闢人牖，通洩天明。聚爲根蒂，敷爲華榮。衆咸允賴，爾獨失貞。孰不若電，洞觀八紘。爾於只尺，不分五牲。誰不如月，照徹七經。爾顙湊几，僅辯一丁。此明而執，熟眎弗迎。彼不面識，反揖而承。頰或自泚，顔常發赬。辟如水母，藉蝦

❶「元」，文粹本作「見」。

始征。又如野狼，挾狽則𨑩。皆爾弗職，以玷我形。

童子曰噫！何言之戾？賦授自天，初無恒制。堯眉八彩，岳黃以毳。聃耳無輪，慎頟斯贅。尼口類海，敦陘且鋭。澤鼻如蝎，欽直而細。四者猶殊，目胡不異。或牟其參，表厥明叡。或角而方，遐舉長世。或瞭而揚，或眵而翳。壹囿於玄，我則何繫？矧子淫書，膏焚晷繼。摛掞辭藻，搜剔文藝。肺鏤肝雕，心鉥腎劌。我剞我揉，我斲我弊。八廓注邪，五輪受厲。靡精弗喪，有明益瘥。我合子躬，如左右契。子榮我尊，我跦子盭。豈圖子玷，成此左計？

咨爾童子，爾辭固臧。傳以正理，則涉於涼。形雖異賦，爾宜自强。何取其窳，乃釋其良。書淫所致，尤墮意量。冬映雪席，夏聚螢囊。刺股流血，懸髻於梁。未聞其目。遽縮晶光。是謂遁辭，君子所襄。星野有舍，雲漢成章。測步幽眇，挈度禨祥。❶爲爾之故，不知低昂。三條占限，兩戒畫疆。氣勢旁魄，民物浩穰。爲爾之故，足不及行。述此二端，餘可類詳。尚飾巧言，陳法列方。孰爲曲直，敢矯而亢。

童子曰噫！士貴自謀。匪姣足恃，唯道是遒。考亭有熹，廬陵則脩。厥視雖短，所履孔優。一紹道緒，上遡魯騶。完經翼傳，衣被九邱。一昌其辭，出孔入周。有光赫赩，昭著參游。❷子不此即，而反我讎。椒蜂彌豹，豈無炯眸。鼓辭樂禍，腥聞不收。偃瞻文眇，世所嘲咻。內美之章，玉瓚黃流。子苟弗悟，自貽大郵。何河而戹，何

❶「禨」，原作「機」，今據文粹本改。
❷「著」，文粹本作「若」。

漆以休。何青以誇，何肉而囚。子勿寘思，棼若繭抽。遺形全智，與造化游。我雖俚言，實爲遠猶。毋慚墨墨，成此緎緎。

童子言已，我心之疚。蒙倛既寢，斷菑亦陋。植鰭太纖，削瓜匪秀。號尊聖哲，名亘宇宙。非形之妍，唯德之茂。況目在形，賓筵一豆。雖旄非瞽，物亦云覯。縱瞽焉尤，有用輒售。矇瞍三品，備予樂奏。《國語》成書，事明若晝。矜察秋毫，或速殃咎。潛曜自將，神腴内富。五色免惑，一誠自守。幸遂遵養，庶絶馳驟。禍福倚伏，理嘗易究。所憂忘荒，如醬四酎。本實不培，枝葉巧湊。弗別莠禾，徒煩薅耨。童習固勤，白紛罔就。千古居前，萬世在後。虛生其間，冠裳猿狖。自今伊始，啓矇撤覆。責躬靡遑，敢目之詬。我道之凝，我學之懋。上慎旃哉，吾言不又。

逐鶪文

蚊，害物蟲也，凡有血氣者恒病焉。然其所化不一：江南有孑孓，生洿水中，好屈伸水上，見人泳去，久則蜕爲蚊，此蟲化也；塞北有蚊母草，草楙而蚊變；嶺南有蚊子木，實如盧橘，熟則綻，蚊出實空，此草木化也；江東有蟁母鳥，生池澤茹蘆中，形類烏鸓而大，黄白雜文，鳴如鴿，每鳴吐蚊一二升，此禽化也。《爾雅》、《淮南子》、李肇《唐史補》、陳藏器《本草注》，頗載其事。以予觀之，四類之中，唯蟁母出蚊特夥。蟁母，鶪也。予因作《逐鶪文》，使鶪可逐也，則人之胎禍戕物者，其知所警也夫。文曰：

來，汝鶪！上堪下輿，萬物並育。各全其生，以蕃以族。跳飛繽繙，蠉動蹙衄。

鱗介潛淵，毛蹄藏陸。文華璀璨，形模繚曲。游泳同嬉，喊呀相逐。既拘於氣，曷禁夫欲。大或啗小，衆將壓獨。唯類之求，於人敢觸。

來，汝鵰！相度爾生，厥形甚微。賦質黖昧，欒生穢卑。❶啄礫蠡蛤，捕索黿魚。含蓄侂反，❷軒露掘奇。非疢噦嘔，無疾唾洟。産醜衒惡，朝息夕孳。不胎而凝，憑化而馳。不卵而孕，與涎相依。初若蠢萌，漸則奮飛。

來，汝鵰！爾腸刀鏃，爾胃芒刺。不爾之虐，所出曷異？嗚如雷殷，聚若雲翳。緣撲腠肌，嚼嘬口咡。投間抵隙，潛察默覷。體如粟眇，吻若錐利。中有豹腳，勢尤可畏。高沙甃女，西洋死吏。艾熏徒力，羽扇不避。我人尚然，矧彼物類。

來，汝鵰！物豈無嘔，與爾不同。兔口出子，一氣之從。驢嗌吐絲，局厥異封。鳥能噉金，昆明所鍾。雞或懸綬，色眩黃紅。惟爾肆孳，胎此禍凶。草木所化，洿水是宫。無若汝慘，厥害則鴻。予今逐爾，欲滅爾蹤。

嗚呼！我梃之將兮，其長媲矛。爾鵰我逐兮，亟去勿留。往彼北荒兮，其土幽幽。鬼物披攘兮，豺兕咿嚘。爾宜吐蚊兮，韜彼若讎。胡宅中土兮，自貽大郵。我逐爾鵰兮，下民用休。鵰既逐兮，梧桐晡晡。鳳凰下徠兮，鳴聲噦噦。

鄭柏加冠祝辭❸

浦陽江上有旌義之家曰鄭氏，其子姓

❶「卑」，原作「草」，今據文粹本改。

❷「反」，文粹本作「仄」。

❸文粹本題作「鄭柏加冠追補字辭」。

多從余游。有名洧者，執經爲最久，近又攜其子柏請曰：「柏加巾時，賓字之曰叔端，而祝辭尚闕，願先生追補之。」余聞記禮之家，以竹箭有筠，松柏有心，居天下之大端，故貫四時而不改柯易葉，蓋喻人之得禮則内諧而外無怨，旨哉言乎！今柏之門，内外邕穆，且十葉聚食矣，非禮有以管攝之，惡免無乖盭哉？夫端者，本也，釋者謂四物最得氣之本，❶用此而不變傷。以端爲字，配名實宜。於是申之以辭。辭曰：

齊家之道，人情爲田。脩禮以耕，耒耜用宜。薅其蕪穢，灌以淵泉。時功既施，遲彼有年。逮其大備，食之肥鮮。稽類取譬，柏號最堅。暨於松筠，同得氣原。青貫四時，柯葱葉芊。外柔内澤，本固末緜。我挈其綱，物莫敢先。藉禮爲政，孰謂不然？民則底定，天和斯全。釋回增美，植正斥偏。情通上下，曾無間言。揆諸稼事，理不少愆。爾生鄭柏，紳緌蟬聯。由禮達義，世已十傳。煦然春温，嘉生縈駢。旌書煒煌，降自九天。爾生已冠，學維戔戔。朱脣漆鬣，玉潔珠圜。元賓加布，三祝於筵。取端配名，勖爾致虔。當爲鬯卣，與鬱迴旋。勿隨鮮葩，衒奇競妍。此謂敦本，確執弗遷。循名責實，夙夜乾乾。祝辭止斯，爾其勉旃。

廣漢難辭

難，古禮也，周人三時皆行之。春冬之季難，難陰氣也；仲秋之月難，難陽氣也。蓋二氣或佚，厲將乘之爲災，故難以止焉。

❶「物」下，文粹本有「於天下」三字。

其制，命方相氏帥百隸，索室區疫以逐之，又磔牲以禳四方之神。漢襲周制而其儀加詳，選中黄門子弟百二十人爲侲子，赤幘皁制，執鼗。方相黄金四目，蒙熊皮，玄衣朱裳，執戈揚盾。十二獸有衣毛骨，❶中黄門行之，冗從僕射將之，以逐惡鬼於禁中。夜漏上水，朝臣會，侍中尚書、御史謁者、虎賁羽林、郎將執事，皆赤幘陛衛，乘輿御前殿。黄門令奏曰：「侲子請備逐疫。」於是中黄門倡，侲子和。其辭凡八十言。繼作方相與十二獸儛，讙呼徧前後省者三，持炬火送疫出端門。門外騎士以次傳火，棄雒水中。自漢至今，朝廷之難雖廢，而民間猶有存者。先臘一日，巷氓社隸飾鬼神貌，御五色龍虎文衣，巡門擊鼓而難之。予惡其言鄙褻，因疏古者用難之意，復廣漢辭使習焉。其辭曰：

陽陰乘化，左右而行。日歷昴畢，得積尸大陵，其氣勃芒。更涉虚危，墳墓西司，鬼官攸房。厲附强陰，而降於釁殃。咨爾十二神，宣其威良，燚突劍亢。胇胃食虎，甲作食殈。雄伯食魅，騰簡食不祥。攬諸食咎，❷伯奇食夢，祖明强梁。共食磔死寄生，委隨食觀。錯斷食巨，刳其腎腸。窮奇騰根，同享於蠱，毋使害傷。咨爾十二神，鍛爾戎兵，出軓四方。吮厲之衁，以代酒漿。解厲之肌，以充糗糧。絲厲之腱，織以爲衣裳。斥除慝陰，暢回明陽。乾坤載清，物楙民卬。惟爾神之功，神或不蘉。上帝是明，急急如律令。

❶「骨」，文粹本作「角」。
❷「攬」，原作「攪」，今據文粹本改。

補雩壇祝舞歌辭

《周官》有：「司巫，掌群巫之政令，若國大旱，則帥巫而舞雩。」漢法：夏不雨，祀竈，毋舉土功，更火浚井，暴釜於壇，杵臼於術。爲四通之壇於邑南門外，方七尺，植赤繒七。其神蚩尤，祭之赤雄雞七、玄酒。具清酒、摶脯祝。齊三日，服赤衣，拜跪陳祝辭。以丙丁日爲赤火龍一，長七丈，又爲小龍六，長三丈，❶於南方，皆南向。壯者七人，皆齋三日，服赤衣而舞之。司空、嗇夫亦齋三日，服赤衣而立之。鑿社而通之閭外之溝，取五蝦蟇，錯置社之中池，方七尺，深一尺。酒脯祭齋、衣赤陳祝如初。取三歲雄雞、猳豬燔之四通神宇。令民闔里南門，開里北門。幸得雨，報以豚一，酒鹽黍財足，以茅爲席。然周制久廢，典午以降，漢法亦不行，而祝辭尤闕。歲丙申夏旱，群巫雩於山川之神，予既書其事，復補以辭使歌之。❷辭曰：

於泰鴻，冒下民。動以化，時屈伸。煜朱鳥，❸萬物甄。亢則害，陽畢屯。土膏秏，蓊欲瘠。田畯奔，勢維礩。壇四通，傻明神。神中臨，勃如煙。

鬯嘉錫，燦若羅藹。握薦豕，炳膋蕭。灌鬱金，匊芳茮。❹氣上延，合溟滲。洞五精，貫八幖。茫無外，莽倏倏。門沆碭，駕以猋。俯下土，無不釗。

鬱行風，羽輪翔。玄黄變，慘復爽。衆

❶「丈」下，文粹本有「五」字。

❷「補以辭使歌之」，文粹本作「補其辭使巫歌以舞焉」。

❸「煜」，文粹本作「爗」。

❹「茮」，原作「菾」，今據文粹本改。

婷集，亢景章。薆然存，索之亡。爍陰明，迴叢陽。符翹襟，逝弗忘。崇明禋，成穡功。憑紺筵，嚴以邛。

應上公，與天通。植赤繒，驂紅龍。左列缺，右豐隆。流火降，鉅若鴻。鬼婦劉，散爲風。灑靈注，徧四封。函斯活，穎茸茸。衆維魚，兆已從。

融祉暉，毓宵氓。甫田阜，物豫成。風平平，綽以行。人臾與，鬼肸蠁。耿曜振，霈充盈。神心暢，樂茫良。四寓綏，萬國洋。洽大康，慶昭膺。

録歔人申鮮生辭

龍門子傳《周官》將成，鼓琴潛溪之上。初調清角，更轉黃鍾，音節熙醇，神氣恬康。鼓已微步，其樂若洋洋者。歔人申鮮生舍罟而來揖龍門子曰：「先生何樂耶？」龍門子曰：「子試言之。」

生曰：「今之人奮欛争秩，嚼齒分名。舔談涎流，迴繞神營。闊略機穽，企豔鼎纓。許史聯鑣，金張並旌。而先生龍蛇相淆，雅俗不形。確守貞固，刊落浮榮。此固不足以累其情。今之人雞號而奔，日入弗息。沈溺食貨，罄竭籌筴。火生目間，雹飛舌隙。障簾自欺，鎖核成惑。而先生被毳荷旃，温如繒帛。飯糗羹藜，甘若飴蜜。此固不足以穢其跡。今之人竦身鷹奮，用志鳥頑。舒翹燕趙，振穎荊梁。八闗度轡，三峽戒航。悲歌弔古，感慨成章。而先生如雉三伏，若龜六藏。冥情中閈，息景菀桑。此固不足以蕩其衷。今之人肆情忘世，耽詠碩邁。曳索被裘，拾穗服莎。洗耳箕上，種芝巖阿。潔身亂倫，傷義則郲。而先生久藏巨器，思拔人痾。俟時而行，與世委蛇。此固不足以同其科。若此數者，皆非先生之所樂也。先生之所樂者，我知之矣：經緯今古，評騭文辭。本根培壅，柯條紛蕤。大則苞八殥，小則入一絲；卑則抵重淵，高則凌赫曦。追邇轍者，則或秦而或漢；攀遠駕者，則或殷而或姬。揆序有度，囊括無遺。靡賾弗探，何罅不窺。抑之則驚霜夏隕，揚之則寒谷春熙。闢陽闔陰，出神入奇。譬諸圜鍾爲宫，主房星，定卯位，而樂奏可享於上帝；鳥雲山兵，棲岑峰，觸盤石，而武車可張於軍威；迅霆出火，喪七筴，燔喬木，而天聲可震於魑魅；火龍黼黻，戴日星，挾藻粉，而文采可華於卷衣。且子雲思高而吐鳳，士贇才澀以夢龜；紹述海涵而地負，退之横騖以川馳；子壽輕縑而素練，景先膩體以豐肌。何莫不嗜於斯？先生之所樂或在兹乎？」

龍門子愀然曰：「子以我樂於治文乎哉？何卑我之甚也！在昔姬旦，輔建太平。分職設官，陳紀立經。八法著式，三兆垂程。揭其朗曜，統此列熒。秦燄既慘，周典失明。河間有獻，考工是徵。劉歆挺起，博士始陞。杜承鄭繼，句準文繩。群工異見，衆説作朋。瀆亂不驗，陰謀從衡。制淆新室，禮亂詛盟。攘斥不遺，徒惑世聽。前王大法，信有足憑。末世附離，闢之則逞。載疏載翦，且損且乘。浮翳將斂，大明用昇。編簡垂就，樂寓於聲。子不吾知，乃以爲悦於文耶？抑吾聞之，安絶潰者，以天下之水無過其大，而不知有渤澥之宏深；尊培塿者，以宇内之山無踰其高，而不知有岱華之峻極；溺觚翰者，以古今之學無出於文，而不知有經術之淵奥。予雖不敏，竊受教於君子矣。方將瘖寐於黃虞，情思乎孔周，重明一代之典，以垂百王之憲，子乃以文士況我，不亦左乎？」

於是漁父悵然顧予曰：「有是哉！有是哉！吾今而後，不敢復相天下之士矣。」乃歌曰：「大素既雕兮，日趨彌文。五采絢爛兮，以汩吾真。中有一夫兮，其色誾誾。游心古初兮，隨道屈申。欲鼓芳風兮，以扇游氛。我將從之兮，不知其門。」歌已，負罟而去。

録客語

予養疴官舍，有三客候予，予命侍史速入，環坐榻前。甲客云：「近有奇事：臨川浮屠曰法循者，常行舦舟三昧，一夕示寂，闍維，心獨不化，乃集熾火煅之。俄出五色光屬天，就視之，獲佛像高三寸，非金非石，其顔面手足及衣之襞積若刻成者。因取寘淨庋上。次早觀之，設利已纍纍生矣。」乙客云：「惡有是爾？構虛飾僞者爲之，以欺世耳。」丙客云：「不然也。某在瀫水時親覩一事，與臨川正類。有優婆塞負販淮中，遇異人，授以禪觀之法。逮歸，不言不笑，唯好同結廬山社者游。死後火葬，心内包觀自在像，鸚鵡、軍持皆具，是未可非也。」三客言已，復相質於予。

予不能了有佛之信否，姑以所聞明之。昔波斯人來閩，相古墓有寶氣，乃謁墓鄰，以錢數萬市之。墓鄰諱不與，波斯曰：「汝無庸爾也，此墓已無主五百年矣。」墓鄰始受錢。波斯發之，見棺衾肌肉潰盡，唯心堅如石。鋸開觀之，佳山水青碧如畫，傍有一女，靚糚凭欄凝睇。蓋此女有愛山癖，朝夕吐吞清氣，故能融結至於如此。嗚呼！孰謂行舦舟三昧者而無奇驗乎？吾心之靈，實參兩間，無物弗該，無理弗囿。人能用志不紛，則上可致日星之變，下可召物産之祥，豈徒見諸身心而已哉？第可憾者，爲物所移，自塞自損，而不能與天地同耳。悲夫！予故備録客語，以爲吾黨學聖賢之勸。

御賜資治通鑑後題

元順帝即位之九年，海宇晏寧，文治誕敷，乃開宣文閣，設經筵，詔翰林諸臣分番進講，復出司馬光所編《資治通鑑》分賜近臣。集賢大學士浦陽吴公直方，時爲大長秋官屬，實獲與兹寵榮。公既引年歸江南，慨念上之恩不可忘，命郡諸生宋濂備識之，以示子孫。

濂聞先代典籍遭秦焚滅之後，至漢孝文時漸采用之。自時厥後，遵用儒術，竊意簡册流布已久，公卿大夫必咸習之。及觀《東平思王傳》，王以上之叔父來求《太史公書》，大將軍鳳白不許。然後知天下之書尚多藏於祕府，雖以王室近屬，有不得易見之。夫以王室近屬且若是，則其他疏遠之臣尤可知矣。嗚呼！《太史公書》其褒善貶惡之義多取則於《春秋》，顧乃靳而不許，是何漢德之不弘也哉？方今朝廷更化，稽古右文，公卿大夫孰不知讀《太史公書》？上方以謂歷代之史有資治道者，莫備於《通鑑》一書，復出以賜近臣。天光下臨，衣被萬物，聲教所及，罔間朔南。嗚呼，盛哉！

濂也不敏，間嘗上謁於公，獲觀此書於存心堂，黄綾爲褾，整飭嚴焕。於是拜手稽

首而識其後。非惟昭公遭逢之盛，而使後世珍襲惟謹。至於聖代文治之隆，有非漢世之所可及者，他日太史氏亦當有所采云。❶

題魏受禪表後

右《魏受禪表》一通，劉禹錫以爲王朗文，梁鵠書，鍾繇鐫字，世號之爲三絕。筆法勁拔如鑄鐵所成，蓋得蔡中郎之遺意。至唐人效之，則流於娬媚矣。朗字景興，東海郯人也，史稱其文博而富贍。觀此碑，蓋可見云。

題梁元帝畫職貢圖

梁元帝《職貢圖》一卷，自且末、中天竺、師子、北天竺、渴槃陀、武興番、高昌及建平蜑、臨江蠻凡九國，前圖使者形狀，後列其土俗、貢獻歲月，而各國咸如之。絹素剥蝕，幾若不可觸。古誠古矣，然猶有可辯者。

據梁元帝即蕭繹，其字世誠，武帝第七子也。《梁書》稱其任荆日畫《番客入朝圖》。《名畫記》遂因其說，亦云畫《職貢圖》并序外國貢事。又據裴孝源《公私畫録》所載，梁元帝畫六卷並有題印，而無《職貢圖》，又云「《職貢圖》三卷，江僧寶畫，乃隋朝官本，上有陳梁年號」。後來議者謂裴貞觀中人，官爲中書舍人，距繹時尚未遠，其言當可徵。洛陽任子羔一祖裴說而駁史氏

❶ 文後，黃譽本、四庫本有「至正十五年正月望日里生宋濂謹記」十五字。

之妄，踰數百言。則此圖已不能定於何人所作矣。況繹以湘東王鎮江陵，與岳陽王詧互相攻戰，曾無寧日。詧遂降魏，魏遣柱國于謹取江陵，繹焚古今圖書十四萬卷，歎曰：「文武之道，今夕盡矣。」繹尋遇害。竊計其時，繹亦何暇娛情於繪畫之事？脱誠有之，亦與十四萬卷同歸灰燼矣，惡能至於今日哉？此濂之所未喻也。

又據李龍眠手帖云「梁《職貢圖》首虜而終蜑，凡三十餘國」，而所謂三十餘國又皆不與史合。自晉氏渡江，南北分統，北虜豈能越海而來貢耶？嗜古之家又謂此圖唯傳正字欽父所藏者爲真，首河南而終狼牙脩，❶凡二十二國，其國與龍眠所言又有同異。且似疑龍眠首虜之説，而易虜爲魯。魯乃伯禽之裔，東表元侯之國，四夷之中，亦豈有所謂魯耶？今以此卷較之傳本，又絶不同，均號《職貢圖》，而乃復參差如此，此又濂之所未喻也。

又據此卷題曰「梁元帝畫」，每段所寫土俗貢獻之事，則云「陶學士書」。豈繹畫此時，特留餘地而俟陶之書耶？此又姑置之。陶自跋其後，初書「廣順三年」云云，中間字多麋爛，不可屬讀，後復書云「夏五月二十九日汴上雨中書，北海陶穀，時具位珥貂三載也」。據陶名穀，字秀實，邠之新平郡人。邠即豳也，古在雍州之域，漢屬安定北地郡，漢末置新平郡。今易北地爲北海，亦當有其説也。陶起家校書郎，在周爲翰林學士，入宋歷禮、刑、户部三尚書，遷承旨，年六十八卒，贈右僕射。陶嘗自言「頭骨當珥貂」，因人笑之，自悔不復言，況在翰

❶「首」，原作「守」，今據黄譽本改。

林日，初不珥貂，安肯自書以銜人耶？陶博學善記，以辭翰擅一世，今所書字，形體窘束，絶無俊逸之氣，頗類書經手所爲。觀其書「佛」作「仏」，「壻」作「聟」，蓋未能猝變者。此又濂之所未喻也。

然其畫意渾樸而無世俗纖陋之態，固不得爲真梁物，要亦爲宋代名筆所作。世之粗工塗青抹紅以欺人者，見之必循牆而避矣。濂與王君子充同觀青溪上，偶因吻創在告，援筆題之，不覺其辭之多也。

孔氏譜系後題

神明之胄，莫盛於闕里孔氏，宜其文獻有足徵者。今竊觀其二家譜牒，則互有得失，姑舉其一二辯之。一譜云：順，一名謙，生鮒、騰、樹。鮒生隨。騰字子襄，生忠。忠生武、安國。武生延年，延年生霸，霸生福，福生房，房之從弟某生尚。安國生卬，卬生驩，驩生立，立之從弟吉生何齊。樹一作祔，生聚。聚一作彦，生臧。臧生琳，琳生黄、茂，茂生宣。一譜云：謙生鮒、滕、樹、祔。鮒生育。滕生彦、貞。彦生成。貞一名忠，生武。武生安國、延年。延年生霸。霸之下不甚殊。安國生黄、卬、茂。黄之曾孫尚生疇。疇生賢。卬生驩吉。驩吉生立、何齊。立生元，元生子建。茂生宣。樹三傳至琳，其後不書。祔生最，最生讓，讓生員。據前譜言之，則安國與武爲兄弟，黄、茂皆琳之子，而驩、吉爲兩人，尚乃霸之曾孫，樹即是祔，聚一名彦，實樹之子也。據後譜言之，則延年與安國爲兄弟，黄、茂皆安國之子，而驩吉只一人，尚乃黄之曾孫，祔即非樹，彦實滕之子也。

濂竊考之，後譜謂武生延年、安國者，據《史記》；前譜謂忠生武、安國者，據《家語》及《前漢書》，固各有所依憑。第司馬遷與安國同時，而班固乃出遷後，《家語》亦漢之諸儒所録，似當以《史記》爲正也。《孔叢子》云：「子國生子卬，子卬生仲驩。」子國，安國字也。太史公云：「安國生卬，卬生驩。」皆不聞言驩吉者。非特此也，《漢·成紀》綏和元年二月，「封吉爲殷紹嘉侯」，三月，進爵爲公」。《恩澤侯表》綏和元年二月，「孔何齊以殷後孔子世吉之嫡子，封紹嘉侯」。或者雖疑父子不應同封，而吉固自爲一人明矣。《漢劉琳府君碑》，鉅鹿太守孔尚撰，尚自言承曲阜伯之裔。自伯魚至武十世無封曲阜者，唯安國有之。尚爲黄之曾孫亦無疑者。若「鮒」雖與「祔」同音，蔡文侯、昭侯相去五世，皆名申。❶ 古人尚質，未必若是拘拘有以二字音同而疑無此人，其亦過哉！

孔氏五十五代孫克仁，以譜圖未備，有志於纂脩之事，間請濂撰序，以冠篇端。濂恨讀書不博，兼之老嬾多病，舊學廢忘，無以究知其詳，因略疏所聞，綴之卷末。孔氏孫子以學行知名者，代有其人，而克仁亦以文章家自顯，幸爲起其疵繆焉。

濂既爲孔君題《闕里譜系》一書，復謂之曰：「孔氏傳至四十二代光嗣，遭孔末之難。末乃灑掃户孔景之後，欲冒襲封，於是盡殺諸孔氏。時光嗣爲泗水令，其妻張夫人生仁玉始九月，夫人遂祕養之。及長，再襲封，卒贈兵部尚書。兵部生四子，曰宜、曰憲、曰冕、曰勖。今之南

❶「申」，原作「中」，今據《史記·管蔡世家》改。

北裔如曲阜之崇聖苗孔二村所居，及若古一名傳、端友、端朝之遷衢，端植之遷鄂，琯之遷撫，瓚之遷吴興，皆其子孫，固不可以不謹其傳，而於正外二支，尤所當明辯之也。頗聞前輩言，元貞二年二月，官中所定户版，闕里正支爲户凡一十有二，分爲五位。所謂五位者，則太子中舍、國子博士、中散大夫、侍郎襲封也。若外院孔氏，乃闕里子孫灑掃户、每歲輸入祭祀錢者，其爲户凡三十有一，分爲五院。所謂五院者，則宅上洙泗三傳，文登、寧陵也。子宜述其事，庶幾他日有所於考，而無涇渭混淆之患。」孔君曰：「此克仁之志，願爲我續書之。」辭不獲命，復爲附麗題識之左，以爲後來纂脩者之一助云。

題孔氏所藏先世誥後

宋制差則出敕，除則給誥。誥有獎勵之言，而敕但書所授職事而已。然誥則用綾，其所識印章，文臣則吏部，武臣則兵部，王公、命婦則司封，加勳則司勳。及元豐官制行，四選悉用吏部，而兵部唯施之於藩官。若差敕，則書以白紙，而用中書門下印印之。今觀金部郎中孔毅父所受誥，猶可以考見當時故事也。然而多歷年所，兵燹屢更，而子孫得以保守不墜，其亦君子之澤也哉！

金部九世孫善夫裝潢成卷，求題於濂。濂之所欲陳者，雲林先生危公已備筆之矣。謾略著其説而附氏名於左方云。

題周益公所藏歐陽公遺墨後

歐陽公《譜圖序》，作於至和二年乙未。後一百三十一年，平園周益公得公所具檢稾一段，并嘉祐八年癸卯夜宿中書東閣詩八句，聯爲一卷。詩陰有「中書所録，裕陵出閣親揮」兩行，亦不棄去，而附見之。且各題其左而識以中書省印者，三卷首又識以益國之章，其慎重之意至矣。平園與公皆廬陵人，故平生所敬慕者於公爲尤切，文學政事皆欲並之，非止寶其字畫而已也。其後奉常質行定名，特與公同謚文忠，可謂能遂其志矣。

然平園題此卷時，乃淳熙十二年乙巳，方秉政樞庭。至十四年丁未之二月，始登右揆，其借用中書之印，當在此時。蓋宋世雖得以官印識私藏，若非親涖其官，則亦不敢僭用之也。若論其封爵，則自十五年戊申，因明堂加恩，初封濟國公。十六年己酉正月，進左揆，再封許國。三月，拜少保，又更封益國。其封益國，乃在題卷五年之後，卷首之章，必後來追而識之也。今詩及《譜圖序》並見《居士集》十三卷與六十二卷中，其文皆同，唯詩改「空」作「徒」，爲稍異爾。裕陵爲光國公，時名仲鍼，及賜名頊，乃加忠武節度使同平章事而封王矣。其事正在公東閣賦詩之年九月辛亥，平園之題實與史合。或人弗之察，著爲文辭，謂爲十月者，其誤多矣。

題朱文公自書虞帝廟樂歌辭後

朱徽公提舉浙東，嘗行部至三衢，大虞

吕氏適爲衢府法曹，遂往見之，公爲寫《虞帝廟送迎神樂歌辭》以贈。蓋公劾台守唐説齋，其疏凡六上，説齋方除江西提點刑獄。朝論遂掇其職畀公，公以言不行，即日解印綬去。此辭之書，正在衢聞命之時。豈堯舜君民之志弗遂，而有所遐思者歟？或云别自有見，亦未可知也。

此帖出於立齋王剛仲所藏。立齋初從劉撝堂游，而卒業於北山何氏。考其淵源之正，實有所自，故其寶愛尤爲深至云。

題陳忠肅公疏文跋語後

七峰居士諫議陳公，因上書論日録事有忤曾布，出守海陵。尋謫武夷祠官，未幾除名勒停，編管宜春。崇寧二年正月，移合浦。三月五日，過長沙興化寺，遇神宗忌日，於是依浮屠法運轉經藏，造疏六千言以薦嚴事。疏文用駢儷體，恐不足以盡意，仍以散辭分注其下。首序請改《實録》言蔡卞者九事，非國是者七章。其餘辯布之姦，凡所以尊私史而壓宗廟者，無不縷列。既燔告神皇在天之靈，是月十五日，復以别本綴於元豐中王安石所貽手帖之後。又假設臣布引咎之辭，作跋語繫之。且手書二通，一遺其姪正裕，一寄其甥李進祖，俾祕藏之，身死之後出示親戚朋友，冀幸有知之者。蓋公嘗自謂：「家覆身亡，如浮漚起滅，不足深計；唯神考十九年，駿烈茂功受誣群小，爲臣子者不得不辨。」故其所著之書曰《日録不合神道論》，曰《辨誣論》，曰《尊堯集》，曰《自撰墓志》。《墓志》述因《日録》殺身之由，其言至一萬八千有奇，而語尤哀切。然而諸書大抵皆疏文并跋語中意也。

嗚呼！公之愛君尊主之誠，耿耿弗忘如此，真所謂忠精貫日月者矣。

烏傷王君禕，其八世祖永年令仙居時，而公之冢子正彙實爲尉，交契之深，遂以其女歸仙居之子嚴州司法儔。今王君家藏跋文，正假託臣布引咎之辭，豈或正裕所祕藏者，而正彙出示於親戚歟？今去公造此文時，已歷二百四十二年，中更水火兵革，靡所不有，區區一紙之微，初非所謂金相石質，乃能傲兀無窮世變，手澤如新。殆造化者使神物護持，昭示來裔，以遂公忠憤之志，而永曾、蔡之惡於弗磨也。吁，可畏哉！

王君與濂爲同門友，而義若弟昆，間以相示，因忘其孤陋而僭書之。若夫君子小人進退有繫於家國安危者，史臣褒貶已有定論，茲不復勦說云。

題天台陳獻肅公行狀後

濂過濠梁，天台王公完出考亭朱子所撰《陳獻肅公良翰行狀》，徵濂題識。朱子之文，古今共尊，何敢贊一辭？若公事行或有闕遺，亦學者之不可不知也。

按《宋孝宗實録》云：「乾道五年十二月，樞密都承旨張説奏請置酒延諸侍從，上許之。説退約客，獨兵部侍郎陳良翰不至，説殊不平。上遣中使賜以上尊珍膳，説因附奏：『臣奉旨集客，而良翰不至，是違聖意也。』已而上命再賜，説復附奏：『良翰迄不肯來。』夜漏將上，忽報中批陳良翰除諫議大夫，坐客皆愕然。」此與唐玄宗時宋璟卻王毛仲事正類，非有剛直之操者，孰能與於斯哉？

夫自姦檜主和議，而史浩、湯思退繼之，牢不可破。孝宗恢復之志，雖上通於天，終莫之遂。不主和者惟張浚、胡銓、張闡、張震及公等數人而已。公平生大節，此最彰著，故朱子特詳列之。而舍拒説細行，亦紀事之體當然耳。然而朱子脩《通鑑綱目》，璟之事何嘗不載，況孝宗之知人，賢於玄宗遠甚，亦法所合書，豈當時弗知耶？抑偶忘耶？

《實録》舊藏元之内府，革命後竟不知所在。狀中既不收，脩《宋史》者復失於采輯；周公謹紀孝宗聖政，雖曰具録，又誤指爲同時從官陳良祐事。濂恐後人無所考焉，特爲補闕，授諸公完使藏焉。公完，字繼遠，公之七世孫，今出後王氏云。

題北山先生尺牘後

右北山何公與其弟子魯齋王公手帖。北山平日執謙特甚，人有來學者，雖誨之無不傾盡，而未嘗受其北面之禮，此書之稱「再拜」、稱「尊兄」者，猶可見也。

元思姓汪氏，名開之，時法先生之孫，魯齋少與之同學，嘗取《論孟集義》，别以鉛黄朱墨以求朱子去取之意，而精於四書之學者。伯誠姓張氏，名潤之，自號思誠子，登北山之門垂三十年，其微言奥旨莫不盡聞焉。二公偶出，北山念之，形於簡牘間，則其於師友之道可謂篤矣。

王子文名埜，嘉定十三年進士。襄蜀事急，議遣使講和，宰相依違不決。史嵩之帥武昌，首進和議。子文時爲樞密院編脩兼權檢討，謂「今日之事宜先定規模，并力攻守」，士論韙之。北山雖居山林，而憂國之切，故有廟堂議和、子文除擢之問，則其厚於君臣之義，又何如哉？

夫以北山之學，承朱子再傳之緒，造詣真切，踐履純固。而其見之翰墨，雖出於一時，皆有關於世教，有益於人倫，似無斯須不忘於道者也。是誠何可及哉！朱子之書，盡編者以時事、出處、問答分類而通載之，❶凡四十一卷，約一千六百八十餘篇，濂每疑其太泛。魯齋之所選，北山之所定，當必甚精，惜乎未及見之也。因并識之，以爲寡陋之愧云。

題潘內史贈別墨本

太康陸君子賡喜佛氏言，以內史舍人潘佑贈別序文能發明先佛遺義，近於白下得墨本，承以匡廓，緣以色繒，揭寘坐右以自省。間徵予識佑事於下方。

按佑，幽州人。能文辭，與徐鼎臣齊名。仕於南唐，自祕書省正字累遷中書舍人。當後主時，國事日蹙，佑極憤切，累疏論列，至謂不能與姦臣同事亡國之主。張洎從而擠之，後主乃收佑屬吏，佑遂自剄。前史馬元康誣佑溺淫祀左道，斥爲「人妖」。陸游作《南唐書》，能辨其妄，固爲甚當；及游論佑，則譏其學老莊，齊生死，故其上疏若惟恐不得死者，則又未免涉於深刻也。

人之所欲，莫甚於生，雖愚不肖之人，亦不輕以畀人，況賢知有如佑者乎？直以忠義所激，乃視死如歸耳。佑之死，其心無

❶「盡」，黃譽本作「尺」，屬上讀。

白之者。鼎臣作《江南録》，亦没而不書。及藝祖命曹彬南征，指殺佑爲殺忠臣，於是其事始著於後世。於戲！爲人如佑，尚不免議者之口，人之不樂善乃至此哉！王介甫嘗作文評鼎臣，至於游之所論，未有指其非者，故因子賡之請而極言之。

清源王古删晁明遠諸書爲《道院集要》，全載此文，以「簡牘」爲「簡牋」，「慸芥」爲「芥慸」，❶「窘束」爲「跼促」，❷亦微有不同。要當以石本爲正。

題許先生古詩後

文懿先生許公嘗賦《秋夜感興》詩一十二首，録寄其友吴公正傳。至元末，吴公自建德尹入教國子，既已謹志其事，俾陳監丞衆仲題於卷後。他日閲篋衍，又得先生《遺興》詩十首，吴公手鈔綴於前卷，復與衆仲各有論識。衆仲之言，病夫世之論詩有儒者、詩人之分，而謂先生獨能兼之。可謂知言，而無復遺憾者已。龍泉章君三益久慕先生之學，近獲此卷於吴公之子濬仲，將琢石勒寘龍淵義塾，以濂頗與聞先生之道，請申言之。

夫自陳伯玉倡爲《感遇》詩三十八首，而李太白繼作遂衍爲五十有九，君子稱其得風雅之正。至於文公朱子《感興》之什，其數比陳僅餘其半；方之於李，則將闕其三之二。言辭固若不多，然於太極陰陽之微，家國治亂之由，異端害道之故，無所不

❶「爲芥」，原脱，今據黄譽本補。
❷「束」，原作「東」，今據黄譽本改。

及。非惟二子不能道之，黄初而降，大曆以前，吾恐未有臻斯理者也。今先生之詩，其音節則倣二子而絶仙佛之誕，其旨趣則本文公而寫性情之真。雖言無統例，與朱子少殊，而其寄咏之深，隱憂之切，實有出夫二子之外，其於傳世固無疑者。而濂於衆仲之言，則不能無所感焉。

詩、文本出於一原，《詩》則領在樂官，故必定之以五聲，若其辭則未始有異也。如《易》、《書》之協韻者，非文之詩乎？《詩》之《周頌》，多無韻者，非詩之文乎？何嘗歧而二之？沿及後世，其道愈降，至有儒者、詩人之分，自此說一行，仁義道德之辭遂爲詩家大禁，而風花煙鳥之章留連於海内矣，不亦悲夫！於是衆仲之殁已久，而吴公亦不可見，無從質正，始因三益之詩爲書其末，以足衆仲之所未言。雖然，濂之語激矣，夫豈知詩者哉！

題金德原和王子充詩後

右德原金先生所和子充王君詩，凡一百九十韻。時子充在金陵，因黄主簿之官烏傷，作詩餞之，遂於鄉中舊游，深致意焉。詩止一百二韻，凡增多八十有八者，乃先生引而伸之也。濂嘗力疾起讀，非惟波瀾浩渺不可涯涘，而其念鄉學之美，思官政之治，實有得古人風勸之義。視彼摭華摘豔、取合於一時者，不翅天淵之懸隔矣。

昔者柳柳州同劉賓客述舊言懷，寄澧陽張使君五十二韻之作，因其韻增至八十，通贈二君。今其詩尚存，要不過流連光景，歎悼無寥者之辭耳。雖其觸類盡意，不厭其多，與先生略同；至於有關世教，足以增夫彝倫之重，則識者當謂先生之詩爲不徒作也。

先生氣雄而言腴，發爲文章，尤雅健有奇氣，又不但長於詩而已。先生爲己之功，深不自表暴，唯濂知之爲獨至，故題諸詩後，以志慕豔之私云。

題呂仲實詩後

右呂忠肅公詩一章，爲蒲圻魏君觀作。初，公爲集賢大學士，因爲議錢幣事，與丞相脱脱不合，翩然東歸，蓋至正庚寅十月二十日也。後四年甲午二月，起公爲湖廣行省左丞，會天下兵亂，道澀不能前，至十二月八日始抵治所。是時已有中書左丞之命，明年乙未正月二十九日使者至，閏月十三日即上道，故詩中有「左丞兩月餘」及「今又入中書」之句。又二年，丁酉三月十一日，而公薨矣。

惟公蚤師蕭貞敏公，傳道德性命之學，真知實踐，故其立朝大節，極有可法。篇章散落於四方者，固宜寶之如魯敦周彝，傳之於子若孫也。濂與魏君交甚洽，故略疏公出處歲月於詩後，使讀者或有所考焉。

題王黄華詩稾

予在江乘，偶得黄華山主王庭筠子端詩稾三首。一首絶句，次彦高《問疾》韻；二首七言律，次許子靖《題光華堂》韻。彦高當是翰林待制吴激，乃王履道外孫，米元章之壻也。筆法遒勁，得於婦翁爲多。許子靖名安仁，大定七年進士，歷禮部員外郎出守高平，後以汾陽軍節度使致其事。二公皆當時知名之士。子靖登第，蓋先子端九年，而彥高與子端之父遵古游，尤號前輩。今觀其勞問酬答，所以敦忘年之契甚至，此在二公固爲盛德。而子端文采蘊藉，爲一時之所景尚者，於斯亦可概見矣。

子端，熊岳人，官止翰林脩撰。字法初倣元章，謫鄭州後氣象横放，自成一家。予甚愛之，故識其後，持歸金華山中，以示子姓之嗜書者。或曰彥高與子端相去頗遠，恐或別是一人，余亦未能深知之也。

題王庭筠秋山應制詩稾

金源之制，每歲以正月如春水，九月幸秋山，五日之間，群臣一進起居表。其嚴慎如此之至者，志非在於田游，將欲脩兵政而紓民賦也。道陵如薊門至秋山，河東王庭筠以翰林脩撰扈從左右，應制賦詩三十餘篇，甚被奬眷。蓋自大定以來，累洽重熙，文物聲名可擬漢、唐。故其一時君臣遇合，天施地受，雨露無際，緣物引興，浹於太和。此乃金極盛之時。奈何盛極忘治，詒謀匪遠，僅一再傳，翠華遥遥南狩，而秋山者則已委於沙塵烽火之區。武元文烈諸孫，雖欲求一乳兔而射之，尚何可得耶？觀庭筠之詩，而感慨係之矣。自當時言之，孰不效《上林》、《羽獵》以侈大榮觀，而庭筠乃能以秋山不合圍爲風，則庭筠者，亦良士也哉！

此卷庭筠所具之稾惟十四首，而逸其大半。詩序中所謂「九日」，正泰和元年九月丙辰。然道陵以是月七日甲寅發京師，二十九日丙子至自秋山，道塗所歷凡二十有三日。其《幸香林》、《平頂山》、《温泉》等什，皆可以次而推。至若《牡丹》、《酴醾》、

《松影》三詩，則不知作於何時。按庭筠以明昌三年供奉翰林，五年八月遷脩撰，未幾謫鄭州防禦判官，承安四年復起爲應奉翰林文字。泰和改元，又轉脩撰。明年遂亡，壽甫四十七爾。詩既題曰「奉旨而作」，雖不能必於何年，其決在禁林之日矣。

題鄭北山追復誥後

故責授濠州團練副使鄭忠愍公，與責授祕書少監分司南京贛州居住孫近，同奏復資政殿學士，其日乃紹興二十六年之正月甲子，距秦檜之死纔四月耳。今敕後云「二月九日」，乃誥下之時也。所謂「良臣」，姓魏氏；「該」，姓沈氏；「葵」與「逵」，❶則周、趙二人也。會予有千里之役，始獲見此卷，走筆識之，殊不暇詳。若夫公之大節與賊檜之姦，諸先正已極論之，亦不待詳也。

題太平策後❷

昔成宗皇帝臨御萬方，以天下之廣，非一人耳目所及，群臣有直言極諫者，咸嘉納焉。所以來讜議，逵群情，❸而成治功也。大德中，三衢鄭以吾宿衛禁中，覽時政有所缺遺，疏《太平策》一綱二十目上之。上嘉其忠，特命以吾爲雷陽教授。濂每取而讀之，未嘗不仰歎成廟之德之盛也。

隋文帝時，河汾王通非不以《太平十二策》奏之，文帝不能用，通遂東歸，續六經以

❶ 「葵」，原作「奏」，今據黄譽本改。
❷ 黄譽本題作「太平策後題」。
❸ 「逵」，黄譽本作「達」。

傳學者。嗚呼！以吾之賢，未必能有過於通也，上猶采其言而用之。使通生於今日，則其道必將大行於時，六經有不必續矣。由是論之，不惟成廟之聖，非隋文髣髴其萬一，亦可以見士之遇合。苟當明時，雖小善必録；若值猜暴之主，縱大賢亦有所不容。道之所繫於時者，夫豈人力之可爲也哉！

澧陽張君逢喜誦以吾之策，嘗手録之，且請濂識之。於是不辭而題其後。

題史内翰書

右《歸去來辭》一卷，大名史公奕興定五年所書，以贈李瀨者也。公奕，字季宏，大定二十八年進士，再中博學宏辭科，累遷著作郎，翰林脩撰、同知集賢院，後以直學士致仕。文章書翰皆有故老遺風，所著《洹水集》尚傳於世。瀨字公渡，湘人也，少學詩於王内翰子端，亦工行書，不失前輩典型，累舉不第而卒。然自黨文獻世傑、趙郎中文孺、任判官君謨、趙尚書周臣諸公先後疊起，風聲氣習濡染爲深，故金之士大夫多以善書名家。觀季宏、公渡，則其餘蓋可見矣。季宏性雖温厚，每靳與人書，今特爲公渡贈者，豈非同聲相應者乎？宣宗自改元興定之後，國政愈非，而疆土日蹙。古人之文何限，季宏之不書，而獨拳拳於是辭者，意其先見亡兆而殆將隱歟？距作此紙時，僅踰十年，而金社遂屋矣。吾黨閲此卷者，又當於此求之。

題省心雜言後

《省心雜言》一書，刻於虎林西湖書院

已久，序之者謂和靖處士林逋所作。世之鉅儒頗疑焉，且云逋之所優者詩爾，至於法語格言可以垂世而範俗者，逋或未之有聞也。復定爲河南和靖處士尹焞所撰。豈不以焞爲程門高弟，而談理乃其所長耶？然而吕稽中作焞墓誌銘，載焞奉詔撰《論語解》之外，他無所著書，是則以逋和靖之號偶同於焞，因嫁此以誣之耳。殊不知鄉先達敬巖王公佖所編《朱子語録續類》之書，其第四十卷《雜類篇》云：「《省心録》乃沈道原作，非林和靖也。」朱子完經翼傳，其言行世，若揭日月，蓋必有所據矣，當以沈道原作爲正。夫以近代新出小書，以理度之，亦甚易知爾。尚或不能詳其所著之人，而妄以意見言之，況於千載之上者哉？噫！

題宋熙陵御書後❶

右宋熙陵御札二道。❷前一道凡二十九字，蓋濟陰張文定公師亮爲相時，所賜其母秦國夫人孫氏者也。按公以淳化二年辛卯九月，自參知政事拜吏部侍郎同中書門下平章事，四年癸巳六月以尚書左丞免，在位不過二十二月，上於其間，以夫人壽考而有令子，數召入禁中，及賜手詔存問，此紙特其一爾。逮至免相時，夫人春秋八十有五。已而除公知定州，公因抗章力辭。曾未幾何，而夫人亦薨矣。

後一道凡六十九字，漫滅不可讀者六

❶ 文粹本作「宋熙陵御書後題」。
❷ 「二」，原作「一」，今據文粹本改。

字，末書二十八日，復識以御書之寶，則公知代州日所密賜者也。按公以雍熙三年丙戌七月庚辰，自僉書樞密院事授給事中出守於代，端拱二年己丑七月甲申，召入爲刑部侍郎樞密副使。是札必端拱元年戊子所賜。是年夫人壽已八十，公之在官亦將三年，於是上表陳請暫乞寧省，故札中以「秋防逼近，差替未得，直候來春，别有指揮」答之。上不忘舊言，明年，公遂還朝矣。所謂「二十八日」，其月雖未能遽定，以近防秋之語爲證，非屬戊子之五月，即六月耳。

二札之後有跋語一通，其尾止云「天聖六年龍集戊辰春二月二十有六日記」，而不署其名。攷之家集，則公之第二子祕書監致仕宗誨所述也。中言「御前擢進士第」者，太平興國二年丁丑正月戊辰，上親御講武殿内，出詩賦題，覆試進士。公時在吕蒙正榜第三甲及第，故云「御前」也。公往代時，跋語謂「朝廷方渴邊將，先公首自請行」者，即非當時事實。蓋公居宥密，同樞密使王顯、副使王沔與議取幽、薊之事。及曹武惠王兵敗，上頗不樂，繼以奏對忤旨，乃出爲外任。後因趙忠獻王言之，故復召還。兹云「請行」者，諱之也。

先是，藝祖幸洛陽，公疏富民、封建、敦孝、舉賢、太學、籍田、懲姦、謹刑、下并汾、選良吏十策爲獻，藝祖已甚器之。暨太宗嗣大歷服，日見超擢，出入二府，遂陟元台。雲漢昭回之章，不惟寵榮於其身，抑且上及其親。後四百年，竊觀遺墨，慨想當時君臣一心，而能致其時雍之治者，氣象爲不可幾及。《書》曰「居上克明，爲下克忠」，其此之謂歟？

題宋孝宗付史丞相内批

阜陵銳意於恢復中原，張魏公浚贊之頗力，而史衛公浩多從中沮之。上嚮浚方篤，隆興元年正月，浩拜右僕射同平章事，浚即有樞密使都督江淮軍馬之命。今内批所謂「肅清舊壤」者，蓋指恢復也。又云「卿勉與樞使議之」，「樞使」正指浚也。當是時，二府議不合，故上戒飭之也。建炎五月，親征之詔下，浩以不預出師之謀，遂力匄辭，罷知紹興府，奉祠而歸。此批之頒，當在未罷相前數日間爾。

予道出歙上，朱徵君持此卷至驛舍迫之使題，故走筆識之如右。

張、史之得失，出師之成敗，未暇悉也。凡有旨從内出者，曰「内批」，又謂之「御筆」，皆内夫人代書。而所謂「御寶批」者，或上批，或内夫人批，皆識之以御寶。唯「親筆」，則上親書，押字而不用寶。此批不用寶而有押字，正所謂「親筆」者也。聊并及之，以見當時故事云。

題金谿劉氏族譜序

金谿劉貫以雲林先生危公所製《宗譜序》示予，且聞世裔之詳，卓爲其邑之鉅族，衣冠文物炫燿江右。若其造譜之次第，則自十四世祖宗元由南豐來遷之後。其八世從祖虛妙大師道正遂建脩真觀，而於觀側樹祠以祀劉氏群主。其六世祖國子博士堯夫乃刻本支之詳於石，植諸祠下，號《永善族圖》。其祖介福又倣大小宗法爲圖，鐫版懸於家祠。其世父傑復集二圖著爲書六卷，❶是則先生所爲序之者也。遭世不靖，碑裂而版燬，貫抱其書避入大山中，幸而獲存。珍襲寶愛，惟恐逸墜。今思有以永其傳也，復來徵予言，以廁先生雄文之後。予也不敏，於先生無一日之雅，先生不以爲疏謬，力薦諸朝，以布衣詔入史館。雖於辭章或未之學，得忝名氏於先生下風，不亦幸歟？

予竊聞之，劉氏之別有五：帝堯陶唐之後，受封於劉者，此爲祁姓，以國爲氏也；成王封王季之子於劉者，此爲姬姓，以邑爲氏也；項伯、婁敬之後而皆爲劉者，此漢之所賜姓也；他若雕陰、東郡等族或爲劉者，此亦漢以宗女妻冒頓，冒其母姓以爲氏也。大抵雕陰、東郡之裔，多居恒、代；項、婁之宗，盛於山東；姬氏之傳，至漢末而無聞；唯祁姓之分爲士會，士會後昆，周末遷於魏，又自魏家於豐，至劉煓執嘉子孫，極爲貴盛，而布列於南北矣。然而江左之劉，則祖於散騎常侍弼之後；江右之劉，則出於游擊將軍握之胄。此皆見諸紀載而無疑者。但其世次難明，不知從握至宗元實爲幾傳也。姑附其説於此，或可以爲脩譜者之一助云。

雖然，先生博極天下之書，爲時儒宗，而於氏族之學攷覈尤精，當必有以告貫。先生他日南還，貫尚以予言而取正也哉！

貫字孟唯，質美而有文，作詩得六朝體，且於譜圖惓惓而不忘，是蓋能知其本者也。❷

宋文憲公全集卷四十五終

❶「傑」，黄譽本作「杰」。

❷「能」，原作「豈」，今據黄譽本改。

宋文憲公全集卷四十六

題朱文公手帖

太師徽國朱文公帖一紙，韻度潤逸，比他日所書，人以爲尤可玩。濂雖不敏，則非特玩其字畫而已也，蓋有所感也。帖中云：「恭叔尚未至，只文叔到已兩日矣。見約誠之在此相聚也。」文叔名友文，恭叔名友恭，姓潘氏，二人實爲兄弟。恭叔通《禮》學。文公之脩三《禮》，以《儀禮》與《禮記》相參，通爲一書，其不合者分爲五類，《周官》則别爲一書，恭叔實與討論之列。文叔尤善問辨，文公與論《大學》致知、格物之義，雖反覆數四而弗措。誠之，游澹軒也。澹軒蚤從張宣公游，晚復事文公。文公遇之如黄直卿。則三人者，皆其高第弟子。文公計其一時師友相從之盛，聚精會神，德義充洽，如在洙泗之上。自今道隱民散時觀之，不翅應龍游乎玄闕，欲一見之而不可得，徒以貽有識者之感慨，不亦悲夫！

此帖無歲月，不知何年所發。其或學禁未興，講道於竹林精舍時耶？

題司馬公手帖後

右司馬温公與范忠宣書一通，藏楚郡龍雲從家。雲從問請題其後。

濂聞哲宗初立，崇慶太后同聽政，起公知陳州，過闕，留爲門下侍郎。忠宣亦從慶州召還爲右諫議大夫，俄遷給事中。此書正此時所遺，其殆元豐乙丑之冬，或元祐丙寅之春乎？

夫公自熙寧辛亥居洛，再任留司御史臺，四任提舉崇福宮，至是始司政柄，故書中有「閒居十五年」之言，公年蓋已六十有七。新法方盛行，小人附和者衆，公度不可止，遂絶口不言事，故又有「更求一任散官，守候七十，即如禮致事」之言。當是時，章惇、蔡確、黄履、邢恕等蛇蟠蚓結，牢不可解。公新自外至，孑然獨立，故又有「如一黄葉在洌風中，幾何而不危墜」之言。公之志爲可悲矣。然公與忠宣素相知，其居洛日，忠宣方句罷齊州之政，判西京留臺，乃同爲真率會，則其志同道合，固非一日之故。熙寧之法，又皆共怒其爲害。而其設施或不同者，忠宣則欲去其泰甚，公則欲鋤剗而絶其本根。雖書有「隨時示諭，勿復形迹」之請，二賢之見猝有未易合者，豈天未欲平治天下，故使之然歟？

公遣此書後，僅及數月，且觀化冥冥之中。忠宣繼公爲左僕射，務以博大開上心，忠篤革士風。四海方翹首望治，曾未幾何，潁昌之命亦遽下矣，不亦重可悲夫！閲此帖者，當知治亂之機所繫，初不可以尋常簡牘視之也。

題富韓公十二帖

右韓國富文忠公手帖一十有二。其第一帖，公爲昭文相時所遺，❶當是嘉祐三年。公自至和二年與潞國文忠烈公並相，及是始進昭文館大學士監脩國史。帖所稱「集

❶「遺」，文粹本作「遣」，下同。

賢相公」，則魏郡韓忠獻王也。其第二帖，公服闋時所遺，當是嘉祐八年。公自嘉祐六年三月以母憂去位，至此服除。其年三月辛未，昭陵升遐，故帖中有「甫畢家禍，又遭國卹」之語。而第三帖謂「罪逆不死，已及除禫」，要當與第二帖同時也。其第四帖、第五帖，公爲樞密使時所遺，當是治平元年。公既除母喪，既召入西樞，帖中所稱「昭文相公」，亦是魏王無疑。宋承唐制，以同平章事爲真相之任，其上相爲昭文館大學士監脩國史，其次爲集賢殿大學士。或置三相，則昭文、集賢二學士并監脩國史，各除此三大館，皆宰相兼之，而亦以次而升。魏王自集賢進昭文，故帖中隨時而異稱也。其第六帖，公在宥府時所遺，亦當是治平元年。武舉之罷，在嘉祐元年十月己未。❶五年八月乙丑，雖擢祕閣舊經試者五十一人用之，而其制猶未復，至是方議舉行，故帖中有「武舉文字始託西廳侍郎」等言，是年九月丁卯，卒詔行之也。其第七帖，當是熙寧元年初判汝州時所遺。四五月間，河朔大水，民皆流離。南郊禮畢，兩府臣僚故事當有恩賜，宰臣因菑而奏止之。公念念不忘民，故帖中亦有「河朔水潦爲患」之云也。其第八帖，當是熙寧四年冬歸洛時所遺。公以不行青苗之法，爲提舉官趙濟、侍御史鄧綰所奏，六月甲戌落使相，以左僕射再出判汝州，七月赴郡，十月中引疾還家，故帖中有「赴汝海治事」及「歸洛養疾」之語也。❷其第九帖至十二帖，所遺之時與第八帖同。而第九帖，當是與潞公。

❶「嘉祐」，文粹本作「皇祐」。
❷「洛」，原作「汝」，今據文粹本改。

時荆國王文公方得君，群小翕然附和，最憚公之剛正，欲陰中之，故帖中有「足疾七年，又積憂畏，心氣不寧」之歎。潞公素敬愛公，思欲薦起之，故帖中又有「曲蒙推假，恐懼無地」之懇也。

大抵賢者之出處，實有關於時政之得失。今以此數帖觀之，則君子小人進退之間，一治一亂，昭然可見，有不待論而後明。至若公之德行勳業，則載在國史，播於天下賢士大夫之口，雖婦人女子亦皆識公爲賢，亦不俟言而始知也。

此卷有宋宇文虚中跋語，謂「裝褫無次」，故濂爲詳著所遺之時，以足其未備，更爲序次如右。虚中字叔通，成都廣都人，以黄門侍郎使金見留，❶仕爲翰林學士承旨，皇統初，欲南奔不果，竟被害云。

題宋名公與馬鶴山諸帖

焕章閣待制知鎮江府馬公會叔，以政事聞於乾道、淳熙間。一時所交，皆龐才碩德，尺牘之存於今者，猶可徵也。公以直顯謨閣福建安撫使知福州日，朱文公元晦出守於漳。元晦帖云「榮被召還之命」，蓋公時召入爲太常大卿兼檢正，❷實紹熙元年之八月也。其餘諸公書，所發歲月亦有可知者。留忠宣公仲至，淳熙十六年尚居右揆，《續年譜》載其紹熙初元即進左丞相，今其銜尚云「右相」，當是十六年。袁侍郎機仲稱公爲「判府安撫顯謨大卿」，范侍御處義

❶「留」，原作「存」，今據文粹本改。
❷「大」，文粹本作「少」。

方自知滁州入居殿院，其稱公與機仲同，亦皆是十六年，正公知福州時。機仲帖云「降授朝請郎」，機仲嘗權工部侍郎，因論大理讞案有忤權要，請外得予郡，尋降兩秩，至紹熙初始復元官。然機仲及楊文節公廷秀、❶范資政至能，俱紹興二十四年張孝祥榜進士，又與公爲同年，故帖中皆以年末稱。而廷秀淳熙十三年始遷尚書左司郎中，十四年除祕書少監，未幾以直祕閣出知筠州，今其銜尚云「左司」，當是十三年，正公除直敷文閣江西提刑時。至能之銜曰「權禮部尚書」者，亦在淳熙中。已而遷吏部，遂參大政，疑與仲至所發之時稍先一二年。至能帖云「任使超躐，方悸畏控辭」，其或轉吏部之際耶？趙忠定公子直，紹熙四年三月自吏部尚書同知樞密院事，五年夏四月即陞知院，今其銜尚云「同知」，必在兩年之間。子直帖云「朝夕憂撓，救過不暇」，蓋爲監察御史汪義端攻其植黨沽名之故也。他如王文定公季海之帖，中有「臧否懲期」等語，按淳熙八年閏三月辛巳詔：諸路監司、帥臣各以所部郡守分三等，治效顯著者爲臧，貪刻庸繆者爲否，無功無過者爲平，歲終具名來上。公時提點刑獄江西，所上失期。季海方在台司，乃以道遠爲解。上不悦，降公一官。實淳熙十四年六月癸未。帖後之署六月，正與傳記相符也。

然即是諸公而通論之：季海、仲至以相業稱；機仲正色立朝，有古諫諍之風；廷秀之愛國，至能之不辱君命；處義劾汝愚稽命，論罷沈清臣，雖於公議不無少貶，然亦敢言之士；子直奮不顧身，定大計以安

❶「楊」，原脱，今據文粹本補。

國家，功業尤號焜煌，無讓於古。皆可謂有志不群者矣。至於紫陽文公，上繼周程道學之緒，❶使聖經昭明如日月之麗天，則其功又爲何如哉！閱是卷者，當思感悦慕效，毋徒視爲奇玩而已也。

新定馬君，文禎公之七葉諸孫，持此求題。病忘之餘，謾挂漏而書之。

題黄山谷手帖

右摩圖老翁自戎州回荆渚所遺二帖，正固陵即位，復宣德郎監鄂州鹽税之時也。其所稱「諒正」，乃元祐侍御史黄公之子，僑居於荆。逮翁之至，與兄益脩持譜牒，以叙宗盟。翁繼往拜其家廟，諒正以侍御公所用流離鍾遺翁。其情好之篤，不翅伯仲。故翁稱之爲「五弟强宗」也。諒正善醫，翁因以藥事相屬，而云「送藥甚惠，同惜兩日喫孀差快」。同惜，其女名也。計翁生此女時，年已望六十矣。初，翁三十餘，嘗過泗洲僧伽塔，即造《發願文》，戒酒色與肉食。曾未幾何，輒皆犯之，至於耆年尚不能制其血氣之私如此，豈飲食男女，人之大欲，雖賢者或不能免耶？聊戲及之。至若翁之大節及其翰墨之妙，世無賢愚皆能道之，兹不待贊也。同惜後更名睦，介休縣君謝氏所出，長適舒城李文伯云。

題李伯時山莊圖

龍舒李伯時作《山莊圖》，爲世所寶傳，南渡後名筆多臨摹之。濂所見者數本，獨

❶「緒」，原作「道」，今據文粹本改。

此卷思致精婉，殆將逼真，可玩也。蓋伯時自爲御史檢法，遂以病痺致其事，實元符三年庚辰。伯時既歸老，肆意龍眠山巖壑間，素善畫，嘗爲此圖，以寫其徜徉之趣。然其所自序云：「元豐紀號，歲在丁巳，月在涂。即買山於龍眠，以基以堂。」庚辰上距丁巳，凡歷二十四年矣。計其買山之日，伯時始尉長垣，去第進士時，甚爲不遠，則其高情遠韻，雅志石泉，有非一朝一夕之故也。丁巳，乃熙寧之十年，其冬十二月壬午，詔自明年正月朔改元爲元豐，則戊午年也。其《序》書於詔下之後，既難稱熙寧，又不可前期曰元年，所以但書「元豐紀號」而已。

圖後有澹巖居士張澂所題識。澂字新仲，其視伯時爲舅氏。建炎三年己酉，時爲御史中丞，二月己巳，上疏劾黄潛善、汪伯彦大罪二十條。未幾，除守尚書右丞。夏四月癸丑，罷知江州，以資政殿學士兼江東湖北制置使。七月甲申，以朋附苗傅、劉正彦，責授祕書少監分司西京，居衡州。澂謂「自右轄得請潯陽，薦寘回雁」者，蓋指此也。

伯時襟度超軼，風流不減古人。澂亦奇士，博學工文辭，有不待言而後知。故濂唯掇拾緒餘以附氏名於左方云。

「三李」即伯時、公庚、元中。「大小山」，即梁何點及其弟胤，❶嘗與東山何求同隱於會稽，世稱「何氏三高」，時以比「龍眠三李」，故澂舉之以爲言耳。因并著之。

題越士餞行卷後

古之人送别，多發爲聲詩，以致期望祝

❶「弟」，原作「第」，今據黄譽本改。

規之意，而唐爲尤盛。然其爲辭，託物以喻，蓋得夫比興之義爲多。故有以所送人姓氏、古今事而命題者，如釋皎然《餞顔逸得晉先傳》是已；有即景比物而造題者，如劉商《送别而月下聞蛩》、王符《别故人得凌雲獨鶴》是已；有同賦古人詩以爲題者，如駱賓王《送少府入遼共賦俠客遠從戎》、劉斌《送劉散員賦得好鳥鳴高枝》是已；有以故蹟而分題者，如盧綸《送楊宗德歸徐州幕得彭祖樓》、郎士元《送李惠游吴得長洲苑》是已；有各探一物而遂作題者，如張九齡《餞梁明府得荷葉》、何苞《送孟孺卿得秤》、錢起《送客得油席帽》是已。如此者不一而足，見諸傳記，蓋班班可考也。

今觀越中人士送金徵君詩，皆用越之名山舊迹立題以送其行，其殆取法於盧綸、郎士元者歟。或者病其無所據，予遂歷疏其故而繫於詩之左方，以爲越人解嘲。殊不自知其辭之蕪且拙也。

題張如心初脩譜叙後

浦陽仙華爲屏，大江爲帶，中横亘數十里，而山盤紆迴遭若城，洵天地間秀傑之區也。産於斯者，族每繁衍而悠長。高智遠略之士，多由他郡徙居之，若大羽之喬林，巨鱗之滄海。

其間有龍溪張氏，予嘗叙其得姓受氏爲神明之胄，流傳貴顯，已詳見他世家列傳中，即《叙》所謂「北走中原，遠探周漢，究先民之所生；南走吴越，近搜吴寧，弔大夫之遺墟」者是也。宋季自東陽白鹿山來遷，諱祚，字叔元者，以安撫司提鎮鎮浦陽。喜其山水饒沃，而浦之東西，又有麟溪鄭氏，合溪黃氏，深溪王氏，左溪于氏，裹溪吴氏，各相規以道德，相敦以孝弟，相勉以詩書，積歲既久，上下相安，軍民之間，匪但臂指相似，抑有家人婦子之意，遂卜龍溪之側而家焉。《叙》所謂「樂其山水風俗之美與其民信且親，而遂家焉」者是也。

提鎮公而下，七世于兹，子孫之蕃即已踰百，登仕版者十有餘人。今固祖孫父子、兄弟妻妾生卒墳墓歷歷可數，過此而服盡代疏，或遷徙之靡常，盛衰之不一，竟相視如途人者有矣，於是有圖譜之設。以提鎮公爲浦陽始祖，吴寧以前不之及，而此後之子若孫皆備書焉，《叙》所謂「世系之推源者，上逮弗遠；族屬之登載者，下逮未蕃。然今日之近，後日之遠也；今日之寡，不爲後日之蕃哉。吾惟盡造端託始之意，使後人可繼而已」者是也。

嗚呼！世代緜延，莫不有德焉。如翼運扶明，贊化宣治，世國世家，公子公族者弗論矣。亦有孝友足以宜家，禮樂足以摩俗，功力足以利民。其視前不無稱異，然而克昌厥後，曾無少遜者。何也？因思提鎮公之鎮浦也，四方雲擾，而百里之中，庭户晏然，行者無裹糧之苦，居者無捍闘之虞，官府賴其保障，以成治化。提鎮公之及物，可謂侈矣。迨及子孫，又能孝弟力田，問道講藝，升其堂則箕引而裘隨，周其廡則壎唱而篪和，臨其階則珠聯而玉綴。提鎮公之後嗣，何多賢哉！吾聞周文公之造周也，卜年七百，卜世三十，聿後子孫積德，數爲過之。則提鎮公之流傳，寧有既耶？積久愈昌，數世之後，將振振繩繩，懸龜繫魚，秉鈞當軸，以見天地報稱之意者。

今其世孫慶元學諭如心公初脩譜事。

夫如心公固濂景仰，平時獲拜於月泉里第，謂其渣滓竭盡，内外瑩徹，足以濯人肺腑；德藝淵深，不能涯涘，接人於神氣之微，而歎爲前輩之不可及者，今復於譜而見之耶？其介子正卿亦舉明經，爲浦學諭，與予曾同硯席，謁予題識。予欲爲推原本始，分别流派，固如心公之所不言；又欲爲援情論道，稽禮立法，則又如心公之所能言。予且烏乎言哉？予特敬公之爲人，喜是譜之誠而信，微而彰，確乎弗失，將流衍於無窮也，故爲題其意緒如此。

題李敘山長妻姚元靖夫人墓銘後

濂居金華時，嘗學經於淵穎先生吳公之門。見當塗李公仲羽寄先生詩一通，與寄幽邃，有不可企及之妙，因叩其問學淵源所自。先生爲之言曰：「當塗有姚四清徵君者，時之碩士也，仲羽與兄伯羽嘗師事之。而仲羽之父青山府君，復以經學文辭著聞。仲羽兄弟既得賢父師如此，故其所成就有大過於人者。伯羽之文，簡密嚴奥，一辭弗苟；仲羽之文，豐腴縟麗，五采爛然。延祐丁巳，伯羽試京都，庚申，仲羽試江浙行省，皆預薦舉，又先後出爲校官，當世之人恒稱之爲二李焉。」濂已謹識之。及來金陵，始識仲羽之二子宗泰、宗茂，文行凝峻，俱爲名儒，而宗泰尤爲夏國余忠愍公所器重。濂益知先生言爲可信，而其家文獻之猶足徵也。

及觀吳文正公所述仲羽母夫人姚氏墓銘，備言夫人通經史，教二子極嚴，向學少怠，爲之不食不語；夜而讀書，必持敝衣在傍綴之，夜分不止。又知仲羽兄弟之所成就，雖有藉於賢父師，而其出於夫人之教者，夫豈少哉？嗚呼！昔之鉅儒因母訓成名，見諸紀載者，每班班可考。有若夫人之賢，實與之異世而同符也。濂因詳著之，欲其後裔知夫人家法之嚴，而問學淵源有不可廢者如此。夫人衆行，則誌文具列之，茲不復深論也。

誌文所書「和中」，即四清夫人之兄，「習」則伯羽，「翼」即仲羽，「山長」即青山府君。甥舅父子，皆以文鳴，而夫人亦精於詩，有《梅窗集》傳世。一何盛哉！銘辭凡三十言，皆文正公手筆，而并自署其名，餘則仲羽書之。其繫銜以「集賢直學士奉議大夫」者，文正公自爲國子祭酒之後，即歸隱宜黃山中。延祐戊午春，始詔以今官起之，行至儀真，病作不復上，渡江憩金陵，脩書纂言。此蓋作銘之歲，而年正七十矣。其文已刻於《支言》八十一卷，文皆不殊，惟《貨財》作《貲産》云。

跋宋高宗賜劉大中御札

光堯宸翰，初倣黃庭堅。時劉豫亦使人習庭堅書，近臣鄒億年恐緩急或致亂真，奏止之，遂改學米芾體。至紹興初，又改法二王，往往皆能逼真。今觀與劉大中御札，尚類庭堅書。考其歲月，其當在建炎之初耶？大中參知政事時，與趙忠簡公鼎不主和議，賊檜遂使蕭振劾之。則大中者，其亦君子也夫！

跋新刻孝經集註後

予舊友呂君遂出守合肥，患寇盜未息

而民或不知有父子之親，因刻《孝經集註》於學宫，俾家傳而人誦之。嗚呼！吕君之意則善矣，亦幸遭夫有道之朝，尊用儒術，故得以專行其志焉爾。何以言之？昔者宋梟爲隴右刺史，梟患涼州多寇叛，欲多寫《孝經》，令家習之，庶幾使人知義。蓋勳力諫，梟不從，遂奏行之。詔書詰責，坐以虚慢。夫教人革心從善者，莫踰於聖經，顧乃視爲迂遠遲頓之器，宜乎漢祚之不振也。宋梟之事與吕君正同，而其幸不幸有如此者，非其人才之相懸，實以所繫之時或不侔也。

抑嘗聞在宋之季，雪巖先生鄭公霖因講《中庸》一篇，而使寇退不敢來攻城者。此又明效大驗見於事爲，非止空言而已也。有若吕君此舉，實知爲治之要，而非刀筆吏所可及。予恐流俗之未能喻也，猶以爲迂，故爲題諸篇末如此云。

跋太古遺音

士大夫以琴鳴者，恒法宋楊守齋纘。所以法纘者，以合於晉嵇康氏故也。而其中不無可疑者。建樂立均，貴乎和平，宫君而商臣，君尊而臣卑，有不可毫髮僭者。康當晉欲代魏之時，憂憤無所洩，所制《廣陵散操》特慢商絃，至與宫等。其聲忿怒，躁急不可爲訓，尚可以爲法乎？此其可疑一也。古者協管以定正宫，以正宫爲聲律之元也。今纘以中吕爲宫，則似用旋宫之法。既曰旋宫，則諸律何不能各爲宫乎？其與獨彈黄鍾一均者又何異？竊意古人必隨月用律，決不若今之膠固不通，此其可疑二也。千載之下，正音寥寥失傳，安得知有虞、孔子之遺音者相與論斯事哉？ 今閲此書，不覺爲長慨。

跋包孝肅公誥詞後

右包孝肅公誥詞一通，其十五世孫宗禮所藏。 宗禮以古錦裝潢成卷，請濂爲之題識。 濂不敢讓，因疏其事而歸之。

其云「龍圖閣直學士、朝散大夫、行尚書兵部員外郎知池州」者，宋制於庶官之外，别加職名以勵行義，文學之士出於一時恩旨，非有必得之理。 所謂「龍圖閣」，則大中祥符中建在會慶殿西，以奉熙陵御書。「直學士」則祥符四年置班在樞密直學士下，❶至祥符六年始詔結銜於本官之上。「尚書兵部員外郎」，即係階序，初不掌其部務，乃元豐所改朝請郎。 若「知池州」，則其職事也。 其階「自兵部員外郎轉刑部郎中」者，六部分二十四司，其兵、刑、工三部，非歷館職、任轉運副使以上者不遷，公嘗爲京東河北轉運，故有此擢。 然兵部員外郎在前行，刑部郎中在中行，由前行員外而陟中行郎中，此超遷之法也。 其云「中書令、中書侍郎、刑部員外郎知制誥臣宣奉行」者，凡中書所出命令，皆承制畫旨，以授門下省，令宣之，侍郎奉之，舍人行之，留其所得旨爲底。 而謂「刑部員外郎知制誥」者，當時三省無定員，故以他宫掌之也。 其云「翰林學士兼侍讀學士、中書舍人判偉」者，中書舍人凡六員，亦爲所遷官，實不任職。 復置知制誥及直舍人院，主行詞命，與學士對掌内外制，舍人有闕，故以學士兼之。

❶ 「祥符」，文粹本作「景德」。

「偉」，當是楊偉，時與歐陽脩、胡宿、趙概、楊察並爲學士也。其云「左右僕射」而不名者，❶宋初命相必曰「同中書門下平章事」，乃爲真拜，而左右僕射皆爲空官，相銜帶之，亦以寓禄秩、序位品而已。時文彦博以吏部尚書同平章事，富弼以尚書户部侍郎同中書門下平章事，其銜當帶之。雖不名，必知其爲二公也。其云「禮部員外郎知制誥權同判絳，兵部員外郎知制誥權同判奎，尚書司封員外郎充崇文院檢討判公著」者，「絳」乃韓絳，「奎」乃吴奎，二人者嘗以言事被黜，奎知壽州，絳知河陽府，召還尚書未久；「公著」乃吕公著，方居下僚，後三十年始與文彦博共秉鈞軸。而謂「判」與「權同判」，則真領其職事者也。其云「主事、令史、書令史」者，三省皆有之，呼爲省吏，唯尚書最多，至於六十有四：都事三，主事六，令史十有四，書令史三十有五，守當官六，各分房分日而祗事也。其云「都事高允迪受付吏部」者，蓋門下吏上受之，中書下付之。尚書必歷三省而後備，所以誥命聯著三省位銜也。其云「至和三年八月日下」者，至和止二年，而三年爲嘉祐元年。今云然者，三年九月庚寅，命宰臣攝事於太廟，辛卯，恭謝天地於大慶殿，大赦，改元，制下乃八月之初，所以尚稱三年也。

惟公居家孝友，立朝剛正，❷清風峻節，百世師法，有不待區區末學之所褒贊，姑以舊聞疏之如右。文質直而無潤飾，庶使世之讀者咸悉其諦焉。公平生遷官凡二十有七，此乃二十一次所授制。中謂「白雲之

❶「而」，原脱，今據文粹本補。
❷「剛」，原作「綱」，今據文粹本改。

司」，蓋黄帝時以秋官爲白雲，公遷刑曹，故行詞者援其故事云。

跋羅鄂州小集題辭後

濂既造《鄂州小集題辭》，或曰：「諸文章家多曰『集』，此獨加以『小』云者，其亦有所説耶？」濂曰：「鄂州爲郡日，静春劉先生實爲倅，二公相得驩甚。及鄂州卒於官，静春撫柩哭曰：『公輔器也，竟止於斯耶？人雖亡，文不可亡也。』亟哀遺稾入梓。以不暇求全也，故號之爲『小集』云。」

惟鄂州平生著文頗多，當時諸公咸服其精妙，而朱文公、楊文節公尤用斂衽。鄂州嘗手書《陶令祠堂記》、《社壇記》、《爾雅翼後序》三篇寄樓宣獻公。樓公每爲子弟誦之，又重書以遺從子深昂，謂後之作者欲論淵明及社稷事，恐無以過此，復恨《爾雅翼》一書未能見之。則其敬愛有不在朱、楊二公之下。濂竊意其雄文偉論照耀簡册，如三篇之比者決不爲少，今所存僅止於十卷而已，不亦重可惜哉！近歲以來，兵火迭變，其出於薦紳之所藏者，又非静春所哀之舊。鄂州賢子孫宣明方務極力蒐羅成書以傳。故因或人之問，附其説於題辭之左，使知鄂州之文已非全書。其幸存而未泯者，天下學士尚宜相與謹其傳焉。

跋東萊止齋與龍川尺牘後

龍川陳文毅公與東萊呂成公、止齋陳文節公契分深厚，故其所與書牘頗多，初不止此三帖而已。

東萊前一書，蓋乾道九年癸巳秋所遺，

書中云「永嘉復報士龍之訃，海内遂失此人」者，士龍，常州守薛季宣也。常州得袁溉道潔之學，道潔則程門高弟，及師蜀隱者薛翁，而深於理學者也。常州既有所傳授，見諸事功灼灼可信，年僅四十以死，故東萊傷之也。又云「朱元晦近遣其子來此讀書，頗知其日用間，地步亦自寬展，前此傳聞多過」者，其子名塾，字受之，晦翁之冢嗣。當時論晦翁者，或有迫狹之譏，而龍川亦甚病其細碎，故東萊謂傳聞多過，將示微意以規之也。

後一書，蓋淳熙五年戊戌冬所遺。「近」字下有闕文，當是「鞏仲」二字。「鞏仲」者，名豐，東萊弟子，官至提轄左藏庫，世稱栗齋先生者也。書中云「碌碌竊禄如昔」者，東萊官祕書，至是已二年，十月十七日，復陞爲著作郎，書因在官所發，故兼云「竊禄」也。又云「田間雖曰伸縮自如，治生之意太逼側，❶與俗交涉，敗人意處亦多」者，時龍川伏闕三上書，極言社稷大計。阜陵覽之，感奮出涕，將以种放故事不次用之。左右用事者亟來謁見，欲掠美市恩。龍川不出，遂踰垣而逃，絶江竟歸，且以爲不得行其所志，欲有事生産作業，故東萊以此諷之也。

止齋一書，蓋紹熙二年辛亥秋所遺。書中云「老兄數年以來再脱於禍」者，龍川以使氣過鋭，結怨群小，遂洊中以奇禍。❷其一則淳熙十一年甲辰之春，醉中大言，爲盧氏子所訴，就逮棘寺；其一則紹熙元年庚戌之冬十二月，以吕天濟之死，誣其

❶「側」，原作「則」，今據文粹本改。
❷「以」，原脱，今據文粹本補。

有謀，又下詔獄。甲辰至庚戌僅七載，故云「數年」也。又云「浙西别業稍有倫序，願爲擇鄰之計」者，龍川常言鄉里不可居，欲還京口，以扁舟出入吴松江上，故止齋用以爲勸也。所謂「兩壻入館」，即林子燕、徐沖。所謂「應之」，即東萊門人、無爲軍教授石宗昭。「子約」即東萊之弟、太府寺丞祖儉也。

竊惟東萊以中原文獻之傳，倡鳴道學於婺，麗澤之益，邇沾遠被。龍川居既同郡，又東萊之從表弟，雖其所志在事功，不能挈而使之同，反覆摩切之，其論議或至夜分，要不爲不至也。止齋留心於古人經制、三代治法，雖出於常州者爲多，至於宋之文獻相承，所以垂世而立國者，亦東萊亹亹爲言之，而學始大備。考其一時學術人材之盛，而能照耀於古今者，不歸之朋友講學之功，抑豈可哉？然即此三帖而觀，警戒飭導，無所不至，亦後世之所不及。❶歆豔之餘，而感慨係之矣。

新還蘿山，無文字尋究，姑即所知者而疏之左方。若夫三君子行事之詳，史皆有傳，非後學之敢輕議也。❷

跋東坡書乳泉賦後

蘇長公以紹聖四年丁丑二月責授瓊州别駕，安置儋州。六月渡海，七月十三日至儋，僑寄城南，鄰於天慶觀。觀有乳泉，故公爲援筆賦此。元符三年庚辰，公居儋已四年，會正月祐陵登極，大赦天下。五月移

❶「後世之所不」，文粹本作「非後世之所可」。
❷「非」上，文粹本有「然却」二字。

公廉州，六月還瓊，復渡海至廉。七月又以皇長子生，國有大慶，遷舒州團練副使，量移永州，八月終，方自廉啓行。賦後題云「庚辰歲七月十三日書」，則正在廉時也。十一月行至英州，又復朝奉郎、提舉成都府玉局觀，任便而居，公遂度嶺南還。明年爲建中靖國元年辛巳，五月至毘陵，六月因疾告老，以本官致仕，七月二十八日遂薨。公之書是賦，時年已六十有五，距其薨僅隔一歲，實爲晚年之筆。李侍郎微之謂其「筆老墨秀，挾海上風濤之氣，當爲海内蘇書第一」，誠知言也哉！

濂嘗見漳水鄺元璵跋公《眉子石硯歌》四十五字斷簡，謂「日百閲而弗之厭」，使其見此，吾知其必日百拜而不止也。然公之薨未幾，辭翰皆爲世大禁，而狗鼠之徒如霍漢英輩猶嗚吠不已，磨剗焚焫，無所不用其極。而斯卷無纖毫不完，豈公妙墨所在，或有鬼物呵護之耶？

跋東坡潁濱遺墨後

右蘇長公、少公兄弟遺墨。長公之事，臨川危先生題之既已詳矣，濂則略疏少公大節於左方云：

少公正直不阿，力詆章、蔡不遺餘力。紹聖初，因上疏言事，泰陵怒其以漢武方先朝，落職知汝州。曾未幾何，群邪共譖，再陞知袁州，未至，降朝議大夫試少府監分司南京，謫筠州三年。又移化州别駕，安置雷州。此帖蓋發筠之時所遺，故有「某已治行，二月中南下，愈逮高誼」之言也。❶ 然少

❶「言」，原作「行」，今據黄譽本改。

公屢遭遠竄，凡至竄所，輒閉户著書，人間慶弔之禮，一切謝絶，雖親朋少見其面，故又有「新歲不遑馳賀，實以憂患相仍」之語也。

今觀少公字畫，僅平平耳。其視當時擠陷之者，力追羲、獻而姿態横逸，未嘗無其人。後之君子，不彼之寳而獨寳此者，則夫人心是非之公猶凜然也。吁，可畏哉！

跋黄魯直書

右太史黄公書李白《秋浦》詩凡十七首，筆勢瀟灑，皆超軼絶塵。觀公所自題，謂寫此時，「雲日流焕，移竹西牖下，旋添新翠。有擕幽禽至者，時弄新音，嘐嘐可聽」。則其情景相融盪而生意逸發於毫素間，至今如玉飛動。當是時，公方謫涪州别駕，自常情言之，必憔悴無聊，所見花鳥濺淚驚心。公乃能藉之游戲翰墨，無一髮隕獲之意，非行安節和、夷險一致者，有弗能也。昔人稱公以草木文章發我杼機，花竹和氣驗人安樂，雖百世之相後，使人躍躍興起者，豈欺我哉？

紹聖二年，公年已五十二，故此書蒼勁，比舉學官、丞祕書時如出二手。當時錢穆父不能深知，猶病公爲拙。公嘗謂李致堯云：「書要拙多於巧。近時少年作字，如新婦子粧梳，百種點綴，終無烈婦態。」嗚呼！公言其有所感也夫！

跋黄山谷書樂府卷後

右行書一卷，涪翁五十九歲所書，蓋晚

年之筆也。翁初學周子發，❶後游荆得名本《蘭亭》，始悟古人用筆意。及謫黔中，見《藏真帖》，於是結體飄逸，頓入妙品。人以學子發爲言，而翁深諱之矣。然翁寫此時，正自鄂渚遷宜州，當屢讁之餘，孰能不鬱鬱於中？翁則游戲翰墨，書雜辭二千餘言以寄其婣家李粢德，索驩欣和豫之意，尚洋溢於行間，其樂天知命爲何如？覽者若有得於斯，則於問學之益不少矣，字畫云乎哉！

跋黄山谷贈祖元師詩後❷

黔安居士書，自紹聖乙亥謫黔中之後，得《藏真自序》於石揚休家，❸落筆頓覺超異。此卷乃召還時所書，居士年已五十七矣。其爲妙絶，有不容言者。至若其詩，則爲祖元大師而賦。師，和義人，族王氏。能用五行書察人休祥。性尤嗜琴，學之二十年弗厭。構霜鐘堂，畜雅琴十餘，遇嘉賓至，輒欣然鼓一再行，❹或坐此君軒，對竹嘯咏。居士嘗寄詩題軒中。及聞東還，師自三榮追至瀘川餞之。居士嘉其勤，因疊前韻贈焉。夫居士之在中朝，惇、卞輩平日以士大夫自居，反不相容，至於擯斥五溪蠻蜑之鄉。而師以一浮屠氏，乃能不遠七百里而送之，則其尊賢尚德爲何如？要不止精於琴學而已也。

詩中第五句，有「孤臣蒙恩已三命」之言。按居士辭免吏部員外郎狀，元符庚辰自戎州起廢，五月復宣德郎監鄂州鹽稅，十

❶「學」，原作「與」，今據黄譽本改。

❷「跋」，文粹本作「題」。

❸「揚休」，原作「陽林」，今據文粹本改。

❹「輒」，原脱，今據文粹本補。

月改奉議郎僉書寧國軍節度判官，十二月發僰道，建中靖國辛巳三月出峽州，始改朝奉郎知舒州。或疑居士之賦是詩，在於辛巳之正月九日辛未，當時僅授二階，不應前兩月遽云「三命」。殊不知僰道初發之時，已聞有守舒之擢，第未嘗被詔命爾。不然，其和丹稜楊皓詩亦未出峽所作，何以有「老作同安守」之句耶？此蓋不難知者也。

詩序云「并簡周彦公」。周彦名庠，皇祐進士夢易之子，師之群從弟程遵誨之門人。七歲能文，後舉八行，大司成考定爲天下第一，詔旌其門，授潼川府教授，辭。殁，謚賢節先生。東坡、潁濱及范忠宣公皆稱其人，所著有《冰壺集》二十卷，亦一知名之士。謾附及之，非惟見居士擇友之精，而師之昆季，清標雅望，足以承居士崇奬之重，庶幾覽之者有所發哉！

「揚子雲」之「揚」，文宜從手，今改而從木者，其偶誤耶？抑或别是一人耶？

跋蘇叔黨書黄山谷慈氏閣詩後

右涪翁《慈氏閣》詩，斜川居士蘇過叔黨書，而翁又自題其後。初，翁作《承天院塔記》，朝廷謂其幸災謗國，以崇寧二年癸未自鄂謫宜州。十二月十九日發鄂渚，三年甲申二月二十一日過洞庭，經潭、衡至永州。三月遊太平寺，登閣而賦是詩。已而寓家於永，獨赴貶所，五六月間至宜。四年乙酉九年三十日，而翁竟卒。至若斜川隨父文忠公謫海上，則元符三年庚辰。五月量移廉州，七月又移永州。八月自廉啓行，十一月至英州。既更赦，度嶺南還。明年爲建中靖國元年辛巳，五月至毘陵，七月而文忠公没，遂營葬於汝州之郟城，因家潁昌。

竊考斜川發廉州日，翁尚在戎州，五月始復官，十二月自戎過江安，明年三月方出峽，則斜川已將至毗陵。及翁謫宜過永賦詩，乃後斜川南還之四年。僅踰一十八月，而翁又没矣。不知何地相傳爲翁書此，而翁又自題之耶？聞見不廣，兼之老病多忘，無以索知其故，可愧也。然濂見斜川書頗多，此紙尤精采焕發，卻決爲真跡無疑。

翁詩自注：「晚與曾公衮同登。」公衮，南豐人，名紆，曾魯公布之子。時編置永州亦三年矣。

跋褚士文書廉仁公勤四箴後

昔者，西山先生真公守長沙，日以廉、仁、公、勤四事爲同僚之勸。其門人莆陽王邁實之因敷繹其義，作此四箴。西山愛之甚，嘗揭於幕府之壁。及復齋陳宓師復爲之別書一卷，西山又跋云：「實之之箴，明厲峻切，讀者已知竦畏；復齋之字，森嚴清勁，有如端人正士在前，尤當凜然興敬。」其語已刻在《甲集》第二十卷中，蓋可考不誣也。

自趙魏公孟頫誤以爲西山之作，而世遂不知有實之。今觀武林褚士文所書此箴，翰林諸公題者凡八人，皆襲趙魏公之誤如出一轍。夫西山之文，家傳而人誦之，讀者乃察之弗精若是，殆將留神於其性理之大者，而於細微或在所可略歟？雖然，晦菴朱文公之傳四書，以程夫子伯仲其道之同，因不復識别，通稱之爲「程子」。夫兄弟既可爲一人，有若師弟子之間，其學相傳未必不同，然則實之之箴謂之西山之所作亦可也。計諸公之意，必當出乎此耳，其豈有不知實之者耶？濂也鄙夫，徒欲噡噡摇其喙，不幾於大惑矣乎？

實之，號臞軒，讀書五行俱下，終身不忘，爲文未嘗祕草。登嘉定十年進士第，官至右侍郎。觀其爲正字日，因輪對遂及故相史衛王擅權事。理宗諭止之，實之抗聲曰：「陛下一則曰衛王，二則曰衛王，何容保之至耶？」上怒不答，徑轉御屏曰：「此狂生也。」其正色直言，無所回撓，類如此。所論巴陵一疏，尤人之所難言。讀其文者，思欲知其人，復并及焉。

跋子昂書度人經後❶

昔唐人好寫道釋家書，以其書流俗之所恭事，字畫或託之以傳。今趙文敏公則不然，蓋因其嬪魏國夫人管道昇仲姬之薨，書《度人上品經》以資冥福耳。然道家諸書多寇謙之、吴筠、杜光庭、王欽若之徒所撰，文多鄙俚。獨《度人經》號爲雅馴，唐《藝文志》頗著其目。公豈以其真可以度人耶？

公自承旨翰林，以延祐乙未五月謁告南歸，舟次臨清鎮，而夫人薨。明年庚申，公爲書是經，年已六十七。越二年，當至治壬戌六月辛巳，而公亦薨矣。觀其天機逸發，出入右軍、大令間，實爲晚年妙筆。區區小夫，唯見公蚤歲書，概以插花美人爲病，❷使其覩此，必將吐舌而走矣。

❶「跋」，文粹本作「題」。
❷「人」，文粹本作「女」。

跋趙子昂書老子卷後

趙魏公書此卷，年始四十，故筆力極妙極精，有未易形容者。時自集賢出佐濟南，已閱十八月矣。其謂「士弘學士」，即李章肅公倜，自號負嶠居士，性最愛道家言，故求公寫《老子》而藏之爾。

跋子昂書浮山遠公傳

趙魏公之書凡三變：初臨思陵，中學鍾繇及羲、獻諸家，晚乃學李北海。此卷視北海最爲逼真，誠絶代之寶也。

跋趙祭酒篆書後

友竹先生劉君，諱籌，番陽人也。攻九流諸家言，能得其肯綮之會，嘗作《通一畢萬圖》以貫其旨。間又謂學之所急，莫過爲善，而爲善尤在於及物。乃佐其先府君甓道架梁，方六七十里間，人無行病。復能振貧窶者以布帛，注疾病疕瘍者以善醫。而宅兆之不良者，必擇風氣靈淑之地，令改其藏。故鄉之人無分戚疏，稱爲「善士」如一辭。國子祭酒趙公期頤爲製「一鄉善士」四大篆，以旌先生之行。時先師黄文獻公晉卿方召還禁林，先生之子爆遂請文以識其事，黄公欣然書以遺之。爆持之南歸，祕藏甚謹，❶不翅虹璧之貴。近歲以來，番陽屢經兵燹，六丁挾雷電取之以去，獨四大篆僅存。爆將琢石勒於墓隧之間，聞濂受業黄公之門，求補其亡，并鑱諸碑陰。濂謝不敢

❶「祕」，黄譽本作「珍」。

僭，而爆屢使强言之。

昔者孟氏之論善士，訓詁家以「善蓋一鄉」爲説。今人無疏戚，咸以是名先生，則其善誠足蓋一鄉矣，非賢者而能之乎？竊怪世人豪奪巧攘者衆，不扼其吭而盬其髓有弗饜也，其肯如先生利而振之乎？歐陽子云：「爲善者能有後，託於文字者，可傳於無窮。」黄公之文能亡，趙公之四言足以盡昭先生及物之美，垂之永久蓋無可疑。況爆留情書傳、研磨字學已有成，而思紹述先德，尤拳拳夙夜靡忘，豈非所謂有後者乎？善之所及遠矣，爆之孫子，尚其引而弗替也哉！

跋李伯時馬性圖

元豐七年，李公麟寫《馬性圖》，云贈龍山友人李元中。當是時，公麟猶未舉進士，而其家桐城，抵彭蠡爲近，故嘗過焉。見野馬千百其群，而爲此圖，貌其自得之性也。自元祐中擢第尉南康，累遷至御史檢法，十年之間，畫事不暇時講，而其心終不忘去。逮元符末，遂以病痺謝事，歸隱龍眠山莊。益潛心弗懈，筆意之精超入妙品，識者至比之顧長康、張僧繇，則公麟之名能傳於世也固宜。然黄庭堅言其風流不減古人，以畫爲累，世因以藝名之，此又不得不爲公麟惜也。嗚呼！學士大夫擇術之不可不慎也如此夫！

龍山，即龍眠山，在桐城西北。元中，公麟弟也。傳記謂公麟及二弟公庚、元中咸以文學著，時人目之爲龍山三李。今公麟稱元中爲友，人殊不能曉，豈元中者或其

同姓之疏屬耶？傳記之譌亦未可知也。❶

跋醴泉銘後

長沙歐陽信本書，在唐評爲妙品，鄭樵《金石略》所載凡二十三種，而《醴泉銘》居其一。《銘》刻於貞觀六年，自貞觀至今七百有餘歲，石剥泐已久，世之所傳完善者多非真。此本乃毘陵胡秦公武平故物，神韻生動，其爲初刻無疑，可寶藏也。

跋廬阜三笑圖

《廬阜三笑圖》，蓋寫徵士陶淵明、道士陸脩静及浮屠慧遠也。相傳圖始於廬楞伽，世人臨摹者甚多，而儒先是非之者亦不少。其非之者則曰：「慧遠卒於晉義熙十二年丙辰，年八十三。脩静没於宋元徽五年丙辰，❷壽七十二。丙辰相去正六十載，推而上之，脩静生於義熙三年丁未、慧遠亡時，脩静纔十歲耳。至宋元嘉末，脩静始來廬山，則慧遠之亡已三十年餘，淵明之死亦二十餘歲矣。若淵明生於晉興寧二年乙丑，❸少慧遠三十一歲，終於元嘉四年丁卯，距慧遠亡，年已五十矣，固宜相從也。安取所謂三笑哉？」其是之者則曰：「自蘇長公作《三笑圖贊》，而黄太史遂以三人者實之，如蒲傳正、劉巨濟、晁無咎之流皆明著之篇翰，陳舜俞造《廬山記》，亦與太史正同。此數公者，皆號博學多識，脩静之事其有不考

❶「譌」，黄譽本作「疏」。
❷按：「丙辰」爲元徽四年，「五」當作「四」。
❸按：「乙丑」爲興寧三年，「二」當作「三」。

者乎？蓋晉有兩脩静，議者弗是之察，故遂致此紛紜也。趙彦通瀘岳獨笑之編，乃黄口小兒强作解事者耳。」二者之論其不同有如此者。

維楊郭君逵以此卷求題。凡淵明之出處，國朝諸大老若蕭貞敏公、同文貞公、楊文獻公、商文定公及司業硯公論之已詳，區區末學，何敢妄贊一辭？姑取前輩是非之未決者，就洽聞之士質焉。

跋傅氏户券後

右户券二番，姑蘇傅君著所藏，裝褫成卷，請予題其後。予頗記元太宗以歲甲午正月滅金，越十有九年壬子而北籍方定；世祖以至元丙子正月平宋，越十有五年庚寅而南籍方定。開基創業之君，其甚不易也蓋如此。是券之存，猶可見元初政令之概，不特著之能保守先世遺物而已也。

著字則明，與弟範皆舉進士。著選常熟校官，範爲鞏昌、會寧令云。

跋潘舍人年譜

默成先生潘公事蹟，載於舊史列傳及李燾、陳均、羅大經諸家之書者爲詳，然所載頗有可議。公初授辟雍博士不赴，後以累遷爲祕書郎，列傳則謂自辟雍擢居館職。公爲主客員外郎，歷著庭方出使淮南，列傳則謂自員外郎即提舉常平。公自嚴州請祠，再入祕書，進左史，而後有西掖之命，列傳則謂自請祠之後起爲中書舍人。公攝起居郎，向子諲奏事，其語稍涉於珍玩，乃廷叱之；陳均則謂子諲初以和議爲是，公大非之，及是同奏事，子諲與公交争於殿上，上怒，遂俱罷；羅大經則又謂子諲與高宗論筆法，故公斥之，公辭免祕書少監。《狀》自言建炎四年除提點荆湖南路刑獄不赴，紹興二年任左司員外郎，僅兩月，差知嚴州；公家所記遺事則謂紹興元年三月遷提刑，十二月入左司。凡若此類，皆顯然謬戾有不難辨者。今之去公僅二百年餘，公之官序言行，鄉先達類能道之，而紀述之家乃復不同如此，況欲考夫千載之上者哉？

濂幸生公鄉，自幼頗聞公之事。因會萃諸家，取其理通者，倣朱子作《程洛公年譜》例，爲文一通，凡三千餘言，藏之仙華山中，以俟博雅君子審定之。庶幾求公之事者無惑焉耳。

評浦陽人物

忠　義

宋攝松陽丞助教梅溶

溶之死，執禮嘗哭之曰：「吾從父一老儒生耳，平日恂恂似不能言者，乃能慨然守百里之地，以蕞爾之軀，膺虎狼之暴，至於靡身弗顧。」執禮之言，其真足信哉！凡人外柔者，内未必柔，但視其所存爲何如耳。世概以白面書生目之，可乎哉？可乎哉？是故溶之死，非儒弗能，故又冠曰「儒」，以見儒術之有功於名教也。人主嘉其忠而旌賞如是，可以勸矣。故特志之。

宋户部尚書梅執禮

自宣和至靖康七年之間，而梅氏一門殺身徇義者凡二人，豈非難哉！夫生者，人之所甚樂；而有家之私，又人之不能遽忘。彼豈甘於頸血濺地而自以爲得計哉？第以君上決不可背，名教決不可負，綱常決不可虧。忠義一激，雖泰山之高不見其形，雷霆之鳴不聞其聲，刀鋸在前不覺其慘，鼎鑊在後不知其酷，必欲得死然後爲安也。今去之雖數百載，忠剛之氣充塞乎天地之間，凜然如生，非烈丈夫能如是乎？使當時縱能屈膝受辱，以保其首領，受人唾駡，受人賤惡，雖生百年又何益也？賈誼有言曰「守圉捍敵之臣，誠死城郭封疆」，梅溶以之；「法度之臣，誠死社稷」，執禮以之。

孝　友

梁處士何千齡

千齡當唐季人倫廢壞之時，孝行推於友睦，而禮遜之風數世不衰，真所謂豪傑之士矣。夫閭巷布衣之家，雖其所爲不足以驚世動俗，有能修孝友之道者，朝廷必下詔以旌之，史官必求其實而書之。脱或史官失書，賢士大夫又必從而謹志之，則其事往往反足以傳於後世。豈非天經地義不可磨滅，有非區區功名富貴者所可同也哉？善乎魏徵之言曰：「雖或位登台輔，爵列王侯，禄積萬鍾，馬踰千駟，死之日，曾不得與斯人之徒隸齒。」其言又豈不信然也哉？嗚呼！有志之士寧不於是重有感哉！

宋處士鍾宅

鍾宅一家，刲肝封股者三人，亦皆出於迫切之誠。或舉韓愈氏所論鄠人者非之，非之誠是也，較於親病不嘗藥者，豈不有間歟？書而列之，非嘉宅也。愚又聞之，兄弟之不和，每起於妻子之離間，非丈夫有遠識，則爲其役而不自覺，一家之中，乖變生矣。此文廣之出妻，雖非至德，而亦甚難事也。然則如之何而可？嘗見遠識之人，知婦女之不可諫諭，而外與兄弟相愛，常不失歡，私救其所急，私賙其所乏，婦女不與聞焉。亦可謂善處妻子兄弟之間者矣。

明處士黄逢原

嗚呼！子壯而分，婦姑反唇相稽。秦之俗已然矣，況去古日遠，風氣日益漓。黄氏能不染於末習，卓然不變其恒度，豈非真豪傑者耶？浦陽以義居聞者二三人，唯鄭綺之家已至十葉。黄氏知感慕而興起，進脩益力，烏知不綺若耶？雖然，許史之稱未足爲貴也，猗頓之貨未足爲富也，唯孝友積諸躬，令名昭於時，其爲貴且富也大矣。所謂特立兩間而無愧，稽諸賢哲而有徵，著之後世而可法，何莫不由於斯？黄氏孫曾可不思自勖哉！

政事

漢尚書僕射楊琁

嗚呼！政事於人大矣。操厚倫惇俗之具，執舒陽慘陰之柄，御賞善罰惡之權，任出生入死之寄。其在朝廷，則四海被其澤；其在一郡，則一郡仰其賜；其在一縣，則一縣受其福。苟得其人，則上明下淳，歌謡太平；一或反是，則流毒四境，神怒民怨，至有激成他變者。其所繫甚重且難也蓋如此。人能以一善自效於官者，豈可使之泯泯無聞乎？縱曰往者之不可作，寧不使來者之知勸乎？嗚呼！紀載之文其可少乎？濂竊拳拳於此，不可知者固已無如之何，幸猶可以考見者，輒不敢不書。自楊琁至趙大訥，凡十一人，雖官有崇卑，治有優劣，其利吾民一也，因盡録之。

宋撫州刺史蔣邵諸暨令張敦鄂州刺史傅柔

洪遵撰《東陽志》，書楊扶在蔣邵、張敦、傅柔之後，且言：「邵歷洪、撫二州刺史，轉交州；敦還車騎大將軍，柔亦刺鄂州；扶東漢中人也。」遵既如此書，則邵等又在扶之前無疑矣。濂不謂然。漢嘗置車騎將軍、衛將軍，左右前後，皆位次上卿，典京師兵衛。則車騎固漢官也，敦爲扶前人亦未可知。若洪在兩漢時名爲章郡，而撫之地隸焉，鄂亦名爲江夏郡，❶並無稱洪、撫、鄂三州者，及隋平陳，始皆置之而冠以今號。則邵、柔疑隋以後之人也。遵曾不考之，是果何耶？浦陽未置縣時，地屬烏傷。扶自曾祖茂來遷，考其所居處，實今縣地，故扶之墓猶在縣西北十五里，扶之子孫不見有別居之文。遵獨據舊經以扶隸浦陽，以扶之子喬、琁隸烏傷，其又何耶？濂皆不得不正之。

❶「夏」，原作「東」，今據韓本改。

宋工部侍郎傅霶

古語有之，「人才必臨事乃見」，豈非然哉？霶之使金也，制詞甚褒之，至有「庶爾一言之合，爲吾兩國之成」之語，則當時任寄之重可見矣。霶亦奇男子哉！

宋訓武郎黄仁環

仁環者，區區一劍之雄耳，其初未必不鈔掠爲人患，亦復進之士君子之列何哉？有過録善，《春秋》之義也，録之斯進之。雖然，當賊氣正鋭之時，使仁環不急挫其鋒，則數萬生靈血汙荒原矣。

宋太常少卿王萬

人之欲，猶夫疾也；聖賢之書，猶夫藥也。以藥治疾，則疾瘳而體安；以聖賢之書克欲，則欲去而理明，自然之勢也。世顧玩之以爲辭章之助，雖日誦五車，亦何補身心哉？萬自聞季衍讀四書之一言，潛思精索，反以自治，故其律己則義利截然，表裏不欺；教小民，❶則忠厚粹和，不事威斷，人自感服；居言官，則不畏權奸，擊之愈力，言或弗行，挂冠徑去。嗚呼！是可謂善讀者矣。當時賢士交口稱譽，或謂其如白圭振鷺、玉尺冰壺；或謂其振荒如朱熹，先見如蘇洵、吕獻可，無實功者能之乎？嗚呼！是足以貽不朽矣。視彼抽祕思，騁妍辭，而與庸人孺子同一澌盡者，竟何爲哉？竟何爲哉？

❶「教」，韓本作「牧」。

元大學士吳直方

天之生材，欲振之張之，以昌大其支；必抑之歛之，以培植其本。譬之於物，其榮腴流鬯於發生之日者，皆出於嚴冰霜雪折摧之餘。蓋養之不厚，則發之不茂，其勢然也。公以惇龐宏碩之資，藴康濟經綸之具，司造物者特晦之於少齡，而顯之於耄年，其意亦猶是耳。

元知永新州趙大訥

大夫之以功業自見者，豈必藉祖父之勢哉？藉祖父之勢而成者，世豈無之，終不足謂之丈夫。必也奮自布衣，卓然有立，小或作州牧，大或聞國政，使德澤簡在人心，聲聞流於後世，然後始無愧於斯名。善矣哉！吳、趙之爲，何其近是耶？雖然，均名爲人，均生是邦，均食粟衣帛，而有能有不能焉。稍知自勵者，可以惕然而省矣。

文學

宋屯田員外郎于房

于房論文有曰：「陽開陰闔，俯仰變化，出無入有，其妙若神。」何其言之善也！蓋文主於變，變而無迹之可尋則神矣。司馬遷、班固、韓愈之徒號爲文章家，其果能易此言哉？宜其三世以文名也。濂竊慕之，歷求其文而不可多得。近過左溪山，見房之子正封所書碑，字勢雄拔，如蛟螭虎豹，盤拏後先。慨然想見其爲人，登高遐望，精神爲之飛動。嗚呼！數百載之下，能令人思之不置者，必有以也夫！

宋著作佐郎朱臨

天聖、慶曆間，縣之能文章者，唯于房父子爲盛，優於經學則臨一人而已。臨之所傳有淵源，意其所著必有大異人者，今皆亡之，惜哉！濂幼時，尚見臨所受嘉祐告身於吳明孫家。明孫蓋朱氏外孫，其亡亦已久，今又不知何如也。斯文存亡，尚往往類是，豈沈酣聲利者爲可恒也哉？

宋工部尚書錢遹

《四朝史》有云：「瑶華失位而復也，太母實詔之。姑有遷婦之文，母有改子之道。播之天下，合於至公。」誠哉是言也！遹在當時，孰謂其不知此理耶？其意蓋有所循焉爾。執禮銘遹之墓，歎其剛方少圓，死生負謗。其厚於揚善者哉！

宋太學生何敏中

世之人掊克自恣，剥膚及髓，苟臨患難，人將甘心焉；如盜感敏中之恩，庇百人而不殺者，有之乎？愚謂世衰道微，士習日靡，工文辭而苟利禄，奔走乞哀於權倖之門，惟恐不一售者，有矣；如敏中之以八行及遺逸薦而不受者，有之乎？朋友道喪，平時指天日爲誓，一旦臨小利害，不引手一救，反擠之下石者，有矣；如敏中鬻行槖而歸朋友之喪者，又有之乎？

宋處士朱有聞

揚雄有言曰：「君子純終領聞，蠢迪檢押。」如敏中、有聞二人是已。議者以立傳之法，必關大勸懲則書；若二人者，碌碌爾，庸庸爾，何必累簡編哉？濂曰不然。

世之人掊克自恣，剥膚及髓，苟臨患難，人將甘心焉；如盜感敏中之恩，庇百人而不殺者，有之乎？奔走州邑，奴事上官，望塵亟拜，掃門求通，唯恐不能一見；如縣令丞欲謁有聞而不可得者，又有之乎？時非三代，人有小善必取，曾謂二人之行而可遺之乎？激而書之，知者當識之也。

宋布衣倪朴

宋自宣和之後，國勢不振，金人乘釁，長驅而入，破陷太原，侵軼真定，攻擣汴京，以致天子蒙塵，生民暴骨。當時臣僚謂宜枕戈待旦，不共戴天，以洗刷國耻，以尅復土疆。乃復割地議和，頓首請命。忠義之士，雖欲有爲，每擯斥不用，卒致淪亡而莫之救。哀哉！朴以一布衣之微，非有爵號之榮、禄賜之厚，乃能赤心憂國，吐其耿耿，直欲叩帝閽上之。雖其書不能進，其視賈廷佐之二疏、陳亮之三書，俊快朗烈，照耀後先。如朴者，豈非人傑也哉！使朝廷用之，未必不能立奇勳。奈何奸惡秉軸，有志之士不獲洩其忠憤之志。推是言之，亦不獨人謀之不臧也。嗚呼！王業終至偏安，父讎終至不報，必當有任是責者。幸朴書猶存，百世之下，非惟使英雄灑淚，肉食者聞之，亦或知勸哉！

宋處士黄景昌

縣之立言之士，名不著者三人。宋元祐、紹聖間，有朱恮者，師黄山薛大觀。大觀得平陽孫復《春秋》之學，恮悉傳之，嘗著《春秋群疑辨》若干卷。宋季有蔡慶宗光遠者，以《春秋》舉於鄉，後以恩補官至武進丞，亦著《春秋集解》若干卷。有陳訥升之者，通《周易》，得先儒未發之祕，亦著《河圖易象本議》八卷。今皆散佚無存，或僅存，人亦鮮知之者。竊意事功之實行難亡，語言之空文易泯，故致是爾。然則世之傳者，亦何往而非空文哉？必繫其學之醇疵，醇則習之者多，疵則傳之者少也。嗚呼！信如是説，古之荒誕不經之文，縱横捭闔之術，可謂極疵矣，至今熟在人口者，又何其多耶？是蓋有不可曉者，意亦有幸不幸存焉。幸不幸，天也，天則非人之所知矣。雖然，人衆者勝天，文之得傳與否，實繫乎後之人，天何預哉？今觀景昌所著之書，亦將散佚無存矣，濂爲此懼，故得而備論之。

元翰林待制柳貫

公負瓌雄絶特之才，畜峻大剛方之德。發而爲文，則沈雄而雅勁；見於行，則端重而遂直。怠色不形於面，媚言不出於口。所學以聖賢爲師，而不戾俗以爲異；所至以教化爲重，而不阿世以爲同。起爲人師，入造冑子。周旋禮樂之署，統教吴楚之區。晚歲就徵，入掌帝制。其於闢異端，扶倫紀，黜淫祀，排勢臣，勁氣直辭，可輔彝訓；危言卓行，可激貪懦。迨其退而燕處，凜然神居，屹然山峙。喜怒不著，語默有恒。可謂有德君子矣。

元處士吴萊

濂嘗受學於立夫，問其作文之法，則謂有篇聯，欲其脈絡貫通；有段聯，欲其奇偶迭生；有句聯，欲其長短合節；有字聯，欲其賓主對待。又問其作賦之法，則謂有音法，欲其倡和闔闢；有韻法，欲其清濁諧協；有辭法，欲其呼吸相應；有章法，欲其布置謹嚴。總而言之，皆不越生、承、還三者而已。然而字有不齊，體亦不一，必須隨其類而附之，不使玉瓚與瓦缶並陳，斯爲得之。此又在乎三者之外，而非精擇不能到也。顧言猶在耳，而恨學之未能。因志諸傳末，以謹其傳焉。

宋潭州儒學教授張森元翰林文字陳公舉明儒學教諭張端臣翰林檢討鄭棠清逸處士鄭柏中書舍人周胶編修趙友同

文學之事，自古及今，以之自任者衆矣。然當以聖人之文爲宗。文之立言簡奇，莫如《易》，又莫如《春秋》。序事精嚴，莫如《儀禮》，又莫如《檀弓》，又莫如《書》，《書》之中又莫如《禹貢》，又莫如《顧命》。論議浩浩，而不見其涯，又莫如《易》之《大傳》。陳情託物，莫如《詩》。《詩》之中反覆咏歎，又莫如《國風》；鋪張王政，又莫如二《雅》；推道盛德，又莫如三《頌》。有闔有闢，有變有化，脈絡之流通，首尾之相應，莫如《中庸》，又莫如《孟子》，《孟子》之中又莫如《養氣》、《好辯》等章。嗚呼！濂之所言者略爾，以其所言，推其所不言，蓋可知矣。人能致力於斯，得之深者，固與天地相始終；得其淺者，亦能震盪翕張，與諸子較所長於一世。雖然，此特論爲文之體然耳，若原其本，則未也。其本者何也？天地之間，至大至剛，而人藉之以生者，非氣也耶？必能養之而後道明，道明而後氣充，氣充而後文雄，文雄而後追配乎聖經。不若是不足謂之文也。何也？文之所存，道之所存也。文不繫道，不作焉可也。苟繫於道，則萬世在前，不謂其久，吾不言焉，言則與之合也；萬世在後，不謂其遠，吾不言焉，言則與之合也。是故無小無大，無外無内，無古無今，非文不足以宣，非文不足以行，非文不足以傳。其可以無本而致之哉？浦陽雖小邑，自宋以來，以文知名者甚衆，大抵據經爲本，有足貴者。

貞　節

宋烈婦何道融

《詩》曰：「無非無儀，惟酒食是議。」釋之者曰「有非，非婦人也；有善，亦非婦人也。唯議夫酒食而已」。蓋婦人之行，不出閨門，在無事之時，尚不欲以善自聞，況當哀苦之餘，稱之曰「未亡人」，而顧以是自衒歟？君子之論，每欲先之而不敢後者，豈非憫其志之確而不少變歟？抑將假是以勵其不能者歟？世之材士大夫，習俎豆，攻詩書，坐而堯言，行而舜趨，其自負誠不在古人後。一旦受人家國之寄，輒懷二心者，有之矣。況區區一女子，所事不過織紝中饋之間，反能守死自誓，如秋霜烈日不可狎玩，又可得而少之歟？是故楚之貞姬，梁之高行，漢之桓嫠，皆登於彤管之書者，殆以是歟？雖然，貞節之昭，風俗之偷也。使當比屋可封之時，果孰名其爲貞婦？貞婦之得名，蓋以世之不貞者衆也。濂又豈得不爲衰俗一慨也歟！

明鄭節婦黄琇

昔者，孔子稱宓不齊之善，而歸於魯國之多賢。蓋觀感而興，非有資於賢者，要亦未易以成德也。今鄭氏之家，十葉聚食，其規度整肅，如嚴霜烈日，可畏而可仰；其德義之涵濡，又如春風和氣之薰蒸，不自知其入人之深。故其化行教洽，過其門者，猶率德勵行，而乖戾之慮消，況爲其家之婦者乎？宜守貞執節之堅而循禮之謹也。傳曰："一家仁，一國興仁。"其理誠不誣哉！

案：公所著《浦陽人物記》二卷，錢塘鮑氏刻入《知不足齋叢書》凡五篇。每篇先總序，次記傳，次贊，條理井然，昔人謂類歐陽《五代史》。韓刻則題曰"評浦陽人物"。其與鮑刻異者，"孝友"内無陳太竭、鄭綺，而有黄逢原；"政事"内無吴傳、石範；"文學"内無方鳳而有張森以下七人；"貞節"内無倪宜弟而有黄琇。其文視鮑刻多缺略失次，而鍾宅、吴直方、柳貫三章，又有鮑刻所無者。其不曰"記"，而曰"評"，豈當時别有所本耶？抑叔陽未見其書，蒐輯志乘以威之，不無舛錯增竄耶？鮑刻既附集後，故仍而不改，以還韓刻之舊云。

宋文憲公全集卷四十六終

宋文憲公全集卷四十七

擬薛收上秦王平夏鄭頌

粵武德四年秋七月朔，記室薛收頓首再拜言：仰惟秦王殿下龍興晉陽，佐我皇帝起義兵以戡定禍亂。金鼓一振，罔不臣順。唯鄭王世充、夏王建德昧厥大命，侵牟我邊垂，刈劉我烝人，鈔掠我玉帛，干戈之相尋，殆非一朝一夕。皇帝震怒，詔王督諸軍伐鄭，遂敗世充於穀水，進圍洛陽。建德不思自靖，凶德參會，將兵十萬來救。王帥諸將酣戰，破而擒之。於是世充智窮援絶，率群臣詣軍門降。王至長安，獻俘於太廟，行飲至禮，詔斬建德於市，免世充爲庶人，徙於蜀中，大赦天下。天下萬姓驩欣舞抃，以爲皇帝之睿謨雄算，王之戎功駿烈，皦皦乎不可尚已。收備在戎行，親瞻制勝料敵之奇，進退擊刺之雄，耳目怖駭，若臨鬼神。雖淺劣無識，不可無歌詩以鋪張鴻休。謹撰《平夏鄭頌》一通以獻，庶幾昭示萬世，以宣有唐之聲烈，以著王業之艱難云。其辭曰：

真主挺生，宅靈孕奇。天日之表，龍鳳之姿。嘘陽吹陰，宰於化機。精神所被，物無不綏。皇帝興兵，以遏亂隋。王左右之，神運天施。或獻奇謨，食若元龜。或賈拳勇，力如虎貔。雄吞八極，易若拾遺。如鼓迅飈，泱泱四來。降燕帖魏，蹈秦以隳。金鼓之下，孰能慢台？維此二豎，曰夏暨鄭。據河北南，兵犀弓勁。勢成鼎足，力與我競。夏陷黎陽，思百其勝。衛滑齊兖，蹂踐莫定。

鄭取汴亳，奪我藩屏。封豕長蛇，貪噬益横。況於宫城，大設坑穽。四周削起，峻若甗甑。忌則陷之，毁宗滅姓。怨氣塞天，凝爲祥眚。人之孔哀，其何能竟？皇帝曰嗟！我人何辜？敕汝秦王，汝亟是圖。汝敹汝甲，汝張汝弧。汝簡鋭驍，東傅其都。王拜稽首，禡牙出徂。旌旄飛翻，❶士卒嘯呼。曰爾萬賓，爾疾而趨。扼其龍門，毋宣虜誅。❷曰爾德威，視敵若無。圍厥河内，批其大軱。曰爾君廓，爾震鼓桴。控彼洛口，以絶餉輸。屢戰屢克，王乃向洛。移軍青城，壁壘星錯。虜薄穀水，柝以虎落。王曰爾通，爾急往角。我引騎南，以褫其魄。靈威莫抗，虜漸退却。横戟長追，如鼠入槖。掘塹而守，朝鼓夕柝。不日成擒，以潤鼎鑊。洪爐熾炭，何金不鑠？夏人卒狂，稱兵黨惡。其旅若林，誠可怖愕。王曰靖哉！爾衆勿摇。虜卒既惰，虜將且驕。虜命當傾，決於今朝。莫匪上天，欲逸我勞？使發一矢，中此兩鴞。咽喉之門，實在虎牢。吾往奪之，短兵爾操。且行且餌，❸伏鋭於坳。伺虜深入，乃與死鏖。虜因大讐，布屍滿皐。進退維谷，更動疊騷。偵吾牧馬，將襲而逃。王乃濟河，南臨廣武。騋牝如雲，留彼弗取。虜果來迎，列栅牛口。我閉弗出，自辰達午。虜氣既退，❹竭蹶欲走。❺王謂士及，爾整部伍。爾將梟騎，突此群醜。矛進而翼，截其兩肘。會虜方朝，顛倒失序。震霆方驚，不及掩耳。擊刺從衡，龍飛熊吼。天日爲黄，塵起如霧。正戰方

❶「翻」，文粹本作「翩」。
❷「虜」，原作「寇」，今據文粹本改，下同。
❸「餌」，原作「飫」，今據文粹本改。
❹「退」，文粹本作「竭」。
❺「竭蹶」，文粹本作「逡巡」。

酣，王出以奇：爾知節等，卷旆而馳。旁繞虜陣，張我虎旗。虜衆惶駭，奔如流澌。相彼酋首，欲絶而西。神槊一指，顛若墜尸。王叱武威，執而縛之。囚示鄭人，鄭人曰噫！我援已絶，我力莫支。我肉我袒，牽羊以隨。有餘者糱，亦復來歸。奉璽再拜，冀免殲夷。乃獲乃俘，振旅而復。王被金甲，懸厥魚服。遠而望之，有光熠煜。大將森衛，後先聯屬。鐵騎萬匹，旁障羽纛。鼓吹颯沓，節以金鐲。清廟有赫，上與雲矗。陳俎奠爵，籩豆嘉肅。既俘以獻，且拜且祝。祝已飲至，列筵如竹。醇酎川流，精殽林簇。鳧鷖既醉，咏歌相續。皇帝曰嗟！寶實弗恭。稔禍濟惡，厥父用亢。當梟其元，以令醜凶。充罪固殷，悉衆禦攻。待以不死，徒寘蜀邦。我人實煩，轉輸是共。或居遐裔，久阻寇封。惴惴自保，息屏足重。宜行給復，式寬其庸。復赦宇内，以示大同。丹鳳銜詔，無遠不通。弘宣睿澤，丕昭仁功。萬方有言，如蔀斯撤。昔也戰争，連城喋血。蒿萊千里，人跡殆絶。今也恬嬉，寧爾家室。盡斂戈矛，化爲襏襫。人和既滋，天休當發。山出器車，庖形瑞箑。騶虞在郊，苞鳳巢穴。黄龍舒采，白鳥振潔。無間朔南，聲教孚浹。視彼梁楚，千鈞一髮。定知來朝，不煩斧鉞。天生蒸人，下代傖囊。❶必眷有德，以綏以攘。簡策所紀，更僕莫終。徵之秦漢，厥事孔明。嬴政肆虐，虎視域中。踐華因河，爲固自防。祠狐一鳴，亂如沸羹。六國復興，各自立王。籍起會稽，中號最强。喑噁叱咤，萬夫膽喪。劉季斬之，不翅犬羊。鉅敵一鋤，寰宇乃康。强隋比秦，尤瀆天紀。諸

❶「下」，文粹本作「丁」。

桀援戈，聚如蜂蟻。不有靖之，代何能治？惟帝明睿，乘運而起。惟王輔之，以臨四海。黄鉞白旄，剪薙不軌。無堅不磔，無險弗砥。夏鄭既夷，治平可致。揆之炎漢，聯芳儷美。赫赫神功，可昭萬祀。收在戎行，躬瞻鴻偉。敢揚頌辭，以告太史。

陸秀夫像贊

身抱龍髯兮，眼不見水。鳳闕雖遐兮，龍堂則邇。玉雪皦如兮，肯汙泥滓？赤日出海兮，爾心不死。

婁貞公贊

原武婁宗仁當天后政嚴之時，獨以寬厚聞。其弟守代州，宗仁教以唾面自乾，至今爲善者師焉。因贊之以自勖。贊曰：

我言之悱，斯辱之招。我行弗足，或貽其辱。二者無失，其至由外。内省不疚，我則何罪？我面彼唾，乃彼之愆。我何潔之，正使自乾。孰忿自乘？攘袂而鬬。孰量之弘？受詬如頌。是非苟繆，不亦殆而。微公之師，吾誰與歸？

許魯齋先生贊

濂洛之學，傳自武夷。重徽疊照，日星昭垂。逮我許公，尊聞行知。若親摳衣，寒泉之糜。張皇幽眇，釐析毫絲。如皐陶淑問，畢其情辭；如后羿注矢，不失其馳。既入閫域，遂升堂基。横經胄監，衿佩鏘如。祛其人私，牖其天彝。釋其偏歧，挽其九衢。德成財達，昭用如時。黼黻帝治，甄陶泰熙。明體適用，公實庶幾。無德弗報，四海祝尸。嗚呼許公，百世之師！

吴草廬先生贊

紫氣蟬聯，神物蜿蜒，有開必先。山川降神，自元而貞，篤生哲人。慎斯勤斯，絶乎等夷，於道早知。厲如秋霜，煦如春陽，何德之昌！抱膝而居，氣蓋八區，闕而弗舒。玩心神明，操觚弗停，輿衛聖經。學徒是依，毛之有麒，甲之有龜。斞其淵沖，以消吝封，心熙氣融。大明當軒，留聘益尊，施教成均。北許南吴，先後合符，人文之敷。

劉静修先生贊

先生之心，嶽鎮川澄。先生之操，玉温石貞。先生之學，寤寐六經。岐陽之鳳，魯郊之麟。和氣襲人，盎然陽春。發周孔性情，挹其深醇。或出或潛，與道周旋。九原可作，吾爲執鞭。

東陽十孝子贊

十孝子者，皆東陽人，其事載於郡乘爲詳。予讀書之暇，因探其昊天罔極之思，而爲是贊，以風世之爲人子者。

秦　顔　烏 烏傷人

古有醇孝，厥姓惟顔。父喪未葬，行泣道間。我畚我鍤，是薶是瘞。彼群烏何知？銜土予助。我家既封，烏吻血流。感爾異類，愧我同儔。秦風日漓，借耰鋤而德色。誰意黔雲之四蒙，見此皦日。千載之下，禮憲淪胥。豈獨愧君，烏亦不如。有廟嚴嚴，春秋是祀。用興薄夫作孝子。

吴斯敦東陽人

有孝者斯，峴山之阿。父罪當誅，兒心奈何？自非吾親，盍從生我？我寧隕身，父死其可？九關巖巖，虎豹齗齗。泣血上書，願易以身。王用爾恤，卒全父命。更旌爾門，風彼不令。池波奫淪，宰木扶疏。清風肅然，過者下車。

晉許孜東陽人

嗟嗟許生，實孝於親。胡風木不停，遘此難屯。輤車既載，負土築墳。我親我堋，敢曰勤彼鄉民？手胼足胝，我不爲辛。巾笥猶存，几筵不改。惕然念之，吾親何在？秋霜凝凝，春雨微微。父兮母兮！得無苦寒與饑？兒既不可見，寧不念兹。天高可極，此情罔極。鹿獨不閔，我觸我松柏。嗟嗟許生，厲志不移。終身之慕，於子見之。

唐馮子華東陽人

緬彼孝馮，結廬墓傍。思親不見，欲與俱亡。白日寥寥，悲風四起。蒲伏號呼，哀徹心髓。天錫嘉瑞，慰我孝思。有皦斯兔，有煒斯芝。孝馮曰噫！吾焉用汝？九京莫興，百瑞奚補？唯爾孝子，樹我世防。雖歷萬祀，厥德彌章。自公之亡，肖公者幾？茫茫堪輿，孰非人子？

唐應先東陽人

卓哉至行！衆人所難。眷我應君，抆涕汍瀾。親之云亡，中心咽塞。雖草生髮間，何暇束櫛。昔處膝下，其樂泱泱。今我來思，舉目但見白楊。彼蒼者天，曷不我惻？苟可從之，我生奚恤？爾心之苦，爾行之優。雙闕峨峨，卒承天休。

唐唐君佑東陽人

唐氏之子，以孝行聞。死生一節，弗歧弗分。唯思親不置，鞠明究曛。誰無父母？以樂以愉。今我何罪？獨行次且。我罪之深，我宜隕墜。胡獨使我親，先彼朝露？昊天不弔，直至於斯。渺渺音容，如何弗思！官用褒旌，封闕在舍。匪私爾一人，式勸來者。

唐陳太竭浦江人

浦汭之間，❶有氏曰陳。親没居廬，衰麻終身。心勦形瘵，杖而後起。一氣如絲，去死無幾。朝哭如呑，莫哭尤不忍聞。松風翛翛，林鳥嘐嘐，來助予之悲號。遐思弗寧，起奠我爵。果肴在前，烏鳥爲之不啄。世瀦失防，頹彼滉瀁。我思古人，古人焉往。

❶「汭」，黄譽本作「涔」。

宋董少舒蘭谿人

有倬董君，父以令終。躬負厥土，馬鬣其封。四郊無人，夜寒如水。黑飈潛興，如臨神鬼。董君出廬，擁墳撫膺。念父寥寂，長哀無聲。日兮月兮！能照下土，寧不閔我最苦？願亟入九泉，奉我父母！靈芝煌煌，駿發爾祥。蓋紫幹黄，於燁其光。有倬董君，德聲斯不亡。

宋金景文蘭谿人

瀔水之州，三山之坡。下有孝子，孝如之何？父疢在首，籲天請代：願萃予身，我親罔害。母棺未窆，執纚以前。天光下燭，五色粲然。五色粲然，未足爲偉。怪雹獰風，勿犯其里。苟非中忱，曷以臻此？繇代是師，於戲孝子！

宋賈南金金華人

孝道之弘，百行所生。誰與賈氏？實敦古風。生弗離親，歿安可棄？忍令親之玉體，爲泉扃所閟。晝雖不可見，接以夢寐。夢中相見，宛其未死。覺後求之，寒燈在几。得不慨兹？潸潸墮淚。睠爾孝德，閔我章逢。梔蠟其貌，黼黻其躬。父子相軌，或不相容。我述贊辭，用發民衷。

吴山長像贊

原道書院山長吴履，予之異姓弟也。人之評履者，一則曰：「履善屬文，其嚴簡嶄絶處，類秦漢間人語。迫而視之，有光淵然也。」一則曰：「履自幼沈酣羲、獻中，行草書皆入妙品，如寶劍舞空，光茫叠發；芙蓉出水，態有餘妍。當與鮮于太常齊驅，❶其得意者，或謂過之。」其知履僅若此。至其尚風義，❷赴友朋之急，不顧水火，雖古人猶難之者，未必能知履也。因贊之，以白履行於世。贊曰：

若人者，其古君子之徒與？聞人急難，即欲赴之。力縱不及，心懸懸其如饑。水火在前，幾若弗知。輾轉不寐，而長夜以思。世滔滔而莫察，吾獨探其隱微。彼以藝文爲矜衒者，其相知也不亦淺而。若人者，其古君子之徒與！

石巖凌先生像贊

冰霜顔面，鐵石心腸。持斧七閩，百壬斂藏。神明之政，淵源之學。其人雖亡，清風猶昨。

黄氏三壽圖贊 浦陽合溪人

資　善

身安而家裕者，人之所欲也。藏智不用而厚重有餘者，天之所福也。君有以契

❶ 「于」，原作「於」，今據黄譽本改。

❷ 「至」，原作「知」，今據黄譽本改。

乎天，故不求而自足也。超乎寵辱，離乎毁譽，而游乎物表。此人之所難能，而君之所獨也。

資　深

智足以燭理，而加之好學；敏足以涖事，而本於無私。事長不以和樂勝禮，馭下不以慈惠傷威。行乎家庭，春温而秋肅；著乎言行，方矩而圓規。斯學者之所難能，苟謂之篤行君子，其孰以爲非耶？

資　文

人知其外之偉，而不知其内之美；知其才之豐，而不知行之崇。是蓋質而不二、和而有禮、介而能通者也。

自題畫像贊

廣陵孫生貌予真，人皆失笑，謂無不似者，因題其右。辭曰：

似柔而强，如愚而明。辨駁百氏，寤寐群經。千載之長，一世之短。前武儼然，吾敢不踐？

又

吾心與天地同大，吾性與聖賢同貴。奈之何隨於曲學，局乎文藝；忘其真實之歸，溺此浮華之麗；顛隮於得喪之塗，眩惑於是非之際。縱濫廁於大方，曾不離夫小智。静言思之，幾欲賈涕。奮自今以爲始，日載惕而再厲。❶有如升嶽者，當極於崇巔；辟若改火者，須資夫新燧。期融通於高朗，誓媷治其蕪穢。用致知爲進學之方，藉持敬爲涵養之地。續墜緒之茫茫，昭遺經之晰晰。雖任重道遠，必篤行而深詣。庶幾七尺之軀，不負兩間之愧。爾其勉旃，以終厥志。

越國夫人練氏像贊 有序

天地之大德曰生，夫生者乃天地之心。雖陰陽之所運行，有開闔慘舒之不齊，然天地之心，生生而弗息者，恒循環於無窮。有如碩果不食，則其生道已具其中，俟時發榮，挺然而莫之遏矣。

時至五代，用兵争强，屠戮逮乎雞犬，是天下極亂之時，蓋無復人道。有能於其間不爲氣運之所變遷，而一念之仁有以契夫生生不息之心，則其感召之速，所以敷遺於後人者，其澤曷有既哉？

閩之練夫人諱寯，建州刺史章公仔鈞之妻也。生而肉髮，深沈而端毅，終日或不一笑言，且知識有絶人者。時閩王命公屯兵浦城之西巖，南唐盧將軍帥師來侵我，公遣二校請師於州，失期將斬之，夫人勸曰：「時危民未靖，公奈何斬壯士？」公悟不問。二校逸入南唐，皆爲大將：一則金陵邊鎬，一則上元王建封也。

保大三年二月，南唐遣江西撫安使查文徽伐閩取建州，鎬爲行軍招討，建封爲先鋒橋道使，奪其險要。已而建封焚外郛，八月甲子克之。公殁已久，獨夫人猶存。二

❶「再」，黄譽本作「載」。

校遺使者持金帛遺夫人，并以一白旗授之曰：「吾且屠城，夫人宜植旗於門，吾已戒士卒，勿犯矣。」夫人反其金帛并旗弗受，曰：「君幸思舊德，願全此城；必欲屠之，吾家與衆俱死耳，不能獨生也。」二校感其言，遂止。

夫人之子一十五人，孫六十八人，多躋顯仕。而其後人，繩繩相繼，位宰執、登法從、歷卿監、佩守令之章者，殆百餘人。嗚呼，何其盛哉！非夫人有以契夫天地生生不息之心，則其施報之厚，未必若此之至也。原夫人之心，渾廓昭融，不限封域，視一城之生聚，不翅如一家，真有所謂仁者之量。殃慶以類，《大易》之旨也。夫人之後，其有不蕃昌者乎？其有不絢著者乎？昧者不知，天之未定，謂爲善無足倚。是則天之生生之道絶矣，夫奚可哉？

夫人二十世孫存道以遺像求予贊。予既質諸傳記，以序夫人之事，而復爲之贊曰：

懿彼夫人，生於七閩，肉髮有倫。静毅而莊，動循厥常，女士之良。笄而有歸，建州之妻，其德與齊。建州桓桓，旗旐繙繙，以扼建關。將固我城，必集我兵，移書以徵。二校言旋，何期之愆？絶首以懸。夫人曰吁，乾坤創夷，壯士勿誅！逸之使奔，遂爲唐臣，建旆而軍。争城以攻，火旗晝紅，陷其四封。二校有云，使鬼爲人，夫人之仁。曷其報之？曷槖我私，曷授我旗？旗植於家，有突而譁，我劍之加。夫人曰吁，是城卒屠，我生何爲？有衆若林，昔而斧碪，今而謳吟。夫人之亡，其魄已藏，其澤愈滂。傳紫襲龜，霧滃雲迷，被於今兹。遺像儼然，萬目斯瞻，曷取則焉？

磨兜堅箴

昔李侍郎敦立嘗揭「磨兜堅」三字於坐隅。磨兜堅者，古之愼言人也，其善於自防者哉？爲著箴曰：

磨兜堅，愼勿言。口爲禍門，昔人之云。磨兜堅，人各有心，山高海深。磨兜堅，高不知極，深不可測。磨兜堅，言出諸口，禍隨其後。磨兜堅，鐘鼓之聲，因扣而鳴。磨兜堅，不扣而鳴，必駭衆聽。磨兜堅，唯口之則，守之以默。守之以默，是曰玄德。磨兜堅，磨兜堅，愼勿言。

時習齋銘

時習齋者，江南行臺侍御史秦公之所自名也。公河南人，名從龍，字元之，歷事五朝，爲時名臣。年踰八十，而猶挾册齋中，玩而繹之。濂間往見公，聞其言，皆經緯道德，壹歸之經傳。則其澤被民物，勳烈太常者，何莫不由於斯？時習之功，不既盛矣乎？宜其年既耄，而猶孜孜弗之懈。公戒濂銘，銘曰：

水之習坎，積則盈。君子法之，德乃恒。

婺源石硯銘

歙之有硯，自唐開元中葉礪始。礪，獵師也，因逐獸發之。後爲南唐玄宗所賞愛，名遂與端石齊。其地在長城里之龍尾山。山一名羅紋，其下乃芙蓉溪。硯溪産者號爲尤長。濂嘗獲其一，腹有刻文云「李少微造」。少微，玄宗時硯官也。制作絶工緻，可寶已。銘曰：

外雖黑，内則白。馬生角兮，性乃易。

濟源硯銘

濟源硯者，李文簡公故物也。濂銘之，以遺龍舒學子李端。銘曰：

持爾堅，以尚爾玄，毋爲白也遷。

五輪沙漏銘

沙漏之制，貯細沙於池，而注於斗，凡運五輪焉。其初輪軸長二尺有三寸，圍寸有五分，衡奠之。軸端有輪，輪圍尺有二寸八分。上環十六斗，斗廣八分，深如之。軸杪傅六齒，沙傾斗，運其齒，鉤二輪旋之。二輪之軸，長尺，圍如初，從奠之。輪之圍尺有五寸，輪齒三十六，軸杪亦傅六齒，鉤三輪旋之。三輪之圍軸若齒，❶與二輪同，其如初軸杪亦傅六齒，鉤四輪旋之。四輪如三輪，唯奠與二輪同，輪杪亦傅六齒，鉤中輪旋之。中輪如四輪。餘輪側旋，中輪獨平旋。軸崇尺有六寸，其杪不設齒，挺然上出，貫於測景盤。盤列十二時，分刻盈百，斲木爲日形，承以雲，麗於軸中。五輪犬牙相入，次第運益遲。中輪日行盤一周，雲脚至處，則知爲何時何刻也。餘輪各有楹附度，中輪則否。輪與沙池皆藏几腹，盤露几面，旁刻黄衣童子二，一擊鼓，一鳴鉦，亦運衍沙使之。沙之進退，則日一視焉。此其大略也。

初，欒陽水善冰，雖爨鼎沃湯，不能爲

❶「齒」，原作「此」，今據黄譽本改。

漏。新安詹君希元，乃抽其精思，以沙代之。漏成，人以爲古未嘗聞，較之郭守敬七寶燈漏鐘鼓應時而自鳴者，殆將無愧乎？浦陽鄭君永與希元遊京師，❶因知其詳，歸而製之，請余銘。銘曰：

挈壺建漏測以水。用沙易之自詹始。水澤腹堅沙弗止。一日一周與天似。鄭君繼之制益美。請惜分陰視斯晷。

髮櫛銘

髮有垢，尚假爾治。心有垢，人胡不思？

琴操二首

客有吏於海東者，以能擊貪暴聞，然終用是受誣，嘔血死。予友胡徵君爲著《哀辭》一通，予讀之甚悲。竊取其意，作《哀海東》、《傷姝女》二操，使善琴者彈而和之。客之鬼或有知，則其鬱鬱之氣，庶幾少伸矣乎！辭曰：

我哀海東，而思之苦。彼何人斯？猛噬如虎。我不擊之，我民之憂。縱不我與，覆以我爲仇。蒼天雖高，冤其有極。非血之嘔，曷明心赤？泱泱大風，沈沈寒泉。舍旃舍旃，我尚何言？

右《哀海東》

有姝者女，顏如舜英。詆我以醜，我其何傷。眩白爲黑，古亦多有。自尤不遑，敢誰之咎？黃鵠飛來，其音闇闇。我心苟

❶「永」，韓本、傅本作「泳」。

安，何戚弗欣？天上地下，命也奈何？命也奈何，焉知其他？

右《傷姝女》

宋鐃歌鼓吹曲十二章

臣聞真人應運而起，旋陰轉陽，協和神人，剗革僭僞，期底隆平。於時五季之亂已極，光嶽氣分，河海怒溢。强臣悍將，割土分疆，擅執節鉞，倒持天柄，敢拒帝命，莫之敢制。我太祖躬屬櫜鞬，奉命四征，赫聲濯靈，所向輒克，姦惡授首，獻於太廟。已而大功既茂，天命攸歸。乃受周禪，即皇帝位。璽書誕頒，天日昭焕。凡厥臣庶，莫不翹足延頸以俟太平。皇帝若曰：「皇天既畀我有家，朕夙夜曷敢荒寧？彼螢爝之微，僅若一髮，欲抗明於日月，疇能置諸？朕當剪其孼芽，毋使滋蔓。爾有衆尚克協乃心，以底天之罰越。」

建隆元年夏五月丁巳，上親征澤、潞，六月辛巳克其城，李筠赴火死。冬十月丁亥，又親征淮南，十一月丁未，薄其城，未幾，拔之，李重進亦赴火死。乾德元年春二月，高繼沖遣客將王昭濟奉表稱臣，而荆南平。三月壬戌，王師入朗州，獲周保權以歸，而湖湘又平。三年春正月，取劍州，蜀主孟昶封府庫以降。開寶三年秋九月己亥朔，伐南漢。四年春正月辛未，次白田，其主劉鋹素服出降。七年冬十月，王師伐南唐。八年冬十一月乙未，李煜奉表納降。由是天威所加，如雷如霆，有觸之者，靡不殞滅。

太祖既棄群臣上游帝所，太宗嗣厥大寶，駿惠前烈，文綏武戡，唯日不足。太平興國三年夏四月己卯，平海節度使陳洪進以漳、泉二州獻。五月，吴越王錢俶復盡獻其國所有地。四年春二月甲子，上親征太原。夏五月甲申，北漢主劉繼元率其官屬銜璧入朝。自是海内群雄皆爲臣僕，風氣宣通，罔有限域，東西幅員盈三萬里。梯山航海，獻賮奉琛，委蛇而來，上實天府。戴白之叟，垂髫之童，皡皡熙熙，莫知帝力。於是宋興至是已二十年矣。

臣惟帝王之興，自有貞符，歷古以來，史不絶書。我太祖之生也，祥光瑞彩，流爲精英；異芳幽馥，鬱爲神氣。所居之地，紫氣隨之；建纛而出，白日爲暈。是蓋上天著厥嘉貺，以流耿光於無窮。故自唐虞禪受之後，鮮不以征誅而得天下。其中豈無揖遜而紹位者？皆陽予陰奪，尋即廢之；惟我太祖，應乎天而順乎人，陳橋之戴，黄衣之加，蓋迫於甚不得已爾。由是能大一統，臣服四海，用作神主。聖德神功，巍巍堂堂。傳至孫子，億萬斯年。跨漢唐而追三代，何其盛哉！

然而短簫鐃歌，黄帝、岐伯所以建威揚德、風勸敵士者也。❶周制因之，其在《大司樂》，則王師大獻，乃令奏愷樂；在《大司馬》，若師有功，則愷樂獻於社。大抵皆軍樂也。古樂久已亡失，至漢有《朱鷺》等十二曲列於鼓吹，謂之鐃歌，今尚可考見。自時厥後，代有其辭。而唐柳宗元獨準漢曲，倣其篇數，作《鼓吹鐃歌》以紀高祖、太宗功德及征伐勤勞之事。臣雖不佞，自幼以文字爲職，輒取法漢唐，窮思畢精，作爲歌辭，以侑戎樂。治兵振旅之際，得於馬上奏之，

❶「風勸敵士」，文粹本作「風敵勸士」。

焜耀鏗鍧，震撼無際。使有宋之成烈，增光於後，無讓於前，臣死且不朽！臣謹冒死上。

太祖生洛陽夾馬營中，❶神光滿室，有香郁然，經宿不散。此聖徵先見者也。爲《啓聖徵》第一

啓聖徵，兆載先。炎精降，爛以鮮。破重陰，燭層玄。合之暢，神必宣。應昌期，馭宰權。天序叶，地軌甄。星游渚，白帝延。氣貫月，永殷年。質往牒，無不然。惟皇符，熾且騫。著成烈，在不刊。

右《啓聖徵》曲，凡二十二句，句三字。

太祖將北伐，師次陳橋驛，諸將以黄袍加上身，列拜庭中稱萬歲。遂詣崇元殿，行禪代禮。爲《受周禪》第二

受周禪，崇靈基。飛龍在天，黄道開。躬握乾衡，鎮坤機。蒼精喪，木無支。黑光盪日，見重輝。天人同，曆數歸。靈承帝祐，流鴻滋。嘉瑞章，紛若敦。神爵集，肉角來。氓灝灝，俗恢恢。昭皇威，時赫戲。

右《受周禪》曲，凡二十二句，其十八句句三字，四句句四字。

❶「夾」，文粹本作「甲」。

昭義節度使李筠據澤潞弗服，上御六師平之。爲《靳老雄》第三

靳老雄，雄勢蹙。連寇師，樹高纛。襲邊城，施蠆毒。王赫斯怒，誓加戮。百萬貔貅，若林矗。行視嶕嶢，勝平陸。升城齊呼，山嶽覆。飛矢貫臂，拔其鏃。雄斯窮，畀災熇。朱鳥鳴，反舌縮。反舌縮，四海服。

右《靳老雄》曲，凡二十二句，其十七句句三字，五句句四字。

淮南節度使李重進不庭，憑恃江淮，招集亡命，上親討之。爲《長淮沸》第四

長淮沸，沸若湯。有蛟下潛，石作房。腥沫旁灑，矛距四張。欲鼓孽浪，浸日光。真龍出，火鬣明。炳暴髓，❶焦毒吭。殲厥凶醜，如刺狼。水安流，若鏡平。皇威洽，濊澤滂。建萬寓，慶無疆。

右《長淮沸》曲，凡二十句，其十五句句三字，五句句四字。

上遣將討張文表，假道荆南。其主高繼沖懼，奉表稱臣。爲《耀靈威》第五

耀靈威，奄八夤。如山壓卵，飈嘘塵。大帥率師，手握雚。策馬飲江，江水渾。盪摩日月，摇星辰。孰敢奸一作干。命？馘以狗。蠻荆輿櫬，稱妾臣。翦拜柯條，刖其

❶「炳」，文粹本作「焫」。

根。一朝坐鎮，百粤門。南荒帖帖，絶妖氛。

右《耀靈威》曲，凡二十句，其十一句句三字，九句句四字。

師克南平，趨朗州，武安節度使周保權拒命，討獲之。爲《鷹之揚》第六

我鷹之揚，於彼南楚。目城無全，尚何有險阻？彼周惛惛，❶曾莫搆思。仇孽既殄，胡反噬我師？梟騎厲，華旄旋。海水立，霄旭昏。殺氣回薄，翳若烟。濯征斯克，功無前。王度遠引，靡不肩。

右《鷹之揚》曲，凡十八句，其七句句三字，九句句四字，二句句五字。

諸將伐蜀取劍州，蜀主孟昶封府庫請降，爲《巴蜀平》第七

惟彼巴蜀，務靡麗以夸。金塊珠礫，❷納政於邪。於鑠王師，如虎如彪。攄夷凶族，使民氣以攄。足不加首，臂豈大於股？啓關迎降，崩角無敢後。聲明宣流，被區有。百蠻來同，孚至理。上鄰三五，皇德美且阜。

右《巴蜀平》曲，凡十八句，其二句句三字，十一句句四字，五句句五字。

❶「彼」，文粹本作「虜」。
❷「珠」，原作「諸」，今據文粹本改。

南漢劉鋹據嶺南，良將征之，鋹教象爲陣以禦。我集勁弩射之，奔，鋹遂詣轅門降。爲《象斯奔》第八

象斯奔，擴南癘。開重昏，揭兩曜。通粵海，接閩徼。虜初弗知，跳踉以戲。敢持厥穀雛，鬭與隼俱。力索氣銷，始就縛。三軍凱旋，奏戎樂。威神出自天，顯彼帝略。千秋萬年，烝庶和且延。

右《象斯奔》曲，凡十八句，其八句句三字，七句句四字，三句句五字。

王師伐江南，江南主李煜降，時彗出柳，歷輿鬼。爲《彗出柳》第九

維彗出柳，六合布新。矧此彈丸，何敢不臣？弸弓宛轉，鐵騎騣驔。天塹未度，已無江堧。帝詔將臣，俟其來賓。慎毋疾擊，以病吾民。長蛇成圍，不異祥麟。孱王既降，市無驚塵。大宣皇化，覃於至仁。

右《彗出柳》曲，十八句，句四字。

太宗既繼大統，平海節度使陳洪進獻漳、泉二州。爲《拓閩關》第十

閩關屹南紀，上應牛女星。南將窺瘴海，東或帶滄溟。五季失覊御，藩鎮擅甲兵。太阿既倒持，僭竊瀆恒經。誰歟據二

州，於此建節旌。予奪自己出，況復望來庭？太宗嗣寶符，涣號風霆行。稽首歸厥命，覆冒仰王靈。鞮譯通絶域，珪贄集明廷。神猷杳難測，穆穆臻泰清。

右《拓閩闋》曲，凡二十句，句五字。

吴越王錢俶見上威德日盛，盡獻其土地。爲《吴越歸》第十一

皇王握神契，重華叶帝暮。神兵從天下，欻忽千萬餘。揮戈日爲回，投鞭海成枯。奮擊八極間，健疾飛電如。❶錢氏最先覺，方物久内輸。終知喬嶽尊，邱阜欲何須。登民獻天府，不煩神戈誅。帝德統罔極，萬國混車書。

右《吴越歸》曲，凡十六句，句五字。

海内咸臣，唯北漢假息湯釜，上親征之。其主劉繼元素服紗帽待罪臺下，詔釋之。爲《克戎逋》第十二

汾晉十萬甲，數葉僭爲君。蟠根欲弗拔，毒虐我烝民。聖人攄武師，威烈赫然振。刀戟夜生火，出入動若神。方將藏下地，忽已淩高旻。有城皆作醢，無甲不爲塵。戎逋膽已落，舉族悉來臣。群氓如流魚，挈置瀛海津。自兹遂生育，陶然履太淳。阪泉著軒德，丹浦明堯勛。赫赫炎德殷，永世同不泯。

右《克戎逋》曲，凡二十二句，句

❶「健」，文粹本作「捷」。

五字。

雜體五首

丹桃豔陽質，移自武陵源。柔風拂纖條，鮮澤沃靈根。吐葩當春茂，結實俟秋蕃。盈盈大如斗，有色極華丹。衛之不敢褻，期以奉君餐。君餐發靈和，神滋生玉顔。無爲升玄化，恭默即軒轅。效陸平原

流幻百年中，有如水中泡。虚形本不實，何能永今朝？悟此造化意，肆情常逍遥。夜來新雨至，南園秀芳苗。掇之薦美酒，沖懷正陶陶。斜川素心人，叩門約遊遨。相攜步迴澤，神與品物交。驚飈亂陵蟬，墜照落巖猱。歸來枕肱卧，遐思遡泬寥。黄唐不我逮，緬焉心煩勞。效陶徵君

竹死不變節，蕙焚尚餘馨。秉性有恒操，墆物非至情。左崦結層構，中園穿空冥。井花遥上白，嵐影時獻青。築竈試丹訣，濡毫謄酒經。一爲纓笏累，殊嗟神府扃。事去慮將澹，感來心已醒。薨薨哀飢鳶，累累歎凍蠅。逝將命脩駕，薄言旋故坰。❶斞禯澆陽卉，❷泛碧破陰苹。觀化驗群品，褰襟咏三精。情素諒已展，爵服吾何營？效謝臨川

周庭體王國，漢制建神區。環極法北辰，玄筴應蘿圖。綺殿祥飈轉，丹闕寶氣浮。象魏壓輦道，獸環銜金鋪。宫花錦隊展，御柳翠鑾圍。❸長生臨宇縣，❹億載握皇符。琛贄九夷集，梯航百蠻輸。天開睿

❶「旋」，文粹本作「還」。
❷「斞禯」，文粹本作「斟穠」。
❸「鑾」，文粹本作「帟」。
❹「宇」，文粹本作「寓」。

情懌，道洽臣節孚。奉觴鳷鵲殿，奏疏承明廬。元功在獻替，昌言列都俞。殷勤宣大雅，持用補嘉謨。效顔特進

少年趨京洛，京洛多繁華。迅河日流駛，崇芒鬱巍峩。宛馬游龍行，文軒流水過。晨夕騁般樂，張筵陳綺羅。觀視濯曾淵，行酒上陽坡。宛轉七盤舞，縈環北里歌。中有巖棲士，如同顔闔家。尋雲因剪木，飲竇却搴蘿。時盼城闕中，流塵深如何。❶自咤逸德殷，頗興賢達嗟。及時不行樂，長有好容華。效鮑參軍

韶光將暮芳事未經托物念時濡毫成句

入春已三月，不見曜陽葩。有足限户閾，而能搴物華。芳林僅只尺，幰車日來過。縞李感明雪，頳桃凝崇霞。猋開通闤使，暉媚促邃衙。要友具嘉游，豈乏玉鼻騧。鉤白出川曲，采緑向層阿。行樂固云得，將軍猶枕戈。

憶山中

平生絶俗尚，幽期在一壑。銜巵周曲汜，班坐蔭蘭薄。日嫣花欲笑，風迅燕飛弱。疏峰挺飛莖，平楚下飢鶴。厓傾石似行，澗折泉如約。何時脱塵鞅，賦歸躡椶屩。

浩懷

漆園欲齊物，伯陽期守玄。脩軌務絶

❶「何」，文粹本作「河」。

絆，沖志在潛淵。夕陰冥蕙幌，晨陽煖石田。外膠一以遣，澹泊返自然。五圖非謬記，九籥有真詮。青青林間雨，勃勃谷竇烟。松華行將熟，采之釀紅泉。

古辭四首

步月空堦下，❶蟋蜘逼人啼。急扶邛竹杖，拄過畫樓西。

登樓望高山，❷山峰如髻了。西頭雲起處，定是故人家。

誰家採蓮女，面如白玉盤。相對悄無語，風吹荷葉翻。

曉行秋川上，無奈秋色何。芙蓉雖堪折，却愁零露多。

静室二首

静室似僧廬，絶與黄塵隔。引雀喜留黍，惜苔懶穿屐。有時倚幽軒，情境一何寂。只有巖花飛，隨風亦無迹。

明月出東山，照見西林明。龍蛇布滿地，欲步還自驚。試問夜何其，鳥喧似知更。誰探千載意，寂默乃其情。

題亭上壁三首

意隨流水行，却向青山住。因見落花空，方悟春歸去。

❶「空」，文粹本作「荒」。
❷「高」，文粹本作「南」。

花飛豈解愁，愁之損年華。請觀未蕊時，何處得飛花。

山花招客笑，山鳥喚人鳴。相逢本偶爾，花鳥亦何情。

古曲

思君不可見，忽見堦下花。此花君手植，如見君容華。嫣然索予笑，不語意自佳。花容方窈窕，因君愈妍好。見花情尚多，見君將奈何？

曉行

荒雞一再號，驅車事晨征。寥寥秋風肅，況此華月明。萬頃琉璃中，著吾一身行。肝膽盡冰雪，毛髮亦含清。超然鴻濛初，頓覺百慮冥。安得王子喬，爲言此時情？

始衰

四時相推斥，行年五十過。觸心苦無悰，況復值春華。良節足游衍，逝齡翻成嗟。蹙眉拭花露，按愁聆禽歌。氣索怯縮風，❶顔凋仰流霞。倚林思寢衵，躧坡企行車。志士惜墜景，達人傷逝波。寧不動靈襟，潸然下涕多？人生大化中，飄蕭風中花。百年終變滅，感慨欲如何。

寄遠曲

淚盡愁難盡，燕歸人未歸。遥知君念

❶「縮」，文粹本作「綿」。

妾，似妾憶君時。

憂心不可寫，天際望歸舟。江長望不極，更上一層樓。

妾有五字詩，寄君君勿忘。十朝成一字，字字九回腸。

關河勞夢魂，欲見杳難憑。照君文繡帳，❶相近不如鐙。

遣興

鶉衣皆惡顏，章紱無醜容。容顏未嘗異，人心自不同。西鄰起高樓，妖冶銜春穠。玳筵陳圓方，朝暮雜歌鐘。東家席爲門，著書述軒農。豈能望膏粱，糠覈亦不充。一門軒蓋集，一門蝨罔空。是非千載定，❷奚惜達與窮。❸

川上夜坐約王子充同作

四山動暝色，紅日下蒙翳。川光生夜明，一白欲無地。星斗可俯拾，恍疑青天墜。曠景與心涵，直接溟涬際。若非隔林鍛，不知人有世。

病懷

人生老須至，在我不敢辭。老人多壽康，我胡病攖之？一從嬰弱疴，筋力漸告疲。凌晨頻攬鏡，且復傷鬢絲。固知非金

❶「繡」，文粹本作「綺」。
❷「載」，文粹本作「歲」。
❸「惜」，文粹本作「恤」。

石，難可百年期。如何未五十，摧塌已不支？豈非蒲柳質，望秋輒先萎。歷觀宇宙内，氣化相推移。試求古賢豪，存者今爲誰？當知事必爾，奚以嗟歎爲？兒童種旅葵，芳葉正參差。南風一披拂，流光欲生輝。玩之百憂忘，濁醪聊自持。

望鍾山作簡周先輩 有序

春旭載和，鍾山在望。道光泉之嫩碧宜嚥，朱湖洞之飛丹可尋。爰憶舊游，輒形新咏。不慚下側，以黷高情云爾。

鍾山宛如沐，繡巘孕春饒。生黄歸灌棠，駭緑亂陵苕。谷沸桃雀集，飈迴川景嬌。兹今愧畜軫，宿昔憶聯鑣。陟峻鼻生火，酣芳臉帶潮。詩情霞間迴，酒纈望中銷。偏憐晴蘿思，長麗涼月宵。文園病渴吻，沈生減圍腰。江表周公子，華采雙鳳翹。逸興如遄舉，相隨擷鞠苗。

題新竹圖送張齊賢三章 有序

齊賢，鄉尊丈。丈春秋之高，今躋九十，誠邦家之人瑞，州里之禎祥也。慶旦將臨，預繪《新竹圖》於扇以爲壽。且侑以詩三章：一章美其德，二章期其年，三章願其後之華榮也。❶里中子宋濂上。

猗猗淇園竹，寫之紈扇中。持以奉翁壽，期翁如武公。

猗猗淇園竹，閲歲常青青。持以奉翁壽，願翁逾百齡。

猗猗淇園竹，本根蔚且蕃。持以奉翁

❶「榮」，原作「容」，今據韓本改。

壽，顯融多子孫。

答胡將軍

將軍去征蠻，軍氣如鷹揚。寶劍白玉璏，鐵馬青絲韁。旌甲帶亮月，笳簫激清商。韓彭當後拒，褒鄂作前行。顧盼多恣態，出入生容光。奮迅東海濱，海水爲騰驤。定如漢貳師，去縛樓蘭王。想見凱旋時，横槊賦篇章。椎牛饗壯士，歌之侑行觴。功勳名鼎鼐，永世不能忘。

示呂生 有序

六經之後，幾無文矣。近世學者專攻浮縟之章，動以鼓吹六經爲辭，予實病焉。因爲呂生賦此，以藥矜文而喪德者。

呂生家潯陽，昂藏若飢鵠。持刺望門拜，不復資介紹。手持縹囊書，蠅頭寫芒秒。病眼花暈生，力覽始能了。詞鋒剛且鋭，無異鎛斯趙。汙萊盡媷劉，靡芑植如旐。風枝動姍姍，秋實垂嫋嫋。豈比稗與荑，難復稱春擣。❶似爾才思多，堪爲世珍寶。文華固交絢，荒志咎非少。憶當弱齡時，頗亦躭葩藻。精神應冥會，合夢呑羅鳥。❷射侯抗熊豻，萬舞持皇翿。五采染夏翟，三就薦周繅。自謂頗俊爽，分得天孫巧。俯視佔畢徒，孤篁出叢葆。有時被餘酒，便指腹爲藁。赫蹏薄如葉，鴉蚓恣揮掃。春苑集襛豔，秋陵失乾薨。下則陳姬周，上復述軒皞。古今萬沿革，毫髮無不

❶「擣」，文粹本作「扰」。
❷「合」，文粹本作「或」。

考。終焉立門庭，焉敢望窞宎。❶古聖制爲經，白日行黄道。流行逮幽隱，❷爛然天下曉。誰騁螢爝微，欲以闞玄造？若非靈臺昏，致此明目眇。曷以七尺軀，❸不解分白皂？末俗狂瀾奔，湖江決隄堡。郊原化巨浸，何地有桑棗。魚鼈舞神姦，廬舍作州島。非加回障功，未易就平燥。秖緣正學微，本末遂顛倒。邇來深知非，筆硯稍焚燎。遺經寘枕傍，寤寐事蒐討。尚慚弓力微，不足穿魯縞。荏苒餘十齡，晦朔幾朒朓。未見宗廟美，憂心惄如擣。爾才十倍丕，雅志復精皦。當思不遠復，改轍謝纏繞。蒸沙豈樂飢，裹糧足充飽。先廬長山東，結蘭以爲獠。非獨繁牙籤，亦自饒魚稻。念爾當何來，相與探深窈。躬行驗所知，勿憚心形勦。翻翻逐時移，毋類風中鷂。❹皮革可登器，所貴在柔鞄。大羽金爪鏑，亦務端其笴。千里孰云遐，❺舉足始一蹻。煌煌作聖功，須知此其兆。勉旃復勉旃，勿謂吾言耄。❻

送方生孝孺還天台詩❼有序

古者重德教，非惟子弟之求師，❽而爲師者得一英才而訓飭之，未嘗不喜動顔色。此無他，天理、民彝之不能自已也。予以一

❶「窞宎」，原作「萑笑」，今據文粹本改。
❷「行」，文粹本作「光」。
❸「曷」，原作「冒」，今據文粹本改。
❹「鷂」，文粹本作「轟」。
❺「云」，原作「如」，今據文粹本改。
❻「耄」，文粹本作「矯」。
❼原題作「送李生還四明詩」，蓋所據本因方氏獲罪而諱改也，今據文粹本改回。
❽「子弟」，文粹本作「弟子」。

日之長，來受經者每有其人，今皆散落四方。黍稷雖芃芃，不如荑稗之有秋者多矣。晚得天台方生孝孺，❶其爲人也，凝重而不遷於物，穎鋭有以燭諸理，間發爲文，如水湧而山出。喧啾百鳥之中，見此孤鳳凰，云胡不喜！越一年别去，感慨今昔，又云何弗思！退朝之暇，懸燈默坐，因發於聲詩一十四解以送之。❷末章用來字者，冀負笈重至，以迄於有成也。詩曰：

北風何逶迤，雪花大於手。之子有遠役，忍勸尊中酒。一解念子初來時，才思若繭絲。抽之已見緒，染就五色衣。二解彼之行儒林，孰不生豔慕？躚躚媚學徒，三步亦回顧。三解余生老且至，秋髮垂兩肩。得之喜欲舞，如獲寶璐然。四解素編躭清晝，青燈坐深夜。探玄欲忘寢，❸薦味如啖蔗。五解一朝别我去，何以釋離憂？不禁秦淮水，流子江上舟。六解但願逆風起，吹舟不得往。共穿鍾阜雲，時看白石長。七解風本無情物，豈能知我心。事既不能諧，贈言如贈金。八解須知九仞山，功或少一簣。學功隨日新，慎毋中道廢。九解群經耿明訓，白日麗青天。苟徒溺文辭，螢爝欲争妍。十解姬孔亦何人，顔回了不異。肯墮盆盎中，當作瑚璉器。十一解不見金谷園，瓊芳委塵沙。泰山有喬松，老幹凌蒼霞。十二解四海皆兄弟，知己獨難遇。伯樂倘弗逢，鹽車厄騏驥。十三解明年二三月，羅山花正開。登高日騁望，遲子能重來。十四解

❶「天台方生孝孺」，原作「四明李生」，今據文粹本改。

❷「解」，文粹本作「章」。

❸「探」，原作「深」，今據文粹本改。

贈劉俊民先輩

劉君卓犖士，出自詩書胄。眉目儼如畫，幽花眩晴晝。踉蹡忽來謁，進退頗温茂。自言宅偃師，家昔千金富。大父名法從，累累印懸綬。文辭補元化，求者輒奔走。繼此簪纓餘，矜莊事雕鏤。無食不鳬翠，有衣總文繡。蘭舟盟津水，蠟屐穀城岫。或騎紫騮馬，深林出從獸。黃鬚年少兒，執矢列先後。一發巧中肋，驩聲溢郊囿。狼兔懸寶鞍，歸來薦清酎。燕姬白如雪，時唱清角侑。人意天上郎，雌伏不敢鴝。一旦黃金盡，其事乃大謬。漁樵來争席，傔媵或昂脰。憒來氣屢絶，十起九顛仆。折節去讀書，攻苦分句讀。初如蛇入筒，漸類雛脱鷇。把筆學爲文，衆色紛采就。又恐誤儒冠，雜藝亦兼究。雅琴辨宫商，古文參篆籀。六物推休祥，八卦占爻繇。更參九箴法，俞穴别膚腠。圍碁與握槊，賭勝欲起鬬。不覺疾聲呼，有若熊虎吼。最便結風舞，唯恐技難售。偶逢玳筵張，肴核列飣餖。酒酣兩耳熱，徐起整衿袖。文鸞側鶉翎，皓鶴仰褰噣。躡節盼盤鼓，迴旋逐音奏。雖得諸工憐，不博兩眉皺。使者天上來，會合誠邂逅。負書亟從之，何翅杵投臼。三河及幽并，無地不馳驟。登高或弔古，感時更懷舊。恨無息肩所，若沈疴待灸。前年往龍漠，氣序異常候。八月雪即飛，一夜三尺厚。今年度庾嶺，熱氣甚蒸餾。老梅雖未花，鐵幹倚雲瘦。欲俟喘息定，陰厓聊宿留。王虺長過竹，矯首出嵌竇。目光夾明鏡，鑠我汗如漚。閉目但待噬，有術不暇咒。性命鴻毛輕，幾被山鬼蹂。年來自懲創，此險安可復？俯思十載間，行事賤如畜。徒然召悲辛，寸祿焉能就。即將巢雲松，終老友猿狖。予聞心鼻酸，宛若身在疚。於時十月交，日月會龍豵。霜風吹人急，層衣悉穿漏。百齡駒過隙，胡不重棲宿？須知學踐形，庶不慚載覆。勺水當離尊，贈詩比糧糗。歸歟勿久留，吾文不能又。

寄方編修以愚并簡徐大年

方君足文史，二十即決科。州縣治繁劇，史館仍編摩。須知軒冕榮，莫換山水癖。釣清一川舟，攬翠千峰屐。豈徒縻歲月，且復註《春秋》。書法嚴衮斧，箋記分薰蕕。雖然落湖江，政自憶京輦。雪盡馬蹄乾，花簪貂帽淺。十齡不能見，一旦忽奇逢。楚澤蛟龍雨，秦淮鵰鶚風。紅燈夢未殘，明月家何處。典衣沽酒別，蹈雪騎驢去。忽忽千里意，沈沈三月餘。可憐天邊雁，不帶山中書。懷人隔秋水，題詩寫山石。若見徐徵君，須言共相憶。

俚詠寄義門鄭十山長叔姪追述嚴陵別意

結髮與子交，二十又五春。手足雖殊體，肝膽實同身。朝帷接觴翰，夜幌抱衾裯。殷勤忠款意，寂寞采真游。親暱物所忌，一旦忽東西。剛腸固無淚，不覺萬行啼。予時惜我出，餞至瀫溪濆。離家二百里，不忍兩相分。情深忘道遠，猶謂咫尺間。行將過嚴瀨，勒轡子當還。子方執手泣，胡可便睽離。中情一如河，東流無止而。流水到海止，唯潮兩度來。將心比潮水，一日幾十迴。欲别不成别，背顔强登舟。子騎白馬去，十步九回頭。出倚颿柱望，望望若逾濃。馬首出復没，漸入烏龍峰。峰高在天半，未晚涵日車。巖阿人已隱，恨不鏟嵯峨。身雖逐棹發，魂則隨子征。暝泊蘆花渚，寤言呼子名。迤邐向前馳，徘徊宣歙間。李白題詩處，蹋蘚升孱顔。升高欲爲樂，念子翻成愁。想子已抵家，伯仲聚綢繆。自此積繁思，思繁如棼絲。奈何三月久，不得子音徽。客鴻未返塞，夜鵲尚飛南。俚辭寫中悁，一歌百慮覃。

題玄麓山八景有序

予不作詩者十年，近尋蘭至玄麓山，左泉右石，争獻奇秀，疑山靈欲鉤致新句，故使人情思燁燁然也。因賦詩八章，用玄漆書諸崖石。别録其副，以俟同然者。

桃花澗

桃花滿靈澗，樹老不計春。白雲如可問，爲覓種桃人。

鳳簫臺

簫史去已遠，朱鳥不下來。幸有山頭月，憐來入酒杯。

釣雪磯

釣雪立蒼磯，入夜魚不食。不食非水寒，自是鉤太直。

翠霞屏

古石不改色，絳緑自成圍。誰裁一片霞，爲我製秋衣？

飲鶴川

渴鶴忽飛來，愛此一勺清。五湖非不多，恐染鳧鷖腥。

五折泉

一汲復一汲，有若步雲梯。終然投東意，萬折不肯西。

飛雨洞

飛泉灑成雨，洗淨塵土胸。欲持青芙渠，去問赤鯶公。

蕊珠巖

吟上蕊珠巖，詩成不敢寫。疑有緑毛仙，洗髓梅花下。

别義門

平生無别念，念念只麟溪。生則長相思，死則復來歸。

題李廣利伐宛圖

貳師城頭沙浩浩，貳師城下多白草。六千鐵騎隨將軍，風勁馬鳴高入雲。師行千里不畏苦，戰士難教食黄土。上書天子引兵還，使者持刀遮玉關。烏孫輪臺善窺伺，宛若不降輕漢使。璽書昨夜下敦煌，太白高高正吐芒。戍甲重徵十八萬，居延少年最趫健。殺氣漫漫日月昏，邊塵冉冉旌旗亂。水工決水未絶流，旄竿已揭宛王頭。執驅校尉青狐裘，牝牡三千聚若邱。惜哉五原白日晚，郅居水急游魂返。

題段將軍征羌圖

西域都護多男兒，護羌校尉仍出師。生羌八種來寇塞，白劍欲接雙龍飛。凡亭山上血漂杵，奢延澤中鬼應語。至今有花皆成丹，疑是當年血未乾。

題花門將軍游宴圖

花門將軍七尺長，廣顙穹鼻拳髮蒼，身騎叱撥紫電光，射獵娑陵古塞傍。一箭正中雙白狼，勇氣百倍世莫當。胡天七月夜雨霜。❶寒沙莽莽障日黄。先零老奴古黠羌，控弦鳴鏑時跳踉。將軍怒甚烈火揚，寶刀雙環新出房，麾却何翅驅牛羊。平居不怯北風涼，白氊爲幄界翠行，銅龍壓春雙角張，綵繩亘空若虹翔。將軍中坐據胡牀，熾炭炙肉泣流漿，革囊挏酒葡萄香，駝蹄斜割

❶「胡」，原作「朔」，今據文粹本改。

勸客嘗。趙女如花二八强，皮帽新裁繫錦纕，低抱琵琶彈鳳凰。半酣出視駝馬場，五花作隊滿澗岡，但道驩樂殊未央。

望仙引

横塘風斷愁紅淺，舊燕銜春香滿滿。鶴馭遥空不可攀，繡扆斜張香夢懶。嗳簫不到茱萸帳，寶露空溥五雲盌。風前白鬢幾人悲，萬里青蘋一時晚。銅仙含淚辭青瑣，渺渺空嗟西日短。弱川無力不勝航，騎龍難到白雲鄉。玉棺琢成已三載，欲葬神仙歸北邙。

陶冠子折齒行❶

陶冠先生家海壖，玉作牙齒白且堅。非惟硬餅似刀截，左殽右胾咸能穿。一朝怪事發坐側，狂童酗酒步若顛。手揮山斧作貍舞，縱横奮擊何喧闐。先生驚起急驅遏，眼花落井無由悛。當時月黑不辨色，誤落兩齒聲鏗然。先生大痛幾欲絶，吻角流血如流涎。掀呀口中開穴竇，脣齶一鼓風翮翮。譬之連城列埤堄，正陽雙玷功非全。咀華從此憚强勁，却愛芳脃柔於緜。酒醺刺刺論世事，宫徵未必能清圓。東閭西井走相唁，先生便可息煩悁。跛足男兒尚節度，折臂刺史居台躔。但得錦心繡腸在，何憂健翮難飛騫？先生聞之只大噱，誣辭奚用來如泉？柔存剛缺古所戒，昭晰不異明星懸。余生褊迫與物忤，藉此爲鑑期無愆。兩間分付妙不測，❷神奇臭腐相縈緣。但涉

❶ 文粹本作「陶冠子折齒行同張衛先生賦」。
❷ 「付」，文粹本作「賦」。

形形盡粗穢，縣解定屬虛無先。須知無趾別有趾，外累皆撥蟲能天。犢白人育寧足患，禍福相倚誠幽玄。江城五月藕花發，花氣蒸雨濃如烟。且沽美酒對花飲，正有三百青銅錢。

涼夜曲

紅爵緑疏回曉光。翠眉雪肌凝白肪。蟬衫麟帶結寶璫。吴絲蜀桐啼鳳凰。盤龍蘭鼎生暖香。桃笙豹枕展曲房。夫君不來涼夜長。

鴛鴦離

結髮成昏期白髮，誰料鴛鴦中道折。妾身雖作土中泥，妾魂長與君同棲。娶妻祇爲多似續，妾有三兒美如玉。願君勿娶全兒恩，一娶親爺是路人。❶

病痁新起

歲在彊圉大淵獻，獨蟄衡門悲逝景。瘧鬼胡爲苦見讎，使我枯腸益悽哽？初疑筋骸稍鉗束，引臂嘘呵絶馳騁。須臾顫掉力弗禁，齒牙下上聲相並。蒙戎雖有狐裘温，凍洗何殊冰筋冷。寒衰熱壯慘尤極，百束薪蒸燃九鼎。煅膏鑠髓無不到，高及頭顱卑脚脛。四支似石下深潛，一氣如塵寄寥迥。自憐性命此日捐，孰料平寧在俄頃。起來盥濯把明鏡，冠帶臨風且重整。扶藜忽過百花園，無限晴芳到鄰杏。燕支甕暖

❶ 「爺」，文粹本作「耶」。

蠟凝春，錦繡機翻紅暈影。誰將生火鎔黤陽？滿樹無烟光頮頮。更疑神女會宓妃，燕罷瑶池酒初醒。血色羅裙尚舞風，向人却妬晨粧靚。對此閑愁盡斂藏，有似投簪訪箕潁。誰知鬢髮緑如雲，❶轉目霜蓬已垂領。多少東華塵土客，營營至死無由省。韋平荒冢生黍苗，褒鄂枯髏宿蛙黽。無花必用强追尋，有酒何妨長酩酊。題詩一笑鬼應聞，定引川妃安溟涬。

陽翟新聲同朱定甫賦四首

別苑蘼蕪弄小花，平洲頳蔗開輕牙。春風如水極揺蕩，流入天涯不識家。綢軒棲塵遠凝紙，青鳥不來紅樹死。雄鸞雌鵲此日分，惜殺嬌魂過遥渚。隔簾花影望微月，鸞橋似度龍綃韈。倏無忽有情奈何？淚灑杜鵑枝上血。碧簫曲歇粉痕灰，紅脚蛛絲結鏡臺。望極官河斜雨外，時時疑是翠車回。

黄雀風長雨洗枝，丹魚出水赤光肥。遥天寥海絶行跡，翠減紅銷知爲誰？曲閣香凝龍氣暖，膩葉蟠花蒂雲淺。正是雙蛾巧唤愁，欲斷應憑胡燕剪。滴淚和泥封錦書，書中一字一行啼。莫恨鯉魚紅尾短，隨波好送到遼西。蹙屻雞頭徒若沸，紺房蓮子光細細。折蓮寄遠被絲牽，舞鸞却識蓮中薏。

露濆銀牀金索冷，明月不言星曆耿。御街朝馬響纓鈴，幾樹梧桐鴉淡影。暗拭哀紅出綺房，無心宮額貼花黄。秋裳未結鴛鴦縫，交刀裁破一簾霜。昔日翠翹今白

❶「誰」，文粹本作「須」。

葆，可惜韶容鏡中老。縱使青天不解愁，涼榭芭蕉泣秋曉。蘭燭啼紅愁夜闌，江南清怨屬哀彈。姣鬟斜凭玉欄干，報道金籠鸚鵡寒。

鎮帷犀重鮮室温，白天碎碎玉花紛。窗開雲母不知夜，帳結流蘇散錦文。盈盈小妾被流黄，抱瑟升樓發浩倡。銅龍漏極曙光動，驩絶竟忘寒夜長。秖恐愁紅向春死，不死應須探春髓。龍刀切紙印冰花，貼在九華頳壁裏。冉冉南光走冷圭，梅含春影與雲齊。青絲玉壺具傾酒，❶井底生塵却解攜。

走筆送金賢良

飄零已覺二毛侵，且向西風問苦吟。蜑雨蠻烟十年夢，❷龍韜豹略一生心。星垂鍾阜知天近，水入秦淮似海深。不是秋帆連夜發，典衣呼酒共登臨。

思春辭 丙申春作

美人别我城南去，幾見樓頭涼月生。南浦沈書尋素鯉，東風將恨與新嬰。❸丁香枝上同心結，九曲燈前白髮明。花託芳魂隨鵲夢，草移愁色上簾旌。物華半老燕脂苑，春影輕籠翡翠城。歌扇但疑遮月面，舞衫猶記倚雲箏。因彈别鶴心如剪，爲姤文鴛繡懶成。宮燭不啼偏有淚，湘桃無語自多情。巖南樹密晨烏集，江北潮回暮渚平。

❶「具」，文粹本作「且」。
❷「蜑」，原作「蛋」，今據文粹本改。
❸「嬰」，文粹本作「鸎」。

幸有夢中能聚首，喚醒恨殺短簫聲。

和劉先輩憶山中韻

憶昔山中鍊九陽，山頭旭日正蒼涼。鳳笙吹暖雲中火，龍藥凝成鼎内霜。靈户啓扃森虎纛，中房持戟混桃康。山分秋色侵玄鼇，蝸學天書篆敗墻。五鳥花開呼鹿守，千齡桃熟遞仙嘗。伐毛定欲追秦女，歌鳳誰能笑楚狂？種得神瓜如盎大，養來瘦鶴似人長。樓延虛顥殊庭上，樹蝕蒼霞曲瀨旁。劍氣尚堪吞鬼伯，詩魂端合起貛郎。但求脱粟三升飯，肯負眠雲六尺牀。洞雪成漿烹日鑄，海苔爲紙寫風將。❶舉頭便覺三山近，小大俱冥百慮忘。

贈虎髯生詩有序

至正壬辰春，句乘張辰謂予曰：「虎髯生者，白鳳山中人也，吴姓鉞名。頰有髯，類虎髯，人争稱爲虎髯生。生自幼有大志，讀書不爲章句，大義通而已，作詩出奇語驚人。至壯，氣愈高岸，忽無所憚，不事事，與世多不合，常慕古豪傑爲人。遇邑中大繇役，陰以兵法部勒；見高山大澤，便指畫爲扞禦之規。鄉里小兒衆相揶揄之，先達士則曰：『此固狂生，可進有爲者也。』然以禮自守，爲順子，爲悌弟，悉無慚色。尤善近師友，道在是，不復計其年之崇庳，便折節相尊事，以故士類稍歸之。時中原兵動，東郡李侯辟爲行軍司馬，使

❶「風」，文粹本作「凡」。

者凡再返，生送使者曰：『爲予謝李將軍。方天下多故，幕府得十倍才，功猶半之。我素疏，加以闇劣，即偕使者去，無益萬分毫。幸勿復來，明當入深山矣。』無幾，有言生於行丞相府，丞相屬以徼巡之職，且召與語。生自度丞相決不能用其言，乃不受。更製竹皮冠，服大布衣以自隱。暇日窣窣然行松風中，遇酒輒飲，飲少亦醉，醉便擊節自歌。人莫識其所存何如也。辰既爲之傳，生聞先生以文章名，欲求一詩以自張，幸勿爲生靳。」予笑謂辰曰：「有是哉？」雖然，辰不妄人也，其言良信。援豪賦虎髯生詩。詩曰：

虎髯生，鐵鑄形，金鑄聲，雙睛閃鑠如怒鷹。東飛欲盡三韓地，西飛要絶康居城。刺刺論世事，滿口吐甲兵。於焉栫長圖，於焉建交營。地聯犬牙霜月苦，天控虎口黔雲冥。若笑我言狂，我醉勿復醒。十萬生靈定虀粉，夜半鬼燐燒空青。南方大諸侯，聞之心膽驚，便遣使者持弓旌，招之至麾下，洩此氣崢嶸。生出謝使者：人言慎勿聽，逃入積翠巢崚嶒。身衣鹿皮明，首冠竹籜撐，窣窣起向松風行。虎髯生，狂似李，龘似彭。何不執取紅氂丈二槍，叶搴旗斬將聲谹谹！

鑷白髮二首

白髮如青草，剪已竟還生。草青能變白，髮白不復青。人生須知會有盡，紫馬馱錢沽酒傾。

昨日花如繡，今朝花作塵。人身一如花，何爲長苦辛。古今富貴皆黄土，唯有青山解笑人。

宋文憲公全集卷四十七終

宋文憲公全集卷四十八

葉深道哀辭

烏傷葉君深道，字逢原，沈確而有文。生與予友也，死則哀之以辭：

綢山孤張，華川瀦水動溶漾。元精煦嫗，育裔蟬聯爲里望。回鑾有疏，輓漕有猷效忠亮。君出其後，丕纘遺緒宜炫熿。胡爲纏延，決瘍潰疹閼難啚。長始知學，優游厭飫敢虛曠。朝蒐莫擿，會其肯綮搤其肮。業成弢畜，如矢藏箙弓入韔。室廬枵然，有衣一襲履一量。不隨游塵，上下鼓舞相頡頏。嗟予蹇偃，感今思古徒慨忼。辟諸豫章，絜之百圍逢哲匠。愧彼紛紜，妄廁罍洗忝盆盎。抽關啓鑰，浸漬薰蒸予儐相。天胡難知，木邪制土病腫脹。叫呶輾轉，晝夜變幻熱以瘡。疾勢漸革，魂氣隨風恣飛颺。楔齒綴足，鬠笄纓中禮是傍。善人宜壽，卒就黄壚永淪喪。相此小夫，露牙揚己學豪放。手足胡越，豈知五倫爲世障。胡不顛蹶，反使亂真日趨妄。嗚呼噫嘻！君今逝矣予焉仗？制服緦麻，存慕音容哭相向。玄雲漫漫，凉風瀟瀟吹繐帳。我詞之哀，君知不知倍悲愴！

郭淵哀辭

郭淵字濟川，六人，唐汾陽王子儀胤也。宋季群盜起，淵聚族共保若一障，曰蔡堡，六人依焉。天下已定，民爲占籍，吏撓之。民見縣有爲丞相奴客者，❶無敢呵，相教爲丞相奴。淵謂民：「民賤，王民也；奴重，人奴也。使世世爲人奴，與王民孰愈？」民愧而止。後樹吏，吏務休息民而奴客困，皆來謝曰：「微君，幾不免。」

大德末，淮大饑，淵作饘粥食之，生者甚夥。是時人多粥子自救，淵取困甚者，假子養之十餘年，皆爲娶婦。居數歲，大穰，一朝縱之曰：「若事吾良苦，及時歸，毋久留爲也。」皆涕泣曰：「公生我，今驅我安之？願留終公身。」淵曰：「毋悲。後吾子孫不省，將以汝爲奴。」卒縱之。

人有貰酒飲西家者，已醉而出，遺所齎金於門，淵適見，藏弆俟之。明日，遺金人從西家求金，西家誠不知，怒以爲欺。求之急，西家怒益閉，其人困，即欲自剄。方爭，淵聞之，遽出呼其人，與之所遺金，人皆驚。始保蔡堡，群少年共劫一人，將殺之。淵呵曰：「此何罪至殺？」群少年曰：「此疑狙伺爲諜而將襲我，故殺之耳。」曰：「吾所爲相保，以生，誠惡死也。今疑而殺人，禍將及。」群少年怒。淵私計奪之力，且追殺之，乃曰：「吾代之贖，何如？」群少年喜，遂免之。後至昇，昇市中有戴粔籹盤鬻於市者，遇淵，置戴盤，叩頭泣曰：「今日遇公，天也。幸臨過我，我有母皆願見公謝。」淵固辭，假以爲誤，去之。市上老人歎曰：「世稱長者，此真是耶？」

初，六界北邊民習兵少文，淵與父諗以詩書俎豆爲業，人慕之多化者，至今六多儒。

淵既卒，其孫言抱李孝光所造墓文，請

❶「奴」，原脱，今據文粹本補。

濂哀以辭。濂未及爲，言客死豫章，可悲也。始言與濂游，語及當世，輒瞑目嚼齒，語皆驚人，聽者掩耳避去。及操筆綴辭，則海蜃吐樓，而芝礨翠葦隱見空濛，閒可怖愕。言誠奇男子。濂故删孝光文爲辭哀淵，且附見言事，以見可哀不特淵也。辭曰：

有開其先，熙以申。有紹其後，文以彬。何遏其施？禄以屯。

哭張教授父子辭

濂同縣張公繼祖，力學而尚志操。少讀《魯仲連傳》，見其排難解紛，歎曰：「士當如是而已。」大德中，縣有桀黠吏，挾重辟害民，民懦怯，莫敢觸其鋒。公直之部使者，時吏方抱案在庭，公面疏其奸，卒置於法。延祐閒，郡上公才，行署雙溪書院山長。考第成，遂調瀏陽州學教授。公爲復侵疆，稽其步畝，刻石學宮。會守貳闕，太府檄公攝州事。時歲薦祲，道殣相枕藉，方下令勸分。公爲設方略，使持券者左入，受粟者右出，竟事帖帖無譁。居二年，以大父喪，棄官歸，卒。

其子道生力學如其父，屢應進士舉不利，困頓殊甚。適余觀以監察御史行部浙東，觀，同舍生也，召見相勞苦，薦爲武夷書院山長。未幾，亦卒。

初，濂年幼時見公，公即相器重，與爲賓主禮，俾同道生師事城南聞人先生。逮今粗知學而不陷於小人之域者，皆公賜也。濂既往哭公，曾未幾何，又哭道生焉，雖石人尤當墮淚。近抱疚衽席間，中夜尤念公父子不能置。起篝火濡毫，申之以辭。辭曰：

番番良士，僅以教施。才不盡展，人期有兒。兒今死矣，吁其悲！

哭王架閣辭

王君樫，字德潤，濟寧金鄉人。祖仁，義烏丞。父端，溧水州稅務大使。❶母劉氏。君少警敏，人物又魁傑，嘗掀髯自咤曰：「王樫不尋功名，功名當自來逼王樫爾。豈有錐在布囊而末不見者耶？」遂學治經。試進士不中，即棄去。攻法家書，爲衢、處二府吏，尋補書吏。浙東廉訪使者府遷浙西，名上江南行御史臺，辟察院書吏。已而貢入中臺察院，出調浙西道肅政廉訪司照磨兼承發架閣，俾贊憲政，人器其材。因會酒言忤御史，銜之以事中君，下符逮就吏。君坐樓上歎曰：「男子頭可斫，膝不可屈。死則死，肯與獄吏對乎？」遂拔刃自剄。左右急趨救，❷君已仆地，血滂然流。君妻劉及子僧僧忍泣具棺斂，載入金華，即城北五里藏焉。蓋君自幼寓金華，又以女妻縣人江演。兵起山東，道絶不能歸，故君喪來葬，而妻子皆來依江。

初，余入郡從聞人先生學，❸適君同日至，❹與之語，又知同庚戌生人，相驩也。晝摩切經藝，晚則捉手同游衍。或縱談大噱，幘墮地弗顧；或聯詩，纔脱口，即促繼之，遲則罰。昏鼓動鼕鼕，始歸。日以爲常。一旦去爲吏，余遂不以書記通。有自浙水西至者，出君手書，相勞苦。且曰：「吾薦

❶「溧」，原作「栗」，今據文粹本改。
❷「趨」，原脱，今據文粹本補。
❸「郡」下，文粹本有「城」字。
❹「適」，原脱，今據文粹本補。

子於方嶽大臣，行授子校官矣，子能爲我一出乎？」余以書謝，復固辭。居亡何，聞君死矣。余之辭君者，非托此以爲名高，竊自念貧賤士何往不自得？君固不忘故人，余足一動，人必病余，以爲挾且私，是以弗能往視君。俟君他日歸休，御款段馬，候君青霞白水閒未晚也。嗚呼！孰知君之遽去余而死矣乎？使知君之遽死也，縱百千其口以爲私，以爲挾，朝夕迭提余耳而噪之，余尚何恤！必能謁君虎林之上矣。今復何言哉！今復何言哉！

君既不可見，乃絜酒裹雞走哭君之墓。僧僧知余至，哭迎於途，傫然也。余心益百折不自勝，造爲哀辭一通，以洩余情。雖然，余情其得而盡洩乎？君卒時年四十七，至正甲申九月十二日云。辭曰：

犧尊青黃，嘉木之災。樗大蔽牛，不以爲材。使君非材，行己昧昧。過者弗睨，孰得而害？君既材矣，人誰舍旃？高位疾顛，理之必然。氓之蚩蚩，匪材曷治？君仕則當，不仕無義。孰不顯融，君鬪而凶。豈仕之尤，祗繫其逢。所逢者時，固有通塞。亦命使之，君復何惑？物忌太剛，不缺則刓。自君取之，命復何云。君若居柔，觸物惟忍。非惟保名，身何能殞！從古有言，柔則詭隨。縱生千齡，非君所宜。君死雖亟，君膝不屈。君氣凜然，千古莫奪。人孰不死，君死則寧。尚可謂君，鴻毛之輕？君何用哀，我哀有以。天方壽君，君則自死。我苟無罪，誰敢死余？一朝之忿，惜不爾思。妻子煢煢，東西顛沛。君在九泉，亦將自悔。君尚何悔？❶我則深悲。豈直

❶「君尚何悔」，原脱，今據文粹本補。

悲君？❶悲法之隳。法既隳矣，君宜長逝。彼豸斯冠，天亦不畏。

悲海東辭

玉山鄭先生原善，字復初，延祐名進士。起家德興丞，轉處州録事，有異政，爲衆所忌，遭誣構去官，尋以疾卒。臨川危君太樸病執法者不得其平，爲著《悲海東辭》，濂亦繼作，時元統癸酉冬十月丁亥也。

我悲海東，我涕拭矣。善人云瘁，邦其棘矣。倬彼昊天，冒此下民。彰善癉惡，胡莫之懲？冥冥其晝，不見出日。飄飄雨風，墮我家室。家室墮止，邦國危止。豈遽危之，遠將自邇。大君維河，冢宰維舟；卿士維楫，烝庶維徒。上下相力，厥載孔速。苟不是念，不勝則覆。維彼哲人，化爲螟螣；維彼愚人，猶如鬼蜮。鬼蜮戢戢，巧爲我賊；螟螣僥僥，蝕我黍苗。我民我牧，唯恐傷只。彼豺伊兕，敢爲民痡。既啜其肓，復鹽其髓。我寘我法，孰云能已？淑爾君子，繡衣孔揚。有瑲蔥珩，有節斯煌。不我能勖，覆謂我爽。詈我縶我，絶不畏明。皆彼鸞凰，見藻是食。❷有振者麟，邪蒿爲室。式紛式錯，動罔不忒。嗚呼昊天，曷其有極！甡甡其鹿，乃索之江。中林喬喬，乃求其魧。顛倒眩瞀，以逞無良。嗚呼昊天，曷其有常！無然惛亂，無然慆淫。無然回遹，以虹我心。爾之悖矣，民胥害矣；爾之迪矣，民相懌矣。勿曰邱陵，崇不可夷；勿曰淵冰，堅不可摧。忽爲平陸，忽若流澌。

❶「悲君」，原脱，今據文粹本補。

❷「見」，文粹本作「皃」。

誰與爾謀，曾不爾思。謂爾醉止，黝然無知。爾不用酒，何德之違。謂爾蠱止，上下卒迷。日用飲食，不愆厥初。其止蘧蘧，其行踽踽。其慘呿呿，其威虺虺。我淚既竭，繼之以血。百海其深，莫喻我心。我生不辰，伊誰之云。無越我牆，❶我垣我藩。無菜我田，我田我穈。天命有定，我將我怨。爾無人怨，我爾用歆。乃塤乃篪，乃瑟乃琴。❷乃磬乃笙，以樂其音。以樂其音，實獲我心。峩峩墮山，山則有樗。彼漼者淵，淵則有魚。匪今獨然，振古如兹。我苟不樂，不樂奚爲？

雜傳九首有序

婺爲浙水東大郡，自昔人物多出其中，載諸史册者既或謬誤，而不載者又將湮没無聞。濂竊病之，欲分道學、忠義、孝友、政事、文學、卓行、隱逸、貞節八類，作先民傳以示鄉之來學。荏苒沈痾，竟不能遂志。近幸少瘳，因自劉滂而下得九人，皆史官之所略者。謾叙其大概而附以贊辭，俾侍史録寘別稿，俟他日書成，却隨類以附入焉。傳直書名而不諱者，蓋史法當爾也。

劉滂傳

劉滂，字德霖，武義人。滂自少誦説，能屈其師。與浦江梅執禮同游學，人士多傾下之，號「東梅西劉」。中大觀己丑進士

❶「牆」，文粹本作「垣」。
❷「乃瑟乃琴」，原作「乃琴乃瑟」，不協韻，今據文粹本乙正。

第，調新昌縣令。縣在豫章山中，俗嗜鬬，令到官輒移病去。以他吏攝之。滂臨以誠，未幾稱治，雖傍邑訟不能決者，乞從滂決之。豪鄒氏横里中，挾貴婿誣人死，滂捕致械治之，部使者爲請不聽，卒傳以法，投豪於相州。蔡京與滂祖爲布衣交，滂至京師，京曰：「吾故人有孫耶？」除詳定敕令所删定官，欲挽滂爲黨。會常環書詩屏閒，京疑其訕己，屬滂求其迹，且遷官。滂笑曰：「此胡爲及我哉？」京聞之不悦，滂亦拂衣去，坐是不調者十餘年。靖康初，詔除太常博士，不拜。

建炎中，上問人才於近臣，學士詹乂、給事中汪藻、舍人李公彦皆云滂可用，用滂知建昌軍。建昌舊守多懦夫，威權不立，兵習悍驕，邀求無度。滂至，一以法繩之。兵不勝其忿，持戟入市掠人物，即拒者刺傷之。滂捕係追償，兵遂爲變。滂及母妻皆死，時紹興甲寅七月三日也。滂卒時年五十六。其妻湯氏侍姑側，兵及身猶不去，竟遇害。建昌人聞滂死，皆慟哭失聲。踰期，父老猶會佛祠哭之，有欲絶者，且千里以書弔其孤。朝廷既誅始亂者，復用御史言褒滂爲朝請大夫，官其一子墉。

滂好學，善屬文。與人交，終始如一。聞有急，傾財赴之。居官嫉惡如仇，毅然不可回奪，以及於難云。

贊曰：劉氏初居七閩，五代之季，有汝明者遷永嘉之荆溪，生四子焉。孟與仲隨父居；季移三衢；幼曰器，來徙武義，滂之六世祖也。荆溪之顯者，則太常少卿安節、給事中安上，入河南從伊川程頤游，所學甚粹，人稱「二劉先生」。武義之顯者，世有其人。其登進士第則自滂始，而通判楚州、嘉成、甌寧宰三傑繼之，後來者復接踵而起，多以善政聞。歲時燕饗，軒蓋繽紛，青紫閒錯，當時以爲盛事。然君子之論，則在彼而不在此也。

鞏豐傳

鞏豐，字仲至。其家鄆之濱城，渡江即所寓土，斷爲武義人。曾祖壽，祖庭芝，皆左承議郎。庭芝世號「山堂先生」者也。父瀍，鄉貢進士，前此科目相傳七世矣。豐學敏而早成，自童丱時，前輩源緒、古今音節、事之因革總統，如注水千丈之壑，迎前隨後，宿艾駭服，以爲積數十年燈火勤力，聚數十家師友講明，猶不能到也。時新迪義理之學，草茅士震於見聞，多矜露怵狃，至他文史言論，儒之藝業，又昧陋傎倒，莫知幅程。獨豐抑縱開闔，條疏品彙，應變不迫，富若素有。著之於文，無險怪華巧，而以理屈人，片辭半牘皆清朗得言外趣。尤工爲詩，多至三千餘首。

淳熙辛丑，以太學上舍對策高第，教授漢陽軍，代還。舊比皆自學入館，有不善之者讒，授江東提刑司幹辦公事。遭母喪免。又授浙東，會改法，本路人不許爲監司屬官，遷幹辦福建帥司公事。以格知臨安縣，政尚寬簡，吏民信化，刑罰衰息。會其友爲學官，豐勸拔滯淹士，坐此食宮觀禄。久之，始提轄左藏庫。復以宮觀罷。已而又授宮觀，而豐死矣，嘉定丁丑正月晦日也，年七十。豐既挾奇才，人謂宜居館閣中祕，不應徘徊下列。日望其升，益顛仆不起。故聞其死，多傷之，而龍泉葉適痛之尤深。

豐性質易無崖谷，然有以自負，命雲侶

月，跨越汙漫，浩乎不可涘。暇日輒載一壺，獨行田野，不問歧路，抵暮而返。去家二里有龍門峽，登眺徜徉，慨然曰：「此可以止矣。」仕雖不顯，無幾微見於顔面云。子二人：積、耕，皆爲儒。

贊曰：武義之有鞏氏，自庭芝始。初，庭芝登元城劉安世之門，以道學爲東平倡，弟子受業者恒數百人。及其來還也，以所學化導如東平。故武義人士知尚義理之學，亦自庭芝始。至豐，又從東萊呂祖謙游。於是中原文獻、麗澤淵源萃於一門矣。嗚呼懿哉！

葉秀發傳

葉秀發，字茂叔，其先由栝徙金華，爲金華人。秀發師事呂祖謙、唐仲友，極深性理之學，以餘力爲文，輒擢慶元丙辰進士第。弟子慕之，從其學者歲至數百人。

初授福州長溪簿，丁父憂而歸。服除，轉慶元府學教授。秀發嘗著《論語講義》，發越新意，以誨諸弟子，且曰：「聖門授業之源，無過此書。然義理無窮，倘一切沿襲舊説，吾心終無所得。若欲見諸行事，是猶假他人之器以爲用，用之於己且惴惴焉不以爲便，況欲假人乎哉？」時鉅儒樓鑰、史彌鞏、婁昉、鄭性之、楊簡、袁燮皆器秀發，與之交。而於簡問難尤切，每至日昃忘食。簡自謂有所啓發，得邊、詹、顧、葉四子爲喜。葉蓋指秀發也。

秩滿闕陞循從政郎、建寧府政和令。丁母憂。服闋，調安慶府桐城丞。金人犯蘄、黄二州，桐城爲鄰壤，萬目睽睽不相保。騎兵將迫，家人號泣求避，秀發叱之曰：

「此正臣子竭力致身之日，雖死何憾？苟先去之，如一邑生聚何？」脩城浚濠，日爲備禦計。會金人使諜者至，秀發擒之，亟斬於城門以狥。金人計沮不得近，邑賴以完。事定，制閫忌其功不自己出，上其擅斬非法，降迪功郎。未幾，再叙，改合入官授宣教郎、知徽州休寧縣，俄以前事論奪。

秀發退居餘十年，無一毫觖望意，獨憤李誠之之冤，上書頌於朝。初，誠之守蘄，蘄陷，一城士卒皆戰死無降者，誠之亦望闕再拜，拔劍自剄。議者不録其忠，反咎其不能全人，故秀發不平而訟之。言辭朗烈，聞者降歎。

史彌遠當國，人有自桐城來者，彌遠以秀發事爲問，其人歷言撫綏安定之詳，且謂：「某等得保首領至今，皆葉桐城之賜。不然，已無桐城久矣。」彌遠頷之，從容問參知政事宣繒，其言同。彌遠歎曰：「幾失賢矣。」即日起發擢知真州楊子縣，轉奉議郎、差監都進奏院。越七日，命知高郵軍。高郵爲淮東緊治，時尚繹騷弗寧。秀發上五策：一曰防海道，二曰審邊城，三曰擇武守，四曰練軍實，五曰畜財用，而以正人心、作士氣爲之本，言多聽。高沙三十六湖，水高而田下，隄防不固，則千里一壑，民且無稼。秀發建石埭以疏水勢，瀦洩有恒，無乾溢之病。其後馬光祖來爲守，行埭上，思秀發功，構堂樊梁之隄以祠焉。

尋轉承議郎。疾作，上書乞致事，特陞朝奉郎。已而疾甚，力劾去貪墨吏。人勸其何自苦如此，秀發曰：「不可。吾死後，彼必殘吾民以逞。」同列來問疾，整襟對坐，惓惓以究心邊事爲祝，無他言。其忠義出於天性，至死不變如此。紹定庚寅九月卒，年七十。卒之日，唯遺書籍數篋，敝衣一襲，至無以爲斂。當屬纊時，民夢秀發擁高牙大纛入嶽祠，民疑其爲神，遂肖像而祠其中云。

秀發夷險一節，臨事唯可以義動，不可以勢利劫。澤物之念，則若飢渴然。居田里日，有犯私鑄者，縣令趙善琛欲重其刑而連坐之，秀發曰：「刑一成而不變，君子所盡心焉。縱姦固失，傷善亦豈爲得哉？」善琛爲之止。有悍戾者日嗜鬭，富人嫉之，欲以嘯聚之名寘於法。秀發白於郡守鄭如剛曰：「血氣之争則有之，嘯聚則未之聞也。」民因得不死。

秀發卒後，累贈朝議大夫，學者尊之曰「南坡先生」。所著書有《易說》、《周禮說》、《論語講義》及詩文行於世。子夢擇，孫振祖，皆出仕，能以清白世其家云。

贊曰：濂嘗讀國學進士王若訥記秀發桐城斬諜事，未嘗不流涕而歎也。當金人陷蘄，士大夫析圭儋爵者，或納款賣降之不暇，有若秀發者，官僅一丞耳，則不顧妻子，嬰城固守，法宜在所褒嘉，顧以擅斬而罪之，果何道耶？譬有丈夫焉，居深山中，盜欲舞刀劍奪其財，先遣游偵以察虛實，其隸怒殺偵者，丈夫乃不責盜而責隸可乎？不可也。國之政如此，將何以致乎治耶？宋自是而微矣。嗚呼！自古當季世變白爲黑，倒上爲下，若斯之類甚衆，人所不能堪，而秀發安之，抑賢矣哉！

喻侣傳

喻侣，字伯經，義烏人。其從祖良能與兄良倚同入太學，又同登紹興丁丑進士第。

其季良弼亦太學生，晚以特科補新喻尉。皆以文學稱，而良能最知名。侶早從良弼學，繼受經於永康陳亮，復由太學諸生登慶元己未進士第，調宣城尉。有境外盜狙入尉界内，侶登執之歸於府。府帥臣邱密異之，乃立所由尉庭下曰：「盜逃出境，尉不執，闌入境，他尉乃執邪？」所由尉震恐。

開禧丙寅，金人犯淮，府檄令尉二人餉軍，由歷陽達鍾離。鍾離乃敵衝要，法當以重兵護糧。護不滿千人，令畏縮不敢前，侶奮不顧難，諭鄉長老，召募足千數，即行。道經含山，有敗兵回，揚言於衆曰：「我曹潰矣，將以糧資敵乎？弗去，懼殲耳。」民愕視亡策，將逃。侶曰：「事急矣！」乃命弓卒執大斧而前曰：「設遇敵，尉必先死職也，終不負國。汝未必死，乃負尉耶？欲去，視吾斧！」民不敢動，卒致饋於濠。糧有羨，衆謂尉宜得，侶悉歸於公府。

遷慶元府觀察推官，丁父憂，不赴。調隆興府觀察推官。真德秀來爲帥，素知侶能文，見侶與屬吏迎道左，爲之改容，思論薦之。未薦，德秀去。侶乃以選人爲宜春丞。宜春地接贛、吉，吏珥筆成風，民善訟。侶爲人怦怦諒直，聽必以情，民退無後言。凡訴臺部者必曰：「得宜春丞一聽，死無憾。」居久之，由承直郎改奉議郎、僉書鎮南軍節度判官，聽公事，改章服，尋陞朝奉郎。

初，侶久從諸老游，幕中多新進少年，議論雅不合。侶歎曰：「吾髮已種種，寧能與翩翩小兒較短長哉？」遂請祠而歸。築室夫人峰下，曰「蘆隱」，若將終焉。嘉熙丁酉九月，年八十四卒。子二人：宣子、武子。

侶性豪，談論今古，輒目光如注，氣軒

軒出鼻㞢閒，人莫能抗。尤長於文辭，通直郎杜游嘗稱之曰：「質而不俚，華而不靡，憤而不激，怨而不懟。不以食膾炙爲美，澹乎其有味；不以刺文繡爲工，黯乎其有光。其感時念故，推物類情，抑揚離合，必窮其源以揚其波。其不合於律者鮮矣。」君子以爲知言。

當乾道、淳熙閒，朱熹、吕祖謙、陸九淵、張栻四君子皆談性命而闢功利，學者各守其師説，截然不可犯。陳亮倔起其傍，獨以爲不然，且謂：「性命之微，子貢不得而聞，吾夫子之所罕言，後生小子與之談之不置，殆多乎哉！禹無功何以成六府，乾無利無以具四德，如之何其可廢也。」於是推尋孔孟之志、六經之旨、諸子百家分析聚散之故，然後知聖賢經理世故，與三才並立而不廢者，皆皇帝王霸之大略。明白簡大，坦然易行。人多疑其説而未信，偘獨出爲諸生倡，布磔綱紀，發爲詞章，扶持而左右之。使亮之門惡聲不入於耳，高名出諸老上，皆偘之功也。已而亮爲世議所扼，當路必欲擠之死地，凡再下詔獄。偘與同志生極力營解，幾陷羅織，遂脱亮於萬死一生之中。亮顧偘曰：「此生死而肉骨也！」人多義之。偘所著有《隨見類録》二百卷，《蘆隱類藁》五十卷，首論六經之功用云。從弟南强。

南强，字伯强，自幼負奇氣。父直方以與陳亮類，俾從之游。時著録牒者歲數千百人，南强周旋其閒，獨能探深索隱，語移日，精鋭鋒起。亮曰：「喻伯强文墨翰議凜然可畏也。」慶元乙卯、戊午，連貢於鄉。未幾，入太學，中監舉，月書率占前列。上禮部，皆不得第。嘉定庚辰，俛奉南廊對，授邊功部臨安府富陽縣尉，轉脩職郎。南强創射樓，補闕卒額，時其練習。春秋則都肄府中，徽幟精明，行列整肅，夐出他縣上。縣民譚甲與邱乙鬩：譚女以瘨死，誣邱驚跌所致，挾王丙爲左。縣以命南强。南强召譚與王列於庭，且詰譚曰：「汝以瘨死女誣人，汝不吐實，將坐汝。」譚色動，顧謂王曰：「汝嗾我也。」亟袖案白上言，抵譚罪。境内多盜販，舳艫尾相銜不絶，徼卒與豪猾爲市，弗可敗。南强一切禁捕，雖犯權勢，貽怨讟，弗懼也。寶慶初，禮部侍郎真德秀以言事去廟堂，風京尹跡其所至，欲并以爲罪。德秀舟過富春江，南强亟見，且賦詩爲餞，人皆壯之。轉承直郎、處州縉雲丞，未上。紹定庚寅三月卒，年七十一。

南强讀書不爲口耳學，必欲見之實踐。每至名義可喜事，擊節慷慨，謂戾契可致。初，當路欲排善類，指陳亮爲根，煅煉刺骨，罪且不測。門人畏其威焰，噤不敢出聲。南强義形辭色，貽書誚責，言：「先生無辜受罪，將賫恨入土，吾曹爲弟子，當怒髮衝冠，乃影響昧昧，是得爲士類耶？」復走東甌見葉適，備陳冤狀。適曰：「子真義士也！」即秉燭爲作書數通。南强又持走越，袖見諸臺官，誦言無忌，卒直亮之冤。

南强爲人，不立崖岸而見義勇爲。聞朝廷行一善政，輒昂首吐氣；或有司苛虐，彈指長吁，終日不樂。暇時旅肴設醴，與賓友握手劇談，日至再三不倦。爲文善馳騁，下筆輒數千言，不繩削而自合。大篇短章，恣人取去，往往不甚愛惜，惟《梅隱筆談》十四卷尚存。子二：厚祖、埜，埜業進士。

贊曰：自道廢民散，師弟子之義缺，平居則繆爲恭敬，視其影或不敢踐；一逢患難，輒反目若不相識然，甚者至更名他師。使偘與南强見之，必將唾去之矣。傳曰「民生於三，事之如一」。唯其所在，則致死焉」，其偘、南强之謂乎！

樓大年傳

樓大年，字元齡，義烏竹山里人。父伯寬，由太學入官，授江陰縣尉，轉知無爲軍襄安鎮以終。大年從鄉先生徐僑游。僑實朱熹弟子，故大年長於性命之學。登嘉定癸未進士第。調迪功郎、池州青陽縣尉。丁内外艱。服除，監嘉興府袁部鹽場，尋知嘉興青龍鎮。該慶壽恩循從事郎、嚴州遂安縣令，差兩浙西路提刑司幹辦公事。兩易監行在會子庫，同列以侵欺被劾，唯大年獨免。

改宣教郎、知隆興府南昌縣。爲治先教化，建利去病，若嗜欲然。縣民夜行，爲讎家毆死，事覺，賂其甥來就辟。甥自陳殺民狀甚悉。大年疑之，亟命丞往驗。丞受賕，使焚屍以滅迹。大年怒，聞於府，屬録事覆實，録事復受賕如丞。大年正色抗辨，録事爲引去。上之憲臺，令觀察推官重讞，事始白。民敬之，生爲立祠。

遷奉議郎、通判吉州提點刑獄。李迪以大年廉慎，命録一道滯囚，大年隨重輕而疏裁之，抱成案就迪，言咸聽。未幾，攝郡事。江東大姓查氏以父遺書，據幼弟資産幾六十萬。弟長，訴之縣州，歷二十年不解。迪曰：「非清白吏如大年者不足以究此。」以其事下。大年舉張詠決子壻争財故事爲例，命歸其弟，人以爲允。歲終，吏以公帑錢粟羨餘來白曰：「此公券内物，前官具有例。」大年斥之，以助軍餉及周宗室之囏厄者，皆舉手加額而退。換承議郎、提領户部犒賞所主管文字，尋陞朝奉郎。寶祐甲寅三月卒於官，年七十。子一人：三畏。

大年襟度灑落，如晴空皎月，一塵不染。然在官洞察民隱，脱有理未安者，必反覆沈思，終夜不寐。所見一定，屹如砥柱不移，雖壓以權貴人之勢，弗回也。及解印綬去，攀轅卧轍者綿亘十餘里，或者以爲無愧古循吏云。初，理宗降訓廉、謹刑二詔，大年摭古之可法戒者二百事疏之，號《銘心偶録》，藏於家。

贊曰：濂嘗過竹山，問大年子孫無恙，獲拜其遺像，癯然一儒者爾，而其剛烈之氣則常信於萬物之上，人果可以貌取之哉？自夫道學不明，士喪其所守，雖以魁梧奇偉之夫，考其行事，脂韋自媚，如女婦之留髯鬚也，其視大年何如哉？大年受學徐僑，與聞濂、洛、關、閩之學，其所養充矣，此所以夐然獨異也。學之所繫於人者有如是哉！

許子良傳

許子良，字肖説，東陽人。姿稟卓犖，幼誦書，一覽通大義。及壯，馳騁經史，精文辭，尤長於科目之學，抽關啓鑰，得言外意。生徒欣欣從之，旬月閒，輒知爲文肯綮。嘉定丙子，以詩賦魁江東漕司，試禮部不利。嘉熙戊戌，始登進士第，年已五十餘矣。調餘姚簿，未上。用宰相喬行簡薦，監鎮江西酒庫。前此嬴羨率自入，子良不納一札以上歸公家，官吏相顧駭歎。淮東轉運司辟主管帳司。瀕江有蘆場三十里所，民資其利，守邊吏議清野，欲悉削去，子良諫之止。

遷知晉陵縣，版籍紛亂，官賦多放失，諸司督逋急如雷電，吏竄匿殆盡，前令以不良去。子良爲稽逃亡，考隱漏，催科定繇，條緒粲然。沿江制置司辟準備差遣，俄監安溪酒庫，改宣教郎、知都昌縣。庫藏赤立，子良節縮浮冗，兩年之間，供輸遂有餘。豪右設詭名以欺租賦，莫敢何問。子良列其主名揭於市，復從而一之。豪右慚憤，陰圖中子良，無隙可乘而止。沿江制置司辟幹辦公事，轉承議郎、通判和州，改江州差幹辦行在諸司糧科院。子良當輪對，不欲立異，惟取廷臣所言有關天命人心之大者重陳之，不汎不激，上爲首肯再三。未幾，有旨俾閲滯獄八十餘，子良爲繙案一一讞之，雖累歲不引決者，一旦曲直皆白。

進大學博士，請外出知饒州，以臺疏罷。主管成都府玉局觀磨勘，轉朝奉郎、知岳州，復轉朝散郎改知台州。弊蠹相仍，負上供錢三百餘萬。❶子良節縮如都昌，凡典例所宜得者亦謝去。居半載，郡計裕如。子良聽訟，據案與兩造相爾汝，以察其情。情既得，即決遣之，吏袖手旁睨具文書而已。同僚與吏無所容其私，皆忌之。吏白每歲以錢折米三萬斛，❷子良又不許。而禁卒有不便者，於是嗾其毆獄吏以撼之，且相與出危言。子良知墮其計，即委印出關去。事上，降兩官。賈似道開閫荆湖，辟主管機宜文字，且爲辨其非辜，敘朝散郎。事有難處，他人不能寘筆者，經子良議定，人無異

❶「三」，黄譽本、韓本、傅本作「二」。

❷「三」，黄譽本作「二」。

辭。景定庚申三月，卒於洒川，年七十五。

子良翛然如鶴，風指孤騫，❶性清介不同俗。與人交，極尚風義，赴急扶顛，斧鉞在前弗暇顧。然剛腸嫉惡，或面折至發赤。世多樂軟媚，畏其論議激烈，望風嚴憚。不知其襟懷夷坦，無纖芥含茹意。所至務抑豪强，❷凡武斷於鄉者悉刑之。事其長懇懇，欲納忠，縱嬰其怒不避。知都昌日，方岳來爲郡，岳面目嚴冷，人不敢仰視，子良數爲抗辨，且曰：「侯自我得之，自我失之，雖獲罪無恨。」岳初怒甚，已而察子良忠亮，反剡薦之。子良生平奉養甚儉，雖列膴仕，肅然如寒士。客至啜茗清談，飢則煮餅而已。子良子四人，伯繼、仲立最良。

贊曰：黄夢炎有云：「子良之爲人，其平如砥，其直如弦，其堅剛如百煉金，其孤峭如危壁千仞。」江萬里亦云：「蒼苦勁凝，不知四方復有何人，文學、政事當推子良爲第一。」吴子良亦云：「鏡明而衡平，子良以之，無愧於清白吏王萬者也。」子良何以得此於人哉？非真卓然有立、合於詩之「柔不茹，剛不吐」者，未必能致於斯也。嗚呼賢哉！或者以子良從似道辟爲白璧蒼蠅之玷，知人之道，帝堯亦難之，而顧以此尤子良邪？其求全也甚矣。

葉由庚傳

葉由庚，字成父，義烏人。伯祖維芑，祖維休，連擢進士第。父蓁，字實之，以世科累遷太常寺主簿。輪對，言中書政本宜

❶「指」，黄譽本、韓本作「措」。
❷「所至」，黄譽本、韓本作「居官」。

清心正己，以求賢爲務。時宰不樂。改軍器監丞，差知荆門軍，建堡栅，開溝洫，蒐練民兵，人思奮厲。會京西帥幕建議築城東蒙兩山之顛，蓁以山無水泉，且非敵路，條其不便者六。制置使趙方主先入之説，不從。蓁歎曰：「敝民誤國，寧有避耳？」遂解印綬去。有旨除夔路轉運判官，俄復予祠，尋差知武岡軍，未上而卒。

由庚生而口吃，嗜讀書，從周大亨習《春秋》爲舉子業，試有司，不中，遂絶意進取。時丹谿徐僑倡明考亭朱熹之學，四方人士多集其門，由庚執經從之。僑授以「中誠仁命性心」六字之説，由庚早夜磨礪，探窮經旨，驗之於躬行，期凝合而無閒。僑謂人曰：「成父從僑最久，静愿無他好，講學意趣殊深，吾道爲有所托矣。」遂以「通」名其齋居，且戒之曰：「心體之流行，即天運之流行也，無乎不通，而塞之，人其物矣。」由庚佩之終身。

金華何基、王柏皆宗於熹學，次第相傳，逮有端緒。❶皆慕由庚造詣真切，相與貽書辨析，至無虚月。基疑周子《太極圖》補《先天圖》之未備，其辭多云云。由庚則曰：「《太極圖》與《先天圖》實相表裏，固不待預見《先天圖》而暗與之合。先天有圖，其辭已具於《大傳·説卦》中，亦不待邵子别爲論議而後明。況《先天》乃伏羲所圖，無非法象自然之妙；《太極》乃周子自出心思，擬形畫象而爲之者。《先天圖》當作《先天圖》觀之，《太極圖》當作《太極圖》觀之，圖雖不同，而其理則未嘗不一也。若曰周子之爲圖，盡在於修之一言，使學者可以用

❶「逮」，黄譽本、韓本、傅本作「遠」。

功，謂之隨時立教，至是益備則可耳，切不可謂陰有以補《先天圖》之未備也。《先天圖》自太極生兩儀，加倍而爲四、八以至於六十四，左自一陽而六陽，右自一陰而六陰，自然生生不窮，皆是天地本然之妙。《太極圖》止於四象，以爲火水木金，即其中，以爲土，説至五行輒止。各有其義，未易優劣，正不必將《先天圖》比並參較也。」

柏以《論語》屬詞聯事集爲《魯經章句》，而以《大學》、《中庸》、《孟子》爲之傳，已整比成卷，質之由庚。由庚則又曰：「記録之書，非經體也，移易固未爲不可。第《論語》乃孔子之微言，與他記録者實殊，非可以緒分類合也。南軒張子以程子之意類聚孔孟言仁，朱子猶恐長學者欲速好徑之心，滋入耳出口之獘，又況孔子之言誠有不可破壞者。以今第一卷首條『子温而厲，威而不猛，恭而安』類爲夫子出處，若入門人記孔子德容之盛，未爲不可。第二卷首條『堯曰』至『公則説』，乃弟子於終篇特記聖學之傳，以著明二十篇之大旨，與《孟子》篇終歷叙道統同一意，亦恐不但思古傷今而已也。今欲尊四書爲魯經，唯以孔子格言大訓與問答之語爲經，門人所自言及子思、孟子之書爲傳，則庶幾爾。夫欲尊之曰經者，以其大公至正爲萬世常行之道，不可下同諸子並稱，不必類合而經始尊也。」基、柏皆深服其言。

由庚於講切義理不立異，不苟同，虚己精索，必求真是之歸，雖十往返不厭。然其爲人端重寡言笑，燕居謹獨，盛服不去身，暑月則冠雲巾，衣素紗深衣，終日澄坐。四時之祭，豫戒内外祇事，具饌必豐潔，冥幣必置名封識，如期行事，命弟子爲儐贊，奠獻告廟成，徹俎而退，則以餕餘饗宗人。若冠若昏喪，亦皆遵熹《家禮》。問道考德者，户外之屨常滿。其語學者曰：「古之人知行並進。聞一善言，見一善行，未之能行，唯恐有聞。若纏蔽於文字閒，待其知至而後行，是終無可行之日也。」人以爲名言。縣大夫過門問政，多以謹義利之辨，及視民如傷告之。邑民陰被其賜。部使者蔡抗及郡守趙汝騰、趙孟傳先後具書幣請由庚攝麗澤書院山長，雖皆力辭，而名聞益顯，婦人女子亦知其爲修身踐行之士也。前至元己卯閏五月，年七十八卒。無子，以族子遐孫爲後。平生不務著書，雖研濂洛諸家之説以教人，僅有《論語纂遺》若干卷，詩文若干卷，《瘦叟自誌》一卷，藏於家。

贊曰：婺傳朱熹之學而得其真者，何基則受經熹之高第弟子黃榦，而王柏則基之門人也；至若徐僑，親承指授於熹，而由庚從僑游者最久，又盡得其説焉。及僑既歿，由庚與基、柏遂以道學爲東南倡。評者謂基「深潛沖澹，得學之醇」，柏「通睿絶識，得學之明」，由庚「精詳暢達，得學之通」。考其一時化迪之盛，入其室者，殆如春風和氣之襲人。從容一言之加，輒睟面盎背而鄙吝爲之消盡。嗚呼，何其盛哉！九京可作，濂當爲執鞭焉。

吴思齊傳

吴思齊，字子善，處之麗水人。祖深，有奇才，永康陳亮以子妻之，遂來家永康。父邃，武學博士，官至朝散郎知廣德軍。思齊少穎悟，倣邃爲古文，即可誦。季父國子監丞天澤器之，悉授以所學，遂用辭章家知名。尋由任子入官，監臨安府新城税鎖廳。試漕司，中舉。上禮部，不利。後從常調爲嘉興縣丞，會令以言去，攝縣事。縣獄多留繫，思齊坐獄户讞問，凡株連疑罪，悉簡出之，死刑多平反。事有檢覆得實，郡首吏持之，上下承望不敢動，亟聞部使者黜之。郡有盜殺其黨，於貨獄蔓延不決，下思齊議。思齊曰：「盜攘盜貨，與民殊科。獄久不斷者，由吏教囚以贓累民爾。若正其殺人罪，置寄贓不問則得矣。」慮囚者如其言。民有育人之子者，恒出入父母家，一旦忽不知所往，其父訟求之。思齊召父母至庭，一訊而情無隱，卒白其事。

提點刑獄洪起畏辟思齊，類曰：「吏或謂通籍可立致。」思齊曰：「斂怨以干禄，非策之上也。」辭。尋監户部犒賞酒庫，起畏時守鎮江，復檄入幕府。起畏議築城，思齊諫曰：「京口以長江爲天塹，城之何爲？即城，徒厲民耳。」其役遂輟。賈似道喪母，上將以太常鹵簿臨其喪，禮部侍郎文及翁欲上疏言，懼禍且中止，思齊曰：「吡嗟！而母婢也，公不可默也。」未幾，遷饒州節制司準備差遣。監察御史俞浙以論謝堂出爲太府少卿，留夢炎當國，言堂有動籍，浙劾之過。思齊曰：「公宅百揆，畏勢家而屈臺論，天下其謂何？」似道丞相，堂貴戚，力能生殺人，思齊以小官中其諱惡，不虞宣泄，人爲危之，而思齊弗顧也。

俄不願仕，請監南嶽廟，流寓桐廬。婦翁方登嘗知饒州，以思齊賢，每謀以自近。思齊不樂依婦勢，避去。性好施與，兄弟孤女無歸者嫁之，比隣免女欲殺者食之，死無以斂手足者棺之。宦游十年，田無半畝之增。後值宋改物，家益艱虞，至無儋石之儲。有勸之仕者，輒謝曰：「譬猶處子，業已嫁矣，雖凍餓者不能更二夫也。」中遇寒疾，耳失聽，交游苦其聾，語未畢馳去。獨婺方鳳、粵謝翶、睦方壽劇談每至夜，指畫手書，傍觀咄咄，而略無倦意。先墓在麗水，不能數歸省，歲時必遥望隕涕。因自號「全歸」，誓不失身以病父母也。

思齊天性直慤，雖行人所難，坦然不見崖異。心知有是非，不知有毀譽禍福。學者尊其行，争師之。方鳳評思齊之爲人如徐積、陳師道，君子不以爲過。

大德辛丑，年六十四，手編聖賢順正考終之事曰《俟命録》。録成，賦詩别諸友，遂卒。臨卒神明湛然，無怛化意。所著書有《左氏傳闕疑》、《擬周公瑾平荆州碑》、《魏司馬孚贊》、《跋杜詩集》、《陳亮葉適二家文選》，又倣真德秀《文章正宗》，輯宋一代詩文，卷袠多未就。子三人：翼之，拱之，成之。拱之早卒。

贊曰：濂游浦陽仙華山，問思齊舊游處，見其石壁題名尚隱隱可辨。故老云思齊與方鳳、謝翶無月不游，游輒連日夜，或酒酣氣鬱時，每扶攜望天末慟哭至失聲而後返。夫以氣節不群之士，相遇於殘山剩水間，奈之何而弗悲？若思齊者，其知事君不以存亡貳其心者歟？士有哀思齊者云：「晛碣石其如卷兮，鉅海簸而不移。」其言信矣哉！

謝翶傳

謝翶，字皐羽，福之長溪人，後徙建之浦城。父鑰，性至孝，居母喪，哀毁廬墓，終身不仕。通《春秋》，著《春秋衍義》、《左氏辨證》傳於時。翱世其學，試進士不中，落魄漳、泉二州，倜儻有大節。會丞相文天祥開府延平，長揖軍門，署諮事參軍，聲動梁、楚閒。已，復別去。及宋亡，天祥被執以死，翱悲不能禁。隻影行浙水東，逢山川池榭、雲嵐草木，與所别處及其時號相類，則徘徊顧盼失聲哭。嚴有子陵臺，孤絶千丈，時天涼風急，翱挾酒以登，設天祥主荒亭隅，再拜跪伏，酹畢，號而慟者三，復再拜起，悲思不可遏。乃以竹如意擊石，❶作《楚歌》招之曰：「魂朝往兮何極，莫來歸兮關水黑。化爲朱鳥兮，有咮焉食？」歌闋，竹石俱碎，聞者爲傷之。

然其志汗漫超越，浩不可禦，視世閒事，無足當其意者。獨嗜佳山水，鴈山、鼎湖、蛟門、候濤、沃州、天姥、野霞、碧雞、四明、金華洞天，搜奇抉祕，所至即造游録，持以誇人，若載七寶歸者。游倦，輒憩浦陽江源及睦之白雲村，尋隱者方鳳、吴思齊，晝夜吟詩不自休。其詩直遡盛唐而上，不作近代語，卓卓有風人之餘。文尤嶄拔峭勁，雷電恍惚出入風雨中。當其執筆時，瞑目遐思，身與天地俱忘。每語人曰：「用志不分，鬼神將通之。」其苦索多類此。婺、睦人士翕然從其學。

前至元甲午，去家武林西湖上，前代遺老尚多存者，咸自詫見翱晚。明年乙未，以肺疾作而死，年四十七。瀕死，屬其妻劉氏曰：「吾去鄉千里，交游惟方韶卿、吴子善最親，不翅兄弟，慎收吾文及吾骨授之。」韶卿即鳳，子善即思齊。已而鳳等果至，與方幼學、方燾、馮桂芳、翁登、登之弟衡瘞翱子

❶「擊」，原作「繫」，今據黄譽本改。

陵臺南，以文稾徇，伐石表之曰「粤謝翺墓」。初，翺以朋友道喪，盡吴越無掛劍者，思合同志氏名作《許劍録》勒諸石，未就。復爲建許劍亭於墓右，從翺志也。翺無子，其徒吴貴祠之月泉書院云。

翺好脩抱獨，刻厲憤激，直欲起古人從之游。不務諧於流俗，意所不顧，萬夫莫回也。每慕屈平托興《遠游》，自號「晞髮子」。過談勝國事，輒悲鳴煩促，涕泗潸然下。士有苟合而氣志得者憎聞翺，翺自若也。所著手抄詩八卷，雜文二十卷，《唐補傳》一卷，《南史補帝紀贊》一卷，《楚詞芳草圖譜》一卷，《宋鐃歌》、《鼓吹曲》各一卷，《睦州山水人物古跡記》一卷，《浦陽先民傳》一卷，《天地閒集》五卷，《東坡夜雨句圖》一卷，《浙東西游録》九卷，餘倣秦楚之際月表作《獨行傳》及《左氏傳續辨》、《歷代詩譜》，皆未完。所選唐韋、柳諸家詩及東都五體詩，不在集中。

贊曰：翺一布衣爾，未嘗有爵位於朝，徒以被天祥之知，麻衣繩屨，章皇山澤閒，若無所容其身。使其都重禄，受社稷民人之寄，其能死守封疆決矣。翺不負天祥，肯負國哉？翺蓋天下之士也。昔田横不降漢，拔劍自刭，客之從死者五百人。若翺之志，其有類横之客者非邪？吾聞諸任先生云。

胡長孺傳

胡長孺，字汲仲，婺州永康人。當唐之季，其先自天台來徙。宋南渡後，以進士科發身者十人，持節分符，先後相望。曾祖桌，迪功郎、欽州司法參軍，脱略豪雋，輕貲急施，人稱爲「鄭莊」。祖巖起，嘉定甲戌進士，朝奉郎、知福州閩縣事。卓行危論，奇文瑰句，端平、嘉定士大夫皆以爲不可及。在江西幕府，平贛州之難於指顧之頃，全活數十萬人。父居仁，淳祐丁未進士，朝散郎、知台州軍州事，文辭政事亦絶出於四方。至長孺，其學益大振，九經諸史，下逮百氏名、墨、縱横，旁行敷落，律令章程，無不包羅而揆序之。

咸淳十年，以任子入官，監重慶府隔槽酒務，兼總領湖廣軍馬錢糧所僉廳，與高彭、李湜、梅應春等號「南中八士」，聲聞赫然。會宋亡，退隱山林中。

至元中詔下求賢，有司强起之，至京師集賢院，薦爲翰林修撰。言忤執政，改教授揚州，秩滿遷建昌。適録事闕官，檄長孺攝之。時程楚公家氣燄熏灼，即違法，人不敢何問。其樹外門侵官道，長孺亟命撤之。

轉台州路寧海縣主簿。歲丁未，浙江大祲，戊申復無麥，民相枕死。宣慰同知脱歡察議行賑荒之令。歛富人錢一百五十萬給之，至縣，以餘錢二十五萬屬長孺藏去，乃行旁州。長孺察其有乾没意，悉散於民。閲月再至，索其錢，長孺抱成案進曰：「錢在是矣。」脱歡察怒曰：「汝膽如山邪？何所授命而敢無忌若此！」長孺曰：「民一日不食，當有死者，誠不及以聞。然官書具在，可徵也。」脱歡察雖怒，不敢問。

縣有銅巖，惡少年狙伺其間，恒出鈔道，爲過客患，官不能禁。長孺爲衣商人服，令蒼頭負貨以從，陰戒騶卒十人躡其後。長孺至巖中，人突出要之，長孺方遜辭謝，騶卒俄集，皆成擒。俾盡逮其黨寘於法，夜行無虞。

民荷溺器糞田，偶觸軍卒衣，卒杖傷民，且碎器而去，竟不知主名。民來訴，長孺陽怒其誣，械於市，俾左右潛偵之。向杖者過焉，戟手稱快。執詣所隸，杖而償其器。

群嫗聚浮屠庵誦佛書爲禳祈，一嫗失其衣，適長孺出鄉，嫗訟之。長孺以牟麥寘群嫗合掌中，命繞佛誦書如初，長孺閉目叩齒，作集神狀，且曰：「吾使神監之矣，盜衣者行數周，麥當芽。」一嫗屢開掌視，長孺指縛之，還所竊衣。

長孺白事帥府歸，吏言有姦事屢問弗伏者。長孺曰：「此易易爾。」夜伏吏案下，黎明出姦者訊之，辭愈堅。長孺佯謂令長曰：「頗聞國家有詔，盍迎之？」叱隸卒縛姦者東西楹，空縣而出，庭無一人。姦者相謂曰：「事至此，死亦勿承，行將自解矣。」語畢，吏唯而出。姦者驚，咸叩頭服罪。

永嘉民有弟質珠步摇於兄者，贖焉，兄妻愛之，紿以亡於盜。屢訟不獲，且往告長孺。長孺曰：「爾非吾民也，去。」未幾，治盜，長孺嗾盜誣兄受步摇爲贓。逮兄赴官，力辨數弗置。長孺曰：「爾家信有是，何謂誣耶？」兄倉皇曰：「有固有之，乃弟所質者。」趣持至驗之，呼其弟示曰：「得非爾家物乎？」弟曰：「然。」遂歸焉。轉兩浙都轉運鹽使司長山場鹽司丞，階將仕郎，未上，以病辭，不復仕。

長孺爲人光明宏偉，務爲明本心之學，慨然以孟子自許。唯恐斯道之失其傳，誘引不倦，一時學者有如飢渴之於食飲。方嶽大臣與郡二千石聘致庠序，敷繹經義，環聽者數百人。長孺爲言：「人雖最靈，與物同産，初無二本。」皆躍躍然興起，至有太息者。爲辭章有精魄，金春玉撞，一發其和平之音。海内來求者如購拱璧，碑板焜煌，照耀四裔。鄉闈取士，屢司文衡，貴賓賤華，文風爲之一變。

晚寓武林，病喘上氣者頗久。一旦具酒食，與比鄰别云：「將返故鄉。」門人有識其微意者，問曰：「先生精神不衰，何爲遽欲觀化乎？」長孺曰：「精神與死生，初無相涉也。」就寢至夜半，喘忽止，其子騊排户視之，則正衣冠坐逝矣，年七十五。所著書多亡逸，唯《石塘文稾》五十卷行於世。

其從兄之綱、之純，皆以經術文學名。之綱字仍仲，嘗作薦書，其於聲音字畫之説，自言獨造其妙，惜其書不傳。之純字穆仲，咸淳甲戌進士，踐履如古獨行者，文尤明潔可誦。人號之爲「三胡」云。

贊曰：長孺之學，出於國子正青田余學古。學古師順齊處士同邑王夢松，夢松事龍泉葉文脩公味道，味道則徽國公朱熹之弟子也。考其淵源、亦有所自哉！初，長孺既於學古獲聞伊洛正學，及行四方，益訪求其旨，始信「涵養用敬」爲最切，默存静觀，超然自得。晚年深慕陸九淵爲人，「宇宙即吾心」之言，諄諄爲學者誦之。今其説猶在，安得豪傑者興而正其異同哉！

王秉彝傳

秉彝名德良，和州人，姓王氏。王氏出江左，故望冑也。秉彝爲人龐博而堅凝，鉤經索史，智識過人數級。當衆議膠葛，更端猶尋前緒，秉彝從容墜片言，輒懌然從。以故士君子恒歸往之，秉彝亦樂與盤旋。燕享之禮必極水陸珍脆，酣嬉淋漓，不知日之將夕。閒徜徉奇山水中，見岩姿川容絪緼來獻狀，情思娗娗然，曰：「精聚神會，吾殆與之無閒。」豈古人所謂烟霞痼疾也邪？勸之仕，笑不答。或云：「是有道者也。」或云：「是夫也良，其才可用世，遯肥蓋將免乎？」秉彝皆棄弗省。

自壬辰兵亂，秉彝崎嶇戎馬閒，雖窘迫甚，幸得不死，仰天誓曰：「吾力苟可生人，雖百至凍餒不卹也。」道遇群卒縛一男子，且行且榜笞之，叱曰：「不予金，當就烹！」秉彝視之，鄉人也，出白金二斤贖之。出京口，軍帥有享秉彝者，既謁入，左廡倒懸一夫，頭窣窣控地作乞命聲。秉彝曰：「欲享賓而虐無辜，吾食不下咽矣。」帥悟，使釋。豫章有夫婦避兵者，夫死於溺，婦苦風攣不能行，秉彝爲葬其夫，藥婦疾至愈乃遣。過廣德，逢健兵反接萌隸，以白刃摩其頸，老嫗隨之啼。秉彝呵曰：「子脱可殺，獨不哀其母老乎？」解其接，縱去。行未及久，又遘一婦，腹未晬兒，左手引垂髫童，童有三兄，纍纍相援泣，游卒荷戈隨其後。秉彝呼游卒止，出酒飲之，且讓曰：「子壯士也，胡爲殺婦人？殺一婦人姑寘之，奈殺其五子何？曷舍諸！」游卒如其言。及僑居金華，一老儒來告曰：「吾不火食者信宿矣。」秉彝爲之動容，搜囷中得米二斛，悉予之。建藥區市中，畜善藥以賑人急，甚窶者不受其直。由是秉彝樂善之稱聞四方。秉彝曰：「是善名我。」遂以榜其堂。江左及海右士咸作爲辭章云。

史官曰：僕嘗游建鄴，泛大江，過歷陽，望八仙人山，山雲矗起如車蓋，問張文昌舊隱處，想在空翠杳靄閒，故老已盡，人無能知者。及歸金華，與秉彝相見潛溪上，衣冠偉然，議論磊落有奇氣，第流連山水間，而志不自釋。噫！秉彝固歷陽産也，豈即所謂隱者耶，非耶？

王先生小傳

王先生毅，字剛叔。其先自琅琊徙居處之龍泉，至先生十有三世，世爲農。初，西隣有王氏子事身奉神甚謹，嘗斲木爲拜，其當額處成窪。母某氏有妊，夢王來而誕。在赤子時頗異：遇浴及手足露，皆怖而哭，姑懷之則止。頭患瘍，母惡其臭，卷木葉掩鼻，當乳時閉目弗之視。痎疾大作，身熱如火焮，榻畔縣繩代椸，無風繩自揺。及能言，備陳入浴時如蹈大海，茫無津涯；風入手足間，痛若刃割，姑衣有纊能覆之，乃安；木葉氣烈不可近；熱弗能禁，神出戲繩上，下視一小兒僵卧，心知其爲己也，熱退乃復還。人咸奇之。

六歲知好書，家單不能致，每借市中，一誦，輒能記憶。稍長，所嗜益深。父機命牧牛，掛書牛角而讀之，隨牛而東西行，日入忘歸。復使之視舂溪濱，挾册坐輻車，則米成粉不悟。父怒，逐之出。世父與明憐之，爲代償其米，且令聚徒教授。束脩之上，悉以購書，積至萬餘卷。精思疾讀，唯恐其不盡。夜分燈屢涸，猶聞其吟諷聲，或至達旦不寐。因觀周子《太極圖説》，歎曰：「此升聖域之階梯也。人心與上堪下輿同大，局於一藝可乎？」會上饒鄭君原善來爲郡録事，先生往質所疑，鄭君甚重器之。❶

❶「重器」，黄譽本作「器重」。

已而，往謁許文懿公謙於金華山中，公爲詳陳理一分殊之旨，先生豁然如夢斯覺。居久之，絶淮、泗，泝黄河，而覩泰山嶤嶧之雄。徘徊闕里，悵然有千載之思。遂北至京師，薦紳先生若黄文獻公溍、揭文安公傒斯、翰林承旨學士歐陽公玄、參議中書危公素，争相引重，聲譽翕然，至有薦爲檢討經筵編修翰林者，先生皆引分固辭。

俄南還鄉里，益以躬行實踐爲教，其發明本心之學，至利欲沈冥處，多有感泣者。一邑化之，雖大山長谷愚夫愚婦，皆知畏慕，革心從善。縣饑，先生告令曰：「民饑且死，大夫其得奠枕而卧乎？」即語以勸分之法：閭右之家，計口賦之食，餘粟盡乞貧民。全活者以萬數。父老見先生，拜且泣曰：「我等皆白骨也，而先生人之爾。」

至正中，荊襄兵起，掠七閩，直犯縣南鄙。先生畫八策，贊將軍石抹宜孫破之。仍不遠萬里，遣其徒上書行御史臺，以明將軍之功。未幾，盜發青田，揚言來攻，縣長吏竇忽丁遁。盜遂深入，焚官舍，汙人女婦，剽鹵至雞犬。先生召門人章溢、季文謂曰：「吾豈忍以良民畀豺兕乎？」溢等曰：「唯先生命。」乃部勒鄉民爲兵，逐殺群盜。大府録功，賚之以金幣。先生曰：「得選賢令以撫創殘民，則毅拜賜侈矣。」謝不受。俄部使者下令正丁罪，丁恚，集季溪惡少年，據險阻以方命，首害先生於家。縣人無少長皆痛憤灑泣，以復讎爲事。弟子胡深方參軍事鄱陽，急馳歸，與同門友告諸方伯連率，帥師剪夷之，越二年始平。葬先生蓋竹鄉之西山，別建祠而尸祝之。

先生爲學，深見天地萬物一體之意。視衆氓之顛隮如己病之，苟力可救，雖鈇鉞鼎鑊在前後有不暇恤。至於禽魚之微，不得其所，亦爲蹙額弗寧，思遂其生。然疾惡如仇，遇有賊民吏，切齒扼腕，流涕太息，必疏其姦狀，鋤而去之。豪民制鉅量以入粟，亦叱使減去，以合常度。小人不便爲惡，時欲加害，賴上官察之，獲免。生平不食君禄，其尊主庇民之念，夢寐不忘。武威余闕公持節浙水東，廉知之，謂其卓行不讓古人。性不溺文辭，歎曰：「當今之世，何能文者如牛毛，而植德者若麟角，盍亦知重輕乎？」人有求者，揮毫立就，亦淵然有奇氣可誦。自幼不茹葷肉，雖强之食，終弗能下咽。閒居斂容澄坐，多至夜中。或倦極目瞑，鼻息雷鳴，坐客未寢者談辨蠭起，晨興，先生各能記其言而折衷之。其神全而不亂如此。歿時年五十二，娶樓、葉二氏，無子，以兄子彦荀爲後。扁書室曰「木訥齋」，人因稱爲「訥齋先生」云。

太史氏曰：昔者山陽殷子通以儒術教授里中，人薰爲良善者衆。及隣境寇作，子通帥弟子起兵殲之。長吏惡攘其功，使人殺子通。門人毛術手刃殺者，梟首以甘心焉。君子多其義。其事與先生絶類。雖然，先生以明體適用之學保障鄉縣，使三十萬蒼生去危即安，非子通比也；固不幸遇難而死，諸生爲師復讎，兵屯二年弗解，卒尸鼠輩於市，功比術爲尤難。祠宇之建不建，又在不論。由是而言，其義不益多歟？嗚呼！先生道德之化，蓋亦入人深矣。

瞿孝子傳

瞿孝子嗣興，字華卿，蘇之常熟人。父

達，元初爲百夫長，❶遷蘇州巡鹽大使，兼管内六縣捕盜，轉怯憐口提領。母某氏。孝子天性純慤，依依親側，若不忍斯須釋者。母患癰，癰潰，當長夏，臭穢不可近。孝子燖湯洗滌，執扇驅蚊蚋，靡晝靡夜，至月餘乃休。既而又罹積氣疾，衝擊下上，百藥不治。或授以刲股可療法，祝刀於天，俟刀躍方可用。孝子稽顙流血，❷刀弗動。孝子情迫切，强取刀，刲股肉作羹以進。母不食已五日，忽盡啖之，氣銷如失。一旦母思芰食。時芰始華，孝子求諸市不獲。凡川有芰者，解衣入水，歷覆其葉覓之，自午達酉，❸雙脛皆赤腫。孝子號呼曰：「神胡不相我乎？」俄得三芰水中，人以爲精誠所感。❹

然其宅心仁厚，遇單窶者，❺必思賑給而不欲使其知。氊工王氏，家無擔石儲，且卧疾不能興。雞初鳴，孝子往其門，以錢二十緡投窗隙而去。民有告糴者，鶉衣百結，孝子受其直五千，復陽問曰：「吾性多忘，若欲糴十千耶？」遂如數與之。鬻蔬翁過門，孝子市錢五十文，以楮幣五百文授翁，令補餘錢，翁愠而辭，孝子曰：「汝第持去，他日見還未晚也。」負販夫或來貿遷，孝子一聽其言，不與較。家人怪之，孝子曰：「彼竭汗血以逐什一之利，寧能足吾欲乎？」歲大儉，來相依者數十人，孝子擇旁近舍舍之。會癘氣作，病者相枕籍，孝子每晨躬攜粥藥撫視，卒賴以全。孝子朝出道

❶「達元」，原作「元達」，今據文粹本乙正。
❷「稽」，文粹本作「頓」。
❸「自午達酉」，原脱，今據文粹本補。
❹「精」，原作「積」，今據文粹本改。
❺「遇」，原脱，今據文粹本補。

中，拾遺囊，孝子悉歸求者，一金不自私。未幾，又有亡契券及白金者，孝子蹙額曰：「白金固易致。質劑乃資業所憑藉，其必起争端乎？」密偵其人，還之。其人勢家奴，因失主物，畏懼幾欲死，謝曰：「三尺微命，孝子所賜也。」

孝子雖不讀書，其篤行類鄒魯士，州里翕然稱之。孝子年且耄，見介子莊宦學有立，洪武初擢禮部員外郎，喜動顔色。其後病且革，言不及家事，惟曰：「死生恒理爾，煩語吾兒莊，善事聖天子，毋以老身爲念也。」遂終。

史官曰：濂待罪禁林日，與莊爲同官。莊念父在遠，一語及之，涕泗潸然流。濂因歎曰：「非誠心愛日者乎？」已而蘇人來言孝子之賢，絶於醜夷，有未易追躡之者。濂又歎曰：「非是父，焉能有是子？傳所謂以身教者，孝子其庶幾乎？」是有關世教民彝之大，故造《瞿孝子傳》，使圓冠方履者讀之，必將惕然而自省矣。

宋文憲公全集卷四十八終

宋文憲公全集卷四十九

二賢母傳

瑞安有大姓曰吴氏，世守禮度而嚴於昏媾。柳州教授埏，生子欽，年近弱齡，埏欲爲之擇配，久且未成。或曰：「同郡胡節有容德，且達宦之後，可室也。」乃遣行媒知名，節之父悦焉。六禮既備，故節來歸於欽，内外宗暨媪御而下宜之。生子璟，鞠育至長，爲娶縣人林廉。廉名卿孫，粗習書傳，匑匑然勤，翼翼然抑畏。節愛之不翅若親女，廉亦事節若母。懷妊九閲月，璟以病死。未死，執廉手涕泣惓惓，以養親存孤爲託，廉諾之。後三十日，廉生一男子，且悲且喜曰：「吴氏之宗其不爲若敖氏餒鬼乎？」未幾，欽亦卒。節與廉蓬首垢面，自稱曰「未亡人」，誓撫遺孤以不墜其家。

後六年，元政日紊，四方寇盜蠭起，市魁都伯各聚農爲兵，陽號保障，陰則倚藉爲姦。有利吴氏多貲，欲奪廉之志。廉年二十有餘爾，善自閉拒不可撼。遂有謀殺其孤者。廉懼，棄家挾姑而遁，擇鄰境大山匿焉。艱難備嘗，室如懸罄，無絲毫怨懟意。惟飭勵兒以學，無有寒暑晝夜。年三十九卒。節撫棺哭泣，竟欲無生，益督兒事書詩勿怠。又二年，節亦卒。兒名荃，今爲巨儒。州人識與不識，咸稱爲吴氏二賢母云。

太史公曰：吴氏之系何其危哉！當璟瀕亡時，荃在母腹，男女未可知，林氏毅然以存孤爲諾，非見義明如皦日能然乎？

使林氏之足一移，吴氏宗祀墜矣，此其功非再造其家者乎？譬猶狂瀾東奔，欲舉隻手以障之，抑難矣。予謂林氏具五美焉：其不畏强禦，一也；富而能貧，二也；炳於幾先而不陷於虎口，三也；干戈紛紜之中，鬻環釧市書勵子以學，四也；終始一致，不爲浮議所惑，卒令終於牖下，五也。夫然，故其能以節操顯著者，宜哉！雖然，不爲之先，孰爲之後？非胡氏挈綱振維於上，則林氏煢煢然無依矣。是則胡氏者不爲尤賢乎？賢哉二母！如楚之雙璧，光彩交映，見者動容；如越之雙劍，光芒閃鑠，不可狎玩。誠可謂無愧於彝倫者矣。嗚呼！女婦且爾，則凡受人家國之寄，委棄若土梗者，果何心哉？

趙節婦傳略

監脩國史長史張君子長著《趙節婦傳》，累辭至九百餘，節婦之孫嗣鴻懼讀者莫得其要，請濂删其辭爲傳略云。節婦徐氏名定瑞，❶婺蘭谿人，年及笄，歸金華趙時堯。時堯父盱夫亦娶徐，節婦姑也，無子，生二女，時堯以再從子爲其後。二女以非己同出，不相寧，節婦相夫順受之，母子以和。時堯卒，節婦年甫三十，誓不再適，養其姑終身，撫弱子至於成人。復三十年，乃終。若節婦者，其無愧婦道者耶！

❶「定」，韓本、傅本作「芝」。

蔣貞婦傳

蔣貞婦德新，世居歙之黄山，自幼莊靜。父忠甫爲之擇配，鮮有當意者。年二十有八，始歸同郡羅宣明。宣明，鄂州刺史諸孫，家法素謹。貞婦奉尊章、處先後咸底禮度，中外稱之弗置。

至正壬辰，蘄黄妖寇起，破州郡，屠戮人如刈草菅，蔓延將至歙。宣明散家貲，募兵保障鄉井。已而兵大集，歙城陷，官軍復者再三，宣明功爲多。癸巳夏四月，元帥沙不丁治歙城，以宣明慷慨仗義，俾分築一百三十尺。宣明之家索於用兵，其計無所從，貞婦盡售奩中物相之，宣明忘其憂。乙未冬十二月，祁門黟縣惡少年搆浮梁劇盜來犯歙，宣明謂貞婦曰：「我素負殺賊名，賊必不貸我，汝宜相從軍中，如何？」貞婦曰：「婦人在軍中，兵氣恐不揚。子獨不聞之乎？妾有兄弟在香山，砦柵頗可守，妾往依之。君努力自愛，勿以妾爲念也。」遂灑泣而别。

丙申春正月，歙城復陷，宣明請兵江浙行中書。賊聞宣明妻孥在香山，攻之益力。二月，天雨雪，寨破，賊大肆焚掠。初，貞婦以宣明從征，不忍茹酒肉，至是炮炙行觴，命左右醉飽，以二子驢兒、馬兒屬蒼頭奴詹寄、詹勝寶曰：「事勢至此，我誓不受辱，一死決矣。然不可使羅氏無後，汝宜護二兒還主翁也。」言訖，勝寶負驢兒出，媵人挾馬兒繼之，貞婦又繼之。遇賊石崖上，賊遂褫其衣，貞婦力拒，賊攫貞婦髮，貞婦齧其臂，爪其面出血，罵曰：「死狗奴，汝何不殺我！」賊怒，斫其臂，以刀舂之，墜崖而死。

驢兒見母死，哭罵曰：「賊，賊，爭忍殺吾母！」他寇曰：「何等小物敢爾耶？」橫槊刺其背死。勝寶遁。寄不勝怒，執木戟擊傷數寇，與媵人皆遇害。日將夕，寇退。貞婦從姪蔣志道從積屍守緣崖下，見貞婦屍如生，傍有衣篋，類有物窣窣然動，啓視之，馬兒在焉，亟抱以歸宣明云。

太史公曰：喪亂之餘，女婦以節著者有矣，若歙之蔣氏，何其烈哉！夫以柔脃之身，竟欲抗如虎之盜，自非義激于中，視死如歸，其氣不如是之剛也。大抵故家遺俗，詩書之澤弗替。宣明又能奮揚而飭導之，使一門之內，婦死於夫，子死於母，而一蒼頭之微，亦能爲其主捐軀，此殆難以聲音笑貌爲也。然則宣明亦賢矣哉！賢者宜有後，篋中之兒所以能獲全於今也。

王媛貞阮傳

王媛貞阮者，名淑，稾城人，均州守阮容之子，歷陽王瑀之妻也。瑀故名閥，淑亦出右族，好禮而貞一，陽和陰肅，懿聞流三族間。瑀以材起家，爲裨將，當戍夫概。夫概與敵土犬牙，瑀將邏騎偵其營。敵意勁兵壓境，悉力迎戰。瑀知不能免，蹈白刃前，邏騎皆逝。瑀尋被執，以不屈死。淑慟曰：「夫者，婦天也。吾天傾矣，尚何所仰哉？」遂蒙被泣卧，不粒食。媵人以食進，淑麾曰：「去，吾不食矣。」已而氣沾沾若絲，先後僅屬。媵人又以藥進，淑復麾曰：「去，吾不藥矣。」如此者七日，竟終，年甫二十三爾。淑葬金華城北黃塢，其顛有異瓜生蔓一而四實，其色光翠如沐者。君子謂淑能知貞道矣。貞道明則常倫定矣。《詩》云：「髧彼兩髦，實維我儀，之死矢靡他。」此之謂也。頌曰：

翼翼貞阮，執行有常。夫戍而俘，盡然隱傷。不食以死，其節煒煌。瓜瓞之生，天旌厥祥。

宋烈婦傳

烈婦宋⿱新女，字新，金華潛谿人。美姿容，幼即讀書知大義，搦管作字，亦莊正可觀。既長，歸烏傷賈明善。足不妄踰户閾，雖家人弗聞其語笑聲。一宗讙曰：「是端簡静默也，賈氏有婦矣。」父母亦賢之，不忍其遠去左右，越一年，令與夫來居潛谿。烈婦孝養益謹。見諸女讀古烈女事，則慨然想其爲人。既而曰：「是亦不難，爲婦者，當璧碎而潔，無寧瓦全而穢也。」

歲戊戌十月，西兵擣蘭谿，遠近大震。烈婦不自安，同夫避入浦陽城竇山中。未幾，鄉民嘯聚倡亂，樹旌纛，執劍殺人如刈草菅。烈婦亡匿灌莽中，爲游卒所執，乃抽銀條帨求解，❶不聽，將亂之。烈婦以計紿曰：「吾有珠貝，可直數千緡，❷昨夕瘗山前坎中爾。幸無急我，急我，我將死，於爾何利？不若導爾發之。」游卒悦其言，從之行至深淵側，竟躍入死焉，時十一月十四日也。其兄濂聞而哭曰：❸「天乎！烈婦在家爲淑女，歸人爲良婦。既淑且良，縱不備有胡福，其豈不得考終於寢乎！不知何爲

❶「帨」，黄溥本作「脱」。
❷「千」，黄溥本作「十」。
❸「其」，黄溥本作「母」。

而遘兹兵禍也？」

嗚呼！自古莫不有死，當是時，執法之大吏，秉鉞之將帥，守土之二千石，或有不能，而烈婦獨能捐軀徇義。死固死矣，千載猶生，視彼弗死而若死者何如也？縱遘兵禍，又何傷焉。然而婦之守貞，猶人子之當孝，人臣之當忠也。烈婦之死恒道爾，何足深羨乎？雖然，是固恒道爾，而亦非易致也。人之所欲，莫甚乎生，苟所見一髮未盡，則幸存之念興；幸存之念興，含辱忍垢何所不至哉？想其臨淵之時，貞剛之氣充塞上下，天不足爲高，地不足爲厚，日月不足爲明，視區區微生，直鴻毛輕耳。不然何以能若是之烈也？徵太平日所言「當璧碎而潔，毋令瓦全而穢」者，不亦允蹈也哉！烈婦之事，與軋之竇氏、越之王氏無大相遠，求之千百而不一二見焉。濂因不避親，摭其行實，著爲私傳一通，所以白烈婦之志。他日傳之竹帛，詔諸海內，良史氏職也，非濂之所計也。

龍泉章氏世系碑文

章氏本出姜姓，世居於汴，至宋兵部尚書巖，永嘉初來守泉州，始家於南安。唐康州刺史及，又自南安遷建之浦城。及生福州軍事判官脩，脩生仔鈞。深沈有大度，年踰四十，尚晦跡弗仕。當唐之季，藩鎮爭强，各欲致賢才以自輔，有遺使來召者，力辭不起。乾寧四年，福建觀察使王潮卒，其弟審知代立，即奉表脩貢，效臣子之職。朝廷嘉之，以福州爲威武軍，拜審知節度使，累遷同中書門下平章事，封琅琊王。仔鈞以審知尚知有唐，乃往謁之，投以戰攻守三策。審知大喜，執仔鈞手曰：「何相見之晚耶？」遂表聞於朝，辟授仔鈞高州刺史、檢校太傅、西北面行營招討制置使。選步騎卒五千，命屯戍浦城西巖山。

南唐盧將軍假道過山下，忽鼓譟來攻壘。仔鈞堅守弗與戰，遣二校邊鎬、王建封求援兵建安。仔鈞既退盧兵，二校失期尚不至，當處以軍法。其妻越國夫人練氏諫曰：「世道方艱，若二校者，安知其不建功以靖亂耶？」仔鈞曰：「如廢法何？」練氏曰：「法固不當廢，不若縱之，使自逸耳。」仔鈞仁其言而許之。練氏使諸子喻二校曰：「宜急去，毋受戮於市。」復以金條脱遺其行。二校望拜感泣，仰天誓曰：「夫人之恩苟不報，有如日！」遂去奔南唐。

晉天福末，審知子大閩皇曦與弟富沙王延政治兵相攻，互有勝負，延政遂稱帝於建州，國號「殷」，閩中大亂。南唐闖其隙，遣樞密院使查文徽及待詔臧循發兵取之。時二校已貴顯，鎬爲行營招討，❶封爲先鋒橋道使，共攻建州。城陷，議屠之。時仔鈞已死，練氏之子有官建安幕府者，練氏因家城中。二校入城，銜練氏舊恩，獨以兵衛其門。練氏曰：「汝今見報，獨活我家耳，豈足爲義耶？闔城之人不下十萬，未必皆有罪，汝能全之，乃爲報吾恩。不然，妾不能獨生也。」二校聽之，一城生聚悉賴以完。

仔鈞生一十八子，皆登顯仕。其第三子銀青光禄大夫、檢校司徒仁燧，仕於南唐，賜名曰獻誠。慷慨有大節，不屑細故，思繼先緒，若執玉奉盈唯恐墜。仁燧生祕書省校書郎文錫。當宋之初，屯練民軍，捍

❶「鎬」，原脱，今據文義補。

禦鄉郡，盜不敢侵境。時四方未寧，名門右族各風雨散去不相繫屬，文錫一門二千餘指獨能聚居，人稱爲東南第一。文錫生都官郎中重。性高簡，超然不群。時伯仲列仕中外以百十數，朱紫烜赫，重獨棄官歸隱。一旦獵於龍泉西寧鄉，見山川明秀，樂之，復遷居焉。

重生告，介潔不欲仕，如其父。告生順，奉親極其孝，諸弟從官各一方，順獨戀戀居膝下，頤步弗離，親没葬祭能中節。順生公琛，與從弟知潁州衡尤厚善。衡每招公琛仕，不應。衡或强之，輒曰：「使一家之道盡，即爲政爾，何必御朝署、閱詞牒乃名爲政乎？」遇二弟友甚，聲孚氣洽，如奏塤篪。晚立祠以奉仔鈞神主，帥宗人歲時薦饗，士論多之。公琛生世安，其友恭如其父，建標慶菴於公琛冢側，中設仔鈞位，而以公琛配之。

世安生舉，當文明極盛之世，鼓琴誦詩，優游自樂，人或讓其獨善，舉曰：「群賢在朝，海晏而河清矣，奚必舉之出哉？或仕或止，各安夫天分爾。」舉生宗，氣貌容偉，能以寛柔之德被於人人。宗生鄉貢進士輔，履仁蹈義，作事可爲師法。輔生聞義，聞義生用之，父子益雄於貲。聞義所構室廬亭館甲於一州，時具壺觴，集大夫士其中，共談古今治亂。用之尤善述事，動静循矩矱，不僭於度。

用之生强宗，學該而文贍，好購書籍，凡四庫之目多蒐采貯藏，子孫得以資其學業。强宗生焕文，愛施與，寒沍之時，憂閭伍艱食，升樓遐望，有晨烟不起者，常召與粟與物。交無忤意。從弟某負氣，每媒怨於人。焕文晝寢其池亭，怨家意從弟也，持斧入欲斫之，忽池魚躍水濺焕文面，急驚起。怨家流涕謝曰：「幾誤害善人。」從弟之難因藉之以解。踰數年，焕文復遷錦州，依婦翁以居。焕文生斯立。通象緯堪輿家書及《素問》、《靈樞》之學，日以利濟爲務。醇熙和比，絶無怨惡於人，其言吶然若不出諸口，而德容充浹，見者驩然親之。

斯立生格。局度凝廓，壹以儒術自娱。自入國朝，益斥屏聲利，高蹈物表，白髮蒼顔，衣冠偉如。亦多注善藥以濟疾病疕瘍者，❶誓不求償。父老踰八十，不良於行，雖傔媵之多，格朝夕扶持左右，未嘗遠去。父既殁，奉其愛姬如母。近屬有利格多金者，數至豪奪，格咸弗與競。居亡何，又倚官中勢鉗劫之，格曰：「君何必爾？欲金，當持去。」又弗與較。乃大慚服，不敢復有所侵。格生遇孫。燕居危坐，肩背不傾側。雖不務榮進，與人解患之志耿耿自信。有赴愬者，懇惻爲陳利害，理即曲，頓首免冠請自新。旱潦、疾疫，必身禱，禱輒應。鄉人士服其言行，稱之曰長者。其嗜文學孝弟事如嗜厚味，弗之厭，每舉以勵人。

遇孫生珪、璋、溢。珪、璋皆有隱行。溢多雄才，當倉囊之時，❷集兵以退群寇，縣賴以安。尤尚伊洛之學，病閭井子弟不知所教，建龍淵義塾，聘碩師陳其説，以開來裔。葺標慶菴，捐田入之，定爲祭規一十五則，以示宗族。家雖異爨久，溢慨然曰：❸「兄弟手足爾，其何分乎？」遂合食焉。立義約若干條，教子孫守之，弗易其制。行粹

❶「濟」，黄譽本作「醫」。
❷「當」，黄譽本、韓本、傅本作「丁」。
❸「溢」，黄譽本、韓本、傅本作「忽」。

凝，臨事剛毅，有不讓古之賢者。嗚呼！何章氏之多賢子孫哉！

濂竊觀之，世家巨室能使遺裔蟬聯而弗之絶者，皆其先德之所敷遺。譬如良疇之種，至秋而必穫；嘉木之植，逢春而必榮。其理實可徵，不誣也。昔者王翁孺爲繡衣御史，能活萬人，論者識其後昆之當興；鄧仲華自謂將百萬之衆，未嘗妄殺一人，君子知其來葉之必大。況乎練氏能全一城之命，較兹二者實過之矣，宜乎子孫代有名人。其出而列仕，則秉鈞軸、位法從、綰郡縣之章項背相望，功惠既已有加於民；其處而沈晦，則被服仁義，篤志書詩，雅雅彬彬，譽望隆蔚，又能不殞厥世。矧今迓續芳猷，踵承遺烈者，吾未見其止也。君子之澤，古之所謂汪洋而衍裕者，寧有既耶？濂久與溢交，而其子存厚又從濂學治經，於是知其系緒，爲詳序而勒之石，以爲世之勸。讀兹文者，尚當有所興起也哉！系之以詩曰：

天道維仁，法之者昌。陰施陽報，厥理用章。理將孰樞，命之攸定。有如灰籥，氣至而應。卓哉章氏，曰太傅公。建節駐兵，以靖鄉邦。其配練氏，生而肉髮。沈幾先知，物不踰越。二校失期，在法當刑。練氏止哉，聽其間行。校仕南唐，帥師攻建。城陷將屠，銜德罔變。十萬之氓，已登鬼庭。片言之加，易死爲生。孫子繩繩，多躋膴仕。水湧山出，未見其止。或膺郡寄，或坐廟朝。照耀後先，聯組疊貂。沈潛自晦，亦振厥德。俎豆詩書，是攻是食。遺澤迄今，世象其賢。有光燁然，如虹貫天。龍泉之宗，光康且懿。益衍以承，允亢其世。人亦有言，養自蘖芽。蔚如車輪，大揭其華。彼不暢者，非沮而遏。荒如薉如，其本斯撥。豈無簪纓，或淪皁臺。視彼德門，其高崔嵬。天亦何爲，盛衰頓異。居高聽卑，心焉是視。稽諸古訓，善積慶餘。何以引之，勿忘其初。太史造文，勒於貞石。尚告嗣人，服膺無斁。

故處州路慶元縣儒學教諭張公墓誌銘

濂當弱齡，嘗游學郡城中。時王教授雲卿方之官嚴陵，忽持餞行卷示濂。中有浦陽張公詩，音律清麗，而字體莊勁，得八分之正，心竊慕豔之。後七年，始獲拜公於月泉里第。公風神峻潔，眉目聳秀，遠而望之，若玉井冰壺，絕無一毫塵土意。及聆其論議，則纚然如貫珠。退因私念，前輩沈涵深固，故其見於辭氣者有不及，未嘗不自歎鄙吝粗穢，而莫克攻勵之也。方將爲問道攷德之圖，居亡何而公亡矣。又後十年，公之子端臣件繫群行爲狀，來金華山居，請濂爲之銘。濂誠後死，不可謂不知公者，銘何敢辭。

公諱恕，字如心，姓張氏，爲婺之浦江人。曾祖貴，宋宣義郎。祖祚，承信郎。父森，湖南潭州路教。公幼而潁悟，取家中遺書晝夜研磨之，雖暑爍金，寒折膠，不易其恒度。迨長，聲名藉藉起士林間，遠近來學者，户外之屨常滿。已而用薦者教授常德之武陵，遷婺之東陽，處之慶元。公所至，皆以興學爲己任，招集弟子員，危坐堂上，列群聖人之書，爲之敷繹大義，皆充然有得，士風爲之丕變。尋以母夫人春秋高，歎曰：「孝者，百行之冠冕。吾母鶴髮垂領，尚可宦游而弗之止耶？」自是夷猶里閭，日侍夫人之側。當風日清美，或杖藜行佳山水間，如嗜飲食。或勝友時集，輒商略古今上下數千年事。及爇沈瀹茗，賦詩自娱，有不知老之將至也。公素患脾疾，至是發寖劇，遺命治喪勿用浮屠氏法，當依朱子《家禮》從事。遂瞑。

公生於咸淳辛未十一月乙亥，卒於至正癸未六月乙卯，壽七十三。娶方氏，有婦德，克配君子，生子男六人：虎臣、端臣、鼎臣、稷臣、純臣、敬臣。子女二，于貞、方元亨其婿也。孫男五人：僧家奴、道童、留孫、復生、憶祖。僧家奴、復生早卒。孫女三人。其年十月己亥，窆公於縣東五里原先塋之側。其所著書，有詩集若干卷藏於家云。

夫自師道不立，後生小子失其所依憑，無以承藉其所休祉而甄陶其性情。故蒞事制物，動與理違，深爲識者之所慨歎。有如公者，惓惓以斯道淑諸人，所以爲世防而昭民能者，實於是乎賴。而公竟死矣。雖然，公之子皆業儒，端臣博學而能文辭，尤號最良者也。横經邑庠中，俊秀子弟皆環聽之。公雖亡，其不殁矣夫！銘曰：

孰武其先？公則式之。孰牖其後？公則迪之。累世之儒，聲華煒而。況公之施，三爲校師。衿珮逶佗，左矩右規。鑽石幽墟，以昭以貽。

故江東僉憲鄭君墓誌銘

奉訓大夫僉江東建康道肅政廉訪司事鄭君，以辛丑之歲夏五月十又六日卒於杭之寓舍。江浙行省左丞相帖穆爾達識公，深用痛惻，命左右司都事錢君用壬暨僉事君八都來治喪事。秋八月十又一日，權厝城西七寶山。後五年丙午冬十二月二十四日，遷葬義烏石斛山。其弟淇始請從兄承務郎、温州路總管府經歷泳，評騭諸行成書，而授前史官宋濂，請刻其墓碑。曰：

君諱深，字仲幾，一字浚常，鄭其姓也。其先從睦來遷婺之浦江。自建炎以迄於今，同居者十世，朝廷旌爲義門。曾大父德池，大父文泰。文泰本青田尉德璋子，出爲德池後。德璋與兄德珪罹難，争欲就死，其事詳見《宋史·孝義傳》中。父鋭，累贈奉訓大夫、樞密院判官、驍騎尉，追封浦江縣子。母樓氏，累封浦江縣太君。

君幼知讀書務了大義，不能泥章句。然負氣不羈，嘗往外氏，有以童視君者，君不平，出奇計紿之。日者以六物推君休祥，言君必凶於其家。君恐祖父聞之，或薄其愛，大惡之。居亡何，他日者又至，君迎謂曰：「我某年月日生也，子幸譽我，吾當厚報子；否則，戒悍奴辱子矣！」聞者皆大驚。稍長，氣益振。見部使者行縣，騶從甚都，君歎曰：「吾非夫也哉，孰云異日不如之也！」人斥其誕，獨從父欽奇之，使游學京師。

久之，會丞相别兒怯不花公出鎮南服，命君從行。杭城災連數萬家，丞相趣吏具文書以聞，君争曰：「杭民無恒産，若候報下賑之，則已大半爲鬼矣。汲黯發廩，此非其時乎？」丞相悦，令户賑之。君曰：「户有小大，必計口乃宜耳。」丞相從之。俄辟君行宣政院宣使，未及就，丞相入中書，君復從行。丞相多君，欲用爲宣使，俾理問官咬住召君。咬住將别有所薦，不白以丞相意，卒然問曰：「儒者可爲行人之職乎？」

君曰：「不可。」咬住反命，謂君不屑就，丞相怒而止。君知爲咬住所賣，不復辨。

聞太師脱脱公喜士，即走見之。時太師新解機務，退居於豐，謁入，與語大悦，遂留之。君乘間問曰：「蘆蕩之利宜與江淮萬姓同之，閣下專焉，無乃不可乎？」太師曰：「向者之利，悉歸豪右。今歲入不過什二，餘皆編民物，何云專耶？」君見太師語堅，不敢强。他日太師復自言，意若怒君失辭者，君從容曰：「在至元間，魯王嘗取之矣，上以其病民罷之，且詔群臣不得奏請。閣下今復繼焉，或者其違制書乎？」太師笑曰：「吾業已奏辭，恐君言中變，姑試君耳。」於是謂其子哈剌章曰：「鄭先生有道之士也，爾往事之。」君教以書詩，得師道甚，太師稱譽弗置口，至有聞於上者。初，皇太子鞠育太師家，與哈剌章同卧起，至是有旨，欲使之共學。君力謝曰：「輔導皇太子，歷代自有故事。今若苟而行之，是取譏於天下後世也。」太師入奏如君言。上曰：「朕言已出，必使一至卿家而返。」明日，皇太子至，君以《孝經》進，喜見顔色，因錫錦衣一襲。

明年，太師以煩言出居西寧，以哈剌章託君。時謡言沸騰，或促君亟去，不去禍且及。君曰：「人以孤託我，而中道棄之，不義孰甚焉。且死生命也，吾何所避？」弗聽。丞相舊與太師有微隙，又怒君不爲宣使而客太師家，將罪君，復憐君才不忍發，乃遣人鉤致君。君曰：「丞相遇我厚，我寧弗知之？其去也，特爲理問所問爾。今丞相幸用我，然受人託而遽背之，何以事丞相爲？」丞相義之，寘不問。又明年，太師還朝，開太傅府，奏君爲長史，階從事郎，時至正八年秋八月也。

九年，太師復拜右丞相，叩君以民所最病事，君曰：「皇慶初，國用不足，令民入貨取券，使受直於有司，踰三十年弗償，非惟民困欲死，國家之信將何在焉？」太師即勒吏使給之鈔，以緡計者八百五十萬有奇。國子監所設管勾、學正、司樂之屬，舊以監中諸生積分未貢者充，薦者多濫，有俟二十年之久者。廷議患其弊，復以諸生試禮部，下第者，別選爲次榜補之，斥去已薦者四十人。蕭熙、黄楧等號訴於太師，太師以示君，君曰：「法弊固當更，然守以歲月，一旦斥去，亦失物情。若二者交參用之，盡於所薦而止，斯善矣。」太師奏行之。太師在西寧時，門下客盡散，無敢履其庭者，獨王架閣梅時過之，君因數道其賢。太師曰：「梅屢短君而君反賢之，何也？」君曰：「賢之者，以其知義爾。若深所短，梅正當言之。能言之，所以爲益賢也。」太師欲選御史，君又薦梅可用，太師以君爲長者。鄉先達爲臺臣所糾，奪其誥命。君言於太師，復之。及其來京師，頗用人間，將諷御史劾君，君略不爲動，亦不自明。未幾，其子以廕入官。君復白太師，擢爲崇文丞。始大愧，歎以爲不可及。

十年春三月，遷宣文閣授經郎，階徵仕郎。召見明仁殿，上顧資政院使朵爾只班曰：「此哈剌章師也，教法肅甚，朕今陞入宮庠矣。」俄中書奏君兼經筵釋文官。君敷繹聖經，啓沃深切，上每爲之改容。宣文在禁中，密邇端本堂，日侍皇太子研席，寵遇殊甚。嘗問君家同居事，屢歎以爲嘉瑞，書「麟鳳」二字美之。十四年夏四月，轉宣文閣鑑書博士，階儒林郎，兼官如故。上見君久，益器之，以新刻智永《千文》識以宣文閣寶賜焉。君侍經帷，教胄子者凡四載，歲錫燕者再，頒金織紋幣者二，皆有副。扈從上京，又予楮幣二千五百緡，率以爲常。當是時，君從弟國子助教濤方爲經筵檢討權參贊官，每進講殿中，兄弟連翩而入，及退，均被上尊馬湩之賜。人尤以爲榮耀焉。

秋七月，改中書吏部員外郎。吏部月有選，鄠縣丞張鼎年六十七，吏以官期三年白，君曰：「使如汝言，當致其事矣，何須入銓選？」即上之闕，畀之後者爲例。董甲，雲南木邦人，以任子當官，貧不能賄吏，遂以户册有異移符審之。君曰：「京師距雲南萬里，公牘往來動經一二載，且其先人嘗官於朝，豈無可稽者耶？」下架閣吏閲籍而注之。永新尹趙大訥上休致之請，時新例必經廉訪使者覆按，而趙竟失之，吏以爲難。君問例始何時，吏以九年四月十七日對。君曰：「趙之謝事乃是月二十一日。永新僻在大江之西，五日之間，其能知有詔乎？宜以例前行之。」同舍生先入仕籍，見君未達，頗使酒廷辱君，君心甚銜之。及是改官之文適至，君曰：「彼積勞日久，豈可以私憾而廢公法哉？」命擇良郡官之。徐人周令尹家陷於寇，獨周以智免。及太師統兵平徐，其女掠入太師騶奴家，使之主汲，力不任，數欲赴井死。周物色知之，不敢言。君將聞於太師，人曰：「國家以徐叛殲之，君言不脱吻，而禍及其踵矣。」君弗顧，卒白還周。九月，君以分部從太師征高郵，至嶧州，見民東西竄，君追問之，民曰：「軍奪民牛，且擊翁媪傷，故逃耳。」君曰：「王師除暴禁亂，乃令侵民耶？吾若不言，孰當言者？」急縱跡之，獲樞密院吏王丙，執詣太師，寘於法。冬十二月，太師以讒去。君曰：「天下自此多故矣。」遂移病弗視事。

十六年秋八月，御史臺欲用君爲御史，君以母夫人年高辭。已而除君僉江南浙西道肅政廉訪司事，而中書同日奏君江西行中書省左右司郎中，臺臣覆奏乃止。君急欲南歸，即入謝上。皇太子聞之，將留弗遣。君對以其故，復賜「眉壽」二大字，君持歸以爲親榮。時中原道不通，君浮海而還，至萊州洋，❶遇颶風擊旅舶壞，深目而髯者六十人，望君舟而號曰：「曷生我！」主舟者曰：「此泉南回紇氏，精悍且持兵，不殺，將爲亂。」言人人同。君力屈群議，斂其兵刃而飯之。暨升岸，羅拜去。浙西時屯重兵，挾貓獠軍勢，强仆人廬舍以爲薪，上下惴惴莫敢何問。君反接鞫訊，知隸平章政事慶童公帳下，械送而請治之，軍因不敢譁。譯史桑葛憑藉憲使之威，視僉事忽都不花如無人。僉事欲黜之，恐激怒其長，乃自引退，譯史愈鴟張無忌。君劾之，憲使持不下。君怒曰：「彼且不有僉事，何有於公哉？叱出之！」憲使慚。其庭中人以事誣君，上行御史臺，時平章爲御史大夫，罵曰：「鄭僉事剛介之士，吾熟知之，爾固不能容也。」擲其文於地，事遂寢。尋除今官，未及上，卒，年甫四十有八。

娶同里周氏，累封浦江縣君。繼室義烏吳氏，東平王氏，封恭人。皆先君卒，無子。少房高麗康氏生女曰棼，未行。今以弟之子某爲君嗣。

君眉目疏豁，軀幹魁梧。雖沈敏多智

❶「萊」，原作「菜」，今據黄譽本改。

數，秉心慈恕而壹以正裁之。人未出言，已能窺測其肺腸，故周旋南北間，鮮有僨事。然頗以師道自任，授經宣文閣中，皆勳戚大臣之子，君戴星而出，戴星而入，孜孜以開物成務，日迪導之，學成而仕，蔚爲名臣。與人交，不以勢之崇庳而貳其心。在朝公侯卿大夫亡慮數百人，無不知敬愛君。而翰林侍講學士豫章揭公傒斯、翰林學士承旨瀏陽歐陽公玄、太子右諭德東文李公好文、司農少卿臨川危公素，尤與君爲文墨交而無間者也。若君者，可謂奇偉不凡之士矣。

濂長君僅四歲，負笈游立夫吴先生之門，始獲與君交。晝同食，夜則共衾裯而寢，穆穆然，衎衎然，其姓雖殊，情實兄弟也。君嘗指時之聞人謂濂曰：「某也，操寸管入位館閣；某也，垂紳正笏立廟朝而弼成化功。鄭生長雖不滿六尺，行見錚錚然鳴矣。」濂見君言夸，出峻辭戲君，反覆相撑拄不已。君益騁奇辨，是非蠭起，且曰：「子未可少吾，後當然。」已而果然。嗚呼！君今已矣。其不隨世磨滅者猶耿耿而在，是亦足矣。濂幸後死，因焯君行而揭之，以見有志之士，其事終成，且告脩郡乘者録焉。銘曰：

劍解夫襓，如龍蜿蜒。風雲會之，飛騰上天。顯允鄭君，才實類此。利器在躬，不試焉俟。嚴嚴師臣，四國是瞻。佐其戎勳，唯君則堪。民生瘡痍，我是用悼。朝政粃糠，我寧不告。當寧聞之，召入宫庠。日照月臨，承其寵光。廣厦細氈，從容論道。載啓載沃，有勤無惰。其勤謂何？堯舜吾君。八荒熙然，期囿至仁。天子曰於！爾學之博。宜鑑朕書，弘宣文鐸。省臣交薦，贊治銓曹。水清衡平，物無遁逃。出將使指，繡衣赫赩。嚴霜夏零，邪草不植。凡人賦材，此盈彼虧。若君之爲，無適匪宜。豈非義風，淪肌洽髓。大本既立，孰踰其軌。君器則弘，功業可馴。如持右券，貴報於人。烏臺鳳池，遲君游衍。泉臺莫辰，有淚雙泫。誰謂君亡，視之若存。清風凜然，施及後昆。烏傷之西，谿石如斛。石或可磨，君名不没。

故寧國路推官劉君墓誌銘

君諱畊孫，字存吾，姓劉氏。其先世居永新，至宋丞相楚國公沆始顯。楚公三世孫相始遷衡之茶陵。相生某，某生文祥，文祥生思允，思允生邵，邵生養正，與須溪劉辰翁友，日以詩道爲倡酬。養正生慤，承事郎、武岡路總管府經歷，君之父也。君家貧，日督耕，夜然松爲明，挾册呻吟達曙，遂通五經百家言。

年三十，中天曆庚午進士第，授承事郎、桂陽路臨武縣尹。臨武俗近蠻獠，豪民持縣短長者四十有五家，縣令長初至，輒以利啗之，指使如家奴。皆憚君，摇手相戒不敢出。縣土不産茶，而官征其利，始額不過錢二百五十緡，漸加至十倍，民不堪命，君上其事罷之。鄰邑藍山群獠大肆攻掠，府遣使者諭降，獠迎使者馬首曰：「儂苦縣官虐，故爲亂；使得如劉臨武者撫儂，儂即安矣。」調建德路總管府推官，丁母段夫人憂。再轉徽州。時經歷府君之官武岡，至衡而疾作，君棄官侍左右。未幾，府君卒，君載柩以歸，每遇風濤怒張，即撫棺哀號，風輒息。距家五十里曰雲陽山，河水秋涸，舟膠焉。君泣禱河神，夜水陰起五尺，柩至家，水涸如故。

服除，改瑞州，騎驢赴官，人不識其爲君。高安縣小隸徼民錢弗得，及誣民毆之，獄已具。君捽隸問狀，隸吐實，君執法笞之。府判官雖欲宥隸，弗能奪也。民有獨居者，或偵其出，夜入其室，然燈照其物，悉取以去。縣當以劇盜，法當斬，君原其情，杖遣之。憲府因知君，凡獄有疑者，移君讞之。臨江民陳松使酒與東家奴鬬，陳歸，中暍，夜卒。陳婦誣奴死其夫。君訊之，婦服其誣。新昌由丙妻與惡少年通，竊逃至番禺，生子矣。由往訴官取之。少年復相躡歸，將殺由。他男子與少年仇，嗾由曰：「少年將殺汝，盍先圖諸？」男子夜持刃約由，伺少年出，手刺之。州若府俱以謀故論，君謂：「男子死固當，由妻與少年姦番禺，嘗有官書可驗，由殺有罪，惡得與男子同？」由得免死。

宜春李氏子兄没，寡嫂利其多貲，弗嫁，時往父家爲姦私。李慚逆以歸，途中遇疾，寢劇，及抵家，李亟作食食之，已而卒。父揚言食中有毒，李素懦，以貲謝父。父指貲爲左驗，言於官，李竟誣伏。鞫連逮者，咸曰：「吏持成案至，但逼書名爾，他弗能知也。」復引嫂媵婢問故，其對如父言。君問：「食有餘否？」婦人終不善許，對曰：「食且半，妾與老嫗分食之。」君抵几曰：「脱使食有毒，嫗輩何以得不死？」父知情得，遽投繯而絶。李罪遂釋。

政成而歸，方思飲水著書以自樂。至正辛卯，蘄黄妖寇陷武昌。君傾貲募義兵，築龍須壘，周圍可十里，民扶老幼來依者數萬人。寇來掠茶陵，君帥衆持戈矛助官軍逐之。復改宣州，階至儒林郎。時水潦爲災，飢民訴者日以千計。君召豪右出粟，而官與其直，選廉吏均賦之。且脩城浚濠，令民之就役者聽。活者數萬。

乙未，廬州潰兵爲亂，夏六月，相率攻寧國縣。江東憲府治宣州，而寧國爲其屬邑。廉訪使十八沙知君賢，説以悍禦之策。太平即丞禾攘引寇焚南陵，南陵民羅春擒之。十八沙以其國族，顧忌未決，君勸斬以徇。寇復據水陽者三日，水陽民張中帥勇敢士夜襲之，縛其凶渠十人來獻捷。下憲幕府議，幕府銜張不賄己，指張爲間諜，將白戮之。君抗言曰：「民執寇至，賞之猶恐不勸，況殺之乎？吾爲執法吏，不敢奉令。」卒如君言。軍士利賞格，每縛平民，衣以赭衣，詣轅門。君解縛縱之，亡慮千百。俄寇勢愈熾，君謂子頙曰：「吾委質爲臣，誓與此城同死生。汝宜急去，以存宗祀。」頙去。未幾，浙省參知政事吉尼哥兒統兵來援。守兵久憊，❶恃援至，酣寢。夜四鼓，寇引衆緣堞而上，❷城陷焉。君猶勒兵巷戰，不勝，遂被害，時八月丙寅也。

君弟壽孫，常寧州學正。湖南陷，常寧守臣棄城遁。壽孫攝州事，死之。子碩，江夏魯湖大使，與君起兵援茶陵，與寇大戰，亦死之。人以爲君家教所致云。君嘗四除推官，治獄無冤民。嘗自誦曰：「刑爲天刑，法爲王法。死生輕重，當推以情。使其人故殺，吾不敢生之，爲枉於死者也；設其人過誤，吾不敢死之，爲枉於生者也。不然，則是執法者同殺之也。執法而枉殺人，

❶「憊」，原作「備」，今據黄譽本改。
❷「堞」，原作「堞」，今據黄譽本改。

尚何國法之掌乎？」世稱爲名言。嗚呼！吾儒之效不顯乎世久矣。有若君者，事親則爲孝子，治獄則爲良吏，臨患難則爲忠臣。君子得其一猶足以揚名天下後世，況君兼之者乎！君娶某氏，子二人，即碩、頲也。壽六十，葬某山之原。銘曰：

養之固，發之純。氣不讋，名益振。千載下，徵斯文。❶

大明浦江翼右副元帥蔣公墓誌銘

君生於元之大德戊戌十二月丁丑，❷以明洪武二年己酉十有二月乙亥卒於家，壽七十二，卜是月乙酉葬於通化鄉長富之原。其子琫奉里人陳汭所爲狀來謁銘，乃叙其世次與出處之大方而系之曰：

君姓蔣諱鏞，字可大。其先湖之安吉人，唐末自始祖守善來遷於婺之浦江。其子德邵顯爲洪、撫、交三州刺史，皆有德於民。自宋南渡，有諱廷俊者宣教郎，君之七世祖也，有子五人，俱登仕版，鄉人榮之。君之曾大父吉，京學登俊齋論。大父自祐，早世不顯。父穎，有潛德，以行義服鄉里。

君自少長，豪縱不羈，喜結賓客。嘗慷慨曰：「大丈夫不能致君於朝廷之上，則當封侯於萬里外；否則睦宗族，安鄉里，稱爲良善人，亦足矣。」時人未之許也。及元之季也，天下兵動且二十年，而吾邦聯貫閩浙，山川相繆，烽燹之焰燭於天，所至焚蕩爲墟，屠戮居民殆無噍類。方是時，君以七子有奮身之勇，與鄉人保聚嵩山，境內怙

❶「徵」，原作「微」，今據黄譽本改。
❷「十二」，韓本作「一」。

之。老幼妻孥，煦嫗相養，居室雞犬無恙如平時。游卒抄虜，相戒引去不敢犯，曰：「嵩山有蔣君。」蓋其畏憚有如此者。

及值聖朝廓清海宇，天子躬擐甲胄親征，南抵於蘭谿，即以檄召君。及詣轅門，天子勞問洽至，愛其才，厚賞之，惜其年曰：「卿老矣。」大將樞密院僉院胡公薦之，俾逐突寇常昌軍於義烏。君率義兵數萬人大破之，殲其渠帥，梟首及獲俘馘以獻。上嘉之，與之符章，爲浦江翼右副元帥，攝分閫事以治浦江，軍肅民安。明年，樞密院總其事，伐越得諸暨，又命移鎮諸暨，與樞密院判官爲裨將。又明年，君以老告，胡公爲請於朝，以職授其子珹。

君既歸，遂休養田廬，與鄉人父老還往里閈間，恂恂若無能言者。故感戴之曰：「是有德於我者。」及是又十年，竟以微疾談笑而卒，非豪傑士哉！娶郡城陳氏，有子七人：璋、琮、瑛、瑀、珹、琈、理，皆有室。女一人：璉，適蘭谿陳寧道。孫男一十八人。銘曰：

桓桓蔣公，萬夫之雄。壯年有志，嗇而未逢。真人開天，龍飛雲從。進而知退，不居其功。佚老鄉邦，克永令終。長富新阡，山氣鬱葱。千歲而下，人曰是爲蔣君之宫。

玉龍千户所管民司長官樓君墓誌銘

嗚呼！吾彥珍其止於斯矣乎？初，余年十九，負笈入婺城之南，受經説於聞人先生，會彥珍亦從烏傷來卒業。余家抵彥珍所居僅半舍，不能一識，至是始及見之，歡如平生。彥珍少余四歲，肌膚若玉雪，服飾鮮潔，容止閒雅，一何貴介公子也！

居三年，聞浦陽淵潁吳公闈教諸暨之白門，余復裹糧相從。彥珍知之，騎驢躡余後。越五月，即還。彥珍自是家居，余旦讀未見之書於浦陽僊華山，往與還皆經彥珍門。彥珍聞余來，雖夜至一鼓，亦必秉燭起迎，釀酒澆我，軟語不能休。余因就寢席，彥珍則卧余榻側，不解衣，至明方興。及別，送余五里外，訕侮謔笑，無所不至。將行，又復盤旋，若不能遽捨者。時彥珍年方盛壯，論議天下事，若可俯拾，故皆曠闊而疏略，不事窘束，又何跅弛奇才也！

已而走燕都，用太師德王之薦，授澧州管領拔都民户總管府玉龍千户所管民司長官。道里既遠，風土嗜好迥然殊，彥珍在官多悒悒不樂。歎曰：「人生貴適意爾，何至束縛馳驟如馬牛然？」未幾，解印綬而歸。不問賓朋有無，無日不霑醉，醉輒大笑，世聞事類不足以污之。至正中，天下大亂，官政苛急如束濕。彥珍益不自憀賴，大放於酒，晨興未盥漱，即以壺觴自隨，白眼望天，痛飲達暮，唯恐壺口之竭也。家事且日落，彥珍視貲財愈不自愛惜。或勸何不少爲子孫謀，彥珍曰：「吾遭時孔艱，托麴蘖以爲昏冥之逃耳。君以不念子孫爲責，不亦大惑歟？」又何曠達之良士也！

乙巳春，予自左史乞骸骨還山中，特扶短笻過彥珍，彥珍首不暇冠，急趨前執予手曰：「君來歸耶？且留連四二日，勿遽舍我去。」指所乘青驢曰：「將宰以啖君。池中有大鯉魚，長可三尺，取以爲侑君。雖不飲，視吾引滿，亦必爲之暢然。」予不能從。後一月，有客叩門甚急，使蒼頭詢其姓名，大聲呼曰：「汝第言舊日同舍生爾，何必問其爲誰耶？」予亟出迎，彥珍已據牀危坐，問予曰：「予渴甚，汝何處可得美醖？」時方嚴酤禁，予不敢答。彥珍攬予髯曰：「子誠俗士耶？」會日莫，不得已止宿，雞第一號即馳去。

自時厥後，聞彥珍爲酒所蝕，形貌尩瘠甚。未幾，竟死焉。臨殁，精神耿耿不亂也。嗚呼！吾彥珍其止於斯矣乎？訃至，予不覺失聲慟。會朝廷纂脩《元史》，起予爲總裁官，倉忙就道，不及執紼以視彥珍之葬。輒往酹柩前，追思生平之驩，而話言歷歷在耳，形容則不可復覩矣。嗚呼！吾彥珍其止於斯矣乎？

彥珍諱士賓，彥珍其字也，姓樓氏。世居婺之義烏。曾祖彗，祖紹翁，父如浚，妣王氏。彥珍幼孝於親，母夫人抱疢，煅祖劑以進，累數月目不夜瞑。長從名師友游，發爲聲詩，皆清雅可傳誦。家素饒於財，姻友或至寒餒，肥馬輕裘與之，無吝色。娶同邑金氏，宋知雷州士龍之曾孫女也，内政脩舉，無愧於婦道。子男子四：鋭、鉞、鍾、鍔。鉞、鍾先卒。子女子一，適浦江義門鄭棫。孫男二：淙、漸。某年月日生，某年月日卒，享年五十有六。以某年月日葬於某鄉某山之原。嗚呼！吾彥珍其止於斯矣乎？銘曰：

嗚呼彥珍，死於酒耶？不酒而死，世何多耶？嗚呼彥珍，醉而醒耶？高視陋俗，醒其醉耶？被溺於聲利，心勦形瘵而無一隙之適者，方吾彥珍，又何如耶？嗚呼彥珍，孰謂非曠達之士！

薛府君墓誌銘

松陽薛益來浦陽江濱，以鄉貢進士朱

公遷狀謁予銘其先府君墓。會浙東亂，予隱去巖穴，不能成篇牘。後十年，予游江表，益復來申前請，辭甚悽苦，予因爲之序曰：

薛爲永嘉巨族，宋南渡後有大儒生其間，學術論議與閩、潭抗衡，人以東甌學名之。松陽之薛，實與同宗。其諱堯章者，自永嘉來知處州，遂家松陽。松陽，處屬邑也。堯章之玄孫、某軍節度掌書記南，通《春秋》學，獨信遺經而不惑於傳注，嘗著《微意發端》一篇，謂《春秋》正名之書，諸儒以一字爲褒貶者皆非也。論者韙之。南之子沿江制置司幹辦公事殊行，直宋改物，泫然有古今之感，賦詩見志，終身不仕。殊行生雅山處士必慶，則府君之父也。

初，處士娶項氏無子，繼娶劉氏生府君。已而，處士與劉氏相繼亡。項氏性恪嚴，馭府君如束濕，髮雖頒白，不能免譴訶。他人無以堪，府君惴惴懷畏，不敢失尺寸，唯其所命，輒將迎之。項氏酷嗜浮屠法，欲割家之半以事施與，府君欣然從之，不翅若自己發者。項氏不茹葷肉，凡獲甘實疏材，必畜之，謂妻子曰：「爾等毋嘗之，吾將奉吾母也。」或遇歲時，陳觴豆爲壽，帥子婦羅拜庭下。項氏因大感悟，喜見顏面，且曰：「吾數之奇，不能爲薛氏生子，念歿後魂氣無所托，或爲餒鬼，每出涕不能禁。今汝夫婦善事我若此，即死目亦瞑。」及項氏卒，府君居喪盡禮。然素不惑佛氏之説，以項氏之志不忍違，竭力飯僧。人憐其孝而不議其非。府君幼喪父，及長始畢葬事，哀號擗踊如新喪時。常以不逮事爲恨，築菴廬塚側，遇諱日，則衰絰往陳饋奠，歆泣而返，終其身不衰。

府君治家有法，内外嚴肅，叱咤之聲不及奴隸。自念累葉以儒術振，不屑爲廢舉及刑名家學，以詩書訓子孫，親自程督而不少懈。性簡澹，不妄與人交，人召之讌樂則辭；遇賢士大夫共觴咏山水間，酣嬉淋漓，唯恐日之夕也。至正癸未，室災，府君無幾微見於顔面。或來唁之，則曰：「是有數焉，可無憾。所憾者，先人手澤自予而不存耳。」已而作室如初。後二年乙酉五月四日卒，壽六十有三。又三年戊子十有二月二十三日，葬於北郭之原處士墓左。

府君諱溶，字平川，姓薛氏，晚自號曰桂軒。先配項氏，生二女；後配陳氏，生益、莊。益通毛、鄭《詩》，尤工古文辭，爲時名儒，即來請銘者。二女歸項鏐、葉寧道。孫五：圭、堅、增、損、坤；女一，尚幼。

昔西河王延性至孝，其母卜氏以延非己出，遇之過嚴，延小心翼慎，卒能獲其驩心。當時史臣嘉延之行，列諸《孝友傳》中。今府君之事與延頗相類，州縣不以名通朝廷，使之得立傳如延。則序而銘之，以詔後裔者，庸非君子之責乎？銘曰：

道貫三靈，功包萬象，孝之德兮。聖有明訓，天經地義，著民極兮。建善致順，以昭淳風，爲邦式兮。有碩者宗，奕葉能孝，行淵塞兮。府君紹之，畏於無形，益加飭兮。事涉至難，百爾順巽，莫之拂兮。易嚴爲愛，母子衎若，保終吉兮。天久乃定，其機自旋，非知力兮。北郭之原，太史列銘，勒堅石兮。粲粲將將，千載之下，如白日兮。

張府君墓誌銘

無錫有卓偉倜儻之士，曰張君飛卿，身

長七尺，面如頳玉盤，雙瞳炯炯照人，鬚鬣奮張，見者爲之改容。然氣岸孤騫，不同一世側媚士，❶雖當時貴人，言不循理，必面折不少貸。或譏君疾惡太甚，君曰：「天生我口，所以出言也，當言而反訥，惡用口爲？」元之季世，僞吳張士誠據姑蘇，而無錫相繼陷，髡黥盜販之徒，首纏絳帕，手執戈矛，巡門嘯呼，民情洶洶，恐旦暮有屠戮之慘。君曰：「避寇路絶，奈何？」捉筆大書邵堯夫《聽天吟》於屏曰：「上天生我，上天死我。一聽於天，有何不可？」鄰曲來問計者，君不答，指以示之。君子以爲知命。

吴元年丁未，皇明兵破姑蘇，太傅徐魏公縛士誠送京師，遣豫章侯胡公帥師圍無錫。吴將莫天祐，時號老虎，猶欲聚土孽固守。太傅再命使者諭降，天祐俱殺之。太傅怒，傳令胡公曰：「即不下，可屠其城。」君知事急，率二三老父往見天祐，揚言曰：「吾民不見天日十二年，張氏已就縛，縱負固自守，將誰爲？況未必能守耶！天兵如雷如霆，膺之者無不虀粉，一城生聚死生定在今夕。願熟慮之。」天祐沈思良久，擲帽於地曰：「誠如君言。」君乃縋南城而下，❷走謁胡公。胡公問所以來之故，君進曰：「無錫乃良民，❸安敢自外聲教？不幸居割據之中，只尺雖近，奚翅千里之遠，耳目塗塞，若罔聞知。明公奉揚天威，頓兵城下，勢若泰山壓卵，孰敢不懼？今不避萬死，特爲生民請命。惟明公加察焉。」胡公覩君氣貌非常，言辭復慷慨，喜曰：「君誠

❶「同」，文粹本作「可」。
❷「而」，原脱，今據文粹本補。
❸「乃」，文粹本作「亦」。

福人哉！城不受兵宜也。」遂命君還。君叩城門呼曰：「亟開，吾事濟矣。」閽吏啓關而入，天祐出降，所活數十萬人。胡公去，民爭聯帛爲帳，賦詩詞餞之。君皆爲作行草書，鳳舞鸞翔，人以爲不可及。

初，君贅女氏沈福家，沈賢而無子，君養其夫婦終身。而尤篤孝二親，敦愛昆弟，田宅悉讓與之弗問。君有志事功，當路忌其峭直，不敢薦。其大父居仁尤負氣不羈。元至元中，江南皆附，有官福王府者，以賣降授官，出入騶從甚都。會夜歸，居仁適前行，隸卒屢呵止之，居仁張目叱曰：「斫頭賊，斫頭賊，既賣爾主矣，尚敢爾耶？」反足蹴碎紗燈籠。官恚甚，執送縣令，欲斃於獄。縣令命吐辭款，驚曰：「此奇男子也。」不敢釋之。父顯有先人風，隱居教授，非類不敢近。或者謂君之抱負，濡染家庭爲多。

君嗜學不倦，酷愛孟軻氏養氣之説，反覆爲諸子誦之。援毫爲聲詩，須臾成章，皆有可觀，而未嘗存稾。生二子：長籌，温潤如玉，博學工古文，至正末，連中鄉貢進士舉，入於國朝，用薦者應奉翰林文字，累官禮部尚書；次所安。女一，歸馮輔。孫二：訥與訦也。君諱翼，飛卿其字。卒於洪武二年四月二十七日，壽六十九。以某月日，葬惠山西南張山之原。

嗚呼！傳有之：「活千人者，其後必封。」君以剛明正直之才，雖不爲時用，片言之間，活數十萬生靈之命，陰功在人者甚夥，宜其嗣人位司喉舌而秩聯六卿也。天之施報，豈惟是哉！馳封所及，澤漏九泉，不至於公侯，吾未見其止也。銘曰：

君子之學，養氣爲先。氣之浩然，其直如弦。有若張君，剛烈之姿。嫉惡如仇，白眼望之。曷以致斯？訓自祖父。彼賁降者，叱之如鼠。干戈繽紛，孰不褫魂？死生聽之，謂有命存。十萬雄師，自天而墮。泰山壓卵，城無不破。何哉老羆，猶欲跳踉。大言讋之，俾出就降。乃縋南城，乃謁轅門。爲民請命，如救溺焚。片辭之間，竭盡始終。漫漫殺氣，變爲春融。昔焉嗸嗸，懼爲白骨；今也嘻嘻，冠衣有秩。活我者誰？咸言君功。告厥子孫，以傳無窮。天道可徵，君有賢嗣。朱衣金魚，出入禁御。惠山之陽，張山之原。有蔚者阡，英風肅然。

唐思誠墓銘

嗚呼！吾思誠其死矣乎？吾婺稱東南文獻之邦，十數年來，故材已霣而新秀未茁，所以承前而引後者當有其人，而思誠其可死矣乎？嗚呼！

初，濂年十九，時束書游城南，識思誠於玄暢樓上。思誠長濂僅三歲，濂見其斂容端坐，辨嚴光、陶潛優劣，歷舉傳中語而以義裁之，袞袞五千餘言。濂雖慕之，意思誠或致力於斯，故知之爲獨詳，他固不能皆然也。

自是以來，日與思誠親，當風氣曣嗢，賓客滿坐，或觸其談鋒，而思誠岸幘傾吐，愈詰難愈見不可窮。有來求詩若文者，肆筆而成，不事塗竄，如春雨方滋，宿蘤雜芳不擇地而發。思誠未始有自矜意，且曰：「文以達吾言，何以工爲？」濂益慕之，然猶謂思誠信奇士，世之敏洽者將能之，而未知其充積於己者果何如也？

後五年，濂從淵穎吳公游越，而思誠以

廉訪副使暢公之聘，講授淮陰。思誠搜剔經髓，意融而言隨之，聞者争聽，户外之屨常滿。一時寓卿若辨章左公、翰林承旨張公、參知政事韓公，皆忘其勢，與思誠交，聲華張甚。及思誠自淮陰還，會濂客錢唐上，思誠竭蹷來訪。濂欣甚，出醇酎與思誠飲，爇火夜宿，相與辨諸子是非凡九十種餘，及僻隱緯候之書又數十家。濂時血氣未衰，尚能記憶，思誠各歷舉疑以問，濂頗歷誦其文而對。思誠抵掌於几曰：「君之精博一至此乎？吾每見君言吶然不能出諸口，又何善自閟藏而文采不露乎？吾之彊記不下於君，第恨無書可誦。陳氏《書録》之所記者，吾唯能了其三之二耳。」濂聞思誠言，遂以所疑者反質於思誠，思誠答之如撞巨鐘，隨叩隨應。嗚呼！自科舉之習行，爲士者趨辨目前，一遇有問，舌拄齶不得發，孰有髣髴如思誠者乎？而思誠方恥以自名，又曰：「吾學不徒博。徒博，陸澄之書廚爾，吾則藉之以窮理而施諸事也。」濂極慕之，始知思誠之學期明體以達用，而非獵襲以給談辨者也。

後十年，濂既歸隱小龍門山，飲水著書，以樂先王之道，不復與世接。而思誠用部使者之薦，擢金華縣教諭，丁外艱，不赴。再遷衢州路學録，亦未及上。忽創發下體，大熱如蒸焚，已而增劇，遂卒。時至正丁酉八月十七日也。濂方避兵句無山南，思誠之没不及知。暨知之，而思誠之骨已入土久矣。濂奔走西東，弗能絜酒一酹墓下。思誠之弟懷敬奉門人徐孳狀以墓銘爲請。嗚呼！濂其尚忍銘思誠乎？

思誠幼而穎悟，未就師傅，已略能誦詩。既長，受業於文懿許公，不出户者十有餘年。而所造極深，六經百家之説無不究之，雖名物度數之微，亦皆訂覈其同異。大抵其學以濂、洛諸儒爲宗，故粹然一出於正。武威余公持節海右，深慕思誠之學，特傾下之。余公善大篆，或請書楊雄《九州箴》者，余公不知所出，思誠曰：「此載在《古文苑》。」即援筆寫之，後覆以其書，不差一辭，余公爲之驚服。思誠天性孝友，處己接物簡易平直，無矯情之行。自幼至老劬書不厭。善字學，得虞伯施之法。嘗手録諸家異書亡慮數百卷。又凡所讀之書，輒撮其諸凡而附之以論辨，名曰《破萬總録》一千卷。外有《六經問對》若干卷，《鉤玄集》若干卷，《書學指南》若干卷，《存齋雜稿》若干卷，皆藏於家。

思誠諱懷德，思誠其字也，姓唐氏。唐爲金華著姓，宋南渡後擢進士第者十有七人，其與鄉貢舍選及曹試童子科者莫可勝數。而傑然出乎其間者，世稱説齋先生。先生諱仲友，天分絶人，書經目輒成誦，遂以學行名天下。由紹興甲戌進士中博學宏詞科，召試館職，累遷著作郎，迭守名藩，更秉使節，終官朝議大夫。思誠，先生七世從孫也。人竊意思誠問學之富，似無忝於先生，君子之澤其未艾也，當於思誠乎徵之。孰知一文學掾之禄有不能食，況望如先生烜著於時乎？此濂反覆嗟悼而不能自已者也。

雖然，先生之名，其垂之於今者，以學不以位也。位勢之隆，可行志於一時；學術之殷，則遺芳於千載。今思誠雖死於困窮，而其所著書具存，其不與形俱亡者，固自若也。惡知後之人不以稱先生者稱思誠乎？濂又何悼焉！姑歴序相知之次第以告世之知思誠者。

思誠曾祖欽，祖津，父琰孫，皆不與仕籍。卒年五十有一。娶金氏，五丈夫子：升、賁、晉、恒、震。女二，申戍、汪道演，其婿也。孫男三：道堅、無逸、梓材。墓在縣北婺女鄉之陽岡。以其年十月某日葬。銘曰：

孰爲嶢嶢，而不昭昭？孰爲詵詵，乃復焞焞？二氣糺紛，莫知其門。有遺者文，爗乎霞氛，訇乎霆奔。不泐以堙，不軋以髡，後千百齡其永存。

故裕軒先生墓碣銘 并序

烏傷之赤岸有望宗曰朱氏，出於漢槐里令雲。槐里七世孫晉臨海太守汎，實自平陵來遷。臨海之孫東陽太守恒，東陽之孫金威將軍禮，亦皆仕於晉。至金威之曾孫幼始事齊，歷守高辛、平昌、淮陽三郡，轉揚州刺史。揚州十四世孫某，有四丈夫子，生十八孫，知其後必蕃，而患無以爲之徵，周廣順間，迺治鐵作羅漢像，人授其一，俾散居州境中，若今赤岸則其一族也。七傳至三府君良佑，益以建善惇業繼其宗。府君生宋鄉貢進士中。鄉貢生元贈朝列大夫、同知台州路總管府事、騎都尉，❶追封沛郡伯杓。沛郡之子則朝列大夫、婺州路總管府治中致仕叔麒也。初，縣之先達徐文清公受業於新安朱文公，而鄉貢君乃文清之高第弟子。三世父子遞相傳授，辨析名理，密於牛毛。治中君兼以文辭馳騁於

❶「事騎都尉」至「總管府」二十五字，原脱，今據黃譽本補。

當時，人讀之者，若窺古鼎鍾雲雷之文，不覺改容易視。

公諱同善，字性與，沛郡君之孫，治中君之子也。賦質迥拔，日涵濡過庭之訓，學識所至，如春芽怒長，月異而歲不同，宿學之士皆讓莫敢與爲敵。時鄉先正文懿許公講道東陽八華山，復執經往從焉。文懿之學，上承文公五傳之緒，味道之腴，尤爲饜飫。公質其異同，統宗會元，凡天人性命之本、禮樂刑政之原、古今治亂得失之迹，莫不洞該而參貫。建其所自得，神融心悟，不翅酣飲上尊而行吟春風之中也。

會科目法行，有司强起公，以應書不合，輒棄去。遂倣太史遷爲汗漫游，涉大江，泝黄河，東歷齊魯之郊，北抵燕薊。所過古遺跡，必徘徊瞻慕而不忍去。或發爲嘯歌，扣轅爲節以和之。暨至京師，諸公貴人争相邀致，而越王聘之益力，遂授經於其府中。久之，思南歸。同邑黄文獻公時爲國子博士，留之，不可，檄公補廣東憲府掾，弗赴。僉宣徽院事濟南韓公尤器公之才行，辟爲兩淮屯府幕屬，赴官未數月，復謝去。

還隱丹溪之濱，遠近生徒嚮風奔附，户外之屨常滿。公隨其齊量，左右翕張，各使之充足而去。既老，涵養之功愈密，四體不待羈而自協。清明在躬，播爲大和，薰蒸所及，物無悖戾。迨將終也，絶無怛化之意，咏詩二章，夷然而逝。春秋六十九，實乙巳歲春二月三十日也。夏四月九日，遂窆於鳳林山原，禮也。

公篤於倫品，事親、從兄、撫姻族、接僚友，皆可以無愧。晚復繕治諸冢舍，而刻家乘成書以傳。然其局度凝恪，處事寬舒，而自然中於肯綮，略無窘澀之態。學者因稱之爲「裕軒先生」云。

娶卜氏，先二十九年卒。或勸公更娶，公笑而不言。蕭然一榻，人不能堪，公安之。教二子世濂、世沅爲佳士。世濂問學蔚茂，文談燁燁起東南間，以薦者授釣臺書院山長。女文楣，適前承務郎、温州路總管府經歷浦陽鄭泳，亦以文學鳴。歲時來會，公坐堂上，子若婿旁侍，問答經義，金春玉應，聽者欣欣忘倦，君子歆豔之。孫棟，亦嶄然見頭角；某，在幼。

先，治中君群從兄弟宋季以進士起家者八人，聲名文物見重於一時。議者以公所蘊方之，蓋甚無忝者。顧獨潛處而弗耀，咸嘖嘖痛惜不少置。殊不知世都重位，天也；而身載明德，亦天也。位能澤物，固顯矣；德則可以淑人心，可以善來學，庸非顯之尤者耶？天之於公厚矣，仕不仕不足爲公憾。濂游公之翁季間者久，何敢讓知。世濂以墓文爲屬，乃序次而銘焉。銘曰：

大道磔裂，士習汙只。尋聲接迹，曲且紆只。考亭之學，闢九衢只。前徐後許，直以趨只。機籥啓祕，皦不誣只。日月行天，耀經畬只。誰其繼者？丹溪有朱只。重徽疊照，契德符只。公生其後，類神駒只。振迅千里，流電徂只。視彼蹇乘，徒崎嶇只。終日不越，州與閭只。揚颿大江，涉青徐只。泰山高峙，河流殊只。玄化紛縕，塞八區只。仰觀俯察，理則孚只。歸來故居，恒著書只。直自關洛，窺泗沂只。下視利禄，乃其粗只。少微星隕，人嘆吁只。著辭較德，勒碱砆只。白石可泐，其名弗渝只。

宋文憲公全集卷四十九終

宋文憲公全集卷五十

故務光先生張公墓碣銘

公諱明卿，字子晦，姓張氏。其先出於晉公族解張，因其字張侯，故後人以字爲氏。譜家謂軒轅之裔爲弓正，而賜姓爲張者，殆非也。子孫家於臨濮，世有聞人，至宋龍圖閣直學士燾，位望尤顯。元豐中退居於洛，時年七十，同太尉文潞公、司徒富鄭公爲耆英之會，洛中相傳以爲盛事。龍圖之弟正議大夫燁，建炎初扈蹕南渡，遂爲天台人。燁生武節大夫埏，埏生竹山尉鉅，鉅生某官⿰氵惢，❶⿰氵惢生某官述，述生某官伯熾。雖三世仕不甚顯，而皆與有禄食。伯熾生菜。❷菜生莘夫，字某，隱約田里間，能以詩書自振。逮入元朝，用薦者爲鄉郡儒學正，則公之父也。

公始成童而學正君卒，即知家學是荷，朝磨夕淬，期以自立。弦齋林氏、素心邵氏，皆鄉先生行，公執經往從之，反覆詰難，愈出愈新。二氏方毅靳推與，咸曰：「張氏有子矣。」至大間，有詔求直言，公慨然爲《政事書》一卷，將渡大江、凌黄河以獻於朝，既而歎曰：「吾爲生民計耳。不知我者，其以爲干禄乎？盍止之！」於是南還而教授里中，終日儼坐，不窺户庭。鄉之人士，至有父子執經於門者。傍縣慕其爲人，

---

❶「⿰氵惢」，黄譽本作「⿰木丏」，下同。

❷「菜」，黄譽本作「萊」，下同。

聘致爲子弟師，公亦不辭。然天性嚴重，有挾貴而驕，及習鄙褻事者，公叱之；或不能悛，輒令束書以歸。人曰：「先生不已甚乎？」公曰：「我之道蓋如是也。」鄧文肅公嘗受業於學正君，及爲廉訪使者，屢遣使致書起公，公謝不往。

公好施與，會銅錢法廢，有人行哭甚哀，公問之，則曰：「父喪在淺土，吾銖兩而積，得錢若干，欲藉之以襄事，今不用，奈何？」公曰：「爾勿憂也。」出楮幣八十緡易之，不問其姓名而去。甲寅歲惡，道殣相望，公歲暮自黄巖還，逢飢者輒予錢，至家則其囊枵枵空矣，公恬然不以爲意。唯見官政有病於民，每憤形於色，走公府具白之。雖不見聽，士君子稱焉。

生平不嗜榮名，築幽齋於智山，列圖書左右。又甃石爲山，蒔花藝竹。遇嘉賓之至，抵掌劇談，釃酒賦詩。望之者猶世外人，纖毫塵土蓋不足涴也。作爲文章，珠貫玉聯，有臺閣之風；時游戲翰墨，筆法穠逸可玩；兼善畫竹石，韻度清洒，頗近文湖州。此皆公之餘事。至論其學術，則一以考亭朱子爲宗，毫分縷析，洞見其肯綮。著之事爲，不易心於賤貧，不屈節於名勢，綽然能任人師之重。是以登其門者，皆彬彬雅飭，諒而不頗。其兄聖卿識見敻異，以辭章自豪，雖與公友恭無閒，獨於論辨稍不相合，必面頸發赤，不明不措。公長身疏鬛，衣冠整嚴，昂然如出林之鶴，見者畏而愛之。因公所自號「務光」而稱之爲「務光先生」云。其所著有《言志稾》四卷，《六藝編》六卷，《存養録》十二卷，《尚友編》五卷，《世運略》八卷，《家傳》一卷，《政事書》一卷，皆藏於家。

公娶謝氏，後公若干年卒。子男四人：曰公昌，大寧路儒學正；曰公顯，滁州儒學正，博學而能文辭；曰公福；曰公艮。女三人，皆適宦族，王良佐、王環、趙永，其壻也。公壽五十有四，至順壬申七月某甲子，卒之日也。公卒時，諸孤尚幼，逮至正某甲子十月某甲子，始克奉二柩合窆於臨海磧領之原。既已成禮，公顯乃奉公同門友於君演之狀來乞銘。

予聞天台爲靈越奥區，所謂金庭玉室、璚樓瓊臺咸在焉，故其下多清脩隱居之士，若任次龍、庾子真是已。九原莫作，有如公者，其殆任、庾之流亞歟？雖然，彼長往山林，邈人世如秕糠，視公著書立言，以衣被於來世者，又爲何如也？孰得孰失，必有能辨之者。銘曰：

既有以麗之，曷從而蔽之？既有以致之，曷從而避之？胡熙辰之遘，而大耋是遺？詘伸雖人，顯晦則時。乃浚洛伊，乃達泗沂，乃牖夫民彝。磧嶺崔嵬，白石如脂。太史勒辭，尚知爲務光先生之碑。

故紹興路總管府治中金府君墓碣并序

濂來浦江，聞縣有先達之士金公，歷官多異政，時公没未久也。會邑令長請脩圖經，縣之人物，法當登載。文下七鄉徵其實，會公家有故，不以事來上，其詳無從知之。詢於大夫士，情之好惡不同，言又人人殊，不能聽。但略附公氏名他傳，至今以爲恨。後十有五年，公之子昌祖始具治行，踏門泣拜且謁銘。濂因得備序之揭諸墓上，且使續縣志者有采焉。

公諱德潤，字君澤，姓金氏。世家彭

城，五世祖碩德始遷婺之浦江。曾祖載。祖文興。父定，字正甫，雅好施貸，而不償則裂券棄之。以公貴，累贈奉議大夫、婺州路總管府治中、上騎都尉，追封大興縣子。程文憲公鉅夫爲銘其墓。妣吴氏，累贈大興縣君。

公少有大志，不屑事耕稼，視其手曰：「吾掌腴且厚如此，肯浮沈田閒乎？」年二十餘，遠游湖南，入憲府學書獄。客東廡下，中設木榻，旁鍑釜之屬，寢食於是，繙案牘於是，終日危坐，休沐未嘗出。時疏齋先生盧公摯爲部使者，每見人散後，唯公獨留，心録其勤，選爲潭州府史。公辭曰：「明公不以德潤爲不肖，俾吏於潭。然潭之户口踰五十萬，事必劇甚，非長才不足以任之。若區區者，得一閒曠之所稍讀律焉，則明公之賜也大矣。」盧公尤嘉之，如其請，移桂陽。

越三年，補湖南道憲府書吏。久之，遷湖北。贊使者，發姦伏，聲達湖廣。行中書辟理問所提控案牘，以年勞及格，授台州路録事判官，階將仕佐郎。豪卒質人珠，人贖焉，卒愛珠潔，意將乾没之，給曰：「汝何多忘，珠已歸汝矣，其可再乎？」人訟於官。公訊之，卒諱如初，因去卒巾跪於庭，使人持去謂卒妻曰：「汝夫令索珠，恐汝不信，特以此爲驗。」妻視之，果夫巾也，啓櫝還之。卒大慚服。薛記擊陳源死，薛行賕上下，以勢扼諸孤亟藁葬其屍，冤莫能伸。公白發之，歷二年，屍僵如生，抵薛於辟。

辟浙東道宣慰司令史，考滿，擢將仕郎、平江路總管府知事，未上。江南行御史臺辟令史，以病足辭。尋之官平江，轉承事郎、常州路宜興州判官。新學宮，築社稷壇壝，架長橋，民賴之。州多盜，公閲盜册，察其尤嚚狡者，釱左右趾，役於官。三年之閒，外户不閉。建文會以激攻科目者，文既集，請名進士第其高下，賞之有差。公去日，民爲立遺愛碑。

改承務郎、嘉興路總管府推官。屬歲大水，禾不登，道殣相望。其壯者謀曰：「吾儕等死耳，飽死可乎？」乃群詣富人貸粟，弗從，竟囊之而奔。諸聚落皆然。縣州坐以强奪，案且具。公原其情，悉傅以輕典，脱死者六百人。民感泣曰：「推官生我！推官生我！」拜而去。已而足疾寖劇，遂上疏乞骸骨，以奉議大夫、紹興路總管府治中致其事。

公爲人忠靖而慤勤，讀書至老不釋卷。當入吏時，操觚或不能成字，後解屬文詠詩，論議出入經史，蟬聯不少休。日以性褊躁，摭古之有容德者成類，各贊以詩，號曰《紀忍之書》，趙文敏公孟頫、虞文靖公集皆深有取焉。生平無他嗜好，視貨泉如土梗，唯愛聚書，多至七千卷。居家謹禮度，劇暑鑠金，不冠帶不見諸子。奉先恭甚，月旦十五日必帥家人謁拜先祠。下撫婣族有恩，嫁娶不足者助之；遇歲儉，割秩禄濟之。每思效范希文買義田爲經久計，有志不就。其涖官則清心寡欲，禄或不給，取貲於家以繼其用。惡豪强之蠹良弱，極力鋤剗，所至皆屏迹，人呼爲「健吏」云。

公娶王氏，累贈大興縣君。重配何氏，封大興縣君。子四人：長曰壽祖，以公廕授昌化尉；次即昌祖，通儒術，能紹家學者也；次曰紹祖；次曰光祖。壽祖、光祖皆相繼卒。女一人，歸姑蘇鄭善。孫九人：曰教化，曰不花，曰琺，曰琥，曰剛，曰忠，曰聰，曰滿，曰茅。孫女六人，其一適張輝，餘未行。年六十六，以至順四年二月十五日卒於家，十二月某日葬於後金之原。

嗚呼！公起於烝庶，不從貨取，不從權勢而致，不從奔競阿附而獲，直以累積勞烈，緜歷歲時而躋五品服。卒使澤加於民，聲流於時，榮號寵賁於先人，誠可謂難能者已。銘曰：

健翮維隼兮，寧不奮飛？捷足維驥兮，千里以馳。豈皁櫪之可淹兮，而緤鏦之足羈。吁嗟夫子兮，其類是爲。翩然高舉兮，物莫能翳之。命服斯皇兮，終易布韋。聲號赫赫兮，如飈四馳。雖宰木之已拱兮，芬烈匊而未除。揭徽行於隧道兮，尚來者之可期。

戴仲積墓誌銘

余之同門友戴叔能，有兄曰仲積君者，戴氏之良也。戴爲其鄉望族，子孫盛衍。君分卑年少，一旦學識出諸父右，而能敬讓自持，不矜不揚，商事確理，一族爲之聳聽。其待鄉黨，接賓客，不翕翕以附，亦不鄙嗇以自足。每有過從，輒列肴醴酒樂之，雖庖傳屢空弗顧也。然氣高性褊，不肯脂韋屈下人。彼或有挾以陵之，則必剖條辨要，求直於有司。人皆始而忌，終而敬且慕，不復吐一辭以犯。

母夫人病久不瘳，醫之知名者，君悉迎致，其藥餌之品多附子、靈砂之屬，錢動數萬計。君營治懃悴，而病益以增。後遇烏傷朱君彥脩，始知其藥之非。方圖改法，而母病不可爲。君痛迫於心，旦暮號泣，幾不能終喪。既而曰：「吾母不可復作，而他人之有親也，醫復持是殺之，其禍不亦慘乎？」乃悉取《素》、《難》、《靈樞》、《甲乙》、《太素》等書讀之，復奉幣彦脩以質其疑問，盡得金名醫劉完素、張從政、李杲三家之説。不數年來，隱名動吴越閒，有不遠數百里來迎者。君以脈證形色，定人死生，治不治輒先喻日期，後僂指徵之，百不失一二。至是益知母死之非命，寤寐脩省，怨悔内積。晝雖强顔與諸公接，夜則咨嗟涕洟，衾枕爲之盡濡。如是者十有餘年，遂至陰消陽勝而痿痱之證作矣，僅一載竟卒。

君自幼知讀書，喜作唐古體詩，工晉楷法。至於陰陽家卜宅相墓之術，亦往往精到。然最善於醫，故用是以名。

君諱士垚，其字仲積，婺浦江人。生於大德丁未八月十九日，卒於至正己丑十一月十三日，得年四十有三。其配曰劉，越諸暨人。君在不虧婦德，君歿誨子女有母道。後君十七年，年五十六而終。

劉將屬纊時，命其子思恭等曰：「汝父骨已朽，我即死，汝必穿父穴以合窆。然冢上之石不立，是汝掩父之德而并忽忘於我也。金華宋太史，汝仲父所與游，而有文者也。汝往求爲銘，則汝父與我皆可不朽矣。」於是思恭哭拜於門，授君行狀及劉之言告以請。余與君之季叔能交最久，故君之平生皆知之甚習，今思恭又能念父而致其母氏之言如此，敢不諾而銘諸？

君曾祖諱錫，祖諱濤，父諱暄。子男二人，長即思恭，次思温，皆業醫，成先志也。女一人，嫁諸暨倪道曾。孫男二人，曰宗儒，曰宗儼。墓在家北二里許全本之原。

其葬之時，則明年庚寅十二月丙午云。銘曰：

其行也孝，其志也仁。若可有施，而不一伸。維其靡羸，以尚其嗣人。

陶先生妻喻氏墓銘

嗚呼！是惟當塗陶夫人之墓。夫人馴德淑行，自幼出天性。父母異之曰：「是女也良，非凡子配也。」慎選久之，始嬪同郡陶先生安。姑徐氏方毅以禮束群下，不可越尺寸。雞始鳴，夫人往候起居，察顔色，薦羞，能獲姑心。姑病，皇皇不自寧，力苟可致，無弗及者。暨卒，先生適以使事留淮，夫人襄斂殯奠無違度。晝夜慟，幾至傷生，人稱爲孝婦。

先生沈涵道藝，以千載自期。夫人恐以家汩其志，凡内外政皆身服之，不以勤先生。先生之名聞於江南者，夫人有助焉。先生舉進士，州人士無少長咸賀，夫人不喜色。或怪之，夫人曰：「夫君所滋者德爾，名非所急也。」及爲校官，問道考德者接武而至，夫人則館之如未嘗貧。春秋之祀，盛服事滌濯，不役媵御；及祭，升降周還，精誠迫至，若欲見之。恒居不施丹鉛，不服金鈿、翡翠、綺繡物。後其家雖盛，夫人處之猶前貧時。女弟四，皆適閭右族。歲時來歸，各爲靡曼飾相夸漫。夫人唯御常服，充充無歉容。喻宗譁曰：「是祇專静嘉者也。諸婦今得師矣。」人稱爲令妻。

訓二子，動静必以學，稍涉豫怠，正色訶勵之。偶見奕器於匭，怒曰：「此牧猪奴戲耳，汝爲名家子，亦復爾耶？」畀之火。二子因惴慄自持，遂以學聞。人稱爲淑母。

先生將移家秣陵，夫人不忍獨其母，且虞有兵禍，力迎與俱。母以耄年辭，夫人泣曰：「世道方棘，唯高城深池可倚耳。」母從之。其族果及於難，人又服其有先識云。

夫人諱德常，字可貞，姓喻氏。喻爲當塗名門。曾祖某，祖某，父汝政，母梅氏。二子，則晟、昱也。孫一，墉。壽四十七，以某年月日卒。卒後十日，權厝江寧縣陶家山之原。

嗚呼！自先王之教不行，公卿大夫多凉德，以名勢相銜，以利禄相媒，頹波滔滔，日流而弗返，況所謂女婦乎？有如夫人群行之美，可爲女師，可爲女範，蓋於古而無愧者，又何可少也。昔劉向傳《列女》八篇，一事之善，唯恐泯没無傳。使夫人生丁其時，名有不著者耶？銘曰：

夫人之行柔且則。饋祀潔齊家政飭。補紐澣濯亦盡職。紛華弗御食儉德。內外順治夷以懌。栗而能剛類圭璧。群女從之視爲式。壽年不遐聞者惻。先生禄位日赫赩。玳首錦囊書五色。龍光當臨賁幽室。史氏作銘示罔極。

節婦朱夫人墓碣銘

節婦朱夫人，諱則中，鄱陽人。年十五，歸同里句容縣教諭劉斗鳳。生三子炳、煜、燮，一女旭貞，而劉亡，夫人年三十二。又二十四年乃終，壽五十六。

夫人自劉歿，悉屏脂澤弗御，益力家政。晨起坐堂上，更列傔媵於堂下，令之曰：「爾爲某。汝爲某。」晚各會其成，無爽期者。然樂於振急，遇歲儉及大雨雪，必散粟，雖疏材之細，亦多藝分給之。人有斗升之羅，主廪者慵於啓鑰，難之。夫人罵曰：「爾飽矣，豈知彼懸鍑待炊耶？」

歲壬辰，夫人家燬於兵，童御散盡。炳提義旅，隨大將軍上饒；燮又死於厲；旭貞適浮梁張子明；未幾，煜亦爲仇家所害。夫人閒關出萬死，獨抱炳子玉珊往依張。使玉珊衣垢弊服，雜蕘兒牧豎中。卒有急，令竄山澤，夫人身先之。每撫其頂泣曰：「我一家兵禍極矣。汝父存亡未可知，劉氏一宗，若髮懸弗墜者，賴汝在爾。奈何虎豹又窺伺未已耶？鬼神有知，得持汝以見汝父，我含笑入地矣。」言訖，衣袂盡濕。

後四年，炳從閒道回，見夫人，相與抱持哭，絶而復蘇。夫人指玉珊曰：「吾所以不死者，有此故爾。」炳因迎養新安，復還浮梁，竟以疾卒張舍，實某年月日也。以某月日葬縣東發京鄉之史源。銘曰：

史源之山，楊若曳旌。有歸者藏，太史是銘。過者式焉，知爲節婦之塋。

故章府君墓版文

章，府君姓也；遇孫，名也；宗覲，字也。浦城西村，康州刺史及自南安來遷也；今居龍泉，康州五世孫都官郎中重再遷也；又十一世至焕文，三遷縣西之錦川也。焕文生斯立，斯立生格，皆憯耀岩穴而善利覃於鄉邦，此府君曾祖、祖父也。

當唐之季，遠祖仔鈞受唐命，官至檢校太傅、西北面行營招討制置使，勳名著於一時。其妻越國夫人練氏，懿德陰暢，能全建州一城生聚。生子一十五人，其後多榮號登進士第者幾百人。若鄗國文簡公得象，以清忠致位台輔；若寶文閣待制衡，以文辭卓冠多士；若忠恪公誼，立朝論事，務存大體；若莊簡公楶，建功涇原，而夏童不敢東牧，蓋章章者。其他位法從、典大藩者，項背相望。此府君世澤也。

持身凝簡，超然百爲之外，而毅肅之氣洽於倫類，望之如大山中居，莫不尊而仰之。然耿介無阿私，臨事定議，則曰某爲回邪，某爲謇諤，凜凜不少貶。此府君恒性也。凝坐一榻，自明至曛，未嘗去衣冠。發言必思踐，未踐則終日若思，遑遑不少寧。族婣比閭三尺童子來見，必以禮接弗敢慢，且諄諄然戒曰：「惇爾孝弟，引翼爾文學，毋隕乃祖乃父聲聞，以爲爾家羞。」人稔其德，事不得直，亦上謁而求平焉。從容諭之，輒中其肯綮，誓勿煩有司。旱暵疫癘，泣禱於上下神祇，不獲應不止。此府君馴行也。

甲子三百六十有六，府君所享年也。至正三年五月六日，歿之年月日也。窆之年月若日，則十四年二月十一日也。縣之西寧鄉玉峰山之陽，葬之地也。宋兵部架閣張公宏女，府君配也。曰珪，曰璋，曰御史中丞溢，子男子也。妻縣人士陳師大者，子女子也。曰存仁，曰存質，曰某元帥存道，曰存誠，曰存厚，曰存禮，孫也。件擊群行而爲之狀者，青田劉先生基也。譔次其事而樹文於墓門者，溢之同志友宋濂也。銘曰：

維章受氏，出自東海，曰齊之姜也。奕葉蟬嫣，施於北南，於煒其光也。玉象降徵，疊笏成陵，爛然有章也。府君承之，凝簡而昭，淵愨以莊也。左矩右繩，周旋敕慎，納於危防也。不詭而隨，不肆而印，不尨而涼也。含真葆熙，脗合至元，莫吐耀芒也。何以媲之，龍劍在襓，神珠韞房也。苟啚所施，物罔非吉，胡斂不張也。有子繼志，曰隱曰顯，各惟其常也。棲心奧區，三秀孕奇，或發休祥也。執法中司，白簡巖巖，凜爲飛霜也。玉峰之阡，沖和固結，其氣靈長也。太史勒銘，鐫諸樂石，百世而弗忘也。

瑞安吴門三貞母墓版文

温之吴荃，不遠千里，踏赤日而衝黄埃，謁予於浦陽江上。既入，容貌慘沮弗悦。問其故，輒嗚咽流泣，而後言曰：

「荃之先世，初家鄱陽，再遷會稽。唐諫議大夫畦，又自會稽徙温之瑞安。世有宦蹟，至宋兵部侍郎洸、某州教授瀹，兄弟連擢某年進士第，聲聞益著。兵部幾世孫連江主簿朝宗無嗣，以兄通判汀州泰來仲子諱埏君爲之後。君元柳州教授，荃之曾大父也。種學織文，名播於邇遐。其配金部郎中張公聲道之孫諱淑真，柔婉静專，奉尊章能盡其禮。曾大父方四十一不幸早世，張夫人少九齡，誓冰雪自潔，卵翼其子至於有成。壽七十二，以至正元年辛巳八月辛酉卒，五年乙酉二月癸未葬州之廣化鄉。其子諱欽，荃之大父也。娶胡夫人諱節，宋瓊州安撫使尚賢之孫。大父學行如其先人，念家世之多艱，奮然欲有爲，寤寐不忘。生一子，諱璟，荃之父也，嗜學如嗜利，罔有怠心。及其冠也，擇松江府判官林公天麟之孫諱廉爲之室。林夫人瀕行，父以上腴田三十畝畀之，林夫人曰：『兒聞女子之行，父母有命戒之言，不聞其他也。敢辭。』暨去，動静具合節文，三族翕然稱其賢。荃父始二十一歲，不幸又以疾不起。時林夫人多二齡，荃在遺腹中甫九月，荃父臨卒語林夫人曰：『吾家宗祀不絶如縷者，在吾一身。今病革若是，奈之何哉！然吾祖、父無涼德，生男或可期爾。能保嬰悍而養吾二親，吾死爲不死矣。』林夫人仰天泣曰：『所不如君言者，有如日！』言終而卒。卒一月而荃生，生一月而大父繼卒。大父年方四十，而胡夫人少一齡。

「二孀母相依爲命，杖淚治事，晝夜更抱持荃，嘗指曰：『吴氏三世，惟賴此一孫耳！』嗚嗚對泣，不能仰視。逮荃六歲，天下繹騷，大俠聚兵，陰竊生殺之權者甚衆。慕吾母豐於財，爭欲聘之，不聽。更以危言震撼，復不聽。因説之曰：『當此亂世，有力如虎者尚朝不謀夕，以孱弱之婦，不翅一輕塵，乃欲保三尺孤耶？知者頗竊笑於後矣。爲汝之計，莫若托身勢家，而心存吴氏，顧不足陰持之耶？』林夫人剪髮長號曰：『吾聞烈婦不再嫁，此義或乖，禽犢不若也。吾但知不負其天，遺孤之保與否，則天也。吾言止斯，苟或迫之，有死而已。』其説既不行，遂謀勒兵而强委禽焉。林夫人聞之，與姑言曰：『事急矣，不可以不去。』即挾荃夜走平陽，冒險阻，履荆棘，茹苦如茹甘。吴故大家，傔人媵女滿庭，頤指得如意，至是皆散盡。林夫人躬操杵臼，以執爨事，食或不充，攻絲枲以貿易之。然猶市書教荃，從名人游，脱簪珥以代束脩，且曰：『家雖廢，學不可廢也。』事姑尤孝謹，姑多疾，畢志竭慮以事。巫醫忽夢神人謂之曰：『炰鼈飼之即差。』已而果然。人以爲孝感。州大夫朱文霆賢之，欲請於朝旌表其門閭，林夫人固辭乃止。林夫人居平陽十二春秋，當至正二十二年壬寅十二月己丑，林夫人不幸歿，壽三十九。胡夫人哭之慟曰：『上天罰我如是之酷耶？老者存而少者先逝耶？』荃時二十三矣，胡夫人由是日夜程督愈勤，唯恐荃之怠也。又七年，爲洪武元年戊申，荃始還瑞安故廬，以十二月庚辰葬林夫人與吾父同穴。又二年，胡夫人亦卒，實三年庚戌九月辛亥也，壽七十三。葬以五年壬子二月甲申，其穴亦與大父同，所葬之地皆祔張夫人云。

「惟我吳氏寡祐，禍及三世，幾致隕厥宗，其克底於今者，三貞母是賴。❶前延後引，靡遺餘力，志節之著，堅如金玉而不變，屹如邱山而不移，稽諸古史傳所載，殆不是過。不肖孤，愕然在疚，深懼不能負荷，而先德之卓絕者，又不白於世。一念及玆，涕泗汍瀾而不自知。敢以墓文爲請，惟先生畀矜之。」言訖拭涕再拜。

濂因譬曉之曰：荃無以憂爲也。一詘一伸，天道之常。荃之家其困瘁極矣，涵蓄之久，惡知不大發於後耶？栝人有林氏者，當宋之訖籙，家廢於兵，婦姑挾三歲兒奔走戎馬間，幸而得全。二母鞠之成，兒擢高科，而其子孫文墨彬彬，多列膴仕。其事與荃諸母頗類，而酸辛則過之。譬如木焉，收閉華澤於沍寒之日，暢達光榮於和煦之時，理則然也。頗聞荃汲汲好脩，而能古文辭，薦紳先生咸器重之。爵禄之至，孰能禦之哉？荃又有二子昆、昱矣，其胤系之滋，亦將自斯焜煌朗烈，上繼兵部公之步武，似不難致也。荃無以憂爲也。濂故爲白其三母之行，樹石墓門，以志子孫他時融顯之所

❶「三」，原作「二」，今據黄譽本改。

自。後之讀者，當以濂爲知微之士云。

銘曰：

東海名區，有氏曰吴。世爲簪纓，起家則儒。仁漸義摩，上浹下孚。陰教有翼，大義鑑如。卓哉三母，貞德弗渝。一延於前，備涉艱虞。誓竭肝膽，以樹門閭。二引其後，丁時毒痡。同扼猛兕，以保孤雛。正如鼎足，損一則欹。代有懿哲，庶亡阽危。茶蓼雖操，冰雪自持。中心所涵，其氣吐霓。白石可泐，我志弗移。黄金可銷，我節肯隳？卒紹三世，免墜一絲。粤稽於天，厥理匪誣。碩果不食，其發必腴。修榦入雲，濃陰鬱敷。欲構明堂，疇忍舍諸？誰家鬼妻，斬麻爲衰。夫骨未寒，背而他之。君子疾視，何翅蟲蛆。有人心者，請觀銘詩。

元故孝友祝公榮甫墓表

濂嘗奉詔總修《元史》，凡天下有關史事者，下郡國長吏博加采輯，悉上送官。往往吏非知書者，以致龐雜淆亂，不足以取徵。孝友之人動至數千，皆溢浮辭而乖實行。濂令史官高啓撰次成編，而親爲筆削之，唯存一百六人，皆灼然可以勵世悖俗者，而處之祝公榮亦其一焉。婺與處雖連壤，不知公榮之詳。後七年，公榮之子昆，持所狀群行，求文表諸墓道，蓋公榮之殁已十八年矣。狀之稱述皆傳中所略者，遂次第而序之。

公榮諱大昌，公榮字也，居處之麗水官橋里，姓祝氏。祝出軒轅氏之後，至周武王時，封彭祖遠孫光爲祝侯，子孫爲齊所并，故以祝爲姓。歷代多有顯人，具載家牒，可徵也。五季初，有諱寔字茂之者，自信安來爲處州判官，遂遷焉。壽九十二以歿，葬宣慈杉坑塘之原。❶寔生中奉大夫縝，縝生朝議大夫儒，儒生承議，承議生允懷，允懷生況，況生宋紹聖進士、建州司理參軍奕，奕生公冕，公冕生份，份生武學教諭天祐，天祐生潭州司户參軍詢，詢生之琦，之琦生紹，紹則公榮之父也。

公榮孝友出於天性，其在父母側，容色穆穆以和。父母意有所欲，先候知之，不待出言而事已集。一日不見，心惶惶焉若亡重寶。得一甘味，雖在百里外，必歸薦之，然後敢食。母病，晝夜鍊藥，奉湻糜以進，衣久不脱，蟣蝨叢生其閒。已而疾勢革，走謁於群神，且泣且禱，語不成聲，見者爲之揮涕。及母歿，擗踊無算，屢至殞絶。其於復襲、揳綴、斂殯、奠祔之禮，悉遵古制而不墜流俗之陋。煬人不戒，火起竈突閒，烟燄漲天，公榮於急遽中力不能救，乃伏棺而悲號，且曰：「天乎！吾母在斯，幸天有以祐之。天苟不祐，我將與母俱焚，誓不獨存也。」其火忽自滅。州里歎異曰：「昔蔡順伏母棺而火滅，不意今日於公榮見之。」公榮既葬母，朝夕翹首如有望而弗至，既而曰：「是終無以解吾憂也。」乃命工摶土肖二親像於堂，朝夕事之如事生焉。

公榮敬兄公亮如其父，家政大小必關白而後行。公亮出仕，公榮不敢中席而坐，恒若公亮之臨乎上。其弟公直亡，公榮奔視，遂頻仆於地，良久乃蘇，抱弟屍而大呼曰：「吾弟去吾而何之乎？」悲悼過甚，髮

❶「坑」，黄溥本作「杭」。

爲早白。❶撫弟遺孤逾於己所生。公榮孳孳以同爨爲政，請於公亮，建家範數十則，令子姓分任諸事，視其勤惰而懲勸之。每旦序食堂上，氣象雍肅，若不聞人聲，三世之間，愉愉如也。或者欲間之，說其分財，公榮勃然變色曰：「此言何爲至於我哉？必吾不睦於家，不惇友恭之道故爾。昔張公藝尚九世義居，況親昆弟乎？苟計利而害義，犬彘當不食吾餘。」因撫膺長慟。言者赧然而退。故處之人士言孝友者，一則曰公榮，二則曰公榮，至今無間言云。

公榮風岸偉特，善談史，上下二千年治忽幾微如指諸掌，聽者忘倦。尊賢重傅，未嘗有毫毛褻慢意。平心率物，好惡無所偏徇。而尤好施與，故舊貧窶者周之，死而不能棺者給之。或丁歲儉，下粟估糶之。青田盜阻行舟，民不能鹽食，公榮出所儲鹽，惠宗族親媚以及於閭井，人皆德之。當元之季，四方用兵，藩閫大臣多鉤致豪傑，而布衣之士有談笑取將帥者，聞公榮之賢，辟書交至，公榮笑而辭。江浙行中書左丞相方承制行事，署爲處州路儒學教授，亦辭。乃築室南野而隱居焉。不幸以至正二十年庚子正月一日卒，壽五十又八。二十一年辛丑某月日，葬於武川飛鳳山下，禮也。

公榮凡三娶，先配同縣王氏，次東甌王氏，次閩中陳氏，皆簪纓大族。子男子三人，曰山，曰崑，曰豳，皆好學尚義，崑即來速銘者。子女子三人，常涓、王達其壻也，一未行。

嗚呼！孝者，百行之根抵，萬事之綱紀也。執一行而百善至，百邪去，唯斯道則然。

❶「爲」下，黃溥本有「之」字。

所以化民成俗者，汲汲焉是務而莫敢忽也。近代之制，文臣自少卿監以上，武臣自正刺史以上，實録方爲立傳；而能行孝友之政者，雖在韋布中，亦必登名與之齊行。其治化之權衡，於是亦可覩矣。有若公榮之行之美，豈可使其泯泯無傳哉？嗚呼！古之人有云：「位登台輔也，爵列公侯也，禄積萬鍾也，馬踰千乘也，歿之日，曾不得與斯人之徒隸齒。此無他，以風教所關爲甚重也。」濂雖不敏，其於公榮之事表而列之，用以爲世道之勸，孰曰非宜？銘曰：

孝友之根，實出降衷。金石堪貫，神明可通。古之君子，資之出治。因其秉彝，牖民孔易。雖在布衣，彤筆登名。其意斯何，樹之風聲。閭閻祝君，愛親靡舍。朝斯夕斯，肯離膝下？親既云亡，塗殯在庭。臨風泣血，哀不自勝。煬人勿戒，火起曲突。有烟勃如，上不見日。伏棺悲號，誓與俱焚。誰謂天高，邈若不聞？若勢方升，❶熾不可遏。不待反風，虐焰隨滅。家政之修，法古名門。毫髮敢私？唯義之敦。嚴布科條，各授以事。一門雝雝，罔有乖戾。辟書交飛，君笑而嘻。我有我政，奚暇外馳。古有篤行，照耀方策。以今較之，孰爲優劣？埃風渺瀰，德化耰鋤。❷況曰善事，不忘厥初。飛鳳之山，林木葱蒨。勒文墓門，用爲世勸。

祝母葉氏隝門阡表

姑蔑祝君應昇謁濂金陵，備列其先母

❶「若」，黄溥本作「其」。
❷「化」，黄溥本作「色」。

之行，丏濂爲表揭墓上。嗚呼！濂也安能表而母乎？夫表者，所以焯德著美，爲之庸何傷？而濂以弗能者，非過激也，蓋有所感也。私竊自念，吾先妣之棄諸孤，越十三春秋矣，縣綍雖有其石，而至今無文。方思俯伏薦紳先生之門，以求發其幽輝，而一時故老凋落盡矣。瞻望昊天，衋然傷心。嗚呼！濂也安能表而母乎？雖然，應昇之請力矣，濂或遏而絶之，則應昇將有同濂之感。頗聞之，君子不以病於己者病夫人。於是，因應昇之言而經緯之。

應昇之言曰：「先母諱了心，姓葉氏，世爲衢人。年二十二來居先君之少房，其事正室汪夫人，寅畏謹敕，有過無弗及焉。自先君殁，與汪夫人同帷帳者垂三十齡，情意款洽，無乖忤之色。每子婦進飲食，或一味之珍，必叩之曰：『汪夫人已食乎？』子婦應曰『然』，始敢下筯。非惟事長之有禮也，其加勵於應昇者，惟恐弗率於理，時立應昇於前而語之曰：『吾不暇汎引古今事以詔汝，姑即汝家言之，汝目擊焉，或耳聞焉，效之宜若易易也。爾祖南劍教授君與鄉先達徐公友善，徐既卒，二子析田不能平，由爾祖片言而決，各受田萬畝。二子德爾祖之靖其爭也，請以畝二千爲壽，爾祖力却之。踰年，二子强之益切，乃納其閒田五畝。辭多而受少，今人所難。爾當效爾祖之介。當爾祖之殁，爾世父甫三歲，爾父方在娠，後三月始生。爾祖母江夫人冰雪自守，寡母孤子相依爲命，淒然於寒杼苦鐙之閒，❶卒能再植厥家。爾當效爾祖母之勤。爾父由儒補郡吏，從衢調婺、台二州，遷建

❶「閒」，黄譽本作「門」。

平縣典史，遇刑獄之有疑者，必傳經典，其無辜坐繫者，必察其狀理而出之。以故所至，人咸稱其賢也。爾當效爾父之仁。爾祖若父，其善行蓋不止是，吾耄矣，不能詳也。以吾之所言，則其所不言者宜以意逆之也。初，江夫人聘我以事爾父，我至則江夫人歿久矣，我不及侍養也。所不深恨者，幸而有爾也。爾當聽吾言，籍而佩之，他日有所成立，使人謂江夫人有孫，是吾志也。』嗚呼！應昇何從而能受先母之托乎？先母頗涉獵傳記，每見書紙在地，必掇拾付之水火，雖入糞溷中，亦固取之。人問其故，則曰：『倉頡造書時，鬼尚夜哭，可賤而蹂之耶？』性尤巧慧，凡紉製縷結之事，極其工緻，諸女多師之，經其指授者，皆合繩尺。然鬢毛種種，未嘗少自暇逸，所御衣衾或當漱澣，必躬親作之，子婦女隸求執其勞，弗從也。生於某年月日，卒於某年月日，壽七十二。以某年月日葬於西安縣靖安鄉大隖門山之原。男一，即應昇。孫三，曰士成、士同、士寧。先君諱化孫，前若干年卒，其墓既別有誌，惟先母之葬已久，未有刻文。吾子幸畀之，非惟有以慰幽靈於泉壤，抑將以昭示子孫，使服膺慈訓於無窮也。」

先是，應昇爲浦江校官，濂獲與之游，嘗爲記其壽萲堂者，堂蓋爲母作也。備聞其母賢甚，因爲表其墓曰：

《詩》有之：「無非無儀。」說者曰：「婦人無所專於家事。有非，非婦人也；有善，亦非婦人也。」斯言也，豈曰婦人不宜有善哉？以其行不出閨門，謂雖有善，人無從而知之耳。世之婦女賢者，非不昭然明也，頗求其故，皆其子孫有以揚之，故令聞煒煒不隨時而泯没也。然則隧石之文，其可不亟圖之乎？嗚呼！應昇能之，而濂有弗能焉。其可怍也已，其重有所感也已。

先大父府君神道表

惟我大父府君，卒於重紀至元丁丑十二月己卯。後四年，當至正辛巳十月壬申，葬於金華縣東七十里東烏之山。又六年丁亥十一月己未，而大母夫人繼卒，是年十二月丙申合葬府君之穴。又十二年，❶介孫濂始自譔文勒諸墓上，不孝之戾，其將何逃。然自兵興以來，潛伏草莽，支綴餘息，不敢使墜其宗。及夫驚悸稍定，欲求鴻儒畯生以論譔先德，而故老凋落盡矣。斯固區區不能自力之過，亦遭時孔艱，心與事背，無以遂其犬馬之私矣。❷今弗圖，恐終無以示子孫，輒忘其固陋而一言之。

初，府君生於宋季。宋未亡而官政先亂，諸惡少年緝紙爲鎧，剪綵爲欃，斬牲以祭社神，唯務相屠劉。睚眦之怨，即蟻附蠭聚，求饜其欲而後止。府君亦多怨家，能以智馭之，獨能脱禍。及江南入國朝，法制未定，州縣吏舞文以盬民。府君因毁其家，與夫人棲遲小室。室中僅容榻案，夫人設竈於户外，朝擕釜出炊，暮復持入，御紡磚直至四鼓，目稍瞑，即起敲冰爲盥漱，又復從事，由是家用頗紓。大德丁未，歲惡，人相食，府君出糴於杭。亡賴男子結爲隊伍，夜半椎人門，稱相公，殺戮鹵掠，呼號相聞，里中惴惴不自保。時嚴君侍夫人之側，夫人與定計，以物給群盜，私走告捕賊，掾部里

❶「二」，黄溥本無。
❷「矣」，原作「失」，今據黄溥本改。

兵襲之，盡殲其衆。府君聞其事，自杭馳還，見夫人悲喜交集，且曰：「吾意爾母子作魚肉矣，尚在邪？」已而傳酒相慰慶，鄉鄰咸頓首謝曰：「微君家，吾屬入鬼録久矣。」府君性忠信，啓口露肝膽，不肯作世俗軟媚無實語。與人交，無二諾。友愛尤篤。與兄其執里役，州家或有科繇至，挺身獨任之，曰：「毋以煩諸兄也。」府君年五十，以家傳於諸子，晴檐獨坐，柱頰看山，世閒升沈榮辱，了若不相關。又二十八年乃終。黄文獻公爲表其墓曰「吉士」云。

夫人粹然如玉，而廉隅不可犯。婦道母儀可爲女中師傅，行事暗合古烈女者甚衆。齊家壹以禮法，雖細微事皆遵矩度。入其庭，上下祗肅，無敢大聲疾呼者。歲時出坐堂上，群子姓捧觴上壽，夫人歷以畏天爲戒，復證以近事曰：「某也善，孫子繩繩多；❶某也不善，人已犂其庭矣。」從子有早孤者，宗人利其貲，多欲潛害之。夫人與府君卵翼至成人，爲之納室而返其貲，半髮不私。夫人端明而有容，其謙損不足之色，津津見眉宇閒。卒享耆壽以終，其年視府君又加七焉。

濂之生也，與府君同月日，府君特憐愛之。四五歲時，府君坐置膝上，以手循其髮而祝曰：「吾祖實寬厚長者，生平好施與，不求人知。吾父孝弟如古人，應物務以柔勝，亦以恤貧之故，致家之索。及吾，唯先訓是式，每銜於心而勿敢忘，承吾之利者，列於前紛紛也。今耄矣，恐旦暮死，不能有以詔汝。汝固幼，幸聽吾言。即聽吾言，期樹善於無窮。」言訖潸然而泣。濂時雖無所

❶「孫子」，黄溥本作「子孫」。

識知，頗能記府君之言。嗚呼！府君之爲人，其心厚於仁者乎！

濂也不敏，學不加脩，不能使府君之名光輝震耀於來世，兢兢惕惕若履淵冰。所幸秖奉誨言，立身行己，頗無愧怍於人，庶幾弗悖於府君之教者。唐李翺爲《皇祖實録》有云：「先祖有美而不知，不明也；知而不傳，不仁也。」府君之美，濂既知之矣，雖不能工爲文辭，不可緣是以自陷於不仁之域。於是以特牲告於神道，列府君之言行而附見夫人之事，貽諸孫子，使繼夫爲善之志，❶歷百世而毋怠云。

府君諱守富，字德政，姓宋氏，金華潛溪人。父諱溥德，母周氏。夫人姓金氏，諱妙圓。父諱溥榮，母謝氏。生四男一女、十三孫，其世系之詳，已見於翰林學士承旨歐陽公所述，刻諸石矣。不書，懼瀆也。前史官介孫濂自製。

石刻載府君世系，今録於左，其文曰：宋氏世居京兆，唐大理丞憲，武德閒遷吴興。憲字秉彝，爲《易》講師，弟子數千人。生有嚴，有嚴生邠，邠生綏，綏生玄熊，玄熊生忻，❷忻生嬴，嬴生戣，戣生宗捷，宗捷生服，服生僎，僎生循，循生伯旒，伯旒生榮，周廣順中遷義烏覆釜山。榮字體仁，通《尚書》、《春秋》，私謚文通先生。生甫，宋雍熙末遷根溪之宋村。❸甫字師杜，生訓。訓生帳，帳生祥。祥以弟海子阜後。阜生佋。從榮至佋七世，皆爲鉅儒。

❶「夫」下，黄溥本有「人」字。
❷「忻」，黄溥本作「炘」，下同。
❸「村」，黄溥本作「邨」。

偘生永敷、柏，嘉定初，同遷金華潛溪。柏字秉操，以兄永敷子溥德後。溥德子即府君，諱守富，字德政，履仁蹈義，類古篤行者。妻金妙圓，賢甚，一言一行可爲女中師法。生文昭、文囿、文馨、文隆。文昭一名朝，字文霆，有隱德，朝廷賜號曰「蓉峰處士」。生淵、濂。淵，義烏醫學教諭。濂博極群書，自布衣召入史館爲編脩官，著《孝經》、❶《周禮》傳、《龍門子》數十萬言。元至正中，遷浦江孝門橋上。文囿生澄、渭、沁、湞、澤、潤。文馨生溹、汶、瀛。文隆生潚。淵生瑛，濂生瓚、璲，澄生琦、瓛，溹生理，沁生珠、瓊、瑗。瑛生性、怡，瓚生慎、愷、恂。澄、瑛、瓚、璲皆儒。噫，府君誠吉士哉！何其孫子之賢且多也！史官歐陽玄述。

先府君蓉峰處士阡表

嗚呼！惟我顯考府君之歿，既窆白石山阡，與顯妣夫人同穴，於是距顯妣卒且葬，時已二十春秋。顯妣壼儀，幸見諸登述。而顯考之隧有石無辭，輒泣而書之曰：

顯考之生也，宋方内附，官府新建，黠胥騁奸，家道因之陵遲，鹽醢至有所不繼。祖妣夫人與顯考鞠躬盡瘁，誓勿蹶其門。祖妣營度於其内，顯考則隨物順成，應之於外。歲增月衍，頗有成緒。祖考府君崇高節，不肯屈人下，鼠輩或加侵暴，顯考與左右之，使得以懲其非。已而繇役繁興，州司臨門急於星火，顯考每躡屩而往，雖暴露於

❶「孝經周禮傳龍門子」，黄溥本作「孝經周禮傳記」。

外，櫛風沐雨，戒勿使二親知。或憫其勞，顯考曰：「在外亦差樂耳，不知勞也。」歲丁未，大祲，民散爲盜，夜持刃入人舍，貨錢羊牛聽其所攘，稍不從，即見殺。顯考時役官中，用計安盜，私聞於公府，集社兵禽戮之，鄉人德焉。

雖在事爲叢沓中，雅志書詩。見濂頗知學，驩然曰：「予家自文通先生以來，世多巨儒，深懼詩禮之澤或絶，以爲君子羞，心惄焉弗寧，雖夢寐弗忘之。汝宜從名人游，毋殞厥宗。人恒市腴田、搆華居以遺子孫，曾不旋踵，隳廢不存者有之，予不能也；其自號有知者，則令遠附權貴人之門，藉威靈以徼榮寵，雖稍與仕籍而貪墨弗之戒，至身辱家覆者有之，吾又不能也。予所望汝者，爲孝子，爲悌弟，爲良師儒，雖貧至骨無憾，但得州里之人咸指曰『宋氏有子矣』，吾之深願也。大抵門不欲其高，惟有德之崇；有子不欲其侈，惟欲其業之脩。汝謹識之。」嗚呼！濂也將何脩以承明訓耶？

顯考明白坦蕩，不設機穽，三尺童子亦待之以誠。有上謁者，整冠巾起揖之，姻朋過從，不以富貧爲之重輕。人與共處，愛戀不忍舍。凡見之行事，每相謂曰：「是宋處士耶？斯人無僞言僞行，當信之弗疑。」達公顯卿慕其有隱德，或遠致餼牢，或升堂而拜，顯考一以禮接而以義辭。翰林侍講學士黄公游浦陽之仙華山，約顯考偕行，一見之頃，顧謂濂曰：「而翁其有德之人歟！容貌辭氣何其與流俗相去萬萬也？」集賢大學士吴公允稱顯考之爲人，嘗贊其像曰：「形雖臞臞，心則舒舒。蓋執謙以泛應，而樂靜以自娱。所以小人之干自不能近，君子之譽東西翕如。若人者，豈非孟氏所謂『一鄉之善士』者與？」議者不以其言爲過。嗚呼！濂也將何脩而有以紹先德耶？

顯考分在邱壑，不嗜仕進。至正初有上其名於朝者，賜號曰「蓉峰處士」。顯考曰：「是符吾志也。」生平無厚嗜，衣取蔽體，食取充口，不見有憂愠之色。晚年尤不嬰世事，盤回夷猶，陶然得世外之適。閒取古今事可喜可愕者閱之，以怡其情。年八十一，耳聰目明，無所苦。一旦得微疾，猶能起坐飲食如平時。越翼日，即亡，臨終一語不亂。遠近聞者嗟悼不置，省憲二府遣使者致祭，七邑及鄰郡之士咸來弔哭，或撰哀輓之詞，動盈卷軸。時陰雨連月，當葬之日，白日杲杲，葬甫畢，雨復如初，衆尤嗟異焉。

嗚呼！顯考稟質粹沖，凡所謀爲，自然中乎繩尺，孜孜以好善爲務。遇有戕賊人者，則爲之蹙額，良久歎曰：「人形而豹虎行，曾不自省耶？」故上下咸以爲有鄒魯上賢之至行，人無異詞。如濂不肖，雖戰兢自守，無所愧怍於人，尚恨不足敬承明戒，克紹先猷。年踰五十，猶持無用空文，出應時須，洟泗汩没，而實德且病矣。每一念之，顔面發頳，不能自已。因摭拾顯考言行以表諸阡，以志濂之自咎，以告後世子孫知所取法焉。❶

先母夫人陳氏墓表

先母陳夫人諱賢時，金華潛溪人。大父諱艴惠。父諱道閑。母金氏，諱信。夫人年二十來嬪蓉峰處士。處士大雅君子，生平不識僞言僞行，與夫人偕如鼓琴瑟。

❶「告」，原脱，今據黄譽本補。

生二子，淵、濂，一女⿱新女。以至正丙戌正月十七日卒，壽六十有三，其年三月五日即窆於白石山，在潛溪西十里。

夫人淑茂柔明，及行尤有聞於六親。相處士建家，備極勞勩。晝趨事，夜紉綴諸子衣。大暑夕，蚊蚋翳撲，乃燒燈坐帳中，久之，帳色如潑墨。處士嘗謂夫人曰：「吾不解市美田宅遺兒，教之通一經足矣。」夫人深然之。至賣簪珥，使游學遠方。

夫人早喪母，事父甚孝。雖在夫家，懸懸慕之如飢。但得食頗美，亟遺人遺之，不遺不敢先食。夫人春秋未高，見淵以醫學鳴，用薦者爲義烏教諭；濂亦自布衣召入史館；⿱新女適儒士賈明善。皆有孫矣。居亡何，不幸殁世。

濂追痛罔極，魄隕心喪，深懼懿德不顯於後，忍死而書之曰：「潛溪有賢母焉，厥質郁如，厥行潔如，厥聲蔚如。白石之山，發徵畜腴，其體魄之所寧歟！」是爲表。

故丹谿先生朱公石表辭

丹谿先生既卒，宗屬失其所倚藉，井邑失其所依憑，嗜學之士失其所承事，莫不方皇遥慕至於灑涕。濂聞之，中心尤摧咽不自勝。蓋自加布於首，輒相親於几杖間，訂義質疑，而求古人精神心術之所寓。先生不以濂爲不肖，以忘年交遇之，必極言而無所隱。故知先生之深者，無踰於濂也。方欲聚厥事行，爲書以傳來世，而先生之子玉汝、從子嗣汜忽蹐濂門，以先生從弟無忌所爲狀請爲表，以勒諸墓上，濂何敢辭？

先生諱震亨，字彦修，姓朱氏。其先出於漢槐里令雲之後，居平陵。至晉永興中，臨海太守汎始遷今婺之義烏。子孫蟬聯，多發聞於世，郡志、家乘載之爲詳。當宋之季，有東堂府君者，諱良祐，懿然君子人也。蓋以六經爲教，以弘其宗。府君生某。某生迪功郎桂。迪功生鄉貢進士環，先生之大父也。父諱元，母某氏。

先生受資爽朗，讀書即了大義。爲聲律之賦，刻燭而成，長老咸器之。已而棄去，尚俠氣，不肯出人下。鄉之右族或陵之，必風怒電激，求直於有司。上下摇手相戒，莫或輕犯。時鄉先生文懿許公講道東陽八華山中。公上承考亭朱子四傳之學，授受分明，契證真切，擔簦而從之者亡慮數百人。先生歎曰：「丈夫所學，不務聞道而唯俠是尚，不亦惑乎？」迺摳衣往事焉，先生之年蓋已三十六矣。公爲開明天命人心之祕，内聖外王之微。先生聞之，自悔昔之沈冥顛隮，汗下如雨。由是日有所悟，心扃融廓，體膚如覺增長。每宵挾册坐至四鼓，潛驗默察，必欲見諸實踐，抑其踈豪，歸於粹夷。理欲之關，誠僞之限，嚴辨確守，不以一毫苟且自恕。如是者數年，而其學堅定矣。

歲當賓興，先生應書秋闈，幸沾一命以驗其所施，再往再不利。復歎曰：「不仕固無義，然得失則有命焉。苟推一家之政，以達於鄉黨州閭，寧非仕乎？」先是，府君置祭田三十餘畝，合爲一區，嗣人遞司穡事，以陳時薦。然有恒祭而無恒所。先生迺即適意亭遺址建祠堂若干楹，以奉先世神主。歲時行事，復考朱子《家禮》而損益其儀文。少長咸在，執事有恪，深衣大帶，以序就列，宴私洽比，不愆於禮。適意亭者，府君所造以延徐文清公之地，先生弗忍其廢，改創祠堂之南，俾諸子姓肄習其中。

包銀之令下，州縣承之，急如星火，一里之間不下數十姓，民莫敢與辨。先生所居里僅上富氓二人，郡守召，先生自臨之，曰：「此非常法，君不愛頭乎？」先生笑曰：「守爲官，頭固當惜，民不愛也？此害將毒子孫。必欲多及民，願倍輸吾産當之。」守雖怒，竟不能屈。

縣有暴丞，好諂瀆鬼神，欲脩岱宗祠以徼福，懼先生莫已與，以言嘗之曰：「人之死生，嶽神實司之。欲治其宮，孰敢干令？」先生曰：「吾受命於天，何庸媚土偶爲生死計耶？且嶽神無知則已，使其有知，當此儉歲，民食糠覈不飽，能振吾民者，然後降之福耳。」卒罷其事。

賦役無藝，胥史高下其手，以爲民奸。先生集同里之人謂曰：「有田則科徭隨之，君等入胥史餌而互相顧，非策之上也。宜相率以義，絜其力之朒贏而敷之。」衆翕然從。每官書下，相依如父子。議事必先集。若苛斂之至，先生即以身前，辭氣懇款，上官多聽爲之損裁。

縣大夫勸耕於鄉，將有要於民。先生懼其臨境，邪幅扉屨往迎於道左。大夫驚曰：「先生何事迺爾耶？」先生曰：「民有役於官，禮固應爾。」大夫曰：「勸耕善乎？」先生曰：「私田不煩官勸，第公田生青芻耳。」是時圭田賦重，種户多逃亡，故先生以此爲風。大夫一笑而去。

鄉有蜀墅塘，周圍凡三千六百步，溉田至六千畝而羸，隄壞而水竭，數以旱告。先生倡民興築置坊，庸鑿爲三竇，時其淺深而舒洩之，民食其利。後十年，山水暴至，隄又壞，先生命再從子漳力任其事，以嗣其成。

縣令長或問決獄得失，先生必盡心爲之開導。東陽郭氏父子三人虐毆小民幾斃，又貫鍼鰌腹，逼使吞之。事移義烏鞫問，當其子父皆死。先生曰：「原其故殺之情，亦一人可償爾。二子從父之令，宜從末減。若皆殺之，無乃已重乎？」事上，從先生議。張甲行小徑中，適李乙荷任器來，幾中甲目。甲怒，拳其耳而死。甲、乙皆貧人，甲又有九十之親。先生曰：「貰甲罪，則廢法；徇法，甲必瘐死，親無以養，亦死。乙屍暴於道，孰爲藏之？不若使竟其葬薶，且慰其親，徐來歸獄服中刑耳。」❶或曰：「甲或逃，奈何？」先生曰：「若以誠待之，必不爾也。」縣如先生言。後會赦免。

細民有斬先生邱木者，先生訊之，民弗服，先生聞於縣，將逮之。人交讓民曰：「汝奈何犯仁人耶？」民曰：「計將安出？」人曰：「先生長者也，急舁木還之，當爾貸。」民從之，先生果寘而不問。先生客吳妙湛院，尼刻木作人形以爲厭蠱，館客陳庚得之，欲發其事，尼懼甚。先生知之，以計紿陳出，碎其木刻。陳歸，怒且詈。先生徐曰：「君乃士人，獲此聲於吳楚閒，甚非君利。儻乏金，吾財可通用，勿憂也。」尼後輦金帛爲謝，先生呁而去。❷方嶽重臣及廉訪使者聞先生名，無不願見。既見無不欲交章薦之，先生皆力辭。唯民瘼吏弊，必再三蹙額告之，不啻親受其病者。覃懷鄭公持節浙東，尤敬先生，以尊客禮禮之。衆或不樂，競短其行於公，公笑曰：「朱聘君盛舉

❶「來」，黃譽本作「求」。

❷「呁」，原誤作「吻」，今據文義改。

諸公之長，而諸公顧反短之，何其量之懸隔耶？」皆慚不能退。

初，先生壯齡時，以母夫人病脾，頗習醫，後益研礳之，且曰：「吾既窮而在下，澤不能至遠；其可遠者，非醫將安務乎？」時方盛行陳師文、裴宗元所定《大觀》二百九十七方，先生獨疑之，曰：「用藥如持衡，隨物重輕而爲前却，古方新證，安能相值乎？」於是尋師而訂其説。渡濤江走吴，又走宛陵，走建業，皆不能得。復回武林，有以羅司徒知悌爲告者。知悌字子敬，宋寶祐中寺人，精於醫，得金士劉完素之學，而旁參於李杲、張從正二家。然性倨甚，先生謁焉，十往返不能通。先生志益堅，日拱立於其門，大風雨不易。或告羅曰：「此朱彦修也，君居江南而失此士，人將議君後矣。」羅遽翛容見之。一見如故交，爲言學醫之要，必本於《素問》、《難經》，而濕熱相火爲病最多，人罕有知其祕者；兼之長沙之書詳於外感，東垣之書詳於内傷，必兩盡之，治疾方無所憾。區區陳、裴之學，泥之且殺人。先生聞之，夙疑爲之釋然。學成而歸，鄉之諸醫始皆大驚，中而笑且排，卒乃大服相推尊，願爲弟子。四方以疾迎候者無虚日，先生無不即往，雖雨雪載途亦不爲止。僕夫告痛，先生諭之曰：「疾者度刻如歲，而欲自逸耶？」窶人求藥，無不與，不求其償。其困阨無告者，不待其招，注藥往起之，雖百里之遠弗憚也。

江浙省臣往討閩寇，深入瘴地，遂以病還錢塘，將北歸。先生脈之曰：「二十日死。」使道經三衢時召吾，可使還燕，然亦不能生之也。」如期卒於姑蘇驛。權貴人以微疾來召，危坐中庭，列三品儀衛於左右。先生脈已，不言而出。或追問之，先生曰：「三月後當爲鬼，猶有驕氣耶？」及死，其家神先生之醫，載粟爲壽，先生辭之。一少年病熱，兩顴火赤，不能自禁，躁走於庭，將蹈河。先生曰：「此陰證也。」製附子湯飲之，衆爲之吐舌。飲已，其疾如失。先生治療，其神中若此甚多，門人類證有書，玆不詳載。

先生孤高如鶴，挺然不群。雙目有大小，輪日出明。雖毅然之色不可凌犯，而清明坦夷，不事表暴，精神充滿，接物和粹，人皆樂親炙之。語言有精魄，金鏘鐵鏗，使人側耳聳聽，有蹶然興起之意。而於天人感應、殃慶類至之説，尤竭力戒勵，反覆不厭。故其教人也，人既易知，昏明强弱皆獲其心。老者則愛慈祥，幼者則樂恭順，莫不皆知忠信之爲美。固未能一變至道，去泰去甚，有足觀者。或有小過，深掩密覆，唯恐先生之知。凡先生杖履所臨，人隨而化。浦陽鄭大穌十世同居，先生爲之喜動顔面，其家所講冠昏喪祭之禮，每咨於先生而後定。

蓋先生之學，稽諸載籍，壹以躬行爲本。以一心同天地之大，以耳目爲禮樂之原，積養之久，内外一致，夜寐即平晝之爲，暗室即康衢之見，汲汲孜孜，耄而彌篤。每見誇多鬬靡之士，輒語之曰：「聖賢一言，終身行之弗盡，奚以多爲？」至於拈英摘豔之辭，尤不樂顧，且以吾道蟊賊目之。及自爲文，率以理爲宗，非有關於綱常治化，不輕言也。

居室垣墉，敦尚儉朴；服御唯大布寬衣，僅取蔽體；藜羹糗飯，安之如八珍。或在豪大姓家，當其肆筵設席，水陸之羞交錯於前，先生正襟默坐，未嘗下箸。其清脩苦節，能爲人之所不能爲；而於世上所悦者，澹然無所嗜。惟欲聞人之善，如恐失之，隨聞隨録，用爲世勸。遇有不順軌則者，必誨其改；事有難處者，又導之以其方。

晚年識見尤卓，嘗自栝蒼還，道過永康，謂人曰：「青田之民嚚悍，值此法弛令乖之時，必依險阻嘯聚爲亂。」已而果然。又嘗告親友曰：「吾足跡所及廣矣，風俗澆漓甚，垂髫之童亦能操狡謀罔上，天怒已極，必假手殲之。盍力善以延其胤乎？」時方承平，聞者咸笑先生之迂言。未幾，天下大亂，空村無烟火，動百餘里。

先生所著書，有《宋論》一卷，《格致餘論》若干卷，《局方發揮》若干卷，《傷寒論辨》若干卷，《外科精要發揮》若干卷，《本草衍義補遺》若干卷，《風水問答》若干卷，凡七種。微文奥義，多發前人之所未發。先生嘗曰：「義禮精微，禮樂制度，吾門師友論著已悉，吾可以無言矣。」故其所述獨志於醫爲多。

先生生於至元辛巳十一月二十八日，卒於至正戊戌六月二十四日。瀕卒，無他言，獨呼嗣汜，謂曰：「醫學亦難矣，汝謹識之。」言訖，端坐而逝，享年七十有八。娶戚氏，道一書院山長象祖之女，先三十五年卒。子男二：嗣衍、玉汝。嗣衍亦先三年卒。女四，適傅似翁、蔣長源、吕文忠、張思忠。孫男一，文椐；女二，一適丁榆，一尚幼。其年十一月日，始葬先生於某山之原，卒後之五月也。先生所居曰丹谿，學者尊之而不敢字，故因其地稱之曰「丹谿先生」云。

夫自學術不明於天下，凡聖賢防範人

心、維持世道之書，往往割裂掇拾，組織成章，流爲譁世取寵之具。閒有注意遺經，似若可尚，又膠於訓詁之閒，異同紛拏，有如聚訟。其視身心，皆藐然若不相關。此其知識反出於不學庸人之下。於戲！秦漢以來，則或然矣。然而靈豸不鳴，孽狐之妖弗息；黄鐘不奏，瓦缶之音日甚。天開文運，濂洛奮興，遠明九聖之緒，流者遏而止之，膠者釋而通之，一期闓廓其昏翳，挽回其精明而後已。至其相傳，唯考亭集厥大成；而考亭之傳，又唯金華之四賢續其世胤之正，如印印泥，不差毫末，此所以輝連景接而芳猷允著也。先生少負任俠之氣，不少撓屈；及聞道德性命之説，遽變之而爲剛毅。所以局量弘而任載重，寤寐先哲，唯日不足；民吾同胞之念，須臾莫忘。雖其力或弗支，苟遇惠利，少足以濡物，必委蛇周旋，求盡其心。應接之際，又因人心感發之機，而施仁義之訓，觸類而長，開物成化。所謂風雨霜露無非君子之教者，要亦不可誣也。致思於醫，亦能搜隱抉祕，倡明南方之絶學，嬰疢之家倚以爲命。先生一布衣耳，其澤物有如此者，使其得位於朝以行其道，則夫明効大驗又將何如哉？嗚呼！先生已矣，其山峙淵澄之色，井潔石貞之操，與其不可傳者，弗能即矣。徒因其遺行而誦言之，見聞不博，惡能得十一於千百之閒哉？雖然，舍是又無足以求先生者，敢摭狀之概，叙而爲之銘曰：

濂洛有作，性學復明。考亭承之，集厥大成。化覃荆揚，以及閩粤。時雨方行，區萌畢達。世胤之正，實歸金華。緜延四葉，益煒其葩。辟諸上尊，寘彼逵路。隨其志分，不爽其度。有美君子，欲振其奇。血氣方剛，疇能侮予？七尺之軀，忍令顛越？壯齡已踰，亟更其轍。更之伊何？我笈有書。負而東游，以祛所疑。非刻非厲，曷圖曷究？豈止惜陰，夜亦爲晝。昔離其罿，今廓其矇。始知人心，與宇宙同。出將用世，時有不利。孚惠家邦，庶亨厥志。勤我祠事，以帥其宗。況有書詩，以陶以礲。以暢其施，期壽夫物。苟躬可捐，我豈遑恤。仁義之言，繩繩勿休。昭朗道真，釋除欲仇。上帝有赫，日注吾目。天人之交，閒不容粟。聽者聳然，如聞巨鏞。有聲鏗鍧，無耳不聰。旁溢於醫，亦紹絶躅。開闡元微，功利尤博。斂其豪英，變爲毅弘。所以百爲，度越於人。呫呫世儒，出入口耳。競藻鬬華，析門殊軌。以經爲戲，此孰甚焉？不有躬行，其失曷鐫！世塗方冥，正資揚燎。夢夢者天，使埋其耀。精神上征，定爲長庚。與造化游，白光焞焞。表德幽墟，遵古之義。僉曰允哉，是祠無愧！

宋文憲公全集卷五十終

宋文憲公全集卷五十一

龍門子凝道記題辭

濂學道三十年，世不我知，不能見其一割之用。顛毛種種，而老將至矣。於是入小龍門山著書。曰四符，曰八樞，曰十二微。符言合，樞言奥，微言藴也。總二十有四篇，以按一歲之氣，號之曰「凝道記」。用竹簡正書，藏之石室。百世之下，庶幾有好之者。嗚呼！德澤弗加於時，欲垂空言以詔來世，古志士之深悲也。仰瞻宇宙，操觚兀坐者久之。至正丁酉春正月丙子，金華宋濂題辭。

龍門子凝道記上

采苓符第一

龍門子采苓山陽，二三子從之。龍門子采已，登磐石而憩焉。龍門子仰瞻俯睨，洋然若有得者，乃賦白雲之歌。歌曰：「白雲如旗兮，于彼中林矣。我采我苓兮，實獲我心矣。孔子不出兮，麟曷從來矣？舍旃舍旃兮，我將何依矣？」歌罷，復北面而歎。

旁有進者曰：「夫子何歎也？非聖曷師，非經曷窮。坤翕乾張，地拓天通。夫子之學，其既充矣乎！陶鎔禮樂，折旋陰陽。有目有綱，蔚爲文章。夫子之文，其既昌矣乎！籠絡宇宙，充牣覆載。大包無外，小入無内。夫子之道，其既備矣乎！方今六合塵冥，膠膠紛紛。鳳皇不徠，虎豹成群。生民邅屯，如水之溺，如火之焚，曾不足以自存。❶夫子不一引手援之，古之君子，亦若是乎？」

龍門子曰：「子不聞楚獨孤氏之事乎？獨孤氏有二女焉，皆有傾國之色。時楚君不貴色，國人化之，咸棄而不顧。年踰三十，❷無與爲媒妁者。或説女曰：『女子有家，人之願也，子將失時矣。西鄰之子美而蠱，盍自往從之乎？』女曰：『妾聞人之所以異於物者，禮焉而已矣；無是，則禽獸也。苟不以禮，妾死不往也。』區區一女子，尚以死守禮，子曾謂守先王之道者，❸乃不由禮乎？尚父不見西伯，老於渭水之濱耳；孔明不三顧，終於隆中之墟耳。況又不爲尚父、孔明者乎。」

曰：「非是之謂也。人有言曰：『冒赤日而勞者，不擇蔭而休；行百里而飢者，不擇水而爨。』今民生在疚，雖被髪纓冠而往救之可也，尚得安席而獨寢乎？夫禮有變有常，非執一之謂也。今有人焉，籩豆静嘉，肴核維旅，執爵獻酬，❹雍容於堂序之上，而火起寢室間。夫子以爲將勺客乎？❺抑滅火乎？必以爲且滅火也。夫執爵獻酬，禮之常也；火起輒救，禮之變也。禮者，中而已矣。常固中也，變獨不可謂之中乎？不然，是子莫之執中也。夫子自任以斯道之重，而子莫其行，五尺童子竊爲夫子

❶「曾」，二子本作「實」。
❷「三十」，二子本作「二十」。
❸「守」，二子本作「學」。
❹「執爵」，二子本作「與賓客」。
❺「勺」，二子本作「燕」。

恥之。」

龍門子曰：「是何言歟？君子之任道也，用則行，舍則藏。在《易·困》之初六則曰：『臀困于株木，入于幽谷，三歲不覿。』《象》曰：『入于幽谷，幽不明也。』言乎困而無自出幽之勢也。❶《泰》之初九則又曰：『拔茅茹以其彙，征吉。』《象》曰：『拔茅征吉，志在外也。』言時既泰，則君子志在上進也。君子未嘗不欲救斯民也，又惡進不由禮也，禮喪則道喪矣。吾聞君子守道，終身弗屈者有之矣，未聞枉道以徇人者也。」

龍門子寢疾，數月不出門。弟子不敢見，以告其友閭邱生。閭邱生聞之，疾趨而前問龍門子曰：「夫子之病，頭岑岑乎？目眊眊無所見，耳無所聞乎？」曰：「否。」「身重肉痿，足不收行，善瘈乎？胸痛引背，兩脇胠滿乎？上見欬唾，下爲氣泄乎？」曰：「否。」「解㑊脊脈痛，少氣不欲言乎？心懸如病飢，眇中清乎？邪傷於腎，癃閉不通乎？❷血暴溢熱，臚脹甚則胕腫乎？嗌乾黃癉，衄衊飲發乎？」曰：「否。」「然則夫子之病我知之矣。夫子之病，非病己也，爲斯世病也。今劍矟交橫，❸白骨不葬，高如邱陵，一遇天陰，鬼夜哭相聞，是夫子之病也。宮室化爲灰燼，生民流亡，倀倀無所依，以墟莽爲樓館，以橡芋爲臺壘，❹以崖广爲牀幃，❺以沼池爲壘洗，以明月爲燈燭，求生匄死，兩無其謀，是夫子之

❶「乎」，二子本作「君子」。
❷「閉」，二子本作「閟」。
❸「矟」，原作「稍」，今據二子本改。
❹「臺壘」，二子本作「膏粱」。
❺「广」，二子本作「廬」。

病也。田野荒蕪，五穀不生，貓戲成行，❶白晝出郊，行人鮮少，腥風穢灑，是夫子之病也。若是何如？」

龍門子曰：「然。是善知我。」閭邱生曰：「予聞馬之瘠肥，責乎牧圉；民之休戚，係乎廟朝。彼肉食者不知病，夫子以匹夫憂之，無乃有出位之思耶？憂非所當憂，不知；徒憂而不形於事，不仁。不知不仁，尚可謂學先王之道乎？」龍門子蹙然不答。

閭邱生退。龍門子召門弟子謂曰：「我非人則已，苟亦人爾，何可不憂世哉！何可不憂世哉！」

五矩符第二

龍門子曰：爲君者當謹五矩，爲臣者當行五彝，則天下治矣。

何謂五矩？一曰省愆也。何謂省愆也？昔者，湯之時大旱七年，雒坼川竭，煎沙爍石，於是使人持三足鼎祝山川，教之祝曰：「政不節邪？民失職邪？苞苴行邪？讒夫昌邪？宮室營邪？女謁盛邪？何不雨之極也？」蓋言未已，而天下大雨。故天之應人，如影之隨形，響之效聲者也。《詩》云：「上下奠瘞，靡神不宗。」言疾旱也。此所謂省愆也。

二曰受言也。何謂受言也？昔者，師經鼓琴，魏文侯起舞，賦曰：「使我言而無見違。」師經援琴而撞文侯，不中，中旒潰之。文侯謂左右曰：「爲人臣而撞其君者，罪何如？」左右曰：「罪當烹。」提師經下堂一等。師經曰：「臣可一言而死乎？」文侯

❶「貓戲」，二子本作「戲貓」。

曰：「可。」師經曰：「昔堯舜之爲君也，唯恐言而人不違；桀紂之爲君也，唯恐言而人違之。臣撞桀紂，非撞吾君也。」文侯曰：「釋之。是寡人之過也。懸琴於城門，以爲寡人符；不補旒，以爲寡人戒。」此所謂受言也。

三曰尊士也。何謂尊士也？昔者，鄒子説梁王曰：「伊尹，故有莘氏之媵臣也，湯立以爲三公，天下之治太平。管仲，故成陰之狗盜也，天下之庸夫也，齊桓公得之爲仲父。百里奚亡於洛，自賣五羊之皮，秦穆公委之以政。甯戚，故將車人也，叩轅行歌於康之衢，桓公任以國。司馬喜，臏腳於宋，而卒相中山。范睢，折脇拉齒於魏，而後爲應侯。太公望，故老婦之出夫也，朝歌之屠佐也，棘津迎客之舍人也，年八十而相周，九十而封齊。故《詩》曰：『緜緜之葛，在于曠野。良工得之，以爲絺紵。良工不得，枯死于野。』此七士者，不遇明君聖主，幾行乞匄，枯死于中野，譬猶緜緜之葛矣。」此所謂尊士者也。

四曰去驕也。何爲去驕也？昔者，成王封周公，周公辭不受，乃封周公子伯禽於魯。將辭去，周公戒之曰：「去矣，子其無以魯國驕士矣。我，文王之子也，武王之弟也，今王之叔父也，又相天子，吾於天下亦不輕矣。然嘗一沐而三握髮，一食而三吐哺，猶恐失天下之士。吾聞之曰：『德行廣大，而守以恭者榮；土地博裕，❶而守以儉者安；禄位尊盛，而守以卑者貴；人衆兵强，而守以畏者勝；聰明睿知，而守以愚者益；博聞多記，而守以淺者廣。』此六守者，

❶「博裕」，原作「轉俗」，今據二子本改。

皆謙德也。夫貴爲天子，富有四海，不謙者失天下、亡其身，桀紂是也。可不慎歟？故《易》有一道，大足以守天下，中足以守國家，小足以守其身，謙之謂也。其戒之哉！子其無以魯國驕士矣。」此所謂去驕者也。

五曰推仁也。何謂推仁也？昔者，楚惠王食寒菹而得蛭，因遂吞之，腹有疾而不能食。令尹入問曰：「王安得此疾也？」王曰：「我食寒菹而得蛭，念譴之而不行其罪乎？是法廢而威不立也，非所以使國聞也；譴而行其誅乎？則庖宰食監法皆當死，心又不忍也。故吾恐蛭之見也，因遂吞之。」令尹避席再拜而賀曰：「臣聞天道無親，惟德是輔。君有仁德，天之所奉也。病不爲傷。」是夕也，惠王之後蛭出，故其心腹之疾皆愈。❶天之視察，❷不可不察也。此所謂推仁者也。

何謂五彝？一曰進賢也。何謂進賢也？昔者，子貢問於孔子曰：「今之人臣孰爲賢？」孔子曰：「吾未識也。往者齊有鮑叔，鄭有子皮，賢者也。」子貢曰：「然則齊無管仲、鄭無子產乎？」子曰：「賜，汝徒知其一，不知其二。汝聞進賢爲賢耶？用力爲賢耶？」子貢曰：「進賢爲賢。」子曰：「然吾聞鮑叔之進管仲也，聞子皮之進子產也，未聞管仲、子產有所進也。」此所謂進賢者也。

二曰任事也。何謂任事也？昔者，趙簡子從晉陽之邯鄲，中路而止，引車吏進問：「君何爲而止？」簡子曰：「董安于在後。」吏曰：「此三軍之事也，君奈何以一人

❶ 「故」，二子本作「併」。
❷ 「察」，二子本作「聽」。

留三軍也？」簡子曰：「諾。」驅之百步又止。吏將進諫，董安于適至。簡子曰：「秦道之與晉國交者，吾忘令人塞之。」董安于曰：「此安于之所爲後也。」簡子曰：「官之寶璧，吾忘令人載之。」對曰：「此安于之所爲後也。」簡子曰：「行人燭過年長矣，言未嘗不爲晉國法也，吾行忘令人辭且聘焉。」對曰：「此安于之所爲後也。」簡子可謂内省外知人矣哉！此所謂任事者也。

三曰守儉也。何謂守儉也？昔者，晏子方食，君之使者至，分食而食之，晏子不飽。使者返，言之景公。景公曰：「嘻！夫子若是其貧也，寡人不知也，是寡人之過也。」令尹致千家之縣以賜晏子。❶晏子再拜而辭曰：「嬰之家不貧。以君之賜，澤覆三族，延及交游，以振百姓。君之賜也厚矣，嬰之家不貧也。嬰聞之，厚取之君而厚施之人，代君爲君也，忠臣不爲也；厚取於君而藏之，是筐篋存也，仁人不爲也；厚取於君而無所施之，身死而財遷，智者不爲也。嬰也聞，爲人臣進不阿上以爲忠，退不克下以爲廉。八升之布，一豆之食，足矣。」使者三反，遂辭不受。此所謂守儉者也。

四曰善諫也。何謂善諫也？晉平公閒居，師曠侍坐。平公曰：「子生無目眹，甚矣子之墨墨也！」師曠對曰：「天下有五墨墨，而臣不得與一焉。」平公曰：「何謂也？」師曠曰：「群臣行賂以求名譽，百姓侵冤無所告訴，而君不悟，此一墨墨也；忠臣不用，用臣不忠，下才處高，不肖臨賢，而君不悟，此二墨墨也；奸臣欺詐，空虛府庫，以其小才，覆塞其惡；賢人逐，奸邪貴，

❶「尹」，二子本作「吏」。

而君不悟，此三墨墨也；國貧民罷，上下不和，而好財用兵，嗜欲無厭，諂諛之人容容在傍，而君不悟，此四墨墨也；至道不明，法令不行，吏虐不止，百姓不安，而君不悟，此五墨墨也。國有五墨墨而不危者，未之有也。臣之墨墨，小墨墨耳，何害乎國家哉！」此所謂善諫也。

五曰知退也。何謂知退也？子張見魯哀公，七日而哀公不禮，❶託僕夫而去，曰：「臣聞君好士，故不遠千里之外，犯霜露，冒塵垢，百舍重趼，不敢休息以見君。七日而君不禮。君之好士也，有似葉公子高之好龍也。葉公子高好龍，鉤以寫龍，鑿以寫龍，❷屋室雕文以寫龍。於是天龍聞而下之，❸窺頭於牖，拖尾於堂。葉公見之，棄而還走，失其魂魄，五色無主。是葉公非好龍也，好夫似龍而非龍者也。今臣聞君好士，故不遠千里之外以見，顧七日不禮，君非好士也，好夫似士而非士者也。敢託而去。」此所謂知退也。

夫衍不省，則心德有虧矣；言不受，則人情壅閉矣；士不尊，則大業弗立矣；驕不去，則賢者遠避矣；仁不推，則貴賤罔附矣；賢不進，則國家空虛矣；事不任，則官曠職隳矣；儉弗守，則窮欲極奢矣；諫不善，則扞格難入矣；退不知，則倖進失己矣。爲君者當謹五矩，爲臣者當行五彝，而天下治。此之謂也。

❶「七日而哀公」，原脱，今據《新序·雜事》補。
❷「鑿以寫龍」，原脱，今據二子本補。
❸「聞」下，原衍「之」字，今據二子本删。

終胥符第三

晉人有終胥氏，阨於貧窶，盎無斗儲，椸上無完衣。與婦謀曰：「雍樂成行賈以饒；張氏賣漿而致千萬；郅氏灑削，列鼎而食；翁伯販脂，家累千金。亦在人自力耳。古語有言：『天下熙熙，皆爲利來；天下攘攘，皆爲利往。』予安得獨死貧乎？頗聞山西饒材竹穀纑旄玉石，山東多魚鹽漆絲聲色，予將貨百金而學賈焉。」其婦悦而聽之。終胥氏去三年，所向輒不利，其憔悴益甚。

楚人有芊熊氏，好使氣淩賤同類。衆讙然不從，共起而折辱之。芊熊氏恚曰：「彼非能辱我也，辱我之無勢耳。淮陰起於亡虜，絳侯出於織薄，樊將軍興於屠狗。古今若是者何可勝數？予顔面支體人爾，冠裳佩劍人爾，飯菽飲水人爾，何以異彼哉？彼能而吾不能，愧也。」於是瀝觴自誓曰：「所不能取金印如斗大者，有如是酒！」言已，拂衣徑去。徧詣五侯之家，高門懸薄，無見禮者。如是者亦三年，流離困頓，愈有所不堪。

一旦，會終胥氏於逆旅，各言其故，相與流涕不止。逆旅主人怪而問之，二人皆以實對。逆旅主人反覆譬曉，終不悟。乃謂之曰：「南山之陰有白鹿先生者，能於物理推見至隱，盍往質之乎？」二人者收涕而往，且歷陳艱苦之狀。白鹿先生歎曰：「嘻！何子愚之甚也？子不見大駔之家乎？塊視金寶，布視綺繡；穹房邃館，淒竹和絲：自謂可以傳無窮。身死肉未寒，子孫已有操瓢而乞者矣。又不見權貴之門乎？金章焜煌，紫綬赫艴，喑啞叱咤，可使山岳震盪、海水起立。曾未幾何，一跌而赤其族矣。嘻！何子愚之甚也？且子身有至寶，乃反不自知乎？」二人相顧駭曰：「何謂也？」曰：「範圍至道，妙契天符，初無聲臭，不分遠近，非至寶與？其博無際，❶其厚無涯，其高無上，其深無下，非至寶與？函天包地，載陰負陽，日月同明，鬼神同妙，非至寶與？不爲堯存，不爲桀亡，終古特立，不遷不變，非至寶與？」二人欣然歎曰：「吾二人寐方覺矣。」於是如獲萬金之資、上公之爵而歸。

龍門子閒居而有憂色，二三子相與謀曰：「先生憂矣，吾等當思有以樂之。」乃推一人進而言曰：「弟子事先生有年矣，先生志之所存，非小子所敢知。雖然，竊與聞焉。天下有道，出輔明君，以興一王之治，使三代禮樂復見當今，先生志也。復不輕於自進，❷必待上之人致敬而後翩然以起。安車弗臨而風沙襲人，先生之髮將向皓矣。今四海湯湯，未知所底定，先生之轍迹將安之乎？曷若盤旋邱壑，以樂先王之道哉？❸浦陽江上有仙華山焉，其拔起如旌旗，人迹之所罕至。其上多名藥，緑紛絳疊，可采；靈泉有鯈魚，時出没於中，可釣；沃壤數十畝，白雲冉冉，恒覆其上，可耕；山多巨石，面正平，可坐可奕，可列觴豆而飲。先生幸從所言，親枉玉趾而辱臨之，我二三子藉先生之寵靈，日求先生之所謂之道德，不亦幸乎？謹俯首再拜以請。」

❶「其博」至「寶與」二十字，原脱，今據二子本補。
❷「復」，二子本作「然」。
❸「樂」，原作「道」，今據二子本改。

龍門子憮然曰：「我豈遂忘斯世哉？天下之溺，猶禹之溺；天下之飢，猶稷之飢。我所願學禹稷者也，我豈遂忘斯世哉？雖然，予聞之，道之興廢係諸天，學之進退存諸己。存諸己者，吾不敢不勉也；係諸天者，予安能必之哉？予豈若小丈夫乎？長往山林而不返乎？未有用我者爾，苟用我，我豈不能平治天下乎？雖然，荆山之玉非不美也，卞氏獻之，而雙足見刖。予不佞，竊受教於君子矣，其不能爲卞氏決矣。二三子其治爾穢荒，締爾室廬，予與爾居之。二三子其挾爾琴書，操爾翰觚，載爾糇糧，吾將與爾終身焉。」

龍門子生龍門大山長谷間，質素渾朴，若蚩人然。機括智譎之事，皆不能知，年十八，猶挾書環堵中，連數月不出。或謂其父母曰：「爾子木偶人耳，漸長必僨事，何不使入通都大邑乎？乃衣冠所集，❶聞見必充也。」父母曰：「然。」於是遣讀書城南。既至，無不讙笑之。龍門子意其以誠遇己也，安之。笑者以爲得計，益餌之，狎侮欺紿，無所不至。謂上曰下，謂假曰真，謂紅青曰玄白。龍門子遇以其誠也，❷亦安之。如是者二年，人告之曰：「彼孩視汝耳，彼兒戲汝耳，子其察之。」❸龍門子自念曰：「彼方誦詩讀書學聖賢也，乃若是。」❹不信。❺告者又曰：「汝不徵予言，第深察之，

❶「乃」，二子本作「通都大邑」。
❷「遇」，二子本作「猶」。
❸「子其察之」，二子本作「汝安得從之」。
❹「若是」，二子本作「爾乎」。
❺「信」，二子本作「聽」。

當知是詐也。」❶龍門子察之至再，始疑之曰：「世之學者妄謂師聖賢耳，率假也。」如是者又二年，相習既久，朴亦漸散矣，於是自悔。治任將歸，別昔之告者曰：「向以子之紿我，今信然矣。予之來也，將充於見聞，以畜其德也。德則不畜，而僞日滋，可乎？不如東還。」告者高蹈撫膺曰：「子得之矣，子得之矣。」乃歌而送龍門子於河水之麋，抗手而別。其辭曰：「皎皎白衣，更而爲緇。有全者璧，勿玷而虧。汝守汝樸，而何以入城府爲？」君子曰：「三代之民，當於大山長谷中求之。」❷誠哉！是言也。

孔子符第四

公孫氏問於龍門子曰：「孔子爲魯司寇，攝行相事，有喜色，當時仲由竊疑之。有諸？」龍門子曰：「是戰國游士之談也，非君子之言也。吾聞之也，君子其動如天，其靜如地。夫子之動，天也，天何喜哉？」曰：「是固然矣。或者，其尚以禄仕爲悦乎？」曰：「非所以言孔子也。天子之貴也，四海之富也，非其道也，孔子弗受也。攝行相事，奚喜焉？以爲爲禄仕耶？君子未嘗詘道以徇物。以爲澤加於民耶？天下無一夫不被其澤，亦職分所當然也。奚喜焉？」

曰：❸「孔子之不爲禄仕而喜，則既聞命矣。然必得子貢而其名布揚於天下，必得顔淵而門人日益，必得仲由而惡言不入

❶「是詐」，二子本作「其誣」。
❷「於」，原作「以」，今據二子本改。
❸「曰」，原脱，今據二子本改。

於耳。孔子既聖矣，又似待二三子之助者何歟？」曰：「亦非所以言孔子也。夫虹璧藏於深山之中，而神光之燭天者燁如也。孔子其虹璧歟！鳳皇巢於阿閣之上，而衆鳥之相從者翕如也。孔子其鳳皇歟！麗日升於榑桑之間，而萬姓之尊上者躍如也。孔子其麗日歟！又何待二三子之助也？」

齊公子嗜古器物，聞有藏者，棄千金購之。寘於一室中，飯於是，寢於是。非是弗飽也，弗安也。賓至，輒一陳之以爲樂。龍門子謁之，公子出梁山鋗一，三牛彝一，壽亭侯印一，連環紐一，關内侯印一，橐駝紐一，曰：「此漢物也。」復出銅權一，鐵劍一，曰：「此秦物也。」復出仲姞義母匜一，楚姬寶盤一，鞞、琫、珩、璜各一，曰：「此周物也。」復出伯益鼎一，曰：「此商物也。」復出父丁敦一，曰：「此夏物也。」出已，面洋洋有矜色。左右譽之，室内之人又從而和之，咸嘖嘖曰：「吾聞世有博雅君子，愧未識，公子真其人哉！」龍門子獨默默不言。公子異而問之曰：「僕不敏，竊不自料，以好古爲事。服儒服而來過者，即請觀焉。觀畢，無不假顔色而賜之一言者。夫子獨不言不笑，將物非真耶？抑有説乎？」龍門子曰：「物固真耳，第公子所藏者，三代秦漢之器，非古也。」曰：「如此不爲古，無已，則有虞氏之敦乎？」曰：「有虞氏之敦，亦未古也。」曰：「其軒轅氏之九鼎乎？」曰：「軒轅氏九鼎，古則古矣，未爲至也。」公子笑曰：「然則庖犧氏之物乎？」曰：「然。」曰：❶「庖犧去今數千載矣，其物尚有存者

❶「曰」，原脱，今據二子本補。

乎？」曰：「有之。」曰：「孰有之？」曰：「予有之。」公子錯愕四顧謂左右曰：❶「夫子自謂有庖犧時物，我等當願走伏庭下，借一觀之洗凡目焉。」龍門子曰：❷「未易觀也。是物也，非尊非罍，非鼓非鐘。八角垂芒，煒煒煌煌。上配星文，契陰與陽。百神翼之，呵禁弗祥。是人文之所祖也，是鎮天下之神寶也。有之則治，無之則亂。未易觀也。請齋三日，然後見之。」公子嗜古甚，即如戒行齋。齋已求見。龍門子曰：「未可也。形貌雖潔，而志慮尚未一也。」公子退，復齊三日而求見焉。龍門子曰：「未可也。志慮雖一，而神未泰也。」公子乃存心虛無，上與神明居。如是又三日，復再往。龍門子曰：「可矣。」乃設几布筵，寘寶櫝其上，藉以文錦，列籩豆菹醢，舉觶灌酒漿，各再拜而興。啓櫝視之，乃八卦也。伏羲氏之《易》也。

閩姝有性淫者，恃顔色方姝麗，❸急欲得美少年匹之，因物色之。不得，躁甚，若弗能生者。一旦，有男子自南海來，髮漆黑，眉目娟好如畫，肌膚若玉雪，動止嫵媚，無不可愛者。姝聞之欲狂，不問夜執火往奔之。既至，男子加帽，飾以七寶，被文繡衣，繫白玉裝帶以出，五色照耀。姝見之，驚喜不能自禁，喜定，始能自叙曰：「妾慕君子久矣，第不足奉巾櫛侍左右，倘憐妾而進之，雖死不敢忘。」男子亦欣然納焉。姝事之，唯恐違其意。男子曰食，執匕箸前；

❶「公子」，原脱，今據二子本補。
❷「龍門子」至「求見」九十二字，原脱，今據二子本補。
❸「姝」，二子本作「姱」。

男子曰寢，拂枕茵以俟。至躬爲捧溺器，弗悔。

男子左臂若病瘍者，時以玄膏覆之。越一年，恒如初。姝私謂媵人曰：「瘍寧無愈時耶？更十二月久弗愈，是當有故爾。」力請視之。男子陽怒曰：「吾瘍旦夕瘥，人言婦女其眥多毒，❶若視之，必潰。」不許。姝益疑，醉以酒五斗，俟熟寐而發其覆，乃竊金被墨刑者。❷姝氣絶仆地，良久乃醒，持媵人手慟曰：「男子者，吾將藉之以致富貴者也。今不幸若是！予將更適人，此身一失，右姓名宗當不吾進，而閭閻之氓又非可媒者；將返父母之門，自度必不見容；將到死於利刃之下，又素弱，手不能自舉；思欲包羞蒙恥，相與白髮，今既見此，又何以自釋也？」言已復長慟。姝自是邑邑以疾終。

龍門子聞而歎曰：「女子不自重而輕於從人者，視此可以鑑矣。嗚呼！豈惟女子然哉？」

龍門子凝道記中

憫世樞第一

龍門子憫世蕪穢，思神交千載之上，無一刻忘去。夜方寢，忽夢上登清都，祥飈郁如，❸卿雲五色，如龍文鳥章，經緯乎上下。少前，有宮闕巍然，中有丈夫偉甚，月角日

❶「眥」，原作「背」，今據二子本改。
❷「金」，原脱，今據二子本補。
❸「郁」字，原重，今據二子本删。

準，河目龍顙，脩上而趣下，末僂而修耳，視若營四海，望之如仆，就之如升。旁從群弟子，皆華冠象佩，裳衣襜如也。丈夫起東行，其容煦煦然溫，其體翼翼然恭，其聲恂恂然和。周旋則合乎規之圓，折旋則中乎矩之方。弟子拱而趨，先後以齒，若鴻雁成列不亂。龍門子見之，歎曰：「世乃有如斯人乎哉！其威德之備，何其異於人也？其聖人乎哉！予然後知群山之培塿而岱嶽之爲尊也，衆鱗之雜遝而神龍之爲宗也，諸律之不齊而黄鍾之爲本也。吾誠得與斯人游，雖死無憾。」其弟子有招之者，曰：「爾爲誰？」龍門子曰：「越西宋濂也。」曰：「爾何以知丈夫之爲聖人也？」曰：「以其德容知之也。」曰：「然。丈夫之爲聖人也，其旋如乾，其轉如坤；其明如日，其變如雲；其疾如雨風，其妙如鬼神。非聖人而何哉？爾慕之而不學之，何也？」曰：「豈不願學焉？力不足耳。」曰：「聖人去世二千年矣，爾今所見者，殆其神陟降帝之左右者耳，爾安得與游？爾若願學焉，吾當有以告爾也。爾心中有聖人焉，與丈夫無毫髮異，爾朝夕以終始之，是亦丈夫而已矣。」龍門子泠然而寤，乃以語人曰：❶「聖人在吾身爾，何勞外慕哉？」

龍門子服一卉裘，十五年不更，綻裂則紉綴之。其友慕容支祈憐之，以狐白裘遺焉。龍門子曰：「狐裘比卉裘固美矣，其溫體則一也，是奚必以章章易弊弊者哉？請辭。」慕容支祈曰：「昔者聖人之制衣裳，所以爲身之彰也。衮黻鞶厲，昭其貴也；緇

❶「乃以語人」，二子本作「謂其門人」。

冠深衣，昭其質也；佩玉瓊琚，昭其德也；傴屨著綦，昭其容也；五色比象，昭其序也；上下有制，昭其度也。雖其制不同，所以慎威儀、尊瞻視、協用人文者一也，非直爲體之温而已也。先生服敝袍以矯世，獨不聞衣冠不正，輒望望然而去者乎？」龍門子曰：「子言善則善矣，濂竊有私焉。濂聞之先生長者，非心所安，一髮不可受諸人，服膺此言三十年餘而弗敢墜也。然則今何功，乃敢享子侈賜乎？與其服狐裘而愧，不若被卉裘而安也。敢固辭。」慕容支祈歎曰：「子可謂守道者也，朋友之饋且不受，況非義者乎？」挈裘而返。

龍門子出游大陵之阿，見遺胔焉，烏鳶群而啄之。龍門子泫然流涕曰：「汝獨非父母之子耶？先王之時，鳥獸得以遂其生，胎不至夭，卵不至殰，況汝人也耶？漢非先王時比也，亦殺人者死爾，汝以良民被俘而見戮，其果殺人也耶？何爲使汝至於此極也？掩骼埋胔之令，今孰行之？忍不爲汝一悽惻耶？嗚呼！汝獨非父母之子耶？」命從者掩之而還，愀然不樂者數日。

龍門子游左右塾，塾有師曰章生、鍾離生者，競龍門子問之。章生曰：「余以七尺之軀，誠能取爵禄於朝，高軒結駟，衣錦繡以還故鄉，縣令負弩矢前驅，庸夫孺子奔走愧汗，豈不爲榮觀也哉？」鍾離生笑曰：「是區區者，曷足與議天下事哉？使予得志，不折一尺，箠笞羌戎萬里外；即簪獬豸冠，立殿陛下，遇奸雄危社稷者，諛佞隳法憲者，觸而去之，使朝廷清明，陰慝不生，名書史官，流聲烈於無窮。不亦偉歟？」

龍門子曰：「二子之言固有優劣，然其失則一也。古之人仕也，欲安斯民也。覩斯民遑遑於塗炭之中，其心惻然曰：彼人也，我亦人也，厥身則同一身也。❶我之才足以有爲也，苟棄之而不救，則非人也；然欲救之，非仕不可也。如斯而已矣，豈知所謂榮與名哉？以榮與名而仕，必賤丈夫也。譬之渡長江之險者，必藉舟楫之利；行適千里之遠者，必藉騏驥之力；行濟物之志者，必假禄爵之貴。禄爵之貴，何有於我哉？何有於我哉？」

秋風樞第二

龍門子曰：「秋風蕭騷，百竅悲號。草木黄隕，蘭蕙爲之共凋。不亦悲乎？陰雲四興，閴閴冥冥。晝不覩日，夜不見月與星。不亦悲乎？猘啼我前，虎嘯我後。擇地而蹈，莫知其所。❷蒼蒼在上，曾不得告語。不亦悲乎？大江揚波，舟楫不通。鯨呿鼇擲，又輔以颶風。不亦悲乎？漆燈宵明，千里無人。蒿萊没垣，魑魅爲鄰。不亦悲乎？世變之極，一至於此乎？予欲上升鈞天帝都，吸沆瀣而餐朝霞，天關不啓，剛風迅急，不得而留也。予欲下詣清泠之淵，以明月爲館，以文貝爲堂，天吴九首，變幻惚恍，又不得而往也。予欲婆娑人間，求靈皋祕壤而游之，大山限隔，風氣不通，雖乘黄鵠，亦知其不能前也。嗚呼悲乎！予將何所之乎？人齡踰百，亦流電之一明

❶ 上「身」，原作「心」，今據二子本改。
❷ 「所」，原作「後」，今據二子本改。

耳。嘉禾既實，不薦粢盛，肯零墜於中野乎？色絲已染，不補袞衣之闕，肯備紅女之紉褻衣乎？雅瑟已調，不入清廟，肯淪辱於伶人之手乎？嗚呼悲乎！予將何所之乎？雖然，我生不有命在天，天命已定，我尚何悲焉？」於是命琴彈爲白石之操，而更之以落霞結雲之音，欣然而忘其悲。

龍門子曰：江東有匄徒，旅飲江上。酒方行，一年高者令於衆曰：「吾等雖匄者，守禮弗敢忘耳。毋效飲食賤儒，紛奪於鄉校間；即有效者，罰弗赦！」君子聞之，歎曰：「匄，大饕無恥者也。士以飲食故，又爲匄所賤，甚賤也哉！」

龍門子曰：衛人束氏，舉世之物咸無所好，唯好畜狸狌。狸狌，捕鼠獸也。畜至百餘，家東西之鼠捕且盡。狸狌無所食，飢而嗥，束氏日市肉啖之。狸狌生子若孫，以啖肉故，竟不知世之有鼠，但飢輒嗥，嗥輒得肉食，食已，與與如也，熙熙如也。南郭有士病鼠，鼠群行有墮甕者，急從束氏假狸狌以去。狸狌見鼠雙耳聳，眼突露如漆，赤鬣又磔磔然，意爲異物也，沿甕行不敢下。❶士怒，推入之。狸狌怖甚，對之大嗥。久之，鼠度其無他技，齧其足。狸狌奮擲而出。噫！武士，世享重禄，遇盜輒竄者，其亦狸狌哉！

龍門子曰：晉人有好利者，入市區焉，遇物即攫之。曰：「此吾可羞也，此吾可服也，此吾可資也，此吾可器也。」攫已即去。

❶「甕」，原作「鼠」，今據二子本改。

市伯隨而索其直，晉人曰：「吾利火熾時，雙目暈熱，四海之物皆若己所固有，不知爲爾物也。爾幸與我，我若富貴，當爾償。」市伯怒鞭之，奪其物以去。傍有哂之者，晉人戟手罵曰：「世人好利甚於我，往往百計而陰奪之。吾猶取之白晝，豈不又賢於彼哉？何哂之有！」

龍門子曰：海中有寶山焉，衆寶錯落其間，白光燁如也。海夫有得徑寸珠者，舟載以還。行未百里，風濤洶簸，蛟龍出沒可怖。舟子告曰：「龍欲得珠也，急沈之，否則連我矣。」海夫欲棄不可，不棄又勢迫，因刲股藏之，海波遂平。至家出珠，股肉潰而卒。

越西山氓鑿井得褭蹄金者。在法，民間發土藏，必聞之官，否則且有罪。人有發氓事者，官捕民索金。氓隱金，斷其陰而亡。

嗟夫！天下之至貴者身爾，人乃貴外物而喪其身。身死，雖寶奚用焉？何其惑之甚也！雖然，世之死利者大半，豈特二豎哉？

縣大夫問政，龍門子曰：「民病久矣，其視之如傷乎！」曰：「是聞命矣，願言其他。」龍門子曰：「勿爲盜乎！」曰：「何謂也？」曰：「私民一錢，盜也。官盜則民愈病矣。」曰：「若是其甚乎？」曰：「殆有甚焉，不稱其任而虛冒既廩者，亦盜也。」

陰陽樞第三

龍門子曰：陰陽之理，其見於人身者，

有足觀哉！陰右而陽左也，陽一而陰二也，陰逆行而陽順行也。何以明之？手太陰肺之脈，起於中焦，以次出於大指、次指之端，注大腸經。手陽明大腸之脈，起於大指、次指之端外側，循指上廉，出合谷兩骨之間，以次上俠鼻孔，注胃經。足陽明胃之脈，起於鼻交頞中，以次入大指間，出其端，注脾經。足太陰脾之脈，起於大指之端，以次從胃，別上膈注於心中，注心經。手少陰心之脈，起於心中，以次入掌内後廉，循小指之内，出其端，注小腸經。手太陽小腸之脈，起於小指之端，以次至目内眥，斜絡於顴，❶注膀胱經。足太陽膀胱之脈，起於目内眥，上額交顛上，以次至小指外側，注腎經。足少陰腎之脈，起於小指之下，斜趨足心，以次注胸中，注心包絡。手厥陰心包絡之脈，起於胸中，出屬心包，以次循小指、次指出其端，注三焦經。手少陽三焦之脈，起於小指、次指之端，以次交頰至目兑眥，注膽經。足少陽膽之脈，起於目兑眥，以次入大指，循岐骨内出其端，還貫爪甲，出三毛中，注肝經。足厥陰肝之脈，起於大指叢毛之際，❷以次從肝，別貫膈復上，❸注肺中。其條理之精暢，日玩之而日不厭也。譬之江河派分而奠於海也，枝柯分敷而貫於木也，二陰一陽，❹無往而不在也。手之三陰三陽，則天道也；足之三陽三陰，則地道也。人身與天地等也。陰陽各分太、少，而此有陽明、厥陰者，取兩陽合明、兩陰交盡之義也。

❶「斜絡」至「内眥」二十字，原脱，今據二子本補。
❷「叢」，二子本作「聚」。
❸「復」，原脱，今據二子本補。
❹「二」，二子本作「一」。

龍門子曰：❶吾嘗觀《易》焉，其發陰陽之精藴乎！陽，息于子而極于巳，消于午而極于亥。故一陽之卦，三十二分之十六，而升爲二；又三十二分之八，而升爲三；又三十二分之四，而升爲四；又三十二分之二，而升爲五；又三十二分之一，而升爲六，極於巳矣。五陽之卦，三十二分之十六，而降于四；又三十二分之八，而降于三；又三十二分之四，而降爲二；又三十二分之二，而降爲一，極于亥矣。何其遲於始而速於終也？吾嘗觀《易》焉，其發陰陽之精藴乎！

龍門子曰：孔子之傳《易》，孟子之釋《詩》，加以數言而其意炳如也。是何也？辭不必費也。辭之費，其經之離乎！漢儒訓詁經文，使人緣經以釋義，必優柔而自得之，其有見乎爾也。近世則不然，傳文或累言數百，學者復求傳中之傳，離經遠矣。其造端者，唐之孔沖遠乎？

龍門子曰：孟子之後，言性善者，蘇綽一人耳。三國之後，言推蜀繼漢者，習鑿齒一人耳。唐之後，言黜周存唐者，沈既濟一人耳。有識之士不世出也如是夫！

龍門子曰：古之帝者必有師。炎帝師悉諸，黄帝師封鉅、大塡、太山稽，顓帝師大彭，亮父、摎圖，帝嚳師赤松子、柏招，堯師君疇。夫五帝，大聖人也，猶或有師者，誠

❶ 此則原連上合爲一則，今據二子本分爲二則。

以天下之大，未易君也。後世乃反此，何哉？❶

楚邱生過龍門子而歎曰：❷「天下其廣矣乎！儒者所謂中國者，於天下乃八十一分居其一分耳。中國名曰赤縣神州，赤縣神州内，自有九州，禹之序九州是也，不得爲州數。中國外如赤縣神州者九，乃謂九州也。於是有裨海環之，人民禽獸莫能相通者，如一區中乃爲一州者。❸如此者九，乃有大瀛海環其外，❹天地之際焉。天下其廣矣乎！」龍門子曰：「是鄒衍閎大不經之言也。雖曰『先驗小物，推而大之，至於無垠』，其理無是也。然則衍能雲卧天行以超六合乎？不然，何以知之若是其悉也？六合之外，聖人存而不議，以其理之難明也，不如舍諸。」曰：「天下之廣，止如今中國而已乎？」❺曰：「否。雖然，予未能知之也。未能知之而强言之，弗敢也。」

天下樞第四

或問龍門子曰：「天下之物孰爲大？」曰：「心爲大。」曰：「吾聞物之大者，山則有嶽，水則有海耳，未聞心之爲大也。傳有之，心重一十二兩，中有七孔，三毛盛精汁，三合主藏神。此固甚小也，然則何爲其大也？」龍門子曰：「居！吾語汝：以形論之，其小固若是；其無形者，則未易以一言

❶「何哉」，原脱，今據二子本補。
❷「生」，原脱，今據二子本補。
❸「者」，二子本在「中」後。
❹「大」，原脱，今據二子本補。
❺「止」，原作「正」，今據二子本改。

盡也。」曰：「何也？」

曰：「仰觀乎天，清明穹窿，日月之運行，陰陽之變化，其廣矣，大矣；俯察乎地，廣博持載，山川之融結，草木之繁蕪，亦廣矣，大矣。而此心直與之參，混合無間，萬象森列而莫不備焉。非直與之參也，天地之所以位，由此心也；萬物之所以育，由此心也。能體此心之量而踐之者，聖人之事也，如羲、堯、舜、文、孔子是也；能知此心，欲踐之而未至一間者，大賢之事也，如顏淵、孟軻是也；或存或亡，而其功未醇者，學者之事也，董仲舒、王通是也；全失其心，❶而唯游氣所徇者，小人之事也，如盜跖、惡來是也。然而此心甚大也，未易治也，未易養也。歘然而西，忽焉而東，其妙不測，而乘氣機出入者也。苟失正焉，翩然而風起，滃然而泉湧，有不可殫名者矣。是故孔子叙《書》，傳《禮記》，删《詩》，正樂，序《易》、《彖》、《繫》、《象》、《説卦》、《文言》，作《春秋》，何莫不爲此心也？諸氏百子之異户，出則汗牛馬，貯則充棟宇，雖言有純疵，學有淺深，亦爲此心也。心一立，四海國家可以治；心不立，則不足以存一身。使人人知心若是，則家可顏孟也，人可堯舜也，六經不必作矣，况諸氏百子乎？」

曰：「心之大，敬聞之矣。學者何所用功，而能克是乎？」曰：「周公、孔子，我師也；曾子、子思，吾友也；《易》、《詩》、《書》、《春秋》，吾器也；禮樂仁義，吾本也；刑罰、政事，吾末也。四海之大，無一物非我也。一物不得其所，吾責也。夫然，故若天之覆也，地之載也，不知孰爲天地也，孰爲我心

❶「其」，二子本作「是」。

也，亦一而已矣。」

曰：「夫子之言美甚。人之自狹者，❶則小人而已。」曰：「然。一失則小人也，再失則夷狄也，三失則禽獸也。❷人而禽獸也，惡足與言夫心哉？」曰：「然則養之又有要乎？」曰：「有。」曰：「何謂也？」曰：「懼其炎而上也，則抑之；恐其降而洿也，則揚之；察其遠而忘也，則存之；度其陋而小也，則廓之；慮其躁而擾也，則安之；審其滯而沈也，則通之；視其危而易搖也，則鎮之。是謂七術，納乎中而式乎軌者也。納乎中而式乎軌，舍敬，何以存之？」曰：「聖人之聖如斯而已乎？」❸曰：「止是而已矣。欲損之，非有餘也；欲加之，非有虧也。亦止是而已矣。」

龍門子曰：地理之學，其難定乎？《爾雅》謂「河出崑崙虛，色白，所渠并千七百一川，色黃，百里一小曲，千里一曲一直」。《書》謂「導黑水至於三危，入於南海」。今黃河自星宿海發源，歷九渡河始經崑崙而北，會於臨洮積石之西，黑水復流其西界，而徑趨滇越之外境。則夫以中郎度爲天下之中者，❹未可以人跡之所罕至而遽非之也。

星曆之説，其難稽乎？中國每月三日而月乃哉生明；今西域尋斯干城，則於朔夕見西南。中國月初生之夕，去地纔數尺耳；今交州則在天之中心。中國之星出於石中、甘德、巫咸三家所定，中外宮與紫宮，

❶「狹」，原作「挾」，今據二子本改。
❷「則夷狄也三失」六字，原脱，今據二子本補。
❸下「聖」，二子本作「學」。
❹「郎」，二子本作「印」。

總一百八十三名，一千四百六十四星；今南海之濱煌煌爛爛，森列上下，皆三家之所未明者。❶則夫累代之曆法，亦不可專泥渾天之器，而不參夫《周髀》、《勾股》之術也。

龍門子曰：月光常盈而不虧。其或虧或盈者，以人所視之地有正偏也。考《靈曜》所謂「月當日則光盈，近日則明盡」者，妄矣。二十八宿及七曜，皆循天而左行。曰右旋者，算曆之巧術也。渾天家所謂「日月五星，逆天而行，并包乎地」者，亦繆矣。

先王樞第五

龍門子曰：先王之時，道明德懿，風俗淳厚。爲人上者，一動一静，皆足以氣感神孚，使人革心而趨善，所以謂之憲老。憲老，儀刑其德而已，初無事於問也。其次則有問有答，亦必待憤悱而後始告之耳。今之講師則不然，執卷危坐，牽引義例以眩惑群聽，健舌一鼓，亹亹數千言而未止，初不待於問也。所以聽之者欠伸思睡，而弗識所講爲何言也。嗚呼！講説繁而經日晦。善哉言乎！❷

或謂龍門子曰：「日者，太陽之精，積而成烏，象烏，陽之類也，其數奇也；月者，陰精之宗，積而成獸，象兔，陰之類也，其數偶也。此言何如？」曰：「烏、兔之説，猶龍、虎、烏、蛇之況二十八宿也。蓋烏之尾翹，鍾陽之精也；兔之脣缺，稟陰之氣也。

❶「三家之所未明者」七字，原爲空格，今據二子本補。
❷「善哉言乎」，二子本作「旨哉言乎旨哉言乎」。

故借二物以喻其象也，非日月中實有是也。」曰：「日固無之，月若有焉，何也？」曰：「日猶火也，火則施光也；月猶水也，水則含影也。光摇於外，故多眩；❶影定於内，故易見也。然則何影也？地與水也。」

龍門子曰：坎、離者，陰陽之性命。離，陽也，其中有陰。坎，陰也，其中有陽。離之象，火也，外明而内暗；坎之象，水也，外暗而内明。❷是謂陰陽之精互爲其宅者，然也。❸

龍門子歎曰：酇侯者，萬世之罪人也。當始皇燒天下之詩書，而藏於秦博士者故在，未嘗亡也，酇侯乃棄之而取口户阨塞之圖，❹方與咸陽宫殿一火俱盡。悲夫！酇侯刀筆吏，惡識所謂經術，固無足責。入關之士奚翅數萬，❺而無一人及此，何也？是豈天實欲喪斯文哉？雖然，千載之下，不得見先聖之全經，果誰之過歟？若酇侯者，❻萬世之罪人也。

龍門子曰：科舉之文興，天下無文辭矣；孝悌之名聞，天下無善俗矣；循廉之行著，天下無良吏矣；貞操之事彰，天下無烈婦矣；記誦之習勝，天下無真儒矣；穿鑿之學多，天下無六經矣；忠直之行顯，天下無全節矣。是皆衰代事也，治世則反是。

❶「多」，原脱，今據二子本補。
❷句下，原衍「外暗而外明」五字，今據二子本删。
❸「爲」，二子本作「藏」。
❹「口户」，二子本作「户口」。
❺「士」上，二子本有「將」字。
❻「若酇侯者」二句，原脱，今據二子本補。

龍門子曰：孔子繫《易》有云，黄帝、堯、舜，垂衣裳而天下治。《史記》則書軒轅與炎帝戰于阪泉之野，諸侯咸尊軒轅爲天子，代神農氏，是爲黄帝。是則征伐而得天下自黄帝始。湯之放桀，何以謂「予恐來世以台爲口實」；仲虺作《誥》，何以不引阪泉之事爲言乎？學者當以孔子之言爲正。予蓋聞之子黄子云。

龍門子曰：體用之言，非六經之言也，浮屠氏之言也，借用之耳。究其所以異同，則猶薰蕕不可共器而藏也。❶

龍門子曰：游、夏之文學，❷非今世之詞章也，詩書禮樂之事也。若專謂子游作詩歌，子夏作傳記爲文學者，❸其待游、夏也淺矣。

或謂龍門子曰：「古帝王之道，至周末而益離，天生孔子而一之。孔子卒後七十一年，而子思作《中庸》。迨孟子出，去孔子卒時纔一百四十四年耳。天生二大賢於其間，而孔子之道益明，而異端之説熄矣。天之衛道之嚴蓋如此。自孟子没後千有餘年，佛老之言遂充塞宇宙。此無他，聖賢不世出故也。如之何？」龍門子曰：「子何問之卑也？聖賢固不世出，其書還存乎否也？究其言，❹明其道，雖百佛老不能惑也。不然，自治且不暇，他何恤哉？」

❶ 以上三則，原闕，今據二子本補。
❷ 「學」，原作「章」，今據二子本改。
❸ 「詩歌」，二子本作「檀弓」。「傳記」，二子本作「樂記」。
❹ 「言」，二子本作「書」。

龍門子曰：赤道紘帶天之中，日道、月道斜交赤道之内外，其周迴長短與赤道無差，❶而日月每日行度亦無盈縮進退。曆家欲求日月交會，故以赤道爲起算之法。以赤道度數，而揆之黄道，則日行有盈縮焉。以赤道度數，而揆之月道，則月行有進退焉。非日月之行其有盈縮進退也。❷此蓋聞之子吴子云。

西域賈胡有持寶來售，名曰瓓者，其色正赤如朱櫻，長寸者，直踰數十萬。龍門子問曰：「瓓可樂飢乎？」曰：「否。」「可已疾乎？」曰：「否。」「能逐癘乎？」曰：「否。」「能使人孝弟乎？」曰：「否。」曰：「既無用如是，而價踰數十萬，何也？」曰：「以其險遠而獲之艱深也。」龍門子笑而去，謂弟子鄭淵曰：「古人有云：黄金雖重寶，生服之則死，粉之入目則眯。寶之不涉於吾身者尚矣。吾身有至寶焉，其值不特數十萬而已也。水不能濡，火不能焫，風日不能飄炙。用之則天下寧，不用則身獨安。乃不知夙夜求之，而唯此之爲務，不亦舍至近而務至遠者耶？人心之死久矣夫！人心之死久矣夫！」

樂書樞第六

或問龍門子曰：「《樂》書不幸久亡，而《禮經》亦出漢儒修補，殊非先王盛典，故自相矛盾者多。禮壞樂崩，何時得見三代之治乎？」龍門子曰：「天尊地卑，萬物散殊，

❶「迴」，二子本作「圍」。
❷「其」，二子本作「真」。

禮之序也；陰陽訢合，❶萬物化生，樂之和也。天地之禮樂未嘗亡也，則人心禮樂，千古一日，曷得而亡之哉？嗚呼！《禮》以飾躬，躬斯治矣，儀章度數云乎哉？《樂》以治心，心斯和矣，聲音遲疾云乎哉？」

或問：「神仙之説有諸？」龍門子曰：「有之。」曰：「何謂也？」曰：「人身有至中焉。洞然而虚，窈然而深，是謂玄牝之門。玄牝之門，真息之根也，凝神之室也。虚以待之，久則氣聚。氣聚則精合，精合則神凝，神凝則可久視而長世矣。雖然，無以爾爲也。死生者，如晝夜之必然也。生順死安，天理也。逆天理而苟生，吾不爲也。」

曰：「方技家聞有役雷霆狎褻如兒戲者，有諸？」龍門子曰：「亦有之。」曰：「何謂也？」曰：「烱然靈根，與天地通。風霆流行，雨雲敷澍，皆心中之已具者，非假外求也。以吾之神，契天之神，則上下孚格矣；以吾之氣，感天之氣，則陰陽冥會矣。是亦理之必然者。何也？鄒衍仰天而哭，六月霜降；魯陽公援戈而揮，日返三舍。憤夫壯士一時精神所召尚若此，❷況積之有素者乎？雖然，此小數也，❸儒者不道也。」

予因是而竊有感焉，人心同乎天地，可以宰萬物，可以贊化育，而獨局於文辭一偏之技，何其陋耶？

龍門子曰：造文家與傳經家皆欲明夫道也，二家多不相能。傳經家曰：「文者，

❶「訢」，原作「訴」，今據二子本改。
❷「召」，原作「名」，今據二子本改。
❸「小」，原脱，今據二子本補。

虚辭而已耳，吾不願學也，當學釋經以明道。❶道明，天下治矣。韓、柳文雖高，不足以與此。其可言此者，必王、鄭諸人乎！」造文家曰：「孔孟以前，學者未嘗釋經，而言治者每稱三代，道何嘗不明？王、鄭之時，説經最號專門，乃大亂數百年而後止。當時學者豈不知宗其學？道何以不明？天下何以不治也？是皆託傳經之名，以飾其不能文之陋耳。使韓、柳之爲是，其有不敵王、鄭者乎？」

於戲！是二者皆未爲得也。道無往而不在，豈易明哉？造文固所以明道，傳經亦將以明道，何可以歧而二之哉？東漢以下，道術不一，學者始各即心爲師。❷以組麗華彩爲文，非載道矣；以穿鑿破碎爲學，非釋經矣。其不相能，又何怪乎？知道者一嘅可也。

龍門子曰：吕后僭竊，幾移漢鼎，實啓後世女主專制之禍。史家雖曰據事直書，宜作《惠帝紀》而附見吕后之事。今乃反之，司馬遷其無識之人耶？《古今人表》所次，管、晏、左邱明列之第二，游、夏及曾點父子列之第三。數子之高下，道德功利之淺深，甚不難知也。今乃反之，班固其亦無別之人耶？

龍門子曰：四皓、陳圖南，其振世之人豪哉！當秦及五季之亂，四海鼎沸，生民塗炭，奮然思起而救之，所以屈群策、一天

❶「釋」，原作「什」，今據二子本改，下同。
❷「即」，原作「印」，今據二子本改。

下之謀，❶未必在人後也。及聞漢高帝出，則四皓歸商山矣；宋藝祖在位，❷則圖南隱華山矣。蓋其心以救民爲急，苟有任之者，則身可退矣。彼之爲，即我之爲也，初何心於天子之貴哉？高帝、太祖不敢强臣之，蓋亦知其志矣。

河圖樞第七

龍門子論《河圖》、《洛書》，而歎衆説之不一。有客卒然問曰：「龍馬負圖，聖人因之以作《易》；神龜負書，聖人因之以叙《疇》。圖之數，始于一，中于五，成于六，終於十，衍之而《易》數存焉；書之數，辨於八，會於五，布之而《疇》數存焉。天地萬物之數，至於百千萬億而不窮，不過一與五相乘，縱横聚散而成算耳。自一至五，本於一。自六至十，本於五。故百千萬億者，一、五之積也。推此以往，可以通變，可以知來矣。此説何如？」龍門子曰：「此固善於推數也。然《河圖》則八卦是也，非予之言也，孔安國、王肅、王充之言也。《洛書》本文則《洪範》，初一至次九，六十五言是也。亦非予之説也，班固之説也。」

龍門子曰：小雪後，陽一日生一分，積三十日，陽生三十分，而成一畫，故爲冬至。小滿後，陰一日生一分，積三十分而成一畫，故爲夏至。陽積六畫而爲乾，乾當四月。其中氣謂之小滿者，滿不可大也，大則亢矣。積陰六畫而爲坤，坤當十月。謂之

❶「一」，二子本作「畫」。
❷「在」，二子本作「即」。

陽月者，陽不可無也，無陽則純陰用事矣。國家欲長治而不亂者，其思戒盈滿乎！其思崇陽而抑陰乎！

龍門子曰：天氣之運也，一晝一夜行九十萬餘里；人氣之運也，一晝一夜行一萬三千五百通。是人與天無一息止也。天止一息，則災害生；人止一息，則疢疾起。君子法天之健以自强，故聖；小人違天以自肆，故狂。是一息不法天，則心死一息也；一朝不法天，則心死一朝也。人心既死，是行尸耳，其行事果能合天乎？然則法天亦有道乎？曰：有，存心之謂也。

龍門子曰：程叔子勉從弟潁曰：「王介甫《易説》，宜熟誦之也。」及晚謫涪陵，貽金堂謝氏書，猶勉以「學《易》當自王介甫」也。金陵之學固多可議，其有善可取者，君子弗棄也。今世以人廢言者，其可哉？

龍門子曰：《易》有先天，聖人禮樂之源也。觀《先天圓圖》可以制禮，天高地下，貴賤以位，禮之分也。觀《先天方圖》可以制樂，陽升陰降，相盪相摩，樂之情也。禮樂之道，斂之本乎一心，放之塞乎天地。嘗聞之于柳子云。

我祁子問龍門子曰：「儒者，柔懦之稱，三代以上無專名。孔子謂子夏，但云君子、小人。是小人亦可謂儒也。若儒行之作，乃戰國之士託焉以自尊。今人乃因之，負儒以爲高名。❶其圓冠方屨，儒也；其堯

❶「高名」，二子本作「名高」。

行舜趨，儒也；其掞藻摛華，儒也。其行則閭閻小人有不爲也。是奚可哉？是奚可哉？」

龍門子曰：「子不見夫木乎？有梗楠焉，有松柏焉，有豫章焉，有桐梓焉，有欂櫟焉，若是者不可悉名，均號爲木也。然則所用之才異：或爲建章之楨幹者，或爲閟宮清廟之甍楹者，或爲琴瑟俎几以奉君子者，或擁腫液樠而不足材者，或臭穢蕪朽而不能薪者。子可以一而視之乎？木尚不可一視之，而況於儒乎？予聞之，有其實者，不羨於名；有其名者，或爽於實。實儒也，謂之儒可也；實非儒也，方有託之以爲名高者。託之以爲名高，豈儒者之事哉？子并儒之名疑焉，亦過矣。」

龍門子曰：古之君子，城陷被執，雖刀鋸在前，鼎鑊在後，毅然而弗懾者，欲殺身以成仁也。嗚呼！人生斯世，終歸一死耳，壽死，死忠，何不可哉？嗚呼！今之君子胡爲不能然也？今之君子見身而不見仁，古之君子見仁而不見身，此所以有異也。死生固大矣哉！然亦有定命存乎其間。縱得生矣，淫癘之爲災，不能死人乎？嗜欲之不慎，弗能死人乎？何獨於死忠斬之乎？嗚呼！今之君子，何爲不能然也？言至於斯，涕泗汍瀾而已。

尉遲樞第八

尉遲邱問於龍門子曰：「古者諸侯不再娶，於禮無二適。孟子既入惠公之廟，仲子無祭享之所，乃別立宮以祀之，此明驗也。今或祔二妻於一室者，無乃非禮意乎？」龍門子曰：「是有説也。古者諸侯一娶九女，夫人之外則姪娣也。廟無二適，所以預絶其争心也。秦漢以來，此禮廢已久矣。今之再娶，皆夫人也。豈可貶之以儕姪娣乎？連祔之宜也。在昔則有行之者矣。」

曰：「此則敬聞命矣。婦事舅姑，猶子事父母也。舅有殺其父者，其婦事之，則父讎也；不事，則舅也。如之何則可？」曰：「古之人有云：父子天合，夫婦人交。天合者，不可離；人合者，則唯義所在何如耳。舅殺其父，則義乖矣。義乖則塗人而已也，何舅之爲？離而去之可也。」曰：「去之可再適人乎？」曰：「不可也，婦人於禮不再適也。」

尉遲生退而歎曰：「吾今後乃知禮義乃天下之大中也。大中，非膠於一定之謂也，權而已矣。」

越西有獨居男子，結生茨以爲廬，力耕以爲食。久之，菽粟鹽酪具，無仰於人。❶嘗患鼠，晝則纍纍然行，夜則鳴囓至旦，男子積憾之。一旦，被酒歸，始就枕，鼠百故惱之，目不得瞑。男子怒，持火四焚之，鼠死，廬亦毁。次日酒解，倀倀無所歸。龍門子唁之，男子曰：「人不可積憾哉！予初怒鼠甚，見鼠不見廬也，不自知禍至於此。人不可積憾哉！」

龍門子曰：「古之人生子，三月而名，年二十而加布於其首，於是始字之，所以尊其名也，亦《周禮》之彌文也。後世於字之

❶「人」下，二子本有「者」字。

外，又加別稱焉，果《禮》意乎？子孫於祖禰例稱字，如《儀禮》之所載是也；弟子於師例稱字，如孟子稱仲尼是也。非惟此然也，降及中世，亦有字其諸父者矣，又有字其諸祖者矣。夫人之至尊者，莫過於祖若父，師又其次焉，尚皆字之而不避，蓋字之乃尊之也。自諂諛卑佞之習勝，天下之人皆倀倀焉，❶不敢字其友者，亦有之矣。世之不古若矣。嗚呼！世之不古若者，寧獨此哉？寧獨此哉？

龍門子曰：父母之喪，不飲酒食肉，禮也。肉以其味甘也，酒以其亂性也。性亂則哀亡矣，則酒尤重也。世之服重服者，肉固弗食，而沈嗜酒飲何耶？❷

龍門子曰：天之愛人君者，不至矣哉！❸天，無言者也。人君行事有失，天則災異以譴告之，若父之於子然。子有過，則詔之飭之，甚則扑之。此無非愛之至也。❹父若棄子，則刻苦之辭不加之矣；天若棄人君，則生祥下瑞徧四方矣。是知災異迭興，人君懼而脩德，則治如漢之世是也；❺祥瑞數見，人君矜而徇欲，則亂如五季之時是也。祥瑞之興，國之妖；災變之臻，國之福。信哉！

魏人以博物名，偶於河濱得銅器，如觴焉，而竅其兩傍，文章爛如也。魏人得之喜

❶「皆倀倀」，二子本作「始睸睸」。
❷「沈」，二子本作「獨」。
❸「不至矣哉」，二子本作「不其至哉」。
❹「非」，二子本作「他」。
❺「世」上，二子本有「盛」字。

甚，召所與游者曰：「予近得夏殷之器，宜同玩之。」且實酒爲壽。獻酬未竟，仇山人自外至，愕曰：「子何得乃爾？是銅襠也，角觝家用以護陰者也。」魏人慚，棄之不敢視。

楚邱有士，其博物不下魏人。一日獲器象馬形，鬣尾皆具，而竅其背。詢之遠近，咸無識者。一士獨曰：「古有犧尊，有象尊。是尊類犧象者也，其殆馬尊歟？」士大喜，櫝而藏之。遇享尊客，輒出以盛酒漿。仇山人偶過焉，復愕曰：「子胡得乃爾？是溺器也，貴嬪家所謂獸子者也。」士益慚，亦棄之弗顧如魏人。舉世恒笑之。

龍門子聞而歎曰：「世無真識，妄亂名實者多矣。尚何暇二士之笑哉！」

宋文憲公全集卷五十一終

宋文憲公全集卷五十二

龍門子凝道記下

段干微第一

段干氏問龍門子曰：「秦漢以來，正學失傳，至宋而復盛。因願竊有聞也，幸歷以告我金陵之學何如？」曰：「穿鑿聖經而附會己説，甚者竊佛老之似，以誣吾聖人之教。學顔孟者固如是乎？又其甚者，一假功利以摇動天下，利源一開，魚爛河決而莫之禁。如此尚可爲國耶？予嘗謂亡宋天下者，自金陵始也。」曰：「然則無一髮可取乎？」曰：「確執堅信，淡然不爲位勢動，是則何可及也？所惜者，學之疵耳。」

曰：「眉山之學何如？」曰：「其文辭氣燄有動摇山嶽之勢，蓋其才甚高，識甚明，舉一世皆奔走之。恨其一徇縱横捭闔之術，而弗知先王之道。士之輕佻浮誕者恒倚之以爲重，禮義廉恥，則棄去而弗之恤。使其得君，其禍天下有不在金陵下也。」

曰：「東嘉之學何如？」曰：「東嘉之學，人或不同，大抵尚經制而求合乎先王，攻禮樂以振拔乎流俗，二者亦一道也。第其致力，忘大本而泥細微，而見諸行事者，皆繳繞膠固而無磊落俊爽之意，徒以辭章議論馳騁於一時，蓋其所失也。其立言純懿而弗背者，傳之千百世可也。」

曰：「永康之學何如？」曰：「氣豪而學

偏者也。使其當今之世，擁百萬兵馳騁於天下，堂堂之陣，正正之旗，實有一日之長。是何也？其智數法術，往往可馭群雄而料敵情，而剛烈之氣，又足以振撼而翕張之，其能成功宜也。若論先王之道德，一怒而安天下之民，則瞢乎未之見也。」

曰：「金溪之學何如？」曰：「學不論心久矣。陸氏兄弟卓然有見於此，亦人豪哉！故其制行如青天白日，不使纖翳可干。夢寐即白晝之爲，屋漏即康衢之見，實足以變化人心。故登其門者，類皆緊峭英邁而無漫漶支離之病。惜乎力行功加而致知道闕，或者不無憾也。」

曰：「橫浦之學何如？」曰：「清節峻標，固足以師表百世，其學則出於宗杲之禪，❶而借儒家言以文之也。儒與浮屠其言固有同者，求其用處，蓋天淵之不相涉也，其可混而爲一哉？金溪之學，則又源於橫浦者也，考其所言，蓋有不容掩者矣。」

曰：「金華之學何如？」曰：「中原文獻之傳，幸賴此不絕耳。蓋粹然一出於正，稽經以該物理，訂史以參事情。古之善學者，亦如是爾。其所以尊古傳而不敢輕於變易，亦有一定之見，未易輕訾也。當是時，得濂洛之正學者鼎立而爲三：金華也，廣漢也，武夷也。雖其所見時有不同，其道則一而已。蓋武夷主於知行並進，廣漢則欲嚴於義利之辨，金華則欲下學上達。雖教人入道之門或殊，而三者不可廢一也。嗟夫！龍亡虎逝，而孽狐爲之雄；山摧嶽仆，而培塿爲之大。氣宇厭厭，四分五裂之弊，今乃實蹈之矣。寧不爲鄉學之一慨

❶「杲」，原作「果」，今據二子本改。

哉！雖然，學以存此心也；心存，則理之所存也。前乎千萬世，此心同，此理同也；後乎千萬世，此心同，此理同也。近而一身之微，此心同，此理同也；遠而四海之廣，此心同，此理同也。所謂東海有聖人出焉，此心同，此理同也；西海有聖人出焉，此心同，此理同也；南海北海有聖人出焉，此心同，此理同也。吾何憂哉？天之高也，吾不愧其覆也；地之厚也，吾不愧其載也；心之弘也，吾不愧其體也。吾何憂哉？然則將何憂乎？憂不如孔子而已矣。」❶

段干氏曰：「我未之聞也，謹受教。」

龍門子曰：昔吳起出遇故人而止之食，故人曰「諾」。起曰：「待公而食。」故人至暮不來，起不食待之。明日早，令人求故人。故人來，方與之食。起之不食以俟者，恐自食其言也。其爲信若此，❷宜其能服三軍歟？欲服三軍，非信不可也。子之相燕，坐而佯言曰：「走出門者何？白馬也？」左右皆言不見。有一人走追之，報曰「有」。子之以此知左右之不誠信。子之相燕，宜以誠以信，何以詐妄爲？己正而人或不從，況教之以詐哉？宜其亂人國也。凡亂人國者，皆巧詐用智之人也。

君子微第二

鄧奇生問於龍門子曰：「君子小人甚難辨也，其辨如之何？」❸龍門子曰：「古語

❶「憂」字，原缺，今據二子本補。
❷「信」，二子本作「人」。
❸「其」，二子本作「欲」。

有之：光明正大，疏暢洞達，如青天白日，如高山大川，如雷霆之爲威，如雨露之爲澤，如龍虎之爲猛，如麟鳳之爲祥，磊磊落落，無纖芥可疑者，必君子也；❶依阿洟涊，回互隱伏，糾結如蛇蚓，瑣細如蟣虱，如鬼蜮狐蠱，如盜賊詛祝，閃倏狡獪，不可方物者，必小人也。以此觀之，雖不中，不遠矣。」

曰：「然則何爲甘從小人也？」龍門子曰：「大哉問也。小人亦人耳，今指三尺之童而辱之曰：『爾小人也哉！』則面頸發赤而去。譬之以君子，則揚揚然有喜色。夫三尺之童至無知也，亦知小人爲可惡，君子爲可好，是何也？人心終不亡也。但逐逐於物，而不自返也。」

曰：「欲改其行，奈何？」曰：「不難也。一朝爲跖，暮可孔也；晨爲紂，夕可舜也。一反掌而已矣。周公、仲尼之道燦如也，學之則至也，不學則終身不知也。千里之遠，起於足下之一步也，一步即千里也，雖遠可到也；若安坐，則不能也。其不能者，必自謂曰：『我何人也？而敢學周公、仲尼。』是自棄者也。」

曰：「周公、仲尼，大聖人也，子乃易言之。一則曰周公、仲尼，二則曰周公、仲尼，無乃不可乎？」曰：「是誠樂之也，樂之故志之，不自知其辭之複也。目不辨白黑，謂之盲；耳不聞鐘鼓，謂之聾；鼻不知臭香，謂之塞；心不察是非，謂之蠱；身不學周公、孔子之道，謂之賊。賊者何？害其心者也。」

❶「也依阿洟涊」至「閃倏狡獪」三十三字，原作白框，今據二子本補。

龍門子謂其門人曰：「二三子其畏之哉！明明上帝，日與汝俱也。汝乘焉，則帝在轡御也；汝飲焉，則帝在觴斝也；汝寢焉，則帝在筦簟也；汝語焉，則帝在吻齒也；汝默焉，則帝在左右也。無一息與汝相離也。汝當無一息不見帝也，違之則違昊天也，違昊天則非人道也。二三子其畏之哉！凜凜乎如朽索之馭六馬也，兢兢乎如泰山之壓卵也。汝勿自恣，欲因以肆；汝勿自戕，德由是亡；汝勿荒怠，日與凶會；汝勿徇偏，神將不全。勿謂柔可欺，淤泥之中或藏利錐；勿謂剛無害，巨闕之鍔遇石亦碎。二三子其畏之哉！知誠之足以動人也，宜篤之；觀僞之不可臨物也，當革之。翼翼而恭，勿以傲從之；煦煦而和，勿以暴更之；桓桓而威，勿以懦守之；矯矯而勇，❶勿以餒畫之。能若是，不得爲聖人，亦得爲賢人矣。二三子其畏之哉！」

或者歎曰：❷「仲尼之没久矣乎！使九京可作，吾當爲執鞭矣乎。」龍門子莞爾而笑。或曰：「夫子何笑也？」龍門子曰：「笑子之惑也。」曰：「何謂也？」曰：「仲尼不死也。」曰：「傳有之：孔子之喪，公西赤掌殯葬焉。含以疏米三具，❸襲衣十有一稱，加朝服一，冠章甫之冠，佩象環，徑五寸而綦組綬，桐棺三寸，❹柏槨五寸，藏於魯城北泗水上。藏入地，不及泉而封，爲偃斧之形，高四尺，樹松柏爲志焉。夫子言不死，

❶「矯矯」，二子本作「毅毅」。
❷此則原連上，今據二子本另起一則。
❸「具」，二子本作「貝」。
❹「三」，二子本作「四」。

若是者何如也？」龍門子曰：「子所論者形也，予所言者心也。」或者默然。久之方悟曰：「如夫子所言，古之聖賢，豈獨仲尼爲不死哉！」

龍門子曰：聲韻出於天，自然而不可易。故燕代之遲重，荊楚之剽疾，其方言有不可一律齊者。近世解《詩》者，十五《國風》皆以一音律之，何耶？是必有其故也。

矢人有久業者，其楛簳脈理不直也，其翎羽輕重不倫也，其鋒鏃頓而不礪也，自以爲得牟夷之遺法，❶津津有喜色。旁有譽之者曰：「是誠然矣，秦漢之善矢者，無有越君者矣。非直無以越君，吾恐不如君者亦多也。君亦求重價出之。」矢人益喜。宋將軍過焉，取而視之，唾去。矢人弗悟，猶以爲忌己也，怒曰：「人嘗謂我矢上齊秦漢，其言當不妄。今將軍乃若是，是忌我也。將軍其刻人哉！」或以告龍門子，龍門子曰：「矢人何足責，儒亦有是也。」

司馬微第三

客有號伊祁子者，難龍門子曰：「司馬遷，良史之才也，歷代作史者咸宗之，然其謬誤甚多，難以一二數也。以帝王世次言之，❷稷、契皆帝嚳之子也，同事於唐虞。契之后爲商，自契至成湯凡十五世，歷五百餘年。稷之后爲周，自稷至武王凡十五世，歷千一百餘年。王季蓋與湯爲兄弟，而世之

❶「遺」，原脱，今據二子本補。
❷「以」上，二子本有「姑」字。

相去乃六百年，何無稽之甚耶？」

曰：「是固然矣。使司馬遷不生，上下數千載事，可爲世之法戒者，未必能若是之備也。子舍其大而病其小，何哉？世遠，載籍失傳，惡能必其無謬也。《書·伊訓》曰『成湯既没，太甲元年』，則是太甲繼成湯矣。《孟子》乃曰『湯崩，太丁未立，外丙二年，仲壬四年』，始爲太甲。以曆考之，若於湯之下益以六年，至今之日，則羨而不合矣。子尚敢以病遷者病軻乎？」

伊祁子曰：「奚爲而不敢也？君子之學，大則窮乎天地，小則盡乎纖微。孟子既有謬誤，當言之。奚爲而不敢也？『戎狄是膺，荆舒是懲』，僖公事也，則以爲周公。『生事之以禮，死葬之以禮，祭之以禮』，孔子言也，則以爲曾子。『戎車三百兩，虎賁三百人』，見於《牧誓》者甚明也，則以爲『虎賁三千人』。漢水固注之江，而汝與泗則入淮，而淮又入於海，見於《禹貢》者甚詳也，則以爲『決汝漢，排淮泗，而注之江』。若是之誤，當言之，奚爲而不敢也。」

曰：「夜氣之説，亦有誤者乎？」曰：「否。」「仁義之陳，亦有謬者乎？」曰：「否。」「子何不擇其不誤不謬者而學之哉？子所言，是以博聞强記待孟子；以博聞强記待孟子，則陸澄、夏侯榮可稱亞聖矣。」有間，伊祁子笑曰：「予過矣。予過矣。」

大駔酈氏，初家貧甚，偶獲錢一千，詣市門以粥蔬爲事。海賈見其巧給，俾操舟海上。久之，分母錢與之，俾商休邑、扶南間，❶而中析其利。又久之，犀象、玳瑁、香

❶ 「休」，二子本作「林」。

藥、金翠、珠貝之屬充牣左右。❶又久之，富遂與海賈齊，被花帽文錦衣，置麗姬十人，朝夕擫管彈絲以爲樂。又久之，遂盡挈貨寶東歸。將泊岸，鄙先登，問家有無。一夜颶風作，舟盡覆無遺者。鄙視纏腰者僅錢一千獨存，鄙號痛欲絶。龍門子往譬之曰：「汝向以千錢行，今以千錢返，無所失矣，又何以痛爲？汝以寶貨爲可恒有哉？」

洛陽布衣申屠敦，有漢鼎一，得於長安深川之下，雲螭斜錯，其文爛如也。西鄰魯生見而悦焉，呼金工象而鑄之，淬以奇藥，穴地藏之者三年，土與藥交蝕，銅質已化，與敦所有者略類。一旦，持獻權貴人。貴人寶之，饗賓而玩之。敦偶在坐，心知爲魯生物也，乃曰：「敦亦有鼎，其形酷肖是，第不知孰爲真耳。」權貴人請觀之，良久曰：「非真也。」衆賓次第咸曰：「是誠非真也。」敦不平，辨數不已。衆共折辱之，敦噤不敢言。歸而歎曰：「吾今然後知勢之足以變易是非也。」龍門子聞而笑曰：「敦何見之晚哉？士之於文也亦然。」

龍門子曰：死生有命。命之所在，人不可逃焉。世之人何畏忌之甚也？季武子寢疾，蟜固不説齊衰而入見，曰：「士唯公門説齊衰。」武子曰：「善哉！是疾不忌凶服也。」伯高死於衛，孔子以爲由賜也見我，遂哭諸賜氏，命子貢爲之主，來者拜之。是居室不避弔哭也。衛侯預賜北宫喜謚曰「貞子」，賜析朱鉏謚曰「成子」，是生不避死謚也。季武

❶「玳瑁香藥金翠珠貝」，原作「金翠□□□□□其」，今據二子本正。

子成寢，杜氏葬西階之下，許之合葬，又許之哭。是階下不避葬也。之數子者，未聞遘他禍也。世之人何畏忌之甚也？

哀公微第四

龍門子曰：哀公問社於宰我，宰我對曰：「夏后氏以松，殷人以柏，周人以栗。」説者謂三代之間各樹所宜木以爲社，殆非也。蓋用三代之木以爲主與？宰我不知而妄對，故孔子譏之也。或者謂哀公欲去三桓而患其强，故假古人「弗用命則戮於社」之意以問焉。❶宰我謂「周人以栗，❷使民戰栗」，勸之以誅也。孔子以三桓未易誅，故以三語譏宰我。其説雖巧，實未然也。

或問龍門子曰：「蜀漢、東晉、南唐，皆正統之餘。漢晉多有發其隱微者，而南唐獨否，何耶？」曰：「南唐非蜀晉比也。雖云憲宗子吴王恪之後，然本徐氏。自峴五世以至父榮，其名皆有司之所撰也。是惡得與蜀晉比哉？」

或問龍門子曰：「京生之學，其神矣乎？辨八卦，運五行，正四時，謹二十四氣，志七十二候，而位五星，降二十八宿。其進退以幾，而爲一卦之主者，謂之世。奇偶相與，據一以起二，而爲主之相者，謂之應。世之所謂而陰陽之肆者，❸謂之飛。陰陽肇乎所配，而終不脱乎本，❹以顯隱佐神

❶「之」，原脱，今據二子本補。

❷「謂」，原作「爲」，今據二子本改。

❸「謂」，二子本作「位」。

❹「本」，原脱，今據二子本補。

明者，謂之伏。起乎世而周乎内外，參乎本數以紀月者，謂之建。終之始之，極乎數而不可窮，以紀月者，謂之積。會於中而以四爲用，一卦備四卦者，謂之互。乾建甲子於下，坤建甲午於上。八卦之上，乃爲遊魂之世。五世之初，乃爲歸魂之世。而歸魂之初，乃生復卦之初。其建剛日則節氣，柔日則中氣，其數虚則二十八，盈則八十有六。此其大較也。以之定吉凶，若合符節無少爽者。京生之學，其神矣乎！」

龍門子曰：「此淫巫瞽史之言，非所以言《易》也。《易》與天地同體，乾坤同用，聖人同德。廣矣大矣，無以加矣。若如京生之學，則尊緯候而黷正經，區區泥災祥術數之間，《易》不幾於小哉？」

龍門子曰：勇之於學者，其猶舟之颿，馬之策歟？舟非颿則不疾，馬非策則不進，人非勇則不立。是則勇者，作聖之階梯也。太山雖高，勇欲登之，則必凌絶頂；萬里雖遠，勇欲行之，不至則弗止也。孔子之所以聖，勇而已。曾子之所以賢，亦勇而已。不然，曾子何以自曰「吾嘗聞大勇於夫子」云？然則欲學孔子、曾子者，其大勇矣乎？

龍門子曰：人行仁義而惡衣服者，是素櫝韞玄珠也，外若賤而内實貴。人徇利欲而美冠裳者，是芳綺履糞丸也，外雖馨而内實臭。

或問龍門子曰：「世言六經者不可哉？六經之名始於漢，前此蓋未之聞也，何也？經者萬世之彝訓，非定於孔子，不足以當之。孔子嘗删《詩》序《書》矣，嘗繫《周易》作《春秋》矣。若《周官》，則非周公全書，而又益以《考工記》、《禮記》，則雜出於漢儒之手，而非孔子所傳者。由是觀之，可號經者四耳，惡取所謂六也？」龍門子曰：「古之所謂六經者，其《詩》、《書》、《禮》、《樂》、《易》、《春秋》之全書也哉！」

龍門子曰：周公之《禮》，其至矣乎？父在爲母杖期，家無二尊也；妻爲己之父母期，由爲夫斬，❶而降己之父母爲期也；兄弟之妻無服，推而遠之也。然服雖止是，而皆行心喪之禮焉。此周公之制，别嫌明疑，所以爲至也。後世父在，爲母齊衰三年；婦爲舅姑，從夫斬衰三年；爲嫂爲弟婦，小功五月。雖曰加厚，去《禮》意遠矣。

觀漁微第五

龍門子觀漁於河，見布數罟於瀨，善泅者四三人，入深淵撼魚。魚悉恐，咸溯游而上，一觸罟鬐輒罣牢不能脱。或脱，别運大罟殲焉。河當屢漁之後，魚大者長徑指耳。龍門子潸然出涕曰：「先王之世，魚不盈尺弗粥，今何與古戾耶？」漁者笑曰：「是夫子之過也，尚何以涕泗爲？」龍門子驚曰：「子何言之迂也？」曰：「不迂也。夫魚不尺，❷先王之世不粥，豈古人之情與今異乎？蓋當時在政位者，若士，若大夫，若卿，若公，皆夫子之屬，所以治教休明而仁

❶「由」，原脱，今據二子本補。
❷「夫」下，二子本有「子謂」二字。

及魚鼈耳。今夫子曰：『時不我偶，我將肥遯也。』之一里，有一人焉，亦曰：『我將肥遯也。』之一州，又有一人焉，亦曰：『我將肥遯也。』之一國，又有一人焉，亦曰：『我將肥遯也。』是相率夫人而爲潔己亂倫之行，天下將何人而其治乎？磨不磷，涅不緇，無乃異於孔子所言乎？夫子之屬遯矣，則在位若公，若卿，若大夫、士者，果皆賢者乎？是宜國家失太平，干戈萬里，掠人爲糧，甚或載鹽屍以行，生民之類，不絶如縷，而況於魚乎？非夫子之過而誰也？」龍門子弗應，瞪然視漁者久之，乃去。

龍門子曰：人之生也，必以三代之士自期，必以三代之事自任，庶不負於七尺之軀。若隨小夫呻吟於佔畢間，甚陋矣哉！

龍門子曰：人子之身，非人子有也，父母之體之分也。雖曰異形，實一身也。身之聽命者，心耳。心欲左焉，而身從之；心欲右焉，而身又從之。至前後皆然，無相違者也。父母譬則心也，人子譬則身也。此義苟行世，豈有不順之子哉？雖然，身且不敢有，況身外之物乎？世復有因財而逆父母之命者，其丈夫也哉？

龍門子曰：父母之生子也，欲其善事我也，欲其能顯我也，欲其繼宗祧我也。所望甚重，而滔滔以愛易教，何也？嗚呼！人子身行弗飭以辱其先者，豈獨其罪哉？

龍門子曰：象以牙而成擒，蚌以珠而見剖，翠以羽而招網，松以明而致爇，犀以角而致烹，❶麝以臍而被獲，雉以采而受羈。當今之世，士欲以文自著者，❷盍視此數者以爲戒哉？

丁鴻問於龍門子曰：「君子何以處貧也？」龍門子曰：「安之。」「未能也，❸請問其次。」曰：「忍之。」曰：「忍之之道奈何？」曰：「茅茨土堦，視如華榱飛甍之麗；柴車蹇乘，視如文茵飛黃之良；垢裘敝屣，視如繡裳朱舄之珍；藜羹糗飯，視如五鼎八珍之美；醜妻惡妾，視如毛嬙西施之豔。則羡念不生矣。❹是忍之之道也。忍之久，則自然矣。能自然，則安之矣。」

虞丹子在傍，聞之啞然笑曰：「吾處貧四十年矣，居之以道德，乘之以仁義，被之以禮樂，飽之以忠信，友之以廉潔。雖凍餒瀕死者數四，未嘗啓齒一言，蓋驩然若有晉楚之富，不知所謂貧也。是何也？心無愧怍也。苟有一毫外慕之念，則愧怍生矣。愧怍生，縱富，貧也。況實貧乎哉！夫子盍以是告之？而徒陳説彼區區者，不亦傎乎？」❺龍門子曰：「子以君子之事望恒人，其不可也夫！」

或問龍門子曰：「祭仲專，鄭伯患之，使其壻雍糾殺之。雍姬知之，謂其母曰：『父與夫孰親？』母曰：『人盡夫也，父一而已。』遂告祭仲而殺雍糾。然雍姬之母其言是歟？非歟？」曰：「非也。父者，子之

❶「致」，二子本作「就」。
❷「著者」，原作「蓋」，今據二子本改。
❸「未」上，二子本有「安之」二字。
❹「念」，原脱，今據二子本補。
❺「傎」，二子本作「謬」。

天；夫者，妻之天。其親同也。」曰：「其親既同，告則殺夫，不告則殺父，奈何？」曰：「無他計也。爲雍姬者，當力諫。諫不從，當自殺其身可也。」

虞丹微第六

龍門子過虞丹子家，虞丹子方出六經於庭，秉炬欲焚之。龍門子呼曰：「子病狂易耶？開生民之耳目者，經耳，奈何焚之乎？子不聞秦人事乎？唾罵至於今未已也。」虞丹子對曰：「不然也。子謂開生民之耳目，予則以爲生民之耳目因是而愈塞也。何也？士以學經，故志氣益驕；士以學經，故利欲益熾；士以學經，故行業益偷。又豈若焚之，俾反乎泰一混樸之鄉乎？」龍門子罵曰：「他固未遑深論，孔子以《詩》、《書》誨伯魚，非學經歟？孟子之通五經，非學經歟？爲聖爲賢，非經曷致之？子奈何焚之乎？」虞丹子曰：「先生之所言，古也；予之所病，今也。古之學經者期以治身，今之學經者將以榮身；古之學經者期以化民，今之學經者將以誅民；❶古之學經者期以立德，今之學經者將以喪德。予奈何不焚之？」奮袂執火而起。龍門子歎曰：「是故欲激衰俗也，抑亦過歟？」

龍門子自越還，適家人有滯下之疾者，延醫師脈之。脈已，探囊中出書閱之。龍門子就視，則古醫方也。據方制藥服之，而疾退已。龍門子謂門弟子曰：「人受氣之偏，疾也。六籍，古醫方也。今之儒者受氣

❶「誅」，二子本作「誅」。

偏者衆矣，其亦有據六籍而克治者乎？無也。苟無矣，世安得三代？儒安得顔孟乎？」

龍門子曰：陰中有陽，陽中有陰。非相同也，而自同同也；非相有也，而自有有也。非相生也，而自生生也。皆自然而已。火性至熱也，而蕭邱有涼燄焉；水性至寒也，而華陽有温泉焉。驗之物化，參之天運，皆自然而已。所以聖人作《易》，一本之自然，何容心哉？

或問龍門子曰：「姜嫄履大人迹而生稷，簡狄吞玄鳥卵而生契，其事有諸？」曰：「是非君子之言也，因鄭氏箋《詩》而誤也。」曰：「然則果何如也？」曰：「毛公之説則至矣。其釋《生民》詩『履帝武敏歆』之言，則曰：從於高辛帝而見於天也。其釋《玄鳥》詩『天命玄鳥，降而生商』之言，則曰：春分玄鳥降，簡狄配高辛帝，祈於郊禖而生契。故本其爲天所命，以玄鳥至而生焉，未嘗云履迹吞卵之事也。毛公説《詩》，言雖簡易，而其實精腴，未易忽也，奈之何學者弗之察也。學者弗之察，而唯欲説之爲勝，❶三百篇之旨，多隱晦而不章矣。奚獨此哉？」

龍門子曰：古之爲將者，將以生民；今之爲將者，將以殺民。凡人君之命將，以爲民也。民在死地而不能存，則思所以生之，去其害民者爾。今乃務殺之，草薙而禽獮之。民果何罪焉？三代之時無是也。漢

❶「欲」，二子本作「後」。

之趙充國，唐之王忠嗣，宋之曹彬，庶幾知爲將之道乎？❶雖然，❷未也，舞干羽而格有苗者，吾安得而見之哉！

龍門子歎曰：人在天地間，猶螻蟻之在磨與？磨之轉西爲東，而爲蟻者初不知也。天地之運也，回南作北，而人亦不知也。人在天地間，猶蟻之在磨與？

龍門子曰：人之大欲，無過於飲食男女。蓋人之生也，非男女構精，氣何由而化？非飲食之養，氣何因而續哉？二者於人切矣，苟不以禮制之，小則身喪而家毁，大則國削而天下亂。故聖人於《頤》卦初九則曰：「舍爾靈龜，觀我朵頤，凶。」靈龜之爲性，蓋不嗜食者也。六四則曰：「顛頤，吉。虎視眈眈，其欲逐逐，無咎。」虎之爲性，蓋交有時者也。人能如不嗜食之龜，交有時之虎，則知自養矣，何飲食男女之足患哉！❸

士有微第七

士有恃才與德以驕人，挾貴與文以傲物者。龍門子曰：「此非所禮也，❹唯足乎德可爾。位不稱其德，是鶴乘文軒也；才不命於德，是馬失轡御也。人方且賤之，斥

❶「庶幾知」，二子本作「其頗知三代」。
❷「雖然」至「之哉」十九字，原脱，今據二子本補。
❸此上二則，原脱，今據二子本補足之。
❹「士有恃才」至「禮也」四句，二子本作「士有挾貴與文而以傲物自居者，來見龍門子。其氣洋洋然，其貌斤斤然，其聲鏗鏗然。龍門子與之坐，默默如不能語者。士忽呼曰：位尊而才高，亦爲人所禮乎？龍門子曰：否。位尊非所禮也，才高亦非所禮也」。

之，絶之，安取所謂禮乎？」曰：「然則德足以驕人乎？」曰：「德足以服人，不足以驕人。聖帝如堯舜，聖王如禹、湯、文、武，聖相如周公，聖師如孔子，亦不過盡人道爾，所以不足驕人也。德尚不足以驕人，况挾貴與文以傲物乎？傲乃凶德。傲物則失人，失人則喪己，喪己則名削，名削則禍將作矣。傲安可長哉？」士乃氣索神沮而去。

或問龍門子曰：「《鹽鐵論》引《易》有云：『小人處盛位，雖高必崩。不盈其道，不恒其德，而能以善終身，未之有也。是以初登於天，❶後入於地。』今《易・繫》無此語，疑其亦非全書也。」曰：「此蓋漢末夏賀良之徒所造《易緯》之文也。經解引《易》，差在毫釐，繆以千里者，亦然也。」

龍門子曰：漢儒説經，固多不可企及，但專門之習勝，未免蔽固而不能相通，其能脱略傳註而深求經意者，自宋儒歐、劉、石、孫諸公始。諸公啓之，伊洛繼之，而益加精，在篤行而已矣。譬之於食，有耕之者，有種之者，有刈穫舂抌之者，有炊之者，有實於簞而獻之者。吾徒但食之而已，政不必立異以爲名高也。

龍門子曰：蒙鳩棲於葦苕之顛，澗毛産於絶壑之下。非其高下固爾殊也，其自取之也。君子於其所學，可不慎哉？

龍門子曰：天地之祕，洩之者，其庖犧氏乎？天地之道，一陰一陽爾。庖犧畫一

❶「以」，原脱，今據二子本補。

奇象陽，一偶象陰，自是卦爻生焉。文王重之，周公辭之，孔子翼之，而《易》道著矣。《易》道著而天下之變盡矣。五經之用不同，其理皆本乎此爾。大哉《易》也，五經之源乎！大哉庖犧也，至道之宗乎！

龍門子曰：以刑驅人者殘，以勢凌人者怨，以利誘人者争，以言欺人者悖，以知御人者愚，以巧勝人者拙。此六懲也。葆醇屏累，所以全身；積誠著行，所以感物；内外無愧，所以事神；敬身樹德，所以訓子；上下邕穆，所以肥家；威嚴莊重，所以御悔。❶此六行也。惡莫大於離心，美莫大於畏獨，凶莫大於自賢，吉莫大於集善，樂莫大於順天，憂莫大於悖德。此六則也。明在自虚，强在自卑，危在自安，敗在自盈，敬在自持，賊在自驕，此六治也。慎六懲，尊六行，式六則，守六治，學者之事過半矣。

秦人有申生者，飢餓於燕，甑生塵矣。權貴人移粟起之，且薦於上，以漸至於言官。權貴人勢衰，申生輒背去，別附相國。相國惡權貴人，欲劾之。申生久與之游，甚習，遂歷疏其陰事。疏已，往告權貴人曰：「御史將不利於公，予雖同列，弗能獨沮；即沮，不過以死争，於公亦無益爾。奈何？」權貴人曰：「子幸告我，是弗後我昔日之心也。吾悉出七寶於庭，幸子賂免之。」申生收以歸。越四三日，復哭而往。權貴人問之，弗答，益加慟。權貴人大驚曰：「將赤我族耶？」申生乃徐曰：「公哲士，豈不自知，而必俟予言也？」申生蓋利

❶「悔」，二子本作「侮」。

其貨，欲勸自殺以滅禍。權貴人中其計，自經幾絶，左右救之，獲免。明日文出，但黜還田里，無他異也。權貴人上馬去，連呼申生之名者三。自是燕人無不穢申生之行。未幾，其身見殺，官簿録其家。

龍門子聞而歎曰：「人心之險有如是哉！大行之嶔巇，巫峽之暴迅，殆康莊耳。人心之險有如是哉！其初用計以殺人，卒乃自殺其身，是尚無天道哉？」

大學微第八

龍門子曰：《大學》之要，在於三綱八目。孔氏既著於經，曾子之門人又以所聞而爲之傳，綱與目之名無有所謂本末者，何必傳以釋之？自「知止而後有定」及「聽訟吾猶人也，此之謂知之至也」，二條實釋致知格物之傳，蓋未嘗闕也。

或問龍門子曰：「成周之世，中國之地最狹，以今地理考之，吴、越、楚、蜀、閩皆爲蠻，淮南爲群舒，秦爲戎，河北真定、中山之境乃鮮虞、肥鼓國，河東之境有赤狄、甲氏、留吁、鐸辰、潞國。洛陽爲王城，西有揚拒、泉皐、蠻氏、陸渾、伊雒之戎，東有萊、牟、介、莒，皆夷也。杞都，雍邱，汴之屬邑也，亦用夷禮。郲近於魯，❶亦曰夷。其中國者，獨晉、衛、齊、魯、宋、鄭、陳、許，❷通不過數十州。以漢言之，東西則九千三百二里，南北則萬三千三百六十八里。以文武之德而成康繼之，乃僅僅若是。漢高帝提三尺

❶「郲」，原脱，今據二子本補。
❷「許」下，二子本有「而已」二字。

起豐沛，一呼而四海賓服，而子孫又不甚皆賢，而土地之廣，❶乃遠過成周，❷何也？豈區區之智力實有勝於仁義耶？」龍門子曰：「周以天下爲公，故隨聲教之所及，而不欲力强之。漢以天下爲私，但務威勢之所懾，而必欲并兼之。雖然能并兼之，其享祚之長短，以漢視周，果何如之？❸子之問下矣。」

或問龍門子曰：「金華之學，惟史最優，其於經則不密察矣，何居？」龍門子曰：「何爲經？」曰：「《易》、《詩》、《書》、《春秋》是也。」曰：「何謂史？」曰：「遷、固以來所著是也。」曰：「子但知後世之史，而不知聖人之史也。《易》、《詩》固經矣，若《書》若《春秋》，庸非虞、夏、商、周之史乎？古之人曷嘗有經史之異哉？凡理足以牖民，事足以弼化，皆取之以爲訓耳，未可以歧而二之。謂優於史而不密察於經，曲學之士固亦有之，而非所以議金華也。」

龍門子曰：兵不可以易言也，言固誇矣，如實何？昔李元平初從關播，喜爲大言，嘗論兵，鄙天下無可者。一日，將兵汝州，李希烈一笑而縛之。噫！世之高談孫吳，驚動四筵者，❹其能免希烈之縛者幾希？

龍門子曰：生民之凋喪極矣。在人上

❶「廣」，原作「遠」，今據二子本改。
❷「遠」，原脱，今據二子本補。「周」，原作「湯」，今據二子本改。
❸「之」，二子本作「哉」。
❹「筵」，原作「笑」，今據二子本改。

者其有以拯之乎？拯之，莫若輕其租賦乎？漢高之制，十五税一。文帝再行賜半租之令，則三十而税一耳。自後軍旅事興，大農告竭，至於賣爵更幣，算車船租，六畜告緡，均輸鹽鐵榷酤，一孔不遺，而田租獨如舊制，何賜民之多也？宜其享祚克永乎！漢世然矣，今奈何不行之乎？苟有行之者，幸見及焉，雖死無憾也。

龍門子曰：天有五貫，地有五頲。五貫行乎上，五頲載乎下，則天地昭矣。人君法之，則天下平矣。何謂法之？其明則日照月臨也，其喜則祥飇卿雲也，其怒則迅雷驚霆也，其生則甘雨零露也，其殺則毒霜虐霰也。是法五貫者也。其静則隍山喬嶽也，❶其涌則巨浸大川也，❷其序則井邑方州也，其限則内夏外夷也，其養則飛潛動植也。是法五頲者也。天有至醇，地有至熙，君有至則。天失其醇，則萬物喪精；地失其熙，則萬物弗鳌；君失其則，則四極不立。統而言之，大化醞乎神，大序昭乎天，大機合乎中。其發甚微，宇宙之廣，莫之或違。其端甚直，彌綸上下，罔有差忒。長稍大矛，見之失其利；崇墉深隍，見之失其固；陰謀祕計，見之失其防；大法至刑，見之失其嚴。播而充，洞然而有容；窈而默，淵乎其莫測。古之善治天下者，得此而萬事畢矣。

龍門子晨出，見兩夫操梃與刃，逐虺甚急。龍門子問曰：「虺傷爾乎？」曰：「否。」

❶「隍」，二子本作「太」。

❷「涌」，二子本作「涵」。

「虺迫爾乎」？曰：「否。」曰：「然則子何以逐之如此其急也？」曰：「彼受形爲虺，晝夜常思毒人，吾幸不被觸爾；設觸之，其有不迫我而傷我者乎？誓當盡殺之乃止。」曰：「是固然矣。子知虺蛇之爲害，而不知人虺之害物尤暴也。」曰：「何謂人虺？」曰：「厚貌深情，禍機莫測，是人虺也；斜睨傾聽，伺人陰私，是人虺也；睚眦之怨，必逞其欲，是人虺也；布機陳穽，以中以陷，是人虺也。子尚可盡殺乎？」曰：「吾固不能盡殺，或遇之，將何以禦之乎？」曰：「淬仁義之刃，持禮樂之梃以俟，彼將俯首而逝，縱毒，將焉施乎？」曰：「吾聞之也，殺蛇虺者無怨心，以其殘物而逞也，況人象而蠱質者乎！奈何縱之逝也？」曰：「彼人耳，不自知其至於虺也。其至於虺也，欲劫之也。先王之教若興，豈不能反之人乎？吾傷之爾，憫之爾，奚忍殺之哉？」

越生微第九

越生問於龍門子曰：「天地之功，與聖人孰優？」龍門子曰：「天地，不言之聖人；聖人，能言之天地。聖人之功，天地之功也。果何優哉？」曰：「非是之謂也。生物者，天地也；成物者，聖人也。茹毛飲血，而易之以稼穡；蕢桴土鼓，而易之以琴瑟；汙尊抔飲，而易之以鼎俎；穴居野處，而易之以宮室；衣薪而葬，而易之以棺槨；結繩而治，而易之以書契；紉草而衣，而易之以裘裳；狉狉而群，而教之以尊卑；狺狺而爭，而教之以刑罰。❶苟無聖人，則禽而攫

❶「教」，二子本作「畏」。

爾，獸而聚爾，雖生何益哉？是聖人之功不優於天地乎？」龍門子曰：「子謂聖人在天地外耶？内耶？苟内焉，亦天地之所生爾。天地不能言，故使代其言以行其教。聖人未嘗以爲功，子乃固謂優於天地，無乃不可乎？」

龍門子曰：《周官》非周公之全書乎？其果出於劉歆綴補之乎？非惟官制不與周書合，至若莽草薰器用之蠹，蜃灰灑牆壁之毒，牡鞠灰煙去鼃黽之聒，牡橭午貫象牙殺水蟲之神，書歲月日星之號，❶以覆天鳥之巢之類，皆建官主之。此後世陋儒有所不道，曾謂周公爲之乎？雖然，大綱大法森然不紊者，則似非周公不能作也。

龍門子曰：趙蕤有云：「天陰陽半，人善惡混。然陽晝六時，曉昏皆爲陰所侵，其用事唯四時而已。卦六爻，初上皆無正位，其用事亦四爻而已。故善人少，而惡人多。」誠哉！是言也。是故光風麗日之時常寡，濃陰曀霾之日常衆；鸞凰騶虞間世一覩，而鴟鴞蛇虎徧於郊藪；伊、傅、周、召之臣千載不兩出，❷而莽、卓、巢、温恒接武於朝。大者如此，則小者又可知也。不知天道果何如耶？

公孫氏曰：「古之人有云，自孔子没，卓然名世之儒，漢四百年，楊雄氏而止爾；唐三百年，韓愈氏而止爾。如董仲舒、鄭康成、王通、孔穎達之徒，非無益於後世也。

❶「星」，二子本作「辰」。
❷「兩」，二子本作「再」。

仲舒倡災祥之説，王通襲聖人之跡，康成、穎達守區區訓詁之文，皆非楊、韓氏比也。」龍門子曰：「鄭、孔，名數之學耳，不足與議斯道；董仲舒，純儒也；王通，明儒也；韓愈，正儒也；若楊雄，則駁儒也。」曰：「曷謂駁儒？」曰：「豈有不駁而事莽者乎？司馬公喻爲日月，過矣。」曰：「三子者，❶能盡合孔子之道乎？」曰：「仲舒頗窺道之本原；韓愈能識道之大用；王通極知治道，尤高爽有見。謂其盡合孔子之道，則皆未也。」

龍門子大拙而深迂。❷家人尤之，不變；其友又尤之，不變；其州里又尤之，不變；通一國又尤之，不變。二三子疑之，間請於龍門子曰：「今之冠章甫者，於於而行，呫呫而議，見者斂袵，聞者傾耳，閭右敬畏，公卿驩迎。是不謂巧歟？先生能乎否也？如脂如韋，唯物是隨；刓方爲圓，轉石爲瓊；雖歷嶮巇，靡不暢達。是不謂通歟？先生能乎否也？今自家至國，皆尤先生矣。而迄莫之變，亦有説乎？」龍門子曰：「二三子其尚不知予哉！巧與通，吾豈不能哉？蓋恥之，弗敢行也。何也？巧則用機，用機則逐物，逐物則背道矣；通則徇世，徇世則喪己，喪己則失德矣。蚩蚩衆民，夫豈知拙乃大巧，迂乃大通者耶？」二三子合辭進曰：「謹受教。」

龍門子曰：古之人非樂隱也。隱蓋不得已也。伊尹躬耕於有莘之野，傅説避世

❶「三」上，原衍「二」字，今據二子本删。

❷「子」下，二子本有「性」字。

於版築之間，太公望漁釣於渭水之濱，若將終身焉。及其三聘之加，審象之求，後車之載，遂自任以天下之重，其功烈卒至於此之盛也。隱豈其本心哉？過此以往，若四皓，若嚴陵，若諸葛孔明，若李泌，雖其才不能盡同，然皆足以表暴於一世。古之人非樂隱也，隱蓋不得已也。

積書微第十

龍門子曰：積書之多，其無出於隋之嘉則殿乎？書凡三十七萬有餘卷。未幾，多散亡不存，悲夫！雖然，皐、夔、稷、契，其所讀者，果何書哉？淵、騫、游、夏，其所習者，果何書哉？脱有之，未必若是之多也。後世百倍於古，而立德造行反或不如，豈非心散於博聞，技貪乎廣蓄，而弗能一乎？夫然，故雖甚散亡，奚必深悲哉？但得六籍存，亦足矣。

龍門子曰：甚哉！譜牒之難考也。歐陽修《譜圖》，世以爲甚精者，其自言詢生通，自通三世生琮，❶爲吉州刺史，當唐末黄巢陷州縣，率州民捍賊，鄉里賴以保全。自琮八世生萬，爲安福令。修則萬之九世孫。詢，唐初人，巢陷州縣，唐末也，始終相去幾三百年，詢至琮僅五世耳；琮在唐末，至宋仁宗一百五十餘年，則閱一十六世。其理竟何如耶？甚哉！譜牒之難稽也。君子當闕其所不知，信其所可知而已耳。人有言曰：「三世不修譜牒，❷比之不孝。」荀世

❶「自通」，原脱，今據二子本補。
❷「修」，原作「循」，今據二子本改。

世脩之，其有前之失耶？❶君子慎焉可也。

龍門子與二三子出游，仰視霄漢，歎曰：「非天地孰覆載耶？非日月孰照臨耶？非孔子孰明五倫耶？使世無孔子，生民之類，其滅久矣夫！」

紀疑問於龍門子曰：「唐之詩人，唯杜甫一飯不忘君，餘或陷於不忠，何歟？」龍門子曰：「是難以一律觀也。李錡賊江東，李紳戰管摇紙，不爲作疏。昭宗時，權臣謀篡，韓偓不肯入相，甘就濮州司馬之貶。司空圖棄官隱中條山，累徵不起，及哀帝見弑，圖不食而卒。羅隱勸錢鏐舉兵，縱以諫議大夫招之，不肯就。是四子者，非詩人也耶？」曰：「今之詩人有若此者乎？」曰：「亦有之。雖然，非予之所敢知也。」

鄒布問於龍門子曰：「渾天之法，中國所資以測天者。近歲監候之官，測南海北極，出地一十五度，夏至景在表南，長一尺一寸六分，晝五十四刻，夜四十六刻。衡岳北極，出地二十五度，夏至日在表端，無景，晝五十六刻，夜四十四刻。岳臺北極，出地三十五度，夏至景長一尺四寸八分，晝六十刻，夜四十刻。和林北極，出地四十五度，夏至景長三尺二寸四分，晝六十四刻，夜三十六刻。錢勒北極，出地五十五度，夏至景長五尺一分，晝七十刻，夜三十刻。北海北極出地六十五度，夏至景長六尺七寸八分，晝八十二刻，夜二十八刻。若是者，❷乃與

❶「有」下，二子本有「如」字。
❷「者」，原脱，今據二子本補。

其說不同，何也？」龍門子曰：「渾天之法，但可施之中國。中國之外，舍周髀勾股之術不可也。里差之說，其最精者乎！」曰：「里差之說，何爲至精也？」曰：「曆官嘗算月蝕矣，中國當蝕於子正時，西域未盡初更已蝕之矣，非里差乎？微里差之法，不足以步天也決矣。」曰：「然則洛陽爲天地之中者，亦非歟？」曰：「非也。此蓋中國之論也。」

龍門子曰：作史者，不爲楚義帝立本紀，而以項羽當之，其失爲不知統。不書呂氏滅秦、牛氏易晉，而復以嬴、司馬言之，其失爲不知義。作史者亦難乎哉！

或問龍門子曰：「遭世不靖，予心放矣，汎焉若不繫之舟矣，奈何？」龍門子曰：「是奚可哉？是奚可哉？傳有之：太上畏道，其次畏物，其次畏人，其次畏身。之數者，君子又當兼之，一息未立則一息當畏。世雖亂而心則治也，俗雖變而心則猶故也。奈何若不繫之舟哉？《詩》云：『戰戰兢兢，如臨深淵，如履薄冰。』此之謂也。」

林勳微第十一

或問龍門子曰：「林勳著《本政》書，欲漸復三代井田之法，其言甚詳也，不識可行於今乎？」龍門子曰：「均田之法不行，兼并之風不息，雖堯舜復生，不足以言治也。勳之意則善矣，非累以歲月，未易行也。予則可以不崇朝而定也。」曰：「何謂也。」曰：「天下無不耕之田，使耕者得以有其業，而不許質鬻焉，則其田均矣。然而户有損益，人有盛衰，則在良有司與時變通之爾。此其大較也。世有用我者，雖老矣，猶能張喙吐其詳焉。」

赫連氏問於龍門子曰：「六國之衰，唯用宗族及其國人，若齊之田忌、田嬰、田文，若韓之公仲、公叔，若趙之奉陽、平原君，皆是也。秦之能漸一天下，由用四方之士。若公孫鞅，則魏人也；若張儀、魏冉、范雎，亦魏人也。其他執國命者，若樓緩，則趙人也；若蔡澤，則燕人也；若吕不韋，則韓人也；若李斯，則楚人也。誠若是，士以四方至者爲可貴歟？」龍門子曰：「不然也。士當論其賢不肖如何，自不可以邇遐論也。周公非成王之叔父乎？何爲能相王室而安四海也？子産非鄭國之人乎？何爲能善辭命而報鄰國也？士豈以四方至者爲可貴乎？」

仲孫氏問於龍門子曰：「馮瀛王事四姓十君，當世之士無賢愚，皆迎道爲元老。有諸？」曰：「於傳有之。」曰：「若是其可乎？」曰：「不可也。臣之事君，猶婦之從夫也。更二夫者決非良婦，事二姓者決非良臣，況歷四姓者乎？此小人之無忌憚者也，王法之所必誅而無赦者也。不誅之，使亂臣賊子接迹於後世也。」曰：「然則伊尹五就湯，五就桀者，亦非歟？」曰：「伊尹之就桀也，湯進之也，非伊尹也。桀不足輔，然後相湯以伐罪救民也。」曰：[1]「伊尹姑舍之。微子，紂庶兄也，抱祭器奔周，而受封

[1]「曰」，原作「而」，今據二子本改。

於宋，亦非歟？」曰：「微子見紂無道，去之，以存宗祀，初非事周也。雖封於宋，亦作賓於王家耳。周亦未嘗敢臣之也。」曰：「微子姑舍之。孔子，萬代之所法也，既事魯爲中都宰，爲司空，爲大司寇，遂相定公。則既臣魯矣，又轍環宋、衛、陳、蔡、晉、楚諸國，抑亦非歟？」曰：❶「傳有之：『天無二日，民無二王。』當是時，天下所共主者周天子也，孔子轍環諸國者，欲興周道於東方耳。是故孔子之仕也，尊周也。周道尊，則王室盛矣。奚爲而不可也？」

龍門子曰：殷以前尚質，而無避諱。諱之有避，自周始，然亦不如後世之過甚也。后稷名棄，《大誥》則曰：「弗棄基。」文王諱昌，❷箕子陳《範》則曰：「使羞其行，而邦其昌。」武王諱發，《豳風》之詩則曰：「一之日觱發。」成王諱誦，《烝民》之詩則曰：「吉甫作誦。」定公諱宋，《春秋·定公元年》則曰：「晉人執宋仲幾於京師。」孔子父諱叔梁紇，《春秋·襄公二十三年》則曰：「臧孫紇出奔邾。」衛侯諱惡，其臣亦名石惡。此猶可說也。《周頌》祀文武之樂歌《雝》詩則曰「克昌厥後」，《噫嘻》之詩則曰「駿發爾私」。此猶可說也。厲王名胡，而僖王亦名胡齊；蔡文侯、昭侯相去五世，皆名中；魏安同父名屈，同之長子亦名屈；襄陽羅氏名靖，而父亦名靖。則又有甚焉者矣。未聞此不避諱者皆不孝之人也。嗚呼！人之欲爲孝者，獨避諱而已乎？諱固當避也，何至使人改邑改姓乎？斯人也，吾恐

❶「曰」，原脱，今據二子本補。
❷「諱」下，原衍「曰」字，今據二子本刪。

避諱則謹行之，拂乎親固自若也。嗚呼！人之欲爲孝者，獨避諱而已乎？予之爲此言者，❶蓋甚有激也。

龍門子曰：三代而下，有合於先王之道者，孔明一人耳。其師以正動，義也；委身事君，忠也；開誠布公，信也；御衆以嚴，知也。其功之不能成，天也。議者則謂其應變將略非其所長；又謂其出師不攻瑕而攻堅，一出師乃與魏氏角，其亡則宜；又謂其仁義、詐力雜用以取天下，所以失之。是皆以權謀術數待孔明。而孔明明白正大之心，❷初未嘗知之也。若三者之義，真蛇鼠之見哉！

令狐微第十二

或告龍門子友人令狐鮑曰：「予觀龍門子顔色，甚若戚戚者。私竊視其所以，其冠服敝甚，正冠則纓絶，捉襟則肘見，納履則踵決；其食飲惡甚，羹則藜藿耳，飯則脱粟耳；其居室陋甚，茨以生蒿，蓬户甕牖，揉桑以爲樞，若不能朝夕居者。宜其不豫也。予聞君子不以貧賤而改操易行，又竊疑之。幸爲我問焉。」令狐鮑入謂龍門子曰：「人之生也，服食之美，居室之華而已。苟不能遂，君子亦有憂乎？」龍門子曰：

❶「予之爲此言者」二句，原脱，今據二子本補。
❷「而孔明」三字，原脱，今據二子本補。

「君子所憂者有六，服食居室不與焉。❶夫事天不誠，内外未一，是當憂也；蒞官行法，或失中制，是當憂也；事親從兄，未致其極，是當憂也；九族不睦，朋友不信，是當憂也；身有未修，名有未顯，是當憂也；家國未治，❷天下未平，是當憂也。若夫深宇邃筵，所安不過容膝；繡裳錦衣，所服不過蔽身；食前方丈，所食不過充腹。雖美惡有異，一爾。君子何憂哉？」令狐鮑出以告。或人曰：「龍門子顏色之戚，不爲貧賤也。」

龍門子年近五十，絶不事方策，日惟熙熙，仰觀俯察，若有所自樂者。其徒疑之，私謂沈大夫曰：「君子之於經，没身而已矣。夫子年未耄而遽絶之，不識何也？幸問之。」沈大夫進曰：「夫子何棄經不學也？」曰：「否。吾正學《易》耳。」曰：❸「夫子既學《易》，何不日寘之左右乎？」龍門子笑曰：「子以爲《易》在竹簡中耶？陰陽之降升，《易》也；寒暑之往來，《易》也；日月之代明，《易》也；風霆之流行，《易》也；人事之變遷，《易》也。吾日玩之而日不足，蓋將没齒焉。子以爲《易》在竹簡中耶？求《易》竹簡中，末矣，陋矣。」大夫退。其徒復私相謂曰：「夫子之言至矣。非惟《易》獨然，而諸經亦皆然也。」

或問龍門子曰：「子之志大矣，動以學聖人爲事。所著之書，蠙珠魚目，雜然而陳

❶「居室」，原作「屋」，今據二子本改。
❷「家國未治」三句，原脱，今據二子本補。
❸「曰」，原脱，今據二子本補。

之，明者一覽，如見其肺肝然，且將尤子矣，奈何？」龍門子曰：「予所著書，隨所見筆之，而感慨係之矣。初何恤人之尤己哉？亞聖如孟軻，而王充、馮休、司馬光、李太伯，晁以道、黄次伋之流，或刺或删，或疑或非，或詆或評，絶不少恕。使孟軻尚在，群起操戈而逐之，不舂其喉弗止也。予何人哉？予所著書，隨所見筆之，而感慨係之矣，初何恤人之尤己哉？」

龍門子道不行於時，乃退隱小龍門山中，謂其二子瓚、璲曰：「惟我宋氏，其先殷人，蓋子姓也，與孔氏同所自出。孔氏自弗父何以宋國讓其弟厲公，❶何之後，遂世爲宋卿。至孔父嘉五世親盡，别爲公族，始以孔爲氏。宋自微子啓受封則然，後世子孫乃以國爲氏，代有名人，而遷京兆者爲最盛。唐有諱憲君，官大理丞，嘗爲《易》講師，有聲三輔間，弟子至數千人，晚遷吴内。❷更十四世至周，有諱榮君，是爲文通先生，通《尚書》、《春秋》，豪儁而才，慨然有濟蒼生之志，世不及用，來隱烏傷覆釜山中。更一世至宋，有諱甫君，能繼文通學，志節卓邁，亦以不遇，一假詩以吐其情，徙修政里艮川上。❸又更六世至宋季，有諱柏君，來遷金華之潛溪。諱柏君以上，❹世爲畯儒，亦皆韜德弗曜重。❺惟諱柏君，實我高祖王父，生曾祖王父諱溥德君，至王父諱守富君，皆隱約田間以終。

❶「讓」，原作「護」，今據二子本改。
❷「内」，二子本作「輿」。
❸「政」，原脱，今據二子本補。
❹「諱」，原脱，今據二子本補。
❺「重」至「父諱」十七字，原脱，今據二子本補。

我父蓉峰處士，名朝君，温恭易直，粹然有鄒魯君子之至行，州里稱之曰一邑善士也，大夫、士亦稱之曰一邑善士也，人人無異言。處士君嘗謂予曰：『吾幸逢六合真元之會，而弗克仕。不仕無義，古之訓也。爾濂尚體予之訓，以行其志哉！志行，道亦行也。』予竊謹識之。於是盡棄解詁文辭之習，而學爲大人之事。以周公、孔子爲師，以顔淵、孟軻爲友，以《易》、《詩》、《書》、《春秋》爲學，以經綸天下之務，以繼千載之絶學爲志，子貢、宰我而下，蓋不論也。學之積年，而莫有用之者，其命也夫！其命也夫！今之入山著書，夫豈得已哉？

皋、夔、稷、契，不聞假書以自見，爲得行其志也。予志之不行矣，爾其識之哉！予家自文通君以來，❶無獲仕以行其志者矣，爾其識之哉！當求爲用世之學，理乎内而勿鶩於外，志於仁義而絶乎功利。雖然，文通君嘗有遺訓矣：『富貴，外物也，不可求也；天爵之貴，道德之富，當以之終身可也。』爾其識之哉！予言止是而已。」

濂於至正十六年丙申冬十月四日庚戌，入小龍門山著書。十七年丁酉春正月一日丙子，書成。夏四月五日己酉，俾仲子璲重録成編，釐爲上、中、下三卷。間嘗取而閲之，皆一時念慮所及之言，而潛思精索之功，蓋蔑如也。故其辭蕪以費，其理晦而不章，自度決不能行遠。況自秦漢以來，著子書者不一姓，其果能流布於今者幾家？似亦易知也。嗚呼！濂何人斯？而敢犯是不韙乎？多見其不知量也。非惟人

❶「予家自文通君以來」三句，原脱，今據二子本補。

笑，而亦自笑之。立言之難也蓋如此。幸犬馬之齒未衰，自時厥後，當求聖人之遺經，益精研而箋記之，以贖前者不知妄作之罪，或者其庶幾云。秋八月十有六日戊午，濂題。

宋文憲公全集卷五十二終

宋文憲公全集卷五十三

浦陽人物記

凡例

一、楊璇傳，照《後漢書》修；錢遹、梅執禮、鄭綺、王萬傳，照《宋史》修，其餘諸傳，或采洪遵《郡志》，或考朱子槐《縣經》，或按朱紱《東軒日鈔》、毛洪《筆録》、蔣思《先達遺事記》、謝翺《浦汭先民傳》，更各參之行狀、墓碑、譜圖、記序諸文。事蹟皆有所據，一字不敢妄爲登載。其舊傳或有舛繆者，則無如之何，姑俟博聞者正之。

一、忠義孝友，人之大節，故以爲先。而政事次之，文學又次之，貞節又次之。大概所書各取其長，或應入而不入者，亦頗示微意焉。

一、古人於傳記中多書名，非特以其尚質，蓋亦爲文之體當然爾。子孫之於祖考有稱名者，則司馬遷《自序》謂「昌生毋懌」，「毋懌生喜」，「喜生談」，班固《叙傳》謂「回生況」，「況生三子伯、斿、穉，穉生彪」是也。弟子之於師有稱名者，則子路答長沮之問曰「爲孔丘」是也。後人之於先聖先師亦有稱名者，則韓愈《石鼓歌》曰「柄任儒術崇丘軻」是也。此類甚多，不能枚舉。蓋古者生無爵，死無謚，雖祖考亦名之，況其他乎？ 所謂避諱，但不敢面呼之耳，著文欲記事行遠，未必屑屑爲之諱也。後世彌文日盛，往往不能行尊慕之實，徒於名號繆爲恭敬。淳祐以降，不惟諱其名，又諱其字，或以號舉，或以齋名稱。其見之文字閒，在當時固有知之者，稍歷一二世，則不識爲何人矣，深可一慨。濂今一依史氏之例，皆以名書。唯於所嘗師事者，倣孟子之稱仲尼、程伯淳之稱周茂叔，以字書之，蓋變例也。

一、祖、父書名，而子孫或書字，蓋倣司馬遷《伍子胥傳》例。

一、知其所自出者，則書曰自某郡來遷浦陽，不知者及已見者，則書曰縣人；至於居住何鄉，卒在何年，壽年多少，可考者亦書。

一、舊有名無字者，因之。不知其事之詳而姓名不可闕者，附諸傳中。

一、本傳所載，有與墓銘不同者，而墓銘又有與行狀不同者。歷官次第，行事先後，多紊亂難考，今擇其理優者載之。

一、贊文之設，非欲專如史氏作品評。蓋以事有所疑與當知者，不言則不可，欲雜陳傳中，又恐於文體有礙，故藉是以發耳。

一、梅溶六傳而絕，執禮四傳而絕；傅雱之後居清江，王萬之後居常熟。若此之類，既各載譜圖，兹不書。唯子若孫可以附麗者著之。

目録

陳太竭　何千齡
鍾宅　鄭綺

政事

楊璇　張敦
蔣邵　傅柔
傅霑　黃仁環
吳傳　石範
王萬　吳直方
趙大訥

文學

于房　朱臨
錢遹　何敏中
朱有聞　倪朴
方鳳　黃景昌
柳貫　吳萊

貞節

凌楠妻何道融　戴銘妻倪宜弟

忠義篇

濂嘗讀《隋書》，見史臣所載張季珣事，謂季珣家素忠烈，兄弟俱死國難，未嘗不竊歎其難也。蓋自古忠臣能殺身徇義者，何代無之？求其一門而再見者，曷其少哉！將父兄子弟之所志有不同耶？抑一死爲不易，非大勇者不能全其節也？

當宋宣和初，睦州方臘反，攻破六州五十二縣，棄官守，委城邑，望風而遁者，往往皆是。梅溶以單州助教，攝松陽丞，乃能挺身捍禦，就死弗悔。靖康末，金人大舉入寇，京城失守。輔翼大臣反面事讎，至有拔劍殺攀輅之人，而逼上如青城者。溶之從子執禮不勝其憤，復團結軍民十餘萬，謀奪萬勝門，夜搗敵營以二帝歸，謀洩被害。自宣和至靖康七年之閒，而梅氏一門殺身徇義者凡二人，豈非難哉？豈非難哉！較之季珣家，其忠烈未必少減之也。

夫生者，人之所甚樂，而有家之私，又人之不能遽忘。彼豈甘於頸血濺地而自以爲得計哉？第以君上決不可背，名教決不可負，綱常決不可虧，忠義一激，雖泰山之高不見其形，雷霆之鳴不聞其聲，刀鋸在前不覺其慘，鼎鑊在後不知其酷，必欲得死然後爲安也。今去之雖數百載，忠剛之氣充塞乎天地之閒，凜然如生。非烈丈夫能如是乎？使當時縱能屈膝受辱以保其首領，受人唾罵，受人賤惡，雖生百年，又何益也。賈誼有言曰「守圉捍敵之臣，誠死城郭封疆」，梅溶以之；「法度之臣，誠死社稷」，執禮以之。濂生也後，慕其氣節，欲爲之執鞭而不可得，備書其事，可以勸不忠者。作忠義篇第一。

梅溶，其先吴興人，五代時有諱聳者，始避地來遷浦陽，寖成大族，在通化者爲尤蕃。溶以儒受薦，爲單州助教，年七十餘，攝松陽丞。宣和二年冬，盜發青溪，據歙、睦，遂破杭。明年春，婺、衢、處相繼兵及境，溶勢不能敵，死之。從子執禮言於朝，官其二子敦時、敦成。敦時後爲遂安令。

執禮，字和勝。家故貧，幼又喪父，其母胡氏教以讀書，[1]中崇寧五年進士第。調常山尉，未赴。以薦爲詳定一司敕令删定官，俄遷《九域志》編修官。秩滿，除武學博士。或謂執禮文儒，不宜處以武事。執禮

[1]「氏」，原脱，今據明刊本補。

欣然就職，陳説大義，閒親挾弧矢爲諸生率。大司成强淵明賢之，數爲宰相言，相以未嘗識面爲慊。執禮聞之曰：「以人言而得，必以人言而失。吾求在我而已。」卒不往謁。

轉重脩政和敕令删定官，擢軍器監丞，以親嫌辭。改鴻臚，遷比部員外郎。比部職勾稽財貨，文牘山委，率不暇經目。苑吏有持茶券至爲錢三百萬者，以楊戩旨意，迫取甚急。執禮一閱知其妄，欲白之，長貳疑不敢，乃獨列上，果詐也。

改度支、吏部，進國子司業兼資善堂翊善，歷左右二司員外郎，召試中書舍人，移給事中。林攄以前執政赴闕宿留，冀復用，臺諫顧望莫敢言，執禮論去之。孟昌齡居鄆，質人室廬，當贖不肯與，而請中旨奪之；外郡卒留役都中者萬數，肆不逞爲姦，詔悉令還，楊戩占不遣；内侍張佑董茸太廟，潛求賞，皆駮奏不行。

拜禮部侍郎。素與王黼善。黼嘗置酒其第，夸示園觀女樂之盛，有驕色。執禮曰：「公爲宰相，當與天下同憂樂。今方臘流毒吴地，瘡痏未平，豈歌舞宴樂時耶？」退，又以詩戒之，黼愧怒。執禮上疏求去，有「不能薦進人材」之語。黼曰：「是欲爲宰相耶？」會孟享原廟後至，以顯謨閣待制知蘄州，又奪職。

明年，徙知滁州，復集英殿修撰。西洛歲供縣官炭，自元豐以來，稱林木且盡，令淮南代輸，執禮曰：「滁之林木亦盡矣。經四十年久，洛都當已復舊。」即奏免之。賦鹽有定數，而閒者抑配以補故額，執禮曰：「郡不能當蘇杭一邑，而食鹽倍於粟數，民何以堪？」請於朝，詔損二十萬。滁人德之，皆繪像祠焉。

欽宗立，徙知鎮江府，召爲翰林學士，未上，改吏部尚書，旋改户部。方軍興，調度不足，執禮請以禁内錢隸有司，凡六宫廪給，皆繇度支乃得下。嘗有小黄門持中批詣部取錢，而御封不用璽者，既悟其失，復取之。執禮奏審，詔責典寶夫人，而杖黄門。繇是人不敢妄取，月省浮費三十萬。

金人犯闕，執禮勸帝親征，而請太上帝后、皇后、太子皆出避，用事者沮之。洎失守，金人質帝於營，邀金繒以數百千萬計，曰和議已定，所需滿數，則奉天子還闕。執禮與同列陳知質、程振、安扶皆主根索，四人哀民力已困，相與謀曰：「金人所欲無藝極，雖銅鐵亦不能給，盍以軍法詰罪，儻窒其求？」宦者挾宿怨，語金帥曰：「城中七百萬，户所取未百一，但許民持金銀易粟麥，當有應者。」已而果然。帥怒，呼四人責之。答曰：「天子蒙塵，臣民皆願致死，雖肝腦不計，於金繒何有哉？顧以比屋朽空，無以塞命耳。」帥問官長何在，振恐執禮獲罪，遽前曰：「皆官長也。」帥益怒，先取其副胡舜陟、胡唐老、姚舜明、王俁，各杖之百，執禮等猶爲之請，俄遣還。將及門，呼下馬，檛殺之而梟其首。時靖康二年二月也。是日，天宇晝冥，士庶皆霣涕憤歎。

初，二帝再出，執禮力争不從，遂大慟，歸見其母，曰：「主辱臣死，何以生爲？」母曰：「忠孝難兩全。汝受國厚恩如此，宜刳心上報，慎勿以老人爲念。」執禮乃以其母屬兄弟。去，與諸將謀奪萬勝門，夜擣敵營，以二帝歸。范瓊輩皆謂無益，獨吴革從公議。以賑給爲名，與宗室子昉密團結軍民，不旬日得十餘萬。王時雍、徐秉哲聞之，使瓊洩其謀，故陽託根索事殺之。秉哲即捕子昉送營中。革欲以一隊自奮，瓊紿至帳下議事，遂斬革。

執禮通諸經，尤深於《周易》，所著有文集十五卷。死時年四十九。高宗即位，詔贈通奉大夫、端明殿學士。議者以爲薄，❶復加資政殿學士。謚曰「節愍」。子忠恕，承務郎，監潭州南嶽廟；忠範，承務郎。

贊曰：溶之死，執禮嘗哭之曰：「吾從父一老儒生耳，平日恂恂，似不能言者，乃能慨然守百里之地，以蕞爾之軀膺虎狼之暴，至於糜身弗顧。」執禮之言，其真足信哉！凡人外柔者，内未必柔，但視其所存爲何如耳。世概以白面書生目之，可乎哉？可乎哉？執禮之事，尤光明俊偉，是蓋無忝於溶者。使狗鼠小臣不洩其謀，則二帝未必北巡，高宗未必南渡。「悠悠蒼天，此何人哉」？悲夫！

孝友篇

浦陽自唐天寶末置縣以來，凡歷七代，更五百餘年，而生齒之繁，至一十二萬有奇。歲月如是之久，民人如是之衆，中間豈無豪傑者興，效長才，出祕計，以自赴於功名之會者哉？又豈無握長鎗大劍，陷陣攻城，以苟徼貴富者哉？計其當時，雄視一世，勇蓋三軍，自謂可以流芳於無窮，曾未百年，聲消響絶，雖其子孫亦有不能道其名若字者矣。嗚呼！是果何爲者哉？

若夫閭巷布衣之家，雖其所爲不足以驚世動俗，有能修孝友之道者，朝廷必下詔

❶「議者以爲薄」二句，原脱，今據明刊本補。

以旌之，❶史官必求其實而書之，脱或史官失書，賢士大夫又必從而謹誌之，則其事往往反足以傳於後世，豈非天經地義不可磨滅，有非區區功名富貴者所能同也哉？善乎！魏徵之言曰：「雖或位登台輔，爵列王侯，禄積萬鍾，馬踰千駟，死之日，曾不得與斯人之徒隸齒。」其言又豈不信然也哉？嗚呼！有志之士，寧不於是重有感哉？

濂雖不敏，未嘗不感激思奮，因考舊書及諸儒之所記録，以孝友著者，得四人焉：哀麻終身，哀哭不輟，上通神明，可感異類，曰陳太竭；四代聚居，穆穆雍雍，門旌偉然，照映閭井，曰何千齡；刲肝療母，化感一門，雖非中道，亦出至性，曰鍾宅；惇禮行義，世濟厥美，延於九葉，聲聞益著，曰鄭綺。作孝友篇第二。

陳太竭，縣人，武鼎之子。親並亡，即墓手藝松栢，終身衰麻，形質枯悴，哀哭弗輟。每奠果肴，烏鳥不啄。

何千齡，縣人。四世同居，梁貞明六年，表旌門閭。

鍾宅，縣之興賢人。淳熙中，母病，宅刲肝和藥以進，病尋愈。從子明，亦刲股療母。及明有疾，明弟滿又刲股療明，皆瘳。知縣李知退義其事，爲代輸税賦三年。宅家嘗三世同居。宅之子文厚、文廣，尤極友愛，文廣妻求分，文廣恐傷兄之心，即出之。宅有至行，其事親出於天性，而非矯揉所致。當時有金智深者，母得危疾，亦刲肝爲

❶「以」，原脱，今據明刊本補。

餌方安，議者謂宅化之。

贊曰：太竭衰麻終身，雖過乎禮，其純孝有足稱焉。千齡當唐季人倫廢壞之時，孝行推於友睦，而禮遜之風數世不衰，真所謂豪傑之士矣。鍾宅一家刲肝封股者三人，亦皆出於迫切之誠。或舉韓愈氏所論鄠人者非之，非之誠是也，較於親病不嘗藥者，豈不有間歟？書而列之，非嘉宅也。

鄭綺，字宗文，白麟二十一世孫也。其先居滎陽，凝道遷歙，自牖遷睦，淮遷浦陽，今爲浦陽感德人。淮，綺之祖也。綺通《春秋穀梁》學，撰《合經論》數萬言。事父母孝，父照以非罪繫獄，當入死，綺上疏郡守錢端禮，請以身代。端禮察之，白其誣。母張病風攣，綺保持若嬰兒，但適廁必抱就之，三十年不懈。綺生閏，閏生運，運生政，政生德珪、德璋。至元中，仇家傾德璋以死罪，將械送揚州，德珪毅然代其行，德璋泣隨之，爭欲赴吏，德珪竟以詭計先死之。德珪生文嗣。自綺至文嗣，❶凡同居六世，歷二百年，咸如綺在時。

至大二年秋九月，鄉老黃汝霖等言於縣，縣上其事，廉訪使加審按焉，文達中書禮部，四年春二月，准式旌表門閭。文嗣生鑑，鑑生渭，渭生挺。皆善守，合數千指，無異心者。重紀至元元年冬十二月，太常博士柳貫與鄉校群士又上狀請如故事復其家，從之。

初，文嗣既没，德璋子大和司家事，嚴而有恩，雖家庭中，凜如公府。子弟小有過，頒白者猶鞭之。每遇歲時，大和坐堂上，群從子皆盛衣冠，鴈行立左序下，以次

❶「自綺至文嗣」，原脱，今據明刊本補。

進，拜跪奉觴，上壽畢，皆肅容拱手，自右趨出，足武相銜，無敢參差者。見者嘖嘖嗟歎，謂有三代遺風，雖石奮家亦有所不及。名聞天下，自大丞相及臺院名公卿，多賦詩美其行。部使者行縣，以其孝友七郡或莫之先，復書「東浙第一家」以褒寵之。

大和喜學禮，不奉老子、浮屠經像，冠昏喪祭，必稽古乃行。子孫從化，馴行孝謹，不識廛市嬉戲事。執親喪，哀戚甚，三年不御酒肉。食貨田賦之屬，各有所司，無敢私。凡出納，雖絲毫事，咸有文可覆，浹日則會，不公則監視發之。諸子晝趨功，入夜輒聚坐一室，温温笑語，至更餘始休。雖多列顯仕，不敢挾此有一毫自驕意。諸媍唯事女紅，不豫家政。❶宗族里閭，以恩懷之各有差。內外極嚴，與臺通傳，不敢越堂限。家畜二馬，一出則一爲之不食，人以爲行義所感。有《家範》二卷傳於世。

贊曰：史氏之言，多有不足取信者。濂少時嘗讀《唐書·世系表》，謂鄭白麟之後不傳，私竊信之。及觀司空圖《滎陽記》，則曰白麟生師慎，師慎生懷芬，懷芬生鄗，鄗生斌卿，斌卿生唐青州刺史庶。庶生侍中徽，徽生大理卿鄘，鄘生鏞，鏞生給事中蓍，蓍生宣州觀察使回。又觀鄭燮生《遂安譜》，則曰回生宏，宏生垣，垣生倕，倕生子襲，子襲生扈，扈生宋歙縣令凝道，凝道生殿中侍御史自牖，自牖生祕閣較理安仁，安仁生淮，淮生照，照生綺，即傳之所書者也。其承傳次第，灼灼可信如此，惡覩其所謂不傳者哉！考徵不廣，而欲以一人之見聞定百載之是非，難矣。

❶「不」下，明刊本有「使」字。

政事篇

嗚呼！紀載之文其可少乎？使數百年之閒，赫赫焉若前日事者，非託之於文乎？其有政事可書而不書，遂至泯泯無聞者，又非當時執筆者之過乎？

濂嘗從薦紳先生游，頗知浦陽事。聞五代時，其人多仕吳越錢氏，有劉英、黄子先者，或爲其國尚書，或爲其國統軍使。錢氏納土之後，又多仕於宋，嘉祐、元祐之閒，方資及其子揚遠，連中進士第。揚遠之事，語在《方鳳傳》。揚遠之子鑄，字世範，通判秀州，贈奉直大夫。鑄之子洙，字宗魯，歷知梅、新二州。洙之族子果，字叔毅，中隆興元年進士第，通判臨安府。果之弟梁，字叔材，亦舉進士，不第，以恩補官爲山陽尉。趙不玷自睦來遷之後，孫曾以文科奮者八人，或爲令丞，或爲簿若尉，其名皆班班見於《登科記》中。他如鄭端禮之知英德府，吳大同之爲清遠軍節度推官，則又在所不論。凡此十餘人，豈無以治能名者？閲世未久，雖或僅知其名氏而已，不聞其行業之詳，可勝歎哉！知其名氏者尚若是，則其所不知者從可知已。自五代以來且若是，則夫五代之前又可知已。

嗚呼！政事於人大矣。操厚倫惇俗之具，執舒陽慘陰之柄，御賞善罰惡之權，任出生入死之寄。其在朝廷，則四海被其澤；其在一郡，則一郡仰其賜；其在一縣，則一縣仰其福。❶苟得其人，則上明下淳，歌謠太平；一或反是，則流毒四境，神怒民

❶「仰」，明刊本作「受」。

怨，至有激成他變者，其所繫甚重且難也。蓋如此，人能以一善自效於官者，豈可使之泯泯無聞乎？縱曰往者之不可作，寧不使來者之知勸乎？嗚呼！紀載之文其可少乎？濂竊拳拳於此。不可知者，固已無如之何；幸猶可以考見者，輒不敢不書。自楊璇至趙大訥，凡十一人，雖官有崇卑，治有優劣，其利吾民一也。因盡録之，作政事篇第三。

楊璇，字季平。高祖父茂，本河東人，從光武征伐，爲威寇將軍，封烏傷新陽鄉侯，建武中就國，傳封三世，有罪國除，因而家焉。父扶，字聖儀，爲武源令，遷交趾刺史，有理能名。兄喬，爲尚書，容儀偉麗，數上言政事，桓帝愛其才貌，詔妻以公主，喬固辭不聽，遂閉口不食，七日而死。

璇初舉孝廉，靈帝時，爲零陵太守。是時，蒼梧、桂陽，猾賊相聚攻郡縣，賊衆多而璇力弱，吏人憂恐。璇乃特制馬車數十乘，以排去聲囊盛石灰於車上，繫布索於馬尾，又爲兵車，專彀弓弩。尅期會戰，乃令馬車居前，順風鼓灰，賊不得視，因以火燒布然，馬驚奔突賊陣，因使後車弓弩亂發，鉦鼓鳴震，群盜波駭破散，追逐傷斬無數，梟其渠帥，郡境以清。

荆州刺史趙凱誣奏璇實非身破賊而妄有其功，璇與相章奏，凱有黨助，遂檻車徵璇，防禁嚴密，無繇自訟。乃噬臂出血，書衣爲章，具陳破賊形勢，又言凱所誣狀，潛令親屬詣闕通之，詔書原璇拜議郎，凱反受誣人之罪。璇三遷爲渤海太守，所在有異政，以事免。後尚書令張温特表薦之，徵拜尚書僕射，以病乞骸骨，卒於家。

張敦，字伯仁，縣人。爲諸暨令，海寇二百餘人，剽擄爲患，悉平之。轉重泉令，民悦其化。遷車騎大將軍。

蔣邵，字景倩，縣人。爲益陽令，遷洪、撫二州刺史。攘虎却蝗，民蒙其惠。轉交州刺史。

傅柔，字仲席，縣人。爲宣城令，無爲而治，謳謡載路。遷鄂州刺史。

贊曰：洪遵撰《東陽志》，書揚扶在蔣邵、張敦、傅柔之後，且言邵歷洪、撫二州刺史，轉交州，敦遷車騎大將軍，柔亦刺鄂州。扶，東漢中人也。遵既如此書，則邵等又在扶之前無疑矣。濂不謂然。漢嘗置車騎將軍、衛將軍，左右前後，皆位次上卿，典京師兵衛，則車騎固漢官也。敦爲扶前人亦未可知。若洪在兩漢時，名爲章郡，而撫之地隸焉。鄂亦名爲江夏郡，並無稱洪、撫、鄂三州者。及隋平陳，始皆置之，而冠以今號，則邵、柔疑隋以後之人也。遵曾不考之，是果何耶？浦陽未置縣時，地屬烏傷，扶自曾祖茂來遷，考其所居處，實今縣地，故扶之墓猶在縣西北十五里，扶之子孫不見有别居之文，遵獨據舊經，以扶隸浦陽，以扶之子喬、璇隸烏傷，其又何耶？濂皆不得不正之。

傅霶，其先世居汴，父大理評事瑄，始遷浦陽之感德。霶多膽略，遇事奮發有爲，與李綱、宗澤游。建炎元年，金兵始退，黄潛善力主和議，白上遣霶爲祈請使。霶時階宣義郎，乃特遷宣教郎以優異之。未行，朝論遣重臣以取信，改命周望爲通問使。李綱爲上言：「今日之事，正當枕戈嘗膽，内修外攘，使刑政修而中國彊，則二帝不俟迎請而自歸。不然，雖冠蓋相望，卑辭厚禮，終恐無益。今所遣使，但當奉表兩宫，致思慕之意而已。」上乃命綱草二帝表，付雱以行。獻二帝衣各一襲，且致書於粘罕。雱與王倫俱留軍，久之乃歸。官至工部侍郎。

弟光，字子温，爲諸王宫教授，未幾，退歸田里。方臘反，縣民多託之爲亂。任士安統兵至，怒甚，欲盡屠之。光適與任厚，往諫之曰：「亂者唯通化一鄉，餘皆良民。將軍奉朝廷命殺賊爾，奈何延及無辜耶？」任悟，如光言。光之孫如松、如川，皆從太史吕祖謙學，知名於時。

黄仁環，縣之上洛人。以武悍爲閭里雄。方臘起睦州，往往曹聚從賊。仁環以能自歸得官，受沿邊差遣。建炎元年，山賊何三五作亂，仁環呼諸子謂曰：「吾受國恩，恨無以爲報，誓當以計擒賊。」乃與唐子容謀，僞與賊合，賊信不疑。仁環謂其酋曰：「今欲破縣，兩主首俱行，誰守洞？汝等留此，吾先破陣。」於是引衆鼓而東，行十餘里，至朱村分路口，將覆賊，乃詭分兩道出攻，虚整部伍，密令子容等各插竹葉爲標識，與賊兩兩相夾。部分既定，仁環大呼曰：「轉陣殺賊！」子容奮兵夾擊，賊千餘人，得脱者無數輩。諸酋留者，仁環令諸子享於家，酒酣，用斧自後斫殺之。初，仁環有女嫁賊黨中，或曰：「公報國固善，如愛女何？」仁環曰：「吾恐事不就，一女何惜？」至是，竟爲所戮。仁環官至訓武郎，縣人感其德，立祠祀之。

吴傳，字清叟，縣之通化人。傳自少無所好，唯嗜讀書。中宣和三年進士第，歷官至監察御史，四持憲節，廉明之聲甚著。初，州縣官遇賜燕，有飲至夜分者，傳奏不許見燭，上從之。

石範，字宗卿。其先由青社來徙浦陽。家素貴盛。其大母杜氏有賢行，以女歸寒士鄭剛中。剛中後爲名臣，人服其先見。範天資穎茂，從吕祖謙游，講索殊精切，中紹熙元年進士第，調奉化尉。歲饑，貧民將爲變，範賑之，不誅一夫而定。海寇爲害，範設計捕殺之。改知麗水縣，以丁繼母憂去。遷知婺源縣，縣有月樁錢二萬，皆取之民，民患之，範建請蠲其十之二。俄權通判袁州。峒獠弄兵，衡、潭、贛、吉四州被禍尤酷，袁當其衝，人情凜凜。範攝州事，練軍旅，閲民兵，廣儲蓄，博訪守禦之策，威聲甚震，峒獠不敢近。轉通判泉州，兼南外宗正丞。卒年六十六。範守正不撓，或勸其謁權貴人，美官可立至，範謝曰：「吾儒者，改官爲縣，亦固當爾，何以僥倖爲？」卒不詣，士論多之。弟壽，亦能文，中嘉定十三年進士第，官至吉州司理。子武、戩、戡。

贊曰：古語有之，「人才必臨事乃見」，豈非然哉？雱之使金也，制詞甚褒之，至有「庶爾一言之合，爲吾兩國之成」之語，則當時任寄之重可見矣。雱亦奇男子哉！傳以廉肅自將，範以振凶禦寇自效，要之皆良吏。若仁環者，區區一劍之雄耳，其初未必不抄掠爲人患，亦復進之士君子之列，何哉？宥過録善，《春秋》之義也。録之斯進之。雖然，當賊氣正鋭之時，使仁環不急挫其鋒，則數萬生靈血汙荒原矣！

王萬，字處一。其先出於會稽，唐之中世始還烏傷之鳳林，萬之祖起又自鳳林還浦陽。父約之游江淮閒，萬因生長濠州。家甚貧，而厲志於學。凡三舉，始中嘉定十六年進士第，調和州教授，遷浙西提舉司主管文字。未閲月，遭父喪。端平元年，除主管尚書户部架閣文字，轉國子學録。明年，添差通判揚州，以母老辭，改鎮江。

萬自少忠伉有大志，究心當世急務，極知邊防要害。嘗爲書歷告重臣大官，論沿邊事宜，則謂：「長淮千里，中閒無大山澤爲限，擊首尾應，正如常山蛇，執首當并兩淮，惟一制閫之命是聽。兩淮唯濠州居中，濠之東爲盱眙，爲楚，以達鹽城，淮流深廣，敵所難渡。濠之西爲安豐，爲光，以達信陽，淮流淺澀，敵每揭厲以涉之。法當調揚州北軍三千人，自淮東擣虚，常往來宿、亳閒，使敵無意於東，而我併力淮西。淮西則又惟合肥居江淮南北之中，法當建制置司合肥，而濠、梁、安豐、光州爲臂，以黄岡爲肘後緩急之助。又必令荆襄每候西兵東來輒尾之，使淮襄之勢亦合，而後規模可立也。」論用兵，則謂：「當以五千人爲屯，每屯一長，二長一大將，一路又合一大將，而并合於制置爲總統，淮東可精兵三萬，光、黄可二萬，東西夾擊。而沿江制司會合肥兵共二萬，以牽制其中。行則結營陣，止則依城壘；行則齎乾糧，止則就食州縣。」論屯田，則謂：「當於新復州軍，東則海、邳，所依者水之險；西則唐、鄧，所依者山之險。畫此則無地無田不耕，而歸附新軍，流落餘民，亦有固志。」論守戍，則謂：「戎司舊分地戍守，殿步兵戍真、揚、六合，鎮江兵戍揚、楚、盱眙，建康馬司兵戍滁、濠，定遠都統司兵戍廬和安豐，以至池司兵戍舒、蘄，巢縣江司兵戍蘄、黄、浮、光，地勢皆順，皆以統制部之出外。而昔常有帥臣居内，以本軍財賦葺營栅，撫士卒，備器械，以故軍事常整辦。遇警急，則帥臣親統重兵以行。比乃有以建康馬帥而知黄州者，都統而知光州者，以池司都統而在楚州，以鎮江都統而在應天者。將不知兵，兵不屬將，往往以本軍之財，資他處之用。以致營栅壞而莫修，士卒貧而莫給，器械鈍而莫繕。宜與盡還舊制。」其他敷陳皆類此，多者或累數千言，文多不載。

三年，授樞密院編修官。嘉熙元年，兼權屯田郎官。萬因輪對，又言於上曰：「天命去留，原於君心。陛下一一而思之，凡惻然有觸於心而不安者，皆心之未能同乎天者也。天不在天，而在陛下之心。苟能天人合一，永永勿替，則天命在我矣。」其言尤爲精白。

未幾，差知台州。萬至郡，惟疏食敝衣，終日坐公署，事至立斷。吏無所售，多改業散去；民亦化之，不復訟，上下肅然。丁歲祲，萬盡力拯之，民無飢死者。往往感之，但言萬名，莫不舉手加額曰：「吾父母也。」才五月，乞祠去。三年，遷屯田員外郎，兼編修官，轉尚右郎官，尋兼崇政殿説書。

四年，擢監察御史。首論刑部尚書史宅之，故相之子，昔嘗弄權，不當復玷從班。上命丞相再三諭旨，迄不奉詔，上不得已，出宅之知平江府。史嵩之自江上董師入相，氣象迫遽，人心傾摇，衆莫敢言。萬又首論之。會議相之事已決，疏入，除大理少卿。萬即日還常熟寓舍。拜太常少卿，辭。差知寧國府，辭。召赴行在奏事，出爲福建提點刑獄，加直焕章閣、四川宣諭司參議官，皆辭。俄乞休致，詔特轉朝奉郎守太常少卿致仕。卒年四十八。及嵩之罷相，人方交論其非，上思萬先見，親賜御札，謂萬「立朝謇諤，古之遺直；爲郡廉平，古之遺愛」。特贈集英殿修撰，予錢五千緡，田五百畝，以贍給其家。

萬遇事敢言，衆知其人豪，每咨問之。當金初滅，鄭清之欲謀乘虚取河洛，萬曰：「今朝廷勇於復境而怯於備邊，莫若移勇於怯，爲自治之規。不然，非萬所知也。」已而，北兵壓境，三邊震動，其言果驗。理宗下罪己之詔，命中書舍人吴泳視草，萬謂泳曰：「用兵誠失矣，亦豈可遽示怯哉？今邊民生意如髮，宜振厲奮發以興感人心。」泳如其言。

萬初與季衍遇，衍勉萬從事朱熹之説，久之，有得於「時習」之語，謂：「學莫先於言顧行，言是而行違，非言之僞也，習未熟耳，熟則言行一矣。」故終身言行相顧，發於設施。論諫忠懇剴切，無所顧忌。初官不受人薦，生平不交權貴。書絲毫不妄取。或餽藥財甚豐，萬力却之，至使人謝過，萬不得已，受一附子。守台時，有故人來謁，欲售錦裀贈之，入白其母，母曰：「不可。此固汝當得，終官物也。」或以萬之介潔，其母教之有素云。

初謚議節惠，後更忠惠。所著書，名《時習編》，有《易》、《書》、《詩》、《論語》、《孟子》、《中庸》、《太極圖説》，及其他奏劄論天下事者，凡十卷。子庭，字德揚，受知賈似道，官終大理寺丞。

贊曰：人之欲，猶夫疾也；聖賢之書，猶夫藥也。以藥治疾，則疾瘳而體順；以聖賢之書克欲，則欲去而理明，自然之埶也。世顧玩之以爲辭章之助，雖日誦五車，亦何補身心哉？萬自聞季衍讀四書之一言，潛思精索，反以自治，故其律己則義利截然，表裏不欺；牧小民則忠厚粹和，不事威斷，人自感服；居言官則不畏權姦，擊之愈力，言或不行，挂冠徑去。嗚呼！是可謂善讀書者矣。當賢士交口稱譽，或謂其如白圭振鷺、玉尺冰壺，或謂其振荒如朱熹，先見如蘇洵、呂獻可，無實功者能之乎？嗚呼！是足以貽不朽矣。視彼抽祕思，騁妍辭，而與庸人孺子同一澌盡者，竟何爲哉？竟何爲哉！

吴直方，字行可。其先毘陵人，一遷於鄱，再遷於睦，三遷浦陽之新田。唐乾寧初，有名公養者，又遷縣西吴溪上，至直方十五世。直方年七歲，母亡。十歲，大父蕃又亡，獨與其父寶居。豪家利其弱，時侵苦之。直方雖在童子中，常發憤自厲，必欲伸己志乃已。稍長，出游浙東西，習刑法於帥府及行中書，復北走京師。無他親朋童御，一身在逆旅中，凡三十六年，困苦艱難，無不備歷。或勸其南歸，直方曰：「生爲寄，死爲棄，等一死耳，何分冀北與江南乎？」其志愈壯不少折。後用薦者以說《書》事明宗於潛邸，會明宗出鎮北藩，復罷去。尋爲上都路學正，欲上，又爲代者所先，遂主留守馬札兒台家，教其子脱脱及也先帖木兒。

元統二年，脱脱爲御史中丞，以直方嘗

事先朝，奏爲江浙等處儒學提舉，中書改授副提舉。未上，御史臺又改授廣東廉訪使承發架閣兼照磨，轉中政院架閣管勾，俄陞長史。重紀至元末，廟堂用事者專權肆虐，人情震栗。❶上與近臣謀罷其政柄，更新庶務，直方實協贊之。上多其功，❷召至便殿，賜以黄金繫帶，超授集賢直學士，❸轉侍講學士，尋又陞學士。時脱脱爲右丞相，國有大政令，多咨直方然後行。直方每引古義告之，民被其賜者甚衆。未幾，上章乞骸骨，以大學士榮禄大夫致仕，食俸賜終身。至正中，監察御史劾直方躐進官位，❹奪其誥命，除名爲民，他御史辨其誣，復之。

直方深沈有謀，人莫測其喜愠，夷險一致，可屬以天下大事。縱群言沸騰，不少動。爲人謙下，待人恒如布衣時。受一飯之恩，必思報之。人以是稱焉。子萊、志道。萊別有傳。

趙大訥，一名良勝，字敬叔，縣人，周恭肅王元儼之十世孫也。起家驛曹掾，調泉州録事。大盜起寧都，泉之無賴男子嘯衆應之，遂謀來攻城。大訥作柵以禦其衝，盜爲引去。遷興化録事，轉龍溪尹。俗尚鬼，壘石作祠，以奉紫衣神。黠民將爲姦利，必牲犬以祭。大訥投神江中，移石以修孔子廟庭。縣多山畲洞獠，官稍侵之，輒弄兵暴掠，至煩大將出屯，經年不解。大訥調御得其術，服從如良民。邑大姓怙勢殺人，郡守受其財，出之。大訥抱案詣府，歷指其姦。

❶「栗」，明刊本作「慄」。
❷「多」，明刊本作「念」。
❸「授」，明刊本作「拔」。
❹「位」，明刊本作「階」。

守怒，陰中以他罪，大訥略無所懾。改永春，以丁父憂去。復改侯官，未終喪，不赴。俄遷永嘉。永嘉計口賦鹽，民以爲病，大訥建請令富商轉售之。瑞安猾吏僞爲官書，誣平民盜販，民自殺者三人。府下大訥訊之，大訥徙之臨汀。州城枕大江，水暴岸善崩，大訥列植巨木，先以萁芒殺浪勢，然後實土以石甃之，岸凡數千尺得不壞。除温台等處海運千户。遭母喪，改知永新州。州民素豪，勢出守吏上。聞大訥至，皆畏服不敢吐氣。民以死狀聞，官去按之，卒吏千餘人從行，民皆逃匿，數里無烟火。大訥與一二吏出，田里晏然。鵠湖羅陂，皆群盜淵藪，時出爲過客患，大訥用奇計翦其渠魁，餘黨奔散。鄉飲酒之禮久廢，大訥講而行之，賓主就位，獻酬有節，揖拜有容，觀者歎悦。在官二年，告老解印綬而歸，時至正八年夏六月也。

大訥性剛直，不憚大吏。屢典劇縣，皆有能聲，卒胥無敢出鄉，宿猾元豪亦相告遠遁。數平反冤獄，民爲列生祠。或以事如遠鄉，父老攜子弟聚觀曰：「此趙侯也。」其爲人愛慕如此。

大訥同時有金德潤君澤者，亦縣人，由湖南廉訪使掾歷官至嘉興推官，亦以政事稱。其果毅有爲，議者謂不如大訥云。

贊曰：丈夫之以功業自見者，豈必藉祖父之勢哉？藉祖父之勢而成者，世豈無之？終不足謂之丈夫。必也奮自布衣，卓然有立，小或作州牧，大或聞國政，使德澤簡在人心，聲聞流於後世，然後始無愧於斯名。善矣哉！吳、趙之爲，何其近是耶？雖然均名爲人，均生是邦，均食粟衣帛，顧有能有不能焉。稍知自勵者，可惕然而省矣。

文學篇

文學之事，自古及今以之自任者衆矣，然當以聖人之文爲宗。文之立言簡奇莫如《易》，又莫如《春秋》；序事精嚴莫如《儀禮》，又莫如《檀弓》，又莫如《書》，《書》之中又莫如《禹貢》，又莫如《顧命》；論議浩浩而不見其涯，又莫如《易》之《大傳》；陳情託物莫如《詩》，《詩》之中反覆咏歎又莫如《國風》，鋪張王政又莫如二《雅》，推美盛德又莫如三《頌》；有開有闔，有變有化，脈絡之流通，首尾之相應，莫如《中庸》，又莫如《孟子》，《孟子》之中又莫如養氣、好辨等章。嗚呼！濂之所言者略爾，以其所言，推其所不言，蓋可知矣。人能致力於斯，得之深者，固與天地相始終；得其淺者，亦能震盪翕張，與諸子較所長於一世。

雖然，此特論爲文之體然耳。若原其本，則未也。其本者何也？天地之間，至大至剛，而吾藉之以生者，非氣也耶？必能養之而後道明，道明而後氣充，氣充而後文雄，文雄而後追配乎聖經。不若是，不足謂之文也。何也？文之所存，道之所存也。文不繫道，不作焉可也。苟繫於道，則萬世在前不謂其久，吾不言焉，言則與之合也；萬世在後，不謂其遠，吾不言焉，言則與之合也。是故無小無大，無外無内，無古無今，非文不足以宣，非文不足以行，非文不足以傳，其可以無本而致之哉？

浦陽雖小邑，自宋以來，以文知名者甚衆。大抵據經爲本，有足貴者。故濂悉傳其人，而僭誦所聞於其首，作文學篇第四。

于房，縣人，其先自河内來遷。父曷，有學行，尤長于文辭。會五季之亂，抗志不仕，以布衣終，後以房貴，贈大理寺丞。

房爲文有父風，而精簡過之。遠邇學徒咸從之游。中嘉祐四年進士第，官至尚書屯田員外郎，通判應天府南京留守司。兄立、璧，皆舉進士於鄉。弟清穆，去爲浮屠，亦以文鳴。諸子世封、正封，亦舉進士。世封能暗記六經三史，正封尤以博洽自負。每兄弟論辨，旁引曲證，各歷誦全文，一字不遺，人號爲雙璧。

初，世封善屬文，頃刻數千言，縱横變通，無不如意，自以爲所向無敵。及同正封見歐陽脩，脩不然之，世封慚。脩因授以爲文之道，世封之學於是益進，晚乃著《易書詩傳》四十卷。正封著《春秋三傳是非説》二十卷。正封善正書，酷類顔真卿，世多傳之。有方蒙者，嘗受學世封，輯其家三世能文者七人，號《七星集》云。

贊曰：于房論文有曰：「陽開陰闔，俯仰變化，出無入有，其妙若神。」何其言之善也！蓋文主於變，變而無迹之可尋，則神矣。司馬遷、班固、韓愈之徒，號爲文章家，其果能易此言哉？宜其三世以文名也。濂竊慕之，歷求其文而不可多得。近過左溪山，見房之子正封所書碑，字勢雄拔，如蛟螭虎豹，盤拏後先，慨然想見其爲人。登高遐望，精神爲之飛動。嗚呼！數百載之下，能令人思之不置者，必有以也夫！

朱臨，其先家吴興，五季避亂遷浦陽。臨少穎悟，從安定胡瑗游。瑗以明體適用之學教東南人士，或治經，或治事，各有條法。長樂劉彝授《周禮》，又兼習水利。臨乃授《春秋》。瑗嘗著《春秋辨要》，惟臨得之爲精。臨晚年好唐陸淳學。淳之師啖助、趙匡嘗會三《傳》而取舍之，淳遂總其説，爲《纂例》、《辨疑》二書。臨謂孔子没千有餘年，説《春秋》者皆膠於偏見，無有出淳書之右者，雖董仲舒爲兩漢通經第一，然猶拘於《穀梁》，不克别白，餘可知也。其所學蓋卓卓有所見如此。

臨初以丞相吕公著薦入官，歷宣德郎守光禄寺丞，以著作佐郎致仕，後以子貴，贈正議大夫。所著《春秋説》二百餘篇，他詩文又别有集，藏於家。

贊曰：天聖、慶曆閒，縣之能文章者，惟于房父子爲盛；優於經學，則臨一人而已。臨之所傳有淵源，意其所著必有大異人者，今皆亡之，惜哉！濂幼時，尚見臨所受嘉祐告身於吴明孫家，明孫蓋朱氏外孫，其亡亦已久，今又不知何如也。斯文存亡，尚往往類是，豈沈酣聲利者爲可恒也哉！

錢遹，字德循，縣之通化人。世隱於農。遹自少彊敏，記問過人。中熙寧九年進士第，調洪州推官。守將王韶由樞府出，威重異常，他僚屬不敢仰視。會有疑獄，遹正色争辨，至怒罵不少奪，後卒如遹議。轉信州，歷常、真二州，燕衛王宫三教授，通判越州。吏挾守爲姦，留難訟者常百數，遹攝府事纔二日，獄爲一空。及後爲守，姦吏望風遁去。除校書郎。❶

徽宗立，擢殿中侍御史。中丞豐稷論其回邪，不可以任風憲，不報。稷復言必用遹，則願罷臣，乃改提舉湖北常平夔峽轉運

❶ 「校」，原作「較」，今據明刊本改。

判官。遹興利除害，發擿姦伏，風采凜然，人畏之如神明。崇寧元年，召爲都官員外郎，復執法殿中。劾曾布援元祐姦黨，擠紹聖忠賢，布去。遷侍御史，閱兩月，進中丞。首乞治元符末大臣，乞復孟后而廢劉后事。韓忠彦、曾布、李清臣、黄履及議者曾肇、豐稷、陳瓘、龔夬，皆坐貶。遂與殿中侍御史石豫、左膚言：「元祐皇后得罪先朝，昭告宗廟，天下莫不知。哲宗上賓，太母聽政，當國大臣盡變亂紹聖之事以逞私欲，因一布衣何大正狂言，復還廢后位號，當時物議固已洶洶，乃至疏遜小臣詣闕上書，忠義激切，則天下公議從可知矣。今朝廷既已貶削忠彦等，及追褫大正誤恩，則元祐皇后義非所安。孔子曰：『必也正名乎，名不正則言不順。』夫在先朝則曰廢后，今日則謂之元祐皇后，於名爲不正。先朝廢而陛下復，於事爲不順。考之典禮，則古昔所無；稽之本朝，則故實未有；詢之師言，則大以爲不然。況既爲先朝所廢，則宗廟祭告，歲時薦饗，人事有嫌疑之迹，神靈萌厭斁之心，萬世之後，配祔將安所施？宜早正厥事，斷以大義，無牵於流俗非正之論，以累聖朝。」明日又言：「典禮所在，實朝廷治亂之所係，雖人主之尊不得而擅，又況區區臣下敢輕變易者哉？元祐皇后得罪先朝，廢處瑶華，制詔一頒，天下無閒然者矣。並后匹嫡，《春秋》譏之，豈宜明盛之朝而循衰世非禮之事？」於是尚書右僕射京、門下侍郎將、中書侍郎益、尚書左丞挺之、右丞商英言：「元祐皇后再復位號，考之典禮，將來宗廟不可從享，陵寢不可配祔，揆諸禮制，皆所未安。請如紹聖三年九月詔旨。」后由是復廢。遹遂言元符皇后名位未正，乃册爲崇恩太后。適章所言小臣上書者，昌州推官馮澥也。其書以爲：「先帝既終，則后無單立之義；稽之逆順，陛下無立嫂之禮；要之始終，皇太后亦不得伸慈婦之恩。雖已遂之事，難復之失，然感悟追正，何有不可？」澥由是得召對，除鴻臚主簿。蔡京謀取青唐，適助成其議。會籍元祐黨，適以爲多漏略，給事中劉逵駁之。左轉户部侍郎。

二年，遷工部尚書兼侍讀。三年，以樞密直學士知潁昌府，未行，言者疏其罪，黜知滁州。四年，徙宣州。五年，稍復直學士，召還工部，舉馮澥自代，謂澥趣操端勁，古人與稽，嘗建明典禮，忠義凜凜，薦紳歎服。言者又疏其罪，以待制知秀州。中書舍人侯綬封還之，又奪待制。久之，除集賢殿脩撰，知越州，即提舉江州太平觀。大觀二年，會行八寶，赦復脩撰，俄除顯謨閣待制，以疾請致仕。四年，起爲顯謨閣直學士。政和三年，改述古殿，皆領宫祠。

適家居十餘年，無益之事不爲，惟築三大湖以利鄉民，民深德之。宣和三年，方臘陷婺，適走蘭谿靈泉寺，爲盜所刺，年七十二。盜平，州以聞，有旨贈五官至太中大夫，與遺表致仕恩澤，賜銀絹三百匹兩。

適無所不學，晚尤深於曆書。爲文章明白簡切，自成一家。學者從之，多爲名儒。所著有遺文八十卷，藏於家。

子楚材、楚翁，皆承事郎。❶ 孫億年，字伯壽，宣和七年以祖廕入官，乾道二年以右朝請大夫致仕。五年，落致仕，除利路提點刑獄，不果上。淳熙十一年，轉朝議大夫，卒。有詩號《雲巢集》云。

❶「事」，明刊本作「務」。

贊曰：《四朝史》有云：「瑤華失位而復也，太母實詔之，姑有還婦之文，母有改子之道，播之天下，合於至公。」誠哉是言也。遹在當時，孰謂其不知此理耶？其意蓋有所循焉爾。執禮銘遹之墓，歎其剛方少圓，死生負謗，其厚於揚善者哉！

何敏中，字元功。世家太末，其遠祖延壽始來遷浦陽。敏中自少學《易》，恐飲酒廢事，終其身弗御。與梅執禮交甚洽，每有疑難，相與論定之。郡縣察其賢，將以八行及遺逸薦，辭。敏中素仁厚，游太學時，同舍生方位卒，敏中鬻行槖持其喪歸。鄰州寇起，將壓境，敏中攜家避山中，比鄰從者以百數。道遇擁刃來者，衆相顧泣且死，敏中出告其酋，酋大呼曰：「此浦江何公也。吾昔爲尉所縛，藉公一言而免，是嘗有恩於我者，不可害，不可害！」即命兵護出之。

朱有聞，字子益，縣人。幼孤，長能刻苦爲學，夏不避蚊，冬不擁爐，久之，悉通諸家書。作文尚質實，有理致。好飲酒，視富貴無所屈，縣令丞而下欲見之，不能得。同郡吕祖謙名重一時，知其有守而多聞，訪之逆旅中，再以書速之，止修報謝，亦竟不行，祖謙愈重焉。淳熙十六年卒，年六十五。子群，字潁叔，游太學有聲，中紹熙四年進士第。

贊曰：揚雄有言曰「君子純終領聞，蠢迪檢押」，如敏中、有聞二人是已。議者以立傳之法，必關大勸懲則書，若二人者，陸陸爾，庸庸爾，何必累簡編哉？濂曰不然。世之人掊克自恣，剥膚及髓，苟臨患難，人將甘心焉。如盜感敏中之恩，庇百人而不殺者有之乎？奔走州邑，奴事上官，望塵亟拜，掃門求通，唯恐不能一見，如縣令丞欲謁有聞而不可得者又有之乎？時非三代，人有小善必取，曾謂二人之行而可遺之乎？激而書之，知者當識之也。

倪朴，字文卿，唐户部侍郎若水之後也。若水居恒州，唐末之亂，子孫南遷江浙閒。五代時有名盈者，又自吳興遷浦陽之石陵。世爲農，至朴曾祖展，始以貲雄於鄉。初，衢婺嘗輸丁身錢，相傳仁宗時，永康胡則爲奏免。崇寧閒欲復算之，適部使者行郡，展持則像，拜使者於馬前，歷訴其非便，使者上其事，復獲免。祖子從，性好施，田旱及半，悉捐與種家。然又多奇謀。建炎初，山賊作亂，遠近震動，縣令丞揖子從問計，子從爲之籌畫，使其子統民兵爲前導，賊皆敗走。民兵別部有貪功擒至百餘人者，縣令例縛之，將斬以徇，子從聞之，急白令曰：「此輩豈皆賊哉？不如勿殺，使自新。賊不足定也。」令悟，足地曰：「微公言，幾敗吾事。」悉縱之，事果帖帖。

朴豪雋不羈，喜舞劍談兵，恥爲無用之學，必欲見之於事功。紹興閒，聞廟堂謀遣將掃清河洛，喜曰：「依日月，乘風雲，以佐天誅，此其時矣。」乃草書數千言，歷陳征討大計。精忠感激，有古作者風。鄭伯熊見之，連吐舌曰：「男子，男子！」雖以無階不得上進，而朴志益堅。且以天下山川險阻，户口多寡，用兵者所當知，乃偏考群書，成《輿地會元志》四十卷。又合古今夷夏，繪爲一圖，張之屋壁，手指心計，何地可戰，何城可守。猶幸一用其能。晚雖知不用，復著《鑑轄録》五卷，以痛國家禦侮用策之失，惓惓猶前志也。

朴好使氣，與人多不合，年四十七尚未娶，當時人亦鮮有知朴者，獨永康陳亮敬焉。淳熙中，與知縣趙汝鉞有隙，鄉人樓益恭遂以豪俠中之，徙家筠州，會赦東歸。朴於書，過眼不再覽，辨駁甚精。嘗言：「吴越受梁封爵，未嘗稱帝，其改元寶大，實當梁亡之後。」且取觀音院鐘刻爲證，以破五代史之疑，論者服之。朴之友吴克己，字復之，縣之鶴塘人。窮經博古，尤邃於《易》，旁通釋氏書，多有著述。朴嘗評其文：「汪洋恢怪，如崩崖翻浪，使人畏且驚，又翫之而不忍去，竟不知爲何等語。」蓋克己多談内典，故朴頗譏之。

贊曰：宋自宣和之後，國勢不振，金人乘釁，長驅而入，破陷太原，侵軼真定，攻擣汴京，以致天子蒙塵，生民暴骨。當時臣僚，謂宜枕戈待旦，不共戴天，以洗刷國恥，以克復土疆。乃復割地議和，頓首請命，忠義之士，雖欲有爲，每擯斥不用，卒致淪亡而莫之救。哀哉！朴以一布衣之微，非有爵號之榮，禄賜之厚，乃能赤心憂國，吐其耿耿，直欲叩帝閽上之。雖其書不能進，其視賈廷佐之二疏，陳亮之三書，俊快明烈，❶照燿後先。如朴者，豈非人傑也哉！使朝廷用之，未必不能立奇勳。奈何姦惡秉軸，有志之士不獲洩其忠憤之氣。推是言之，亦不獨人謀之不臧也。嗚呼！王業終至偏安，父讎終至不報，必當有任是責者。幸朴書猶存，百世之下，非惟使英雄灑淚，肉食者聞之，亦或知勸哉！

❶「明」，明刊本作「朗」。

方鳳，一名景山，字韶父。其先出唐玄英處士干。干曾孫傳，字輔卿，始自睦來遷浦陽仙華山。傳生招，招生文遇。文遇生資，字逢原，中嘉祐八年進士第，歷官知真州，未上，卒，贈紫金光禄大夫。資生揚遠，字遐舉，疏雋慷慨，以文章震耀一時，亦中元祐三年進士第，以吏部侍郎出爲河北轉運使。有能名，上屢降詔寵諭之。殁，贈太中大夫。揚遠至鳳凡七世。

鳳有異材，常出游杭都，盡交海内知名士。將作監丞方洪奇其文，以族子任試國子監，舉上禮部，不中第。主閤門舍人王斌家，教其二子大小登。斌與丞相陳宜中爲親舅弟，鳳因得見宜中，三以策告宜中，雖不能聽，將奏補爲初品官，既而宜中走海南，事遂寢。後以特恩授容州文學。未幾宋亡，鳳自是無仕志，益肆爲汗漫游。北出金陵、京口，南過東甌海上，類皆悼天塹不守，翠華無從，顧盼徘徊，老淚如霰。

一日，復游杭，有人自海上來，見鳳伏地泣，起相抱持。鳳問故，則曰：「予大登也。自從陳丞相乞師南海，不得還，遂爲暹國臣。暹蓋古者文單盤越屬國，泛大海至泉南，始達岸。今爲其奉使上國，重過丞相故府，無一人一馬可識，不意復得見先生也。」言訖泣下。鳳亦泣，因欲俱行，人勸止之。

鳳善《詩》，通毛、鄭二家言。晚遂一發於咏歌，音調淒凉，深於古今之感。臨没，猶屬其子樗題其旌曰「容州」，示不忘也。宋季文弊，鳳頗厭之，嘗謂學者曰：「文章必真實中正方可傳，他則腐爛漫漶，當與東華塵土俱盡。」已而言果驗。性不喜佛老，讀唐《傅奕傳》，壯其爲人，自摭奕後闢異教者數十事，以擬《高識篇》，題之曰《正人心》，書尚未完。他所著詩三千餘篇，曰《存雅堂稾》。樗字壽父，亦精於詩，無愧於鳳云。

贊曰：世言杜甫一飯不忘君。今考其詩，信然。鳳雖至老，但語及勝國事，必仰視霄漢，淒然泣下，故其詩亦危苦悲傷，其殆有得於甫者非耶？鳳嘗與閩人謝翺、栝人吴思齊爲友。思齊則陳亮外曾孫，翺則文天祥客也。皆工詩，皆客浦陽，浦陽之詩爲之一變。思齊以父任入官，爲嘉興丞，宋亡，麻衣繩屨，退隱深山中。翺雖布衣，尤忠憤鬱鬱，或被髮徉狂行嘯於野，或登釣臺慟哭以酹天祥，酹已，復作楚歌以招其魂。皆可謂氣節不群之士。而獨與鳳善，豈《易》所謂「同聲相應」者耶？

黄景昌，字清遠，一字明遠，縣之靈泉人。其先與太史公庭堅同所自出。四歲入小學，十二歲能屬文，長從方鳳、吴思齊、謝翺游，益通五經、諸子、詩賦、百家之言。尤篤意《書》、《春秋》，學之四十年不倦。三《傳》異説，學者不知所從，景昌據經爲斷，各采其長，有不合者，痛辭闢之，不少恕，作《春秋舉傳論》。巴川陽恪著《夏時考正》，言三代悉用夏時，不改月數。景昌以「左氏縱不與孔子同時，亦當近在孔子後，其言當不誣」，作《周正如傳考》。建安蔡沈集衆説爲《書傳》，世無敢議其非，景昌獨疏其倍師説者數十百條，作《蔡氏傳正誤》。古今詩體製雖相襲，而音節則殊，近代以此名家者亦罕知其説，景昌以「古人論詩主於聲，今人論詩主於辭。聲則動合律吕，可以被之金石管絃，辭則文而已矣。」乃集漢魏以來諸詩，各論其時代而甄别之，作《古詩考》。景昌善持論，出入經史，衮衮不窮，如議法之吏，反覆推鞫，其人辭不服不止，故其所言，皆綽有理致。他著述尚多，不能備陳。

景昌年既耄，猶執筆删述不已。或勸其休，景昌曰：「吾豈不知老之宜佚哉？恐一旦即死，無以藉手見古人耳。」晚自號田居子，述《田閒古調辭》九章。賓客至，輒揭甕取酒共飲，酒酣，取辭歌之。以筴擊几爲節，音韻激烈，聞者自失，不知世上有貴富也。景昌事親孝，親没，哀泣至終喪。遇孤姊甚戀戀，懷鄉人有恩。重紀至元二年卒，年七十六。

贊曰：縣之立言之士，名不著者三人。宋元祐、紹聖閒，有朱悎者，師黄山薛大觀。大觀得平陽孫復《春秋》之學，悎悉傳之，嘗著《春秋群疑辨》若干卷。宋季有蔡慶宗光遠者，以《春秋》舉於鄉，後以恩補官，至武進丞，亦著《春秋集解》若干卷。有陳訥升之者，通《周易》，得先儒未發之祕，亦著《河圖易象本義》八卷。今皆散佚無存，或僅存，人亦鮮知之者。竊意事功之實行難亡，語言之空文易泯，故致是爾。然則世之傳者，亦何往而非空文哉？必繫其學之醇疵，醇則習之者多，疵則傳之者少也。嗚呼！信如是說，古之荒誕不經之文，縱横捭闔之術，可謂極疵矣，至今熟在人口者，又何其多耶？是蓋有不可曉者，意亦有幸不幸存焉。幸不幸，天也。天則非人之所知矣。雖然，人衆者勝天，文之得傳與否，實繫乎後之人，天何預哉？今觀景昌所著之書，亦將散佚無存矣。濂爲此懼，故得而備論之。

柳貫，字道傳。其先居河東，宋建炎

中，七世祖鑄，始從趙鼎自解遷杭。鑄子森，又自杭遷浦陽烏蜀山。父金，字時聲，擢咸淳三年右科進士第，爲高郵令。宋季城竇山民倡亂，火金所居，官同金捕斬之。金惻然曰：「此豈其本心哉？第爲饑寒所驅爾。」乃白戮其魁，餘悉縱不問。衆感金，造室廬還之。

道傳幼有異質，穎悟過人。受經於蘭谿金履祥，學文於方鳳、吴思齊、謝翺。自經史百氏、兵刑律曆、數術方技、異教外書，靡所不通。作爲文章，涵肆演迤，舂容紆餘，人多傳誦之。大德四年，道傳年三十一，始用察舉爲江山縣學教諭，遷昌國州學正，轉湖廣等處儒學副提舉，未上。延祐六年，改國子助教，陞博士，前後在弟子列者千餘人，業成而仕，後多知名。擢太常博士，時方承平，稽古禮文之事，次第並舉，遇有所設施，必俟道傳論定。柄國大臣欲以其祖配食孔子廟，衆莫敢忤，道傳毅然却之。有神降於洛，長吏列上禮部，乞加封號。道傳謂神姦鼓民，不治將亂，宜下所部禁之，禮部如其言。沅州貢包茅，茅輕，舟易溺，道傳請附他貢物以輸。監察御史馬祖常薦其材可任風憲，章再上，不報。

泰定三年，出提舉江西等處儒學，新龍興郡庠，復東湖書院侵田，聘名儒爲學者師，士風大振。他書院未籍於官者亡慮數十，舊設主領以司出内，多行貨求，檄至則乾没爲姦，道傳禁勿設，分隸學官。吏循舊比以例卷進，歲爲米八十石，道傳斥去之。南康倉吏坐飛糧株連，逮繫者百餘人，省憲二府檄道傳訊其獄，鉤擿隱伏，所平反甚衆。至正元年，召爲翰林待制，兼國史院編修官，到官僅七閲月，以疾卒，年七十三，館閣之士多至灑泣者。

道傳局度凝定，燕居默坐，端嚴若神。即之如入春風中，久與之處，未嘗見疾言遽色。雖有桀驁者，瞻其德容，莫不氣奪而意消。孝友本乎天性。弟實，出爲人後，遇之有恩，不翅在家者。生平以奬進人材爲己任，人有一善，諄諄稱舉，惟恐不聞。天曆以來，與崇仁虞集、豐城揭傒斯、義烏黄溍齊名，天下人高之，號之曰「四先生」。善楷法，工篆籀，妙處不讓李陽冰。兼能鑑定古彝器書畫，而别其真贋。所著書有文集二十卷，别集二十卷，《字系》二卷，《近思録廣輯》三卷，金石竹帛遺文若干卷。子卣、同、因，孫穎、穆。穎以廕入官，調永豐尉。

贊曰：浦江壤地雖不越一百里，仙華山拔地而起，奇形佹觀，如旌旗，如寶蓮華，如鐵馬臨闕。而大江之水又如白虹，蜿蜒斜絡乎其前。實天地閒秀絶之地也。故人生其中，多以文學知名。雖去家他縣者，子孫亦以文顯。如黄侍講晉卿，其先亦縣人，至名琳者，始遷烏傷，琳之先墓，今猶在仙華山南。豈堪輿家風氣之説，實有所憑耶？抑適然也？

吴萊，字立夫。年四歲，其母盛氏口授《孝經》、《論語》及《穀梁傳》，隨能成誦。七歲，能賦詩。族父幼敏，家素多書，立夫每私取讀之。幼敏從旁竊窺，乃班固《漢書》也。指《谷永杜鄴傳》謂曰：「汝竊觀吾家書，能誦此，當貸汝罰。」立夫琅然誦之，至終篇不遺一字。幼敏以爲偶熟此爾，三易他編，皆如初。因盡出所有書使讀之。方鳳時寓幼敏家，見而歎曰：「明敏如吴萊，雖汝南應世叔不是過也。」悉以其學授焉。

立夫自是該貫古今，無所不考。年未冠，以朝廷有事倭夷，撰《論倭》千七百言，議論俊爽，識者謂有秦漢風。延祐七年，年二十四，❶以《春秋》舉上禮部。尋以所言不合於有司，退歸松山中，益窮諸經之說。用功既深，所造愈精，閒有論著，絶出於庸常數等。翻閱子書百餘家，辨其正邪，駁其僞真，援據皆的切可傳。四方學者一時多師之。重紀至元三年，監察御史許紹祖以茂材薦，署饒州路長薌書院山長，未行，卒，年四十四。

初，立夫好遠游，嘗東出齊魯，北抵燕趙。每遇中原奇絶處及昔人歌舞戰鬭之地，輒慷慨高歌，呼酒自慰，頗謂有司馬子長遺風。及還江南，復游海東洲，歷蛟門峽，過小白華山，登盤陀石，見曉日初出，海波盡紅，瞪然長視，思欲起安期、羨門而與之游。由是襟懷益疏朗，文章益雄宕有奇氣。嘗謂人曰：「胸中無萬卷書，眼中無天下奇山水，未必能文；縱能，亦兒女語耳。」

立夫精識絶倫，❷自秦漢至於近代，但舉隻簡片削，必能别其爲何代人作。或怪而問之，曰：「辭氣音調，世有不同，人自不深察耳。」工詩賦，尤善論文，❸嘗言：「作文如用兵。兵法有正有奇：正是法度，要部伍分明；奇是不爲法度所縛，舉眼之頃，千變萬化，坐作進退擊刺一時俱起，及其欲止，什自歸什，伍自歸伍，元不曾亂。」聞者服之。晚自號曰「深裹山道人」，人因稱之曰深裹先生。所著書有《尚書標説》六卷，《春秋世變圖》二卷，《春秋傳授譜》一卷，

❶「年」，明刊本作「立夫」。
❷「立夫」，原脱，今據明刊本補。
❸「善」，原作「喜」，今據明刊本改。

《古職方録》八卷，《孟子弟子列傳》二卷，《楚漢正聲》二卷，《樂府類編》若干卷，《唐律删要》若干卷，詩文六十卷，他如《詩傳科條》、《春秋經説》、《胡氏傳考誤》未完。子士謂、士謐。士謂，金華縣學教諭。

贊曰：濂嘗受學於立夫，問其作文之法，則謂：「有篇聯，欲其脈絡貫通；有段聯，欲其奇耦迭生；有句聯，欲其長短合節；有字聯，欲其賓主對待。」又問其作賦之法，則謂：「有音法，欲其倡和闔闢；有韻法，欲其清濁諧協；有辭法，欲其呼吸相應；有章法，欲其布置謹嚴。總而言之，皆不越生承還三者而已。然而辭有不齊，體亦不一，須必隨其類而附之，不使玉瓚與瓦缶並陳，斯爲得之。此又在乎三者之外，而非精擇不能到也。」顧言猶在耳，而恨學之未能。因志諸傳末，以謹其傳焉。

貞節篇

《詩》曰：「無非無儀，惟酒食是議。」釋之者曰：「有非，非婦人也；有善，亦非婦人也。惟議夫酒食而已。」蓋婦人之行，不出閨門，在無事之時，尚不欲以善自聞，況當哀苦之餘，稱之曰「未亡人」，而顧以是自衒歟？君子之論，每欲先之而不敢後者，豈非憫其志之確而不少變歟？抑將假是以勵其不能者歟？

世之材士大夫，習俎豆，攻詩書，坐而堯言，行而舜趨，其自負誠不在古人後，一旦受人家國之寄，輒懷二心者有之矣。況區區一女子，所事不過織紝中饋之閒，反能守死自誓，如秋霜烈日不可狎玩，又可得而少之歟？是故楚之貞姬，梁之高行，漢之桓嫠，皆登於彤管之書者，殆以是歟？雖然，貞節之昭，風俗之偷也。使當比屋可封之時，果孰名其爲貞婦？貞婦之得名，蓋以世之不貞者衆也。濂又豈得不爲衰俗一慨也歟？浦陽舊志無及貞節之事者，濂今得二人焉。作貞節篇第五。

何道融，字處和，紹興諸暨人。善讀書、鼓琴。年十九，歸縣人淩楠。歸一年，而楠亡。遺腹產一子，曰堅。道融誓不再適，惟晝夜教堅以學，俾從陳亮游。及堅能與薦書，以姓名自見於諸君子閒，喜曰：「吾之不死待汝者，欲持以見汝父於地下耳。汝益勉之！」堅後以學聞。紹熙元年卒，年五十一。

倪宜弟，縣之興賢人。年二十，爲同里戴銘妻。三十而銘亡，生二子泳、洽，甚幼。銘家故貧，宜弟上無所依，下無所託，米鹽日以不給。乃飲泣就絲枲，夜分燈屢涸，猶煢煢在機杼閒。歷三十年，始能葬舅姑父母及夫之喪，教其子成人。又二十有一年，乃終。至治中，部使者行縣，鄉老白宜弟之行當得旌門閭。使者命縣上其事，會有沮之者，不行。

贊曰：婦人以貞節名，謂之不幸，而尚欲徼旌寵乎？旌寵，朝廷事也。

宋文憲公全集卷五十三終

鳴謝

《儒藏》精華編惠蒙善助，共襄斯文；謹列如左，用伸謝忱。

本煥法師　壹佰萬元

智海企業集團董事長　馮建新先生　壹佰萬元

NE·TIGER時裝有限公司董事長　張志峰先生　壹佰萬元

張貞書女士　壹佰萬元

北京大學《儒藏》編纂與研究中心

本册审稿人　孙通海
本册责任编委　甘祥满

圖書在版編目(CIP)數據

儒藏.精華編.二四九/北京大學《儒藏》編纂與研究中心編.—北京：北京大學出版社，2017.11

ISBN 978-7-301-11967-9

Ⅰ.①儒… Ⅱ.①北… Ⅲ.①儒家 Ⅳ.①B222

中國版本圖書館CIP數據核字（2017）第238251號

書　　名	儒藏（精華編二四九） RUZANG
著作責任者	北京大學《儒藏》編纂與研究中心　編
責任編輯	陳軍燕
標準書號	ISBN 978-7-301-11967-9
出版發行	北京大學出版社
地　　址	北京市海淀區成府路205號　100871
網　　址	http://www.pup.cn　　新浪微博：@北京大學出版社
電子信箱	dianjiwenhua@163.com
電　　話	郵購部62752015　發行部62750672　編輯部62756449
印 刷 者	北京中科印刷有限公司
經 銷 者	新華書店
	787毫米×1092毫米　16開本　69.75印張　723千字 2017年11月第1版　2017年11月第1次印刷
定　　價	1200.00元

ISBN 978-7-301-11967-9

定價:1200.00元